PSYCHOLOGIE DU DÉVELOPPEMENT

Kathleen Stassen Berger

Bronx Community College
City University of New York

Adaptation

Marie Ruth Des Lierres
Collège de Saint-Laurent

En collaboration avec

Daniel Carrier
Collège de la région de l'amiante

Suzanne Tousignant
Collège Édouard-Montpetit

Traduction

Marie-Claude Désorcy

MODULO

Psychologie du développement est la traduction de la 4ᵉ édition de
The Developing Person Through the Life Span de Kathleen Stassen Berger.
© 1998, 1994, 1988, 1983, Worth Publishers, Inc., 33 Irving Place, New York, NY 10003.

Nous reconnaissons l'aide financière du gouvernement du Canada par l'entremise
du Programme d'aide au développement de l'industrie de l'édition (PADIÉ) pour nos activités d'édition.

Données de catalogage avant publication (Canada)

Berger, Kathleen Stassen

    Psychologie du développement

    Traduction de la 4e éd. de: The developing person through the life span.
    Comprend des réf. bibliogr. et un index.

    ISBN 2-89113-662-4

    1. Psychologie du développement. I. Titre.

BF713.B4814 2000   155   C00-941872-5

ÉQUIPE DE PRODUCTION
Responsable de la révision et de la traduction : Michèle Morin
Révision linguistique: Monique Tanguay
Correction d'épreuves : Monique Tanguay, Manon Lewis, Annick Morin, Kathleen Beaumont
Typographie : Carole Deslandes
Montage : Lise Marceau, Nathalie Ménard, Suzanne Gouin
Couverture et maquette intérieure : Marguerite Gouin

Psychologie du développement
© Modulo Éditeur, 2000
233, avenue Dunbar
Mont-Royal (Québec)
Canada H3P 2H4
Téléphone : (514) 738-9818 / 1 888 738-9818
Télécopieur : (514) 738-5838 / 1 888 273-5247
Site internet : www.groupemodulo.com

Dépôt légal — Bibliothèque nationale du Québec, 2000
Bibliothèque nationale du Canada
ISBN 2-89113-662-4

Imprimé au Canada
6 7 8 9 10   10 09 08 07 06

Avant-propos

Voici adaptée en langue française la formidable synthèse des théories et recherches sur le développement humain élaborée par Kathleen Stassen Berger dans *The Developing Person Through the Life Span*. Considérant que chaque nouvel être subit des influences de toutes sortes dès sa conception, Kathleen Berger estime essentiel d'étudier le développement humain en tenant compte de l'intime relation qu'entretiennent entre eux les différents facteurs de développement. *Psychologie du développement* aborde donc le développement humain sous l'angle des domaines biosocial, cognitif et psychosocial.

Le domaine biosocial Ce domaine inclut bien sûr les aspects de nature biologique comme les fondements génétiques du développement, la croissance des composantes et systèmes corporels, les changements dans les développements sensoriel et moteur, mais il ne se limite pas à cela. Il s'intéresse également à la nutrition et à la consommation de drogues, à la durée de l'allaitement, aux attitudes face à la beauté physique ou à l'éducation des enfants handicapés physiquement, par exemple, car tous ces aspects peuvent influencer le développement.

Le domaine cognitif Le domaine cognitif s'intéresse aux changements dans les processus intellectuels du langage, de la pensée, de la mémoire, de l'apprentissage, de la prise de décision, de la résolution de problèmes et étudie comment les structures cognitives se modifient tout au long du développement. Puisque ces aspects cognitifs peuvent être influencés par le contexte social, on traite dans ce domaine de sujets comme la valorisation de l'exploration de l'enfant en milieu familial, le système scolaire, les stratégies pédagogiques, la disponibilité des ressources en bibliothèque ou l'accessibilité au réseau Internet.

Le domaine psychosocial Ce domaine examine le développement sur le plan des émotions (évolution de l'attachement, de la confiance, de l'amour) et du tempérament. Il s'intéresse aux modifications dans le concept de soi et l'autonomie, aux changements ou à la constance dans la personnalité, à l'évolution des relations interpersonnelles et sociales. Ce domaine, dont les aspects peuvent être influencés par le contexte social, étudie des sujets comme la valeur accordée aux enfants, aux rôles sexuels et à la conception de la famille idéale selon les sociétés.

Un manuel : deux possibilités de présentation de la matière

En préparant cet ouvrage passionnant, nous avons voulu communiquer aux élèves notre enthousiasme pour l'étude du développement humain. Nous en avons donc illustré les aspects théoriques à l'aide d'exemples concrets, nous avons présenté des résultats de recherches québécoises de portée internationale et avons ajouté des activités d'application des théories et notions.

Nous voulions aussi réorganiser le contenu de l'ouvrage de façon à en faciliter l'utilisation dans les divers cours. Voici ce que nous avons fait.

Les trois premiers chapitres, dont est composée la **première partie**, sont autant d'entrées en matière, ce qui est nécessaire vu la nature de l'étude du développement humain. Le premier chapitre explique en quoi consiste l'étude de ce développement, le deuxième rappelle les principales approches théoriques et méthodes de recherche, tandis que le troisième présente des notions de génétique et explique le développement prénatal et la naissance.

À partir du chapitre 4, vous entreprenez l'étude du développement proprement dite, et il vous est possible de le faire **chronologiquement** aussi bien que **thématiquement**. En effet, la matière est présentée en **quatre grandes parties** et, comme le montre le tableau de la page suivante, on peut couvrir tout le cycle de la vie par domaine ou par période.

La première période, celle du nourrisson et du trottineur, est si riche en changements de toutes sortes que nous avons décidé de lui réserver une partie. Le chapitre 4 traite ainsi des domaines biosocial et cognitif, et le chapitre 5, du développement psychosocial. Les autres périodes sont regroupées deux à deux, par domaine, ce qui a l'heur de mettre en lumière la continuité du développement.

Cette répartition permet d'insister sur l'un ou l'autre des domaines ou de se concentrer sur certains âges de la vie sans jamais perdre les élèves.

Remerciements

Je tiens d'abord à remercier Mme Kathleen Stassen Berger de m'avoir permis d'adapter cette œuvre d'une rare qualité. J'apprécie la confiance dont elle m'honore.

Mener à bien l'adaptation d'un ouvrage connu et lui rendre justice n'est pas une mince affaire. Je tiens donc à remercier toutes les personnes sans lesquelles cela n'aurait pas été possible. Merci sincère à mon éditeur, Louis Moffatt, qui m'a guidée et soutenue. Merci également à Daniel Carrier et à Suzanne Tousignant qui ont agi à titre de conseillers.

Je remercie aussi tous mes étudiants dont les questions débusquent mes certitudes et élargissent mes horizons. Je veux enfin exprimer mon amour à ma fille Myriam, qui mettra bientôt au monde un enfant, dont je suis déjà le développement avec passion.

Marie Ruth Des Lierres

PARTIE 1 L'étude du développement humain	Chapitre 1	La recherche scientifique en psychologie du développement
	Chapitre 2	Approches théoriques et méthodes de recherche
	Chapitre 3	Génétique, développement prénatal et naissance

PÉRIODES DE LA VIE		DOMAINE BIOSOCIAL	DOMAINE COGNITIF	DOMAINE PSYCHOSOCIAL
PARTIE 2 Les deux premières années de la vie	Chapitre 4 Section 1	Nourrisson et trottineur		
	Section 2		Nourrisson et trottineur	
	Chapitre 5			Nourrisson et trottineur
PARTIE 3 Âge du jeu et âge scolaire	Chapitre 6 Section 1	Âge du jeu		
	Section 2	Âge scolaire		
	Chapitre 7 Section 1		Âge du jeu	
	Section 2		Âge scolaire	
	Chapitre 8 Section 1			Âge du jeu
	Section 2			Âge scolaire
PARTIE 4 Adolescence et début de l'âge adulte	Chapitre 9 Section 1	Adolescence		
	Section 2	Début de l'âge adulte		
	Chapitre 10 Section 1		Adolescence	
	Section 2		Début de l'âge adulte	
	Chapitre 11 Section 1			Adolescence
	Section 2			Début de l'âge adulte
PARTIE 5 Adulte d'âge mûr et adulte d'âge avancé	Chapitre 12 Section 1	Adulte d'âge mûr		
	Section 2	Adulte d'âge avancé		
	Chapitre 13 Section 1		Adulte d'âge mûr	
	Section 2		Adulte d'âge avancé	
	Chapitre 14 Section 1			Adulte d'âge mûr
	Section 2			Adulte d'âge avancé

ÉPILOGUE	Mourir

Table des matières

PARTIE 3
Âge du jeu et âge scolaire   189

CHAPITRE 6
Développement biosocial à l'âge du jeu et à l'âge scolaire   191

PARTIE 4
Adolescence et début de l'âge adulte   281

CHAPITRE 9
Développement biosocial à l'adolescence et au début de l'âge adulte   283

PARTIE 5

Adulte d'âge mûr et adulte d'âge avancé   377

CHAPITRE 12

Développement biosocial chez l'adulte d'âge mûr et d'âge avancé   379

SECTION 1   Adulte d'âge mûr

SECTION 2   Adulte d'âge avancé

CHAPITRE 13

Développement cognitif chez l'adulte d'âge mûr et d'âge avancé   407

SECTION 1   Adulte d'âge mûr

Guide d'utilisation de votre manuel

Vous voulez profiter pleinement de *Psychologie du développement* ? Vous désirez maîtriser la matière et obtenir de bonnes notes ? À la bonne heure ! Voici quatre recommandations qui vous aideront à atteindre ce double objectif :

1. Lancez-vous à la découverte de votre livre.
2. Acceptez quelques conseils sur la manière de lire les chapitres.
3. Appliquez les trois techniques d'étude que nous proposons ci-après.
4. Initiez-vous à la pratique de la pensée critique.

Si vous avez besoin de directives plus précises, adressez-vous à votre professeur ou aux conseillers pédagogiques de votre collège.

1. À la découverte de votre manuel

Psychologie du développement a été soigneusement conçu pour faciliter votre apprentissage. Examinez-en les composantes et exploitez-les pleinement.

■ **Avant-propos.** Si ce n'est déjà fait, lisez l'avant-propos. C'est en quelque sorte le portrait de votre manuel.

■ **Table des matières.** Parcourez la table des matières pour vous faire une idée générale du contenu de votre cours en psychologie du développement.

■ **Corrigé.** Les réponses aux questions de révision se trouvent à la fin du manuel. Cette section est marquée en marge d'une bande turquoise.

■ **Glossaire.** La première fois qu'un terme important apparaît dans le texte, il est défini dans la marge. Par ailleurs, toutes les définitions sont reprises en ordre alphabétique dans un glossaire placé en fin d'ouvrage. Consultez ce glossaire pour réviser les définitions antérieurement présentées.

■ **Bibliographie.** Chaque chapitre renferme un grand nombre de renvois (par exemple, « Vigotsky, 1987 »). La bibliographie placée à la fin de votre manuel fournit les références complètes. Consultez-la si vous désirez approfondir un sujet ou trouver de la documentation pour un travail de session.

■ **Index.** Si vous vous intéressez à un sujet en particulier, l'attachement ou le langage par exemple, vous repérerez dans l'index les pages où l'on en traite.

2. Comment lire chaque chapitre

Pour vous aider à maîtriser la matière, chaque chapitre de *Psychologie du développement* propose les outils d'apprentissage suivants :

• Sommaire par section ou par chapitre
• *À vous les commandes*
• Rubrique *Point de mire*
• Rubrique *Recherche*
• Rubrique *Les uns et les autres*
• Synthèse visuelle (*Le chapitre en un clin d'œil*)
• Hyperliens
• Résumé par points
• Questions de révision

Pour bien comprendre les fonctions de ces outils, examinez attentivement les pages qui suivent. Vous y trouverez une description succincte de chacun.

EXPLORATION ET DÉCOUVERTE...
Une grande aventure en psychologie du développement !

Le sommaire par chapitre ou section
Faites ce survol de la matière. Vous éveillerez votre curiosité et retiendrez davantage.

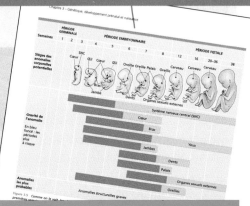

Des illustrations et photographies essentielles
Les légendes des photos et des illustrations sont des compléments d'information qui vous inciteront à la réflexion.

Un glossaire immédiat
Imprimés en vert dans le texte et définis en marge, les termes importants sont aussi regroupés dans le glossaire de fin de manuel. Révisez les définitions avant les examens.

À vous les commandes
Vous aimerez ces activités d'application immédiate visant le développement de vos habiletés d'observation, d'analyse et de synthèse.

Les uns et les autres
Lisez ces rubriques pour comprendre l'effet des différentes cultures et des sexes sur le développement de la personne.

Recherche
Vous trouverez sous cette rubrique des articles captivants sur des recherches actuelles ou marquantes en psychologie du développement.

Point de mire
C'est sous cette rubrique que sont reprises et mises en contexte les notions théoriques importantes du chapitre.

Un résumé par points et des questions de révision
Lisez attentivement chaque point des résumés avant de passer aux questions de révision. Rappelez-vous : c'est en participant activement à votre apprentissage que vous réussirez. (Le corrigé est à la fin du manuel.)

Des bilans du développement
Vous trouverez un bilan par domaines pour chaque grande période de la vie.

Le chapitre en un clin d'œil
Servez-vous de cette synthèse visuelle pour revoir vos nouveaux acquis.

Des hyperliens bien choisis
Des pictogrammes renvoient à une sélection éprouvée d'hyperliens — accessibles à partir du site de Modulo Éditeur : http://www.modulo.ca.

3. Trois techniques d'étude

Pour atteindre vos deux objectifs, posséder la matière et démontrer votre maîtrise, voici trois techniques d'étude infaillibles qui vous aideront à atteindre la réussite.

Méthode SQL3R

Le sigle SQL3R désigne les six étapes d'une étude efficace : survoler, questionner, lire, réciter, réviser et rédiger.

- *Survolez* le chapitre ou la section en lisant le plan, le paragraphe d'introduction et en repérant les différentes rubriques.
- Pour maintenir votre attention et approfondir votre compréhension, transformez le titre de chaque sous-section en *question*.
- *Lisez* le chapitre et essayez de répondre aux questions que vous avez formulées à partir des titres.
- Après avoir lu le chapitre et répondu à vos questions, arrêtez-vous et *récitez* vos réponses, mentalement ou par écrit.
- *Révisez* le contenu du chapitre en répondant aux questions de révision qui apparaissent à la fin des chapitres. Écrivez vos réponses et vérifiez-les à l'aide du *Corrigé* en annexe.
- *Rédigez* en prenant des notes succinctes dans les marges, à côté des passages que vous ne comprenez pas parfaitement. Consultez ces notes pour poser des questions pendant les cours. La méthode SQL3R semble à première vue fastidieuse, mais nos élèves ont découvert qu'elle leur fait gagner du temps et qu'elle favorise la compréhension.

Répartition de vos heures d'étude

Il est important de faire une récapitulation avant un examen, mais les séances d'étude intensives de dernière minute vous seront de peu d'utilité au collège. La recherche en psychologie a en effet révélé très clairement que les périodes d'étude courtes mais régulières donnent de bien meilleurs résultats que les longues séances de bourrage de crâne. Vous n'attendez sûrement pas la veille d'un important match de basket-ball pour commencer à vous entraîner. De même, il ne sert à rien de commencer à étudier la veille d'un examen.

Écoute active durant les cours

Arrivez à l'heure à vos cours et ne sortez pas avant la fin, car vous pourriez manquer des explications importantes. Écoutez *activement* durant les cours. Posez des questions si vous ne comprenez pas. Regardez votre enseignant. Concentrez-vous sur ses propos et tentez d'en extraire l'idée principale. Notez les notions-clés et les exemples éclairants. Écrivez les dates et les noms importants ainsi que les termes nouveaux. Ne tentez pas de transcrire mot à mot ce que dit votre enseignant. Il s'agit là d'une écoute passive et mécanique. Aérez vos notes de façon à pouvoir y ajouter des éléments si votre enseignant revient sur un sujet ou développe une idée. Prêtez une attention particulière à tout ce que votre enseignant écrira au tableau. Les enseignants prennent généralement la peine d'écrire au tableau les concepts qu'ils jugent les plus importants.

4. Initiation à la pensée critique

Si l'aptitude à la pensée critique a toujours été importante, elle est essentielle aujourd'hui. La complexité et la diversité culturelle du monde n'ont pas cessé d'augmenter. Les choix que nous faisons en ce moment à propos de la génétique, des nouvelles technologies de fertilité, de la nutrition, des soins médicaux, des méthodes d'éducation et de l'enseignement se répercuteront non seulement sur nous et nos familles mais aussi sur les générations à venir. Comment prendre des décisions aussi importantes ?

Certes, l'information ne manque pas. Vous fréquentez un établissement d'enseignement postsecondaire et vous avez à portée de la main une montagne d'information. Pour trouver la documentation nécessaire à vos travaux, vous pouvez recourir à la bibliothèque mais aussi naviguer dans Internet et consulter des milliers de journaux, de revues scientifiques et d'encyclopédies.

La difficulté n'est pas de trouver l'information mais de savoir qu'en faire. Une fois que vous avez obtenu des données, vous devez en effet les interpréter, les évaluer, les assimiler, les synthétiser et les appliquer logiquement et rationnellement. Bref, en tant qu'élève et citoyen, vous devez appliquer la pensée critique.

Qu'est-ce que la pensée critique ?

Le terme « pensée critique » a de nombreuses significations, et certains livres consacrent des chapitres entiers à sa définition. La *pensée* est l'activité mentale qui nous sert à comprendre le monde qui nous entoure. Le mot « critique », d'autre part, vient du verbe grec *krinein*, qui signifie « séparer », « choisir », « décider » et « juger ». La *pensée critique*, par conséquent, consiste à identifier et à évaluer nos processus cognitifs, nos sentiments et nos comportements dans le but de les clarifier et de les améliorer (d'après Chaffee, 1992).

La pensée critique est une habileté et, à ce titre, elle peut être améliorée. Chaque chapitre de *Psychologie du développement* contient des activités visant à développer en vous au moins un des éléments de la pensée critique. Nous vous présentons ces éléments ci-après en trois listes : les éléments affectifs (relatifs aux émotions), les éléments cognitifs (relatifs à la pensée) et les éléments comportementaux (relatifs à l'action). Vous découvrirez sans doute que vous faites déjà usage de quelques-uns de ces éléments. Mais vous constaterez probablement qu'il vous en reste aussi à acquérir.

Éléments de la pensée critique

Éléments affectifs — arrière-plan d'émotions qui favorise ou entrave la pensée critique.

- **Préférer la vérité à l'intérêt personnel.** Les adeptes de la pensée critique doivent exiger d'eux-mêmes et de ceux qui sont d'accord avec eux la même rigueur intellectuelle que celle qu'ils exigent de leurs adversaires.

- **Accepter le changement.** Les adeptes de la pensée critique sont disposés à changer et à s'adapter leur vie durant. Comme ils font confiance aux processus de l'enquête rationnelle, ils sont prêts à remettre en question leurs valeurs et leurs croyances les plus profondes et à les modifier si elles se révèlent mal fondées.

- **Manifester de l'empathie.** Les adeptes de la pensée critique valorisent les pensées, les sentiments et les comportements d'autrui et ils s'efforcent de les comprendre.

- **Accepter les opinions contraires aux siennes.** Les adeptes de la pensée critique abordent les sujets sous tous les angles. Ils savent qu'il est essentiel d'analyser et de comprendre les opinions contraires aux leurs.

- **Tolérer l'ambiguïté.** Bien que le système d'éducation enseigne souvent à donner « la » bonne réponse, les adeptes de la pensée critique admettent que de nombreuses questions sont si complexes qu'il est vain de leur chercher une seule bonne réponse. Ils comprennent que beaucoup d'affirmations doivent être nuancées par des termes comme « probable », « fort probable » et « peu probable ».

- **Reconnaître ses partis pris.** Les adeptes de la pensée critique utilisent toutes leurs capacités intellectuelles pour déceler leurs partis pris et leurs préjugés et pour les éliminer suivant une démarche réaliste.

Éléments cognitifs — opérations mentales intervenant dans la pensée critique.

- **Penser de manière indépendante.** La pensée critique est une pensée autonome. Ses adeptes n'adhèrent pas passivement aux croyances des autres, et ils ne se laissent pas manipuler.

- **Définir les problèmes avec exactitude.** Un adepte de la pensée critique cerne les problèmes en termes clairs et concrets afin d'orienter fermement sa réflexion et sa collecte de données.

- **Analyser la valeur des données.** En évaluant soigneusement la nature des données recueillies et la crédibilité de leurs sources, les adeptes de la pensée critique détectent les présupposés sans fondement et les erreurs de raisonnement. Ils sont ainsi en mesure de rejeter les sources d'information malhonnêtes ou inconséquentes.

- **Employer diverses opérations mentales en résolution de problèmes.** Ces opérations mentales comprennent : la *logique inductive*, le raisonnement qui procède du particulier au général; la *logique déductive*, le raisonnement qui procède du général au particulier; la *pensée dialogique*, qui fait intervenir l'échange d'opinions entre interlocuteurs; et la *pensée dialectique*, qui vise à dégager les forces et les faiblesses de points de vue opposés.

- **Synthétiser.** Les adeptes de la pensée critique rassemblent les données éparses en schèmes cohérents.

- **Éviter de surgénéraliser.** Les adeptes de la pensée critique évitent de surgénéraliser, c'est-à-dire d'étendre le résultat d'une réflexion ou d'une expérience à des situations qui ne ressemblent que superficiellement au fait étudié.

- **Employer la métacognition.** La métacognition, aussi appelée pensée réflexive, est la capacité d'évaluer et d'analyser ses propres opérations mentales, autrement dit de penser à sa propre pensée.

Éléments comportementaux — actions nécessaires à la pensée critique.

- **Juger seulement en présence de données suffisantes.** Un adepte de la pensée critique ne fait pas de jugements péremptoires.

- **Employer des termes précis.** Les adeptes de la pensée critique emploient des termes précis pour cerner les questions clairement et concrètement, de manière à pouvoir les étudier objectivement et empiriquement.

- **Recueillir des données.** La collecte de données récentes et pertinentes reliées aux divers aspects d'une question est essentielle à la prise de décision.

- **Distinguer les faits des opinions.** Un fait est une affirmation dont on peut démontrer la fausseté ou la véracité. Une opinion est un énoncé qui exprime le point de vue ou les croyances d'une personne.

- **Pratiquer le dialogue critique.** Les adeptes de la pensée critique contestent les opinions des autres, mais ils sont également disposés à justifier les leurs. Le questionnement est une forme de dialogue critique qui consiste à analyser la signification, le bien-fondé ou la logique d'une affirmation, d'une position ou d'un raisonnement.

- **Écouter activement.** Les adeptes de la pensée critique utilisent leurs capacités intellectuelles pour écouter les autres.

- **Modifier ses jugements à la lumière de faits nouveaux.** Les adeptes de la pensée critique sont prêts à abandonner ou à modifier leurs jugements si l'expérience les contredit.

- **Appliquer ses connaissances à des situations nouvelles.** Après avoir maîtrisé une nouvelle habileté ou accompli une découverte, les adeptes de la pensée critique transposent l'information ainsi acquise à de nouveaux contextes. Ceux qui ne pratiquent pas la pensée critique sont souvent capables de donner les bonnes réponses, de répéter les définitions et d'effectuer les calculs mais, faute d'avoir véritablement compris, ils sont incapables d'utiliser leurs connaissances dans des situations nouvelles.

PARTIE 1

L'étude du développement humain

Le développement humain est un sujet que l'on doit aborder sous bien des angles tant il est vaste. Nous ménagerons donc plus d'une entrée en matière. Ainsi, dans le premier chapitre, nous présentons les grandes lignes de l'étude scientifique du développement, les objectifs que poursuivent les spécialistes qui se penchent sur le contexte social du développement dans ses aspects familial, socio-économique, culturel et historique ainsi que les questions auxquelles ils tentent de répondre. Au chapitre 2, nous traitons des principales approches théoriques propres à l'étude du développement humain et relevons certaines des forces et limites de chacune. Nous décrivons également les méthodes de recherche qu'emploient les psychologues en développement humain pour recueillir des données, vérifier des hypothèses et tirer des conclusions.

Au chapitre 3, en une dernière entrée en matière, nous mettons en lumière l'interaction des facteurs héréditaires et environnementaux et montrons combien elle est essentielle à la compréhension du développement humain. Nous expliquons enfin l'origine d'une vie humaine, c'est-à-dire la conception et la naissance d'un nouvel être qui, malgré sa totale dépendance, est capable de voir, d'entendre, de pleurer et d'amorcer des interactions sociales.

Chapitre **1**

Recherche scientifique en psychologie du développement

Vous êtes sur le point d'entreprendre un fascinant périple dans l'univers du développement humain. Pour vous préparer à ce voyage qui vous mènera de la conception à la mort, lisez d'abord le présent chapitre. Il constitue en quelque sorte votre itinéraire. Nous y exposons les objectifs qui sous-tendent l'étude du développement humain et nous évoquons quelques-unes des applications pratiques de cette science.

Bien entendu, il est surtout question dans ce livre du développement « normal », c'est-à-dire des modalités habituelles de la croissance et du changement, celles que tout le monde présente dans une certaine mesure et que personne ne manifeste intégralement.

Commençons tout d'abord par donner un aperçu des définitions et des questions sur lesquelles se fonde l'étude du développement humain.

Étude scientifique du développement humain

L'étude scientifique du développement humain est la science qui cherche à décrire et à expliquer le changement et la continuité au cours de la vie humaine, à les prédire et à intervenir au besoin. Autrement dit, les spécialistes du développement se penchent sur différentes formes de changements — croissance, transformations, progrès, déclin — et sur différentes formes de continuité en regard d'éléments qui demeurent stables au fil des jours, des années et même des générations. Ils tentent de ne rien négliger : ni le code génétique qui sous-tend le développement humain, ni les innombrables facteurs environnementaux qui le façonnent — la vie prénatale, la famille, l'école, les groupes de pairs, la santé, les conditions économiques, les aspirations et réalisations professionnelles, le mariage, la maternité, la paternité, l'amitié, le multiculturalisme. Ils examinent tous ces facteurs, et bien d'autres encore, en fonction des différents aspects du contexte social qui les circonscrivent. L'étude scientifique du développement humain puise en fait à un grand nombre de disciplines : la biologie, la pédagogie et la psychologie d'abord, mais aussi l'histoire, la sociologie, l'anthropologie, la médecine et l'économie.

Étude scientifique du développement humain Science qui cherche à identifier et à décrire les aspects stables et changeants chez les êtres humains de la conception à la mort, à expliquer les mécanismes de transformation, à prédire les changements et à intervenir de façon adéquate pour favoriser leur développement.

À VOUS LES COMMANDES – 1.1

Qui j'ai été, qui je deviens

1. Réfléchissez à qui vous étiez il y a cinq ans, puis il y a dix ans.

   a) Illustrez par des exemples en quoi vous êtes la même personne.

   b) Illustrez par des exemples en quoi vous êtes une personne différente.

2. Quels facteurs ont le plus influencé la personne que vous êtes devenue ?

Trois domaines

Pour faciliter l'étude de ce vaste sujet qu'est le développement humain, on a choisi de privilégier trois domaines, ou champs d'étude (voir la figure 1.1). Le

DOMAINES DU DÉVELOPPEMENT HUMAIN

Domaine biosocial

Inclut les fondements génétiques du développement; la croissance de toutes les composantes du corps; les changements qui se produisent dans le développement des sens, le développement moteur et la croissance des systèmes corporels. Sont également inclus tous les aspects qui peuvent y être reliés, tels que la santé, la nutrition, la consommation de drogues, le fonctionnement sexuel.

Les aspects du domaine biosocial sont ou peuvent être influencés par le contexte social (incluant les facteurs familiaux, communautaires et culturels), qu'on pense à la durée de l'allaitement, à l'éducation des enfants handicapés physiquement ou aux attitudes face à la beauté physique.

Domaine cognitif

Inclut tous les changements dans les processus intellectuels du langage, de la pensée, de la mémoire, de l'apprentissage, de la créativité, de la prise de décision, de la résolution de problèmes; les modifications qui se produisent dans les structures cognitives tout au long du développement; les changements sur le plan du jugement moral.

Les aspects du domaine cognitif sont ou peuvent être influencés par le contexte social (incluant les facteurs familiaux, communautaires et culturels), qu'on pense à la valorisation de l'exploration chez l'enfant dans le milieu familial, au système scolaire et aux stratégies pédagogiques utilisées, à la disponibilité des ressources bibliothécaires ou à l'accessibilité au réseau Internet.

Domaine psychosocial

Inclut tous les changements qui se produisent sur le plan des émotions (développement de l'attachement, de la confiance, de l'affection, de l'amour), du tempérament; les modifications dans le concept de soi et dans l'autonomie; les changements et les stabilités dans la personnalité; les changements dans les relations interpersonnelles et sociales au sein de la famille, dans les amitiés, les amours, les relations parents-enfants, les relations de travail.

Les aspects du domaine psychosocial sont ou peuvent être influencés par le contexte social (incluant les facteurs familiaux, communautaires et culturels), qu'on pense à la valeur accordée aux enfants, aux rôles sexuels et à la conception de la famille idéale dans différentes sociétés.

Figure 1.1 *Le fait d'envisager le développement humain en fonction de trois domaines facilite le travail des chercheurs, mais cela ne doit pas nous faire oublier que très peu de facteurs appartiennent exclusivement à un domaine ou à un autre. Le développement est un phénomène global; chacun de ses aspects est en lien avec les trois domaines.*

Domaine biosocial Domaine touchant la croissance et le développement corporel ainsi que les aspects qui y sont reliés comme la santé, la nutrition, etc.

Domaine cognitif Domaine touchant les opérations mentales qui permettent à la personne de penser, d'apprendre, de communiquer et de créer.

Domaine psychosocial Domaine touchant les émotions, la personnalité, les relations interpersonnelles et sociales.

domaine biosocial concerne la croissance et le développement corporel ainsi que les aspects qui y sont reliés comme la santé, la nutrition, etc. Le domaine cognitif se rapporte aux aptitudes perceptives, aux opérations mentales et à la maîtrise du langage. Le domaine psychosocial touche les émotions, la personnalité ainsi que les relations interpersonnelles et sociales.

Ces trois domaines manifestent leur importance à tout âge. Pour bien comprendre le nourrisson, par exemple, il faut étudier sa santé, sa curiosité, son tempérament et de nombreux autres aspects de son développement biosocial, cognitif et psychosocial. De même, pour bien comprendre l'adolescent, on doit étudier les changements physiques qui marquent la transition de l'enfance à l'âge adulte ainsi que le développement intellectuel qui mène à une réflexion logique sur des sujets comme la sexualité et les objectifs de carrière; on doit aussi se pencher sur la structuration des rapports amicaux et amoureux qui prépare l'adolescent aux relations intimes de l'âge adulte. Enfin, pour bien comprendre une personne de 80 ans, il faut tenir compte des mêmes trois domaines. C'est ainsi qu'on doit évaluer l'effet de l'éventuelle diminution de la force, de la résistance et des capacités sensorielles, apprécier l'impact des changements au plan cognitif sur le fonctionnement quotidien et analyser le soutien social que reçoit cette personne pour déterminer, notamment, si elle est isolée ou bien entourée.

On peut le constater, chacun des trois domaines se répercute sur les deux autres. L'état nutritionnel d'un nourrisson, par exemple, influe sur sa capacité d'apprentissage et sur ses expériences sociales. Chez beaucoup d'adolescents, l'image corporelle (l'image qu'ils se *font* de leur propre corps) déteint sur l'alimentation et le degré d'activité physique, et ces éléments influent à leur tour sur la santé et sur les relations amicales et amoureuses. De même, dans le monde des adultes, la force du réseau social d'une personne peut se répercuter sur sa santé et sur sa vivacité d'esprit, et inversement. D'ailleurs, en plus de jouer sur la qualité du réseau social de la personne et même sur sa vie professionnelle, ces deux facteurs s'influencent réciproquement.

À VOUS LES COMMANDES – 1.2

Les domaines du développement

1. En vous inspirant des éléments de la figure 1.1, donnez des exemples concrets se rapportant :
   a) au domaine biosocial.
   b) au domaine cognitif.
   c) au domaine psychosocial.

2. En quoi, par rapport à chacun de ces domaines, vous sentez-vous à la fois semblable et différent des autres ?

Contexte social du développement

Nous avons parfois tendance à considérer le développement dans l'optique d'un phénomène *interne*, c'est-à-dire comme la résultante de facteurs tels que le code génétique, la maturation (processus biologiques génétiquement programmés), les progrès cognitifs, les choix personnels. Or, la personne est également influencée par des forces *externes* — l'environnement physique, les interactions sociales, les conditions socio-économiques entre autres —, qui orientent le développement. L'ensemble de ces forces externes constitue le *contexte* du développement.

C'est à Urie Bronfenbrenner (1977, 1979, 1986) que revient le mérite d'avoir, d'une manière structurée, attiré l'attention des chercheurs sur l'importance des influences extérieures dans l'étude du développement. Il proposa une approche dite écologique mettant l'accent sur les divers contextes dans lesquels chaque être humain vit.

Dans le modèle de Bronfenbrenner (voir la figure 1.2), c'est la personne qui se trouve au centre et qui filtre en quelque sorte le jeu des influences internes et externes. Les divers contextes, ou écosystèmes, sont représentés en fonction de leur proximité avec la personne. Ainsi, on retrouve :

- le *microsystème*, c'est-à-dire l'ensemble des milieux sociaux avec lesquels la personne a des contacts directs : famille, amis, groupe de pairs, école, milieu de travail et environnement physique (lieux d'habitation, espaces de jeu pour les enfants, ressources de loisirs dans le quartier, etc.);

- le *mésosystème*, c'est-à-dire les liens tissés entre les divers microsystèmes : rencontres parents-enseignants qui relient le foyer et l'école, service de garderie offert en milieu de travail, etc.;

- l'*exosystème*, c'est-à-dire les institutions et les pratiques éducatives, culturelles, politiques, économiques qui influent directement sur les divers microsystèmes et indirectement — mais souvent fortement — sur toutes les personnes comprises dans les microsystèmes;

- le *macrosystème*, qui regroupe tous les contextes du développement et qui est composé des traditions, des valeurs, des croyances de la société.

Approche écologique Façon d'aborder le développement qui tient compte des divers contextes — environnements physiques et sociaux — dans lesquels la personne vit.

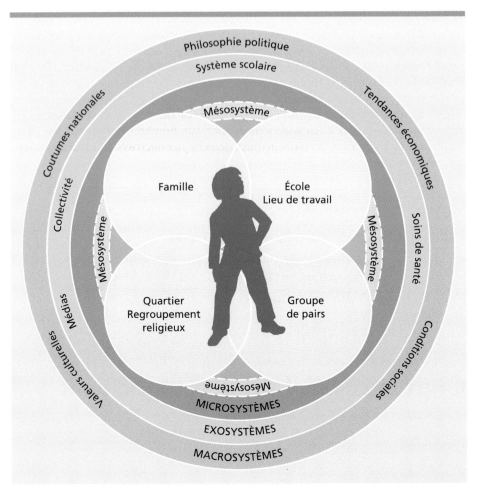

Figure 1.2   *Chaque personne est influencée par un certain nombre de systèmes en interaction. Les contextes sociaux qui ont un retentissement direct et immédiat sur le développement humain sont les microsystèmes. Il s'agit de la famille, du groupe d'amis, de l'école, du lieu de travail, du quartier, du lieu de culte. Les microsystèmes se rencontrent au niveau du mésosystème lorsque, par exemple, les parents et les enseignants coordonnent leurs interventions éducatives ou lorsque l'employeur et les employés s'entendent pour prévoir des congés en cas d'urgence familiale. Les microsystèmes sont entourés par l'exosystème, c'est-à-dire les réseaux extérieurs qui influent sur eux : structures communautaires, systèmes d'enseignement, de soins de santé, d'emploi, de communications, etc. Le tout est englobé dans le macrosystème, formé des valeurs culturelles, des philosophies politiques, des tendances économiques, des conditions sociales qui se répercutent sur tous les autres contextes.*

Les influences de ces contextes en contact plus ou moins direct avec la personne, de même que leurs influences combinées, sont multidirectionnelles et réciproques. La personne subit l'effet des situations et événements liés à ces divers contextes, mais elle les influence également en retour. Ainsi, la recherche a démontré que la qualité de vie dans le microsystème familial se répercute directement sur la productivité au travail. Inversement, le microsystème professionnel se répercute sur la qualité de la vie privée et notamment sur la satisfaction conjugale et sur l'attention portée aux enfants (Barling et Mactwen, 1992; Loscocco et Roschelle, 1991; Zedek, 1992).

Les interactions entre la vie privée et la vie professionnelle subissent par ailleurs l'effet de facteurs propres à l'exosystème et au macrosystème. En Amérique du Nord, par exemple, où le travail acharné et l'autosuffisance sont des valeurs importantes, la productivité et l'indépendance constituent des pivots de l'estime de soi (Weiss, 1990). Par conséquent, la perte d'un emploi peut marquer la vie et le développement des membres de la famille, adultes comme enfants, non seulement sur le plan économique, mais aussi sur le plan psychologique (Dooley et Catalano, 1988).

L'approche écologique proposée par Bronfenbrenner peut être utile en ce sens qu'elle fait ressortir les influences complexes qui s'exercent de près ou de loin sur le développement de toute personne. Cependant, il ne faudrait pas considérer les différents contextes comme des entités isolées nettement délimitées; ils sont inextricablement reliés et exercent des effets dynamiques, fluides et simultanés.

Pour éviter toute confusion, nous emploierons dans ce livre le terme contexte social pour désigner l'*ensemble* des contextes ou écosystèmes décrits par Bronfenbrenner. Nous nous attarderons donc aux nombreux contextes du développement sans tenter de les rattacher précisément aux microsystème, mésosystème, exosystème et macrosystème. Rappelez-vous néanmoins cet élément fondamental : toute personne se développe au sein d'un réseau de relations dynamiques établies entre un grand nombre de milieux en interaction; de plus, la personne influence ce réseau et, en retour, est aussi influencée par lui. Ces influences, comme nous le verrons, peuvent s'exercer dans les domaines biosocial, cognitif et psychosocial.

Contexte social   Ensemble des environnements (ou écosystèmes) physiques et sociaux dans lesquels une personne vit.

À VOUS LES COMMANDES – 1.3

Le modèle écologique de Bronfenbrenner

Les influences qui s'exercent entre les différents écosystèmes décrits par Bronfenbrenner sont multidirectionnelles et réciproques.

À partir de votre vie quotidienne et de celle de votre entourage, donnez trois exemples de situations qui montrent ces influences multidirectionnelles et réciproques. Fournissez des détails pour bien faire saisir les répercussions entre les écosystèmes.

Vous comprendrez sans peine qu'il est impossible dans le cadre d'un cours — comme dans la vie quotidienne au demeurant — d'étudier *tous* les facteurs contextuels susceptibles d'exercer une influence sur un aspect du développement en particulier. Nous en examinerons néanmoins quelques-uns dans ce livre et nous verrons comment ils peuvent influer sur un aspect du développement d'une personne, dans un sens positif ou non. Dans un ordre d'idées plus général, penchons-nous pour l'instant sur quelques composantes du contexte social : le contexte *familial*, le contexte *historique*, le contexte *socio-économique* et le contexte *culturel*.

Contexte familial

La complexité des interrelations dynamiques qui tissent le contexte social devient évidente quand on en examine l'unité fondamentale : la famille. Partout au monde, c'est dans le contexte familial que les enfants apprennent à devenir des membres compétents et productifs de la société et que les adultes trouvent une intimité après une journée de travail. Comment les familles s'acquittent-elles de ces fonctions ? Avec quel degré de compétence le font-elles ? La réponse à ces questions dépend d'une multitude de facteurs. Certains tiennent au milieu familial lui-même, à des caractéristiques telles que le nombre d'enfants et de parents, leur âge, la présence d'autres adultes et le climat affectif qu'engendrent les interactions entre ces personnes. Chaque relation familiale (entre conjoints, parent et enfant, frère et sœur, conjoint et beaux-parents) se répercute sur les autres membres de la famille, et toutes ces relations influent les unes sur les autres.

Les relations familiales sont aussi tributaires de facteurs indirects tels que les valeurs collectives en matière de rôles sexuels, la structure des institutions communautaires, le présent et le passé des grands-parents. Bien que la famille constitue dans tous les pays du monde un lieu d'intimité et de croissance, la complexité des contextes et des antécédents qui touchent chaque unité familiale en fait l'une des institutions les plus variables qui soient (Altergott, 1993).

On comprend donc l'intérêt d'une approche contextuelle qui vise à appréhender dans ce cas l'ensemble des interactions familiales et présente chaque membre à

Le contexte social est l'ensemble des environnements physiques et sociaux dans lesquels l'individu évolue. Il comprend non seulement les personnes, mais également les environnements créés — les pièces d'une maison, les maisons d'un quartier, les bâtiments scolaires, etc. Il inclut les entreprises, les institutions scolaires, les hôpitaux d'une collectivité. Il englobe les coutumes, les croyances, les valeurs. Tous ces éléments composent une niche écologique susceptible de favoriser le développement d'une personne et d'entraver celui d'une autre.

la fois comme « une victime et un architecte » des éventuels problèmes familiaux (Patterson, 1982; Patterson et Capaldi, 1991). Si nous demeurons si souvent impuissants devant quantité de crises familiales, c'est justement parce que nous oublions que le comportement de chaque membre se répercute sur celui des autres et, en même temps, en subit l'influence (Minuchin, 1993).

Ainsi, les spécialistes du développement sont de plus en plus nombreux à admettre que le comportement d'un enfant qualifié de « difficile » est en lien non seulement avec la relation conjugale de ses parents, mais aussi avec des facteurs comme la participation du père aux soins et les tensions entre les autres enfants. L'enfant, bien entendu, joue lui-même un rôle primordial. De fait, on pourrait émettre l'hypothèse que les faiblesses apparentes des parents *découlent* du comportement difficile de l'enfant tout autant qu'elles le *causent*.

Dans une étude contextuelle, on ne saurait cependant s'arrêter aux limites de la famille, car celle-ci entretient des relations réciproques avec d'autres aspects du contexte social (Bronfenbrenner, 1986). Les grandeurs et les misères du travail, par exemple, peuvent avoir d'importants retentissements sur les interactions familiales. La sécurité et la satisfaction que les parents tirent de leur travail ou, au contraire, l'anxiété et la frustration qui y sont liées peuvent influencer la qualité de l'attention qu'ils accorderont à l'enfant difficile, de même que leur tolérance face à des comportements considérés comme indésirables.

Par ailleurs, le groupe de pairs et l'école sont des contextes dont l'influence ne saurait être négligée. Les amis d'un enfant difficile, par exemple, peuvent admirer et, par conséquent, encourager sa turbulence, tandis que la discipline imposée par l'école peut créer chez l'enfant des tensions qu'il transposera chez lui (Cairns et Cairns, 1994; Dishion et coll., 1995; Patterson et coll., 1992). Certes, l'influence de ces contextes peut aussi être bénéfique : le groupe de pairs peut initier l'enfant aux habiletés sociales et l'école peut lui fournir des occasions de goûter au succès. Son estime de soi s'en trouverait alors renforcée et son hostilité, atténuée.

En règle générale, l'influence que le groupe de pairs et l'école exercent sur le comportement de l'enfant n'atteint la famille qu'indirectement. Mais il arrive qu'il en soit autrement. Par exemple, des parents pourraient, en observant les autres garçons du quartier, se rendre compte que leur fils est par comparaison beaucoup moins bagarreur et qu'il est exceptionnellement créatif, aux dires d'un professeur. Ils commenceront alors à apprécier un comportement qui pouvait les irriter auparavant. Ils percevront l'enfant et le traiteront différemment. Au bout du compte, il se pourrait que l'enfant en vienne à se comporter différemment.

Nous pourrions appliquer la même grille d'analyse à presque tous les comportements. Dans chaque cas, les actions individuelles constitueraient à la fois l'origine et l'aboutissement du contexte social.

À VOUS LES COMMANDES – 1.4

Les relations dans la famille et avec le groupe de pairs

1. Décrivez votre famille
   a) en identifiant les personnes.
   b) en qualifiant de deux adjectifs la relation entre chacune d'elles.

2. Dans une situation typique (les repas, par exemple), observez comment chaque comportement influence celui des autres.

3. À partir de vos souvenirs d'enfant, illustrez à l'aide de deux exemples concrets l'influence bénéfique ou nuisible de votre groupe de pairs ou de votre groupe à l'école.

4. Lors d'une rencontre familiale, demandez à vos parents d'identifier cinq événements ou facteurs qui ont marqué leur développement.

   Faites de même en ce qui concerne votre propre développement.

   Comment percevez-vous les ressemblances ? les différences ?

Contexte historique

À chaque époque, les idées reçues, les événements cruciaux, les techniques en usage, les tendances populaires, les médias (radio, télévision, films, journaux, Internet) modèlent la vie et la pensée des individus.

Vos attitudes à l'égard du travail, de la sécurité d'emploi, de l'argent et de l'indépendance sont-elles très différentes de celles de vos parents et de vos grands-parents ? Probablement, car cela dépend en partie du contexte économique que les gens ont connu en atteignant l'âge adulte. Or, ce contexte n'a cessé de se transformer au cours du siècle dernier : au Québec, et ailleurs dans le monde, les années 1930 furent marquées par la crise économique, les années 1950 par la prospérité et les années 1990 par l'instabilité financière et la précarité de l'emploi.

Il se produit au fil des ans de profonds changements économiques, politiques et techniques. Or, la recherche sur le contexte historique révèle que l'idée que l'on se fait de ce que devrait être l'ordre des choses dépend fortement de l'époque à laquelle on appartient. De fait, un bon nombre de nos présupposés les mieux ancrés sont des **construits sociaux**, c'est-à-dire des conceptions qui reposent sur des perceptions communes aux membres d'une société et non sur une réalité objective. On n'a qu'à songer aux changements survenus dans de nombreuses sociétés par rappport aux attentes sociales reliées aux rôles sexuels. Citons un indicateur statistique à ce propos : en 1960, on comptait deux fois plus de garçons que de filles dans les collèges et les universités; depuis 1980, les filles y sont plus nombreuses que les garçons.

Construit social Conception de l'ordre des choses reposant sur des perceptions communes aux membres d'une société et non sur une réalité objective.

À VOUS LES COMMANDES – 1.5

Les méthodes d'éducation : d'hier à aujourd'hui

1. Lors d'une visite à la bibliothèque, feuilletez des livres consacrés à l'éducation des enfants et lisez des articles qui datent d'avant 1970 et d'après 1990.
   a) Quelles pratiques favorise-t-on au sujet de l'alimentation, du sommeil, des pleurs ou encore de l'apprentissage de la propreté ?
   b) Quels changements d'attitudes et quelles similarités marquent ces deux périodes ?

2. Interrogez vos grands-parents ou des personnes âgées de votre entourage sur ce qu'était leur vie quand ils avaient 15 ou 16 ans.
   a) Quelles différences majeures dégagez-vous entre leurs 15-16 ans et les vôtres ?
   b) Montrez comment le construit social a influé sur l'adolescence ou la jeunesse de vos grands-parents.

Le changement n'épargne même pas notre conception du développement. L'idée de l'enfance qui a cours aujourd'hui, c'est-à-dire une période prolongée et particulière de la vie, est un construit social moderne. Il n'y a pas si longtemps — et encore aujourd'hui dans certaines sociétés —, les enfants faisaient l'objet de soins jusqu'à ce qu'ils puissent se suffire à eux-mêmes (soit jusqu'à l'âge de 7 ans environ), après quoi ils entraient dans le monde des adultes, commençaient à travailler aux champs ou au foyer et occupaient leurs loisirs de la même façon que les adultes. De même, la notion d'adolescence, c'est-à-dire une période entre l'enfance et l'âge adulte caractérisée par la rébellion contre l'autorité, l'adhésion au groupe de pairs et la recherche de l'identité, est en grande partie un construit social des 50 dernières années. Depuis le milieu du XXe siècle, en effet, les jeunes sont massés dans des établissements d'enseignement secondaire, collégial et universitaire; ils forment par conséquent un groupe assez bien délimité que la prospérité grandissante a transformé en un puissant marché de consommateurs (Boxer et coll., 1984).

La vieillesse, bien entendu, a toujours représenté une période distincte de la vie, encore que les construits sociaux à ce propos soient en perpétuelle mutation. À quel âge devient-on une personne âgée : à 50, à 70 ou à 80 ans ? En outre, la *retraite* conçue comme l'abandon volontaire du travail est un construit social récent. Il y a 50 ans, la plupart des Nord-Américains espéraient travailler jusqu'à leur dernier jour — ils n'avaient du reste pas vraiment d'autre choix (Quadagno et Hardy, 1996). Depuis, cependant, les progrès spectaculaires des soins de santé, les exigences du marché du travail et l'indépendance économique conférée par les régimes de pension privés et gouvernementaux ont abouti à une conception de la retraite qui, pour nombre de personnes âgées, était impensable au début du siècle dernier. Jamais ces personnes n'auraient imaginé profiter de plusieurs décennies de vie active et d'une véritable « culture de la retraite » — ensemble de services offerts aux retraités pour l'hébergement, les loisirs, les voyages, etc.

Différences entre cohortes

En Amérique du Nord, les personnes âgées d'aujourd'hui n'ont ni la même santé, ni les mêmes aspirations, ni les mêmes expériences que les personnes âgées du début du XXᵉ siècle. Cette réalité illustre l'une des conséquences de la transformation du contexte historique. « Selon l'année où l'on naît, on fait face à des priorités, à des contraintes et à des choix différents » (Elder, 1995). Dans les sociétés caractérisées par le changement social rapide, chaque cohorte — ensemble d'individus nés à quelques années d'intervalle et exposés aux mêmes conditions historiques et sociales — a tendance à établir des priorités, des contraintes et des choix renouvelés. Depuis 50 ans, par exemple, les attitudes et les comportements propres aux adolescents, en matière de musique, de coiffure ou de relations avec le monde adulte, changent à chaque génération. « Tu ne comprends pas, tout est différent maintenant ! » Cette phrase, que nombre d'adolescents disent à leurs parents, renferme une bonne part de vérité.

Cohorte   Groupe de personnes nées à quelques années d'intervalle et exposées aux mêmes conditions historiques et sociales; elles ont tendance à partager des perspectives similaires.

À VOUS LES COMMANDES – 1.6

L'effet de cohorte

Décrivez votre cohorte en répondant aux questions suivantes.

1. À l'école secondaire, comment la plupart des personnes de votre entourage considéraient-elles :
   a) les mères qui travaillaient à l'extérieur du foyer ?
   b) le rôle du père dans l'éducation des enfants ?
   c) les membres des groupes ethniques ?
   d) les personnes âgées ?
   e) les couples sans enfants ?
   f) les gais et les lesbiennes ?

2. Demandez à quelqu'un de votre entourage — qui n'appartient pas à la même cohorte que vous — de répondre aux six questions ci-dessus.

3. Comparez ses réponses avec les vôtres et discutez avec cette personne de vos constatations au sujet de l'effet de cohorte.

Non seulement les cohortes sont influencées par le contexte social dans lequel elles évoluent, mais elles subissent aussi l'effet de leur propre poids démographique (voir la figure 1.3). L'exemple le plus éloquent à ce propos nous est fourni par le désormais célèbre *baby-boom*, l'explosion démographique qui a marqué la période comprise entre 1946 et 1960 en Amérique du Nord. Toute la société s'est transformée lorsque les *baby-boomers* ont atteint l'adolescence, dans les années 1960 et 1970. La liberté sexuelle, la contestation politique et l'usage de drogues connurent alors une vogue inédite. Maintenant que les *baby-boomers* commencent à planifier leur retraite, des questions comme la sécurité du revenu, la prévention de la sénilité et le suicide assisté occupent l'avant-scène. Simultanément, la cohorte de jeunes adultes nés en nombre relativement faible entre le milieu des années 1960 et le milieu des années 1970, cette génération qu'on appelle la génération X, se bute à un marché du travail saturé. La société aura-t-elle la capacité de veiller à leurs besoins sociaux alors qu'elle sera accaparée par ceux de leurs prédécesseurs ? De par leur seul nombre, les *baby-boomers* jouissent d'un poids politique considérable. Qu'en sera-t-il des générations suivantes ? Bien des défis les attendent.

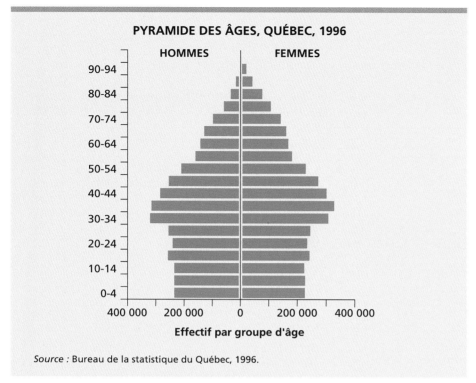

PYRAMIDE DES ÂGES, QUÉBEC, 1996

Source : Bureau de la statistique du Québec, 1996.

Figure 1.3   *Jusqu'aux années 1960, chaque nouvelle génération était plus nombreuse que la précédente. Depuis, en raison notamment des méthodes contraceptives et des progrès de la médecine qui accroît l'espérance de vie, la situation a bien changé. C'est ainsi qu'au Canada, les baby-boomers nés entre 1945 et 1960 forment présentement le gros de la population et que la cohorte des aînés est celle qui s'est le plus accrue (7 fois celle de 1920).*

Contexte socio-économique

Le statut socio-économique, parfois appelé « classe sociale », est un autre aspect du contexte social qui influe sur le développement humain. On en prend la mesure au moyen de variables interdépendantes comme le revenu, l'éducation, le lieu de résidence et l'occupation. Le statut socio-économique ne correspond pas uniquement à la situation financière; il comprend l'ensemble des avantages et des désavantages, des possibilités et des limites qui y sont liés. Le concept de classe sociale est un construit social.

Statut socio-économique : Indicateur de la classe sociale fondé principalement sur le revenu, l'éducation et l'occupation.

À VOUS LES COMMANDES – 1.7

Statuts socio-économiques différents : avantages et désavantages

Grégoire et Marcellin sont deux étudiants du collégial; le premier vient d'un milieu socio-économique défavorisé, le second, d'un milieu bien nanti.

1. Identifiez trois catégories d'avantages ou de possibilités et trois catégories de désavantages ou de limites dévolus à chacun en fonction de sa situation socio-économique.

2. Quels défis Grégoire et Marcellin auront-ils chacun à relever ?

3. Quelles stratégies et ressources chacun pourrait-il utiliser pour maximiser ses possibilités d'atteindre ses objectifs ?

Il n'en reste pas moins que les statisticiens des gouvernements mesurent souvent la situation socio-économique en fonction du revenu familial (en tenant compte de l'inflation et de la taille de la famille). Considérer uniquement le revenu familial est une méthode simpliste, mais utile, surtout en ce qui a trait aux ménages vivant sous le seuil de la pauvreté. En effet, un revenu familial insuffisant dénote

ⓟOINT DE MIRE

Statut socio-économique défavorisé et éducation des enfants

L'expression « statut socio-économique défavorisé » renvoie à une classe sociale et à une situation défavorisées qui se caractérisent, entre autres, par une scolarisation insuffisante et de faibles revenus. Essayons d'analyser, par rapport à la situation des familles de classe moyenne, les conséquences que peuvent avoir certains facteurs sur l'éducation des enfants au sein de familles en situation socio-économique défavorisée (Patterson, Kupersmidt et Vaden, 1990; Wasserman, Raugh, Brunelli, Garcia-Castro et Necos, 1990).

Ceux qui ne disposent que de faibles revenus sont parfois obligés d'habiter un logement inadéquat et trop petit dans un quartier défavorisé, où les problèmes sociaux et familiaux sont prononcés (Chilman, 1991). Les taux de mortalité et de maladie physique et mentale sont généralement plus élevés dans les familles socio-économiquement défavorisées. Dans ce milieu, les femmes enceintes sont plus susceptibles d'être jeunes et non mariées (Harris, 1991), de consommer de l'alcool ou d'autres drogues, de ne pas recevoir tous les soins prénatals adéquats et de donner ainsi naissance à des bébés prématurés et agités qui exigent davantage d'attention. On constate aussi une proportion plus élevée d'enfants maltraités et/ou négligés (Young et Gately, 1988). Les familles défavorisées sur le plan socio-économique peuvent se retrouver davantage à la merci des événements imprévus qui marquent une vie : la maladie, le chômage, les difficultés familiales. Elles s'efforcent d'avoir une sécurité minimale et de simplement satisfaire leurs besoins quotidiens essentiels (Dill, Field, Martin, Beukemia et Belle, 1980). En raison de leurs conditions de vie, les parents sont généralement exposés à un grand nombre de facteurs de stress — sans avoir toujours les ressources personnelles ou sociales pour y faire face — et leur capacité de s'acquitter de leurs tâches parentales peut en être affectée.

Il faut souligner que de telles caractéristiques liées à l'appartenance de classe correspondent à des moyennes de groupe qui ne reflètent pas la situation de toutes les familles et de toutes les personnes en situation socio-économique défavorisée. Par exemple, une étude réalisée auprès de mères à faibles revenus vivant en milieu urbain à majorité noire a révélé de grandes différences dans l'application de mesures disciplinaires. L'attitude à l'égard des châtiments corporels variait énormément. En général, les mères ayant un sentiment religieux plus prononcé appliquaient des mesures disciplinaires davantage axées sur les besoins de l'enfant (Kelley, Power et Wimbush, 1992).

et engendre à la fois un contexte où la restriction des possibilités et la force des pressions rendent la vie beaucoup plus difficile qu'aux échelons supérieurs de l'échelle socio-économique (Huston et coll., 1994). À preuve, la mortalité infantile, la négligence à l'égard des enfants, la violence des adolescents et les maladies à l'âge adulte sont plus répandues chez les gens pauvres que chez les mieux nantis. Ces problèmes sont-ils causés par la pauvreté ? Existe-t-il au contraire une « culture de la pauvreté », un ensemble de valeurs et de pratiques qui tend à perpétuer la misère de génération en génération ? Les spécialistes des sciences sociales sont partagés sur la question.

Un autre débat social que suscite la situation socio-économique a trait à la part des finances publiques qui revient à chaque génération. Il y a 40 ans, les personnes âgées formaient le groupe d'âge le plus pauvre en Amérique du Nord. Actuellement au Canada, les plus pauvres de la société sont les jeunes : plus d'un enfant sur quatre vit dans la pauvreté. Le tableau 1.1 présente les données concernant les taux de pauvreté des familles canadiennes selon le type (deux parents, un parent-mère et un parent-père) tandis que le tableau 1.2 présente celles concernant les taux de pauvreté des enfants au Canada par grandes régions. Bien sûr, l'enfant qui vit dans une famille dont le revenu est au-dessous du seuil de pauvreté est lui aussi considéré comme pauvre. Il est à noter que plus de 50 % à 60 % des familles vivant sous le seuil de la pauvreté sont monoparentales et ont des femmes comme chefs de famille. Le Québec se situe dans la moyenne canadienne en ce qui touche la pauvreté des enfants, en augmentation constante depuis quelques années. Certains prétendent que la pauvreté chez les jeunes causera des problèmes qui pèseront longtemps sur la société. D'autres rétorquent que la « vieille » génération vient souvent au secours de la nouvelle. De fait, un examen des transferts d'argent au sein des familles révèle clairement que les plus de 65 ans donnent plus souvent qu'ils ne reçoivent (Crystal, 1996). Le débat est loin d'être tranché.

TABLEAU 1.1	Seuil de faible revenu des familles par type, 1980-1995.		
	Deux parents (%)	**Un parent-mère (%)**	**Un parent-père (%)**
1980	9,7	57,3	25,4
1985	11,8	61,1	26,9
1990	9,8	59,5	25,5
1995	12,8	56,8	30,7

Source : Statistiques Canada, 1996.

TABLEAU 1.2	Taux d'enfants vivant dans des familles à faible revenu par province ou groupe de provinces, 1994.	
	Incidence (%)	**Nombre (000)**
Canada	19,5	1362
Provinces atlantiques	20,1	116
Québec	19,8	335
Ontario	18,1	474
Provinces des Prairies	20,4	256
Colombie-Britannique	21,2	181

Source : Statistiques Canada, 1996.

Contexte culturel

Pour les spécialistes des sciences sociales, le terme culture désigne l'ensemble des valeurs, des attitudes, des coutumes et des objets (vêtements, habitations, aliments, outils, œuvres d'art, etc.) dont un groupe se dote au fil des ans pour structurer son mode de vie.

Une étude attentive des modes de vie révèle clairement que la culture influence le développement humain à de nombreux égards. Par exemple, Robert LeVine (1980, 1988, 1989) a noté que, dans de nombreuses collectivités agricoles des pays

Culture Ensemble des valeurs, des attitudes, des coutumes et des objets dont se dotent les membres d'un groupe pour structurer leur mode de vie.

Ces deux photos illustrent de manière éloquente le point de vue de Robert LeVine : les méthodes d'éducation traduisent certaines des valeurs et besoins d'une société. Sans vous reporter au texte, tentez de trouver dans ces photos quelques-uns des traits culturels que décrit LeVine.

en voie de développement, les enfants sont considérés comme une richesse économique; ils participent aux travaux agricoles et, devenus adultes, forment une unité familiale stable apte à exploiter la terre et à veiller sur leurs parents vieillissants. Par conséquent, les mères prodiguent aux jeunes enfants des soins physiques assidus, les nourrissent sur demande, réagissent sans délai à leurs pleurs, maintiennent constamment avec eux un contact physique étroit et, avec l'aide des autres membres de la famille, veillent sans cesse sur eux. Toutes ces mesures permettent d'éviter aux enfants une mort prématurée en même temps qu'elles maintiennent, consolident et transmettent des valeurs culturelles telles que l'interdépendance des membres de la famille.

LeVine émet l'hypothèse qu'en Amérique du Nord les parents de la classe moyenne n'auraient pas à déployer autant d'efforts pour prévenir la mortalité infantile. Leur priorité serait d'assurer la réussite de leurs enfants dans une société technologique et urbanisée en leur proposant des activités axées sur l'atteinte de performances spécifiques. Cependant, dans une société industrialisée comme dans une société agricole, les enfants sont relativement bien préparés à vivre dans leurs sociétés respectives.

Ethnicité et culture

Le concept d'ethnicité est un des éléments importants du contexte culturel. Un groupe ethnique est un ensemble de personnes qui ont en commun des attributs tels que l'ascendance, l'origine nationale, la religion et la langue et qui, par conséquent, tendent à s'identifier les unes aux autres et à interagir de façon semblable avec leur univers social. Il s'ensuit que l'identité ethnique ne relève pas seulement de la génétique, mais aussi du contexte social et du sentiment d'appartenance des personnes.

L'ethnicité a ceci d'analogue à la culture qu'elle se définit à travers un ensemble de croyances, de valeurs et de présupposés propres à influer considérablement sur le développement de la personne et sur les méthodes d'éducation dont elle usera auprès de ses enfants. De fait, il arrive quelquefois que l'ethnicité et la culture se confondent. Il n'en reste pas moins que plusieurs groupes ethniques peuvent partager la même culture tout en conservant chacun son identité propre. Dans les sociétés multiethniques comme celles qu'on trouve dans la plupart des grands pays de notre planète, les différences ethniques touchent les croyances, les valeurs et les comportements (Harrison et coll., 1990), mais se manifestent principalement dans la structure familiale. Ainsi, les enfants sont élevés au sein de familles élargies ou de familles nucléaires, ils sont incités à l'indépendance, à la dépendance ou à l'interdépendance, ils placent l'éducation au premier plan ou la subordonnent aux responsabilités familiales, ils se conforment à l'autorité des aînés ou affirment leur autonomie.

Individu et contexte social

Puisque le développement de la personne est tributaire de nombreux contextes, il est important de comprendre les influences possibles de chacun. Il faut cependant se garder d'expliquer la personnalité, les aptitudes et les actions en reliant le comportement individuel à un seul de ces contextes. Chacun de nous est poussé dans des directions divergentes par toutes sortes d'influences contextuelles dont la puissance varie selon la personne, la situation, la famille, le degré d'instruction, etc. Bref, nul ne correspond exactement à la « moyenne » statistique de sa génération, de sa classe sociale, de sa culture. Chacun présente des écarts inattendus par rapport à des stéréotypes et à des généralisations en apparence crédibles; ces particularités individuelles valent d'être reconnues et étudiées avec rigueur.

Le *Point de mire* de la page 15 présente l'histoire de David, un jeune homme qui a manifestement subi l'influence de multiples contextes et qui devient ce qu'il est : une personne unique.

Groupe ethnique Ensemble de personnes qui ont en commun un certain nombre de caractéristiques, dont la nationalité, la religion, l'éducation et la langue, et qui, par conséquent, tendent à partager les mêmes croyances, les mêmes valeurs et les mêmes expériences culturelles.

POINT DE MIRE

L'histoire de David : les domaines et les contextes dans la vie d'un homme

Voici le récit d'un cheminement inhabituel, celui de David, le fils de mon frère, gravement handicapé dès la naissance. Enfant et adolescent, David s'est heurté à des obstacles presque insurmontables; désormais dans l'âge adulte, il demeure aux prises avec des difficultés hors du commun.

Ses combats et ses victoires sont autant de confirmations poignantes de l'importance de l'étude du développement humain. En effet, en le comprenant mieux, on peut mieux aider chaque personne à s'épanouir aussi pleinement que possible. De plus, l'exemple de David, en faisant ressortir les principaux facteurs qui déterminent le développement typique, éclaire le sens des définitions et des questions fondamentales de l'étude du développement humain.

Il était une fois...

L'histoire de David commence en 1967, avec un événement qui relève du domaine biosocial. À la quatrième semaine de sa grossesse, la mère de David contracta la rubéole et le fœtus subit des lésions permanentes. David naquit donc en novembre, atteint d'une très grave anomalie cardiaque et affligé d'épaisses cataractes aux yeux. Il avait également des malformations mineures au cerveau, aux pouces, aux pieds, à la mâchoire et aux dents.

Avant même sa venue au monde, David était victime du contexte médical et du contexte politique. En effet, s'il avait été conçu dix ans plus tard, sa mère aurait probablement été vaccinée contre la rubéole et David n'aurait pas été atteint du virus. Si, au contraire, il avait été conçu quelques années plus tôt ou s'il avait vu le jour dans une autre partie du monde, il serait mort dès sa naissance, faute de soins médicaux adéquats.

David survécut grâce à une chirurgie cardiaque pratiquée quelques jours après sa naissance. Six mois plus tard, cependant, à la suite d'une opération aux yeux, il perdit complètement l'usage d'un œil.

Petite enfance : affection et patience

Il apparut bientôt que les handicaps physiques de David entravaient son développement *cognitif* et *psychosocial*. La cécité retardait ses apprentissages, et ses parents le surprotégeaient, ne s'en séparant que pour le remettre dans son berceau. Une analyse du *contexte familial* aurait révélé que les influences réciproques entre David et sa famille étaient nuisibles sur bien des plans. Comme la plupart des parents d'enfants gravement handicapés, ceux de David éprouvaient de la culpabilité, de la colère et du désespoir (Featherstone, 1980); au début, ils ne réussirent pas à établir des plans constructifs propres à favoriser le développement optimal de leur fils.

Heureusement, les parents de David comprirent qu'il leur fallait chercher l'aide de spécialistes et que leur fils avait besoin d'explorer le monde. Ils lui aménagèrent donc une aire de jeu et lui enseignèrent à reconnaître au toucher les endroits sûrs. La mère de David se consacra aux activités que divers spécialistes lui avaient recommandées : elle assurait à son petit une stimulation tactile et auditive en lui faisant faire des exercices pour les pieds et en lui chantant fréquemment des berceuses.

Le père de David, quant à lui, se chargea des tâches domestiques et des soins de ses deux autres fils, âgés de 2 et 4 ans. Grâce à un programme expérimental donné dans une école spécialisée, la famille de David apprit des méthodes pour développer les aptitudes physiques et le langage chez les enfants multihandicapés. Le père, la mère et les deux frères aînés passèrent des heures à lancer des ballons, à faire des casse-tête et à chanter avec David. C'est ainsi qu'une étroite collaboration entre le *contexte familial* et le milieu scolaire favorisa le développement du jeune David.

Les progrès, néanmoins, étaient lents. À l'âge de 3 ans, David ne parlait pas (même s'il entendait), ne mangeait pas d'aliments solides, n'utilisait pas les toilettes, ne coordonnait pas ses doigts et ne marchait pas normalement. Les mesures de son quotient intellectuel (QI) révélèrent une déficience prononcée.

David dit son premier mot, « papa », à l'âge de 4 ans. À la suite d'une intervention chirurgicale à un œil, il put enfin reconnaître le visage des membres de sa famille et regarder des livres d'images. Il franchit une autre étape à 5 ans : il apprit à utiliser les toilettes et il délaissa les aliments pour bébé.

Cette année-là, de nombreuses écoles se mirent à accueillir des enfants lourdement handicapés, car on se rendait compte qu'ils étaient capables d'apprendre. David fut l'un d'eux.

Sur le chemin de l'école

À 7 ans, David avait fait tellement de progrès sur le plan intellectuel qu'on le considéra apte à fréquenter une école ordinaire. Pourtant, la rubéole n'avait pas fini d'entraver son développement *biosocial, cognitif* et *psychosocial*. Sa motricité était déficiente (il avait notamment de la difficulté à manier un crayon); il apprenait péniblement à lire, car sa vision était très faible. Enfin, ses habiletés sociales laissaient à désirer : il pinçait les gens qu'il n'aimait pas et se mettait à rire ou à pleurer aux moments les plus inopportuns.

Au cours des années qui suivirent, David progressa à grands pas sur le plan *cognitif*. Il sauta une année et se retrouva en cinquième à l'âge de 10 ans. Il lisait (avec la compétence d'un élève de 5e secondaire) en s'aidant d'une loupe; ses résultats aux tests d'aptitude verbale et de mathématiques lui valurent l'étiquette d'« enfant doué ». À la maison, il entreprit l'étude du violon et d'une langue seconde. Il fit preuve dans les deux disciplines d'une mémoire et d'une acuité auditive hors du commun.

Ses principales difficultés relevaient cependant du domaine *psychosocial,* et David était souvent tenu à l'écart des autres enfants. Faute d'une éducation appropriée, ces derniers ne comprenaient pas son état et certains se moquaient de lui.

C'est alors que les parents de David résolurent d'inscrire leur fils dans une école pour non-voyants. Là, il progressa sur les plans *biosocial, cognitif* et *psychosocial.* Il pratiqua la lutte et la natation, étudia l'algèbre à l'aide de manuels imprimés en gros caractères et se fit des amis dont la vision était encore plus faible que la sienne. Il maîtrisa non seulement les matières au programme, mais acquit également des compétences spécialisées. Il apprit ainsi à se déplacer seul en ville de même qu'à faire la cuisine et la lessive. Il fut ensuite admis à l'université près de chez lui. Il décrocha d'abord un diplôme en études russes et en études allemandes, puis obtint sa maîtrise en études allemandes.

Le passé et l'avenir

David semble maintenant avoir surmonté les pires difficultés. Sur le plan *biosocial,* grâce à la médecine et à la chirurgie, il a meilleure apparence et sa diction s'est beaucoup améliorée. Dans le domaine *cognitif,* il s'est grandement développé et amorcera bientôt une carrière d'interprète (un choix tout indiqué pour quelqu'un qui, comme lui, a appris à se concentrer sur les paroles). Dans le domaine *psychosocial,* enfin, l'enfant replié sur lui-même est devenu un jeune homme sociable et amical. Il habite toujours chez ses parents, mais il espère « voler bientôt de ses propres ailes ».

La vie de David n'a rien d'un long fleuve tranquille. Chaque jour lui apporte son lot d'embûches et, comme chacun, il a ses moments de doute et de dépression. Mais il ne se décourage pas, en tout cas, pas longtemps et, petit à petit, son sort s'améliore.

L'histoire de David révèle à quel point les domaines et les *contextes sociaux* interagissent et influent sur le développement, tant favorablement que défavorablement. Elle fait aussi ressortir l'importance de la recherche et de ses applications sur le développement. Les parents de David n'auraient peut-être pas su comment aider leur fils dans ses apprentissages si des recherches n'avaient révélé l'importance de la stimulation sensorielle pour le développement du nourrisson. En outre, David n'aurait peut-être pas étudié si des centaines de spécialistes du développement n'avaient pas démontré que les enfants lourdement handicapés peuvent fréquenter l'école. Sans les progrès de la

Les jeunes athlètes qui participent aux Olympiques spéciales goûtent non seulement à l'euphorie de la compétition, mais aussi à la satisfaction qu'apporte la certitude d'être reconnu et accepté. Dans une société aussi compétitive que la nôtre, l'exclusion dictée par les attitudes sociales peut avoir des conséquences psychologiques plus dramatiques que les limites imposées par un handicap.

science, David aurait peut-être vécu dans l'isolement. Jadis, les enfants comme lui passaient leur vie dans des établissements qui ne leur fournissaient que des soins élémentaires.

De même, l'avenir immédiat de David sera influencé par divers aspects du *contexte social.* Les transformations du *contexte historique,* par exemple, ont sensibilisé la population aux besoins des personnes handicapées. Les lois leur garantissent maintenant l'accès à l'éducation supérieure, au logement et à l'emploi. David, enfin, continuera de bénéficier de l'amour et du soutien de sa famille. Il devra cependant trouver son propre univers social, une tâche ardue pour la plupart des jeunes adultes en Amérique du Nord, surtout pour ceux qui sont « différents ».

L'histoire de David ne fait pas que souligner l'influence des *domaines* du développement et des divers aspects du *contexte social,* elle nous ramène à une vérité universelle : nul n'est simplement le produit d'influences. Chaque personne est un individu à part entière qui réagit à sa façon à la myriade de contextes qui touchent son développement. Bien sûr, David a été aidé par des scientifiques, des enseignants et les membres de sa famille, mais il est sans nul doute le principal artisan de ses succès.

À VOUS LES COMMANDES – 1.8

Les trois domaines en interaction

En vous inspirant de l'encadré sur la vie de David, donnez des exemples illustrant comment les trois domaines — biosocial, cognitif, psychosocial — et certaines de leurs interactions ont influé sur votre propre développement.

Deux controverses de taille

L'étude du développement exige que l'on tienne compte de l'interaction des domaines biosocial, cognitif et psychosocial ainsi que du contexte social — dans ses aspects familial, historique, socio-économique et culturel — dans lequel s'inscrivent ces influences réciproques. Le cas de David en témoigne éloquemment. Cela étant, la mesure de l'impact relatif de tous ces facteurs est d'une complexité extraordinaire. La question alimente du reste un certain nombre de controverses parmi les spécialistes du développement. Deux débats en particulier les séparent : les parts respectives d'influence de l'hérédité et de l'environnement en tant que facteurs de développement, et l'influence des premières années de vie sur le développement.

Hérédité et environnement

Dans la controverse hérédité/environnement, les scientifiques sont partagés quant aux répercussions respectives des facteurs héréditaires et environnementaux sur les caractéristiques de la personne.

    L'hérédité réfère à l'ensemble des gènes reçus à la conception. Ces gènes déterminent des caractères tels que la stature, la couleur des yeux et les maladies héréditaires. Certaines prédispositions génétiques concerneraient également des caractéristiques cognitives et biosociales (aptitude pour l'arithmétique, sociabilité, tendance à la dépression).

    L'environnement renvoie aux influences qui s'exercent dès la conception. Cela va de l'état de santé de la mère durant la grossesse jusqu'aux expériences auxquelles l'individu est confronté dans la vie, dans sa famille, à l'école, à l'intérieur de sa communauté et dans la culture au sens large.

    Pour parler de l'hérédité et de l'environnement, les scientifiques emploient aussi les expressions « nature et culture » et « inné et acquis ». Quel que soit le vocable, cependant, une question demeure : quelle est la part d'influence respective de la génétique et de l'expérience sur une caractéristique, un comportement ou un mode de développement ? L'expression « part respective » dans cette question suppose que toutes les caractéristiques, tous les comportements et tous les modes de développement participent à la fois de l'inné et de l'acquis, de l'influence de l'hérédité et de l'environnement. Tous les psychologues en développement admettent qu'à n'importe quel moment de la vie l'*interaction* de l'inné et de l'acquis est la principale influence à s'exercer sur un aspect donné du développement. Ils reconnaissent, par exemple, que l'intelligence est déterminée par un mélange d'hérédité et d'éléments de l'environnement social et physique comme l'éducation et l'alimentation. Cette belle unanimité, cependant, peut faire place à des débats enflammés lorsqu'il s'agit d'établir l'importance relative de l'hérédité et de l'environnement.

    Si la controverse hérédité/environnement soulève encore autant de passions, c'est en partie à cause des décisions qui en découlent. Prenons l'exemple des garçons et des filles à l'école : ils ont des aptitudes mathématiques comparables au primaire puis, au secondaire, les garçons surpassent les filles. Ces différences sont-elles innées ? Sont-elles dues à des hormones qui confèrent un avantage aux garçons à compter de la puberté (Gaulin, 1993; Jacklin et coll., 1988) ? Cet avantage les incite-t-il à suivre plus de cours de mathématiques ? Et si, au contraire, les différences étaient acquises ? Se pourrait-il que les filles intériorisent que les aptitudes mathématiques ne sont pas « féminines » ? Les parents, les enseignants et les amis feraient-ils peu — ou rien — pour développer l'intérêt des filles pour les mathématiques (Eccles et Jacob, 1986) ? Une recherche transculturelle sur les femmes en sciences corrobore cette dernière hypothèse. L'étude révèle que le pourcentage de professeurs féminins dans les facultés de physique varie d'environ 1 % au Japon à 47 % en Hongrie (voir la figure 1.4). Ce décalage donne à penser qu'à cet égard au moins le contexte culturel pèserait bien davantage que la biologie (Barinaga, 1994).

Hérédité   Ensemble des traits et des prédispositions transmis par les parents à la conception.

Environnement   Ensemble des traits physiques et psychologiques que la personne acquiert durant sa vie au contact de facteurs environnementaux.

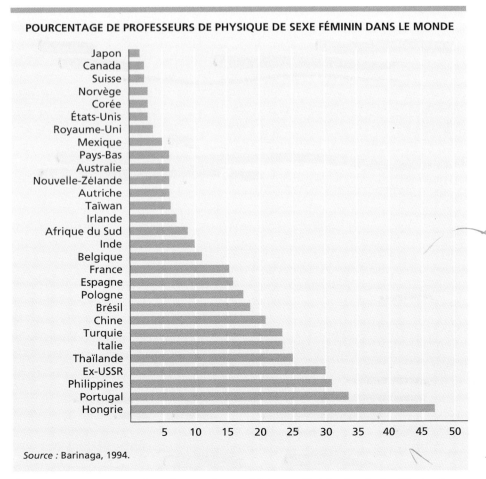

POURCENTAGE DE PROFESSEURS DE PHYSIQUE DE SEXE FÉMININ DANS LE MONDE

Source : Barinaga, 1994.

Figure 1.4 *Le pourcentage de professeurs d'université de sexe féminin, dans les facultés de sciences de la nature et de mathématiques en particulier, varie considérablement d'un pays à un autre. Ce graphique représente le pourcentage de professeurs de physique de sexe féminin dans divers pays. Notez que les proportions varient à l'intérieur des continents et même à l'intérieur des groupes ethniques. Il est clair que l'environnement social, et particulièrement la politique et l'économie d'un pays, est beaucoup plus déterminant que l'hérédité dans ce cas.*

Quoi qu'il en soit, les conséquences ne sont pas anodines. En effet, on pourrait arguer que si les garçons sont génétiquement plus doués que les filles pour les mathématiques, on ne peut rien y changer. Si, en revanche, les différences entre les sexes découlent des influences du milieu, nous nous privons par notre faute d'un grand nombre de compétences en sciences en n'incitant pas les femmes à développer leur potentiel en mathématiques.

Songeons également à l'un des problèmes les plus criants de l'heure en matière de développement de la personne : la négligence et la maltraitance de la part des parents, dont sont victimes des millions d'enfants dans le monde. Les décideurs qui considèrent l'hérédité comme le facteur capital du développement préconisent que les enfants maltraités demeurent avec leurs parents biologiques, sauf dans les cas les plus extrêmes. Ils estiment que les enfants doivent être temporairement confiés à des parents proches si le placement en famille d'accueil s'impose. Quant aux décideurs pour qui le milieu constitue le facteur dominant du développement de l'enfant, ils recommandent de séparer promptement les enfants maltraités de leurs parents et de les confier définitivement aux soins de personnes compétentes et affectueuses. Les opinions face à l'importance relative de l'hérédité et de l'environnement sous-tendent de même une foule de politiques sociales et de mesures relatives à des questions aussi controversées que les effets de l'alcool sur le développement fœtal et les causes de la sénilité. Ces prises de position ont d'énormes

POINT DE MIRE

Les enfants de la guerre

On constate que des événements planétaires comme les guerres, les famines, les migrations forcées bouleversent la vie de millions d'enfants et hypothèquent leur développement. Certains chercheurs estiment que la moitié des 50 millions de personnes actuellement déplacées par les explosions de violence sur notre planète sont des enfants.

On peut le comprendre, les enfants sont particulièrement vulnérables aux effets tragiques de la guerre. Et lorsqu'ils trouvent asile chez nous, on s'intéresse non seulement à déceler leurs besoins physiques, mais on accorde « de plus en plus d'importance aux besoins psychologiques associés aux séquelles du conflit armé, de la fuite et de la relocalisation dans un nouveau pays » (Ehrensaft et coll., 1999).

Bien sûr, les besoins psychologiques varient selon le stade de développement de l'enfant. L'âge détermine en effet la manière dont il comprend les événements traumatisants, sa réaction face à ces situations de même que sa façon de considérer l'offre d'aide.

Certains chercheurs proposent une classification des symptômes et des réactions fréquentes, vécus à des degrés divers, selon trois groupes d'âge : âge préscolaire, âge scolaire et adolescence.

De nombreux enfants d'âge préscolaire présentent des symptômes d'attachement anxieux et d'anxiété face à la séparation ainsi que des comportements régressifs tels que la perte d'habiletés récemment acquises ou des cauchemars.

À l'âge scolaire, l'enfant peut parfois présenter des difficultés de concentration, des troubles d'apprentissage, de l'insomnie, de l'anxiété, de l'agressivité ou de la dépression.

À l'adolescence, les changements corporels et affectifs augmentent la vulnérabilité aux situations traumatisantes. Les symptômes les plus courants sont des comportements autodestructeurs ou à risque, le repli sur soi, les problèmes d'ordre psychosomatique. Par contre, beaucoup d'adolescents peuvent aussi paraître plus mûrs que les autres jeunes de leur âge puisqu'ils doivent souvent apaiser la détresse des parents.

Dans de telles situations, des interventions s'avèrent nécessaires. Pour être efficaces, elles doivent intégrer une approche multidimensionnelle et préventive qui tient compte de la diversité des facteurs affectifs, sociaux, économiques, culturels et développementaux.

Source : E. Ehrensaft, M. Kapur et M. Tousignant. « Les enfants de la guerre et de la pauvreté dans le Tiers-Monde », dans *Psychopathologie de l'enfant et de l'adolescent : approche intégrative*, Gaëtan Morin éditeur, 1999, 768 pages.

conséquences, non seulement sur l'élaboration de politiques sociales, mais aussi sur la répartition des fonds de recherche.

Début de la vie et expériences ultérieures

La seconde controverse à diviser le monde de la psychologie du développement concerne l'importance de l'influence des premières années de la vie sur le développement cognitif et psychosocial. Les événements et les émotions de la petite enfance façonnent-ils définitivement notre personnalité ? La personnalité n'est-elle pas plutôt malléable, sensible à la diversité des expériences et des perceptions tout au long de la vie ?

Les spécialistes du développement ont longtemps adhéré à la première hypothèse. Ils estimaient que les cinq premières années de la vie établissent le fondement de la personnalité. De fait, certaines études soutiennent l'importance des premières expériences sur le développement ultérieur. Erik H. Erikson (1963) et John Bowlby (1960), inspirés par Sigmund Freud, ont émis l'hypothèse que la nature de la confiance et de l'attachement que porte l'enfant à sa mère détermine sa capacité future de nourrir des relations intimes comme l'amitié et l'amour. Des études plus récentes sur l'attachement mère-enfant ont du reste confirmé que la force ou la faiblesse du premier lien humain peut avoir des conséquences à long terme, non seulement en matière de relations interpersonnelles mais aussi d'estime de soi (Egeland et coll., 1993; Lamb et coll., 1985; Parent et Saucier, 1999).

Les recherches réalisées dans d'autres domaines ont également démontré que certaines expériences des premières années de la vie peuvent avoir un effet durable. Les enfants qui connaissent l'instabilité et l'anxiété qu'entraînent la misère ou la vie dans la rue tendent à présenter des retards cognitifs prononcés qui risquent de persister, parfois même si les conditions s'améliorent (Rafferty et Shinn, 1991 ; Ramey et Campbell, 1991). Les séquelles, qui se manifestent jusqu'à l'âge adulte, peuvent être encore plus apparentes dans le cas de jeunes enfants ayant subi des traumatismes aigus comme des sévices graves (Cicchetti, 1990).

Aux yeux de certains spécialistes du développement, les premières années de la vie seraient plus déterminantes que les suivantes pour le développement des capacités et des dispositions de la personne, établissant sa trajectoire et sa destination de façon irrévocable.

De nombreux autres psychologues en développement voient les choses différemment. Ils pensent que le développement peut changer de voie et même s'inverser sous l'effet de l'expérience. Ils s'appuient eux aussi sur maintes études, particulièrement sur celles qui démontrent que les enfants peuvent se remettre de leurs infortunes s'ils reçoivent par la suite un minimum de soutien affectif et cognitif. Même après des années de maladie, de pauvreté extrême, de troubles familiaux ou de mauvais traitements, quelques individus deviennent des adultes adaptés et prospères (Elder et coll., 1985 ; Furstenberg et coll., 1987 ; Masten et coll., 1990 ; Rutter, 1989). Il semble que des facteurs favorables tels que l'amitié, l'éducation supérieure, la formation spécialisée, le bonheur conjugal et la foi religieuse aient sauvé ces personnes de la détresse (Werner et Smith, 1992).

Les spécialistes du développement sont de plus en plus nombreux à penser que le destin de la personne dépend à la fois des premières expériences et des événements ultérieurs et que les premières années de la vie influent sur la personnalité et le développement sans toutefois les *déterminer*.

Nombre de décisions pratiques reliées au développement humain reposent sur l'interprétation de l'importance relative des premières années de vie et des périodes subséquentes. Et le débat se corse en ce qui a trait aux politiques sociales, opposant d'une part les tenants de la « prévention précoce » et, d'autre part, les adeptes de l'« intervention ponctuelle ». On trouve ainsi des défenseurs des droits de l'enfant qui préconisent d'aider dès le départ les familles « à risque » afin de prévenir la délinquance juvénile et autres comportements antisociaux ou violents associés à une éducation lacunaire. L'aide consisterait essentiellement à enseigner aux parents à veiller sur leurs enfants de manière constante et responsable. On rencontre par ailleurs des décideurs qui jugent plus économique d'attendre que les problèmes se manifestent chez l'enfant ou l'adolescent avant d'intervenir. L'aide prendrait alors la forme de consultations psychologiques, d'une formation professionnelle intensive et d'emplois subventionnés. Enfin, il y a ceux qui, évaluant que le code génétique et l'expérience prénatale balisent la voie du développement, concluent à la futilité de toute forme d'intervention.

Dans une querelle comme celle-là, les données de recherche corroborent généralement toutes sortes d'opinions au lieu de trancher la question. Chez l'adulte, en effet, la plupart des traits observables peuvent être rattachés à un enchevêtrement de faits récents ou lointains. La plupart du temps, il est extrêmement difficile de démêler les fils de cet amas et de mesurer l'impact relatif de chaque facteur. La tâche suppose une interprétation subjective autant qu'un jugement objectif, tant et si bien que la controverse subsiste.

Démarche scientifique en psychologie du développement

Vous aurez déjà compris que nous aborderons dans ce livre quelques-uns des aspects les plus fascinants, les plus délicats et les plus concrets de la vie. Vous aurez compris également que nous poserons d'épineuses questions. Pour favoriser la croissance intellectuelle des jeunes enfants, vaut-il mieux les inscrire à la prématernelle, les garder à la maison ou trouver une autre formule ? Quels modes de vie favorisent le développement et lesquels l'entravent ? La cohabitation avant le mariage est-elle bénéfique pour le couple ? Les travailleurs âgés sont-ils plus avisés et plus expérimentés que les jeunes, moins rapides et moins compétents ou présentent-ils des comportements similaires ? Comment l'amitié et l'amour évoluent-ils au fil du temps ? Les personnes âgées devraient-elles vivre seules, avec leurs enfants adultes, dans des centres d'accueil spécialisés ou devraient-elles plutôt envisager d'autres possibilités ?

Les réponses à ces questions — et à des milliers d'autres — n'ont rien d'évident, encore qu'elles revêtent une importance capitale. Justement, l'intérêt de l'étude du développement humain consiste en partie à démentir les idées fausses, à débusquer les préjugés ainsi qu'à découvrir les modalités d'un développement satisfaisant et sain.

Comment atteindre ces objectifs ? En posant des questions pertinentes, puis en recueillant et en analysant systématiquement des données susceptibles de fournir des réponses. Telle est la démarche qu'emploient les spécialistes des sciences humaines et sociales. Ils font tout en leur pouvoir pour laisser leurs partis pris de côté et fonder leurs conclusions sur des données objectives. Bref, ils utilisent la démarche scientifique, une démarche rigoureuse qui vise à favoriser l'objectivité.

On peut identifier cinq étapes de la démarche scientifique qui s'appliquent tout aussi bien à l'étude du développement humain qu'aux autres disciplines.

1. *Poser une question de recherche.* S'appuyer sur une recherche antérieure, sur une théorie du développement ou sur une observation et une réflexion personnelles pour poser une question pertinente à l'étude du développement humain.

2. *Formuler une hypothèse.* Exprimer la question sous forme d'hypothèse, c'est-à-dire de prévision vérifiable, à partir des résultats de l'ensemble des recherches antérieures qui ont étudié le sujet.

3. *Vérifier l'hypothèse.* Préparer et réaliser une recherche scientifique qui fournira des données propres à confirmer ou à infirmer l'hypothèse.

4. *Tirer des conclusions.* Formuler des conclusions en s'appuyant uniquement sur les données recueillies.

5. *Publier les résultats.* Rédiger un rapport et diffuser les résultats. Le rapport doit fournir suffisamment de données sur la méthodologie employée et les résultats obtenus pour que d'autres scientifiques puissent répéter l'expérience au besoin ou encore se servir des conclusions comme point de départ de leur propre recherche.

La recherche scientifique permet ainsi l'avancement des connaissances, dans un souci d'objectivité, et constitue un apport à la société. Elle repose d'abord et avant tout sur la coopération et la communication.

Dans les faits, la recherche scientifique emprunte plus de détours que ne le laisse supposer ce bref enchaînement d'étapes. Il arrive souvent que le lien entre la théorie et l'hypothèse soit indirect et que le jugement des chercheurs et expérimentateurs déteigne sur la préparation et l'exécution de la recherche (Bauer, 1992). Ces derniers, en effet, sont influencés par les valeurs collectives de leur société, et même de leur classe sociale, en plus de leurs priorités personnelles, dans le choix du sujet d'étude, dans la sélection des méthodes et dans l'interprétation des résultats. Il n'empêche que l'application de la démarche scientifique cultive la curiosité, la rigueur, la créativité et l'ouverture d'esprit face à des résultats inattendus, voire inopportuns. Compte tenu de la complexité du développement humain, la démarche scientifique, malgré ses limites, constitue donc un puissant outil pour décrire, expliquer, prédire et intervenir. À mesure que vous étudierez, vous apprendrez à mieux manier cet outil, à poser des questions et à examiner des données. Vous ferez ainsi des découvertes qui favoriseront peut-être votre propre développement et même celui de vos enfants, qui sait ?

Démarche scientifique Ensemble des procédés de recherche consistant à formuler une hypothèse, à recueillir des données à l'aide de méthodes rigoureuses et objectives, à vérifier l'hypothèse et à tirer des conclusions à partir des résultats obtenus et des théories existantes.

Résumé

Étude scientifique du développement humain

1. L'étude du développement humain vise à décrire et à expliquer le changement et la continuité au cours de la vie humaine. Elle puise à de nombreuses disciplines qui, comme la biologie, la pédagogie et la psychologie, s'intéressent aux personnes de tous les âges et de tous les groupes sociaux.

2. On peut étudier le développement humain en privilégiant trois domaines : biosocial, cognitif et psychosocial. Cette compartimentation facilite l'étude du développement, mais ne doit pas nous faire oublier que les trois domaines sont interdépendants. De fait, chaque aspect du développement, d'une manière ou d'une autre, relève des trois domaines à la fois.

Contexte social du développement

3. Plusieurs contextes ou écosystèmes influent sur le développement d'une personne. Certains d'entre eux sont liés à l'environnement physique (aménagement du quartier, climat, etc.), mais la plupart sont liés à l'environnement humain, c'est-à-dire aux personnes qui créent le contexte social du développement. S'il est impossible d'étudier tous les facteurs contextuels susceptibles d'influer sur un aspect du développement en particulier, on peut toutefois examiner quelques aspects du contexte social à travers le contexte familial, historique, socio-économique et culturel.

4. Le contexte social se transforme avec le temps, en fonction des conditions et des événements historiques. L'expérience de la personne âgée change du tout au tout selon qu'elle vit dans une société où seuls les plus robustes survivent ou dans une société où sa cohorte a un poids démographique important.

5. Les contextes socio-économique et culturel influent également sur le développement. Ces contextes s'interpénètrent, si bien que leurs effets peuvent se renforcer ou s'opposer. En dernière analyse, cependant, chaque personne suit son propre chemin, influencée, mais non déterminée, par les différents aspects du contexte social.

6. L'interaction des domaines apparaît clairement dans l'histoire de David (*Point de mire*, p. 15). Bien que liés au domaine *biosocial*, les problèmes de ce jeune homme n'ont pas tardé à se répercuter sur les deux autres domaines (*cognitif* et *psychosocial*). Ce cas illustre bien que la personne influence sa famille, sa société et sa culture comme elle est influencée elle-même par ces contextes.

Deux controverses de taille

7. L'interaction de l'hérédité et des expériences personnelles touche tous les aspects du développement. L'importance relative de ces facteurs fait l'objet d'un débat qu'on désigne souvent par l'expression controverse hérédité/environnement, nature/culture ou inné/acquis.

8. La théorie selon laquelle les premières années de la vie déterminent le développement futur n'est plus aussi prédominante qu'avant. La plupart des spécialistes admettent en effet que le développement n'est pas déterminé de façon irrémédiable, mais qu'il se crée et se recrée tout au long de la vie. Toutefois, ceux-ci ne s'entendent pas encore quant à l'influence relative des premières années de vie. La controverse revêt une importance considérable dans la mesure où elle se répercute sur l'élaboration des politiques sociales.

Démarche scientifique en psychologie du développement

9. La plupart des spécialistes du développement emploient la démarche scientifique sous une forme ou sous une autre. Ils font des observations, posent des questions, formulent des hypothèses, les vérifient et tirent des conclusions fondées sur les résultats des recherches et sur des théories existantes.

10. La dernière étape de la démarche scientifique consiste à publier la recherche en fournissant suffisamment de détails pour que d'autres chercheurs puissent évaluer les conclusions et répéter ou prolonger la recherche. La recherche scientifique permet l'avancement des connaissances, dans un souci d'objectivité, et constitue un apport à la société. Elle repose d'abord et avant tout sur la coopération et la communication.

Questions à développement

1. Décrivez l'interaction entre les contextes de développement et donnez-en plusieurs exemples.

2. Décrivez brièvement une de vos caractéristiques ou aptitudes personnelles qui, selon vous, serait innée ou héréditaire, et une autre qui serait d'origine culturelle. Montrez ensuite dans quelle mesure la culture modifie la caractéristique innée ou héréditaire et dans quelle mesure la nature modifie la caractéristique culturelle.

Questions à choix multiples

1. Si une psychologue effectue des recherches sur l'aspect psychosocial du développement, elle s'intéresse :

   a) aux habiletés de perception.

   b) aux caractéristiques des ondes cérébrales.

   c) aux interactions parents-enfants.

   d) à l'acquisition du langage.

2. Pour un travail scolaire, Arianne écrit un texte traitant de l'influence des structures propres au quartier et à la communauté sur le développement. Son texte devrait s'intituler :

   a) « Le microsystème en action ».

   b) « Le mésosystème en action ».

   c) « L'exosystème en action ».

   d) « Le macrosystème en action ».

3. À la fin d'un exposé sur « Le débat opposant nature et culture aujourd'hui », vous devriez affirmer que :

   a) « Les spécialistes du développement reconnaissent de plus en plus que l'hérédité exerce une influence déterminante sur le développement. »

   b) « Les spécialistes du développement conviennent aujourd'hui que c'est la culture, et non la nature, qui exerce la plus forte influence sur le développement. »

   c) « Le débat a été abandonné parce qu'il est inutile. »

   d) « Les spécialistes du développement conviennent que la principale influence à s'exercer sur tous les aspects du développement provient de l'interaction nature et culture. »

4. Affirmer que la notion actuelle de vieillesse est un « construit social » signifie que :

   a) cette notion se fonde sur les perceptions communes des membres de la société.

   b) la vieillesse n'est considérée comme une période distincte de la vie humaine que depuis peu de temps.

   c) la vieillesse ne peut être définie.

   d) cette notion repose sur une hypothèse bien vérifiée.

5. Selon Robert LeVine, les parents appartenant à la classe moyenne américaine, comparativement aux parents vivant dans les pays en voie de développement, éduquent leurs enfants en mettant davantage l'accent sur les stimulations cognitives et sociales parce que :

   a) ils sont plus susceptibles de considérer les enfants comme un bien économique.

   b) leur famille respective est moins nombreuse.

   c) ils n'ont pas à se soucier autant des risques de mortalité infantile.

   d) Toutes ces réponses.

Les réponses aux questions à choix multiples se trouvent en annexe.

Le chapitre **1** en un clin d'œil

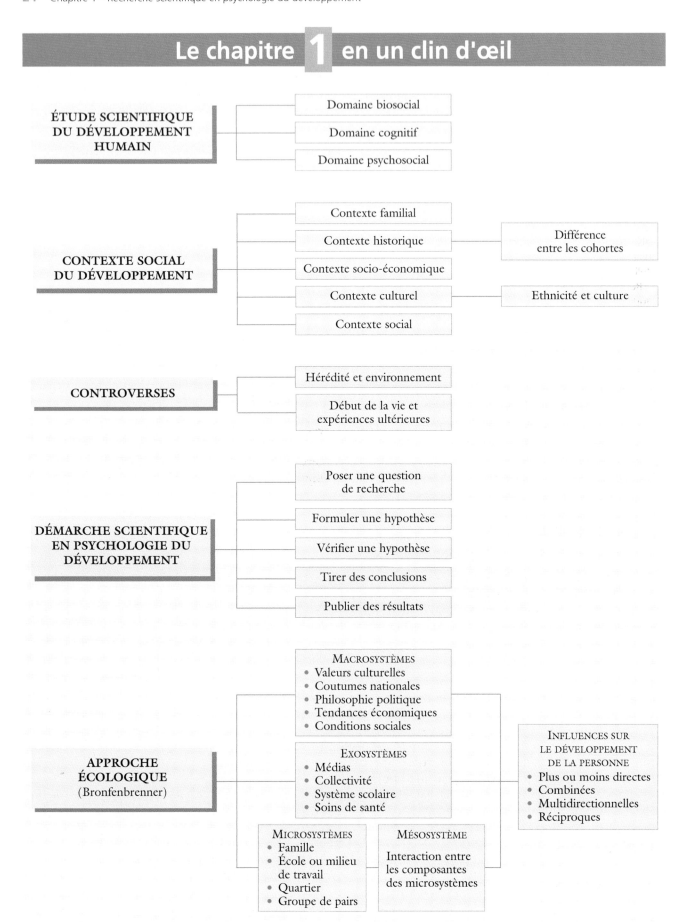

ÉTUDE SCIENTIFIQUE DU DÉVELOPPEMENT HUMAIN
- Domaine biosocial
- Domaine cognitif
- Domaine psychosocial

CONTEXTE SOCIAL DU DÉVELOPPEMENT
- Contexte familial
- Contexte historique — Différence entre les cohortes
- Contexte socio-économique
- Contexte culturel — Ethnicité et culture
- Contexte social

CONTROVERSES
- Hérédité et environnement
- Début de la vie et expériences ultérieures

DÉMARCHE SCIENTIFIQUE EN PSYCHOLOGIE DU DÉVELOPPEMENT
- Poser une question de recherche
- Formuler une hypothèse
- Vérifier une hypothèse
- Tirer des conclusions
- Publier des résultats

APPROCHE ÉCOLOGIQUE (Bronfenbrenner)

MACROSYSTÈMES
- Valeurs culturelles
- Coutumes nationales
- Philosophie politique
- Tendances économiques
- Conditions sociales

EXOSYSTÈMES
- Médias
- Collectivité
- Système scolaire
- Soins de santé

MICROSYSTÈMES
- Famille
- École ou milieu de travail
- Quartier
- Groupe de pairs

MÉSOSYSTÈME
Interaction entre les composantes des microsystèmes

INFLUENCES SUR LE DÉVELOPPEMENT DE LA PERSONNE
- Plus ou moins directes
- Combinées
- Multidirectionnelles
- Réciproques

Chapitre **2**

Approches théoriques et méthodes de recherche

Comment une personne est-elle devenue ce qu'elle est ? Quelle est l'importance des influences de la petite enfance ? Dans quelle mesure la génétique et l'environnement nous façonnent-ils ? Comment apprenons-nous à penser, à raisonner, à créer et à communiquer ? Quels écueils guettent le développement de la personnalité à chaque tournant de la vie ? Nous avons vu au chapitre 1 que l'étude scientifique du développement humain repose sur de telles interrogations.

Répondre à ces questions, comme à tant d'autres, constitue un défi de taille. Pour s'y attaquer, les chercheurs ont dû développer et raffiner leurs modèles d'explication (théories) et leurs moyens d'investigation (méthodes de recherche).

À quoi servent les théories ?

Une **théorie du développement** est un ensemble d'énoncés systématiques (hypothèses et principes) qui permet d'expliquer et de prédire le comportement au cours du développement. En psychologie du développement, les théories remplissent plusieurs fonctions : présenter une vision cohérente, orienter la recherche, faire avancer le savoir et guider l'intervention.

1. **Une vision cohérente, fondée sur des données de recherche.** Les théories fournissent une vue d'ensemble cohérente des influences complexes qui s'exercent sur le développement humain. Elles organisent nos connaissances et leur donnent un sens.
2. **Des orientations de recherche.** Les théories donnent lieu à des hypothèses que des chercheurs pourront vérifier, puis corroborer ou réfuter (nous reviendrons sur le sujet plus loin).
3. **L'avancement du savoir.** Les théories se modifient en fonction des résultats de recherche. La refonte des théories engendre ainsi de nouvelles questions et hypothèses qui, à leur tour, suscitent de nouvelles études.
4. **Un guide pour l'intervention.** Les théories peuvent favoriser chez des intervenants (soi-même, les parents, les enseignants, les psychologues, le personnel soignant, etc.) une prise de décision adéquate pour soutenir le développement des personnes.

Sans les théories, il serait difficile de bien comprendre le processus du développement. Comment expliquer, par exemple, que les parents consacrent autant de temps et d'énergie aux soins et à l'éducation de leurs enfants ? Serait-ce parce que la maternité et la paternité sont des stades essentiels du développement de l'adulte ? Serait-ce parce que l'amour maternel et paternel tient aux gratifications et aux renforcements que procurent les enfants ? L'affection que portent les femmes et les hommes à leur progéniture prendrait-elle naissance dans l'intellect ? Dériverait-elle de leur compréhension des besoins de l'enfant et de l'empathie qu'ils éprouvent à son égard ? N'existerait-il pas plutôt des attentes culturelles qui, transmises dès l'enfance, poussent les gens à valoriser le rôle de parent ? Les réponses à ces questions varient selon les théories élaborées sur le sujet. De plus, elles nous amènent à voir la paternité et la maternité sous des angles différents et conduisent à différentes applications en ce qui a trait aux méthodes d'éducation.

Bien qu'il existe de nombreuses théories pertinentes à l'étude du développement, nous décrirons dans ce chapitre celles qui ont le plus marqué cette discipline :

Théorie du développement Ensemble systématique de principes et d'hypothèses constitué dans le but d'expliquer le développement.

À VOUS LES COMMANDES – 2.1

À la découverte de vos intuitions psychologiques

La plupart des étudiants ont une intuition psychologique qui se rapproche plus ou moins d'une des cinq principales approches théoriques. Répondez aux questions suivantes et examinez ensuite l'ensemble de vos réponses au regard des approches théoriques présentées dans le chapitre. Vous pouvez cocher plus d'une réponse pour mieux refléter votre opinion.

1. Tous les soirs, Justine, âgée de 2 ans, dit qu'elle ne peut s'endormir à cause d'un « monstre qui apparaît dans le noir ». Bien que son père tente chaque fois de la rassurer et de la réconforter, Justine ne se souvient pas, le lendemain matin, des efforts qu'il a déployés pour apaiser ses craintes. Il devrait sans doute :
   a) tenter de comprendre les causes profondes et la signification des rêves de sa fille.
   b) donner une récompense à sa fille, le lendemain matin, si elle est restée dans son lit jusqu'à ce qu'elle s'endorme, le soir précédent.
   c) tenter de comprendre comment sa fille manifeste son besoin de se sentir aimée.
   d) se rendre compte que, en raison des capacités intellectuelles limitées de tout enfant âgé de 2 ans, elle ne peut comprendre une explication rationnelle.
   e) s'efforcer de structurer son interaction avec sa fille de façon à lui donner des outils pour lui apprendre à maîtriser ses craintes.

2. La plupart des adultes ont des réactions physiologiques immédiates lorsqu'ils entendent les pleurs d'un bébé. Cela découle du fait :
   a) que les pleurs du bébé déclenchent des souvenirs inconscients d'événements douloureux survenus durant leur propre enfance.
   b) qu'à un certain moment dans leur vie, les pleurs d'un bébé ont été associés à un autre stimulus qui suscitait une réaction physiologique immédiate.
   c) qu'ils se sentent responsables par rapport aux êtres vulnérables.
   d) qu'ils sont tout simplement irrités par le son des pleurs.

   e) que l'apprentissage des soins à donner à un bébé varie d'une culture à une autre.

3. Âgé de 9 ans, Alexandre a un comportement agressif en classe. Son enseignant devrait sans doute :
   a) l'amener à rencontrer un thérapeute qui le fera parler de ses pulsions et de ses frustrations.
   b) lui donner des récompenses lorsque son comportement est adéquat.
   c) lui fournir la possibilité d'assumer des responsabilités à sa mesure.
   d) déterminer ce qui l'empêche de se concentrer sur la matière enseignée; d'abord faire examiner sa vue, son ouïe et évaluer ses autres facultés de perception.
   e) se rendre compte que les interactions sociales passées d'Alexandre ne lui ont pas permis de développer certaines compétences sociales.

4. Andréanne veut entrer à l'université en septembre prochain. Elle examine l'éventail des programmes offerts avant de prendre sa décision sur son orientation. Elle devrait :
   a) s'interroger sur les motivations profondes qui la poussent à privilégier des professions en relation d'aide.
   b) considérer le salaire moyen associé à chacune des professions envisagées.
   c) s'interroger sur la façon dont elle pourra vivre ses valeurs fondamentales dans différentes professions.
   d) étudier en droit puisqu'elle a toujours admiré sa mère et ses trois tantes qui sont avocates.
   e) tenir compte du type d'enseignement prodigué dans diverses universités et choisir celle qui fait participer activement les étudiants à leur apprentissage.

Interprétation   Une fois que vous aurez lu la suite du chapitre, vous vous rendrez compte que les réponses en a) correspondent davantage à une vision de l'approche psychodynamique, les réponses en b), de l'approche béhaviorale, les réponses en c), de l'approche humaniste, les réponses en d), de l'approche cognitive et les réponses en e), de l'approche socioculturelle.

l'approche psychodynamique, l'approche béhaviorale, l'approche humaniste, l'approche cognitive et l'approche socioculturelle. Chacune a sa propre vision de l'être humain (voir le tableau 2.1).

Approche psychodynamique

L'**approche psychodynamique** postule que des forces — pulsions et motivations intrinsèques qui sont en bonne partie irrationnelles et inconscientes — influent sur tous les aspects de la pensée, du comportement et du développement, allant des détails les plus banals du quotidien jusqu'aux choix les plus déterminants d'une vie.

Approche psychodynamique Approche selon laquelle des forces inconscientes et souvent conflictuelles sous-tendent le comportement humain.

TABLEAU 2.1	**L'être humain selon les différentes approches.**
Approche	**Vision de l'être humain**
Psychodynamique	L'être humain, soumis à ses pulsions, est constamment tiraillé entre des forces internes (conscientes et inconscientes) et des forces externes.
Béhaviorale	L'être humain, soumis à son environnement, n'est ni bon ni mauvais; il est le produit de ses réponses apprises et conditionnées aux stimuli et situations du milieu.
Humaniste	L'être humain, libre et capable de penser, peut faire des choix sensés et intelligents, se montrer responsable et réaliser son plein potentiel.
Cognitive	L'être humain est un être rationnel, actif et compétent dans ses rapports avec l'environnement.
Socioculturelle	L'être humain se construit à travers ses interactions sociales; il développe ses compétences par la participation guidée.

Selon ses adeptes, les pulsions et les motivations inconscientes constituent le fondement d'un développement qui serait universel. Par exemple, tous les êtres humains formeraient des attachements dans la petite enfance et rechercheraient la satisfaction affective et sexuelle à l'âge adulte.

L'approche psychodynamique repose en grande partie sur certaines des idées formulées par Sigmund Freud. Cependant, d'autres théoriciens ont utilisé les mêmes principes et proposé une vision différente de l'être humain et de son développement, qu'on pense à Carl Jung, Alfred Adler, Karen Horney et, plus près de nous, Erik H. Erikson, Bruno Bettelheim, Christiane Olivier et Françoise Dolto. Nous ne présenterons ici que les théories de Freud et d'Erikson.

Sigmund Freud : théorie et pratique psychanalytiques

Sigmund Freud (1856-1939) pratiquait la médecine à Vienne dans les années 1890. Un bon nombre de ses patients souffraient de ce qu'on appelait à l'époque l'hystérie, un trouble qui se manifestait par divers symptômes sur le plan corporel (comme la douleur, la cécité, les convulsions, les tremblements et la paralysie de certaines parties du corps), mais qui n'avait pas de cause médicale reconnue. Freud soutenait pour sa part que l'hystérie était d'origine psychique. Pour en découvrir la source, il demandait à ses patients de s'étendre sur un divan et de verbaliser tout ce qui leur venait à l'esprit sans se censurer : les événements de leur vie quotidienne, leurs rêves, leurs souvenirs d'enfance, leurs peurs, leurs désirs, etc. Dans les propos, les lapsus (emplois involontaires d'un mot pour un autre) et les associations d'idées inattendues de ses patients, Freud releva des indices de conflits affectifs profonds et généralement inconscients. À ses yeux, la plupart de ces conflits étaient reliés à des pulsions sexuelles ou agressives inconscientes et irrationnelles qui, dans certains cas, avaient pris naissance pendant l'enfance.

La théorie du développement psychosexuel

S'appuyant sur son travail clinique, Freud (1918/1963, 1922, 1933/1965, 1961, 1972, 1979, 1989) a entre autres élaboré des idées sur la sexualité de l'enfant en regard de trois phases psychosexuelles qui marquent les six premières années de la vie. Chacune de ces phases se caractérise par une focalisation de l'intérêt et du plaisir sur une zone du corps : la bouche pour le nourrisson (*phase orale*), l'anus pour le petit enfant (*phase anale*) et les organes génitaux (*phase phallique*) pour l'enfant d'âge préscolaire.

Sexualité de l'enfant Concept freudien selon lequel le petit enfant a des fantasmes sexuels et connaît le plaisir érotique.

Sigmund Freud est le père de la psychanalyse. Ses articles sur ses études de cas font état de symptômes inhabituels, interprétés comme des manifestations des pulsions sexuelles inconscientes de ses patients. Sans contredit, on peut affirmer que Freud a marqué l'histoire des idées au XXᵉ siècle.

Selon Freud, la satisfaction sensuelle que procure la stimulation des zones érogènes est reliée aux besoins propres à chaque phase. Pendant la phase orale, par exemple, la succion ne sert pas qu'à nourrir le bébé : elle lui procure un plaisir sensuel et favorise un attachement à la personne qui lui apporte les gratifications orales. Pendant la phase anale, les satisfactions tirées de la maîtrise de soi et du monde (par l'entremise de la défécation et de l'apprentissage de la propreté) sont prépondérantes. Pendant la phase phallique, enfin, le plaisir dérive de la stimulation génitale; l'intérêt que porte le jeune enfant aux différences anatomiques entre les sexes active la conscience de son identité sexuelle ainsi que son adhésion aux normes morales du parent de même sexe que lui.

Les trois premières phases psychosexuelles sont suivies, selon Freud, d'une *période de latence* pendant laquelle les poussées sexuelles seraient mises en dormance. Puis, à l'âge de 11-12 ans environ, l'enfant entre dans la *phase génitale*, dernière phase psychosexuelle identifiée par Freud, qui se caractérise par une sexualité adulte et dure jusqu'à la fin de la vie.

Freud avança que chaque phase comporte un risque de conflits entre l'enfant et ses parents, et que les conflits nés pendant les trois premières phases sont capitaux pour le développement ultérieur de la personnalité. Selon lui, la manière dont l'enfant vit et résout les conflits des phases orale, anale et phallique (en particulier les conflits ayant trait au sevrage, à l'apprentissage de la propreté et à la curiosité sexuelle) se répercute sur l'évolution de sa personnalité et détermine son mode de comportement pour le reste de sa vie.

Quand les sentiments liés à une phase sont vécus de façon trop intense, ou que les désirs profonds ne sont pas satisfaits, il peut se produire une fixation à cette phase qui empêche le développement normal. Par exemple, l'adulte qui fume ou qui consomme de l'alcool de façon compulsive ferait une fixation à la phase orale. Dans d'autres situations, il peut se produire une régression à une phase antérieure. Ainsi, il y aurait régression chez l'adulte qui pique une colère lorsque les gens ne se comportent pas comme il le souhaite et que les événements ne se déroulent pas comme il l'avait prévu.

Les mécanismes de défense

Selon Freud, les conflits inconscients créent parfois une tension et une angoisse telles que la personne tentera de les minimiser en utilisant des *mécanismes de défense*, c'est-à-dire des moyens d'empêcher l'angoisse d'atteindre la conscience. Les mécanismes de défense sont nombreux et leur nombre varie selon les auteurs (Anna Freud, 1946). Parmi ceux que Freud a décrits, la projection, le déni, le déplacement et la régression nous semblent particulièrement intéressants.

La *projection* est le mécanisme par lequel l'individu attribue à quelqu'un d'autre les pulsions ou sentiments qu'il considère inconsciemment comme inacceptables; ainsi, plutôt que de reconnaître qu'il ne travaille pas suffisamment, un étudiant se dira que les membres de son équipe sont paresseux.

Le *déni* est le mécanisme qui consiste à refuser de reconnaître une situation difficile ou une émotion douloureuse; par exemple, une personne atteinte d'une maladie chronique refusera de prendre les médicaments dont elle a besoin, comme si cela ne pouvait entraîner de conséquences négatives.

Le *déplacement* consiste à diriger l'expression des émotions vers une chose ou une personne qui ne sont pas l'objet direct des sentiments qu'on éprouve; c'est à ce mécanisme qu'a recours l'étudiante qui, sous un prétexte futile, s'emporte contre sa colocataire après avoir échoué à un examen important.

Enfin, on appelle *régression* le mécanisme qui nous fait adopter un ou des comportements typiques d'une phase antérieure. Par exemple, l'enfant de 5 ans qui se remet à ramper, à balbutier des sons incompréhensibles et qui exige de boire au biberon à la suite de l'arrivée d'un nouveau bébé à la maison use du mécanisme de la régression.

Pour Freud, l'intérêt que portent ces enfants à l'anatomie de cette statue serait une manifestation de la phase phallique, une période pendant laquelle tous les enfants sont fascinés par les organes génitaux, les leurs et ceux des autres.

La structure de la personnalité

Ces divers mécanismes de défense sont utilisés, pour se protéger de l'angoisse inconsciente, par une des instances de la personnalité que Freud a appelée le « moi », dans sa théorie sur la structure de la personnalité. Les deux autres instances sont le « ça » et le « surmoi ». Le ça, régi par la recherche de la satisfaction et le principe de plaisir, est constitué de l'ensemble des pulsions insconcientes. Le surmoi, régi par la conscience morale, par les idéaux et les valeurs, de même que par le principe de moralité, est constitué de l'ensemble des règles, des obligations, des interdits parentaux et sociétaux. Le moi, qui procède de la raison et du principe de réalité, est la partie du psychisme qui tient compte à la fois des pulsions du ça, des contraintes morales et des exigences du monde réel. Le moi est aussi le centre des mécanismes cognitifs conscients. Pour Freud (1918/1963), la personnalité dite normale tend à maintenir un équilibre entre ces trois systèmes.

Erik H. Erikson et la théorie psychosociale

Plusieurs des élèves de Freud suivirent ses traces. Tous reconnaissaient l'importance de la petite enfance et des pulsions inconscientes, mais aucun ne fit siennes toutes les idées de Freud. Erik H. Erikson (1902-1994), l'un des plus éminents disciples, formula à son tour une théorie globale du développement.

Erikson naquit en Allemagne, sillonna l'Italie pendant son adolescence, fit son apprentissage en Autriche sous l'égide de Freud et de sa fille Anna, puis s'établit aux États-Unis. Il s'intéressa à un éventail de sujets : les étudiants de l'université Harvard, les soldats troublés par leur expérience de la Seconde Guerre mondiale, les antiségrégationnistes du sud des États-Unis, les jeux des enfants normaux et perturbés et la vie dans les tribus amérindiennes.

Erik H. Erikson continua jusqu'à sa mort, en 1994, d'écrire et de prononcer des conférences sur le développement psychosocial. Il s'est distingué par ses travaux sur la psychohistoire, c'est-à-dire l'étude des rapports entre les facteurs d'ordre sociohistorique et le développement de la personnalité.

Le modèle d'Erikson

En raison peut-être de la diversité de ses expériences, Erikson jugeait trop limitées les phases psychosexuelles qu'avait décrites Freud. Il élabora donc un modèle tenant compte de l'interaction constante entre les processus biologiques, psychiques et socioculturels. Ce modèle, qu'il nomma théorie psychosociale du développement humain, pour bien souligner l'importance qu'il accordait aux influences sociales et culturelles, comprend huit stades de développement échelonnés sur la vie entière, chacun se caractérisant par une crise de développement dont la résolution dépend de l'interaction entre la personne et l'environnement social et culturel. « Le mot crise [...] n'est employé que dans un contexte évolutif, non point pour désigner une menace de catastrophe, mais un tournant, une période cruciale de vulnérabilité accrue et de potentialité accentuée et, partant, la source ontogénétique de force créatrice mais aussi de déséquilibre » (Erikson, 1972).

Chaque crise de développement d'Erikson a les caractéristiques suivantes :

– deux pôles, mettant en jeu deux tendances opposées (par exemple, la confiance et la méfiance);
– une tension vers une résolution idéale de la crise par l'intégration des aspects constructifs des tendances opposées;
– l'émergence d'une nouvelle force de base (force adaptative du moi) lorsque la tendance positive l'emporte sur la négative;
– une réalisation effective dans un environnement humain spécifique (personnes et relations significatives);
– l'intégration de chaque stade dans le suivant, les enjeux de chaque crise psychosociale n'étant jamais définitivement résolus.

Le tableau 2.2 nomme les crises psychosociales et indique pour chacune les relations significatives qu'elles mettent en jeu de même que la force adaptative du moi résultant d'une résolution positive de ces défis psychologiques. Selon Erikson, chaque force adaptative du moi qu'acquiert l'individu en résolvant les problèmes

Théorie psychosociale Théorie du développement axée sur l'interaction des forces psychologiques internes et des influences sociales et culturelles.

Crise Dans la théorie psychosociale, conflit primordial entre deux tendances contradictoires associé à chaque étape du développement.

TABLEAU 2.2   Crises psychosociales, relations significatives et forces adaptatives du moi selon Erikson.

Âge	Crise psychosociale	Relations significatives	Force adaptative du moi
De 0 à 18 mois	Confiance et méfiance	Personne maternelle (mère ou autre)	Espoir
De 18 mois à 3 ans	Autonomie, honte et doute	Parents (biologiques ou autres)	Volonté
De 3 à 5-6 ans	Initiative et culpabilité	Famille	Capacité de se fixer un but
De 5-6 à 11-12 ans	Travail et infériorité	École et réseau du voisinage	Compétence
Adolescence	Identité et confusion des rôles	Groupe de pairs	Fidélité
Jeune adulte	Intimité et isolement	Amitiés, partenaires sexuels	Amour
Adulte d'âge mûr	Générativité et stagnation	Relations de travail	Souci pour autrui
Adulte d'âge avancé	Intégrité du moi et désespoir	L'espèce humaine	Sagesse

propres aux différents stades psychosociaux de la vie est nécessaire à une résolution adéquate de la crise de développement suivante. Mais voyons plus concrètement comment tout cela s'articule en survolant chaque crise.

Crise de la confiance et de la méfiance   Entre 0 et 18 mois, le nourrisson doit apprendre à se fier à la personne maternelle, car c'est elle qui le nourrit. Mais ce n'est pas de la quantité de nourriture que dépendra la part de confiance et de méfiance que l'enfant accordera; c'est avant tout la qualité des rapports que cette personne établira avec lui qui sera déterminante. Le nourrisson accepte ou refuse ce que la personne maternelle lui donne; il lui fait confiance ou pas. Peu à peu, il parvient à une confiance de base qui résistera à sa crainte d'être privé ou abandonné, lorsque la personne maternelle tarde à satisfaire ses besoins ou qu'elle s'absente. La force adaptative du moi qui se développe alors est celle de l'espoir, c'est-à-dire une disposition tenace à croire à la réalisation de ses désirs en dépit de la colère liée à la dépendance vis-à-vis des autres. « Je suis l'espoir que j'ai et que je donne » (Erikson, 1972).

Crise de l'autonomie, de la honte et du doute   De 18 mois à 3 ans, l'enfant, encore largement dépendant, commence à expérimenter sa volonté autonome. Comme il tente alors de maîtriser progressivement ses pulsions, une éducation trop rigide ou trop précoce peut susciter en lui des sentiments de honte et de doute par rapport à ses capacités. La force adaptative du moi qui se développe à ce stade est celle de la volonté : « Je suis ce que je peux vouloir librement » (Erikson, 1972). Cette manifestation d'autonomie englobe les aspects positifs des pôles de cette crise psychosociale : surmonter un trop grand entêtement, apprendre à obéir sur quelques points essentiels, se montrer capable de souplesse et de fermeté.

Crise de l'initiative et de la culpabilité   Entre 3 et 6 ans, l'enfant veut accomplir des activités qui dépassent à la fois ses capacités et les limites que lui imposent ses parents. Son désir d'indépendance entraînera chez lui un sentiment de fierté ou d'échec, selon les réactions des parents et les attentes culturelles par rapport au comportement des enfants. « Je suis ce que j'imagine que je serai » (Erikson, 1972). Ici, la force adaptative du moi est la capacité de se fixer un but qui intègre les aspects positifs des pôles opposés : la capacité de passer à l'action, dans un cadre moral et socialement acceptable, les sentiments de culpabilité s'étant intégrés à une conscience solide.

Crise du travail et de l'infériorité   Entre 5 et 12 ans, l'enfant se sent capable de tâches concrètes et s'y applique, développant ainsi son sens du travail. Pour l'y aider, parents et enseignants feront alterner jeu et travail, récréation et étude; ils encourageront ses efforts et favoriseront le développement de ses talents. En résolvant positivement cette crise, l'enfant tirera un sentiment de compétence de cette expression concrète de soi qu'est le travail : « Je suis ce que je peux apprendre à faire marcher » (Erikson, 1972). Inversement, l'enfant mal préparé ou peu soutenu dans ses nouveaux apprentissages est susceptible de développer un sentiment d'infériorité.

Crise de l'identité et de la confusion[1] des rôles   Sur la voie de la maturité, l'adolescent cesse de s'identifier à ses parents ou à ses pairs, car cela lui est désormais inutile. Il se reconnaît lui-même comme un être en devenir, et la société fait de même. Les certitudes qu'il entretenait sur lui-même font désormais l'objet de perpétuelles remises en question. Grâce à ce processus, il transforme ses identifications antérieures signifiantes pour les intégrer à sa nouvelle identité raisonnablement cohérente et spécifique. La résolution de cette crise psychosociale permettra au moi d'intégrer les aspects positifs des tendances opposées d'identité et de confusion des rôles : petit à petit, l'adolescent parvient à se définir. « Le sentiment optimal de l'identité implique le sentiment d'être bien dans son corps, le sentiment de savoir où l'on va et l'assurance intérieure d'une reconnaissance anticipée de la part de ceux qui comptent » (Erikson, 1972).

Crise de l'intimité et de l'isolement   Au cours de ce stade, le jeune adulte recherche la compagnie des autres et vit les expériences positives et négatives associées à sa quête d'amour d'autrui. S'il se limite aux relations stéréotypées et se refuse aux rapports intimes et profonds, s'il se refuse à l'exploration intérieure, il se peut qu'il s'enferme dans un sentiment d'isolement. Inversement, en prenant le risque de l'engagement, il pourra développer avec les autres de véritables intimités psychosociales, qu'il s'agisse d'amitiés, d'échanges érotiques ou d'aspirations partagées. La force adaptative du moi qui se dégage de la résolution de cette crise est un amour capable de réciprocité, progressivement construit sur un équilibre entre l'ouverture à l'autre et le retour sur soi. « *Nous* sommes ce que nous aimons » (Erikson, 1972).

Crise de la générativité et de la stagnation   Dans cette crise, l'adulte d'âge mûr tend à guider les générations montantes ou à les aider à s'établir. Cet engagement, qu'Erikson appelle générativité, peut se vivre dans la famille — l'individu s'emploie au bien-être de sa progéniture — ou au travail — l'individu cherche à transmettre ses connaissances aux plus jeunes et à les faire profiter de son expérience. (Elle trouve également un terrain propice dans des entreprises altruistes et humanitaires.) En contrepartie de cet engagement envers les autres, l'adulte d'âge mûr éprouve parfois un sentiment d'ennui, de stagnation et de repli sur soi lorsqu'il plonge en lui-même et évalue sa vie en songeant désormais au temps qui lui reste. En résolvant la crise de la générativité et de la stagnation, l'individu développe un souci pour autrui sans que cela n'annihile la conscience qu'il a de sa propre personne.

Crise de l'intégrité du moi et du désespoir   Cette dernière crise psychosociale implique l'acceptation de la fin de sa vie, un retour sur les événements et sur les relations significatives qui l'ont remplie. L'adulte d'âge avancé qui a su régler une à une les crises psychosociales de sa vie développe un sentiment de plénitude et d'intégrité et se sent solidaire du genre humain. Il goûte à la satisfaction d'une vie bien remplie. Si, au contraire, il n'a que regrets et considère sa vie comme une suite

---

1. Erikson avait d'abord nommé cette cinquième crise du développement *Crise de l'identité et de la diffusion des rôles*, mais en 1968, il remplaça le mot *diffusion* par le mot *confusion*, ce dernier lui semblant mieux tenir compte des aspects subjectif et objectif caractéristiques de cet état, avec « confusion légère » à un bout du continuum et « confusion sérieuse et maligne à l'autre ».

À VOUS LES COMMANDES – 2.2

Erikson et les forces adaptatives du moi

Le tableau 2.2 présente les crises psychosociales selon Erikson de même que les forces adaptatives du moi à chaque stade de développement.

1. Expliquez, en vos mots, en quoi l'espoir peut représenter une intégration des tendances de confiance et de méfiance.

2. En quoi la volonté peut-elle représenter une intégration des tendances d'autonomie, d'une part, de honte et de doute d'autre part ?

3. Pour chacune des six autres crises psychosociales, expliquez comment chacune des forces adaptatives du moi peut représenter une intégration des tendances opposées identifiées par Erikson.

4. Comment la force adaptative de l'espoir peut-elle se manifester dans le comportement :
   a) de l'enfant durant le premier stade (de 0 à 18 mois) ?
   b) de l'adolescent ou de l'adulte ?

5. Comment la force adaptative de la volonté peut-elle se manifester dans le comportement :
   a) de l'enfant de 18 mois à 3 ans ?
   b) de l'adolescent ou de l'adulte ?

6. Pour chaque stade, expliquez comment chacune des forces adaptatives du moi peut se manifester dans le comportement de l'adolescent ou de l'adulte.

d'échecs, il fera face au désespoir. La résolution positive de cette crise mène à la sagesse et à un sentiment d'accomplissement qui fait dire à l'individu : « Je suis ce qui me survit » (Erikson, 1972).

Critique de l'approche psychodynamique

Tous les psychologues en développement sont redevables à Freud et à ceux qui ont poursuivi son œuvre, les néofreudiens. En effet, bon nombre de concepts freudiens sont si répandus aujourd'hui qu'on en oublie l'origine. Tel est le cas d'idées comme la motivation inconsciente, les mécanismes de défense, les phases de développement et l'importance des premières années de la vie pour l'épanouissement de la personnalité. On ne compte plus les théoriciens qui se sont inspirés de Freud, même si sa pensée ne fait pas l'unanimité (Emde, 1994).

C'est sur l'approche psychodynamique que certains théoriciens tels que Françoise Dolto, Bruno Bettelheim et Christiane Olivier fondent leurs points de vue théoriques et expérimentaux actuels pour étudier des sujets aussi divers que l'attachement mère-enfant, les effets de la discipline sur l'enfant, l'identité sexuelle, le développement moral, l'identité de l'adolescent et une foule d'autres questions. Les idées de Freud et de ses disciples ont été contestées et modulées, mais elles n'en demeurent pas moins fécondes. Si la psychologie du développement s'intéresse aujourd'hui à l'importance des relations intimes, c'est en partie parce que Freud s'est penché sur l'amour et la haine au sein de la famille.

Le tableau 2.3 met en parallèle les phases psychosexuelles selon Freud, les crises psychosociales selon Erikson, et une vision psychodynamique plus contemporaine intégrant des aspects des points de vue de Karen Horney, Françoise Dolto, Bruno Bettelheim et Christiane Olivier.

Malgré l'apport important de l'approche psychodynamique, la plupart des chercheurs pensent que le caractère et le comportement relèvent de la génétique, de l'expérience de vie et du contexte social plus que de la dynamique psychosexuelle de la petite enfance.

Les idées d'Erikson ont mieux résisté que celles de Freud à l'épreuve du temps. Certes, elles reflètent une approche psychodynamique, mais elles sont plus globales et plus contemporaines; elles s'appliquent en outre à une gamme plus étendue de comportements. Comme celles de Freud, pourtant, elles reposent sur l'expérience personnelle de leur auteur, sur les souvenirs de ses patients ainsi que sur la littérature, le cinéma et l'histoire. En règle générale, les théories psychodynamiques se

TABLEAU 2.3   Phases de développement selon l'approche psychodynamique.

ÂGE APPROXIMATIF	PHASES PSYCHOSEXUELLES (Freud)	PHASES PSYCHOSOCIALES (Erikson*)	PHASES DANS UNE OPTIQUE PSYCHODYNAMIQUE CONTEMPORAINE
De la naissance à 1 an	**Phase orale** La bouche (lèvres, langue et gencives) est source de plaisir chez le nourrisson; la succion (puis la morsure) et l'alimentation sont ses activités les plus stimulantes.	**Confiance et méfiance** Le bébé apprend à faire confiance aux personnes qui comblent ses besoins fondamentaux de façon régulière (nourriture, chaleur, propreté et contact physique) ou à s'en méfier.	**Phase orale ou buccale** Le bébé saisit le langage; il faut donc lui parler, de lui, de ce qu'il vit, de la vie de ses parents. La future relation à autrui se met en place.
De 1 à 3 ans	**Phase anale** L'anus est source de plaisir chez le petit enfant; son activité la plus importante est d'apprendre à contrôler son sphincter dont dépendent ses fonctions d'expulsion et de rétention.	**Autonomie, honte et doute** L'enfant apprend à s'autosuffire : il apprend à contrôler son sphincter, à manger, à marcher, à explorer son environnement et à parler. Il apprend aussi à avoir honte de ses difficultés et à douter de ses capacités.	**Phase anale** L'enfant « se pose en s'opposant ». Certaines méthodes d'éducation peuvent influer sur sa vision de lui-même dans ce qu'il fait, sur son estime de soi de même que sur la perception qu'il a de ses capacités d'agir.
De 3 à 6 ans	**Phase phallique** Le phallus (pénis) est la partie du corps la plus importante, et le plaisir provient de la stimulation génitale. Ce stade ne connaît que l'organe génital masculin; l'enfant se définit par le fait d'avoir un phallus ou pas.	**Initiative et culpabilité** L'enfant veut faire les mêmes activités que les adultes et ressent un sentiment de culpabilité quand il lui arrive de dépasser les limites fixées par ses parents.	**Phase génitale infantile** La découverte des différences anatomiques entre les sexes suscite chez l'enfant la conscience d'un « manque » (je n'ai pas ce que l'autre a). Inconsciemment, le garçon désire porter un enfant, la fille avoir un pénis et les attributs du pouvoir qui y demeurent associés en Occident.
De 7 à 11 ans	**Période de latence** Intermède entre deux poussées sexuelles intenses. L'enfant consacre son énergie psychique à des activités comme le travail scolaire et le sport.	**Travail et infériorité** L'enfant acquiert et maîtrise des compétences et il lui arrive de se sentir inférieur s'il se croit incapable de faire les choses bien ou même parfaitement.	**Période de latence** Période d'expérimentation des rôles sociaux selon les sexes (la perception que les enfants en ont tient du stéréotype).
Adolescence	**Phase génitale** Les organes génitaux sont source de plaisir; l'adolescent recherche la stimulation et la satisfaction sexuelles dans des relations hétérosexuelles. Tendresse et sensualité se conjuguent.	**Identité et confusion des rôles** Établissant son identité sexuelle, professionnelle et idéologique, l'adolescent se cherche et est parfois dérouté par les rôles qu'il lui faut assumer.	**Adolescence** Le jeune revit les périodes de développement de son enfance pour mieux s'en détacher. Il se cherche et cela peut être déchirant, car pour se définir, il doit de nouveau, mais à un autre niveau, « se poser en s'opposant ».
Âge adulte	**Continuation de la phase génitale** Les buts d'une vie saine sont l'amour et le travail.	**Intimité et isolement** Le jeune adulte recherche la compagnie et l'amour d'autres personnes; il lui arrive de s'isoler pour s'éviter le rejet. **Générativité et stagnation** L'adulte d'âge mûr contribue au bien-être de la génération suivante, sinon, il stagne. **Intégrité du moi et désespoir** L'adulte d'âge avancé tente de donner un sens à sa vie; s'il n'y voit que des échecs, il peut sombrer dans le désespoir.	**Âge adulte** Le vécu de l'adulte est teinté par son expérience antérieure, entre autres par les façons dont il est passé à travers les phases précédentes. L'amour et le travail sont deux dimensions fondamentales qui peuvent se vivre sainement dans des contextes variés.

* Erikson admettait la possibilité d'une multitude d'issues à chaque crise. Il reconnaissait en outre que, pour la plupart des gens, la résolution idéale résultait d'une intégration des aspects constructifs de chacun des pôles opposés.

prêtent d'ailleurs assez mal à des expériences contrôlées en laboratoire; c'est justement ce travers qui a préparé l'avènement de l'approche béhaviorale.

Approche béhaviorale

Au début du XXe siècle, John B. Watson (1878-1958) affirma que la psychologie ne pourrait prétendre au rang de science que si les psychologues étudiaient des faits observables et mesurables. « Pourquoi, disait-il, ne faisons-nous pas de ce que nous pouvons *observer* le véritable champ d'étude de la psychologie ? Limitons-nous aux faits que nous pouvons observer et formulons des lois à ce seul propos. [...] Nous pouvons observer le comportement, c'est-à-dire ce que l'organisme fait ou dit » (Watson, 1930/1967). Jugeant qu'il était trop difficile d'étudier des motivations et des pulsions inconscientes (comme le faisaient les partisans de l'approche psychodynamique), nombre de psychologues américains donnèrent raison à Watson. Ils estimaient en effet que le comportement (observable) pouvait s'étudier de manière beaucoup plus objective et scientifique. C'est ainsi qu'apparut aux États-Unis un courant de la psychologie : le **béhaviorisme**. Le béhaviorisme, à son tour, donna naissance à la théorie de l'apprentissage social qui fait maintenant partie de l'approche cognitive.

Béhaviorisme Perspective selon laquelle la psychologie doit axer systématiquement son étude sur le comportement objectivement observable.

Lois du comportement

Les béhavioristes, selon lesquels le développement dans son ensemble reflète un processus d'apprentissage, ont formulé des lois du comportement qui peuvent s'appliquer à tous, quel que soit l'âge. Ces lois ont trait à l'élaboration de compétences complexes à partir d'habiletés élémentaires ainsi qu'à l'influence des facteurs environnementaux sur le développement de la personne.

Les lois fondamentales du processus d'apprentissage définissent le rapport entre le **stimulus** et la **réponse**, c'est-à-dire entre un phénomène (expérience ou événement) et la réaction comportementale qui lui est associée. Certaines réponses, tels les réflexes, sont automatiques. Si quelqu'un approche brusquement une main de votre visage, vous cillerez. La plupart des réponses, cependant, ne se produisent pas naturellement : elles sont apprises. Les béhavioristes soutiennent que les nouveaux événements et les nouvelles expériences engendrent de nouveaux comportements, tandis que les réponses anciennes et improductives tendent à disparaître. Cet apprentissage repose en partie sur le **conditionnement**, un processus fondé sur l'association d'un stimulus et d'un comportement. Il existe plusieurs types de conditionnements, dont le conditionnement répondant et le conditionnement opérant.

Stimulus Tout phénomène (objet ou événement) qui provoque une réponse ou réaction (réflexe ou volontaire) dans un organisme.

Réponse Tout comportement (réflexe ou volontaire) provoqué par un stimulus particulier.

Conditionnement Processus d'apprentissage fondé sur l'association d'un stimulus et d'un comportement.

Conditionnement répondant

Le scientifique russe Ivan Pavlov (1849-1936) mit en lumière en 1902 le lien entre le stimulus et la réponse. Alors qu'il étudiait la salivation chez les chiens, Pavlov remarqua qu'ils salivaient non seulement en sentant ou en voyant leur nourriture, mais aussi en entendant le pas des préposés qui la leur apportaient. Il résolut alors de mener une expérience qui allait demeurer célèbre : enseigner à un chien à saliver au son d'une cloche. Après que Pavlov eut associé à quelques reprises le son de la cloche à l'apparition de la nourriture, le chien salivait en entendant la cloche, même en l'absence de nourriture.

Cette expérience simple constitua la première démonstration scientifique du **conditionnement répondant**. Dans cette forme de conditionnement, un organisme (n'importe quel être vivant) associe un stimulus neutre à un stimulus inconditionnel, puis *répond* au stimulus neutre comme s'il s'agissait du stimulus inconditionnel. Dans l'expérience de Pavlov, le chien associait le son de la cloche (le stimulus neutre) à la nourriture (le stimulus inconditionnel), puis il répondait au tintement de la même manière qu'à la nourriture.

Conditionnement répondant Processus d'apprentissage dans lequel un stimulus neutre est associé de façon répétée à un stimulus inconditionnel de sorte que le stimulus neutre en vienne à susciter la même réponse réflexe que le stimulus inconditionnel.

La vie quotidienne ne manque pas d'exemples de conditionnements répondants. Ainsi, un enfant qui a été effrayé par un chien se met à pleurer s'il retourne sur les lieux de l'incident : il s'est fait une association entre le lieu et la frayeur. Comme le soulignait Watson lui-même (1927), les réponses émotionnelles sont particulièrement faciles à provoquer au moyen du conditionnement répondant, surtout pendant l'enfance.

Conditionnement opérant

B.F. Skinner (1904-1990) fut le plus influent des défenseurs du béhaviorisme. Comme Pavlov, il jugeait que certains types de comportements s'expliquaient par le conditionnement répondant. Il estimait cependant qu'une autre forme de conditionnement, le conditionnement opérant, jouait un rôle beaucoup plus important, surtout dans l'apprentissage complexe. Dans le conditionnement opérant, l'organisme apprend qu'un comportement particulier est généralement suivi d'un événement particulier. Si cet événement est utile ou agréable, l'organisme cherchera à l'obtenir encore en répétant le comportement. Si l'événement est désagréable, l'organisme aura tendance à ne pas répéter le comportement.

On peut donc instaurer un système pour amener un organisme à manifester un comportement qui ne fait pas partie de son répertoire naturel. Ainsi, pour aider un enfant à apprendre à attacher ses boutons, on peut lui faire un compliment après chacun de ses essais. Une fois que l'enfant aura appris le comportement, il continuera à le répéter même si on ne le complimente plus de façon systématique. Le comportement peut même devenir gratifiant en soi. Le conditionnement opérant est à l'origine de plusieurs de nos comportements quotidiens, qu'il s'agisse d'interagir avec les autres ou de gagner notre vie.

Types de renforcements

Le processus qui augmente la probabilité d'apparition du comportement visé par le conditionnement opérant est appelé *renforcement* (Skinner, 1953). Quant au stimulus qui augmente la probabilité d'apparition du comportement, il est appelé *renforçateur*.

On distingue les renforçateurs positifs des renforçateurs négatifs. Un renforçateur positif est un événement agréable; il peut s'agir d'une sensation plaisante, de la satisfaction d'un besoin, d'une récompense ou encore d'un compliment. Pour l'étudiant ambitieux qui s'est bien préparé à un examen, l'obtention de la note A constitue un renforçateur positif. Un renforçateur négatif correspond à la suppression d'un stimulus désagréable à la suite d'un comportement particulier. Ainsi, la réduction de l'anxiété représente un renforçateur négatif pour l'étudiant qui se prépare avec application à un examen. Autrement dit, la réduction de l'anxiété qu'a entraînée l'étude disposera l'étudiant à répéter ce comportement la prochaine fois qu'il se fera du mauvais sang à propos d'un examen.

Le physiologiste Ivan Pavlov reçut le prix Nobel en 1904 pour sa recherche sur la digestion. C'est en étudiant cette fonction qu'il découvrit le conditionnement dit classique qu'on nomme maintenant conditionnement répondant.

Conditionnement opérant (aussi appelé *conditionnement instrumental*) Processus d'apprentissage à la suite duquel la probabilité d'apparition d'un certain comportement augmente en présence d'un renforçateur (positif ou négatif) et diminue en présence d'une punition.

Renforçateur positif Événement agréable qui se produit à la suite d'un comportement et qui en augmente la probabilité de répétition.

Renforçateur négatif Suppression d'un stimulus désagréable à la suite d'un comportement particulier. Le renforçateur négatif augmente la probabilité de répétition du comportement lors d'un retour du stimulus désagréable.

B.F. Skinner s'est illustré par ses expériences sur les rats et les pigeons, mais il a aussi étudié un grand nombre de problèmes chez l'être humain. Il conçut, à l'intention de sa fille, un berceau de verre muni de commandes. Il pouvait régler la température, le taux d'humidité et l'intensité de la stimulation sensorielle afin d'assurer le confort du poupon et lui permettre de passer des heures éducatives dans son lit. Skinner imagina aussi une société idéale organisée selon les principes du conditionnement opérant. Dans cette société, par exemple, les emplois les moins désirables apportaient les plus grandes gratifications.

TABLEAU 2.4   Techniques de conditionnement opérant.

	RENFORCEMENT		PUNITION	
	Positif	Négatif	Positive	Négative
Modification du comportement	Augmentation	Augmentation	Diminution	Diminution
Stimulus	Présentation d'un stimulus désirable	Suppression d'un stimulus indésirable	Présentation d'un stimulus indésirable	Suppression d'un stimulus désirable

Un renforçateur peut aussi être extrinsèque ou intrinsèque. Un *renforçateur extrinsèque* provient de l'environnement; il peut prendre la forme d'une caresse, d'un sourire, d'un chèque de paye, d'un privilège accordé pour telle ou telle conduite, de bonnes notes, etc. Un *renforçateur intrinsèque* vient de l'intérieur; il correspond le plus souvent à un sentiment de satisfaction et de compétence personnelle. Vous aurez compris que certains comportements nous valent non seulement un renforcement de la part d'autrui, mais également un *autorenforcement*.

On confond souvent renforçateur négatif et punition. Or, une **punition** est un événement désagréable qui *diminue* la probabilité de répétition d'un comportement. Pour notre étudiant, un échec à l'examen représenterait une punition et l'inciterait à éviter les comportements qui entraînent l'échec (manquer des cours, par exemple).

Punition Événement désagréable qui se produit à la suite d'un comportement particulier et qui diminue la probabilité de sa répétition. La punition peut être positive ou négative.

La punition peut être extrinsèque ou intrinsèque. Elle peut également être positive ou négative. Donner une *punition positive* consiste à présenter un stimulus indésirable en vue de décourager la répétition d'un comportement. Obliger un enfant à rester assis longtemps sur le siège de la toilette parce qu'il a sali sa culotte est un exemple de punition positive.

Imposer une *punition négative* consiste à supprimer un stimulus désirable en vue de décourager la répétition d'un comportement. Envoyer un enfant dans sa chambre, le priver de dessert ou de sortie sont des punitions négatives assez souvent employées par les parents. À leur surprise, l'emploi de la punition ne suscite pas toujours les réactions attendues, mais plutôt leur contraire. Il vaut mieux éviter les punitions trop fréquentes ou trop sévères et utiliser le renforcement des comportements considérés comme désirables.

Le tableau 2.4 résume les effets du renforcement et de la punition sur le comportement.

Critique de l'approche béhaviorale

L'approche béhaviorale a bénéficié au moins de deux façons à l'étude du développement humain. Premièrement, l'analyse des causes et des conséquences du comportement observable a montré aux chercheurs que de nombreux comportements

---

À VOUS LES COMMANDES – 2.3

Les renforcements et les punitions

1. Décrivez une situation dans laquelle un enfant, puis un adolescent, se comporterait d'une façon que vous jugeriez inacceptable.

2. En utilisant différentes formes de renforcement et de punition, décrivez comment vous pourriez influer sur le comportement de l'enfant et de l'adolescent, et indiquez quelles en seraient les conséquences.

3. Laquelle de ces formes de renforcement et de punition vous paraît la plus pertinente ? Pourquoi ?

4. Laquelle vous paraît la moins pertinente ? Pourquoi ?

en apparence innés ou dus à des troubles affectifs sont en réalité appris et qu'ils peuvent donc être « désappris » ou transformés en modifiant les stimuli qui les provoquent. Ainsi, il est possible de venir en aide à certaines personnes en analysant et en modifiant l'association stimulus-réponse à l'origine de leur problème. On peut, par exemple, faire comprendre aux parents comment ils renforcent involontairement un comportement inopportun chez leurs enfants et leur enseigner des méthodes d'éducation plus adéquates. Dans le même ordre d'idées, les enseignants peuvent miser sur le renforcement pour créer dans leurs classes un climat propice à l'apprentissage et à la coopération.

Deuxièmement, les béhavioristes ont insufflé de la rigueur à l'étude du développement (Grusec, 1994; Horowitz, 1994). Ils ont en effet obligé les chercheurs à préciser leur terminologie, à vérifier minutieusement leurs hypothèses, à chercher de nouvelles explications à leurs résultats (à tenir compte des influences environnementales notamment) et à délaisser certains concepts théoriques (comme les pulsions inconscientes et les structures du raisonnement) qui échappent à l'observation et à la vérification directe. La psychologie du développement est ainsi devenue une science à part entière.

Par ailleurs, nombre d'experts jugent que l'approche béhaviorale ne permet pas d'expliquer les dimensions cognitives, perceptives et psychosociales du développement humain (Grusec, 1992). Ils soulignent que le développement dépend non seulement de l'environnement, mais aussi de la génétique, de la biologie, des structures de la pensée et des efforts que la personne elle-même déploie pour donner un sens à ses nouvelles expériences. À leurs yeux, les théories qui font primer l'influence de l'environnement sont utiles, certes, mais ne rendent pas compte de la multitude d'influences qui s'exercent sur le développement au cours de la vie (Cairns, 1994).

Approche humaniste

C'est d'ailleurs en réaction contre la vision du déterminisme environnemental de l'approche béhaviorale et des pulsions libidinales et agressives de l'approche psychodynamique que s'est développée l'approche humaniste, aussi appelée « troisième voie » en psychologie. En effet, les théoriciens de cette approche, particulièrement Carl R. Rogers (1951, 1961, 1980), Abraham H. Maslow (1954, 1970, 1972), Charlotte Bühler (1968) et Robert Kegan (1982), avaient une vision holistique du développement. Selon eux, l'être humain se perçoit comme un être autodéterminé, capable d'exercer son libre arbitre et d'atteindre des buts d'une manière créative. C'est un être libre, en mesure de faire des choix réfléchis, sensés et intelligents; il est responsable de ses actes et tend à réaliser son plein potentiel. Et c'est également ainsi qu'il perçoit les autres.

La considération positive inconditionnelle selon Rogers

Pour satisfaire ses besoins et se réaliser, l'être humain doit entrer en contact avec les autres. Or, ces derniers, selon les sentiments qu'ils lui manifesteront en retour ou l'évaluation qu'ils feront de sa personne, influeront sur son développement. Selon Carl R. Rogers, pour qu'une personne ait un développement harmonieux, elle doit bénéficier d'une considération positive inconditionnelle, particulièrement de la part des personnes significatives de sa vie, comme ses parents et ses proches. Le concept de considération positive inconditionnelle de Rogers renvoie au fait d'être aimé pour soi-même, accepté fondamentalement en tant que personne, même lorsque ses comportements ou les sentiments exprimés laissent à désirer. L'enfant qui jouit d'une considération positive inconditionnelle comprend qu'il est aimé et apprécié pour ce qu'il est et parce qu'il est lui. Cependant, pour accepter une personne de façon inconditionnelle, il faut la comprendre, c'est-à-dire tenter de saisir comment elle perçoit l'univers qui l'entoure, à partir de ses connaissances, de ses expériences, de ses buts, de ses aspirations.

Besoin d'actualisation selon Maslow

Dans la perspective humaniste, l'être humain cherche à donner un sens à ce qu'il est à travers les expériences changeantes de sa vie. Être essentiellement positif, la personne est encline à se réaliser pleinement. Pour combler ce besoin de réalisation de soi, qui tient davantage du processus de croissance permanente que d'un accomplissement ponctuel, il faut, selon Maslow, que les besoins fondamentaux soient satisfaits, du moins en partie. Certains correspondent à un état de tension ou de manque dans l'organisme, d'autres se rattachent à l'actualisation de soi, motivation fondamentale qui pousse la personne à s'accomplir et à réaliser son potentiel. Le besoin d'actualisation de soi, bien qu'impossible à satisfaire totalement et définitivement, se vit dans la recherche de vérité, d'intégrité, de justice, de créativité, de beauté, de transparence et d'amour.

La pyramide de Maslow (voir la figure 2.1) illustre la hiérarchie de ces besoins. Les personnes qui atteignent le niveau d'actualisation de soi sont des êtres capables d'assumer leur solitude, intéressés par les problèmes de l'humanité et ouverts aux expériences extatiques ou mystiques.

Critique de l'approche humaniste

Bien que l'approche humaniste ait mis l'accent sur la richesse des ressources de chaque être humain, certains spécialistes remettent en question sa valeur scientifique. L'imprécision des concepts utilisés rend difficile leur évaluation systématique. L'approche humaniste semble trop optimiste, affirmant que l'enfant, spontanément, choisit ce qui est le mieux pour lui. D'aucuns affirment que les enfants ont plutôt besoin d'être guidés.

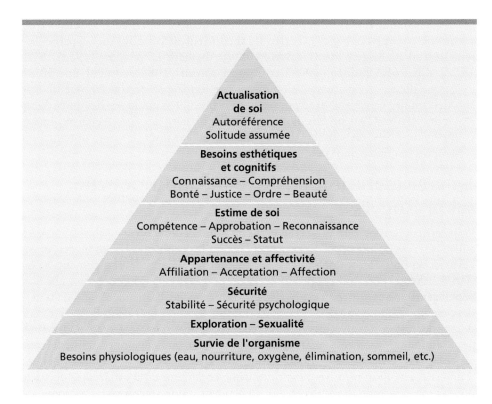

Figure 2.1 *Pyramide de Maslow.*

Approche cognitive

L'**approche cognitive** traite de l'influence des opérations mentales sur la vision du monde que se crée une personne. Ses partisans tentent de déterminer les répercussions de cette vision du monde — et des attentes qu'elle engendre — sur les attitudes, les croyances et les comportements.

Les théories que nous regroupons sous la bannière de l'approche cognitive sont la théorie de l'apprentissage social, la théorie de Jean Piaget et la théorie du traitement de l'information. Bien que la théorie de l'apprentissage social soit souvent présentée en lien avec l'approche béhaviorale, le rôle important que jouent la motivation et les processus cognitifs dans l'apprentissage nous incite à l'inclure à l'approche cognitive.

Approche cognitive Perspective selon laquelle les opérations de la pensée influent sur les croyances, les attitudes et les comportements.

Théorie de l'apprentissage social

Certains théoriciens, dont Albert Bandura, se sont appuyés sur le béhaviorisme pour formuler la **théorie de l'apprentissage social**. Au lieu de chercher à expliquer le comportement en fonction de l'expérience directe, ces derniers tentent maintenant de comprendre des formes d'apprentissage moins immédiates encore qu'aussi efficaces. Les théoriciens de l'apprentissage social avancent que la personne apprend des comportements en observant les autres, sans faire directement l'objet d'un conditionnement.

Théorie de l'apprentissage social Théorie selon laquelle l'apprentissage repose sur l'observation de modèles.

Apprentissage par observation

L'apprentissage social repose en grande partie sur l'**apprentissage par observation**, qui consiste à apprendre un comportement en observant le comportement des autres.

Bien entendu, l'apprentissage social ne se limite pas à l'observation d'un modèle. Il faut avoir une motivation pour prêter attention à un comportement, pour mémoriser l'information qui y est associée (en la répétant mentalement, par exemple) et pour récupérer cette information lorsque se présente l'occasion de manifester le comportement (Bandura, 1977, 1986, 1989), si on a décidé de l'imiter. Et c'est justement à cause du rôle que jouent la cognition et la motivation que les modalités de l'apprentissage par observation se transforment à mesure que la personne vieillit. Le jeune enfant a tendance à imiter les comportements les plus évidents de toutes sortes de gens. Ensuite, son sens de l'observation s'aiguise et il parvient à déduire des règles générales d'exemples particuliers. L'adolescent et le jeune adulte, quant à eux, reproduisent parfois des façons d'être et des comportements subtils après les avoir observés chez des individus choisis.

L'apprentissage social est aussi tributaire de la connaissance de soi. Selon les objectifs que nous nous fixons et l'assurance que nous avons de les atteindre, nous sommes plus ou moins enclins à nous inspirer de modèles, qu'il s'agisse de pairs, de mentors, de personnalités du monde artistique, sportif ou politique, etc. En règle générale, nous procédons par imitation dans les situations où nous manquons d'assurance ou d'expérience; nous reproduisons alors le comportement d'une personne qui nous apparaît admirable, puissante ou semblable à nous (Bandura, 1977).

Apprentissage par observation (aussi appelé *conditionnement vicariant*) Forme d'apprentissage qui s'effectue à la suite de l'observation d'un modèle.

Déterminisme réciproque Interaction des caractéristiques internes de la personne, de l'environnement et du comportement lui-même en tant que déterminants du comportement.

Déterminisme réciproque

Étant donné l'influence qu'exercent la cognition et la motivation sur l'apprentissage social, des théoriciens comme Albert Bandura (1986, 1989, 1995) considèrent le comportement comme le résultat du **déterminisme réciproque**, c'est-à-dire de l'interaction des caractéristiques internes de la personne, de l'environnement et du comportement lui-même. Les caractéristiques internes, tels les attentes personnelles, les perceptions de soi et les objectifs, sont influencées par l'environnement social et, à leur tour, elles influent sur lui. Les personnes sociables, par exemple, ne suscitent pas chez les autres les mêmes réactions que les personnes repliées sur elles-

La théorie de l'apprentissage social tend à corroborer la notion selon laquelle on apprend par l'exemple. Ainsi, cette petite fille comprendra probablement toute l'importance que revêtent les soins du nourrisson.

mêmes. Et les réactions des autres renforcent à leur tour le tempérament en question. Le comportement est le résultat autant que la source de facteurs personnels et environnementaux. Avec le concept de déterminisme réciproque, les théoriciens de l'apprentissage social cherchent à englober les déterminants personnels et environnementaux du développement dans une théorie générale. À cet égard, un monde les sépare des béhavioristes et bien des traits les relient aux théoriciens de l'approche cognitive.

À VOUS LES COMMANDES – 2.4

Il craint l'obscurité : pourquoi ?

Depuis quelque temps, votre petit frère de 4 ans a peur du noir et refuse, le moment venu, de se mettre au lit. « Comment ce problème s'est-il développé ? », voilà ce que vos parents, inquiets, se demandent. Répondez-leur en leur exposant brièvement trois points de vue différents : celui de l'approche psychodynamique, celui de l'approche béhaviorale et celui de la théorie de l'apprentissage social de l'approche cognitive.

Toute sa vie, Jean Piaget a étudié la pensée de l'enfant. Il disait pratiquer l'« épistémologie génétique », c'est-à-dire l'étude de l'acquisition de connaissances, chez l'enfant.

Théorie de Jean Piaget

Jean Piaget (1896-1980) commença à étudier les opérations mentales lorsqu'il fut embauché pour mettre à l'essai un projet de test d'intelligence destiné aux enfants. Il était censé déterminer l'âge auquel la majorité des enfants pouvaient donner les bonnes réponses, mais, paradoxalement, il s'intéressa plutôt aux *mauvaises* réponses. Les enfants du même âge, en effet, commettaient souvent des erreurs semblables. Piaget en déduisit que le développement intellectuel se faisait selon des étapes successives qu'il chercha à identifier. Il postula que la *façon* dont pensent les enfants est beaucoup plus importante et beaucoup plus révélatrice de leurs aptitudes mentales que leurs *connaissances*. Il alla jusqu'à supposer que la façon de penser d'une personne traduit sa façon d'interpréter les expériences et de construire sa vision du monde.

Périodes du développement cognitif

Selon Piaget, quatre périodes jalonnent le développement cognitif. Chacune d'elles est associée à des structures mentales qui permettent à la personne d'acquérir certaines connaissances, de faire certains raisonnements, de s'adapter à son environnement.

Quelles sont les caractéristiques des périodes de développement des structures mentales (Piaget, 1952, 1970 ; Bergeron et Bois, 1999) ?

– Elles sont universelles : tous les enfants se développeraient selon la même séquence (les périodes apparaissant dans le même ordre).

– Elles représentent des étapes hiérarchiques de changement discontinu, une nouvelle structure mentale apportant des moyens plus perfectionnés pour construire sa vision du monde.

– Les périodes successives intègrent et reconstruisent les acquis des périodes antérieures.

– Toutes les périodes impliquent un certain déséquilibre ; l'exercice des habiletés mentales spécifiques à chaque période permet d'atteindre un état de stabilité.

Période sensorimotrice (de la naissance à l'âge de 2 ans environ) Selon Piaget, première période du développement cognitif, au cours de laquelle l'enfant appréhende le monde qui l'entoure au moyen de ses sens et de ses habiletés motrices ; la permanence de l'objet se développe alors.

Durant la **période sensorimotrice**, l'enfant appréhende le monde au moyen de ses sens et de ses habiletés motrices ; il ne comprend les objets qu'à travers les sensations qu'il en retire et les actions qu'il peut leur faire subir. L'intelligence du bébé est pragmatique et limitée à l'instant présent. Une fois devenu trottineur, l'enfant se transforme en un « petit scientifique » : il se livre à d'incessantes expériences sur les objets afin de découvrir leur mode de fonctionnement et les nouveaux usages qu'il pourrait en faire. Or, la seule méthode dont dispose le petit scientifique est le tâtonnement : pour découvrir ce qui arrive à un œuf qui tombe, par exemple, il doit en laisser tomber un !

Dès l'âge préscolaire, qui coïncide avec la période préopératoire, l'enfant est capable d'une pensée symbolique qui se manifeste notamment par le langage, l'imitation différée, le jeu symbolique. Autrement dit, il forge ses premiers concepts; il peut réfléchir aux objets et les comprendre en se servant d'opérations mentales indépendantes de l'expérience immédiate. Il utilise le langage, réfléchit aux événements passés et futurs et s'amuse à « faire semblant ». Toutefois, son raisonnement est subjectif et intuitif et sa pensée n'est pas logique.

Au cours de la période des opérations concrètes, l'enfant d'âge scolaire est capable de logique, mais seulement en rapport avec les aspects concrets du monde. Il pense tout de même de manière relativement systématique, objective et rationnelle à propos d'événements et de problèmes concrets. Il utilise sa logique pour comprendre des concepts fondamentaux comme la conservation, la classification et le nombre.

Durant la quatrième et dernière période du développement cognitif, la période des opérations formelles, l'adolescent et l'adulte sont capables, à divers degrés, d'une pensée abstraite; ils peuvent penser à la pensée (métacognition), spéculer et réfléchir aussi bien sur le possible que sur le concret. Ils sont capables de formuler des hypothèses et d'élaborer des stratégies pour les vérifier. (Comme nous

Période préopératoire (de 2 à 6 ans) Selon Piaget, deuxième période du développement cognitif, au cours de laquelle l'enfant est capable de pensée symbolique, notamment en utilisant le langage, l'imitation différée, le jeu symbolique.

Période opératoire concrète (de 6-7 à 11 ans) Selon Piaget, troisième période du développement cognitif, au cours de laquelle l'enfant est capable de raisonner logiquement à propos d'événements et de problèmes concrets, mais non d'idées et de possibilités abstraites.

Période opératoire formelle (à compter de 11-12 ans) Selon Piaget, quatrième période du développement cognitif, caractérisée par la pensée hypothétique, logique et abstraite.

Selon Piaget, la façon dont l'enfant aborde et comprend le monde dépend de la période du développement. À la période sensorimotrice, il « comprend » qu'une fleur est un objet qu'on peut regarder, toucher et goûter. À la période préopératoire, il comprend qu'une plante est un objet qu'on peut nommer, décrire et cultiver. À la période opératoire concrète, il comprend que les plantes sont des orga- *nismes que le raisonnement logique permet notamment de classer. À la période opératoire formelle, un jeune peut comprendre que les plantes font partie de systèmes écologiques; il peut recourir au raisonnement abstrait pour concevoir des expériences horticoles visant, par exemple, à déterminer s'il est possible de remplacer les engrais chimiques par des eaux usées.*

TABLEAU 2.5   Périodes du développement cognitif selon Piaget*.

Âge approximatif	Période	Caractéristiques	Principales acquisitions
De la naissance à 2 ans	Période sensorimotrice	Le nourrisson appréhende le monde par l'intermédiaire de ses sens et de ses habiletés motrices. Il est incapable de conceptualisation et de réflexion; il ne connaît d'un objet que ce qu'il peut en *faire*.	Le nourrisson apprend qu'un objet continue d'exister même s'il disparaît de son champ de vision (*permanence de l'objet*); il commence à accomplir des actions mentales en plus des actions physiques.
De 2 à 6 ans	Période préopératoire	L'enfant est capable de recourir à la *pensée symbolique,* notamment avec le langage, l'imitation différée, le jeu symbolique, pour comprendre le monde. Sa pensée est *égocentrique* (confusion entre soi et le monde extérieur); il ne comprend le monde que d'un seul point de vue, le sien.	L'imagination fleurit et le langage devient un important moyen de communication. L'enfant forge ses premiers concepts et peut réfléchir aux événements passés et futurs.
De 6-7 à 11 ans	Période des opérations concrètes	L'enfant comprend les opérations logiques appliquées à des réalités concrètes. Il les exerce pour interpréter ses expériences de manière objective et rationnelle plutôt que seulement intuitive.	En utilisant la logique, l'enfant comprend des concepts fondamentaux comme la conservation, le nombre, la classification et plusieurs autres notions scientifiques.
À compter de 11-12 ans	Période des opérations formelles	L'adolescent et l'adulte sont capables de réfléchir à des abstractions et de formuler des hypothèses. Ils peuvent élaborer des stratégies pour vérifier ces hypothèses.	L'adolescent est capable d'une pensée systématique, organisée et théorique. Il s'intéresse de plus en plus à l'éthique, à la politique ainsi qu'aux questions sociales et morales.

* Nous décrivons chacune des périodes en détail dans les chapitres 4, 7 et 10.

le verrons au chapitre 10, certains théoriciens postulent qu'il existe chez l'adulte une cinquième période, appelée *postformelle*). Le tableau 2.5 ci-dessus présente un résumé des périodes du développement cognitif selon Piaget.

Déroulement du développement cognitif

L'une des prémisses de la théorie de Piaget est que le développement cognitif se déroule partout et toujours de la même façon. Selon Piaget, le processus répond au besoin universel d'*équilibre* cognitif. Autrement dit, tout le monde a besoin de comprendre ses nouvelles expériences et, pour ce faire, les confronte à ses conceptions existantes.

La personne se trouve en état d'équilibre lorsque ses nouvelles expériences concordent avec ses conceptions. C'est le cas du bébé qui découvre qu'il peut saisir un nouvel objet de la même façon qu'il prend son hochet. C'est aussi le cas de l'adulte qui parvient à expliquer les bouleversements mondiaux à la lumière de sa philosophie politique. Si, par contre, une nouvelle expérience ne concorde pas avec les conceptions existantes, la personne connaît un *déséquilibre*, état déroutant mais fécond qui la pousse à modifier ses conceptions antérieures. Vous avez déjà goûté au déséquilibre si les arguments d'un ami ont ébranlé vos opinions, si votre stratégie préférée aux échecs ne vous a pas permis de vaincre un adversaire ou si votre mère a accompli un jour une action dont vous la croyiez incapable.

Les périodes de déséquilibre peuvent être déstabilisantes pour l'enfant ou l'adulte qui se remet en question. Le progrès intellectuel qu'elles suscitent les rend toutefois passionnantes au point de parfois pousser les gens de tout âge à rechercher la nouveauté et la stimulation. En s'initiant à toutes sortes d'activités, les enfants mettent sans cesse leurs conceptions à l'épreuve. Les bébés manipulent et goûtent ce qui leur tombe sous la main; les enfants d'âge préscolaire posent de nombreuses questions; les enfants d'âge scolaire se passionnent pour toutes sortes de sujets; les adolescents se livrent à d'innombrables expériences; les adultes, enfin, ne cessent d'accroître leur bagage de connaissances sur les sujets qui les intéressent. L'être humain, quel que soit son âge, est souvent à la recherche de défis cognitifs. Cette quête de la connaissance concorde avec la théorie de Piaget sur le développement cognitif.

Théorie du traitement de l'information

Depuis quelques années, la théorie du traitement de l'information intéresse certains psychologues en développement. Inspirée de la technologie moderne, cette théorie établit un rapprochement entre de nombreux aspects de la pensée humaine et le fonctionnement d'un ordinateur. Il n'existe certes aucun ordinateur qui puisse égaler l'esprit humain en matière de réflexion, de créativité et d'intuition. Les théoriciens du traitement de l'information n'en sont pas moins convaincus de pouvoir décrire le développement cognitif en se penchant sur la « mécanique » de la pensée (Klahr, 1989, 1992; Siegler, 1983, 1991). Selon eux, par exemple, l'être humain doit emmagasiner d'énormes quantités d'information, accéder à cette information au besoin et analyser les situations en fonction de stratégies aptes à mener à des solutions appropriées.

La figure 2.2 représente le système de traitement de l'information tel que le conçoivent certains chercheurs ayant une vision traditionnelle. La première étape du traitement a lieu dans le registre de l'information sensorielle, un système mnésique au niveau des récepteurs sensoriels (rétine, oreille interne, etc.) dans lequel l'information sensorielle est emmagasinée pendant un laps de temps extrêmement court avant d'être traitée ou rejetée. L'information pertinente passe ensuite dans la mémoire à court terme, siège de l'activité mentale consciente du moment. En ce moment, par exemple, votre activité mentale consciente consiste à lire un paragraphe, à vous rappeler les connaissances que vous possédez déjà sur le sujet et, qui sait, à échafauder des plans pour le week-end prochain. Le contenu de la mémoire à court terme se renouvelle constamment, si bien que les pensées et les souvenirs n'y demeurent pas longtemps. Certains sont éliminés, tandis que d'autres sont transférés dans la mémoire à long terme.

Selon les théories traditionnelles, la mémoire à court terme est aussi une forme de mémoire de travail : le fait de pouvoir composer un numéro de téléphone tout juste après l'avoir mémorisé démontre que la mémorisation à court terme d'une information en permet aussi le traitement. C'est le traitement répétitif d'une telle information qui rendra possible son stockage dans la mémoire à long terme. De nos jours, cependant, de nombreux chercheurs (Baddeley, 1992; Cantor et Engle,

Théorie du traitement de l'information Théorie axée sur l'étude des aspects de la pensée (particulièrement la mémoire) considérés comme analogiquement semblables aux fonctions d'un ordinateur (triage, encodage, stockage et recouvrement).

Registre de l'information sensorielle Système mnésique qui conserve pendant une fraction de seconde l'impression laissée par un stimulus sensoriel.

Mémoire à court terme Partie de la mémoire qui contient l'information reliée à l'activité mentale consciente du moment.

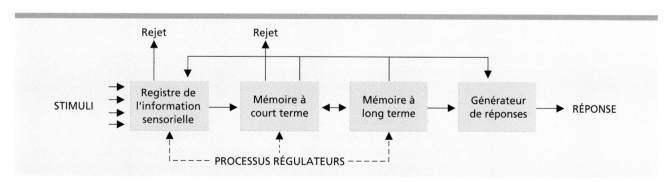

Figure 2.2 *Ce diagramme représente le système de traitement de l'information. Les flèches pleines symbolisent le transfert de l'information entre les composantes. Les flèches pointillées désignent les facteurs qui influent sur le traitement et le transfert de l'information à l'intérieur du système. (Adapté de Shiffrin et Atkinson, 1969.)*

Mémoire de travail Partie du système de traitement de l'information reliée à l'activité mentale consciente du moment. La mémoire de travail contient les données en cours de traitement.

Mémoire à long terme Partie de la mémoire qui conserve l'information pendant des périodes variant de quelques minutes à plusieurs décennies.

1993) pensent plutôt que la mémoire se compose de plusieurs systèmes fonctionnant non pas successivement, mais simultanément. Lorsque vous vous coupez, par exemple, vous vous rappelez vous être déjà blessé avec le même couteau au moment même où le registre de l'information sensorielle capte l'image du sang ainsi que la douleur, et peut-être même avant. À cet instant précis, vous vous souvenez qu'il vous faut exercer une pression sur la blessure pour arrêter le saignement et tentez de vous rappeler où vous avez rangé les pansements. Selon ces chercheurs, la mémoire de travail n'est pas une autre appellation de la mémoire à court terme, mais plutôt la partie de la mémoire à long terme à laquelle font appel les fonctions cognitives telles que le jugement, la résolution de problèmes, etc.

Selon ces théories actuelles, la mémoire de travail est une partie de la mémoire à long terme sollicitée par un stimulus interne ou externe, et elle remplit deux fonctions : gérer l'information qui passe par la mémoire à court terme et traiter cette information. De ce point de vue, la mémoire à court terme est une simple composante de la mémoire de travail, soit celle qui emmagasine l'information reliée à l'activité consciente du moment. La mémoire de travail, elle, ne sert pas qu'à retenir l'information pendant une courte période; elle permet aussi de faire le lien entre de nouvelles notions apprises et votre base de connaissances et d'utiliser cette information nouvellement intégrée pour la résolution de problèmes, le raisonnement, la prise de décision et d'autres fonctions cognitives. Elle traite également l'information qui sera stockée dans la mémoire à long terme.

La mémoire à long terme emmagasine l'information pendant des jours, des mois ou des années, et sa capacité est virtuellement illimitée. On peut supposer qu'elle contient toutes les informations emmagasinées depuis la naissance, qui seraient accessibles au besoin. Influencée par le registre de l'information sensorielle et la mémoire à court terme, la mémoire à long terme concourt à structurer les réactions aux stimuli environnementaux par l'entremise d'un réseau d'opérations mentales.

Changements liés au développement

Le fonctionnement des diverses composantes du système de traitement de l'information évolue avec le temps. C'est pourquoi la mémoire et les modalités de l'apprentissage changent au cours du développement. La mémoire à long terme s'enrichit pendant l'enfance et l'adolescence, à mesure que l'enfant accumule de l'information sur le monde qui l'entoure. De même, l'apprentissage s'accélère, car il est plus facile de traiter de nouvelles informations lorsqu'on peut les relier aux connaissances déjà acquises.

Le développement entraîne aussi d'importantes transformations des *processus régulateurs,* la composante qui régit l'analyse et la circulation de l'information à l'intérieur du système. Vous employez un processus régulateur lorsque vous recourez délibérément à une stratégie comme la répétition (appelée autorépétition de maintien) pour mémoriser un numéro de téléphone. Les processus régulateurs entrent aussi en jeu quand vous tentez de repêcher une donnée précise, un nom par exemple, dans votre mémoire à long terme, quand vous tendez l'oreille pour discerner une voix familière dans une foule (processus de l'attention sélective) ou quand vous résolvez un problème par essais et erreurs.

C'est chez le jeune enfant que le perfectionnement des processus régulateurs se manifeste le plus clairement. L'enfant qui maîtrise de mieux en mieux les stratégies de mémorisation et de recouvrement de l'information parvient à utiliser l'attention sélective, à accomplir automatiquement des activités mentales qui, telle la lecture, lui demandaient autrefois un effort considérable et à se doter de règles efficaces pour la résolution de problèmes (Kuhn, 1992; Sternberg, 1988).

D'autres changements dus au développement concourent à l'amélioration graduelle du traitement de l'information (Flavell, 1992; Kuhn et coll., 1995). En vieillissant, l'enfant établit des associations de plus en plus riches entre ses réseaux de connaissances, si bien qu'il peut relier des idées issues de divers domaines cognitifs. Sa pensée gagne alors en profondeur et en souplesse.

La capacité d'observer et de régir ses propres opérations mentales augmente encore chez le préadolescent, l'adolescent et l'adulte. Ceux-ci sont capables d'évaluer spontanément leur performance intellectuelle et d'utiliser des stratégies pour l'améliorer.

Vous aurez déjà compris que les théoriciens du traitement de l'information n'ont pas du développement cognitif la vision qu'en avait Piaget, bien que les deux approches ne soient pas incompatibles. Ils tendent à le considérer comme un processus graduel fondé sur l'acquisition de stratégies, de règles et d'habiletés précises qui touchent la mémoire, l'apprentissage et la résolution de problèmes. Piaget, lui, décrivait le développement cognitif comme une série de périodes générales.

L'amélioration du traitement de l'information se poursuit jusqu'au milieu de l'âge adulte et repose pour beaucoup sur l'expérience. À la fin de l'âge adulte, le fonctionnement des composantes du système ralentit. Comme nous le verrons au chapitre 12, les modalités de ce ralentissement varient considérablement d'une personne à une autre, d'une aptitude à une autre et d'une cohorte à une autre. En outre, les pertes cognitives propres à perturber les activités de la vie courante ne sont pas inévitables, même à l'âge de 80 ans (Powell, 1994; Schaie, 1996).

Critique de l'approche cognitive

Les théories cognitives ont révolutionné l'étude du développement en attirant l'attention des psychologues sur l'aspect actif des opérations mentales (Beilin, 1992). L'étude des structures mentales, des stratégies de la pensée et de leur renouvellement a jeté un éclairage nouveau sur certains aspects du comportement humain. Grâce aux théories cognitives, nous mesurons mieux les capacités et les limites des types de pensées de l'être humain aux divers âges de sa vie et nous en constatons les effets sur le comportement.

Les théories cognitives nous rappellent que l'« intelligence » se compose de nombreuses dimensions dont le quotient intellectuel ne rend pas pleinement compte. De fait, l'intelligence est constituée d'une multitude d'habiletés et de stratégies complexes dont l'être humain se dote au fil de ses interactions avec le monde extérieur.

Les travaux de Piaget ont profondément marqué l'étude du développement cognitif, mais ils n'ont pas été épargnés par la critique. Nombre d'experts estiment ainsi que Piaget était tellement absorbé par la recherche active de la connaissance chez la personne qu'il a sous-estimé l'importance de la motivation extrinsèque et de l'enseignement et, par conséquent, celle de l'interaction sociale. Comme nous le verrons dans les pages qui suivent, les tenants de la théorie socioculturelle pensent, pour leur part, que la culture et l'éducation sont des facteurs essentiels au déclenchement du développement cognitif (Flavell, 1992).

Les détracteurs de Piaget ont aussi critiqué sa description des périodes cognitives. Ainsi, de nombreux adultes n'utiliseraient que très sporadiquement la pensée abstraite qui, selon Piaget, apparaît à l'adolescence (Klahr et coll., 1993). En outre, comme nous le verrons aux chapitres 4 et 7, la recherche récente a démontré que les nourrissons et les enfants d'âge préscolaire possèdent beaucoup plus de compétences intellectuelles que Piaget ne le croyait (Flavell, 1992). Quelques chercheurs ont aussi contredit Piaget en avançant que le progrès cognitif peut toucher uniquement certains domaines de la pensée ou ne se manifester que de temps à autre. La plupart des théoriciens du développement cognitif pensent aujourd'hui que chaque enfant « se développe à son propre rythme et présente des caractéristiques uniques » (Thomas, 1993). Les théoriciens du traitement de l'information, notamment, soutiennent que l'enfant acquiert des habiletés et des stratégies en rapport avec une tâche particulière et qu'il ne les transpose pas nécessairement à d'autres situations (Case, 1985; Fischer, 1980).

Bien entendu, la théorie du traitement de l'information ne fait pas non plus l'unanimité. Certains spécialistes craignent en effet que la métaphore de l'ordinateur ne pousse les chercheurs à négliger les caractéristiques essentielles du raisonnement

Quelle métaphore décrit le mieux le développement cognitif chez l'enfant ? Celle du petit scientifique ou celle de l'ordinateur ? Il est difficile de se prononcer quand on voit avec quel enthousiasme cette petite fille découvre l'apparence, la texture et le goût de la poudre pour bébés. Tout en manipulant la poudre, elle établit des rapports entre ses découvertes et des sensations passées (comme le goût et la texture de la neige). Malheureusement, ses parents ne verront peut-être pas toute l'importance de sa démarche intellectuelle. Un dégât, oui, mais combien riche d'expériences !

humain, comme la réflexion, la déduction, l'intuition et l'autorégulation. Ces experts estiment que l'image du petit scientifique agissant sur le monde en vue de le comprendre illustre beaucoup mieux que l'image de l'ordinateur la pensée de l'enfant. D'autres constatent que la théorie du traitement de l'information porte d'abord et avant tout sur le développement d'aptitudes particulières en rapport avec des tâches particulières et doutent qu'elle puisse mener à des conclusions générales utiles quant à la nature et au développement de la pensée.

Bref, on reproche à la théorie piagétienne un excès de généralisation et à la théorie du traitement de l'information un excès de particularisation. En outre, on déplore que les deux ne rendent pas suffisamment compte de l'influence du contexte social sur le développement cognitif.

Approche socioculturelle

Que nous vivions dans une société urbaine et industrialisée, dans une société rurale et agricole ou dans une société pastorale et nomade, nous devons tous acquérir les habiletés et les connaissances propres à notre culture. Ainsi, les enfants d'un petit village du Kenya apprennent à cultiver la terre, à élever des animaux, à prévoir et à interpréter les rythmes de la nature et à contribuer au bien-être de leur collectivité. Les enfants d'une grande ville d'Amérique du Nord, pour leur part, développent les habiletés littéraires, logistiques et mathématiques qui leur sont nécessaires dans une société technologique; ils acquièrent la vigilance et l'assurance dont ils auront besoin pour interagir sans risque avec des étrangers. Les habiletés propres aux deux cultures reposent sur des croyances que les enfants doivent aussi acquérir : le respect inconditionnel des aînés et la prépondérance des besoins familiaux et sociaux sur les besoins individuels dans un cas et, dans l'autre, la remise en question de l'autorité et la primauté de l'indépendance.

Dans les sociétés traditionnelles qui ne changent que très lentement, les leçons apprises pendant l'enfance ne perdent jamais leur valeur. Par contre, dans les sociétés technologiques modernes, les sociétés multiculturelles en particulier, les outils, les aptitudes, les coutumes et les valeurs qui constituent la culture sont toujours sujets à changement. Là, la vieille génération est souvent contrainte de se mettre au pas de la jeune.

Théorie socioculturelle Théorie selon laquelle la personne acquiert des connaissances et des compétences grâce aux conseils, au soutien et à l'enseignement prodigués dans un contexte culturel donné.

Compte tenu de ces aspects de la culture, la théorie socioculturelle postule que la personne acquiert des connaissances et des compétences grâce aux conseils, au soutien et à l'enseignement prodigués dans un contexte culturel donné. La thèse première de cette théorie veut que le développement humain résulte de l'interaction dynamique de la personne avec sa culture. Ses tenants ne se contentent pas de

La théorie socioculturelle du développement a transformé l'enseignement, surtout dans les écoles multiethniques comme celle-ci. Les enseignants, en effet, sont de plus en plus nombreux à convenir que les meilleures méthodes d'éducation tiennent compte des valeurs, des coutumes et des centres d'intérêt propres à la culture de l'élève.

comparer les modalités du développement : ils examinent les processus qui permettent aux individus de se développer dans un contexte culturel. Ils reconnaissent l'importance de l'enseignement donné par les parents, les maîtres, les pairs et les collègues dans l'environnement immédiat; ils pensent aussi que ces modèles sont influencés par les croyances et les objectifs des membres de la collectivité et de la société en général.

Lev Vygotsky

Lev Vygotsky (1896-1934), un psychologue de l'ancienne Union soviétique, fut le précurseur de l'approche socioculturelle. Bien que ses écrits ne soient parvenus en Occident que récemment (Vygotsky, 1978, 1987), ils ont influencé un certain nombre de chercheurs en psychologie du développement.

Vygotsky s'intéressait surtout au développement des compétences cognitives. Selon lui, ces compétences sont le fruit d'un « apprentissage de la pensée » (Rogoff, 1990), un ensemble d'interactions entre le novice et les membres expérimentés de la société qui lui servent de tuteurs ou de guides (mentors). L'objectif implicite de ces interactions est de prodiguer l'enseignement et le soutien nécessaires à l'acquisition des connaissances et des habiletés valorisées par la culture. Vygotsky avançait que le meilleur moyen d'atteindre cet objectif est la participation guidée, une démarche dans laquelle le tuteur accomplit des activités avec l'apprenti afin de lui enseigner des habiletés d'une part et, d'autre part, de le faire participer activement à son apprentissage.

Dans toutes les cultures, les éducateurs (c'est-à-dire les parents, les enseignants et les pairs expérimentés) enseignent aux enfants les habiletés pratiques (comme lancer un filet de pêche, coudre un bouton et actionner une télécommande), les habiletés sociales (comme donner une poignée de main, témoigner du respect aux aînés et exprimer ses volontés de manière appropriée) et les habiletés intellectuelles (comme écrire dans sa langue maternelle, acquérir une connaissance en consultant une personne compétente et visiter un site Web). Les enfants reçoivent des directives explicites ou, plus simplement, apprennent en observant leurs aînés accomplir leurs tâches quotidiennes. Bien entendu, ce processus d'apprentissage profite aussi aux adultes, ces derniers se laissant guider par leurs pairs et même par leurs enfants. En effet, dans les sociétés modernes, c'est souvent auprès de leurs adolescents que les parents apprennent comment programmer le magnétoscope ou naviguer dans Internet.

L'interaction sociale fournit en outre le contexte propice à la maîtrise des outils d'apprentissage, qu'il s'agisse de l'alphabet, des chiffres romains, de l'abaque, du téléphone ou de l'ordinateur. Vygotsky croyait que, partout au monde, le *langage* constitue le principal outil d'apprentissage. Avec la maîtrise du langage, en effet, la pensée prend son essor; la personne devient apte à exprimer ses idées à ses partenaires sociaux et, inversement, à absorber celles des autres et de la culture en général (Vygotsky, 1978, 1987).

Le même processus préside à l'apprentissage des habiletés et à la maîtrise du langage : un guide perçoit que l'apprenti est prêt à relever de nouveaux défis et il provoque les interactions sociales propres à le faire progresser. Le guide attire l'apprenti dans ce que Vygotsky appelle la zone proximale de développement, c'est-à-dire la gamme des habiletés que l'apprenti peut exercer avec de l'aide. Le guide évalue les aptitudes et le potentiel de l'apprenti, suscite sa participation et favorise la transition de la dépendance à l'autonomie.

La zone proximale de développement permet donc d'évaluer la différence entre « le niveau réel de développement d'un enfant par exemple, tel que déterminé par la résolution autonome de problèmes, et le niveau supérieur de développement potentiel, tel que déterminé par la résolution de problèmes avec encadrement d'un adulte ou en collaboration avec des pairs plus avancés ». Le recours à un tel concept induit d'importantes conséquences pratiques en matière d'éducation. Alors que

Lev Vygotsky a fait école avec ses travaux sur le rôle de la culture et de l'histoire. Ses idées riches et originales ont influencé certaines méthodes en éducation et permis de comprendre certaines modalités du développement. Contemporain de Freud, de Skinner, de Pavlov et de Piaget, Vygotsky ne connut pas la renommée de son vivant. Il mourut prématurément à l'âge de 38 ans, et ses travaux, réalisés sous le régime stalinien, sont longtemps restés inaccessibles à l'Occident.

Participation guidée Processus d'apprentissage fondé sur l'interaction de l'élève avec un tuteur (un parent, un enseignant ou un pair plus compétent). Le tuteur aide l'élève à accomplir les tâches difficiles, lui enseigne par l'exemple des stratégies de résolution de problèmes et lui donne des directives explicites au besoin.

Zone proximale de développement Selon Vygotsky, écart entre le niveau réel de développement des habiletés d'une personne et celui qu'elle pourrait atteindre avec l'aide d'un guide.

À Bali, les danses rituelles font partie intégrante de la vie religieuse et culturelle. Grâce à la participation guidée, cette jeune fille apprend l'élégante gestuelle que valorise sa culture.

l'évaluation éducative et l'enseignement occidentaux ont généralement été axés sur le niveau réel, et non potentiel, de développement de l'enfant, l'adoption du concept de Vygotsky déboucherait sur l'établissement de liens plus étroits entre l'enseignement donné et le niveau *potentiel* de développement de chaque enfant. Les thèses de Vygotsky sur l'évaluation sont illustrées par l'exemple suivant :

> À l'issue d'une évaluation, nous avons déterminé que l'âge mental de deux enfants était de sept ans. Cela signifie que ces deux enfants résolvent des problèmes d'un niveau de difficulté correspondant à leur âge. Toutefois, lorsque nous leur soumettons des tests plus difficiles, nous constatons l'existence d'une différence essentielle entre eux. À l'aide de questions, de démonstrations et d'exemples directifs, un de ces enfants résout facilement des problèmes correspondant à deux années au-delà de son niveau réel de développement. L'autre ne parvient à résoudre que des problèmes correspondant à une demi-année au-delà de son niveau réel de développement. (Vygotsky, 1956, tel que cité dans Wertsch et Tulviste)

Selon Vygotsky, le développement mental de ces deux enfants n'est donc pas identique :

> En termes d'activité indépendante, ils sont équivalents, mais en termes de développement potentiel immédiat, ils sont sensiblement différents. Ce que l'enfant parvient à faire avec l'aide d'un adulte nous indique la zone de développement immédiat de l'enfant. Cela signifie que, grâce à cette méthode, nous pouvons prendre connaissance non seulement du stade de développement actuellement atteint, des cycles déjà achevés et des processus de maturation menés à terme, mais aussi des processus qui sont en voie d'émergence, qui sont en train de mûrir ou de se développer. (Vygotsky, 1981, tel que cité dans Wertsch et Tulviste)

Illustrons ce processus à l'aide d'un exemple concret : un père enseigne à sa fille de 5 ans à aller à bicyclette. Il commencera par pousser lui-même la bicyclette en soutenant fermement la fillette. Puis, à mesure qu'elle prendra de l'assurance, il relâchera sa prise sur le guidon jusqu'à ce qu'elle puisse avancer sans aide.

Ces incursions dans la zone proximale de développement sont monnaie courante, non seulement pendant l'enfance, mais durant la vie entière. Le processus d'apprentissage se déroule de la même façon quelles que soient les circonstances : sensible aux variations constantes de l'habileté et de la motivation de l'apprenti, le guide le poussera à gravir les échelons de la compétence.

À VOUS LES COMMANDES – 2.5

Approche socioculturelle et théorie du traitement de l'information

Quelle critique peut-on adresser à la théorie du traitement de l'information à laquelle répond la théorie socioculturelle de Vygotsky ?

Présentez les forces et les faiblesses de ces deux points de vue en parallèle.

Critique de l'approche socioculturelle

L'approche socioculturelle a démontré que les modalités du développement humain varient selon les valeurs et les structures des sociétés. Les spécialistes reconnaissent aujourd'hui que, pour décrire les modalités du développement dans une culture donnée, ils doivent comprendre les valeurs et les croyances de cette culture ainsi que leur influence sur les individus; ils doivent aussi tenir compte de la place qu'occupent les différentes compétences dans le contexte culturel.

À bien des égards, donc, l'approche socioculturelle a ouvert des horizons à la théorie et à la recherche sur le développement, de même qu'elle a sensibilisé les spécialistes à la spécificité culturelle des interactions et de la croissance humaines. On a cependant reproché à l'approche socioculturelle de s'en tenir uniquement aux modalités sociales du développement. Certains auteurs jugent ainsi que

POINT DE MIRE

Bandura, Piaget et Vygotsky

Plus de 40 années se sont écoulées depuis la publication d'ouvrages importants de Bandura, de Piaget et de Vygotsky. Bien que des spécialistes contemporains de la psychologie du développement estiment que la théorie de l'apprentissage social, la théorie cognitive de Piaget et la théorie socioculturelle sont très différentes l'une de l'autre, plusieurs articles en soulignent les nombreux éléments communs. Serait-ce qu'en s'attardant à des aspects relativement restreints de chacune de ces théories certains chercheurs en auraient amplifié les différences ? Par exemple, en insistant sur les interactions sociales entre enfants et adultes, comme ils le font généralement, les vygotskyens en viennent à accorder autant d'importance aux *processus* d'interaction qu'à leurs *conséquences*. En revanche, certains chercheurs de tradition piagétienne ont insisté sur les efforts autonomes déployés par l'enfant pour donner un sens à son cadre de vie. De façon analogue, bien que Bandura souligne le « processus d'influence bidirectionnelle » caractérisant l'apprentissage par observation, certains chercheurs ont eu tendance à axer leur analyse sur l'individu plutôt que sur l'influence réciproque entre les observateurs et les personnes observées.

Il existe d'importantes différences entre les positions théoriques de Vygotsky, de Piaget et de Bandura, mais d'importantes similarités entre ces positions sont souvent négligées. Ainsi, le développement de chacune de ces trois théories a été influencé par les travaux effectués dans le cadre des deux autres. Par exemple, Vygotsky a souvent affirmé que Piaget avait démontré « le rôle immense qui revient aux facteurs sociaux dans le développement de la structure et des fonctions de la pensée de l'enfant ».

Les trois théoriciens ont également en commun certains antécédents philosophiques. Bandura et Vygotsky, par exemple, ont vivement critiqué les modèles béhavioristes de développement fondés sur les liens entre stimulus et réponse. Tous deux ont souligné l'importance de variables intermédiaires dans le développement — variables essentiellement d'ordre cognitif selon Bandura (représentations mentales et habiletés pour le traitement de l'information), et d'ordre socioculturel selon Vygotsky (guides, langage et institutions culturelles). Bien que Bandura ait en partie élaboré sa théorie en réponse à la thèse piagétienne, il a soutenu, à l'instar de Piaget et de Vygotsky, que les enfants ne se contentent pas d'imiter passivement des modèles et qu'ils sont cognitivement actifs dans leur milieu social.

De façon générale, les trois théories se sont développées dans un contexte d'insatisfaction à l'égard des modèles traditionnels de développement axés sur une théorie de l'apprentissage. Contrairement à Vygotsky et à Piaget, toutefois, Bandura s'est fondé sur une théorie béhaviorale déjà existante.

La différence la plus souvent mentionnée entre les thèses de Piaget et de Vygotsky est que le premier considère l'enfant comme un individu acquérant un caractère de plus en plus social, alors que le second le considère comme un être social *a priori*. Dans un certain sens, cependant, l'enfant vu par Piaget est « maximalement social » parce qu'il n'y a pas de différence entre le soi et le milieu. Dès sa première année de vie, sa capacité d'adaptation est liée au mimétisme. Au stade sensorimoteur, les modèles sociaux sont présumément imités, même lorsque l'enfant est seul (mimétisme différé).

Barry Zimmerman a proposé un troisième motif expliquant les différences perçues entre les théories : l'expression de jugements prématurés fondés sur les versions initiales de chacune des théories.

> Dès le départ, de nombreux critiques ont sous-estimé la capacité d'adaptation au changement de chacune des théories, parce qu'ils ont eu recours à des sources d'information limitées. Puisque les théories sont fondamentalement incomplètes (c'est-à-dire qu'elles sont susceptibles d'être enrichies par de nouveaux éléments), critiques et analystes ont été amenés à adopter des interprétations contradictoires.

À titre d'exemple, Zimmerman note que certains critiques des premiers travaux de Bandura ont interprété sa préférence pour l'expérimentation aux dépens d'autres méthodes de recherche comme une négation de l'existence de processus internes. Ultérieurement, Bandura a toutefois amorcé un vif débat avec des béhavioristes au sujet de l'importance des processus cognitifs en s'appuyant en partie sur ses conclusions, selon lesquelles l'existence de différents processus mentaux parmi les observateurs d'un modèle se traduisait par l'obtention de résultats différents concernant l'apprentissage social. Les résultats des recherches effectuées par Bandura ont débouché sur une reformulation de la théorie de l'apprentissage social.

Résumant les principales réorientations de la pensée de Bandura et de Piaget au cours de leur carrière respective, Zimmerman note que :

> Bandura et les adeptes de sa théorie ont accordé une importance croissante aux processus cognitifs et autorégulateurs complexes. Piaget et ses disciples ont été de plus en plus disposés à reconnaître le rôle des processus sociaux dans le développement de l'enfant.

Les différences perçues entre ces théories sont aujourd'hui beaucoup moins importantes actuellement que dans les années soixante.

Sources : J.R. H. Tudge et P.A. Winterhoff, « Vygotsky, Piaget, and Bandura: Perspectives on the Relations Between the Social World and Cognitive Development », *Human Development*, 1993, n° 36, p. 61-81.
B.J. Zimmerman, « Commentary on Tudge and Winterhoff », *Human Development*, 1993, n° 36, p. 82-86.

Vygotsky a négligé le rôle de la maturation biologique en général et de la maturation neurologique en particulier (Wertsch, 1985; Wertsch et Tulviste, 1992).

Vygotsky ne semble pas non plus avoir mesuré combien les apprentis influent sur le contexte de leur propre développement (Rogoff, 1990). Ne leur arrive-t-il pas de choisir eux-mêmes leurs guides, leurs activités et leurs lieux d'apprentissage ? Ne leur arrive-t-il pas de refuser l'aide des autres ? Il ne fait aucun doute que l'approche socioculturelle éclaire la transmission sociale des connaissances; comme toutes les théories, cependant, elle ignore ou évite certaines avenues et en ouvre d'autres.

À VOUS LES COMMANDES – 2.6

Pour mieux comprendre les principales approches

Précisez les différences entre les principales approches (psychodynamique, béhaviorale, humaniste, cognitive, socioculturelle) en répondant aux questions suivantes.

1. Lesquelles de ces approches mettent l'accent sur :
   a) l'organisation consciente de l'expérience vécue ?
   b) les pulsions inconscientes ?
   c) le comportement observable ?
   d) l'actualisation de soi ?
   e) l'interaction sociale ?

2. Lesquelles de ces approches privilégient l'incidence des premières expériences vécues sur le développement ?

3. Quelle conception de l'enfant se dégage de chacune de ces approches ?

4. De quelles façons ces approches envisagent-elles le développement adulte ?

Les spécialistes du développement adoptent, pour faire leurs observations, un certain point de vue théorique. S'ils choisissent l'approche psychodynamique, ils s'attardent aux pulsions et aux motivations inconscientes; s'ils privilégient l'approche béhaviorale, ils se concentrent sur les réponses apprises dans des situations particulières; s'ils choisissent l'approche humaniste, ils s'intéressent au développement du plein potentiel de l'être humain; s'ils choisissent l'approche cognitive, ils s'intéressent à la compréhension que l'individu a de lui-même et des autres; s'ils optent pour l'approche socioculturelle, ils étudient les influences culturelles qui s'exercent sur l'acquisition des connaissances et des compétences.

Parallèle entre les approches

Chacune des approches présentées dans ce chapitre a fait progresser l'étude du développement humain. L'approche psychodynamique nous a sensibilisés à l'importance des premières expériences et des « drames cachés » qui marquent notre vie. L'approche béhaviorale nous a révélé les effets de l'environnement immédiat sur le comportement. L'approche humaniste a souligné l'unicité de la personne en tant qu'être libre et responsable de ses actes. L'approche cognitive nous a fait comprendre les opérations mentales et l'influence de la pensée sur l'action, et vice versa. L'approche socioculturelle, enfin, nous a rappelé que le développement humain s'inscrit dans un contexte culturel.

Chacune de ces approches a reçu son lot de critiques. On a reproché à l'approche psychodynamique d'être trop subjective, à l'approche béhaviorale d'être trop mécaniste, à l'approche humaniste de manquer de précision dans ses concepts, à l'approche cognitive de sous-estimer l'influence de l'enseignement et de surestimer la pensée rationnelle et logique, à l'approche socioculturelle de négliger la motivation intrinsèque.

Ces cinq approches dessinent des portraits disparates de l'enfant et de l'adulte. La personne nous apparaît tour à tour comme un magma de pulsions inconscientes, un animal bien dressé, un petit scientifique, un ordinateur et un apprenti. De même, ces approches brossent des tableaux forts différents du développement humain. Ainsi, l'approche psychodynamique et la théorie cognitive de Piaget assimilent le développement à une série de stades associés à des tâches et à des réalisations caractéristiques. D'autres théories présentent le développement comme un processus graduel et continu régi par des facteurs constants (tels que les processus d'apprentissage et les structures du traitement de l'information). Enfin, les cinq approches apportent des réponses différentes aux controverses dont nous avons traité au chapitre 1, qu'il s'agisse de l'importance relative de l'inné et de l'acquis ou des répercussions des premières années de la vie sur le développement. La mise en parallèle des cinq approches fait ressortir leurs qualités respectives de même que les voies qu'elles ont empruntées pour attirer l'attention sur les aspects capitaux du développement (voir le tableau 2.6)

TABLEAU 2.6   Les approches et les grandes controverses.

ASPECTS CONTROVERSÉS	APPROCHES				
	PSYCHO-DYNAMIQUE	BÉHAVIORALE	HUMANISTE	COGNITIVE	SOCIO-CULTURELLE
Conception de la personne	Combat des pulsions inconscientes et surmonte des crises.	Réagit aux stimuli et aux renforcements et imite les modèles présents dans l'environnement.	Fait des choix intelligents, se tient responsable de ses actes et cherche à réaliser son potentiel.	Cherche activement à comprendre ses expériences, à former des concepts et à acquérir des stratégies cognitives.	Acquiert les outils, les habiletés et les valeurs de la société par interaction directe.
Prépondérance des premières expériences ?	Oui (chez Freud en particulier).	Non (la personne fait l'objet de conditionnements et de reconditionnements sa vie durant).	Oui (reconnaissance de l'unicité de l'enfant et accent sur les relations personnalisées dans les écoles, acceptation inconditionnelle d'autrui).	Non (la personne continue toute sa vie d'acquérir des concepts et des habiletés mentales).	Oui (rôle essentiel de la famille et de l'école).
Importance relative de l'inné et de l'acquis	Primauté de l'inné (importance des pulsions biologiques et sexuelles, mais importance des liens parent-enfant et des souvenirs).	Primauté de l'acquis (les influences environnementales directes produisent divers comportements).	Primauté ni de l'inné, ni de l'acquis, mais de la personne en tant qu'être autodéterminé.	Dépend du point de vue (apprentissage social, théorie de Piaget ou théorie du traitement de l'information).	Primauté de l'acquis (interactions de l'apprenti avec le guide à l'intérieur du contexte culturel).

Aucune des théories n'est en soi assez vaste pour rendre compte de la totalité et de la diversité du développement humain. Comme vous l'avez appris au chapitre 1, l'étude du développement humain est une science multidisciplinaire qui porte sur la vie entière et sur tous les contextes dans lesquels elle s'inscrit. Or, les cinq approches que nous venons de décrire relèvent essentiellement de la psychologie et portent principalement sur les jeunes. Les spécialistes du développement admettent en outre que toutes les théories actuelles sont limitées et ne représentent « que la première étape de la description du phénomène complexe qu'est le développement » (Parke et coll., 1994).

C'est pourquoi les spécialistes du développement humain prennent souvent le parti de l'éclectisme et délaissent parfois les grandes approches en faveur de modèles théoriques concernant des aspects spécifiques du comportement humain, qu'on pourrait appeler des « mini-théories ». Ils expliquent ainsi le besoin biosocial de rapprochement à la lumière de la « théorie de l'attachement »; ils interprètent les échanges entre les membres d'une famille d'après la « théorie de l'échange »; ils expliquent la vitalité des personnes âgées par la « théorie de l'activité ». Et ce ne sont là que quelques-unes des mini-théories dont nous traiterons dans les chapitres ultérieurs. En vérité, de nombreux spécialistes du développement souhaitent « qu'apparaisse une nouvelle intégration sous la forme d'une approche systémique qui unira les mini-théories à caractère biologique, social, cognitif et affectif en un tout cohérent » (Parke et coll., 1994). En attendant, la plupart des spécialistes font un usage sélectif de quelques aspects des diverses approches au lieu de s'en tenir à une seule. Une enquête menée auprès de 45 chefs de file du domaine a en effet révélé qu'ils étaient peu nombreux à adhérer inconditionnellement à une approche en particulier. Plusieurs se disaient partisans d'approches mixtes telles que l'« apprentissage social cognitif », le « béhaviorisme social interactif », voire le « béhaviorisme cognitif social évolutionniste » (Horowitz, 1994).

Nous reviendrons sur les cinq grandes approches et sur quelques mini-théories plus loin dans ce livre. Vous pourrez alors former ou préciser votre opinion quant à la valeur de chacune. Peut-être adopterez-vous à votre tour un point de vue éclectique. Pour porter un jugement éclairé fondé sur les faits et non sur des présupposés personnels, nous devons examiner nos méthodes de recherche.

Méthodes de recherche

Une méthodologie de recherche permet d'établir un pont entre une question et des pistes de réponse. La méthodologie inclut non seulement les étapes de la démarche scientifique (voir le chapitre 1), mais aussi des stratégies de collecte et d'analyse des données. Ces stratégies revêtent une importance capitale, car « la façon de décrire un phénomène détermine dans une large mesure la valeur de la solution » (Cairns et Cairns, 1994).

Nous savons que les chercheurs disposent de plusieurs moyens pour tester une hypothèse. Ils peuvent observer les sujets dans leur milieu habituel ou en laboratoire, ou encore les soumettre à des conditions contrôlées. Ils peuvent comparer deux groupes ou corréler deux caractéristiques pour déterminer si elles sont unies par un lien quelconque. Ils peuvent interroger des centaines, voire des milliers de sujets, poser des questions très fouillées à quelques dizaines de personnes ou étudier une vie unique dans les moindres détails. Bien qu'aucune de ces méthodes ne soit suffisante en soi, chacune permet aux chercheurs de mieux cerner certains aspects de la réalité.

Les spécialistes du développement utilisent diverses méthodes de recherche selon la nature même des questions auxquelles ils tentent de trouver des réponses. Trois grandes catégories de recherches s'appliquent aussi en psychologie du développement : la recherche descriptive, la recherche corrélationnelle et la recherche expérimentale. Cependant, certaines problématiques du développement bénéficient d'être soumises à des types d'études particuliers : l'étude transversale, l'étude longitudinale et l'étude séquentielle comparative ou par cohortes.

Recherche descriptive

Parmi les méthodes utilisées dans le cadre d'une recherche descriptive, on trouve entre autres l'étude de cas, l'entrevue, l'enquête et l'observation systématique.

Étude de cas

Étude de cas   Méthode de recherche qui consiste à rapporter en détail les antécédents, les attitudes, le comportement, les pensées et les émotions d'une seule personne.

L'étude de cas est une méthode qui se centre sur une seule personne. Elle repose le plus souvent sur des entrevues portant sur le passé, les opinions et les actions du sujet. Le chercheur peut compléter sa collecte de données au moyen d'entrevues avec des intimes du sujet, de séances d'observation et de tests.

L'abondance des détails obtenus à l'aide d'une étude de cas a de quoi nourrir la réflexion du chercheur. Dans les recherches portant sur la vie entière, notamment, les témoignages oraux ou écrits des personnes âgées sont parfois du plus haut intérêt. Ils contiennent souvent des renseignements qu'il est impossible d'obtenir autrement (Josselson et Lieblich, 1993). Il n'en reste pas moins que l'interprétation des données n'est pas simple. La méthode constitue un bon point de départ, surtout si on vise à connaître un individu à fond, dans le contexte d'une thérapie par exemple. Mais quelle que soit la rigueur qu'on y met, on ne saurait tirer de conclusions formelles généralisables d'une étude portant sur un seul sujet. On ne le pourrait d'ailleurs pas plus si l'échantillon comptait 10 ou 20 personnes.

Entrevue et enquête

L'**entrevue** est une méthode de recherche qui consiste à poser une série de questions à un sujet en vue de se renseigner sur ses connaissances, ses opinions ou ses caractéristiques personnelles. On applique cette méthode en psychologie clinique pour aider des personnes en détresse. Cependant, lorsqu'on répète ce procédé auprès d'un grand nombre de personnes, c'est que l'on mène une **enquête**. On pourrait croire que les chercheurs tiennent là des moyens faciles, rapides et directs d'obtenir des données. Détrompez-vous : la partialité guette autant le chercheur que les sujets.

Premièrement, la formulation des questions risque d'influer sur les réponses. Dans une enquête sur la question de l'avortement, par exemple, le chercheur peut obtenir des réponses fort divergentes selon qu'il parle de « mettre fin à une grossesse non désirée » ou de « tuer un enfant à naître ». Deuxièmement, qu'il s'agisse d'adultes ou d'enfants, les sujets risquent de chercher à plaire aux chercheurs ou à se mettre en valeur. Troisièmement, les adultes ont souvent des réticences face aux questions « personnelles » comme celles qui touchent le revenu, la politique, la religion et la sexualité. Malgré tout, une enquête bien préparée et rigoureusement menée constitue un outil extrêmement précieux. C'est en effet l'un des moyens les plus rapides et les moins coûteux de recueillir des données auprès d'un grand nombre de personnes.

Observation systématique

Pour vérifier des hypothèses à propos du développement humain, les scientifiques recourent aussi à l'**observation systématique**. Autrement dit, ils regardent et notent ce que font les gens dans des circonstances précises. L'observation peut se dérouler dans un laboratoire spécialement aménagé à cette fin ou dans un milieu familier tel que le foyer, l'école, le terrain de jeu, la rue ou le lieu de travail. L'observateur tente généralement de se faire discret afin que ses sujets agissent de la façon la plus habituelle et spontanée possible.

Les scientifiques qui optent pour l'*observation en laboratoire* étudient des questions comme la fréquence et la durée des contacts visuels entre un nourrisson et l'adulte qui s'occupe de lui, le jeu dans un groupe mixte d'enfants de 3 ans, la résolution des conflits familiaux chez des couples d'âges divers. L'observation en laboratoire suppose habituellement que les scientifiques se dissimulent derrière une vitre sans tain.

L'*observation naturaliste* consiste à étudier des gens dans leur environnement naturel. C'est la méthode qu'ont choisie certains chercheurs qui voulaient vérifier si le comportement maternel variait selon les cultures (Richman et coll., 1992). Ces chercheurs ont chargé des observateurs compétents de se rendre chez les Gusii du Kenya et dans une banlieue de Boston habitée par des Blancs de la classe moyenne et de noter comment les mères interagissaient avec leurs bébés. Les observateurs sont entrés dans les foyers et, avec la permission des mères, les ont étudiées pendant qu'elles vaquaient à leurs occupations.

Entrevue Méthode de recherche qui consiste à poser des questions précises à un sujet à propos de ses opinions ou de ses expériences.

Enquête Méthode de recherche qui consiste à étudier les comportements, opinions, attitudes d'un grand nombre de sujets représentatifs d'une population donnée au moyen de questionnaires écrits ou d'entrevues individuelles.

Observation systématique Action d'examiner discrètement le comportement de sujets dans leur milieu habituel ou dans un laboratoire.

Les psychologues en développement étudient en ce moment de nombreux aspects du comportement social de l'enfant. Pour ce faire, ils observent les enfants en laboratoire, en se dissimulant derrière une vitre sans tain. On voit ici une chercheure qui observe des enfants dans un décor de garderie. Elle note par exemple leurs façons de jouer, leurs comportements en ce qui concerne le partage et leurs stratégies de négociation.

Les chercheurs ont évidemment décelé de nombreux points communs entre les mères des deux cultures. Les Africaines comme les Américaines réagissaient presque toujours aux pleurs de leurs enfants et tentaient de les calmer par une forme quelconque d'interaction sociale : elles les prenaient, les touchaient ou leur parlaient. Les mères des deux groupes tenaient compte du stade de développement de leurs bébés; ainsi, elles étaient plus enclines à bercer un bébé de 4 mois qu'un enfant plus âgé.

Les observateurs ont aussi noté des différences à caractère culturel. L'une des plus singulières avait trait au mode de communication des mères avec leurs bébés : les Américaines privilégiaient la parole et les Kényanes, le contact physique. Ces comportements se manifestaient non seulement quand les bébés pleuraient (voir la figure 2.3), mais aussi lorsqu'ils émettaient des sons, jouaient avec des objets ou regardaient simplement leur mère.

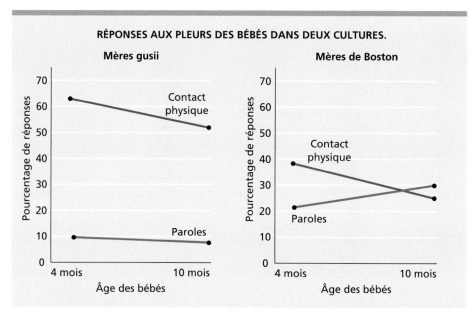

Figure 2.3 *Ces graphiques révèlent que les Africaines privilégient le contact physique avec leurs enfants, tandis que les Nord-Américaines privilégient les interactions verbales. Cela ne signifie pas qu'une façon de faire est préférable à l'autre. Pour calmer un bébé de 10 mois, par exemple, il est utile de le toucher et de lui parler, et les mères des deux groupes emploient ces deux méthodes, bien que différemment. Il n'en reste pas moins que les valeurs, les aptitudes et les désirs des adultes ne sont pas étrangers aux aspects du développement qui sont valorisés dans la culture d'origine.*

La différence serait reliée aux conceptions culturelles du rôle maternel, comme l'expliquent les chercheurs :

> Les mères des deux groupes sont sensibles aux signaux des nourrissons, mais leurs comportements respectifs traduisent des objectifs et des styles différents. Les mères gusii cherchent à consoler et à calmer les enfants plutôt qu'à les stimuler. [...] Les mères de Boston, elles, visent à susciter une interaction verbale à caractère affectif, surtout lorsque leurs enfants approchent de l'âge de 12 mois et deviennent communicatifs. Les mères gusii perçoivent qu'elles protègent leurs enfants et non qu'elles jouent avec eux ou qu'elles les éduquent. (Richman et coll., 1992)

Se pourrait-il que les différences entre les deux groupes de mères soient attribuables à des facteurs plus spécifiques que la culture ? Oui, et nous abordons ici le principal inconvénient de l'observation : elle ne permet pas d'isoler la variable qui est la *cause* directe des comportements observés. Une **variable** est un facteur ou une condition qui influe ou peut influer sur le comportement d'une personne ou d'un groupe. Tout comportement humain est associé à une foule de variables qui peuvent être déterminantes ou non, mais la méthode de l'observation ne permet pas d'identifier une relation de cause à effet entre deux variables.

Ainsi, pour expliquer les résultats que nous venons de présenter, certains ont postulé que la variable causale résidait dans le taux de mortalité infantile. Comme nous l'avons souligné au chapitre 1, il se peut que les parents privilégient le réconfort et la protection physique dans une société où, comme en Afrique rurale, la survie est précaire. En un lieu comme la banlieue de Boston, en revanche, où la nourriture est abondante et le taux de mortalité infantile relativement faible, les parents chercheraient surtout à fournir une stimulation cognitive à leurs enfants (LeVine, 1988; Nugent et coll., 1989). Cette hypothèse, toutefois, ne peut être vérifiée par la méthode de l'observation.

Recherche corrélationnelle

Dans le cadre d'une autre recherche, des scientifiques ont émis l'hypothèse que le niveau de scolarité des mères constitue une variable susceptible d'influer sur la variable des attitudes relatives à la communication verbale. Pour déterminer si ces deux variables sont reliées et jusqu'à quel point, on peut utiliser la recherche corrélationnelle. Une étude menée auprès de mères mexicaines corrobore cette hypothèse. Toutes les femmes étudiées provenaient du même quartier pauvre, mais possédaient des niveaux de scolarité différents (Richman et coll., 1992). Les chercheurs constatèrent que plus les mères étaient scolarisées, plus elles communiquaient verbalement avec leurs bébés. Autrement dit, les chercheurs ont trouvé une *corrélation* entre le niveau de scolarité des mères et le caractère verbal de leurs interactions avec les bébés.

Le mot **corrélation** désigne un lien entre deux variables. Ce terme statistique signifie qu'il est probable ou, au contraire, improbable qu'une variable se manifeste en même temps que l'autre. Il existe, par exemple, une corrélation entre la grandeur et le poids : plus une personne est grande, plus elle est pesante. Il existe également une corrélation entre la richesse et l'éducation. Il en existe peut-être une entre le printemps et l'éclosion de l'amour.

Il faut noter que deux variables corrélées ne sont pas indissociables. Certaines personnes de grande taille pèsent moins que les gens de taille moyenne; certaines personnes riches n'ont jamais terminé leur secondaire; certaines personnes tombent amoureuses au beau milieu de l'hiver.

Une corrélation n'équivaut pas à une causalité. La corrélation entre l'éducation et la richesse ne signifie pas que l'instruction rend riche. Peut-être est-ce la richesse qui est propice à l'éducation, puisque les gens riches ont les moyens de faire de longues études. Par ailleurs, il existe peut-être une autre variable, comme l'intelligence ou le milieu familial, qui expliquerait à la fois la prospérité et la scolarité.

Variable Facteur ou condition qui influe ou peut influer sur le comportement d'un individu ou d'un groupe.

Corrélation En statistique, correspondance entre deux séries de mesures portant sur deux variables. Une corrélation est dite positive lorsque les deux variables augmentent ou diminuent simultanément; une corrélation est dite négative lorsqu'une variable augmente et que l'autre diminue.

Une corrélation n'est rien de plus qu'un lien mathématique entre deux variables : les variations de l'une sont généralement accompagnées de variations de l'autre. En elle-même, une corrélation *n'indique pas de causalité*. Comme nous l'avons dit, la corrélation peut dépendre d'une troisième variable. Dans le cas des mères mexicaines, il se pourrait, par exemple, que les gens qui possèdent de grandes habiletés verbales aient tendance à étudier longtemps et qu'ils soient enclins à parler beaucoup à tout le monde, y compris aux bébés, à cause de leur aptitude et non de leur éducation.

Les corrélations comptent à la fois parmi les outils les plus précieux et les plus malmenés de la psychologie. Elles sont utiles dans la mesure où elles nous aident à comprendre le monde dans lequel nous vivons. Par contre, il faut comprendre que « l'univers psychologique [...] est un amas d'événements corrélés auxquels les observateurs humains donnent un sens » (Scarr, 1985).

Si nous donnons ce sens à tort et à travers, nous risquons de prendre les corrélations pour des explications sans chercher à comprendre la réalité. Les corrélations sont parfois intéressantes, mais ne prouvent pas qu'il y a un lien causal entre deux variables.

Résumons-nous. La recherche descriptive et la recherche corrélationnelle fournissent des données précieuses. Par contre, elles ne révèlent pas les liens de causalité entre deux phénomènes, car un grand nombre de variables que le chercheur ne peut contrôler sont en jeu. Le scientifique doit donc recourir à la recherche expérimentale pour s'assurer qu'un comportement résulte de telle variable et non d'une autre.

Recherche expérimentale

Expérimentation Procédé scientifique contrôlé qui consiste à modifier volontairement une variable et à observer les effets de cette manipulation sur une autre variable.

Contrairement à une observation, une **expérimentation** permet de vérifier une hypothèse qui prédit un lien de cause à effet de manière contrôlée : le chercheur limite le nombre de variables de manière à pouvoir les manipuler. En règle générale, l'expérimentateur expose des sujets à la variable étudiée (comme un comportement maternel ou paternel, une nouvelle technique d'enseignement, un régime alimentaire, une situation sociale, un moyen mnémotechnique), puis mesure leur réaction.

Illustrons notre explication par un exemple. De nombreuses personnes âgées se plaignent de mal dormir. Une équipe de chercheurs (Riedel et coll., 1995) a postulé que les personnes âgées se disent insomniaques parce qu'elles sont mal informées : elles ignorent que leur besoin de sommeil a diminué et qu'il est normal pour elles de se réveiller plusieurs fois par nuit. Les chercheurs ont aussi supposé que les personnes âgées auraient un sommeil plus satisfaisant si elles pratiquaient la

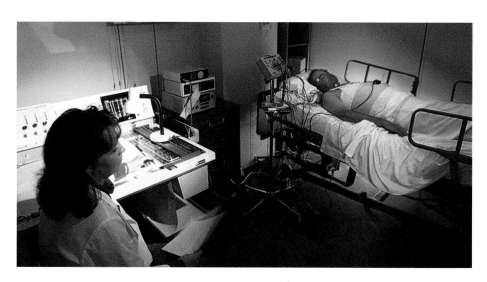

Grâce à des expérimentations rigoureusement contrôlées, les chercheurs parviennent à préciser des relations de cause à effet. Dans cette étude sur le sommeil, les chercheurs déterminent les facteurs qui favorisent ou inhibent le sommeil réparateur en donnant aux sujets toutes sortes de moyens de dormir (des médicaments sur ordonnance au verre de lait chaud en passant par l'exercice physique quotidien), puis en mesurant leur activité cérébrale et physiologique ainsi que leur type de sommeil. La démarche qui préside à cette expérimentation est la même pour toutes les recherches expérimentales.

« compression du sommeil », c'est-à-dire si elles ne passaient au lit que les périodes réellement consacrées au sommeil.

Pour vérifier leurs hypothèses, les chercheurs réunirent 75 personnes de plus de 65 ans qui se qualifiaient elles-mêmes d'insomniaques. Ces personnes dormaient en moyenne 5 heures par nuit même si elles passaient 7,5 heures au lit et évaluaient à 3,5 la qualité de leur sommeil sur une échelle de 1 à 10.

Les chercheurs divisèrent ensuite le groupe d'insomniaques en trois groupes équivalents sur les plans du nombre, du sexe et des habitudes de sommeil. Deux de ces groupes, les *groupes expérimentaux,* firent l'objet du traitement expérimental, tandis que le troisième groupe, le *groupe témoin,* ne reçut aucun traitement particulier. Le premier groupe expérimental reçut un traitement qui consistait notamment à projeter deux fois une vidéo informative de 15 minutes. Le deuxième groupe expérimental eut droit au même traitement, mais également à quatre consultations avec des spécialistes qui leur prescrivirent un horaire personnalisé de sommeil. Les trois groupes notèrent les caractéristiques de leur sommeil et leur degré de satisfaction à la fin du programme expérimental, puis deux mois plus tard.

Cette expérimentation se déroula donc conformément à la norme établie en recherche expérimentale : mesurer la variable à l'étude, appelée *variable dépendante* (le sommeil dans ce cas-ci), administrer un traitement particulier, appelé *variable indépendante* (l'information et les conseils dans ce cas-ci), puis mesurer de nouveau la variable dépendante pour déterminer si elle a changé. Comme le montre le tableau 2.7, les deux groupes expérimentaux ont connu plus d'amélioration que le groupe témoin. Il semble donc que l'hypothèse des chercheurs se confirme : l'information sur le sommeil et la pratique de la compression du sommeil peuvent réduire l'insomnie chez les personnes âgées. Avant de sauter aux conclusions, toutefois, voyons quelles sont les limites de cette expérimentation en particulier et des expérimentations en général.

Nous venons de voir qu'on peut discerner clairement un lien de causalité en comparant des groupes dans des conditions contrôlées. Mais une question demeure : dans quelle mesure peut-on généraliser aux situations réelles les résultats d'une situation expérimentale artificielle ?

Une expérimentation est, par définition, contrôlée; elle s'écarte donc à bien des points de vue de la « vraie vie ». Le contrôle des conditions est essentiel à l'établissement d'un lien de causalité, mais il limite l'applicabilité des résultats.

En outre, toutes les expérimentations, à l'exception de celles qui sont menées auprès de très jeunes enfants, ont ceci de problématique que les sujets savent qu'ils sont des sujets. Le simple fait de participer à une expérimentation peut intimider les gens et les pousser à agir différemment de leur comportement habituel.

Qui plus est, certains sujets présument des résultats recherchés et tentent d'aider l'expérimentateur à les obtenir. Dans l'étude sur le sommeil, par exemple, il est fort possible que quelques-unes des personnes âgées (en particulier celles qui s'étaient

TABLEAU 2.7 **Résultats d'une expérience sur le traitement de l'insomnie chez les personnes âgées.**

GROUPES	DURÉE TOTALE DU SOMMEIL (en minutes)			DURÉE DE L'ÉVEIL AU LIT (en minutes)			SATISFACTION		
	Avant	Après	Augmentation	Avant	Après	Diminution	Avant	Après	Amélioration
Vidéo seulement	306	350	14 %	92	48	48 %	3,5	5,7	+2,2
Vidéo et consultations	290	329	13 %	68	32	53 %	3,6	6,1	+2,5
Groupe témoin	314	340	8 %	83	64	23 %	3,8	4,8	+1,0

P OINT DE MIRE

Recherche : question de validité

En recherche scientifique, les procédés et les partis pris des chercheurs risquent toujours d'entacher la validité des résultats qu'ils obtiennent. C'est pourquoi les scientifiques prennent un certain nombre de mesures en vue d'assurer la validité de leur recherche. Voici six de ces mesures.

Définitions opérationnelles

À l'étape de la planification d'une étude, les chercheurs doivent formuler une *définition opérationnelle* du phénomène qu'ils comptent examiner. Autrement dit, ils doivent décrire toutes les variables comme des comportements observables et mesurables.

Même une variable aussi simple que la marche chez un nourrisson doit être définie de manière opérationnelle. Qu'est-ce que marcher pour un nourrisson ? Faire quelques pas en se tenant à une personne ou à un objet ? Marcher sans aucun appui ? Est-il suffisant d'avancer d'un pas vacillant ou faut-il que l'enfant soit en mesure de franchir une certaine distance sans trébucher ? Pour réaliser une étude utile sur l'âge des premiers pas, les chercheurs doivent trancher des questions comme celles-là au moyen de définitions claires et précises.

Vous comprendrez sans peine que l'affaire se corse lorsqu'il faut donner une définition opérationnelle à des variables relatives à la personnalité ou à l'intellect. Pourtant, il est essentiel que les chercheurs définissent aussi rigoureusement que possible des variables comme l'agressivité, l'amour romantique ou la satisfaction au travail afin de pouvoir les mesurer précisément. Il va sans dire que plus l'adéquation est grande entre les définitions opérationnelles et les définitions conceptuelles, plus les résultats de l'étude sont objectifs, valides et fiables.

Taille de l'échantillon

Le scientifique qui souhaite formuler un énoncé valide à propos de la population en général doit étudier un nombre suffisant de sujets.

Supposons, par exemple, que des chercheurs veuillent connaître l'âge moyen auquel les petits Québécois font leurs premiers pas. Ils n'étudieront pas tous les enfants du Québec, mais seulement un certain nombre d'entre eux, l'*échantillon*. Ils veilleront toutefois à ce que la taille de l'échantillon, c'est-à-dire le nombre de sujets, soit assez important pour éviter la distorsion produite par les rares cas extrêmes. Ils détermineront ensuite l'âge auquel chacun des enfants de l'échantillon s'est mis à marcher, puis calculeront la moyenne.

Échantillon représentatif

Les données recueillies auprès d'un groupe ne sont pas nécessairement valables pour tout le monde. Il est donc primordial de constituer un échantillon repré-sentatif, c'est-à-dire un groupe de sujets typiques de la population sur laquelle les chercheurs veulent se renseigner. Dans notre exemple, l'échantillon devrait être à l'image de la totalité des petits Québécois et donc reproduire la répartition de la population entre les sexes, les milieux socio-économiques et les origines ethniques.

Deux études sur l'âge des premiers pas (Gesell, 1926; Shirley, 1933) prouvent par l'absurde l'importance de la représentativité de l'échantillon. Les deux études, entreprises dans les années 1920, ont été réalisées auprès de petits échantillons non représentatifs (composés d'enfants blancs issus pour la plupart de la classe moyenne). L'âge des premiers pas ainsi établi était de trois mois postérieur à l'âge alors considéré comme normal à la suite de l'étude d'un échantillon plus représentatif.

Expérience à l'aveugle

Il a été maintes fois démontré que les attentes des expérimentateurs, lorsqu'ils connaissent le but d'une recherche ou les caractéristiques étudiées chez les sujets, peuvent influer sur les résultats. Voilà pourquoi les personnes qui voient à l'exécution d'une expérience travaillent autant que possible à l'aveugle, c'est-à-dire en ignorant le but, les hypothèses et le contexte de la recherche.

Équivalence des groupes de sujets

Pour vérifier correctement une hypothèse dans le contexte d'une recherche expérimentale, les chercheurs doivent comparer deux groupes semblables à tout point de vue : âges moyens équivalents, répartition des sexes équivalente, milieux socio-économiques équivalents, etc. L'un des deux recevra le traitement expérimental, l'autre pas. Le premier est le groupe expérimental et le second, le groupe témoin.

Signification statistique

Toutes les fois qu'un chercheur discerne une différence entre les résultats obtenus par les deux groupes, il doit envisager la possibilité que cette différence soit due au hasard. Dans n'importe quel groupe d'enfants, par exemple, certains marcheront relativement tôt et d'autres, relativement tard. Il est toujours possible qu'une majorité de marcheurs précoces se retrouve dans le groupe expérimental ou dans le groupe témoin au moment de la répartition de l'échantillon.

Pour déterminer si les résultats ne relèvent que du hasard, les chercheurs en vérifient la signification statistique en utilisant un test statistique. Ils obtiennent ainsi le *niveau de signification*, un indice numérique qui exprime la probabilité que la différence soit due au hasard.

attachées à leurs conseillers) aient voulu soigner leur image et celle de leurs conseillers et exagéré la qualité de leur sommeil. Il arrive inversement que des sujets se comportent de manière artificielle parce que le lieu ou les conditions de l'expérimentation leur déplaisent. Voilà autant de possibilités qui incitent les chercheurs à jumeler plusieurs méthodes de recherche.

Types d'études en psychologie du développement

Pour se renseigner sur le développement proprement dit, les scientifiques doivent découvrir pourquoi et comment les gens changent ou restent les mêmes *au fil du temps*. La recherche sur le rythme et les modalités du changement, qui permet éventuellement de les prédire, peut prendre la forme d'une étude transversale ou d'une étude longitudinale qui tiennent compte de la variable âge. Nous verrons également l'étude séquentielle comparative (par cohortes), un hybride des études transversale et longitudinale.

Étude transversale

Le moyen le plus commode et, par le fait même, le plus répandu d'étudier le développement est l'étude transversale. Ce type d'étude consiste à examiner une caractéristique chez des gens différents sur le plan de l'âge, mais semblables à d'autres points de vue importants, comme le niveau de scolarité, la situation socio-économique, l'origine ethnique, etc. (La figure 2.4 représente graphiquement ce type d'étude.) Le chercheur découvre-t-il une variation de la caractéristique à l'étude entre les groupes d'âge ? Il peut alors émettre l'hypothèse que cette variation est

Étude transversale En psychologie du développement, recherche qui consiste à comparer des groupes différents sur le plan de l'âge, mais semblables à plusieurs autres points de vue.

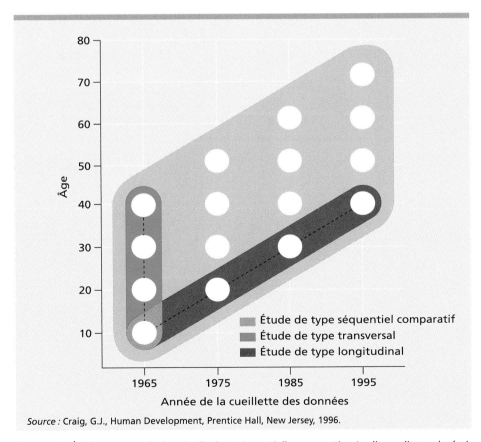

Source : Craig, G.J., Human Development, Prentice Hall, New Jersey, 1996.

Figure 2.4   *Études transversale, longitudinale et séquentielle comparative. Les lignes diagonales (voir la ligne du bas encerclée en rouge) représentent les études longitudinales, et les colonnes (voir la colonne de gauche encerclée en vert) correspondent aux études transversales. L'ensemble de l'illustration (portion en gris) est de type séquentiel comparatif (par cohortes) et montre quatre cohortes faisant l'objet d'une étude à quatre moments distincts.*

due à des modalités du développement reliées à l'âge. De là à l'affirmer, cependant, il y a un pas qu'il ne faut pas franchir trop vite, car il est très difficile de s'assurer que les groupes comparés ont tout en commun sauf l'âge.

De plus, les résultats de toutes les études transversales traduisent dans une certaine mesure des différences entre cohortes, c'est-à-dire des effets de l'histoire plus que de l'âge chronologique. Ainsi, les adultes qui sont nés avant les années 1950 n'ont connu ni la télévision, ni les jeux vidéo, ni les ordinateurs dans leur enfance. Pour se distraire, ils lisaient, pratiquaient l'art de la conversation ou écrivaient à des proches. Ils ont peut-être moins besoin de nouveauté que les jeunes d'aujourd'hui, qui accèdent sur simple pression d'un bouton à des divertissements instantanés sans cesse renouvelés. Par ailleurs, la vision du développement qui ressort des études transversales ne favorise pas la compréhension de la continuité du développement.

Les avantages de ce type d'étude concernent surtout l'économie de temps et d'argent. De plus, l'obtention rapide des résultats permet aux chercheurs d'en faire l'analyse et de publier, dans des délais relativement courts, leurs rapports de recherche dans des revues spécialisées.

Étude longitudinale

Étude longitudinale En psychologie du développement, recherche qui consiste à étudier sur une longue période les mêmes personnes afin de mesurer ce qui change et ce qui reste stable au cours de la vie.

Une étude longitudinale consiste à étudier les mêmes personnes pendant une longue période et à analyser l'évolution d'une caractéristique — ou de plusieurs — au fil du temps. (C'est ce qu'illustre la diagonale encerclée en rouge à la figure 2.4.)

La recherche longitudinale est particulièrement propice à l'étude de la personnalité au fil du temps. Elle a d'ailleurs révélé que, pour ce qui est des grandes caractéristiques au moins, la personnalité est stable, à l'âge adulte en particulier. Les spécialistes du développement ne seraient donc pas surpris d'apprendre que la vigueur, la détermination et l'altruisme n'ont jamais fait défaut à cet homme, Walton Hill. a) Né en 1914, Hill fut l'un des rares survivants du « syndrome des bébés bleus ». b) Il abandonna ses études pendant la crise économique des années 1930 pour assurer la subsistance de ses cinq frères et sœurs, puis il retourna à l'université pour y étudier la pédagogie. c) Il éleva quatre enfants, puis obtint un doctorat en éducation à l'âge de 54 ans. d) Après s'être retiré de l'enseignement, il devint administrateur au Pennsylvania Institute of Technology. Aujourd'hui âgé de 83 ans, il continue d'y travailler à temps plein tout en veillant sur son épouse, victime d'un accident cérébrovasculaire en 1987.

Ce type d'étude permet, en atténuant l'effet de cohorte, de déterminer si un changement apparent est attribuable à l'âge ou à une autre variable sociale ou historique.

La recherche longitudinale est particulièrement propice à l'étude des phénomènes qui s'étendent sur plusieurs années. Elle a notamment permis aux chercheurs de faire la lumière sur les sujets suivants : l'adaptation des enfants au divorce — les conséquences néfastes perdurent, surtout chez les garçons de 7 ans et plus (Hetherington et Clingempeel, 1992); les effets à long terme des anomalies congénitales graves — les personnes atteintes possèdent des ressources insoupçonnées (Werner et Smith, 1992); le rôle du père dans le développement de l'enfant — il y a 50 ans, les pères avaient beaucoup plus d'influence qu'on ne le croit sur le bonheur futur de leurs enfants (Snarey, 1993); la constance de la personnalité à l'âge adulte — la personnalité ne change pas beaucoup entre 30 et 70 ans, mais l'expression des traits de caractère peut varier considérablement (McCrae et Costa, 1990).

La recherche longitudinale constitue manifestement « l'outil de choix pour l'étude du développement » (Cairns et Cairns, 1994). Elle permet, entre autres, de mieux saisir les processus du développement dans leur continuité, d'autant plus que les tests peuvent être administrés à des fréquences idéales au regard du comportement évalué (tous les jours ou toutes les semaines dans le cas de l'évaluation du développement du langage chez l'enfant et tous les deux ou cinq ans pour l'étude de la personnalité chez l'adulte). Ce type de recherche n'en comporte pas moins d'importants inconvénients : il nécessite énormément de temps et d'argent. Mentionnons aussi que la mortalité expérimentale entraîne une diminution du nombre de sujets due aux décès ou au désistement pour diverses raisons (déménagement, perte d'intérêt pour la participation à la recherche, etc.). Cette mortalité expérimentale peut entraîner une distorsion des résultats. En effet, ceux qui continuent à participer à la recherche présentent peut-être des caractéristiques particulières. Par ailleurs, le changement observé chez certains sujets peut découler du simple fait d'être observé et testé. De plus, des changements importants peuvent se produire dans les théories qui ont servi de contexte à l'élaboration des hypothèses de recherche, dans les techniques utilisées de même que dans les priorités de la recherche.

Étude séquentielle comparative

Nous venons de voir que l'étude transversale et l'étude longitudinale permettent aux scientifiques d'étudier le développement au fil du temps et que chaque méthode a des défauts que l'autre compense. Puisque les deux méthodes sont complémentaires, les scientifiques ont trouvé divers moyens de les combiner. Le plus simple de ces moyens est l'étude séquentielle comparative, aussi appelée *étude par cohortes* (Schaie, 1996), qui consiste dans un premier temps à étudier plusieurs groupes d'âges différents (approche transversale), puis à suivre ces groupes pendant de longues périodes (approche longitudinale). La portion en gris de la figure 2.4 illustre l'étude séquentielle comparative. Ce type d'étude permet aux chercheurs de départager les résultats reliés à l'âge chronologique et ceux reliés à la période historique, mesurant ainsi les effets de l'âge et les effets de cohorte. L'utilité de cette méthode vous apparaîtra encore plus clairement au chapitre 13, alors que nous aborderons l'épineux sujet de la diminution des capacités intellectuelles.

Bien que la recherche séquentielle comparative offre plusieurs avantages, elle présente certains des inconvénients des études transversale et longitudinale; par contre, ces inconvénients sont mieux circonscrits et leurs effets, mieux identifiés.

Le tableau 2.8 résume les caractéristiques des études transversale, longitudinale et séquentielle comparative, tandis que le tableau 2.9 indique les catégories de recherches et les types d'études habituellement associés aux cinq approches théoriques.

Nous avons présenté dans ce chapitre les principaux outils du psychologue en développement : les théories qui lui fournissent hypothèses et explications ainsi que les méthodes de recherche qui lui permettent de recueillir des données. Ces outils

Étude séquentielle comparative (aussi appelée *étude par cohortes*) En psychologie du développement, recherche qui consiste à suivre des sujets d'âges différents pendant une longue période en vue de distinguer les différences reliées à l'âge de celles reliées à la cohorte et à la période historique.

sont absolument essentiels à l'étude scientifique du développement humain. Nous entreprendrons au prochain chapitre l'étude de la conception d'un être humain.

TABLEAU 2.8   Caractéristiques des études transversale, longitudinale et séquentielle comparative.

	Étude transversale	Étude longitudinale	Étude séquentielle comparative (ou par cohortes)
Caractéristiques	• La plus répandue • Groupes de sujets d'âges différents • Analyse d'une ou de plusieurs caractéristiques en comparant des sujets d'âges différents	• Mêmes groupes de sujets évalués sur une longue période • Analyse du développement d'une ou de plusieurs caractéristiques en comparant des résultats obtenus par les mêmes sujets à des périodes différentes de leur vie	• Groupes de sujets d'âges différents évalués sur une longue période • Analyse du développement d'une ou de plusieurs caractéristiques en distinguant les effets reliés à l'âge ET les effets reliés à la cohorte
Avantages	• Économie de temps et d'argent • Obtention rapide des données et donc possibilité de publication plus rapide	• Comparaison des sujets avec eux-mêmes • Processus développementaux examinés à des fréquences idéales selon la caractéristique étudiée • Effet de cohorte atténué	• Comparaison à la fois transversale et longitudinale • Mesure de l'effet de cohorte • Grande fiabilité des résultats • Degré de généralisation
Inconvénients	• Difficultés d'apparier des sujets • Différences des résultats entre les groupes possiblement liées à la cohorte • Manque de compréhension de la continuité du développement	• Interprétation possiblement erronée du développement liée à l'effet de cohorte • Mortalité expérimentale importante • Distorsion des résultats liée à la mortalité expérimentale • Effets de la familiarité avec la procédure de test • Changements possibles dans les théories et les techniques de même que dans les priorités de la recherche • Étude longue et coûteuse	• Difficultés similaires à celles des études longitudinale et transversale, mais plus facilement identifiées

TABLEAU 2.9   Catégories de recherches et types d'études fréquemment utilisés dans chaque approche.

APPROCHES	RECHERCHES			ÉTUDES	
	Descriptive	Expérimentale	Corrélationnelle	Transversale	Longitudinale
Psychodynamique	•				•
Béhaviorale		•		•	
Humaniste	•				
Cognitive		•	•	•	•
Socioculturelle	•		•		

Votre propre recherche

Vous voulez savoir si les effets de l'utilisation de l'ordinateur sont les mêmes chez les enfants, les jeunes adultes et les adultes plus âgés.

Avant d'entreprendre une recherche à ce sujet, définissez ce que vous voudriez en apprendre et élaborez un devis expérimental en répondant aux questions suivantes.

1. Quels buts poursuivriez-vous dans cette recherche ?

2. Lesquelles de vos intuitions pourraient orienter l'élaboration d'hypothèses ?

3. Quels groupes d'âge cibleriez-vous ?

4. Feriez-vous une enquête sur les attitudes et les pratiques ou utiliseriez-vous une procédure plus expérimentale ?

5. Quelles difficultés pourriez-vous rencontrer ? Comment pourriez-vous les contrer ?

Vos réponses à ces questions devraient pouvoir guider votre démarche de recherche pour obtenir des données fiables et valides.

Résumé

À quoi servent les théories ?

1. Une théorie du développement est un ensemble systématique de principes et d'hypothèses constitué dans le but d'expliquer le développement humain. Toutes les théories du développement, malgré la divergence de leurs points de vue, ont pour but de systématiser l'étude du comportement et des expériences personnelles.

Approche psychodynamique

2. L'approche psychodynamique suppose que nos actions sont en grande partie régies par notre inconscient, la source des pulsions et des conflits internes. Elle soutient aussi que les premières expériences ont des effets marqués et durables sur la personnalité.

3. Freud, père de la psychanalyse, a élaboré la théorie de la sexualité de l'enfant pour expliquer l'émergence des pulsions inconscientes pendant les phases orale, anale, phallique et génitale du développement psychosexuel, et en évaluer les effets sur le développement de la personnalité.

4. Erikson a formulé une théorie du développement psychosocial axée sur l'interaction des caractéristiques personnelles et des forces sociales. Il divise le développement psychosocial de toute la vie en huit crises psychosociales successives caractérisées chacune par un conflit entre des tendances opposés.

Approche béhaviorale

5. Les béhavioristes pensent que la psychologie doit étudier le comportement observable et mesurable ainsi que les facteurs environnementaux dont il subit les effets. Ils s'intéressent en particulier à la relation entre les événements et les réactions qu'ils suscitent, c'est-à-dire au lien stimulus–réponse.

6. L'approche béhaviorale fait ressortir l'importance des différentes formes de conditionnement, c'est-à-dire l'association d'un stimulus particulier et d'un comportement particulier. Le conditionnement peut être répondant ou opérant. Dans le conditionnement opérant, le renforcement augmente la probabilité d'apparition d'un comportement alors que la punition la diminue.

Approche humaniste

7. L'approche humaniste considère l'humain comme un être autodéterminé, capable de faire des choix sensés, intelligents, responsable de ses actes et visant l'actualisation de son plein potentiel.

Approche cognitive

8. Les partisans de l'approche cognitive pensent que les opérations mentales (qui président à la compréhension et à l'analyse d'une situation donnée) ont un effet important sur le comportement et le développement.

9. La théorie de l'apprentissage social veut que l'être humain apprenne la majeure partie de ses comportements en imitant les autres; elle postule aussi que la cognition et la motivation du sujet déterminent l'effet que le comportement des autres a sur celui-ci.

10. Piaget avançait que l'intelligence se développe par paliers à mesure que la personne acquiert des façons de penser aux idées, aux objets et aux expériences. Lorsque la personne vit une expérience qu'elle ne peut comprendre à la lumière des concepts qu'elle possède déjà, elle se retrouve dans un état de déséquilibre cognitif. Elle est alors poussée à modifier un concept existant ou à en créer un nouveau.

11. Selon Piaget, la personne apprend tout au long de sa vie, en organisant et en adaptant ses structures

mentales. Le développement de la pensée s'échelonne sur quatre périodes : la période sensorimotrice pendant la petite enfance, la période préopératoire durant l'âge préscolaire, la période opératoire concrète pendant l'âge scolaire et la période opératoire formelle, appelée aussi hypothético-déductive, à compter de l'adolescence.

12. Les théoriciens du traitement de l'information étudient le développement cognitif sous l'angle des variations des processus cognitifs internes tels que la mémoire à court terme et la mémoire à long terme. L'évolution et le perfectionnement des processus régulateurs revêtent une importance capitale dans le développement cognitif.

Approche socioculturelle

13. L'approche socioculturelle soutient que le développement humain repose sur les conseils, le soutien et l'enseignement prodigués dans un contexte culturel donné. Selon Vygotsky, l'apprentissage tient aux interactions sociales de l'apprenti avec ses aînés et à la participation guidée dans la zone proximale de développement.

Parallèle entre les approches

14. L'approche psychodynamique, l'approche béhaviorale, l'approche humaniste, l'approche cognitive et l'approche socioculturelle ont toutes contribué à l'étude du développement, mais aucune ne rend compte à elle seule de la complexité et de la diversité de l'expérience humaine. La plupart des spécialistes du développement empruntent donc à chacune les idées et les hypothèses qu'ils jugent les plus opportunes. De nombreux spécialistes, en outre, s'appuient

sur diverses mini-théories pour formuler leurs questions de recherche.

Méthodes de recherche

15. Plusieurs méthodes de recherche sont utilisées en développement : la recherche descriptive (étude de cas, entrevue, enquête, observation), la recherche corrélationnelle et la recherche expérimentale. Seule la recherche expérimentale permet d'établir une relation de cause à effet entre deux variables.

16. Les chercheurs ont recours à diverses méthodes pour vérifier leurs hypothèses de manière objective. Ils veillent à formuler des définitions opérationnelles, à constituer des échantillons de taille suffisante, à choisir des sujets représentatifs d'une population en général, à mener des expériences à l'aveugle, à former des groupes équivalents et à établir la signification statistique de leurs résultats.

17. Dans le domaine du développement, les chercheurs ont besoin d'étudier le changement au fil du temps. Ils procèdent pour ce faire à des études transversales, qui consistent à comparer les comportements de personnes d'âges différents. Ils recourent aussi aux études longitudinales (préférables, mais plus laborieuses), qui consistent à étudier les mêmes sujets pendant une longue période. Les résultats fournis par ces deux types d'études sont valides pour les cohortes examinées, mais pas nécessairement pour les autres. C'est pourquoi les scientifiques utilisent aussi un hybride des deux, l'étude séquentielle comparative (ou par cohortes), pour obtenir des résultats plus fiables et généralisables.

Questions à développement

1. Un groupe de quatrième année comprend plusieurs enfants ayant un comportement agressif et perturbateur. Décrivez de la façon la plus détaillée possible l'approche qu'adopterait un adepte de l'approche béhaviorale pour régler le problème. Par exemple, précisez quelles seraient sa définition du problème et l'aide qu'il apporterait aux enfants perturbateurs, à l'enseignant et au groupe.

2. Ariane, qui vient d'entrer à l'école maternelle, ne respecte pas les consignes de l'enseignant en refusant de partager des jouets avec d'autres enfants. Elle saisit tous les objets qu'elle veut avoir, elle crie et elle frappe celui qui tente de les lui enlever. Dans quatre textes distincts, décrivez ce qu'un psychanalyste, un spécialiste de l'approche béhaviorale, un spécialiste de la psychologie socioculturelle et un spécialiste de la psychologie cognitive diraient du comportement d'Ariane et de la façon de le corriger.

3. On vous a demandé de mettre au point un programme pour aider les familles et les écoles à donner une meilleure éducation aux enfants. Ce programme devra reposer sur une théorie du développement. Laquelle choisirez-vous ? Pourquoi ?

4. Une personne fait face à un événement tout à fait inhabituel, comme le comportement déloyal d'un ami ou la destruction causée par un tremblement de terre. En ayant recours aux termes d'équilibre et de déséquilibre issus de la théorie cognitive, décrivez la réaction probable de cette personne à la suite d'un tel événement.

5. En tant que psychologue, vous cherchez à expliciter un des problèmes ou comportements présentés ci-dessous. Dans chaque cas, dites laquelle des cinq principales théories vous serait la plus utile à cette fin. Expliquez brièvement pourquoi.

a) Denis a de la difficulté à cesser de fumer, notamment lorsqu'il étudie.

b) Hélène a une peur irrationnelle des orages électriques.

c) Anne se conduit toujours mal au supermarché, mais toujours très bien dans la voiture.

d) Patricia croit que les filles peuvent se transformer en hommes lorsqu'elles grandissent.

e) Le chien Coco a appris à détecter l'odeur de stupéfiants à l'aéroport.

f) Nicolas, un enfant négligé, n'a aucune motivation pour développer son potentiel à l'école.

6. Vous êtes un chercheur et vous voulez déterminer dans quelle mesure les abus subis durant la petite enfance affectent le développement de la personnalité à la fin de l'enfance, à l'adolescence et à l'âge adulte. Quels sont les avantages et les inconvénients du recours à l'étude transversale et à l'étude longitudinale pour approfondir cette question ?

7. Vous êtes un spécialiste de la psychologie du développement et vous vous intéressez aux différences caractérisant les façons dont les parents traitent leurs fils et leurs filles. Élaborez une hypothèse et décrivez la méthode que vous utiliseriez pour la vérifier (exemples : recherche expérimentale, observation naturaliste, étude de cas). Expliquez pourquoi vous choisiriez cette méthode en particulier et décrivez les mesures que vous adopteriez pour en assurer la validité.

Questions à choix multiples

1. À tout âge, l'expression d'un compliment peut avoir un effet marqué. Un compliment est un :

   a) renforçateur négatif.

   b) renforçateur extrinsèque.

   c) renforçateur intrinsèque.

   d) instrument de modelage.

2. S'il existe une corrélation positive entre la taille et le poids du corps, laquelle des affirmations suivantes est vraie ?

   a) Il y a un rapport de cause à effet entre la taille et le poids.

   b) Si on connaît la taille d'une personne, on peut prédire son poids.

   c) Si la taille augmente, le poids diminue.

   d) La connaissance de l'un ne nous dit rien sur l'autre.

3. Après avoir observé plusieurs enfants plus âgés qu'elle escalader la grande toile d'araignée métallique du terrain de jeu, la petite Jeanne, âgée de 5 ans, décide de faire de même. Quel concept décrit le mieux son comportement ?

   a) Le conditionnement répondant

   b) L'apprentissage par observation

   c) La théorie du traitement de l'information

   d) La mémoire à court terme

4. Lequel des exemples suivants constitue une étude longitudinale ?

   a) Un chercheur compare la performance de plusieurs groupes d'âges différents à l'aide d'un test de mémoire.

   b) Un chercheur compare la performance d'un seul groupe de personnes, à différents âges, à l'aide d'un test de mémoire.

   c) Un chercheur compare la performance d'un groupe expérimental avec celle d'un groupe témoin à l'aide d'un test de mémoire.

   d) Un chercheur compare, à plusieurs reprises sur une période de plusieurs années, la performance de plusieurs groupes d'âges différents à l'aide d'un test de mémoire.

5. Le psychologue de l'école croit que les besoins en développement de chaque enfant ne peuvent être compris que si son milieu social et culturel est pris en compte. Il est clair que le psychologue de l'école s'inspire :

   a) de l'approche psychodynamique.

   b) de la théorie du traitement de l'information.

   c) de la théorie de l'apprentissage social.

   d) de l'approche socioculturelle.

6. Âgée de 4 ans, Adeline est très fière d'entreprendre de nouvelles activités avec succès. Erikson dirait probablement qu'elle est au stade psychosocial de :

   a) confiance et méfiance.

   b) initiative et culpabilité.

   c) travail et infériorité.

   d) identité et confusion des rôles.

Le chapitre 2 en un clin d'œil

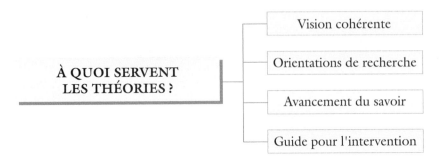

À QUOI SERVENT LES THÉORIES ?
- Vision cohérente
- Orientations de recherche
- Avancement du savoir
- Guide pour l'intervention

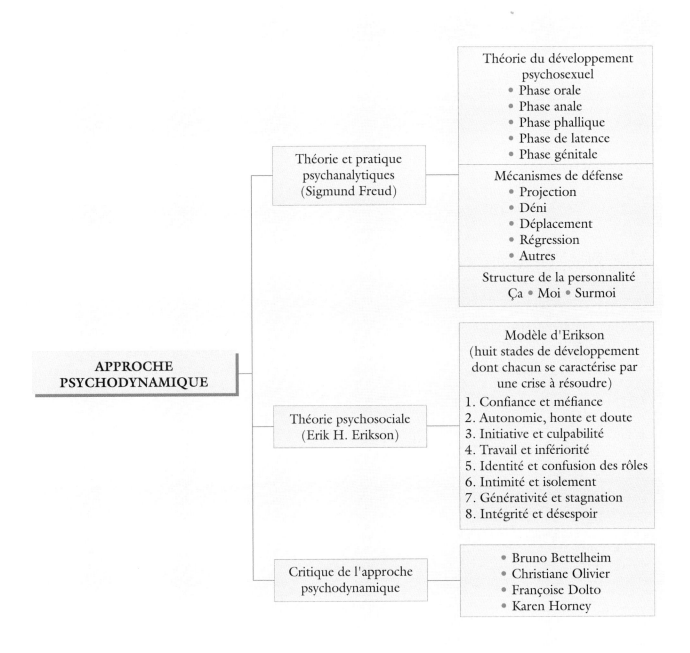

APPROCHE PSYCHODYNAMIQUE

Théorie et pratique psychanalytiques (Sigmund Freud)

Théorie du développement psychosexuel
- Phase orale
- Phase anale
- Phase phallique
- Phase de latence
- Phase génitale

Mécanismes de défense
- Projection
- Déni
- Déplacement
- Régression
- Autres

Structure de la personnalité
Ça • Moi • Surmoi

Théorie psychosociale (Erik H. Erikson)

Modèle d'Erikson
(huit stades de développement dont chacun se caractérise par une crise à résoudre)
1. Confiance et méfiance
2. Autonomie, honte et doute
3. Initiative et culpabilité
4. Travail et infériorité
5. Identité et confusion des rôles
6. Intimité et isolement
7. Générativité et stagnation
8. Intégrité et désespoir

Critique de l'approche psychodynamique
- Bruno Bettelheim
- Christiane Olivier
- Françoise Dolto
- Karen Horney

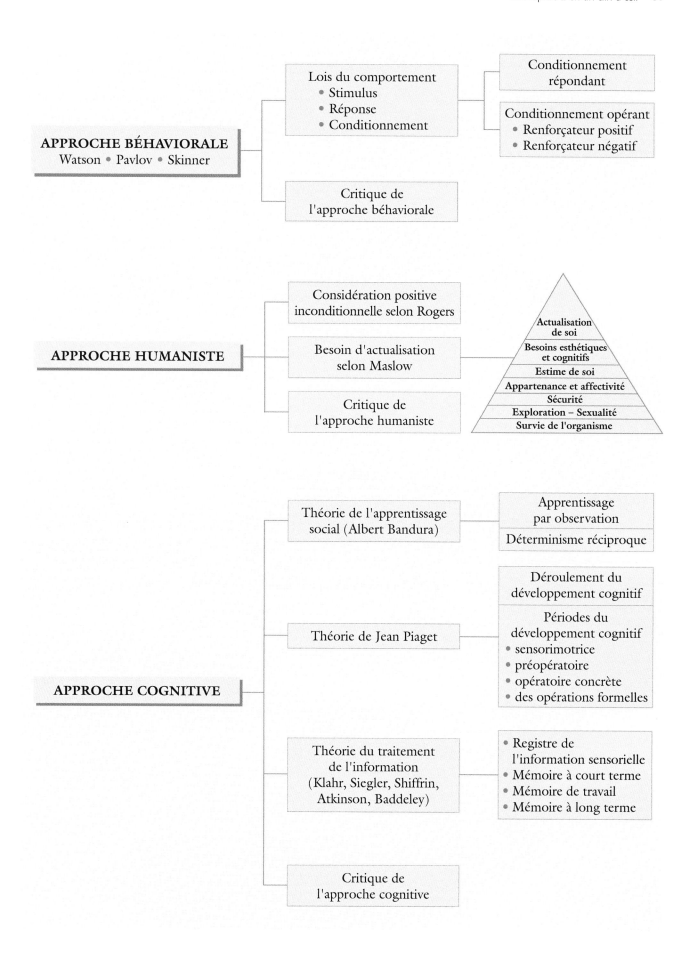

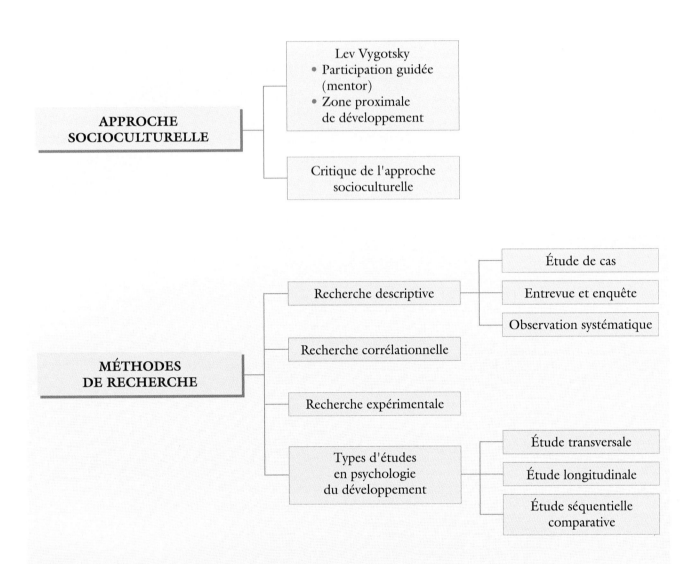

Chapitre **3**

Génétique, développement prénatal et naissance

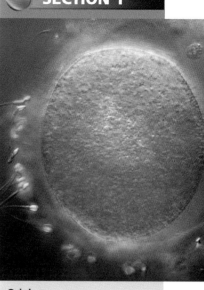

Dès les premiers instants de la vie, deux forces primordiales, l'hérédité et l'environnement, s'associent pour donner au développement son impulsion. Au moment de la conception, un programme génétique complexe prend forme, qui influera sur les aspects tant biologiques que psychologiques du développement. Ce programme dicte le moment où se produisent certains changements liés au développement, tout autant que leur rythme, chez l'octogénaire comme chez l'embryon.

Le produit de l'union du spermatozoïde et de l'ovule au moment de la conception connaît un rythme de croissance stupéfiant pendant les neuf mois du développement prénatal. Les modalités de cette croissance, de même que le développement futur, dépendent en grande partie de facteurs contextuels, dont nous traiterons en détail dans ce chapitre.

GÉNÉTIQUE

Le programme génétique marque tous les caractères humains, mais il est lui-même influencé par l'environnement. De fait, le patrimoine génétique et l'expérience individuelle d'une personne s'interpénètrent au point qu'il est souvent pratiquement impossible d'isoler leurs effets respectifs. L'interaction de ces deux facteurs est permanente; elle forme et transforme la personne de sa conception jusqu'à sa mort.

Origines

Les cellules reproductrices de l'être humain sont appelées gamètes. Le développement s'amorce lorsqu'un gamète mâle, ou spermatozoïde, perce la membrane d'un gamète femelle, ou ovule. Le gamète mâle et le gamète femelle contiennent chacun plus d'un milliard de messages génétiques chimiquement codés qui constituent la moitié du plan d'ensemble du développement. Les deux moitiés du plan se combinent quand les deux cellules reproductrices fusionnent en une cellule unique appelée zygote.

Gamète Cellule reproductrice sexuée qui, en s'unissant à une cellule reproductrice de sexe opposé, produit un nouvel être humain potentiel. Les gamètes femelles sont appelés ovules et les gamètes mâles, spermatozoïdes.

Spermatozoïde Cellule reproductrice mâle produite en grand nombre dans les testicules — 300 millions par jour, en moyenne — à compter de la puberté. Une des plus petites cellules du corps humain.

Ovule Cellule reproductrice femelle présente dans les ovaires dès la naissance, au nombre approximatif de deux millions. Environ 400 de ces ovules immatures seront libérés au moment de l'ovulation, entre la puberté et la ménopause. La plus grande cellule du corps humain.

Zygote Cellule formée par l'union d'un spermatozoïde et d'un ovule.

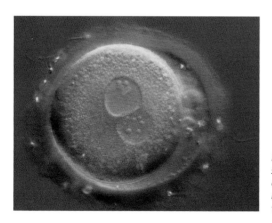

L'ovule ci-contre vient d'être fécondé par un spermatozoïde dont le noyau se trouve accolé au sien. Bientôt, les deux noyaux fusionneront, rassemblant tous les messages génétiques qui régiront le développement.

Dans les heures qui suivent la formation du zygote, certains phénomènes se produisent dans les cellules, dont la *division* et la *différenciation*. Selon un horaire génétiquement déterminé, certaines cellules se multiplient et se spécialisent, c'est-à-dire qu'elles acquièrent les attributs propres à leur fonction future. D'autres cellules sont en sommeil jusqu'à la puberté, l'âge adulte ou la vieillesse.

Un être humain est formé d'environ 10 trillions de cellules à la naissance et de 300 à 500 trillions de cellules à l'âge adulte. Quel que soit le nombre de cellules, chacune d'entre elles contient une copie du programme génétique qu'a reçu le zygote à la conception.

Code génétique

Gène Unité fondamentale de l'hérédité, le gène — constitué de molécules d'ADN — est un segment de chromosome. Au nombre d'environ 100 000 chez l'être humain, les gènes régissent l'ensemble de la croissance et du développement de tout organisme.

Chromosome Filament du noyau de la cellule qui porte de longs segments de gènes transmis par les parents à leur progéniture. Chaque cellule humaine contient 46 chromosomes répartis en 23 paires.

Code génétique Programme constitué par l'enchaînement des bases chimiques de l'ADN et appelé « code » parce qu'il détermine la séquence des acides aminés dans les protéines que synthétise l'organisme.

ADN (acide désoxyribonucléique) Substance chimique complexe, la molécule d'ADN, base de l'hérédité, est l'élément constitutif des gènes regroupés dans les chromosomes, supports matériels de l'hérédité.

Unité fondamentale du programme génétique, le gène est un segment de chromosome. Un chromosome consiste en un filament du noyau de la cellule et contient généralement des milliers de gènes. Le code génétique correspond à l'enchaînement des bases chimiques le long d'un brin d'ADN (acide désoxyribonucléique), l'élément constitutif des gènes (voir la figure 3.1). Les scientifiques procèdent en ce moment au déchiffrement du code génétique entier (voir *Recherche*, p. 79).

Le code génétique a essentiellement pour rôle de fournir aux cellules les instructions nécessaires à la synthèse des protéines qui composent le corps humain et en régissent les fonctions. C'est lui qui dirige la spécialisation de certaines cellules pour former le cerveau, la rétine, les valvules cardiaques, etc.

Les gènes dictent non seulement la forme et la situation des cellules, mais aussi leurs fonctions. Répondant à des mécanismes d'activation et de désactivation encore mal connus, ils régissent en fait la vie elle-même, c'est-à-dire qu'ils commandent aux cellules de croître, de se régénérer, de se nourrir, de se multiplier et de mourir. Certains seraient activés à des moments précis de la vie et déclencheraient la matura-

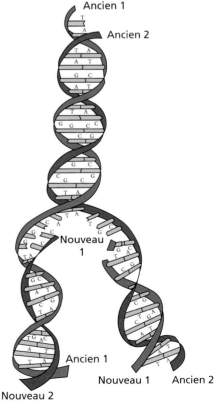

Figure 3.1 *La molécule d'ADN se compose de sucre, de phosphate et de quatre bases chimiques : l'adénine (A), la thymine (T), la cytosine (C) et la guanine (G). Elle a la forme d'une échelle dont les barreaux sont constitués par des paires de bases chimiques apparaissant dans un ordre déterminé pour produire des effets spécifiques. La figure représente une molécule d'ADN au moment de la réplication, soit la création de deux nouvelles copies du code. Ce mécanisme de séparation et de réunion des brins de la molécule d'ADN permet de reproduire continuellement sous la même forme le code génétique entier pendant toute la vie.*

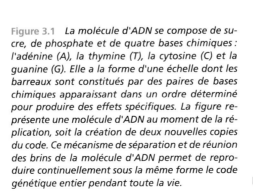

tion de certaines parties du cerveau (Gottesman et Goldsmith, 1993; Plomin et coll., 1993), influant ainsi sur les différents aspects du développement humain.

Chromosomes

Exception faite des gamètes (cellules reproductrices), toutes les cellules du corps humain contiennent 46 chromosomes répartis en 23 paires. Un chromosome de chaque paire provient de la mère tandis que l'autre provient du père.

L'appariement des chromosomes a lieu au moment de la conception. Un gamète contient 23 chromosomes; chacun des chromosomes du spermatozoïde a des fonctions similaires à celles d'un des chromosomes de l'ovule. Lorsque le spermatozoïde et l'ovule s'unissent, leurs chromosomes correspondants s'apparient et les gènes analogues s'alignent. Le zygote possède alors un code génétique complet. C'est ce code génétique que montre le caryotype de la photo ci-contre : les 46 chromosomes répartis en 23 paires, numérotées pour fins d'étude par les scientifiques.

Chromosomes sexuels

Dans 22 des 23 paires de chromosomes humains, les chromosomes sont semblables, c'est-à-dire qu'ils portent des gènes analogues disposés de la même façon. La 23ᵉ paire, celle qui détermine le sexe, revêt un caractère particulier. Chez la femme, elle est formée de deux gros chromosomes en forme de X et porte donc le nom de XX. Chez l'homme, elle est composée d'un gros chromosome en forme de X et d'un petit chromosome en forme de Y; elle est appelée XY.

Puisque la 23ᵉ paire de chromosomes d'une femme est XX, tous les ovules qu'une femme produit reçoivent forcément un des deux X. Et puisque la 23ᵉ paire de chromosomes d'un homme est XY, la moitié des spermatozoïdes reçoivent un chromosome X et l'autre moitié, un chromosome Y. Par conséquent, le sexe d'un zygote dépend du spermatozoïde qui atteint l'ovule le premier. S'il s'agit d'un spermatozoïde Y, le zygote sera de sexe masculin (XY); s'il s'agit d'un spermatozoïde X, le zygote sera de sexe féminin (XX) (voir la figure 3.2).

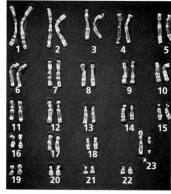

Cette image, appelée caryotype, montre les 46 chromosomes, regroupés en 23 paires, d'un homme normal. Pour produire un tel caryotype, il faut prélever une cellule (de la bouche habituellement), la traiter de manière à rendre les chromosomes visibles, en grossir l'image des centaines de fois, la photographier, puis disposer les chromosomes en paires d'après la longueur de leurs « bras » supérieurs.

Caryotype Arrangement caractéristique des chromosomes d'une cellule; s'applique à un individu comme à une espèce.

Vingt-troisième paire Chez l'être humain, paire de chromosomes qui détermine notamment le sexe. Il s'agit de la paire XX chez la femme et de la paire XY chez l'homme.

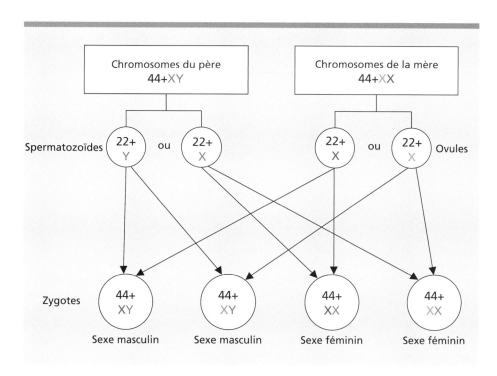

Figure 3.2 Pour un couple donné, il existe quatre combinaisons possibles des chromosomes sexuels. Le sexe du zygote dépend du type de spermatozoïde (X ou Y) qui féconde l'ovule. Les chromosomes XX de la femme sont équivalents sur le plan de la détermination du sexe, mais non en ce qui concerne la santé future de l'enfant. En effet, les troubles liés au chromosome X (voir la page 78) sont dus pour la plupart à des gènes présents sur un seul des chromosomes X de la mère.

Diversité humaine

Les gènes remplissent deux fonctions essentielles à la survie de l'être humain : ils assurent à la fois la similitude et la diversité de l'espèce. La très grande majorité des gènes d'un être humain sont identiques à ceux de n'importe quelle personne qui ne lui est pas apparentée (Plomin, 1994). Chaque nouveau-né partage avec tous les autres humains des structures physiques (comme l'axe du bassin propice à la station debout), des tendances comportementales (comme la vocalisation essentielle au langage parlé) et un potentiel reproducteur (pour perpétuer l'espèce). Apparues au cours de l'évolution, ces caractéristiques ont favorisé le maintien de l'être humain sur la terre. Quant au petit nombre de gènes qui diffèrent d'une personne à une autre, ils engendrent la diversité qui permet à l'espèce de s'adapter aux changements de l'environnement.

La répartition dans les gamètes des chromosomes de chaque paire relève uniquement du hasard, si bien que le nombre de combinaisons possibles s'établit, selon les lois de la probabilité, à 2^{23}, c'est-à-dire à environ 8 millions. Autrement dit, un seul individu pourrait produire environ 8 millions d'ovules ou de spermatozoïdes différents sur le plan génétique. De plus, l'interaction des directives génétiques contenues dans un spermatozoïde et un ovule produit des combinaisons qui sont inexistantes chez l'un ou l'autre des parents. En théorie, un homme et une femme pourraient engendrer 64 trillions de rejetons génétiquement différents. Cela suffit sans doute à vous convaincre que vous êtes unique au monde.

Jumeaux

Jumeaux monozygotes (communément appelés *vrais jumeaux* ou *jumeaux identiques*) Jumeaux issus d'un seul et même zygote qui s'est divisé dans les premiers stades du développement; les jumeaux monozygotes ont donc le même code génétique.

Tous les zygotes sont uniques sur le plan génétique, mais pas tous les nouveau-nés. Dans 1 cas sur 270 environ, l'amas de cellules qui constitue le zygote se divise pendant les deux premières semaines du développement (Bryan, 1992). La production de deux amas identiques et indépendants mène à la formation de jumeaux monozygotes (jumeaux identiques). Ces jumeaux possèdent les mêmes directives génétiques pour ce qui est de l'apparence physique, du tempérament, de la prédisposition à certaines maladies, etc., tout en présentant quelques différences mineures (empreintes digitales ou forme des oreilles, par exemple).

LES UNS ET LES AUTRES

La démographie en Chine

Depuis 20 ans, les démographes chinois suivent de très près la proportion des nouveau-nés de chaque sexe. Ils sont entre autres préoccupés par le fait que, sur le total des naissances déclarées en Chine, l'écart entre les deux sexes est beaucoup plus important que ce à quoi on pourrait normalement s'attendre. En effet, le rapport est de 114 garçons pour 100 filles en moyenne, et il grimpe à 130 ou à 140 pour 100 dans les régions rurales. Bien que l'infanticide des nouveau-nés de sexe féminin soit illégal en Chine, il semble que certaines familles recourent à cette pratique pour se donner la possibilité d'avoir un fils. La politique gouvernementale obligeant la plupart des familles à n'avoir qu'un seul enfant ne fait qu'accentuer le problème.

Les chercheurs avancent que cette « manipulation » des taux de natalité aura de lourdes conséquences sur la société chinoise, voire sur son évolution. D'une part, ils prévoient un manque de femmes en âge de se marier, ce qui risque d'inciter des millions d'hommes célibataires à émigrer vers des pays où ils pourront trouver une partenaire. Grâce à un modèle mathématique sophistiqué, Marcus Feldman et ses collègues de l'université de Stanford ont prédit que, d'ici quelques millénaires, les effets de la tendance culturelle à privilégier les naissances d'enfants de sexe masculin auront des conséquences telles que l'on favorisera dorénavant les naissances d'enfants de sexe féminin. Les chercheurs utilisent une méthodologie structurée afin de découvrir comment deux systèmes de transmission directe — génétique et culturelle — peuvent interagir pour influer sur l'évolution biologique et les changements culturels.

Source : A.M. Gillis, « Sex Selection and Demographics », *BioScience*, 451(6), juin 1995, p. 384-385.

De la tête aux pieds, Léa et Audrey, des jumelles monozygotes de 12 ans, ont l'air de vouloir affirmer leur identité propre. Mais leur identité génétique n'en demeure pas moins très apparente, ne serait-ce que par leur problème commun de dentition, le moment de leur puberté et leur attitude amicale. Quel contraste par rapport aux jumeaux dizygotes Félix et Gabriel ! Chez ces derniers, les traits, l'attitude et même la couleur des cheveux sont différents. Voyez combien la posture, l'expression faciale et même le choix de la main varie chez ces deux bambins à qui on a demandé de lever le pouce.

Il peut également arriver qu'une femme libère deux ovules en même temps. La fécondation de ces deux ovules produits simultanément entraîne la formation de deux zygotes distincts. La proportion de naissances de jumeaux dizygotes (jumeaux non identiques) est de 1 cas sur 60 et elle varie considérablement selon les groupes ethniques. Elle est plus élevée chez les femmes d'origine africaine que chez les femmes d'origine européenne, et plus élevée chez ces dernières que chez les femmes d'origine asiatique (Bryan, 1992). La proportion de naissances de jumeaux dizygotes passe à 1 cas sur 10 environ chez les femmes qui prennent des stimulants de l'ovulation.

Les jumeaux dizygotes n'ont pas plus de gènes communs entre eux que les autres enfants de mêmes parents; en effet, ils possèdent environ 50 % des gènes desquels dépendent les différences individuelles. Ils peuvent donc être de sexes différents et se ressembler très peu ou beaucoup, comme des frères et sœurs nés à des moments différents.

Jumeaux dizygotes (communément appelés *faux jumeaux* ou *jumeaux non identiques*) Jumeaux issus de la fécondation de deux ovules par des spermatozoïdes distincts. Les jumeaux dizygotes se ressemblent et se différencient autant que tous les enfants nés des mêmes parents.

Du génotype au phénotype

Nous venons de voir qu'à la conception le zygote réunit, pour chaque caractère de l'être humain, des directives génétiques provenant des deux parents. Comment ces directives se combinent-elles pour déterminer les caractères dont le rejeton sera doté ? Il n'existe pas de réponse simple à cette question, car la plupart du temps on retrouve à la fois des caractères polygéniques (influencés par plusieurs gènes) et des caractères plurifactoriels ou multifactoriels (déterminés à la fois par des facteurs génétiques et environnementaux).

L'apparition d'un caractère donné peut donc dépendre de deux types d'interactions : celles qui se produisent entre les gènes eux-mêmes et celles qui s'établissent entre les gènes et l'environnement.

Caractère polygénique Caractère produit par l'interaction de plusieurs gènes.

Caractère plurifactoriel (aussi appelé *caractère multifactoriel*) Caractère produit par l'interaction de facteurs génétiques et environnementaux.

Interaction des gènes

Une des façons de comprendre l'interaction des gènes entre eux, c'est de considérer l'effet produit. Certains caractères sont codés par des gènes ayant un effet additif, chacun de ces gènes jouant alors un rôle actif dans la détermination du caractère donné. La taille et la couleur de la peau, par exemple, dépendent de plusieurs gènes dont l'influence est additive. D'autres caractères, par ailleurs, sont codés par

Effet additif Effet produit lorsque tous les gènes qui possèdent des instructions pour un caractère donné jouent un rôle actif. La couleur de la peau et la taille, par exemple, sont codées par des gènes ayant un effet additif.

Noire, blanche, jaune, rouge, brune : autant d'adjectifs impropres à qualifier la couleur de la peau. Il existe en effet des milliers de couleurs de peau et chacune résulte de l'interaction de plusieurs gènes. Selon les gènes transmis par chaque parent, la peau de l'enfant sera plus pâle, plus rougeaude, plus claire, plus sombre, plus jaune, plus olivâtre ou plus tavelée que celle de son père ou de sa mère. Cette variation est particulièrement manifeste dans les familles d'origine africaine, dont les ancêtres ont vécu en Afrique, en Europe, voire en Asie et en Amérique précolombienne.

une paire de gènes qui ont un effet non additif, c'est-à-dire que l'un a beaucoup plus d'influence que l'autre sur le résultat apparent.

C'est le cas des caractères transmis selon un mode dominant-récessif. Des centaines de caractères physiques sont transmis selon ce mode. Un des deux gènes de la paire, le *gène dominant,* détermine alors ce qui sera apparent et inhibe les effets de l'autre gène, le *gène récessif.* Parfois, le gène dominant peut aussi primer le gène récessif sans en inhiber totalement l'effet. Il s'agit alors de *dominance incomplète.* D'ailleurs, bon nombre de caractères que l'on croyait auparavant transmis selon le mode dominant-récessif sont aujourd'hui attribués à de multiples gènes (McKusick, 1995).

Pour tenter de saisir la complexité des influences génétiques, on doit d'abord faire la distinction entre le patrimoine génétique (le *potentiel* génétique) et l'expression *concrète* de ce patrimoine dans l'apparence physique. On appelle génome l'ensemble des informations se trouvant sur tous les chromosomes d'un organisme. L'ensemble des gènes qu'une personne reçoit de son père et de sa mère constitue son génotype. Cependant, seuls certains de ces gènes s'expriment de façon observable (sur le plan physique comme sur le plan psychique), constituant ainsi son phénotype. Chaque personne a donc dans son génotype des gènes qui ne s'expriment pas dans son phénotype. Dans le jargon de la génétique, on dira en conséquence que tout individu est porteur de gènes non exprimés. Ces gènes peuvent se transmettre aux enfants et s'exprimer ou non dans leur phénotype.

Effet non additif   Effet produit lorsqu'un des gènes d'une paire (le gène dominant) masque l'influence de l'autre (le gène récessif).

Mode dominant-récessif   Mode de transmission héréditaire à effet non additif selon lequel un des gènes d'une paire (le gène dominant) manifeste son effet et masque l'influence de l'autre (le gène récessif).

Génome   Ensemble des informations se trouvant sur tous les chromosomes d'un organisme.

Génotype   Ensemble des instructions génétiques reçues du père et de la mère et contenues dans le noyau des cellules d'une personne.

Phénotype   Ensemble des caractères observables d'une personne qui résultent de l'interaction des gènes entre eux et avec l'environnement.

Porteur   Personne dont le génotype comprend un gène récessif non exprimé dans le phénotype au regard d'un caractère particulier. Un porteur peut transmettre un tel gène à ses enfants; le gène s'exprimera chez les enfants si ceux-ci ont reçu un gène récessif analogue de leur autre parent.

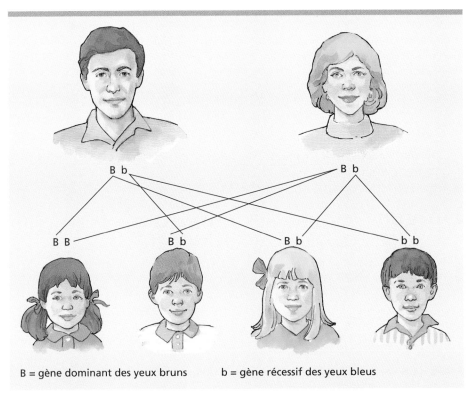

B = gène dominant des yeux bruns   b = gène récessif des yeux bleus

Figure 3.3   *Un homme et une femme aux yeux bruns qui sont tous deux porteurs du gène récessif des yeux bleus peuvent avoir un enfant aux yeux bruns ou aux yeux bleus. Les probabilités sont les suivantes : 1 sur 4 que l'enfant hérite un gène des yeux bruns de chacun de ses parents (BB); 2 sur 4 qu'il reçoive un gène des yeux bruns et un gène des yeux bleus (Bb) (dans le diagramme, un des enfants a reçu le gène des yeux bleus de sa mère et l'autre l'a reçu de son père, mais le résultat est le même); 1 sur 4 que l'enfant hérite deux gènes récessifs des yeux bleus et qu'il ait par conséquent les yeux bleus (bb). Bien entendu, le hasard n'a pas de mémoire et n'est pas aussi systématique que les diagrammes. Sur quatre enfants engendrés par deux parents aux yeux bruns porteurs du gène des yeux bleus, tous pourraient avoir les yeux bruns ou tous pourraient avoir les yeux bleus (probabilité de 1 sur 256).*

Malgré la complexité des mécanismes en jeu, on peut tenter de les comprendre en utilisant l'exemple de la couleur des yeux. Pour simplifier l'explication, supposons pour l'instant qu'une personne hérite seulement deux gènes pour la couleur des yeux, un de chaque parent. Simplifions encore et supposons que ces deux gènes codent soit pour le bleu, soit pour le brun. Le gène des yeux bruns est dominant tandis que le gène des yeux bleus est récessif. Conformément à l'usage, nous représenterons le gène dominant par une lettre majuscule, B (pour brun dominant), et le gène récessif par une minuscule, b (pour bleu récessif). Si la personne reçoit deux gènes des yeux bruns (BB), elle aura les yeux bruns. Si elle reçoit un gène des yeux bruns et un gène des yeux bleus (Bb), elle aura les yeux bruns, car le gène des yeux bruns est dominant. Si, enfin, la personne reçoit deux gènes des yeux bleus (bb), elle aura les yeux bleus; étant récessif, le gène bleu s'exprime en l'absence du gène dominant brun (B) et en présence d'un autre gène récessif (voir la figure 3.3).

Phénotypes et génotypes — calcul des probabilités

Une des façons de calculer la probabilité que des parents porteurs d'un gène particulier le transmettent à leurs enfants consiste à dresser un tableau des combinaisons possibles : on indique les deux gènes du père (P_1 et P_2) en tête des colonnes et ceux de la mère (M_1 et M_2) à gauche du tableau. Puis, dans ce tableau à double entrée, on copie verticalement les symboles des gènes du père et horizontalement ceux des gènes de la mère.

		Gènes du père	
		P_1	P_2
Gènes de la mère	M_1	P_1M_1	P_2M_1
	M_2	P_1M_2	P_2M_2

Comme vous pouvez le constater, un enfant issu de ces deux parents pourrait hériter n'importe laquelle des quatre combinaisons de gènes possibles. Pour chacune d'elles, les probabilités théoriques sont de 1 sur 4, ou de 25 %.

Voyons comment cela fonctionne concrètement. Si les deux parents possèdent chacun deux gènes des yeux bruns dans leur génotype, tous leurs enfants auront les yeux bruns et seront porteurs, eux aussi, de deux gènes des yeux bruns.

Phénotype des parents : yeux bruns.
Génotype des parents : père : BB; mère : BB.
Tous les spermatozoïdes du père et tous les ovules de la mère portent le gène des yeux bruns.

		Père	
		B	B
Mère	B	BB	BB
	B	BB	BB

Le tableau montre bien que tous les enfants auront un génotype BB et donc un phénotype yeux bruns.

Ce modèle fonctionne aussi lorsque chacun des parents a deux gènes des yeux bleus dans son génotype.

Phénotype des parents : yeux bleus.
Génotype des parents : père : bb; mère : bb.
Tous les spermatozoïdes du père et tous les ovules de la mère portent le gène des yeux bleus.

		Père	
		b	b
Mère	b	bb	bb
	b	bb	bb

Le tableau montre bien que tous les enfants auront un génotype bb et donc un phénotype yeux bleus.

Si l'un des parents — le père, par exemple — possède deux gènes des yeux bruns (BB) et l'autre, deux gènes des yeux bleus (bb), que se produit-il ?

		Père	
		B	B
Mère	b	Bb	Bb
	b	Bb	Bb

Tous les enfants de ce couple hériteront un gène des yeux bruns et un gène des yeux bleus. Ils auront donc tous un phénotype yeux bruns et un génotype Bb. En effet, ils auront tous les yeux bruns, puisque le gène des yeux bruns est dominant tandis que le gène des yeux bleus est récessif. Est-ce que ces enfants pourraient eux-mêmes avoir des enfants aux yeux bruns ou aux yeux bleus ? Théoriquement, oui. En effet, leurs gamètes (cellules reproductrices) ont 50 % des chances de porter le gène dominant des yeux bruns et 50 % des chances de porter le gène récessif des yeux bleus. Les gamètes qui portent le gène des yeux bleus sont appelés « porteurs du gène récessif ».

Arbre généalogique

Établissons l'arbre généalogique de Gérard et Pauline et de leurs six enfants en supposant seulement la présence du gène dominant brun (B) et du gène récessif bleu (b) en ce qui concerne la couleur des yeux. Les phénotypes de chacun sont indiqués.

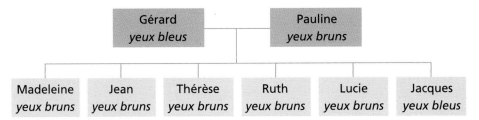

À l'aide de ce schéma, il est possible de déduire des informations au sujet du *génotype*, c'est-à-dire l'ensemble des caractères qui font partie du patrimoine génétique reçu, mais qui ne sont pas toujours observables dans le *phénotype*.

1. Quel est le génotype de Gérard ?   On peut déduire avec certitude son génotype : deux gènes récessifs bleus. Il n'a pas de gène dominant brun.

2. Quel est le génotype de Pauline ?   On ne peut, au point de départ, connaître son génotype : ses yeux bruns peuvent résulter de la combinaison de deux gènes dominants (BB) ou encore d'un gène dominant et d'un gène récessif (Bb).

C'est Jacques, le sixième enfant, qui nous permet d'identifier le génotype de Pauline. Quel est-il ? Puisque Jacques a les yeux bleus, c'est qu'il a dans son génotype deux gènes récessifs bb, un gène b (bleu) de son père Gérard et un gène b (bleu) de sa mère Pauline. S'il avait reçu un gène B (brun dominant) de sa mère, il aurait eu les yeux bruns comme tous ses frère et sœurs. Pauline a donc un génotype Bb.

3. Que peut-on dire avec certitude à propos du génotype des cinq premiers enfants ?   Madeleine, Jean, Thérèse, Ruth et Lucie ont un même génotype : Bb. Ils ont reçu un gène B (brun dominant) de leur mère et un gène b (bleu) de leur père.

En résumé :

- Tous les enfants d'un homme et d'une femme aux yeux bleus qui ont tous deux un génotype bb auront les yeux bleus.
- Les enfants d'un parent aux yeux bleus (génotype bb) et d'un parent aux yeux bruns porteur du gène des yeux bleus (Bb) auront 1 chance sur 2 d'avoir les yeux bleus.
- Deux parents aux yeux bruns peuvent avoir un enfant aux yeux bleus s'ils sont tous deux porteurs du gène des yeux bleus (Bb + Bb). Un tel couple a 3 chances sur 4 d'avoir un enfant aux yeux bruns (génotypes possibles : BB, Bb, Bb) et 1 sur 4 d'avoir un enfant aux yeux bleus (bb) (voir la figure 3.3).

À VOUS LES COMMANDES – 3.1

Calcul des probabilités

À l'aide de tableaux à double entrée, répondez aux questions suivantes.

1. Un homme a un gène des yeux bruns et un des yeux bleus (Bb) tandis que sa conjointe a deux gènes des yeux bleus (bb).

   a) Chaque enfant de ce couple aura, sur le plan du phénotype, _____ chance(s) sur 4 ou _____ % des chances d'avoir les yeux bleus et _____ chance(s) sur 4 ou _____ % des chances d'avoir les yeux bruns.

   b) Énumérez les génotypes possibles pour les enfants de ce couple.

   c) La probabilité que chacun des enfants hérite le phénotype des yeux bruns est de _____ sur 4 .

2. Dans l'exemple précédent, si la femme avait eu deux gènes des yeux bruns (BB), tous les enfants auraient eu les yeux _____. Cependant, ils auraient eu _____ chance(s) sur 4 ou _____ % des chances d'être porteurs du gène des yeux bleus.

3. Deux parents ayant les yeux bruns peuvent donner naissance à un enfant aux yeux bleus s'ils sont tous deux porteurs du gène des yeux bleus. Quelle est la probabilité que leur enfant hérite le phénotype des yeux bleus ?

4. Un homme et une femme ayant tous deux les yeux bruns ont un premier enfant qui a les yeux bleus. Quelle est la probabilité que leur deuxième enfant ait les yeux bleus ?

5. La conjointe d'un homme aux cheveux roux (gène récessif r) est une femme aux cheveux noirs (gène dominant N) dont la mère avait les cheveux roux.

   a) Quelle est la probabilité que ce couple ait un enfant aux cheveux roux ?

   b) Quelle est la probabilité qu'il ait un enfant aux cheveux noirs ?

Arbre généalogique : vos ascendants

Établissez votre arbre généalogique au meilleur de votre connaissance pour identifier la forme de transmission de certains caractères :

- couleur des yeux (bruns : dominant; bleus : récessif),
- couleur des cheveux (foncés : dominant, clairs : récessif; non roux : dominant, roux : récessif),
- rhésus sanguin (positif : dominant; négatif : récessif),
- vision (normale : dominant; myopie : récessif).

Interprétation   Pour déterminer la probabilité de la question n° 4, vous deviez non seulement savoir que les deux parents possèdent le gène récessif des yeux bleus (puisque leur premier enfant a les yeux bleus), mais encore que la probabilité que le deuxième enfant ait les yeux bleus est la même qu'elle l'était pour le premier et qu'elle le sera pour tous les autres. Pour déterminer la probabilité de la question n° 5, vous deviez être en mesure de déduire que la femme est porteuse du gène récessif des cheveux roux (qu'elle a hérité de sa mère), alors que l'homme a deux gènes des cheveux roux.

Gènes liés au chromosome X

Gènes liés au chromosome X   Gènes qui se trouvent uniquement sur le chromosome X. Ces gènes s'expriment principalement dans le phénotype des hommes, même si les femmes ont plus de chances d'en être porteuses.

Certains gènes ne se trouvent que sur le chromosome X. On les appelle d'ailleurs **gènes liés au chromosome X**. Ils peuvent avoir de graves effets s'ils sont récessifs (comme les gènes de la plupart des formes de cécité des couleurs, dont le daltonisme, de nombreuses allergies et maladies, dont l'hémophilie, et de certains troubles d'apprentissage). Puisque les hommes ne possèdent qu'un seul chromosome X, les gènes récessifs portés par ce chromosome s'exprimeront dans leur phénotype, faute d'un second chromosome X porteur d'un gène dominant normal (voir la figure 3.2). Cela explique pourquoi certains caractères sont transmis de mère en fils (par l'intermédiaire du chromosome X), mais non de père en fils (puisque le chromosome Y ne porte pas les caractères en question). Les gènes liés au chromosome X se retrouvent dans les génotypes des deux sexes, mais s'expriment principalement dans le phénotype des hommes. C'est le cas pour la transmission de l'hémophilie.

Si les explications qui précèdent vous ont paru ardues, dites-vous qu'elles sont encore loin de traduire toute la complexité des interactions génétiques. Nous sommes en effet contraints, pour les besoins de l'exposé, de traiter des gènes comme s'il s'agissait d'entités isolées. Or, ils président en réalité à la synthèse des centaines de protéines qui forment les structures anatomiques et régissent les fonctions biochimiques de l'organisme. Aucune paire de gènes ne peut à elle seule déterminer totalement un caractère, fût-il aussi simple en apparence que la couleur des yeux ou la taille.

La complexité des interactions génétiques n'est nulle part plus manifeste que dans le domaine psychologique, où elle se répercute notamment sur des traits de caractère comme la sociabilité, l'assurance et la morosité ainsi que sur des attributs cognitifs comme la mémoire des nombres, la perception spatiale et l'éloquence.

À VOUS LES COMMANDES – 3.2

Le gène de l'hémophilie

À l'aide d'un tableau à double entrée, répondez aux questions ci-dessous.

Un couple apparemment en santé met au monde une fille qui est normale, puis un garçon qui développe l'hémophilie, une maladie attribuable à un gène lié au chromosome X.
a) Quelle est la probabilité que la petite fille soit porteuse du gène de l'hémophilie ?
b) Quelle est la probabilité qu'elle développe la maladie ?

Interprétation   Chaque femme porteuse du gène de l'hémophilie sur un de ses chromosomes X et qui n'a pas développé la maladie aura nécessairement un gène sain sur son autre chromosome X. Chacun de ses enfants a donc 50 % des chances d'hériter le gène normal. Les filles qui hériteront le gène de l'hémophilie seront protégées par le gène normal présent sur le chromosome X provenant de leur père. Les garçons, par contre, développeront la maladie, puisqu'ils ne reçoivent pas de chromosome X de leur père.

Réponses

RECHERCHE

Le programme Génome humain

Amorcé officiellement en 1991, le *programme Génome humain* est une recherche internationale visant à établir la carte des quelque 100 000 gènes du corps humain et à déterminer la séquence des bases chimiques qui les composent. Les scientifiques espèrent ainsi déchiffrer le code de tous les caractères humains — des structures physiques et des mécanismes physiologiques aux tendances comportementales et aux troubles psychologiques. Une cinquantaine de pays sont engagés dans ce projet; des milliers de laboratoires en font partie. Le programme a avancé à un rythme tel qu'en l'an 2000 le séquençage est terminé. Le décodage (fonction des gènes), lui, prendra encore plusieurs années.

Les connaissances acquises grâce à ce programme trouveront des applications en médecine, en justice criminelle, en santé publique, en éducation et en psychothérapie, pour ne citer que quelques domaines. Les chercheurs ont déjà localisé les défauts génétiques qui causent la fibrose kystique, la dystrophie musculaire progressive de type Duchenne, le syndrome de fragilité du chromosome X et de nombreuses formes de cancer. Enthousiastes, ils croient pouvoir repérer sous peu les gènes associés à plusieurs autres maladies héréditaires.

Mieux encore, les scientifiques ne cessent d'acquérir des connaissances sur les gènes propices à la santé et à la longévité. Par exemple, ils ont récemment découvert le gène qui code la protéine P53 (Culotta et Koshland, 1993). Cette protéine inhibe la croissance des tumeurs et pourrait servir au traitement, voire à la prévention et à la guérison, de quelque 51 formes de cancer. De nombreux autres « gènes protecteurs » livreront leurs secrets d'ici quelques années (Depue et coll., 1994; Ducy et coll., 1996; Leibowitz et Kim, 1992; Liu et coll., 1996; Morrison et coll., 1994).

Toutes ces percées soulèvent autant d'espoir que d'appréhension. En effet, on conçoit assez facilement certaines des conséquences que pourrait avoir la divulgation du code génétique d'une personne. Une compagnie d'assurances, par exemple, pourrait exiger d'un client potentiel qu'il lui fournisse une goutte de sang, analyser son ADN, puis lui demander des primes exorbitantes, voire lui refuser toute protection s'il représente un « risque » jugé excessif. On pourrait même craindre que les personnes génétiquement prédisposées à certains troubles ne fassent l'objet de discrimination en matière d'emploi ou de logement. Le meilleur moyen de prévenir de tels abus consiste à assujettir l'accès à l'information génétique à des lois et règlements explicites.

Autre arme à deux tranchants : le génie génétique, c'est-à-dire l'ensemble des techniques qui permettent de remplacer des gènes défectueux par des gènes normaux et, par conséquent, de substituer des cellules saines à des cellules anormales (Anderson, 1995; Lyon et Gorner, 1995). Servira-t-il à « améliorer » les personnes qui présentent des caractères « indésirables » aux yeux de la société ? Étant donné ses coûts exorbitants, la thérapie génétique sera-t-elle réservée aux riches ? Qu'adviendra-t-il, enfin, de la variation génétique qui favorise la résistance de l'espèce humaine ? « Lorsqu'il s'agit de modifier la composition génétique des humains, déclare un chercheur, les interventions malencontreuses ou malveillantes pourraient entraîner des problèmes qui subsisteraient pendant des générations » (Anderson, 1995).

C'est grâce à la diversité génétique de ses ancêtres que l'être humain a pu s'adapter à une multitude d'environnements physiques et sociaux. Si, aujourd'hui, nous éliminions inconsidérément certains caractères, nous pourrions priver nos descendants de leur capacité d'adaptation ou, pire, créer des associations de caractères propres à précipiter le déclin de l'espèce.

Une part du budget du *programme Génome humain* est consacrée à l'étude des dilemmes moraux reliés au déchiffrage du code génétique. Il y a lieu de s'en réjouir, car l'histoire nous a appris qu'un excès d'enthousiasme et d'impulsivité peut transformer bien des « miracles » scientifiques en catastrophes. Les scientifiques espèrent que les citoyens se joindront à eux pour réfléchir sur les dangers potentiels de la technologie et tirer le meilleur parti de ses possibilités.

Les tendances comportementales dépendraient de plusieurs paires de gènes qui exercent leurs effets soit de manière additive, soit selon le mode dominant-récessif (non additif), soit selon d'autres modes dont la description dépasse le cadre de notre étude. Mais elles dépendent également de facteurs non génétiques liés aux divers contextes de notre environnement physique et social.

Interaction des gènes et de l'environnement

L'environnement est composé de l'ensemble des facteurs non génétiques susceptibles d'influer sur le développement d'une personne au cours de sa vie, à compter de sa conception jusqu'à son dernier souffle. Certains éléments extérieurs, tels que l'alimentation, le climat, les soins médicaux et les relations familiales, ont des effets

Environnement Ensemble des facteurs non génétiques susceptibles d'influer sur le développement. Ces facteurs comprennent notamment les substances ayant un effet sur les gènes à l'échelon cellulaire, l'alimentation, les soins médicaux, la pollution, la situation socio-économique, la dynamique familiale de même que les contextes social, économique, politique et culturel.

directs, alors que d'autres, comme les contextes social, économique, politique et culturel, ont des effets indirects. Les éléments extérieurs entraînent en outre des conséquences plus ou moins durables : un traumatisme crânien grave, par exemple, peut avoir des effets irréversibles sur les capacités cognitives, tandis qu'un stress ponctuel peut n'avoir que des effets transitoires sur l'humeur. Bref, l'influence de l'environnement peut prendre plusieurs formes, être permanente ou non, se manifester à des degrés d'intensité variable, tout comme celle de l'hérédité.

Distinction entre les influences héréditaires et les influences environnementales

Avant d'examiner l'interaction complexe de l'hérédité et de l'environnement, les chercheurs doivent en départager les répercussions respectives sur le développement. Ils n'ont pas la tâche facile, car les influences héréditaires et les influences environnementales s'enchevêtrent sans cesse. Nombre de caractères, particulièrement les aspects psychologiques comme les aptitudes intellectuelles, le talent artistique ou le tempérament, pourraient s'expliquer par l'acquis autant que par l'inné. Alors comment les scientifiques s'y prennent-ils pour tenter de distinguer les influences génétiques des influences environnementales en matière de personnalité ? Ils étudient, entre autres sujets, des jumeaux ou encore des enfants adoptés.

Comme nous l'avons déjà indiqué, les jumeaux monozygotes (identiques) ont les mêmes gènes, tandis que les jumeaux dizygotes (non identiques), à l'instar de tous les enfants d'un couple, n'ont qu'une partie de leurs gènes en commun. Par conséquent, si on observe le même caractère chez des jumeaux monozygotes mais chez un seul des jumeaux dizygotes, on peut émettre l'*hypothèse* que ce caractère est d'origine génétique. Les chercheurs peuvent aussi étudier un grand nombre d'enfants adoptés et comparer leurs caractères à ceux de leurs parents biologiques et de leurs parents adoptifs.

Le meilleur moyen pour tenter de départager l'importance respective de l'influence des gènes et de l'environnement consiste à combiner les deux approches en étudiant des jumeaux identiques qui ont été séparés à la naissance et élevés dans des familles différentes. Trouver de tels individus en nombre suffisant pour formuler des conclusions statistiquement significatives relève de l'exploit, mais des chercheurs américains, suédois, britanniques, danois, finlandais et australiens y sont parvenus. Au total, ils ont dépisté près de 1000 jumeaux élevés séparément. Les résultats de leurs recherches semblent confirmer une corrélation établie à la suite d'études plus traditionnelles d'enfants uniques adoptés et de jumeaux élevés par leurs parents biologiques, à savoir que certains caractères psychologiques et certains traits de personnalité pourraient être influencés génétiquement (Bouchard, 1994; Bouchard et coll., 1990; Eaves et coll., 1989; Pederson et coll., 1988; Shaw, 1994). (Voir *Recherche,* page 81.) Presque tous subiraient, à des degrés divers, l'influence de l'environnement, et ce, tout au long de la vie.

Caractères physiques

L'environnement influe sur tous les caractères de l'être humain, même sur les traits physiques génétiquement codés. La taille, par exemple, est déterminée génétiquement. Or, pour atteindre la taille inscrite dans son code génétique, une personne doit jouir d'une bonne santé et s'alimenter correctement. C'est ainsi que la taille moyenne des individus a augmenté de génération en génération au cours du XXᵉ siècle, grâce à l'amélioration de la nutrition et des soins médicaux. À l'opposé, des facteurs environnementaux tels que la malnutrition, la maladie chronique et le stress peuvent empêcher un enfant d'atteindre la taille dictée par son hérédité.

Caractères psychologiques

Les effets des facteurs environnementaux sur l'expression des caractères physiques sont relativement faciles à comprendre. Les répercussions de ces mêmes facteurs

RECHERCHE

Les jumeaux séparés

La *Minnesota Study of Twins Reared Apart* (*Étude du Minnesota sur les jumeaux élevés séparément*) est l'une des études les plus poussées portant sur les jumeaux élevés dans des foyers distincts. Pendant 20 ans, les chercheurs ont étudié des centaines de couples de jumeaux séparés en bas âge (Bouchard, 1994; Bouchard et coll., 1990).

Certains jumeaux monozygotes présentaient des similitudes proprement renversantes. Non seulement ils se ressemblaient physiquement, mais ils obtenaient des résultats comparables aux tests, s'habillaient de la même manière et avaient les mêmes habitudes. À leur arrivée au Minnesota, des jumelles séparées depuis leur petite enfance portaient toutes deux sept anneaux (aux mêmes doigts) et trois bracelets. Pur hasard ? Peut-être, mais il est possible que la génétique ait eu un rôle à jouer dans cette coïncidence. En effet, il y a fort à parier que leur goût pour la parure n'est pas étranger au fait qu'elles ont été dotées de jolies mains. Mais peut-être était-ce aussi la mode chez les jeunes filles de leur âge ?

Devant une série de constatations analogues, les chercheurs admirent que les gènes déterminaient plus de caractères qu'ils ne l'avaient cru. Bouchard estime qu'il existe une forte variation génétique pour la plupart des caractères comportementaux étudiés jusqu'à maintenant, qu'il s'agisse du temps de réaction ou de la religiosité (Bouchard et coll., 1990).

Gardons-nous cependant d'attribuer automatiquement à la génétique les ressemblances stupéfiantes entre les jumeaux monozygotes élevés séparément.

D'une part, les jumeaux identiques séparés à la naissance sont souvent élevés dans des foyers comparables. D'ailleurs, le fait même d'avoir été adoptés peut constituer une expérience marquante, commune à ces jumeaux. D'autre part, les ressemblances psychologiques entraînent peut-être des convergences environnementales, et vice versa. La recherche à grande échelle révèle que les jumeaux monozygotes tendent à susciter le même degré de bienveillance et d'encouragement chez les adultes qui interagissent avec eux (Plomin, 1994). On peut donc supposer que des jumeaux identiques séparés contribuent, en raison de leur tempérament de base, à influencer de façons similaires les climats familiaux et qu'ils subissent par conséquent des influences familiales analogues.

Les ressemblances entre les jumeaux monozygotes élevés séparément n'en demeurent pas moins dignes d'intérêt (Lykken et coll., 1992). Il y a de quoi s'interroger sur les sources de l'individualité. Nos choix de vie (majeurs ou de moindre importance) tiennent-ils à l'expérience et au contexte culturel ou à des aspirations personnelles profondes ? Les habitudes, les convictions et les valeurs qui nous distinguent des autres relèvent-elles de nos décisions personnelles ou de notre programme génétique ? Voilà des questions auxquelles nous ne pourrons peut-être jamais répondre de manière tranchée, car les influences de l'hérédité et de l'environnement sont indissociables.

Quel est votre point de vue à ce sujet ? Au fait, combien d'anneaux portez-vous aux doigts ?

---

sur l'expression des caractères psychologiques sont toutefois plus variées, plus complexes et souvent moins manifestes.

La timidité, par exemple, a probablement une composante héréditaire. Des études sur le sujet démontrent que les degrés d'inhibition, d'extraversion ou de sociabilité seraient plus rapprochés chez les jumeaux monozygotes que chez les jumeaux dizygotes (Bouchard et coll., 1990; Eaves et coll., 1989; Plomin, 1994; Robinson et coll., 1992).

La recherche sur les enfants adoptés indique cependant que la timidité tient aussi à l'atmosphère sociale créée par les parents (Loehlin et coll., 1982). De plus, l'expression de la timidité dépend de la culture. Ainsi, la timidité est plus acceptable dans la culture chinoise que dans la culture américaine, pour les filles en particulier. À degrés de timidité semblables, une femme chinoise sera probablement plus appréciée et protégée qu'un homme américain, ce qui l'encouragera à demeurer timide (Caspi et coll., 1988; Chen et coll., 1995).

L'expression d'une prédisposition génétique à la timidité — si prédisposition génétique il y a — découle donc des interactions de l'exemple parental, de l'incitation culturelle, du milieu social, de la cognition, de la compréhension de soi et de l'expérience. De plus, chacun de ces facteurs peut exacerber, atténuer ou réorienter les effets des autres facteurs. La même conclusion vaut pour d'autres caractères psychologiques présentant une composante héréditaire, dont l'intelligence, l'émotivité, le degré d'activité et même la religiosité (Bronfenbrenner et Ceci, 1994; Loehlin, 1992; Plomin, 1994). Dans chaque cas, divers aspects de l'environnement peuvent favoriser, inhiber ou modifier l'expression de prédispositions héréditaires dans le phénotype. À mesure que nous gagnons en indépendance et en autonomie, nous avons tendance à rechercher notre propre niche écologique, à nous construire un environnement personnel qui soit conforme et propice à nos aptitudes et à nos caractères individuels (Scarr, 1994).

Rappelons, pour résumer, que les gènes et l'environnement influent fortement sur le développement, que leur interaction se répercute sur tous les aspects du développement et que cette interaction elle-même est complexe. En pratique, cela signifie qu'il existerait une composante génétique dans tout caractère, que ce soit le sens de l'humour, l'agressivité ou la tendance à se lasser de la routine. Il faut reconnaître également que l'environnement a, sur tous les caractères, une influence qui change au fil du développement. On peut utiliser une analogie : les gènes demeureraient toujours sur la scène et s'exprimeraient à chaque réplique, mais jamais ils ne détermineraient les péripéties et le dénouement de la pièce. Pour tenter d'exprimer cette interaction entre les gènes et l'environnement, les scientifiques utilisent un concept, celui de l'**héritabilité**. Ce n'est pas un concept facile à comprendre spontanément. Il fait l'objet de bien des débats entre spécialistes. Le *Point de mire* ci-dessous vous permettra d'en saisir les nuances.

Héritabilité Variation d'un caractère donné dans une population donnée et dans un environnement donné; probabilité que la variation soit attribuable à des différences génétiques entre les membres de la population.

Ⓟ OINT DE MIRE

Qu'est-ce que l'héritabilité ?

On lit souvent dans la littérature populaire et scientifique que les caractères humains sont transmissibles à tel ou tel pourcentage. On estime par exemple que, chez les Nord-Américains, la taille est transmissible à 90 %, que le poids est transmissible à 70 % environ et que certains caractères psychologiques et intellectuels sont transmissibles dans une proportion variant entre 50 % et 75 % (Bouchard et coll., 1990; Loehlin et coll., 1988; Plomin et coll., 1990). Les chercheurs obtiennent ces estimations au moyen de calculs mathématiques complexes fondés sur des données provenant d'études sur les jumeaux. Vous n'avez pas à connaître ces calculs pour l'instant, mais il vous faut savoir ce qu'est l'héritabilité et... ce qu'elle n'est pas. Parfois, on comprend mal ce concept et on l'emploie à plus ou moins bon escient.

L'héritabilité correspond à la *variation* d'un caractère donné dans une *population donnée* et dans un *environnement donné*; elle exprime la probabilité que cette variation soit attribuable à des différences génétiques entre les membres de la population. L'héritabilité constitue donc une statistique démographique qui dénote les *différences entre les membres d'un groupe* pour ce qui est d'un caractère. Elle *n*'exprime *pas* la composante génétique totale du caractère en question; elle *n*'indique *pas* non plus dans quelle mesure l'hérédité détermine ce caractère chez un individu. Dire, par exemple, que la taille des Nord-Américains est transmissible à 90 % signifie que 90 % des écarts à la taille moyenne des Nord-Américains sont d'origine génétique. Cela *ne* signifie *pas* qu'un Nord-Américain mesurant 175 cm doit 157,5 cm à ses gènes et 17,5 cm aux facteurs environnementaux. De même, dire que l'intelligence est transmissible dans une proportion variant entre 50 % et 75 % signifie que, dans un groupe en particulier, de 50 % à 75 % des variations de l'intelligence (telle que mesurée

par des tests de QI) sont dues aux gènes. Cela *ne* signifie *pas* que de 50 % à 75 % de l'intelligence est héritée et que le reste vient de l'environnement.

L'héritabilité calculée pour un caractère donné n'est pas immuable. Elle varie selon l'homogénéité ou l'hétérogénéité génétique et environnementale du groupe en question. Plus la diversité génétique est grande au sein d'un groupe et plus l'environnement est uniforme, plus l'héritabilité sera élevée. (L'héritabilité de la taille est élevée en Amérique du Nord à cause de la diversité génétique de la population et de la relative uniformité de l'alimentation.) Inversement, moins la diversité génétique est grande et plus l'environnement est varié, moins l'héritabilité sera élevée. (Si, dans un univers de science-fiction, on étudiait la variation de la taille dans une population de clones, on obtiendrait une héritabilité de zéro, car tous les individus seraient génétiquement identiques; les variations de leur taille seraient donc entièrement attribuables à des facteurs environnementaux.)

La confusion qui entoure la notion d'héritabilité a des conséquences particulièrement néfastes lorsqu'il est question d'un caractère comme l'intelligence. Ainsi, l'héritabilité de l'intelligence à l'*intérieur* d'un groupe ethnique est élevée (c'est-à-dire qu'elle se situe entre 50 % et 75 % selon la plupart des estimations). Certaines personnes supposent donc qu'une différence *entre* le QI moyen de deux groupes ethniques traduit des différences génétiques entre ces groupes. Autrement dit, ces personnes pensent que le groupe dont le QI moyen est le moins élevé est génétiquement inférieur à l'autre groupe sur le plan de l'aptitude intellectuelle. En réalité, l'héritabilité d'un caractère à l'intérieur d'un groupe ne révèle rien quant à la détermination génétique des différences entre ce groupe et les autres groupes pour ce qui est du caractère en question. L'exemple suivant vous éclairera.

Supposons que vous semiez un mélange aléatoire de graines d'œillet dans deux jardinières. L'une des jardinières contient un terreau riche et est exposée au sud; l'autre contient un sol pauvre et est exposée au nord. Vous prenez grand soin des semis contenus dans la première jardinière, mais négligez les semis contenus dans la seconde. Au bout de quelques semaines, vous constatez que la taille des œillets varie, et ce, dans chaque jardinière. Cette variation *intragroupe* est due principalement à des différences génétiques, puisque les conditions environnementales ont été les mêmes pour les œillets de la première jardinière et ceux de la seconde. Vous notez par ailleurs une différence entre la taille moyenne des œillets de la première jardinière et celle des œillets de la seconde. Cette variation *intergroupes* est attribuable aux conditions environnementales (favorables à la croissance végétale dans un cas et défavorables dans l'autre). Par conséquent, l'apparente héritabilité intragroupe de la taille dans les deux jardinières n'est pas en rapport avec les différences intergroupes de taille.

Le même raisonnement vaut pour les différences de QI moyen entre les groupes. Bien que l'héritabilité intragroupe de l'intelligence soit élevée, les différences intergroupes de QI moyen ne sont pas nécessairement attribuables à des différences génétiques entre les groupes, mais plutôt à des différences environnementales. Il peut notamment s'agir de facteurs socio-économiques comme la santé, la sécurité et l'éducation ou encore du fait que l'une des cultures favorise ou non l'acquisition des habiletés que mesurent les tests de QI.

Il faut faire preuve du plus grand discernement chaque fois qu'il est question de l'héritabilité d'un caractère éminemment désirable ou indésirable, qu'il s'agisse du talent artistique ou de l'agressivité, de la sociabilité ou de la schizophrénie. Chaque fois que vous mettrez la main sur des estimations d'héritabilité, rappelez-vous qu'il ne faut jamais les appliquer à des cas individuels ni à des différences entre les groupes.

Anomalies chromosomiques et génétiques

Pourquoi traiter des anomalies chromosomiques et génétiques dans un manuel consacré au développement humain ? Pour trois raisons. Premièrement, l'examen des perturbations génétiques du développement nous permet de mesurer la complexité des interactions génétiques. Deuxièmement, l'information constitue, pour les personnes atteintes de troubles héréditaires, un outil efficace pour faire face aux préjugés et peut-être même les contrer. Dans un ordre d'idées plus pragmatique, enfin, toutes les connaissances que nous acquérons sur les risques d'anomalies chromosomiques et génétiques peuvent faire progresser la prévention et le traitement.

De nombreux athlètes souffrant du syndrome de Down participent aux Olympiques spéciales. Leurs traits faciaux sont distinctifs, mais le développement de leur intellect et de leur personnalité dépend de nombreux facteurs. Participer à des activités comme les Olympiques spéciales peut améliorer leur estime de soi et leur sociabilité.

Anomalies chromosomiques

Il arrive que des gamètes (spermatozoïde ou ovule), lors de leur formation, reçoivent plus ou moins que 23 chromosomes. Si un tel gamète s'unit à un gamète normal, le nombre de chromosomes du zygote sera supérieur ou inférieur à 46. Un bébé sur 200 possède 45 chromosomes, 47 ou même davantage (Gilbert et coll., 1987). Ces anomalies chromosomiques produisent immanquablement un syndrome, c'est-à-dire un ensemble de symptômes qui ont tendance à se manifester simultanément et dont le nombre et la gravité varient selon les personnes atteintes.

La présence d'un chromosome surnuméraire entraîne généralement la mort dans les jours ou les mois qui suivent la naissance. Si le chromosome excédentaire se trouve dans la 21e ou la 23e paire, cependant, les chances de survie jusqu'à l'âge adulte sont bonnes.

Syndrome Ensemble de symptômes qui ont tendance à se manifester simultanément, même si leur nombre et leur gravité varient selon les individus.

Syndrome de Down

Le plus fréquent des syndromes liés à un chromosome excédentaire est le syndrome de Down, ou trisomie 21. Il est causé par la présence d'un troisième chromosome dans la 21e paire et il peut entraîner quelque 300 symptômes. Le nombre et la gravité des symptômes présents chez une personne atteinte varient considérablement (Cicchetti et Beeghly, 1990; Lott et McCoy, 1992). Quelques-uns se manifestent cependant chez presque toutes les personnes trisomiques : elles ont en

Syndrome de Down (trisomie 21) Anomalie chromosomique caractérisée par la présence d'un chromosome surnuméraire dans la 21e paire. Les manifestations du syndrome sont très variables, mais la plupart des personnes atteintes ont une forme de visage et des traits faciaux caractéristiques, des membres courts et présentent un retard de développement.

commun une langue épaisse, un visage rond et plutôt aplati, le cou court, des yeux bridés. De plus, des troubles auditifs, des anomalies cardiaques, une faiblesse musculaire et une petite stature sont assez fréquents.

Sur le plan du développement psychologique, presque toutes les personnes atteintes du syndrome de Down présentent un certain retard mental, encore que certaines soient capables de performances intellectuelles supérieures à la moyenne. Sur le plan socio-affectif, par ailleurs, nombre d'enfants trisomiques possèdent un tempérament exceptionnellement facile en ce sens qu'ils sont peu enclins à pleurer et à se plaindre. Devenus adultes, ils sont cependant prédisposés à une forme de démence qui se caractérise par une diminution de la docilité et de l'habileté à communiquer (Rasmussen et Sobsey, 1994). Leur espérance de vie (environ 55 ans) demeure plus faible que celle de la population générale.

Anomalies des chromosomes sexuels

Comme l'indique le tableau 3.1, différentes anomalies liées aux chromosomes sexuels peuvent entraver le développement cognitif et psychosocial ainsi que la maturation sexuelle. L'administration de suppléments hormonaux corrige cependant quelques-

TABLEAU 3.1   Anomalies liées aux chromosomes sexuels.

Nom	Chromosomes sexuels	Apparence physique*	Caractéristiques psychologiques*	Fréquence**
Syndrome de Klinefelter	XXY	Sexe masculin. Les caractères sexuels secondaires n'apparaissent pas (par exemple, le pénis ne se développe pas et la voix ne mue pas). Les seins peuvent se développer. Les symptômes peuvent être atténués par l'injection de testostérone.	Troubles d'apprentissage, particulièrement en ce qui a trait au langage.	1 homme sur 1000
Syndrome dû au triplet XYY	XYY	Sexe masculin. Prédisposition à l'acné chronique. Taille exceptionnellement grande.	Tendance à l'agressivité. Léger retard intellectuel, particulièrement en ce qui a trait au langage.	1 homme sur 1000
Syndrome de fragilité du chromosome X	XY en général (mutation d'un gène du chromosome X)	Sexe masculin ou féminin. Parfois, tête de grandes dimensions et oreilles proéminentes. Chez certains hommes, hypertrophie des testicules.	Variables. Certains individus paraissent normaux; d'autres présentent un retard intellectuel grave et des habiletés sociales déficientes qui peuvent ne se manifester qu'à partir de l'adolescence.	1 homme sur 1000 1 femme sur 2500
Chromosome(s) X surnuméraire(s)	XXX, XXXX	Sexe féminin. Apparence normale.	Déficience de la plupart des capacités intellectuelles.	1 femme sur 1000
Syndrome de Turner	XO (un seul chromosome sexuel)	Sexe féminin. Petite taille et, souvent, cou palmé. Les caractères sexuels secondaires (seins, menstruation) n'apparaissent pas. Les symptômes peuvent être atténués par l'injection d'œstrogènes.	Troubles d'apprentissage, particulièrement en ce qui a trait aux habiletés spatiales et à la reconnaissance des expressions émotionnelles du visage.	1 femme sur 2500

* L'apparence physique varie légèrement, tandis que le tempérament et les capacités intellectuelles varient considérablement. Les caractéristiques psychologiques dépendent en grande partie du milieu familial de l'enfant.

** Des sources différentes indiquent parfois des fréquences différentes. Il faut se rappeler que les données peuvent varier selon les populations visées ou encore selon les années.

Sources : Borgaonkar, 1994; Dykens et coll., 1994; Lefrançois, 1999; McCauley et coll., 1987; Rovet et coll., 1996.

uns des problèmes physiques dans bien des cas; de même, l'éducation spécialisée peut atténuer les effets de certains déficits psychologiques. Les manifestations de tous les syndromes mentionnés dans ce tableau varient donc considérablement selon les individus.

Anomalies génétiques

Si la présence de chromosomes anormaux est relativement rare, tout le monde possède au moins une vingtaine de gènes susceptibles d'entraîner des maladies ou des handicaps graves. Les chercheurs ont répertorié à ce jour près de 7000 troubles héréditaires, dont un grand nombre sont extrêmement rares (McKusick, 1994). Le tableau 3.2 présente quelques-unes des maladies héréditaires parmi les plus fréquentes.

Certaines maladies héréditaires sont plus fréquentes que d'autres ou plus courantes dans certaines régions ou populations. C'est le cas de la dystrophie myotonique dont la fréquence dans le monde est de 1 personne sur 10 000, alors qu'elle est de 1 personne sur 475 dans la région du Saguenay–Lac-Saint-Jean. Bien que certains symptômes de cette maladie puissent être partiellement contrôlés par une médication, aucun traitement curatif n'a été découvert jusqu'à maintenant, et le dépistage prénatal est impossible. Ce n'est évidemment pas le cas de toutes les maladies héréditaires, et les personnes à risque ont souvent à prendre des décisions importantes.

Conseil génétique : du pour et du contre

Il n'y a pas si longtemps, les couples n'avaient aucun moyen d'évaluer les risques d'engendrer un enfant atteint d'une anomalie génétique ou chromosomique. Aujourd'hui, le conseil génétique leur permet de s'informer sur leur patrimoine génétique et de prendre des décisions plus éclairées quant à la procréation. De nombreuses méthodes diagnostiques ont été mises au point pour détecter un certain nombre de problèmes avant la naissance : l'amniocentèse, la biopsie des villosités choriales, la fœtoscopie, l'échographie et l'analyse sanguine de la mère (voir le tableau 3.3).

Bien que chaque spécialiste voie le conseil génétique de façon légèrement différente, on constate que *tous* les conseillers génétiques fournissent, à partir de l'évaluation des antécédents familiaux et/ou des résultats de tests de dépistage, trois types de services (Chedd, août 1995), soit :

– des renseignements sur la probabilité que certaines maladies ou syndromes génétiques soient transmis au cours de la présente ou d'une future grossesse;

– un pronostic concernant l'évolution probable d'une maladie à risque, incluant une prévision de l'état de santé de l'enfant dans un an et dans cinq ans ou plus;

– la défense et le soutien des familles dans la prise éventuelle de décisions concernant l'essai d'un traitement expérimental ou l'avortement.

Conseil génétique Série de consultations et de tests visant à renseigner les couples sur leur patrimoine génétique pour les aider à prendre des décisions plus éclairées quant à la procréation.

La polydactylie (présence de doigts surnuméraires) est une anomalie héréditaire rare et bénigne qui ne porte pas à conséquence si elle apparaît isolément. Dans certains cas, cependant, elle indique l'existence de troubles récessifs plus graves, tel le nanisme.

TABLEAU 3.2   Maladies héréditaires parmi les plus fréquentes.

Nom	Description	Manifestations	Traitements	Fréquence	Mode de transmission	Détection des porteurs*	Dépistage prénatal
Anémie à hématies falciformes ou dépranocytose	Anomalie des globules rouges.	Douleurs intenses, insuffisance cardiaque et rénale, retard de croissance.	Se traite à présent au moyen de médicaments.	1 personne sur 500 parmi les Américains d'origine africaine.	Gène récessif.	Possible.	Possible.
Diabète	Anomalie du métabolisme du glucose due à une insuffisance de la sécrétion d'insuline.	Le diabète de type I (qui apparaît chez l'enfant) est mortel en l'absence d'un traitement à l'insuline; le diabète de type II (qui apparaît chez l'adulte) prédispose à d'autres maladies.	Le diabète de type I se traite à l'insuline; celui de type II peut être traité au moyen d'insuline et d'un régime alimentaire approprié.	1 enfant sur 100 est diabétique; plus courant chez les Amérindiens. On estime qu'environ 5 % de la population est diabétique, 15 % de type I et 85 % de type II.	Plurifactoriel. Transmission difficile à prédire.	Impossible.	Impossible.
Dystrophie musculaire (13 maladies distinctes)	Affaiblissement des muscles. Certaines formes apparaissent pendant l'enfance et d'autres, pendant l'âge adulte.	Incapacité de marcher et de bouger, atrophie des muscles et, dans certains cas, mort.	Aucun traitement. La mort se produit à la suite d'une infection respiratoire ou de l'affaiblissement du muscle du cœur.	1 homme sur 3500 développe la maladie de type Duchenne.	Le type Duchenne est lié au chromosome X; la plupart des autres formes sont récessives ou plurifactorielles.	Possible pour certaines formes.	Possible pour certaines formes.
Dystrophie myotonique	Une forme fréquente de dystrophie musculaire.	Retard du développement neuromoteur, difficultés liées au langage, déficience mentale, problèmes cardiaques et respiratoires.	Aucun traitement curatif de la maladie. Certains symptômes peuvent être partiellement contrôlés par des médicaments.	1 personne sur 10 000 dans le monde; 1 sur 475 dans la région du Saguenay–Lac-Saint-Jean (fréquence la plus élevée au monde).	Le risque que le parent atteint transmette la maladie à chacun de ses enfants est de 50 %.	L'analyse de l'ADN permet de confirmer un diagnostic, mais ne peut prédire avec précision la gravité de la maladie.	Possible et précis à 100 %.
Hémophilie	Absence du facteur de coagulation dans le sang.	Invalidité et mort dues à des hémorragies internes.	Les transfusions sanguines peuvent atténuer ou prévenir les lésions. De grandes précautions doivent être prises pour éviter les blessures.	1 homme sur 10 000.	Gène récessif lié au chromosome X ou mutations spontanées.	Possible.	Possible.
Maladie d'Alzheimer	Troubles de la mémoire et démence progressive.	Mort, après des années de dépendance dans beaucoup de cas.	Aucun traitement actuellement.	1 adulte d'âge moyen sur 100; 20 % de tous les adultes âgés de plus de 80 ans.	Certaines formes sont héréditaires.	Impossible.	Impossible.
Maladie de Huntington	Dégénérescence du système nerveux central.	Difficultés neuromotrices, diminution des capacités intellectuelles, modifications de la personnalité.	Aucun traitement actuellement. Les symptômes n'apparaissent pas avant l'âge de 35 ans et même plus tard. La mort se produit de 10 à 20 ans après l'apparition des symptômes.	1 personne sur 20 000.	Dominant.	Ne s'applique pas.	Possible.

Maladie							
Maladie de Tay-Sachs	Déficit d'une enzyme.	Dégénérescence du système nerveux central vers l'âge de six mois. Faible tonus musculaire, cécité, surdité, convulsions. L'enfant paraît bien portant à la naissance, mais s'affaiblit progressivement et meurt avant l'âge de cinq ans.	Aucun traitement curatif.	1 cas sur 3600 naissances parmi les Juifs originaires d'Europe de l'Est. On estime que 1 Juif américain sur 30, 1 Canadien français sur 20 et 1 non-Juif américain sur 200 sont porteurs.	Gène récessif.	Possible.	Possible.
Fibrose kystique ou mucoviscidose	Accumulations de mucus, dues à l'absence d'une enzyme, obstruant les poumons et l'appareil digestif.	Difficultés respiratoires et digestives.	Drainage bronchique, traitement intense des infections respiratoires. La plupart des personnes atteintes vivent jusque vers l'âge de 55 ans.	1 personne de race blanche sur 2500.	Gène récessif ou mutations spontanées.	Habituellement.	Possible dans certains cas.
Phénylcétonurie	Anomalie de la digestion des protéines.	Retard intellectuel et hyperactivité.	Peut être prévenue au moyen d'un régime alimentaire approprié.	1 cas sur 15 000 naissances; 1 Américain de descendance européenne sur 100 est porteur; plus courante chez les Américains de descendance norvégienne et irlandaise.	Gène récessif.	Possible.	Possible.
Sténose du pylore	Hypertrophie du pylore (entre l'estomac et l'intestin).	Vomissements, perte de poids, mort probable.	Se traite au moyen d'une intervention chirurgicale.	1 homme sur 200, 1 femme sur 1000. Moins fréquente chez les Noirs américains.	Plurifactoriel.	Impossible.	Impossible.
Syndrome de Gilles de la Tourette	Tics moteurs et verbaux.	Maladie évolutive.	Se traite au moyen de médicaments.	1 cas sur 500 naissances.	Probablement un gène dominant.	Possible dans certains cas.	Impossible.
Thalassémie	Anomalie des globules rouges.	Pâleur, apathie, faible résistance aux infections.	Se traite au moyen de transfusions sanguines.	On estime que 1 Américain de descendance grecque sur 10 et que 1 Américain de descendance italienne sur 10 sont porteurs.	Gène récessif.	Possible.	Possible.

* L'étude de l'arbre généalogique d'un patient peut aider les généticiens à déterminer s'il est porteur du gène d'une maladie. Dans le tableau, la mention « Possible » signifie qu'il est possible de dépister le gène chez un individu, même sans connaître ses antécédents familiaux, à l'aide de différents tests.

Sources : Bowman et Murray, 1990; Brunn et Brunn, 1994; Caskey, 1992; Connor et Ferguson-Smith, 1991; Lee, 1993; McKusick, 1994; National Academy of Sciences, 1994; Wolfson, 1996. Association du diabète du Québec 2000.
J. Villeneuve, J. Mathieu, M. Tremblay et coll., *Évaluation du recours au test génétique chez les personnes à risque de dystrophie myotonique au Saguenay–Lac-Saint-Jean. Mémoire en médecine expérimentale,* Université Laval, 2001.

TABLEAU 3.3	Résumé sommaire des techniques de diagnostic prénatal.	
Technique	Moment de l'application	Description
Amniocentèse	Entre la 11e et la 14e semaine après la conception; 1 à 2 semaines pour obtenir les résultats.	Technique très répandue qui consiste à insérer une aiguille pour prélever du liquide amniotique et à l'analyser afin de déceler la présence d'anomalies chromosomiques, dont le syndrome de Down. Risque minime d'avortement spontané.
Biopsie des villosités choriales	Possible dès la 6e semaine après la conception; 24 heures pour obtenir les résultats.	Technique qui consiste à prélever des cellules du tissu qui deviendra le placenta et à les analyser afin de déceler la présence d'anomalies chromosomiques. L'information obtenue est similaire à celle de l'amniocentèse, mais cette technique a l'avantage de pouvoir se pratiquer plus tôt. Le risque d'avortement spontané ne semble pas plus élevé qu'avec l'amniocentèse. Parfois associée à un léger risque de difformité des membres.
Échographie	Habituellement entre la 14e et la 16e semaine après la conception.	Technique qui consiste à envoyer des ondes sonores à haute fréquence dans l'utérus pour obtenir une image de la morphologie, des mouvements et de la position du fœtus afin de détecter des anomalies physiques. Sans douleur et sans effets secondaires connus. Également utilisée pour guider les interventions d'amniocentèse, de biopsie des villosités choriales et de fœtoscopie.
Fœtoscopie	Habituellement entre la 15e et la 18e semaine après la conception, mais peut être pratiquée dès la 5e semaine.	Technique qui consiste à insérer un tube muni d'une source lumineuse dans l'abdomen pour observer directement le fœtus et le placenta et prélever des cellules fœtales afin de détecter la présence d'anomalies ou de maladies, dont l'hémophilie et l'anémie à hématies falciformes. Risque d'avortement spontané plus élevé qu'avec l'amniocentèse et la biopsie des villosités choriales.
Test du sang maternel	Entre la 14e et la 20e semaine de grossesse.	Technique qui consiste en une prise de sang de la mère pour évaluer la quantité d'alpha-fœto-protéines. Un taux trop élevé ou trop bas peut être l'indice de problèmes du système nerveux central, de problèmes rénaux ou autres chez le fœtus.

Soulignons que l'avancement du *programme Génome humain* (voir *Recherche*, p. 79) ouvre de nouvelles voies en matière de conseil génétique, grâce notamment au perfectionnement des techniques de dépistage et de diagnostic et à la mise au point de traitements pour certaines maladies héréditaires graves mais non mortelles.

Choix et décisions

Pour un grand nombre de couples qui décident de subir des tests génétiques, la décision de procréer ou non n'est pas toujours facile à prendre. Si un seul des conjoints est porteur d'un gène récessif délétère (qui met la santé ou même la vie en danger), aucun des enfants du couple ne sera atteint de la maladie, bien que certains puissent en être porteurs.

Si les conjoints sont tous deux porteurs d'un gène délétère ou s'ils présentent d'autres risques, ils ont un certain nombre de questions à se poser et de choix à faire, comme le montre la figure 3.4.

Il n'en reste pas moins que les décisions relatives à la conception ne reposent pas uniquement sur l'analyse génétique. Deux couples présentant les mêmes risques de concevoir un enfant atteint de la même maladie peuvent prendre des décisions différentes, selon leur âge, leur origine ethnique, leur religion, leur situation financière, leurs valeurs, l'état de leur relation ainsi que le nombre d'enfants qu'ils

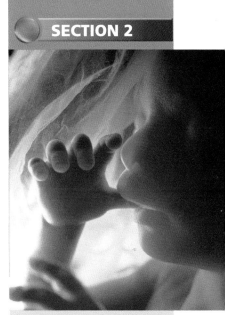
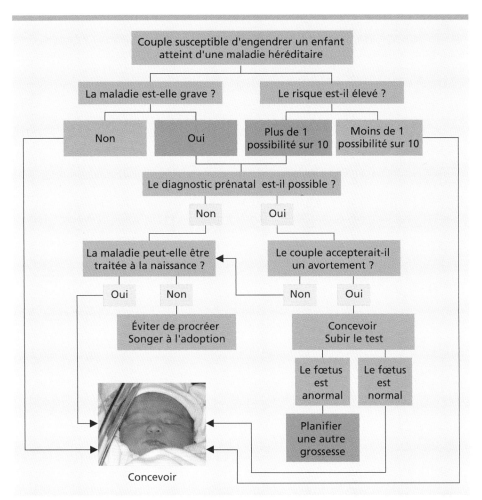

Figure 3.4 *Avec l'aide d'un conseiller en génétique, même les couples qui risquent d'engendrer un enfant atteint d'une maladie héréditaire peuvent prendre la décision de procréer. Le conseiller leur expose les faits et leur présente les choix possibles. Deux couples qui présentent les mêmes risques et qui possèdent autant d'information l'un que l'autre pourraient prendre des décisions opposées. Tout dépend de leur position par rapport à l'avortement, à l'éducation d'un enfant atteint d'une anomalie génétique et à l'adoption.*

ont et leur état de santé (Asch et coll., 1996). Le conseil génétique a donc comme point de départ un certain nombre de faits objectifs, mais il débouche sur une décision subjective du couple influencée par des facteurs culturels, sociaux, statistiques et biologiques, et déterminée au bout du compte par des valeurs personnelles.

DÉVELOPPEMENT PRÉNATAL ET NAISSANCE

Chaque étape de la vie peut être examinée à la lumière des interactions entre les différents domaines du développement. Nous étudierons ainsi les quelque 900 mois du cycle de la vie humaine et les 9 premiers à partir de la conception.

Développement prénatal

Au cours du développement prénatal, un zygote unicellulaire se transforme en un bébé prêt à vivre de façon autonome, c'est-à-dire sans le soutien de l'organisme maternel. Les modalités de cette croissance et leurs répercussions sur le développement ultérieur sont tributaires du contexte dans lequel elles se produisent. Le mode de vie de la future mère, les lois et pratiques relatives à l'exposition du fœtus aux toxines et aux maladies ainsi que les coutumes entourant la naissance d'un bébé dans une société donnée ne sont que quelques-uns des facteurs contextuels qui placent l'arrivée d'un enfant sous d'heureux ou de moins heureux auspices.

À VOUS LES COMMANDES – 3.3

Croyances populaires et grossesse

La grossesse et l'accouchement exercent une grande fascination et de nombreuses croyances en ce domaine se transmettent encore aujourd'hui. Certaines sont fondées sur des faits et des observations, d'autres découlent de craintes ou ne s'appliquent plus aux mères en santé qui reçoivent les soins prénatals adéquats.

Voici quelques exemples de ces croyances. Dites si, à votre avis, ces énoncés sont vrais ou faux et pourquoi.

1. Une femme enceinte ne doit pas étirer ses bras au-dessus de sa tête, car le cordon ombilical s'enroulera autour du cou du fœtus.
2. Les femmes qui ont des relations sexuelles durant la grossesse risquent de faire une fausse couche.
3. Une femme porte un garçon si la peau de son visage est plus luisante, ou si le fœtus est plus actif, ou si elle le porte « bas ».
4. Chaque bébé coûte une dent.
5. Une femme enceinte doit manger pour deux.

Réponses

1. Faux : le cordon ombilical est toujours tendu, comme un boyau dans lequel est maintenue une pression élevée.
2. Faux; cependant, durant les derniers mois de la grossesse, des relations sexuelles vigoureuses provoquent parfois un travail hâtif. Ce mythe provient peut-être du fait que le taux de fausses couches est élevé dans les premiers mois de la grossesse.
3. Faux : ce sont tous des mythes. On ne trouve aucune corrélation entre ces caractéristiques et le sexe.
4. Faux : lorsque le régime alimentaire est déjà pauvre en calcium, une grossesse peut entraîner une faiblesse de la structure dentaire et gingivale, causant la perte de dents chez des femmes qui ont eu beaucoup d'enfants. Mais une femme enceinte qui se nourrit adéquatement et de façon équilibrée n'a pas à craindre pour sa dentition.
5. Si cela signifie manger deux fois plus, c'est non seulement faux, mais aussi potentiellement dangereux. Si on comprend que la femme doit se nourrir de façon adéquate pour porter et mettre au monde un bébé en santé, c'est vrai.

On divise généralement le développement prénatal en trois grandes périodes : la période germinale, de la conception à la fin de la deuxième semaine; la période embryonnaire, de la troisième à la huitième semaine; et la période fœtale, de la neuvième semaine à la naissance.

Période germinale

Au cours des heures qui suivent la conception, le zygote unicellulaire descend lentement dans une trompe de Fallope en direction de l'utérus. Il se divise en 2, puis en 4, en 8, en 16 cellules et ainsi de suite (voir les photos au haut de la page 91). Toutes les cellules sont identiques jusqu'à la quatrième division au moins et n'importe laquelle pourrait former un être humain complet. Comme nous l'avons vu, il arrive que la nature divise l'amas de cellules et que les fractions ainsi formées produisent des jumeaux ou même des quadruplés monozygotes.

Quelques jours après la conception, la différenciation s'amorce. Des grappes de cellules migrent vers des emplacements particuliers et acquièrent des caractères distinctifs qui annoncent leurs fonctions futures. Le premier signe clair de la différenciation apparaît une semaine environ après la conception. L'amas sphérique d'une centaine de cellules se sépare alors en deux masses : une enveloppe circulaire qui produira le placenta et le sac amniotique et, à l'intérieur, une grappe qui formera l'embryon.

La première fonction des cellules de l'enveloppe circulaire est d'assurer l'implantation. Elles rompent de minuscules vaisseaux sanguins de la paroi de l'utérus pour s'y fixer, afin d'obtenir des éléments nutritifs et de former le placenta — réseau de membranes et de vaisseaux sanguins qui relie la mère à son enfant à naître.

Période germinale Période d'environ deux semaines suivant la conception, pendant laquelle les cellules se divisent rapidement, commencent à se différencier et s'implantent dans la paroi de l'utérus.

Période embryonnaire Période qui s'étend de la troisième à la huitième semaine suivant la conception, pendant laquelle toutes les structures anatomiques s'ébauchent.

Période fœtale Période qui s'étend de la neuvième semaine suivant la conception jusqu'à la naissance, caractérisée par une augmentation de la taille et de la complexité des organes.

Différenciation Spécialisation progressive d'une cellule ou d'un tissu relativement indifférenciés.

Implantation Fixation de l'amas de cellules (alors appelé blastocyste) sur la paroi de l'utérus, où il sera nourri et protégé.

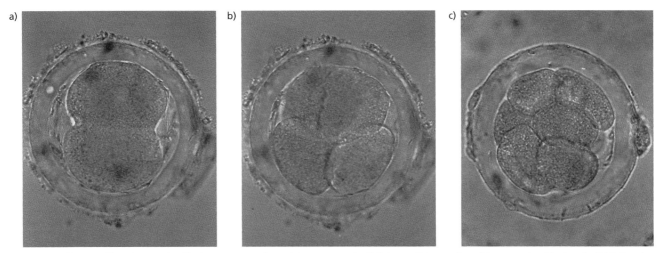

Au cours des premières heures du développement prénatal, le zygote unicellulaire se divise en deux (a), en quatre (b) et en huit (c). Il arrive quelquefois à ce stade que les cellules se séparent complètement et forment des entités identiques. Le produit de la conception change plusieurs fois de nom au cours de son développement : zygote, morula, blastocyste, gastrula, neurula, embryon et fœtus (Moore, 1988).

Période embryonnaire

La période embryonnaire s'amorce au début de la troisième semaine suivant la conception. D'abord, le système nerveux commence à se développer. Dans la couche externe se forme un repli, appelé fente neurale, qui deviendra le cerveau et la moelle épinière. La croissance de l'embryon se réalise dans deux directions : de la tête vers le bas et du centre vers l'extérieur. On dit que l'embryon connaît un développement céphalocaudal (littéralement, « de la tête vers la queue ») et un développement proximodistal (littéralement, « de près en loin »). La tête se forme donc avant les bras et les jambes, et les organes vitaux se forment avant les membres.

Au cours de la quatrième semaine suivant la conception, la tête commence à prendre forme. L'appareil cardio-vasculaire est le premier à montrer des signes d'activité : les vaisseaux sanguins apparaissent et un cœur rudimentaire se met à battre. La tête, puis les yeux, les oreilles, le nez et la bouche s'ébauchent. À la cinquième semaine, les bras et les jambes émergent sous forme de bourgeons. L'embryon mesure alors 10 mm de long.

Dans l'axe proximodistal, les bras, les avant-bras, les paumes puis les doigts palmés apparaissent cinq semaines environ après la conception. Les jambes, les pieds

Développement céphalocaudal Croissance et maturation se réalisant de la tête vers les pieds et s'observant chez l'être humain de la période embryonnaire jusqu'à la fin de la petite enfance.

Développement proximodistal Croissance et maturation se réalisant de la colonne vertébrale vers les extrémités et s'observant chez l'être humain de la période embryonnaire jusqu'à la fin de la petite enfance.

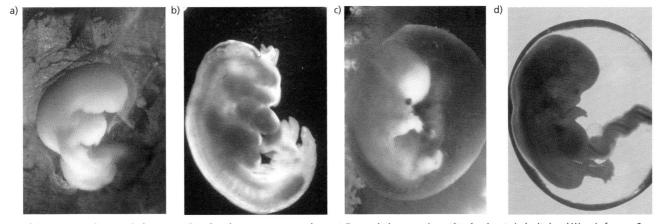

a) Quatre semaines après la conception, l'embryon mesure seulement 5 mm de long, mais sa tête (en haut, à droite) a déjà pris forme. Son cœur commence à battre. b) Une semaine plus tard, la taille de l'embryon a doublé et atteint 10 mm. Son cœur est visible. La queue dont il est doté sera bientôt recouverte de peau et de tissu protecteur : c'est l'extrémité de sa colonne vertébrale (le coccyx). c) À 7 semaines, l'embryon mesure 2 cm de long. Ses yeux, son nez, son appareil digestif et même ses orteils sont visibles. d) À 8 semaines, l'embryon mesure 3 cm; il prend alors le nom de fœtus.

À la fin du quatrième mois de gestation, le fœtus mesure 15 cm de long et est complètement formé. Il possède même des sourcils et des ongles. Son cerveau, cependant, n'est pas assez développé pour lui permettre de vivre hors de l'utérus. Pendant plusieurs semaines encore, le fœtus devra rester rattaché au placenta par le cordon ombilical (le cordon blanchâtre qui apparaît au premier plan).

Viabilité   Degré de maturation suffisant pour permettre au fœtus de survivre à l'extérieur de l'utérus dans certains cas, moyennant des soins médicaux spécialisés. La limite de viabilité s'établit à environ 23-24 semaines après la conception.

Tératologie   Étude scientifique des malformations congénitales causées par des facteurs génétiques ou prénatals, ou encore par des complications de l'accouchement. Le terme vient du mot grec *teras*, qui signifie « monstre ».

et les orteils émergent, dans l'ordre, quelques jours plus tard, soutenus par une ébauche de squelette (Carlson, 1994).

Huit semaines après la conception, l'embryon pèse environ 2,5 g et mesure environ 3 cm de long. Sa tête s'est arrondie et les traits de son visage sont discernables. Ses doigts et ses orteils se sont séparés. Il commence à avoir une apparence humaine. L'embryon possède tous les organes vitaux (sauf les organes génitaux) d'un être humain; c'est ce qui caractérise la fin de cette période. Cependant, le système nerveux est encore très rudimentaire; les neurones ne commencent à se former que vers la douzième semaine. Désormais, l'embryon porte le nom de *fœtus*, appellation qu'il gardera jusqu'à la naissance.

Période fœtale

Pendant le troisième mois de gestation apparaissent les organes génitaux du fœtus, qui ont commencé à se développer au cours de la sixième semaine à partir d'un amas de cellules aptes à former des organes génitaux masculins ou féminins.

Douze semaines après la conception, les organes génitaux externes sont pleinement formés. Le fœtus est alors doté de tous ses organes et mesure environ 9 cm de long. Au cours des trois mois qui suivent, les battements du cœur se renforcent; les appareils digestif et excréteur s'élaborent; les cheveux, les sourcils et les cils ainsi que les ongles et les bourgeons des dents permanentes apparaissent.

Le cerveau est l'organe qui connaît le développement le plus marqué pendant le deuxième trimestre de la gestation. Il augmente six fois de volume et, grâce à la maturation neurologique, il commence à réagir aux stimuli (Carlson, 1994). Les cellules nerveuses se forment et se développent à partir de la fin de la période embryonnaire et du début de la période fœtale. Cependant, leur croissance se poursuit pendant au moins les deux premières années de la vie. La maturation neurologique, essentielle à la régulation de fonctions comme la respiration, la succion et le sommeil, constitue probablement le facteur critique de la viabilité.

Le terme « viabilité » signifie simplement que la vie hors de l'utérus est *possible*. Chaque jour qui passe dans le dernier trimestre du développement prénatal augmente non seulement les chances de survie du bébé, mais aussi ses chances de vivre en bonne santé.

Un bébé qui naît à terme, c'est-à-dire 266 jours après la conception, est un être vigoureux qui pèse en moyenne 3400 g et qui n'a pas besoin de soins spécialisés, d'air oxygéné, de nourriture spéciale ni d'appareils médicaux. Les quatre dernières semaines avant sa naissance lui auront permis d'augmenter son poids de moitié (passant de 2100 à 3400 g) et donc la proportion de ses réserves de graisse.

Prévention des complications

Les neuf mois au cours desquels un zygote unicellulaire se transforme en un nouveau-né viable constituent une période de croissance merveilleuse et d'une vulnérabilité extrême. Un grand nombre de risques pèsent en effet sur le développement normal du fœtus. Avant d'aborder ce sujet, cependant, soulignons que la grande majorité des nouveau-nés sont bien portants. Il ne faut pas oublier non plus qu'il est possible de prévenir ou de corriger un grand nombre de problèmes prénatals grâce à la collaboration de la femme enceinte, de son entourage et des professionnels de la santé. Le développement prénatal, malgré sa complexité, devrait être considéré comme un phénomène naturel qui a simplement besoin d'être facilité.

Du reste, la prévention et le traitement des complications prénatales ont tellement progressé que les scientifiques se font fort de donner à chaque nouveau-né toutes les chances de jouir de la meilleure santé possible. Tel est l'objectif de la tératologie, l'étude des facteurs susceptibles d'entraîner des malformations congénitales.

P OINT DE MIRE

Le fœtus et le monde extérieur

Le fœtus n'est pas un être passif, bien au contraire : il interagit avec sa mère et le monde extérieur dès les premiers stades de son développement. Sur le plan biologique, sa croissance est largement influencée par l'état nutritionnel et physiologique de sa mère.

À compter de la neuvième semaine environ, le fœtus remue en réaction aux changements de position de sa mère. Les mouvements de ses talons, de ses poings, de ses coudes et de ses fesses sont imperceptibles au début, puis ils se font sentir comme de légers papillonnements. Bientôt, ses mouvements deviennent non seulement perceptibles mais prévisibles; ils surviennent en effet quand la mère s'assoit ou change de position en dormant. Nombre de futurs parents prennent d'ailleurs beaucoup de plaisir à palper les mouvements de leur enfant, commençant dès lors à communiquer avec lui par le toucher.

Les systèmes sensoriels du fœtus se mettent à fonctionner vers la fin du développement prénatal (certains plus tôt que d'autres), ce qui intensifie les interactions entre l'enfant et sa mère. Les sensations auditives sont celles qui provoquent les réponses les plus remarquables chez le fœtus. La plupart des femmes enceintes savent bien que leur bébé entend, car elles l'ont senti se calmer au son d'une berceuse ou sursauter au son d'une porte qui claque. Et comme les nouveau-nés cessent de pleurer quand ils entendent le cœur de leur mère, on peut présumer qu'ils reconnaissent là un son qu'ils ont entendu et qui les a bercés pendant plusieurs mois.

La recherche a démontré que les bébés se rappellent certains sons qu'ils ont entendus dans l'utérus. Les auteurs d'une série d'expériences ont demandé à des femmes enceintes de lire un conte à haute voix tous les jours au cours des dernières semaines de leur grossesse. Les chercheurs ont fait entendre aux bébés de trois jours des enregistrements du conte lu par leur mère et lu par une autre mère. La surveillance en laboratoire a révélé que les bébés écoutaient plus attentivement l'enregistrement de la voix de leur mère. En outre, ils réagissaient plus fortement au conte lu par leur mère qu'à un texte inconnu, même si leur mère leur en faisait la lecture (DeCasper et Spence, 1986; Moon et Fifer, 1990). De tels résultats donnent à penser que les fœtus font plus que croître physiquement : ils se familiarisent avec le monde social dans lequel ils vont bientôt entrer.

Toutes les substances (comme des drogues et des polluants) et les états (comme la malnutrition grave et le stress extrême) qui augmentent les risques d'anomalies congénitales sont appelés agents tératogènes. Ces anomalies peuvent être de nature physique et évidente ou prendre des formes subtiles et même parfois indécelables au début de la vie. Les agents tératogènes exercent leurs effets sur le corps, sur le système nerveux ou sur les deux et peuvent porter atteinte au développement intellectuel et affectif de l'enfant à naître. Ceux qui endommagent le cerveau et qui, par conséquent, portent atteinte aux actions et à l'intellect de l'enfant sont appelés agents tératogènes comportementaux.

Agents tératogènes Agents extérieurs, tels que les virus, les drogues, les substances chimiques et les radiations, qui peuvent entraver le développement prénatal et entraîner des anomalies, des handicaps ou la mort chez le fœtus.

Évaluation des risques

Tous les agents tératogènes augmentent les risques d'anomalies, mais aucun n'est nuisible *dans tous les cas*. Les effets d'un agent tératogène donné dépendent en effet de l'interaction complexe de plusieurs facteurs, tant favorables que défavorables.

La tératologie consiste donc pour une bonne part en une analyse des risques, une étude de tous les facteurs qui augmentent ou diminuent les probabilités d'effets nocifs d'un agent tératogène. Nous étudierons trois de ces facteurs : le moment de l'exposition, l'intensité et la fréquence de l'exposition, et la sensibilité génétique.

Analyse des risques En tératologie, évaluation de tous les facteurs qui augmentent ou diminuent les probabilités d'effets nocifs d'un agent tératogène.

Moment de l'exposition

La gravité et la nature des effets d'un agent tératogène dépendent principalement du moment de l'exposition. La période de vulnérabilité pendant laquelle les risques sont les plus élevés est appelée période critique. Durant le développement prénatal, certains agents tératogènes ne sont nuisibles qu'au début de la gestation,

Période critique Période de vulnérabilité; période du développement prénatal pendant laquelle un organe ou une partie du corps est particulièrement sensible aux agents tératogènes. Pour plusieurs organes, la période critique correspond aux 8 à 12 premières semaines de la gestation.

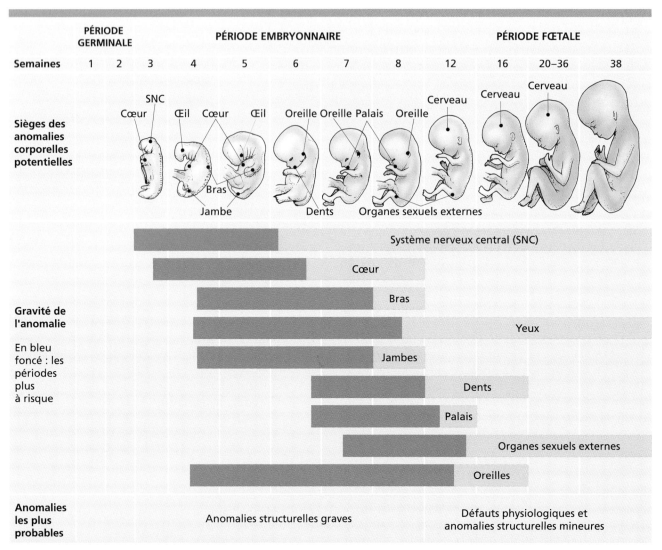

Figure 3.5 *Comme on le voit, les plus graves dommages attribuables aux agents tératogènes se produisent généralement durant les huit premières semaines suivant la conception. Toutefois, les cellules qui produiront des organes aussi importants que le cerveau, les yeux et les organes génitaux peuvent aussi être endommagées durant les derniers mois de la grossesse.*

pendant la formation de certains organes, alors que d'autres demeurent nocifs tout au long du développement prénatal. La gestation est marquée, à cet égard, par deux périodes particulièrement critiques : les premiers jours, au moment de l'implantation, et les dernières semaines, alors que culminent les risques d'une naissance prématurée.

Intensité et fréquence de l'exposition

Les effets d'un agent tératogène tiennent aussi à l'intensité et à la fréquence de l'exposition. Certains agents tératogènes ont d'ailleurs un seuil de toxicité, c'est-à-dire qu'ils deviennent nocifs à partir d'une certaine limite.

Seuil de toxicité Limite à partir de laquelle une substance commence à produire des effets nocifs.

Les experts hésitent à établir le seuil de toxicité de la plupart des agents tératogènes, car nombre de ces substances ont un effet synergique, c'est-à-dire que l'une amplifie les effets de l'autre. La marijuana et l'alcool, par exemple, ont un certain seuil de toxicité, mais également un effet synergique.

Effet synergique Renforcement des effets d'une substance par une autre substance.

Sensibilité génétique

La toxicité d'un agent tératogène dépend également de la sensibilité génétique qu'y présente l'enfant à naître. Cette sensibilité semble reliée au sexe dans certains

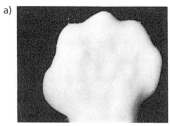

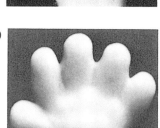

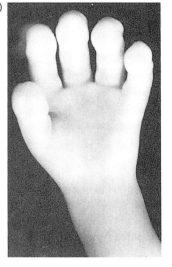

Les effets d'un agent tératogène dépendent notamment du moment de l'exposition. Chaque organe, en effet, est particulièrement sensible aux agents tératogènes pendant une certaine période de sa formation. Ces photos illustrent les périodes critiques du développement de la main. a) Le 44ᵉ jour, des renfoncements apparaissent dans la main. b) Le 50ᵉ jour, les doigts émergent mais demeurent soudés. c) Le 52ᵉ jour, les doigts se séparent et s'allongent. Le 56ᵉ jour, les doigts sont complètement formés et la période critique du développement des mains s'achève. D'autres parties du corps, dont les yeux, le cœur et le système nerveux central (SNC), se développent beaucoup plus lentement, si bien que la période critique dure non pas des jours mais des mois.

cas (Sonderegger, 1992). En effet, on constate que la majorité des décès se produisant durant la première semaine de vie emporte plus d'enfants de sexe masculin que d'enfants de sexe féminin. Or, ces décès sont généralement associés aux malformations congénitales et aux agents tératogènes. Au Québec, la statistique sur les décès infantiles montre aussi une constante d'un plus grand nombre de décès infantiles et donc d'un taux plus élevé de mortalité chez les garçons que chez les filles, et ce, malgré une diminution constante de ce nombre entre les années 1978 et 1998 (voir le tableau 3.4).

Décès infantiles Nombre d'enfants morts dans la première année de vie dans une population donnée et pendant une période de temps déterminée.

Prévention

La meilleure mesure de prévention de la mortinatalité et du décès infantile consiste évidemment à éviter l'exposition aux agents tératogènes dans les jours — et peut-être les mois — qui précèdent la conception et pendant la grossesse.

Deux autres mesures de prévention revêtent une importance capitale : une bonne alimentation et l'obtention de soins prénatals. Un régime alimentaire approprié avant et pendant la grossesse diminue les risques de plusieurs anomalies et augmente la résistance globale de l'enfant à naître (Institute of Medicine, 1990). Il est

Mortinatalité Nombre d'enfants mort-nés (mortalité intra-utérine) dans une population donnée et pendant une période de temps déterminée.

TABLEAU 3.4	Décès infantiles et taux de mortalité infantile*, selon le sexe au Québec.					
	DÉCÈS INFANTILES			TAUX DE MORTALITÉ INFANTILE		
ANNÉE	Sexe masculin	Sexe féminin	Sexes réunis	Sexe masculin	Sexe féminin	Sexes réunis
	n	*n*	*n*	%	%	%
1978	635	471	1106	12,8	10,1	11,5
1983	378	290	668	8,3	6,8	7,6
1988	320	246	566	7,3	5,9	6,6
1993	308	224	532	6,4	5,0	5,7
1998	222	191	413	5,7	5,1	5,4

* Les taux sont établis à partir du double classement (selon l'âge et l'année de naissance).

Source : Institut de la statistique du Québec. Mise à jour : octobre 2000.

important, enfin, que la femme obtienne, dès avant la conception et pendant toute sa grossesse, de l'information pertinente, qu'elle fasse l'objet d'un suivi de santé et qu'elle reçoive des soins médicaux.

Agents tératogènes répandus et mesures de prévention

Étant donné le nombre de variables en cause, l'analyse des risques ne permet pas toujours de prévoir avec précision les résultats de l'exposition à un agent tératogène. Des décennies de recherche ont toutefois révélé les effets possibles des agents tératogènes les plus répandus et les plus nocifs. Mieux encore, la recherche nous a appris comment éviter certains de ces effets.

Maladies

De nombreuses maladies, dont un éventail d'affections virales et la majorité des maladies transmissibles sexuellement (Cates, 1995), peuvent nuire gravement au fœtus.

La rubéole compte parmi les premiers agents tératogènes que les scientifiques ont découverts. Cette affection cause des malformations congénitales et des troubles cérébraux chez le fœtus si la mère la contracte pendant les premiers mois de sa grossesse (voir *Point de mire*, page 15). La rubéole n'entraîne cependant aucun dommage décelable si la mère la contracte pendant le dernier trimestre de la grossesse (Enkin et coll., 1989). Le moment de l'exposition revêt donc une importance capitale pour ce qui est des effets tératogènes du virus de la rubéole.

Les programmes d'immunisation à grande échelle mis sur pied depuis le milieu des années 1960 ont pratiquement enrayé la menace. C'est ainsi qu'entre 1990 et 1995 la moyenne annuelle de nouveau-nés atteints de rubéole congénitale évolutive s'est établie à 15 ou moins au Canada, aux États-Unis de même qu'en Grande-Bretagne.

Par malheur, il n'existe pas encore d'immunisation contre le pire des agents tératogènes : le virus de l'immunodéficience humaine (VIH). En l'an 2000, dans le monde, plus de 34,3 millions de personnes sont porteuses du VIH et plus de 18,8 millions sont décédées des suites du syndrome d'immunodéficience acquise (sida)

Rubéole Maladie virale qui, contractée pendant les premiers mois de grossesse, peut causer la cécité, la surdité et des troubles cérébraux chez le fœtus.

Virus de l'immunodéficience humaine (VIH) Virus qui affaiblit graduellement le système immunitaire et qui prédispose à une série d'affections qui constituent le sida. Le VIH est transmis par le sang et par d'autres liquides corporels, principalement lors des relations sexuelles et des contacts directs avec le sang.

Syndrome d'immunodéficience acquise (sida) Stade terminal de l'affaiblissement du système immunitaire dû au VIH. Il se manifeste le plus souvent par des infections graves et des cancers.

RECHERCHE

Des congés préventifs pour les futurs pères ?

On sait depuis longtemps que les radiations ainsi que certaines toxines présentes dans l'environnement réduisent le nombre de spermatozoïdes chez un homme et, par conséquent, sa fertilité. Cependant, on présumait jusqu'à tout récemment que les spermatozoïdes survivants étaient sains et que ceux qui étaient endommagés, s'il y en avait, étaient trop lents pour réussir à féconder. Aujourd'hui, il est prouvé que même les spermatozoïdes gravement endommagés, comme ceux portant un chromosome supplémentaire, ont autant de chances de féconder l'ovule que les spermatozoïdes sains. Par exemple :

- les enfants d'un fumeur risquent davantage de souffrir d'un cancer infantile ou d'anomalies congénitales;
- les pères qui exercent les métiers de soudeur, de mécanicien, de sidérurgiste et ceux qui utilisent des

solvants organiques à leur travail font augmenter les risques de fausses couches, de cancers infantiles et d'anomalies congénitales.

- un homme qui consomme beaucoup d'alcool est plus susceptible d'avoir un enfant de faible poids de naissance;

Plusieurs experts recommandent aux futurs pères de suivre les conseils donnés aux futures mères durant quelques mois avant la conception. Cela signifie cesser de fumer, consommer peu d'alcool et éviter les produits chimiques auxquels ils pourraient être exposés à leur travail ou dans leurs loisirs, et ce, particulièrement dans les trois mois précédant la conception — le temps de produire des spermatozoïdes sains.

Source : S.K. Miller, *New Scientist*, 17 octobre 1992, p. 13-14.

(*La Presse,* juillet 2000). D'après l'Organisation mondiale de la santé (OMS), près de 15 000 personnes par jour, soit plus de 10 par minute, contractent le VIH. Le virus du sida continue donc de se propager malgré tous les efforts de sensibilisation et de prévention, et le remède universel n'est toujours pas trouvé.

L'infection due au VIH est une maladie chronique qui affaiblit graduellement le système immunitaire, rendant la personne atteinte de plus en plus vulnérable aux infections et à diverses maladies. Le virus s'attaque aux cellules du système immunitaire en les empêchant d'assurer leur fonction et en les forçant à produire de nouvelles copies du VIH.

Le VIH ne vit qu'à l'intérieur des cellules et des liquides de l'organisme. Il se transmet par le sang et les produits sanguins, le sperme, les sécrétions vaginales et le lait maternel, mais il ne peut survivre ni à l'air libre, ni dans l'eau, ni sur des surfaces telles que les sièges de toilettes, les ustensiles ou les téléphones. Les trois principaux modes de transmission du VIH sont les rapports sexuels, l'exposition directe à du sang contaminé et le contact entre une mère et son fœtus ou son enfant. Selon ce dernier mode, le virus peut être transmis durant la grossesse, l'accouchement ou l'allaitement. Heureusement, le nombre de cas d'infection due au VIH ou de sida chez les nouveau-nés nord-américains a de beaucoup diminué depuis quelques années, principalement grâce au traitement à l'AZT. En effet, sans traitement, plus de 25 % des bébés nés de mères porteuses du VIH en sont infectés, tandis que le taux chute à 8 % lorsque l'AZT est administré durant la grossesse et l'accouchement. Néanmoins, ce médicament coûte cher, et la menace de transmission de la mère infectée à son nourrisson demeure sérieuse, particulièrement dans les pays moins favorisés où les médicaments sont moins accessibles.

Il reste que le meilleur moyen de prévenir le sida chez le nouveau-né est de le prévenir chez l'adulte. Or, la longue période d'incubation de la maladie ne facilite en rien l'atteinte de cet objectif. Une personne séropositive peut en effet ne présenter aucun symptôme pendant 10 ans ou plus et, ignorant son état, transmettre le virus.

Le diagnostic précoce de l'infection par le VIH chez la femme enceinte diminue considérablement les probabilités de transmission à l'enfant. Connaissant l'état de la mère, le médecin peut, par exemple, procéder à une césarienne pour réduire les risques de contagion associés à l'accouchement.

Substances psychotropes

Les substances psychotropes telles que l'alcool, le tabac, la marijuana, l'héroïne, la méthadone, le LSD et la cocaïne sous toutes ses formes ont sur le fœtus des effets dommageables. Toutes ces drogues ralentissent la croissance fœtale et peuvent déclencher le travail avant terme. Toutes ont aussi des effets sur le cerveau et le système nerveux de l'enfant et peuvent causer des déficits à court et à long terme.

Alcool

L'alcool, la drogue dont on fait le plus usage dans la société nord-américaine, constitue vraisemblablement l'agent tératogène le plus répandu. De fortes doses d'alcool (trois verres ou plus par jour ou la consommation ponctuelle de cinq verres ou plus, particulièrement durant le premier trimestre de la grossesse) peuvent causer les symptômes caractéristiques du syndrome d'alcoolisme fœtal (SAF) : retard général de croissance, troubles d'apprentissage, troubles du comportement (touchant la concentration et les aptitudes sociales) et malformations du visage (tête de petites dimensions, yeux anormalement espacés, nez aplati). Selon les experts, le syndrome d'alcoolisme fœtal est la principale cause prénatale d'arriération mentale dans les pays industrialisés (Streissguth et coll., 1993).

Tabac

Les effets nocifs du tabac sur le fœtus sont également bien connus (Martin, 1992). Les enfants nés de fumeuses pèsent en moyenne 250 g de moins que la normale; ils

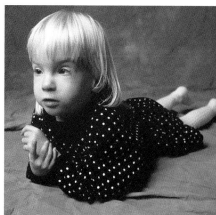

Cette adolescente afro-américaine et cette petite Suédoise présentent toutes deux les malformations du visage et le retard mental caractéristiques du syndrome d'alcoolisme fœtal.

Syndrome d'alcoolisme fœtal (SAF)
Groupe d'anomalies congénitales causées par la consommation excessive d'alcool pendant la grossesse. Ces anomalies comprennent des malformations du visage ainsi qu'un retard de la croissance physique et du développement mental.

RECHERCHE

Alcoolisme et grossesse : étude complémentaire

Il y a 25 ans, lorsque le pédiatre français Paul Lemoine signala pour la première fois des malformations du visage chez les bébés de mères alcooliques, personne ne le prit au sérieux. Toutefois, le lien entre l'alcool et les anomalies congénitales fut bientôt confirmé par d'autres chercheurs. On le nomma « syndrome d'alcoolisme fœtal » (SAF).

En 1990, Lemoine examina 106 de ses anciens patients, qui avaient alors atteint l'âge adulte, afin d'évaluer les conséquences de leur exposition prénatale à l'alcool. Même ceux qui semblaient normaux à la naissance présentaient à ce moment-là les caractéristiques du SAF. Même si, dans bien des cas, les malformations du visage s'étaient atténuées, tous les sujets accusaient un retard intellectuel important (QI variant entre 50 et 75), souffraient de graves troubles d'apprentissage et de comportement, étaient instables sur le plan affectif et incapables de conserver un emploi.

Lemoine est persuadé que le syndrome est causé par l'alcoolisme de la mère. « [...] les mères qui ont porté des enfants atteints du SAF et qui ont cessé de boire ont depuis mis au monde des enfants normaux. Inversement, l'alcoolisme chronique semble exacerber ce syndrome : si les mères d'enfants atteints du SAF continuent de boire et portent d'autres enfants, les derniers sont plus gravement atteints que les précédents. »

Source : A. Dorozyaski, « Maternal Alcoholism: Grapes of Wrath », *Psychology Today*, janvier 1993, p. 18.

sont plus petits que les autres, à la naissance et ultérieurement. Même l'exposition fréquente à la fumée secondaire a pour conséquence de diminuer le poids de naissance de 45 g en moyenne (Eskenazi et coll., 1995). Les effets du tabac sur le poids de naissance dépendent de la dose et du moment de l'exposition; ils sont particulièrement prononcés si la mère fait une forte consommation au cours du dernier trimestre de la grossesse (Lieberman et coll., 1994).

Le tabagisme augmente aussi les risques de mort à la naissance, d'avortement spontané et de travail hâtif. De plus, les enfants exposés à la fumée de cigarette avant la naissance sont plus susceptibles de développer plus tard des problèmes respiratoires et de devenir eux-mêmes des fumeurs. Même la fumée secondaire — celle du futur père, par exemple — a des effets notables (Carey et Long, 1996).

Autres substances psychotropes

Pour bien des raisons, les effets particuliers de chacune des diverses drogues illégales sont difficiles à étudier. En effet, il est quasi impossible de constituer un échantillon représentatif de femmes en début de grossesse qui consomment, régulièrement et à doses mesurables, une seule substance psychotrope illégale. Et même si l'on parvenait à former un tel groupe, il faudrait encore trouver un groupe témoin

À VOUS LES COMMANDES – 3.4

Tératologie clinique

Faites une recherche sur Internet afin d'obtenir de l'information sur l'un des agents tératogènes mentionnés dans le texte.

1. Quel agent tératogène avez-vous choisi ? Pourquoi ?

2. Quel est son seuil de toxicité ? Est-il associé à une période critique ?

3. Quels sont les effets potentiels à court et à long terme de cet agent tératogène sur le fœtus et l'enfant ?

4. Y a-t-il d'autres facteurs de risque associés à cet agent tératogène ? Si oui, qui sont les plus et les moins susceptibles de souffrir de ses effets ?

5. Y a-t-il un effet synergique possible entre cet agent et d'autres agents tératogènes ?

6. Les progrès technologiques des dernières années rendent-ils cet agent tératogène plus préoccupant ? Expliquez.

7. Quelles mesures les futurs parents pourraient-ils prendre pour diminuer les effets de cet agent tératogène ?

À VOUS LES COMMANDES – 3.5

Le point sur les agents tératogènes : autoévaluation

Entre comprendre les risques associés aux agents tératogènes et éviter systématiquement d'en faire usage ou de s'y exposer, il y a un monde. Supposons que vous ayez décidé d'avoir un enfant et que vous vouliez que votre corps soit libre de tout agent tératogène du moment de la fécondation à celui de l'accouchement. Pour chacun des agents tératogènes qui suivent, attribuez-vous 1 point chaque fois que vous y avez été exposé au cours du dernier mois. Puis, demandez-vous dans quelle mesure il vous serait difficile d'éviter de vous exposer, dans la prochaine année, à chacun de ces agents tératogènes; attribuez-vous « 0 » pour chaque comportement que vous pourriez changer facilement, « 1 » pour chaque comportement que vous pourriez changer sans trop de difficulté, « 2 » pour chaque comportement qu'il vous serait difficile de changer, et « 3 » pour chaque comportement que vous considérez comme quasi impossible à changer.

Agents tératogènes	Exposition au cours du dernier mois	Degré de difficulté
Consommation d'alcool		
Consommation de marijuana		
Consommation de tabac		
Consommation de médicaments vendus sur ordonnance		
Consommation de médicaments vendus sans ordonnance (aspirine, sirop contre la toux, antihistaminique, etc.)		
Consommation de drogues dites sociales (alcool, marijuana, etc.)		
Consommation de drogues dures (héroïne, cocaïne)		
Abus de caféine (café, thé, cola, etc.)		
Consommation d'édulcorants artificiels		
Exposition à des pesticides ou à des produits toxiques		
Respiration d'air pollué		
Exposition à des maladies virales (rubéole, grippe, varicelle, etc.)		
Total		

Commentaire sur l'activité   Il est difficile dans notre société d'éviter l'exposition aux polluants et l'usage de drogues dites sociales (en particulier l'alcool). Par ailleurs, on note souvent une différence selon le sexe, bien des hommes prétendant qu'il n'est pas si important pour un futur père d'éviter de s'exposer à des agents tératogènes. Voilà une opinion qui pourrait déclencher un débat passionné !

composé du même nombre de femmes ayant le même âge, présentant le même état de santé, venant du même milieu et ne consommant aucune drogue.

En réalité, cependant, les consommatrices de drogues illégales font presque toujours usage de plus d'une substance et présentent souvent beaucoup plus de problèmes que les autres femmes enceintes. La majorité d'entre elles sont pauvres, mal nourries et malades; de plus, elles ne trouvent généralement pas de soutien auprès de leur famille, ne font pas l'objet d'un suivi de santé et ne reçoivent pas de soins médicaux adéquats. C'est pourquoi les résultats des études sur les effets à long terme de l'exposition prénatale à certaines drogues illégales sont souvent révélateurs, mais peu concluants.

Faible poids de naissance

L'Organisation mondiale de la santé (OMS) établit à 2500 g le seuil du faible poids de naissance. En deçà de ce poids, le nouveau-né est plus sujet à des troubles

Faible poids de naissance   Poids de moins de 2500 g à la naissance.

TABLEAU 3.5	**Naissances selon le poids à la naissance au Québec.**									
ANNÉE	**POIDS À LA NAISSANCE** (grammes)									**Total**
	– de 2500		2500-4499		4500 et +		Non déclaré			
	n	%	*n*	%	*n*	%	*n*	%	*n*	*n*
1977	6491	6,7	87 651	90,0	924	1,0	2200	2,3		97 266
1982	5858	6,5	83 192	91,9	1002	1,1	488	0,5		90 540
1987	5042	6,0	76 912	92,0	957	1,1	689	0,9		83 600
1992	5418	5,6	88 307	92,0	1310	1,4	1019	1,0		96 054
1997	4744	5,9	73 821	92,6	1109	1,4	50	0,1		79 724

Source : Institut de la statistique du Québec. Mise à jour : 26 mai 1999.

graves. Cet état est causé par toutes sortes de facteurs qui interviennent pendant ou avant la grossesse, et ses conséquences se font sentir longtemps après la phase critique des premiers jours. Pourtant, il est possible d'intervenir pour améliorer la situation en prenant des mesures appropriées. Tout le contexte social peut y contribuer : la mère, la famille et la collectivité. Le tableau 3.5 présente les données sur le poids à la naissance, au Québec, pour les années 1977, 1982, 1987, 1992 et 1997.

Peut-on affirmer, à l'analyse de ce tableau, que les chiffres confirment une amélioration au Québec ? La réponse doit être très prudente. Puisqu'il y a une diminution du nombre de cas non déclarés, on ne peut affirmer avec certitude que l'augmentation du pourcentage de bébés dont le poids se situe entre 2500 et 4499 g est due à l'application de mesures appropriées. La prudence s'impose d'autant plus que le pourcentage des naissances de faible poids ne présente pas une variation systématique à la baisse.

Causes du faible poids de naissance

Le faible poids de naissance est souvent associé à une naissance prématurée. Un bébé est considéré comme prématuré s'il naît 3 semaines ou plus avant terme, c'est-à-dire avant les 38 semaines normales de gestation. Parmi les nombreux facteurs susceptibles d'entraîner une naissance prématurée, on compte les circonstances qui perturbent l'équilibre physiologique de la mère (consommation de drogues, stress intense, épuisement chronique) et les infections qui stimulent dans l'organisme de la femme enceinte la production d'éléments chimiques pouvant déclencher des contractions utérines.

Sans être prématurés, certains bébés ont un poids inférieur à la normale compte tenu du temps écoulé depuis la conception. On dit qu'ils présentent une insuffisance du poids de naissance par rapport à l'âge gestationnel. Les principales causes de cet état sont le tabagisme (Chomitz et coll., 1995) et la malnutrition chez la mère. Les risques sont particulièrement élevés si la femme est trop maigre au moment de la conception, si elle s'alimente mal pendant sa grossesse et si elle prend moins de 1,3 kg par mois à partir du quatrième mois de grossesse.

La plupart des cas de faible poids de naissance sont causés par une multitude de facteurs, dont certains ralentissent la croissance du fœtus et d'autres abrègent la grossesse. Nombre de ces facteurs sont reliés à la pauvreté (Hughes et Simpson, 1995). Les risques de maladie, de malnutrition, de grossesse en bas âge et de stress sont beaucoup plus élevés dans les milieux défavorisés que chez les mieux nantis. En outre, les femmes enceintes pauvres sont plus susceptibles de recevoir des soins prénatals tardifs et insuffisants — particulièrement dans les pays où les soins médicaux et les médicaments sont coûteux —, d'être exposées à de fortes concentrations de polluants, de vivre dans des logements surpeuplés et de consommer des substances toxiques.

Prématuré Bébé qui naît 3 semaines ou plus avant terme, c'est-à-dire avant les 38 semaines normales de gestation.

Insuffisance du poids de naissance par rapport à l'âge gestationnel Poids de naissance excessivement faible compte tenu du temps écoulé depuis la conception.

Au-delà des causes biologiques du faible poids de naissance, on découvre donc des facteurs sociaux qui expliquent les statistiques suivantes.

1. La vaste majorité des 20 millions d'enfants de faible poids de naissance qui voient le jour chaque année dans le monde se trouve dans les pays en voie de développement (Nations Unies, 1994).

2. La proportion d'enfants de faible poids de naissance varie de façon marquée entre les pays en voie de développement situés dans une même région. Ainsi, cette proportion s'établit à 15 % au Nicaragua et à 6 % au Costa Rica. Bien que ces pays soient voisins, le revenu par habitant est cinq fois plus élevé au Costa Rica qu'au Nicaragua (UNICEF, 1995).

3. Globalement, les différences entre les taux de faible poids de naissance des groupes ethniques d'un même pays correspondent à des différences socio-économiques et génétiques (Kleinman et coll., 1991). Aux États-Unis, par exemple, la proportion d'enfants de faible poids de naissance est de 13,3 % dans la population d'origine africaine, soit plus du double du pourcentage enregistré dans la population d'origine européenne ou asiatique. Si l'origine ethnique de la mère constitue un élément déterminant dans ces comparaisons, il n'en demeure pas moins que les facteurs socio-économiques exercent une influence prépondérante. En effet, la proportion d'enfants de faible poids de naissance est plus élevée dans la population noire pauvre que dans la population noire riche (Starfield et coll., 1991).

4. Aux États-Unis, la proportion d'enfants de faible poids de naissance est deux fois plus élevée dans les États les plus pauvres (plus de 9 % en Louisiane et au Mississippi) que dans certains États prospères (comme l'Alaska et l'Oregon). Cette différence ne tient pas uniquement à l'importance démographique des Noirs dans les États du sud, car on observe des disparités semblables à l'intérieur même des groupes ethniques. Ainsi, la proportion d'enfants de faible poids de naissance est de 7 % chez les Blancs du Mississippi et de 4 % chez les Blancs de l'Alaska (Children's Defense Fund, 1994).

Bien sûr, le statut socio-économique n'est qu'un indicateur. D'autres facteurs sociaux peuvent également entrer en jeu dans la situation des enfants de faible poids de naissance.

Conséquences du faible poids de naissance

Les enfants prématurés entrent dans la vie en devant se battre pour y rester, surtout s'ils naissent plus de 6 semaines avant terme et pèsent moins de 1500 g. Ils n'ont tout simplement pas ce qu'il faut pour survivre à l'extérieur de l'utérus sans soins spécialisés. Ils sont par exemple sujets aux déperditions de chaleur et aux infections. Pire, ils ne s'oxygènent pas suffisamment; ceux qui naissent plus d'un mois avant terme sont prédisposés à l'**anoxie**, un manque d'oxygène qui peut entraîner des lésions cérébrales s'il se prolonge. Parfois, cette situation se présente au moment de la naissance; on parle alors d'anoxie fœtale.

Anoxie Manque d'oxygène qui peut entraîner des lésions cérébrales ou la mort s'il se prolonge.

Un bébé qui naît 23 ou 24 semaines après la conception n'a que de faibles chances de survivre, et encore faut-il qu'il reçoive des soins spécialisés, car il ne peut ni respirer ni se nourrir sans l'aide d'appareils. Un bébé qui naît avant la 24e semaine est souvent condamné à la mort ou à des troubles cérébraux graves (Allen et coll., 1993). Dès la 28e semaine, cependant, la maturation du cerveau progresse au point que les chances de survie du bébé augmentent considérablement (Carlson, 1994).

Il est à noter que le développement de la technologie médicale permet de faire des progrès constants. Dans une recherche menée à l'hôpital Sainte-Justine et publiée en 1996, la docteure Francine Lefebvre et ses collaboratrices constatent que, de 1988-89 à 1991-92, le taux de survie est passé de 0 % à 33 % pour les nourrissons nés 23 ou 24 semaines après la conception, de 38 % à 71 % pour les bébés de

25 et 26 semaines, et de 66 % à 84 % pour les nouveau-nés de 27 et 28 semaines de gestation. Dans l'ensemble, 70 % de ces enfants se sont développés normalement durant les 18 premiers mois.

Les coûts financiers sont bien entendu les plus faciles à comptabiliser. Compte tenu des soins néonatals, des hospitalisations fréquentes et des médicaments administrés pendant la première année, il en coûte près de 0,5 million de dollars pour sauver un nouveau-né de moins de 1000 g (Paneth, 1992). Si on dépensait la même somme pour la prévention du très faible poids de naissance, on sauverait incontestablement beaucoup plus de vies tout en évitant des souffrances à un grand nombre de familles. Ces problèmes soulèvent des problèmes éthiques importants.

Par ailleurs, il est rare que les efforts surhumains déployés pour sauver la vie d'un bébé minuscule se maintiennent une fois la crise passée. Peu de parents sont aptes à comprendre les besoins d'un tel enfant et à assumer l'écrasante responsabilité des soins qu'il exige. L'assurance-maladie et les assurances médicales ne couvrent pas toujours la totalité des soins à domicile et, bien souvent, les parents ne peuvent obtenir des services d'éducation spécialisée qu'au moment où l'enfant atteint l'âge préscolaire, c'est-à-dire des années trop tard.

La plupart des spécialistes du développement estiment qu'on ne devrait pas être contraint de choisir entre la survie d'un bébé de très faible poids, les soins prénatals à des femmes enceintes à risque et les soins spécialisés d'un enfant handicapé. Du reste, comment ferait-on un choix semblable dans un contexte social où les ressources publiques sont limitées ? Personne n'oserait prétendre qu'il ne vaut pas la peine de sauver la vie d'un enfant, mais nombreux sont ceux qui refusent de mettre tous leurs œufs dans le panier de la médecine de pointe. « Nous devons, dit un médecin, reconnaître qu'il est absurde de fermer les yeux sur notre inconséquence [...] : d'une part, nous prenons des mesures extrêmes de prolongation de la vie dans les jours et les semaines suivant la naissance et, d'autre part, nous laissons sans soutien des enfants vulnérables... » (Silverman, 1990).

Il est généralement possible de remédier aux déficits reliés à un faible poids de naissance, sauf si cet état constitue le symptôme d'un trouble héréditaire ou l'effet d'un agent tératogène ou s'il est associé à d'autres troubles néonatals. Dans ce cas

OINT DE MIRE

Que deviennent les bébés de très faible poids de naissance ?

Le taux de survie des bébés de très faible poids de naissance (inférieur à 1000 g) a considérablement augmenté au cours des 30 dernières années. Environ 50 % de ces bébés survivent aujourd'hui alors qu'ils mouraient presque tous en 1970. Certains d'entre eux auront une vie normale, tandis que le tiers environ présenteront des handicaps graves (moteurs, cognitifs) et qu'un autre tiers éprouveront vraisemblablement des difficultés d'apprentissage à l'école primaire (Beckwith et Rodning, 1991).

Paradoxalement, les mêmes interventions médicales qui sauvent des vies entraînent parfois des handicaps permanents : la cécité (causée par l'administration de fortes concentrations d'oxygène), l'infirmité motrice cérébrale (due aux lésions cérébrales associées aux interventions d'urgence pendant l'accouchement) et les déficits cognitifs (reliés aux hémorragies survenues pendant une opération visant à traiter l'insuffisance cardiaque ou respiratoire). En présence d'un enfant de très faible poids de naissance, la médecine a un dilemme : choisir entre un handicap visuel ou intellectuel, ou la mort.

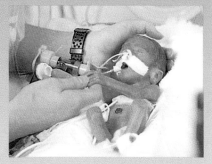

Ce dilemme éthique et social est déchirant pour tous ceux qu'il concerne. Les parents et les médecins voudraient bien donner aux nouveau-nés toutes les chances possibles de survivre. Or, de nombreux experts se demandent s'il est opportun de prodiguer des soins héroïques à des bébés qui ont très peu de chances de survivre et encore moins de vivre sans handicaps graves. Selon ces spécialistes, les soins néonatals intensifs entraînent non seulement des coûts financiers importants, mais également des souffrances physiques et morales pour l'enfant et sa famille (Tyson, 1995).

comme dans bien d'autres, la solution réside dans des soins attentifs et compétents. Le problème ne devient en fait difficile à surmonter que si le poids de naissance est inférieur à 1500 g (voir *Point de mire*, page 102).

Naissance

Lorsque le fœtus est normal et à terme et que la mère jouit d'une bonne santé, la naissance se déroule de manière relativement simple et rapide. Au cours du dernier mois de la gestation, le fœtus se retourne une dernière fois dans l'utérus et sa tête s'engage dans la cavité pelvienne de la mère. Aux alentours du 266ᵉ jour suivant la conception, le cerveau du fœtus commande la libération d'hormones qui entrent dans la circulation maternelle et déclenchent des contractions régulières des muscles lisses de l'utérus. Ces contractions poussent le fœtus vers le bas et dilatent le col utérin jusqu'à environ 10 cm pour permettre le passage de la tête (voir la figure 3.6). Ce processus, appelé travail, dure habituellement de 8 à 12 heures pour une première naissance et de 4 à 7 heures pour les naissances subséquentes. La durée du travail varie toutefois considérablement et peut s'étendre de quelques minutes à quelques jours. L'accouchement proprement dit commence lorsque la tête du fœtus sort de l'utérus et apparaît à l'extérieur du vagin. Quand la tête émerge complètement, l'expulsion du fœtus se termine quelques secondes après la contraction suivante.

Premières minutes de la vie

La plupart des nouveau-nés commencent à respirer et à pleurer au moment de l'expulsion. Certains se mettent même à pleurer aussitôt que leur tête émerge du vagin. Dès les premiers pleurs spontanés, la coloration du bébé passe du bleuâtre au rose. Mais pour l'équipe de soins, ce n'est pas encore le moment de célébrer. Il faut en effet retirer le mucus qui obstrue les voies respiratoires de l'enfant et l'envelopper pour qu'il conserve sa chaleur. Par la suite, il faut également couper le

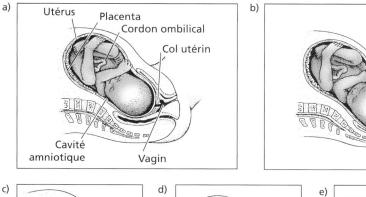
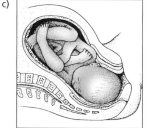
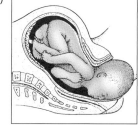
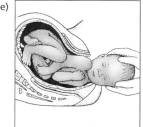

Figure 3.6   *a) La position du fœtus au début du travail. b) Pendant le premier stade du travail, le col utérin se dilate pour laisser passer la tête du bébé. c) Pendant la période de transition, la tête du bébé s'engage dans le vagin. d) Pendant la deuxième période du travail, la tête du bébé se dégage du vagin. e) La tête du bébé émerge complètement et l'accoucheur lui imprime une rotation. Le reste du corps est alors expulsé.*

TABLEAU 3.6	Indice d'Apgar : critères et cœfficients.				
Cœfficient	Coloration de la peau	Fréquence cardiaque	Réactivité aux stimuli	Tonus musculaire	Respiration
0	Bleue, pâle	Aucune	Nulle	Muscles flasques	Absente
1	Corps rose, extrémités bleues	Lente (inférieure à 100 battements par minute)	Grimaces	Muscles faibles ou inactifs	Irrégulière, lente
2	Complètement rose	Rapide (supérieure à 100 battements par minute)	Toux, éternuements, pleurs	Muscles forts et actifs	Bonne

Source : Apgar, 1953.

Indice d'Apgar Résultat d'un test mis au point par la docteure Virginia Apgar pour évaluer l'état physique du nouveau-né en fonction de cinq critères : la coloration de la peau, la fréquence cardiaque, la réactivité aux stimuli, le tonus musculaire et la respiration. On procède à ce test simple une minute, puis cinq minutes après la naissance.

cordon ombilical — le père peut le faire — et essuyer l'enduit graisseux et blanchâtre, ou vernix, qui recouvre le bébé. La mère peut prendre le bébé et l'allaiter, avant même qu'on le lave. Il semble que le réflexe de succion soit facile à déclencher et que le bébé profite au maximum de la première tétée (Brabant, 1991).

Si l'accouchement a lieu en présence d'un professionnel de la santé (médecin, sage-femme), comme le sont 98 % des accouchements dans les pays industrialisés et 51 % dans le monde (Nations Unies, 1994), cette personne examine aussitôt le nouveau-né. Une minute après la naissance, puis de nouveau cinq minutes après, elle attribue un cœfficient de 0, 1 ou 2 à la fréquence cardiaque, à la respiration, au tonus musculaire, à la coloration de la peau et à la réactivité aux stimuli. Le total fournit l'**indice d'Apgar** (voir le tableau 3.6). Un indice de 7 ou plus sur 10, cinq minutes après la naissance, signifie que l'enfant ne court aucun danger; un indice inférieur à 7 révèle que l'enfant a besoin d'aide pour respirer normalement; un indice inférieur à 4, enfin, signale que le bébé se trouve dans un état critique et nécessite des soins médicaux immédiats pour échapper à la détresse respiratoire et à la mort. Les nouveau-nés obtiennent rarement un résultat parfait de 10, mais la plupart d'entre eux s'adaptent facilement à la vie extra-utérine.

Médicalisation de l'accouchement

Le déroulement de l'accouchement dépend de nombreux facteurs, dont la préparation de la mère (cours prénatals, conversations avec d'autres femmes ou expérience personnelle), le soutien physique et affectif qu'elle reçoit de la part de sa famille et des professionnels de la santé, la position du fœtus, etc. L'atmosphère de l'accouchement tient aussi à la nature et au degré de l'intervention médicale. Dans les pays industrialisés, de nos jours, la plupart des accouchements ont lieu en milieu hospitalier. On administre le plus souvent des médicaments à la mère pour calmer la douleur — dans le cas d'une anesthésie locale comme l'épidurale, par exemple — ou pour accélérer les contractions et on surveille électroniquement ses signes vitaux et ceux du fœtus. Il n'est pas rare qu'on recoure à la chirurgie; on pratique une épisiotomie (une incision de la vulve) ou, dans environ 20 % des accouchements au Canada (voir la figure 3.7), une césarienne (qui consiste à retirer le fœtus de l'utérus après avoir incisé les parois abdominale et utérine). Au Québec, en 1995, près de 15 000 femmes ont accouché par césarienne.

La médicalisation de l'accouchement est sujette à controverse. Certes, l'intervention des médecins, des sages-femmes et des infirmières sauve des millions de vies chaque année dans le monde entier (voir le tableau 3.7). L'absence de soins médicaux constitue d'ailleurs un important facteur du taux très élevé de mortalité liée à la maternité dans les pays les moins développés. D'un autre côté, certains experts pensent qu'on gêne inutilement le développement affectif de la nouvelle famille ou de la famille qui s'agrandit en considérant chaque accouchement comme une urgence médicale en puissance plutôt que comme un événement naturel et normal.

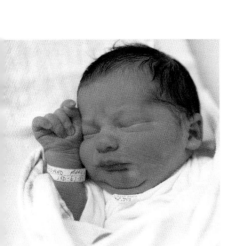

Les contusions, les égratignures et les plis n'enlèvent rien à la santé et à la beauté de ce nouveau-né de un jour.

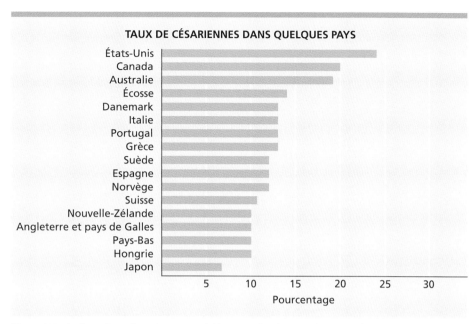

TAUX DE CÉSARIENNES DANS QUELQUES PAYS

Figure 3.7   *Le Canada est l'un des pays qui dépensent le plus pour les soins obstétricaux. L'accouchement y est en effet fortement médicalisé, comme en témoigne entre autres le taux de naissances par césarienne. Étant donné que le Canada se classe après 15 pays industrialisés pour ce qui est de la proportion d'enfants de faible poids de naissance et 21 autres pays pour ce qui est du taux de mortalité infantile, de nombreux experts de la santé publique jugent qu'il faudrait consacrer une partie du budget de l'obstétrique à l'amélioration de la planification des naissances et des soins prénatals.*

La Maison de naissance

Actuellement, on retrouve plusieurs Maisons de naissance au Québec, mais elles font partie de l'histoire récente. En effet, en juin 1993, à Montréal, le CLSC (Centre local de services communautaires) de Côte-des-Neiges recevait le mandat de mettre sur pied une Maison de naissance afin de démontrer les effets positifs de la pratique des sages-femmes en milieu urbain et pluriethnique. La Maison de naissance offre depuis août 1994 des services complets de suivis pré-, péri- et postnatals à des femmes qui présentent une grossesse normale.

Après trois ans et demi d'activité, à la suite de l'évaluation faite par des chercheurs de l'Université de Montréal et de l'Université Laval, le Conseil d'évaluation des projets-pilotes sages-femmes recommandait la reconnaissance de la pratique des sages-femmes dans le cadre d'un exercice exclusif et de la création d'un ordre professionnel. La sage-femme devrait être en mesure d'assister les accouchements en Maison de naissance, en centre hospitalier et à domicile.

En mars 1998, le ministre de la Santé et des Services sociaux s'est prononcé en faveur de la législation de la profession pour septembre 1999. Un programme de formation des sages-femmes est offert à l'Université du Québec à Trois-Rivières

TABLEAU 3.7	Mortalité liée à la maternité et accouchement sans surveillance médicale.	
	Morts maternelles par 10 000 naissances	Accouchements sans professionnel de la santé
Pays industrialisés	1	2 %
Pays en voie de développement	35	45 %
Pays les moins développés	59	72 %

Source : Nations Unies, 1994.

depuis l'automne 1999. Le baccalauréat en pratique sage-femme comporte 130 crédits et dure 4 ans. Il vise à former des sages-femmes compétentes et autonomes qui assureront un suivi auprès des femmes et de leur famille tout au long de la période périnatale, dans un contexte multidisciplinaire, tout en respectant le besoin des femmes d'accoucher en sécurité et dans la dignité. Le nombre de Maisons de naissance devrait se multiplier au Québec dans les prochaines années.

Résumé

 **SECTION 1 Génétique**

Origines

1. La conception correspond à l'union d'un spermatozoïde et d'un ovule et à la formation d'un zygote unicellulaire. Le zygote reçoit une moitié de son code génétique du spermatozoïde et l'autre de l'ovule; il possède tout le matériel génétique nécessaire à un être humain.

Code génétique

2. Situés sur les chromosomes, les gènes contiennent les directives codées chimiquement dont les cellules ont besoin pour se spécialiser et accomplir leurs fonctions respectives. Exception faite des gamètes, toutes les cellules humaines contiennent 23 paires de chromosomes; un chromosome de chaque paire vient de la mère et l'autre du père. Chaque cellule du corps renferme une copie de l'information génétique transmise à la première cellule, le zygote.

3. Vingt-deux paires de chromosomes régissent le développement de l'organisme. La 23e paire détermine le sexe. Un zygote doté de la paire XY sera de sexe masculin, tandis qu'un zygote doté de la paire XX sera de sexe féminin.

4. Les gènes assurent à la fois la similitude de l'espèce humaine et sa diversité, d'où la sélection naturelle et l'adaptation.

5. Tous les êtres humains, sauf les jumeaux identiques, possèdent un code génétique unique. Les jumeaux identiques (monozygotes) sont produits par la division d'un zygote en deux organismes génétiquement identiques.

Du génotype au phénotype

6. Le génotype correspond à l'ensemble des gènes que reçoit une personne. Le phénotype correspond à la manifestation apparente du génotype. La plupart des caractères humains sont polygéniques (codés sur plusieurs gènes) et plurifactoriels, c'est-à-dire qu'ils résultent de l'interaction de nombreuses influences génétiques et environnementales.

7. Les gènes influent sur le phénotype par des interactions complexes. Pour la plupart des caractères, les gènes transmis par le père et la mère ont un effet additif. Dans l'hérédité dominante-récessive, cependant, le gène dominant s'exprime en inhibant l'effet du gène récessif.

8. Les caractères codés par les gènes situés sur le chromosome X se transmettent de mère en fils mais non de père en fils, car les hommes héritent leur unique chromosome X de leur mère. Les femmes, elles, reçoivent un chromosome X de chaque parent, l'un pouvant être porteur d'un gène dominant normal. On comprend alors pourquoi les caractères récessifs liés au chromosome X, comme dans le cas de l'hémophilie, s'expriment principalement chez les hommes.

9. Les gènes ont une certaine influence sur l'intelligence, la personnalité et l'état de santé mentale. Parallèlement, l'environnement influe sans cesse sur les tendances génétiques. L'interaction des gènes et de l'environnement est complexe et continue.

Anomalies chromosomiques et génétiques

10. Les anomalies chromosomiques correspondent à l'absence d'un chromosome, à la présence d'un chromosome surnuméraire ou encore à la malformation d'un chromosome. L'anomalie chromosomique la plus répandue est le syndrome de Down, ou trisomie 21, c'est-à-dire la présence d'un chromosome excédentaire dans la 21e paire. Cette anomalie entraîne un ensemble de problèmes physiques et intellectuels.

Conseil génétique

11. Le conseil génétique vise à déterminer, au moyen de tests et d'une étude des antécédents familiaux, les probabilités pour un couple d'engendrer un enfant atteint d'un trouble héréditaire.

12. Le *programme Génome humain* est une recherche internationale qui vise à dresser la carte de tous les gènes humains. Outre le perfectionnement des techniques de dépistage et de diagnostic, l'avancement de ce programme permet la mise au point de traitements pour certaines maladies héréditaires.

SECTION 2   Développement prénatal et naissance

Développement prénatal

13. La période germinale correspond aux deux premières semaines du développement prénatal. Pendant cette période, le zygote passe de 1 cellule à plus de 100, descend dans une trompe de Fallope et s'implante dans la paroi de l'utérus.

14. La période embryonnaire s'étend de la troisième à la huitième semaine du développement prénatal. L'embryon connaît un développement céphalocaudal (de la tête vers le bas) et proximodistal (de l'intérieur vers l'extérieur). Son système nerveux commence à se développer. Son cœur se met à battre, et ses yeux, ses oreilles, son nez et sa bouche s'ébauchent.

15. Huit semaines après la conception, l'embryon ne mesure encore que trois cm de long, mais il a déjà apparence humaine. Tous ses organes sont formés, sauf ses organes génitaux qui apparaîtront quelques semaines plus tard.

16. La période fœtale s'étend de la neuvième semaine suivant la conception jusqu'à la naissance. Douze semaines après la conception, les organes génitaux sont ébauchés, tandis que les autres organes se raffinent. Le système nerveux se développe. Le poids du fœtus augmente de façon importante.

17. Le fœtus devient viable quand son cerveau est suffisamment développé pour régir les fonctions vitales, soit à la 24ᵉ semaine environ du développement prénatal. Le fœtus a alors 50 % des chances de survivre à l'extérieur de l'utérus, à condition de recevoir des soins spécialisés. À terme, le fœtus pèse environ 3400 g. Plus de 99 % des bébés à terme survivent grâce au poids qu'ils ont pris ainsi qu'à la maturation du système nerveux, des poumons et du cœur.

Prévention des complications

18. Les agents tératogènes, qui peuvent causer des malformations congénitales, comprennent les maladies, les drogues et les polluants. Certains agents tératogènes endommagent le système nerveux et peuvent nuire au développement psychologique et intellectuel de l'enfant. Par conséquent, les femmes enceintes ont intérêt à éviter l'exposition aux agents tératogènes, à bien s'alimenter et à recevoir aussi tôt que possible des soins prénatals appropriés.

19. Il est important de noter que les agents tératogènes ne sont pas toujours nuisibles. Leurs effets dépendent de nombreux facteurs, dont le moment, l'intensité et la fréquence de l'exposition ainsi que la sensibilité de l'embryon ou du fœtus.

20. La tératologie a permis de prévenir les effets d'agents tératogènes très nocifs, comme la rubéole et certains médicaments sur ordonnance. À l'heure actuelle, le plus redoutable des agents tératogènes est le VIH et le plus répandu est l'alcool.

21. Le faible poids de naissance est dû à une association de facteurs maternels souvent reliés à la pauvreté, dont un mauvais état de santé, une alimentation inadéquate, le tabagisme, la consommation d'alcool ou de drogues et un jeune âge.

22. Les nouveau-nés prématurés et ceux qui présentent une insuffisance de poids par rapport à leur âge gestationnel sont plus vulnérables que les bébés à terme au stress de la naissance et plus sujets aux troubles respiratoires dans les premiers jours. Nombre d'entre eux sont prédisposés à des déficits cognitifs en raison des troubles dont ils souffrent et des difficultés reliées à leurs soins. Un soutien postnatal est indispensable pour atténuer et éventuellement enrayer les conséquences négatives.

Naissance

23. Le travail est une période pendant laquelle les contractions de l'utérus poussent le fœtus tête première vers l'extérieur. Il dure généralement de 8 à 12 heures lors d'un premier accouchement et de 4 à 7 heures lors des accouchements subséquents, mais les variations sont grandes.

24. L'indice d'Apgar, calculé une minute puis cinq minutes après la naissance, permet d'évaluer rapidement l'état d'un nouveau-né. Un indice de 7 ou plus sur 10, cinq minutes après la naissance, indique que le nouveau-né se porte bien.

25. Les interventions médicales pendant l'accouchement peuvent accélérer les contractions, atténuer la douleur et même sauver des vies. Certains estiment cependant que la médicalisation de l'accouchement est trop poussée dans bien des cas et qu'elle nuit au développement du lien affectif entre l'enfant et ses parents.

26. La Maison de naissance offre des services pré-, péri- et postnatals assurés par des sages-femmes. La pratique des sages-femmes se fait dans le cadre d'un exercice exclusif et de la création d'un ordre professionnel reconnu au Québec.

Questions à développement

 SECTION 1 Génétique

1. Imaginez que vous avez été adopté et que l'on ne vous a donné aucun renseignement au sujet de vos parents biologiques. De vos caractéristiques observables (ou phénotype) pouvez-vous déduire certains de leurs traits ? Expliquez.

2. Croyez-vous que les progrès réalisés dans les domaines du dépistage prénatal et du conseil génétique réduiront le nombre d'individus souffrant de graves maladies héréditaires ? Justifiez votre réponse.

3. Un couple dont la probabilité d'engendrer un enfant atteint d'une anomalie génétique est élevée refuse d'envisager l'avortement, mais veut subir des tests de dépistage prénatal pour savoir si le fœtus est normal. Décrivez les avantages du conseil génétique pour ce couple.

4. Pourquoi est-il si important d'étudier la génétique dans un cours sur le développement humain ? Donnez quelques raisons.

 **SECTION 2** Développement prénatal et naissance

5. Malgré la complexité du développement prénatal, la majorité des bébés naissent sans anomalie congénitale grave. Expliquez les raisons de ce pourcentage élevé d'enfants normaux et dites ce qu'il est possible de faire, le cas échéant, pour l'augmenter.

6. À l'aide de l'information contenue dans ce chapitre, dressez le profil d'une mère susceptible de mettre au monde un enfant de faible poids de naissance. Que pourrait-elle faire pour réduire le risque ?

Questions à choix multiples

 SECTION 1 Génétique

1. Toute personne possède deux gènes pour la couleur des yeux, un par parent. Si un enfant hérite un gène des yeux bruns et un gène des yeux bleus :
   a) il aura les yeux bleus.
   b) la couleur de ses yeux sera déterminée par le gène récessif.
   c) il aura les yeux bruns.
   d) la couleur de ses yeux est impossible à déterminer.

2. Si deux individus ont les yeux bruns, ils ont le même phénotype quant à la couleur des yeux. Cependant, ils peuvent avoir les yeux bruns :
   a) malgré la présence possible de génotypes différents.
   b) à cause de la présence possible d'un gène des yeux bruns et d'un gène des yeux bleus.
   c) à cause de la présence possible de deux gènes des yeux bruns.
   d) Toutes ces réponses.

3. Certains hommes souffrent de daltonisme parce qu'ils ont hérité un gène récessif de leur mère. Ce gène récessif est lié :
   a) au chromosome X.
   b) à leur paire de chromosomes XX.
   c) au chromosome Y.
   d) à l'un ou l'autre de leurs chromosomes X ou Y.

4. Si vos parents sont beaucoup plus grands que vos grands-parents, c'est probablement à cause :
   a) de facteurs génétiques.
   b) de facteurs environnementaux.
   c) d'une meilleure planification des naissances.
   d) d'un conseil génétique adéquat.

5. La timidité semble en partie héréditaire. Un enfant qui hérite les gènes de la timidité sera timide :
   a) dans la plupart des cas.
   b) seulement si la timidité est le gène dominant.
   c) dans un environnement où l'on encourage peu la sociabilité.
   d) s'il est élevé par ses parents biologiques plutôt que par des parents adoptifs.

6. L'un des moyens de distinguer l'influence relative qu'exercent les facteurs héréditaires et les facteurs environnementaux sur le comportement consiste à comparer des enfants :
   a) possédant les mêmes gènes et se développant dans le même environnement.
   b) possédant des gènes différents et se développant dans des environnements différents.
   c) possédant des gènes similaires et se développant dans des environnements similaires.
   d) possédant les mêmes gènes et se développant dans des environnements différents.

7. Généralement, les chercheurs qui font des études sur les jumeaux identiques élevés séparément notent d'importantes similitudes, parce que :

   a) les jumeaux identiques tendent à susciter le même degré de bienveillance et d'encouragement.

   b) les jumeaux identiques sont habituellement élevés dans des familles qui ont beaucoup en commun sur le plan culturel.

   c) la plupart des jumeaux identiques élevés séparément subissent des influences familiales analogues.

   d) Toutes ces réponses.

8. Gervais, 16 ans, accuse un certain retard intellectuel et souffre de problèmes auditifs et cardiaques. Il est toutefois capable de prendre soin de lui-même et il a un tempérament exceptionnellement facile. Gervais est probablement :

   a) atteint de fibrose kystique.

   b) atteint de la maladie d'Alzheimer.

   c) atteint du syndrome de Klinefelter.

   d) atteint du syndrome de Down.

9. Julie a hérité de sa mère un gène qui, peu importe la contribution de son père à son génotype, s'exprimera dans son phénotype. Ce gène est donc :

   a) polygénique.

   b) récessif.

   c) dominant.

   d) lié au chromosome X.

SECTION 2   Développement prénatal et naissance

10. Je mesure environ 2,5 cm et pèse environ 1 g. Je possède tous les organes de base (à l'exception des organes sexuels) et les caractéristiques d'un être humain. Qui suis-je ?

    a) Un zygote

    b) Un embryon

    c) Un fœtus

    d) Les termes en a, b et c peuvent être utilisés indifféremment.

11. Les cinq critères composant l'indice d'Apgar sont :

    a) la fréquence cardiaque, la taille, le poids, le tonus musculaire et la coloration.

    b) l'orientation, le tonus musculaire, la réactivité aux stimuli, l'interaction et la réaction au stress.

    c) la réactivité aux stimuli, la respiration, le tonus musculaire, la fréquence cardiaque et la coloration.

    d) les réflexes pupillaires, la fréquence cardiaque, la réactivité aux stimuli, la vivacité et la respiration.

12. Lequel des nouveau-nés suivants est le plus susceptible de nécessiter des soins médicaux pour assurer ses fonctions vitales ?

    a) Antoine, qui a obtenu un indice d'Apgar de 6.

    b) Mélissa, qui a obtenu un indice d'Apgar de 7.

    c) Joanna, qui a obtenu un indice d'Apgar de 3.

    d) Simon, qui a obtenu un indice d'Apgar de 9.

13. Un enfant né 266 jours après sa conception et pesant 1,8 kg est qualifié :

    a) d'enfant prématuré.

    b) d'enfant de faible poids de naissance.

    c) d'enfant de poids insuffisant par rapport à l'âge gestationnel.

    d) Les réponses b et c.

14. Un enfant né après 35 semaines de grossesse et pesant 2,7 kg est qualifié :

    a) d'enfant prématuré.

    b) d'enfant de faible poids de naissance.

    c) d'enfant de poids insuffisant par rapport à l'âge gestationnel.

    d) Aucune de ces réponses.

Les réponses aux questions à choix multiples se trouvent en annexe.

Le chapitre **3** en un clin d'œil

● SECTION 1 – Génétique

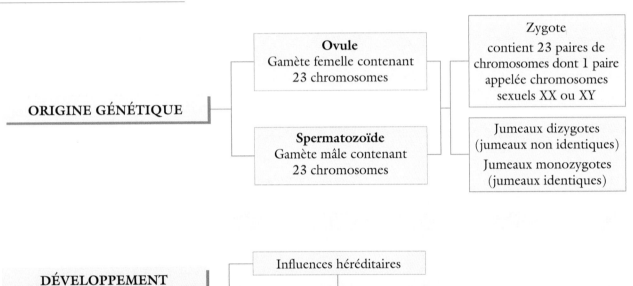

ORIGINE GÉNÉTIQUE

Ovule
Gamète femelle contenant
23 chromosomes

Spermatozoïde
Gamète mâle contenant
23 chromosomes

Zygote
contient 23 paires de
chromosomes dont 1 paire
appelée chromosomes
sexuels XX ou XY

Jumeaux dizygotes
(jumeaux non identiques)
Jumeaux monozygotes
(jumeaux identiques)

**DÉVELOPPEMENT
DE LA PERSONNE**
● Caractères physiques
● Caractères psychologiques

Influences héréditaires

Héritabilité

Influences environnementales

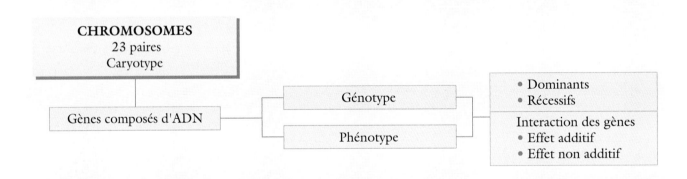

CHROMOSOMES
23 paires
Caryotype

Gènes composés d'ADN

Génotype

Phénotype

● Dominants
● Récessifs

Interaction des gènes
● Effet additif
● Effet non additif

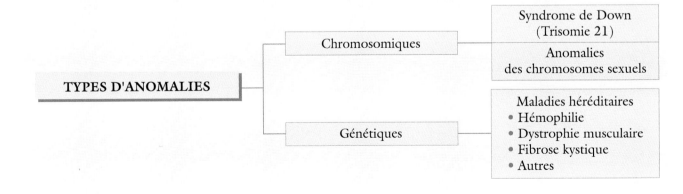

TYPES D'ANOMALIES

Chromosomiques

Génétiques

Syndrome de Down
(Trisomie 21)

Anomalies
des chromosomes sexuels

Maladies héréditaires
● Hémophilie
● Dystrophie musculaire
● Fibrose kystique
● Autres

● SECTION 2 – Développement prénatal et naissance

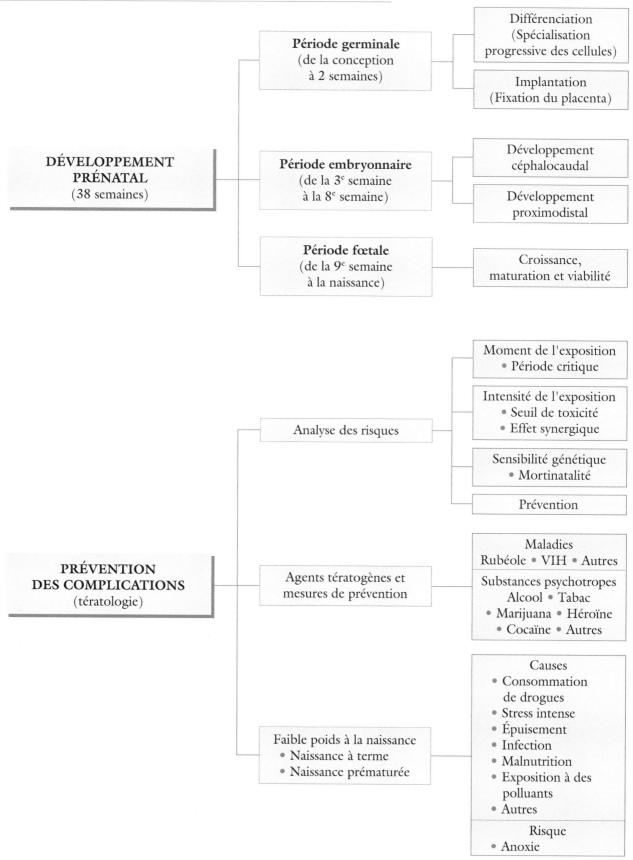

NAISSANCE ET PREMIÈRES MINUTES DE LA VIE

Accouchement avec peu ou sans intervention médicale

Accouchement avec médicalisation
- Césarienne
- Épidurale
- Épisiotomie

Indice d'Apgar
- Coloration de la peau
- Fréquence cardiaque
- Réactivité aux stimuli
- Tonus musculaire
- Respiration

Les deux premières années de la vie

Les adultes ne changent pas beaucoup en l'espace de deux ans. Ils gagnent ou perdent quelques kilos, changent de coiffure et acquièrent un peu de sagesse et de maturité, quelquefois par la force des choses. Qu'importe, vous reconnaîtriez probablement de façon instantanée des amis dont vous avez été séparé pendant quelques années.

Supposons que vous preniez soin d'un bébé pendant le premier mois de sa vie et que vous ne le revoyiez qu'un ou deux ans plus tard. Le reconnaîtriez-vous ? Pas plus que vous ne reconnaîtriez un ami qui aurait quadruplé de poids, grandi de 35 cm et laissé pousser ses cheveux ! La façon de penser, de parler et de jouer de l'enfant vous serait totalement étrangère. Un nouveau-né affamé pleure à fendre l'âme, tandis qu'un trottineur affamé clame « Encore ! » ou grimpe sur le comptoir de la cuisine pour atteindre les biscuits !

Deux ans, c'est peu à l'échelle d'une vie qui s'étend sur 80 ans en moyenne. Au cours de cette brève période, néanmoins, les enfants atteignent la moitié de leur taille adulte, acquièrent des capacités cognitives étonnantes et expriment toute la gamme des émotions, de la jalousie à la honte, de la satisfaction à la joie. Déjà, ils manifestent deux des principales capacités humaines, la parole et l'amour. Les changements radicaux qui marquent les deux premières années de la vie — sur les plans biosocial, cognitif et psychosocial — font l'objet des deux chapitres qui suivent.

Chapitre 4

Développement biosocial et cognitif chez le trottineur

Il suffit d'observer un petit enfant pour se convaincre de la vigueur du développement biosocial au cours des deux premières années de la vie. Le nourrisson se retrouve à l'étroit dans ses vêtements en un rien de temps, il fait l'essai de nouveaux comportements presque tous les jours et, de semaine en semaine, il maîtrise toujours un peu plus ses habiletés naissantes. Les données de laboratoire sur le développement du cerveau révèlent du reste une augmentation de la densité et de la complexité des réseaux de neurones essentiels à l'émergence des capacités physiques et mentales.

Mettez-vous dans la peau d'un nouveau-né et pensez à tout ce qu'il vous faut apprendre ! Imaginez que vous venez de naître sur une autre planète. Au cours des semaines et des mois à venir, vous devrez trouver un sens au tourbillon d'images, de sons, d'odeurs et de sensations physiques qui vous enveloppe; vous devrez apprendre à percevoir les êtres, les objets et même les parties de votre propre corps. Vous devrez découvrir les caractéristiques des objets : leur texture, leur position par rapport à vous, leurs déplacements ainsi que les mots qui les désignent. Vous devrez commencer à anticiper les événements, à relier les effets aux causes et à prévoir les conséquences des événements que vous observez.

Dans ce chapitre, nous étudierons la croissance physique, l'environnement social qui peut la favoriser ou l'entraver et, enfin, la multitude de tâches cognitives qui attendent l'enfant, de la naissance à l'âge de deux ans. Nous réserverons l'étude des aspects affectifs chez le trottineur pour le chapitre 5.

 DÉVELOPPEMENT BIOSOCIAL

De la naissance à deux ans, le petit enfant connaît un développement phénoménal, et toutes les découvertes qu'il fera en accéléré tiendront d'une part à la biologie, c'est-à-dire à sa croissance physique, à la maturation de son cerveau et de son système nerveux, et d'autre part, au contexte social, c'est-à-dire aux soins et au soutien que son milieu lui prodiguera. Il entreprend ce qu'on appelle son développement biosocial.

Croissance physique et santé

Les soins de santé revêtent une importance primordiale pendant toute l'enfance et, à plus forte raison, au cours de la petite enfance, car le nourrisson est particulièrement sujet aux maladies et aux troubles de la croissance. Ainsi, pendant les douze premiers mois, les parents devraient consulter le médecin une fois par mois avec leur bébé afin de s'assurer qu'il se développe normalement, qu'il ne présente aucun signe de maladie et qu'il reçoit les vaccins recommandés.

Taille et stature

Après la naissance, la croissance et les changements des proportions corporelles ne sont jamais plus marqués qu'au cours de la petite enfance. En Amérique du Nord, le bébé moyen mesure 51 cm et pèse 3,3 kg à la naissance. (Vous pouvez vous référer au tableau 3.5 pour connaître le poids à la naissance des bébés québécois.) Il

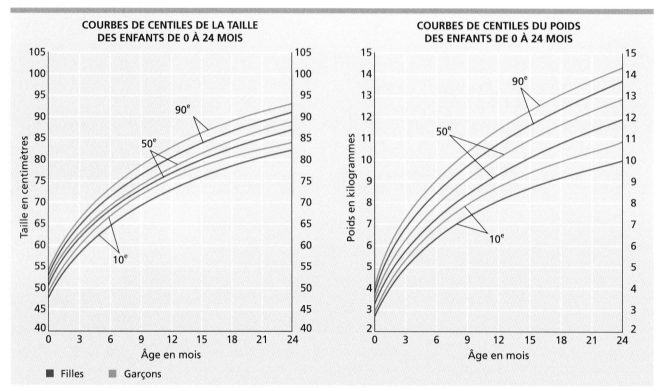

Figure 4.1 *Voici les données sur la taille et le poids des enfants canadiens durant leurs deux premières années. Les courbes 50ᵉ (le cinquantième centile) représentent la médiane; les courbes 90ᵉ (le quatre-vingt-dixième centile) renvoient aux enfants d'une taille et d'un poids supérieurs à 90 % de leurs pairs; les courbes 10ᵉ (le dixième centile) renvoient aux enfants dont la taille et le poids ne sont supérieurs qu'à 10 % de leurs pairs. Remarquez que les filles (courbes rouges) sont en moyenne légèrement plus petites et légères que les garçons (courbes bleues).*

grandit d'environ 2,5 cm par mois durant sa première année. Il a doublé son poids de naissance à quatre mois et l'a triplé à l'âge de un an. Cette augmentation est due principalement à la constitution de tissus adipeux dans les premiers mois puis, à compter de l'âge de huit mois environ, à la croissance des os, des muscles et des organes (Behrman, 1992). À 12 mois, le bébé canadien moyen pèse environ 10 kg et mesure plus de 75 cm.

Le rythme de la croissance ralentit au cours de la deuxième année. À 24 mois, la plupart des enfants canadiens pèsent 12 ou 13 kg et mesurent de 86 à 89 cm, les garçons étant un peu plus grands et plus lourds que les filles (voir la figure 4.1). À cet âge, les enfants atteignent approximativement la moitié de leur taille d'adulte.

À VOUS LES COMMANDES – 4.1

La croissance durant les deux premières années de la vie — à l'échelle des adultes

Comme vous venez de le voir, la croissance est extrêmement rapide chez les bébés. Pour vous en convaincre, imaginez que vous vous développiez au même rythme et dans les mêmes proportions qu'un enfant.

1. Comparez le rythme de la croissance pendant la première année de la vie avec celui de la deuxième. Exprimez la comparaison en pourcentage.

2. Si vous preniez du poids au même rythme qu'un nourrisson, combien pèseriez-vous dans un an ?

3. Si vous grandissiez de 2,5 cm par mois, la transformation ne serait pas aussi radicale pour vous qu'elle

l'est pour un bébé, car vous êtes déjà beaucoup plus grand que lui : chaque centimètre représente un plus petit pourcentage de votre taille totale. Supposez tout de même que vous grandissiez au même rythme qu'un enfant au cours de sa première année.

Quelle serait votre taille dans un an ?

Médecine préventive

De nos jours, on tient pour acquis que la croissance suivra le cours que nous venons de décrire. Or, la santé de l'enfant, et même sa survie, jusqu'à l'âge de 5 ans n'avaient rien d'assuré il y a 100 ans à peine dans les pays industrialisés et 20 ans tout au plus dans les pays en voie de développement. Une épidémie (diphtérie, coqueluche, polio-myélite) pouvait en effet se déclarer à tout moment et emporter les jeunes enfants.

Les maladies infantiles mortelles sont chose plus rare aujourd'hui, particulière-ment dans les pays industrialisés. En Amérique du Nord, en Europe occidentale, au Japon et en Australie, un nourrisson a moins de 1 possibilité sur 100 de mourir, tandis qu'il en avait 1 sur 20 au milieu du XXe siècle (UNICEF, 1990). Dans les pays en voie de développement, la situation semble plus précaire, bien que des efforts soient faits pour éliminer des maladies toujours présentes (lèpre, malaria, maladies parasitaires et virales).

De l'amélioration des conditions générales d'hygiène aux progrès des soins néonatals, de nombreux facteurs ont contribué à réduire le nombre de décès dus à la maladie chez les jeunes enfants. Le principal fut incontestablement l'immunisa-tion. D'où une leçon que nous devrions garder à l'esprit en étudiant le développe-ment : il est souvent moins compliqué, moins coûteux et moins douloureux d'agir préventivement que de remédier aux conséquences de l'ignorance, de l'indifférence et de l'inaction.

Mort subite du nourrisson

Depuis que l'immunisation à grande échelle protège les nourrissons contre la plu-part des maladies infectieuses mortelles, les cas de décès sont rares chez les bébés. La plupart des décès surviennent au cours du premier mois et sont dus à des ano-malies congénitales ou à d'autres problèmes discernables. Une cause répandue de mortalité infantile, cependant, n'est reliée à aucun trouble manifeste : il s'agit de la mort subite du nourrisson. Elle frappe le plus souvent des bébés de plus de deux mois qui jouissent en apparence d'une excellente santé (ils prennent du poids, ap-prennent à manipuler un hochet, commencent à se retourner et sourient à leurs parents). La mort subite du nourrisson représente la première cause de mortalité en importance dans les pays industrialisés (Cinquièmes Assises Internationales sur la mort subite du nourrisson, avril 1998).

Il faut bien comprendre que le terme « mort subite du nourrisson » constitue une description plus qu'un diagnostic, car la cause du décès est encore inconnue : l'autopsie révèle que le bébé a tout simplement cessé de respirer.

Depuis quelque temps, la recherche sur la cause de la mort subite du nour-risson s'est intensifiée; certains scientifiques pensent qu'il s'agit d'une anomalie neurologique ou physiologique subtile ou d'un agent pathogène qui serait particu-lièrement nocif pour les nourrissons. La plupart des chercheurs doutent cependant que la mort subite du nourrisson soit attribuable à une cause unique. Ils postulent l'existence de plusieurs facteurs qui, en s'accumulant et en s'associant à des facteurs génétiques, prédisposent *certains* nourrissons. Quoi qu'il en soit, on a récemment découvert que le risque de mort subite du nourrisson diminue quand on couche les bébés bien portants sur le dos (Beal et Finch, 1991; Willinger et coll., 1994). On ne devrait coucher sur le ventre que les bébés prématurés en très bas âge (Martin et coll., 1995). En Chine, où la mort subite du nourrisson est exceptionnellement rare, les bébés dorment effectivement presque toujours sur le dos (Beal et Porter, 1991).

Il n'existe pas de solution simple au problème de la mort subite du nourrisson, car les facteurs de risque sont aussi nombreux que les explications hypothétiques. Même si la cause échappe encore à la science, on peut réduire la fréquence de cette tragédie en limitant les facteurs de risque, c'est-à-dire en prévenant le faible poids de naissance, en encourageant l'allaitement maternel, en dissuadant les femmes en-ceintes de fumer et en couchant les bébés sur le dos. Les spécialistes estiment d'ailleurs

Mort subite du nourrisson Décès d'un nourrisson apparemment sain pendant son sommeil.

Les Chinoises couchent traditionnel-lement leurs bébés sur le dos. Elles ne les laissent jamais seuls et veillent constamment sur leur sommeil. Ces deux facteurs expliquent peut-être le faible taux de mort subite du nour-risson en Chine. La femme photogra-phiée ici, une couturière, garde son enfant à ses côtés pendant ses heu-res de travail, une pratique que de nombreux employeurs acceptent et que le gouvernement encourage.

que ces deux dernières mesures ont largement contribué à réduire le taux de mort subite du nourrisson au cours des dernières années (*MMWR*, 11 octobre 1996).

Croissance et développement du cerveau

Le crâne du nouveau-né est disproportionné par rapport au reste de son corps, car le cerveau a dès la naissance 25 % de son poids adulte. Ayant une croissance encore plus rapide que les autres parties du corps pendant les 2 premières années de la vie, le cerveau d'un enfant de 2 ans pèse environ 75 % de son poids adulte (Lowrey, 1986).

Le poids ne constitue évidemment qu'un indicateur approximatif du développement du cerveau. La complexification des systèmes de communication du cerveau revêt beaucoup plus d'importance. Ces systèmes sont composés principalement de cellules nerveuses, ou **neurones**, dont les prolongements, appelés **axones** et **dendrites**, forment des réseaux complexes. À la naissance, le cerveau comprend plus de 100 milliards de neurones, mais ces cellules sont relativement isolées les unes des autres. Bientôt, cependant, les axones et les dendrites croissent et se ramifient (voir la figure 4.2). Ces changements sont particulièrement marqués dans le cortex cérébral (ou matière grise), la partie du cerveau qui régit la perception et la pensée (Fischer et Rose, 1994; Greenough, 1993; Greenough et coll., 1987).

Le rythme de la maturation varie selon les parties du cerveau, et le comportement de l'enfant évolue en conséquence. À la naissance, par exemple, l'aire frontale du cortex cérébral est immature. Comme cette aire régit les actes volontaires, un nouveau-né ne peut retenir ses pleurs ni combattre la somnolence. Mais à mesure que l'aire frontale se développe apparaissent la capacité de maîtriser ses émotions de même que les habiletés cognitives conscientes (Bell et Fox, 1992; Dawson, 1994; Fox, 1991). À l'âge de un an, l'enfant manifeste des émotions nuancées et prévisibles, et il réagit autant au monde extérieur (aux étrangers notamment) qu'à ses états intérieurs (comme la faim). Nous étudierons ces phénomènes en détail au chapitre 5.

Neurones Cellules du système nerveux central.

Axones Prolongement du neurone (en une longue structure tubulaire) qui transmet les influx nerveux aux dendrites d'un autre neurone.

Dendrites Prolongements ramifiés du neurone qui reçoivent les influx nerveux transmis par les axones d'autres neurones.

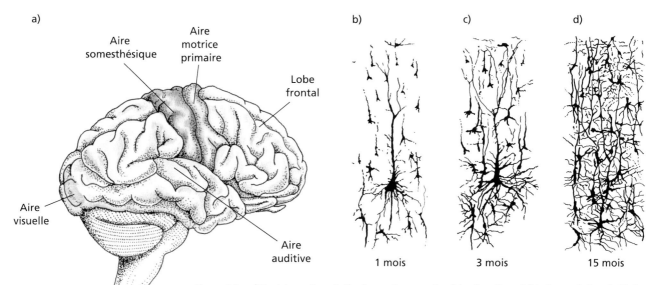

Figure 4.2 *a) Certaines aires cérébrales sont consacrées à la réception et à la transmission de l'information. La recherche a révélé que le développement du cerveau repose sur l'expérience et la maturation. Ainsi, la myélinisation des fibres nerveuses qui unissent les yeux à l'aire visuelle du cortex ne se fait normalement que si le nourrisson reçoit une stimulation visuelle suffisante dans un environnement éclairé. Les images b), c) et d) montrent que les neurones qui composent les fibres nerveuses grossissent, se ramifient et forment des réseaux. L'enfant acquiert ainsi la maîtrise de ses actions.*

Rôle de l'expérience

Comme nous l'avons indiqué en début de chapitre, le développement du cerveau au cours des premières années de la vie ne repose pas uniquement sur la maturation biologique. L'expérience, en effet, est essentielle non seulement à l'acquisition de certaines aptitudes, mais aussi à l'élaboration des structures cérébrales qui régissent la vision, l'audition et d'autres fonctions.

Dans l'état actuel des connaissances, nous savons que les régions du cerveau et les connexions entre les neurones ne se développeraient pas normalement si chacun des sens ne recevait pas un minimum de stimulation. Et puisque les régions du cerveau liées au langage et à l'émotion se développent rapidement au cours des deux premières années de la vie, il est probable que les expériences cognitives et émotionnelles de cette période favorisent l'établissement des connexions nécessaires à l'apprentissage du langage et à l'expression des émotions (Rovee-Collier, 1995). D'ailleurs, le développement de l'imitation précoce de modèles faciaux et vocaux est tout à fait surprenant. Dès les premières minutes après sa naissance, le nourrisson est sensible aux expressions faciales (ouvrir la bouche, sortir la langue) : le bébé renvoie à l'adulte sa grimace (Kugiumutzakis, 1996).

Les événements des premières années de la vie, notamment le manque de stimulation cognitive et sociale, pourraient donc avoir des conséquences profondes. En fait, les connaissances que nous possédons à propos du développement du cerveau nous autorisent à penser qu'il est primordial de parler et de cajoler un nourrisson afin de l'aider à s'épanouir pleinement.

Régulation des états de conscience

La régulation des états de conscience constitue l'une des principales fonctions du cerveau tout au long de la vie. À l'instar d'un enfant plus âgé ou d'un adulte, un bébé à terme passe en alternance par divers états de conscience : le *sommeil profond,* au cours duquel les muscles sont décontractés et la respiration est régulière et lente (environ 36 respirations par minute); le *sommeil paradoxal,* au cours duquel les muscles du visage se contractent et la respiration est irrégulière et rapide (46 respirations par minute ou plus); l'*état de veille,* au cours duquel le regard est vif, l'activité est présente à des degrés divers et la respiration relativement régulière et rapide; les *pleurs* et les *pleurnichements,* qui peuvent être plus ou moins intenses et prolongés (Thoman et Whitney, 1990).

À mesure que le cerveau se développe, les états de conscience prennent un caractère cyclique et distinct. Le nourrisson dort plus profondément et s'active davantage pendant ses périodes de veille. Le temps de sommeil total varie peu de la naissance à 1 an (il passe de 16 à 13 heures environ), mais les périodes de sommeil se synchronisent avec les activités de la famille. En Amérique du Nord, environ 33 % des bébés de 3 mois et 80 % des bébés de 1 an dorment au moins 6 heures d'affilée la nuit. Les autres continuent de se réveiller pour réclamer du lait et de l'attention (Bamford et coll., 1990; Michelsson et coll., 1990). Quant aux nouveau-nés prématurés, ils dorment davantage, c'est vrai, mais de manière moins régulière que les bébés à terme au cours de leur première année. Les méthodes d'éducation exercent une influence marquée sur l'établissement des cycles veille-sommeil pendant les douze premiers mois (voir *Les uns et les autres*, p. 120).

États de conscience Les divers niveaux de vigilance et de sensibilité aux stimuli internes et externes, tels que le sommeil profond et l'état de veille.

Motricité

Nous abordons maintenant les changements physiques les plus visibles et les plus spectaculaires de la petite enfance, ceux qui permettent au nourrisson de faire ses premiers pas. Grâce à l'accroissement de la taille et à la maturation du cerveau, l'enfant remue et coordonne ses gestes de plus en plus adroitement. Tandis qu'un bébé de deux mois ne peut qu'agiter frénétiquement les bras devant un jouet qu'on

LES UNS ET LES AUTRES

Méthodes d'éducation et horaires des nourrissons

À mesure que le cerveau se développe, les cycles veille-sommeil du nourrisson se régularisent, et le phénomène a d'importantes répercussions sur la famille. Il est bien connu que les nouveau-nés sont des êtres assez imprévisibles : ils dorment, s'éveillent et pleurent à différents intervalles, qu'il fasse jour ou nuit. Puis, vers l'âge de trois mois, leurs périodes de sommeil et de veille se stabilisent et les intervalles entre les tétées s'allongent. Les parents poussent alors un soupir de soulagement.

La régularisation des états de conscience est un phénomène universel, mais elle subit l'influence de méthodes d'éducation qui traduisent les valeurs et les principes liés à la culture. Les habitants des pays industrialisés, par exemple, accordent beaucoup d'importance aux horaires et à l'exactitude, tandis que les habitants de nombreux pays ruraux en voie de développement emploient leur temps de manière flexible et spontanée. Deux mentalités, deux façons de structurer les soins du nourrisson (Triandis, 1994).

Au Canada et aux États-Unis, la majorité des parents sont soumis à un horaire de travail rigide et, par conséquent, déploient des efforts acharnés pour synchroniser les repas et les périodes de sommeil de leurs enfants avec les leurs. Dans les pays non industrialisés, en revanche, les parents ne se préoccupent pas de l'horaire des enfants de la même façon. Chez les Kipsigis du Kenya, par exemple, qui pratiquent l'agriculture et l'élevage, les femmes emmènent leurs bébés partout où elles vont. Elles les transportent d'abord dans un sac ventral, puis sur leur dos et, plus tard, elles les laissent ramper et jouer à leurs côtés. Elles dorment dans le même lit qu'eux. Les bébés kipsigis peuvent ainsi dormir et téter à leur gré sans tirer leur mère du lit.

Ces attitudes face aux horaires des bébés déteignent sur leurs rythmes biologiques. En comparant la routine quotidienne des bébés kipsigis avec celle de bébés de la classe moyenne américaine, les chercheurs Charles Super et Sara Harkness (1982) ont découvert que les nouveau-nés des deux groupes présentaient initialement les mêmes habitudes de sommeil. À la fin de la première année, cependant, les bébés américains dormaient en moyenne beaucoup plus que les bébés kipsigis (15,5 heures par jour contre 11) et leurs périodes de sommeil ininterrompu étaient plus longues. Les chercheurs ont aussi constaté que les bébés américains dormaient environ sept heures par nuit à l'âge de un an, tandis que les bébés kipsigis du même âge dormaient environ deux fois moins longtemps d'un sommeil ininterrompu. En un sens, les nourrissons de la classe moyenne américaine avaient appris à être de « bons bébés » selon les critères de leur culture (autrement dit, ils laissaient leurs parents bénéficier d'une nuit de sommeil ininterrompu); les nourrissons kipsigis, pour leur part, avaient le « droit » de se réveiller plusieurs fois par nuit.

Quelles que soient leurs attentes face aux horaires, les parents devraient bien entendu tenir compte des limites physiologiques des bébés. Un nouveau-né, où qu'il vive, ne peut dormir plus de quatre ou cinq heures d'affilée; certains sont physiologiquement incapables de rester endormis plus d'une ou deux heures consécutives. C'est peut-être trop demander à un bébé que d'insister pour qu'il « fasse ses nuits ». Tenter de repousser les limites d'un cerveau humain immature peut constituer une source de stress et nuire aux enfants qui ne peuvent se montrer à la hauteur des attentes parentales (Cole, 1992).

De fait, les parents dont l'enfant se réveille fréquemment la nuit sont enclins à blâmer leur rejeton et à se faire eux-mêmes des reproches. En Amérique du Nord, la majorité des parents jugent que les habitudes de sommeil de leur bébé posent problème et cherchent des moyens d'allonger ses périodes de sommeil et de réduire la fréquence de ses réveils (Johnson, 1991).

Or, la recherche semble indiquer que c'est aux parents de s'adapter. Les cycles veille-sommeil d'un nourrisson ne sont peut-être problématiques qu'au regard du mode de vie des adultes organisés, pressés et surmenés. Et s'ils se révèlent véritablement problématiques, ils ne devraient surtout pas être interprétés comme des signes de la mauvaise volonté du bébé ou de l'incompétence des parents.

---

lui tend, le nourrisson de six mois accomplit un mouvement efficace du bras et de l'épaule en direction de l'objet. De plus, il est capable de fermer les doigts pour le saisir.

Le développement de la motricité, la capacité d'exécuter des mouvements volontaires (par exemple, saisir des objets et marcher), repose non seulement sur la maturation physiologique, mais aussi sur les efforts que l'enfant lui-même déploie pour maîtriser les composantes successives d'un mouvement complexe.

La motricité confère une indépendance nouvelle à l'enfant et devient de ce fait « un catalyseur du développement » (Thelen, 1987) en mettant le monde à la portée de l'enfant, d'où l'importance de connaître l'ordre et le rythme de l'apparition des habiletés motrices de même que les facteurs susceptibles d'accélérer ou de retarder leur émergence.

Réflexes

Les premières habiletés motrices à se manifester chez l'enfant ne sont pas des habiletés à proprement parler, mais bien des réflexes, c'est-à-dire des réactions involontaires à certains stimuli. Le nouveau-né présente des dizaines de réflexes; certains sont essentiels à sa survie, d'autres disparaissent complètement dans les mois qui suivent la naissance et d'autres encore constituent le fondement des habiletés motrices futures. Tous les réflexes, cependant, sont des signes de la santé neurologique et de la compétence comportementale du nourrisson.

Trois groupes de réflexes sont essentiels à la survie et se renforcent à mesure que le bébé vieillit. Le premier groupe a pour fonction d'assurer l'oxygénation et comprend notamment le réflexe de respiration. Pendant les premiers jours de la vie, la respiration est irrégulière et ponctuée de *hoquets*, d'*éternuements* et de *crachements*, car le nouveau-né s'efforce de coordonner respiration, succion et déglutition.

Le deuxième groupe de réflexes aide les bébés à conserver une température corporelle constante. Les nouveau-nés qui ont froid *pleurent, grelottent* et *replient leurs jambes sur l'abdomen* afin de se réchauffer.

Le troisième groupe de réflexes, enfin, favorise l'alimentation. Ainsi, le réflexe de succion est un mouvement de succion provoqué par tout contact sur les lèvres. Le réflexe des points cardinaux, par ailleurs, aide les bébés à trouver le sein; il consiste en une rotation de la tête en direction d'une stimulation appliquée autour de la bouche. Enfin, la *déglutition* et les *pleurs* provoqués par la faim comptent aussi parmi les réflexes destinés à favoriser l'alimentation.

Le nouveau-né présente également des réflexes qui, sans être essentiels à la survie, témoignent du bon fonctionnement de son cerveau et de son organisme. Par exemple, chez les nouveau-nés à terme et normaux, on observe les cinq réflexes suivants :

1. Ils écartent les orteils en éventail et les relèvent sous l'effet d'une stimulation de la plante du pied (réflexe de Babinski).

2. Ils remuent les jambes comme s'ils s'apprêtaient à marcher quand on les tient debout, les pieds posés sur une surface plane (réflexe de la marche automatique).

3. Ils écartent les bras et les jambes quand on les tient horizontalement, l'abdomen tourné vers le sol (réflexe de natation).

4. Ils agrippent fermement les objets qui touchent leurs paumes (réflexe de préhension).

5. Ils écartent brusquement les bras et les ramènent sur leur poitrine ou ils pleurent et ouvrent grand les yeux à la suite d'un bruit soudain (réflexe de Moro).

Réflexes Réponses physiques involontaires aux stimuli.

Réflexe de respiration Déclenchement automatique de l'inspiration et de l'expiration assurant l'oxygénation et l'élimination du gaz carbonique.

Réflexe de succion Chez le nouveau-né, mouvement de succion provoqué par tout contact sur les lèvres.

Réflexe des points cardinaux Chez le nouveau-né, rotation de la tête en direction d'une stimulation appliquée sur la joue.

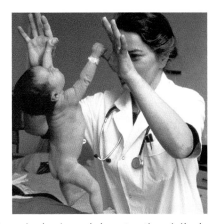

Aux yeux des spécialistes du développement, les réflexes du nouveau-né sont des mécanismes de survie, des signes de la maturation cérébrale et des vestiges de l'évolution. Aux yeux des parents subjugués, les réflexes sont matière à émerveillement. Ci-dessus : un bébé de deux semaines et demie remue vigoureusement les jambes comme s'il s'apprêtait à marcher; un nouveau-né de trois jours, la peau encore fripée par le liquide amniotique, suce son pouce avec délectation; et un nouveau-né s'accroche si fortement aux pouces de l'infirmière qu'il reste suspendu dans les airs.

Aucun de ces cinq réflexes ne subsiste plus de quelques mois. Alors quelle est leur raison d'être ? Les scientifiques pensent que certains sont des vestiges de l'évolution. Ainsi, le réflexe de Moro et le réflexe de préhension auraient permis au bébé de s'accrocher à sa mère, spécialement dans les situations inattendues. D'autres réflexes du nouveau-né, par ailleurs, sont les précurseurs des mouvements volontaires.

Motricité globale

Motricité globale Ensemble des mouvements amples tels que ceux du saut et de la marche.

La motricité globale, c'est-à-dire l'ensemble des mouvements amples, commence à se développer dès les premiers jours de la vie. Les nouveau-nés qu'on couche sur le ventre remuent les bras et les jambes en des mouvements semblables à ceux de la nage et tentent de soulever la tête pour regarder autour d'eux. À mesure que leurs muscles se renforcent, ils essaient d'avancer en poussant des bras, des épaules et du tronc contre la surface sur laquelle ils reposent. À l'âge de six mois, la plupart des nourrissons sont capables de se déplacer en s'aidant de leurs bras, puis de leurs jambes (Chandler, 1990). Entre huit et dix mois, ils rampent en coordonnant les mouvements de leurs mains et de leurs genoux ou autrement, mais certains ne rampent pas. Un ou deux mois plus tard, ils apprennent à grimper.

Comme toute habileté nouvelle, l'action de ramper donne lieu à des découvertes, mais ne va pas sans risques. Capable de se déplacer sans aide, fort de son indépendance, l'enfant explore des endroits qui lui étaient jusque-là inaccessibles, mais il s'expose aux périls des cages d'escalier béantes et des parquets glissants. Chez la plupart des enfants, heureusement, l'habileté à ramper va de pair avec la peur de l'inconnu (voir le chapitre 5) et la prudence tempère ainsi la curiosité.

a)

b)

c)

d)

Étant des jumeaux monozygotes, Nicholas et Daniel acquièrent presque simultanément les diverses habiletés motrices. a) À quatre mois, ils soulèvent la tête et les épaules. b) À six mois, ils s'apprêtent à ramper. c) À huit mois, ils se tiennent debout en se soutenant d'une main. d) À 12 mois, ils marchent.

L'enfant aborde les nouvelles situations avec précaution, quitte à interrompre son exploration pour jeter un coup d'œil à ses parents, attendant un signe d'encouragement ou de désapprobation de leur part. L'action de ramper s'accompagne donc de capacités cognitives, d'interactions sociales et d'une liberté d'action qui donnent à l'enfant de neuf mois une longueur d'avance, c'est le cas de le dire, sur ses cadets (Bertenthal et Campos, 1990).

L'apprentissage de la marche suit une progression analogue : les mouvements réflexes hésitants du nouveau-né disparaissent vers huit semaines et font bientôt place à la démarche coordonnée et rapide de l'enfant de un an (Thelen et Ulrich, 1991). En moyenne, l'enfant est capable de marcher avec un soutien à 9 mois, de se tenir en équilibre pour un bref instant à 10 mois et de marcher sans aide à 12 mois. Il reçoit alors le nom de trottineur, un terme évocateur s'il en est ! Peu de temps après avoir fait ses premiers pas, l'enfant commence à courir.

Outre qu'elles confèrent la liberté de mouvement à l'enfant, l'action de ramper et la marche favorisent d'autres aspects de son développement. Ce n'est pas une coïncidence si la mobilité et l'indépendance s'accompagnent d'une progression fulgurante de la cognition et d'un changement des interactions parent-enfant (nous reviendrons sur le sujet au chapitre 5). De plus, la station debout modifie littéralement le point de vue de l'enfant sur le monde et, en lui laissant les mains libres, lui permet d'amorcer le développement de la motricité fine.

Motricité fine

La motricité fine correspond essentiellement aux petits mouvements des bras, des mains et des doigts. Elle présente plus de difficultés que la motricité globale, car elle suppose la coordination de groupes musculaires encore plus complexes. De la naissance à deux mois, les bébés fixent les objets placés à leur portée et agitent les bras dans leur direction; ils parviennent à y toucher à compter de l'âge de trois mois. Ils ne peuvent cependant saisir et tenir que les objets qu'on place dans leur main. À six mois, leur coordination œil-main est assez développée pour qu'au prix d'une application méritoire ils puissent saisir des objets comme un biberon, un hochet ou les tresses de leur grande sœur. Et dès que les nourrissons sont capables de préhension, ils tâtent tout ce qui leur tombe sous la main, découvrant par la même occasion les propriétés physiques de leur environnement.

L'apparition d'autres habiletés, telles que la capacité de ramasser et de manipuler de petits objets, permet à l'enfant de pousser plus loin ses explorations. Au début, il utilise la main entière, plus précisément la paume et les quatrième et cinquième doigts pour prendre les objets. Il se sert ensuite du majeur et du centre de la paume ou encore de l'index et du côté de la paume. Finalement, entre 9 et 14 mois,

Si la motricité se développe aussi rapidement au cours des deux premières années de la vie, c'est notamment parce que l'enfant ne rate pas une occasion de saisir des objets, de ramper ou de grimper. Et il n'a pas besoin de leçon. Ce petit garçon, par exemple, déplace sa main gauche et son genou droit simultanément au lieu de remuer un seul membre à la fois ou d'avancer le bras et la jambe homolatéraux.

Trottineur   Nom donné à l'enfant de 1 à 2 ans qui commence à marcher.

Motricité fine   Ensemble des mouvements de faible amplitude, ceux des mains et des doigts en particulier, qui permettent par exemple de saisir un objet et de dessiner.

Ⓟ OINT DE MIRE

Rôle de l'inné et de l'acquis dans le développement de la motricité globale

Les facteurs suivants peuvent influer sur le rythme du développement de la motricité globale.

1. Les enfants nés prématurément semblent plus lents que ceux nés à terme. Cependant, si on les compare avec les enfants *conçus* à la même période qu'eux plutôt qu'avec ceux qui sont nés à la même période, on constate très peu de différences.

2. Les enfants ayant un surplus de poids développent les habiletés motrices moins rapidement que les

autres. En effet, leur poids corporel excédant ce que leurs petites jambes peuvent soutenir, il leur est plus difficile de ramper, par exemple.

3. Surprotéger un enfant tend à ralentir son développement, tandis que lui accorder de l'attention et l'encourager ont généralement l'effet contraire. Or, comme les aînés sont souvent plus protégés que leurs frères et sœurs, bien des parents affirment que le développement de leur premier enfant s'est fait plus lentement que celui des autres.

il utilise le pouce et l'index en conjonction. Ravi, il se plaît à ramasser tous les petits objets qu'il aperçoit, des boules de mousse sur le tapis aux insectes dans la pelouse !

Si le développement de la motricité globale favorise le développement de la motricité fine, l'inverse est vrai également. Un enfant qui reste assis sans chanceler, par exemple, est capable de saisir et de manipuler les objets (Rochat et Bullinger, 1994; Rochat et Goubet, 1995). Il peut alors s'accrocher aux pattes de chaise, aux tables et aux barreaux de son lit, se lever puis marcher. Et une fois qu'il marche, rien ne l'empêche plus de pousser, de tirer et de tâter les centaines d'objets même minuscules qui se trouvaient autrefois hors de sa portée.

Rythme du développement

Tous les nourrissons en bonne santé acquièrent les habiletés motrices dans le même ordre, mais pas nécessairement au même âge. Les petits Ougandais sont les marcheurs les plus précoces du monde. À condition d'être bien nourris et bien portants, ils font leurs premiers pas à 10 mois en moyenne. Les petits Français se retrouvent dans les derniers rangs : nombreux sont ceux qui ne commencent à marcher sans aide qu'à l'âge de 15 mois.

Quels sont les facteurs de cette variation ? On peut penser à des facteurs génétiques, mais aussi aux différences surprenantes entre les stratégies qu'utilisent les nourrissons pour maîtriser et coordonner les composantes des mouvements de marche ou de préhension (Thelen et coll., 1993). Enfin, les méthodes d'éducation et le degré de stimulation ont certainement un rôle à jouer. Par exemple, chez les Kipsigis du Kenya et d'autres groupes africains, les bébés sont portés par l'adulte et sont donc bercés continuellement durant son travail. Ce rythme peut leur donner un avantage sur les bébés occidentaux qui passent beaucoup de temps dans leur berceau.

Bref, l'âge auquel *tel bébé* acquiert *telle habileté* dépend de l'interaction de facteurs héréditaires et de facteurs environnementaux. Chaque bébé se développe à un rythme génétiquement déterminé, plus rapidement ou plus lentement que les nourrissons du même groupe ethnique, voire de la même famille; et chaque bébé vit au sein d'une famille et d'une culture qui lui fournissent plus ou moins d'encouragements, d'aliments et d'occasions de s'exercer.

S'il est normal que le rythme de développement de la motricité varie, une lenteur excessive (marquée par un retard de plusieurs mois par rapport aux bébés de la même société et du même groupe ethnique) peut signaler un trouble et exige donc qu'on observe l'enfant de près.

Un bébé doit s'exercer pour acquérir des habiletés motrices, mais il n'a pas besoin d'un entraînement intensif. Ainsi, les petits Algonquins du Québec passent une grande partie de leur première année ficelés sur une planche porte-bébé, mais ils se tiennent assis, marchent et courent au même âge que les nourrissons des autres sociétés.

Capacités sensorielles et perceptives

Les psychologues font une importante distinction entre sensation et perception. Une sensation est un processus de détection par lequel le cerveau se saisit d'un stimulus dans les milieux externe ou interne, tandis qu'une perception est un processus par lequel l'information sensorielle est sélectionnée, organisée et interprétée en représentations mentales utilisables.

Il est évident que les nouveau-nés ont des sensations et des perceptions. Ils voient, entendent, sentent et goûtent, de même qu'ils réagissent à la pression, au mouvement, à la température et à la douleur. Leurs organes sensoriels sont toutefois immatures et réagissent à un spectre plus étroit de stimuli que ceux des adultes. Néanmoins, les stimuli auxquels les bébés réagissent, tels que les formes, le son de la voix humaine, le sucré et l'amer, témoignent d'une certaine relation avec le monde extérieur.

Dans cette section, nous présentons un aperçu des capacités sensorielles et perceptives du nourrisson. Nous traiterons plus loin des dimensions cognitives de la perception chez le bébé.

Sensation Processus de réception, de traduction et de transmission au cerveau de l'information sensorielle provenant des milieux interne et externe.

Perception Processus de sélection, d'organisation et d'interprétation des données sensorielles en représentations mentales utilisables.

Recherche sur la perception chez le nourrisson

Ces vingt dernières années, la recherche sur la sensation et la perception chez le nourrisson a pris un grand essor. Plusieurs avancées technologiques ont permis aux scientifiques de mesurer les capacités sensorielles du bébé et de mieux comprendre les fondements physiologiques de la perception.

Les chercheurs prennent pour point de départ les réponses simples provoquées par un stimulus nouveau pour le bébé, telles que la modification de la fréquence cardiaque, la fixation du regard et, chez les enfants qui usent d'une sucette, l'intensification de la succion. Ces réponses disparaissent lorsque le stimulus se répète et devient familier. S'appuyant donc sur ce phénomène, appelé habituation ou accoutumance, les chercheurs mesurent la capacité de percevoir en mettant à l'épreuve la capacité de distinguer des stimuli très semblables (Bornstein, 1998). Ils présentent un stimulus, un cercle par exemple, au nourrisson jusqu'à ce que survienne l'habituation. Ils présentent alors un second stimulus semblable au premier, mais non identique, un cercle avec un point au milieu par exemple. Si le nouveau stimulus provoque une réaction mesurable chez le nourrisson (comme une modification de la fréquence cardiaque ou une reprise de la fixation du regard), les chercheurs en déduisent qu'il a perçu la différence.

Vision

La vision est le sens le moins développé à la naissance. À cause de l'immaturité de ses réseaux de neurones cérébraux, le bébé ne distingue nettement que les objets situés à une distance de 10 à 75 cm (sa distance focale idéale est de 20 cm, ce qui correspond à la distance qui le sépare du visage de sa mère quand il tète). Toutefois, le système visuel se développant rapidement, à l'âge de 12 mois, le bébé jouit d'une excellente vision (Haith, 1990, 1993).

D'autres capacités visuelles s'améliorent durant la première année grâce à la maturation de l'aire visuelle du cortex cérébral. Un bébé de un mois, par exemple, ne regarde que la périphérie des visages (cheveux, menton). Dès l'âge de trois mois, cependant, l'efficacité du balayage s'accroît et le nourrisson fixe son regard sur les aspects importants d'un stimulus visuel. Aussi peut-il balayer du regard la région des yeux et celle de la bouche, plus riches en information (Aslin, 1988; Braddick et Atkinson, 1988). La vision binoculaire, c'est-à-dire la capacité de voir un même objet avec les deux yeux, apparaît brusquement à l'âge de 14 semaines environ (Held, 1993). La perception du relief et du mouvement s'améliore alors de façon marquée.

Comment le nouveau-né voit-il ? Au cours des premières semaines, il voit sa mère telle qu'elle apparaît en haut. La capacité visuelle se développe graduellement et, à la fin de sa première année, l'enfant présente habituellement une vision de 20/20.

Habituation À la suite de la répétition d'un stimulus, disparition des réponses physiologiques qu'il provoquait initialement.

Vision binoculaire Formation simultanée de deux images légèrement différentes d'un même objet sur la rétine des deux yeux, d'où une vision du relief après traitement cérébral.

À VOUS LES COMMANDES – 4.2

Préférences des enfants quant aux formes

L'étude des préférences visuelles comme méthode d'évaluation des capacités perceptives suppose que si les enfants préfèrent toujours une image à une autre, ils doivent être capables de distinguer les deux images.

Pour réaliser cette expérience, vous devrez fabriquer six stimuli. Tracez trois cercles de 15 cm de diamètre sur une feuille de papier blanc. À l'aide des exemples fournis ci-dessous, dessinez un visage dans un cercle, une cible dans un autre, puis laissez le troisième tel quel. Découpez les trois cercles. Taillez-en deux autres dans du papier de couleur, de préférence un jaune et un rouge, et découpez le sixième cercle dans du papier journal.

Présentez les stimuli, un à la fois, à un enfant âgé entre deux et six mois, et notez le nombre de secondes pendant lesquelles il regarde chaque cercle avant de détourner les yeux. Montrez-lui chaque stimulus au moins deux fois et calculez pour chacun le temps moyen de fixation du regard.

Source : M.W. Matlin et H.J. Foley, *Sensation and Perception*, 3ᵉ édition, Boston, Allyn and Bacon, 1992.

1. Quel âge avait l'enfant qui s'est prêté à l'expérience ?

2. Décrivez, s'il y a lieu, les difficultés que vous avez éprouvées au cours de l'expérience.

3. Dans le tableau suivant, inscrivez le temps moyen, en secondes, que l'enfant a passé à regarder chaque stimulus.

Stimulus	Essai n° 1	Essai n° 2	Moyenne
Visage			
Cible			
Cercle blanc			
Cercle jaune			
Cercle rouge			
Cercle de papier journal imprimé			

Interprétation Vous devriez constater que les jeunes enfants préfèrent, de prime abord, les images simples constituées d'éléments très contrastés. De plus, les chercheurs ont découvert que les enfants préfèrent les lignes courbes aux lignes droites, les images concentriques (comme la cible) aux images non concentriques comme le cercle de papier journal imprimé et les formes aux multiples orientations à celles dont tous les éléments sont orientés dans la même direction.

Préférences visuelles du nourrisson

Nous savons que le nourrisson est *capable* de voir. Mais que *préfère*-t-il voir quand il a le choix ? La recherche sur les préférences visuelles des nourrissons a révélé clairement qu'ils recherchent les stimuli visuels complexes, mais à la mesure de leurs capacités perceptives. Ainsi, ils préfèrent regarder des images nouvelles, des formes complexes, des contrastes et des contours denses. Plus ils vieillissent, d'ailleurs, et plus ils apprécient la nouveauté, les stimuli visuels bizarres ou inhabituels, comme un jouet familier placé à l'envers (Haith, 1980, 1990). La stimulation visuelle est nécessaire au développement du système visuel durant les premiers mois de la vie. De plus, les images complexes contiennent beaucoup d'information et, en éveillant l'intérêt du bébé, elles stimulent son développement cognitif.

Ouïe

L'ouïe du nouveau-né est plus développée que sa vision. Les bruits soudains le font sursauter et pleurer; les sons rythmiques tels que les berceuses et les battements du cœur le calment et l'endorment. En période d'éveil, le bébé tourne la tête pour localiser la source des sons (Clarkson et coll., 1985); il est particulièrement attentif aux sons des voix et des conversations. On sait également que le nouveau-né distingue la voix de sa mère de celle des autres femmes. Comment le sait-on ? En évaluant la réaction du bébé selon son rythme de succion. Quand l'enfant cesse de téter ou diminue son rythme de succion, sa mère, qui lit une histoire, s'arrête et c'est une autre femme qui prend la relève. Lorsque le bébé recommence à téter, la

Le regard attentif de ce bébé de trois mois est signe que son cerveau traite l'information visuelle fournie par le mobile. En plus de captiver les nourrissons, les stimuli visuels intenses sont essentiels au développement des voies visuelles du cortex cérébral.

a)

b)

Cette étude vise à mesurer la capacité de détecter les phonèmes chez un nourrisson. a) Pendant que l'enfant est concentré sur un jouet tenu par l'expérimentatrice, une enceinte acoustique émet un phonème à répétition. b) Le phonème est remplacé par un autre à intervalles irréguliers et, aussitôt, l'un des jouets placés à la droite de l'enfant s'allume et s'anime. b) Après quelques répétitions de ce procédé, l'enfant apprend qu'un changement de phonème annonce le début d'un

fascinant spectacle à proximité. S'il tourne la tête vers la vitrine après l'émission d'un phonème, les chercheurs déduisent qu'il le distingue des autres. (L'expérimentatrice et la mère portent des casques d'écoute spéciaux qui les empêchent d'entendre les phonèmes et de signaler involontairement les changements à l'enfant.)

mère reprend la lecture. L'enfant saisit le procédé, car rapidement son rythme de succion est maintenu : ainsi, c'est la voix de sa mère qu'il veut entendre !

Il y a plus important encore : le nourrisson distingue des phonèmes (éléments sonores du langage articulé) qui ne sont pas utilisés dans sa langue maternelle et que même des locuteurs adultes ne peuvent différencier. Contrairement à leurs parents francophones, par exemple, les nourrissons sont capables de distinguer les divers sons « t » de la langue hindi de même que les consonnes glottales de quelques dialectes amérindiens. Il se trouve des chercheurs pour en déduire que certains éléments de la perception du langage sont innés (Werker, 1989). Les enfants perdent toutefois la capacité de distinguer des phonèmes des langues étrangères au cours de la première année, surtout lorsqu'ils commencent à parler (Werker, 1989). Puis, au début de l'adolescence, de nombreux jeunes sont incapables de percevoir les nuances de prononciation qui n'ont pas de signification particulière dans leur langue maternelle. Un exemple illustre très clairement cette situation. Les adultes chinois qui apprennent l'anglais prononcent « flied rice » plutôt que « fried rice » parce que dans la langue chinoise il n'y a pas de phonème pour distinguer le « l » du « r ». En un sens, la perception du langage s'adapte à l'apprentissage des phonèmes de la langue maternelle. Les expériences sensorielles modifieraient la capacité de percevoir le langage. L'adaptation au contexte marque de nombreux autres aspects de la perception, comme nous le verrons plus loin dans ce chapitre.

Nutrition

Nous avons mentionné précédemment que, dans des circonstances normales, les nourrissons doublent leur poids de naissance en quelques mois. Un rythme de croissance aussi rapide oblige le bébé à s'alimenter environ toutes les trois heures, jour et nuit. L'horaire des tétées, qui peut varier considérablement selon les enfants, ne revêt pourtant pas autant d'importance que la qualité et la quantité globales de l'apport nutritionnel. Une bonne alimentation est essentielle non seulement à la croissance physique, mais aussi au développement du cerveau et à l'acquisition des habiletés.

Régime alimentaire idéal

Le nouveau-né ne peut ni manger ni digérer les aliments solides, mais, grâce aux réflexes des points cardinaux, de succion, de déglutition et de respiration, il est apte à consommer les quantités de nourriture liquide dont il a besoin. Le lait maternel constitue l'aliment de choix dans les premiers mois (Cunningham et coll., 1991),

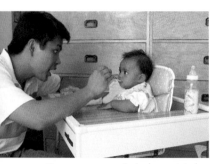

On commence généralement à donner des aliments solides à un enfant lorsqu'il atteint l'âge de six mois. À cet âge, en effet, l'appareil digestif est suffisamment développé et les besoins nutritionnels augmentent. À voir l'expression du père de ce bébé de sept mois, on comprend qu'il n'en est pas à sa première expérience. Il ouvre grand la bouche en avançant la cuillère pour inciter sa petite fille à en faire autant.

et c'est du reste celui que recommande l'Organisation mondiale de la santé (UNICEF, 1990). Le lait maternel est toujours stérile et toujours à la température du corps; il contient du fer, des vitamines et des anticorps maternels qui protègent le nourrisson contre des maladies comme les oreillons, la poliomyélite et certains types de grippe. Il fournit également une certaine protection contre la plupart des maladies infantiles répandues (Beaudry et coll., 1995; Dewey et coll., 1995)[1]. Il ne faut pas oublier que le lait maternel peut être donné dans un biberon. Certaines femmes souffrant de mastite ou d'autres problèmes mineurs peuvent extraire leur lait à l'aide d'un tire-lait et le faire boire à leur bébé par la suite. Soulignons enfin que plusieurs raisons peuvent amener une mère à ne pas allaiter son bébé. Cette décision relève d'un choix personnel et doit être respectée.

Le lait maternel ou le lait maternisé suffisent à l'enfant jusqu'à l'âge de six mois. À compter de cet âge, il faut commencer à lui présenter des aliments solides tels que des purées de céréales, de fruits, puis de légumes, de viande et de poisson (Purvis et Bartholmey, 1988). Le régime alimentaire d'un enfant de un an devrait comprendre tous les aliments nutritifs que le reste de la famille consomme, ou devrait consommer.

Puisque le cerveau se développe rapidement au cours de la petite enfance, un apport insuffisant de nutriments peut entraver le développement intellectuel pen-

LES UNS ET LES AUTRES

Malnutrition et sous-nutrition

Divers troubles de la nutrition affectent des personnes de tout âge. La malnutrition constitue cependant le plus grave et le plus répandu d'entre eux pendant la petite enfance. Environ 7 % des enfants en bas âge souffrent de malnutrition grave dans le monde; la proportion dépasse les 50 % dans des pays comme le Pérou, le Soudan et les Philippines (Nations Unies, 1994). Les conséquences de la malnutrition sont dramatiques : arrêt de la croissance, atrophie des tissus et mort dans certains cas.

Moins apparente, mais beaucoup plus répandue que la malnutrition, la sous-nutrition fait, selon les Nations Unies, 188 millions de jeunes victimes; elle toucherait 56 % des enfants dans les pays les moins développés (UNICEF, 1994). Dans les pays industrialisés, le pourcentage d'enfants mal nourris varie entre 3 % et 15 %, selon les estimations. Et ces chiffres ne tiennent pas compte de tous les enfants qui souffrent de carences en vitamines et en minéraux.

La sous-nutrition chez les enfants est habituellement causée par un ensemble complexe de facteurs interdépendants, les principaux étant de nature sociale et familiale. Le phénomène est particulièrement manifeste dans les pays dont la population entière est sous-alimentée. Les politiques socio-économiques de ces pays traduisent parfois l'indifférence ou l'impuissance des gouvernants.

Dans les pays industrialisés, les facteurs de la sous-nutrition sont généralement liés à des caractéristiques du milieu familial : mères déprimées (Drotar, 1990), parents inflexibles qui ne s'adaptent pas à l'horaire irrégulier de leur enfant, parents qui ignorent tout simplement les besoins nutritionnels d'un nourrisson.

Compte tenu de la complexité des facteurs de la sous-nutrition, il est réducteur de l'associer uniquement à la pauvreté et vain de chercher à l'éliminer en ne distribuant que des aliments gratuits aux familles pauvres (Ricciuti, 1991). Pour éliminer le fléau des carences nutritionnelles, il faut tenir compte du contexte global, élaborer des politiques sociales à large spectre et notamment sensibiliser les parents à l'importance d'une alimentation équilibrée.

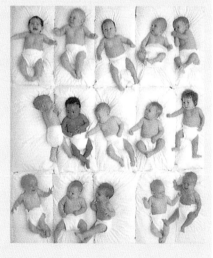

Les variations de l'apparence, de la vigueur et de la taille de ces nourrissons sont normales et traduisent l'influence de facteurs génétiques. Si l'échantillon est représentatif, toutefois, au moins un de ces bébés est sous-alimenté et un est suralimenté. Les bébés sous-alimentés n'ont pas l'énergie nécessaire pour croître normalement et exprimer de la curiosité; les bébés suralimentés, quant à eux, acquièrent lentement les habiletés motrices et, plus tard dans la vie, peuvent être sujets à une série d'affections, dont l'asthme et les maladies cardiaques.

---

1. L'hôpital Sainte-Justine a publié en 1999 un document intitulé *À fleur de peau... ou l'allaitement maternel* qui décrit les avantages de l'allaitement maternel à la fois pour le bébé et pour la mère.

dant des années. Aussi ne faut-il pas s'étonner que les études longitudinales menées auprès d'enfants au Mexique, au Kenya, en Jamaïque, à la Barbade, en Europe et en Amérique du Nord révèlent que les nourrissons qui souffrent de sous-nutrition sont sujets à des troubles d'apprentissage, et particulièrement aux difficultés de la concentration et du langage, pendant toute leur enfance et leur adolescence (Dobbing, 1987; Galler, 1989; Grantham-McGregor et coll., 1994). Les mêmes études indiquent cependant que l'apport ultérieur de soins adéquats (sur le plan nutritionnel, mais aussi cognitif et social) peut remédier aux déficits entraînés par la malnutrition grave (Ricciuti, 1991; Super et coll., 1990).

La recherche sur la nutrition fait écho au principe de base du développement biosocial dont il a été question jusqu'ici, c'est-à-dire à l'influence de la dimension sociale sur la maturation du cerveau et la croissance physique. Celles-ci répondent à des directives génétiques, mais nécessitent également un environnement propice à leur développement optimal. Gardez ce principe à l'esprit en étudiant la section suivante, car le développement cognitif subit lui aussi la double influence de l'héritage biologique et du soutien social.

 DÉVELOPPEMENT COGNITIF

Si le rythme de la croissance physique pendant la petite enfance vous a impressionné, attendez d'apprendre à quelle vitesse se déroule le développement cognitif ! À la fin de sa première année, et souvent beaucoup plus tôt, le nourrisson a une compréhension élémentaire des nombres et des caractéristiques des objets et des personnes, telles que leurs limites et leur permanence dans le temps et l'espace. Il manifeste aussi une certaine aptitude à la résolution de problèmes et il a commencé à parler. On dirait que le nouveau-né possède non seulement les outils intellectuels nécessaires pour appréhender la complexité du monde, mais aussi la motivation de le faire. À la fin de sa deuxième année, le trottineur forme de courtes phrases, réfléchit aux situations avant d'agir et joue à faire semblant d'être une autre personne ou un objet tout en sachant pertinemment qu'il n'est ni une mère ni un avion.

Dans cette section, nous examinerons les causes et les modalités des accomplissements qui marquent les deux premières années de la vie. Nous nous pencherons tout d'abord sur les mécanismes d'interprétation qui permettent au nourrisson de comprendre ses expériences sensorielles et d'en tirer parti sur le plan intellectuel. Nous étudierons ensuite l'apparition de capacités cognitives telles que la mémoire, l'émergence de l'intelligence sensorimotrice et l'acquisition du langage. Nous brosserons ainsi un tableau d'ensemble des progrès cognitifs remarquables qu'accomplit l'enfant de la naissance à deux ans.

Perception et cognition

L'enfant possède, dès ses premiers jours, des capacités sensorielles que les chercheurs ne soupçonnaient même pas il y a quelques années. Comme nous venons de le voir dans ce chapitre, il manifeste des préférences, recherche la nouveauté et la stimulation, et fait la distinction entre le familier et l'inusité. Mais comment interprète-t-il ce qu'il vit ? L'étude de cet aspect de la perception, qui est lié de près au développement cognitif, révèle que le bébé est un interprète dynamique et déterminé.

Jean Piaget fut le premier théoricien à mettre en valeur le fait que les enfants apprennent activement en faisant appel à leurs capacités sensorielles. Nous avons présenté la théorie de Piaget au chapitre 2 et nous traiterons de son concept d'*intelligence sensorimotrice* plus loin dans le présent chapitre. Pour l'instant, référons-nous à Eleanor et James Gibson, qui ont orienté une partie des recherches contemporaines sur le développement cognitif des enfants avec leurs travaux sur les rapports entre perception et cognition.

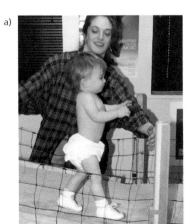

a) Comme les autres bébés de 14 mois que Karen Adolph a observés, Lauren perçoit qu'un plan légèrement incliné se prête à la marche et, par conséquent, elle avance avec assurance. b) Placée ensuite sur un plan très incliné, Lauren fait comme les autres marcheurs de l'étude et perçoit la possibilité d'une chute; elle choisit donc de s'asseoir et de glisser. c) À l'âge de huit mois et demi, Jack ne possède pas autant d'expérience que sa camarade Lauren. Il franchit tous les plans inclinés, peu importe leur pente, en rampant, quitte à faire un plongeon.

Constance perceptive Invariabilité d'une perception, maintenue en dépit des variations de l'information sensorielle.

Perspective contextuelle des Gibson

La prémisse des Gibson est que la perception ne constitue nullement un phénomène automatique uniforme chez tous les individus. Il s'agirait plutôt d'un processus cognitif actif par lequel chaque personne interagit sélectivement avec toute une gamme de possibilités de perceptions et d'actions (Gibson, 1969, 1982; Gibson, 1979).

Selon les Gibson, tous les objets présentent à celui qui les perçoit de nombreuses possibilités d'interactions. Un citron, par exemple, offre à celui qui le perçoit la possibilité de sentir, de goûter, de toucher, de regarder, de lancer, de presser. La perception de ces possibilités d'interactions dépend du niveau de développement de la personne, de ses expériences passées, de ses besoins actuels, des connaissances qu'elle possède à propos des usages possibles de l'objet, de sa créativité.

Ces possibilités d'interactions ne résident pas seulement dans les propriétés objectives de l'objet lui-même, mais en grande partie aussi dans la manière dont l'individu perçoit subjectivement l'objet (Ruff, 1984).

Le fait pour un objet d'avoir une taille, une forme, une texture et une position dans l'espace qui le rendent apte à être saisi compte parmi les premières possibilités d'interactions que le nourrisson a besoin de percevoir. Il s'agit d'une donnée cruciale pour lui puisqu'il acquiert beaucoup d'information sur le monde en manipulant des objets (Palmer, 1989; Rochat, 1989).

C'est ainsi qu'on peut comprendre la méthode d'exploration des visages qu'emploient les bébés. À compter du moment où ils maîtrisent les mouvements du bras et de la main, ils empoignent immédiatement tous les visages situés à leur portée. Et ils tirent de préférence sur les parties les plus préhensibles : le nez et les oreilles ou, mieux encore, les lunettes, les boucles d'oreilles et les longues barbes !

Les bébés discernent très tôt les possibilités de succion, de bruit et de mouvement que présentent les objets. Ils sont même capables de percevoir une même possibilité d'interaction dans des objets différents (les hochets, les fleurs et les sucettes sont tous préhensibles) et des possibilités différentes dans des objets semblables (dans un groupe d'objets de forme, de taille et de couleur semblables, les objets duveteux se prêtent mieux au tapotement et les objets caoutchouteux à la pression) (Palmer, 1989).

À mesure que le bébé se familiarise avec les objets qui l'entourent, sa perception de leurs possibilités d'interactions évolue. Les possibilités offertes par un plan incliné, par exemple, sont l'ascension et la descente, mais aussi, peut-être, la chute. Selon son degré d'expérience, le nourrisson en percevra une, deux ou trois (Adolph et coll., 1993a, 1993b).

Constances perceptives

À trois mois, un nourrisson peut distinguer les limites d'objets tridimensionnels séparés; quelques mois plus tard, il discerne celles d'objets partiellement superposés, comme le sont les objets en mouvement (Flavell et coll., 1993; Haith, 1980; Spelke, 1988, 1991). C'est à cette époque qu'apparaît la constance perceptive, c'est-à-dire l'invariabilité d'une perception, maintenue en dépit des variations de l'information sensorielle (Huffman, 2000). Le ballon placé à l'autre bout de la pièce paraît plus petit. Le cube placé sous un nouvel angle paraît d'une forme générale différente. Il est important de noter que le développement cognitif en général et la perception des possibilités d'interactions que présentent les objets en particulier seraient impossibles sans ces remarquables progrès liés aux constances perceptives, dont celles de la taille, de la forme, de la couleur et de la clarté.

Perception du mouvement

Le mouvement joue un rôle capital dans la perception des propriétés des objets et dans le développement des habiletés perceptives et cognitives en général (Bornstein et Lamb, 1992; Flavell et coll., 1993). De fait, les nourrissons possèdent une per-

D'après l'angle de son bras et la flexion de son poignet, il semble que cette petite fille perçoit la constance du chien. Autrement dit, elle comprend que cette masse de poils demeure une seule et même entité, qu'elle reste assise, qu'elle se roule dans le sable ou encore qu'elle marche sur la plage.

ception du mouvement. Il s'agit du reste d'un atout quand on vit dans un monde où les stimuli ne cessent de se déplacer dans le champ de vision. Le mouvement attire l'attention du bébé, fait ressortir certaines caractéristiques d'un objet (telles ses limites) et produit des changements de perception qui permettent au nourrisson de découvrir les autres attributs des objets.

Comme les mouvements des objets, ceux du bébé lui-même favorisent le développement des habiletés sensorielles et perceptives (Bertenthal et Campos, 1990). En rampant, en marchant et en grimpant, le bébé perçoit et examine un grand nombre de nouveaux objets, change de point de vue sur les choses et emmagasine d'importantes données sur le monde qui l'entoure.

Coordination des systèmes sensoriels

Dès que les chercheurs eurent compris que les habiletés perceptives se développaient très tôt, ils se penchèrent sur la perception intermodale, c'est-à-dire sur la capacité d'intégrer l'information perceptive provenant des différents systèmes sensoriels. Par exemple, quand nous sommes assis au coin du feu, c'est grâce à la perception intermodale que nous comprenons que la chaleur, le crépitement, l'odeur de fumée et la lueur dansante n'ont en fait qu'une seule et même source.

Même les nouveau-nés sont capables, dans une certaine mesure, de perception intermodale. On les voit, par exemple, chercher la source d'un son, même si ce n'est pas toujours dans la bonne direction. Dès l'âge de trois mois, cependant, les bébés se tournent dans la bonne direction et, mieux encore, ils ont une idée vague des sons susceptibles d'accompagner les différents événements (Walker, 1982). Ils associent, par exemple, une voix d'homme à l'image d'un homme qui parle et une voix de femme à l'image d'une femme qui parle (Walker-Andrews et coll., 1991). En outre, ils regardent plus attentivement les films si les lèvres des personnages remuent en synchronisme avec les phonèmes qu'ils entendent (Kuhl et Meltzoff, 1988). En d'autres termes, les nourrissons lisent sur les lèvres avant même de comprendre les mots !

Puisque les bébés de six mois et moins sont capables d'associer des images à des sons, on peut penser qu'ils font plus qu'associer des rythmes visuels et auditifs. Ils semblent accomplir une tâche beaucoup plus complexe et beaucoup plus cérébrale : ils transforment un type d'information sensorielle en une attente, puis associent cette attente à un autre type d'information sensorielle.

En effet, la recherche sur la perception transmodale fournit d'autres indices à l'appui de l'intégration cognitive de l'information perçue. La perception transmodale est la capacité de s'appuyer sur un type d'information sensorielle pour en imaginer un autre. C'est cette forme de perception qui est à l'œuvre lorsque vous parlez à un inconnu au téléphone et que vous imaginez son physique, ou quand vous voyez un aliment et que vous imaginez sa saveur. Bien entendu, la perception transmodale est très rudimentaire chez le nourrisson, mais son existence n'en a pas moins été attestée à maintes reprises (Rose et Ruff, 1987; Spelke, 1987).

Une falaise visuelle est une surface aménagée de telle manière qu'elle paraît affaissée d'un côté (sur la gauche ici). La réaction du bébé à ce dispositif témoigne du dynamisme de sa perception. Placés au bord d'une falaise visuelle, les bébés de plus de huit mois hésitent. Leur fréquence cardiaque s'accélère. Ils refusent d'avancer même si leur mère les y incite. Par contre, les enfants plus jeunes qui ne savent pas encore ramper ne manifestent aucun signe de frayeur (Gibson et Walk, 1960).

Grâce à la perception intermodale, cette petite fille associe l'apparence de l'éponge à sa texture et à ses possibilités de torsion.

Perception intermodale Capacité d'associer l'information provenant d'un système sensoriel (comme la vision) à l'information provenant d'un autre système sensoriel (comme l'ouïe).

Perception transmodale Capacité de s'appuyer sur un type d'information sensorielle pour en imaginer un autre.

La meilleure preuve que les nourrissons peuvent transférer une information d'un système sensoriel à un autre vient d'expériences dans lesquelles on les amène à se créer une attente visuelle par le toucher. Ainsi, on laisse les petits manipuler un objet qu'ils ne voient pas, puis on leur montre deux objets, dont l'un est celui qu'ils viennent de manipuler. En analysant le regard des nourrissons, les chercheurs ont pu déterminer si les petits distinguaient l'objet qu'ils avaient manipulé de l'autre. Dans l'une de ces expériences, des bébés de deux mois et demi manipulaient à l'aveugle soit un anneau de plastique, soit un disque plat. Le regard fixe que la plupart des nourrissons portaient sur l'objet qu'ils avaient manipulé auparavant révéla qu'ils « reconnaissaient » cet objet (Streri, 1987).

Devant la rapidité et, semble-t-il, la facilité des progrès perceptifs chez le nourrisson, certains chercheurs hésitent entre deux conclusions : soit que les habiletés perceptives élémentaires sont innées, soit que le nourrisson possède dès la naissance l'aptitude et la motivation nécessaires pour les acquérir rapidement (Spelke, 1991). Quelle que soit l'explication qu'on donne au phénomène, on doit admettre que le très jeune enfant ne fait pas qu'absorber passivement les sensations : il les analyse, les interprète et les intègre, se renseignant ainsi sur le monde qui l'entoure. Ces capacités le poussent alors sur la voie du développement cognitif et, dans ce domaine aussi, il effectuera des progrès rapides.

Éléments clés du développement cognitif

Le nourrisson acquiert une large part de ses connaissances sur le monde grâce au développement de ses habiletés perceptives. Les propos que nous avons tenus jusqu'à maintenant l'ont clairement démontré. Ces habiletés sont autant d'outils rudimentaires au moyen desquels le nourrisson commence à structurer l'information tirée de ses expériences. Jour après jour, il ouvre les yeux sur un monde de plus en plus cohérent et prévisible. Cette structuration repose sur des capacités que nous allons étudier dans les sections qui suivent : le classement, l'élaboration de la permanence de l'objet, la mémoire et la compréhension des relations causales.

Classement

Dès son plus jeune âge, l'enfant coordonne ses perceptions et les organise en catégories. Il découvre l'existence d'objets doux ou durs, plats ou ronds, rigides ou flexibles, etc. À partir du moment où un nourrisson a classé un objet, il entretient une série d'attentes à son sujet et il peut le distinguer des objets d'autres catégories.

Comment les spécialistes du développement se renseignent-ils sur la capacité de classer d'une personne incapable d'énoncer verbalement des catégories ? Ils mesurent l'habituation, la disparition graduelle d'une réponse à la suite d'une répétition du stimulus. Ainsi, ils présentent à un bébé quelques objets d'une même catégorie (des cercles de diamètres différents, par exemple) jusqu'à ce que l'habituation se produise. Ils présentent ensuite deux nouveaux objets, un de la catégorie précédente (un autre cercle) et un d'une catégorie différente (un carré). Des signes comme une fixation du regard, une accélération de la fréquence cardiaque ou une observation prolongée du nouvel objet laissent supposer que l'enfant distingue les objets en fonction de leur forme.

Ce procédé révèle que les enfants de moins de six mois sont capables de distinguer les objets en fonction de la forme, de la couleur, de l'angularité, de la densité, de la taille et du nombre (jusqu'à trois) (Caron et Caron, 1981; Van Loosbroek et Smitsman, 1990; Wynn, 1992). De même, sur le plan sonore, ils peuvent distinguer les phonèmes (Quinn et Eimas, 1988).

Bien que de nombreux chercheurs pensent que la compréhension élémentaire de certaines catégories du monde naturel a des fondements biologiques, il semble-

À VOUS LES COMMANDES – 4.3

Exploration active

La curiosité d'un enfant peut compliquer la vie des parents, surtout lorsque ces derniers ne comprennent pas que l'exploration active est un aspect fondamental du développement cognitif. Xavier, huit mois, en visite chez sa grand-tante, aime qu'elle le prenne dans ses bras pour faire le tour de la maison et actionner chaque interrupteur. Quel plaisir d'allumer et d'éteindre la lumière ! D'autant plus que les interrupteurs sont différents dans chaque pièce et exigent donc des actions à la fois semblables et variées qui mènent à un succès extraordinaire : lumière et obscurité à volonté !

Énumérez quelques-unes des activités favorites d'un trottineur et donnez des exemples de situations cocasses ou exaspérantes. La liste pourrait commencer ainsi :

- Les trottineurs adorent faire apparaître et disparaître des choses. Ils peuvent faire tomber de la nourriture sur le plancher depuis la chaise haute; lancer des jouets hors du parc; faire passer une brosse à dents dans les toilettes; éteindre, allumer et éteindre de nouveau le téléviseur...

- Les trottineurs aiment bien mettre les choses les unes dans les autres. Ils tentent donc parfois de loger des petits pois dans leurs narines ou leurs oreilles, de mettre des épingles à cheveux dans les prises de courant, leurs doigts dans la bouche de leurs parents et à peu près n'importe quoi dans la leur. (Cette propension est malheureuse et explique pourquoi les décès par empoisonnement sont assez fréquents chez les enfants de 1 an).

Si vous désirez observer le comportement d'un de ces petits aventuriers, entourez un enfant âgé entre 12 et 18 mois de jouets et d'autres objets intéressants.

Vous pourriez aussi profiter de l'occasion pour voir l'apprentissage social en action. Demandez aux parents de jouer avec un jouet d'une façon nouvelle, de manière à capter l'attention de l'enfant (s'en servir pour faire du bruit, par exemple), puis de le lui remettre. Habituellement, l'enfant imite ce que ses parents ont fait.

Les nourrissons saisiraient la différence entre un et deux objets et, dans certains cas, entre deux et trois objets. Cette petite fille de cinq mois semble étonnée de ne voir que deux poupées en face d'elle. N'y en avait-il pas trois une seconde plus tôt ? La troisième, comme le montre la photo, a été subrepticement retirée par l'expérimentateur pendant qu'un écran masquait momentanément les poupées. Karen Wynn (1992), entre autres chercheurs, estime qu'une telle réaction de surprise pourrait traduire une certaine compréhension innée des nombres.

rait que l'expérience constitue l'un de ses principaux facteurs. En vieillissant, les enfants effectuent des classements de plus en plus complexes; à l'âge de un an, ils peuvent distinguer et classer les visages (Sherman, 1985), les animaux (Younger, 1990, 1993) et même les oiseaux (Roberts, 1988).

Les classements qu'effectue le nourrisson sont simples, certes, mais ils n'en préparent pas moins les progrès cognitifs ultérieurs. De plus, ils lui permettent d'organiser mentalement sa vision du monde, des êtres et des objets qu'il rencontre.

Permanence de l'objet

Le bébé appréhende la réalité à travers sa vision, son ouïe et ses autres sens. Aussi la permanence de l'objet, ou capacité de comprendre que les êtres et les objets existent indépendamment de la perception qu'on en a, constitue-t-elle l'une des principales acquisitions chez le nourrisson. Son élaboration intéresse tout particulièrement les chercheurs qui étudient le développement cognitif.

Pour vérifier si un enfant a acquis la permanence de l'objet, Piaget a utilisé une procédure qui rappelle un jeu que les parents exploitent souvent pour amuser leur bébé. D'abord, on attire l'attention du bébé sur un objet intéressant (par exemple un ourson qui fait du bruit). Quand l'enfant manifeste son intérêt en tentant de prendre l'objet, on place celui-ci sous une couverture. Si l'enfant soulève la couverture pour récupérer l'objet, c'est qu'il a la capacité de reconnaître que cet objet continue d'exister même quand il est momentanément invisible. C'est à cette période qu'il s'intéresse à ce qui se trouve dans les armoires et les tiroirs. Mais comment se développe cette capacité de la permanence de l'objet ? Plusieurs étapes ont

Permanence de l'objet Chez le nourrisson, capacité de reconnaître que les êtres et les objets continuent d'exister même quand il lui est impossible de les voir, de les toucher ou de les entendre.

TABLEAU 4.1	Étapes du développement de la permanence de l'objet.
Âge	**Capacité**
De 0 à 4 mois	Aucune manifestation de la permanence de l'objet.
De 4 à 8 mois	Recherche efficace d'un objet partiellement caché derrière un écran.
De 8 à 12 mois	Capacité de suivre un déplacement visible : recherche efficace d'un objet caché derrière un écran.
De 12 à 18 mois	Capacité de suivre des déplacements visibles : recherche efficace d'un objet caché derrière des écrans successifs.
De 18 à 24 mois	La permanence de l'objet est établie. Capacité de suivre les déplacements invisibles : l'enfant peut déduire qu'un objet caché, puis déplacé et sorti de son champ visuel peut se retrouver dans un nouvel endroit.

Jouer à coucou est un excellent moyen d'amuser un enfant de 8 mois et de vérifier de manière non scientifique s'il a acquis la permanence de l'objet. Cette faculté devient assez développée chez l'enfant de 11 mois pour que les parents puissent inventer des variantes du jeu.

été identifiées par Piaget : 1) le nourrisson ne manifeste aucun comportement associé à la permanence de l'objet; 2) entre 4 et 8 mois, le bébé cherche l'objet caché (par exemple l'ourson sous la couverture) seulement si une partie de l'objet est visible; 3) le bébé cherche l'objet caché derrière un écran s'il a pu suivre le mouvement de l'objet (déplacement visible vers la cachette); 4) le bébé cherche l'objet caché derrière un premier écran, puis déplacé devant lui et caché derrière un deuxième écran; 5) l'enfant peut non seulement suivre les déplacements visibles de l'objet, mais même ses déplacements invisibles. Par exemple, si on place devant l'enfant un objet dans une enveloppe et qu'ensuite on le déplace derrière des écrans successifs, il cherchera avec succès l'objet en question (voir le tableau 4.1). Bien sûr, le niveau atteint à chacune de ces étapes indique la limite de l'étape précédente.

Est-ce à dire que l'enfant de moins de huit mois qui ne cherche pas un objet complètement caché n'a pas acquis la permanence de l'objet ? En vérité, la recherche d'un objet dissimulé nécessite de nombreuses habiletés (Harris, 1987; Ruff, 1982) et repose sur plusieurs facteurs. Se pourrait-il, alors, que les nourrissons possèdent la permanence de l'objet, mais que cette capacité soit masquée par d'autres facteurs quand ils subissent le test de Piaget ?

Renée Baillargeon et ses collègues ont tenté de répondre à cette question en menant une série d'expériences fondées sur le phénomène de l'habituation. L'une d'elles consistait à placer des bébés de trois mois et demi et de quatre mois et demi devant un grand écran qui oscillait en décrivant un arc de 180 degrés (voir la figure 4.3). Au moment où les enfants détournaient le regard à la suite de l'habituation, un expérimentateur plaçait, sous leurs yeux, une boîte dans la partie arrière de la trajectoire. L'écran recommençait à monter et, une fois à la verticale, dissimulait la boîte. Suivaient alors deux conditions expérimentales. Dans la première, nommée « événement possible », l'écran continuait à se déplacer jusqu'à ce qu'il heurte la boîte et, logiquement, s'arrête. Dans la seconde, nommée « événement impossible », l'écran décrivait la totalité de l'arc de 180 degrés comme s'il n'y avait pas de boîte pour l'arrêter. De fait, il n'y en avait pas : l'expérimentateur l'avait fait tomber dans une trappe avant que l'écran ne la heurte. Renée Baillargeon découvrit que les bébés de quatre mois et demi fixaient beaucoup plus longtemps l'« événement impossible » que l'« événement possible », comme s'ils avaient saisi qu'il s'agissait d'un phénomène improbable. La chercheure nota que, pour s'étonner de l'événement, les bébés devaient : a) tenir pour acquis que la boîte continuait d'exister derrière l'écran; b) saisir que l'écran ne pouvait traverser l'espace occupé par la boîte; c) par conséquent, s'attendre à ce que l'écran s'arrête lors de l'événement impossible (Baillargeon et DeVos, 1992).

Baillargeon et ses collègues ont ensuite conçu diverses expériences pour étayer l'hypothèse selon laquelle les nourrissons développeraient la permanence de l'objet

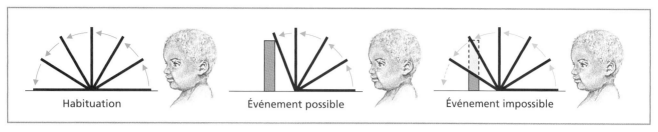

Figure 4.3   *Renée Baillargeon a utilisé ce dispositif pour vérifier la permanence de l'objet chez des nourrissons. Les résultats du test n'étaient liés ni à la capacité ni à la motivation de chercher l'objet. Dans un premier temps, un expérimentateur faisait osciller l'écran jusqu'à ce que les nourrissons manifestent les signes de l'habituation. Ensuite, sous les yeux des bébés, il plaçait une boîte sur la trajectoire de l'écran. Les bébés observaient alors deux événements : le mouvement de l'écran était arrêté par la boîte (« événement possible ») et le mouvement de l'écran se poursuivait comme si la boîte n'existait pas (« événement impossible »). Les bébés de quatre mois et demi fixaient l'événement impossible plus longtemps que l'événement possible, indiquant par là qu'ils reconnaissaient l'existence de la boîte malgré l'écran qui la cachait.*

plusieurs mois avant de la manifester en cherchant un objet dissimulé (Baillargeon, 1991; Baillargeon et DeVos, 1992; Baillargeon et coll., 1990). Selon la chercheure, ce seraient les habiletés motrices nécessaires pour réussir le test de Piaget que les bébés de moins de huit mois ne posséderaient pas encore.

Mémoire

Aucune habileté cognitive ne pourrait se développer sans la mémoire. Or, des chercheurs ont réussi à évaluer la mémoire des nourrissons. Évidemment, les petits bébés n'ont pas la mémoire très longue. Comparés avec les enfants de un an, ils ont plus de difficulté à former de nouveaux souvenirs et ils les conservent moins longtemps. Cependant, leur mémoire s'améliore considérablement à trois conditions : 1) si les situations sont soigneusement adaptées aux capacités mnésiques qu'ils peuvent démontrer dans la vie quotidienne; 2) s'ils sont fortement motivés à se rappeler; 3) si on prend des mesures spéciales pour favoriser la récupération.

Une série d'expériences se distingue parmi toutes celles qui ont été réalisées à propos de la mémoire du nourrisson. Elles consistaient à apprendre à des bébés de trois mois à bouger le pied pour actionner un mobile (Rovee-Collier, 1987, 1990; Rovee-Collier et Hayne, 1987). Les chercheurs plaçaient un mobile multicolore au-dessus du berceau et le reliaient par un ruban à un des pieds du bébé. Presque tous les nourrissons apprirent sans tarder à donner des coups de pied pour faire bouger le mobile. Mais allaient-ils se souvenir de l'expérience ?

Les chercheurs installèrent le dispositif de nouveau une semaine plus tard. La plupart des enfants se mirent à donner des coups de pied, démontrant ainsi qu'ils se rappelaient le lien entre le coup de pied et la rotation du mobile. Quant aux bébés observés *deux* semaines après l'expérience initiale, ils avaient oublié. Les chercheurs en ont déduit que les souvenirs disparaissent au bout d'une semaine seulement chez les bébés de trois mois.

Une autre expérience les fit nuancer leur opinion en révélant que les nourrissons étaient *capables* de conserver un souvenir pendant deux semaines si on leur rafraîchissait la mémoire avant de les mettre à l'épreuve (Rovee-Collier et Hayne, 1987). Durant cette session de rappel, les bébés n'étaient pas attachés au ruban et ils étaient placés de façon à ne pas pouvoir donner de coup de pied. Ils regardaient simplement le mobile qu'un expérimenteur dissimulé faisait bouger. Le lendemain, après les avoir rattachés au ruban et installés pour qu'ils puissent bouger les jambes, les bébés se sont souvenus de donner des coups de pied, comme ils avaient appris à le faire deux semaines avant. C'est un peu comme si en regardant bouger le mobile la veille, ils avaient réactivé leur mémoire de l'expérience.

En vieillissant, les enfants parviennent à retenir l'information pendant des périodes de plus en plus longues, et ce, avec de moins en moins d'exercice et

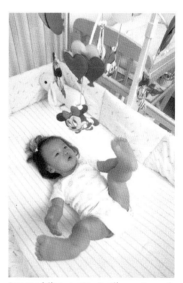

Les mobiles, surtout s'ils sont musicaux et vivement colorés, fascinent le nourrisson, car ils lui fournissent le type d'expériences perceptives dynamiques et intermodales qu'il recherche. Si la fascination cède le pas à l'ennui au bout de quelques semaines — manifestation de l'habituation —, c'est que les souvenirs du nourrisson sont plus durables, à certains égards, qu'on ne le croyait auparavant.

d'aide-mémoire. Vers la fin de la première année, la mémoire s'enrichit d'une nouvelle dimension : le nourrisson peut se rappeler des comportements qu'il a observés sans jamais les avoir expérimentés lui-même. Puis, au milieu de sa deuxième année, l'enfant parvient à se rappeler des enchaînements complexes d'événements et à généraliser ses souvenirs. En visite chez ses grands-parents, il se souviendra où se trouve la cachette des bonbons; il se souviendra qu'il peut faire de la musique en appuyant sur les touches du piano; il se souviendra dans quelle pièce ses grands-

RECHERCHE

Les nourrissons ont-ils une mémoire à long terme ?

La plupart des adultes gardent peu de souvenirs de leur petite enfance. Plusieurs chercheurs ont attribué l'amnésie infantile à la différence entre les processus mnésiques du bébé — certaines parties du cerveau n'étant pas arrivées à maturation — et ceux de l'enfant plus âgé (Siegler, 1991). Chez le nourrisson, par exemple, les souvenirs sont vraisemblablement stockés et récupérés en fonction des sensations et des habiletés motrices associées aux événements et aux objets. Chez l'enfant plus âgé, par ailleurs, les souvenirs sont habituellement liés à des concepts complexes à caractère verbal. C'est pourquoi les souvenirs emmagasinés pendant la petite enfance, pour autant qu'il y en ait, sont très difficiles à recouvrer ultérieurement.

Est-il néanmoins possible que les nourrissons forment des souvenirs durables pouvant être réactivés au moyen d'indices appropriés ? Pour répondre à la question, les chercheurs ont tenté de vérifier si les enfants sont capables de se rappeler des expériences précises de leur petite enfance. Les résultats les ont laissés pantois !

Les chercheurs ont commencé par enseigner à des bébés de 6 mois, en une unique séance de 20 minutes, à saisir un jouet suspendu au moment où il émettait un bruit, sous un éclairage normal d'abord, puis dans l'obscurité (Perris et coll., 1990). Deux ans plus tard, les chercheurs ont de nouveau présenté la tâche aux enfants, dans les mêmes conditions que la première fois; ils avaient toutefois constitué un groupe témoin avec des enfants du même âge qui n'avaient reçu aucune formation.

Comparativement aux enfants du groupe témoin, ceux qui avaient reçu une formation à l'âge de six mois étaient plus enclins à saisir le jouet, comme ils avaient appris à le faire deux ans plus tôt. De plus, ils réagissaient à l'extinction soudaine des lumières par une « acceptation émotionnelle presque globale », tandis que de nombreux enfants du groupe témoin manifestaient du mécontentement. On peut donc en conclure qu'un jeune enfant peut garder en mémoire pendant deux ans non seulement les comportements appris à l'âge de six mois lors d'une unique séance de formation, mais également le climat émotionnel qui entourait son apprentissage. Extraordinaire !

Ces résultats, qui du reste furent rapportés par d'autres chercheurs (Myers et coll., 1987), démentent l'idée que tous les souvenirs de la petite enfance s'éva-

nouissent inévitablement; ils poussent les spécialistes du développement à examiner la mémoire du nourrisson sous un nouveau jour (Lipsitt, 1990). Ceux-ci tirent jusqu'à présent les conclusions suivantes :

- Le stockage et la récupération des souvenirs semblent précaires au début de la vie, même dans les meilleures conditions. Les indices qui réactivent les souvenirs facilitent la reconnaissance et le rappel des événements passés chez le nourrisson.

- La situation d'apprentissage et la motivation constituent les deux principaux facteurs du rappel. En outre, la probabilité de rappel augmente si la tâche et la situation sont familières et significatives pour le bébé.

- Les très jeunes bébés ont des souvenirs qu'ils peuvent se rappeler, souvenirs probablement composés non pas de mots, mais de sensations et d'actions (des images, des odeurs, des mouvements et des sons) impossibles à mesurer au moyen des tests de mémoire traditionnels.

- L'amélioration des capacités mnésiques semble liée à la maturation du cerveau et à l'acquisition du langage. La quantité et la durée des souvenirs augmentent considérablement vers l'âge de 8 mois, puis de nouveau vers l'âge de 18 mois.

Les scientifiques ont encore beaucoup à découvrir sur la mémoire des bébés. Ainsi, il leur reste à répondre à des questions comme les suivantes :

- Existe-t-il plusieurs formes de mémoire, notamment une forme pour les expériences sensorielles élémentaires, une autre pour les mouvements physiques et une troisième pour les processus conceptuels tels que ceux qui interviennent dans le langage ?

- La fragilité des souvenirs du bébé tient-elle à l'encodage et au stockage (le fait de placer un événement en mémoire) ou à la récupération (le fait de retrouver un souvenir après l'avoir emmagasiné) ?

- Pourquoi la plupart des souvenirs de la petite enfance semblent-ils disparaître ? Est-ce parce qu'ils sont liés aux sens, aux actions physiques plutôt qu'au langage et à d'autres habiletés conceptuelles supérieures ?

La recherche se poursuit et obligera sans doute les scientifiques à réviser leurs positions sur ce que le nourrisson retient de ses premières expériences.

parents rangent les jouets; il se souviendra également qu'en criant un peu fort il ne sera pas tenu de manger ses épinards !

Compréhension des relations causales

La capacité de discerner les causes des événements et de les associer à leurs effets constitue un jalon important du développement cognitif chez le trottineur. L'un des moyens de l'étudier consiste à observer de près le comportement de l'enfant afin de déceler s'il répète intentionnellement une action qui a produit des résultats intéressants.

La compréhension des relations causales est une composante capitale de l'aptitude à la résolution de problèmes. Le chercheur Peter Willatts (1989) a lancé un formidable défi à des bébés de neuf mois : atteindre un jouet attrayant placé hors de leur portée sur une table. Le jouet reposait sur une nappe accessible, mais séparée d'eux par des blocs de caoutchouc mousse. Les bébés ne se laissaient pas arrêter par cette barrière; ils la retiraient prestement, puis tiraient sur la nappe pour obtenir le jouet. Les bébés du groupe témoin, quant à eux, faisaient face à la même situation, sauf que le jouet *n'était pas* posé sur la nappe. Ils jouaient avec les blocs, mais ne s'intéressaient nullement à la nappe puisqu'elle ne leur était d'aucune utilité pour obtenir le jouet.

Toutes les étonnantes compétences du nourrisson, soit l'intégration intermodale et transmodale des perceptions, le classement, la permanence de l'objet, la mémoire, la compréhension des causalités et même l'aptitude élémentaire à la résolution de problèmes, peuvent être considérées comme des signes d'intelligence. Bien sûr, il ne s'agit pas de l'intelligence symbolique qui, chez l'enfant plus âgé et l'adulte, s'associe au langage. Néanmoins, elle aurait désarçonné les premiers chercheurs convaincus que le petit de l'humain ne possédait que des capacités rudimentaires !

Théorie de Piaget : une intelligence active

On le comprend de mieux en mieux, l'enfant n'est certes pas un observateur détaché qui déduit passivement de ses constatations les mécanismes et les propriétés des objets de son environnement. En effet, le bébé joue un rôle actif dans son apprentissage, et c'est là une de ses caractéristiques fondamentales. Tel est le pivot de la théorie que Jean Piaget a commencé à élaborer il y a plus de 60 ans en observant ses propres enfants. Piaget pensait que les enfants cherchent activement à comprendre leur monde et que leur démarche se subdivise en étapes successives. Il démontra que cette quête de sens commence dès la naissance et s'accélère au cours des premiers mois de la vie. Pour Piaget, les enfants sont intelligents même s'ils ne forment ni concepts ni idées et ne pensent qu'en fonction de leurs sens et de leur motricité (Gratch et Schatz, 1987). Il créa donc le terme intelligence sensorimotrice pour caractériser la première période du développement cognitif.

Intelligence sensorimotrice Selon Piaget, première période du développement cognitif. De la naissance à 2 ans environ, l'enfant s'appuie sur ses sens et sa motricité pour explorer et comprendre son environnement.

Que suppose la notion d'intelligence sensorimotrice ? Selon Flavell (1985), « l'enfant présente un fonctionnement intellectuel totalement pratique, qui lie perception et action, et qui est tout entier axé sur l'action; il ne manifeste pas les opérations contemplatives, réflexives et symboliques que nous associons d'habitude à la cognition. » Malgré certaines critiques, la description de l'aspect pratique et actif de l'intelligence enfantine selon Piaget demeure pertinente.

Six stades de l'intelligence sensorimotrice

Selon Piaget, la période de l'intelligence sensorimotrice comprend six stades caractérisés par une vision du monde particulière. Nous décrirons ces stades deux par

TABLEAU 4.2	**Les six stades de la période de l'intelligence sensorimotrice selon Piaget.**
L'INTELLIGENCE EST CENTRÉE SUR LE CORPS.	
Premier stade (de la naissance à 1 mois)	**Exercice des réflexes** Le nouveau-né exerce ses réflexes avec de plus en plus d'habileté. Il tète, saisit, fixe, écoute.
Deuxième stade (de 1 à 4 mois)	**Réactions circulaires primaires** (premières adaptations acquises) L'enfant coordonne ses réflexes et sait répéter des comportements qui lui procurent des sensations agréables.
L'INTELLIGENCE EST CENTRÉE SUR LES ÊTRES ET LES OBJETS.	
Troisième stade (de 4 à 8 mois)	**Réactions circulaires secondaires** (stratégies visant à faire durer les sensations intéressantes) De plus en plus attentif aux événements, l'enfant agit intentionnellement afin que se reproduisent certains résultats.
Quatrième stade (de 8 à 12 mois)	**Coordination des schèmes secondaires** (nouvelle adaptation et anticipation) Les comportements de bébé deviennent de plus en plus intentionnels et orientés vers un but. Il utilise des stratégies connues dans des situations nouvelles.
L'INTELLIGENCE SE CARACTÉRISE PAR LA CRÉATIVITÉ, EN MATIÈRE D'ACTIONS, PUIS D'IDÉES.	
Cinquième stade (de 12 à 18 mois)	**Réactions circulaires tertiaires** (acquisition de nouveaux moyens par l'expérimentation active) L'enfant recherche la nouveauté. Il est curieux et explore son environnement de façon très active. Devenu « petit scientifique », il commence à résoudre des problèmes par essais et erreurs.
Sixième stade (de 18 à 24 mois)	**Représentations mentales** (acquisition de nouveaux moyens par combinaisons mentales) L'enfant commence à se représenter mentalement les objets et les événements. Il commence à réfléchir avant d'agir et découvre des moyens autres que l'essai et l'erreur pour atteindre un objectif.

deux (voir le tableau 4.2) et verrons que la cognition prend successivement la forme de réflexes et de sensations, de réactions volontaires aux êtres et aux objets et de pensées annonçant la naissance de la représentation mentale et de l'intelligence symbolique.

Premier et deuxième stades

L'intelligence sensorimotrice se manifeste d'abord par les réflexes du nouveau-né : téter, saisir, regarder et écouter. Avec la répétition de ces réflexes au cours du premier mois de la vie, le bébé recueille d'importantes données sur le monde qui lui permettront d'adapter peu à peu ses réflexes aux particularités de l'environnement.

Le nouveau-né, par exemple, tète tout ce qui touche ses lèvres. Puis, à l'âge de un mois environ, le bébé commence à adapter ses mouvements de succion aux différents objets, tétant différemment le sein ou son poing. À trois mois, enfin, il utilise les objets selon qu'il peut les téter pour se nourrir (les mamelons et les tétines des biberons), les téter pour s'amuser (les doigts et les sucettes) ou ne pas les téter du tout (les couvertures en peluche et les grosses balles). Une fois que le nourrisson a appris que certains objets satisfont la faim et d'autres non, il tète sa sucette avec ravissement quand il a le ventre plein, mais la rejette quand il a faim.

Le nourrisson passe beaucoup de temps à jouer avec les parties de son corps, un comportement caractéristique des premiers stades de l'intelligence sensorimotrice. Il suce ses doigts, donne des coups de pied, agite les bras et fixe ses mains sans se lasser. Il acquiert, ce faisant, de précieux renseignements. Il apprend, par exemple, que ces doigts qui entrent régulièrement dans son champ de vision et qui abou-

Pendant la période de l'intelligence sensorimotrice, même le visage de papa représente une invitation à l'exploration active.

tissent dans sa bouche sont rattachés à lui et peuvent obéir à sa volonté. Une telle information est essentielle à la conscience de l'intégrité corporelle, c'est-à-dire du tout que forme le corps. L'apparition de cette conscience est l'une des premières étapes vers la compréhension des êtres et des objets extérieurs à soi.

Troisième et quatrième stades

Au troisième stade (réactions circulaires secondaires, de 4 à 8 mois environ), l'enfant prend conscience des objets et des êtres; il discerne quelques-unes de leurs caractéristiques, dont leur façon de réagir aux actions qu'il leur fait subir. C'est pourquoi il va répéter une action qui a provoqué une réaction plaisante. L'enfant qui comprime par hasard un canard en caoutchouc et entend un « couic » retentissant appuiera de nouveau sur l'objet. Si le bruit se répète, il rira et appuiera encore, ravi de maîtriser les actions de ses jouets.

Ce bébé de sept mois et demi comprend qu'un gloussement de plaisir peut inciter son père à poursuivre les chatouillis.

Les bébés à ce stade interagissent à profusion avec les personnes et les objets afin de provoquer des phénomènes intéressants. Constatant que les hochets font du bruit, le nourrisson agite les bras et éclate de rire lorsque quelqu'un lui en met un dans les mains. Il vocalise de plus en plus, car les gens réagissent à son babillage. Il émet un son, attend la réponse et réplique à son tour. Mais les événements se situent dans l'instant présent, sans être anticipés.

Au quatrième stade (coordination des schèmes secondaires, entre 8 et 12 mois environ), le bébé s'adapte de façon de plus en plus intentionnelle. Il anticipe les événements qui combleront ses besoins et ses désirs, et il tente de les provoquer. Une petite fille de 10 mois qui adore jouer dans la baignoire peut apercevoir un savon et l'apporter à sa mère pour lui demander de prendre un bain, puis glousser de plaisir en entendant l'eau couler. Et un petit garçon du même âge qui voit sa mère se préparer à sortir sans lui s'accrochera à son manteau pour l'arrêter ou lui indiquera d'aller chercher le sien.

Ces deux exemples révèlent que le bébé est capable d'anticipation et, mieux encore, de comportement orienté vers un but. Il saisit de mieux en mieux les causes et leurs effets, et il acquiert graduellement les habiletés motrices nécessaires à l'atteinte de ses objectifs. Aussi le bébé au quatrième stade rampe-t-il en direction des objets qu'il aperçoit à l'autre bout d'une pièce et qu'il désire, indifférent aux stimuli qui parsèment son trajet.

Piaget pensait que l'enfant acquiert la permanence de l'objet au quatrième stade, car c'est à ce moment, et rarement plus tôt, qu'il cherche activement les objets situés hors de sa vue. Certes, d'autres chercheurs ont démontré que la permanence de l'objet s'élabore plus tôt, mais il reste que la recherche active et surtout orientée des objets tombés ou dissimulés sous une couverture ne commence qu'à l'âge de huit mois environ.

Que voyez-vous dans cette photo ? Un dégât à nettoyer ou une manifestation de l'intelligence ? Brandon a un objectif en tête et il manie les outils qu'il faut pour l'atteindre. La plupart des bébés plus jeunes que lui en seraient incapables. À 12 mois, Brandon est sur le point d'entrer dans le stade des actions orientées vers un but. Il va bientôt commencer à jeter ses petits pois par terre, à s'envoyer des nouilles sur la tête et à renverser ses assiettes, « juste pour voir » !

« Que se passe-t-il si je tire là-dessus ? » Tous les « petits scientifiques » semblent animés par de telles questions.

Combinaisons mentales Répétitions mentales d'une action précédant son accomplissement.

Cinquième et sixième stades

Les progrès caractéristiques du cinquième stade (réactions circulaires tertiaires, de 12 à 18 mois environ) découlent directement de ceux du quatrième. Les actions orientées vers un but du bébé gagnent en complexité et en créativité. Le cinquième stade est une période d'exploration et d'expérimentation actives, une période pendant laquelle l'enfant touche à tout comme s'il voulait découvrir l'ensemble des possibilités que lui offre le monde. Aussi Piaget qualifiait-il le trottineur au cinquième stade de petit scientifique qui « fait des expériences pour voir ». Une fois qu'un enfant au cinquième stade a découvert certaines actions qu'il est possible d'accomplir avec un objet donné et qu'il a compris que ses gestes produisent des effets, il paraît s'interroger : « Que puis-je faire d'autre avec cet objet ? Qu'arrivera-t-il si je retire la tétine du biberon, si je renverse la corbeille à papier, si j'arrose le chat ? » L'essai et l'erreur, telle est sa méthode préférée.

Au dernier stade de l'intelligence sensorimotrice (représentations mentales, de 18 à 24 mois), le trottineur anticipe et résout des problèmes simples en procédant à des combinaisons mentales avant d'agir. Autrement dit, il se représente différentes actions et en fait mentalement l'essai sans nécessairement les accomplir concrètement. L'enfant peut ainsi trouver de nouveaux moyens d'atteindre un objet sans être contraint de se livrer à des tâtonnements empiriques. Il réfléchira au fait qu'en tirant sur la nappe il obtiendra le jouet déposé sur la table hors de sa portée, sans être obligé d'essayer toutes sortes de stratégies d'action.

La capacité de procéder à des combinaisons mentales fait bien plus que favoriser la résolution de problèmes. Elle permet à l'enfant d'aller et venir en pensée entre le passé et l'avenir, d'anticiper ce qui peut se produire dans une situation particulière et de faire semblant. Ainsi voit-on le trottineur se coucher par terre et faire semblant de dormir pour aussitôt se relever et éclater de rire. Il devient de plus en plus capable d'imiter non seulement quand il a un modèle devant lui, mais également lorsque le modèle est absent. Il n'a plus besoin de la présence de maman en train de se peigner ou de se brosser les dents pour passer lui-même à l'action. Il peut imiter un comportement de quelqu'un d'autre qu'il se représente mentalement.

Tous les comportements propres au sixième stade ont un point en commun : ils dépassent les réponses motrices simples de la pensée sensorimotrice et annoncent déjà celle qui émerge pendant la période suivante du développement cognitif.

Acquisition du langage

La maîtrise des sons et des significations de la langue maternelle constitue « indubitablement le plus grand exploit intellectuel que nous ayons jamais à accomplir »

À VOUS LES COMMANDES – 4.4

La période sensorimotrice

Voici quelques comportements qui font partie du développement normal d'une enfant. Pour vérifier votre compréhension des stades de l'intelligence sensorimotrice décrits par Piaget, numérotez ces comportements de 1 à 6 selon leur ordre chronologique.

a) Elle repousse la main de son père lorsqu'il cache un jouet avec sa main.

b) Elle rit quand on la chatouille et agite le bras avec plaisir quand on lui met un hochet dans la main.

c) Elle tète la tétine de son biberon, comme tous les autres objets placés à proximité de sa bouche.

d) Elle prend sa cuillère, donne d'abord des coups dans son assiette, puis sur la chaise haute et, enfin, la jette par terre.

e) Elle s'efforce de mettre son pouce dans sa bouche pour le sucer.

f) Elle imite le comportement de son frère de cinq ans qui vient de faire une crise de colère.

Réponses

a-4, b-3, c-1, d-5, e-2, f-6.

OINT DE MIRE

Évaluation du développement cognitif chez le nourrisson : trois approches

Pour mieux comprendre l'approche qu'a utilisée Piaget pour étudier le développement intellectuel, comparons-la avec l'*approche psychométrique*, qui vise à mesurer le développement cognitif à l'aide de tests d'intelligence normalisés, et l'*approche du traitement de l'information*, qui vise à décrire le processus cognitif utilisé par les enfants pendant leur développement.

La théorie de Piaget sur l'intelligence sensorimotrice s'intéresse surtout aux différences *qualitatives* dans la manière dont les enfants acquièrent les connaissances. Inversement, les tests psychométriques tels que les *Bayley Scales of Infant Development* visent à *quantifier* l'intelligence en comparant les aptitudes de chaque enfant avec celles considérées comme normales pour les enfants de son âge. L'approche du traitement de l'information, enfin, conçoit l'intelligence non pas comme une seule entité, mais plutôt comme une série de processus cognitifs comprenant l'attention, la mémoire et le rappel.

De plus, les tests psychométriques de développement des enfants tendent à accorder plus d'importance aux habiletés motrices que verbales. Les résultats de tels tests ne sont donc pas très fiables, pas plus qu'ils ne sont précis lorsqu'il s'agit de prédire le rythme de développement cognitif d'un enfant. On remarque d'ailleurs des différences considérables entre le quotient de développement des petits enfants selon les *Bayley Scales* et leur quotient intellectuel (QI) mesuré à l'aide d'autres tests normalisés, probablement parce que ces derniers accordent plus d'importance aux aptitudes verbales que motrices.

L'approche du traitement de l'information vise à mesurer comment les enfants manipulent et traitent l'information, en surveillant les capacités cérébrales sollicitées, les variations du rythme cardiaque et les mouvements des yeux en réponse aux changements dans l'environnement sensoriel. On trouve de nombreux exemples de cette approche dans les études citées dans le présent chapitre ainsi qu'au chapitre 5, notamment dans les recherches portant sur l'attention, la catégorisation, l'habituation et les préférences quant aux formes.

Bien que l'approche du traitement de l'information en soit encore, pour ainsi dire, à ses premiers balbutiements, elle permet certains espoirs en ce qui a trait à la prédiction du développement cognitif. Par exemple, dans une étude longitudinale, Bornstein (1985) a présenté le test d'habituation standardisé à 14 nourrissons de 4 mois. Les chercheurs ont mesuré le rythme d'habituation de chaque enfant ainsi que le degré d'encouragement de chaque parent pour stimuler le développement de l'attention chez son enfant. Ils ont découvert que les enfants qui traitaient l'information moins efficacement (selon les résultats du test d'habituation) *et* dont les parents s'attachaient moins à encourager leur attention avaient un vocabulaire plus pauvre à un an et obtenaient des notes plus basses aux tests préscolaires d'intelligence à l'âge de quatre ans.

Source : M.H. Bornstein, « How Infant and Mother Jointly Contribute to Developing Competence in the Child », *Proceedings of the National Academy of Science*, n° 82, 1985, p. 7470-7473.

(Bloomfield, 1933). Si l'affirmation vous paraît exagérée, imaginez que vous êtes en visite à l'étranger, parmi des gens qui discutent dans une langue à laquelle vous n'entendez rien. Vous ne parvenez pas à discerner les coupures entre les mots, ni à distinguer les nuances et les accents importants des simples variations individuelles. Vous ne savez même pas si le sujet de la conversation devrait vous embarrasser, vous effrayer ou vous ravir. Mais vous savez au moins que les sons ont un sens que vous pourriez apprendre un jour. L'enfant, lui, n'en a pas la moindre idée à la naissance. À l'âge de deux ans, pourtant, qu'il soit plus ou moins intelligent, choyé ou négligé, exposé à la langue chinoise ou au français, à l'espagnol ou à l'hébreu, il commence à parler (Wanner et Gleitman, 1982).

La plupart des enfants de deux ans, quelles que soient leur famille et leur culture, possèdent des habiletés linguistiques analogues. Des recherches poussées menées auprès de centaines de bébés ont fourni d'importants renseignements sur leur grande motivation à communiquer et sur l'ordre d'apparition des habiletés verbales au cours des deux premières années.

Étapes de l'acquisition du langage

Il semble que les enfants ont naturellement dès la naissance ce qu'il leur faut pour apprendre à parler, d'autant plus qu'ils ont entendu le langage pendant les derniers mois de leur vie prénatale. Les nouveau-nés préfèrent le langage aux autres sons, le

TABLEAU 4.3	**Acquisition du langage parlé : les deux premières années*.**
Nouveau-né	Communication réflexe (pleurs, mouvements, mimiques).
Vers 2 mois	Divers sons significatifs (gazouillis, gémissements, pleurs, rires).
De 3 à 6 mois	Nouveaux sons (couinements, grognements, trilles, voyelles).
De 6 à 10 mois	Lallation (répétition de syllabes formées de consonnes et de voyelles).
De 10 à 12 mois	Compréhension de mots simples; intonations simples; vocalisations précises ayant un sens pour les personnes qui connaissent bien le nourrisson; premiers signes chez les bébés non entendants; chez les bébés entendants, gestes précis destinés à la communication (comme montrer du doigt).
Vers 13 mois	Prononciation des premiers mots appartenant distinctement à la langue maternelle.
De 13 à 18 mois	Holophrases. Lente augmentation du vocabulaire (jusqu'à 50 mots).
Vers 18 mois	Augmentation marquée du vocabulaire (apprentissage de trois mots ou plus par semaine).
Vers 21 mois	Premières phrases de deux mots.
Vers 24 mois	Phrases de plusieurs mots; l'enfant prononce deux mots ou plus dans 50 % des situations où il prend la parole.

* Les âges indiqués dans le tableau représentent la norme en terme de moyenne. Nombre d'enfants intelligents et bien portants franchissent les étapes de l'acquisition du langage plus lentement ou plus rapidement.

Sources : Bloom, 1993; Lenneberg, 1967.

« langage bébé » au langage normal et, comme nous l'avons déjà mentionné, la voix de leur mère à celle d'autres adultes (Cooper et Aslin, 1990; DeCasper et Fifer, 1980; DeCasper et Spence, 1986). En outre, les bébés sont capables de distinguer de nombreux phonèmes, et même des sons que ne peuvent différencier des personnes qui parlent leur langue maternelle (Werker, 1989). Le son de la parole a la propriété d'éveiller l'intérêt et la curiosité du bébé.

Les enfants du monde entier passent par les mêmes étapes pour apprendre à parler, encore que le rythme de leur apprentissage varie considérablement (voir le tableau 4.3). Bien entendu, les nourrissons communiquent très énergiquement leurs émotions et leurs préférences avant de pouvoir verbaliser : ils grognent, pleurent, crient, gesticulent et font toutes sortes de mimiques. Cette première forme de communication remplit la première *fonction* du langage, c'est-à-dire comprendre les autres et être compris d'eux. Nous verrons que, pendant les deux premières années de sa vie, l'enfant en vient à maîtriser la *structure* de sa langue maternelle, avec ses mots et ses règles.

Lallation

Les bébés sont de petits êtres fort bruyants : ils pleurent, gazouillent et produisent toutes sortes de sons, même dès les premières semaines de leur vie. Ces bruits se diversifient rapidement, si bien qu'à l'âge de cinq mois, la plupart des bébés ont ajouté des couinements, des grognements, des fredonnements, des cris et quelques phonèmes à leur répertoire verbal. Puis, à six ou sept mois, ils commencent à répéter certaines syllabes (comme « ma-ma-ma », « da-da-da » et « ba-ba-ba »). Ce phénomène, appelé lallation, est universel; tous les bébés du monde émettent des sons semblables, peu importe la langue que parlent leurs parents. Au cours des mois qui suivent, ils émettent un nombre croissant de sons propres à leur langue maternelle, car, croit-on, ils imitent ce qu'ils entendent (Boysson-Bardies et coll., 1989; Masataka, 1992). Les adultes attribuent une importante signification à certains de ces sons, à « ma-ma-ma » et « pa-pa-pa » en particulier, les interprétant comme des désignations de la mère et du père (voir le tableau 4.4).

Lallation   Émission répétitive de certaines syllabes, telles que « la, la, la », débutant vers l'âge de 6 ou 7 mois.

Lallation chez les nourrissons non entendants

Les bébés non entendants babillent quelques mois plus tard que les nourrissons entendants (Oller et Eilers, 1988). Des recherches récentes laissent croire que la

TABLEAU 4.4 **Sons et mots prononcés en premier : similitudes translinguistiques.**		
Langue	**Mère**	**Père**
Anglais	mama, mommy	dada, daddy
Arabe syrien	mama	baba
Bantou	ba-mama	taata
Coréen	oma	apa
Espagnol	mama	papa
Français	maman	papa
Hébreu	imma	abba
Italien	mamma	babbo, papa
Letton	mama	tete
Sanskrit	nana	tata
Swahili	mama	baba

lallation apparaît chez eux (sous une forme gestuelle) en même temps que chez les bébés entendants (Pettito et Marentette, 1991). En observant sur bande magnétoscopique des bébés non entendants dont les parents communiquent par signes, les chercheurs ont découvert que ces nourrissons utilisent une douzaine de signes distincts (semblables à ceux du langage gestuel) avant l'âge de 10 mois; ces signes, en outre, sont rythmiques et répétitifs comme les sons de la lallation normale. Ce synchronisme entre les bébés entendants exposés au langage parlé et les bébés non entendants exposés au langage signé donne à penser que c'est la maturation du cerveau plus que celle de l'appareil vocal qui sous-tendrait universellement l'acquisition du langage.

Compréhension

À tous les stades du développement, et même au stade préverbal, les bébés comprennent plus de choses qu'ils ne peuvent en exprimer (Kuczaj, 1986). Interrogez des parents et ils vous diront que les enfants comprennent plus de 25 mots à l'âge de 10 mois (Fenson et coll., 1994). Si vous demandez « Où est maman ? » à un enfant de 10 mois, il regardera dans la direction de sa mère. Et il tendra les bras si son père lui dit : « Veux-tu que papa te prenne ? » Bien entendu, le contexte et le ton de la voix éclairent considérablement la signification des paroles (Fernald, 1993). Par exemple, les parents qui voient leur bébé s'approcher d'une prise électrique lancent un « non » suffisamment autoritaire pour qu'il sursaute et s'arrête net. Ils déplacent ensuite l'enfant, désignent la source de danger et répètent : « Non, non ! » Étant donné la fréquence à laquelle un nourrisson aventureux entend cette interdiction, on ne s'étonnera pas qu'il comprenne le mot « non » plusieurs mois avant de parler.

Premiers mots

À l'âge de un an environ, le bébé moyen prononce quelques mots, bien qu'il ne les articule pas très clairement et ne les utilise pas très rigoureusement. Comme ce sont en général les parents qui entendent et comprennent les premiers mots d'un enfant, il est difficile de préciser ce qu'un bébé de 12 mois est capable de dire (Bloom, 1993).

Le vocabulaire s'enrichit graduellement au début, au rythme de 10 mots par mois environ. À 16 mois, le bébé moyen prononce une quarantaine de mots et en comprend beaucoup plus (Fenson et coll., 1994). Il s'agit principalement de noms de personnes et d'objets familiers ainsi que de quelques « mots d'action » (Barrett, 1986; Kuczaj, 1986). À compter du stade des 50 mots, le vocabulaire augmente rapidement, soit à la cadence d'une centaine de mots ou plus par mois (Fensen et

Le bébé comprend le langage bien avant de l'utiliser lui-même. « Poisson » compte probablement parmi la douzaine de mots que cet enfant comprend sans être capable de les prononcer.

coll., 1994). Certains enfants (qualifiés de référentiels) apprennent d'abord des noms (comme « chien », « tasse » et « balle »), tandis que d'autres (les expressifs) apprennent surtout des mots propices à l'interaction sociale (comme « encore », « s'il vous plaît », « veux » et « arrête ») (Nelson, 1981). Cette divergence tient sans doute à la personnalité, mais peut-être aussi à des facteurs culturels. Les enfants nord-américains, par exemple, sont plus référentiels que les enfants japonais, car il est plus important de s'amuser avec des jouets et de nommer les objets dans les familles nord-américaines que dans les familles japonaises (Fernald et Morikawa, 1993).

Au début, l'enfant associe de façon très approximative les rares mots qu'il connaît aux êtres, aux objets et aux événements. Son langage se caractérise par la **réduction**, c'est-à-dire qu'il donne aux mots un sens excessivement étroit. Pour lui, le mot « chat » sert à désigner le chat de la famille à l'exclusion de tous les autres félins. Et une fois qu'il a appris le nom d'une chose, il y tient coûte que coûte, s'obstinant par exemple à nommer « oiseau » le petit animal ailé, jaune et duveteux que grand-papa persiste à appeler « poussin » (Shatz, 1994).

La tendance opposée apparaît un peu plus tard : le petit enfant se met à employer les mots dans un sens excessivement large. Ce phénomène, appelé **surgénéralisation** ou généralisation excessive, consiste par exemple à appeler tous les objets ronds « balle » et tous les quadrupèdes « chien ». Dès que le trottineur commence à enrichir son vocabulaire, il semble se livrer à des expériences avec les mots comme il le fait avec les objets. Le petit scientifique se mue en petit linguiste et échafaude des hypothèses sur le sens des mots. Il n'est pas rare qu'un bébé de 18 mois montre du doigt tous les animaux qu'il aperçoit en demandant « chien ? », « cheval ? » ou « chat ? », comme pour obtenir une confirmation de ses hypothèses quant aux appellations des animaux.

En apprenant ses premiers mots, l'enfant devient apte à exprimer ses intentions. Un mot unique, accompagné de l'intonation et des gestes appropriés, lui sert à exprimer une pensée entière. Quand un trottineur pousse sur une porte fermée en disant « bye-bye » sur un ton implorant, il est clair qu'il désire sortir. Quand un trottineur s'accroche aux jambes de sa mère et prononce « bye-bye » sur un ton plaintif dès que la gardienne arrive, il est évident qu'il demande à sa mère de rester à la maison. La majorité des mots que l'enfant prononce dans les premiers stades de l'acquisition du langage sont des **holophrases**, c'est-à-dire des mots uniques qui expriment une pensée complète. L'éloquence du trottineur ne se mesure donc pas à l'étendue de son vocabulaire.

De fait, il est important de noter que la pierre angulaire de l'acquisition du langage est la communication et non le vocabulaire. Les parents qui s'inquiètent que leur enfant de un an ne parle pas encore devraient plutôt se demander s'il est apte et disposé à exprimer ses besoins et à comprendre les propos des autres. Si ces habiletés paraissent normales et si on parle suffisamment à l'enfant chaque jour, il formera probablement des phrases avant l'âge de deux ans (Eisenson, 1986).

Une étude approfondie sur l'acquisition du langage a révélé que les nourrissons les plus doués pour exprimer leurs émotions non verbalement (au moyen de sourires, de pleurs et de rires) commencent généralement à parler plus tard que les autres. Une fois qu'ils s'y mettent, cependant, ils progressent aussi vite que les autres et prononcent au même âge qu'eux des phrases de plusieurs mots (Bloom, 1993). D'un autre côté, les nourrissons qui présentent des signes de retard dans l'acquisition du langage (ceux qui, par exemple, ne babillent pas en réponse au babillage de leurs parents ou qui ne réagissent à aucun mot à l'âge de un an) devraient subir un examen de l'audition aussi tôt que possible. Même une surdité partielle peut retarder l'acquisition du langage (Butler et Golding, 1986).

Associations de mots

Six mois environ après l'émission des premiers mots, l'accroissement du vocabulaire s'accélère et aboutit à l'association de mots. L'enfant forme généralement sa première phrase de 2 mots à l'âge de 21 mois environ, mais certains nourrissons y

---

Réduction Fait de donner à un mot un sens excessivement étroit; désignation restreinte et spécifique.

Surgénéralisation Fait d'employer un mot pour désigner divers objets ayant des caractéristiques (non distinctives) en commun; désignation générale.

Holophrase Mot unique qui exprime une pensée complète.

À VOUS LES COMMANDES – 4.5

Stades de l'intelligence sensorimotrice et stades de l'acquisition du langage

Pour vous aider à comprendre la relation entre les stades de l'intelligence sensorimotrice et ceux de l'acquisition du langage, construisez un tableau comme celui ci-contre, puis, en équipe de deux, notez-y les principaux événements. Ensuite, faites ressortir, pour chaque étape du développement, le lien entre l'intelligence sensorimotrice et le langage. Par exemple, lorsque l'enfant atteint la capacité d'anticipation, vous pouvez vous attendre à des réactions aux mots « non » ou « chaud »; de même, dès que les combinaisons mentales sont possibles, les phrases de deux mots ainsi que la réduction et la surgénéralisation sont également possibles. Comme nous le verrons au chapitre 9, certains chercheurs croient que la pensée précède la parole, alors que d'autres sont plutôt d'avis que l'acquisition du langage engendre la pensée.

Pour l'instant, toutefois, il suffit de savoir que ces deux capacités sont liées.

Âge	Stade de l'intelligence sensorimotrice	Stade de l'acquisition du langage
De 0 à 1 mois		
De 1 à 4 mois		
De 4 à 8 mois		
De 8 à 12 mois		
De 12 à 18 mois		
De 18 à 24 mois		

parviennent à 15 mois ou encore à 24 mois. L'association de mots nécessite une compréhension poussée du langage, car, dans la plupart des langues, l'ordre des mots détermine le sens de la phrase. Il semble toutefois que le trottineur assimile très tôt les rudiments de la syntaxe, puisqu'il dit « bébé pleure » ou « encore jus » et non « pleure bébé » ou « jus encore ». (Nous étudierons au chapitre 7 d'autres faits marquants de l'apprentissage du langage à l'âge préscolaire.)

Apprendre le langage, un travail d'équipe

Comment les bébés apprennent-ils à parler ? Les premiers chercheurs qui se sont intéressés à la question se divisaient en deux groupes : ceux qui s'attachaient aux méthodes d'enseignement du langage et ceux qui se penchaient sur l'émergence des habiletés linguistiques innées.

Dans le camp intéressé aux méthodes d'enseignement, les chercheurs s'inspiraient de B.F. Skinner, selon lequel le comportement verbal résultait d'un conditionnement, comme tous les autres comportements (Skinner, 1957). Si un bébé reçoit de la nourriture et de l'attention quand il émet ses premiers babils, il dira bientôt « mama », « papa » et « baba » pour réclamer sa mère, son père et son biberon. De même, de nombreux théoriciens de l'apprentissage pensaient que la quantité et la qualité des propos que les parents tiennent à leur enfant influent sur le rythme de l'acquisition du langage.

Dans le camp des habiletés linguistiques innées, les chercheurs se référaient à Noam Chomsky (1968, 1980), selon lequel le conditionnement ne peut suffire à l'acquisition si précoce d'un code complexe comme le langage. Selon Chomsky, le fait que tous les enfants maîtrisent les rudiments de la grammaire au même âge suppose que le cerveau humain est doté d'une structure qui facilite l'acquisition du langage. Cette structure, qu'il appela dispositif d'acquisition du langage, permettrait aux enfants de déduire rapidement et efficacement les règles de la grammaire à partir des paroles qu'ils entendent chaque jour, quelle que soit leur langue maternelle. Dans la foulée de Chomsky, plusieurs théoriciens ont postulé l'existence d'autres structures innées dont la fonction serait de faciliter l'apprentissage de différents aspects du langage.

Depuis quelques années, les théories de Skinner et de Chomsky, malgré leurs qualités, paraissent incomplètes (Bates et Carnevale, 1994; Bloom, 1991; Golinkoff et Hirsh-Pasek, 1990). Les deux, en effet, négligent le contexte social créé par la sensibilité pédagogique de l'adulte d'une part et par la capacité d'apprentissage de

Dispositif d'acquisition du langage Selon Chomsky, capacité innée d'apprendre le langage, y compris les aspects élémentaires de la grammaire, ainsi que d'en capter et d'en mémoriser les caractéristiques essentielles.

Selon toute probabilité, ce petit Équatorien de deux mois entendra beaucoup moins de conversations au cours de sa petite enfance que les bébés du reste du monde, car il est né au sein d'un peuple relativement taciturne, les Ottavados. Les théoriciens de l'apprentissage diraient qu'un tel manque de renforcement rendra ce tout-petit beaucoup moins loquace que les enfants des autres cultures. Or, chaque société tend à cultiver chez les enfants les compétences qu'elle valorise le plus, et la volubilité ne fait pas partie des priorités chez les Ottavados.

Langage bébé Forme de langage employée pour parler aux bébés, qui se caractérise par un registre de voix élevé, des fluctuations dans l'intonation (passages du grave à l'aigu), un vocabulaire simple, des questions et des répétitions.

l'enfant d'autre part. Le nourrisson est génétiquement prédisposé à comprendre le langage et, dans l'ensemble, les parents sont remarquablement doués pour en faciliter l'apprentissage.

Le contexte social propice à l'acquisition du langage s'établit très tôt dans la vie d'un enfant (Locke, 1993). La préférence du bébé pour sa langue maternelle se développerait dès avant la naissance, comme l'a prouvé une étude menée auprès d'enfants de mères unilingues (anglophones ou hispanophones). Les chercheurs ont fait écouter à des nouveau-nés de 48 heures des enregistrements d'une voix féminine inconnue s'exprimant en anglais ou en espagnol. Les bébés indiquèrent par leurs réactions (rythmes de succion) qu'ils préféraient la langue qu'ils avaient entendue pendant leur vie prénatale (Moon et coll., 1993). Cette préférence se précise rapidement, à mesure que les nourrissons s'habituent aux intonations, au rythme et à la phonétique de la langue qu'ils entendent chaque jour; ils affichent même de l'indifférence à l'égard des phonèmes étrangers à leur langue maternelle (Kuhl et coll., 1992). Les bébés japonais, par exemple, sont peu attentifs à la différence entre « l » et « r », car le son « l » n'existe pas dans la langue japonaise. Les bébés élevés dans des familles francophones, en revanche, captent aisément la distinction et la remarquent bien avant d'être capables de prononcer les deux phonèmes.

Les préférences linguistiques des bébés marquent le développement du cerveau pendant la petite enfance. Si le cerveau est particulièrement sensible aux phonèmes, aux mots et à l'expression verbale au cours de cette période, il demeure toutefois apte à percevoir et à imiter la prononciation et la cadence de langues étrangères jusqu'à l'adolescence. C'est pourquoi, rares sont les personnes capables de parler sans accent une langue qu'elles apprennent à l'âge adulte.

Les nourrissons apprennent le langage parce qu'ils ont « un profond besoin biologique d'interagir affectivement avec les personnes qui les aiment et qui prennent soin d'eux » (Locke, 1993). Le besoin de communiquer avec les nourrissons n'est pas moins fort chez les adultes. Même les passants dans la rue sont enclins à sourire et à parler à un bébé, chose qu'ils ne feraient jamais avec un adulte inconnu. Les adultes emploient pour parler aux nourrissons une forme de langage appelée langage bébé. Celui-ci se distingue du langage normal par un certain nombre de caractéristiques constantes (Ferguson, 1977) : la hauteur du registre, l'intonation (fluctuations entre le grave et l'aigu), le vocabulaire (simple et concret) et la brièveté des phrases. Le langage bébé comporte plus de questions, de commandes et de répétitions et moins de temps passés, de pronoms et de phrases complexes que le langage adulte.

Partout dans le monde, dans ce marché mexicain comme ailleurs, les conversations entre les femmes et leurs enfants sont ponctuées de mimiques, de gestes et d'intonations marquées.

À VOUS LES COMMANDES – 4.6

Le langage bébé

Pour mieux comprendre la nature et la signification du langage bébé, écoutez un adulte converser avec un nourrisson ou un trottineur pendant 10 à 15 minutes. Vous pouvez même enregistrer la conversation pour en faire une analyse plus approfondie ultérieurement. Répondez ensuite aux questions suivantes.

1. L'adulte a-t-il employé le langage bébé ? Quels aspects de son discours (intonation, hauteur du registre, vocabulaire...) étaient différents de ceux qui auraient caractérisé une conversation avec un autre adulte ?

2. À quelles caractéristiques du discours de l'adulte (la répétition ou l'intonation exagérée, par exemple) l'enfant semblait-il particulièrement réceptif ? À quoi réagissait-il ? Comment se comportait-il ?

3. Selon vous, à quelle étape de son développement l'enfant en est-il ? (Ex. : gazouillis, lallation, holophrase...) Justifiez votre réponse à l'aide d'exemples du langage utilisé par l'enfant.

Tout le monde, les enfants d'âge préscolaire comme les personnes âgées, a tendance à « parler bébé » aux bébés; les nourrissons qui ne parlent pas encore préfèrent écouter le langage bébé plutôt que le langage normal (Cooper, 1993; Fernald, 1985), même dans une langue qu'ils n'ont jamais entendue (Fernald, 1993). L'attrait et la puissance de cette forme de langage résident en partie dans son énergie et son extrême expressivité. Des études ont d'ailleurs démontré que le langage bébé des mères déprimées est trop monocorde et trop lent pour maintenir l'intérêt des nourrissons (Bettes, 1988).

Il est clair que le langage bébé a pour fonction de faciliter l'apprentissage du langage, car les nourrissons l'écoutent et l'utilisent spontanément. Les intonations et les accents qui le caractérisent aident le nourrisson à établir des liens entre les mots et les objets ou les événements qu'ils désignent (Fernald et Mazzie, 1991). Cependant, une question se pose : parle-t-on de la même manière aux poupons en pyjama rose et en pyjama bleu ? C'est ce à quoi se sont intéressés des chercheurs de l'Université du Québec à Montréal (voir *Recherche* ci-dessous).

Certes, la conversation avec un bébé tient plus du monologue que du dialogue. Le langage bébé n'en jette pas moins les bases de l'apprentissage de la langue. Les bébés à qui on parle, à qui on chante des chansons et à qui on lit des histoires plusieurs mois avant qu'ils ne commencent eux-mêmes à parler apprennent le langage plus rapidement que les enfants dont les parents sont taciturnes ou inattentifs. Ils possèdent en outre un vocabulaire plus riche. Parler à un enfant de ce à quoi il s'intéresse à un moment donné contribue grandement à l'expansion du vocabulaire (Akhtar et coll., 1991; Bloom, 1993; Tomasello, 1988).

RECHERCHE

Parler aux bébés filles et aux bébés garçons : déjà des différences ?

Dans une étude visant à déterminer si l'étiquette garçon ou fille influe d'une façon quelconque sur la communication verbale des adultes avec les petits, des chercheurs de l'Université du Québec à Montréal ont soumis à l'observation 16 femmes, dans la vingtaine et sans enfants, durant des périodes d'interactions « face à face » de 2 à 5 minutes avec des nourrissons de 3 à 4 mois. Chaque femme était mise en présence de deux bébés, l'un étant *identifié* comme une fille et l'autre, comme un garçon.

La prosodie et les caractéristiques de contenu du langage qu'utilisaient les femmes pour s'adresser aux bébés — garçons ou filles — ont été analysées. Les propos, leur fréquence, leur durée aussi bien que la prosodie et le contenu de chaque vocalisation ont été mesurés.

Les résultats font ressortir un seul effet significatif lié à l'étiquette de genre (garçon ou fille) : les femmes font davantage appel à l'activité motrice globale quand le nourrisson est identifié comme étant un garçon. Cette observation est similaire à d'autres données de recherche.

Source : A. Pomerleau, G. Malcuit, L. Turgeon et L. Cossette, « Effects of Labelled Gender on Vocal Communication of Young Women with 4-Month-Old Infants », *International Journal of Psychology*, vol. 32(2), 1997, p. 65-72.

Une fois que l'enfant commence à interagir verbalement avec ses parents, ceux-ci interprètent son discours imparfait et répondent par des phrases courtes et claires en accentuant les mots importants.

Dans la plupart des interactions verbales, l'enfant participe activement : il répond à son interlocuteur et exprime ses besoins, comme le démontre bien l'exemple suivant.

Après le souper, Xavier, 20 mois, est lavé, bichonné, changé, tout prêt à aller dormir. Sa grand-tante, chez qui il passe la nuit, le met au lit, l'embrasse et lui dit qu'elle l'aime très fort. Il lui fait un gros câlin. La lumière à peine éteinte, Xavier se rassoit dans le lit et gémit :

« Yéyé !...

— Qu'est-ce que tu veux, Xavier ?

— Yéyé !

— Je ne te comprends pas. Que veut dire "Yéyé" ? »

La réponse n'arrange rien :

« Yéyé ! »

Bon. La grand-tante prend Xavier dans ses bras pour tenter de le consoler. Elle rallume la lumière et le dialogue reprend de plus belle :

« Yéyé !

— Xavier, dit la grand-tante d'une voix douce, je sais que tu n'es pas content, mais je ne peux pas t'aider, je ne comprends pas ce que tu veux.

— Yéyé ! reprend Xavier en pointant ses souliers du doigt.

— Ah ! tu veux dire tes souliers ?

— Oui, yéyé !

— Et qu'est-ce que tu veux que je fasse avec tes souliers ? »

Xavier désigne la table de chevet. Eh oui ! il veut simplement continuer le rituel dont il a l'habitude chaque soir : mettre ses souliers bien en place sur la table de chevet, de sorte qu'il les voit dès son réveil. Voilà ! Le problème est maintenant résolu. On peut éteindre et s'endormir tranquillement.

Xavier a réclamé ses souliers 5 fois au moins, persistant jusqu'à ce que sa grand-tante le comprenne ! Les bébés semblent déterminés à communiquer leurs besoins et leurs désirs ainsi qu'à commenter leurs propres actions. L'analyse du langage des trottineurs révèle en effet que la conversation est presque toujours animée après la phase d'accroissement du vocabulaire.

Les adultes emploient toutes sortes de stratégies pour faciliter l'acquisition du langage : ils tiennent des « conversations » non linguistiques avec l'enfant, parlent le langage bébé, nomment les objets et les événements qui captent son attention et comprennent le sens des sons et des mots qu'il émet — enfin, essaient, tout au moins ! L'ensemble de ces stratégies relève du guidage structuré qui, selon des théoriciens comme Vygotsky, jette les bases du développement cognitif et de l'acquisition du langage. Comme nous l'avons vu au chapitre 2, Vygotsky et ses disciples soutiennent que l'enfant est un apprenti auprès de personnes qui lui transmettent leurs connaissances directement et qui, en plus, guident l'accomplissement de ses tâches. Comme pour les autres aspects du développement intellectuel, la maîtrise de la langue maternelle est facilitée chez l'enfant par la structuration, les interventions et l'encouragement que lui prodiguent des adultes sensibles et attentifs.

À VOUS LES COMMANDES – 4.7

Le langage : comment aider l'apprenti

À partir du texte sur l'acquisition du langage, relevez les éléments qui pourraient favoriser le développement du langage chez l'enfant. Illustrez par des exemples concrets.

Interaction sociale

Nous l'avons dit à maintes reprises : le nourrisson est motivé à comprendre le monde. Comme le trottineur qui se fera petit scientifique, le nourrisson cherche à déchiffrer les bruits, les gestes, les mots et à les employer pour amorcer des relations sociales. Or, il ne peut y avoir de compréhension du langage sans interaction verbale.

Les humains sont biologiquement aptes à communiquer et leur cerveau semble préparé à l'acquisition du langage. L'interaction verbale entre l'adulte et le nourrisson n'en est pas moins essentielle; l'absence d'un interlocuteur sensible et disponible entrave l'apprentissage du langage. L'adulte et l'enfant accomplissent donc ensemble ce que ni l'un ni l'autre ne pourrait réaliser seul : apprendre à parler à une personne. Et il en va de même pour les autres progrès cognitifs dont il a été question dans ce chapitre. Nous verrons au chapitre suivant que la relation parent-enfant constitue également le pivot du développement psychosocial.

Maintenant que vous avez terminé ce premier chapitre sur la petite enfance, vous pouvez sans doute déceler dans cette photo prise à Nairobi, au Kenya, les attributs d'une famille et d'une culture sensibles aux besoins de l'enfant. Les deux parents ont une expression de ravissement, la mère porte un tee-shirt orné d'un slogan qui vante l'allaitement maternel, les objets incitent à l'exploration et à la conceptualisation, et les gestes témoignent d'une communication authentique.

Résumé

 **SECTION 1** Développement biosocial

Croissance physique et santé

1. De la naissance à 2 ans, la plupart des bébés grossissent d'environ 9 kg et grandissent d'environ 38 cm. Les proportions de leur corps se modifient.

2. Grâce aux programmes d'immunisation, de nombreuses maladies infantiles sont aujourd'hui éradiquées.

3. La mort subite du nourrisson, dont les causes sont encore inconnues et imprévisibles, constitue un important facteur de mortalité infantile. On peut cependant prendre diverses mesures pour réduire les risques, la plus simple étant de coucher les bébés sur le dos.

Croissance et développement du cerveau

4. À la naissance, le cerveau contient plus de 100 milliards de neurones formant des réseaux rudimen-taires. L'expansion de ces réseaux au cours des premières années de la vie entraîne l'apparition de nombreuses capacités, dont la maîtrise des mouvements et certaines habiletés cognitives.

5. Au cours des premières années de la vie, les réseaux de neurones du cerveau se renforcent et s'étendent s'ils sont utilisés et s'atrophient dans le cas contraire.

6. À mesure que son cerveau se développe, le nourrisson dort plus profondément et selon des horaires plus réguliers, est plus alerte en état de veille et régit volontairement sa vigilance. Les méthodes d'éducation exercent une influence considérable sur les cycles veille-sommeil du bébé.

Motricité

7. Le développement de la motricité pendant les deux premières années de la vie permet à l'enfant de découvrir le monde. La motricité globale concerne des mouvements amples tels que ceux de la course et du

saut; la motricité fine concerne les mouvements précis et de faible amplitude comme ceux qui permettent de saisir un objet.

8. Au point de départ, la motricité du nouveau-né peut se ramener à des réflexes. Certains sont essentiels à la survie, d'autres préparent l'apparition des mouvements volontaires et d'autres enfin disparaissent au cours des premiers mois de la vie. Tous les réflexes témoignent du développement du cerveau.

9. Les étapes de la maîtrise de la motricité sont les mêmes pour tous les nourrissons bien portants, mais leur rythme varie en fonction de facteurs liés à l'hérédité, au développement et à l'environnement.

Capacités sensorielles et perceptives

10. Le nouveau-né a des sensations et des perceptions. Il peut détecter tous les types de stimuli sensoriels et il manifeste des préférences en matière de sensation.

11. L'ouïe est relativement sensible à la naissance, tandis que la vision est le sens le moins développé. La vision éloignée et la vision binoculaire s'améliorent considérablement durant les premiers mois de la vie.

Nutrition

12. La croissance physique, le développement du cerveau et la maîtrise de la motricité nécessitent une alimentation adéquate, d'abord liquide, puis solide. Le lait maternel est généralement considéré comme l'aliment idéal pour les bébés. Un apport insuffisant de nutriments peut entraver le développement intellectuel.

SECTION 2 **Développement cognitif**

13. Grâce à ses habiletés perceptives, cognitives et linguistiques, le bébé est en interaction avec son environnement, il communique avec son entourage et se prépare à la pensée et à l'apprentissage.

Perception et cognition

14. Le nourrisson a tôt fait de saisir les possibilités d'interactions que présentent des objets (téter, saisir, presser, rouler, agiter, etc.). L'enfant perçoit de nouvelles possibilités d'interactions à mesure que son expérience et son répertoire d'habiletés s'enrichissent.

15. Le développement des habiletés perceptives favorise celui de la cognition et permet à l'enfant de déceler les propriétés physiques des objets et d'acquérir les constances perceptives.

16. Au cours des premiers mois de la vie, l'enfant est capable de perception intermodale (écouter un son et l'associer à sa source) et de perception transmodale (toucher un objet sans le voir et imaginer son apparence).

Éléments clés du développement cognitif

17. Pour tenter de comprendre la capacité de classement chez l'enfant, les chercheurs s'appuient sur le phénomène de l'habituation. Ce procédé révèle que les nourrissons distinguent des objets en fonction de leur forme et de leur son, puis distinguent des visages, des animaux et des objets.

18. Le bébé acquiert la permanence de l'objet. Ce n'est que vers l'âge de huit mois qu'il commence à chercher activement un objet dissimulé.

19. Les souvenirs du nourrisson sont précaires, mais il est possible de les réactiver. Il semble aussi que l'enfant possède une certaine mémoire à long terme.

20. La capacité de comprendre les relations causales se développe lentement pendant les premiers mois de la vie. À la fin de la première année, elle est assez développée pour permettre à l'enfant de résoudre des problèmes simples.

Théorie de Piaget : une intelligence active

21. Pendant ce que Piaget appelait la période de l'intelligence sensorimotrice, c'est-à-dire de la naissance à l'âge de deux ans, l'enfant cherche à comprendre son environnement au moyen de ses sens et de sa motricité. À partir des réflexes, il commence à coordonner ses actions et à interagir avec les êtres et les objets. À la fin de la première année, il sait ce qu'il veut et il possède les connaissances et les habiletés nécessaires pour atteindre des objectifs simples.

22. Pendant sa deuxième année, le trottineur découvre de nouveaux moyens d'atteindre ses objectifs. Il se livre à des expériences concrètes au début, puis il se représente mentalement des objets et des actions.

Acquisition du langage

23. Le bébé commence à apprendre le langage en communiquant par ses bruits, ses gestes et ses babils. Il prononce quelques mots à la fin de sa première année et, par la suite, en ajoute chaque mois à son vocabulaire. L'acquisition du vocabulaire s'accélère à compter de l'âge de 18 mois.

24. Les enfants comprennent plus de mots et de phrases qu'ils ne sont capables d'en émettre. Les trottineurs peuvent former des phrases de deux ou trois mots à l'âge de deux ans ou plus tôt encore.

25. La rapidité de l'apprentissage du vocabulaire et les modes d'utilisation des mots varient selon les enfants. De la naissance à deux ans, la compréhension des mots et des gestes simples ainsi que la volonté et la capacité de communiquer revêtent plus d'importance que l'étendue du vocabulaire.

26. L'acquisition du langage repose en partie sur les interactions du nourrisson avec ses parents. L'enfant est biologiquement préparé à apprendre le langage et, dans le monde entier, les adultes soutiennent son apprentissage en communiquant avec lui en langage bébé, un langage simplifié adapté à ses capacités.

Questions à développement

 **Développement biosocial**

1. Imaginez que vous êtes psychologue et que vous voulez déterminer à quel moment de son développement le nourrisson acquiert certaines habiletés, comme celles lui permettant d'évaluer les distances. Trouvez les méthodes et les techniques de recherche qui pourraient vous être utiles et notez les difficultés que vous pourriez rencontrer en menant cette recherche.

2. Quelles sont les principales conséquences de la sous-nutrition chez les jeunes enfants en ce qui concerne le développement ?

 **Développement cognitif**

3. Comment peut-on favoriser le développement du langage chez les trottineurs ?

4. Dans son dernier courriel, votre amie vous informe que son fils de 18 mois, que vous n'avez jamais vu, n'a pas encore prononcé un mot reconnaissable. Quelles pourraient être les raisons de ce retard ?

5. En quoi les explications de Skinner et de Chomsky diffèrent-elles en ce qui a trait à l'acquisition du langage ? Expliquez chaque point de vue et dites lequel vous semble le plus convaincant et pourquoi.

6. Selon Piaget, les deux derniers stades du développement de l'intelligence sensorimotrice manifestent la créativité de l'enfant. Imaginez 2 enfants de 18 mois jouant dans un bac à sable et décrivez les activités qui refléteraient leur niveau de développement cognitif.

7. Décrivez un test standardisé que peut utiliser un spécialiste du développement pour déterminer si un nourrisson a acquis la permanence de l'objet. Pourquoi ce test pourrait-il induire en erreur ? En quoi cela explique-t-il que les découvertes de Piaget ont été contredites par d'autres spécialistes du développement ?

Questions à choix multiples

SECTION 1 **Développement biosocial**

1. Les nouveau-nés pleurent, grelottent et replient leurs jambes sur l'abdomen. Ce réflexe leur permet :

   a) de développer leur tonus musculaire.

   b) d'apprendre à émettre des signaux de détresse.

   c) de maintenir une température corporelle constante.

   d) de montrer qu'ils ont des tiraillements d'estomac.

2. Dans l'étude sur la perception, l'intensification de la succion, un changement de la fréquence cardiaque et la fixation plus longue d'une image par rapport à une autre indique que le bébé :

   a) est contrarié par le changement.

   b) est fâché et a faim.

   c) est devenu habitué au nouveau stimulus.

   d) perçoit certaines différences entre les stimuli.

3. Avant d'aller dormir, une mère ouvre la porte de la chambre de son fils pour vérifier si tout va bien. Elle remarque que les muscles faciaux de son enfant bougent et que sa respiration est irrégulière et rapide. Dans quel état de conscience se trouve-t-il ?

   a) Sommeil profond

   b) Sommeil paradoxal

   c) État de veille

   d) Entre le sommeil paradoxal et l'état de veille

4. Un bébé tourne la tête vers la couverture qui effleure sa joue. Il s'agit du réflexe :

   a) de succion.

   b) des points cardinaux.

   c) de Babinski.

   d) de Moro.

5. La sensation est à la perception ce que _____ est à _____.

   a) l'ouïe, la vue

   b) la détection d'un stimulus, l'interprétation d'un stimulus

   c) la conscience d'un stimulus, la détection d'un stimulus

   d) le goût, l'odorat

6. Âgé de 3 semaines, Olivier devrait distinguer le plus facilement :

   a) les animaux en peluche placés sur une tablette, de l'autre côté de sa chambre.

   b) le visage de sa mère lorsqu'elle le tient dans ses bras.

   c) le motif à damiers du papier peint couvrant le plafond de sa chambre.

   d) le chien se précipitant dans sa chambre.

7. Geneviève a été sous-alimentée durant son enfance. Selon toute probabilité :

   a) elle demeurera plus délicate et plus petite que ce qui est dicté par son hérédité.

   b) son développement intellectuel sera plus lent que celui des autres enfants.

   c) elle sera sujette à des troubles d'apprentissage.

   d) Toutes ces réponses.

SECTION 2 Développement cognitif

8. Un bébé qui s'attend à ce qu'un lecteur de disques compacts produise de la musique :

   a) est capable de perception transmodale.

   b) est capable de comportement réflexe.

   c) est capable de perception intermodale.

   d) a acquis la permanence de l'objet.

9. Certaines expériences ont révélé que les nourrissons peuvent « reconnaître » des objets auxquels ils ont déjà touché, mais sans les voir. Voilà un bon exemple :

   a) de réflexe.

   b) de possibilités d'interactions.

   c) de classement.

   d) de perception transmodale.

10. D'après la théorie de Skinner, un nourrisson apprendra à faire plaisir à son père en disant « papa » grâce à :

   a) des renforcements sociaux (sourires, câlins, etc.).

   b) des modèles.

   c) l'apprentissage par imitation.

   d) des habiletés linguistiques innées.

11. Environ 6 mois après avoir prononcé ses premiers mots, un enfant normal :

   a) a un vocabulaire de 250 à 350 mots.

   b) commence à s'exprimer par holophrases.

   c) combine des mots pour former des phrases rudimentaires.

   d) Toutes ces réponses.

12. Une fillette de 20 mois qui fait mentalement l'essai de différentes actions sans les accomplir dans les faits est en train d'apprendre à résoudre des problèmes simples à l'aide de :

   a) la perception du mouvement.

   b) la permanence de l'objet.

   c) la perception intermodale.

   d) la combinaison mentale.

13. Si un bébé sait que son petit canard de caoutchouc, qui vient de tomber de la baignoire, est quelque part sur le plancher, c'est qu'il :

   a) a acquis la permanence de l'objet.

   b) est capable de perception intermodale.

   c) réalise une combinaison mentale.

   d) est capable de perception transmodale.

14. Dès que la gardienne arrive, Anne-Julie, âgée de 21 mois, s'accroche aux jambes de sa mère et dit « bye-bye » sur un ton interrogateur. Puisqu'elle demande clairement à sa mère de ne pas partir, ces paroles peuvent être qualifiées :

   a) de lallation.

   b) de surgénéralisation.

   c) d'holophrase.

   d) de langage bébé.

15. Chez les bébés de 6 mois, la répétition de certaines syllabes telles que « la, la, la » s'appelle :

   a) gazouillis.

   b) lallation.

   c) holophrase.

   d) surgénéralisation.

Les réponses aux questions à choix multiples se trouvent en annexe.

Le chapitre **4** en un clin d'œil

● SECTION 1 – Développement biosocial chez le trottineur

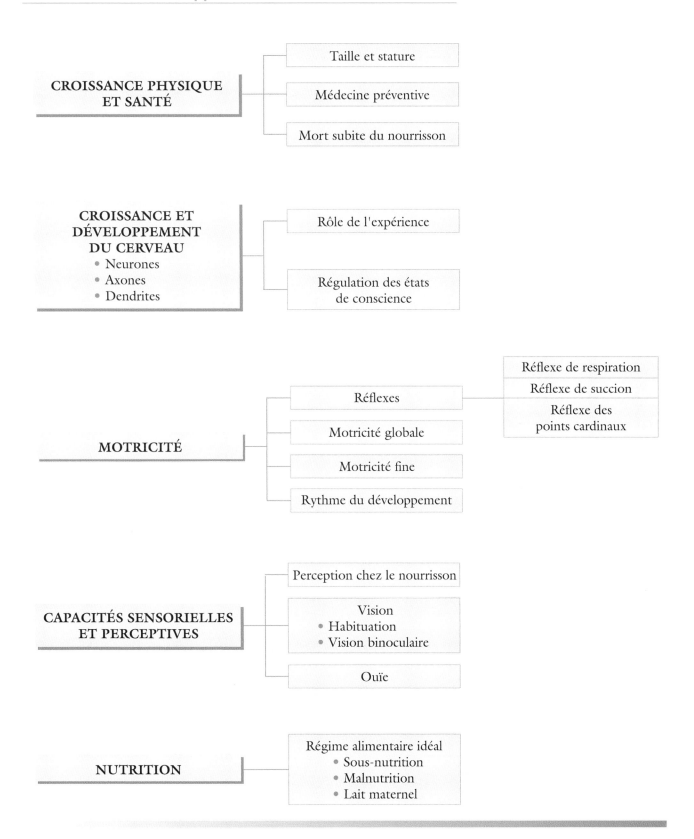

CROISSANCE PHYSIQUE ET SANTÉ
- Taille et stature
- Médecine préventive
- Mort subite du nourrisson

CROISSANCE ET DÉVELOPPEMENT DU CERVEAU
- Neurones
- Axones
- Dendrites

- Rôle de l'expérience
- Régulation des états de conscience

MOTRICITÉ
- Réflexes
  - Réflexe de respiration
  - Réflexe de succion
  - Réflexe des points cardinaux
- Motricité globale
- Motricité fine
- Rythme du développement

CAPACITÉS SENSORIELLES ET PERCEPTIVES
- Perception chez le nourrisson
- Vision
  - Habituation
  - Vision binoculaire
- Ouïe

NUTRITION
- Régime alimentaire idéal
  - Sous-nutrition
  - Malnutrition
  - Lait maternel

SECTION 2 – Développement cognitif chez le trottineur

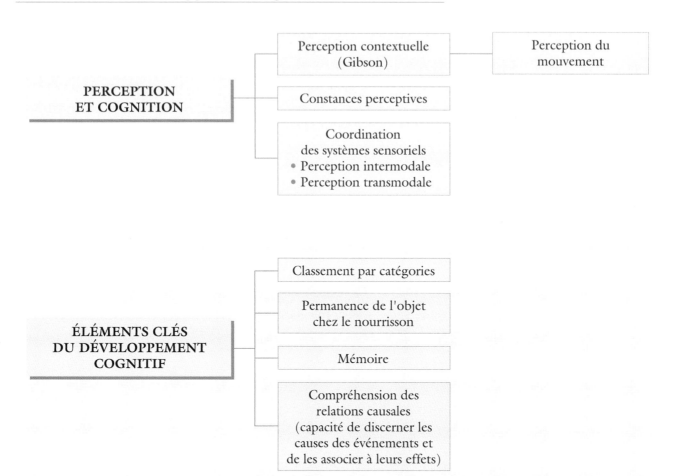

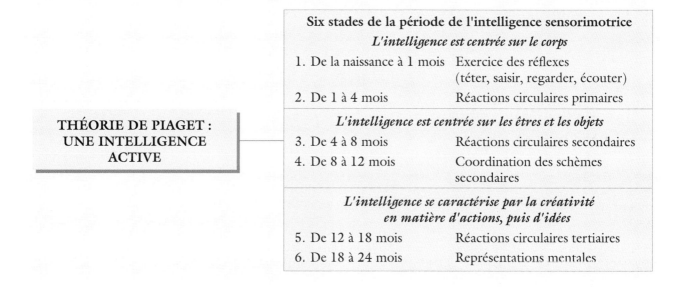

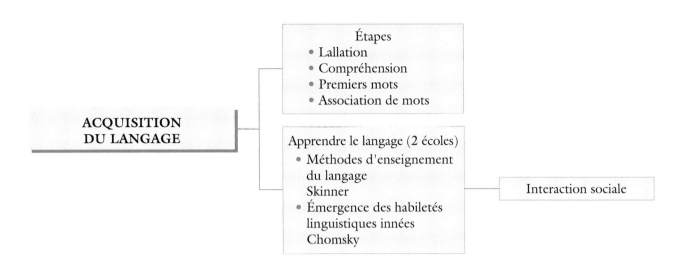

Chapitre **5**

Développement psychosocial chez le trottineur

Le développement psychosocial suppose par définition l'interaction de forces internes et externes, soit la *psyché* (les émotions, les attitudes, la personnalité) et le *contexte social* (la famille, la collectivité et la culture). Lorsque les chercheurs ont commencé à étudier le développement psychosocial du nourrisson, ils croyaient devoir s'attacher au contexte social, et plus particulièrement aux actions des parents et des autres éducateurs. Ils étaient en effet fermement convaincus que le bébé n'apportait à l'interaction que son besoin de nourriture et de protection physique.

Or, les spécialistes du développement se rendent compte à présent que toute personne a, dès son plus jeune âge, une vie affective et sociale active. Ils constatent que le nouveau-né est *naturellement prédisposé à la sociabilité*; autrement dit, il est capable d'exprimer des émotions et de réagir aux humeurs, aux émotions et aux actions des autres. Dans ce chapitre, nous étudierons le développement psychosocial pendant la petite enfance en nous attardant à la formation des liens affectifs, aux racines de la personnalité, aux compétences et aux besoins affectifs du nourrisson ainsi qu'à la sensibilité que démontrent la plupart des parents face à ces compétences et à ces besoins.

▶ **Développement affectif**
Formation de liens affectifs
Premières semaines
Développement de l'affectivité

▶ **Racines de la personnalité**
Importance de l'acquis :
formation de la personnalité
Importance de l'inné :
le tempérament

▶ **Relation parent-enfant**
Partenaires sociaux
Attachement

▶ **Relations avec les pairs**

Développement affectif

L'étude du développement affectif du nourrisson éclaire les origines de la croissance psychologique, car elle nous renseigne sur la manière dont le bébé perçoit son environnement, le comprend et y réagit. Elle révèle également que les émotions du nourrisson facilitent considérablement ses interactions sociales, dans la mesure où ses pleurs, ses sourires et autres expressions constituent des signaux sociaux très importants. L'expression des émotions du nourrisson déclencherait chez ses parents les réponses nécessaires à sa protection et à sa survie. Par exemple, les chercheurs ont découvert que les pleurs d'un bébé provoquent chez les adultes une stimulation physiologique caractérisée par une fixation de l'attention et une accélération de la fréquence cardiaque. Cette réponse s'observe même chez les adultes qui n'ont jamais pris soin d'un petit enfant (Thompson et Frodi, 1984). Si les pleurs s'intensifient, les parents réagissent alors rapidement et avec une attention accrue (Gustafson et Harris, 1990; Zeskind et Collins, 1987). Les pleurs favorisent donc la survie du bébé : ils signalent un danger potentiel et incitent les adultes à agir. Non seulement les bébés pleurent pour appeler les adultes ou les garder à proximité, mais ils tendent les bras, grommellent et s'agrippent, compensant par ces comportements les limites de leur langage verbal, de leurs mouvements et de leur autonomie.

À VOUS LES COMMANDES – 5.1

Les pleurs des bébés

Bébé pleure, parfois un peu, parfois beaucoup ! Mais pourquoi, au juste ?

1. Identifiez 10 raisons pour lesquelles un bébé pleure.
2. Indiquez, pour chacune, le ou les comportements qui vous semblent les plus appropriés de la part des pa-

rents. N'hésitez pas à vérifier vos intuitions auprès de jeunes parents de votre entourage : qu'en est-il en réalité ?

Formation de liens affectifs

Formation de liens affectifs entre les parents et l'enfant   Émergence d'un sentiment d'attachement entre les parents et le nouveau-né dans les minutes qui suivent la naissance.

Quelle importance revêtent les aspects psychologiques des premières heures que les parents et l'enfant passent ensemble ? Est-il vrai que les contacts physiques qui suivent la naissance favorisent la formation de liens affectifs entre les parents et l'enfant ?

Les meilleures indications de l'importance du lien établi entre les parents et le nouveau-né proviennent d'études sur différentes espèces de mammifères. Chez de nombreuses espèces animales, en effet, les femelles nourrissent et protègent leurs petits, tandis qu'elles ignorent, rejettent ou maltraitent ceux des autres.

Les chercheurs ont découvert au moins trois des raisons de ce lien entre les femelles et leurs petits. Premièrement, pendant et après la mise bas, les femelles sécrètent des hormones qui suscitent des comportements maternels. Deuxièmement, la mère reconnaît son rejeton à l'odeur. Enfin, le premier contact physique entre la femelle et son nouveau-né a lieu à un moment précis; chez certaines espèces, le lien ne s'établit qu'à condition que le contact se produise pendant une période critique définie. Une chèvre, par exemple, peut rejeter un chevreau dont elle a été séparée tout de suite après la naissance, quelle que soit l'insistance avec laquelle le petit essaie de téter. Elle le reprend volontiers, en revanche, si elle a eu le temps de le sentir et de le lécher pendant cinq minutes avant qu'on ne le lui enlève (Klopfer, 1971). Les brebis et les vaches réagissent de façon identique, tandis que d'autres espèces manifestent une forme atténuée du comportement (Rosenblith, 1992).

Existe-t-il de la même façon une période critique chez les êtres humains ? Certaines recherches menées dans les années 1970 et 1980 semblaient appuyer l'hypothèse que les contacts physiques, dans les moments qui suivent immédiatement la naissance et les premiers jours de la vie, ont des répercussions bénéfiques sur le lien d'attachement de la mère au cours de la première année. Ainsi, un an après la naissance, les mères qui avaient tenu leur bébé tout de suite après l'accouchement semblaient y être plus attachées et attentives que celles qui en avaient été séparées dans les premiers jours (Grossman et coll., 1981; Klaus et Kennell, 1976; Leifer et coll., 1972).

Aujourd'hui, nul ne dément les bienfaits des contacts immédiats entre une mère et son nouveau-né. Mais ces premiers contacts sont-ils vraiment essentiels à l'établissement d'un lien sain et constructif ? Peut-être pas. Les contacts physiques immédiats ou retardés semblent en effet changer peu de chose à la relation à long terme entre la mère et l'enfant (Lamb, 1982; Myers, 1987).

Diane Eyer, une spécialiste des sciences sociales, pose une question intéressante. Pourquoi, demande-t-elle, a-t-on admis si volontiers la notion de formation de liens affectifs alors qu'elle reposait sur des preuves scientifiques relativement faibles ? Elle conclut qu'il s'agit d'un construit social. Selon elle, les spécialistes du développement et le grand public étaient disposés à croire que les nouveau-nés et les mères ont besoin d'un contact dès les premiers instants (Eyer, 1992).

La formation des liens familiaux est cependant beaucoup plus complexe et, en un sens, exigeante. Les contacts immédiats ne sont ni absolument nécessaires ni automatiquement suffisants à l'attachement, comme en témoignent les millions de parents biologiques ou adoptifs qui n'ont pas tenu leurs enfants nouveau-nés et qui leur vouent tout de même un amour indéfectible.

Faut-il en conclure qu'on devrait en revenir à la pratique ancienne et séparer les mères des nouveau-nés ? Non. Un éminent spécialiste du développement a fait le commentaire suivant à ce propos :

> Susciter des contacts appropriés à l'état de la mère est une pratique qui plaît à bien des femmes et qui ne fait certainement pas de tort. J'ai la conviction qu'il vaut la peine de faire tout en notre possible pour rendre la période du post-partum plus agréable. (Rosenblith, 1992)

Les mouvements de balancier de la recherche et de la pratique nous rappellent qu'il n'existe pas de formule magique en matière de formation des liens familiaux. L'amour entre un parent et un enfant grandit au fil des jours et des interactions, et se nourrit aux contextes sociaux dans lesquels il s'inscrit. Nous verrons dans ce chapitre que c'est la nature de la relation parent-enfant, et non les détails de ses origines, qui est déterminante pour le développement.

Premières semaines

La détresse est la première manifestation d'une « émotion » clairement discernable chez un nouveau-né. Suscitée par la faim et toutes les autres sensations désagréables, elle s'exprime principalement par les pleurs. Les nouveau-nés âgés de quelques jours, voire de quelques heures à peine, se mettent à pleurer et à s'agiter lorsqu'ils entendent un bruit fort ou aperçoivent un objet qui se dirige rapidement vers eux (Izard et Malatesta, 1987; Sroufe, 1979). Entre quatre et sept mois, les bébés manifestent des réactions de détresse encore plus prononcées et se mettent à exprimer de la colère. Ils se vexent notamment quand on leur retire un objet intéressant ou qu'on les empêche de bouger (Stenberg et Campos, 1990).

En revanche, le nouveau-né ouvre grand les yeux en signe d'intérêt ou d'étonnement. Il commence à sourire tôt : dès ses premiers jours, il réagit par un demi-sourire à un son agréable et à la sensation de satiété. Le sourire social, esquissé en réaction à un visage mobile ou à une voix humaine, apparaît vers l'âge de six semaines. Le sourire s'élargit vers trois ou quatre mois et fait même place au rire dans les situations particulièrement plaisantes telles que les interactions sociales (Malatesta et coll., 1989). Il s'agit là de comportements universels que l'on peut observer autant chez les bébés des chasseurs-cueilleurs du Kalahari que chez les bébés nés à Montréal, à Boston, à Paris ou à Yérouchalayim (Bakeman et coll., 1990). Fait intéressant, les plus puissants déclencheurs du sourire et du rire sont les phénomènes que le bébé peut lui-même maîtriser, tel le bruit d'un hochet (Ellsworth et coll., 1993; Lewis et coll., 1990). Il n'est pas étonnant, par conséquent, que les premières manifestations de la colère s'expriment à la suite d'une perte de contrôle ou de maîtrise sur l'environnement et qu'elles soient, par exemple, destinées à la grande sœur qui vient de s'emparer du hochet !

Développement de l'affectivité

Entre le sixième et le neuvième mois, les manifestations des émotions du nourrisson se différencient et se diversifient par suite du développement sur le plan cognitif (par exemple, la permanence de l'objet) et du cumul des expériences. C'est ainsi que le nourrisson commence à manifester de la peur et de l'angoisse. La peur des étrangers, par exemple, apparaît vers l'âge de 6 mois et culmine habituellement entre 10 et 14 mois. Vous l'avez peut-être suscitée vous-même en commettant la « bévue » de sourire à un bébé de un an au supermarché. Les hurlements qu'il a poussés en guise de réponse en constituaient la manifestation non équivoque ! Cependant, tous les nourrissons ne craignent pas tous les étrangers. De plus, l'intensité de la crainte varie considérablement; en fait, de nombreux nourrissons réagissent favorablement aux inconnus. Plusieurs facteurs entrent en jeu. Ainsi, la réaction d'un bébé à un étranger dépend du bébé lui-même (de son tempérament et de son sentiment de sécurité face à sa mère en particulier), de l'étranger (de son sexe et de son comportement à l'égard de l'enfant) et de la situation (de la proximité de la mère et de l'humeur du nourrisson) (Thompson et Limber, 1990). Un bébé peut se montrer amical envers un étranger qui garde ses distances en présence de la mère, mais manifester de la crainte si la même personne s'approche de lui assez brusquement en l'absence de la mère.

Une émotion analogue à la peur des étrangers, l'angoisse de la séparation, apparaît à l'âge de 8 ou 9 mois, culmine vers 14 mois puis disparaît peu à peu. Dans des situations où les personnes familières qui prennent soin de lui le quittent, le bébé réagit très fortement : les pleurs peuvent être intenses et se prolonger en

À l'âge de un mois, Tania sourit dans son sommeil, comme le font de nombreux nourrissons satisfaits par une tétée et un berceau confortable. Ce n'est toutefois que vers l'âge de six semaines que les bébés sourient en réaction à des stimuli extérieurs tels que le visage de leurs parents. Puisque Tania est née un mois avant terme, elle n'esquissera son premier sourire social qu'à dix semaines. Il semble en effet que l'apparition du sourire social dépende de la maturation neurologique plus que de l'expérience.

Sourire social Sourire que fait un nourrisson en réponse à une voix ou à un visage. Le sourire social apparaît six semaines environ après la naissance chez le bébé à terme.

Peur des étrangers Crainte des inconnus qui apparaît généralement vers l'âge de 6 mois et qui culmine entre 10 et 14 mois; sa manifestation dépend de plusieurs facteurs.

Angoisse de la séparation Chez le bébé, crainte d'être abandonné par les personnes familières qui prennent soin de lui, en général ses parents. Cette réaction apparaît vers l'âge de 8 ou 9 mois, culmine vers 14 mois puis disparaît graduellement.

sanglots pendant de longs moments, voire quelques heures. Mais cette peur de l'abandon n'est pas universelle et dépend de facteurs comme les expériences du bébé en matière de séparation et le climat qui entoure les départs du ou des parents. Les séparations inattendues, par exemple celles qui se produisent durant le sommeil du bébé, sont plus inquiétantes pour l'enfant que les départs accompagnés d'un au revoir, de câlins et de paroles de réconfort (Thompson et Limber, 1990). La peur des étrangers et l'angoisse de la séparation nous permettent de comprendre que les émotions du bébé ne naissent pas d'un événement isolé (tel que l'approche d'un inconnu), mais des divers éléments qui l'entourent.

Tous les parents le savent : la colère s'intensifie vers l'âge de un an. Pour le démontrer scientifiquement, des chercheurs ont présenté à des spectateurs des bandes vidéo montrant des enfants de 2 à 19 mois à qui l'on administrait des vaccins. Les spectateurs, qui ne voyaient que les visages des bébés, devaient évaluer le degré de leur colère. D'après eux, l'intensité de la colère augmentait radicalement à compter de l'âge de sept mois. En outre, la colère se prolongeait; passagère chez les plus jeunes, elle s'éternisait chez les trottineurs de 19 mois (Izard et coll., 1987).

En même temps que sa colère s'intensifie, l'enfant apprend à composer avec cette émotion. Alors que le bébé de six mois se contente de hurler, l'enfant plus âgé passe à l'action (il sort de son parc ou empoigne un jouet), réclame de l'aide (il crie après quelqu'un ou gesticule pour montrer ce qu'il veut) ou se console tout seul

POINT DE MIRE

La séparation

L'angoisse de la séparation et la peur de l'étranger, qui apparaissent généralement vers l'âge de six mois à un an, prennent souvent au dépourvu les parents non avertis.

Pour de nombreux spécialistes du développement, ce désir irrépressible du jeune enfant d'être avec ceux qui en prennent soin est considéré comme le fondement de sa capacité à établir des liens sociaux pour toute la vie. Si, vers l'âge de deux ans, la plupart des enfants sont capables d'accepter les séparations habituelles, leur désir intense d'être avec ceux qui prennent soin d'eux se transforme graduellement, et tout au long de la vie, en « une capacité et un désir d'établir des liens d'amitié avec des pairs et, ultimement, des liens sexuels matures ».

Pour aider les parents et les jeunes enfants à surmonter le traumatisme de la séparation, certains spécialistes font les recommandations suivantes (tirées de Morse, 1993) :

- Laisser le bébé observer les nouveaux visages. Des études ont montré que les jeunes enfants sont intimidés par les personnes qui les approchent brusquement ou bruyamment ou qui tentent de les prendre immédiatement dans leurs bras. Les nouvelles personnes qui en prennent soin et tout étranger devraient s'approcher du bébé en douceur et s'adresser d'abord à l'un des parents avant de porter leur attention sur lui.
- Maintenir une atmosphère de calme à la maison. Éviter les sorties trop fréquentes et la présence d'un grand nombre de nouveaux visages autour du bébé, surtout si la mère ou le père vient de retourner sur le marché du travail.

- Instaurer un rituel et le préserver au moment où les parents quittent la maison. L'adoption d'une même série de gestes à des moments prévisibles de séparation n'incitera peut-être pas le bébé à sourire, mais le fait de savoir ce qui se passe le rassurera. Lui expliquer la situation avec des mots, même si l'enfant est très jeune.
- Ne pas prolonger le chagrin du bébé. Plutôt que d'attendre qu'il se calme — ce qui peut prendre beaucoup de temps et... lui apprendre à manipuler le parent ! —, il vaut mieux que le parent le serre dans ses bras, l'embrasse en lui disant son amour et qu'il lui rappelle, d'une voix douce, qu'il sera de retour à la maison un peu plus tard. Ne pas annoncer un retour « dans cinq minutes » s'il est prévu dans une heure ! Le bébé portera assez facilement son attention sur autre chose lorsqu'il ne verra plus le parent.
- Éviter la surcompensation. Le parent ne devrait pas diminuer le nombre d'heures de sommeil du bébé si, en raison d'un imprévu par exemple, il n'a pas passé suffisamment de temps avec lui.
- La transition du parent à une gardienne, ou éventuellement à un séjour en garderie, se fera probablement plus facilement si le bébé a moins de six mois ou près de deux ans. S'il est gardé à domicile, il vaut mieux que le parent demeure présent, à quelques reprises, pendant que la gardienne s'occupe de l'enfant. Un bébé s'habitue à ce que d'autres personnes en prennent soin. Un enfant plus vieux a déjà appris à exprimer ses émotions et peut établir des liens d'amitié qui rendront l'absence du parent plus tolérable.

(en détournant le regard du facteur de frustration, en suçant ses doigts ou en serrant son ourson) (Gustafson et Green, 1991; Stifter et Braungart, 1995).

De même, à mesure que le nourrisson vieillit, le sourire et le rire deviennent plus sélectifs et plus spontanés (Lewis et Michalson, 1983; Nwokah et coll., 1994). Tandis que le bébé de trois mois sourit à tout-venant, le nourrisson de neuf mois sourit instantanément à la vue de certains visages et demeure impassible ou éclate en sanglots en en voyant d'autres. Le nourrisson de 12 mois sourit dès qu'il aperçoit le visage de ses parents et glousse de plaisir si leur comportement signale l'amorce d'une interaction ludique.

À VOUS LES COMMANDES – 5.2

L'hospitalisation : une séparation douloureuse

Pour un nourrisson et un trottineur — particulièrement entre 14 et 30 mois —, une hospitalisation peut susciter beaucoup d'angoisse et des réactions que Bowlby (1960) décrit en trois phases : 1) la protestation (pleurs, cris, coups), 2) le désespoir (calme apparent et passivité, pleurs monotones et intermittents), 3) le détachement (acceptation de la routine quotidienne à l'hôpital, apathie et indifférence à l'égard de la ou des personnes à qui l'enfant est attaché).

Votre enfant de 14 mois doit être hospitalisé pour subir des traitements durant une période d'au moins 2 semaines.

1. Comment pouvez-vous le préparer à cette situation ?

2. Comment allez-vous vous-même vous préparer ?

3. Quels comportements adopterez-vous pendant son hospitalisation, particulièrement au moment du départ, après une visite ?

4. Quels comportements attendez-vous du personnel infirmier ?

5. Comment allez-vous le préparer et vous préparer à son retour à la maison ?

Il semble donc que l'enfant de un an possède une grande vitalité émotionnelle (Thompson, 1994). Qu'il exprime le plaisir, la peur, la détresse ou la colère, il le fait avec plus de rapidité, plus d'intensité et plus de persistance que le nourrisson de six mois. Ses émotions s'expriment plus clairement, si bien que l'interaction avec l'adulte devient stimulante.

Référence sociale

En même temps que les émotions du nourrisson deviennent intelligibles, sa capacité à interpréter celles des autres augmente (Feinman, 1985). Dès l'âge de cinq ou six mois, il associe des émotions comme la joie et la colère aux expressions du visage et aux tons de voix. Il y parvient même dans les situations expérimentales où on lui montre la photo d'un visage inconnu et où on lui fait entendre une langue étrangère (Balaban, 1995; Fernald, 1993).

Lorsque le nourrisson approche de l'âge de six mois, les expressions des autres gagnent en importance pour lui. Il recourt de plus en plus à la référence sociale, c'est-à-dire qu'il cherche auprès d'adultes de confiance des indices comportementaux d'émotions dans l'expression du visage, le ton de la voix, etc., qui lui révéleraient comment réagir aux événements inusités ou ambigus. Le nourrisson de plus de neuf mois a fréquemment recours à la référence sociale pour guider sa conduite, car le fait de pouvoir ramper lui confère indépendance et mobilité et lui ouvre les portes de l'exploration active, la caractéristique du « petit scientifique » au cinquième stade de l'intelligence sensorimotrice (Desrochers et coll., 1994) (voir le chapitre 4). Le trottineur en cavale lance de fréquents regards à ses parents, comme pour demander leur opinion au sujet d'un nouveau jouet, d'un nouvel ami ou d'une nouvelle activité.

Les leçons que le trottineur tire de la référence sociale prennent au fil du temps un caractère formateur. Si, au gré de ses explorations et de ses rencontres, il capte des signaux d'encouragement et de soutien, l'enfant deviendra plus amical et moins

Référence sociale Chez le bébé, fait de chercher auprès d'adultes de confiance des indices comportementaux d'émotions permettant d'interpréter un événement étrange ou ambigu.

agressif que s'il se bute constamment à des restrictions et à des interdits (Calkins, 1994). Et s'il ne reçoit que de rares signaux, quelle que soit leur nature, parce que ses parents sont déprimés ou surmenés, il risque de devenir apathique et passif (Field, 1995).

Conscience de soi

Conscience de soi Sentiment d'être distinct des autres et de posséder des caractéristiques particulières.

L'apparition de la conscience de soi constitue un jalon du développement à la fin de la petite enfance. De la conscience d'être une personne distincte des autres découlent de nombreux sentiments liés au soi, tels que la fierté et la confiance d'une part et, d'autre part, la culpabilité, la honte et la timidité. La conscience de soi débouche aussi sur la conscience des autres et sur des émotions telles que la révolte et la jalousie, mais également l'empathie et l'affection authentique.

RECHERCHE

La référence sociale chez le jeune enfant

À compter de l'âge de cinq ou six mois, les enfants commencent à conférer une signification affective à différentes expressions faciales et, à huit ou neuf mois, à comprendre que les émotions exprimées sont associées à des objets ou à des événements particuliers. Tentons d'approfondir cette question de la référence sociale.

La compréhension, chez les spécialistes du développement, de la référence sociale découle principalement de recherches effectuées sur la base d'une situation soigneusement contrôlée qui comprend les trois volets suivants : 1) la présentation d'un événement nouveau, comme la présence d'un jouet ou d'un étranger; 2) la réaction émotive de l'adulte prenant soin de l'enfant face audit événement, qui se manifeste par une expression faciale standard, seule ou associée à une verbalisation; 3) une évaluation de la réaction du jeune enfant à l'égard du message émotionnel envoyé par l'adulte. Les conclusions de ces recherches démontrent que les jeunes enfants cherchent à obtenir de leur mère, de leur père et d'étrangers amicaux une information affective au sujet d'objets et d'événements équivoques.

Warren Rosen et ses collègues ont récemment observé plus précisément la façon dont les mères transmettent des messages émotifs à leur jeune enfant. On présentait à l'enfant un nouvel objet animé et la mère recevait comme consigne de manifester une réaction affective chaque fois que son bébé se tournait vers elle et de maintenir cette réaction aussi longtemps qu'il la regarderait.

Les résultats qu'ils ont obtenus démontrent clairement que les enfants âgés de un an recherchent activement l'évaluation affective aux nouveaux événements exprimée par les mères et qu'ils réagissent vivement à cette évaluation. Dans 89 % des tests effectués, les jeunes enfants se tournaient vers leur mère. Dans 45 % des tests, la réaction initiale des jeunes enfants était dirigée vers la mère, alors que dans 44 % des tests, leur réaction était d'abord dirigée vers le jouet et ensuite vers la mère.

Lorsque la mère pouvait exprimer librement sa réaction, le jeune enfant la regardait *plus* souvent si elle manifestait de la crainte que si elle exprimait de la joie. Inversement, lorsque l'expression de la réaction de la mère était prédéterminée (selon les consignes de l'expérimentateur), le jeune enfant la regardait *moins* souvent si elle manifestait de la crainte plutôt que de la joie.

Les mères exprimaient de façon plus intense la joie que la crainte. Par ailleurs, l'intensité de leurs réactions de joie était pratiquement la même en présence de filles ou de garçons. Par contre, les mères avaient des réactions de crainte moins intenses lorsqu'elles étaient en présence de filles. Il est intéressant de noter que les mères exprimaient une réaction moins intense à l'égard des jeunes enfants qui les regardaient d'abord et qui réagissaient ensuite à la présence du jouet qu'à l'égard de ceux qui réagissaient d'abord à la présence du jouet.

Un dernier résultat révèle que les jeunes enfants se tournaient plus fréquemment vers leur mère lorsque le message exprimé par celle-ci était le moins clair.

Les chercheurs notent que les résultats de leur étude viennent étayer l'hypothèse selon laquelle la notion de référence sociale se définit optimalement comme « [...] l'effort constant déployé par un jeune enfant pour saisir la signification d'un objet nouveau plutôt que comme une démarche employée lorsqu'il est incapable de procéder à une évaluation indépendante [...]. Nos résultats indiquent que les jeunes enfants ont tendance à recourir à la référence sociale de façon persistante, souple et active [...]. La plupart d'entre eux se tournaient vers leur mère à maintes reprises lors de la plupart des tests, même si chaque regard dirigé vers la mère les obligeait, en raison de la position relative de la mère et de l'objet, à quitter l'objet des yeux au moins momentanément ».

Source : W.D. Rosen, L.B. Adamson et R. Bakerman, « An Experimental Investigation of Infant Social Referencing: Mothers' Messages and Gender Differences », *Developmental Psychology*, 1992, 28(6), p. 1172-1178.

Il suffit de comparer des enfants d'âges différents pour mesurer le progrès que représente l'apparition de la conscience de soi. Le petit bébé n'a aucune conscience de soi; il ne se rend même pas compte que son corps lui appartient (Lewis, 1990). Ses mains sont pour lui de fascinants objets qui apparaissent et disparaissent inopinément de son champ de vision. À deux mois, il « découvre » ses mains chaque fois qu'il les aperçoit, il s'absorbe dans la contemplation de leurs mouvements, puis il semble les « oublier » dès qu'il cesse de les voir. Même le bébé de huit mois ne semble pas au fait des limites entre son corps et celui d'une autre personne. Il empoigne le jouet que tient un autre enfant et se montre tout étonné que l'objet lui « résiste ». À l'âge de un an, cependant, il a une vague idée que l'autre enfant est distinct de lui et le démontre en poussant son camarade si le jouet convoité ne lui tombe pas immédiatement sous la main.

Dans une expérience classique, des chercheurs ont subrepticement tracé un point rouge sur le nez de bébés placés devant un miroir (Lewis et Brooks, 1978). Si un bébé réagissait à son image en se touchant le nez plutôt qu'en touchant le miroir, les chercheurs concluaient qu'il avait conscience de voir son propre visage. Les chercheurs soumirent 96 bébés de 9 à 24 mois à l'expérience et constatèrent qu'aucun des nourrissons de moins de 1 an ne réagissait à la présence du point rouge, tandis que la majorité des bébés de 15 à 24 mois la remarquaient.

Une autre manifestation de la conscience de soi est la capacité de se désigner et de s'identifier. La plupart des enfants de près de deux ans sont capables de se désigner eux-mêmes quand on leur demande « Où est [nom de l'enfant] ? » et de donner leur nom quand on les montre du doigt en leur demandant « Qui est-ce ? » (Pipp et coll., 1987).

À quatre mois, Alexandra possède une souplesse enviable, mais elle ne se rend peut-être pas compte que ce qu'elle mâchouille est une partie de son propre corps. Cette faille cognitive risque de lui valoir un petit désagrément si elle mord trop fort !

À VOUS LES COMMANDES – 5.3

La conscience de soi : en reconnaître des manifestations

Si vous avez la possibilité d'être en contact avec de jeunes enfants, faites les deux expériences suivantes.

1. Montrez à chacun une photo de lui-même. Les enfants se reconnaissent-ils ? Par quels comportements le manifestent-ils ?

2. Demandez à chaque enfant d'aller chercher un objet en utilisant le « tu », mais sans faire de geste. Comprennent-ils ? Par quels comportements le manifestent-ils ?

Un prolongement de l'expérience du point rouge a mis en lumière le lien entre l'apparition de la conscience de soi et celle de certaines émotions relatives au soi (Lewis et coll., 1989). Dans cette étude, les bébés de 15 à 24 mois qui s'étaient reconnus dans le miroir paraissaient embarrassés par les louanges d'un adulte; ils souriaient et détournaient les yeux, se couvraient le visage avec les mains, etc. Les nourrissons qui ne s'étaient pas reconnus ne montraient aucun signe de gêne. Il semble que cette transition de la non-reconnaissance de soi au sourire embarrassé, dans ces circonstances, soit universelle et se produise au même âge (Schneider-Rosen et Cicchetti, 1991).

La conscience de soi modifie l'intensité et les modalités des émotions du trottineur, l'affection et la jalousie y comprises. De fait, il s'adonne à des crises de colère : devenu conscient de lui-même, il découvre la possibilité de riposter à des situations contrariantes (Dunn et Munn, 1985).

Conscient de son existence, le trottineur devient capable de s'autoévaluer et d'éprouver des émotions comme la culpabilité (Emde et coll., 1991). À l'âge de deux ans, par exemple, la plupart des enfants distinguent ce qui est permis et ce qui ne l'est pas, et ils manifestent du chagrin ou de l'anxiété après avoir mal agi, même s'il ne se trouve pas d'adulte à leurs côtés. Le phénomène fut scientifiquement démontré par des chercheurs qui laissèrent des enfants de deux ans seuls dans une pièce avec soit une poupée dont les jambes tombaient aussitôt qu'ils la prenaient, soit une tasse dont le contenu dégoulinait dès qu'ils la portaient à leur bouche.

Devant leur reflet dans un miroir, les nourrissons sourient et essaient de toucher au « bébé » qui leur fait face. Ils ne s'apercevront pas qu'il s'agit d'eux-mêmes avant l'âge de un an.

Plusieurs de ces enfants réagissent à leurs apparentes bévues par des expressions de tristesse ou de tension accompagnées de tentatives de réparation (Cole et coll., 1992). De telles réactions s'observent tant à la maison qu'au laboratoire; les mères, en effet, rapportent que la honte et la culpabilité n'apparaissent chez les trottineurs qu'après la conscience de soi (Stipek et coll., 1992). Le trottineur conscient de lui-même s'insurge contre l'injustice — même si elle ne consiste qu'à attendre son tour à table ! — et « regrette » ses incartades, montrant par là qu'il commence à acquérir le sens moral (Zahn-Waxler et coll., 1992).

Si la conscience de soi prépare l'enfant à éprouver de la culpabilité, elle le prédispose aussi à une émotion contraire, soit la fierté de s'affirmer en contrecarrant les désirs d'une autre personne. L'enfant « se pose en s'opposant ». Donnons un exemple. Peu de temps avant son deuxième anniversaire, le petit Ricky jeta sa tasse de jus sur le tapis pour taquiner sa mère. Nullement étonné par les gronderies, il se montra tout disposé à participer au nettoyage. Il ne se mit à protester qu'au moment d'aller « réfléchir » dans sa chambre, surpris par la sévérité de la punition. Plus tard ce jour-là, il déclara à sa grand-mère venue le visiter : « Jus par terre. » Impassible, la grand-mère répondit : « On ne jette pas son jus par terre. » Ricky, hilare, se mit à répéter « Oui, jus par terre, jus par terre », en feignant de tourner une tasse à l'envers. Voici les commentaires d'un psychologue à propos de cette anecdote :

> Le plaisir de voir le jus se répandre et la colère suscitée par la punition sont des émotions caractéristiques de toutes les périodes de la petite enfance. En revanche, la fierté d'enfreindre une convention ou de contrecarrer les désirs de la mère n'apparaît qu'une fois la conscience de soi fermement établie. (Shatz, 1994)

Racines de la personnalité

Maintenant que nous avons brièvement décrit le développement de l'affectivité pendant la petite enfance, nous pouvons nous poser les questions suivantes. Comment les réactions émotionnelles et comportementales du nourrisson s'organisent-elles pour contribuer à la formation de la personnalité ? Quels facteurs sont à l'origine des traits de personnalité et des habiletés sociales qui donneront au petit enfant son individualité propre ?

Importance de l'acquis : formation de la personnalité

Dans la première moitié du XXᵉ siècle, certains théoriciens prétendaient que les parents, et particulièrement la mère, façonnaient la personnalité de l'enfant de manière définitive. Leur vision tenait compte des points de vue de l'approche béhaviorale, et par la suite de celui de l'approche cognitive (point de vue de l'apprentissage social), sans oublier celui de l'approche psychodynamique.

Approche béhaviorale

Les théoriciens de l'approche béhaviorale pensent que les parents forment la personnalité de leur enfant en renforçant ou en punissant ses comportements spontanés. Selon eux, le fait de sourire à un enfant et de le prendre dès qu'il esquisse une risette produit chez lui un tempérament joyeux. D'un autre côté, le fait de taquiner un enfant en lui retirant sa sucette ou en feignant de lui ôter son jouet préféré suscite une nature méfiante et possessive.

John Watson, le chef de file de l'école béhavioriste, cautionna ce point de vue :

> La responsabilité du bonheur et de l'adaptation d'un enfant (en supposant qu'il jouisse d'une bonne santé physique) incombe indiscutablement aux parents. Quand l'enfant atteint l'âge de trois ans, les parents ont déjà déterminé [...] si [...] l'enfant sera une personne heureuse, stable et sereine, un tyran capricieux, geignard, névrosé, colérique et vindicatif ou un être dont la peur dicte toutes les actions. (Watson, 1928)

Approche psychodynamique

Les tenants de l'approche psychodynamique (voir le chapitre 2) s'appuient sur des prémisses différentes, mais concluent eux aussi que la personnalité se constitue définitivement au cours de la petite enfance. Sigmund Freud soutenait que les expériences des quatre premières années prédisposent l'individu à la réussite ou à l'échec face aux problèmes de la vie et, dans le cas de l'échec, en déterminent même le moment (Freud, 1918/1963). Il affirmait aussi que la relation de l'enfant et de la mère était unique, sans pareille. La mère, selon Freud, représentait pour la vie entière le premier et le plus fort des objets d'amour, le prototype de toutes les relations d'amour futures (Freud, 1940/1964).

Phases orale et anale

Comme nous l'avons vu au chapitre 2, Freud a divisé le développement psychosexuel en phases reliées à l'âge (1935). Il appela la première phase orale, parce que la bouche et la muqueuse buccale constituent le principal facteur de gratification pendant la première année de la vie. Pour le nourrisson, la bouche est source de plaisir; téter, le sein maternel en particulier, constitue l'activité la plus agréable et la plus sensuelle.

La deuxième phase psychosexuelle selon Freud, la phase anale, correspond à la deuxième année. L'anus devient alors la principale source de gratification, à cause du plaisir sensuel lié à la défécation d'abord, puis du plaisir psychologique lié à la maîtrise du sphincter. Ce n'est pas seulement la primauté de la source du plaisir qui change à la phase anale, mais aussi la nature des interactions de l'enfant avec son entourage. Les fèces sont traitées comme une partie même du corps de l'enfant et représentent son premier « cadeau ». En les expulsant, il peut exprimer de façon active son accord avec l'entourage et, en les retenant, sa désobéissance. Alors que l'oralité se caractérisait par la passivité et la dépendance, l'analité est synonyme d'action et de pouvoir. Les parents tentent de favoriser l'autonomie du trottineur (l'entraînement à la propreté n'étant qu'un des nombreux moyens qu'ils emploient pour ce faire), et l'enfant a la possibilité de se conformer ou de se rebeller. Le terrain est prêt pour une lutte de pouvoir.

De fait, Freud affirmait que les conflits des phases orale et anale pouvaient avoir des conséquences durables. La mère qui frustre le besoin de téter chez son bébé (en le pressant à terminer rapidement, en le sevrant trop tôt ou en lui interdisant de sucer ses doigts et ses orteils) peut provoquer de la détresse et de l'anxiété. L'enfant peut garder toute sa vie une fixation à la phase orale; l'adulte mangera, boira, mâchera, mordra, fumera et parlera à l'excès pour trouver la gratification orale qui lui a été refusée pendant ses jeunes années. De même, un entraînement à la propreté précoce (avant l'âge de 18 ou 24 mois) ou trop rigoureux peut dégénérer en un conflit qui laissera des marques profondes dans la personnalité future de l'enfant. De fait, certaines personnes semblent correspondre à la description proposée par Freud de la *personnalité anale*, qui peut être de deux types : la *personnalité anale rétentive*, qui, enfant, cherchait exagérément à plaire pendant l'entraînement à la propreté et qui, adulte, est ponctuelle, obéissante, ordonnée et très attachée à la propreté; et la *personnalité anale expulsive*, qui, enfant, était récalcitrante en matière d'entraînement à la propreté et qui, adulte, est intraitable, entêtée et désordonnée.

Les notions freudiennes d'oralité et d'analité ont fait plus qu'influencer les psychanalystes; elles sont entrées dans la mentalité populaire. Pourtant, les chercheurs ne sont jamais parvenus à démontrer expérimentalement l'existence du lien entre les conflits propres aux deux premières phases psychosexuelles et les traits de personnalité ultérieurs. Ils ont au contraire constaté que le caractère général des interventions parentales (tendre et affectueux ou sévère et dominateur) est beaucoup plus important pour le développement affectif de l'enfant que les modalités précises de l'alimentation ou de l'entraînement à la propreté. Tel est le point de vue qu'a adopté Erik H. Erikson dans sa théorie psychosociale.

Phase orale Selon Freud, première phase du développement psychosexuel, durant laquelle la bouche est la principale source de plaisir.

Phase anale Selon Freud, deuxième phase du développement psychosexuel, pendant laquelle l'anus est la principale source de plaisir. La défécation et l'apprentissage de la propreté constituent d'importantes activités pendant cette phase.

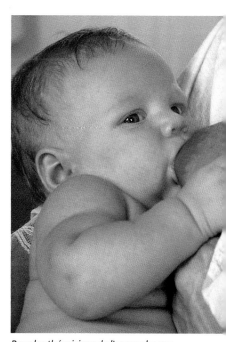

Pour les théoriciens de l'approche psychodynamique, l'allaitement au sein est plus qu'un moyen d'alimenter le nourrisson. Ce contact agréable et intime renforce l'attachement de l'enfant à sa mère et nourrit son sentiment de confiance envers le monde.

Erikson : confiance et autonomie

Dans le sillage de Freud, Erik H. Erikson présente le développement de la personne comme étant jalonné de crises psychosociales (voir le chapitre 2). Il a identifié huit crises psychosociales au cours de la vie, les deux premières s'échelonnant de la naissance à 18 mois et de 18 mois à 3 ans. Rappelons que chaque crise se caractérise par des tendances contradictoires et que le développement exagéré de l'une ou l'autre peut nuire à une résolution adéquate de la crise. En revanche, l'intégration saine des tendances opposées de chaque crise favorise l'émergence de qualités de base de la personnalité ou de forces adaptatives du moi qui constituent des acquis pour tout le cycle de la vie.

Confiance et méfiance Selon Erikson, première crise psychosociale, au cours de laquelle l'enfant perçoit le monde comme un milieu sûr et confortable dans certaines situations ou, au contraire, comme un milieu imprévisible et inconfortable dans d'autres.

La première crise est celle de la confiance et de la méfiance. Dans certaines circonstances, l'enfant perçoit le monde comme un endroit sûr où ses besoins fondamentaux seront satisfaits adéquatement et rapidement; dans d'autres, comme un endroit imprévisible où l'on n'obtient satisfaction, dans le meilleur des cas, qu'en pleurant abondamment. Erikson (1963, 1972, 1982) suppose que le bébé commence à se sentir en sécurité quand sa mère lui fournit nourriture et confort avec constance et régularité. Si la relation avec la mère inspire confiance et sécurité à l'enfant, celui-ci part avec plus d'assurance à la découverte du monde.

Autonomie, honte et doute Selon Erikson, deuxième crise psychosociale, au cours de laquelle le trottineur oscille entre le désir d'indépendance et la honte et le doute à propos de lui-même et de ses capacités.

La deuxième crise, qui survient vers l'âge de deux ans, est celle de l'autonomie, de la honte et du doute. Conscient de son existence, le trottineur aspire à l'autodétermination, ce qui lui permet d'apprendre à maîtriser ses pulsions et à gagner ainsi l'estime de lui-même. S'il n'y parvient pas, soit parce qu'il en est incapable, soit parce que ses parents sont trop sévères ou qu'ils n'établissent pas de balises claires, il se sent honteux et doute de ses capacités. En effet, lorsque l'enfant ne maîtrise pas ses pulsions, il peut ressentir de la honte. Quand il exerce un surcontrôle de ses pulsions, dans le but de répondre aux exigences trop sévères de ses parents, il peut développer du doute. Une des conséquences de la honte et du doute est la non-estime de soi. Selon Erikson (1963, 1972, 1982), les parents doivent se montrer fermes pour aider l'enfant à traverser la crise et à acquérir un sentiment d'autonomie :

> La fermeté doit protéger [le trottineur] contre les désastres que pourraient entraîner son manque de jugement et son incapacité d'évaluer les situations. Son milieu doit l'encourager à « voler de ses propres ailes » mais en même temps lui éviter les expériences de honte et de doute. (Erikson, 1963)

Que feront les parents de cette petite fille si ses explorations entraînent une catastrophe ? La réprimanderont-ils sévèrement, comme si elle avait nourri le projet de fracasser la vaisselle, ou la mettront-ils en garde avec fermeté et compréhension, sachant que son objectif était la découverte ? Selon Erikson, la réaction des parents aux initiatives de leurs enfants peut déterminer la résolution de la crise psychosociale de l'autonomie, de la honte et du doute.

L'enfant qui fait l'objet d'une juste dose de fermeté saura faire face aux défis de l'existence avec une assurance croissante. Le tableau 5.1 fournit quelques pistes sur les attitudes éducatives susceptibles de favoriser une résolution adéquate des deux premières crises psychosociales.

Comme Freud, Erikson pensait que les problèmes qui prennent naissance dans la petite enfance peuvent avoir des conséquences durables. Il affirmait que l'adulte méfiant et pessimiste et l'adulte perclus de doute n'ont pas acquis une confiance ou une autonomie suffisantes pendant leur petite enfance. Erikson précisait cependant que les expériences ultérieures pouvaient modifier les effets des premières années; de même, il soulignait que la personne peut revivre et résoudre les crises non surmontées.

Les idées de Freud et d'Erikson sur l'importance de l'acquis et du rôle de la mère en particulier dans l'émergence de la personnalité ont été remises en question. Certains théoriciens évaluent en effet que les éléments fondamentaux de la personnalité apparaissent si tôt qu'on peut difficilement en rendre les parents responsables.

Approche cognitive : point de vue de l'apprentissage social

Certains théoriciens mettent en lumière le rôle de l'apprentissage social (voir le chapitre 2) et avancent que les nourrissons tendent à imiter les traits de personnalité de leurs parents — qui servent de modèles —, même sans renforcement direct. Ainsi, un enfant deviendra irascible s'il voit régulièrement un de ses parents obtenir

TABLEAU 5.1   **Attitudes éducatives pouvant favoriser une résolution adéquate des deux premières crises psychosociales.**

Confiance et méfiance (0 à 18 mois)	Autonomie, honte et doute (18 mois à 3 ans)
Durant la première crise psychosociale de l'enfant, les parents et éducateurs devraient :	Durant la deuxième crise psychosociale de l'enfant, les parents et éducateurs devraient :
– lui procurer un environnement paisible et stable;	– lui donner la possibilité d'explorer dans un environnement sécuritaire;
– satisfaire adéquatement et régulièrement ses besoins physiques;	– lui donner un horaire flexible et des règles de conduite claires et souples;
– satisfaire adéquatement ses besoins de contacts humains, selon son rythme;	– lui faire des réprimandes autres que la fessée (voir le chapitre 8);
– satisfaire son désir d'explorer tout en assurant sa sécurité.	– le soutenir dans ses apprentissages tout en respectant son rythme;
	– lui communiquer le sens de l'humour.

Source : Adapté de A. Bergeron et Y. Bois, *Quelques théories explicatives du développement de l'enfant*, Saint-Lambert, Soulières éditeur, 1999, 147 pages.

par la colère le respect et l'obéissance des autres membres de la famille. Les théoriciens de l'apprentissage social, dont Albert Bandura, admettent que les traits de personnalité ne sont pas tous renforcés pendant la petite enfance, mais ils persistent à dire que la personnalité fait l'objet d'un apprentissage (Miller, 1993).

Importance de l'inné : le tempérament

Nous avons vu au chapitre 3 que chaque individu possède un tempérament propre qui, déterminé par ses gènes, influe sur presque tous les aspects de sa personnalité. Le tempérament se définit comme « un ensemble de dispositions fondamentales et relativement constantes qui sous-tendent et modulent l'expression de l'activité, de la réactivité, de l'émotivité et de la sociabilité » (McCall, dans Goldsmith et coll., 1987).

Le tempérament découle de la multitude de directives génétiques qui régissent le développement du cerveau; il dépend aussi de nombreuses expériences prénatales, notamment des conditions créées par la nutrition et l'état de santé de la mère. Le tempérament commence à se manifester dès la naissance et il se consolide pendant les premiers mois de la vie. Cependant, le contexte social et les expériences de vie exercent une influence croissante sur la nature et l'expression du tempérament à mesure que la personne se développe.

Tempérament   Ensemble des dispositions fondamentales et relativement constantes qui sous-tendent et modulent l'expression de l'activité, de la réactivité, de l'émotivité et de la sociabilité.

Composantes du tempérament

Étant donné que le tempérament influe sur la personnalité et la nature des rapports interpersonnels, un grand nombre de chercheurs se sont attachés à en décrire et à en mesurer les diverses composantes. Ils les ont regroupées en catégories comme l'activité, l'émotivité et la sociabilité (Buss, 1991) ou encore en tendances fondamentales telles que les réactions aux événements extérieurs et l'autorégulation du comportement (Rothbart, 1981, 1991). Certains spécialistes du tempérament de l'adulte (Digman, 1990; Eaves et coll., 1989; Loehlin, 1992; Paunonen et coll., 1992) ramènent à cinq le nombre de dimensions de la personnalité : l'extraversion, l'amabilité, la rigueur, la tendance à la névrose et l'ouverture d'esprit (voir le chapitre 14). De nombreux spécialistes du développement, pour leur part, cherchent à établir un parallèle entre le tempérament de l'adulte et celui de l'enfant (Kohnstamm, 1996; Martin et coll., 1994).

La réaction d'une personne aux expériences nouvelles est un trait de tempérament qui apparaît dans les jours suivant la naissance et qui reste présent pendant toute la vie. La nouveauté sous toutes ses formes, qu'il s'agisse d'un premier bain, d'un premier jour au cégep, d'une séance de photo en compagnie de neuf autres bébés ou d'un séjour à l'étranger, ravit certaines personnes et en désespère d'autres.

L'étude la plus célèbre, la plus poussée et la plus longue jamais menée sur le tempérament est la *New York Longitudinal Study (Étude longitudinale de New York)*, amorcée il y a plus de 30 ans (Thomas et Chess, 1977; Thomas et coll., 1963). Les chercheurs ont interrogé à maintes reprises des parents de nourrissons et noté scrupuleusement leurs réponses au sujet de tous les aspects du comportement des bébés. Ils ont ensuite élagué les données en veillant à éliminer autant que possible les partis pris des parents.

D'après les premiers résultats obtenus, les très jeunes bébés se distinguent les uns des autres par neuf traits de tempérament :

1. *Degré d'activité.* Certains bébés sont actifs. Ils remuent beaucoup dans l'utérus puis dans leur berceau et, devenus trottineurs, ils courent presque constamment. D'autres bébés sont plus tranquilles.

2. *Rythmicité.* Certains bébés présentent des cycles réguliers d'activité. Ils mangent, dorment et défèquent à intervalles réguliers dès leurs premiers jours. D'autres bébés ont un comportement imprévisible.

3. *Approche ou évitement.* Cette composante concerne la réaction initiale du bébé à un nouveau stimulus. Certains bébés recherchent la nouveauté, tandis que d'autres évitent tout ce qui est inusité. Lors du premier bain, certains bébés écarquillent les yeux en signe d'émerveillement, alors que d'autres se contractent et pleurent. Certains bébés se précipitent à la rencontre d'un enfant inconnu, d'autres essaient de se cacher.

4. *Adaptabilité.* Cette composante concerne le changement de la réaction initiale du bébé à un nouveau stimulus. Certains bébés s'adaptent rapidement au changement, tandis que d'autres protestent contre toute dérogation à leur routine.

5. *Intensité des réactions.* Certains bébés s'étranglent de rire et pleurent à fendre l'âme, tandis que d'autres se contentent de sourire et de geindre.

6. *Seuil de réaction.* Certains bébés paraissent sensibles à toutes les images, à tous les sons et à tous les contacts. Ils se réveillent au moindre bruit et se détournent d'une source de lumière même éloignée. D'autres paraissent indifférents aux lumières vives, au vacarme de la rue et à l'humidité de leur couche.

7. *Humeur.* Certains bébés semblent joyeux la plupart du temps et sourient fréquemment. D'autres semblent constamment sur le point de rouspéter.

8. *Distractivité.* Tous les bébés maugréent quand ils ont faim. Cependant, certains se calment si on leur donne une sucette ou si on leur chante une chanson, tandis que d'autres continuent de se plaindre. De même, certains bébés se laissent détourner des objets attrayants mais dangereux, tandis que d'autres sont plus persistants.

TABLEAU 5.2   Les types fondamentaux de nourrissons selon Thomas et Chess.

Situation	Bébé facile	Bébé difficile	Bébé lent
Nouveau stimulus	Réagit bien	Réagit mal	Réagit lentement
Sommeil et alimentation	Rythme régulier	Rythme irrégulier	Rythme plus ou moins régulier
Personnes étrangères	Sourit	Ne sourit pas	Ne sourit pas, puis s'apprivoise
Humeur	Joyeuse	Plutôt négative	Plutôt maussade
Intensité des pleurs	Faible ou moyenne	Plutôt forte	Faible ou moyenne

9. *Durée de l'attention*. Certains bébés jouent avec le même jouet pendant de longues périodes, tandis que d'autres passent d'une activité à une autre plus rapidement.

Selon les directeurs de l'*Étude longitudinale de New York*, Alexander Thomas et Stella Chess (1977), « l'individualité du tempérament est bien établie dès l'âge de deux ou trois mois ». Les diverses associations de traits de personnalité déterminent, selon eux, trois grands types de nourrissons : les *faciles* (environ 40 %), les *lents à s'adapter* (environ 15 %) et les *difficiles* (environ 10 %) (voir tableau 5.2). Précisons que 35 % des nourrissons n'entrent pas dans une catégorie précise.

RECHERCHE

Les signes précoces de la timidité

La timidité a fait l'objet de recherches, car cet aspect du tempérament est l'un des plus durables et des plus déterminants. Il est en effet relié à des caractéristiques comme l'amabilité, la confiance en soi et l'introspection.

Devant la constance de la timidité, certains chercheurs ont postulé que le trait se manifesterait dans les premiers mois de la vie sous la forme d'une inhibition généralisée face aux expériences et aux objets inusités.

Comme certains caractères héréditaires, la tendance à l'extraversion ou à la timidité pourrait être modifiée ou exacerbée par les réactions des autres. Ainsi, les enfants génétiquement prédisposés à la timidité seraient plus enclins à devenir extrêmement timides s'ils ont une sœur ou un frère aîné dominateur. Les parents ont aussi un rôle à jouer. Même un trottineur très timide a environ 50 % des chances de perdre son excès de timidité avant l'âge de 7 ans si ses parents l'encouragent à jouer avec d'autres enfants. Malgré les interventions parentales et les expériences de l'âge préscolaire, cependant, rares sont les trottineurs très timides qui acquièrent suffisamment de spontanéité et de sociabilité pour se confondre avec les extravertis à l'âge de sept ans (Galvin, 1992; Kagan, 1989).

Dans les sociétés où la timidité est dévalorisée, tout le monde devrait témoigner plus de sollicitude envers les enfants qui semblent exceptionnellement craintifs, timides ou tranquilles. En Chine, la timidité et la sensi-bilité sont considérées comme des qualités chez l'enfant. Contrairement aux petits Occidentaux, les écoliers chinois timides ont un rendement supérieur en classe et ils sont appréciés par leurs pairs comme par les adultes. La situation se modifie cependant au début de l'adolescence : l'admiration des jeunes Chinois de 12 ans va surtout à leurs camarades les plus sociables. Les changements hormonaux de la puberté les pousseraient-ils à l'audace et à la sociabilité ?

En Mongolie comme dans de nombreux autres pays asiatiques, on exige des femmes qu'elles manifestent de la timidité en signe de respect à l'égard des personnes âgées et des étrangers. Si la plus jeune de ces sœurs est vraiment aussi timide qu'elle le paraît, ses parents s'inquiéteront moins pour elle que ne le feraient les parents d'une petite Occidentale. D'un autre côté, l'apparente exubérance de l'aînée risque davantage de leur causer du souci.

Stabilité et modification du tempérament

Les études réalisées auprès des sujets de l'*Étude longitudinale de New York* devenus adolescents et adultes (Carey et McDevitt, 1978; Chess et Thomas, 1990; Thomas et coll., 1968) ainsi que d'autres recherches portant sur les mêmes caractères (Cowen et coll., 1992; Guerin et Gottfried, 1994) révèlent une certaine stabilité des traits de tempérament. Le bébé facile deviendrait un enfant relativement facile, tandis que le bébé difficile serait susceptible de causer des problèmes à ses parents. De même, l'enfant lent à s'adapter qui pleurait à la vue d'un étranger à huit mois aurait tendance à s'agripper aux jupes de sa mère en arrivant à la maternelle et à éviter les attroupements dans les corridors à l'école primaire.

Il ne faut pas en conclure pour autant que tous les traits de tempérament sont immuables. Le tempérament évolue avec le temps et il peut se modifier. Du reste, certaines des caractéristiques examinées dans l'*Étude longitudinale de New York*, telles la rythmicité et l'humeur, sont plutôt variables; autrement dit, un bébé qui fait des siestes régulières à quatre mois peut perdre cette habitude, et un bébé qui semble toujours joyeux peut devenir morose si son sort se gâte. Les traits de tempérament tendent à rester stables au cours d'un stade donné du développement, mais ils peuvent se modifier à la suite des événements propres aux stades ultérieurs. Il se pourrait que le changement lui-même soit régi par un calendrier génétique et que les traits innés se manifestent plus clairement pendant certaines périodes et dans certaines conditions (Chess et Thomas, 1990; Plomin et coll., 1993).

L'environnement, en outre, influe de plusieurs manières sur le tempérament. Il existe ainsi divers degrés d'adéquation, ou de concordance, entre les contraintes de l'environnement et les dispositions des enfants. Les parents qui adaptent leurs exigences au tempérament de leur enfant favorisent l'harmonie de la relation et le bien-être familial. S'adapter au tempérament signifie, par exemple, aménager une aire de jeu sécuritaire pour l'enfant très actif qui a besoin de dépenser de l'énergie ou laisser à l'enfant lent à s'adapter le temps d'apprivoiser les situations nouvelles. L'incompatibilité entre les exigences parentales et les dispositions de l'enfant, en revanche, peut entraîner des conflits et un durcissement du tempérament.

En vérité, la plupart des parents découvrent de bonne heure que leur influence dépend de l'adéquation entre leur méthode d'éducation et le tempérament de l'enfant. Les parents d'un enfant d'âge préscolaire craintif ou anxieux, par exemple, s'aperçoivent que les critiques modérées suffisent à éliminer les comportements indésirables. Les parents d'un enfant audacieux et sûr de lui, par contre, se rendent compte qu'il est imperméable aux critiques modérées et qu'il tend à réagir par des

Adéquation Concordance entre le tempérament d'un enfant et les caractéristiques de l'environnement.

RECHERCHE

L'apogée de l'agressivité chez l'être humain

À quel âge l'être humain connaît-il l'apogée de son agressivité ? À 17 mois, selon Richard E. Tremblay (1999), psychologue, directeur du Groupe de recherche sur l'inadaptation psychosociale chez l'enfant (GRIP) et professeur à l'Université de Montréal.

De nature, l'enfant sait agresser les autres. C'est durant la deuxième année de son existence qu'il commence à exprimer de l'agressivité : il mord, pousse, tire les cheveux, donne des coups de pied. On estime que 80 % des enfants de cet âge ont manifesté de tels comportements agressifs. Dans certains cas, les agressions se produisent à toutes les 15 minutes environ. À 17 mois, par exemple, de 90 % à 94 % des garçons et de 68 % à 91 % des filles ont démontré au moins un comportement agressif.

Le rôle des parents et des intervenants en garderie est primordial; ils ont à apaiser les querelles avec des paroles et des gestes et à apprendre aux enfants la négociation.

Qu'advient-il de toute cette agressivité au sortir de la petite enfance ? Elle se transforme en dialogue, en stratégie de négociation, en ruse. Bref, en intelligence, affirme Richard E. Tremblay.

Source : R.E. Tremblay, C. Jopel et coll., « The Search for the Age of "Onset" of Physical Aggression: Rousseau and Bandura Revisited », *Criminal Behaviour and Mental Health*, vol. 19(1), 1999, p. 8-23.

crises de colère aux punitions sévères. Le meilleur parti à prendre dans une situation semblable consiste à établir une relation solide et constructive avec l'enfant afin qu'il apprenne les comportements appropriés. La recherche sur l'intériorisation des normes morales chez le jeune enfant montre qu'une relation chaleureuse et rassurante avec les parents est essentielle pour tous les enfants, et en particulier pour les plus exubérants (Kochanska, 1995).

Voyons de plus près la relation parent-enfant et son évolution au cours des premières années de la vie.

Relation parent-enfant

Les propos que nous avons tenus sur le tempérament montrent bien que les théoriciens traditionnels se trompaient en considérant les parents comme les seuls responsables de la personnalité de l'enfant. Il faut néanmoins concéder à ces auteurs que le développement psychologique n'est pas déterminé uniquement par les caractéristiques innées. Les spécialistes du développement soutiennent à présent que l'interaction du parent et de l'enfant en constitue le facteur crucial. Or, cette interaction dépend, d'une part, de la personnalité du parent et du tempérament de l'enfant et, d'autre part, du stade de développement de l'enfant.

Partenaires sociaux

Nous avons vu précédemment que même les très jeunes bébés communiquent leurs émotions par les sons, les gestes et les mimiques. Ils s'intéressent dès leurs premiers jours aux événements sociaux. Le son d'une voix, la vue d'un visage et d'autres stimuli sociaux comptent parmi les premiers événements à stimuler l'attention, l'intérêt et l'émotivité du bébé. Mais si les bébés sont sociables dès la naissance, ils ne sont pas prêts pour autant à participer aux interactions sociales. Les couples qui attendent impatiemment la naissance de leur premier enfant en rêvant de joyeux échanges sont souvent déçus de découvrir que leur rejeton passe le plus clair de son temps à dormir et que, même éveillé, il ne réagit guère. Un regard fixe, voilà à peu près ce qu'on peut attendre de mieux d'un nouveau-né attentif.

Lorsque le bébé atteint l'âge de deux ou trois mois, il se produit un changement visible qui réjouit les parents : il commence à les reconnaître. Certes, les autres adultes peuvent le faire sourire, mais l'apparition de la mère, du père ou d'une personne familière peut susciter des sourires béats, des gazouillis et d'autres réactions qui témoignent de l'importance que revêt la personne aux yeux de l'enfant. De nombreux parents disent que leur attachement envers l'enfant se renforce à ce moment. Dès lors, ils cessent de le percevoir comme une créature fragile et délicate pour le considérer comme un partenaire social capable de donner lui aussi de l'amour et de l'attention. Une nouvelle phase de la relation parents-enfant débute. Ils peuvent à présent jouer face à face avec lui et profiter pour cela de mille et une occasions : les tétées, les changements de couche, les bains, etc.

Ces épisodes de jeu social se distinguent des soins routiniers par l'enchaînement des actions et des réactions des deux partenaires. Pour combler les lacunes du répertoire expressif de l'enfant, les adultes utilisent des dizaines de comportements qu'ils réservent aux nourrissons. Ils ouvrent grand les yeux et la bouche pour feindre le ravissement ou la surprise, font des bruits de langue rapides ou répètent certaines syllabes (« ba-ba-ba »), parlent d'une voix tour à tour aiguë et grave, varient le rythme de leurs mouvements (l'accélérant ou le ralentissant graduellement), imitent les gestes du bébé, approchent leur visage de celui de l'enfant puis l'éloignent, chatouillent, tapotent, soulèvent et bercent le bébé. L'enfant, pour sa part, a des réactions complémentaires à celles de l'adulte : il fixe son partenaire ou se détourne de lui, vocalise, écarquille les yeux, sourit, remue la tête vers l'avant ou l'arrière ou se tourne de côté (Stern, 1985).

LES UNS ET LES AUTRES

Le jeu social entre mères et enfants

La fréquence et la durée des épisodes de jeu face à face, de même que les objectifs des adultes qui les amorcent, varient selon les cultures. Ces séances constituent néanmoins une caractéristique universelle des interactions parents-enfant. Une étude transculturelle portant sur le jeu entre les mères et leurs enfants a révélé, par exemple, que les Américaines attiraient le plus souvent l'attention de leurs petits sur un jouet, un objet ou un événement. Les Japonaises, pour leur part, s'attachaient à créer un climat d'intimité en maintenant le contact visuel entre elles et leurs bébés ainsi qu'en les embrassant et en les étreignant (Bornstein et coll., 1992). Les auteurs d'une autre étude transculturelle ont noté que les Américaines employaient des stratégies propres à stimuler et à exciter les bébés (comme les chatouillements). Les femmes gusii du Kenya, elles, cherchaient davantage à consoler et à calmer leurs enfants (Richman et coll., 1992). Enfin, des chercheurs de l'Université du Québec à Montréal ont étudié trois groupes de mères francophones du Québec : des Québécoises de souche, des Québécoises d'origine vietnamienne et des Québécoises d'origine haïtienne. Ils ont relevé des différences marquées entre les trois groupes quant aux réactions à la curiosité des bébés. Les mères d'origine vietnamienne avaient tendance à guider et à restreindre les explorations de leurs enfants. Les femmes d'origine haïtienne incitaient leurs enfants à interagir socialement avec les autres. Les Québécoises de souche, enfin, encourageaient leurs bébés à manipuler des jouets; elles les laissaient porter à leur bouche des objets que les femmes des autres groupes auraient immédiatement retirés à leurs enfants (Sabatier, 1994; Pomerleau, Sabatier et Malcuit, 1998).

Bien entendu, les mères ne sont pas les seules à amorcer des séances de jeu face à face avec les nourrissons. Les pères aussi jouent avec leurs enfants (voir *Point de mire*, p. 173). Dans de nombreuses sociétés non occidentales, d'autres adultes, ainsi que les frères et sœurs aînés, participent activement aux soins du nourrisson et s'adonnent au jeu social avec lui (Tronick et coll., 1992; West, 1988).

Établissement et maintien du synchronisme

Synchronisme   Accord entre les mouvements et les rythmes de deux personnes en interaction.

À quoi tient le plaisir que les adultes et les bébés tirent de leurs interactions en face à face ? De nombreux chercheurs pensent que c'est au sentiment réciproque de synchronisme, c'est-à-dire à une harmonie sur les plans social et affectif. Les spécialistes ont tour à tour comparé le synchronisme à un engrenage parfaitement ajusté (Snow, 1984), à un « pas de deux » d'une infinie précision (Schaffer, 1984) et à un duo émotionnel improvisé (Stern, 1985). Le synchronisme compte parmi les moyens grâce auxquels le nourrisson apprend à exprimer et à interpréter les émotions (Bremner, 1988) et acquiert les habiletés sociales de base (comme attendre son tour) qui lui serviront toute sa vie.

Même au cours des premiers mois de la vie, le synchronisme est synonyme de réciprocité. Le nourrisson modifie son expressivité sociale et émotionnelle (ses sourires, ses regards, ses babils) en fonction des approches de l'adulte; celui-ci, pour sa part, modifie l'enchaînement et le rythme de ses interventions en fonction des dispositions du bébé (Cohn et Tronick, 1987). Une telle coordination n'est certes ni constante ni même fréquente. De fait, les épisodes de synchronisme occupent moins de 30 % de la durée du jeu normal entre mère et enfant. Le reste du temps, les partenaires tentent conjointement de rétablir l'harmonie (Tronick, 1989; Tronick et Cohn, 1989). Les périodes d'interaction constituent donc pour le nourrisson des occasions de s'initier à la vie sociale et d'apprendre avec l'aide de l'adulte les moyens de mieux adapter son comportement dans les contacts sociaux (Gianino et Tronick, 1988). On comprend qu'il puisse alors développer un sentiment de confiance tel que défini par Erikson (1963, 1972, 1982).

Lorsqu'il y a asynchronisme, les correctifs ne sont généralement pas difficiles à apporter. Les signes de l'asynchronisme, en effet, sont évidents : le bébé détourne les yeux, se raidit, s'agite et grogne. L'adulte sensible peut s'adapter rapidement en passant des chatouilles à un câlin, ou encore d'un jeu très énergique à une activité plus calme. Bien entendu, la rapidité avec laquelle le nourrisson accepte de reprendre l'interaction dépend de son tempérament et de sa maturité. Ainsi, les bébés de cinq mois sont beaucoup plus aptes que ceux de trois mois au synchronisme,

Un instant de parfait synchronisme !

POINT DE MIRE

Les pères et leurs enfants

Autrefois, les spécialistes du développement de l'enfant s'intéressaient presque exclusivement aux mères. On tenait en effet pour acquis dans la plupart des sociétés que les pères étaient par nature distants et autoritaires ou encore trop occupés pour établir une relation intime avec leurs jeunes enfants (Poussaint, 1990). Les pères occidentaux, de fait, sont longtemps restés étrangers aux soins des enfants, tant à cause des attentes culturelles que des contraintes de la vie quotidienne. Eux travaillaient à l'extérieur du foyer, tandis que les mères s'occupaient de la maison, du jardin et des enfants.

À présent, les couples ont de moins en moins d'enfants et les femmes sont de plus en plus nombreuses à occuper un emploi rémunéré. Un grand nombre de pères ont pris une part des responsabilités familiales (Poussaint, 1990). La tendance s'observe dans le monde entier et même dans des pays comme l'Irlande et le Mexique, où il était à peu près inconcevable qu'un homme change des couches ou donne un biberon (Bronstein, 1984; Lamb, 1987; Nugent, 1991).

L'avènement de ce changement a soulevé d'intéressantes questions à propos de la relation père-enfant. La première et la plus pressante était la suivante : les pères sont-ils aptes à s'occuper des nouveau-nés et des nourrissons ? La réponse ne s'est pas fait attendre : ce fut un « oui » retentissant. La recherche a en effet permis de constater que les bébés buvaient autant de lait, sortaient de la baignoire aussi propres et paraissaient aussi heureux avec leur père qu'avec leur mère. Il fut également démontré que les pères sont capables de prodiguer le soutien émotionnel et cognitif nécessaire, d'accorder leurs mimiques à celles des bébés, de s'exprimer couramment en langage bébé et d'inspirer de la sécurité à leurs enfants. Bref, « la maternité ne comporte probablement pas d'aspect qu'un homme ne puisse maîtriser, si l'on exclut les dimensions physiques que sont la grossesse, l'accouchement et l'allaitement » (Poussaint, 1990).

Puisque les pères ont la *capacité* de s'occuper des enfants, pourquoi ne sont-ils pas plus nombreux à le faire ? Partout au monde, les femmes consacrent beaucoup plus de temps que les hommes aux soins des enfants, surtout dans les premiers mois et à plus forte raison si les bébés sont de sexe féminin (Lamb, 1987). Même dans les ménages modernes où les deux parents travaillent à l'extérieur du foyer et admettent que les soins à prodiguer aux enfants constituent une responsabilité commune, la réalité est là : les pères s'occupent un peu des enfants le soir et le week-end, et les mères se chargent de tout le reste (Bailey, 1994; Pleck, 1985; Thompson et Walker, 1989).

Le contexte social met souvent des bâtons dans les roues des pères qui désirent s'occuper davantage des bébés. Nombre de pressions culturelles contrecarrent leurs aspirations. D'une part, les membres âgés de la famille incitent la mère à prendre en charge l'éducation des enfants et, d'autre part, les amis et les collègues de travail du père comprennent mal parfois ses préoccupations. Les employeurs, quant à eux, sont plus sensibilisés aux responsabilités familiales des femmes qu'à celles des hommes. Bien des hommes qui ont droit à un congé de paternité ne se prévalent pas de cet avantage parce qu'ils craignent d'être contraints à sacrifier des chances d'avancement. La qualité de la relation entre les conjoints, enfin, peut se répercuter sur celle de la relation entre le père et l'enfant. Les couples heureux sont plus enclins à partager les responsabilités de l'éducation d'un enfant (Belsky et coll., 1991).

En calculant le temps que les mères et les pères passaient avec leurs bébés, les chercheurs ont décelé une autre différence singulière entre le comportement des femmes et celui des hommes : ceux-ci dispensent moins de soins de base mais jouent davantage avec les enfants. En outre, le jeu des pères est plus bruyant et plus turbulent que celui des mères; il est aussi plus imaginatif en ce sens que les pères improvisent des jeux actifs et excitants (MacDonald et Parke, 1986).

Même dans les premiers mois de la vie du bébé, le père lui fait remuer bras et jambes, le fait tournoyer dans les airs (il « fait l'avion ») et lui chatouille le ventre. La mère, elle, lui murmure des mots doux et lui chante des berceuses; elle associe le jeu aux soins de routine comme le changement de couche et le bain. En règle générale, le jeu des mères n'a rien de très physique et se limite à des activités classiques comme « coucou » et « tape-tape ».

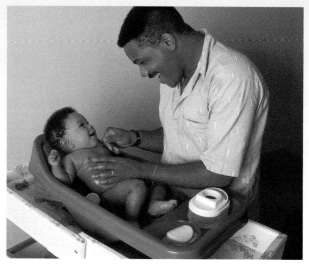

Dans de nombreuses familles modernes, le bain est le soin dont le père se charge le plus souvent. Cette photo du petit Christopher, âgé de quatre mois, et de son père illustre pourquoi. Non seulement le bain constitue un soin essentiel, mais il fournit un prétexte au jeu physique, une spécialité des pères.

Les bébés ne perdent rien de ces différences entre papa et maman. Même les plus jeunes manifestent plus d'excitation à l'approche de leur père qu'à l'approche de leur mère. Ils sont plus portés à rire (et à pleurer aussi) pendant les séances de jeu avec leur père.

Plus les enfants grandissent, plus les pères leur consacrent du temps et plus le jeu physique s'intensifie. Les hommes font virevolter leurs enfants, « luttent » avec eux sur le sol ou courent après eux à quatre pattes. Ils les taquinent en les faisant sursauter et en feignant de leur retirer un jouet, mais sans susciter une frustration trop grande. Le jeu des pères est plus créatif que celui des mères. Ainsi, un groupe de chercheurs donna un assortiment d'objets (des éponges, des morceaux de polystyrène, des récipients de plastique, un ourson en peluche, etc.) à des parents et les invitèrent à jouer avec leur enfant de un an. Les mères se montrèrent plutôt raisonnables : elles mettaient les morceaux de polystyrène dans les récipients, lavaient l'ourson avec une éponge, etc. Les pères, de leur côté, utilisèrent les objets de façon imaginative : ils plaçaient les morceaux de polystyrène dans le pull de l'ourson, les déversaient comme de la neige, lançaient les éponges, etc. (Pecheux et Labrell, 1994).

Que gagnent les nourrissons à jouer avec leur père ? Plusieurs choses. En premier lieu, le jeu est le ciment d'une relation intime. Il permet un engagement mutuel et un accord émotionnel, les deux facteurs d'un attachement sécurisant. Deuxièmement, il semble que le jeu avec le père favorise l'acquisition d'habiletés et de tendances sociales particulières. Des chercheurs mirent des bébés de 18 mois en contact avec un étranger pendant que leur père ou leur mère se tenait passivement à l'écart. Les trottineurs, et surtout les garçons, se montrèrent plus enclins à sourire à la personne et à jouer avec elle quand ils étaient en présence de leur père. Les chercheurs postulèrent que la présence du père était devenue un signal d'amusement (à la suite des épisodes de jeu imaginatif et turbulent) et qu'elle avait poussé les enfants à entrer en relation avec l'inconnu (Kromelow et coll., 1990). D'autres chercheurs ont émis des hypothèses semblables à propos des taquineries du père. Il s'agit en effet d'un jeu imprévisible qui nécessite une réponse sociale et qui peut, par conséquent, stimuler l'enfant et favoriser ses apprentissages sociaux (Pecheux et Labrell, 1994).

De tels résultats ramènent la question de la répartition idéale des tâches entre le père et la mère. Les chercheurs n'ont pas de réponse tranchée à offrir en ce moment, mais certains d'entre eux sont d'avis que la meilleure répartition est celle que préfèrent les parents. Un homme et une femme qui s'entendent bien se complètent et s'encouragent l'un l'autre en « un système équilibré d'effets interactifs » (Grossman et coll., 1988). Même dans notre monde en constante mutation, un père et une mère ont plus de chances ensemble que séparément de satisfaire les besoins biologiques, cognitifs et sociaux d'un bébé.

car le développement du système nerveux central favorise la vigilance et l'attention (Lester et coll., 1985); ils sont donc moins sensibles à la surstimulation.

Les difficultés associées à l'amorce et au rétablissement du synchronisme sont généralement attribuables à l'adulte : soit qu'il surstimule le bébé fatigué, soit qu'il passe outre à ses approches pour entrer en interaction (Isabella et Belsky, 1991). Un enfant que l'adulte ignore fréquemment se décourage de réagir. Les enfants de mère déprimée, par exemple, sont moins portés que les autres à sourire et à babiller, non seulement à leur mère, mais aussi aux adultes non déprimés (Field, 1995) (voir *Recherche*, p. 162). Les enfants qui font l'objet d'une stimulation insistante et

Les adultes ont avec leurs jeunes enfants des comportements spécifiques qui captent leur attention et leur procurent du plaisir. Ils se penchent vers eux, ouvrent grand les yeux et la bouche en signe de surprise ou de ravissement et maintiennent le contact visuel.

Ces comportements sont atténués ou absents chez les adultes déprimés ou stressés, et l'interaction sociale perd alors une grande part de son agrément.

excessive, pour leur part, se défendent de manière évidente : ils se détournent ou se ferment complètement en pleurant à fendre l'âme. C'est parfois le cas lorsque le parent, au retour du travail, cherche à établir une relation active et intense avec l'enfant, alors que celui-ci est fatigué et a peut-être davantage besoin de câlins et d'une activité plus calme.

Il est important de noter que la personnalité et les prédispositions du nourrisson influent sur l'établissement du synchronisme. Certains bébés sont par nature plus sensibles que d'autres à la stimulation. Par bonheur, même des partenaires de tempéraments très différents peuvent se rejoindre. L'adulte peut apprendre d'une autre personne à interpréter les signaux du bébé. Il arrive même parfois que le bébé et l'adulte s'adaptent spontanément l'un à l'autre.

Attachement

Tout comme l'harmonie entre les parents et les bébés, l'attachement entre les parents et les enfants un peu plus âgés a fait l'objet de recherches poussées. La chercheure Mary Ainsworth (1973) définit l'attachement comme « un lien affectif qu'un être humain ou un animal établit entre lui et une autre personne ou un autre animal, un lien qui unit dans l'espace et qui s'inscrit dans la durée ». Les personnes attachées l'une à l'autre ont tendance à se rapprocher et à interagir fréquemment. Le nourrisson manifeste son attachement à une personne en recherchant la proximité et en tentant de maintenir le contact avec elle. Les parents, eux, démontrent leur attachement en gardant leur enfant à l'œil, même quand sa sécurité ne l'exige pas, et en réagissant avec tendresse et sensibilité à ses vocalisations, à ses mimiques et à ses gestes. Ces manifestations d'attachement, de part et d'autre, renforcent la relation parent-enfant.

Mesure de l'attachement

Mary Ainsworth étudia l'attachement auprès de gens de différents pays, en Angleterre, en Ouganda et aux États-Unis, et découvrit que presque tous les nourrissons normaux s'attachent de manière toute particulière aux personnes qui prennent soin d'eux. Elle affirma que cet attachement pouvait inspirer de la sécurité ou de l'insécurité à l'enfant, une conclusion que corroborèrent des centaines d'autres chercheurs (Bretherton, 1992 ; Colin, 1996).

À la suite de ses nombreuses observations, Mary Ainsworth a mis au point un procédé devenu classique, appelé « situation étrange », par lequel on observe, en laboratoire, les réactions du jeune enfant face à une situation nouvelle et aux allées et venues de sa mère. Ces réactions révèlent la solidité de l'attachement de l'enfant. Dans le cadre de cette expérience, menée dans une salle de jeu bien pourvue en jouets, les enfants sont observés alors qu'ils se trouvent en présence de leur mère, en présence d'un inconnu seulement, en présence de leur mère et d'un inconnu, puis seul.

Ces conditions, qui sont maintenues pendant trois minutes au maximum, permettent de mesurer la motivation du bébé à demeurer près du parent et d'évaluer à quel point la présence de ce dernier rétablit sa sécurité et sa confiance. Ainsworth a ainsi défini deux formes principales d'attachement : l'attachement sécurisant et l'attachement insécurisant.

Un attachement sécurisant confère de l'aisance et de l'assurance à l'enfant. Celui-ci cherche à demeurer près de l'adulte et explore volontiers son environnement. L'adulte lui sert en quelque sorte de port d'attache (référence sociale) : l'enfant se sépare de lui à l'occasion pour jouer, mais lui jette de fréquents regards, lui adresse des gazouillis et retourne auprès de lui pour se faire cajoler.

Un attachement insécurisant, au contraire, se traduit par la peur, la colère et l'indifférence apparente de l'enfant envers l'adulte. Le nourrisson montre peu d'assurance : il refuse de quitter les bras de l'adulte ou joue sans but et ne cherche aucunement à maintenir le contact visuel avec ce dernier.

Dans la « situation étrange », Félix présente tous les signes d'un attachement sécurisant. a) Il explore la pièce avec enthousiasme quand sa mère est présente. b) Il pleure quand sa mère sort de la pièce. c) Il se console aussitôt que sa mère revient.

Attachement Lien affectif durable qui unit deux personnes et les pousse à demeurer en contact.

Situation étrange Procédé mis au point par Mary Ainsworth pour évaluer l'attachement chez le nourrisson. Les chercheurs placent le bébé dans une pièce inconnue et observent son comportement pendant qu'un parent (généralement la mère) et un étranger vont et viennent.

Attachement sécurisant Forme saine d'attachement entre un enfant et un parent. L'enfant sécurisé affiche de la confiance en présence du parent, exprime de la détresse en son absence et se console à son retour.

Attachement insécurisant Forme perturbée d'attachement entre un enfant et un parent. L'enfant insécurisé manifeste une dépendance ou une indifférence excessives envers le parent. Il n'est pas réconforté par l'adulte et il est moins enclin que l'enfant sécurisé à explorer son environnement.

Les deux tiers environ des enfants américains observés dans le cadre de la « situation étrange » montrent les signes d'un attachement sécurisant. La présence de leur mère dans la salle de jeu leur donne le courage nécessaire pour explorer la pièce et examiner les jouets. Le départ de la mère peut les contrarier (auquel cas ils protestent verbalement et interrompent leurs jeux) mais, à son retour, ils sourient et lui sautent dans les bras. Ils recommencent ensuite à jouer.

Les autres nourrissons montrent les signes d'un attachement insécurisant. Certains manifestent de l'anxiété et de la *résistance* : ils se cramponnent fébrilement à leur mère avant même sa première sortie et refusent d'explorer la salle de jeu. Ils pleurent abondamment chaque fois qu'elle s'éclipse. Ils ne se laissent pas consoler à son retour et continuent de sangloter même dans ses bras. D'autres nourrissons réagissent par l'*évitement* : ils interagissent peu avec leur mère et paraissent indifférents à son départ. À son retour, ils évitent de rétablir le contact social avec elle, allant même jusqu'à lui tourner le dos. Un troisième groupe de nourrissons manifestent de l'*ambivalence*, de la désorientation, de la désorganisation ou de la perplexité : ils se comportent à l'égard de leur mère de manière incohérente et, par exemple, l'évitent tout de suite après avoir recherché un rapprochement (Main et Solomon, 1986).

Attachement et contexte

Des milliers de chercheurs ont employé la méthode de mesure de l'attachement mise au point par Ainsworth. Ils ont ainsi découvert que l'attachement est influencé par la qualité des soins prodigués pendant les premiers mois de la vie (Belsky et Cassidy, 1995; Bretherton et Waters, 1985; Lamb et coll., 1985; Thompson, 1997). Cette qualité se mesure à plusieurs facteurs, dont : 1) la sensibilité globale aux besoins du bébé, 2) la réceptivité aux signaux particuliers du bébé, 3) la stimulation de la croissance et du développement au moyen de la parole et du jeu (Ainsworth, 1993; Isabella, 1993). Les chercheurs ont évidemment constaté que l'attachement

À VOUS LES COMMANDES – 5.4

Les comportements d'attachement

Pour mieux comprendre la façon de mesurer l'attachement, observez un enfant âgé de un ou de deux ans et la personne qui en prend soin, dans un cadre de jeu situé à l'extérieur du foyer de l'enfant. Le cadre de jeu peut être votre domicile, un terrain de jeu dans le voisinage ou tout autre endroit agréable pour tous. Si vous ne connaissez personne ayant un jeune enfant, vous pouvez mener à bien la présente activité en vous rendant à un terrain de jeu ou dans une garderie.

Avant d'entreprendre cette activité, prenez connaissance des questions ci-dessous afin d'orienter votre démarche. Observez pendant environ une demi-heure les participants en train de jouer librement. Dans la mesure du possible, demandez, avant la fin de la période d'observation, à la personne prenant soin de l'enfant de faire mine de quitter le terrain de jeu. Observez les réactions de l'enfant.

1. Décrivez les participants et le cadre de jeu que vous avez choisis pour observer les manifestations d'attachement.

2. Avez-vous eu de la difficulté à mener à bien l'activité d'observation ?

3. Quels signes d'attachement avez-vous observés dans le comportement de l'enfant (par exemple : recherche de contact, recherche de proximité) ?

4. Quels signes d'attachement avez-vous observés dans le comportement de la personne qui prenait soin de l'enfant (par exemple : contact visuel, réactions au comportement de l'enfant) ?

5. Si, lors de votre période d'observation, la personne prenant soin de l'enfant a fait mine de quitter le cadre de jeu, décrivez les réactions de l'enfant.

6. Compte tenu de votre brève observation, diriez-vous que l'enfant observé a manifesté un attachement sécurisant ou insécurisant ? Expliquez, puis donnez des exemples de comportements qui viennent étayer votre conclusion.

7. Quels conseils donneriez-vous aux parents d'un enfant manifestant un attachement insécurisant ? Ou encore, que feriez-vous en tant que parent pour établir la confiance et inspirer un sentiment d'attachement sécurisant ?

sécurisant est plus propice que l'attachement insécurisant au synchronisme des interactions mère-enfant (Isabella et Belsky, 1991). On peut donc en déduire que la constance et la qualité des soins prodigués pendant les premiers mois de la vie favorisent l'émergence d'un attachement sécurisant.

L'attachement dépend par ailleurs du contexte familial global, notamment du degré et de la qualité de la participation du père aux soins ainsi que de la relation entre les conjoints (Easterbrooks et Goldberg, 1984; Goldberg et Easterbrooks, 1984; Pianta et coll., 1989). Le tempérament a aussi son rôle à jouer. Nous avons indiqué plus haut que l'adéquation entre le tempérament de l'enfant et la méthode d'éducation constitue un facteur clé du développement. De fait, il s'agit peut-être du meilleur indice de la qualité de l'attachement futur (Mangelsdorf et coll., 1990).

Essentiellement, donc, l'attachement découle de l'interaction du parent et de l'enfant, mais cette relation s'inscrit dans un contexte social qui peut influer sur l'attachement ou, à tout le moins, sur sa mesure (Sagi et Lewkowicz, 1987; van Ijzendoorn et Kroonenberg, 1988).

L'analyse poussée des données transculturelles sur l'attachement révèle que la majorité des nourrissons exposés à la « situation étrange » ont envers leur mère un attachement sécurisant (van Ijzendoorn et Kroonenberg, 1988). Dans le monde entier, la plupart des enfants voient dans la présence de leur mère un signe rassurant qui cautionne leurs explorations; ils reviennent auprès d'elle pour recevoir de l'approbation et trouver du réconfort (Sagi et coll., 1991). La plupart des nourrissons présentent en outre les signes d'un attachement sécurisant envers les autres personnes qui s'occupent d'eux (pères, frères, sœurs, gardiennes), encore que cette caractéristique varie selon les sociétés et la sensibilité des personnes.

Importance de l'attachement

Pourquoi accorder autant d'importance à l'attachement ? À cause des conséquences de la sécurité ou de l'insécurité. Les études longitudinales démontrent que la qualité de l'attachement manifesté par l'enfant à l'âge de un an est un indice de sa personnalité et de sa sociabilité futures. Les nourrissons sécurisés deviennent des écoliers qui interagissent de manière amicale et polie avec leurs enseignants, qui demandent de l'aide au besoin et qui présentent des habiletés sociales et cognitives supérieures (Belsky et Cassidy, 1995; Turner, 1993). Les nourrissons insécurisés, au contraire, sont plus sujets aux problèmes à l'âge préscolaire et scolaire. Chez les enfants de quatre ans qui, tout petits, manifestaient de l'insécurité, les garçons présentent une tendance à l'agressivité et les filles une tendance à la dépendance excessive (Turner, 1991).

Faut-il en conclure que la sécurité ou l'insécurité dans l'attachement fait du nourrisson un enfant sociable ou agressif, autonome ou dépendant, curieux ou morose ? Il faut se garder de trop simplifier. Certes, un parent attentionné qui inspire la sécurité à son bébé conserve vraisemblablement la même approche lorsque l'enfant vieillit et cultive sa sociabilité, sa curiosité et son indépendance. L'inverse est vrai, malheureusement : un parent insensible qui fait naître l'insécurité risque de demeurer le même et de rendre son enfant craintif, agressif ou dépendant. Il faut se rappeler cependant que le caractère de l'attachement peut évoluer. Les changements de la vie (un divorce, un nouvel emploi, un remariage, une autre naissance) viennent souvent bouleverser les relations familiales. Et, en vieillissant, les enfants font face à de nouvelles tâches de développement et découvrent de nouveaux milieux, ce qui peut se répercuter sur les effets à long terme de l'attachement, qu'il ait été sécurisant ou insécurisant. Autant l'insécurité peut rendre l'enfant méfiant face aux nouvelles relations, autant les nouvelles relations peuvent lui apporter la confiance et la sécurité dont il a besoin pour s'ouvrir.

Sachant que le caractère de l'attachement influe sur les relations sociales futures sans pour autant les déterminer de manière inexorable, les spécialistes peuvent mieux orienter leurs interventions. Lors d'une étude menée aux États-Unis auprès de familles immigrantes hispanophones, les chercheurs ont comparé trois

POINT DE MIRE

L'attachement et la garderie

Ces dernières années, la question de l'incidence de la fréquentation d'une garderie sur le développement cognitif et psychosocial a fait l'objet de débats animés.

La préoccupation au sujet des garderies est devenue très prononcée en 1986, lorsque Jay Belsky, spécialiste du développement renommé, a conclu que la fréquentation soutenue (plus de 20 heures par semaine) d'une garderie à partir de la première année suivant la naissance constituait un « facteur de risque » pour le développement d'un sentiment d'attachement insécurisant entre le jeune enfant et ses parents.

Si la thèse de Belsky a avivé les craintes d'un grand nombre de personnes, ses conclusions ne sont pas restées à l'abri des critiques. La plupart de celles qui lui ont été adressées portaient sur la différence statistique relativement faible entre la proportion de jeunes enfants fréquentant la garderie et la proportion de jeunes enfants élevés à la maison qui ont manifesté un sentiment d'attachement insécurisant, de même que sur le fait que Belsky a eu recours à la « situation étrange » pour mesurer l'attachement.

En effet, certains critiques de la « situation étrange » estiment qu'elle ne permet pas une mesure valable du sentiment d'attachement pour tous les enfants. Ceux qui fréquentent régulièrement une garderie, par exemple, peuvent avoir un comportement différent de celui des enfants élevés à la maison en raison des expériences antérieures vécues et non de différences dans le sentiment d'attachement.

Aujourd'hui, la plupart des chercheurs estiment que les problèmes d'attachement liés à la garderie relèvent davantage de la qualité de celle-ci que de sa fréquentation. Bref, la question n'est plus de savoir si la garde est bénéfique ou nuisible, mais bien de s'assurer de la *qualité* du service.

En fait, la recherche tend à démontrer que, pour certains enfants, la garderie est plus propice que le foyer au développement des habiletés sociales et cognitives (Clarke-Stewart et coll., 1994; Egeland et Hiester, 1995; Field, 1991; National Institute of Child Health and Development, 1996; Roggman et coll., 1994). Dans une bonne garderie, en effet, tout est axé sur le développement de l'enfant; on trouve des éducateurs spécialisés, des jouets en abondance et des espaces spécialement aménagés pour eux. Une bonne garderie offre en plus à l'enfant ce qu'aucun foyer ne peut lui fournir : une ribambelle de camarades.

Quelles sont les caractéristiques d'une bonne garderie ? Les chercheurs en ont fait ressortir quatre :

1. *Apport d'une attention suffisante à chaque enfant.* Pour que chaque enfant reçoive suffisamment d'attention, il faut que les groupes soient petits et que le rapport éducateur-enfants soit faible (idéalement, deux éducateurs pour cinq enfants).

2. *Incitation à l'exploration sensorimotrice et à l'utilisation du langage.* Les enfants doivent avoir accès à un assortiment de jouets faciles à manipuler en fonction de leur âge et être fréquemment invités à utiliser le langage (dans des jeux, des chansons, des conversations, etc.).

3. *Promotion de la santé et de la sécurité.* Les enfants doivent observer des mesures d'hygiène (se laver les mains avant les repas par exemple), être protégés contre les accidents (et notamment contre les risques de suffocation) et pouvoir bouger en toute sécurité (dans des aires de jeu recouvertes d'un tapis propre).

4. *Compétence des éducateurs.* Tous les éducateurs devraient avoir reçu une formation spécialisée et posséder plusieurs années d'expérience. Le roulement du personnel devrait être faible, l'enthousiasme palpable et l'humeur au beau fixe. En fait, la présence d'éducateurs compétents et dévoués garantit l'existence et le maintien des caractéristiques qui précèdent.

En plus de comporter des aspects pratiques comme ceux que nous venons d'énumérer, la garde des enfants soulève des questions sociales et politiques. Dans de nombreux pays, l'accessibilité aux services de garde étant limitée, les parents en arrivent souvent à des arrangements compliqués. Un gouvernement qui a à cœur le développement de la jeune génération doit veiller à la qualité des services de garde dans le pays (Clarke-Stewart et coll., 1994; Melhuish et Moss, 1991; Peters et Pence, 1992). Pour s'adapter aux nouveaux besoins de la famille, le gouvernement québécois a revu sa politique familiale en fonction des services à la petite enfance et du soutien financier des parents. L'implantation de la maternelle à temps plein pour tous les enfants de cinq ans a été amorcée en septembre 1997, de même que l'implantation accélérée de services éducatifs à mi-temps et de services de garde gratuits pour les enfants de quatre ans vivant dans des milieux défavorisés. Ces changements dans la politique familiale, dont certains s'étaleront sur une période de six ans, incluent aussi l'implantation de services de garde à frais minimes pour tous les jeunes enfants dont les parents ont des activités professionnelles ou scolaires.

Malgré la mise en place de nouvelles politiques, on constate, en 1999, un écart important entre le nombre de places requises et le nombre de places existantes : dans l'ensemble du Québec, les services de garde sont en mesure de répondre à seulement 31,6 % des demandes en milieu familial et à 51,3 % des demandes dans les garderies et autres installations similaires. C'est un dossier à suivre.

groupes de bébés de un an : un groupe de nourrissons sécurisés, un groupe témoin de nourrissons insécurisés et un groupe expérimental de nourrissons insécurisés. Ces derniers reçurent toutes les semaines la visite d'un conseiller bilingue et familier de la culture hispanique. Moins de un an plus tard, les enfants et les mères du groupe expérimental interagissaient presque aussi bien que les mères et les enfants sécurisés. La mesure de paramètres tels que la colère des enfants et la réceptivité des mères révélait en outre qu'ils interagissaient beaucoup mieux que les membres du groupe témoin (Lieberman et coll., 1991). Des résultats aussi réjouissants nous rappellent que les premières expériences préparent le développement futur, mais que leurs effets n'ont rien d'immuable.

Attachement chez les parents

Au moment où un adulte devient un parent, il a déjà formé une longue série d'attachements, qu'ils soient familiaux, amicaux, amoureux. Vous-même savez sans doute par expérience que chaque nouvel attachement inspire la sécurité et la confiance ou, au contraire, l'insécurité et l'anxiété. Vous savez aussi que chaque relation confirme les attentes avec lesquelles on aborde les suivantes (Simpson, 1990).

Depuis quelque temps, les chercheurs se penchent sur l'attachement tel que le vivent les parents afin de déterminer si la sécurité ou l'insécurité qu'ils ont connue autrefois a une influence sur le lien qui les unit à leurs enfants. Les spécialistes ont interrogé des parents à propos de leurs premiers attachements, du sentiment de sécurité qu'ils éprouvaient enfants, de leurs perceptions de leurs propres parents et de leurs relations adultes (Main et Goldwyn, 1992; Main et coll., 1985). Ils ont ainsi constaté que les adultes présentaient les quatre profils suivants :

1. *Autonomes.* Les adultes autonomes valorisent les attachements et admettent leur influence; ils sont capables d'en discuter objectivement, que leurs premiers attachements aient été constructifs ou non.

2. *Négatifs.* Les adultes négatifs tendent à minimiser l'importance et l'influence des attachements dans leur propre vie. Ils idéalisent leurs parents sans pour autant parvenir à citer des exemples précis d'interactions constructives.

3. *Préoccupés.* Les adultes préoccupés semblent tourmentés par leur passé. Ils sont incapables de commenter objectivement leurs premiers attachements et manifestent souvent beaucoup d'émotion en parlant de leurs relations avec leurs parents.

4. *Désorientés.* Les adultes désorientés n'ont pas encore concilié leurs attachements passés avec leurs attachements présents. Certains ne sont pas encore adaptés à la perte de leurs parents et aux expériences connexes.

La recherche donne à penser que l'attachement futur de ce bébé envers sa mère (à gauche) dépend en partie de l'attachement que celle-ci avait envers la sienne. À en juger par l'expression de la grand-mère qui regarde sa fille et sa petite-fille jouer, les trois générations semblent unies par des attachements sécurisants.

Un groupe de chercheurs a établi une corrélation positive entre le profil des adultes et le type d'attachement qui les unit à leurs enfants (Crowell et Feldman, 1988, 1991; Fonagy et coll., 1991; Zeanah et coll., 1993). Ainsi, les enfants de mères autonomes manifestent pour la plupart un attachement sécurisant; les enfants de mères négatives, un attachement insécurisant d'évitement; les enfants de mères préoccupées, un attachement insécurisant de résistance. Il est à noter que la corrélation est moins nette dans le cas des mères désorientées, car la désorientation est souvent un état transitoire.

D'autres chercheurs (Benoit et Parker, 1994) ont interrogé des femmes enceintes et leurs mères à propos de l'attachement qui les unissait chacune à leur mère. Puis, au cours de l'année suivante, ils ont soumis les enfants des femmes qui étaient enceintes à la « situation étrange »; les enfants étaient alors âgés de un an. Comme le montre la figure 5.1, les chercheurs ont constaté que le profil des parents en matière d'attachement tend à se transmettre d'une génération à l'autre. Dans 64 % des familles, en effet, les trois générations présentaient un *même profil*.

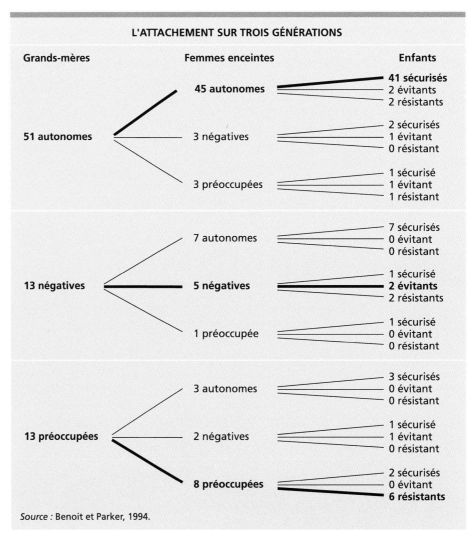

Source : Benoit et Parker, 1994.

Figure 5.1　*Les chercheurs ont interrogé des femmes enceintes et leurs mères, puis caractérisé l'attachement que les premières avaient, dans leur enfance, envers les secondes. Ils ont ensuite déterminé le type d'attachement que les aînées avaient eu envers leurs propres mères. Les chercheurs ont classé les femmes en utilisant trois catégories : autonomes (attachement sécurisant), négatives et préoccupées. Plus d'un an plus tard, des observateurs indépendants ont évalué l'attachement entre les « nouvelles mères » et leurs bébés à l'aide du procédé de la « situation étrange ». Les résultats démontrèrent une corrélation positive. Le phénomène est particulièrement marqué pour l'attachement sécurisant. En effet, sur les 59 enfants sécurisés, 51 étaient nés de mères autonomes.*

Plusieurs facteurs peuvent expliquer que les adultes ont tendance à manifester envers leurs propres enfants le même genre d'attachement qu'ils avaient envers leurs parents. Il se peut premièrement que les adultes qui valorisent l'attachement et qui sont capables de réfléchir objectivement à leurs propres expériences soient plus attentifs à leurs enfants et qu'ils suscitent par le fait même un attachement sécurisant. Deuxièmement, il est possible que les individus soient naturellement prédisposés à certaines formes d'attachement. Il se peut enfin que la nature de l'attachement de l'adulte envers ses enfants teinte ses souvenirs et ses attitudes en matière d'attachement.

Relations avec les pairs

Les interactions parent-enfant jouent un rôle capital dans le développement psychologique au cours des deux premières années de la vie, mais les relations avec les pairs ne sont pas pour autant dénuées d'importance. Autrefois, les premiers pairs qu'un trottineur rencontrait étaient ses frères et sœurs aînés ou les autres enfants du quartier. Aujourd'hui, les familles sont moins nombreuses, les naissances sont plus espacées et, surtout, les femmes travaillent plus souvent à l'extérieur du foyer. Autant dire que la plupart des trottineurs commencent à interagir avec leurs pairs à la garderie. Leurs relations font à présent l'objet d'études et les résultats obtenus montrent que les jeunes enfants ont une vie sociale beaucoup plus complexe que ne le croyaient jadis les théoriciens.

L'aptitude à amorcer des interactions sociales avec d'autres nourrissons se développe en une série d'étapes (Howes, 1987). Même à l'âge de six mois, les bébés sont capables de réponses sociales très simples : ils scrutent attentivement l'activité de l'autre enfant, vocalisent abondamment s'il fait un geste intéressant, lui sourient et lui touchent. Ces approches et ces réactions sont brèves, mais elles gagnent en durée et en complexité au cours des six mois suivants. Les nourrissons de un an se

« J'aime mieux ton jouet que le mien ! » Tel semble être le leitmotiv du jeu social chez les trottineurs. La suite des choses dépend du tempérament des camarades de jeu, de leurs relations passées et de leur aptitude à la négociation. Fort heureusement, même les jeunes trottineurs sont dotés du sens social, et cette interaction croquée sur le vif paraît lancée dans la bonne direction.

Ⓟ OINT DE MIRE

Les trottineurs peuvent-ils avoir des camarades de jeu ?

À quel moment les enfants commencent-ils à jouer ensemble ? Contrairement aux générations antérieures, les jeunes enfants d'aujourd'hui sont plus susceptibles de rencontrer d'autres enfants quelques semaines ou quelques mois après la naissance, lorsqu'ils commencent à fréquenter une garderie après le retour au travail de leur mère.

Les jeunes enfants développent en plusieurs étapes leur capacité à engager des relations avec leurs pairs et à réagir de façon amicale en leur présence. Dès l'âge de six mois, ils sont attentifs aux vocalisations produites par d'autres jeunes enfants et sont capables de manifester des réactions sociales simples, comme observer l'activité d'un enfant et en sourire.

De récentes recherches ont montré que des trottineurs âgés d'à peine 19 mois faisant preuve d'une conscience de soi très développée par rapport à leur âge peuvent jouer de façon interactive, même si ce n'est pas toujours de façon harmonieuse. Des chercheurs de l'institut Max-Planck ont mesuré la conscience de soi chez un groupe d'enfants âgés de 19 mois en déterminant s'ils reconnaissaient leur image renvoyée par un miroir (environ 50 % des enfants y parvenaient). Chaque enfant était ensuite apparié à un compagnon de jeu issu du même groupe.

Les résultats ont révélé que le jeu de type interactif était plus susceptible de se manifester lorsque deux enfants à la conscience de soi très développée étaient appariés. En plus de participer davantage aux activités de leur compagnon de jeu, ils consacraient moins de temps à tenter d'établir un contact avec un parent situé à proximité. Lorsque deux enfants ayant « raté » le test de conscience de soi étaient appariés, ils avaient tendance à jouer chacun de leur côté, c'est-à-dire que chacun jouait près de l'autre sans montrer beaucoup d'intérêt pour les activités de son compagnon ni interagir avec lui.

Fait à noter : les chercheurs ont rapporté que lorsqu'un enfant ayant une faible conscience de soi était apparié à un enfant de l'autre groupe, il jouait souvent d'une façon plus interactive, ce qui laisse à penser que la compétence sociale d'un enfant peut être stimulée s'il est en présence d'un compagnon de jeu socialement plus avancé.

Source : Parents, mai 1993, p. 141-142.

font des gestes ou échangent des paroles pour désigner les jouets et les personnes. Ils peuvent s'offrir des jouets ou se les arracher des mains. Ils commencent à distinguer les enfants connus des enfants inconnus; ils préfèrent du reste les premiers et interagissent avec eux de manière plus complexe. Les nourrissons interagissent mieux avec un adulte qu'avec un autre enfant, car ce dernier peut moins leur servir de modèle dans le développement de leurs habiletés sociales complexes.

Avec l'apparition de la conscience de soi et de la vitalité émotionnelle, les relations avec les pairs prennent leur essor à partir de deux ans. Le trottineur possède des habiletés sociales complexes et variées, et il est capable de coopérer : il attend son tour sur la glissoire, il s'adonne à des jeux structurés simples et à des jeux d'imagination. Souvent, il imite un camarade, au grand plaisir des deux partenaires de jeu (Hanna et Meltzoff, 1993). Il partage volontiers ses jouets, son territoire (son bac à sable par exemple) et même ses aliments (offrant aux autres des biscuits à moitié grignotés) (Hay et coll., 1991). Évidemment, ses comportements ne sont pas toujours amicaux. Ainsi, il lui arrive, par exemple, de manifester son agressivité en mordant un autre enfant ou en lui tirant les cheveux.

Bien entendu, le trottineur n'est pas toujours disposé à partager et il lui arrive à son tour de convoiter les jouets d'un autre. En jouant ensemble, cependant, les enfants élaborent des stratégies simples pour éviter les conflits. Certains font preuve d'étonnants talents de tacticien : ils cachent leur jouet favori ou attirent l'attention de leur camarade sur un autre objet.

Le trottineur discerne de plus en plus clairement l'individualité des autres. Deux enfants peuvent se lier d'amitié même au sein de groupes de six ou sept à la garderie. On voit des enfants de deux ans s'échanger des marques d'affection telles que des étreintes, des baisers et des sourires épanouis après une période de séparation. Apparemment, le trottineur qui a des camarades de jeu réguliers est déjà capable de s'attacher à des personnes autres que les membres de sa famille.

À l'âge de deux ans, l'enfant a encore beaucoup à apprendre dans le domaine social. Néanmoins, l'émergence de sa personnalité et de son émotivité ainsi que ses relations avec ses parents et ses pairs favorisent grandement son développement psychosocial et le préparent aux tâches socio-affectives plus complexes qui suivront.

À VOUS LES COMMANDES – 5.5

La révision d'un manuel

Nous avons vu au chapitre 1 qu'aucune période de la vie ne peut être pleinement comprise si l'on ne prend pas en compte les trois domaines — biosocial, cognitif et psychosocial — du développement. Cela signifie que les étapes importantes à franchir, comme le fait d'apprendre à marcher, ne peuvent être caractérisées par leur appartenance à un seul de ces domaines. Si l'apprentissage de la marche correspond à une capacité physique ou motrice, il influe également sur le développement cognitif (car il rend possible une exploration accrue du milieu) et le développement psychosocial (car il permet une plus grande autonomie).

L'activité suivante vous aidera à comprendre les influences mutuelles qui s'exercent entre les trois domaines du développement. Imaginez que vous êtes responsable de la révision du volume intitulé *Le développement de la personne, de la naissance à la mort*. Vous participez à une réunion du comité de rédaction en vue de déterminer le contenu des chapitres consacré aux deux premières années de la vie.

1. La question de la locomotion, incluant l'apprentissage de la marche, est traitée dans le chapitre relatif au développement biosocial. Un réviseur suggère d'intégrer cette question dans le chapitre consacré au développement psychosocial. Êtes-vous d'accord avec cette suggestion ? Quels avantages comporte-t-elle ? Justifiez votre réponse.

2. L'angoisse de la séparation figure dans le chapitre consacré au développement psychosocial. Une réviseure suggère que cette question soit traitée dans le développement cognitif. Êtes-vous d'accord avec cette suggestion ? Quels avantages comporte-t-elle ? Justifiez votre réponse.

3. La perception et la vision figurent dans le chapitre consacré au développement biosocial. Votre adjoint suggère d'intégrer ces questions dans le chapitre qui traite du développement cognitif. Êtes-vous d'accord avec cette suggestion ? Quels avantages comporte-t-elle ? Justifiez votre réponse.

Au cours de ses deux premières années, l'enfant apprend à diriger vers certaines personnes l'énergie sociale dont il est animé dès la naissance. L'enfant de deux ans est déjà une personne à part entière, avec des émotions et des liens familiaux bien à lui, et il est prêt à faire les découvertes que lui réserve l'âge préscolaire.

Résumé

Développement affectif

1. La formation de liens affectifs entre les parents et le nouveau-né a suscité l'intérêt, et la plupart des spécialistes du développement pensent que ces liens se tissent au fil du temps. Les contacts physiques dans les minutes qui suivent la naissance contribueraient à la qualité de la relation parents-enfant, mais ne la détermineraient pas.

2. L'enfant est capable d'exprimer de nombreuses émotions, dont la peur, la colère, la tristesse, la joie et la surprise, dès ses premières semaines de vie. La fréquence et la clarté des manifestations de son émotivité augmentent au cours de la première année. La spécificité de certaines émotions se traduit par deux réactions répandues : la peur des étrangers (crainte des inconnus à partir de 6 mois et particulièrement entre 10 et 14 mois) et l'angoisse de la séparation (crainte d'être abandonné par les personnes familières, à partir de 8 ou 9 mois, et particulièrement vers 14 mois). L'intensité de la détresse du nourrisson dépend de divers éléments du contexte.

3. La deuxième année de la vie est marquée par des progrès cognitifs qui permettent au trottineur de comprendre les causes des événements et de se percevoir comme un être distinct des autres. La conscience de soi apparaît à cette époque, de même qu'émergent des émotions comme la culpabilité, la fierté et la gêne. Les émotions de l'enfant subissent l'influence de ses interactions sociales. Il recourt à la référence sociale, cherchant auprès d'adultes des indices lui permettant d'interpréter un événement étrange ou ambigu.

Racines de la personnalité

4. Jusqu'en 1950 environ, les psychologues pensaient pour la plupart que les parents, la mère en particulier, formaient la personnalité de l'enfant de manière définitive. Les premiers béhavioristes, de même que les théoriciens de l'apprentissage social après eux, jugeaient en effet que l'enfant vivait des expériences qui faisaient naître et renforçaient, à force de s'accumuler, certaines attitudes et certains comportements.

5. Selon Freud, les méthodes d'éducation dont l'enfant fait l'objet pendant les phases orale et anale ont une influence durable sur sa personnalité et sa santé mentale. Freud faisait des relations avec la mère le point de départ de la personnalité.

6. Dans le sillage de Freud, Erikson présente le développement comme étant jalonné de crises psychosociales. L'enfant traverse d'abord la crise de la *confiance et de la méfiance* et, à l'issue de cette crise, perçoit le monde comme un milieu parfois dangereux, parfois rassurant. L'enfant vit ensuite la crise de l'*autonomie, de la honte et du doute*, caractérisée par une recherche de l'indépendance. Comme Freud, Erikson affirmait que les actions des parents pendant les premières années ont une influence durable. Il précisait cependant qu'une personne peut revivre et résoudre les crises qu'elle n'a pas surmontées antérieurement.

7. Le tempérament est un ensemble de dispositions à caractère héréditaire et acquis qui se manifestent dès les premiers mois de la vie. Il s'agit de traits de base qui influent sur le développement social. Le tempérament est relativement stable, mais pas immuable; il peut en effet se modifier selon qu'il y a ou non adéquation entre les dispositions de l'enfant et les contraintes de l'environnement.

Relation parent-enfant

8. Le développement psychosocial est tributaire des actions des parents et du tempérament de l'enfant, mais aussi des relations établies entre les parents et l'enfant pendant les premiers mois de la vie. Les parents et l'enfant deviennent des partenaires sociaux en s'adonnant ensemble au jeu dans divers contextes.

9. Les premières interactions des parents et de l'enfant sont marquées par des périodes de synchronisme. Le synchronisme est une harmonie des gestes, des expressions et des rythmes qui enrichit grandement le jeu préverbal.

10. L'attachement proprement dit entre le parent et l'enfant devient plus manifeste à la fin de la première année. Un attachement sécurisant est propice à la curiosité, à la compétence sociale et à la confiance en soi chez l'enfant. Un attachement insécurisant peut entraîner l'émergence des attributs contraires.

Relations avec les pairs

11. Pendant la deuxième année de la vie, le trottineur a l'occasion d'entrer dans des groupes de jeu, à la garderie notamment. Il peut ainsi poursuivre ses apprentissages en matière de relations sociales et enrichir son répertoire d'habiletés sociales.

Questions à développement

1. Par rapport à d'autres, certaines cultures et certaines familles adoptent une attitude beaucoup plus stricte concernant l'autonomie des trotteurs. Quelles peuvent être les conséquences d'avoir de « trop grandes » exigences en ce qui a trait à l'autonomie ?

2. Vous allez garder les 3 enfants d'une même famille : le plus vieux est âgé de 26 mois, le deuxième, de 14 mois, et le plus jeune, de 2 mois. À quelles différences vous attendez-vous en ce qui concerne les manifestations d'attachement, de crainte et de détresse ?

3. À partir de votre compréhension du développement biosocial, cognitif et psychosocial pendant les deux premières années de la vie, dites ce que vous pensez de cette remarque d'Erikson : « Les bébés contrôlent et élèvent les familles au moins autant que celles-ci contrôlent et élèvent les bébés. » Donnez des exemples d'au moins trois façons dont les bébés « contrôleraient » ou « élèveraient » leurs parents.

Questions à choix multiples

1. Lors d'un test en laboratoire portant sur l'attachement, au moment où sa mère revient dans la salle de jeu après une brève absence, la réaction la plus probable d'un jeune enfant dont le sentiment d'attachement est sécurisant consistera :

   a) à pleurer et à rechigner.
   b) à grimper sur les genoux de sa mère, puis à recommencer à jouer.
   c) à grimper sur les genoux de sa mère et à y rester.
   d) à continuer à jouer comme si sa mère n'était pas là.

2. Quel serait le « type de tempérament » d'un nouveau-né si vous deviez le prédire uniquement sur la base des probabilités ?

   a) Facile.
   b) Lent à s'adapter.
   c) Difficile.
   d) Les données sont insuffisantes pour permettre une prédiction.

3. Benoît devient très émotif lorsqu'il parle de ses relations avec ses parents. Ainsi, il est incapable de discuter objectivement de ses premières expériences d'attachement. Le profil d'attachement de Benoît est probablement de type :

   a) autonome.   c) préoccupé.
   b) négatif.   d) désorienté.

4. Laquelle des mères décrites ci-dessous est la plus susceptible d'avoir un enfant qui manifeste un attachement insécurisant d'évitement ?

   a) Jeanne, qui cherche à se remettre de la perte de ses parents.
   b) Lorraine, qui idéalise ses parents, mais qui minimise l'importance de ses propres relations.
   c) Monique, qui est capable de discuter assez objectivement de ses premières expériences d'attachement, en dépit de leur caractère pénible.
   d) Carmen, qui passe beaucoup de temps à réfléchir à ses propres relations avec ses parents.

5. Un des changements survenus dans le développement psychosocial des jeunes enfants d'aujourd'hui réside dans le fait que :

   a) de nombreux jeunes enfants ont leurs premiers contacts avec d'autres jeunes enfants à un âge plus précoce.
   b) l'influence parentale est moins prononcée que dans le passé.
   c) les normes sociales sont presque identiques pour les deux sexes.
   d) les jeunes enfants ont généralement moins de contacts sociaux que dans le passé.

6. Jean, qui sera bientôt père et responsable des soins à donner au bébé, craint de ne pouvoir acquérir les capacités que les mères manifestent. Les études portant sur les relations père-enfant montrent que :

   a) un jeune enfant élevé par un père célibataire est plus susceptible de développer un attachement insécurisant.
   b) le père peut apporter l'attention émotive et cognitive nécessaire au développement de l'enfant.
   c) les femmes sont biologiquement prédisposées à être de meilleurs parents que les hommes.
   d) le développement social est généralement plus lent quand le père est responsable des soins du bébé.

7. La mère de Laurent l'a laissé seul dans sa chambre pendant quelques minutes. À son retour, Laurent semblait indifférent à sa présence. Selon les recherches effectuées par Mary Ainsworth, Laurent est probablement :

   a) un jeune enfant normalement autonome.
   b) un enfant victime d'abus.
   c) un jeune enfant manifestant un attachement insécurisant.
   d) un jeune enfant manifestant un attachement sécurisant.

8. Claudine et Mario, qui viennent d'avoir leur premier enfant, sont préoccupés par le fait que leur bébé, âgé de 1 mois, est rechigneux et difficile à consoler. Ils craignent de ne pas agir correctement. Vous leur dites que leur enfant se comporte ainsi probablement parce que :

   a) ils renforcent ses comportements colériques.

   b) ils ne satisfont pas un de ses besoins biologiques.

   c) il a hérité ce type de tempérament.

   d) à l'âge de 1 mois, tous les enfants sont rechigneux et difficiles à consoler.

9. Annie, âgée de 2 ans, et sa mère visitent une garderie. Apercevant un jouet intéressant, Annie fait quelques pas en sa direction, s'arrête et se retourne pour voir si sa mère la suit. Le comportement d'Annie illustre :

   a) le conflit entre le sentiment de confiance et le sentiment de méfiance.

   b) le synchronisme.

   c) l'absence de synchronisme.

   d) la référence sociale.

10. Un chercheur du Centre d'étude du développement de l'enfant dessine un point rouge sur le nez d'un jeune enfant, puis il l'observe pour voir s'il touchera son nez en apercevant son image dans un miroir. De toute évidence, le chercheur veut vérifier chez l'enfant :

    a) son type d'attachement.

    b) son tempérament.

    c) sa conscience de soi.

    d) sa référence sociale.

11. Charles, âgé de 4 mois, et Charlotte, âgée de 13 mois, sont confiés à une gardienne. Lorsque leurs parents sortent, il faut s'attendre à ce que :

    a) Charles devienne extrêmement irrité et que Charlotte accepte calmement le départ de ses parents.

    b) Charlotte devienne plus irritée que Charles en raison du départ de ses parents.

    c) Charles et Charlotte deviennent tous deux irrités par le départ de leurs parents.

    d) ni Charles ni Charlotte ne soient très irrités par le départ de leurs parents.

12. On vous a demandé de faire un exposé sur l'attachement entre les mères et leurs enfants à l'intention d'un groupe de femmes enceintes. Vous appuyant sur les recherches effectuées par Mary Ainsworth, vous concluez en affirmant que l'attachement entre une mère et son jeune enfant est lié principalement :

    a) au tempérament inné de l'enfant.

    b) au temps que la mère consacre à son enfant.

    c) à la qualité des soins donnés au cours des premiers mois suivant la naissance.

    d) au fait que la mère a eu ou non un attachement sécurisant durant sa propre enfance.

Les réponses aux questions à choix multiples se trouvent en annexe.

Le chapitre 5 en un clin d'œil

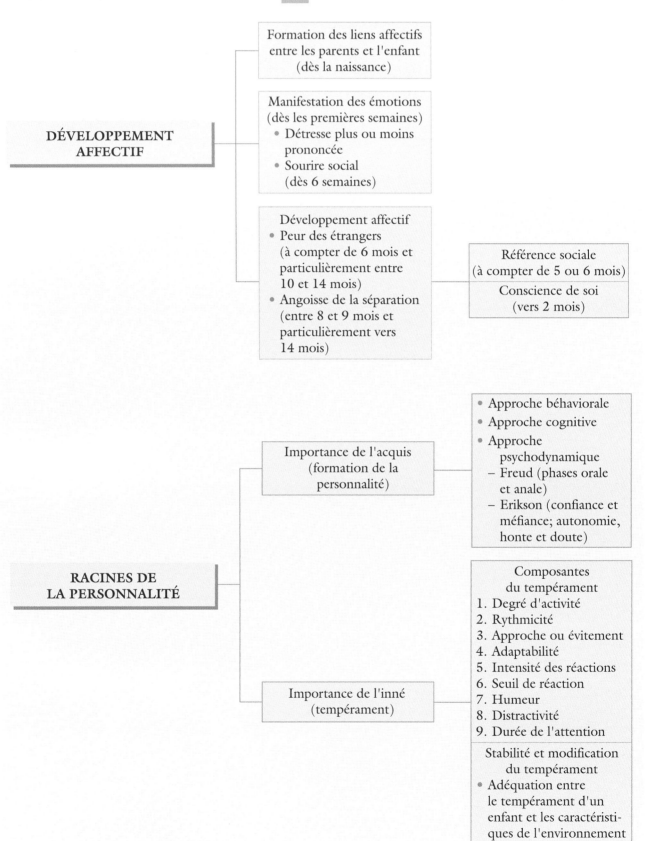

DÉVELOPPEMENT AFFECTIF

Formation des liens affectifs entre les parents et l'enfant (dès la naissance)

Manifestation des émotions (dès les premières semaines)
• Détresse plus ou moins prononcée
• Sourire social (dès 6 semaines)

Développement affectif
• Peur des étrangers (à compter de 6 mois et particulièrement entre 10 et 14 mois)
• Angoisse de la séparation (entre 8 et 9 mois et particulièrement vers 14 mois)

Référence sociale (à compter de 5 ou 6 mois)

Conscience de soi (vers 2 mois)

RACINES DE LA PERSONNALITÉ

Importance de l'acquis (formation de la personnalité)

• Approche béhaviorale
• Approche cognitive
• Approche psychodynamique
  – Freud (phases orale et anale)
  – Erikson (confiance et méfiance; autonomie, honte et doute)

Importance de l'inné (tempérament)

Composantes du tempérament
1. Degré d'activité
2. Rythmicité
3. Approche ou évitement
4. Adaptabilité
5. Intensité des réactions
6. Seuil de réaction
7. Humeur
8. Distractivité
9. Durée de l'attention

Stabilité et modification du tempérament
• Adéquation entre le tempérament d'un enfant et les caractéristiques de l'environnement

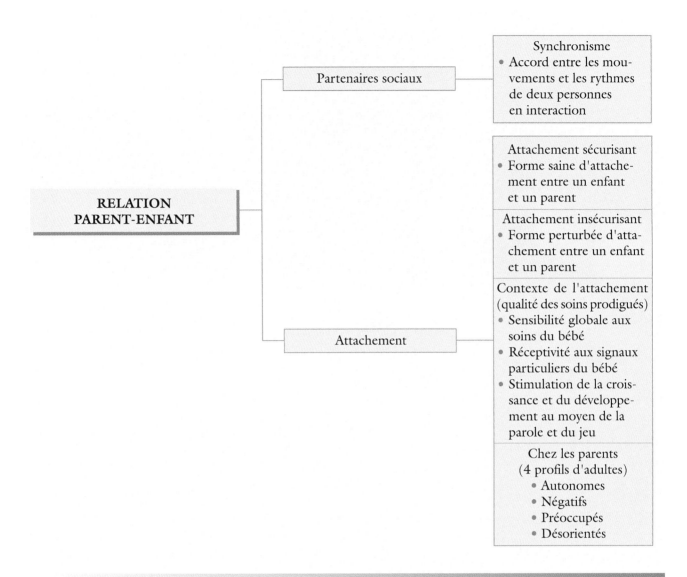

PARTIE 2

BILAN DU DÉVELOPPEMENT :
les deux premières années

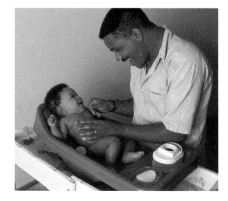

▶ Développement biosocial

Corps, cerveau et système nerveux

Au cours des deux premières années de la vie, le poids du corps quadruple et celui du cerveau triple. Les neurones se ramifient et forment des réseaux de plus en plus denses. Les fibres nerveuses se recouvrent d'une couche de myéline qui accroît la vitesse et l'efficacité de la transmission des influx. La stimulation est essentielle au développement du cerveau.

Motricité

Avec la maturation du cerveau, les réflexes font place à des mouvements volontaires coordonnés tels que la préhension et la marche. Le nouveau-né possède un odorat et une ouïe bien développés, mais il ne voit distinctement que les objets situés à 25 cm de lui. L'acuité visuelle s'établit à près de 20/20 à l'âge de un an.

Habiletés perceptives

Le nourrisson et le trottineur sont capables de perception intermodale et de perception transmodale. Ils saisissent les possibilités d'interactions qu'offrent les êtres et les objets.

▶ Développement cognitif

Habiletés cognitives

Grâce à sa curiosité active et à ses autres aptitudes innées, l'enfant devient capable de classer les objets selon leur taille, leur forme et leur texture, de les dénombrer et de comprendre qu'ils continuent d'exister même s'ils sont cachés. La mémoire, limitée dans les premiers mois, se développe au cours des premières années de la vie, malgré les difficultés associées à la récupération. L'enfant découvre le monde au moyen de ses habiletés sensorimotrices, puis de ses facultés intellectuelles.

Langage

Les pleurs constituent le premier moyen de communication du bébé. Ils sont suivis par les babils. En employant le « langage bébé », les adultes enseignent au nourrisson la structure superficielle de la langue. L'enfant peut prononcer un ou deux mots à l'âge de un an et former de courtes phrases à deux ans.

▶ Développement psychosocial

Développement de l'affectivité et de la personnalité

Les émotions primitives des premières semaines de la vie font place à des réactions complexes qui témoignent de la conscience de soi. Selon Freud, les deux premières années de la vie correspondent au stade oral et au stade anal. Selon Erikson, elles coïncident avec deux crises psychosociales : celle de la confiance et de la méfiance et celle de l'autonomie, de la honte et du doute. Freud et Erikson accordaient une grande importance à l'influence des parents, mais la recherche a prouvé que le tempérament est stable et en partie inné.

Relation parent-enfant

La qualité des contacts dans les minutes qui suivent la naissance influe sur la relation entre les parents et l'enfant, mais ne la détermine pas. Les parents et l'enfant réagissent l'un à l'autre dans un premier temps en synchronisant leurs gestes, leurs expressions. L'enfant de un an uni à ses parents par un attachement sécurisant est disposé à explorer son milieu de manière autonome.

Âge du jeu et âge scolaire

La période qui s'étend de l'âge de 2 ans à l'âge de 6 ans est communément appelée « âge préscolaire ». Pour notre part, nous utiliserons en plus l'expression « âge du jeu » afin de faire ressortir le caractère ludique de cette période. Bien sûr, les gens de tous les âges jouent, mais ce sont les petits enfants qui détiennent le record. Ils passent le plus clair de leur temps à jouer et acquièrent ainsi les habiletés, les idées et les valeurs essentielles à leur développement. En courant à perdre haleine et en relevant les défis lancés par leurs camarades, ils développent leurs capacités physiques. En jouant avec les mots et les concepts, ils exercent leurs capacités intellectuelles. En inventant des jeux et en se faisant des mises en scène, ils apprennent les habiletés sociales et les normes morales.

Si vous êtes du genre à exiger des enfants qu'ils restent sagement assis, qu'ils raisonnent logiquement et qu'ils agissent de manière rationnelle, vous vous exposez à d'amères déceptions. Mais si vous avez le cœur à rire, vous aimerez vous occuper des enfants de 2 à 6 ans, les écouter, leur faire la lecture, les observer et admirer leur créativité souvent débordante.

Après l'âge du jeu vient l'âge scolaire, de 6 à 12 ans. Le développement physique se fait habituellement sans heurt pendant cette période. Sur le plan cognitif, la plupart des enfants d'âge scolaire sont capables d'apprendre rapidement et de penser logiquement. Ils sont avides de connaissances et acquièrent les concepts et les habiletés avec un mélange d'enthousiasme, de persévérance et de curiosité. Au point de vue social, enfin, l'âge scolaire apparaît comme une période idéale. La plupart des enfants jugent en effet que leurs parents sont bienveillants, leurs enseignants justes et leurs amis loyaux. L'avenir est rempli de promesses à leurs yeux.

À l'âge scolaire, l'école et l'amitié sont si importantes que l'échec et le rejet semblent avoir des conséquences dévastatrices. Les écoliers les plus chanceux ne connaissent jamais ces revers; d'autres ont la confiance en soi et le soutien familial nécessaires pour les affronter; quelques-uns sortent de l'enfance chargés d'un lourd bagage de souvenirs douloureux et de sentiments d'incompétence et d'infériorité.

Dans les trois chapitres qui suivent, nous étudierons le développement biosocial, cognitif et psychosocial des enfants de 2 à 6 ans et de 6 à 12 ans. Vous comprendrez en les lisant que l'enfance apporte son lot de bonheurs et de difficultés.

Chapitre **6**

Développement biosocial à l'âge du jeu et à l'âge scolaire

De 2 à 12 ans, d'importants changements marquent le développement physique. Les proportions corporelles se modifient, le cerveau et le système nerveux gagnent en complexité et les habiletés motrices se raffinent. Toutes ces transformations sont en interaction dynamique. Elles influent sur les aspects cognitif et psychosocial du développement qui, à leur tour, exercent leur influence : voilà pourquoi nous parlons de développement biosocial.

Entre 2 et 6 ans, les changements de la taille constituent les éléments les plus visibles du développement biosocial. Même les enfants de 6 ans ne se reconnaissent pas en voyant des photos d'eux prises alors qu'ils n'étaient encore que des trottineurs grassouillets. Le système nerveux subit lui aussi des changements, moins manifestes mais plus cruciaux. Grâce à la maturation du cerveau, l'enfant de 6 ans possède des habiletés motrices qui le démarquent du trottineur maladroit et qui stimulent son développement cognitif. Il avance littéralement à pas de géant dans son exploration et sa maîtrise du monde. Malheureusement, au cours de cette période, l'enfant est plus vulnérable : des blessures accidentelles et des mauvais traitements, par exemple, peuvent avoir d'importantes répercussions sur son développement biosocial.

▶ **Croissance physique**

▶ **Développement du cerveau**

▶ **Motricité**
Motricité globale
Motricité fine

▶ **Mauvais traitements infligés aux enfants**
Formes de mauvais traitements
Causes des mauvais traitements
Conséquences des mauvais traitements
Intervention et prévention

ÂGE DU JEU

Croissance physique

Pendant l'âge du jeu, l'enfant amincit. La partie inférieure de son corps allonge et une partie du tissu adipeux accumulé pendant la petite enfance disparaît. Il n'a plus le ventre proéminent, le visage rond, les membres courts et la tête volumineuse qui le caractérisaient au stade du trottineur. Les proportions corporelles d'un enfant de 6 ans ne diffèrent pas beaucoup de celles d'un adulte.

Le changement des proportions corporelles s'accompagne d'un accroissement constant de la taille et du poids. Entre 2 et 6 ans, l'enfant bien nourri grandit de presque 7 cm et grossit d'environ 2 kg chaque année. Dans les pays développés, l'enfant de 6 ans pèse en moyenne 21 kg et mesure environ 1,17 m (voir la figure 6.1).

L'étendue des valeurs normales de croissance est vaste, particulièrement en ce qui a trait au poids. Nombre d'enfants sont nettement plus grands ou plus petits que la moyenne, et l'écart s'accentue à mesure qu'ils vieillissent (Behrman, 1992).

Parmi les nombreux facteurs qui influent sur la croissance, les trois principaux sont l'hérédité, la qualité des soins de santé et l'alimentation. Ce dernier facteur explique en grande partie les énormes disparités entre les enfants des pays développés et ceux des pays en voie de développement. Ainsi, en moyenne, un enfant de 4 ans en Suède est aussi grand ou plus grand qu'un enfant de 6 ans au Bangladesh, pays où 65 % des enfants présentent un arrêt de croissance prématuré dû à la malnutrition (Nations Unies, 1994). Dans les pays développés, cependant, la plupart des variations observées chez les enfants d'âge préscolaire sont attribuables à des facteurs génétiques.

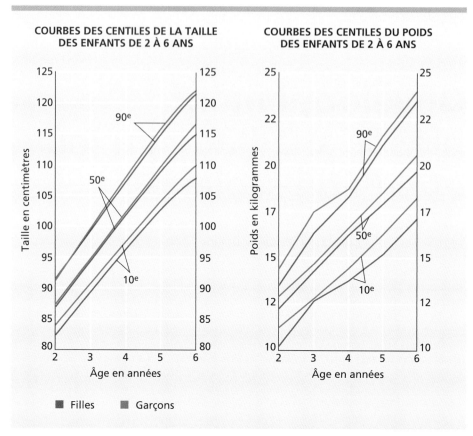

Figure 6.1 *Comme l'indiquent ces deux graphiques, les garçons (lignes bleues) et les filles (lignes rouges) d'âge préscolaire (2 à 6 ans) ont une croissance plus lente et plus régulière que pendant leurs deux premières années de vie. À cet âge, la plupart des enfants perdent une grande partie de leur graisse corporelle et leur silhouette s'allonge. Les gains de poids reflètent surtout l'augmentation de la masse musculaire et la croissance du squelette.*

En règle générale, les garçons sont plus musclés, moins gras, un peu plus grands et un peu plus lourds que les filles. Précisons toutefois que la disparité entre les sexes s'accentue ou s'atténue selon la culture et l'âge des enfants. Par exemple, dans plusieurs pays du sud de l'Asie, les garçons sont beaucoup plus grands et costauds que les filles parce qu'ils sont davantage valorisés par la société et, qu'en conséquence, on répond à leurs besoins nutritionnels en priorité lorsque la nourriture se fait rare (Poffenberger, 1981). En Amérique du Nord, par contre, il y a plus de filles que de garçons parmi les enfants les plus lourds surtout parce que, en règle générale, les filles développent une proportion plus élevée de gras corporel lorsqu'il y a abondance de nourriture (Lowrey, 1986).

Comme à toute autre période de la vie, l'alimentation des enfants d'âge préscolaire doit être saine et équilibrée. La carence nutritionnelle la plus fréquente parmi les enfants de ce groupe d'âge dans les pays développés est l'anémie dite ferriprive. Celle-ci résulte d'un manque de fer et se manifeste surtout par de la fatigue chronique. Causée par un apport insuffisant en viandes de bonne qualité, en céréales à grains entiers ainsi qu'en légumes verts feuillus, cette affection est trois fois plus fréquente chez les familles pauvres que chez les autres. Si, dans certains cas, ce problème tient tout simplement au manque d'argent des parents qui ne peuvent offrir à leurs enfants tous les aliments riches en fer nécessaires à la santé, il n'en reste pas moins que dans bon nombre de familles, et ici, toutes classes sociales confondues, les bonbons, les boissons gazeuses artificiellement édulcorées ainsi que les céréales additionnées de sucre sont en cause. En effet, ces aliments coupent rapidement l'appétit des enfants, ce qui les

C'est pendant la petite enfance que les préférences alimentaires s'acquièrent pour toute la vie. Adéline s'apprête à mordre... à la vie !

empêche de consommer assez d'aliments contenant les vitamines et les minéraux essentiels à leur croissance.

Développement du cerveau

Le cerveau se développe plus rapidement que tout autre organe pendant l'enfance. Il a atteint 75 % de son poids adulte chez l'enfant de 2 ans et 90 % de son poids adulte chez l'enfant de 5 ans. En comparaison, le poids total d'un enfant de 5 ans équivaut à environ 30 % de son poids adulte.

L'augmentation de volume du cerveau est due en grande partie à l'accroissement du nombre de synapses, entraînant l'expansion de plusieurs aires cérébrales, en particulier de celles qui régissent les mouvements, les émotions et la pensée, ainsi qu'à la prolifération des voies de communication entre ces aires (Huttenlocher, 1994). L'enfant d'âge préscolaire présente des réactions rapides et maîtrisées aux stimuli, la transmission des influx s'étant accélérée dans son système nerveux grâce au processus de myélinisation. Son cerveau est en général suffisamment développé pour lui permettre d'assimiler les rudiments de la lecture, de l'écriture et de l'arithmétique. Il n'est donc pas fortuit que, partout au monde, les enfants commencent à fréquenter l'école vers l'âge de 6 ou 7 ans.

Motricité

Plus mince, plus fort, mieux proportionné et mieux coordonné, l'enfant de 2 à 6 ans peut se mouvoir avec grâce, rapidité et précision. Ses habiletés motrices évoluent de manière étonnante.

Motricité globale

La motricité globale, c'est-à-dire la capacité d'exécuter des mouvements amples comme ceux qui entrent en jeu dans la course, l'escalade, le saut et le lancer d'une balle, s'améliore considérablement pendant l'âge préscolaire (Clark et Phillips, 1985; Du Randt, 1985; Kerr, 1985). Les progrès sont manifestes. L'enfant de 2 ans est maladroit, tombe fréquemment et se heurte parfois à des objets immobiles. L'enfant de 5 ans, en revanche, est agile et gracieux. La plupart des petits Nord-Américains de 5 ans sont capables d'aller à bicyclette, de grimper à une échelle, de se balancer ainsi que de lancer, d'attraper et de botter un ballon (voir le tableau 6.1).

L'énergie des enfants, leur curiosité et leur agilité les exposent à des dangers et surtout à des blessures (voir *Point de mire*, page 195). La plupart des enfants d'âge préscolaire acquièrent seuls les habiletés motrices élémentaires ou les apprennent d'autres enfants, sans l'aide d'adultes. Si des enfants ont l'occasion de jouer ensemble dans un espace adéquatement aménagé, la motricité de chacun se développera au rythme dicté par son degré de maturation, sa taille et son adresse naturelle.

Cette photo d'enfants de l'école maternelle illustre assez bien les capacités motrices propres à cet âge. Contrairement aux enfants de 3 ans, la plupart des enfants de 5 ans peuvent se déplacer le long d'une poutre de 10 cm de large sans perdre l'équilibre, bien que cela leur demande visiblement beaucoup de concentration. Dans les exercices exigeant un bon sens de l'équilibre, les filles ont généralement presque un an d'avance sur les garçons. Dans les exercices faisant appel à la motricité globale — lancer une balle, par exemple —, les garçons l'emportent ordinairement sur les filles.

Myélinisation Processus de développement d'un isolant lipidique autour de certains axones.

À VOUS LES COMMANDES – 6.1

La prévention d'abord

Votre sœur a deux enfants âgés de 5 ans et de 2 ans et désire leur offrir un environnement des plus sécuritaires. | Comment pouvez-vous l'aider à organiser chaque pièce de la maison et l'environnement extérieur immédiat ?

Motricité fine

Le développement de la motricité fine, c'est-à-dire la capacité d'exécuter des mouvements de faible amplitude, avec les mains et les doigts en particulier, est

TABLEAU 6.1   **Habiletés motrices durant l'âge du jeu.**

2 ans	3 ans	4 ans	5 ans
Peut effectuer un saut de 30 centimètres.	Peut effectuer un saut de 40 à 60 centimètres.	Peut effectuer un saut de 60 à 80 centimètres.	Peut effectuer un saut de 70 à 90 centimètres.
Peut marcher, mais avec les jambes assez écartées. Ne peut se retourner ou s'arrêter rapidement et en souplesse.	Peut marcher avec les pieds plus rapprochés. Peut sauter sur place trois fois de suite.	Peut varier son rythme de marche et de course. Peut sauter six fois de suite sur un seul pied.	Peut marcher avec un bon équilibre. Peut sauter sur un pied sur une distance de 5 mètres.
Peut botter un gros ballon. Peut monter un escalier en posant les deux pieds sur chaque marche. Peut grimper sur un fauteuil et en redescendre. Peut prendre des objets à deux mains.	Peut faire avancer un objet roulant avec un pied. Peut monter sans aide un escalier en alternant les pieds. Peut pédaler sur un tricycle. Peut attraper un ballon avec son corps.	Peut attraper au vol un ballon qui rebondit.	Peut attraper une petite balle qui rebondit, seulement avec ses mains. Peut descendre sans aide un escalier en alternant les pieds. Peut marcher sans aide sur une poutre.
Peut faire des gribouillis.	Peut dessiner un cercle.	Peut dessiner des formes et figures géométriques simples.	Peut dessiner des carrés.
Peut tracer une ligne à peu près verticale.	Peut tracer une ligne droite.	Peut dessiner un bonhomme, en trois parties.	Peut enfiler des perles.
Peut commencer à mettre ses souliers, mais souvent à l'envers.	Peut enfiler un vêtement simple.	Peut s'habiller seul.	Peut attacher des boutons à la condition de les voir, utiliser une fermeture éclair, attacher ses lacets de souliers.
Peut tenir un petit verre d'une main. Peut commencer à utiliser un ustensile.	Peut verser un liquide d'un pichet (pas trop lourd). Peut manger seul avec une cuillère.	Peut construire des édifices avec des blocs.	Peut utiliser toutes sortes d'ustensiles et d'instruments.
Peut tourner les pages d'un livre une à une.	Peut commencer à utiliser des ciseaux. Peut empiler des blocs.	Peut découper en suivant une ligne, avec des ciseaux.	Peut découper avec précision des formes plus complexes.

Il faut beaucoup d'adresse pour manipuler des lacets, et les nouer est pratiquement impossible pour un enfant de 3 ans. Deux choix s'imposent : attendre que la maturation et l'exercice fassent leur œuvre, ou opter pour des chaussures munies d'attaches velcro.

beaucoup plus ardu que celui de la motricité globale chez l'enfant d'âge préscolaire (voir le tableau 6.1). Celui-ci doit fournir un effort de concentration méritoire pour se servir un verre de jus sans en renverser, pour couper ses aliments à l'aide d'une fourchette et d'un couteau et pour manier un crayon. Il peut passer beaucoup de temps à tenter d'attacher ses lacets et, malgré son application, ne réussir qu'à les entortiller. L'enfant, en effet, n'a pas encore acquis la pleine maîtrise de ses muscles ni le jugement nécessaire à l'exercice de la motricité fine.

Par bonheur, l'enfant vient à bout de ses difficultés à force de persévérance. Sous l'œil satisfait des adultes, il acquiert ainsi une habileté motrice qui semble liée de près à sa réussite scolaire future : l'art de tracer des lignes et des formes reconnaissables sur du papier, base du tracé des lettres et de l'écriture.

Le dessin constitue d'ailleurs une importante forme de jeu. En pensant à l'image qu'il va créer, en maniant la craie, le crayon ou le pinceau puis en examinant et, quelquefois, en montrant le résultat, l'enfant fait plus qu'exercer sa motricité fine : il cultive son estime de soi et apprend à s'autoévaluer.

ⓟOINT DE MIRE

Les accidents n'arrivent pas toujours par hasard

Dès que les enfants parviennent à maîtriser leurs habiletés motrices, ils les exercent tant qu'ils le peuvent. Ils grimpent aux arbres, sautent les clôtures, courent dans les champs et les rues; ils trouvent le moyen de jouer avec tout ce qui leur tombe sous la main. Toute cette activité est salutaire à bien des égards, mais elle comporte aussi certains dangers.

Partout au monde, sauf dans les pays où la guerre et les épidémies font rage, les accidents constituent la principale cause de décès chez les enfants. En Amérique du Nord, la probabilité qu'un enfant meure des suites d'un accident avant l'âge de 15 ans est de 1 sur 500.

Les blessures, bien entendu, sont encore plus fréquentes que les décès. En une année, un jeune Nord-Américain risque plus d'une fois sur quatre de subir une blessure qui nécessite des soins médicaux (U.S. Bureau of the Census, 1996).

Le risque d'accident dépend de plusieurs facteurs, dont le sexe de l'enfant, sa situation socio-économique et son milieu de vie. Quel que soit le lieu, par exemple, les garçons prennent plus de risques que les filles quand ils sont en groupe; les blessures et les accidents mortels sont 33 % plus fréquents dans leur cas entre 1 et 5 ans et 200 % plus fréquents entre 5 et 14 ans. Les différences reliées au sexe sont particulièrement marquées lorsque l'environnement regorge de dangers potentiels, dans les grandes villes et en milieu rural par exemple.

Faire preuve de prévoyance, c'est bien souvent surveiller les enfants. Mais jusqu'à quel point faut-il les surveiller ? En matière de prévention, tout est relatif et rien n'est assuré. Certains enfants se blessent chez eux, sous les yeux de leurs parents, tandis que d'autres s'aventurent seuls dans des endroits dangereux et en ressortent indemnes.

Il est clair que la responsabilité de la prévention des blessures n'incombe pas seulement aux parents. Souvent, en effet, ceux-ci ignorent que certains objets et activités présentent des dangers pour leurs enfants. Les chercheurs doivent donc repérer les dangers potentiels et faire connaître leurs découvertes aux parents. Par ailleurs, les écoles, les groupes communautaires et les législateurs pourraient faire leur part et instituer des mesures axées sur la prévention des blessures. Quelles sont les meilleures mesures ? Telle est justement la question.

Les messages télévisés et l'affichage public, de même que les programmes de sensibilisation dans les écoles et les maternelles, ont une efficacité limitée. Les lois qui prévoient l'imposition d'amendes aux contrevenants ont davantage de succès. Ainsi, les lois relatives aux emballages, à l'ignifugation des vêtements de nuit, aux comportements à proximité des piscines et à l'utilisation de sièges de sécurité en automobile ont entraîné une importante diminution des décès accidentels chez les enfants (National Center for Injury Prevention and Control, 1992, 1993). Grâce à ces lois, en effet, le taux de morts accidentelles chez les enfants de 1 à 5 ans a chuté de moitié en 20 ans en Amérique du Nord.

a)

b)

Pour éviter des blessures à leurs enfants, les parents devraient identifier les risques associés à une activité, puis prendre les mesures nécessaires pour les éliminer. a) En plus de protéger son enfant en lui faisant porter un casque de sécurité, cette mère donne l'exemple en en portant un elle-même. b) En tout temps, tous les jeunes passagers doivent être correctement installés dans un siège d'auto conforme aux normes de sécurité.

Mauvais traitements infligés aux enfants

Jusqu'à présent, nous avons tenu pour acquis que les parents ont à cœur de soutenir leurs enfants et de les protéger contre tous les dangers. Chaque jour, pourtant, les médias rapportent des cas de parents qui font du mal à leurs enfants au point, parfois, de causer leur mort.

Les décès dus à de mauvais traitements nous horrifient, quoiqu'ils soient beaucoup plus rares que la négligence et la violence psychologique continuelles. Ces comportements ne laissent pas de marques physiques, mais ils sapent insidieusement l'estime de soi, la vie sociale et la croissance intellectuelle, laissant des cicatrices indélébiles.

Bien que la négligence s'observe dans toutes les classes sociales, elle est souvent corrélée avec la pauvreté. En effet, des facteurs comme un revenu insuffisant, un logement insalubre, des soins médicaux inadéquats et un quartier malsain peuvent exacerber la situation et favoriser un milieu propice à cette forme de mauvais traitements. Ainsi, les résultats des enquêtes indiquent que les cas de négligence sont plus fréquemment corrélés avec les ménages monoparentaux où l'on retrouve plus souvent ces agents stressants qu'avec les ménages dirigés par deux parents (Pelton, 1994).

La tâche des spécialistes des sciences sociales vis-à-vis des mauvais traitements infligés aux enfants consiste à déceler les causes sous-jacentes du problème et à trouver les moyens d'y remédier. Nous allons voir du reste que les experts (de même que le grand public) sont beaucoup mieux informés aujourd'hui qu'il y a quelques décennies sur la fréquence, les causes et les conséquences des sévices exercés sur les enfants.

Formes de mauvais traitements

On reconnaît à présent que les mauvais traitements infligés aux enfants ne sont ni rares ni ponctuels, que les coupables ne sont généralement pas des malades mentaux et que les blessures physiques graves ne constituent le nœud du problème que dans un cas sur quatre environ (Ammerman et Herson, 1989; Cichetti et Carlson, 1989; McCurdy et Daro, 1994; McGee et Wolf, 1991).

Cela étant admis, on définit aujourd'hui les mauvais traitements infligés aux enfants comme l'ensemble des conduites qui consistent à exposer une personne de moins de 18 ans à un danger évitable ou à lui faire intentionnellement du mal. La notion de mauvais traitements englobe donc la violence (les conduites qui visent expressément à nuire au bien-être d'un enfant) et la négligence (le défaut de répondre aux besoins fondamentaux d'un enfant). La violence et la négligence se subdivisent à leur tour en catégories. Ainsi, la violence peut prendre un caractère physique, psychologique et sexuel (nous y reviendrons au chapitre 9). La négligence, par ailleurs, peut se rapporter autant aux besoins psychologiques qu'aux besoins physiques. En un sens, chaque forme de mauvais traitements est unique dans la mesure où elle a des causes, des manifestations et des conséquences particulières. Si la catégorisation des mauvais traitements aide les spécialistes à démêler les facteurs sous-jacents à un cas et à planifier le meilleur traitement possible, la réalité est plus complexe que les typologies. Dans la plupart des cas décelés par les autorités, les enfants ont subi plusieurs formes de mauvais traitements. Pour ces enfants en particulier, les pires blessures ne sont pas de nature physique mais psychologique, et ces traumatismes sont difficiles à mesurer et à traiter (Crittenden et coll., 1994; O'Hagen, 1993).

La définition des mauvais traitements repose évidemment sur des critères historiques et culturels. Une conduite considérée comme violente à une certaine époque et dans certains milieux est légitime et acceptable en d'autres temps et d'autres lieux. Nul ne peut pourtant nier que la fréquence des mauvais traitements infligés aux enfants a été et demeure inquiétante dans de nombreux pays, dont le Canada. Il faut également noter que les statistiques ne rendent compte que d'une partie de la réalité, car un grand nombre de cas passent inaperçus. De plus, pour de

---

Mauvais traitements infligés aux enfants Ensemble des conduites qui consistent à exposer une personne de moins de 18 ans à un danger évitable ou à lui faire intentionnellement du mal.

Violence faite aux enfants Ensemble des conduites qui visent expressément à nuire à leur bien-être.

Négligence Forme de mauvais traitements qui consistent à ignorer les besoins fondamentaux d'un enfant.

nombreux enfants, les sévices durent plusieurs années. Et ils continuent souvent d'être victimes de mauvais traitements lorsque leurs souffrances sont enfin dénoncées et qu'ils font l'objet d'une intervention spéciale.

À VOUS LES COMMANDES – 6.2

Les mauvais traitements, tels qu'ils sont perçus

Demandez à quelques personnes de votre entourage de donner des exemples de mauvais traitements infligés aux enfants.

1. Quels critères utilisent-elles pour définir ce qu'est un mauvais traitement ?

2. a) Les critères sont-ils les mêmes d'une personne à une autre ?

   b) Sinon, comment expliquez-vous les différences que vous avez relevées ?

Voyons maintenant quels sont les moyens de remédier au problème. Nous commencerons par en étudier les causes sous-jacentes, puis nous nous pencherons sur les solutions possibles.

Causes des mauvais traitements

De prime abord, il est difficile d'imaginer les raisons qui peuvent pousser une personne à maltraiter un enfant dont elle a la responsabilité. La recherche a cependant révélé qu'une infinité de facteurs (des valeurs sociales aux antécédents de l'adulte et de la culture de la famille au tempérament de l'enfant) peuvent être à l'origine des mauvais traitements.

Contextes culturel et communautaire

Étant donné que chaque communauté possède des coutumes différentes en ce qui a trait à l'éducation des enfants et ses objectifs visés, ce qui est considéré comme un mauvais traitement à un endroit donné peut être jugé acceptable par les adultes dans un autre milieu. Par exemple, si la grande majorité des parents américains donnent parfois une fessée ou une gifle à leurs jeunes enfants ou les repoussent de la main et pensent agir ainsi de bon droit, seulement 1 % des parents suédois d'enfants de moins de 6 ans croient que les châtiments corporels pourraient être parfois justifiés (Baumrind, 1995). En fait, les châtiments corporels sont interdits pour les enfants de tout âge en Suède. Dans certains pays d'Asie, d'Afrique ou des Caraïbes, ne jamais discipliner un enfant par des coups ou une fessée équivaut, au contraire, à faire preuve de négligence envers sa progéniture (Arnold, 1982; Rohner, 1984, Rohner et coll., 1991). Les châtiments corporels — administrés par les mères ou les pères — peuvent être monnaie courante et particulièrement bien acceptés dans les cultures où les hommes doivent se montrer agressifs et dominants, et où des modes d'éducation contraignants et peu chaleureux prédominent. Le style punitif en vogue dans de telles cultures n'a « peut-être pas grand-chose à voir avec la place qu'elles accordent généralement aux enfants. Les parents s'y conformeraient pour enseigner à leurs enfants des types de comportements jugés appropriés » (Deyoung et Zigler, 1994).

Selon les Nations Unies (1994), l'attitude des sociétés à l'égard des enfants varie de façon marquée dans le monde. L'importance accordée à leur bien-être et à leur protection dépend en effet des principes et normes acceptés par chaque culture (Korbin, 1994; Sigler, 1989). Quatre de ces éléments semblent reliés à un faible taux de mauvais traitements :

1. Les enfants sont fortement valorisés, en tant que sources de joie et de satisfaction psychologique et en tant qu'atouts économiques.

2. Le soin des enfants est considéré comme une responsabilité communautaire. Si les parents sont incapables de l'assumer, d'autres adultes s'en chargeront volontiers.

Les mauvais traitements subis par les enfants représentent un grave problème social dans les pays développés, mais ils sont rares en Micronésie. Cette photo prise dans un village de l'île de Pulap illustre une des raisons de cette situation : la vie familiale se déroule en plein air et non derrière des portes closes. Les voisins et les membres des familles remarquent donc sans délai toutes les lacunes en matière de soins et tous les éclats de colère, et ils y remédient au problème avant qu'il ne dégénère en négligence ou en violence.

3. Les adultes ne tiennent pas l'enfant responsable de ses actions. Dans certaines sociétés, on considère comme excessives presque toutes les punitions imposées aux enfants de moins de 3 ans, voire de moins de 7 ans.

4. La violence dans tous les contextes (entre adultes, entre enfants, entre adultes et enfants) est désapprouvée.

Contexte familial

Chaque famille a sa propre culture, faite d'habitudes, de valeurs et de stratégies d'adaptation. Nombre d'experts pensent que la structure de cette culture constitue un facteur crucial en matière de mauvais traitements infligés aux enfants. Dans la plupart des familles, par exemple, le train-train quotidien présente une certaine souplesse; les adultes et les grands enfants sont capables de modifier leur horaire et leurs activités si le besoin s'en fait sentir. On observe par contre deux extrêmes dans les familles perturbées : ou bien les horaires et les responsabilités sont si rigidement établis que personne ne peut se montrer constamment à la hauteur, ou bien la désorganisation est telle que nul ne peut prévoir à quel moment il recevra ou non des témoignages d'appréciation, d'encouragement et de bienveillance, voire de la nourriture et des draps propres. L'hostilité et la négligence sont inévitables dans de tels contextes (Dickerson et Nadelson, 1989; Panel on Research on Child Abuse and Neglect, 1993).

Les probabilités de mauvais traitements augmentent dans les foyers où les relations (entre la mère et le père ou entre les grands-parents et les enfants) sont extrêmement hostiles, extrêmement froides, ou les deux. En outre, le climat d'hostilité accroît considérablement le stress psychologique de l'enfant et intensifie les effets d'une éventuelle violence directe (Cummings et coll., 1994; Fantuzzo et coll., 1991).

Conséquences des mauvais traitements

Plus nous nous renseignons sur les mauvais traitements infligés aux enfants, plus nous sommes forcés de constater que leurs conséquences vont bien au-delà des carences et des blessures corporelles. Ceux qui font l'objet de violence ou de négligence de façon chronique ont plus souvent un poids inférieur, parlent plus tardivement, se concentrent moins facilement et progressent plus lentement à l'école que les enfants bien traités (Cicchetti et coll., 1993; Eckenrode et coll., 1993).

Les déficits chez les enfants victimes de mauvais traitements et de violence sont particulièrement marqués dans le domaine social. Les enfants maltraités voient de

LES UNS ET LES AUTRES

Changement de milieu, changement de valeurs ?

L'importance des valeurs sociales au regard des mauvais traitements infligés aux enfants a été mise en lumière en comparant les taux de mauvais traitements chez les habitants de la Polynésie et chez les Polynésiens ayant émigré en Nouvelle-Zélande. Chez les premiers, les mauvais traitements étaient pratiquement inexistants (Ritchie et Ritchie, 1981) : ils respectaient les enfants, s'en occupaient collectivement, ne les punissaient jamais avant l'âge de 2 ans au moins et exprimaient rarement leur colère au moyen de l'agression physique (Reid, 1989; Ritchie et Ritchie, 1981).

Chez les Polynésiens ayant émigré en Nouvelle-Zélande, par contre, la fréquence des mauvais traitements infligés aux enfants était beaucoup plus éle-

vée, surpassant plusieurs fois le taux observé chez les Néo-Zélandais d'origine européenne. Les contraintes de leur nouveau mode de vie, axé sur la famille nucléaire plutôt que sur la famille élargie, leur interdisaient la permissivité, la spontanéité et la solidarité auxquelles ils étaient habitués. Comme tous les gens transplantés dans une culture radicalement différente de la leur, les parents polynésiens avaient perdu leurs repères. Ils devaient apprendre à juguler la turbulence de leurs enfants sans recourir à la punition physique, à remplacer les gardiens autrefois si disponibles et à planifier les naissances afin de conserver une certaine aisance financière. Finissant souvent par succomber au stress, ces parents se laissaient aller à la violence.

POINT DE MIRE

Qui sont les parents des enfants maltraités et négligés ?

Contrairement à ce que veut la croyance populaire, la plupart des parents violents ne se démarquent pas beaucoup des parents ordinaires. Comme eux, ils aiment leurs enfants et leur veulent du bien. Moins de 10 % des parents violents sont atteints d'une maladie mentale qui altère leur jugement et leur affectivité au point de les rendre aveugles aux besoins et à la fragilité de leurs enfants.

Les parents violents présentent cependant des traits de personnalité qui, avec le stress, composent un mélange explosif. Les tests de personnalité révèlent en effet qu'ils ont une estime de soi et une adaptabilité plus faibles que celles des autres parents. Leur rigidité défensive s'accompagne d'immaturité, de sorte qu'ils se préoccupent davantage de leurs propres besoins que de ceux des autres, s'ils y sont sensibles (Belsky et Vondra, 1989; Christensen et coll., 1994).

Les parents violents manifestent en outre une distorsion des schèmes cognitifs. Le pessimisme fausse leur interprétation du comportement des enfants (Newberger et White, 1989). Ils voient le monde comme un lieu hostile et ingrat, et ils prennent pour une attaque personnelle tout signe de malaise ou de détresse de la part de leur enfant. Ils interprètent, par exemple, ses mimiques et ses pleurs comme des signes de colère (Kropp et Haynes, 1987). Dans un tel état d'esprit, il est très difficile de composer avec les exigences et les besoins d'un enfant (Heap, 1991).

On ne saurait enfin passer sous silence un dernier facteur des mauvais traitements, soit la toxicomanie. Dans au moins un cas sur quatre, en effet, la consommation excessive de drogues ou d'alcool apparaît comme un élément en cause (McCurdy et Daro, 1994).

l'hostilité et du calcul chez leurs pairs et chez les adultes et, par conséquent, sont moins amicaux, plus agressifs et plus isolés que les autres enfants (Dodge et coll., 1994; Egeland, 1991). Ils n'ont parfois pas d'autres modèles de résolution de conflits et n'utilisent pas facilement la négociation. Les adolescents et les adultes qui ont subi de graves sévices physiques ou psychologiques pendant l'enfance affichent souvent un comportement destructeur, envers eux-mêmes et envers les autres (Crittenden et coll., 1994).

Il ne faut ni sous-estimer ni exagérer les conséquences des mauvais traitements. D'une part, presque tous les enfants qui subissent des sévices graves et continuels en garderont toujours des cicatrices : dépression, peur de l'intimité, émotivité extrême, faible estime de soi, etc. (Rutter, 1989). D'autre part, certains d'entre eux — environ 30 % — feront subir des mauvais traitements à leurs enfants. Toutefois, nombre d'adultes qui ont été victimes de violence ou de négligence mènent une vie relativement normale : ils travaillent, se marient et fondent une famille dans laquelle les relations sont harmonieuses.

Intervention et prévention

À mesure que les experts ont dévoilé l'étendue et les conséquences du problème des mauvais traitements subis par les enfants, les mesures de prévention et d'intervention se sont grandement perfectionnées. L'opinion publique, en particulier, est devenue sensible à l'horreur du fléau et se montre moins tolérante. Il existe aujourd'hui dans la plupart des pays des lois qui rendent obligatoire le signalement des cas de mauvais traitement. Au Québec, c'est la Direction de la protection de la jeunesse (DPJ) qui s'occupe de l'évaluation des cas signalés et de l'intervention, au besoin.

Intervention

Signaler les cas de mauvais traitement, faire enquête, amasser des preuves et même punir les coupables ne suffisent pas nécessairement à éradiquer le problème (Finkelhor, 1992). En effet, de 30 % à 50 % des victimes font de nouveau l'objet de sévices par la suite (Daro, 1989). Alors, que faire ?

L'une des principales difficultés auxquelles se heurtent les chercheurs et les praticiens consiste à adapter les interventions à chaque contexte familial rencontré (Wolfe, 1994). Et pour y arriver, les familles où sévit le problème sont réparties en

Familles vulnérables aux crises Familles au sein desquelles les parents sont aux prises avec des problèmes ponctuels et ont besoin d'une aide temporaire.

quatre catégories : les familles vulnérables aux crises, récupérables, dépendantes et inaptes (voir le tableau 6.2).

Les familles vulnérables aux crises rencontrent des problèmes ponctuels et ont besoin d'une aide temporaire. Ces difficultés exceptionnelles (divorce, perte d'emploi, naissance d'un enfant handicapé, décès d'un membre de la famille) empêchent les parents de répondre aux exigences normales de leur progéniture et de tolérer les frustrations inhérentes à l'éducation des enfants. S'ils n'ont ni parents ni amis pour les épauler, leur relation avec leurs enfants peut se détériorer au point de faire place à la violence ou à la négligence.

Les familles vulnérables aux crises forment environ 25 % des familles où sont infligés des mauvais traitements. Il est relativement facile de leur venir en aide et de leur fournir des services de consultation et d'éducation. Une fois que les parents apprennent à composer efficacement avec leurs difficultés, ce qui demande habituellement moins de un an, la plupart redeviennent aptes à s'occuper adéquatement de leurs enfants.

Familles récupérables Familles au sein desquelles les parents ont la capacité de s'occuper adéquatement des enfants, mais ne peuvent le faire en raison de difficultés présentes et passées.

Les familles récupérables, qui représentent près de la moitié (45 %) des familles où l'on inflige des mauvais traitements, sont malheureusement moins faciles à atteindre. Dans ces familles, les parents semblent capables de prodiguer des soins adéquats aux enfants et, dans certains cas, l'ont déjà fait; cependant, les problèmes que leur causent leur situation immédiate, leurs antécédents et leur tempérament les empêchent de s'acquitter de leurs responsabilités. Par exemple, un père boit avec excès à l'occasion et en vient à frapper ses enfants, avec l'accord tacite de sa conjointe, elle-même victime de sévices lorsqu'elle était enfant.

TABLEAU 6.2	**Catégories de familles où surviennent des mauvais traitements.**		
Catégorie	**Description**	**%**	**Pistes de solutions**
Familles vulnérables aux crises	• Capacité de s'occuper adéquatement des enfants • Besoin d'aide temporaire • Difficultés ponctuelles	25 %	• Soutien de parents et d'amis • Service de consultation et d'éducation • Durée moyenne d'intervention : moins de un an
Familles récupérables	• Capacité de s'occuper adéquatement des enfants • Problèmes présents ou passés	45 %	• Intervention soutenue pour l'obtention et la coordination de services appropriés de soutien et d'aide psychologique à tous les membres qui en ont besoin • Difficultés liées au manque de ressources d'intervention et à la surcharge de travail des organismes responsables
Familles dépendantes	• Incapacité de s'occuper adéquatement des enfants sans un soutien des services sociaux	20 %	• Intervention de services sociaux à caractère exceptionnel • Prestation de divers services (soins médicaux, services de garde, programmes récréatifs, intervention de travailleurs sociaux et de thérapeutes)
Familles inaptes	• Incapacité totale de s'occuper adéquatement des enfants • Problèmes psychologiques ou déficits cognitifs graves	10 %	• Placement à long terme des enfants en famille d'accueil

La récupération de telles familles requiert un intervenant ayant le temps et la détermination nécessaires pour se porter à leur défense, pour obtenir et coordonner les services appropriés, pour fournir du soutien et de l'aide psychologique à tous les membres qui en ont besoin. Or, la moitié des plans d'intervention ne sont jamais mis en œuvre, en raison le plus souvent d'une surcharge de travail dans les organismes responsables (Crittenden, 1992).

Dans les familles dépendantes, qui représentent environ 20 % des familles où surviennent des mauvais traitements, les parents ne seront probablement jamais aptes à s'occuper sans aide de leurs enfants. Moyennant un soutien continuel, cependant, et la prestation de divers services (soins médicaux, services de garde, programmes récréatifs, intervention de travailleurs sociaux et de thérapeutes), ces parents peuvent parvenir à répondre aux besoins physiques, cognitifs et psychologiques de leurs enfants. Malheureusement, les services dont ces parents ont besoin sont rarement accessibles en totalité.

Environ 10 % des familles où l'on retrouve des enfants maltraités appartiennent à la catégorie des familles inaptes. Les parents sont si diminués par leurs problèmes psychologiques ou leurs déficits cognitifs qu'ils ne peuvent aucunement répondre aux besoins de leurs enfants. Pour ceux-ci, le placement à long terme en famille d'accueil constitue une solution plus adéquate sur les plans du développement biosocial, cognitif et psychosocial.

> **Familles dépendantes**   Familles au sein desquelles les parents ne peuvent répondre aux besoins de leurs enfants qu'à condition de bénéficier de services sociaux à caractère exceptionnel.

> **Familles inaptes**   Familles au sein desquelles les parents présentent des problèmes psychologiques ou des déficits cognitifs tels qu'ils ne peuvent aucunement répondre aux besoins de leurs enfants.

À VOUS LES COMMANDES – 6.3

La famille vulnérable aux crises

Décrivez une famille — réelle ou fictive — que vous qualifieriez de **vulnérable aux crises**. Répondez ensuite aux questions suivantes.

1. Nommez et décrivez brièvement chacun des membres de cette famille.

2. Selon vous, quels facteurs rendent cette famille vulnérable aux crises ? Pourquoi cette famille ne serait-elle pas qualifiée de récupérable, de dépendante ou d'inapte ?

3. Trouvez et décrivez au moins un site Web constituant une ressource pour les membres d'une famille qui sont auteurs ou victimes de mauvais traitements.

4. À partir de l'information recueillie sur Internet, quels conseils pratiques donneriez-vous à votre famille réelle ou fictive ?

Prévention

Certains programmes d'intervention précoce visant à réduire les mauvais traitements semblent prometteurs, certes, mais les chercheurs n'ont jusqu'à présent déterminé qu'indirectement quelles sont les mesures efficaces. En effet, « le monde de l'intervention sociale regorge d'exemples de résultats qui constituent des conséquences imprévues et indésirables d'initiatives législatives ou administratives bien intentionnées » (Gallagher, 1990). Parmi ces conséquences, on compte la stigmatisation abusive des familles, la destruction de schèmes familiaux ou culturels singuliers, mais potentiellement bénéfiques aux enfants, et l'instillation d'un sentiment d'impuissance dans des familles qui auraient au contraire besoin qu'on les aide à cultiver leur confiance en elles, leurs compétences et leurs ressources.

Puisque la pauvreté, l'isolement et l'ignorance sont corrélés avec des naissances non désirées, des méthodes d'éducation inadéquates et des comportements violents, on peut présumer que les meilleures politiques sont celles qui visent à suppléer au revenu des familles les plus démunies, à prévenir les grossesses à l'adolescence, à susciter l'engagement de la collectivité et à éduquer les futurs parents. Les enfants auront ainsi plus de chances de s'épanouir dans un milieu sain qui favorisera leur développement.

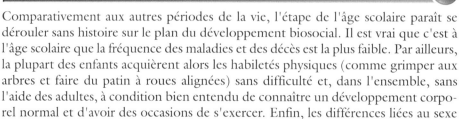

Comparativement aux autres périodes de la vie, l'étape de l'âge scolaire paraît se dérouler sans histoire sur le plan du développement biosocial. Il est vrai que c'est à l'âge scolaire que la fréquence des maladies et des décès est la plus faible. Par ailleurs, la plupart des enfants acquièrent alors les habiletés physiques (comme grimper aux arbres et faire du patin à roues alignées) sans difficulté et, dans l'ensemble, sans l'aide des adultes, à condition bien entendu de connaître un développement corporel normal et d'avoir des occasions de s'exercer. Enfin, les différences liées au sexe en matière de développement physique et d'agilité sont minimales et, sur le plan des pulsions sexuelles, c'est le calme avant le tourbillon de l'adolescence. Le milieu de l'enfance a donc toutes les apparences d'un long fleuve tranquille comparativement à la petite enfance et à l'adolescence. Pour plusieurs enfants, cependant, cette période peut se révéler particulièrement difficile, car c'est à ce moment qu'apparaissent certains handicaps ou que leurs effets s'intensifient. Dans cette section, nous étudierons les changements et les variations physiques caractéristiques de l'âge scolaire et nous traiterons de quelques difficultés qui peuvent entraver le développement biosocial.

Croissance physique

La croissance est plus lente à l'âge scolaire que pendant la petite enfance et l'adolescence. L'enfant bien nourri grossit d'environ 2,25 kg et grandit d'environ 6 cm par année; à 6 ans, il pèse en moyenne 21 kg et mesure environ 1,17 m; à 10 ans, il pèse environ 32 kg et mesure 1,37 m (Lowrey, 1986). Au cours de cette période, les enfants paraissent généralement élancés. Leurs muscles se renforcent et leur capacité pulmonaire augmente, surtout s'ils exploitent leur force et leur endurance et s'ils s'adonnent à l'activité physique.

Variations de la stature

Dans certaines régions du monde, la variation de la taille et du poids des enfants est en grande partie attribuable à la malnutrition. Les enfants les mieux nantis dépassent de plusieurs centimètres leurs pairs des quartiers défavorisés, que ce soit à Hong Kong, à Rio de Janeiro ou à New Delhi. Dans les pays développés, c'est l'hérédité qui influence le plus la variation de la stature, car la plupart des enfants mangent suffisamment pour atteindre la taille programmée par leurs gènes.

Les facteurs génétiques et nutritionnels influent non seulement sur la taille, mais également sur le rythme du développement. Le phénomène est particulièrement manifeste à la fin de l'âge scolaire. Certains enfants de 10 ou 11 ans, en effet, entrent déjà dans la puberté et dépassent leurs pairs en taille, en force et en endurance.

De telles variations n'ont rien d'anormal, mais il n'en reste pas moins que les écoliers se comparent entre eux et que les plus lents à se développer physiquement se sentent parfois inférieurs. Ces variations peuvent même se répercuter sur les amitiés qui, à cet âge, reposent en partie sur l'apparence et la compétence physique (Hartup, 1983). Par conséquent, les enfants qui paraissent différents ou dont les habiletés physiques sont visiblement limitées se retrouvent souvent seuls et malheureux.

Motricité

Le ralentissement de la croissance compte vraisemblablement parmi les facteurs de l'agilité des enfants d'âge scolaire. Ceux-ci, en effet, peuvent exécuter n'importe quel mouvement qui ne nécessite pas beaucoup de puissance ni d'évaluation de la vitesse et de la distance.

À l'âge scolaire, les variations de la taille et du rythme du développement physique sont reliées à des facteurs génétiques et nutritionnels ainsi qu'à l'âge chronologique.

Ces deux photos témoignent avec éloquence de l'agilité des enfants d'âge scolaire. Combien d'adultes pourraient grimper à un câble ou sauter à la corde avec autant d'adresse qu'eux ? Ce que ces photos ne révèlent pas, par contre, c'est que les différences biologiques entre les garçons et les filles sont minimales jusqu'à la puberté et que les disparités entre les sexes en matière de motricité sont généralement attribuables au contexte social. Comme on valorise la témérité chez les garçons, ceux-ci s'amusent à relever des défis et à braver le danger, et pas seulement dans le gymnase de l'école. Et puisqu'on encourage la verbalisation et la coopération chez les filles, celles-ci s'adonnent à des jeux sociaux qui consistent à exécuter des mouvements rythmiques tout en chantant.

Pour acquérir une habileté motrice, l'enfant doit bien entendu avoir l'occasion de s'exercer et y être encouragé. En Amérique du Nord, un enfant de 8 ou 9 ans sait manier un marteau, une scie et des outils de jardinage, coudre, tricoter, dessiner en respectant les proportions, écrire lisiblement, se couper les ongles, aller à bicyclette, sauter par-dessus une clôture, nager, plonger, faire du patin à glace et du patin à roues alignées, danser à la corde, jouer au baseball et au football. À l'autre bout du monde, en Indonésie, l'enfant de 8 ou 9 ans possède des habiletés semblables, bien qu'il ne sache pas patiner (pour des raisons climatiques), ni jouer au baseball ou au football (pour des raisons culturelles), ni nager (pour des raisons religieuses, l'eau étant considérée comme maléfique) (Lansing, 1983). En revanche, le petit Indonésien possède des compétences dont le petit Nord-Américain est dépourvu; il sait, par exemple, comment tailler du bois avec un couteau et tisser des paniers élaborés.

Variations de la motricité

Les garçons et les filles possèdent des aptitudes physiques analogues à l'école primaire, à la différence près que les garçons ont les avant-bras plus forts et que les filles sont plus souples. Par conséquent, les garçons jouissent d'un avantage dans les sports comme le baseball, tandis que les filles ont une longueur d'avance en gymnastique. En règle générale, cependant, le sexe revêt moins d'importance que l'âge et l'expérience dans le domaine de l'activité physique : les garçons peuvent faire la roue et les filles peuvent frapper des coups de circuit à condition d'apprendre ces mouvements et de les exercer.

Le vieil adage « C'est en forgeant qu'on devient forgeron » ne s'avère pas toujours. En effet, toute habileté motrice est reliée à plusieurs aptitudes; si certaines s'acquièrent avec la pratique, d'autres reposent sur la taille, la maturation du cerveau ou le talent inné. C'est là un fait que les parents, les enseignants et les enfants eux-mêmes oublient quelquefois.

Enfants aux besoins particuliers

Tous les parents assistent aux exploits de leur progéniture avec fierté. Ce sentiment est toutefois mêlé d'inquiétude et de perplexité chez ceux dont l'enfant semble rencontrer des difficultés inexplicables. Ces difficultés sont souvent d'origine biologique et elles se manifestent non seulement dans le domaine biosocial, mais également dans les

En jouant au soccer, les garçons et les filles développent des habiletés motrices similaires.

Chez certains enfants, un geste comme celui-là ne constitue rien de plus qu'une manifestation exceptionnelle d'exubérance ou de turbulence. Il fait malheureusement partie du quotidien chez un enfant atteint du trouble d'hyperactivité avec déficit de l'attention. Et si le comportement s'accompagne d'agressivité, l'enfant est prédisposé à un trouble du comportement. Il risque alors de devenir la petite peste entêtée et désobéissante qui ne cesse de s'attirer des problèmes à la maison, à l'école et dans son quartier.

Psychopathologie du développement   Branche de la psychologie qui applique les connaissances tirées de l'étude du développement normal à l'étude et au traitement des troubles, entre autres chez l'enfant.

domaines cognitif et psychosocial. Elles s'aggravent graduellement jusqu'au jour où les parents soupçonnent que l'enfant souffre d'un trouble psychologique.

Parmi les troubles diagnostiqués, on retrouve l'obésité, l'hémophilie, le diabète, l'hyperactivité avec déficit de l'attention, l'agressivité, l'anxiété, l'autisme, les troubles du comportement, la dépression, les difficultés d'apprentissage et le retard mental. On ne doit pas négliger non plus les conséquences d'un handicap physique comme la cécité, la surdité et la paralysie.

Chez les enfants qui présentent des besoins particuliers, l'acquisition d'habiletés, la formation d'amitiés et le développement de la pensée peuvent être problématiques. Que faire dans une telle situation ? D'abord, communiquer avec les enseignants et les conseillers scolaires. Ensuite, consulter des spécialistes du développement dans un CLSC (centre local de services communautaires). Ces experts pourront observer l'enfant à l'école, lui faire subir des tests, formuler un diagnostic et, au besoin, recommander un traitement.

Nous verrons ci-dessous que l'étude des enfants ayant des besoins particuliers revêt de plus en plus d'importance dans l'étude du développement en général.

Psychopathologie du développement

Il y a quelques années, les cliniciens qui étudiaient les troubles psychologiques de l'enfant se sont alliés aux psychologues en développement humain pour créer une nouvelle discipline, la psychopathologie du développement. Les connaissances tirées de l'étude du développement normal peuvent désormais servir à l'étude et au traitement des troubles de l'enfant (Cicchetti, 1990, 1993; Sroufe et Rutter, 1984). L'alliance a bénéficié aux deux groupes partenaires, car, comme l'a souligné un psychopathologiste du développement, « l'étude des troubles nous renseigne sur le fonctionnement normal autant que l'étude de l'état normal nous éclaire sur l'état pathologique » (Cicchetti, 1990). De fait, à force de comparer des enfants « normaux » avec des enfants « anormaux », les spécialistes du développement ont constaté que la distinction n'a rien de net. La plupart des enfants dits normaux agissent quelquefois de manière franchement singulière et la plupart des enfants dits perturbés se révèlent à certains égards tout à fait normaux. Bref, il convient de considérer comme des enfants d'abord les enfants qui présentent un trouble ou un handicap — et de leur reconnaître les mêmes besoins qu'aux autres en matière de développement —, et ensuite comme des enfants aux prises avec des difficultés particulières.

En adoptant le point de vue du développement, on discerne que les manifestations de presque tous les problèmes qui touchent les enfants sont susceptibles de changer avec le temps. Les conséquences d'un handicap peuvent paraître terribles à un certain stade du développement puis bénignes au stade suivant, et vice versa. Les changements, comme tous ceux qui se rattachent au développement, résultent de l'interaction des caractéristiques individuelles et des forces de l'environnement (Berkson, 1993). L'enfant atteint d'un handicap physique ou d'un trouble psychologique deviendra un jour un adulte ayant des besoins particuliers. Il aura alors plus de latitude, mais, en même temps, il sera moins protégé (Davidson et coll., 1994; Lahey et Lœber, 1994).

Les troubles qu'étudient les psychopathologistes du développement sont trop nombreux pour que nous les énumérions tous ici. Nous nous limiterons donc à en décrire trois : l'autisme, les difficultés d'apprentissage et le trouble d'hyperactivité avec déficit de l'attention. Chacun jette un éclairage révélateur sur le développement biosocial de tous les enfants.

Autisme

Autisme   Désordre caractérisé par l'incapacité ou le refus de communiquer, par un retard dans l'acquisition du langage et par des activités répétitives et stéréotypées.

L'autisme est l'un des troubles graves dont un enfant peut souffrir. De manière générale, l'autisme se caractérise par une communication déficiente sur le plan du langage, par des contacts sociaux altérés et par des comportements stéréotypés, symptômes dont la gravité peut varier d'un cas à un autre. L'autisme touche environ 5 enfants sur 10 000 (DSM-IV, 1994), et près de 15 à 20 enfants sur 10 000 selon d'autres sources (Société québécoise de l'autisme), soit environ 15 000 au Québec. Si l'on tient compte des formes moins prononcées de la maladie, la proportion d'enfants présentant des caractères autistiques s'établit à 1 sur 100 (Szatmari, 1992). Quelle que soit sa forme, l'autisme atteint au moins quatre fois plus de garçons que de filles.

Évolution de l'autisme

L'autisme constitue véritablement un trouble du développement, ses manifestations variant considérablement selon l'âge. De nombreux enfants autistes ne présentent aucun symptôme au berceau, mais, peu à peu, se révèlent déficients en matière de communication, de socialisation et de jeu imaginatif.

Les déficits de la communication et de la socialisation apparaissent dès la petite enfance. Les enfants autistes parlent peu et semblent réfractaires aux interactions. Parvenus à l'âge préscolaire, de nombreux enfants autistes restent muets, tandis que d'autres n'utilisent qu'une seule forme de langage, l'*écholalie*. Ils répètent, mot pour mot, des énoncés comme des slogans publicitaires ou des questions qu'on leur pose. Ils évitent le contact visuel avec les autres et préfèrent jouer tout seuls. Leurs schèmes de jeu sont caractérisés par des rituels répétitifs et par l'absence du jeu imaginatif spontané.

Les perturbations du langage et du jeu restent marquées, mais le problème le plus désastreux réside souvent dans la difficulté d'entrer en interaction. Les enfants autistes semblent incapables de se représenter les pensées, les sentiments et les intentions des autres (Holroyd et Baron-Cohen, 1993; Leslie et Frith, 1988). Certains ne portent pas plus d'attention aux personnes qu'aux objets, car ils ignorent les mécanismes internes qui font de chaque individu quelqu'un d'unique.

Les différences entre les enfants autistes s'accentuent avec le temps. Certains ne parlent jamais ou n'acquièrent que des aptitudes verbales minimales. En revanche, nombre d'enfants considérés comme autistes à 2 ou 3 ans apprennent à s'exprimer verbalement à 6 ans; d'autres manifestent une maîtrise exceptionnelle des disciplines scolaires. Ceux-ci peuvent espérer vivre de manière autonome à l'âge adulte, mais ils demeureront moins imaginatifs, plus compulsifs (ayant tendance à accomplir des actions répétitives), moins communicatifs et plus isolés que la plupart des gens.

Causes et traitement de l'autisme

L'autisme a sans doute plus d'une cause, et ces causes elles-mêmes sont sans doute de nature hétérogène. Les études menées auprès de jumeaux font cependant état d'un taux de concordance de 50 % chez les jumeaux monozygotes, ce qui nous incite à reconnaître l'existence de prédispositions génétiques (Hertzig et Shapiro, 1990; Volkmar, 1991). Cependant, ce même taux de concordance indique aussi que l'hérédité n'est pas la seule responsable. Selon toute probabilité, l'autisme résulterait d'une prédisposition génétique couplée à une lésion prénatale ou postnatale, d'autant que la fréquence des troubles neurologiques, des crises convulsives, de l'anoxie, de l'exposition à des virus et des troubles auditifs est plus élevée chez les enfants autistes que chez les autres enfants.

Étant donné la nature et l'évolution de l'autisme, il est essentiel de l'aborder dans l'optique du développement pour le traiter. La période qui s'étend de l'âge de 1 an à l'âge de 4 ans est cruciale, car c'est à cette époque de la vie que les aptitudes verbales se développent le plus rapidement dans des circonstances normales. « Ce que d'autres enfants développent de manière spontanée de l'intérieur — en étant évidemment en interaction avec le milieu —, par exemple parler et jouer, doit être enseigné de l'extérieur aux enfants autistes. Exactement comme la lecture et l'écriture pour les autres enfants » (Société québécoise de l'autisme). Les méthodes de traitement les plus efficaces consistent à apporter une attention individuelle à

Pour franchir la barrière du langage qui sépare du reste du monde un enfant autiste comme cette petite fille de 4 ans, il faut d'abord l'amener à porter attention aux paroles d'une autre personne. Notez que l'éducatrice s'assied au même niveau que l'enfant pour faciliter le contact visuel et qu'elle exagère les mouvements de sa bouche pour attirer l'attention de la fillette. Cette activité ne présenterait aucun intérêt pour la plupart des enfants, mais elle fascine de nombreux petits autistes. Malheureusement, les efforts de cette éducatrice ont été vains : à 13 ans, son élève ne parlait toujours pas.

l'enfant et à lui enseigner des habiletés particulières au moyen de techniques comportementales (voir l'approche béhaviorale au chapitre 2). Par exemple, un éducateur peut le récompenser chaque fois qu'il entre en contact visuel avec lui, qu'il nomme les parties du visage, qu'il utilise les pronoms à bon escient, etc. Nombre d'enfants autistes apprennent ainsi à parler, à manifester des comportements sociaux appropriés et même à accomplir suffisamment de progrès pour fréquenter ensuite une école ordinaire et mener une vie normale (McEachin et coll., 1993). Il semble que l'essentiel soit d'entreprendre le plus tôt possible un traitement intensif visant à surmonter la barrière de la communication avant que l'enfant n'atteigne l'âge de 6 ans.

Penchons-nous maintenant sur un problème moins grave mais beaucoup plus répandu que l'autisme, les difficultés d'apprentissage.

Difficultés d'apprentissage

Le rythme et la qualité des apprentissages en lecture, en écriture et en arithmétique varient considérablement chez les enfants. Parmi ceux qui éprouvent des difficultés visibles, certains progressent lentement dans tous les domaines du développement intellectuel. On dit qu'ils souffrent d'un retard mental, c'est-à-dire d'une insuffisance globale du développement intellectuel.

Quant aux enfants qui progressent lentement dans certains domaines seulement, on dit qu'ils ont une difficulté d'apprentissage. Cette faille de leurs habiletés cognitives n'est pas attribuable à un retard mental, à un handicap physique comme la surdité, au stress ni à une formation insuffisante (Silver, 1991). La dyslexie, ou difficulté à lire qui peut se manifester aussi dans l'écriture, et la dyscalculie, ou difficulté à calculer, comptent parmi les difficultés d'apprentissage les plus répandues. D'autres difficultés d'apprentissage entravent l'acquisition d'habiletés fondamentales comme la reconnaissance des relations spatiales, le traitement séquentiel, la mémoire et la durée d'attention, et perturbent de ce fait l'ensemble du fonctionnement intellectuel (Rourke, 1989). Ces difficultés sont particulièrement difficiles à dépister et à traiter.

Pour diagnostiquer une difficulté d'apprentissage, les spécialistes doivent constater un écart prononcé entre les mesures de l'aptitude globale et celles du rendement dans le domaine problématique. La démarche diagnostique est un processus complexe, d'autant que les définitions et les mesures utilisées varient selon les experts (Aram et coll., 1992; Fletcher et coll., 1992). Aussi, il est impossible d'établir hors de tout doute le pourcentage d'enfants ayant des difficultés d'apprentissage.

Causes et traitements des difficultés d'apprentissage

Aucune difficulté d'apprentissage n'est attribuable à la paresse de l'enfant, encore que les parents et les enseignants agissent parfois comme s'ils croyaient le contraire. En vérité, les causes des difficultés d'apprentissage sont difficiles à cerner (Chalfant, 1989; Gerber, 1993). Dans bien des cas, il n'existe pas de cause isolée et définissable, tandis que dans d'autres, c'est une partie du cerveau de l'enfant qui ne semble pas fonctionner comme chez la plupart des gens. Pour certains spécialistes, la dyslexie, par exemple, serait associée à une lésion des aires cérébrales qui régissent les mouvements oculaires latéraux, lesquelles permettent de traiter rapidement les formes graphiques, et donc de reconnaître les formes des lettres (Adams, 1990).

Quelles que soient les causes des difficultés d'apprentissage, l'attitude des enseignants et des parents détermine en grande partie l'issue du problème. S'ils comprennent que l'enfant n'est ni paresseux ni stupide, ils peuvent l'aider en recourant aux services d'un orthopédagogue et au moyen de patientes interventions individuelles. Ils doivent en outre favoriser ses interactions sociales, car les difficultés d'apprentissage se répercutent indirectement sur les habiletés sociales et surtout sur l'estime de soi (Casey et coll., 1992; Vaughn et coll., 1993). En enseignant à l'enfant à surmonter ou à contourner ses difficultés, les adultes peuvent non seulement l'aider à nouer et à conserver des amitiés, mais aussi à progresser sur le plan scolaire

Retard mental   Insuffisance globale du développement de l'intelligence.

Difficulté d'apprentissage   Difficulté à acquérir une compétence scolaire de base, en l'absence d'un déficit intellectuel apparent ou d'une perturbation des fonctions sensorielles.

Dyslexie   Difficulté à lire qui peut se manifester aussi dans l'écriture.

Dyscalculie   Difficulté à calculer.

(McIntosh et coll., 1991). Grâce à un soutien adéquat, nombre d'enfants ayant des difficultés d'apprentissage deviennent des adultes en tout point semblables aux autres sur les plans scolaire et professionnel (Goodman, 1987).

Trouble d'hyperactivité avec déficit de l'attention

Le trouble d'hyperactivité avec déficit de l'attention (THADA) est l'une des affections les plus déroutantes et les plus exaspérantes qui puissent toucher un enfant. Pire, il est souvent associé à des difficultés d'apprentissage (Cantwell et Baker, 1991; Dykman et Ackerman, 1991). Ce trouble du comportement atteint beaucoup plus de garçons que de filles, soit environ quatre pour une (Bhatia et coll., 1991; Lahey et Lœber, 1994).

L'enfant atteint du trouble d'hyperactivité avec déficit de l'attention éprouve les plus grandes difficultés à se concentrer pendant plus de quelques minutes d'affilée et remue presque continuellement (Barkley, 1990; Weiss, 1991). Il peut en outre manifester de l'excitabilité et de l'impulsivité.

Il semble que le principal facteur du trouble d'hyperactivité avec déficit de l'attention soit une dysfonction neurologique qui empêche l'enfant de filtrer les stimuli sans importance, surtout au moment de structurer et de communiquer ses idées (Riccio et coll., 1993; Tannock et coll., 1993). Il ne parvient qu'à grand-peine à fixer son attention et, par le fait même, à soupeser une idée. Il n'a pas la patience de réfléchir aux questions de l'enseignant avant d'y répondre ni de lire et de mémoriser un passage dans son manuel.

Causes du trouble d'hyperactivité avec déficit de l'attention

Les causes du trouble d'hyperactivité avec déficit de l'attention laissent perplexe. Les chercheurs ont cependant découvert quelques facteurs qui, seuls ou en association, peuvent contribuer à l'apparition du trouble. Il s'agit de l'hérédité, en ce qui a trait au degré d'activité de certaines régions du cerveau (Zametkin et coll., 1990), de lésions prénatales dues à l'exposition à des agents tératogènes (Needleman et Bellinger, 1994) et de lésions postnatales consécutives à une intoxication au plomb.

Quelles que soient les causes de ce trouble, le contexte social peut en intensifier ou en atténuer les manifestations. Un enfant qui vit dans un milieu familial désorganisé et coercitif risque de voir son état s'aggraver (Buhrmester et coll., 1992). Le plus souvent, cet enfant reçoit des ordres qu'il lui est impossible d'observer (« Assieds-toi tranquille »), puis écope d'une punition. Le cercle vicieux de la désorganisation, du stress et de la colère est alors amorcé.

Le milieu scolaire a aussi son rôle à jouer. Un groupe de chercheurs a démontré que la structure de la classe était associée à une exacerbation ou à une raréfaction des comportements hyperactifs. Dans le premier cas, la structure est excessivement rigide ou, au contraire, excessivement lâche. Le bruit, par exemple, y est soit totalement interdit, soit toléré au point de nuire aux apprentissages (Greene, 1996). Dans le deuxième cas, la structure se distingue par sa souplesse. L'enseignant tolère les écarts de conduite mineurs, mais les enfants savent ce qu'ils doivent faire et à quel moment ils doivent le faire (Whalen et coll., 1979). D'autres chercheurs ont aussi constaté que les enseignants qui ont des exigences réalistes créent moins de tension chez les enfants et jugulent ainsi des manifestations de l'hyperactivité.

Traitement du trouble d'hyperactivité avec déficit de l'attention

Les enfants atteints du trouble d'hyperactivité avec déficit de l'attention exaspèrent souvent leurs parents et leurs enseignants, et ils sont rejetés par leurs pairs (Henker et Whalen, 1989). Nombre d'entre eux demeurent hyperactifs à l'adolescence et continuent de rencontrer des difficultés sociales et scolaires (Barkley et coll., 1991; Nussbaum et coll., 1990). C'est alors qu'ils se rebellent et font du grabuge. Plus de la moitié des enfants atteints de ce trouble ont encore à l'âge adulte de la difficulté

Trouble d'hyperactivité avec déficit de l'attention (THADA) Trouble du comportement caractérisé par une activité excessive, une incapacité de se concentrer ainsi qu'une conduite impulsive, voire agressive dans certains cas.

Nombre d'enfants ayant des difficultés d'apprentissage bénéficient de séances d'enseignement individuel et de contacts chaleureux avec les enseignants. C'est le cas du petit Alex, âgé de 7 ans. Le seul inconvénient de cette forme d'éducation spécialisée réside dans le manque d'interactions sociales. On peut cependant pallier ce manque en intégrant dans une classe ordinaire les enfants ayant des besoins particuliers et leurs enseignants spécialisés.

à organiser leur travail, à maîtriser leurs émotions et à faire preuve de patience. Certains présentent même des troubles psychologiques (Weiss, 1991).

D'autres enfants apprennent cependant à surmonter leurs problèmes en vieillissant. Ils choisissent, par exemple, des occupations conformes à leurs talents, mais qui n'exigent ni patience ni maîtrise de soi (Gittelman et coll., 1985; Weiss et Hechtman, 1986).

Pour les enfants atteints du trouble d'hyperactivité avec déficit de l'attention, le traitement le plus efficace pourrait conjuguer la médication, la psychothérapie ainsi que des modifications des milieux familial et scolaire. Malheureusement, on se contente trop souvent de leur prescrire des médicaments (dont le Ritalin) qui, entre autres effets secondaires, nuiraient au sommeil. Ce type de traitement fait toujours l'objet d'une vive controverse chez les spécialistes.

Notre incursion dans le domaine de la psychopathologie devrait vous avoir sensibilisé au fait que les facteurs physiologiques et sociaux — incluant les facteurs familiaux et scolaires — peuvent se conjuguer pour entraîner des conséquences néfastes. Il faut donc comprendre tous ces facteurs pour remédier aux problèmes et, surtout, intervenir dans tous les contextes pour déceler et satisfaire les besoins des enfants. La psychopathologie du développement nous enseigne que chaque enfant possède quelques-unes des forces et des faiblesses caractéristiques de l'âge scolaire de même que des compétences et des failles exceptionnelles. Nous en aurons d'autres preuves au chapitre suivant, qui porte sur le développement cognitif à l'âge du jeu et à l'âge scolaire, ainsi qu'au chapitre 8, où nous traiterons de la capacité des enfants de s'adapter à divers problèmes psychosociaux.

Résumé

 **SECTION 1** **Âge du jeu**

Croissance physique

1. Pendant l'âge du jeu, l'enfant grandit d'environ 7 cm et grossit d'environ 2 kg par année. Les variations normales de la croissance sont attribuables à l'hérédité, à la qualité des soins de santé et à la nutrition.

2. La maturation du système nerveux entraîne d'importants progrès sur le plan des habiletés physiques et cognitives. À l'âge du jeu, l'enfant présente des réactions rapides aux stimuli.

Motricité

3. La motricité globale s'améliore considérablement pendant l'âge du jeu, si bien que l'enfant de 5 ans est capable d'accomplir nombre d'activités physiques avec adresse et élégance. La motricité fine se développe plus lentement, de sorte que l'enfant a encore de la difficulté à manier un crayon et à nouer ses lacets. La maîtrise des habiletés en dessin progresse de manière constante.

4. Fort de son agilité et de son endurance et poussé par sa curiosité, l'enfant, à l'âge du jeu, s'expose à des accidents et blessures. Les spécialistes du développement estiment que les accidents dont les enfants sont victimes pourraient parfois être évités en renforçant les mesures de sécurité et en maintenant une bonne surveillance. Aussi préfèrent-ils parler de prévention des blessures plutôt que de prévention des accidents.

Mauvais traitements infligés aux enfants

5. Les mauvais traitements que subissent les enfants peuvent prendre plusieurs formes, dont la négligence, la violence physique ainsi que la violence psychologique. Ils ont diverses conséquences sur leur bien-être.

6. Les mauvais traitements ont des causes sociales (comme les attitudes face à la violence et face aux enfants), familiales (comme l'isolement, la pauvreté, le stress social et la distorsion des schèmes cognitifs des parents) et personnelles (comme la toxicomanie des parents).

7. Les mauvais traitements peuvent avoir des conséquences profondes. Ils peuvent se répercuter sur l'apprentissage, l'estime de soi, les relations sociales et l'émotivité. Cependant, il est généralement possible de remédier à leurs effets; les enfants maltraités ne deviennent pas nécessairement des parents violents.

8. En matière de mauvais traitements, les interventions doivent viser à soutenir les familles aptes à surmonter leurs difficultés et à fournir un foyer d'accueil stable à la minorité d'enfants maltraités qui n'ont aucun espoir de voir leur situation familiale s'améliorer.

9. Les meilleures stratégies de prévention des mauvais traitements sont adaptées à l'environnement des familles à risque. Elles consistent à leur trouver du soutien dans la collectivité et à répondre à leurs besoins matériels et psychologiques. Elles visent également à inculquer aux parents des stratégies d'adaptation et des méthodes d'éducation appropriées.

 SECTION 2   Âge scolaire

Croissance physique

10. Les enfants grandissent plus lentement à l'âge scolaire que pendant toutes les autres périodes de leur croissance. Leur taille et le rythme de leur maturation varient sous l'influence de facteurs génétiques et nutritionnels.

Motricité

11. À la fin de la période de l'âge scolaire, les enfants ont acquis presque toutes les habiletés motrices et se débrouillent bien tant que les activités auxquelles ils s'adonnent n'exigent ni force ni évaluation fine de la distance ou de la vitesse. Les activités qui leur profiteront le plus sont celles qui ne nécessitent que des habiletés pouvant être maîtrisées par la plupart des enfants de cet âge.

Enfants aux besoins particuliers

12. La psychopathologie du développement étudie les troubles psychologiques de l'enfant à la lumière des connaissances acquises sur le développement normal. Les spécialistes de cette discipline insistent pour que l'on considère les enfants perturbés comme des enfants d'abord (ayant les mêmes besoins que les autres en matière de développement) et ensuite comme des enfants ayant des difficultés particulières.

13. Les psychopathologistes du développement soutiennent que les manifestations des troubles changent avec le temps et que le contexte social influe sur l'interprétation des problèmes. Le contexte familial et le contexte scolaire constituent des aspects importants du traitement et du pronostic.

14. L'autisme se caractérise par une communication déficiente sur le plan du langage, par des contacts sociaux altérés et par des comportements stéréotypés. Selon certains chercheurs, les enfants autistes sont insensibles aux processus psychologiques des autres. La gravité et les conséquences de l'autisme varient considérablement.

15. Les enfants ayant des difficultés d'apprentissage ou atteints du trouble d'hyperactivité avec déficit de l'attention (THADA) doivent faire l'objet d'interventions particulières. Ils ont surtout besoin du soutien d'adultes qui comprennent leurs difficultés et les aident à les surmonter avant qu'elles ne dégénèrent en handicaps.

16. Certains troubles du comportement ont une origine génétique ou physique, mais les enfants qui en sont atteints peuvent bénéficier de programmes d'éducation et de soutien psychologique. Certains médicaments peuvent améliorer l'état de plusieurs d'entre eux, mais ils doivent être administrés de façon circonspecte.

17. Les facteurs physiologiques et sociaux — incluant les facteurs familiaux et scolaires — influent en conjonction sur le développement de l'enfant. C'est pourquoi il convient d'agir dans tous les domaines pour déceler et satisfaire les besoins des enfants.

Questions à développement

 SECTION 1   Âge du jeu

1. Une amie, mère d'une fillette de 4 ans, aimerait en savoir plus sur le développement physique et moteur des enfants à l'âge du jeu. Que pouvez-vous lui dire ?

2. À partir de ce que vous avez appris dans ce chapitre, élaborez un programme d'activités d'une heure pour le niveau préscolaire qui favorisera un développement optimal des enfants sur le plan biosocial.

 SECTION 2   Âge scolaire

3. Âgé de 7 ans, Maxime est décrit comme un enfant hyperactif manifestant un déficit de l'attention. Que peuvent faire ses parents et ses enseignants pour l'aider à pallier ce déficit ?

4. Rédigez un article qui permettrait aux non-spécialistes de mieux comprendre les problèmes que rencontrent les enfants ayant des difficultés d'apprentissage.

Questions à choix multiples

SECTION 1 Âge du jeu

1. Âgé de 2 ans, Benjamin est assez maladroit, tombe fréquemment et heurte souvent des objets fixes. Il est très probable que Benjamin :

   a) souffre d'un trouble neuromusculaire.

   b) souffre d'un sous-développement d'une des parties du cerveau.

   c) souffre d'anémie.

   d) est un enfant normal dont la motricité globale va s'améliorer de façon très marquée pendant les années de l'âge du jeu.

2. Escalader une clôture est un exemple :

   a) de motricité fine.

   b) de motricité globale.

   c) d'un comportement lié à l'autisme.

   d) d'un comportement lié au trouble d'hyperactivité avec déficit de l'attention.

3. Laquelle des activités suivantes serait probablement la plus difficile à réaliser pour un enfant âgé de 5 ans ?

   a) Monter à une échelle.

   b) Attraper une balle.

   c) Lancer une balle.

   d) Verser du jus d'un pichet sans en renverser.

4. La famille de Tania connaît une période stressante. Sa mère vient de perdre son emploi, sa grand-mère est décédée récemment et ses parents envisagent de divorcer. Si Tania était maltraitée, sa famille serait considérée comme :

   a) vulnérable aux crises.

   b) dépendante.

   c) récupérable.

   d) inapte.

5. Claude, un parent violent, est plus susceptible qu'un parent non violent :

   a) de juger toute crise de larmes comme un signe que le bébé a peur.

   b) d'interpréter les pleurs du bébé comme une manifestation de colère.

   c) de se désintéresser d'un bébé qui continue de rechigner après que ses besoins ont été satisfaits.

   d) de faire tout ce qui précède.

6. En ce qui concerne les parents ayant subi des mauvais traitements durant leur enfance, la recherche démontre :

   a) que 75 % d'entre eux font subir des mauvais traitements à leurs enfants.

   b) que 30 % d'entre eux font subir des mauvais traitements à leurs enfants.

   c) qu'ils sont plus susceptibles de négliger leurs enfants, mais pas nécessairement de les maltraiter.

   d) qu'ils ne sont pas plus susceptibles que quiconque de maltraiter leurs enfants.

SECTION 2 Âge scolaire

7. À quoi attribue-t-on la plupart des variations dans la taille et le poids des enfants des pays développés ?

   a) À l'exercice physique quotidien.

   b) À la nutrition.

   c) Aux gènes.

   d) À l'interaction des facteurs identifiés en a, b et c.

8. Certains enfants éprouvent des difficultés en mathématiques, en lecture ou en écriture et ne progressent que lentement dans ces apprentissages intellectuels. On appelle ce genre de difficultés :

   a) difficultés d'apprentissage.

   b) dyslexie.

   c) dyscalculie.

   d) trouble d'hyperactivité avec déficit de l'attention.

9. Âgé de 9 ans, Matéo a de la difficulté à se concentrer sur ses travaux scolaires pendant plus de quelques minutes; il pose constamment des questions inutiles à son professeur et dérange toujours la classe en faisant du bruit. Si ses difficultés persistent, il est probable que le cas de Matéo fera l'objet d'un diagnostic :

   a) de dyslexie.

   b) de dyscalculie.

   c) d'autisme.

   d) de trouble d'hyperactivité avec déficit de l'attention.

Les réponses aux questions à choix multiples se trouvent en annexe.

Le chapitre **6** en un clin d'œil

SECTION 1 – Développement biosocial à l'âge du jeu

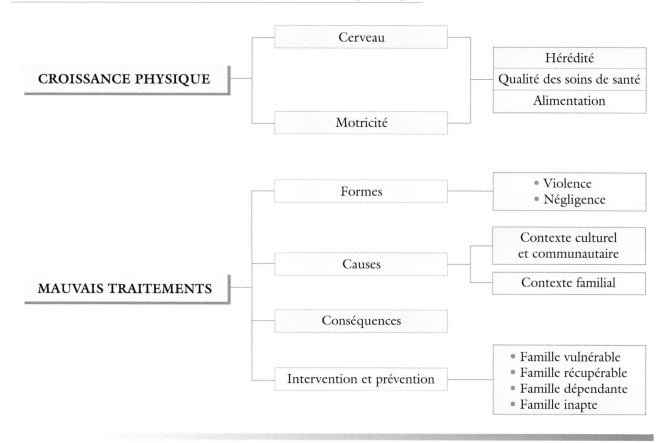

CROISSANCE PHYSIQUE
- Cerveau
- Motricité
  - Hérédité
  - Qualité des soins de santé
  - Alimentation

MAUVAIS TRAITEMENTS
- Formes
  - • Violence
  - • Négligence
- Causes
  - Contexte culturel et communautaire
  - Contexte familial
- Conséquences
- Intervention et prévention
  - • Famille vulnérable
  - • Famille récupérable
  - • Famille dépendante
  - • Famille inapte

SECTION 2 – Développement biosocial à l'âge scolaire

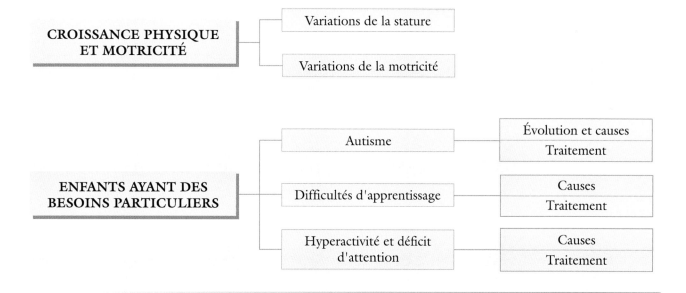

CROISSANCE PHYSIQUE ET MOTRICITÉ
- Variations de la stature
- Variations de la motricité

ENFANTS AYANT DES BESOINS PARTICULIERS
- Autisme
  - Évolution et causes
  - Traitement
- Difficultés d'apprentissage
  - Causes
  - Traitement
- Hyperactivité et déficit d'attention
  - Causes
  - Traitement

Chapitre **7**

Développement cognitif à l'âge du jeu et à l'âge scolaire

SECTION 1

Sous-estimer les compétences de l'enfant, voilà l'un des principaux pièges de l'étude du développement cognitif à l'âge du jeu. En effet, l'observation des enfants d'âge préscolaire peut souligner certaines limites de leurs habiletés cognitives, alors que les expériences rigoureusement planifiées comportant des situations et des stimuli intéressants et significatifs font ressortir toute la richesse cognitive des jeunes enfants.

Quelques années plus tard, à l'âge scolaire, l'enfant manifeste des compétences cognitives évidentes. Les progrès de sa pensée, de sa mémoire, de ses connaissances, de son langage et de son apprentissage sont indéniables et, surtout, étonnants.

ÂGE DU JEU

Jour après jour, l'enfant d'âge préscolaire perce les secrets du monde qui l'entoure en mettant dans ses démarches autant de fantaisie que de subjectivité. L'enfant bavarde avec un ami imaginaire, se demande où dort le soleil, réconforte ses parents en leur offrant une sucette et affirme péremptoirement qu'il sommeille les yeux ouverts. Seulement, les événements inusités le déroutent et l'intuition lui tient lieu de mode de connaissance. C'est ainsi qu'il croit que la lune suit la voiture dans laquelle il prend place. Sa vision du monde repose non sur la réalité, mais sur sa propre subjectivité.

Pendant des années, les spécialistes de la cognition ont mis l'accent sur le caractère subjectif de la pensée chez le jeune enfant. Ils soutenaient que l'égocentrisme intellectuel, c'est-à-dire la tendance à considérer le monde et les autres de son propre point de vue, limitait ses aptitudes cognitives. De nombreuses études ont pourtant démontré que l'enfant d'âge préscolaire est capable d'élaborer des stratégies pour atteindre un objectif et qu'il peut faire preuve d'une perspicacité remarquable. Il peut saisir les causes des événements courants, se souvenir du passé, anticiper l'avenir, décoder les manifestations des émotions et maîtriser le langage avec une compétence parfois renversante. Cependant, certains aspects de sa vision du monde peuvent être limités.

La présente section porte sur le développement cognitif à l'âge du jeu. Nous commencerons par traiter d'habiletés intellectuelles élémentaires comme la numération et la capacité de mémoire, puis nous verrons que l'enfant d'âge préscolaire interprète le monde un peu à la manière d'un théoricien. Nous étudierons ensuite la notion piagétienne de pensée préopératoire (selon laquelle l'enfant raisonne de façon illogique et intuitive), puis le concept d'apprenti créé par Vygotsky pour insister sur l'importance des guides (mentors). Nous nous attarderons enfin à l'acquisition du langage et aux bienfaits d'une éducation préscolaire de qualité.

Égocentrisme intellectuel Chez l'enfant d'âge préscolaire, tendance à considérer le monde et les autres de son seul point de vue.

Pensée de l'enfant à l'âge du jeu

Comme nous l'avons vu au chapitre 4, les scientifiques ont mis au point des protocoles de recherche qui leur ont permis de mesurer les aptitudes du nourrisson en matière de mémoire, de classement et de pensée. De même, ils sont parvenus à cerner ce que l'enfant d'âge préscolaire sait et comprend à propos du monde. L'enfant peut en effet fournir plus que des réponses intuitives si les questions qu'on lui pose sont correctement formulées.

Malgré tout, les psychologues en développement humain ont dû admettre que les aptitudes cognitives du jeune enfant sont incomplètes et précaires : elles se manifestent dans certains contextes et non dans d'autres. Les experts ont aussi découvert que le rythme d'acquisition des habiletés et la clarté de leurs manifestations dépendent du soutien intellectuel prodigué à l'enfant.

Numération

Il y a quelques années, de nombreux chercheurs croyaient que la compréhension des nombres n'apparaissait qu'à l'âge scolaire (Gelman et Massey, 1987). Or, de récentes études ont démontré que l'enfant d'âge préscolaire possède certaines aptitudes en numération.

L'enfant de 2 ans commence à utiliser les nombres de manière symbolique; il associe les objets qu'il compte à des mots (des adjectifs numéraux), mais il en omet (« un, deux, quatre, six... »). Vers 4 ans, l'enfant saisit des principes fondamentaux comme celui de l'*ordre* (trois vient toujours après deux, six après cinq, etc.), de la *correspondance biunivoque* (un et un seul nombre correspond à chaque objet compté) et de la *cardinalité* (le dernier nombre d'un dénombrement représente le total).

Cette progression est illustrée par une expérience (Saxe et coll., 1987) au cours de laquelle on présenta, à des enfants de deux ans et demi et de 4 ans, deux tableaux sur lesquels figuraient respectivement cinq et treize points. On demanda aux enfants de compter les points en les touchant (voir la figure 7.1). Les plus jeunes semblaient bien comprendre ce qu'ils devaient faire, mais ils oubliaient généralement de toucher deux des points du tableau qui en contenait cinq et en manquaient en moyenne huit sur celui qui en comportait treize. Ils avaient également tendance à mal compter; certains, par exemple, disaient seulement « un, deux, trois » en comptant les points des deux tableaux. La plupart des enfants de 4 ans ne firent pas d'erreur en comptant les points du tableau qui en contenait cinq et seulement deux, en moyenne, pour celui qui en avait treize. En fait, un grand nombre des enfants de 4 ans comptèrent les treize points sans erreurs.

Comment s'expliquent ces progrès effectués par l'enfant dans la compréhension des nombres ? Il y a d'abord le processus général de maturation qui touche non seulement le développement du cerveau pendant toute l'enfance, mais aussi l'acquisition du langage et la capacité de l'utiliser pour conceptualiser et exprimer les ordres de grandeur. Ces progrès s'expliquent également par la maturation au sens piagétien du terme, c'est-à-dire l'épanouissement, à l'âge du jeu, de la curiosité innée de l'enfant, de son désir spontané d'explorer le monde des objets, de les organiser et de les compter, de la même manière qu'il les explorait en les portant à sa bouche ou en les manipulant au cours de la période sensorimotrice.

Le contexte culturel, et surtout la valeur accordée à la compétence mathématique dans la société, a aussi son rôle à jouer. Les sociétés industrialisées offrent un terreau fertile à l'épanouissement de cette compétence. Les enfants d'âge préscolaire, en effet, « accompagnent leurs parents dans les magasins, entendent des nombres dans les conversations à propos du temps, des anniversaires et des cadeaux qu'ils recevront, montent dans des ascenseurs qui gravissent tel ou tel nombre d'étages et regardent des émissions éducatives où il est question des nombres » (Gelman et Massey, 1987).

Le développement de la compétence mathématique repose enfin sur un facteur qui intervient dans l'acquisition d'autres aptitudes cognitives : le soutien des parents, des autres adultes et des enfants plus âgés. Les parents et l'enfant utilisent fréquemment les nombres dans leurs interactions : ils jouent à des jeux mathématiques, trient des pièces de monnaie et mesurent des quantités lors de la prépara-

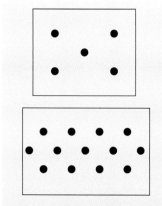

Source : Saxe et coll. (1987), *Social Processes in Early Number Development*, 52 (2), p. 25.

Figure 7.1   *Au cours de ce jeu expérimental de comptage de points, la plupart des enfants de deux ans et demi ont fait plusieurs erreurs, même en comptant les points du tableau qui n'en contenait que cinq. Ceux de 4 ans, par contre, se sont parfaitement acquittés de cette tâche. Ils avaient déjà maîtrisé cette règle fondamentale s'appliquant aux nombres : ne compter chaque objet qu'une seule fois.*

Le jour, la date, la saison, le temps qu'il fait, autant de concepts au programme d'une bonne maternelle. Les jeunes enfants saisissent ces concepts (de même qu'ils comprennent les nombres) avec une aisance que les chercheurs et les éducateurs ne soupçonnaient pas il y a quelques années.

tion des mets. En procédant à des activités guidées, les parents s'assurent que les tâches sont stimulantes et réalisables pour l'enfant tout en l'initiant aux concepts numériques.

L'importance de la structuration et du soutien cognitifs apportés par les parents n'est nulle part plus manifeste que dans le domaine de la mémoire. Si cet aspect des capacités cognitives de l'enfant d'âge préscolaire est loin d'être parfait, il a tout de même été largement sous-estimé.

Mémoire

L'enfant d'âge préscolaire est réputé pour son manque de mémoire, surtout par comparaison avec des enfants un peu plus vieux. Or, ce n'est pas tant sa mémoire qui fait défaut que ses stratégies mnésiques. L'enfant, en effet, tente rarement de mémoriser une information ou d'inscrire volontairement une expérience dans ses souvenirs. En outre, il ne sait pas comment s'y prendre pour récupérer ses souvenirs (Kail, 1990). Il paraît donc étrangement incapable de se rappeler d'expériences passées que ses aînés se remémorent sans peine.

Toutefois, dans le cas d'événements récurrents, le jeune enfant est capable de s'en faire une représentation qu'il pourra repêcher ultérieurement. Pour ce faire, il conserve des scénarios des expériences familières, lesquels servent de charpente ou de matrice qui facilite le stockage et la récupération de certains souvenirs. À l'âge de 3 ans, par exemple, un enfant peut vous dire ce qui se passe dans un restaurant (on commande un plat, on le mange, puis on paie), à l'heure du coucher (on prend un bain, on écoute une histoire, puis on éteint la lumière) et à l'occasion d'une foule d'autres événements quotidiens (Nelson, 1986).

Un scénario typique rend compte de l'enchaînement des événements ainsi que des relations de cause à effet qui les unissent; l'enfant sait que certains événements en précèdent ou en suivent immanquablement d'autres (Bauer et Mandler, 1990; Ratner et coll., 1990). L'enfant d'âge préscolaire se sert de scénarios non seulement pour décrire ses activités quotidiennes, mais aussi pour se livrer au jeu imaginatif qui consiste à reconstituer, souvent avec le support de jouets — poupées, oursons, figurines, etc. —, des événements usuels comme prendre un repas, faire des courses ou aller travailler (Nelson et Hudson, 1988).

La recherche a démontré que les parents et les autres éducateurs peuvent aider les enfants à prêter attention à leurs expériences et à en mémoriser ainsi des éléments. Illustrons cela en rapportant la conversation d'une mère et de sa fille de 2 ans après une journée passée au zoo.

MÈRE. — Aude, qu'est-ce que nous avons vu au zoo ?

AUDE. — Éphants.

MÈRE. — Oui, nous avons vu des éléphants ! Quoi d'autre ?

AUDE. — *(Elle hausse les épaules et regarde sa mère.)*

MÈRE. — Un panda ? Est-ce que nous avons vu un panda ?

AUDE. — *(Elle sourit et fait signe que oui.)*

MÈRE. — Peux-tu dire le mot « panda » ?

AUDE. — Panda.

MÈRE. — Bravo ! Des éléphants et des pandas. Quoi d'autre ?

AUDE. — Éphants.

MÈRE. — Oui, des éléphants et aussi un gorille.

AUDE. — Gorille !

Les rapports quotidiens entre les parents et l'enfant peuvent servir de prétexte à une révision, à une reconstruction et à une consolidation des souvenirs de la journée. Nombre de parents recourent à des stratégies que l'enfant peut s'approprier pour repêcher ses souvenirs sans aide par la suite (Fivush et Hamond, 1990; Hudson, 1990). Ainsi, ils posent des questions précises (« Quels animaux as-tu vus qui grimpaient aux arbres ? ») plutôt que des questions générales, reviennent sur

« Regarde, mon doigt se détache ! » Comme la plupart des enfants d'âge préscolaire, ce petit garçon se fait prendre par ce bon vieux truc. Il possède assez de logique pour saisir que le doigt de son grand-père ne se détache pas « vraiment », mais pas suffisamment pour comprendre comment il peut se décoller et se recoller à volonté. Ce doit être de la magie !

Scénario   Plan sommaire du déroulement d'événements récurrents qui rend compte de leur enchaînement et des relations de cause à effet. Le jeune enfant utilise des scénarios pour faciliter le stockage et la récupération de souvenirs reliés à des épisodes précis de tels événements.

Les enfants d'âge préscolaire possèdent des scénarios pour de nombreux événements, dont les anniversaires. À la fête de Laurent, si sa sœur (assise à sa droite) avait soufflé la dernière chandelle au lieu de la montrer du doigt, elle aurait pu provoquer un éclat de colère propre à gâcher la fête. Elle aurait dérogé au scénario qui exige que ce soit la personne fêtée qui souffle elle-même toutes les bougies !

les événements dans l'ordre chronologique (« En premier, nous avons vu des singes. Et ensuite, qu'est-ce que nous avons vu ? ») et fournissent des repères mnésiques (« Et après, nous sommes allés manger chez grand-... » Enfant : « papa ! »).

Tous les parents, bien entendu, ne guident pas leurs enfants de la même façon. Certains, les « répétiteurs », posent des questions précises, puis répètent les réponses de l'enfant avant de formuler une nouvelle interrogation. D'autres, les « commentateurs », posent aussi des questions précises, mais ils apportent un supplément d'information; ils ajoutent en quelque sorte des souvenirs à ceux que l'enfant peut recouvrer par lui-même (Reese et Fivush, 1993). La recherche laisse à penser que le commentaire constitue le meilleur moyen de développer l'aptitude à recouvrer les souvenirs. Par exemple, une étude a révélé que les enfants de 2 ans dont la mère avait recours au commentaire se souvenaient davantage de leurs expériences passées et pouvaient mieux répondre aux questions portant sur celles-ci, que ces questions aient été posées par leur mère ou un expérimentateur (Hudson, 1990). Ce renforcement du récit par l'ajout d'éléments ne semblait pas seulement aider les jeunes enfants à recouvrer leurs souvenirs, mais permettait aussi de consolider le compte rendu de l'expérience partagée par l'enfant et le parent.

Du reste, des études nous incitent à penser que « même les très jeunes enfants sont capables de se rappeler plusieurs événements de leur propre vie quand on les invite à le faire et qu'ils reçoivent les indices appropriés » (Hamond et Fivush, 1991). Si leurs souvenirs paraissent si vagues, c'est peut-être simplement qu'on leur pose des questions vagues ou qu'ils n'ont pas le vocabulaire pour y répondre.

À VOUS LES COMMANDES – 7.1

Des souvenirs à éveiller...

Vous voulez aider votre neveu de 4 ans à développer son aptitude à se souvenir des événements qu'il a vécus. Imaginez que vous venez de passer une journée au parc d'attractions avec lui. Quelles questions pourriez-vous lui poser en adoptant une attitude de « commentateur » ?

Théorie mentale

La plupart des chercheurs ont longtemps cru que l'égocentrisme intellectuel ne laissait place à aucun sens social chez l'enfant. Les spécialistes soutenaient qu'il n'abordait le monde extérieur que de son propre point de vue et en fonction de ses propres sentiments. Quelques études récentes ont cependant révélé que le jeune enfant est souvent capable de transcender son égocentrisme intellectuel et de « se mettre à la place des autres ».

Les émotions, les motivations, les pensées et les intentions humaines constituent pour l'enfant des phénomènes aussi complexes que fascinants. Chaque jour, en effet, il doit composer avec les colères inopinées de ses camarades de jeu, établir si son grand frère se montrera généreux ou avare de ses jouets, ou encore persuader sa mère d'acheter ce qu'il convoite. À force d'interagir avec les autres, l'enfant, à l'âge du jeu, échafaude des suppositions sur le mode de pensée et les émotions des êtres humains afin de comprendre les situations auxquelles il est confronté. Quels sont les effets des connaissances et des émotions d'une personne sur ses actions ? Pourquoi les gens ont-ils, dans les mêmes situations, des pensées, des intentions et des sentiments si différents ? Peu à peu, l'enfant se dote d'une théorie mentale qui traduit sa compréhension et sa vision des processus psychologiques des êtres humains (Frye et Moore, 1991; Wellman, 1990; Whiten, 1991).

Selon les spécialistes du développement, l'enfant n'est pas seulement conscient du fait que les gens ont des perspectives psychologiques divergentes, mais il s'efforce aussi de comprendre le comment et le pourquoi de l'existence de ces différents points de vue. On a déjà vu des enfants de 2 ans dire des choses telles que

Théorie mentale Modèle explicatif portant sur les processus psychologiques, ceux de l'individu lui-même et ceux des autres.

« Ne te mets pas en colère, maman » ou « Est-ce que tu t'amuses bien, maman ? », et même un petit garçon précoce de 28 mois s'exclamer « Craig rirait bien s'il voyait Beth faire ça » (Bretherton et Beeghly, 1982). Chacune de ces remarques révèle une conscience non égocentrique de ce que les autres peuvent ressentir des émotions différentes des siennes.

L'enfant de 3 ou 4 ans est capable d'établir une claire distinction entre les phénomènes mentaux et les événements concrets auxquels ceux-ci font référence (il sait, par exemple, qu'on peut caresser un chien qui se trouve là, devant soi, mais pas celui qui se trouve dans nos pensées). Il sait que les croyances, les attentes et les désirs naissent d'expériences issues du monde réel et qu'ils sont propres à ceux qui les vivent (les autres ne peuvent pas « voir » ce que l'on imagine). Il reconnaît que les gens ont des opinions différentes (quelqu'un peut aimer un jeu que vous n'aimez pas) ou que les croyances et les désirs peuvent diriger les actions (papa conduit vite parce qu'il ne veut pas arriver en retard chez grand-maman) (Flavell et coll., 1993; Welman et Gelman, 1992). Il saisit également que les émotions naissent non seulement des événements concrets, mais aussi des objectifs, des attentes, etc. À la garderie, par exemple, un enfant de 4 ans s'isolera pour prendre son dîner afin de soustraire son dessert à la convoitise de ses camarades (Stein et Levine, 1989). Quelques années plus tard, ce même enfant sera encore plus habile à prévoir et à expliquer les pensées, les émotions et les intentions des autres (Astington, 1993; Flavell et coll., 1995).

Certes, l'enfant d'âge préscolaire n'a qu'une compréhension rudimentaire de la pensée et des émotions des êtres humains, mais la théorie qu'il se construit à ce propos servira d'ancrage aux connaissances qu'il accumulera au cours des années à venir. La démarche théorique des psychologues en herbe est peut-être plus simple que celle des adultes, mais elle n'en diffère pas beaucoup dans certains principes.

Nous avons fait état jusqu'à présent d'études sur la pensée de l'enfant à l'âge du jeu, et plus particulièrement sur ses aptitudes avec les chiffres, sa mémoire et sa sensibilité sociale. Nous avons vu que l'enfant se révèle à la fois compétent et naïf dans ces domaines. Nous allons maintenant nous pencher sur les travaux de Jean Piaget et de Lev Vygotsky, dont les théories nous éclaireront sur certains aspects des capacités cognitives du jeune enfant.

Piaget et la période préopératoire

Selon Piaget, l'enfant de 2 à 6-7 ans se situe dans une période préopératoire, caractérisée par le développement d'une pensée symbolique (langage et jeu symboliques) et par la constitution d'une pensée intuitive. Une des limites de cette période est l'incapacité d'accomplir des opérations logiques. L'enfant est en effet incapable d'utiliser de façon systématique des idées ou des symboles pour formuler des principes logiques à propos de ses expériences. En d'autres termes, il n'a pas la capacité d'appliquer de manière constante une règle générale de type « Si X, alors Y » ou « Si ce n'est pas X, alors ce n'est pas Y » et d'en comprendre les implications (voir, au chapitre 10, la pensée à la période opératoire formelle).

La pensée à la période préopératoire se caractérise aussi par l'égocentrisme intellectuel. Celui-ci se manifeste de plusieurs façons : dans le jeu symbolique, dans les caractéristiques de l'animisme et de l'artificialisme entre autres. Dans le jeu symbolique, l'enfant transforme le réel en fonction de ses désirs. Par exemple, il crée des scénarios avec ses oursons et ses camions, ou encore il utilise une boîte de carton comme avion, maison ou vaisseau spatial. Et c'est par animisme qu'il conçoit les choses comme vivantes et douées d'intentions : le vent sait qu'il souffle, la lune nous suit quand on marche et les arbres souffrent quand on casse leurs branches. De façon analogue, c'est par artificialisme qu'il croit les choses faites par l'être humain et pour lui. « L'univers tout entier est ainsi fait : les montagnes "poussent" parce qu'on a planté des cailloux après les avoir fabriqués; les lacs ont été creusés, et jusque très tard, l'enfant s'imagine que les villes ont existé avant leurs lacs, etc. » (Piaget, 1964).

Sue-Anne, âgée de 3 ans, vit depuis presque un an avec un petit frère. Par conséquent, sa théorie mentale à l'égard du bébé s'est grandement raffinée. Ainsi, elle connaît de mieux en mieux les comportements qui plaisent ou déplaisent à son frère, de même que ceux qui plaisent ou déplaisent à ses parents.

« Ce n'est pas vraiment Barney, ma chérie, c'est une personne déguisée en Barney. » L'enfant d'âge préscolaire en conviendra, mais croira tout de même que la personne devient Barney aussitôt qu'elle revêt le costume. À l'âge du jeu, la frontière entre apparence et réalité n'a rien de tranché.

Période préopératoire   Selon Piaget, deuxième période du développement cognitif (de 2 à 6-7 ans), caractérisée par le développement d'une pensée symbolique, par l'égocentrisme intellectuel et par la constitution d'une pensée intuitive.

Intuition Forme de connaissance immédiate d'un fait ou d'une relation qui ne découle pas d'un raisonnement.

Centration Tendance du jeune enfant à axer son analyse sur un aspect d'une situation ou d'un objet à l'exclusion de tous les autres.

La forme de pensée la plus adaptée au réel que connaisse l'enfant entre 2 et 6-7 ans est la pensée intuitive. L'enfant affirme, mais ne démontre jamais, suppléant à la logique par le mécanisme de l'intuition. Il se fait une représentation mentale en intériorisant ses perceptions, mais sans coordination rationnelle. Il évalue ses perceptions sans établir de rapports entre les divers éléments perçus. Cette pensée, que Piaget a appelée « prélogique » (Flavell et coll., 1993), se caractérise notamment par la centration, c'est-à-dire la tendance à axer son analyse sur un aspect d'une situation à l'exclusion de tous les autres. L'enfant peut ainsi affirmer très catégoriquement que les lions et les tigres ne font pas partie de la même famille que les chats, parce que ce ne sont pas des animaux domestiques. Ou que son père est un *papa*, mais pas un fils, un frère ou un oncle, car il ne peut concevoir les membres de la famille que dans le rôle qu'ils jouent pour lui. S'il rencontre un enfant de 4 ans et un autre de 5 ans et que le premier est plus grand que l'autre, il en conclura que l'enfant de 4 ans doit avoir 6 ans, parce que dans son esprit « plus grand » signifie « plus vieux ».

Le raisonnement de l'enfant d'âge préscolaire présente souvent un caractère *rigide*. Pour lui, en effet, il n'existe ni nuances, ni variantes, ni exceptions : le monde obéit à la loi du *tout ou rien*. Pour un enfant de 3 ans, par exemple, ce que l'on pense ou ce que l'on croit ne peut que parfaitement coïncider avec la réalité.

Conservation et logique

Piaget portait un intérêt particulier à la pensée caractéristique de la période préopératoire et il a élaboré une série d'expériences pour illustrer à quel point ses lacunes entravent le raisonnement systématique chez l'enfant. Ses expériences les plus célèbres ont porté sur la conservation, le concept selon lequel certaines propriétés d'une substance ne changent pas quand on ne modifie que la forme ou la disposition de cette substance.

Conservation Concept selon lequel certaines propriétés des objets ne changent pas lorsqu'on modifie la forme ou la disposition de ces objets.

L'enfant d'âge préscolaire tend à se concentrer totalement et exclusivement sur les changements de forme et de disposition, et il croit que ces changements modifient les quantités. Si, par exemple, on dispose 12 jetons en 2 rangées égales et symétriques devant un enfant de 4 ans et qu'on lui demande si les 2 rangées contiennent le même nombre de jetons, il répond habituellement par l'affirmative. Mais si on allonge l'une des rangées en espaçant les jetons qui la forment et qu'on lui pose la même question, il répondra que la rangée la plus longue comprend plus de jetons. Les apparences ont complètement déjoué l'enfant. Cette tâche comporte une multitude de variantes qui produisent toutes des résultats analogues (voir la figure 7.2).

Piaget explique le phénomène par le fait que l'enfant d'âge préscolaire se centre sur certains aspects des apparences et néglige les autres (centration); il passe outre à la transformation, même si elle s'est produite sous ses yeux. Il constate le résultat du changement et conclut intuitivement que la rangée la plus longue comprend plus de jetons ou que le verre le plus haut contient plus de liquide. Les épreuves de conservation révèlent une autre caractéristique de la pensée à la période préopératoire, l'irréversibilité : l'enfant ignore qu'inverser une transformation rétablit les conditions initiales. Il ne lui viendrait pas à l'esprit d'inverser mentalement l'une ou l'autre des transformations représentées à la figure 7.2 afin de comparer les quantités. Ainsi, pour satisfaire un enfant de 3 ans qui veut « plus de gâteau », il suffit de couper en morceaux la portion qu'il a déjà dans son assiette !

Irréversibilité Caractéristique de la pensée à la période préopératoire consistant en l'incapacité de comprendre que l'inversion d'une transformation rétablit les conditions initiales.

Piaget croyait que, pendant la période préopératoire, l'enfant était incapable de saisir l'idée de la conservation et d'effectuer des raisonnements logiques, peu importe la clarté des explications qu'on lui fournit. Cependant, certains chercheurs postulèrent que le caractère des expériences piagétiennes (et plus précisément leur formalisme) nuisait à la performance des enfants. Ils découvrirent de fait que nombre d'enfants d'âge préscolaire comprennent la conservation des nombres dans des situations ludiques (Dockrell et coll., 1980; McGarrigle et Donaldson, 1974).

ÉPREUVES DE CONSERVATION

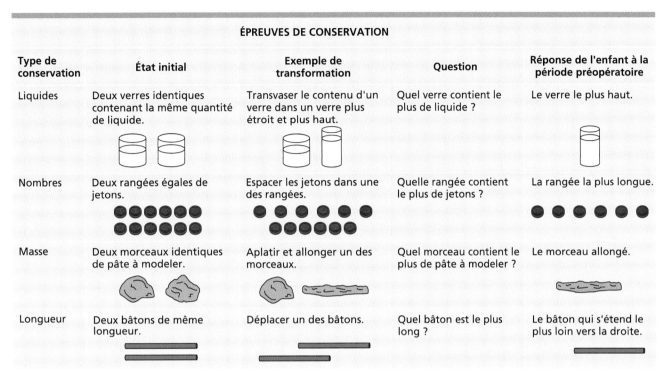

Type de conservation	État initial	Exemple de transformation	Question	Réponse de l'enfant à la période préopératoire
Liquides	Deux verres identiques contenant la même quantité de liquide.	Transvaser le contenu d'un verre dans un verre plus étroit et plus haut.	Quel verre contient le plus de liquide ?	Le verre le plus haut.
Nombres	Deux rangées égales de jetons.	Espacer les jetons dans une des rangées.	Quelle rangée contient le plus de jetons ?	La rangée la plus longue.
Masse	Deux morceaux identiques de pâte à modeler.	Aplatir et allonger un des morceaux.	Quel morceau contient le plus de pâte à modeler ?	Le morceau allongé.
Longueur	Deux bâtons de même longueur.	Déplacer un des bâtons.	Quel bâton est le plus long ?	Le bâton qui s'étend le plus loin vers la droite.

Figure 7.2   Selon Piaget, l'enfant ne comprend que vers 6 ou 7 ans que les transformations représentées ici ne modifient pas la quantité de liquide, de jetons et de pâte à modeler. D'autres chercheurs ont cependant démontré que le processus d'acquisition du principe de conservation est plus variable que Piaget ne le pensait.

À VOUS LES COMMANDES – 7.2

Période préopératoire, conservation et égocentrisme intellectuel

Selon Piaget, l'enfant à la période préopératoire a une perception du monde très différente de celle de l'enfant ayant atteint la période opératoire concrète. Il voit le monde selon sa propre perspective (égocentrisme intellectuel) et n'a pas encore assimilé le principe de conservation (selon lequel des propriétés telles que la masse, le volume et la quantité demeurent les mêmes en dépit de modifications d'apparence). Par contre, au cours de la période opératoire concrète, un enfant âgé de 6 à 11 ans est moins égocentrique et révèle une certaine maîtrise de la pensée logique, y compris du principe de conservation, lorsqu'elle porte sur des objets concrets.

Certains concepts piagétiens peuvent être facilement démontrés avec un enfant de 3 ou 4 ans et un autre de 7 ou 8 ans. D'abord, procédez à quelques épreuves de conservation des liquides, des nombres, de la masse et de la longueur (voir la figure 7.2). Dans la première partie de l'expérience, l'enfant doit reconnaître de façon active que les deux quantités sont égales. La question à poser au cours de l'expérience est : « Est-ce que la quantité est la même dans les deux ou est-ce qu'il y en a un qui contient plus que l'autre ? » Si l'enfant ne comprend pas la question formulée ainsi, vous pouvez lui demander : « Si je prends celui-ci et que tu prends celui-là, est-ce toi ou moi qui en a le plus ou est-ce que nous en avons la même quantité ? » Quelle que soit la réponse donnée par l'enfant, demandez-lui d'expliquer son raisonnement pour pouvoir en déterminer la certitude.

Vérifiez ensuite la capacité de chacun de vos sujets de prendre en compte le point de vue d'une autre personne.

Invitez vos sujets à fermer les yeux et demandez-leur s'ils croient que vous pouvez encore les voir. Les enfants à la période préopératoire répondront probablement que vous ne le pouvez pas. Demandez à vos sujets de dire combien de frères et de sœurs ils ont, puis combien d'enfants leurs parents ont. L'enfant de 3 ou 4 ans saura probablement combien de frères et sœurs il a, mais pas le nombre d'enfants qu'ont ses parents.

Vérifiez ensuite les manifestations possibles d'égocentrisme intellectuel. Si on lui demande de dire pourquoi le soleil brille, l'enfant de 3 ou 4 ans pourrait répondre : « Pour que je puisse voir ». Posez à vos sujets les questions suivantes ainsi que toute autre qui vous semble intéressante : Pourquoi le soleil brille-t-il ? Pourquoi la neige ? Pourquoi la pluie ? Pourquoi la nuit ?

1. Qu'avez-vous constaté au cours de ces épreuves portant sur la conservation et l'égocentrisme intellectuel ?

2. Vos observations correspondent-elles aux caractéristiques de la pensée préopératoire telles que décrites par Piaget ?

3. Quelles différences avez-vous observées entre les réponses des deux enfants ?

Les chercheurs soumirent ainsi des enfants à une variante de l'épreuve des jetons : c'est un « méchant » ourson et non un expérimentateur adulte qui allongeait la rangée de jetons (Donaldson, 1978). Dans ce contexte, les enfants arrivaient quelquefois à discerner que les deux rangées contenaient le même nombre de jetons. Que se passait-il dans leur tête ? Les chercheurs supposèrent que la situation expérimentale classique amenait les enfants à avoir le raisonnement suivant : « Voilà un adulte qui se donne la peine de déplacer une rangée de jetons tout en m'incitant à être attentif. C'est donc que quelque chose d'important a changé, le nombre total de jetons par exemple. » Dans la situation ludique, en revanche, le « désordre » créé par l'ourson ne poussait pas les enfants à une telle présupposition.

La plupart des enfants d'âge préscolaire paraissent saisir le principe de conservation après avoir reçu une formation appropriée. Et nombre d'enfants de 4 et 5 ans (mais de très rares enfants de 3 ans) le comprennent encore plusieurs semaines après avoir reçu la formation. Ils comprennent même des formes de conservation autres que celle qui leur a été expliquée (comme la conservation des nombres et de la masse en plus de la conservation des liquides) (Field, 1987). Il n'en reste pas moins que leur capacité de raisonner est limitée et précaire; leur tendance à la centration et à l'égocentrisme intellectuel réapparaît devant les tâches plus complexes.

À VOUS LES COMMANDES – 7.3

Des traces de la période préopératoire dans votre vie

On peut parfois trouver des traces de la pensée caractéristique de la période préopératoire dans le comportement quotidien des adultes. À partir des trois situations décrites ci-dessous, identifiez l'élément de pensée préopératoire.

1. Votre colocataire ou votre conjoint déplore que vous ne soyez pas un consommateur avisé. Vous ne vous apercevez généralement pas que les bouteilles et les boîtes de conserve paraissant plus volumineuses ne contiennent pas toujours plus que les contenants plus petits.

L'élément de pensée préopératoire est votre incapacité d'appliquer : _____

_____

2. Votre cousin vient passer une semaine chez vous. Il pleut tous les jours, ce qui gâche bon nombre de vos projets. Vous vous excusez sans cesse, vous sentant personnellement responsable des conditions météorologiques et de leurs conséquences.

L'élément de pensée préopératoire est : _____

_____

3. En lisant un article de journal, vous apprenez qu'un jeune homme que vous connaissez est l'un des entrepreneurs les plus prospères de votre région. Chaque fois que vous le rencontrez, vous lui parlez de ses initiatives en affaires. Chaque fois que vous pensez à lui, vous vous extasiez devant sa réussite. Puis, un jour, vous apprenez que cet homme œuvre au sein d'un organisme communautaire qui vient en aide aux handicapés mentaux et à leurs parents, qu'il y consacre la plupart de ses fins de semaine et une part importante de sa fortune. En fait, vous aviez oublié que cet homme a lui-même un fils handicapé.

L'élément de pensée préopératoire est : _____

_____

4. Donnez d'autres exemples de traces de la pensée préopératoire tirés de votre comportement quotidien (dans le cadre de vos études, par exemple) ou du comportement des membres de votre entourage.

Réponses

Les réponses les plus appropriées aux situations décrites sont : 1. le concept de conservation, 2. l'égocentrisme, 3. la centration.

Que faut-il en conclure ? Certes, la recherche a amplement démontré que l'enfant est capable de raisonner (ainsi que de compter, de stocker des souvenirs et de se montrer sensible aux autres) dès l'âge du jeu. Sa pensée, néanmoins, est encore loin de posséder la rigueur, la logique et l'objectivité de celle de l'enfant d'âge scolaire (Becker, 1989). En reconnaissant à l'enfant d'âge préscolaire des « compétences fragiles, mais indéniables » (Flavell et coll., 1993), les chercheurs contemporains ont montré à quel point les premiers spécialistes du développement, Piaget y compris, avaient sous-estimé ses facultés intellectuelles. Mais, par la même occasion, ils ont confirmé que le jeune enfant avait encore beaucoup de chemin à parcourir.

Considérons maintenant le point de vue de Lev Vygotsky, un théoricien qui expliqua la manière dont l'enfant d'âge préscolaire comble les lacunes de ses habiletés cognitives.

Théorie de Vygotsky : l'enfant apprenti

L'enfant d'âge préscolaire nous confond souvent à la fois par sa perspicacité, son ignorance, sa fantaisie. C'est qu'il cherche manifestement à comprendre un monde qui le fascine et, par moments, le déroute. Or, l'enfant n'est pas seul dans sa quête. Comme nous l'avons plusieurs fois mentionné, il évolue dans un certain contexte social; il a autour de lui des parents, des amis, des éducateurs et une foule d'autres gens qui peuvent le guider en lui lançant des défis cognitifs, en lui apportant leur aide pour les tâches difficiles, en lui enseignant des habiletés et en nourrissant son intérêt et sa motivation (Rogoff, 1990; Rogoff et coll., 1993). L'enfant, pour sa part, pose une infinité de questions et tente d'engager tous ceux qu'il connaît, quel que soit leur âge, dans sa recherche pour la connaissance. Le jeune enfant est donc à bien des égards un « apprenti de la pensée ». Sa participation guidée (voir glossaire) aux activités sociales stimule et oriente son développement intellectuel (Rogoff, 1990).

Lev Vygotsky (voir le chapitre 2) a beaucoup insisté sur le rôle du contexte social dans le développement cognitif. Vous savez déjà, du reste, que ses travaux ont donné naissance à plusieurs théories sur les fondements culturels de la croissance et du développement. Alors que de nombreux spécialistes du développement (dont Piaget) assimilaient le développement cognitif à une découverte *individuelle* mue par l'expérience et la maturation biologique, Vygotsky estimait qu'il repose sur des mécanismes culturels. Et ces mécanismes, selon ce dernier, déterminent les expériences, les encouragements et les objectifs associés à l'apprentissage. Vygotsky considérait en effet le développement cognitif comme une activité *sociale* soutenue par des guides, c'est-à-dire des parents et des éducateurs qui encouragent, orientent et structurent l'apprentissage des enfants.

Illustrons le point de vue de Vygotsky par un exemple concret de participation guidée : un enfant n'arrive pas à assembler les pièces d'un casse-tête et abandonne. Est-ce à dire que la tâche dépasse ses capacités ? Pas nécessairement. L'enfant la réussira peut-être si quelqu'un l'encourage, focalise son attention et restructure le problème de manière à en faciliter la résolution. Un adulte ou un enfant plus âgé pourrait ainsi le guider en l'incitant à chercher une pièce (« Est-ce que tu vois des pièces bleues avec une ligne rouge ? »). Admettons que l'enfant trouve des pièces bleues avec une ligne rouge, mais demeure dans l'impasse. Le guide (ou mentor) pourrait alors se montrer plus directif et indiquer quelques pièces à l'enfant. Pendant tout ce temps, le guide pourrait le féliciter (renforcement) pour toutes ses petites victoires, nourrir son enthousiasme et l'aider à mesurer le chemin parcouru vers l'objectif.

L'interaction de l'adulte et de l'enfant constitue l'élément clé de la participation guidée. Une fois que l'enfant aura assemblé le casse-tête avec l'aide d'un adulte, il y a fort à parier qu'il voudra bientôt recommencer et que, cette fois, l'aide ne lui sera plus aussi indispensable, et le sera de moins en moins. La participation guidée aura engendré l'autonomie. Si l'assemblage de casse-tête est une habileté valorisée dans la société, l'adulte en proposera peut-être un nouveau à l'enfant afin que celui-ci puisse réinvestir les habiletés qu'il a acquises lors de la première tentative et, éventuellement, les généraliser à l'ensemble des casse-tête possibles.

L'apprentissage interactif se pratique dans le monde entier. Partout, les adultes orientent l'attention des enfants et leur enseignent des habiletés. Partout, les enfants qui font l'objet d'un tel soutien parviennent ensuite à mettre ces habiletés en pratique sans aide (Rogoff, 1990; Rogoff et coll., 1993; Tharp et Gallimore, 1988).

En faisant participer les enfants aux activités sociales, les adultes du monde entier guident l'épanouissement de leurs connaissances, de leurs valeurs et de leurs aptitudes. Le plus souvent, c'est l'enfant lui-même, avec sa curiosité et son intérêt, qui amorce le processus, et non l'adulte qui cherche à former l'enfant en vue d'un besoin futur.

Zone proximale de développement

Pour acquérir une habileté, qu'elle soit manuelle ou intellectuelle, la meilleure aide que l'on puisse recevoir est celle d'un « mentor ». Celui-ci guide la progression de l'apprenti dans la zone proximale de développement, la région qui sépare les potentialités des capacités. Bien entendu, il est essentiel que l'apprenti désire entrer dans la zone. Ce menuisier en herbe, pour sa part, ne semble pas manquer de motivation !

Étayage Technique pédagogique permettant de structurer adéquatement la participation d'un enfant aux situations d'apprentissage afin de faciliter l'acquisition de connaissances ou d'habiletés pratiques.

Le succès des situations d'apprentissage guidées repose sur la capacité du mentor de pressentir les capacités et la réceptivité de l'enfant. Nous avons vu au chapitre 2 que, selon Vygotsky, il existe pour chaque individu une zone proximale de développement, c'est-à-dire un niveau de développement *potentiel*, ou encore une gamme d'habiletés que la personne ne maîtrise pas encore, mais qu'elle peut exercer avec l'aide d'un guide. Le moment et les modalités de l'acquisition de ces habiletés dépendent en partie de la capacité des guides à étayer, c'est-à-dire à structurer, la participation de l'enfant aux situations d'apprentissage (Bruner, 1982 ; Wood et coll., 1976). Par exemple, les parents pratiquent l'étayage chaque fois qu'ils aident un enfant à assembler les pièces d'un casse-tête, qu'ils l'incitent à exprimer ses sentiments afin qu'il voie clair en lui-même et qu'ils reformulent ses énoncés pour parfaire ses habiletés verbales.

Après avoir observé des parents qui structurent ainsi les aptitudes naissantes de leurs enfants, les spécialistes du développement ont cerné les étapes d'un étayage efficace (Bruner, 1982 ; Rogoff, 1990 ; Wood et coll., 1976) :

1. Éveiller l'intérêt de l'enfant pour la tâche ou l'activité.

2. Simplifier la tâche. Pour ce faire, réduire le nombre d'étapes menant à la solution, aider l'enfant à choisir les meilleures stratégies ou accomplir à sa place certaines parties de la tâche.

3. Soutenir l'intérêt et l'enthousiasme de l'enfant en dépit des facteurs de distraction, de la lassitude et du découragement.

4. Anticiper et signaler les erreurs et aider l'enfant à les corriger.

5. Éviter les frustrations à l'enfant en cultivant son désir de réussir et en dédramatisant les erreurs.

6. Indiquer les solutions en veillant autant que possible à expliquer le déroulement des étapes qui y mènent.

La progression de l'enfant dans la zone proximale de développement subit l'influence de plusieurs contextes : la famille, la garderie ou la maternelle et, enfin, la culture. Toutes les sociétés valorisent certaines habiletés cognitives plus que d'autres. Il n'est donc pas surprenant que les petits Micronésiens interprètent mieux que les petits Québécois les signes de la mer et du vent ou que les petits Québécois manifestent davantage d'habiletés reliées au raisonnement abstrait et scientifique que les petits Micronésiens. Comme l'a dit Vygotsky, le développement cognitif d'un enfant repose sur les occasions d'apprendre et les encouragements qu'il trouve dans les différentes sphères de son environnement.

À VOUS LES COMMANDES – 7.4

L'étayage : une technique efficace

Nous avons vu que la façon dont les enfants acquièrent des habiletés et le moment où ils le font dépendent partiellement de la volonté des guides d'étayer ou de structurer intelligemment leur participation aux occasions d'apprentissage. Depuis les années 1970, l'étayage est considéré comme une des techniques pédagogiques les plus efficaces dont disposent les enseignants.

Utilisons une métaphore pour vous aider à comprendre la notion d'étayage. Représentez-vous les petites roues d'appui sur une bicyclette d'enfant. Ajustables et temporaires, elles procurent au cycliste en herbe l'appui dont il a besoin pour apprendre à avancer sur deux roues. Sans l'aide de ces roues, la tâche complexe consistant à apprendre simultanément à pédaler, à garder son équilibre et à diriger la bicyclette serait extrêmement difficile, sinon impossible, pour de nombreux enfants. Cet étayage, c'est-à-dire les petites roues d'appui, permet au débutant d'atteindre son objectif, qui est de savoir rouler à bicyclette, avant de pouvoir partir à la découverte du monde en pédalant.

Trouvez deux autres métaphores pour illustrer cette notion ainsi que d'autres exemples concrets de la façon dont les parents et les éducateurs aident les débutants à combler l'écart entre ce qu'ils savent et ce qu'ils peuvent faire, d'une part, et l'objectif qu'ils visent, d'autre part.

Source : M.F. Graves, B.B. Graves et S. Braaten, « Scaffolded Reading Experiences for Inclusive Classes », *Educational Leadership*, février 1996, p. 14-16.

LES UNS ET LES AUTRES

Maternelle et valeurs culturelles

Dans toutes les sociétés, l'éducation préscolaire ne vise pas uniquement à préparer l'enfant aux études (Mallory et New, 1994). Au Japon, par exemple, où l'on prône le consensus social et le conformisme, la maternelle inculque aux enfants les conduites et les attitudes appropriées aux activités de groupe. On y encourage les enfants à se soucier des autres et à participer activement aux activités collectives. Non seulement on les prépare à l'école proprement dite, mais on leur communique aussi les attitudes et les mœurs qui leur serviront dans le monde du travail (Peak, 1991). En Chine, par ailleurs, on insiste autant sur la préparation à la vie collective que sur les habiletés et la créativité. Au Canada et aux États-Unis, enfin, les programmes d'éducation préscolaire visent souvent à cultiver la confiance en soi et l'autonomie; ils sont axés sur les habiletés verbales afin que les enfants entreprennent leurs études du bon pied (Tobin et coll., 1989). À cet égard, les objectifs de l'éducation préscolaire se conforment aux valeurs culturelles autant qu'aux besoins et aux capacités des jeunes enfants.

Deux sociétés, Tokyo et le sud de la Californie, deux maternelles, deux exercices différents. Si vous ne connaissiez pas ces cultures et si vous ne disposiez que des données fournies par ces photos, quelles hypothèses formuleriez-vous à propos des valeurs, des habitudes et des attitudes que les adultes cherchent à inculquer aux enfants ?

Parler pour apprendre

Vygotsky pensait que le langage était essentiel au développement cognitif, et ce, pour deux raisons. D'abord, il permet le **soliloque**, c'est-à-dire l'action de se parler à soi-même (Vygotsky, 1987). Habituellement, le soliloque est silencieux chez l'adulte et sonore chez l'enfant, surtout chez l'enfant d'âge préscolaire. Avec le temps, le soliloque se réduit progressivement à un murmure, puis au monologue intérieur.

    Les chercheurs qui étudient le soliloque sonore ont découvert que l'enfant d'âge préscolaire y recourt pour réfléchir, passer ses connaissances en revue, prendre une décision et s'expliquer à lui-même les événements. Fait intéressant, de nombreux chercheurs ont constaté que les enfants ayant des difficultés d'apprentissage commencent plus tard que les autres à s'adonner au soliloque ou à l'utiliser pour guider leurs comportements (Diaz, 1987). Ils font cependant des progrès si on leur enseigne à soliloquer, ce qui indique que le langage, sous cette forme au moins, facilite l'apprentissage.

    Si le langage fait avancer la pensée, selon Vygotsky, c'est aussi parce qu'il constitue le *médium* de l'interaction sociale essentielle à l'apprentissage. Que l'interaction verbale prenne la forme d'une leçon traditionnelle ou d'une conversation à bâtons rompus, elle a pour effet de préciser et d'enrichir les connaissances. Cette fonction du langage est essentielle à la traversée de la zone proximale de développement, car l'interaction verbale jette un pont entre ce que l'enfant comprend et ce qu'il ne fait qu'entrevoir.

    Comme nous le verrons dans les pages qui suivent, le monologue et le dialogue prennent leur essor à l'âge du jeu. Dans l'optique de Vygotsky, l'acquisition du langage constitue un outil cognitif capital qui aide l'enfant à manier les divers outils en usage dans sa culture (van der Veer et Valsiner, 1991).

Soliloque Monologue (sonore ou silencieux) axé sur la réflexion et l'analyse.

ⓟOINT DE MIRE

Le soliloque : un outil précieux

Lev Vygotsky, un psychologue russe, croyait que le soliloque est essentiel au développement cognitif chez l'enfant. Selon la théorie de Vygotsky, le monologue sonore s'accentue à l'âge du jeu et durant les premières années scolaires parce que les enfants y ont recours pour se remémorer ce qu'ils ont appris. Par la suite, le soliloque est intériorisé sous forme de pensée silencieuse.

Les psychologues ont commencé à étudier le soliloque dès les années 1920, lorsqu'un béhavioriste, John Watson, a écrit que le monologue sonore chez l'enfant était un comportement verbal inapproprié que parents et enseignants pouvaient faire disparaître en exprimant simplement leur désapprobation.

Jean Piaget estimait pour sa part que le monologue sonore, qu'il appelait « discours égocentrique », offrait un exemple spécifique des processus de la pensée prélogique, égocentrique et immature qui sont à l'œuvre chez l'enfant au cours de la période préopératoire. Un tel monologue, croyait-il, ne favorisait en rien le développement du langage ou de la pensée.

Au cours des années 1960, Lawrence Kohlberg et ses collègues ont effectué une série d'études sur le soliloque des enfants, dont les résultats concordent étroitement avec la théorie de Vygotsky. Ils ont observé près de 150 enfants âgés de 4 à 10 ans durant leurs activités quotidiennes en classe et ont remarqué que la fréquence du soliloque augmentait d'abord, puis diminuait à mesure que les enfants vieillissaient. Le fait le plus notable était que, si cette tendance était manifeste chez tous les enfants, le recours au monologue sonore atteignait son apogée vers l'âge de 4 ans chez les enfants les plus intelligents et vers l'âge de 5 à 7 ans chez les enfants d'intelligence moyenne.

Kohlberg a également constaté que les enfants les plus populaires et les plus sociables recouraient davantage au monologue sonore que tous les autres, ce qui semble étayer la conviction de Vygotsky selon laquelle le soliloque est stimulé par des expériences sociales hâtives. Par contre, la théorie de Piaget et celle de Watson tendent à prédire que le monologue sonore serait plus présent chez les enfants moins avancés sur les plans social ou cognitif, en raison de leur égocentrisme intellectuel (Piaget) ou de leur réceptivité tardive aux attentes sociales (Watson).

Selon l'étude de Kohlberg, la forme que prend le soliloque se modifie systématiquement avec le temps. Les très jeunes enfants répètent les mots et les sons, d'une voix souvent forte, rythmique et enjouée. À mesure qu'ils vieillissent, leur monologue tend à décrire ou à orienter leur propre activité et à narrer une action comme s'ils « pensaient à voix haute ». Les enfants les plus âgés ont recours à un murmure à peine audible et fortement tronqué, ce qui en rend le contenu difficile à comprendre pour un observateur.

Dans le cadre d'une étude approfondie, Laura Berk et Ruth Garvin ont démontré que le type de monologue égocentrique qu'a décrit Piaget représentait moins de 1 % des énoncés d'un enfant et que les enfants qui recouraient le plus fréquemment au monologue sonore étaient également ceux qui parlaient le plus souvent aux autres enfants.

Berk et Garvin ont aussi constaté que les enfants se parlaient beaucoup plus à eux-mêmes lorsqu'ils tentaient de résoudre des problèmes difficiles — ce qui est d'ailleurs également le cas chez les adultes —, venant ainsi appuyer l'hypothèse de Vygotsky selon laquelle le soliloque facilite la pensée et la résolution de problèmes. En fait, la performance réalisée par les enfants dans leurs travaux quotidiens de mathématiques était liée au degré de maturité de leurs capacités cognitives et de leurs monologues. Ainsi, parmi les élèves de première année les plus compétents sur le plan intellectuel, ceux qui recouraient à une forme plus mature de monologue — le murmure —obtenaient de meilleurs résultats aux examens que ceux qui se parlaient encore à eux-mêmes à voix haute. Selon Berk, la recherche

[...] montre que les enfants ont besoin d'un milieu d'apprentissage qui leur permette d'avoir une activité verbale pendant qu'ils résolvent des problèmes et accomplissent des tâches. [...] Les enfants qui sont moins matures ou qui ont des problèmes d'apprentissage [...] tireraient sans doute profit d'aménagements spéciaux dans leur classe, tels que des espaces réservés à l'étude, où ils pourraient parler à voix haute plus librement. Exiger le silence de ces enfants irait probablement à l'encontre du but recherché, car cela signifierait la suppression de formes de monologues ayant une importance vitale pour l'apprentissage.

Source : L.E. Berk, « Private Speech: Learning out Loud », *Psychology Today*, mai 1986, 20(5), p. 34-42.

Acquisition du langage

Nous avons indiqué au chapitre 4 que les bébés commencent normalement à parler vers l'âge de 1 an. Jusqu'à vers l'âge de 2 ans, ils n'ajoutent que quelques mots par mois à leur vocabulaire. Ils forment des phrases de deux ou trois mots, émettent des holophrases et ont parfois de la difficulté à communiquer.

À l'âge du jeu, cependant, le rythme de l'acquisition du langage suit le développement cognitif, si bien que le vocabulaire, la grammaire et le recours au langage à des fins pratiques s'améliorent de façon marquée et rapide. L'acquisition du langage et le développement de la cognition vont de pair et l'un ne saurait se réaliser sans l'autre.

À VOUS LES COMMANDES – 7.5

Les livres pour enfants d'âge préscolaire

On peut en apprendre beaucoup sur les processus du langage et de la pensée chez les jeunes enfants en examinant les livres publiés à leur intention.

Rendez-vous à une bibliothèque ou à une librairie et demandez qu'on vous montre un « classique » ou un livre très populaire auprès des enfants âgés de 3 à 5 ans. Si vous le pouvez, lisez-le à voix haute à un enfant. Répondez ensuite aux questions ci-dessous.

1. Tentez de repérer dans ce livre des exemples :
   a) de rimes et de répétitions;
   b) d'égocentrisme intellectuel (exemple : malentendus découlant du fait que le personnage principal ne tient compte que de son point de vue);
   c) d'effets dépendant d'un usage littéral ou figuratif du langage (exemples : blagues liées à une interprétation littérale des mots, malentendus résultant d'un usage figuratif du langage);
   d) d'éléments de l'histoire qui rassurent l'enfant au sujet des liens étroits entre les membres d'une famille ou entre amis.

2. En quoi ces différents aspects reflètent-ils certaines caractéristiques de la pensée de l'enfant ? Justifiez vos réponses.

Vocabulaire

L'accroissement du vocabulaire pendant la petite enfance a quelque chose de stupéfiant, considérant que la plupart des nourrissons mettent un an à articuler un premier mot et encore plusieurs mois à en prononcer une dizaine d'autres. Le vocabulaire de l'enfant moyen double une première fois entre 18 et 21 mois — passant de 10 ou 15 mots à 20 ou 30 mots — et une seconde fois au cours des 3 mois qui suivent. La progression devient exponentielle à l'âge du jeu. Un enfant de 6 ans possède un vocabulaire de plus de 10 000 mots en moyenne (Anglin, 1993), avec un rythme d'apprentissage de 10 à 20 mots nouveaux par jour (Jones et coll., 1991). Il comprend d'ailleurs plus de mots (vocabulaire passif) et des règles de grammaire plus complexes que ceux qu'il utilise (vocabulaire actif).

L'enfant apprend beaucoup de mots dès la première audition, grâce à la schématisation rapide. Ce processus consiste à attribuer un sens aux mots et à les intégrer dans des catégories déjà établies (voir *Point de mire*, p. 226).

La vitesse à laquelle un enfant apprend les mots et les rattache à des catégories et à des concepts dépend en partie des conversations qu'il a avec les adultes

Schématisation rapide Processus d'acquisition du vocabulaire consistant à intégrer les mots nouveaux dans des catégories déjà établies.

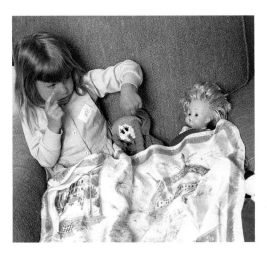

En expliquant à sa poupée comment on fait la sieste, la petite Laura développe ses aptitudes verbales. La plupart des enfants d'âge préscolaire parlent tout le temps, que ce soit à eux-mêmes, à leurs poupées, au téléviseur ou à leurs parents. Peu leur importe, d'ailleurs, de ne pas recevoir de réponse.

POINT DE MIRE

Les avantages et inconvénients de la schématisation rapide

Comment le vocabulaire des enfants peut-il s'enrichir aussi rapidement ? La question a fait l'objet de nombreuses études. Les chercheurs ont d'abord constaté qu'au bout de la première année d'acquisition du langage, l'enfant n'apprend plus seulement un mot de temps en temps, mais bien plusieurs mots par jour.

Les chercheurs ont supposé qu'il se crée dans l'esprit de l'enfant un ensemble de catégories interdépendantes, une sorte de schéma mental du sens des mots (Golinkoff et coll., 1992). L'enfant qui entend un nouveau mot s'appuie sur le contexte pour lui attribuer une signification approximative, puis le classe dans son lexique. Les enfants apprennent rapidement les noms d'animaux parce que les nouveaux mots viennent s'ajouter aux catégories ou schémas déjà établis (il est relativement facile, par exemple, d'apprendre le mot « zèbre » si on connaît déjà le mot « cheval »). De la même manière, ils peuvent apprendre les noms de nouvelles couleurs en comparant ces termes à ceux qu'ils connaissent déjà. Ce processus est appelé « schématisation rapide » afin de dénoter que l'enfant intègre aussitôt le mot dans son schéma lexical au lieu de lui chercher une définition exacte et d'attendre de l'avoir entendu dans plusieurs contextes (Heibeck et Markman, 1987). La schématisation rapide se produit à une vitesse fulgurante : un enfant peut apprendre un mot qu'il n'a entendu qu'une seule fois (Dickinson, 1984). Elle constitue à cet égard un avantage certain, en ce sens qu'elle accélère l'acquisition du vocabulaire. Toutefois, ce n'est pas parce qu'un enfant utilise un mot dans un contexte approprié qu'il en connaît vraiment le sens. Il peut n'en posséder qu'une connaissance limitée. Un bon exemple de cela est le mot « gros » que même les enfants de 2 ans connaissent et semblent comprendre. En fait, ces enfants l'utilisent souvent pour signifier « vieux » ou « grand » au sens physique ou moral (« Mon amour est gros comme ça ! ») et ils n'apprennent que progressivement à l'utiliser plus adéquatement et avec plus de discernement (Sena et Smith, 1990).

Si les adultes se rappelaient combien il est difficile de comprendre le sens des mots quand on est enfant, ils pardonneraient les erreurs plus facilement. Kathleen Stassen Berger raconte qu'elle a eu l'occasion d'assister à l'émergence de la schématisation rapide chez sa plus jeune fille, Sarah. Celle-ci avait 4 ans à l'époque et elle était en colère contre sa mère.

Sarah, semble-t-il, avait intégré quelques insultes dans son vocabulaire. Son schéma, cependant, n'en précisait ni les définitions ni les nuances. Elle traita sa mère tour à tour de « méchante sorcière » et d'« enfant gâtée ». Ces innocentes imprécisions faisaient sourire. Elle lança ensuite une injure grossière qui fit sortir sa mère de ses gonds. Cherchant à contenir sa colère, celle-ci tenta de se convaincre que Sarah ne comprenait pas la portée du mot qu'elle venait d'employer. Sa mère la gronda : « Je ne veux pas entendre ce genre de mots dans la maison ! » Mais elle comprit à quel point la schématisation était rapide en entendant la réponse de sa fille : « Pourquoi alors ma grande sœur m'a appelée comme ça, ce matin ? »

(Markman, 1989). Si ces derniers insistent sur le lien qui unit un nom à un autre et s'ils décrivent les catégories, l'enfant intègrera les mots nouveaux plus rapidement, confirmant ainsi l'importance de l'interaction sociale.

Le vocabulaire croît si rapidement que certains enfants de 5 ans semblent comprendre et employer tous les termes spécifiques qu'ils entendent, à condition qu'ils soient utilisés en contexte et qu'ils leur soient expliqués au moyen d'exemples précis. Certaines corrections sont parfois nécessaires, comme d'expliquer à Malik, 4 ans, que les graines de sésame sur le pain ne sont pas « des boutons »

Un bon programme d'éducation à la prématernelle et à la maternelle se caractérise notamment par l'importance accordée à l'apprentissage et à l'utilisation de nouveaux mots. Certes, il est bénéfique que les éducateurs fassent la lecture à leurs élèves et les incitent à converser mais, dans certaines circonstances, les meilleurs professeurs de langue sont les enfants eux-mêmes. Ils vont droit au but et savent trouver les mots les plus appropriés.

et que les monuments au cimetière ne sont pas de « gros pions » ! Par ailleurs, la plupart des enfants d'âge préscolaire auront encore pour un certain temps quelque difficulté à employer les mots qui dénotent des rapports spatiaux et temporels, comme « ici » et « là » ou « hier » et « demain ». Combien d'enfants se réveillent le jour de leur anniversaire en demandant : « Est-ce qu'on est demain ? »

Grammaire

La *grammaire* est l'ensemble des structures et des règles qu'il faut respecter pour communiquer dans une langue. Elle a trait à l'ordre et à l'accord des mots, aux préfixes et aux suffixes ainsi qu'à l'intonation et à la prononciation.

À l'âge de 3 ans, l'enfant possède déjà les rudiments de la grammaire. À 6 ans, il la comprend suffisamment pour pratiquer la surgénéralisation et créer des mots et des expressions semblables à ceux qui apparaissent dans le tableau 7.1. Ces « inventions verbales » témoignent non seulement d'une maîtrise des règles grammaticales, mais aussi d'une capacité de les appliquer à la création d'expressions claires et précises.

Comment l'enfant d'âge préscolaire peut-il assimiler les règles fondamentales de la langue aussi rapidement et aussi facilement ? Les hypothèses ne manquent pas. Ainsi, nous avons vu au chapitre 4 que certains scientifiques, Noam Chomsky en tête (1968, 1980), pensent que le cerveau humain serait doté d'un « dispositif d'acquisition du langage » qui facilite l'apprentissage de la grammaire. Ce programme mental inné fournirait à l'enfant un ensemble de mécanismes « intuitifs » pour déduire les règles de sa langue maternelle, qu'il s'agisse du français, de l'anglais, du russe ou du mandarin.

Et puis, bien entendu, l'enfant apprend la grammaire en entendant des conversations et en recevant une rétroaction de ses parents à propos de son expression orale (Farrar, 1992; Hoff-Ginsberg, 1986, 1990; Tomasello, 1992).

L'étude de l'apprentissage de la grammaire nous ramène à la notion de zone proximale de développement proposée par Vygotsky : entre les formes grammaticales comprises et les formes encore incompréhensibles s'étend une zone potentielle de développement que l'enfant peut traverser, poussé par sa propre curiosité intellectuelle et épaulé par l'adulte.

Maintenant que nous avons fait état des capacités cognitives de l'enfant d'âge préscolaire, de son goût pour la découverte et de sa capacité d'apprendre au moyen de la participation guidée, intéressons-nous à un autre aspect important de sa vie, l'éducation préscolaire.

Ce petit garçon a commencé dès l'âge de 1 an à bavarder avec sa grand-mère au téléphone. Au début, il se contentait d'écouter, puis il éclatait en sanglots quand on lui retirait le combiné. Maintenant qu'il a presque trois ans, il jacasse interminablement en manifestant une compréhension poussée du vocabulaire et de la grammaire. Cependant, il ne fournit pas toujours les détails qui permettraient à sa grand-mère de se retrouver dans son discours. Il fait ainsi allusion à des événements et à des personnes dont elle n'a jamais entendu parler, il commence une histoire sans la finir ou il révèle la fin d'un récit sans en avoir raconté le début.

Surgénéralisation   Application abusive de règles et de structures grammaticales.

TABLEAU 7.1 **Des mots d'enfants.**	
Règle suivie	**Exemple**
Forme comparative par l'utilisation de « plus »	Mon gâteau est plus bon que le tien.
	Ton bobo est plus pire que le sien.
Surgénéralisation du pluriel	Un cheval, des chevals.
Surgénéralisation de l'imparfait	Ils sontaient gentils.

À VOUS LES COMMANDES – 7.6

À l'écoute des enfants

Lors d'une réunion de famille ou d'une promenade dans un parc, écoutez les conversations et les monologues des enfants. Remarquez leurs fautes de langage et identifiez le type d'erreurs qu'ils font.

RECHERCHE

Stimuler le développement cognitif des élèves de la maternelle ayant des difficultés d'apprentissage

L'année de la maternelle est une période importante à des fins diagnostiques, car les enfants n'ont pas tous atteint le même niveau de développement cognitif lorsqu'ils entament cette étape. Certains commencent déjà à manifester des capacités de niveau opératoire concret, alors que d'autres en sont à une pensée prélogique de la période préopératoire.

On sait depuis longtemps qu'il existe une corrélation positive entre les résultats obtenus à des tests de QI (quotient intellectuel) standardisés et la performance réalisée par des enfants dans des épreuves de conservation de Piaget. Mais quelle est la nature du rapport entre ces résultats et cette performance ? Est-ce qu'un apprentissage spécifique lié aux processus cognitifs qui jouent, selon Piaget, un rôle vital dans le développement intellectuel des enfants d'âge préscolaire (âge du jeu) déboucherait sur une amélioration des résultats obtenus aux tests de QI ? Pour répondre à cette question, Robert Pasnak a mené un projet de recherche dans le cadre duquel des élèves d'école maternelle ayant des difficultés d'apprentissage ont bénéficié de périodes d'apprentissage supplémentaires de 15 minutes, 2 fois par semaine, pendant 4 mois, alors que les enfants du groupe témoin poursuivaient leurs activités habituelles en classe. Les périodes d'apprentissage supplémentaires étaient axées sur l'exercice de trois capacités cognitives : la conservation des nombres, la sériation (trier des objets selon leur taille, par exemple) et la classification (regrouper des objets selon leur forme, par exemple).

Pour déterminer si ces périodes supplémentaires procuraient des gains cognitifs, des tests ont été administrés aux élèves des deux groupes. Après la période de quatre mois, la performance du groupe expérimental s'est révélée supérieure à celle du groupe témoin. Un an plus tard, le *Test d'habileté scolaire Otis-Lennon* a servi à mesurer les capacités intellectuelles générales. De façon remarquable, le groupe expérimental a alors montré un écart encore plus grand par rapport au groupe témoin, cette différence étant statistiquement significative. Les gains cognitifs enregistrés par le groupe expérimental s'étaient en fait *accrus* avec le temps, même si les périodes d'apprentissage de 15 minutes ne se poursuivaient pas. Il est intéressant de noter que le groupe expérimental a également obtenu des résultats plus élevés que ceux du groupe témoin lors d'un test d'auto-évaluation de la compétence.

Si les chercheurs interprètent avec prudence leurs données corrélationnelles, ils posent néanmoins l'hypothèse qu'un enseignement particulier offert aux élèves ayant des difficultés d'apprentissage susciterait un « gain autoreproducteur ». D'après Pasnak,

> De tels gains se produisent lorsque les capacités nouvellement acquises engendrent elles-mêmes des capacités inédites de niveau plus élevé, à un rythme plus rapide que ce qui se serait produit autrement. [...] Les nouvelles capacités cognitives des enfants les amènent à mieux exploiter les possibilités d'apprentissage qui s'offrent et à passer au niveau de capacités cognitives suivant.

Plus récemment, Pasnak a démontré la valeur de cet enseignement spécialisé pour des enfants manifestant une légère déficience mentale.

Sources : R. Pasnak, S. Denham et R. Groff, « Accelerated Cognitive Development of Kindergartners: One Year Later », *Child Study Journal*, 1989, 18(4), p. 249-263.
P. Perry, R. Pasnak et R.W. Holt, « Instruction on Concrete Operations for Children Who are Mildly Mentally Retarded », *Education and Training in Mental Retardation*, 1992, 27(3), p. 273-281.

Éducation préscolaire

Au cours des 50 dernières années, les scientifiques ont démontré que l'enfant apprend rapidement entre 1 an et 6 ans et, en outre, que l'éducation préscolaire favorise l'acquisition des habiletés verbales et le développement intellectuel global. Les meilleures preuves à l'appui de cette conclusion viennent des garderies et des maternelles qui présentent les caractéristiques suivantes : 1) un faible ratio enseignant-enfants (le tableau 7.2 indique les ratios recommandés selon l'âge des enfants), 2) la présence d'enseignants dûment formés, 3) un programme axé sur le développement cognitif plutôt que sur la discipline, 4) un aménagement physique propice au jeu créatif et constructif. La recherche a démontré que les garderies et maternelles qui comptent le développement cognitif parmi leurs objectifs mais qui, faute d'argent, ne possèdent pas toutes ces caractéristiques peuvent favoriser aussi les apprentissages, dans une moindre mesure toutefois (Burchinal et coll., 1989 ; Lee et coll., 1988).

Maintenant que les bénéfices de l'éducation préscolaire ne font plus de doute et qu'une forte proportion de femmes travaillent hors du foyer, la plu-

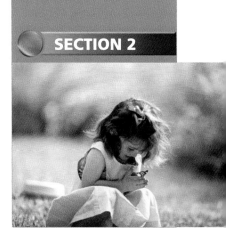
TABLEAU 7.2 **Ratios enseignant-enfants dans différentes provinces, selon l'âge des enfants, et ratios recommandés.**

Province	Âge des enfants			
	2-3 ans	3-4 ans	4-5 ans	5-6 ans
Québec	1/8	1/8	1/8	1/15
Ontario	1/8	1/8	1/8	1/12
Alberta	1/5	1/8	1/8	1/10
Colombie-Britannique	1/5	1/8	1/8	1/8
Nouveau-Brunswick	1/5	1/7	1/10	1/12
Île-du-Prince-Édouard	1/5	1/10	1/10	1/12
Nouvelle-Écosse	1/7	1/7	1/7	1/15
Ratios recommandés selon les recherches	**1/4 à 1/6**	**1/7 à 1/10**	**1/10 à 1/12**	**1/10 à 1/12**

Source : C. Pitre-Robin, Notes de cours EDU 2280, bloc 4-3, UQAM.

part des enfants fréquentent un milieu éducatif structuré avant de commencer leur cours primaire.

Un programme d'éducation préscolaire de qualité favorise l'apprentissage chez les enfants de tous les milieux (Zigler et coll., 1993). Comme nous le verrons au chapitre 8, il en va du développement psychosocial comme du développement cognitif : il repose en grande partie sur le contexte social au sein duquel vit l'enfant.

ÂGE SCOLAIRE

Les enfants d'âge scolaire possèdent des compétences cognitives remarquables et ils en acquièrent de nouvelles d'année en année. À 11 ans, par exemple, de nombreux enfants sont capables de multiplier des fractions et des nombres fractionnaires, de mémoriser une liste de 50 mots de vocabulaire et d'exprimer de l'ironie. En outre, les enfants d'âge scolaire réfléchissent aux faits et aux relations de manière de moins en moins intuitive et de plus en plus analytique. Forts de ces habiletés cognitives et d'aptitudes verbales en plein épanouissement, les écoliers tiennent sur le monde et sur eux-mêmes un discours dont les enfants sont encore incapables à l'âge du jeu.

Pour comprendre les facteurs de cette évolution, nous ferons encore appel aux lumières des spécialistes de la cognition. Nous exposerons les idées de Piaget et de ses disciples à propos de l'émergence de la pensée logique et systématique. Nous nous pencherons sur les progrès du langage et nous étudierons les effets de l'éducation sur le développement cognitif.

Pensée, mémoire et connaissances

L'âge scolaire est marqué par de nombreux changements cognitifs qui donnent à la pensée de l'enfant une rigueur qu'elle n'a pas à l'âge du jeu. L'écolier fait plus qu'enrichir son bagage de connaissances : il exploite avec de plus en plus de souplesse ses ressources cognitives pour résoudre des problèmes, mémoriser des informations ou se renseigner sur un sujet. Il peut utiliser ses aptitudes à la pensée et au raisonnement pour accomplir toutes sortes de tâches cognitives ou, s'il en est incapable au premier essai, pour trouver rapidement le moyen de le faire. Comme l'a dit Flavell (1992), la plupart des enfants d'âge scolaire « ont compris comment

Ce petit garçon est à l'image des enfants de 5ᵉ année : il est capable d'attention sélective. Autrement dit, il peut se concentrer sur sa tâche en restant relativement insensible aux facteurs de distraction.

Attention sélective Processus par lequel le cerveau fait le tri des messages sensoriels pour ne traiter que ceux jugés les plus importants.

Procédés de mémorisation Moyens qui facilitent la mémorisation, tels que la répétition et la réorganisation.

penser ». Ils savent que, pour bien penser, ils doivent étudier des faits, planifier, faire preuve de logique et de cohérence et formuler des hypothèses divergentes. Ils tentent donc de manifester ces habiletés et ils les recherchent chez les autres (Flavell et coll., 1993).

Selon les chercheurs qui s'intéressent au traitement de l'information, ces spectaculaires progrès intellectuels découlent d'une transformation complète des mécanismes de traitement et d'analyse de l'information (Bjorklund, 1990; Klahr, 1992; Kuhn, 1992). Nous verrons en effet qu'ils sont directement reliés à l'émergence de l'attention sélective et des habiletés mnésiques, à l'augmentation de la capacité et de la vitesse de traitement, à l'enrichissement des connaissances ainsi qu'à l'apparition de certains aspects de la métacognition, c'est-à-dire la capacité de penser à la pensée.

Attention sélective

Si vous aviez la chance d'observer un groupe d'enfants dans une maternelle, puis un groupe d'écoliers d'une classe de 5ᵉ année, les différences que vous pourriez relever entre ces deux groupes auraient trait en grande partie au développement de l'attention sélective. Les enfants d'âge préscolaire sont facilement distraits lorsqu'ils écoutent une histoire ou qu'ils s'appliquent à tracer des lettres. Ils bavardent, regardent dans tous les sens, gigotent ou se lèvent pour aller parler à un ami ou simplement se promener.

Contrairement aux élèves de la maternelle, les écoliers de 5ᵉ année sont capables de travailler individuellement ou en groupe, de lire, d'écrire, de discuter et de demander l'aide de leur enseignant sans distraire les autres ni se laisser distraire par eux.

Le processus qui permet au cerveau de faire le tri des messages sensoriels et de se concentrer sur une tâche sans se laisser distraire est appelé attention sélective. Celle-ci est reliée à la consolidation de plusieurs autres habiletés cognitives. Ainsi, elle favorise la mémorisation dans la mesure où elle permet à la personne de s'attarder aux détails qui faciliteront le rappel d'un événement ou d'une tâche.

L'attention sélective joue aussi un rôle important dans le raisonnement et la résolution de problèmes. Pour résoudre un problème difficile, en effet, il faut d'abord se concentrer sur l'information susceptible de mener à une solution, puis travailler de manière systématique jusqu'à l'obtention d'un résultat satisfaisant (Flavell et coll., 1993; Miller, 1990). C'est ce que l'enfant d'âge scolaire fait de mieux en mieux.

Stratégies mnésiques

L'amélioration de la mémoire compte parmi les progrès cognitifs les plus remarquables de l'âge scolaire. Cette évolution est due dans une large mesure à l'emploi de stratégies mnésiques destinées tant au stockage de l'information qu'à sa récupération.

L'amélioration se fait d'abord sentir au chapitre des procédés de mémorisation, c'est-à-dire les moyens qui facilitent la mémorisation, comme la répétition et la réorganisation. Le répertoire des procédés de mémorisation augmente de l'âge du jeu à l'adolescence (Kail, 1990).

Par exemple, au lieu de simplement regarder un groupe d'objets à mémoriser comme le ferait un enfant d'âge préscolaire, des enfants de 5 ou 6 ans auront tendance à répéter les noms de ces objets jusqu'à ce qu'ils soient capables de s'en souvenir, tandis que des enfants de 9 ou 10 ans les réorganiseront mentalement afin de les mémoriser plus facilement. Les enfants plus âgés ont généralement recours à la réorganisation pour mémoriser un grand nombre d'éléments. Ainsi, pour apprendre les noms des 30 pays les plus peuplés du monde, ils pourraient les regrouper par régions ou les classer par ordre alphabétique, ou encore composer une phrase à l'aide de la première lettre de chacun des noms de ces pays. Si, à l'âge de 9 ans, les enfants utilisent spontanément des stratégies d'organisation de l'information, ils seront certainement capables de les appliquer plus tard à des tâches plus complexes (Best, 1993).

L'amélioration de la mémoire s'étend aussi aux procédés de récupération, les stratégies qui permettent de recouvrer une information mémorisée. La capacité d'employer des procédés de récupération apparaît au milieu de l'enfance et se développe de façon constante par la suite (Kail, 1990).

À partir de la 5ᵉ année, les enfants commencent à comprendre qu'ils peuvent, s'ils ne se souviennent pas immédiatement de quelque chose, faire des efforts de rappel et tenter, par exemple, de relier l'élément recherché à d'autres événements ou informations s'y rapportant (Flavell et coll., 1993). Un peu plus tard, lorsqu'ils deviennent plus systématiques dans leurs efforts de recouvrement, ils tenteront de se mettre sur la bonne piste en utilisant des indices, tels que la première lettre d'un mot ou un mot clé pouvant stimuler le rappel de l'information mémorisée. Ils peuvent aussi visualiser l'expérience dont ils essaient de se souvenir. Au premier cycle du secondaire, la plupart des élèves ne cèdent pas à la panique s'ils n'arrivent pas à se souvenir de l'emplacement de la Bolivie ou de la Bulgarie pendant un examen de géographie. Contrairement à un élève de 4ᵉ ou de 5ᵉ année qui serait probablement frustré par une telle panne de mémoire et renoncerait à répondre à cette question, un enfant de secondaire I entreprendrait un effort systématique pour se rappeler l'emplacement de ces pays. Il se ferait une image mentale de la carte du monde ou tenterait de se remémorer le cours de géographie pendant lequel ces pays ont été étudiés.

Deux aspects du développement cognitif étayent l'amélioration de la mémoire : l'attention sélective (voir plus haut) et les relations avec les pairs. Les enfants d'âge scolaire peuvent en effet étudier deux à deux ou en groupe, s'interroger et s'encourager les uns les autres avec une bonne volonté que l'enfant d'âge préscolaire ne peut encore manifester en raison de son égocentrisme intellectuel.

En résumé, la mémoire s'améliore tellement chez les enfants de 6 à 12 ans que les plus âgés sont capables de retenir presque intégralement une série d'informations diverses pendant une période de quelques jours ou plus (Brainerd et Reyna, 1995).

Comment faire pour se rappeler les noms des pays et leur situation sur le globe ? Ces garçons savent qu'ils pourraient employer diverses stratégies : répéter les noms des pays, regrouper les pays par régions, les classer par ordre alphabétique ou les colorier sur une carte selon un code fondé sur la situation ou d'autres caractéristiques.

Procédés de récupération Stratégies qui permettent de repêcher l'information mémorisée, telles que penser à une information connexe ou se créer une image mentale de l'élément recherché.

Vitesse et capacité de traitement

L'enfant d'âge scolaire se distingue de ses cadets par la rapidité de sa pensée (Hale, 1990; Kail, 1991a, 1991b). De fait, la vitesse de traitement ne cesse d'augmenter entre l'âge du jeu et le début de l'âge adulte (Kail, 1991b).

L'augmentation de la vitesse de traitement de l'information va de pair avec une capacité de traitement accrue : le fait de penser plus rapidement permet de penser à plus d'une chose à la fois. Contrairement à l'enfant à l'âge du jeu, qui se trouve facilement dépassé par des tâches complexes ou des questions simultanées, l'enfant d'âge scolaire peut jongler avec plusieurs idées, pensées et stratégies à la fois. Un élève de 6ᵉ année peut, par exemple, prêter l'oreille à la conversation entre ses parents à la table familiale, réagir aux commentaires de ses frères et sœurs en pensant à ses activités du week-end, sans pour autant oublier de demander son argent de poche de la semaine. À l'école, il peut répondre à une question de son enseignant en fournissant plusieurs éléments de réponse plutôt qu'un seul tout en veillant à s'exprimer de manière claire et précise et en jetant un coup d'œil sur ses camarades de classe pour vérifier s'ils sont attentifs.

À quoi cette augmentation de la vitesse et de la capacité de traitement qui survient au milieu de l'enfance est-elle due ? Ce changement découle certainement du processus général de maturation neurologique, particulièrement du renforcement des gaines de myéline des voies nerveuses et du développement des zones frontales du cortex qui se poursuivent au fil des années (Bjorklund et Harnishfeger, 1990; Dempster, 1993; Kail, 1991). Il résulte deuxièmement de l'utilisation de plus en plus judicieuse des ressources cognitives comme l'attention sélective (Case, 1985; Flavell et coll., 1993). On ne saurait enfin négliger un troisième facteur :

Donner un coup de tête tout en parant une chute, voilà un mouvement qu'il faut répéter souvent avant de l'effectuer automatiquement. Ce petit garçon n'a pas à penser à ses gestes et peut donc se concentrer sur ce qu'il fera en se relevant. Suivra-t-il le ballon ? Réintégrera-t-il sa position ?

Automatisation Processus par lequel les activités mentales deviennent automatiques à force d'être répétées.

l'expérience. Avec le temps, et surtout à force de répétition, les enfants parviennent à effectuer automatiquement des activités mentales qui leur demandaient beaucoup d'efforts initialement. Ce processus, appelé automatisation, augmente la vitesse et la capacité de traitement et permet aux enfants d'âge scolaire de penser à plusieurs choses simultanément.

Acquisition de connaissances

Il semble que le développement cognitif se conforme au principe voulant que plus on en sait, plus on peut en apprendre. Le fait de posséder une base de connaissances, c'est-à-dire un ensemble de connaissances ou d'habiletés reliées à un sujet, facilite l'acquisition de nouvelles informations sur ce sujet. Les éléments connus, en effet, servent d'ancrage aux éléments nouveaux. Si les enfants apprennent mieux à l'âge scolaire, c'est en partie parce qu'ils ont étendu leur base de connaissances : ils en savent déjà long dans différentes disciplines.

Base de connaissances Ensemble de connaissances ou d'habiletés que possède un individu dans un domaine et sur lequel repose l'acquisition de nouvelles informations sur ce sujet.

Métacognition

L'acquisition de stratégies cognitives est le dernier des facteurs du développement intellectuel à l'âge scolaire, mais non le moindre en importance. L'écolier s'aperçoit en effet que le contenu de sa pensée est en partie assujetti à sa maîtrise consciente (Flavell, 1995). Aidé et inspiré par les adultes, il comprend qu'il doit gérer activement sa pensée pour faire des apprentissages et résoudre des problèmes, et il discerne les exigences reliées à ses tâches. La gestion de la pensée repose sur la métacognition, la capacité qui permet d'examiner une tâche cognitive afin de déterminer le moyen de la réussir et d'évaluer également son propre rendement. Le mot « métacognition » signifie en quelque sorte « capacité de penser au processus de la pensée ». L'apparition de la métacognition est reliée à la théorie mentale que l'enfant acquiert à l'âge du jeu (voir les pages 216 et 217 de ce chapitre).

Métacognition Capacité de penser au processus de la pensée; faculté qui permet d'examiner une tâche cognitive afin de déterminer le moyen de la réussir et d'évaluer également son propre rendement.

Il existe de nombreux indicateurs de l'émergence de la métacognition (Flavell et coll., 1993; Siegler, 1991). Ainsi, parce qu'ils ont du mal à évaluer le degré de difficulté d'un problème, les enfants à l'âge du jeu déploient la même quantité d'efforts pour toutes les sortes de tâches. Les enfants d'âge scolaire peuvent, au contraire, voir quelles sont les tâches les plus difficiles, s'y atteler plus activement et donc mieux s'en acquitter. Pendant leurs années d'école, les enfants apprennent aussi quelles sont les méthodes d'apprentissage les plus efficaces pour tel type de travail intellectuel, que la répétition, par exemple, est une bonne stratégie pour la mémorisation, mais que celle-ci est moins efficace que la délimitation des principaux points d'un problème lorsqu'il s'agit de compréhension.

De plus, les enfants d'âge scolaire ont spontanément tendance à évaluer leur rendement, chose assez rare chez les enfants à l'âge du jeu. Ils sont capables de juger s'ils ont bien appris un groupe de mots illustrant une règle particulière d'orthographe ou des principes scientifiques. Par ailleurs, les enfants plus âgés utilisent davantage de moyens concrets, tels que des listes ou des diagrammes, pour faciliter leurs efforts de mémorisation ou la résolution d'un problème. Les enfants plus âgés abordent donc le travail intellectuel de manière stratégique et planifiée. L'efficacité et la portée de leurs efforts s'en trouvent décuplées grâce au développement de la métacognition.

Période opératoire concrète

Une autre caractéristique importante des enfants plus âgés sur le plan cognitif est qu'ils pensent *logiquement*. Tandis que des enfants d'âge préscolaire feraient appel à l'intuition ou à des impressions subjectives pour interpréter les résultats d'une expérience scientifique (« Peut-être que la chenille avait justement envie de se transformer en papillon. »), ceux d'âge scolaire tentent de trouver des explications cohérentes (« Est-ce que la chenille se fie à la température de l'air pour savoir quand il est temps de commencer à tisser un cocon ? »). Le développement de la pensée logique se poursuit pendant la deuxième partie de l'enfance. Si on observe des groupes d'enfants en train de jouer dans une cour de récréation, on note que des enfants de 1re année se disputant au sujet des règles d'un jeu ont tendance à élever la voix et à protester avec de plus en plus de véhémence (« C'est... ! », « Ce n'est pas... ! », « Mais si, c'est... ! », « Non, ce n'est pas... ! ») alors que des enfants de 5e année sont capables de discuter, de régler leurs désaccords d'une manière plus tempérée en avançant des arguments et des justifications (« Ça ne peut pas être juste; si ce l'était, on aurait le droit de marquer les points d'une autre façon ! »). Que ce soit à l'école ou dans la vie en général, la pensée logique est essentielle à la compréhension, à l'apprentissage et à la capacité de communiquer clairement avec les autres.

Piaget s'intéressait à l'apparition du raisonnement logique pendant l'enfance. Selon lui, la pensée caractéristique de la période opératoire concrète, c'est-à-dire la capacité de raisonner logiquement à propos des faits et des événements, constitue le principal accomplissement cognitif de l'enfant d'âge scolaire. Nous avons vu dans la première section de ce chapitre que, contrairement à ce qu'avançait Piaget, les enfants d'âge préscolaire sont parfois capables de pensée opératoire concrète; ils parviennent notamment à réussir des versions simplifiées et ludiques de l'épreuve de la conservation. Mais la pensée logique n'est, au mieux, que précaire chez l'enfant à l'âge du jeu. Selon Piaget, la pensée opératoire concrète s'établit fermement entre 7 et 11 ans. L'écolier devient alors capable d'une logique qu'il applique aux objets concrets. En quoi avons-nous affaire à une logique durant cette période ? « Pour la première fois, nous sommes en présence d'opérations proprement dites, en tant que pouvant être inversées — comme l'addition qui est la même opération que la soustraction, mais en sens inverse » (Piaget, 1972). Ce n'est que vers l'âge de 12 à 15 ans que l'on parvient à raisonner sur des énoncés verbaux, des propositions, des hypothèses.

Période opératoire concrète Selon Piaget, troisième période du développement cognitif (de 6-7 à 11 ans), caractérisée par la capacité d'accomplir des opérations logiques pour résoudre des problèmes concrets.

Raisonnement logique

Selon Piaget, c'est durant la période opératoire concrète que l'enfant saisit le principe de la conservation. Il peut dès lors comprendre qu'un objet demeure le même en dépit de changements d'apparence. Cela lui est désormais possible, car la réversibilité, une nouvelle caractéristique de la pensée, le rend maintenant capable de revenir au point de départ d'un raisonnement. Il sait par exemple, et sans avoir à compter, que si on ajoute deux jetons à un ensemble de sept et qu'on en enlève deux autres, l'ensemble a toujours sept jetons. Il saisit que l'inversion de l'action a annulé la transformation.

C'est ainsi que l'enfant accède à la notion d'identité, selon laquelle tout objet conserve certaines caractéristiques invariables malgré toutes les transformations apparentes qu'on peut lui faire subir. Par exemple, il comprend que le fait de transvaser un liquide d'un récipient à un autre de taille différente ne modifie pas la quantité de liquide, puisqu'on n'a rien ajouté ou enlevé. Il peut aussi saisir que la galette de pâte à modeler que l'on vient d'aplatir sous ses yeux contient tout autant de pâte à modeler que l'autre boulette qui n'a pas été aplatie. Il pourra même s'en expliquer à l'aide d'arguments logiques.

À bien des égards, la compréhension du principe d'identité favorise la précision et l'objectivité du raisonnement, car elle permet à l'enfant de considérer tous les aspects importants d'un objet ou d'un événement. C'est ce qu'on appelle la décentration. L'enfant commence donc à mieux comprendre les nombreuses transformations de la vie et du monde qui l'entoure.

La maîtrise de l'application des règles est également essentielle à l'acquisition d'un concept fondamental pour les apprentissages structurés : la classification. La classification est le concept selon lequel les objets peuvent être répartis dans des catégories, ou classes, selon des critères rigoureusement appliqués. Dans sa vie quotidienne, par exemple, l'enfant rencontre la classe *famille*, formée de ses parents, de ses frères et sœurs, ainsi que les classes *jouets*, *animaux*, *personnes* et *aliments*. Le

Réversibilité Caractéristique de la pensée qui permet de comprendre que ce qui a été modifié retrouve son état initial après une inversion de la transformation.

Identité Caractéristique de la pensée qui permet de comprendre qu'une substance donnée reste la même en dépit des changements qui affectent sa forme et son apparence.

Décentration Caractéristique de la pensée qui permet de considérer tous les aspects importants d'un objet ou d'un événement.

Classification Concept selon lequel les objets peuvent être répartis dans des catégories (comme les fruits, les légumes, les produits laitiers dans le cas des aliments) selon des critères et des règles logiques rigoureusement appliqués. Selon Piaget, l'enfant acquiert ce concept au cours de la période opératoire concrète.

Cette enseignante fait la démonstration des effets de l'électricité statique. Ce genre d'activité stimule la logique des enfants pendant la période des opérations concrètes bien mieux que ne sauraient le faire les descriptions abstraites d'un manuel.

Inclusion des classes Concept selon lequel un objet ou une personne peut appartenir à plus d'une classe. Un homme, par exemple, peut appartenir à la classe des pères en même temps qu'à celle des frères.

concept de classification est relié à un autre, plus complexe, celui d'inclusion des classes, selon lequel un objet ou une personne peut appartenir à plus d'une classe. La plupart des enfants d'âge préscolaire comprennent vaguement comment classifier des objets, mais ils ne saisissent pas les relations complexes entre les catégories générales et spécifiques (Flavell, 1985).

Prenons pour illustrer notre propos l'exemple d'une expérience inspirée d'une série d'études de Piaget. Un expérimentateur présente sept chiens jouets à des enfants : quatre collies, un caniche, un setter irlandais et un berger allemand. Il demande : « Est-ce qu'il y a plus de collies ou plus de chiens ? » La plupart des jeunes enfants, qui n'ont pas encore assimilé le concept de classification, répondent qu'il y a plus de collies. En revanche, les enfants plus âgés considèrent simultanément la catégorie générale *chiens* et la sous-catégorie *collies*. Ils savent que les personnes, les objets et les événements peuvent appartenir à plus d'une catégorie. Ils admettent également que les catégories peuvent former une hiérarchie (un enfant est à la fois un être humain, un mammifère et un animal), se chevaucher (dans nombre de familles, un enfant est à la fois un fils ou une fille et un frère ou une sœur) et, dans certains cas, se multiplier (un enfant est à la fois un membre d'une famille et un membre d'une classe à l'école).

Bien entendu, l'enfant capable de raisonner de manière logique, soutenue et réfléchie est mieux outillé que le penseur intuitif et inconstant pour analyser soigneusement des problèmes, trouver des solutions appropriées et poser des questions pertinentes. En outre, il devient apte à penser avec objectivité.

À mesure que l'enfant applique son raisonnement à des tâches et à des situations différentes, sa pensée gagne en cohérence et en rigueur.

Limites de la théorie de Piaget

On s'appuie quelquefois sur la théorie piagétienne du développement cognitif pour soutenir que les progrès associés à une période s'étendent à tous les domaines. Les chercheurs contemporains maintiennent cependant qu'un enfant peut manifester un certain type de raisonnement dans un domaine (les sciences ou les mathématiques, par exemple), mais non dans d'autres, la vie sociale notamment.

Selon eux, le développement cognitif serait beaucoup plus variable que les descriptions de Piaget ne le laissent entendre, surtout pour ce qui est de la pensée opératoire concrète. D'après Flavell (1982), cette hétérogénéité tient, entre autres facteurs, aux différences génétiques en matière de compétences et d'aptitudes ainsi qu'aux différences liées à l'environnement en matière de culture, d'éducation et d'expérience. En somme, le chemin parcouru dépend de l'enfant lui-même, de l'objet de sa pensée et du contexte.

Langage

Nous avons vu dans la première section de ce chapitre que l'âge du jeu est marqué par une véritable explosion du langage, tant au point de vue lexical que grammatical. Les progrès du langage sont tout aussi importants à l'âge scolaire, quoique plus subtils. L'écolier, en effet, comprend et maîtrise de mieux en mieux la structure et les possibilités d'utilisation de la langue et, par voie de conséquence, enrichit ses habiletés cognitives en général. Pour l'enfant d'âge scolaire, comprendre le langage, c'est se comprendre lui-même et comprendre le monde.

Vocabulaire et grammaire

L'enfant d'âge scolaire aime apprendre des mots et ne cesse d'en ajouter à son vocabulaire grâce à la schématisation rapide (voir les pages 225 et 226). Certains auteurs estiment même que la vitesse d'acquisition du vocabulaire est plus grande à l'âge scolaire qu'à l'âge du jeu (Anglin, 1993). L'enfant se plaît aux jeux verbaux, comme en témoignent les poèmes qu'il compose, les codes secrets qu'il invente et

À VOUS LES COMMANDES – 7.7

Les expressions chez les enfants, d'une génération à une autre

1. Notez au moins deux expressions que vous utilisez et que vos parents ou grands-parents auraient de la difficulté à comprendre.

2. Notez au moins deux expressions que vos parents ou grands-parents utilisent et que vous ne comprenez pas ou que vous n'avez pas comprises initialement.

3. a) Si vous avez des enfants ou que vous côtoyez des jeunes, notez deux expressions qu'ils utilisent et que vous n'avez pas comprises initialement.

   b) Utilisez-vous de temps à autre certaines d'entre elles ? Si oui, avec qui le faites-vous ? Devez-vous parfois en donner le sens ?

les blagues qu'il raconte. L'âge scolaire constitue donc le moment idéal pour aider activement l'enfant à enrichir son vocabulaire et à s'initier à l'expression de soi.

Bilinguisme

L'apprentissage d'une deuxième langue fait à juste titre partie des programmes d'enseignement de presque toutes les écoles du monde. En effet, en plus de se révéler une nécessité dans les pays où une minorité assez importante parle une autre langue que celle de la majorité, la connaissance d'une autre langue est presque devenue essentielle en cette ère de la mondialisation.

L'apprentissage d'une autre langue stimule, en outre, le développement intellectuel des enfants et de leurs capacités linguistiques, particulièrement s'il se fait avant la puberté (Baker, 1993; Edwards, 1994; Romaine, 1995). Leur facilité, leur promptitude à changer de code linguistique, leur désir de communiquer ainsi que la finesse de leur oreille pour les différences de prononciation font des enfants de moins de 10 ans les meilleurs candidats pour l'apprentissage de la forme parlée d'une langue étrangère. Théoriquement, grandir, se développer, dès le plus jeune âge, dans deux langues devrait être perçu comme un objectif désirable et non comme un problème à surmonter.

L'éducation bilingue peut être tout aussi intéressante que fructueuse si les mots sont expliqués dans les deux langues et si on a recours aux images et aux gestes pour aider les élèves à jeter un pont entre les deux langues.

RECHERCHE

L'éducation bilingue

S'il existait une manière facile d'y parvenir, tout le monde s'exprimerait couramment dans plusieurs langues. En plus de permettre de communiquer avec un plus grand nombre de personnes, le fait d'être bilingue, par exemple, assouplit l'esprit en faisant prendre conscience aux enfants que les idées peuvent être exprimées de toutes sortes de manières (Genesee, 1994; McLaughlin, 1985).

On devient plus facilement bilingue si on s'y prend jeune. C'est le cas si un enfant entend et parle deux langues à la maison et à la garderie dès son plus jeune âge. Bien que le mélange des langues ralentisse parfois l'acquisition du langage, le besoin de communiquer et d'établir des contacts sociaux de l'enfant d'âge préscolaire peu inhibé permet un apprentissage rapide de toutes les langues qu'il entend parler autour de lui, qu'il s'agisse d'une, de deux ou même de trois langues différentes (Goodz, 1994, McLaughlin, 1985).

Le même succès s'observe à l'école maternelle, même lorsque la langue parlée en classe est la deuxième langue que les enfants doivent apprendre. À leur arrivée à l'école, la plupart des enfants ont déjà maîtrisé certains des éléments de base de la communication et de la vie de groupe, tels que communiquer par gestes ou attendre son tour. Ils sont également assez avancés sur les plans cognitif et

social pour pouvoir mettre en œuvre des stratégies leur permettant de s'intégrer dans un groupe, quelle que soit la langue parlée par les autres enfants (Saville-Troike et coll., 1984). L'étude d'un groupe d'enfants hispanophones dans une maternelle anglophone a permis d'observer qu'ils utilisaient les huit stratégies suivantes :

Stratégies sociales
1. Se joindre à un groupe en ayant l'air de savoir ce qui s'y passe, même si ce n'est pas le cas.

2. Donner l'impression, par l'utilisation de quelques mots bien choisis, que l'on parle la langue du groupe.

3. Compter sur l'aide de ses amis.

Stratégies cognitives
1. Présumer que le sujet de discussion d'un groupe d'enfants est directement relié à la situation observable de l'extérieur.

2. Commencer à parler en utilisant des expressions connues.

3. Repérer, dans les expressions apprises, les parties pouvant être réutilisées.

4. Faire de son mieux avec ce que l'on a.

5. S'occuper d'abord des choses les plus importantes.

Il est clair que les enfants doivent avoir une assez bonne confiance en eux et que leurs camarades doivent être suffisamment réceptifs pour que ces stratégies puissent être utilisées efficacement. Malheureusement, les choses ne se déroulent pas toujours aussi facilement pour de nombreux enfants, particulièrement pour ceux qui sont plus âgés et qui parlent d'autres langues que celle de leur groupe d'accueil.

Le succès de l'éducation officiellement bilingue varie sans doute grandement d'un enfant à un autre, d'un enseignant à un autre ou encore d'un programme à un autre (Wong Fillmore, 1987). Il semble surtout dépendre de la capacité de l'enseignant à créer un environnement accueillant, encourageant les enfants à se faire des amis et à participer aux conversations. Un milieu où ils se sentent suffisamment à l'aise pour tenter de s'intégrer en devinant ce qui se passe dans le groupe (Wong Fillmore, 1976, 1987).

Il existe actuellement trois types de programmes pour les enfants d'âge scolaire qui ne parlent pas la langue d'enseignement. Le premier consiste à enseigner la langue officielle comme une deuxième langue. Une autre approche, appelée bilingue-biculturelle, favorise le regroupement d'enfants appartenant à la même communauté culturelle pour leur offrir des cours dans deux langues. Au lieu de se consacrer exclusivement à l'apprentissage d'une langue, ces enfants peuvent continuer à parler leur langue maternelle, apprendre différents sujets dans celle-ci tout en faisant l'apprentissage de la langue de leur milieu d'accueil. Il y a enfin l'immersion où l'enfant se retrouve en présence d'autres enfants et d'enseignants ne parlant que la langue de la majorité. Chacune de ces approches possède ses avantages et répond à des besoins différents.

L'approche consistant à enseigner la langue officielle comme une deuxième langue peut répondre aux besoins des écoles dont les élèves, provenant d'un grand nombre de communautés culturelles, parlent plusieurs langues différentes. Cependant, en cours d'apprentissage de leur nouvelle langue, les élèves peuvent développer une sorte de honte, de « complexe », envers leur langue maternelle, allant même jusqu'à refuser de la parler à la maison à moins d'y être contraints. Leurs relations avec leurs parents risquent alors de devenir très tendues et leur identité culturelle peut être plus ou moins brouillée (Mills et Mills, 1993). Les enfants doivent, en outre, pouvoir apprendre « dans un contexte qui leur permette de partager leurs expériences ». S'ils ne peuvent pas s'exprimer dans leur langue maternelle et ne se sentent pas encore assez à l'aise pour communiquer dans leur nouvelle langue, leur estime de soi, leur motivation, leur éducation en général peuvent en souffrir.

L'approche dite bilingue-biculturelle vise à éviter ce genre de problèmes en offrant une grande partie de l'enseignement dans les deux langues et dans les deux cultures, les enseignants ayant une connaissance approfondie de chacune d'elles. Cette approche semble certes idéale, puisqu'elle offre le meilleur de « deux mondes ». Il faut cependant souligner qu'il est difficile et coûteux de combler de tels postes d'enseignants et que les enfants regroupés au sein de ces programmes peuvent se sentir, ou être perçus, comme un groupe à part. Ils ont généralement tendance à ne pas se mêler aux enfants du groupe dominant et, étant donné qu'une langue s'apprend mieux dans un contexte d'interactions sociales, cela ralentit l'apprentissage de la nouvelle langue et leur intégration à une seconde culture.

Dans les programmes d'immersion, la communication entre les enfants est, au contraire, quasiment inévitable, particulièrement si les deux langues ont une place égale dans l'identité culturelle et si les parents appuient la participation de leurs enfants à de tels programmes (Edwards, 1994). Tel est le cas au Québec où des milliers d'enfants anglophones apprennent le français grâce à des programmes d'immersion qui commencent dès la maternelle. Lorsqu'ils arrivent en 5e année, ces enfants maîtrisent presque aussi bien cette langue que leurs camarades dont la langue maternelle est le français. De plus, ils obtiennent de bons résultats aux tests de mathématiques, de sciences et d'histoire, peu importe dans laquelle des deux langues ces tests sont administrés. Des résultats semblables s'observent parmi les enfants finlandais qui suivent des cours d'immersion en suédois, particulièrement s'ils possèdent déjà une bonne connaissance de leur langue maternelle et s'ils s'inscrivent à ces programmes d'immersion à la maternelle ou vers l'âge de 10 ans. La participation à des programmes d'immersion à partir du milieu de l'école élémentaire ne donne pas d'aussi bons résultats (Paulston, 1992).

Pensée, apprentissage et éducation

Réfléchi. Avide de connaissances. Capable de centrer son attention, de maîtriser les opérations logiques et de mémoriser des faits interdépendants. Tels sont les traits que nous avons attribués à l'écolier et que l'on peut discerner chez les enfants de 6 à 11 ans dans le monde entier.

Si certaines caractéristiques de l'enfant sont universelles, la façon de les orienter et de les cultiver n'a rien d'uniforme d'un pays à un autre. Toutes les sociétés prodiguent une forme d'éducation aux enfants, mais on observe d'importantes variations en ce qui a trait aux élèves, à la teneur de l'enseignement et aux méthodes utilisées. De tout temps, les garçons et les enfants riches ont été beaucoup plus nombreux que les filles et les enfants pauvres à recevoir un enseignement structuré. Même aujourd'hui, on compte moins de filles que de garçons dans les écoles de

83 % des pays en voie de développement. Dans les pays industrialisés, presque tous les enfants vont à l'école (Minuchin et Shapiro, 1983; Unicef, 1990).

Partout, on enseigne aux enfants à lire, à écrire et à compter, mais certaines écoles font une large place aux autres disciplines (les sciences, les arts, l'hygiène et la religion notamment), tandis que d'autres les effleurent à peine. Les méthodes pédagogiques varient tout autant que les programmes d'études. On trouve ainsi des classes où les enfants doivent écouter les leçons de l'enseignant dans le silence et l'immobilité absolus. Il existe à l'autre extrême des classes où les élèves sont encouragés à interagir et à utiliser librement les ressources didactiques; là, l'enseignant joue le rôle d'un conseiller, d'un guide et d'un ami plutôt que celui d'une figure d'autorité.

Les programmes d'études et les méthodes pédagogiques traduisent les valeurs culturelles et les priorités nationales. Cette école coranique, en Inde, et cette école en plein air, en Somalie, ont peu de choses en commun avec les établissements d'enseignement d'Amérique du Nord, d'Europe et d'Australie. Pour évaluer objectivement un système d'éducation, il faut se demander si oui ou non les enfants apprennent les habiletés dont ils auront besoin dans leur milieu social particulier.

Disparités cognitives et apprentissage scolaire

Le rythme du développement cognitif varie au cours de l'âge scolaire en raison de facteurs héréditaires (voir la première section du chapitre 3), éducatifs et culturels. Les différences en matière de rendement scolaire apparaissent alors aux parents et aux enseignants, non sans les inquiéter parfois. Dans bien des pays, par exemple, les écoles envoient aux parents des bulletins sur lesquels apparaissent les notes de l'élève et les commentaires de l'enseignant sur les forces et les faiblesses de l'enfant. Les éducateurs recourent aussi à toutes sortes de tests pour mesurer les progrès des enfants et comparer les classes dans une même école, dans une région, dans un pays, voire dans le monde.

Si l'on se préoccupe autant du rendement scolaire des enfants, c'est notamment parce que l'école a d'importantes répercussions sur le développement intellectuel (Ceci, 1991). De plus, le rendement scolaire est corrélé avec de nombreux indicateurs de la réussite à l'âge adulte (tels la situation professionnelle et le revenu). Il s'ensuit que le développement cognitif d'un enfant est de plus en plus surveillé et évalué. Or, il existe toutes sortes d'aptitudes et de manières de faire état de ses connaissances et de ses habiletés cognitives.

Selon Robert Sternberg, il existe trois types distincts d'intelligences (voir le chapitre 13, La théorie triarchique de Sternberg) : l'intelligence scolaire et analytique (mesurée au moyen des tests de quotient intellectuel et de rendement), l'intelligence créative liée à l'expérience (qui s'exprime dans les tâches imaginatives) et l'intelligence contextuelle et pratique (qui se manifeste dans les situations de la vie quotidienne). Soumis à une épreuve de type scolaire, un enfant créatif ou pragmatique peut non seulement faire mauvaise figure, mais aussi succomber au stress et à la distraction (Sternberg, 1988).

De la même manière, Howard Gardner, dans sa théorie des intelligences multiples, distingue au moins huit sortes d'intelligences : celles reliées aux habiletés linguistiques et logico-mathématiques, l'intelligence musicale, spatiale, kinesthésique, la sensibilité aux autres ou intelligence sociale, la compréhension de soi et l'intelligence naturaliste (Gardner, 1983, 1985, 1991). Bien que toute personne normale possède chacune de ces huit formes d'intelligences, tout le monde est relativement plus doué dans certains domaines que dans d'autres. Par exemple, une personne peut avoir des talents pour l'écriture parce que ses habiletés linguistiques sont particulièrement développées mais se perdre facilement en voiture car son intelligence spatiale est assez faible. Une autre sera capable de peindre des portraits très révélateurs, saisissant bien les traits de caractère de ses modèles, parce qu'elle possède un bon sens spatial et kinesthésique, un sens aigu de l'observation, une grande intelligence sociale, mais elle aura de la difficulté à décrire les processus créatifs auxquels elle fait appel, car elle a moins de facilité à s'extérioriser au moyen du langage ou est moins portée à l'introspection, à l'exploration, à la connaissance de soi.

Le message est clair pour les éducateurs : les résultats obtenus aux tests d'aptitudes portant exclusivement sur les habiletés linguistiques et logico-mathématiques ne traduisent pas fidèlement les connaissances ou le potentiel de l'enfant, surtout dans les domaines artistique, social et sportif. Idéalement, les élèves devraient avoir la possibilité de développer toutes leurs intelligences et de démontrer tous leurs

Les enfants s'encouragent mutuellement à apprendre et, souvent, ils acquièrent plus de connaissances les uns des autres que des adultes. Ces trois écolières (une médecin, une patiente et une observatrice) ont toutes les chances de se rappeler ce à quoi sert un stéthoscope.

Les études menées auprès des jeunes marchands ambulants du Brésil révèlent qu'ils sont peu nombreux à avoir fréquenté l'école, mais que la plupart possèdent des habiletés arithmétiques avancées. Comme ce garçonnet de São Paulo, ils peuvent multiplier un prix par un nombre d'articles, soustraire pour rendre la monnaie et même convertir des devises étrangères. D'autres études confirment que les enfants d'âge scolaire font appel à leurs capacités cognitives pour assimiler tout ce que leur société valorise ou exige, y compris les habiletés sociales nécessaires pour convaincre une touriste d'acheter des citrons.

progrès. C'est pourquoi les tests traditionnels de rendement et d'aptitudes n'ont qu'une utilité très limitée.

Éducation et culture

Dans ce chapitre, nous avons fait état des habiletés particulièrement appréciées en Occident (le raisonnement logique et la pensée systématique ainsi que les stratégies cognitives qui y sont associées) et d'une valeur comme celle de la réalisation personnelle. Or, les sociétés n'adhèrent pas toutes aux mêmes valeurs et toutes n'éduquent pas les enfants dans des écoles. Dans certaines sociétés, le milieu de l'enfance est marqué non par l'entrée dans le système scolaire, mais par la transition du foyer à la collectivité. Là, les enfants apprennent auprès de mentors les habiletés reliées à des activités comme la chasse, l'agriculture et la préparation des aliments. Ailleurs, y compris dans les écoles innovatrices d'Occident, on met l'accent sur l'apprentissage coopératif, le travail collectif et le respect des styles individuels. Ces disparités indiquent que les objectifs pédagogiques et les méthodes d'éducation sont étroitement liés aux valeurs et aux besoins de la société, comme l'avait compris Vygotsky. En d'autres termes, l'éducation consiste en la transmission des connaissances, des habiletés, des façons de faire que cautionne la culture.

Par conséquent, les accomplissements intellectuels de l'enfant de 6 à 11 ans dépendent en grande partie des compétences exigées par la société. Les études transculturelles démontrent d'ailleurs que les résultats obtenus à des tests portant sur le vocabulaire, la mémoire, la pensée systématique et le raisonnement logique sont associés à l'éducation occidentale traditionnelle (Cole, 1992; Rogoff et Morelli, 1989). Cette forme d'éducation permet aux enfants, quelles que soient leurs racines culturelles, d'acquérir des habiletés cognitives qu'ils peuvent mettre en pratique de manière impersonnelle et hypothétique, que ce soit pour résoudre des problèmes mathématiques ou pour mémoriser et classer une série de termes.

Le milieu de l'enfance est aussi l'époque où l'on acquiert auprès d'autres personnes, à l'école ou ailleurs, les habiletés pratiques que sa société approuve. Ces habiletés ne reposent pas nécessairement sur la forme de pensée et de raisonnement valorisée en Occident et enseignée dans les écoles traditionnelles. Chez les enfants qui ne fréquentent pas l'école, du reste, l'acquisition d'habiletés socialement approuvées débouche fréquemment sur des compétences inattendues. Une étude destinée à mesurer la compréhension des concepts mathématiques chez les petits vendeurs ambulants du Brésil nous fournit des exemples frappants de ce phénomène. Tous les enfants étudiés étaient âgés de 6 à 11 ans et possédaient un faible degré d'instruction. Les problèmes traditionnels qui leur étaient présentés sous forme écrite (comme 420 + 80) les déroutaient complètement. En revanche, les problèmes oraux portant sur des achats de fruits et des remises de monnaie (« J'achète 2 noix de coco à 40 $ chacune. Voici un billet de 500 $. Combien me rends-tu ? ») ne leur posaient pas de difficulté. Les enfants les résolvaient rapidement et correctement, parfois au moyen de stratégies non conventionnelles mais efficaces (Carraher et coll., 1985, 1988). Ils ne possédaient pas les stratégies cognitives nécessaires à la résolution de problèmes mathématiques hypothétiques, mais ils avaient appris les habiletés pratiques reliées à leur métier et acquis des aptitudes mathématiques très avancées.

Le développement cognitif est influencé par l'environnement de l'enfant, c'est-à-dire sa famille, son école et sa société. Nous verrons au chapitre suivant quelle influence cet environnement exerce sur le développement psychosocial de l'enfant.

Résumé

🔵 **SECTION 1** Âge du jeu

Pensée de l'enfant à l'âge du jeu

1. Le jeune enfant ne peut dénombrer de grandes quantités et il a de la difficulté à additionner et à soustraire. Ses dénombrements révèlent cependant qu'il comprend les principes numériques élémentaires, tels que l'ordre, la correspondance biunivoque et la cardinalité. Les parents favorisent grandement l'acquisition des habiletés numériques en accomplissant avec l'enfant des activités à caractère numérique.

2. L'enfant d'âge préscolaire manifeste parfois une grande aptitude à la résolution de problèmes au jeu et dans ses relations avec ses pairs. La recherche a toutefois démontré que les aptitudes à la résolution de problèmes peuvent s'améliorer si les adultes guident l'enfant et adaptent les tâches à ses capacités.

3. Le jeune enfant ne peut ni stocker ni récupérer volontairement les souvenirs, mais il peut faire appel à des scénarios pour se remémorer des expériences particulières. Les adultes peuvent faciliter le rappel en aidant l'enfant à reconstruire ses souvenirs et en lui enseignant des stratégies de recouvrement. L'enfant peut récupérer des souvenirs anciens si l'adulte lui pose des questions directives et l'incite à se concentrer sur des aspects précis d'événements significatifs.

4. Les enfants échafaudent des hypothèses à propos de leurs expériences de vie et des êtres humains. Ils se dotent ainsi d'une théorie mentale qui témoigne de leur compréhension des opérations de l'esprit, des pensées, des sentiments et des motivations des autres. Ils sont sensibles à la subjectivité, mais comprennent mal que les perceptions des autres ne sont pas toujours conformes à leur perception de la réalité.

Piaget et la période préopératoire

5. Selon Piaget, la pensée à la période préopératoire est essentiellement prélogique (intuitive) et égocentrique. La pensée égocentrique à l'âge du jeu est caractérisée entre autres par l'animisme et l'artificialisme.

6. À l'âge du jeu, l'enfant ne saisit pas la réversibilité des transformations, se concentre sur un aspect d'une situation à l'exclusion des autres (centration) et raisonne de manière statique plutôt que dynamique. Il ne possède pas les aptitudes au raisonnement logique et systématique de l'enfant d'âge scolaire.

Théorie de Vygotsky : l'enfant apprenti

7. Vygotsky considérait l'enfant comme un apprenti. Selon lui, l'enfant acquiert des habiletés cognitives en participant, sous l'égide des adultes, à des activités sociales qui stimulent son développement intellectuel.

8. La zone proximale de développement correspond, d'après Vygotsky, aux progrès qu'un enfant a le potentiel de réaliser. Le rôle des adultes doit donc consister à guider l'enfant vers les apprentissages qu'il est prêt à accomplir.

9. Selon Vygotsky, le langage favorise le développement cognitif dans la mesure où il permet le soliloque et facilite les interactions sociales propices à l'apprentissage.

Acquisition du langage

10. L'enfant connaît 10 000 mots ou plus vers l'âge de 6 ans. Il intègre les mots nouveaux dans un schéma mental en se fiant au contexte dans lequel ces mots sont présentés.

11. À l'âge du jeu, l'enfant maîtrise les formes grammaticales élémentaires. Cependant, il a de la difficulté à comprendre les mots abstraits et il a tendance à surgénéraliser les règles de grammaire.

Éducation préscolaire

12. Depuis les 50 dernières années, l'éducation préscolaire est de plus en plus répandue. Le phénomène est dû d'une part aux recherches prouvant que l'éducation préscolaire est bénéfique et, d'autre part, aux mutations de la famille et du travail.

13. La qualité de l'éducation préscolaire varie considérablement. Les programmes à caractère éducatif administrés par des adultes compétents se révèlent bénéfiques à long terme, non seulement pour la réussite scolaire de l'enfant, mais aussi pour son développement social.

🔵 **SECTION 2** Âge scolaire

Pensée, mémoire et connaissances

14. L'enfant d'âge scolaire possède les aptitudes nécessaires à la fréquentation de l'école. Il manifeste par exemple d'étonnantes compétences en traitement de l'information.

15. L'attention sélective s'améliore de façon marquée à l'âge scolaire. La capacité de se concentrer et d'ignorer les facteurs de distraction s'améliore d'année en année.

16. La capacité mnésique et la vitesse de traitement mental augmentent à l'âge scolaire, grâce à la maturation du cerveau mais surtout à de meilleures stratégies d'apprentissage. La base de connaissances de l'enfant s'étend d'année en année, ce qui favorise l'assimilation de nouvelles informations.

Période opératoire concrète

17. Selon Piaget, l'enfant commence vers l'âge de 7 ans à effectuer les opérations logiques caractéristiques de la pensée opératoire concrète. Il est alors capable d'appliquer des principes logiques comme la réversibilité, l'identité et la décentration à des problèmes de classification, de conservation, de mathématiques et de sciences, et à d'autres aspects de la connaissance.

18. La théorie de Piaget rend compte de quelques caractéristiques essentielles du raisonnement à l'âge scolaire. La plupart des spécialistes du développement estiment cependant que l'enfant de 6 à 11 ans n'est pas toujours aussi logique et objectif que le croyait Piaget.

Langage

19. Les habiletés verbales continuent de s'améliorer à l'âge scolaire, car les éducateurs et les parents en encouragent l'acquisition. De plus, les progrès cognitifs facilitent l'apprentissage de mots nouveaux, la compréhension des structures grammaticales complexes, l'usage approprié du langage dans la vie quotidienne et l'apprentissage d'autres langues.

Pensée, apprentissage et éducation

20. L'enfant d'âge scolaire est généralement réfléchi et curieux. Il peut fixer son attention, raisonner logiquement, mémoriser des faits reliés et utiliser divers codes linguistiques. Les méthodes employées pour cultiver et orienter ces habiletés cognitives varient selon les écoles, les pays et les cultures.

21. L'éducation correspond en un sens à la transmission d'habiletés valorisées par la société (comme le raisonnement logique en Occident et les compétences reliées à la chasse, à la construction et à la préparation des aliments dans d'autres régions du monde).

Questions à développement

 SECTION 1 Âge du jeu

1. Décrivez la schématisation rapide. Précisez ses avantages et ses inconvénients.

2. Comparez les théories de Piaget et de Vygotsky et faites ressortir ce qui les différencie. Donnez des exemples de comportement chez les enfants, provenant tant des recherches effectuées que de votre expérience personnelle, qui viennent étayer les thèses des deux théoriciens.

3. Exposez les thèses défendues par les principaux théoriciens du développement en ce qui a trait aux liens entre le langage et le développement cognitif.

SECTION 2 Âge scolaire

4. En vous basant sur ce que vous avez appris au sujet des maternelles chinoises et japonaises, que feriez-vous pour améliorer le système des centres de garde québécois ?

5. Tania, une jeune adulte parfaitement bilingue, est la première de sa famille à vouloir s'inscrire au collège. Elle se souvient que, enfant, son enseignant lui demandait de ne pas parler en espagnol à sa meilleure amie. « On ne parle pas comme ça à l'école », lui disait-il. Tania maîtrise très bien le français aujourd'hui, mais ce souvenir lui est toujours désagréable. Donnez vos impressions sur l'histoire de Tania.

6. En quoi la description de l'intelligence formulée par Gardner permet-elle d'expliquer les faibles résultats scolaires de certains enfants ?

Questions à choix multiples

 SECTION 1 Âge du jeu

1. Un expérimentateur montre d'abord à un enfant deux rangées d'un jeu de dames qui comportent chacune le même nombre de pièces. Puis, pendant que l'enfant le regarde, l'expérimentateur allonge une rangée et lui demande si les deux rangées possèdent encore le même nombre de pièces. Cette expérience vise à déterminer si l'enfant comprend :

   a) la réversibilité.

   b) la conservation de la masse.

   c) la conservation des quantités.

   d) la centration.

2. Une enfant d'âge préscolaire croit que le seul attribut d'un anniversaire est la fête organisée en cette occasion. Elle dit que son papa n'a pas d'anniversaire parce qu'il n'y a jamais de fête organisée pour lui. Ce raisonnement illustre la tendance que Piaget dénommait :

   a) irréversibilité.

   b) centration.

   c) conservation des événements.

   d) représentation mentale.

3. Un enfant comprend que 4 + 2 = 6 signifie que 6 − 2 = 4. Il a appris à maîtriser le concept de :

a) réversibilité.

b) permanence de l'objet.

c) conservation.

d) égocentrisme intellectuel.

4. Antoine, âgé de 4 ans, dit à la monitrice qu'il ne faudrait pas permettre à un clown de visiter les enfants de la prématernelle parce que son ami « Hugo a peur des clowns ». Cet enfant démontre ainsi qu'il peut anticiper la réaction d'une autre personne. Il est manifeste qu'apparaissent là les premiers signes :

a) d'égocentrisme intellectuel.

b) de la permanence de l'objet.

c) d'une théorie mentale.

d) de la conservation.

5. Une enseignante est invitée à choisir une activité divertissante pour un groupe d'enfants de la maternelle. Si elle adhère aux thèses de Vygotsky, elle choisira très probablement :

a) une émission de télévision à la portée de tous les enfants.

b) une expérience improvisée nécessitant peu de supervision de sa part.

c) des activités de jeu brèves et axées sur l'interaction entre les enfants et elle.

d) des casse-tête que chaque enfant résoudra individuellement.

6. Lorsqu'on lui demande de décrire la fête organisée pour l'anniversaire de son ami, Ophélie, âgée de 3 ans, donne une description générale des événements qui associe des éléments de toutes les fêtes auxquelles elle a participé. Il est clair qu'Ophélie :

a) a une pensée très égocentrique.

b) fait appel à un « scénario de fête d'anniversaire ».

c) a été incapable de conserver des souvenirs spécifiques de cette fête-là.

d) a développé une théorie mentale assez complexe.

7. Le docteur Lamarre, qui estime que le développement du langage chez les enfants, particulièrement le soliloque, contribue grandement à leur développement cognitif, serait en accord avec les thèses de :

a) Piaget.

b) Chomsky.

c) Flavell.

d) Vygotsky.

8. Lorsqu'il parle à son fils âgé de 3 ans, Julien change constamment son niveau de langage. Cette façon de faire est :

a) appropriée parce que les enfants âgés de 3 ans commencent à peine à comprendre quelques règles de grammaire.

b) appropriée, vu l'importance de l'étayage pour favoriser le développement cognitif.

c) inappropriée parce que les enfants d'âge préscolaire sont capables de comprendre plus de mots et des règles de grammaire plus complexes que ceux qu'ils utilisent.

d) dans les limites de la zone proximale de développement de son fils.

9. Une enfant d'âge préscolaire est incapable d'assembler seule un casse-tête difficile. Sa mère l'encourage à recommencer, mais cette fois en l'aidant sous forme de questions telles que : « Dans cet espace, faut-il un gros morceau ou un petit morceau ? » Avec l'aide de sa maman, elle parvient à terminer le casse-tête. Lev Vygotsky attribuerait le succès de l'enfant :

a) à une plus grande familiarité avec les morceaux du casse-tête.

b) à l'imitation du comportement de sa mère.

c) à l'interaction sociale avec sa mère, qui a réorganisé la tâche afin de la rendre réalisable.

d) au modelage et au renforcement.

SECTION 2 Âge scolaire

10. Le docteur Marcotte croit que les progrès cognitifs accomplis pendant la période de l'âge scolaire s'expliquent par l'apparition de changements fondamentaux dans la vitesse de la pensée, la base de connaissances et les capacités d'utilisation de la mémoire. Il est clair que le docteur Marcotte a adopté la perspective :

a) piagétienne.

b) vygotskyenne.

c) du traitement de l'information.

d) psychanalytique.

11. Pour un enfant âgé de 10 ans, certaines activités mentales sont devenues tellement faciles qu'elles exigent peu d'efforts. Ce type de développement est dénommé :

a) attention sélective.

b) identité.

c) métacognition.

d) automatisation.

Les réponses aux questions à choix multiples se trouvent en annexe.

Le chapitre 7 en un clin d'œil

● SECTION 1 – Développement cognitif à l'âge du jeu

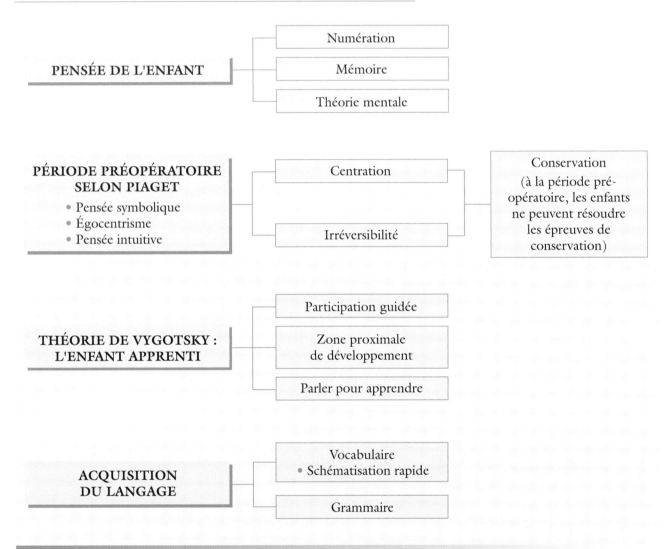

PENSÉE DE L'ENFANT
- Numération
- Mémoire
- Théorie mentale

PÉRIODE PRÉOPÉRATOIRE SELON PIAGET
- Pensée symbolique
- Égocentrisme
- Pensée intuitive

- Centration
- Irréversibilité
- Conservation (à la période préopératoire, les enfants ne peuvent résoudre les épreuves de conservation)

THÉORIE DE VYGOTSKY : L'ENFANT APPRENTI
- Participation guidée
- Zone proximale de développement
- Parler pour apprendre

ACQUISITION DU LANGAGE
- Vocabulaire
  - Schématisation rapide
- Grammaire

● SECTION 2 – Développement cognitif à l'âge scolaire

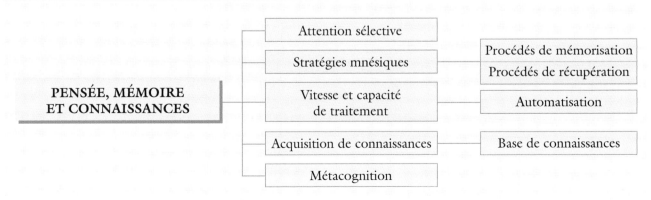

PENSÉE, MÉMOIRE ET CONNAISSANCES
- Attention sélective
- Stratégies mnésiques
  - Procédés de mémorisation
  - Procédés de récupération
- Vitesse et capacité de traitement
  - Automatisation
- Acquisition de connaissances
  - Base de connaissances
- Métacognition

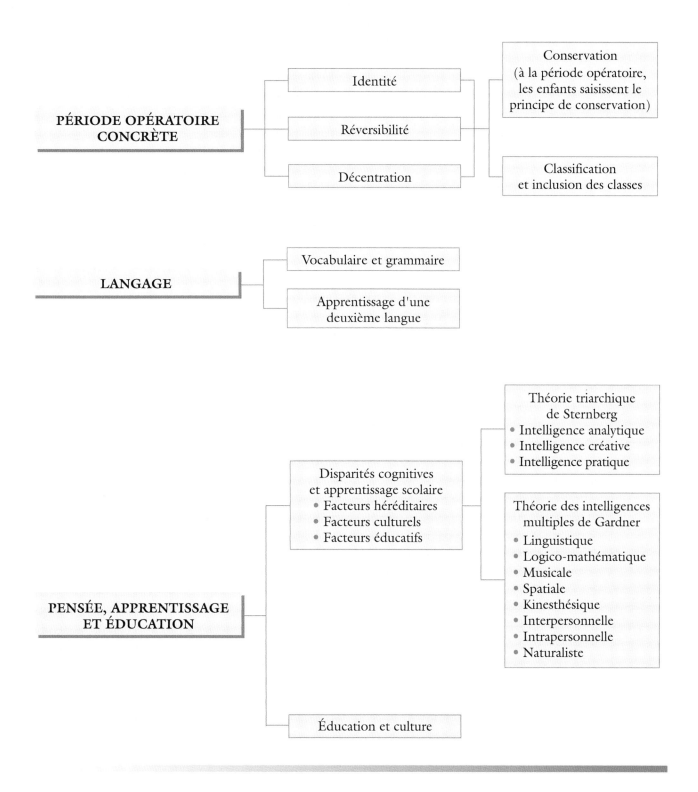

Chapitre **8**

Développement psychosocial à l'âge du jeu et à l'âge scolaire

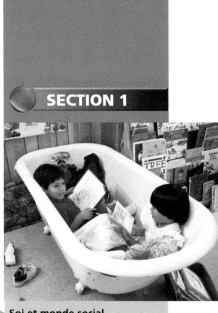
Imaginez deux enfants, un de 2 ans et un de 6 ans. Pensez à ce qui les différencie sur le plan psychosocial. L'enfant de 2 ans s'accroche à sa mère, fait des crises de colère, s'entête et oscille entre la dépendance et l'autonomie. Il ne peut être laissé sans surveillance, ne serait-ce que pour quelques instants, dans un endroit où son indéfectible curiosité pourrait avoir des conséquences désastreuses.

L'enfant de 6 ans, lui, possède l'assurance et la compétence nécessaires pour jouir d'une certaine indépendance. Il peut exprimer son affection à ses parents et à ses amis sans les accaparer. Il dit au revoir à ses parents à la porte de l'école, il se lie avec certains camarades de classe et en ignore d'autres, il respecte ses enseignants et fait auprès d'eux des apprentissages rapides.

Tandis que l'enfant à l'âge du jeu évolue dans un monde restreint sous haute surveillance, l'enfant d'âge scolaire voit reculer les frontières de son univers. Il accède à un quartier, à une école, à une collectivité. Loin des yeux de ses parents, il est à la fois vulnérable et adroit. Il se fait des amis et des rivaux, il apprend et comprend les mécanismes sociaux et il fait l'expérience des conflits moraux. Sa personnalité, ses stratégies d'adaptation et ses aspirations se développent parallèlement à sa compréhension des relations sociales.

ÂGE DU JEU

À l'âge du jeu, l'enfant accomplit des progrès visibles en matière de confiance en soi, d'habiletés sociales et d'apprentissage des rôles sociaux. Son développement cognitif est suffisamment avancé pour qu'il puisse pressentir les rôles, les motivations et les sentiments et, par le fait même, se comprendre lui-même et comprendre les autres. Son monde social se diversifie : il fait la connaissance de nouveaux partenaires sociaux et découvre de nouvelles facettes à ses proches. Les catalyseurs du développement psychosocial se trouvent à l'intérieur de l'enfant et autour de lui.

Soi et monde social

Concept de soi, confiance en soi, compréhension de soi, attitudes sociales, habiletés sociales, rôles sociaux, autant de sujets familiers aux psychologues qui étudient les adultes. Or, ces sujets intéressent aussi les chercheurs qui observent les enfants, ceux en bas âge en particulier. Après avoir vaguement pressenti son indépendance, l'enfant se fait une idée claire de son identité et de la place qu'il occupe parmi les autres. Entre 1 et 6 ans, on constate des changements : l'enfant commence par se reconnaître dans un miroir vers 18 à 21 mois, puis il apprend son nom et son sexe, et reconnaît ce qui lui appartient. Il en arrive enfin à discerner ses besoins et ses désirs et à trouver les moyens de les combler auprès de sa famille et de ses amis.

Concept de soi et sensibilité sociale

L'âge du jeu offre de nombreux exemples de l'émergence du concept de soi. L'enfant se fait fort d'expliquer ce qu'il est et ce qu'il n'est pas (« Je suis une grande

Le jeu collectif est propice à l'émergence de la conscience de soi. Au sein d'un groupe, les enfants en bas âge expriment leur concept de soi en revendiquant leurs possessions respectives. Ils peuvent ainsi apprendre un aspect important du jeu entre pairs : l'art de la négociation, avec ses succès et ses échecs.

fille. Je ne suis pas un bébé. »). Il garde un inventaire très précis de ce qu'il considère comme sien (« Ma monitrice. Ma galette de boue. »). Il ne demande pas mieux que d'afficher ses compétences au moyen du jeu. Comme l'a souligné Erik H. Erikson, le concept de soi du jeune enfant se définit par les habiletés et les capacités qui témoignent de son indépendance et de son initiative. À l'âge du jeu, l'enfant ne rate pas une occasion de montrer qu'il est « capable ». Observez deux enfants de cet âge qui se rencontrent : ils énoncent leurs nom et âge, puis font étalage des capacités ou des jouets attrayants qu'ils possèdent.

Au cours de l'âge du jeu, l'enfant commence à se percevoir non plus seulement en fonction de ses caractéristiques physiques (« Je suis plus grand que toi. »), de ses comportements ou aptitudes (« Je cours plus vite que lui. »), mais aussi de ses dispositions et de ses traits de personnalité. C'est ainsi qu'il se dira aimable, timide, joyeux ou appliqué (Eder, 1989, 1990).

Cela étant dit, l'enfant a de lui-même et des autres une compréhension limitée (Miller et Aloise, 1989). Il ne saisit pas la complexité de la personnalité ni la variabilité des habiletés personnelles; par exemple, il peut être agressif envers des camarades de jeu et gentil avec des animaux, ou encore être capable de marcher sur une poutre, mais incapable de faire la roue. Il ne distingue pas certaines des causes psychologiques de ses actions et de ses habiletés; il croit, par exemple, que les aptitudes répondent à la volonté et qu'elles peuvent toujours s'améliorer moyennant un effort.

La conscience de soi de l'enfant à l'âge du jeu se manifeste surtout dans ses négociations avec les autres. Peu à peu, sa théorie mentale se précise (voir le chapitre 7), et il sait ce que lui et les autres pensent et éprouvent — ou tout au moins croit le savoir. Au lieu de supplier et de se rebeller, il négocie maintenant avec ses parents à propos de ses vêtements, de ses aliments, de l'heure du coucher, etc. Il marchande, fait des compromis et rationalise (Crockenberg et Litman, 1990; Kuczynski et Kochanska, 1990). Ses relations avec ses pairs connaissent une évolution semblable, comme nous le verrons plus loin.

Autoévaluation

Les psychologues insistent sur l'importance d'un concept de soi favorable chez tous les enfants, quel que soit leur âge. À l'âge du jeu, l'enfant n'a aucun problème à cet égard, à moins de vivre dans un monde social extrêmement hostile. Il a en effet une opinion générale très favorable de lui-même. De fait, la recherche démontre qu'il a tendance à surestimer ses propres capacités. Tous les parents peuvent le confirmer : l'enfant de 3 ans croit qu'il peut remporter n'importe quelle course, sauter à la corde comme un athlète, compter sans se tromper et composer de merveilleuses chansons.

Mais le temps passe et, vers l'âge de 4 ans, l'enfant se rend compte, non sans inquiétude, que les autres l'évaluent. Il commence donc spontanément à juger ses conduites selon les mêmes critères que les adultes. C'est ainsi qu'il manifeste de la déception quand il rate une tâche (comme lacer ses chaussures) et de la honte quand il commet une bévue (comme renverser son verre de jus), même en l'absence des adultes (Cole et coll., 1992; Lewis et coll., 1992).

Selon Erikson, l'enfant sort alors de la crise de l'autonomie, de la honte et du doute pour entrer dans celle de l'**initiative et** de la **culpabilité**. Fort de sa conscience de soi et de la société, il entreprend de nouvelles tâches et de nouveaux jeux avec enthousiasme et éprouve un sentiment de culpabilité quand ses efforts mènent à l'échec ou suscitent la critique. Son sens de l'initiative traduit son désir d'accomplir et non plus simplement son élan à affirmer son autonomie comme c'était le cas quelques années plus tôt. Ainsi, à la garderie, les plus âgés des enfants se lancent dans la construction d'impressionnantes tours à l'aide de blocs, tandis que les plus jeunes, encore au stade de la crise de l'autonomie, seront davantage portés à les renverser. L'enthousiasme avec lequel les enfants plus âgés acquièrent et maîtrisent de nouvelles connaissances dérive en partie de leur conscience croissante d'apparte-

Initiative et culpabilité Troisième crise du développement psychosocial selon Erikson, pendant laquelle l'enfant d'âge préscolaire entreprend de nouveaux projets et de nouvelles activités et éprouve de la culpabilité lorsque ses efforts mènent à l'échec ou suscitent la critique.

nir à une société plus vaste, de leur désir d'acquérir des compétences de citoyen, de travailleur et de membre de famille.

Quand l'initiative échoue, quand le résultat de l'exploration est un jouet brisé, un camarade en pleurs ou un adulte désapprobateur, l'enfant éprouve de la culpabilité qu'il manifeste parfois par de l'agressivité. Or, cette émotion dépasse l'entendement de l'enfant, dont la conscience et le concept de soi ne sont pas encore fermement établis (Campos et coll., 1983).

Identification sexuelle

La compréhension de soi à l'âge du jeu passe par la découverte des rôles sexuels et l'identification sexuelle. Les différences entre les sexes en matière de préférences et de jeu apparaissent tôt et traduisent des idées bien arrêtées quant à la féminité ou à la masculinité. Nous vous invitons à cet égard à méditer sur le récit suivant de Sandra Bem (1989), une chercheure de premier rang dans le domaine de l'identification sexuelle, concernant le jour où son jeune fils Jeremy

> [...] eut naïvement l'idée de porter des barrettes à l'école maternelle. Un autre petit garçon souligna plusieurs fois durant la journée que Jeremy devait être une fille, puisque « seules les filles portent des barrettes ». Après avoir répété que le port de barrettes n'avait pas d'importance et qu'il suffisait pour être un garçon d'avoir un pénis et des testicules, Jeremy finit, à bout d'arguments, par baisser ses culottes. La chose n'impressionna d'ailleurs pas son camarade qui rétorqua simplement que « tout le monde avait un pénis, mais que seules les filles portaient des barrettes ».

Un gratte-ciel ? Peu importe que les autres en voient un ou non dans cette pile de cubes. À l'âge du jeu, la fierté du travail accompli laisse peu de place au doute et à l'autocritique.

Les enfants apprennent en très bas âge l'existence des deux sexes (voir le tableau 8.1). L'enfant de 2 ou 3 ans sait à quel sexe il appartient et commence à distinguer les femmes des hommes. À 3 ans, il comprend vaguement qu'il sera garçon ou fille toute sa vie. Il emploie les mots « madame », « monsieur », « femme » et « homme » à bon escient. Il est convaincu que certains jouets (poupées, camions...) et certains rôles (soldats, infirmières...) sont appropriés à un sexe et non à l'autre (Fagot et coll., 1992; Levy, 1994; Martin et Little, 1990).

Cette conscience de la différence entre les sexes donne alors lieu à des jugements de valeur (Fagot et Leinbach, 1993). Vers l'âge de 4 ans, les enfants ont tendance à critiquer leurs petits camarades s'ils semblent préférer des jouets jugés non appropriés à leur sexe (Lobel et Menashri, 1993) et à s'enorgueillir lorsqu'ils pensent agir de la manière attendue pour leur sexe (Cramer et Skidd, 1992). L'enfant de 4 ou 5 ans a non seulement des idées tranchées (de même que des préjugés) sur les différences entre les sexes, mais il sait aussi quel sexe est le meilleur (le sien !) (Huston, 1993). Il insiste pour s'habiller de manière stéréotypée. Par exemple, les chaussures destinées à son groupe d'âge sont souvent ornées de ballons de football ou de rubans roses, et aucun enfant n'oserait porter les chaussures conçues pour le sexe opposé. Ce n'est que vers l'âge de 6 ans que « l'enfant comprend que le sexe n'est pas affecté par un simple changement de parures (maquillage, bijoux, coiffure, vêtements, etc.) ou d'activités (loisirs, métier, tâches quotidiennes, etc.) » (Germain et Langis, 1990).

Cette insistance sur la différence entre les sexes se manifeste jusque dans les jeux faisant appel à l'imaginaire qui font normalement fi des limites et des barrières ordinaires. Même pendant l'Halloween, les filles jouent généralement les rôles de belles fées, de jolies princesses ou de méchantes sorcières et les garçons ceux de superhéros. Rares en fait sont les rôles qui échappent à cette règle ou qui sont communs aux deux sexes (Ogletree et coll., 1993). Ces stéréotypes subsistent souvent malgré les efforts déployés par certains parents pour en venir à bout ou réduire les différences entre les sexes. Les exemples suivants rapportés par Beal (1994) ont de quoi faire réfléchir :

> Une mère ayant lutté pour mener ses études de médecine à bon terme, en partie pour offrir une image de rôle non traditionnel à sa fille, fut décontenancée

TABLEAU 8.1	Étapes du développement de l'identification sexuelle.	
Âge	Étape	Caractéristiques
18-24 mois	Conscience de l'existence des deux sexes	L'enfant étiquette le monde animal et humain selon deux catégories universelles : genre masculin et genre féminin.
2-3 ans	Identification du genre	Il prend conscience de son appartenance à l'un des deux sexes, mais utilise des critères extérieurs (longueur des cheveux ou habillement).
3-5 ans	Stabilité du genre	Il commence à s'intéresser aux différences anatomiques; il commence à prendre conscience que le sexe anatomique est permanent.
5-6 ans	Consolidation du genre	Il développe un sentiment d'appartenance psychologique à un genre; il comprend que le sexe d'une personne n'est pas affecté par des variations de coiffure, de vêtements ou d'activités.

Source : Adapté de B. Germain et P. Langis, *La sexualité : regards actuels*, Montréal, Éditions Études Vivantes, 1990.

lorsque sa petite affirma qu'elle allait devenir infirmière, car seuls les hommes peuvent être médecins. Une autre petite fille s'exclama « C'est maman qui fait le ménage dans la salle de séjour » bien qu'elle n'ait jamais vu que son père passer l'aspirateur et épousseter. Dans un autre cas, une petite fille à qui on avait donné un camion comme jouet déclara : « Ma mère voudrait que je joue avec ça, mais je n'en veux pas. » (Bussey et Bandura, 1992)

Les préférences et les stéréotypes liés au sexe tendent non seulement à se maintenir, mais même à se renforcer jusqu'à la fin de l'adolescence (Etaugh et Liss, 1992; Maccoby, 1990; Powlishta, 1995). Le tableau 8.1 résume les stades du développement de l'identification sexuelle.

Théories sur l'apparition du rôle sexuel

Nous avons abordé à plusieurs reprises la dualité de l'inné et de l'acquis, et vous savez déjà que les spécialistes du développement ne s'entendent pas quant à la part de la biologie (hormones, structures cérébrales, taille et musculature) et de l'environnement dans les différences entre les sexes (Beal, 1994). En matière de rôles sexuels, à quoi tiennent les différences qui apparaissent entre les filles et les garçons à l'âge du jeu ? Les théoriciens jonglent avec les hypothèses, même en ce qui a trait aux disparités qui semblent le plus attribuables à l'acquis. Certains des grandes approches en psychologie (voir le chapitre 2) ouvrent des perspectives fort différentes les unes des autres sur les facteurs de l'acquisition du rôle sexuel.

Approche psychodynamique

Freud (1938) propose une explication au sujet de l'acquisition du rôle sexuel. Il a appelé *phase phallique* la période qui s'étend de l'âge de 3 ans à l'âge de 7 ans car, selon lui, le pénis constitue l'élément clé de la psyché enfantine. D'après Freud, le garçon découvre son pénis vers 3 ou 4 ans, commence à se masturber et éprouve une attirance sexuelle envers sa mère, son principal objet d'amour. Il devient alors jaloux de son père, si jaloux qu'il nourrit en secret le désir de prendre sa place. S'inspirant de la mythologie grecque, Freud donna à ce phénomène le nom de complexe d'Œdipe. Abandonné en bas âge, le prince Œdipe fut élevé loin de sa terre natale. Il y revint à l'âge adulte et ne reconnut pas ses parents; il tua son père et épousa sa mère. Quand il se rendit compte de sa tragique méprise, il se creva les yeux, accablé de remords.

Selon Freud, le petit garçon se sent horriblement coupable des émotions et des pensées associées au complexe d'Œdipe. Il a également peur de son père parce qu'il imagine que celui-ci lui infligera une terrible punition si jamais il les découvre. Il compose avec sa culpabilité et sa peur au moyen de l'identification, un mécanisme de défense qui pousse à adopter le rôle et les attitudes d'une personne plus puis-

Complexe d'Œdipe Chez les garçons, à la phase phallique du développement psychosexuel, désir sexuel pour la mère associé à une hostilité à l'égard du père.

Identification Mécanisme de défense qui pousse à adopter le rôle et les attitudes d'une personne plus puissante que soi.

RECHERCHE

Hommes et femmes : pareils, pas pareils ?

Les hommes et les femmes sont-ils vraiment différents pour ce qui est du comportement et de la cognition ? Peu de questions scientifiques ont soulevé d'aussi houleux débats et suscité d'aussi aberrantes réponses. Au XIXᵉ siècle, par exemple, les biologistes pensaient que les femmes étaient inaptes aux tâches intellectuelles en raison des petites dimensions de leur cerveau ! Ils passèrent des années à fouiller le cerveau masculin à la recherche du facteur physiologique responsable d'une supériorité dont ils étaient convaincus.

La révolution féministe des années 1970 ramena le balancier à l'autre extrême. Il était mal vu, voire tabou, d'aborder le sujet des différences de comportement de nature biologique entre les hommes et les femmes.

Depuis quelques années, cependant, les preuves à l'appui de différences innées entre les sexes ne cessent de s'accumuler — soulignons que les différences décelées constituent des moyennes et ne supposent aucune supériorité *globale* d'un des deux sexes. Les chercheurs ont à présent de bonnes raisons de penser qu'il existe des différences structurales et fonctionnelles entre le cerveau féminin et le cerveau masculin. Ainsi, la dominance de l'hémisphère droit s'observerait plus souvent chez les hommes que chez les femmes. Les femmes décoderaient mieux que les hommes les expressions du visage. Les hommes, en revanche, obtiendraient de meilleurs résultats aux épreuves de perception spatiale comme celles qui visent à mesurer la capacité d'appliquer mentalement des rotations à des objets tridimensionnels.

À l'université de la Californie à Los Angeles, un groupe de recherche dirigé par Melissa Hines et Francine Kaufman tente de découvrir les origines des disparités entre les sexes en observant des nourrissons au jeu. Les chercheurs ont supposé que les filles atteintes d'hyperplasie congénitale des surrénales, dont l'organisme a sécrété une quantité excessive de testostérone avant la naissance, manifesteraient une masculinisation des comportements considérés comme féminins. Ils ont donc observé le jeu robuste chez 38 enfants de 3 à 8 ans atteints de la maladie (27 filles et 11 garçons) et chez 33 enfants en santé de 3 à 8 ans qui leur étaient apparentés (15 filles et 18 garçons). Les chercheurs ont relevé les disparités sexuelles habituelles chez les enfants sains. Les garçons s'adonnaient plus souvent que les filles à des jeux robustes; les garçons préféraient jouer avec des garçons, et les filles, avec des filles. Comparativement aux filles en santé, les filles atteintes de la maladie affichaient une prédilection marquée pour les jeux et les jouets « masculins ». Les chercheurs postulent que l'excès d'androgène présent dans l'organisme avant la naissance aurait un effet de masculinisation sur le cerveau des filles et qu'il entraînerait notamment une dominance de l'hémisphère droit.

On ne saurait négliger, cependant, l'effet des facteurs environnementaux sur les différences observées entre les sexes. Il semblerait du reste que certaines différences de comportement entre les hommes et les femmes s'atténuent. Faut-il en trouver la raison dans les modalités de la socialisation et de l'éducation ?

Source : M. Hines et F. Kaufman, « Androgen and the Development of Human Sex-Typical Behavior: Rough-and-Tumble Play and Sex of Preferred Playmates in Children with Congenital Adrenal Hyperplasia (CAH) », *Child Development*, 65(4), 1994, p. 1042-1053.

---

sante que soi. Faute de remplacer son père, le jeune garçon, vers la fin de cette phase, tâchera au moins de lui *ressembler*. Il copie son comportement masculin et adhère à ses normes morales.

Freud a proposé deux explications de la phase phallique chez les filles. Il créa tout d'abord la notion de complexe d'Électre (autre personnage de la mythologie grecque), la contrepartie féminine du complexe d'Œdipe. La petite fille désire son

Complexe d'Électre Contrepartie féminine du complexe d'Œdipe; chez les filles, à la phase phallique du développement psychosexuel, désir sexuel pour le père associé à une hostilité ambivalente à l'égard de la mère.

Même dans le monde d'aujourd'hui, les garçons et les filles, à l'âge du jeu, ont des jeux stéréotypés, surtout lorsqu'ils s'amusent avec des camarades du même sexe. Quelques barrières sont tombées, surtout du côté des filles. On peut s'imaginer ces deux fillettes en train de se battre à l'épée, mais jouer à se taper dans les mains, très peu pour les garçons ! Il reste encore à trouver pourquoi.

Presque tous les parents s'efforcent de traiter également garçons et filles. Dans les familles biparentales, cependant, les pères font plus d'activités avec leurs fils et les mères, avec leurs filles. Si les parents se répartissent les tâches selon le mode classique, les enfants seront enclins à adopter les rôles sexuels traditionnels. C'est ainsi que les garçons aideront leur père à jardiner, à entretenir la voiture et à sortir les ordures ménagères, tandis que les filles aideront leur mère à faire la cuisine, le ménage et les courses.

père et souhaite se débarrasser de sa mère. Freud postula ensuite que la petite fille est animée de l'*envie du pénis*, c'est-à-dire qu'elle est jalouse des garçons parce qu'elle n'a pas de pénis. Elle blâme sa mère pour cette « lacune », nourrit de la colère contre elle et décide de compenser l'absence de pénis en se rendant attirante afin qu'une personne qui en possède un, son père de préférence, lui porte de l'amour (Freud, 1933/1965). Quelle que soit l'explication, les conséquences de la phase phallique sont les mêmes pour les garçons et les filles : la culpabilité et la peur. L'enfant ne surmonte ces sentiments qu'en adoptant le comportement approprié à son sexe et le code moral du parent de même sexe.

Approche béhaviorale

Nous avons vu au chapitre 2 que les théoriciens de l'approche béhaviorale ont sur le développement un point de vue fort divergent de celui des théoriciens de l'approche psychodynamique.

Selon eux, l'enfant à l'âge du jeu est récompensé quand il adopte la conduite jugée appropriée à son sexe et puni dans le cas contraire. La recherche leur donne raison à certains égards. Les parents, les pairs et les éducateurs sont tous plus enclins à renforcer les comportements « appropriés au sexe » que les comportements « contraires au sexe » (Fagot et coll., 1992; Fagot et Hagen, 1991; Huston, 1983). Des parents, par exemple, acceptent plus difficilement que leur fils pleure quand il a mal et mettent leur fille en garde contre les dangers des jeux rudes.

À VOUS LES COMMANDES – 8.1

L'épineuse question des différences entre les sexes

La question des différences entre les sexes vous semble résolue ? Détrompez-vous. Trouvez dans une revue spécialisée un article qui traite des différences ou des ressemblances entre les sexes chez les enfants.

Faites un sondage dans votre groupe afin de déterminer combien croient que les différences entre les sexes en matière de personnalité sont dues à un conditionnement social et combien croient qu'elles sont innées. Discutez de vos points de vue. Ensuite, faites part à vos camarades de l'information recueillie à la lecture de votre article.

Approche cognitive : point de vue de l'apprentissage social

Les théoriciens de l'apprentissage social — une des perspectives de l'approche cognitive — soulignent que les enfants se renseignent beaucoup sur les rôles sexuels

P OINT DE MIRE

Freud et moi, Kathleen Stassen Berger

Les psychologues s'entendent généralement pour dire que le développement sexuel et moral chez la femme n'était pas le point fort de Freud et que ses propos sur le sujet traduisaient les valeurs de la classe moyenne à l'époque victorienne plus qu'ils ne rendaient compte d'un schème universel. De nombreuses psychanalystes, telles Karen Horney (1967), Mélanie Klein (1957), H.E. Lerner (1978), Christiane Olivier (1980), ont vertement contesté la notion d'envie du pénis. Selon elles, ce que les filles envieraient ne serait pas l'organe sexuel mâle, mais le pouvoir mâle. Les garçons, par ailleurs, envieraient aux femmes le pouvoir lié à leur utérus et à leurs seins, désirant eux aussi mettre des enfants au monde et les allaiter.

Quant à moi, j'avais d'abord rejeté la théorie freudienne, mais j'ai changé d'opinion après avoir élevé quatre filles. Ma première rencontre avec le complexe d'Électre s'est produite lorsque mon aînée, Bethany, était âgée d'environ 4 ans. En voici le déroulement :

BETHANY. — Quand je serai grande, je vais me marier avec papa.

MOI. — Mais papa est marié avec moi.

BETHANY. — Pas de problème. Quand je serai grande, tu vas probablement être morte.

MOI (*résolue à me défendre*). — Papa est plus âgé que moi, alors il sera probablement mort quand moi je mourrai.

BETHANY. — D'accord. Je vais me marier avec lui quand il va renaître. (Soit dit en passant, la réincarnation ne fait pas partie des croyances religieuses de notre famille !)

Je demeurai bouche bée. Bethany dut voir ma mine déconfite et me prendre en pitié.

BETHANY. — T'en fais pas, maman. Tu pourras être notre bébé quand tu renaîtras.

Ma deuxième expérience eut lieu à l'occasion d'une conversation avec ma fille Rachel, alors âgée de 5 ans environ.

RACHEL. — Quand je vais me marier, ce sera avec papa.

MOI. — Papa est déjà marié avec moi.

RACHEL (*avec l'expression réjouie de ceux qui trouvent une solution miraculeuse*). — Alors nous pourrons faire un mariage double !

La troisième rencontre prit la forme d'un « valentin » que ma fille Elissa, âgée de 8 ans, laissa sur l'oreiller de mon mari. Ce message sans équivoque (reproduit en tête de la deuxième colonne) était ainsi rédigé : À papa, laisse tomber maman et choisis-moi. Je t'aime.

Lorsque ma cadette, Sarah, eut 5 ans, elle exprima à son tour le désir d'épouser mon mari. Je lui expliquai, comme aux autres, qu'il était déjà marié avec moi, mais

sa réplique me fit regretter d'avoir laissé entrer la télévision dans notre foyer : « Un homme peut avoir deux femmes. Je l'ai vu à la télé. »

Je ne suis pas la seule spécialiste du développement à se réclamer du féminisme tout en admirant la perspicacité de Freud. Nancy Datan (1986) eut le commentaire suivant à propos du conflit œdipien : « J'ai un fils qui a déjà eu 5 ans. De cette époque à aujourd'hui, je n'ai jamais pu donner tort à Freud. »

Certes, les anecdotes de ma vie familiale ne prouvent pas que Freud avait raison. Elles montrent en tout cas que le désir de l'enfant d'épouser le parent de sexe opposé n'est pas aussi bizarre qu'il peut y paraître à première vue.

Theodore Lidz (1976), psychiatre spécialisé dans le développement, propose une explication plausible au processus qui s'est manifesté chez mes filles comme il se manifeste chez beaucoup d'enfants. Lidz croit que tous les enfants doivent passer par une « transition » œdipienne et trancher « le lien maternel qui était essentiel à leur développement préœdipien ». Les enfants imaginent donc qu'ils sont des adultes et, logiquement, qu'ils prennent la place de l'adulte du même sexe qu'ils connaissent le mieux, soit leur père ou leur mère. Ils doivent se débarrasser de cette idée avant l'éveil sexuel du début de l'adolescence; autrement, le « lien incestueux » menacerait la famille nucléaire, empêcherait la socialisation de l'enfant à l'extérieur de la famille et entraverait son épanouissement de jeune adulte. Lidz précise que les modalités de la transition œdipienne varient selon les familles, mais que la désexualisation de l'amour parent-enfant est essentielle à une maturité équilibrée.

en observant les autres personnes, surtout celles qu'ils perçoivent comme affectueuses, puissantes et semblables à eux-mêmes. Ils estiment que le rôle sexuel ainsi que les idées et les comportements qui lui sont associés n'ont rien d'inné : l'enfant en fait l'apprentissage dans la société, auprès de ses parents et de ses éducateurs en garderie en particulier. Les adultes, les parents au premier chef, constituent de ce fait des modèles pour l'enfant. Par ailleurs, les médias et la société en général exercent aussi une forte influence sur lui en dépeignant des comportements et des rôles comme étant propres à chaque sexe. L'enfant remarque, par exemple, que les éducateurs à la garderie et à la maternelle sont presque toujours des femmes et les mécaniciens de garage des hommes. De la même manière, dans les livres pour enfants ou à la télévision, les chefs d'État sont généralement des hommes et les aides domestiques des femmes (Barnett, 1986; Beal, 1994; Crabb et Bielawski, 1994; Huston, 1983).

À VOUS LES COMMANDES – 8.2

L'apprentissage des rôles sexuels

Au cours de l'âge du jeu, les enfants acquièrent non seulement leur identité sexuelle, mais également une série d'attitudes et de comportements masculins ou féminins. Ces attitudes et ces comportements constituent en grande partie des manifestations des rôles sexuels. Un rôle est un ensemble d'attentes sociales qui prescrivent un certain nombre de comportements.

Dans quelle mesure votre propre identité sexuelle constitue-t-elle une manifestation des comportements de vos parents ? Le questionnaire qui suit vous donne l'occasion de réfléchir aux modèles qu'étaient vos parents. Une fois que vous aurez terminé, répondez aux questions de réflexion personnelle.

Questionnaire

Qui accomplissait les tâches suivantes quand vous étiez enfant : votre père, votre mère ou l'un ou l'autre les accomplissait-il indifféremment, selon les disponibilités ?

❶ Ma mère
❷ Mon père
❸ Les deux, indifféremment

1. Qui conduisait la voiture lors des sorties en famille ?
2. Qui faisait les déclarations de revenus ?
3. Qui préparait la liste d'épicerie ?
4. Qui demandait le plus souvent : « Où sont mes clés ? »
5. Qui s'occupait de faire réparer la voiture ?
6. Qui faisait la lessive ?
7. Qui époussetait et passait l'aspirateur ?
8. Qui s'occupait d'acheter les cadeaux à vos amis pour leur anniversaire ?
9. Qui savait où trouver la clé anglaise quand l'évier avait besoin d'être réparé ?
10. Qui rangeait les vêtements d'été et s'assurait que vous aviez ce qu'il fallait pour l'hiver ?
11. Qui faisait cuire la viande sur le barbecue quand vous aviez des invités ?

12. Qui arrosait les plantes d'intérieur ?
13. Qui tondait la pelouse ?
14. Qui faisait les valises quand vous partiez en voyage ?
15. Qui mettait les bagages dans la voiture quand vous partiez en voyage ?
16. Qui vous accompagnait chez le médecin ?
17. Qui prenait votre rendez-vous chez le dentiste ?
18. Qui préparait les repas quotidiennement ?
19. Qui préparait votre lunch pour l'école ?
20. Qui jouait à se tirailler avec vous ?
21. Qui réparait vos jouets ?
22. Qui envoyait des photos de vous à vos grands-parents maternels ? à vos grands-parents paternels ?
23. Qui vous coupait les ongles ?

Questions de réflexion personnelle

1. Quel sens donnez-vous à vos réponses ? Dénotent-elles des rôles sexuels stéréotypés ?

2. Quelles autres questions pourriez-vous poser en ce qui a trait aux comportements de vos parents ?

3. Selon vous, dans quelle mesure votre identité sexuelle et votre apprentissage des rôles sexuels ont-ils été influencés par les comportements de vos parents ?

   Dans quelle mesure votre propre comportement reproduit-il celui de votre parent de même sexe ?

   Dans quelle mesure s'en distingue-t-il ?

4. Dans quelle mesure votre conception du partenaire idéal est-elle influencée par le comportement de votre parent de sexe opposé ?

   Dans quelle mesure s'en distingue-t-elle ?

   Quels avantages et quels inconvénients vos attentes présentent-elles ?

Approche socioculturelle

L'approche socioculturelle jette un éclairage révélateur sur les propos des théoriciens de l'approche béhaviorale au sujet des différences entre les sexes. Les sociétés traditionnelles, par exemple, entretiennent ces différences encore plus que ne le font les sociétés modernes, de sorte que les distinctions se manifestent de bonne heure dans les rôles qu'adoptent les enfants. Dans de nombreuses sociétés où les rôles sexuels sont fortement différenciés, les garçons et les filles ne sont pas autorisés à jouer ensemble et fréquentent dès la maternelle des écoles séparées (Beal, 1994; Whiting et Edwards, 1988).

Apport de la neurobiologie

Après des années de controverse, la question des disparités entre les sexes fait à présent l'objet d'une approche moins éclatée chez les spécialistes du développement. L'approche béhaviorale et l'approche socioculturelle sont pertinentes, surtout si l'on considère les activités jugées appropriées à chaque sexe dans différentes sociétés. Le lien déterministe qu'établissait Freud entre les organes génitaux et l'identification sexuelle apparaît aujourd'hui davantage comme le produit de sa culture (la société viennoise assez répressive du début du XXe siècle) que comme un phénomène universel.

Cependant, l'idée que certaines différences entre les sexes auraient une origine biologique et non pas culturelle connaît un regain de faveur. La recherche contemporaine en neurobiologie nous incite à penser qu'il existerait de subtiles différences entre les sexes en ce qui a trait aux structures cérébrales. Chez les femmes, par exemple, le corps calleux est plus épais que chez les hommes et la maturation du cerveau semble plus rapide. Cela pourrait expliquer pourquoi les filles sont un peu plus douées que les garçons pour les activités qui, comme la lecture et l'écriture (Dudek et coll., 1994), exigent la coordination de plusieurs aires cérébrales. Il semble par ailleurs que l'activité de l'hémisphère droit et la formation des dendrites soient plus prononcées chez les garçons que chez les filles, ce qui leur donnerait une longueur d'avance pour la représentation spatiale.

Il est important de préciser que ces différences relèvent probablement non pas des gènes, mais des hormones sexuelles qui commencent à circuler dans l'organisme avant la naissance et continuent d'influer sur le développement cérébral tout au long de l'enfance (Gaulin, 1993; Hines, 1993). Sans avoir été absolument établi, ce lien, sur le plan neurologique, entre les hormones et le comportement des enfants normaux aurait été en partie confirmé par l'observation de filles atteintes d'hyperplasie congénitale des surrénales, une maladie qui rend leur équilibre hormonal plus semblable à celui d'un garçon (voir *Recherche*, p. 162). Même avant leur entrée à l'école, ces filles afficheraient une prédilection pour les jouets et les jeux de garçon (Berenbaum et Snyder, 1995).

Comme nous l'avons vu au chapitre 6, l'expérience se répercute aussi sur le développement cérébral. Ayant une facilité innée pour les relations spatiales et des expériences propices au développement de l'hémisphère droit (construire des structures en Lego, courir librement dans le quartier...), les garçons se retrouvent à l'âge scolaire avec une disposition pour les jeux, les disciplines scolaires et les projets de carrière « masculins ». Ils sont donc plus portés à l'exercer, ce qui peut augmenter encore davantage leurs habiletés dans ces domaines. En serait-il de même s'ils étaient restés à l'intérieur à s'amuser avec des poupées, des cahiers à colorier et des ensembles cuisinière –micro-ondes– réfrigérateur ?

En supposant que des forces biologiques déterminent certaines différences entre les sexes en matière d'activités et de rôles, on s'explique mieux que, dans le monde entier, les enfants d'âge préscolaire et scolaire semblent préférer les camarades de même sexe ainsi que les jeux dits propres à leur sexe. En admettant par ailleurs que le développement cérébral est influencé et stimulé par l'expérience, on comprend que nombre d'enfants encouragés à suivre leurs propres inclinations plutôt que les modèles stéréotypés adoptent des rôles, des modes d'expression et des activités qui seraient découragés, voire interdits, dans une famille ou une société plus restrictive. Penchons-nous maintenant sur l'influence du contexte social et, plus précisément, des parents et de la culture.

Relations et développement psychosocial

Le monde social de l'enfant à l'âge du jeu est beaucoup plus vaste que celui du nourrisson et du trottineur. Même le tout-petit de 2 ans a un réseau de pairs (à la garderie, dans le quartier, etc.) par l'intermédiaire duquel il se fait de nouvelles connaissances. Il connaît un bon nombre d'adultes (ses voisins ainsi que les gens qui jouent un rôle précis dans sa vie, comme la gardienne, le facteur et l'épicier). À 4 ou 5 ans, la plupart des enfants interagissent avec des dizaines de personnes chaque jour, à la garderie, à la maternelle et dans la collectivité.

Bien que les frontières du monde social reculent à l'âge du jeu, le développement psychosocial de l'enfant demeure dans l'ensemble guidé par ses relations avec les membres de sa famille et, dans une moindre mesure, avec ses pairs. Ces rapports, en effet, reposent sur une longue série d'interactions qui ont permis de tisser des liens affectifs étroits et de consolider des attentes sociales. L'enfant, par exemple, sait qu'il peut s'attendre à de la générosité ou à de l'exubérance de la part de son meilleur ami et à de la sollicitude de la part de ses parents. Des relations aussi intimes et aussi durables favorisent l'éclosion des habiletés socio-affectives (comme réconforter sa sœur quand elle est triste ou éviter de déranger son père quand il essaie de se concentrer sur une tâche). Elles contribuent de même à l'émergence de la compréhension de soi, car elles mettent l'enfant en contact avec des personnes qui le connaissent bien.

Sachant que le développement psychosocial repose principalement sur l'expérience des relations intimes, les spécialistes du développement cherchent à en déterminer les effets (Dunn, 1993; Hartup, 1989; Hinde, 1987; Hinde et Stevenson-Hinde, 1987). Ils se demandent, par exemple, si la relation parent-enfant inspire la sécurité ou l'insécurité et si les relations avec les pairs sont constructives ou nuisibles. Ils s'attardent aussi à la réciprocité des influences, soulignant notamment qu'une perturbation des relations familiales peut compromettre l'harmonie des relations avec les pairs.

Relation parent-enfant

La relation parent-enfant revêt une importance critique pour le développement psychosocial. Les parents, en effet, exercent une grande influence sur leurs enfants. Ce sont eux qui prennent toutes les décisions, qu'elles soient grandes (choix du milieu de vie, de l'école, etc.) ou petites (horaires de jeu, information à donner, quantité de dessert permise). Leurs méthodes d'éducation se répercutent sur le bien-être affectif, la croissance intellectuelle et la compétence sociale des enfants.

Méthodes d'éducation

Quelles méthodes d'éducation aident les enfants à cultiver leur estime de soi, à établir des relations constructives et à réussir à l'école ? Il est impossible d'apporter une réponse simple et universelle à cette question, car il n'existe pas de lien de causalité absolu entre les méthodes d'éducation et le devenir d'un enfant. On trouve toutes sortes de parents, des sévères et des permissifs, des anxieux et des détendus, et pourtant leurs enfants ne sont pas si différents les uns des autres. Inversement, des enfants élevés par les mêmes parents peuvent manifester des réactions opposées aux méthodes d'éducation similaires dont ils font l'objet.

Vingt ans de recherches ont cependant levé une partie du voile sur les effets de quelques méthodes d'éducation et révélé que certaines sont plus propices que d'autres à l'épanouissement de la confiance et de la compétence chez l'enfant. C'est Diana Baumrind, au début des années 1960, qui réalisa l'étude clé à ce propos auprès de 100 enfants de la classe moyenne de la Californie (Baumrind, 1967, 1971). Elle recourut à plusieurs mesures du comportement, dont certaines reposaient sur l'observation naturaliste. Dans un premier temps, elle observa les enfants à la ma-

Les parents peuvent réagir de diverses façons à des enfants qui se disputent. Certains puniront le fautif, d'autres aideront les deux parties à comprendre les conséquences de leurs actes et d'autres encore laisseront les adversaires régler eux-mêmes leur conflit.

POINT DE MIRE

Adieu, superparents !

Le superparent, cette icône des années 1980, est une espèce en voie d'extinction. C'est du moins ce qu'avance une spécialiste du développement, Sandra Scarr. Selon elle, il est fini le temps où les pères et les mères ne reculaient devant rien pour stimuler le développement de leurs enfants. Et les parents « ordinaires » élèvent leurs enfants aussi bien que les superparents. « Les méthodes d'éducation de la classe moyenne varient énormément, commente la spécialiste, mais tous les enfants s'en tirent bien. La plupart des différences n'ont aucune incidence. Tant que les enfants reçoivent de l'affection, des soins et de l'encouragement pour développer leurs talents, ils ont des chances égales de réussir à l'école et au travail. Ce qui compte vraiment, c'est la sécurité physique et psychologique que les parents peuvent apporter. »

David Rowe, de l'université de l'Arizona, souligne qu'on accorde trop d'attention aux détails des méthodes d'éducation (comme la quantité de marques d'affection que les parents donnent en public ou de jouets éducatifs qu'ils achètent) et pas assez à l'hérédité. Rowe a en effet découvert que les enfants adoptés élevés par des parents instruits avaient 50 % des chances de présenter une performance intellectuelle supérieure à la moyenne. Or, les probabilités s'établissent à 80 % chez les enfants biologiques de parents instruits.

Aucun des spécialistes du développement cités ici ne nie l'importance du rôle que jouent les parents dans le développement psychosocial des enfants à l'âge du jeu. Ils croient plutôt qu'on peut être un parent compétent et affectueux sans y laisser sa peau (ou celle de ses enfants). « Il faudrait, dit Sandra Scarr, encenser moins les parents dont les enfants réussissent et inversement moins blâmer ceux dont les enfants échouent. »

Sources : K. Brooker, « Nature's Thumbprint: So Long, Superparents », *Psychology Today*, 16, juillet 1993.
D.C. Rowe, *The Limits of Family Influence: Genes, Experience and Behavior*, New York, Guilford Press, 1994.

ternelle et, s'appuyant sur leurs actions, évalua leur maîtrise de soi, leur indépendance, leur confiance en soi, etc. Elle interrogea ensuite les deux parents de chaque enfant. Enfin, elle observa l'interaction parents-enfant au foyer et en laboratoire afin de déterminer s'il existait un rapport entre le comportement des parents et celui de l'enfant à l'école.

À VOUS LES COMMANDES – 8.3

Les parents ont-ils vraiment le choix des méthodes d'éducation ?

Imaginez que vous êtes la mère ou le père d'un enfant d'âge préscolaire turbulent, c'est-à-dire parfaitement normal ! Lisez les scénarios suivants et indiquez les sentiments, les paroles et les actions qu'ils vous inspirent.

1. Votre enfant renverse un litre de lait sur la table pendant le déjeuner.
   a) Qu'éprouvez-vous ?
   b) Que dites-vous ?
   c) Que faites-vous ?

2. Vous venez d'habiller votre petite fille en vue d'une sortie importante. Juste avant votre départ, elle tombe, salit sa robe et déchire son collant.
   a) Qu'éprouvez-vous ?
   b) Que dites-vous ?
   c) Que faites-vous ?

3. Votre fils de 3 ans joue à la table de la cuisine pendant que vous parlez au téléphone. En un rien de temps, il a passé au travers d'un paquet de papier de bricolage et il a laissé des marques de crayons de cire sur la nappe de plastique de même que sur le dossier de la chaise.
   a) Qu'éprouvez-vous ?
   b) Que dites-vous ?
   c) Que faites-vous ?

4. Votre petite fille de 5 ans heurte un présentoir à la quincaillerie et casse trois verres.
   a) Qu'éprouvez-vous ?
   b) Que dites-vous ?
   c) Que faites-vous ?

Diana Baumrind a observé que les différences entre les parents portaient principalement sur quatre points : les *témoignages d'affection*, la *communication*, les *exigences en matière de maturité* (attentes en fonction de l'âge) et les *stratégies disciplinaires* (encadrement, punitions). Baumrind a ainsi décrit trois catégories de styles éducatifs.

Style autoritaire Style éducatif manifesté par des parents qui imposent des normes de conduite strictes, punissent sévèrement les incartades et communiquent peu avec leurs enfants.

Style permissif Style éducatif manifesté par des parents qui se refusent à punir, à limiter et à discipliner leurs enfants, mais qui se montrent affectueux et communicatifs.

Style directif Style éducatif manifesté par des parents qui imposent des limites et des règles aux enfants, mais qui leur sont réceptifs et font des compromis.

1. **Style autoritaire** Les parents autoritaires n'acceptent aucune dérogation à leurs ordres et punissent sévèrement tout écart de conduite. Ils paraissent détachés de leurs enfants et leur témoignent peu d'affection. Ils exigent beaucoup en matière de maturité et communiquent peu avec leurs enfants.

2. **Style permissif** Les parents permissifs exigent peu de leurs enfants et dissimulent leur impatience. Ils sont affectueux, tolérants et communicatifs. Ils n'utilisent pas de stratégies disciplinaires ou n'y recourent que rarement. Ils ne demandent pas beaucoup de maturité à leurs enfants, car ils se tiennent prêts à les aider sans se sentir obligés de les préparer pour leur avenir.

3. **Style directif** Les parents directifs ont des points en commun avec les parents autoritaires en ce sens qu'ils imposent des limites et des règles pour lesquelles ils donnent des explications. En revanche, ils sont réceptifs aux demandes et aux questions de leurs enfants. Leurs méthodes sont plus démocratiques que dictatoriales. Ils exigent beaucoup de leurs enfants en matière de maturité, tout en tenant compte de leurs capacités. Ils communiquent bien avec eux et leur témoignent beaucoup d'affection.

Le tableau 8.2 regroupe les principales caractéristiques de ces styles éducatifs.

Il est important de noter que l'adoption d'un style particulier peut être un choix individuel. En conséquence, deux parents peuvent chacun adopter un style différent. De plus, des variations de l'interaction dans le couple, des changements dans la dynamique de la vie familiale ou certains événements particuliers affectant la vie de l'un ou l'autre des membres de la famille sont susceptibles d'entraîner des modifications dans l'adoption d'un style éducatif ou d'un autre, plusieurs styles pouvant être mis à l'essai selon les circonstances.

Diana Baumrind et d'autres à sa suite ont poursuivi et approfondi la recherche. Ils ont suivi les enfants de l'échantillon initial jusqu'à l'âge adulte et en ont étudié des milliers d'autres d'âges et de milieux différents (Baumrind, 1989, 1991; Clark, 1983; Lamborn et coll., 1991; Steinberg et coll., 1989). Les conclusions fondamentales des premières études se sont confirmées (Darling et Steinberg, 1993; Maccoby, 1992) :

– Les enfants de parents autoritaires deviennent obéissants mais malheureux. Ils ont tendance à être anxieux, en retrait, plutôt maussades et irritables dans leurs interactions avec les autres. Ils réagissent souvent de façon hostile dans des situations de frustration; les garçons, particulièrement, présentent de hauts niveaux de colère et de méfiance. Les filles, pour leur part, sont dépendantes et peu enclines à explorer : elles ne veulent pas accomplir des tâches qui présentent un défi.

– Les enfants de parents permissifs manquent de maturité et ont de la difficulté à contrôler leurs impulsions. Ils sont très désobéissants et rebelles quand on leur demande de faire quelque chose qui est en conflit avec leurs désirs immédiats. Ils sont particulièrement envahissants et dépendants des adultes; ils ont peu de com-

TABLEAU 8.2	Caractéristiques des trois styles éducatifs identifiés par Diana Baumrind.					
Style	Témoignages d'affection	Communication		Exigences en matière de maturité	Stratégies disciplinaires	
		Parent-enfant	Enfant-parent		Encadrement	Punitions
Autoritaire	Rares	Élevée	Faible	Élevées	Fort	Sévères, souvent physiques
Permissif	Fréquents	Faible	Élevée	Faibles	Faible	Légères
Directif	Fréquents	Élevée	Élevée	Élevées	Fort	Modérées, suppression de privilèges

pétences sur le plan des relations sociales et parfois, en retour, sont rejetés par les pairs. Les garçons, particulièrement, sont dépendants et montrent peu de persévérance dans des tâches qui présentent un défi. Certains enfants sont actifs et créatifs.

– Les enfants de parents directifs présentent une bonne maîtrise d'eux-mêmes; ils sont heureux et ont une bonne estime d'eux. Ils manifestent des compétences sociales dans leurs relations avec les autres et font preuve de générosité. Ils ont un esprit ouvert et sont confiants dans leurs habiletés à accomplir des tâches qui présentent un défi; ils ont un bon rendement scolaire. Leurs comportements sont moins stéréotypés en fonction du genre : les filles sont particulièrement indépendantes et désireuses de mettre leurs habiletés à l'épreuve dans des tâches qui présentent un défi; les garçons sont particulièrement coopératifs et amicaux.

Pourquoi le style directif semble-t-il si prometteur ? D'abord, parce qu'un contrôle qui apparaît juste et raisonnable à l'enfant, et non pas arbitraire, a plus de chances d'être accepté et intériorisé. Ensuite, parce que les parents directifs font des demandes raisonnables à leurs enfants en fonction de leurs capacités : en adaptant ainsi leurs demandes, ces parents transmettent à leurs enfants le message que ceux-ci sont compétents pour réaliser des choses pour eux-mêmes. Les enfants développent alors une plus grande estime de soi, de la maturité et adoptent un comportement indépendant. Les études complémentaires ont aussi révélé que les avantages initiaux de la méthode directive augmentent avec le temps (Steinberg et coll., 1994). Les parents directifs, par exemple, « réussissent particulièrement bien à détourner leurs adolescents de la drogue et à les rendre compétents » (Baumrind, 1991).

Autres styles éducatifs

Les chercheurs qui ont suivi les traces de Baumrind ont décrit plusieurs autres styles d'éducation, mais il serait trop long de les présenter ici. Trois, cependant, méritent une attention particulière.

Deux de ces trois styles, le style démocratique-indulgent et le style détaché-négligent, constituent des sous-catégories du style permissif. Les deux se caractérisent par un faible degré d'exigences et de contraintes : les parents ne disciplinent, limitent ou punissent l'enfant que si sa santé et sa sécurité sont manifestement compromises. Les parents démocrates-indulgents, cependant, sont chaleureux et réceptifs. Ils optent pour le laisser-faire afin de favoriser le bonheur immédiat de leurs enfants. Les parents détachés-négligents, quant à eux, sont froids et distants. Ils ne négligent pas leurs enfants au sens criminel du terme, mais ils leur permettent à peu près n'importe quoi. Ils paraissent relativement indifférents, voire ignorants, face à leurs actions (Baumrind, 1991; Lamborn et coll., 1991; Maccoby et Martin, 1983). De plus, si ces parents détachés-négligents sont hostiles, les enfants ont tendance à donner libre cours à l'expression de leur agressivité parfois destructrice et à des comportements délinquants.

Le troisième style, qualifié de traditionnel (Baumrind, 1989), est celui des parents qui assument les rôles féminin et masculin traditionnels : la mère est affectueuse et permissive tandis que le père est autoritaire. Les études longitudinales laissent à penser que les parents traditionnels et les parents démocrates-indulgents obtiennent des résultats moyens : ils ont moins de succès que les parents directifs, mais davantage que les parents autoritaires et détachés-négligents (Baumrind, 1989) en ce qui a trait aux comportements d'autonomie et à l'estime de soi de leur progéniture.

McCartney et Jordan (1990) soulignent que les recherches sur les styles parentaux sont valides et utiles dans la mesure où les chercheurs tiennent compte de la complexité de la tâche d'éducation des parents et reconnaissent que les styles parentaux peuvent être favorables au développement de certains enfants dans certaines circonstances, mais catastrophiques pour d'autres enfants — ou dans d'autres circonstances.

Style démocratique-indulgent Style éducatif des parents chaleureux, réceptifs et permissifs.

Style détaché-négligent Style éducatif des parents froids, indifférents et permissifs.

Style traditionnel Style éducatif propre aux parents qui assument les rôles féminin et masculin traditionnels; la mère est affectueuse et permissive tandis que le père est autoritaire.

À VOUS LES COMMANDES – 8.4

Vous et vos parents

Le rang de naissance

Les chercheurs ont observé que comparativement aux autres enfants, les enfants uniques et les aînés des familles ont un quotient intellectuel supérieur, recherchent davantage l'approbation sociale et sont plus conservateurs et plus axés sur la performance. Le rang de naissance est évidemment associé à d'autres facteurs, tels que la taille de la famille et la différence d'âge entre les enfants, mais de nombreux chercheurs pensent que les cadets sont élevés et socialisés très différemment des aînés ou des enfants uniques. Ainsi, les parents sont habituellement plus sévères et plus exigeants envers leur premier enfant qu'envers les suivants.

1. Selon vous, quelles sont les autres différences dans l'éducation des enfants uniques, des aînés et des cadets ?

2. Pensez à votre rang dans la famille et comparez l'éducation que vous avez reçue avec celle dont vos frères, vos sœurs et vos amis ont fait l'objet. Le rang de naissance semble-t-il avoir des effets importants ?

Les styles d'éducation

Revoyez les six styles d'éducation décrits précédemment et leurs effets respectifs sur le développement social des enfants, puis répondez aux questions suivantes.

1. Quel était le style éducatif de vos parents ?

2. À votre avis, ce style a-t-il fait apparaître chez vous des traits de personnalité ou des comportements particuliers ?

3. Faites un parallèle entre vous et vos parents d'une part et vos amis intimes et leurs parents d'autre part.

4. Auriez-vous été une personne différente si d'autres parents que les vôtres vous avaient élevé ? En quoi ?

Source : R.O. Straub, *Study Guide to Accompany Myers' Psychologie*, 4ᵉ édition, New York, Worth Publishers, 1994, p. 74-75.

À quoi tiennent les différences entre les méthodes d'éducation ? À de nombreux facteurs, dont les objectifs des parents en matière d'éducation ainsi que leurs croyances à propos de leur rôle, de la nature des enfants et de la meilleure manière de les élever (Goodnow et Collins, 1990; Murphey, 1992; Sigel et coll., 1992). Ces objectifs et ces croyances dépendent eux-mêmes de facteurs culturels, religieux, ethniques et sexuels. On pourrait en citer une multitude d'autres : la personnalité des parents (Dix, 1991), la situation économique de la famille (Carter et Middlemiss, 1992; McLoyd, 1990; McLoyd et Flanagan, 1990), les souvenirs que gardent les parents de l'éducation reçue (Ainsworth et Eichberg, 1991; Main et Hesse, 1990) et, enfin, la personnalité de l'enfant (Kochanski, 1991, 1993).

À VOUS LES COMMANDES – 8.5

Comment réagir à l'agressivité spontanée ?

Discutez des questions suivantes en équipe, puis consignez vos réflexions par écrit. Justifiez vos réponses en vous appuyant sur des concepts vus jusqu'ici.

1. Un enfant se plaint qu'un de ses petits camarades lui a lancé du sable au visage ou l'a traité de bébé. Que devrait faire un parent :
   a) si l'enfant a 2 ans ?
   b) si l'enfant a 4 ans ?
   c) si l'enfant a 6 ans ?

2. Un enfant a mordu un camarade. Que devrait faire un parent :
   a) si l'enfant a 2 ans ?
   b) si l'enfant a 4 ans ?
   c) si l'enfant a 6 ans ?

3. Que devrait faire un parent qui reçoit un coup de pied de son enfant :
   a) si celui-ci a 2 ans ?
   b) si celui-ci a 4 ans ?
   c) si celui-ci a 6 ans ?

4. Quels présupposés ont cours dans notre société à propos de l'agressivité ?

5. Réfléchissez aux différences liées au sexe et à la nationalité. S'attend-on au même comportement de la part des filles et des garçons ? Nos réactions face à l'agressivité sont-elles influencées par l'appartenance ethnique de l'enfant ? Et si l'enfant se bagarre parce qu'on lui a lancé une insulte raciste, nos réactions sont-elles les mêmes ?

RECHERCHE

Les effets de la fessée

Plus de 90 % des Américains ont reçu des fessées étant enfants. La plupart disent ne pas s'en porter plus mal aujourd'hui. Bien que l'opinion publique change en ce qui a trait aux châtiments physiques (voir le chapitre 6), la majorité des parents estiment encore que la fessée est acceptable, légitime et nécessaire dans certains cas (Holden et Zambarano, 1992; Straus et Gelles, 1986). L'histoire nous enseigne pourtant que la popularité d'une méthode d'éducation n'est en rien garante de sa valeur. La recherche ayant démontré un rapport entre la violence physique subie pendant l'enfance et l'apparition ultérieure de l'agressivité (Lewis et coll., 1989), de nombreux spécialistes du développement se demandent si les enfants apprennent l'agressivité en recevant des fessées.

Pour répondre à la question, une équipe de recherche (Strassberg et coll., 1994) a étudié 273 enfants et leurs parents provenant de tous les milieux socio-économiques, dont environ un tiers élevait seul sa progéniture. Il y avait presque autant de garçons que de filles, trois quarts de Blancs et un quart de Noirs.

Au printemps précédant l'entrée des petits à la maternelle, les chercheurs demandèrent aux parents à quelle fréquence ils avaient administré des fessées ou d'autres coups à leurs enfants au cours des 12 derniers mois. « Donner une fessée, avaient précisé les chercheurs, consiste à frapper les fesses de manière maîtrisée avec la main ouverte ou un objet, tandis que frapper un enfant consiste à donner des coups de manière impulsive ou spontanée avec le poing, la main fermée ou un objet, en déployant plus de force que pour une fessée. » Des 408 parents interrogés, 9 % n'avaient administré aucun châtiment physique, 72 % avaient donné des fessées mais aucune autre punition violente et 19 % avaient frappé ou battu leur enfant d'âge préscolaire et lui avaient donné des fessées.

Six mois plus tard, des observateurs ignorants des antécédents des enfants notèrent le comportement de chacun à la maternelle en prêtant particulièrement attention à l'agressivité. Afin d'obtenir un portrait fidèle des comportements, les chercheurs avaient réparti l'observation en 12 séances de 5 minutes échelonnées sur plusieurs jours, durant lesquelles les observateurs devaient compter les occurrences des trois formes d'agressivité suivantes :

1. *Agressivité instrumentale,* destinée à obtenir ou à conserver un jouet ou un autre objet.
2. *Agressivité réactive,* riposte colérique à un acte intentionnel ou accidentel de la part d'un pair.
3. *Agressivité gratuite,* dirigée contre un pair en l'absence de provocation.

Il est parfois difficile de distinguer ces trois formes d'agressivité. N'empêche que les réponses des observateurs compétents, qui surveillèrent indépendamment chaque enfant, concordaient dans 96 % des cas pour ce qui est des occurrences de l'agressivité et dans 90 % des cas pour ce qui est de la forme d'agressivité manifestée.

L'analyse des données révéla que le type de punition dont un enfant faisait l'objet au foyer n'était pas relié à l'*agressivité instrumentale*. Autrement dit, les enfants qui recevaient des fessées, ceux qui essuyaient des coups et ceux qui ne faisaient l'objet d'aucun châtiment physique étaient aussi susceptibles les uns que les autres de se chamailler pour un jouet. Comme prévu, l'*agressivité gratuite* était clairement associée aux punitions violentes, surtout chez « un petit nombre d'enfants extrêmement agressifs », pour la plupart des garçons qui, en plus de recevoir des fessées, étaient fréquemment frappés ou battus par leurs deux parents.

Un résultat étonnant attendait les chercheurs : il existe un net rapport entre la fessée et l'*agressivité réactive*. Comparés aux enfants qui ne recevaient pas de fessées, ceux qui en recevaient étaient trois fois plus susceptibles de riposter par une poussée ou un coup quelconque à toute offense, réelle ou perçue. Dans leur analyse des données, des chercheurs soulignent que les punitions violentes semblent toujours favoriser l'agressivité, ce qui ne serait pas le cas de la fessée, laquelle engendrerait plutôt un modèle de réponse émotionnelle particulier chez l'enfant, c'est-à-dire une réaction physique rapide aux attaques possibles. Comme l'enfant « perçoit clairement la colère associée à la fessée », il imite « le modèle de comportement émotionnel et non la forme d'agressivité en soi ».

Notez bien que l'étude en question établissait des corrélations et que les corrélations, comme nous l'avons répété, ne sont pas des relations causales. Dans les cas à l'étude, il se pourrait fort bien que la fessée ait découlé de l'agressivité au lieu de la causer. On peut émettre l'hypothèse qu'un grand nombre des enfants qui recevaient des fessées « provoquaient » cette réponse par leur comportement colérique et agressif en famille et qu'ils se montraient simplement aussi hostiles à la maternelle qu'à la maison.

Plusieurs facteurs, cependant, laissent à penser que les punitions choisies par les parents tiennent davantage à leurs attitudes et à leur tempérament propres qu'aux actions des enfants. Ainsi, les filles étaient presque aussi nombreuses que les garçons à écoper de fessées, même si elles étaient deux fois moins agressives. L'analyse approfondie des données amena les chercheurs à conclure ceci : « En dépit des objectifs des parents, la fessée ne favorise pas le développement prosocial. Au contraire, elle est associée à une forte incidence de l'agressivité à l'égard des pairs. » Cette conclusion est conforme à celles d'autres chercheurs qui se sont penchés sur les effets des châtiments corporels (Straus, 1994) et conforte une opinion de plus en plus répandue en Amérique du Nord à propos des pratiques disciplinaires. En 1968, en effet, un sondage avait révélé que 94 % des adultes américains jugeaient la fessée nécessaire dans certains cas. Une reprise du même sondage, en 1994, indiqua qu'il restait encore 68 % d'adultes américains à l'approuver (Collins, 1995).

Contexte de l'éducation des enfants

La relation parent-enfant ne s'établit pas dans un vide psychosocial. Chacune de ses composantes est influencée par les autres membres de la famille. Comme nous le verrons dans la section suivante, les frères et sœurs (leur nombre, leur âge, leur sexe et le caractère de leurs relations) marquent profondément chaque dyade parent-enfant. De même, la relation entre les parents et le degré de soutien qu'ils s'apportent mutuellement se répercutent sur la dyade parent-enfant. Ainsi, les parents solidaires l'un de l'autre qui vivent une relation de couple satisfaisante ont tendance à exiger beaucoup des enfants et à se réjouir lorsque ceux-ci se montrent à la hauteur (Goldberg, 1990).

Christopherson (1988 : voir Lefrançois, 1999) identifie pour sa part un certain nombre de lignes directrices qui peuvent être utiles dans l'éducation des enfants :

- Le comportement et les relations de l'enfant avec les autres dépendent de la satisfaction de ses besoins fondamentaux.

- Les parents reconnaissent chaque enfant comme un individu unique.

- L'honnêteté, la confiance, l'affection entre parents et enfant influent sur la qualité de leur relation.

- Les parents font la distinction entre la valeur personnelle de l'enfant et son comportement.

- Les enfants ont la liberté d'explorer et de faire des erreurs, mais en sécurité, en tenant compte des droits des autres et des conventions sociales.

- Les parents organisent l'environnement pour encourager les comportements altruistes.

- Les parents sont prêts à fournir un soutien direct ou indirect, physique ou verbal.

Toutes les interactions familiales subissent les effets des phénomènes culturels et économiques qui touchent chaque personne. C'est donc dire que, pour comprendre les effets de la relation parent-enfant sur le développement psychosocial, il faut tenir compte du contexte familial global et de l'environnement social de la famille (voir le modèle de Bronfenbrenner au chapitre 1).

Il faut aussi se rappeler que les facteurs familiaux et sociaux déterminent les effets des méthodes d'éducation. Le style directif, par exemple, favorise généralement la confiance en soi, la maîtrise de soi et la réussite chez les enfants; dans certains contextes, cependant, d'autres styles peuvent se révéler plus efficaces (Darling et Steinberg, 1993; Maccoby, 1992). Les perceptions du style d'éducation varient en effet selon les ethnies et les cultures. Plusieurs chercheurs ont avancé que les adolescents de certains groupes minoritaires voient dans la sévérité un signe de bienveillance et d'intérêt, tandis que les adolescents du groupe majoritaire l'interprètent comme un signe de rejet (Chao, 1994; Taylor et coll., 1993). On trouve chez les pygmées Aka de la République centrafricaine une autre illustration de l'importance de l'interprétation culturelle du comportement parental. Dans cette société, qui valorise l'autonomie, l'estime de soi et le partage des responsabilités familiales, les parents se montrent très permissifs. Or, la plupart des enfants deviennent des adultes joyeux, indépendants et pacifiques (Hewlett, 1992).

On pourrait citer une foule d'exemples analogues pour appuyer l'hypothèse que la culture, l'origine ethnique et la collectivité influent non seulement sur les objectifs et les valeurs des parents en matière d'éducation, mais aussi sur l'opportunité et l'efficacité des différents styles qu'ils adoptent. L'éducation des enfants s'inscrit également dans un réseau de pratiques, de croyances et de mesures de soutien extérieures à la famille. Par conséquent, il faut toujours mesurer les effets des méthodes employées en tenant compte du contexte culturel et communautaire.

Relations entre enfants d'une même famille

Les relations d'une personne avec ses frères et sœurs sont souvent les plus intenses, les plus intimes et les plus longues qu'elle aura jamais. Il n'est pas rare que les schèmes de relations établis au début de l'enfance subsistent pendant plus de 70 ans (Cicirelli, 1995). À l'âge préscolaire, avoir une sœur ou un frère aîné, c'est posséder un modèle de comportement, une source d'information et, dans certains cas, un havre de réconfort et de sécurité. Avoir une sœur ou un frère cadet, inversement, c'est disposer d'un élément de comparaison (« Marielle ne sait pas sauter à la corde, mais *moi*, je suis capable ! ») et d'un « cobaye » pour apprendre la sollicitude et la domination.

Ces avantages ont aussi leurs contreparties, surtout si les deux enfants sont âgés de moins de 6 ans. La compétition, les querelles et les affrontements physiques (de même que les gestes d'affection, la coopération et le jeu) sont plus fréquents entre frères et sœurs rapprochés qu'entre enfants du même âge qui ne sont pas de la même famille (Howe et Ross, 1990). L'âge et le sexe comptent au nombre des facteurs qui donnent de l'intensité à la relation, pour le meilleur ou pour le pire. Les enfants rapprochés et de même sexe sont susceptibles de devenir des rivaux autant que des camarades.

Les parents, bien entendu, laissent leur marque sur les relations entre frères et sœurs, et ce, dès les premiers instants. Une étude a ainsi démontré que certains parents sont plus enclins que d'autres à présenter le cadet à l'aîné comme une personne ayant des sentiments et des désirs qu'il est possible et souhaitable de comprendre. Cette étude a aussi révélé qu'une telle démarche incite l'aîné à s'intéresser au cadet et à lui témoigner de l'affection (Dunn, 1988).

Les parents influent sur la relation entre leurs enfants par le traitement qu'ils accordent à chacun en fonction de son âge et de son tempérament. Ce traitement comprend la discipline (McHale et coll., 1995), les responsabilités (Cicirelli, 1995) et les privilèges. Si les parents se sentent justifiés de traiter leurs enfants différemment, les enfants eux-mêmes n'apprécient pas cette façon de faire. Dans presque toutes les familles, les enfants d'âge scolaire se plaignent de l'injustice de leurs parents; les aînés jugent que les cadets sont gâtés et ceux-ci estiment que les aînés jouissent de privilèges particuliers. Les enfants d'une même famille ne rivalisent pas tous entre eux, mais presque tous ont des interactions qui influent sur leur personnalité et leurs perceptions sociales respectives (Dunn et Plomin, 1990).

La jalousie latente et le conflit ouvert sont fréquents entre frères et sœurs, la camaraderie et la tendresse aussi. Tous ceux qui ont des cadets pourront s'identifier à ces deux jeunes Chinoises, tout émerveillées de voir que leur petit frère accepte la boisson qu'elles lui offrent.

Devant l'intensité qu'ils mettent dans leurs rapports, on comprend aisément que les frères et sœurs d'un enfant contribuent plus que quiconque au développement de ses habiletés sociales. Ils orientent et stimulent ses interactions sociales avec plus d'assiduité que la plupart de ses autres partenaires. On ne peut vivre avec des frères et sœurs sans s'initier à l'autodéfense, au partage et à la négociation.

Enfant unique

Qu'en est-il de l'enfant qui n'a ni frère ni sœur ? Est-il désavantagé ? La croyance populaire veut qu'il le soit, mais la recherche le nie. L'enfant unique, en effet, a plus de chances de bénéficier du surcroît d'attention de ses parents que de souffrir de l'absence de frères et sœurs (Falbo et Polit, 1986; Falbo et Poston, 1993; Mellor, 1990). Sa situation est particulièrement bénéfique sur le plan intellectuel : les enfants uniques sont généralement plus loquaces et plus créatifs que les autres et ils sont plus nombreux à fréquenter l'université. Ils jouissent d'un avantage certain sur les enfants qui ont trois frères et sœurs ou plus, même si on exclut de la comparaison le fardeau financier imposé aux familles nombreuses. Le phénomène s'observe en Chine, en Europe et en Amérique du Nord (Bakken, 1993; Blake, 1989; Yang et coll., 1995).

Certains des désavantages des enfants uniques résideraient dans l'acquisition des habiletés sociales comme le jeu coopératif, les stratégies de négociation et l'affirmation de soi, des aspects du développement que favorisent habituellement les interactions entre frères et sœurs (Falbo et Poston, 1993). Dans les pays industrialisés, cependant, la plupart des enfants uniques fréquentent une garderie ou une maternelle et finissent par acquérir des habiletés sociales comparables à celles de leurs pairs ayant des frères et sœurs.

Les relations avec les pairs s'établissent à l'âge du jeu. Elles donnent à l'enfant des occasions de coopérer et de s'amuser allégrement.

Relations avec les pairs

L'âge du jeu est marqué par la naissance de l'amitié. Hier, les jeunes enfants passaient le plus clair de leur temps à la maison; aujourd'hui, ils fréquentent une garderie ou une maternelle. Comme nous l'avons indiqué au chapitre 7, les garderies et les maternelles de qualité favorisent le développement cognitif. Elles sont également propices au développement psychosocial : les enfants y apprennent toutes sortes d'habiletés sociales à force d'interagir avec des camarades de leur âge (Hayes et coll., 1990; Zaslow, 1991; Zigler et Lang, 1990). Cette médaille a cependant son revers car, si les enfants en garderie apprennent à s'entraider et à coopérer, ils risquent aussi de devenir plus tranchants et plus agressifs. En effet, les interactions avec les autres enfants les amènent à apprendre à défendre leurs intérêts, que ce soit pour conserver leur jouet favori ou pour maintenir leur place dans le rang.

De nombreuses habiletés sociales émergent à l'âge du jeu (Erwin, 1993; Howes, 1987). Entre 2 et 5 ans, l'enfant apprend à s'intégrer dans un groupe de jeu, à désamorcer les conflits au moyen de l'humour et à se faire des connaissances et des

Nombre de jeunes enfants, et surtout les garçons qui se connaissent bien, ont une prédilection pour le jeu robuste. Selon les spécialistes du développement, l'enfant acquiert ainsi des habiletés sociales (s'affronter tout en restant amis, par exemple) qu'il est difficile d'apprendre autrement.

S'habiller pour aller faire les courses est une forme de jeu sociodramatique qui associe réalisme et fantaisie. Lorsque Marie et Rachel grandiront, leur jeu deviendra plus créatif et plus théâtral, mais pas nécessairement plus réaliste.

amis (Corsaro, 1985). L'enfant est sur un pied d'égalité avec ses pairs et il doit prendre la responsabilité d'amorcer et d'entretenir des interactions harmonieuses. Il s'initie à la réciprocité, à la coopération et à l'équité en vivant auprès de ses pairs des expériences que les adultes auraient de la difficulté à lui offrir (Eisenberg et coll., 1985; Howes, 1987). L'enfant découvre les caractéristiques de ses pairs et noue des amitiés remarquablement stables. Il fait de ses amis ses camarades de jeu habituels et ne joue pas avec eux comme avec des copains occasionnels. Plus complexe, le jeu avec les amis se caractérise par la révélation de soi et la réciprocité (Hinde et coll., 1985; Howes, 1983; Park et coll., 1993).

Jeu sociodramatique

Le jeu sociodramatique consiste pour les enfants à interpréter des rôles et à développer des thèmes dans des histoires de leur cru. Source infinie de plaisir, cette forme de jeu leur permet de s'initier aux rôles sociaux qu'ils observent autour d'eux et d'exprimer leurs préoccupations personnelles dans un contexte rassurant. Cette fonction se révèle clairement lorsque les enfants incarnent des couples, mettent en scène la maladie et la mort, et donnent vie à des monstres ou à des superhéros.

Le jeu sociodramatique s'amorce au moment où le trottineur nourrit, cajole ou punit une poupée ou un animal en peluche. Sa fréquence et sa complexité augmentent considérablement au cours de la période de 2 à 6 ans (Howes, 1992; Rubin et coll., 1983), au moment où l'enfant commence à saisir les processus psychologiques des autres (voir le chapitre 7). Il met ses apprentissages en pratique dans des scénarios ludiques (Goncu, 1993; Harris et Kavanaugh, 1993; Lillard, 1993a, 1993b, 1994). Les jeunes enfants recourent par exemple au jeu sociodramatique pour faire l'essai de différents moyens de vivre les émotions. On les voit ainsi reconstituer des circonstances terrifiantes, réconforter une poupée apeurée ou jouer le courage dans une situation périlleuse (Bretherton, 1989). L'évolution du jeu sociodramatique est liée à la progression de la compréhension de soi pendant la petite enfance. L'enfant peut endosser puis abandonner des rôles à loisir dans le cadre du jeu sociodramatique, car il sait bien au fond de lui qui il est et qui il n'est pas.

Il est à propos de clore l'étude de la petite enfance par un portrait de l'enfant au jeu et, plus précisément, de l'enfant au jeu avec ses pairs. Le jeu sociodramatique fait appel à la pensée imaginative. De 2 à 6 ans, l'enfant est un être ludique qui acquiert son indépendance en renforçant ses habiletés sur les plans biosocial, cognitif et psychosocial. Il sort de cette période plus grand, plus fort et aussi plus sage et plus sociable, prêt à relever les défis de l'âge scolaire.

Jeu sociodramatique Jeu d'imagination qui consiste pour les enfants à inventer des situations et à en incarner les protagonistes.

Le développement à l'âge scolaire se caractérise par les progrès de la compétence et de l'indépendance ainsi que par l'expansion du monde social. Nous nous pencherons tout d'abord sur l'évolution affective qui se produit au cours de cette période, nous examinerons quelques-uns des contextes, la structure familiale en particulier, qui orientent et alimentent cette progression. Nous verrons enfin quels sont les facteurs de stress et les moyens de les surmonter à l'âge scolaire.

Avant de poursuivre plus avant, faites une petite pause et tentez de vous rappeler l'organisation sociale de l'école primaire que vous avez fréquentée. Rappelez-vous les circonstances des événements sociaux auxquels vous participiez : les repas d'anniversaire, les nuits passées chez des amis, etc. Pensez aux groupes qui se formaient dans votre rue, votre immeuble, votre cour. Souvenez-vous aussi des groupes qui se constituaient en marge d'activités comme le camp de jour, le cours de danse et la halte-garderie.

À mesure que vous identifierez des situations ou des institutions sociales, essayez de vous remémorer les sentiments associés à la socialisation durant l'âge scolaire. Ont-ils influencé ce que vous êtes aujourd'hui ? En quoi ?

Expansion du monde social

Où qu'ils vivent dans le monde, les enfants d'âge scolaire jouissent d'une indépendance supérieure à celle des enfants en bas âge. Ils s'éloignent plus longtemps de leurs parents pour aller à l'école, pour jouer et, dans certaines sociétés, pour travailler. Ils se font des amis dans différents milieux — école, voisinage, centre de loisirs, équipes sportives, etc. Ils rencontrent des personnes étrangères à leur famille. Ils vivent des aventures, voire des mésaventures, dont les adultes se doutent à peine.

Consensus chez les théoriciens

Les théoriciens qui ont étudié l'enfant à l'âge scolaire reconnaissent cette expansion du monde social. Selon Freud, il traverse une phase de latence. Ses pulsions affectives se calment, ses besoins psychosexuels diminuent et ses conflits inconscients s'estompent. La période de latence constitue « une période propice à l'acquisition d'habiletés cognitives et à l'assimilation des valeurs culturelles, car le monde de l'enfant s'étend désormais aux enseignants, aux voisins et aux pairs » (Miller, 1983).

Erikson (1966), pour sa part, estime que l'âge scolaire est une période de calme affectif et de productivité. « L'enfant apprend à acquérir du prestige en produisant des choses [...] Il apprend à travailler [...] Il peut s'enthousiasmer et s'absorber dans une situation de production. » La crise de cette période du développement est celle du travail et de l'infériorité. L'enfant cherche à maîtriser les habiletés que sa

Phase de latence Selon Freud, période comprise entre la phase phallique et la phase génitale adulte du développement psychosexuel, c'est-à-dire entre l'âge de 7 ans et l'âge de 11 ans environ. Le surmoi et la conscience morale se forment. L'enfant consacre une large part de son attention et de son énergie à l'exploration du monde social.

Travail et infériorité Selon Erikson, quatrième crise du développement psychosocial, pendant laquelle l'enfant s'efforce de maîtriser de nombreuses habiletés. Il apprend le plaisir de l'achèvement du travail et se perçoit alors comme industrieux et compétent ou, au contraire, comme incompétent et inférieur.

Le petit Québécois qui manie les outils de son père et le petit Brésilien qui fabrique des flèches dans la forêt amazonienne accomplissent essentiellement la même tâche : acquérir les compétences propres à leur culture respective.

société valorise. Il en tire un sentiment de compétence ou d'incompétence : il apprend le plaisir de l'achèvement du travail et se perçoit comme industrieux et productif; ou bien il désespère de ses moyens ou de son statut parmi ses pairs et se perçoit comme inférieur et incapable.

À VOUS LES COMMANDES – 8.6

Au travail, les enfants !

Au point de vue du développement, l'âge scolaire est marqué par l'entrée de l'enfant dans le monde social. Cela ne l'empêche pas pour autant d'assumer une part des responsabilités familiales.

1. Imaginez que vous avez un enfant de 7 ans.

   a) Quelles tâches domestiques lui confiez-vous si c'est un garçon ? si c'est une fille ?

   b) Quelles seraient la fréquence et la durée de ces tâches ?

2. Imaginez que vous avez un enfant de 11 ans.

   a) Quelles tâches seraient appropriées à un garçon ? à une fille ?

   b) Quelles seraient la fréquence et la durée de ces tâches ?

   c) Comment se prendraient les décisions reliées à la répartition des responsabilités domestiques ?

3. Décrivez, si vous vous en souvenez, les responsabilités qui vous étaient confiées à l'âge scolaire.

Les spécialistes du développement qui se réclament du béhaviorisme, du cognitivisme et de l'approche socioculturelle s'écartent de Freud et d'Erikson sur le plan théorique. Ils s'intéressent moins à la vie affective de l'enfant qu'à ses apprentissages cognitifs et à son cheminement vers la compréhension de soi. Pourtant, leur description de l'âge scolaire n'est peut-être pas si éloignée du portrait brossé par les théoriciens de l'approche psychodynamique : selon eux, l'enfant intègre ses compétences et relève les défis du monde extérieur avec une ouverture d'esprit, une perspicacité et une assurance inconnues des enfants plus jeunes. Il continue d'observer des modèles (héros de films ou de bandes dessinées, par exemple). Il apprend, analyse, exprime ses émotions et se fait des amis depuis plusieurs années déjà, mais toutes ces capacités convergent alors pour former une personnalité plus forte, cohérente et affirmée (Bandura, 1981, 1989; Bryant, 1983; Collins, 1984).

Voyons maintenant certaines des caractéristiques du développement psychosocial à l'âge scolaire telles que la compréhension des autres, la compréhension de soi et l'importance du groupe de pairs.

Compréhension des autres

La compréhension des autres, de leurs émotions, de leurs intentions, de leurs motivations, constitue la pierre angulaire du développement psychosocial à l'âge scolaire. Elle prend d'abord la forme d'une théorie mentale simple (voir le chapitre 7). L'enfant d'âge préscolaire constate que les actions des autres naissent parfois de pensées et d'émotions différentes des siennes. Sa théorie, cependant, est chancelante, car il saisit mal les différences entre les points de vue subjectifs.

Puis, à mesure que l'enfant vieillit, il entrevoit que les comportements sont plus que de simples réactions à des pensées et à des désirs. Il s'aperçoit que ce sont des actions influencées simultanément par des besoins, des émotions, des relations et des motifs complexes (Arsenio et Kramer, 1992; McKeough, 1992). Un certain nombre d'études ainsi que l'expérience quotidienne indiquent que les plus jeunes enfants ont généralement tendance à ne se soucier que des comportements observables et non des motifs ou sentiments sous-jacents ou des conséquences possibles de ces comportements sur le plan social. Ils sentent, par exemple, à quel moment un adulte peut les protéger, les nourrir, les gronder ou leur enseigner quelque chose, mais ils ne savent pas nécessairement pourquoi.

Les enfants plus âgés, au contraire, tendent non seulement à comprendre les motifs ou affects à la base de différents comportements, mais aussi à tenter de

Je plonge. Je ne plonge pas. L'eau est trop froide ! L'enfant d'âge scolaire comprend de mieux en mieux les émotions, et cette fillette sait qu'elle ne pourra tergiverser longtemps sans se faire taquiner. En revanche, elle parviendra peut-être à contenir suffisamment sa peur pour faire le saut.

prévoir les conséquences possibles de leurs actes. Ils sont aussi davantage conscients de l'importance des traits de personnalité. Ils se basent souvent sur ces derniers pour prédire le comportement ou les réactions émotionnelles d'une personne (Gnepp et Chilamkurti, 1988). Ils peuvent maintenant comprendre que les émotions ont des causes internes et qu'il est possible de les modifier (on peut, par exemple, penser à quelque chose de joyeux dans une situation triste). Dès lors, les enfants parviennent à mieux maîtriser leurs propres émotions (Garber et Dodge, 1991 ; Thompson, 1994).

À l'âge scolaire, l'enfant se rend aussi compte qu'on peut éprouver plusieurs émotions simultanément, voire les déguiser ou les cacher pour se conformer aux règles sociales, par exemple à celle qui veut qu'on manifeste de la joie quand on reçoit un cadeau, même si on est déçu (Harris, 1989 ; Harter et Whitesell, 1989 ; Saarni, 1989).

Compréhension de soi

Nous avons vu dans la première partie du chapitre que l'enfant, à l'âge du jeu, commence à comprendre qu'il est doté de caractéristiques et de dispositions uniques. Sa compréhension de soi n'en est pas moins superficielle. La pensée de l'enfant sur lui-même se précise à l'âge scolaire, à mesure que ses aptitudes cognitives progressent et que ses expériences sociales se diversifient. Pendant leurs premières années d'école, par exemple, les enfants justifient souvent leurs conduites en fonction de la situation immédiate. Quelques années plus tard, ils relient davantage leurs actes à leurs traits de personnalité ou sentiments. Ainsi, tandis qu'une fillette de 6 ans dira qu'elle a frappé un autre enfant parce que celui-ci l'a frappée en premier, une fillette de 11 ans précisera qu'elle n'était déjà pas de bonne humeur après avoir perdu son sac et qu'en plus celui qu'elle a frappé frappe toujours les autres sans être jamais puni.

Avec la compréhension de soi vient la maîtrise de soi. L'enfant apprend en effet à dominer ses réactions à des fins stratégiques. Il sait comment se conduire dans différentes situations sociales (à l'école, à un concert, au parc, etc.) et il devient capable de se conformer aux exigences sociales. Il peut, par exemple, penser à autre chose pour éviter de remuer pendant un concert ennuyeux et il sait comment feindre l'attention en classe.

Grâce à un réseau social qui ne cesse de s'étendre, l'enfant d'âge scolaire se perçoit en fonction de ses différents rôles et de ses différentes habiletés. Il prend conscience de son appartenance à un groupe ethnique, religieux ou social. C'est d'ailleurs à l'âge scolaire que les enfants des groupes minoritaires commencent à s'enorgueillir de leur identité ethnique (Aboud, 1987 ; Katz, 1987). Chez nombre d'entre eux, cette fierté « nourrit le respect de soi, raffermit le concept de soi et immunise contre la souffrance associée à une situation dévalorisée » (Spencer, 1987).

Non seulement la compréhension de soi se précise à l'âge scolaire, mais elle s'étend (Harter, 1983) au point que l'enfant est capable de considérer simultanément plusieurs de ses compétences. Il peut savoir, par exemple, qu'il est nul dans les sports, passable en musique et génial au Nintendo. De même, il reconnaît qu'il est sympathique et aimable, mais que sa susceptibilité le pousse parfois à des gestes qui compromettent ses amitiés. Comme sa compréhension des autres, sa compréhension de lui-même gagne en complexité, en perspicacité et en richesse.

Ce progrès, cependant, a son prix. Devenu réaliste, l'enfant constate ses faiblesses autant que ses atouts et devient autocritique. Il s'évalue au moyen de la **comparaison sociale** : il confronte ses habiletés et ses accomplissements à ceux des autres et peut juger les siens inférieurs. Alors, son **estime de soi** chancelle. Le doute s'installe, et il n'est nulle part plus cuisant qu'à l'école. Chez les écoliers, les résultats d'autoévaluation des compétences intellectuelles diminuent constamment au cours des années du primaire (Eccles et coll., 1993 ; Phillips et Zimmerman, 1990). Ceci contraste vivement avec la perception de soi des enfants à l'âge du jeu qui se montrent pleins d'optimisme et ont toute confiance en leurs capacités, même lorsque les autres les évaluent négativement (Stipek, 1984 ; Stipek et MacIver, 1989).

Comparaison sociale Tendance à évaluer ses habiletés, ses accomplissements et sa situation sociale en fonction de ceux des autres, des pairs en particulier.

Estime de soi Évaluation globale positive à l'égard de soi-même.

Groupe de pairs

De tous les milieux dans lesquels l'enfant d'âge scolaire construit son estime de soi, le plus influent est sans doute le groupe de pairs, c'est-à-dire le groupe d'individus de même âge et de même situation sociale qui jouent, travaillent ou étudient ensemble. L'intégration dans le groupe de pairs (mesurée en fonction de la popularité et de l'existence d'amis) peut faire beaucoup pour le sentiment de compétence, surtout au moment où la fréquence des contacts avec les pairs augmente, c'est-à-dire à l'âge scolaire (Feiring et Lewis, 1989; Vandell et Hembree, 1994). Il n'est donc pas étonnant que l'enfant se fie de plus en plus à ses pairs, non seulement pour l'amitié, mais aussi pour l'approbation et les conseils.

Les relations avec les pairs fournissent à l'enfant des occasions de progresser dans sa compréhension de soi et dans sa capacité d'entrer en relation avec autrui. Contrairement aux relations avec les adultes, en effet, les relations avec les pairs supposent que les partenaires négocient, fassent des compromis, partagent et interagissent sur un pied d'égalité (Hartup, 1989). Et, de fait, le groupe de pairs forme une société distincte de celle des adultes.

Au jeu, les enfants d'âge scolaire ont tendance à interagir selon des modalités différentes des règles imposées par les adultes. Certains spécialistes des sciences sociales désignent la sous-culture du groupe de pairs par le terme « société des enfants » afin de souligner qu'elle constitue une arène sociale dans laquelle les enfants ont la possibilité de créer leurs propres normes, règles et rituels.

La société des enfants se caractérise par un vocabulaire, des activités, un code vestimentaire et des règles de conduite qui s'établissent sans l'approbation des adultes, voire à leur insu. Les mots d'argot et les surnoms que les enfants emploient à l'approche de la puberté, par exemple, déplairaient probablement aux adultes (s'ils les comprenaient !). À la fin de l'âge scolaire, les activités typiques de cette société (errer au centre commercial et bavarder sans fin au téléphone, par exemple) ne laissent aucune place aux adultes (Zarbatany et coll., 1990). Les parents prennent connaissance du code vestimentaire des jeunes au moment où ils tentent de faire porter à leur enfant un vêtement qui y déroge. C'est ainsi qu'un enfant refusera de porter un jean tout à fait convenable parce que ce vêtement ne satisfait pas aux normes du code. La jambe sera trop ample, trop ajustée, trop courte ou trop longue...

Tandis que de nombreuses normes et règles du groupe de pairs incitent tacitement les enfants à s'affranchir des adultes, d'autres l'exigent explicitement. L'enfant de 10 ans (le garçon surtout) que ses parents embrassent en public est l'objet de risée; le « bébé lala » et le « chouchou du prof » ne connaissent pas un sort meilleur.

Amitié

Pour les enfants, il est encore plus important d'avoir des amis que d'être acceptés par le groupe de pairs (Hartup, 1996; Parker et Asher, 1993). L'amitié leur est primordiale et ils passent beaucoup de temps à réfléchir à sa dynamique. Ils acquièrent, par conséquent, une compréhension de plus en plus complexe et abstraite de cette relation. Ils apprennent ainsi à concilier honnêteté et soutien, dépendance mutuelle et respect de l'indépendance, compétition et coopération, conversation et action (Berndt, 1989b; Rawlins, 1992). Puisqu'ils se comprennent eux-mêmes de manière plus profonde et plus nuancée, les enfants d'âge scolaire ont de leurs amis une perception plus riche (Parker et Gottman, 1989).

Rejet

Tous les enfants se sentent délaissés ou boudés par leurs pairs à un moment ou à un autre, mais quelques écoliers le sont presque continuellement. Certains sont simplement ignorés, d'autres sont activement rejetés. Selon les chercheurs, les enfants rejetés se classent en deux catégories : les *rejetés-agressifs,* qui sont méprisés à cause

La société des enfants prévoit des règles et des rituels pour le jeu, qu'il s'agisse de jouer à cache-cache, au basket-ball de ruelle ou à la corde à danser. Les aînés enseignent les façons de faire aux cadets et, dans le cas du saut à la corde, les rimettes qui accompagnent les sauts. Chaque nouvelle cohorte apporte ensuite son grain de sel à la « tradition ».

Groupe de pairs   Groupe d'individus de même âge et de même situation sociale qui jouent, travaillent ou étudient ensemble.

Les enfants d'âge scolaire apprécient passer la nuit chez un ami. Ils profitent de l'occasion pour s'échanger des secrets, se coucher tard et s'empiffrer de friandises. Quelques années plus tôt, à l'âge du jeu, ils auraient eu peur de dormir à l'extérieur de chez eux ou se seraient querellés au lieu de se rapprocher.

Enfants rejetés   Dans les groupes de pairs, enfants que les autres délaissent, harcèlent ou rudoient. Les *rejetés-agressifs* sont impopulaires à cause de leur hostilité, tandis que les *rejetés-renfermés* sont mis de côté en raison de leur attitude ombrageuse et anxieuse.

Ce garçon vous semble un enfant rejeté-renfermé, qui a des problèmes avec ses pairs, qui est délaissé ou ignoré d'eux. C'est possible, mais il peut aussi s'agir tout simplement d'un enfant qui savoure un moment de calme à l'écart du groupe.

de leur comportement agressif et hostile, et les *rejetés-renfermés,* qui sont ostracisés à cause de leur attitude ombrageuse et anxieuse (Bierman et coll., 1993; Cillessen et coll., 1992; Hymel et coll., 1993).

Les enfants rejetés-renfermés sont conscients de leur isolement social et ils se sentent seuls et malheureux; leur faible estime de soi se répercute sur leur rendement scolaire et sur leurs relations familiales. Ce sont des proies faciles pour les fiers-à-bras de cour d'école. Les enfants rejetés-agressifs, pour leur part, se disent indifférents à l'exclusion et tendent à surestimer leurs compétences sociales (Hymel et coll., 1993; Parkhurst et Asher, 1992). Il ne fait cependant aucun doute que leurs pairs les trouvent entêtés, perturbateurs et malveillants (Bierman et coll., 1993; Dodge et coll., 1990; Patterson et coll., 1990).

Plusieurs études ont démontré que les enfants rejetés-agressifs se caractérisent par l'impulsivité et l'immaturité de la cognition sociale (Dodge et Feldman, 1990; Perry et coll., 1992; Rabiner et coll., 1990). Comparativement aux autres enfants, par exemple, ils interprètent mal les situations sociales. Ils voient de l'hostilité dans un geste amical (Dodge et coll., 1984; Graham et coll., 1992; Hudley et Graham, 1993) et des machinations dans les torts involontaires, surtout lorsqu'ils se sentent anxieux (Dodge et Somberg, 1987). Par exemple, ils peuvent percevoir un compliment comme du sarcasme, considérer comme un ordre une simple demande de partage d'un bonbon ou considérer que la personne qui leur a marché sur le pied par inadvertance a cherché à les insulter. Malheureusement, étant donné que c'est par les concessions mutuelles à l'intérieur d'un groupe de pairs que la plupart des enfants développent leurs compétences sociales, les enfants rejetés-agressifs se trouvent privés des situations d'apprentissage dont ils ont le plus besoin.

Les problèmes des enfants rejetés s'aggravent avec le temps, car les pairs se font plus critiques à l'approche de l'adolescence. Les conduites renfermées ou agressives deviennent alors de plus en plus néfastes pour leur auteur.

Structure familiale et développement de l'enfant

Depuis toujours et partout dans le monde, les enfants grandissent au sein de familles. Or, la **structure familiale**, c'est-à-dire l'ensemble des liens juridiques et biologiques qui unissent les membres d'une famille, varie considérablement selon l'époque et le lieu. Au milieu du XXe siècle, par exemple, la structure familiale la plus valorisée et la plus répandue dans les pays industrialisés était composée d'une femme et d'un homme vivant sous un même toit avec leurs deux ou trois enfants biologiques. Dans les pays en voie de développement d'Asie et d'Amérique latine, le type de ménage le plus répandu rassemblait en outre les grands-parents et les arrière-grands-parents ainsi que, dans bien des cas, les cousins, les tantes et les oncles. À la même époque, on trouvait dans les pays d'Afrique et de la péninsule arabique diverses autres structures familiales, et notamment le ménage polygame, où frères, sœurs, demi-frères et demi-sœurs grandissaient les uns aux côtés des autres.

À l'aube du XXIe siècle, la structure familiale qui prédominait il y a une cinquantaine d'années se fait de plus en plus rare. Si la tendance se maintient, une minorité d'enfants nés au Canada dans les années 1990 vivront avec leurs deux parents biologiques de la naissance jusqu'à l'âge de 18 ans. Quant aux autres, ils connaîtront divers types de ménages, car ils assisteront à la séparation de leurs parents, à une nouvelle union, voire à une seconde séparation.

Il est intéressant de noter que la recherche en psychologie semble confirmer ce que l'histoire et l'ethnologie laissaient entrevoir : les enfants peuvent être heureux dans presque tous les types de familles. Les particularités de la vie familiale — comme les conflits continuels, l'autorité parentale excessive et le manque d'affection — comptent davantage que les particularités de la structure familiale telles que le nombre

Structure familiale Ensemble des liens juridiques et biologiques qui unissent les membres d'une famille.

Pendant une grande partie de l'histoire humaine, la famille rassemblait trois générations et plusieurs enfants. Ce modèle subsiste du reste dans de nombreuses sociétés, dont le Canada. Cependant, on rencontre aujourd'hui de plus en plus de familles dites monoparentales, formées d'un parent et d'un enfant, une structure familiale viable à condition que ses membres trouvent dans le milieu social le soutien qui leur est nécessaire.

d'adultes ou les relations génétiques et juridiques entre les membres. Chaque structure présente des avantages et des inconvénients.

Famille nucléaire

Les chercheurs ont réalisé des études à grande échelle pour comparer diverses structures familiales. Ils ont conclu que ce sont les enfants issus de familles nucléaires (formées d'un homme et d'une femme et de leurs enfants biologiques) qui se portaient le mieux. De la naissance à l'adolescence, ils ont moins de problèmes physiques, affectifs et scolaires que les enfants vivant dans d'autres structures familiales. À l'adolescence, ils sont moins nombreux que les autres à consommer des drogues ou à faire l'objet d'une arrestation et plus nombreux à terminer leur secondaire. À l'âge adulte, enfin, ils ont plus de chances que les autres d'obtenir un diplôme universitaire, de manifester de l'assurance, d'être acceptés socialement et de réussir sur le plan professionnel (Acock et Demo, 1994; Amato et Keith, 1991; Dawson, 1991).

Avantages

Les avantages de la famille nucléaire tiennent à deux raisons. La première et la plus évidente est que deux adultes qui ont connu et aimé un enfant depuis sa naissance lui prodiguent plus de soins que ne saurait le faire une seule personne. Ensemble, une femme et un homme peuvent non seulement apporter à l'enfant une mesure supplémentaire de chaleur, de discipline et d'attention, mais ils peuvent aussi se soutenir l'un l'autre.

Deuxièmement, la famille nucléaire est généralement plus fortunée que la famille monoparentale. Elle est donc en mesure de fournir aux enfants un logement salubre, une alimentation saine et un bon niveau d'instruction.

Inconvénients

Avant d'admettre que la famille nucléaire est préférable à tous les autres modèles, il faut se rappeler deux faits. Premièrement, les mères et les pères biologiques ne font pas nécessairement des parents compétents. Deuxièmement, les couples ne sont pas tous aptes à fonder un foyer propice à l'épanouissement des enfants. Certains parents sont si perturbés qu'ils maltraitent leurs enfants ou sabotent les efforts de leur conjoint et entrent en conflit ouvert avec lui, causant ainsi des torts supérieurs aux bénéfices généralement associés à la présence de deux parents au foyer. Sur le plan psychologique, une famille monoparentale paisible vaut mieux qu'une famille nucléaire dysfonctionnelle.

Une recension des études transversales et longitudinales révèle que « les enfants vivant avec des parents en conflit continuel sont les plus troublés de tous » (Furstenberg et Cherlin, 1991). Un foyer où la colère et les reproches sont constants mine la sécurité affective nécessaire à un développement harmonieux

(Cummings et Davies, 1994). Si les adultes peuvent parfois parvenir à se blinder contre les conflits, les enfants y demeurent toujours vulnérables.

Éclatement de la famille nucléaire

Les bouleversements et la discorde qui accompagnent la séparation ou le divorce ont presque toujours sur les enfants des effets néfastes qui durent au moins un an ou deux. Dans les semaines qui précèdent et suivent la séparation, les enfants présentent des signes de souffrance émotionnelle, comme la dépression et la rébellion, ainsi que des symptômes de stress, comme une baisse du rendement scolaire, des troubles de santé et une diminution du nombre d'amis. La gravité et la durée de leur détresse dépendent principalement de la stabilité de leur mode de vie et de la qualité des arrangements pris pour leur garde (Amato, 1993).

Stabilité du mode de vie

La stabilité du mode de vie constitue un élément critique du bien-être des enfants à la suite d'une séparation ou d'un divorce. Or, cette stabilité est compromise par une foule de facteurs associés au divorce : séparation d'avec un parent, une grand-mère ou un grand-père, changement du niveau de vie, déménagement, augmentation des heures de travail du parent qui a obtenu la garde, etc.

La pire source d'instabilité correspond probablement à l'hostilité qui règne ouvertement entre les parents. Il arrive que les hommes et les femmes en instance de séparation se crient des insultes, échangent des coups et détruisent leurs possessions respectives (Chiriboga et Catron, 1992; Furstenberg et Cherlin, 1991; Guttman, 1993). Plus le conflit est amer, plus les enfants risquent de sombrer dans la colère et la dépression, de se désintéresser de leurs études et de leurs jeux et de manifester de l'hostilité envers leurs amis, leurs enseignants ainsi qu'envers leurs deux parents.

L'instabilité naît également de la désorientation des parents et du changement de comportement qu'elle peut entraîner vis-à-vis des enfants. Pire encore, les enfants s'ennuient du parent dont ils sont séparés, le père le plus souvent (Thompson, 1994). Les pères divorcés voient leurs enfants moins de une fois par semaine en moyenne et, au fil du temps, perdent une part de la tendresse qu'ils éprouvaient à leur égard avant la séparation (Amato et Booth, 1996; Seltzer, 1991).

Garde des enfants

La question de la garde des enfants après une séparation a fait l'objet de nombreux débats (Maccoby et Mnookin, 1992). L'opinion la plus répandue dans le système judiciaire veut que le parent le plus apte et le plus dévoué avant la séparation obtienne la garde des enfants. Les chercheurs en arrivent à la même conclusion après avoir réalisé des études approfondies. Les changements apportés au *Code civil du Québec* en 1990 et en 1995 favorisent les décisions en ce sens.

Autre aspect important à considérer : de plus en plus de parents acceptent la garde conjointe pour le mieux-être des enfants. En règle générale, l'idéal est que les parents coopèrent pour le bien de l'enfant et que les deux continuent d'avoir avec lui une relation suivie et constructive. L'enfant peut ainsi vivre son quotidien dans la sécurité et la stabilité et bénéficier d'un soutien psychologique et financier constant (Amato et Rezac, 1994) de la part de ses deux parents.

Famille monoparentale

Le nombre de familles monoparentales a considérablement augmenté depuis les années 1970 dans tous les pays industrialisés, sauf au Japon (Burns et Scott, 1994) (voir la figure 8.1). Bien que les causes et les conséquences de cette tendance varient quelque peu selon les pays, partout au monde on y voit la source d'une foule de problèmes, des troubles de santé à l'échec scolaire (Blankenhorn, 1995; U.S. Department of Education, 1991).

Les pères célibataires peuvent-ils élever leurs enfants convenablement ? La recherche a démontré qu'ils en sont capables. De fait, certaines études révèlent que les enfants de 6 ans et plus, les garçons en particulier, s'épanouissent sous la garde de leur père quand celui-ci a choisi cette situation et s'ils évoluent dans un milieu qui leur apporte du soutien.

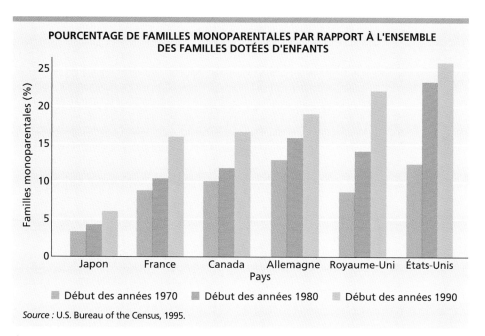

POURCENTAGE DE FAMILLES MONOPARENTALES PAR RAPPORT À L'ENSEMBLE DES FAMILLES DOTÉES D'ENFANTS

Source : U.S. Bureau of the Census, 1995.

Figure 8.1 *La proportion de familles monoparentales dans une société est liée à des tendances historiques autant qu'à des facteurs culturels et juridiques. De 1970 à 1990, le pourcentage de familles monoparentales a doublé dans presque tous les pays industrialisés du monde. En Amérique du Nord, la moitié des enfants vivent dans un ménage monoparental avant la fin de leur adolescence. Et tout laisse à penser que la proportion de familles monoparentales continuera d'augmenter dans le monde entier.*

Peu importe sa nationalité, ses origines ethniques et son éducation, un parent célibataire doit mettre les bouchées doubles pour voir aux besoins financiers, physiques et affectifs d'un enfant. Ses responsabilités l'obligent à renoncer à une partie de ses loisirs, de sa vie sociale et de ses heures de sommeil.

Comment se portent les enfants élevés par un seul parent ? Aussi bien, en somme, que les enfants des familles biparentales où les revenus et le rapport adulte-enfants sont comparables. À l'exception des enfants dont les parents viennent de se séparer, les enfants de familles monoparentales sont à égalité avec les autres, notamment sur le plan du rendement scolaire, de la stabilité émotionnelle et de la sécurité physique. Il en est ainsi pour les enfants d'âge préscolaire, les enfants d'âge scolaire et les adolescents (Dawson, 1991; Entwhisle et Alexander, 1996; Hawkins et Eggebeen, 1991; Smith, 1990). Les enfants de familles monoparentales s'épanouissent s'ils reçoivent l'appui nécessaire de leur entourage.

Les généralisations qui concernent les parents célibataires valent autant pour les pères que pour les mères. Toutes les recherches réalisées à ce propos indiquent que les enfants s'épanouissent autant auprès de leur père que de leur mère (Thompson et coll., 1992). L'enfant moyen se porterait même mieux, surtout s'il est de sexe masculin et qu'il a 6 ans ou plus, dans un foyer dirigé par le père que dans un foyer dirigé par la mère. Bien entendu, il ne faut pas en déduire que les hommes font de meilleurs parents célibataires que les femmes. Le principal facteur de l'avantage des pères célibataires est évidemment d'ordre économique : les ménages monoparentaux dirigés par un homme sont généralement plus à l'aise financièrement que ceux dirigés par une femme. En tant que chefs de famille monoparentale, les hommes se démarquent en outre du fait qu'ils s'occupaient beaucoup de leurs enfants avant la séparation et qu'ils en ont expressément demandé la garde. Ces hommes, par conséquent, ont plus de chances de devenir de bons parents que bien des femmes qui ont obtenu la garde parce que telle est la coutume ou parce que leur ex-conjoint s'est désisté (Greif, 1995), d'autant plus que le soutien du milieu est souvent plus marqué à l'égard des pères monoparentaux qu'à celui des mères monoparentales.

POINT DE MIRE

Les tiens, les miens, les nôtres

Une famille reconstituée est une entité beaucoup plus complexe qu'une famille nucléaire. En premier lieu, les enfants relèvent généralement non pas d'une, mais de deux familles reconstituées et voient ainsi leurs relations se multiplier. Ils ont quatre « parents », huit « grands-parents » et ainsi de suite. D'où, dans certains cas, des sentiments d'anxiété et de compétition. Et puis, une famille reconstituée est dès sa formation placée devant une série d'épineux problèmes reliés à la question de la loyauté.

Nombre de familles reconstituées tentent de recréer les relations intimes et exclusives qui caractérisent une famille nucléaire. C'est là une erreur, car le projet est pratiquement irréalisable. Dans une famille reconstituée, en effet, les enfants sont entourés d'adultes. Il leur faut du temps pour devenir loyaux à toutes ces personnes. Et voilà les beaux-parents parfois déçus que leurs relations avec les enfants ne soient pas aussi intimes qu'ils l'auraient voulu.

La psychologue clinicienne Elaine Horigian pense que le développement d'une famille reconstituée s'effectue en trois stades. Le premier est celui de la *lune de miel*. Pendant les quelque six mois qui suivent le mariage ou la cohabitation, tout le monde redouble d'efforts et évite de faire face aux sentiments de peur, de rancune et d'insécurité. Les sentiments sombres apparaissent au deuxième stade, celui du *conflit*. Il est alors essentiel que le parent biologique soutienne son conjoint ou sa conjointe afin d'assurer sa crédibilité auprès des enfants. Le troisième stade est celui du *lâcher-prise*. La famille reconstituée se rend compte qu'elle ne deviendra jamais une famille nucléaire et renonce à certains des mythes, des idéaux et des rêves qu'elle nourrissait. Il s'agit d'un stade très satisfaisant, car les membres de la famille constatent que leurs relations sont intimes et authentiques même si elles diffèrent de celles qui unissent les membres d'une famille nucléaire.

Source : « Not Being First », *Seasons of Life*, Audio Program 19, Annenberg/CPB, 1990.

Famille reconstituée

La plupart des parents séparés entament tôt ou tard une nouvelle relation de couple. Lorsque la vie à deux brise la solitude, soulage les problèmes financiers, atténue les conflits avec l'ex-conjoint et apporte la stabilité au foyer, elle bénéficie à tous les intéressés. Mais si les nouveaux conjoints sont heureux de cohabiter, les enfants, eux, ne voient pas toujours le changement du même œil. Ils se retrouvent subitement mêlés à un nouveau réseau de relations familiales. Après tout, ils n'auraient peut-être pas eux-mêmes choisi le nouveau conjoint, pas plus que les frères, les sœurs et les grands-parents qui font irruption dans leur vie (Ganong et Coleman, 1994).

Les facteurs du bien-être des enfants dans une famille reconstituée sont les mêmes que dans une famille biologique : la coopération, la stabilité et la qualité des soins (Keshet, 1988; Kurdek, 1989). Même dans des circonstances idéales, l'harmonie met un certain temps à s'installer. La famille reconstituée doit se donner un style et une culture qui plaisent à tous, et chaque membre doit faire des compromis (Allison et Furstenberg, 1989; Giles-Sims et Crosbie-Burnett, 1989; Hetherington et Jodl, 1994; Vuchinich et coll., 1991).

Bien des nouvelles unions font le bonheur des enfants et des adultes, mais il n'en demeure pas moins que le taux de divorces est plus élevé pour les deuxièmes mariages que pour les premiers, surtout si les familles reconstituées comptent de jeunes adolescents. Le stress d'une seconde séparation atteint les enfants autant que les adultes.

Seules deux personnes de cette famille reconstituée se sont choisies l'une l'autre. Le succès de leur union dépendra des relations qui s'établiront entre tous les membres de la famille. Plus les enfants sont jeunes, en général, plus ils ont de chances de s'attacher au nouveau conjoint et à ses propres enfants au fil du temps.

Quant aux enfants élevés en famille d'accueil ou par leurs grands-parents, leur bonheur, comme celui de tous les autres enfants, dépend de facteurs comme la paix, la stabilité, l'amour et l'attention. Cette constatation nous ramène à l'importance du contexte social : si une famille est acceptée dans son milieu et s'appuie sur des valeurs ethniques, culturelles ou communautaires, il y a de fortes chances que les adultes soient aptes à élever les enfants qui leur sont confiés. Depuis que les familles non traditionnelles ne sont plus stigmatisées dans la société nord-américaine, c'est-à-dire depuis une trentaine d'années, leurs effets néfastes sur les enfants s'atténuent (Acock et Demo, 1994).

Difficultés de la vie

L'expansion du monde social à l'âge scolaire apporte à l'enfant son lot de problèmes. L'entrée à l'école révèle les difficultés d'apprentissage et les transforme en handicap; l'amitié peut se muer en inimitié; les préjugés fondés sur le sexe, la race et la classe sociale apportent la honte, le doute et la solitude.

À cause de problèmes de toutes sortes, de nombreux enfants échouent à l'école, se battent avec leurs pairs, redoutent l'avenir. Bien des difficultés d'ordre scolaire que présentent les enfants peuvent être reliées, directement ou indirectement, au stress psychosocial (DeFries et coll., 1994; Luthar et Zigler, 1991; Rutter, 1987).

Si les contrariétés et les soucis potentiels ne manquent pas à l'âge scolaire, les enfants, fort heureusement, sont pleins de ressources. Par conséquent, la fréquence globale des troubles psychologiques est inversement proportionnelle au nombre de compétences observables à l'école, à la maison et au terrain de jeu (Achenbach et coll., 1991).

Atouts de l'enfant

L'aptitude d'un enfant à surmonter les problèmes repose en grande partie sur ses compétences, particulièrement sur ses habiletés sociales et scolaires et sur sa créativité. Chacune peut l'aider à contourner ou à éviter bon nombre des problèmes qu'il rencontre au foyer ou dans la collectivité (Conrad et Hammen, 1993).

En effet, les enfants tirent du sentiment de compétence la force de surmonter leurs handicaps. Il y a plusieurs raisons à cela dont l'une tient à l'estime de soi : l'enfant qui a confiance en lui-même parce qu'il se sent compétent dans un domaine quelconque saura faire la part des choses et ne cédera pas à la détresse intérieure simplement parce qu'on tente de le diminuer ou qu'il fait l'objet d'un rejet de la part des autres.

Sur un plan plus concret, l'enfant doté d'habiletés cognitives et sociales poussées, par exemple, est capable d'employer diverses stratégies d'adaptation. Il pourrait ainsi modifier les conditions qui ont entraîné un problème ou encore restructurer ses propres réactions à la difficulté. Les stratégies d'adaptation se multiplient et se différencient à l'âge scolaire, si bien que l'enfant serait plus apte à affronter les stress de la vie à la fin de cette période qu'au début (Aldwin, 1994; Compas et coll., 1991).

Il est évident que les éducateurs peuvent jouer un rôle prépondérant dans le développement de la compétence. La réussite scolaire peut donner à tous les enfants, même les plus défavorisés, l'espoir de dépasser les limites contraignantes de leur quotidien.

Soutien social

Le soutien social dont l'enfant bénéficie compte aussi parmi les éléments qui l'aident à surmonter les problèmes (Garmezy, 1993). Le réconfort qu'apportent un grand-père, une grand-mère, un frère, une sœur, voire un animal domestique, peut soulager un peu la tension (Furman et Buhrmester, 1992; Werner et Smith, 1992). Comme son univers social s'est élargi, l'enfant peut aller y chercher plusieurs autres sources de soutien. Ainsi, la présence d'un enseignant attentif ou d'un ami fidèle est susceptible d'alléger le fardeau d'un enfant dont la situation familiale est problématique (Rutter, 1987).

La foi et la pratique religieuse constituent une autre importante source de soutien pour nombre d'enfants, surtout pour ceux qui vivent dans un milieu difficile. Presque partout dans le monde, les enfants d'âge scolaire s'élaborent une théologie (fondée mais non calquée sur l'éducation religieuse qu'ils reçoivent) qui les aide à structurer leur vie et à affronter les problèmes de ce monde (Coles, 1990; Hyde, 1990). Leur vision de la divinité est très personnelle, mais leur permet de croire qu'un Être bienveillant veille sur eux, ce qui les aiderait à affronter les situations difficiles.

Les enfants d'aujourd'hui font face à une kyrielle de problèmes, dont certains n'existaient même pas du temps de leurs parents. Le meilleur moyen de les protéger a fait ses preuves depuis des siècles : il consiste à leur donner un coup de pouce au moment opportun et à leur prêter une oreille attentive.

Dans une optique plus large, les mesures sociales qui visent à modifier certains aspects du milieu de vie — par exemple, pacifier les quartiers violents et les rendre plus sécuritaires, améliorer les possibilités d'emploi dans les collectivités à faibles revenus — peuvent bénéficier grandement, encore qu'indirectement, aux enfants d'âge scolaire.

Nous allons voir dans les chapitres suivants que l'adolescence constitue un prolongement de l'âge scolaire, mais qu'elle ouvre de nouvelles voies. S'il est vrai que l'adolescent rencontre de nouvelles difficultés et qu'il a à sa portée des mécanismes d'adaptation destructeurs comme la consommation de drogues et la témérité, il dispose aussi d'un nombre croissant de stratégies d'adaptation constructives.

Résumé

 SECTION 1 **Âge du jeu**

Soi et monde social

1. À l'âge du jeu, la compréhension de soi aide l'enfant à découvrir les rouages de la vie sociale et à entrer en relation avec les autres. Inversement, les interactions sociales l'aident à se connaître, à se comprendre et à s'autoévaluer.

2. Les spécialistes du développement s'accordent pour dire que l'apprentissage des rôles sexuels et l'identification sexuelle commencent à l'âge du jeu. Ils divergent cependant d'opinions quant aux modalités de ces processus. Les tenants de l'approche psychodynamique insistent sur les peurs et les fantasmes qui poussent l'enfant à s'identifier au parent du même sexe. Les théoriciens de l'approche béhaviorale mettent l'accent sur les renforcements, tandis que les théoriciens de l'apprentissage social (approche cognitive) s'attardent aux modèles que l'enfant trouve dans son foyer et ailleurs. Nombre de chercheurs admettent que certaines différences entre les sexes ont une origine biologique.

Relations et développement psychosocial

3. Dans la perspective relationnelle, le développement psychosocial repose d'abord sur les relations de l'enfant avec ses proches. Ces rapports sont interdépendants; ainsi, les enfants vivant dans des familles perturbées ont des relations difficiles avec leurs pairs.

4. L'interaction parent-enfant est si complexe qu'il n'existe pas de recette toute faite pour réussir l'éducation d'un enfant. En règle générale, cependant, l'enfant de parents directifs, qui se montrent affectueux et fermes, est heureux, compétent et a confiance en lui. L'enfant de parents très autoritaires manifeste une tendance à l'agressivité, tandis que l'enfant de parents très permissifs manque de maîtrise de soi.

5. Les méthodes d'éducation ont une influence certaine sur le développement de l'enfant mais, comme elles ne sont pas le seul facteur en cause, il faut se garder d'en exagérer l'importance. En raison de leur tempérament et des variations de leurs besoins, il arrive souvent que les enfants influent sur les méthodes d'éducation de leurs parents autant qu'ils sont influencés par elles. Les méthodes d'éducation dépendent aussi de la relation de couple des parents ainsi que des contextes culturel, ethnique, socio-économique et communautaire.

6. Les relations d'un enfant avec ses frères et sœurs se distinguent à bien des égards de ses rapports avec ses parents et ses pairs. Un enfant peut se quereller avec ses frères et sœurs, mais aussi leur témoigner plus d'affection et de sollicitude qu'à quiconque. La relation de chaque enfant d'une famille avec ses parents est l'un des principaux facteurs de la qualité de sa relation avec ses frères et sœurs.

7. Les enfants uniques ont tendance à manifester plus de loquacité et de créativité que les enfants ayant des frères et sœurs. Leurs habiletés sociales sont cependant un peu moins développées, à moins qu'ils ne fassent partie d'un groupe de jeu stable ou qu'ils ne fréquentent la garderie ou la maternelle.

8. Les relations avec les pairs constituent un important élément de la socialisation à l'âge du jeu. Elles fournissent à l'enfant des occasions d'acquérir des habiletés sociales et de découvrir l'amitié.

9. Pour pouvoir jouer avec d'autres, l'enfant d'âge préscolaire doit entretenir l'interaction sociale en faisant preuve de bonne volonté et d'équité.

SECTION 2 **Âge scolaire**

Expansion du monde social

10. L'enfant d'âge scolaire commence à comprendre que le comportement des autres repose sur des traitd de personnalité, des émotions et des motivations complexes. De plus, il devient apte à modifier son propre comportement en vue d'interagir de manière appropriée avec les autres.

11. L'enfant d'âge scolaire a de lui-même et de son propre comportement une conception de plus en plus précise. Il connaît sa personnalité, son émotivité, ses aptitudes et ses défauts. Il peut donc s'autoévaluer et se comparer avec les autres, ce qui peut influer sur son estime de soi.

Groupe de pairs

12. Les relations avec les pairs sont propices au développement social, car ceux-ci interagissent d'égal à égal et doivent apprendre à s'adapter les uns aux autres. Les enfants d'âge scolaire créent leur propre sous-culture en adoptant un langage, des valeurs et des codes de conduite qui n'appartiennent qu'à eux.

13. En vieillissant, l'enfant devient de plus en plus sélectif et exclusif en amitié. Il peut cependant être rejeté par ses pairs pour diverses raisons. L'exclusion peut avoir des conséquences à long terme sur le développement psychosocial.

Structure familiale et développement de l'enfant

14. Pour le bien-être de l'enfant, la dynamique familiale est beaucoup plus importante que la structure familiale. Pour l'enfant, le fait de vivre dans une famille biparentale, dans une famille monoparentale, dans une famille reconstituée ou avec ses deux parents en alternance est relativement secondaire, du moment que son milieu est stable, paisible et attentif à ses besoins.

15. Certains éléments de la vie familiale, dont l'hostilité, la pauvreté et les variations imprévisibles de la structure familiale, sont sources de stress pour l'enfant. Les transitions entre des structures familiales différentes peuvent être particulièrement difficiles, surtout si les parents sont en conflit ou éprouvent des difficultés financières. Le soutien de la famille élargie, des amis et de la collectivité peut cependant faciliter les transitions.

Difficultés de la vie

16. Presque tous les enfants d'âge scolaire rencontrent des difficultés à la maison, à l'école ou dans la collectivité. La plupart réussissent à surmonter les épreuves si elles ne sont ni trop longues ni trop pénibles.

17. L'efficacité des stratégies d'adaptation d'un enfant dépend du nombre et de la nature de ses difficultés, de ses compétences et du soutien social dont il fait l'objet.

Questions à développement

 SECTION 1 Âge du jeu

1. D'après son éducatrice de garderie, la petite Karine, âgée de 2 ans, est un amour d'enfant parce qu'elle « partage ». Jamais elle n'arrache les jouets à ses camarades et jamais elle ne se montre possessive. Elle laisse les jouets à ceux qui les réclament et elle ne manifeste pas d'« égoïsme ». Imaginez que vous supervisez cette éducatrice. Quel conseil lui donneriez-vous en ce qui concerne Karine ?

2. Comparez l'approche psychodynamique et la perspective de l'apprentissage social (approche cognitive) en ce qui a trait à l'identification sexuelle.

3. Expliquez l'influence que peuvent exercer des facteurs environnementaux comme le divorce et la pauvreté sur le style d'éducation et, par conséquent, sur le développement de l'enfant.

 SECTION 2 Âge scolaire

4. Donnez des exemples de mode, de tenue vestimentaire et de héros qui ont en ce moment la faveur des enfants. Quelles influences ont-ils sur leur comportement ?

5. L'existence d'un réseau de soutien social est essentielle à l'adaptation des parents et des enfants à une famille monoparentale. Nommez au moins quatre personnes, organismes ou institutions de votre ville susceptibles de fournir un soutien social aux familles monoparentales. Précisez la nature de ce soutien.

Questions à choix multiples

 SECTION 1 Âge du jeu

1. Une petite fille dit à sa mère de partir en vacances afin qu'elle-même puisse épouser son père. Elle verbalise un fantasme conforme à ce que Freud a appelé :

a) le complexe d'Œdipe.

b) le complexe d'Électre.

c) la théorie mentale.

d) la crise de l'initiative et de la culpabilité.

2. Selon Erikson, les enfants n'éprouvent pas de culpabilité avant l'âge du jeu parce que :

   a) la culpabilité repose sur le concept de soi et que celui-ci n'est pas pleinement formé avant l'âge scolaire.

   b) les enfants ne comprennent pas encore qu'ils garderont le même sexe toute leur vie.

   c) la culpabilité ne leur a pas encore été inculquée.

   d) la culpabilité est associée à la résolution du complexe d'Œdipe, lequel apparaît ultérieurement.

3. Les parents sévères et distants s'exposent à rendre leurs enfants :

   a) coopératifs et confiants.

   b) obéissants mais malheureux.

   c) violents.

   d) repliés sur eux-mêmes et anxieux.

4. En matière d'identité sexuelle, lequel des énoncés suivants est vrai ?

   a) Les enfants de moins de 3 ans pensent que les garçons et les filles peuvent changer de sexe en vieillissant.

   b) Dès l'âge de 18 mois, les enfants discernent clairement les différences physiques entre les garçons et les filles et reconnaissent systématiquement les uns et les autres.

   c) Ce n'est que vers l'âge de 5 ou 6 ans que les enfants manifestent une préférence pour les jouets destinés à leur sexe.

   d) Tous ces énoncés sont vrais.

5. Lequel des éléments suivants n'est pas une des caractéristiques sur lesquelles Diana Baumrind se fonde pour distinguer les parents autoritaires, permissifs et directifs ?

   a) Ils demandent à l'enfant de se conduire avec maturité.

   b) Ils tentent de régir les actions de l'enfant.

   c) Ils se montrent affectueux.

   d) Ils adhèrent aux stéréotypes en matière de rôles sexuels.

6. Joël se rappelle que sa mère était affectueuse et permissive alors que son père était autoritaire. Diana Baumrind classerait vraisemblablement les parents de Joël comme étant :

   a) démocrates-indulgents.

   b) traditionnels.

   c) indifférents.

   d) directifs.

7. Lequel des énoncés suivants est vrai ?

   a) Il semble que la fessée atténue l'agressivité réactive.

   b) Administrée correctement, la fessée favorise le développement psychosocial.

   c) La fessée est associée à une augmentation de l'agressivité envers les pairs.

   d) Aucune de ces réponses.

SECTION 2 Âge scolaire

8. Les différentes théories sur le développement psychosocial à l'âge scolaire affirment toutes que l'enfant :

   a) s'autoévalue de manière de moins en moins réaliste.

   b) s'autoévalue avec complaisance.

   c) manifeste une compétence et une indépendance croissantes.

   d) présente une diminution systématique de l'estime de soi.

9. Le professeur Ferrand pense que la maîtrise des habiletés revêt une importance particulière parce que les enfants apprennent à se considérer comme compétents ou incompétents dans les habiletés que valorise leur société. Le professeur Ferrand a manifestement adopté le point de vue :

   a) du béhaviorisme.

   b) de l'apprentissage social.

   c) d'Erik H. Erikson.

   d) de Sigmund Freud.

10. À 10 ans, Charlotte est plus susceptible que Sébastien, son petit frère de 7 ans, de décrire son cousin en fonction :

    a) des attributs physiques de ce dernier.

    b) des sentiments qu'elle et lui ont en commun lorsqu'ils se trouvent dans la même situation sociale.

    c) des traits de personnalité de ce dernier.

    d) du comportement manifeste de ce dernier.

11. Contrairement à leurs cadets, les enfants de 9 ans :

    a) nient l'importance de l'amitié.

    b) précisent qu'ils préfèrent les camarades de jeu de même sexe.

    c) reconnaissent l'importance de l'aide et du soutien affectif qu'apportent les amis.

    d) se montrent peu sélectifs quant à leurs amis.

12. Pendant l'âge scolaire, des enfants des groupes minoritaires commencent habituellement à se sentir :

    a) moins compétents que les enfants du groupe majoritaire.

    b) fiers de leur identité ethnique.

    c) de plus en plus désespérés.

    d) Toutes ces réponses.

Le chapitre 8 en un clin d'œil

● SECTION 1 – Développement psychosocial à l'âge du jeu

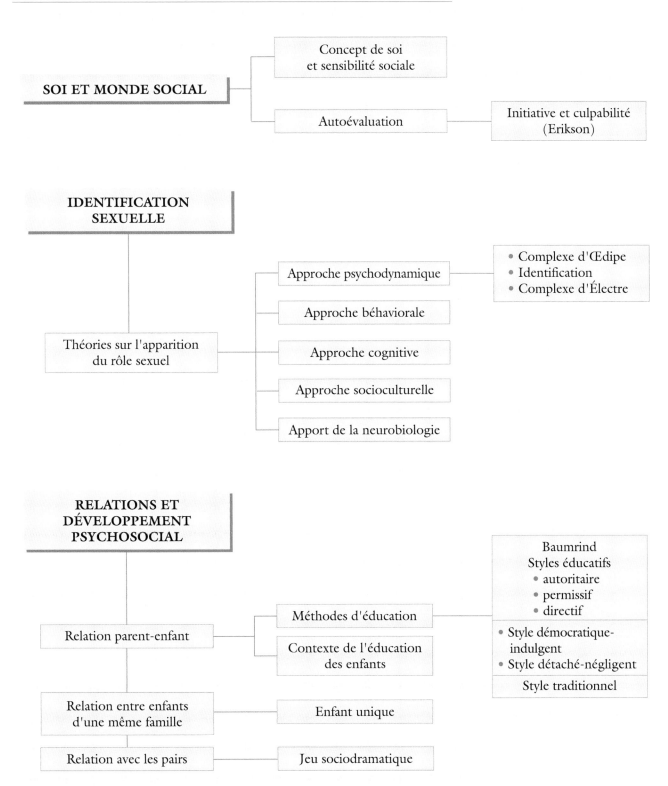

● SECTION 2 – Développement psychosocial à l'âge scolaire

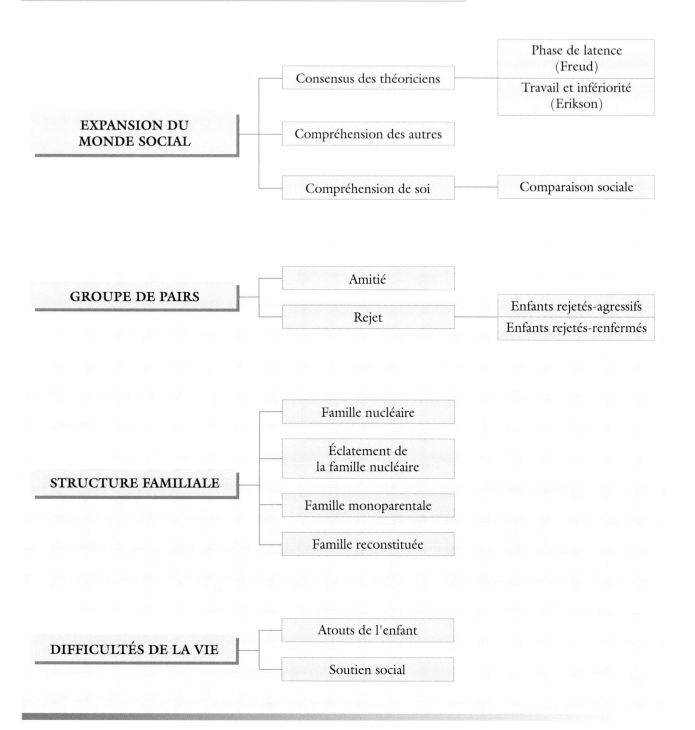

BILAN DU DÉVELOPPEMENT :
âge du jeu (de 2 à 6 ans)

Chapitre 6, section 1

Chapitre 7, section 1

Chapitre 8, section 1

▶ Développement biosocial

Cerveau et système nerveux

Le cerveau se développe plus rapidement que tous les autres organes. Il atteint 90 % de sa masse adulte chez l'enfant de 5 ans. La coordination entre les deux hémisphères cérébraux s'améliore graduellement, de même que la capacité de se calmer et de se concentrer.

Motricité

La force de l'enfant augmente et ses proportions corporelles se rapprochent de celles de l'adulte. La motricité globale s'améliore donc considérablement, permettant par exemple à l'enfant de sauter, de courir avec agilité et d'attraper un ballon. La motricité fine se développe plus lentement, de sorte que l'enfant a encore de la difficulté à écrire et à dessiner. On assiste, à l'âge du jeu, à l'apparition des disparités entre les sexes en matière de motricité.

Mauvais traitements

Le risque de mauvais traitements infligés aux enfants est inversement proportionnel à l'abondance des ressources personnelles et communautaires dont les adultes d'un foyer disposent.

▶ Développement cognitif

Habiletés cognitives

L'enfant acquiert de nombreuses habiletés cognitives à l'âge du jeu, notamment les habiletés reliées à la numération, à la mémoire et à la résolution de problèmes. L'enfant se dote d'une théorie mentale qui lui permet de tenir compte des idées, des motivations et des émotions des autres. Les interactions sociales, surtout celles qui prennent la forme d'une participation guidée, constituent à la fois la cause et la conséquence de ses progrès. À l'âge du jeu, l'enfant conserve tout de même une pensée relativement illogique.

Langage

L'acquisition du langage est rapide à l'âge du jeu. L'enfant de 6 ans connaît 10 000 mots en moyenne et démontre une connaissance poussée de la grammaire. Il est capable d'adapter son discours à son auditoire et d'utiliser le langage pour faciliter ses apprentissages. La teneur et l'étendue du vocabulaire actif et passif dépendent en partie du contexte dans lequel l'enfant évolue. L'éducation préscolaire favorise l'apprentissage du langage et l'expression personnelle.

▶ Développement psychosocial

Développement du concept de soi et des habiletés sociales

L'enfant acquiert le concept de soi à l'âge du jeu et a souvent de lui-même une image favorable. Il entreprend volontiers de nouvelles activités, surtout s'il est louangé pour ses initiatives. Ses habiletés sociales et cognitives se développent, si bien qu'il s'adonne à des jeux de plus en plus complexes et créatifs, seul d'abord puis avec d'autres.

Rôles sexuels

L'enfant d'âge préscolaire a une conception stéréotypée de l'apparence et du comportement appropriés à chaque sexe. Les chercheurs n'ont pas encore départagé l'influence de l'inné et celle de l'acquis en matière de rôles sexuels.

Interaction parent-enfant

À l'âge du jeu, l'enfant gagne en indépendance et essaie de maîtriser son environnement. Certaines méthodes d'éducation sont plus propices que d'autres à l'épanouissement de l'autonomie et de la maîtrise de soi. Les parents sont cependant influencés par des normes culturelles ainsi que par les caractéristiques de l'enfant dans leur choix de méthodes d'éducation.

PARTIE 3

BILAN DU DÉVELOPPEMENT :
âge scolaire (de 7 à 11 ans)

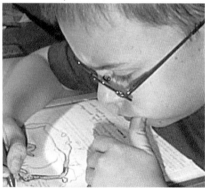

▶ Développement biosocial

Croissance

L'enfant grandit plus lentement à l'âge scolaire que durant les périodes précédentes et qu'à l'adolescence. Grâce à l'accroissement de sa force et de sa capacité cardiorespiratoire, il possède l'endurance nécessaire pour améliorer sa performance dans des activités comme la course et la natation.

Habiletés motrices

Le ralentissement de la croissance permet à l'enfant de mieux maîtriser ses mouvements. D'ailleurs, il aime bien faire appel à sa coordination et à son sens de l'équilibre. Les habiletés qu'il maîtrisera dépendent de sa culture, de son sexe et de son talent naturel. Les enfants ayant des besoins particuliers doivent faire l'objet d'une éducation spécialisée. Ils ont cependant de nombreux points en commun avec les autres enfants et gagnent à les côtoyer.

Enfants aux besoins particuliers

Certains enfants présentent des difficultés comme l'autisme, les difficultés d'apprentissage, le trouble de l'hyperactivité avec déficit de l'attention.

▶ Développement cognitif

Pensée

L'enfant d'âge scolaire est apte à la compréhension et à l'apprentissage grâce à l'augmentation de sa vitesse de traitement mental, à l'expansion de sa base de connaissances et à l'amélioration de sa capacité mnésique. À compter de l'âge de 7 ou 8 ans, l'enfant saisit l'identité, la décentration et la réversibilité.

Langage

L'enfant comprend de mieux en mieux les structures et les possibilités d'utilisation du langage. Il acquiert de nouvelles capacités cognitives et emploie le vocabulaire de manière analytique.

Éducation

Les enfants du monde entier commencent entre 7 et 11 ans à recevoir un enseignement structuré. Le contenu des programmes d'études dépend de facteurs économiques et sociaux. Les apprentissages que réalise un enfant sont tributaires du temps alloué à chaque tâche ainsi que des attitudes et des méthodes de ses enseignants et de ses parents.

▶ Développement psychosocial

Développement du concept de soi et des habiletés sociales

L'enfant d'âge scolaire a de lui-même et de son comportement une conception de plus en plus précise. Il peut s'autoévaluer et se comparer avec les autres. Progressivement, il se détache de ses parents et accorde une importance croissante au groupe de pairs. Il trouve désormais auprès de ses amis, et moins de ses parents, l'aide, la loyauté et l'intimité qu'il recherche. L'acceptation ou le rejet dont il fait l'objet à cause de ses traits de personnalité constitue un important aspect de sa vie. L'enfant est sensible à la vie familiale et il y participe activement. Il s'ouvre également au monde extérieur et, par conséquent, constate les effets des conditions familiales, économiques et politiques.

Difficultés de la vie

Selon son tempérament, ses compétences et le degré de soutien qu'il reçoit à la maison et à l'école, l'enfant surmontera les difficultés avec plus ou moins d'efficacité. Les facteurs économiques, en particulier la précarité de la situation socio-économique, exercent sur l'enfant une influence grandissante.

Adolescence et début de l'âge adulte

De toutes les périodes de la vie, l'adolescence est probablement la plus difficile à décrire, à étudier et... à vivre. Les changements biologiques associés à la puberté sont universels, mais leur expression et leur ampleur varient considérablement et dépendent de plusieurs facteurs, dont le sexe, le code génétique et l'alimentation. Le développement cognitif, de même, n'a rien d'uniforme à l'adolescence. Certains jeunes égalent ou surpassent les adultes en ce qui concerne la pensée logique, hypothétique et théorique. D'autres ont encore bien du chemin à parcourir pour développer leurs habiletés de base dans le domaine intellectuel. Quant au développement psychosocial, il varie encore davantage; c'est en effet pendant la deuxième décennie de la vie (de 10 à 20 ans) que l'individu commence à construire sa propre identité et choisit sa voie en matière de sexualité, de valeurs, d'éducation. La diversité des choix tient en grande partie aux différences entre les contextes sociaux et culturels ainsi qu'à la féconde hétérogénéité qui caractérise le cheminement de l'être humain.

Les adolescents n'en ont pas moins un certain nombre de points communs. Tous font face aux mêmes tâches de développement et doivent s'adapter aux modifications de leur taille et de leur silhouette, à l'éveil de leur sexualité, à de nouvelles façons de penser. Tous tendent vers une maturité affective et une indépendance économique qui sont le propre de l'adulte.

Les jeunes adultes, pour leur part, doivent prendre des décisions quant à leurs objectifs professionnels, à leurs engagements sociaux et à leur conduite morale. Leur indépendance est aussi exaltante qu'exigeante dans un monde où il est possible de choisir parmi une multitude de modes de vie. Peu importent les rôles qu'ils endossent, peu importe le zèle qu'ils mettent à les jouer, ils connaîtront inévitablement le stress et l'enthousiasme, la réussite et l'échec, le regret et la fierté. Les troisième et quatrième décennies de la vie (de 20 à 40 ans) correspondent à une période passionnante. Plus conscients de leurs forces tout en acceptant mieux leurs faiblesses, beaucoup de gens ont alors l'impression de vivre pleinement. Dans les trois chapitres qui suivent, nous verrons comment les adolescents et les jeunes adultes composent avec la fascinante complexité de l'existence.

Chapitre 9

Développement biosocial à l'adolescence et au début de l'âge adulte

Entre 10 et 20 ans, les êtres humains franchissent la limite qui sépare l'enfance de l'âge adulte, et ce, sur les plans biosocial, cognitif et psychosocial. Personne n'oserait avancer qu'il s'agit là d'une transition simple et facile. L'adaptation aux nombreux changements qu'apporte l'adolescence peut constituer une tâche difficile, stressante, troublante et déroutante, dans les sociétés les plus développées à tout le moins.

Enfants, nous avons hâte d'être des « grands ». Nous imaginons que l'atteinte de la taille adulte va nécessairement de pair avec l'accession aux rôles et aux privilèges de l'âge adulte, et nous oublions les responsabilités. Adolescents, nous attendons avec impatience le jour de notre remise de diplôme ou de notre dix-huitième anniversaire. Ces jalons « officiels », croyons-nous, nous conféreront comme par magie l'indépendance à laquelle nous aspirons et la compétence qui nous permettra d'en jouir.

Dans ce premier chapitre de la partie sur l'adolescence et le jeune adulte, nous traiterons du développement biosocial, particulièrement de la puberté, la dernière étape de la maturation, puis du début de la sénescence chez le jeune adulte.

- **Puberté**
  Moment de la puberté
  Hormones
  Poussée de croissance
  Maturation sexuelle
  Maturation précoce ou tardive
  Pulsion sexuelle

- **Trois problèmes majeurs**
  Alimentation
  Abus sexuel
  Consommation de drogues

ADOLESCENCE

Soulignons d'abord que toutes les périodes de la vie apportent leur lot de difficultés, mais aussi de satisfaction, de joies et d'avantages, l'adolescence comme les autres. Certes, il y a des moments de maladresse, de désorientation, de colère et de dépression dans la vie de presque tous les adolescents. Plusieurs rencontrent des obstacles sur la voie de la maturité. Aussi verrons-nous, en abordant quelques-uns de ces problèmes, à garder le sens des proportions et à nous attarder aux causes et à la prévention.

Nous considérerons aussi que les changements qui peuvent engendrer des difficultés à l'adolescence sont en même temps des occasions de s'enthousiasmer, de relever des défis, de se découvrir et de s'affirmer. Une minorité seulement d'adolescents sont gravement perturbés. Par ailleurs, plusieurs des supposés problèmes de l'adolescence affectent bien plus les parents et la société que les jeunes eux-mêmes. La musique qui met les adultes au bord de la crise de nerfs transporte les jeunes au septième ciel; les interminables conversations téléphoniques qui exaspèrent les parents représentent un filet de secours social pour les adolescents; l'éveil sexuel que redoute tant la société constitue pour de nombreux individus l'amorce d'une intimité électrisante. Il faut donc peser nos mots avant de formuler et d'appliquer quelque généralisation que ce soit au sujet de l'adolescence.

Puberté

La **puberté** métamorphose le corps. L'enfant devient adulte sur le plan de la croissance corporelle — augmentation de la masse et de la taille. Les caractères sexuels

Puberté Période caractérisée par une croissance physique rapide, le développement des caractères sexuels secondaires et l'atteinte de la maturité sexuelle.

La taille, le poids, la musculature et la quantité de tissu adipeux augmentent chez tous les adolescents, dans une proportion qui varie non seulement entre les sexes, mais aussi entre individus de même sexe. Tous les adolescents qui apparaissent dans cette photo se développent normalement : le croiraient-ils si on le leur disait ?

Ménarche   Apparition des premières règles ; dernier changement majeur associé à la puberté chez les filles.

Tendance séculaire   Modification du rythme du développement observée au cours des deux siècles précédents et due à l'amélioration de l'alimentation et des soins médicaux.

Gonadolibérine (GnRH)   Substance produite par l'organisme au début de la puberté, qui stimule l'activité des gonades (ovaires et testicules) et entraîne un accroissement des concentrations d'œstrogènes et de testostérone.

Hormone de croissance (GH)   Substance produite par l'hypophyse, qui stimule et régit la croissance pendant l'enfance et l'adolescence. La sécrétion accrue de cette hormone est l'un des signes du début de la puberté et des facteurs déclenchants de la poussée de croissance.

Testostérone   Hormone dite « mâle », mais produite par les deux sexes tout au long de la vie. Elle est sécrétée en grande quantité chez les garçons au début de la puberté. La concentration de testostérone est corrélée avec le désir sexuel et, peut-être, l'agressivité.

se développent, le corps se transforme, le garçon et la fille deviennent homme et femme (Germain et Langis, 1990). La puberté est donc une période qui se caractérise par une croissance physique rapide, le développement des caractères sexuels secondaires et l'atteinte de la maturité sexuelle.

La puberté est déclenchée par des stimuli hormonaux qui entraînent une série de changements physiques. Chez les filles, ces changements sont, dans l'ordre, la formation des bourgeons mammaires, l'apparition de poils pubiens, l'élargissement des hanches, la poussée de croissance, les premières règles et, enfin, la pilosité pubienne complète et le développement des seins. Chez les garçons, les changements physiques visibles sont, dans un ordre approximatif, la croissance des testicules et du pénis, l'apparition de poils pubiens, la première éjaculation, la poussée de croissance, la mue de la voix, la pousse de la barbe ainsi que la pilosité pubienne complète (Malina, 1990 ; Rutter, 1980). La puberté s'étend en général sur une période de trois ou quatre ans, bien que la taille puisse augmenter encore par la suite et que les tissus adipeux et musculaire continuent de se développer au début de l'âge adulte.

Moment de la puberté

L'âge du début de la puberté varie considérablement. Les enfants normaux commencent en effet entre 8 et 14 ans à remarquer que leur corps se transforme. Un des facteurs de cette variation est le sexe : certains changements du corps féminin se produisent un ou deux ans plus tôt que les changements équivalents du corps masculin (Tanner, 1991). Un autre facteur de la variation est d'ordre génétique (Brooks-Gunn, 1991a) et il se manifeste surtout avec la ménarche, l'apparition des premières règles. La ménarche a lieu le plus souvent entre 11 et 14 ans, mais elle peut se produire à n'importe quel moment entre 9 et 18 ans. En moyenne, cependant, l'écart de l'âge à la ménarche est de 13 mois chez les sœurs et de 2,8 mois seulement chez les jumelles monozygotes.

Le rythme du développement se modifie de génération en génération. Au cours des deux derniers siècles, par exemple, chaque génération a atteint la puberté plus tôt que ne l'avait fait la précédente (Tanner, 1991). Cette évolution, appelée tendance séculaire, est due à l'amélioration de l'alimentation et des soins médicaux. En temps de famine, du reste, la puberté est généralement retardée de quelques années. L'âge de la puberté se rapproche aujourd'hui du seuil génétique propre à l'espèce humaine. Il semble d'ailleurs que la tendance séculaire se soit arrêtée dans les pays développés. En Amérique du Nord et en Europe, l'âge moyen de la puberté est le même en ce moment qu'au début des années 1990 ; il s'établit à environ 10 ans chez les filles et à 11 ans chez les garçons. Dans les pays en voie de développement, par contre, la tendance séculaire est susceptible de se maintenir à mesure que l'alimentation et les soins de santé continueront de s'améliorer. Elle pourra aussi fluctuer, selon la qualité de vie de la population.

Hormones

La série de phénomènes hormonaux qui déclenche la puberté s'amorce en réponse à un signal hormonal donné par l'hypothalamus, une glande située à la base du cerveau. On ne comprend pas encore très bien ce qui incite l'hypothalamus à donner ce signal (Germain et Langis, 1990), lequel stimule l'hypophyse (une glande située à proximité de l'hypothalamus), dont les hormones activent à leur tour les surrénales (deux petites glandes situées au sommet des reins) et les gonades, ou glandes sexuelles (ovaires et testicules). Une hormone en particulier, la gonadolibérine (GnRH), provoque un accroissement spectaculaire de la production d'hormones sexuelles, les œstrogènes et la testostérone. Par un effet de rétroaction, l'augmentation des concentrations d'hormones sexuelles stimule l'hypothalamus et l'hypophyse, et cette dernière augmente sa sécrétion d'hormone de croissance (GH) et de GnRH. Cette hausse stimule encore la production d'hormones sexuelles par les surrénales et les gonades. La testostérone est généralement considérée comme l'hormone mâle, tandis que les œstrogènes sont considérés comme les hormones femelles. Il est important de souligner, toutefois, que les concentrations de testostérone et d'œstrogènes augmentent chez les deux sexes à la puberté. Il n'en reste pas moins que la concentration de testostérone est 18 fois plus élevée à la puberté que pendant l'enfance chez les garçons, tandis que la concentration d'œstrogènes est 8 fois plus élevée à la puberté que pendant l'enfance chez les filles (Malina et Bouchard, 1991).

La croyance populaire veut que les hormones provoquent tant les changements psychologiques que les changements corporels caractéristiques de la puberté. Il est vrai que, dans une certaine mesure, les hormones ont des effets sur l'émotivité (Susman et Dorn, 1991). L'accroissement rapide des concentrations d'hormones, de la testostérone en particulier, exacerbe les émotions; les adolescents passent subitement de l'euphorie au découragement. Chez certaines jeunes filles, les fluctuations hormonales reliées au cycle menstruel semblent provoquer des sautes d'humeur. Relativement sereines au milieu de leur cycle, ces filles deviennent parfois tristes ou colériques un jour ou deux avant leurs règles (Golub, 1992).

Cependant, des études poussées montrent que l'effet direct des concentrations hormonales sur l'humeur des adolescents est faible. Les répercussions psychologiques des changements corporels visibles associés à la puberté ont des effets beaucoup plus marqués sur l'émotivité. Ces effets dépendent en partie des valeurs et des attentes de la famille, du groupe de pairs et de la culture (Brooks-Gunn et Reiter, 1991; Nottelman et coll., 1990).

Voyons maintenant quelques-uns des effets corporels des phénomènes hormonaux, dont l'augmentation rapide de la taille pendant la poussée de croissance et le développement des caractères sexuels.

Poussée de croissance

Une poussée de croissance est une augmentation soudaine, non uniforme et, à certains égards, imprévisible de la taille de presque toutes les parties du corps. Le premier signe de la poussée de croissance qui se produit à l'adolescence est l'augmentation de la longueur des os et de leur densité. Le processus commence aux extrémités des membres et s'étend en direction du centre, contrairement à la croissance proximodistale de la période prénatale (voir le chapitre 3) et de la petite enfance. Par conséquent, les doigts et les pieds des adolescents allongent avant leurs bras et leurs jambes. Le torse est la dernière partie du corps à allonger de sorte que, pendant un certain temps, les adolescents ont de grands pieds, de longues jambes et un torse court.

En même temps que leurs os deviennent plus longs, les adolescents prennent rapidement du poids, car la graisse s'accumule plus facilement qu'autrefois dans leurs tissus (Malina, 1991). Peu de temps après le début du gain de poids, la taille commence à augmenter, ce qui élimine une partie de la graisse récemment

Œstrogènes Groupe d'hormones dites « femelles », mais présentes chez les deux sexes. Les œstrogènes sont produits en grande quantité chez les filles au début de la puberté. La concentration d'œstrogènes est corrélée avec le désir sexuel ainsi qu'avec de nombreux aspects du cycle menstruel et de la santé chez la femme.

Poussée de croissance Période de croissance physique relativement soudaine et rapide.

Ce coureur présente les proportions corporelles caractéristiques du jeune adolescent : de longues jambes, de grands pieds et un torse relativement court.

accumulée et redistribue le reste. Les filles, dans l'ensemble, conservent un pour-centage de graisse supérieur à celui des garçons. Un an environ après l'augmentation de la taille et du poids, c'est au tour de la masse musculaire de s'accroître. Le phé-nomène est particulièrement marqué dans la partie supérieure du corps masculin : entre 13 et 18 ans, la force des bras double chez les garçons (Beunen et coll., 1988).

La tête est l'une des dernières parties du corps à parvenir à sa taille finale. Cela se fait quelques années après que les pieds ont atteint leur longueur définitive. Par ailleurs, et c'est là sujet d'embarras pour plusieurs adolescents, les traits du visage qui différencient les adultes des enfants — particulièrement les oreilles, les lèvres et le nez — changent soudain de façon disproportionnée par rapport à la tête qui tarde à grossir et à prendre l'ovale caractéristique des visages adultes. Les jeunes sont aussi souvent troublés de ce que les deux côtés de leur corps ne se développent pas toujours au même rythme : un pied, un sein, un testicule ou une oreille sera temporairement plus grand que l'autre. Ces anomalies, cependant, ne durent pas longtemps.

Une fois la poussée de croissance amorcée, toutes les parties du corps attei-gnent une taille, une forme et des proportions proches de celles de l'adulte en moins de trois ou quatre ans. Pour l'adolescent, bien entendu, ces quelques années passées à attendre que son corps prenne des proportions « normales » peuvent pa-raître une éternité.

Croissance des organes

Les organes internes (poumons, cœur, etc.) croissent en même temps que le torse. L'endurance physique augmente d'autant, si bien que de nombreux adolescents sont capables de courir ou de danser pendant des heures sans s'arrêter.

Les hormones sécrétées à la puberté entraînent enfin des changements corpo-rels qui, bien que mineurs à l'échelle du développement global, peuvent avoir cer-taines répercussions sur le plan psychologique. Ainsi, l'activité accrue des glandes sébacées et sudoripares pendant la puberté rend les cheveux huileux et intensifie les odeurs corporelles. Elle est aussi propice à l'acné, une maladie de la peau qui atteint environ 85 % des adolescents à un degré ou à un autre (Lowrey, 1986).

Maturation sexuelle

La poussée de croissance s'accompagne d'une série de changements qui transforme les garçons en hommes et les filles en femmes. Les différences physiques entre les sexes sont minimes avant la puberté, mais elles s'accentuent de façon marquée par la suite avec la transformation des caractères sexuels primaires et l'apparition des caractères sexuels secondaires.

Caractères sexuels primaires

Caractères sexuels primaires Or-ganes qui jouent un rôle direct dans la reproduction, tels que l'utérus et les ovaires ainsi que le pénis et les testicules.

Les caractères sexuels primaires sont les organes qui jouent un rôle direct dans la reproduction. Les dimensions de tous les organes génitaux augmentent pendant la puberté. Chez les filles, l'utérus grossit et la muqueuse vaginale s'épaissit, avant même que n'apparaissent les bourgeons mammaires et les poils pubiens. Chez les garçons, les testicules augmentent de volume et, un an plus tard environ, le pénis allonge tandis que le scrotum se dilate et descend par rapport à l'abdomen.

À la fin de la puberté, les organes génitaux ont atteint un degré de maturité suffisant à la reproduction. L'apparition de la menstruation, appelée ménarche, cons-titue le signe de la fécondité chez les filles. Les premiers cycles menstruels sont généralement irréguliers et, lors de la menstruation, l'écoulement de sang est léger. Un an ou deux plus tard, certaines jeunes filles éprouvent des douleurs prononcées le premier jour et ont besoin de repos et de médicaments. Le phénomène est parti-culièrement marqué à la fin de l'adolescence. Les douleurs menstruelles sont d'ori-gine hormonale et s'atténuent souvent avec le temps, surtout après un accouche-ment (Golub, 1992).

Depuis quelques années, les filles sont de plus en plus nombreuses à pratiquer des sports exigeants. C'est ainsi que les scientifiques ont découvert deux faits intéressants à propos du cycle menstruel chez l'adolescente. Premièrement, il est fortement influencé par la quantité de graisse corporelle. Les règles sont irrégulières, voire absentes, chez les athlètes qui possèdent beaucoup plus de tissu musculaire que de tissu adipeux. Deuxièmement, les crampes menstruelles existent bel et bien. Elles ne sont ni un prétexte pour ne rien faire ni un facteur de mauvaise santé. Même les athlètes d'élite subissent les effets des fluctuations hormonales au début de leurs règles.

Le phénomène équivalent à la ménarche chez les garçons est la première émission de sperme contenant des spermatozoïdes. Cette éjaculation peut se produire pendant le sommeil (émission nocturne), à la suite de la masturbation ou lors d'une relation sexuelle.

Il est évident que les réactions d'un adolescent aux transformations de son corps dépendent de plusieurs facteurs, dont ses connaissances sur le sujet, ses conversations avec ses parents et ses pairs à propos de la puberté, son degré de maturation sexuelle par rapport à ses pairs et les valeurs culturelles en matière de maturation sexuelle chez les jeunes. Dans certaines sociétés, on célèbre par un rituel élaboré l'entrée des jeunes filles et des jeunes hommes dans le monde des adultes (Brooks-Gunn et Reiter, 1991). Au Québec, quelle que soit l'attitude de l'adolescent face à sa maturation sexuelle, il est généralement enclin à demeurer discret à ce propos et préfère que ses parents le soient également.

À VOUS LES COMMANDES – 9.1

La puberté, d'une génération à une autre

Comparez ce que vous avez vécu à la puberté avec des personnes de deux générations autres que la vôtre (votre mère et votre grand-mère ou votre père et votre grand-père, par exemple).

1. Vous avait-on parlé de la première menstruation ou de la première éjaculation ? Si oui, qui vous en avait parlé et de quelle manière ?

2. Qu'avez-vous ressenti au moment de la première menstruation ou de la première éjaculation ?

3. Comment votre entourage a-t-il appris que vous aviez eu votre première menstruation ou votre première éjaculation ? Quelles furent les réactions de vos proches ?

4. Auriez-vous aimé que les choses se passent différemment ? Si oui, comment ?

5. Dégagez les différences et les ressemblances entre les trois générations. De façon générale, que constatez-vous ? Par exemple, y a-t-il un lien entre les informations reçues et les réactions émotives à la première menstruation ou à la première éjaculation ?

6. Comment allez-vous agir avec vos enfants, garçon et fille ?

Caractères sexuels secondaires

Durant la puberté, le développement sexuel comprend non seulement la maturation des organes génitaux, mais aussi l'apparition des caractères sexuels secondaires (tels que les seins, la voix grave, la pilosité). Bien que ces traits ne jouent pas un rôle direct dans la reproduction, ils n'en constituent pas moins des signes évidents du développement sexuel. Les silhouettes du garçon et de la fille, qui étaient presque identiques pendant l'enfance, se différencient à l'adolescence (Malina, 1990). Les

Caractères sexuels secondaires
Traits qui sont des indices physiques de maturité distinguant les hommes et les femmes, mais qui ne jouent pas un rôle direct dans la reproduction.

La barbe est souvent considérée comme un signe de virilité. C'est pourquoi de nombreux adolescents se rasent régulièrement avant même que cela ne soit nécessaire. L'acte du rasage peut cependant traduire l'état d'esprit du jeune homme, et les parents devraient éviter de se moquer de leur fils, même s'il n'élimine qu'un fin duvet avec le rasoir.

TABLEAU 9.1   Changements corporels typiques à la puberté.

Filles	Garçons
Développement des seins	Croissance des testicules
Pilosité pubienne	Pilosité pubienne
Pilosité axillaire	Pilosité faciale et axillaire
Croissance de la taille	Croissance de la taille
Croissance du clitoris, de la vulve, du vagin et de l'utérus	Croissance du pénis
Légère mue de la voix	Mue de la voix
Menstruation	Première éjaculation
Sécrétion des glandes sébacées	Sécrétion des glandes sébacées
Élargissement des hanches	Élargissement des épaules

garçons sont plus grands que les filles et leurs épaules deviennent plus larges que leurs hanches. Les filles, elles, voient leurs hanches s'élargir; cette adaptation à la maternité apparaît dès la puberté et s'accentue au fil de l'adolescence. Chaque changement oblige l'adolescent à restructurer son image corporelle (voir le tableau 9.1 et *Point de mire*, page 289).

Maturation précoce ou tardive

Les jeunes qui vivent leur puberté en même temps que leurs amis ont tendance à percevoir l'expérience plus favorablement que ceux qui entrent dans la puberté avant ou après leurs pairs (Dubas et coll., 1991). La maturation physique très précoce ou très tardive peut être source de stress psychologique. Fait intéressant, quoique évident peut-être, les effets d'une maturation précoce ou tardive ne sont pas les mêmes chez les garçons et chez les filles. Pour ces dernières, la précocité est plus pénible que le retard. Étant plus développées sur le plan sexuel que sur le plan psychologique, les filles précoces font face à un plus grand nombre de contraintes et d'attentes. Elles ont une image corporelle moins positive que celle des autres filles et elles sont plus sujettes aux troubles alimentaires (Graber et coll., 1994).

Inversement, le retard est plus éprouvant que la précocité chez les garçons, car la robustesse et la force physique constituent des atouts dans le groupe de pairs.

Cependant, certaines caractéristiques personnelles comme le sens de l'humour, la créativité, le sens de la répartie, les habiletés athlétiques ou les talents artistiques peuvent favoriser l'intégration sociale. De plus, les facteurs environnementaux (interactions familiales, transition du primaire au secondaire, valeurs culturelles, etc.) peuvent atténuer ou exacerber le problème chez les deux sexes. Ainsi, les impacts d'une maturation précoce ou tardive peuvent varier grandement d'une personne à une autre de même que d'une culture à une autre.

Ces deux jeunes filles sont âgées de 14 ans, mais l'une a connu une puberté précoce tandis que l'autre attend toujours que son corps se transforme. La première a vraisemblablement subi un stress considérable vers l'âge de 11 ans, au moment où la croissance de ses pieds, de ses hanches et de ses seins a attiré sur elle une attention dont elle se serait bien passée. Depuis, cependant, elle s'est probablement habituée à son image corporelle.

À VOUS LES COMMANDES – 9.2

Question d'apparence

Interrogez deux adolescents et deux adolescentes sur leur image corporelle. Posez-leur les questions suivantes.

1. Es-tu satisfait(e) de ton apparence ?

2. Qu'est-ce que tu apprécies le plus chez toi ?

3. Qu'est-ce que tu apprécies le moins chez toi ?

4. Répondez vous-même aux questions 1, 2 et 3.

Une fois les réponses compilées, dégagez les ressemblances et les différences dans les perceptions des garçons et des filles.

POINT DE MIRE

L'image corporelle

Les changements physiologiques associés à la puberté obligent les adolescents à remanier leur image corporelle, c'est-à-dire l'image mentale qu'ils ont de leur apparence. Selon de nombreux spécialistes du développement, l'acquisition d'une image corporelle saine fait partie intégrante du cheminement vers la maturité (Erikson, 1968; Simmons et Blythe, 1987). Cependant, rares sont les adolescents satisfaits de leur apparence.

L'autoévaluation peut avoir des répercussions profondes sur l'estime de soi. Celle-ci repose sur de nombreux éléments dont le succès ou l'échec perçu dans des domaines que l'adolescent valorise, comme le sport, les études et l'amitié, mais rien ne la détermine davantage que l'image de soi. Le phénomène est particulièrement marqué chez les filles, qui sont plus sévères que les garçons en ce qui a trait à leur poids, à leur stature, à leur chevelure, même à leurs genoux et à leurs pieds (Duke-Duncan, 1991; Phelps et coll., 1993; Rauste-von Wright, 1989). Un chercheur a expliqué comme suit le rapport entre l'apparence physique et l'estime de soi chez les adolescents :

> L'apparence [...] est une caractéristique omniprésente du soi, toujours offerte à l'examen des autres et de la personne elle-même. À l'opposé, la compétence dans le domaine scolaire, sportif, social, comportemental ou moral ne se prête pas sans cesse à l'évaluation et n'apparaît que dans certains contextes. En outre, la personne peut choisir de la révéler ou non et, le cas échéant, peut décider du moment et de la manière de la manifester. (Harter, 1993)

Absorbés par leur apparence, nombre d'adolescents passent des heures devant le miroir à scruter leur image, à se demander si leur coiffure les avantage et à se questionner sur leurs vêtements. Certains s'entraînent en musculation, en danse aérobique ou encore suivent un régime amaigrissant avec un zèle qui confine à l'obsession. Un tel soin peut finir par paraître pathologique aux yeux des adultes, voire aux yeux d'autres adolescents qui se fatiguent de n'entendre parler que d'apparence.

Toutefois, avant de taxer les adolescents de narcissisme, il faut admettre que leur souci de l'apparence découle en partie des réactions des autres. En effet, les parents, les frères, les sœurs, les amis, les enseignants et les étrangers ne se gênent pas pour émettre des commentaires gratuits et plus ou moins déconcertants sur l'apparence des jeunes.

L'obsession de l'apparence tient une place prédominante dans la culture des pairs et c'est au début de l'adolescence que ses répercussions sur l'estime de soi sont les plus manifestes (Harter, 1993). Le charme physique, bien entendu, constitue un atout certain aux yeux des adolescents. Selon une étude menée auprès de 200 élèves de 3e secondaire, à qui des chercheurs avaient demandé de nommer, dans l'ordre, les 10 principales qualités de la femme et de l'homme idéaux, la beauté se classait parmi les premiers éléments de la liste, chez les filles comme chez les garçons (Stiles et coll., 1987).

Les adolescents reçoivent d'éloquents messages de la société quant à l'importance de l'apparence. Chaque jour, la publicité les inonde d'images de jolis visages et de corps musclés pour les convaincre d'acheter toutes sortes de biens de consommation, des vêtements aux cosmétiques en passant par les hamburgers et les pièces d'automobile. Et ces images sont celles d'un certain modèle culturel auquel peu de gens correspondent.

À mesure que le temps passe, l'adolescent se préoccupe de moins en moins de lui-même et de son image corporelle et, graduellement, s'accepte tel qu'il est sur le plan physique (Rauste-von Wright, 1990). La plupart des jeunes adultes se sont faits à l'idée que leur apparence naturelle ne correspond pas tout à fait au modèle culturel qu'on leur propose. L'expérience leur apprend en outre qu'ils peuvent être aimés, corps et âme, tels qu'ils sont.

Il ne faut pas pour autant prendre à la légère les soucis liés à l'image corporelle chez les adolescents. La plupart d'entre eux n'ont qu'à penser qu'ils ont l'air affreux pour se sentir affreusement mal et même sombrer dans la dépression. Les adultes devraient écouter leurs doléances. La compréhension et les compliments peuvent aider un adolescent à améliorer son image corporelle et son estime de soi et, par conséquent, à se faire accepter dans les groupes sociaux.

La grandeur et la force sont des atouts dans les groupes de garçons, mais certaines caractéristiques revêtent peut-être encore plus d'importance sur le plan de l'intégration sociale. Ainsi, le plus frêle de ces garçons peut se tailler une position enviable dans le groupe grâce à son esprit vif et à ses réparties intelligentes ou encore à ses talents athlétiques.

Pulsion sexuelle

Les mécanismes hormonaux en jeu durant la puberté amènent des changements corporels importants, mais également des pulsions sexuelles de plus en plus fortes et de plus en plus fréquentes. Comment se manifestent ces pulsions d'origine biologique ? LeVine (1984, 1987, cité dans Germain et Langis, 1990) mentionne un fourmillement au niveau des organes génitaux, la lubrification, les érections nocturnes et matinales et un changement perceptif spontané où les attributs physiques des autres occupent la conscience. L'action des hormones consisterait, entre autres, « à conditionner et à sensibiliser l'organisme à différents stimuli potentiellement érotiques » (Germain et Langis, 1990). Ainsi, l'imaginaire érotique s'accentue chez les garçons et chez les filles et se manifeste dans les fantasmes, les rêves érotiques, la masturbation et la recherche de partenaires sexuels.

Les pulsions sexuelles relèvent à la fois de facteurs biologiques (prédisposition biologique) et de facteurs psychologiques, environnementaux, sociaux, culturels. En effet, le désir peut être généré de l'intérieur ou provoqué par des stimuli extérieurs; il peut être nourri par des fantasmes, satisfait par la masturbation ou par des activités avec un ou une partenaire. Il peut également être supprimé, contrôlé, écarté pour toutes sortes de motifs. Le destin du désir dépend des personnes et des situations. À cet égard, l'adolescent et l'adolescente ne se différencient pas des adultes. Cependant, l'influence sociale s'exerce sur eux de façon prépondérante, qu'il s'agisse du groupe de pairs ou des parents. « Les adolescents doivent apprendre à exercer leur propre contrôle sur ce qui leur arrive, à devenir autonomes et à résister aux influences défavorables des situations qu'ils sont appelés à vivre » (Cloutier, 1996).

L'adolescence est une période exploratoire dans plusieurs domaines, également au regard de la sexualité. Dans cette exploration sexuelle, les adolescents et adolescentes tentent de se rapprocher. Freud et coll. (1983, 1986, cités dans Allgeier et Allgeier, 1989) identifient quatre phases du comportement de quête amoureuse :

– repérage et première évaluation du partenaire potentiel;

– interaction prétactile (par exemple : sourire, s'approcher, parler au partenaire potentiel);

– interaction tactile (par exemple : toucher, embrasser, caresser);

– union génitale.

Bien sûr, ces phases peuvent se chevaucher, apparaître dans un ordre différent ou encore ne pas toutes se produire. Mais l'exploration à laquelle se livrent l'adolescent et l'adolescente, souvent assez maladroite au début, permet peu à peu d'élaborer des scénarios sexuels complexes qui s'intégreront à leur répertoire comportemental.

Dans nos sociétés, l'accession à la maturité sexuelle ne va pas de pair avec le statut social relié à la maturité. Toutefois, cette accession marque une étape importante pour l'adolescent et l'adolescente.

Trois problèmes majeurs

La plupart des adolescents jouissent d'une bonne santé et bon nombre d'entre eux s'adonnent à l'activité physique et pratiquent divers sports. Ils ont été exposés à de nombreux micro-organismes et ils résistent bien aux maladies bénignes de l'enfance contre lesquelles il n'existe pas de vaccin (grippes, rhumes, otites et fortes fièvres). Les maladies du cœur et les cancers, plus fréquents à l'âge adulte, atteignent rarement les adolescents. À 20 ans, les probabilités de mourir d'une de ces affections sont 3 fois moins élevées qu'à 30 ans et 100 fois moins élevées qu'à 70 ans.

Si la maladie épargne les adolescents, certains dangers les guettent, dont les comportements sexuels à risque et la dépression suicidaire, que nous étudierons dans les deux chapitres suivants. Pour l'instant, penchons-nous sur trois problématiques, soit les mauvaises habitudes alimentaires, l'abus sexuel et la consommation de drogues et d'alcool.

Alimentation

Les changements physiques rapides associés à la puberté nécessitent un apport accru en kilojoules, en vitamines et en minéraux. Du reste, l'apport quotidien recommandé en kilojoules est plus élevé pour les adolescents actifs que pour tous les autres groupes d'âge; il culmine à l'âge de 14 ans environ chez les filles et de 17 ans environ chez les garçons (Malina et Bouchard, 1991). Pendant la poussée de croissance, en outre, les besoins en calcium, en fer et en zinc sont supérieurs d'environ 50 % à ce qu'ils étaient deux ans plus tôt, en raison du développement des os et des muscles.

Dans les pays développés, où l'on trouve des aliments sains en quantité suffisante, la plupart des adolescents comblent leurs besoins alimentaires de base la majeure partie du temps. Ils prennent au moins quatre repas par jour, même si nombre d'entre eux ne déjeunent pas (Leon et coll., 1989; Thornburg et Aras, 1986). Or, manger suffisamment n'est pas nécessairement bien manger.

La plupart des adolescents des pays développés passent également par des périodes où leur alimentation est excessive, insuffisante ou déséquilibrée. Ils cèdent facilement aux modes alimentaires et aux régimes draconiens. Ce type de comportements peut être nuisible pour tous, mais il fait le plus grand tort aux jeunes en croissance qui doivent obtenir les nutriments nécessaires à leur plein développement.

À VOUS LES COMMANDES – 9.3

De l'intuition au savoir

Entre un morceau de gâteau glacé de crème au chocolat et une pomme ou une grappe de raisins, nous savons bien quel est le meilleur choix pour la santé. Mais connaissons-nous réellement les règles d'une saine alimentation ? Les appliquons-nous ?

1. Quels groupes d'aliments devrions-nous inclure chaque jour à notre régime alimentaire ? Et en combien de portions ?

2. Analysez votre alimentation d'hier ou d'aujourd'hui. Avez-vous consommé des aliments de chacun des groupes ? En portions suffisantes ?

3. Au besoin, que pourriez-vous changer — ajouter, enlever ou remplacer — pour vous nourrir plus adéquatement ?*

Réponses

Quatre groupes d'aliments participent à une alimentation saine et équilibrée :
Produits céréaliers : de 5 à 12 portions par jour.
Légumes et fruits : de 5 à 10 portions par jour.
Produits laitiers : de 2 à 4 portions par jour.
Viandes et substituts : 2 ou 3 portions par jour.

* Vous pouvez consulter le *Guide alimentaire canadien pour manger sainement* (Santé et Bien-Être social Canada, Ottawa, 1992) et *En forme et en santé* de Thomas D. Fahey, Paul M. Insel et Walton T. Roth, Mont-Royal, Modulo, 1999.

Divers facteurs font obstacle à la pratique de saines habitudes alimentaires chez les jeunes. Nombre de filles, par exemple, veulent être minces à tout prix et se privent de manger, s'exposant ainsi à la malnutrition ainsi qu'à un arrêt de la croissance et de la maturation sexuelle. La minceur étant associée à la beauté, à la santé et à la richesse dans les pays industrialisés, quantité de gens font de leur poids une véritable obsession. Aussi n'est-il pas étonnant qu'une majorité d'adolescentes souhaitent être plus minces qu'elles ne le sont. Nous verrons plus loin dans ce chapitre qu'une telle attitude peut être reliée à des troubles alimentaires graves — voire mortels —, dont l'anorexie nerveuse et la boulimie (voir *Point de mire*, p. 303).

Abus sexuel

Le risque d'abus sexuel atteint son point culminant entre 7 et 13 ans (Cappelleri et coll., 1993; Finkelhor, 1994). L'abus sexuel est toujours dévastateur, mais il prend un *sens* particulièrement profond pour les préadolescents et les adolescents, qui essaient de composer avec les changements de leur image corporelle (voir *Point de mire*, p. 293), de leur conscience de soi et de leurs relations avec les pairs. De fait, les mauvais traitements de toutes sortes peuvent causer chez les adolescents des réactions autodestructrices (Ewing, 1990).

Caractéristiques de l'abus sexuel

Abus sexuel sur les enfants Toute activité à caractère érotique qui excite un adulte et stimule, embarrasse ou désoriente un enfant ou un jeune adolescent, que la victime proteste ou non et que l'activité comporte ou non un contact génital.

Tout geste à caractère sexuel accompli sans le consentement libre et explicite du partenaire, quel que soit son âge, constitue un acte d'abus sexuel. Puisque les enfants et les jeunes adolescents sont assujettis au pouvoir des adultes et ne comprennent pas toutes les conséquences de l'activité sexuelle, ils sont incapables de consentir librement à un acte sexuel. Aussi l'abus sexuel sur les enfants correspond-il à toute activité érotique qui excite un adulte et stimule, embarrasse ou désoriente une jeune personne, que celle-ci proteste ou non et que l'activité comporte ou non un contact génital. Taquiner un enfant de manière leste, photographier une jeune personne dans des poses érotiques, poser à un adolescent ou à une adolescente des questions indiscrètes sur le développement de son corps et enfreindre l'intimité d'un enfant (d'un enfant pubère en particulier) en train de faire sa toilette, de s'habiller ou de se mettre au lit peuvent constituer des actes d'abus sexuel.

La gravité d'un tel acte, comme celle des autres formes de mauvais traitements (voir le chapitre 6), se mesure à de nombreux éléments, les principaux étant la fréquence, le degré de perturbation de la relation adulte-enfant et l'importance de l'entrave au développement de l'enfant. Comme celles de la violence physique et de la négligence, les conséquences immédiates et manifestes de l'abus sexuel sont moins graves que les conséquences à long terme. L'abus sexuel risque, par exemple, d'étouffer chez les enfants devenus adultes la capacité d'établir une relation chaleureuse, sincère et intime avec un autre adulte.

L'abus sexuel dont les adolescents sont victimes s'inscrit parfois dans le prolongement d'agressions plus ou moins criantes subies pendant l'enfance : attouchements ambigus, exhibitionnisme, commentaires suggestifs, etc. À la fin de l'enfance et au début de l'adolescence, ces comportements peuvent déboucher sur des rapports sexuels. Quelle que soit la forme que prend l'abus sexuel, il s'accompagne rarement d'un usage concret de la force. L'adulte coupable, en effet, est habituellement apte à dominer l'enfant en sa qualité de parent, de personne apparentée ou d'ami de la famille. L'impuissance de l'enfant est manifeste : les problèmes en ce qui a trait à la vulnérabilité et à l'estime de soi sont multipliés.

L'abus sexuel sur les enfants et les adolescents peut revêtir plusieurs formes : exhibitionnisme, caresses, pratiques sexuelles buccales, sodomie, pénétration et pornographie. Certaines données[1] concernant l'abus sexuel remettent en question ce que l'on croit généralement à ce sujet. Ainsi, il ressort que :

– une fille sur trois et un garçon sur cinq sont victimes d'abus sexuels avant d'avoir 18 ans;

– dans 85 % des cas, l'agresseur est connu de l'enfant ou de l'adolescent; dans 40 % des cas, l'agresseur est le père ou celui qui joue ce rôle;

– 97 % des agressions seraient commises par des hommes et 3 % par des femmes;

– l'agression ne comporte habituellement pas de violence physique; l'agresseur utilise plutôt la persuasion, les menaces et la corruption;

– dans 88 % des cas dénoncés, l'enfant est victime d'abus sexuels répétés;

– l'agression se produit dans un lieu familier à l'enfant, dans sa propre demeure ou dans celle d'un parent ou d'un ami de la famille.

---

1. *Mon corps, c'est mon corps,* Guide familial, Office national du film, 1986.

OINT DE MIRE

Un enfant ou un adolescent abusé : comment intervenir ?

Que faire si un enfant ou un adolescent dit qu'il a été victime d'abus sexuel ? Un programme de prévention appelé *Mon corps, c'est mon corps*, destiné à prémunir l'enfant contre les abus sexuels, propose cinq attitudes de base.

1. Écouter l'enfant ou l'adolescent. Lui demander de tout raconter dans ses propres mots.

2. Le croire et le rassurer en lui disant :
   - que ce n'est pas sa faute;
   - qu'il a bien fait d'en parler;
   - que l'on est désolé que ce soit arrivé;
   - qu'on l'aidera à obtenir toute l'aide dont il a besoin.

3. Être compréhensif. L'enfant ou l'adolescent éprouve toute une gamme d'émotions. Éviter de suggérer ce qu'elles pourraient ou devraient être. Éviter de cher-cher la cause de l'agression. Ne pas porter de juge-ment prématuré.

4. Rapporter l'agression aux autorités compétentes. Au Québec, on est tenu de dénoncer un abus sexuel.

5. L'aider à retrouver un équilibre émotif en le soute-nant jour après jour :
   - avoir confiance en lui et ne pas le blâmer;
   - consulter un médecin pour lui assurer les soins nécessaires;
   - lui demander d'aviser immédiatement si l'agresseur tente de nouveau d'abuser de lui;
   - le rassurer en lui répétant qu'il est en sécurité;
   - s'il pose des questions, lui répondre posément et simplement. Ne pas le pousser à en parler;
   - le protéger des curieux. Faire preuve de discrétion.

Source : Mon corps, c'est mon corps, Guide familial, Office national du film, 1986.

Conséquences de l'abus sexuel

Les conséquences psychologiques de l'abus sexuel dépendent en grande partie de son ampleur et de sa durée, de l'âge de la victime ainsi que des réactions de la famille et des autorités une fois l'abus dénoncé (Briere et Elliott, 1994). À l'instar des jeunes enfants, les adolescents victimes d'abus sexuel sont sujets à l'anxiété, à la colère, à la crainte et à la dépression; ils peuvent avoir des cauchemars et des difficul-tés scolaires. Contrairement aux jeunes enfants, cependant, ils sont enclins à des com-portements autodestructeurs comme l'abus de drogues, les troubles alimentaires, les fugues, le vandalisme, la violence, les relations sexuelles non protégées avec des parte-naires inconnus et même le suicide (Briere et Elliott, 1994; Ewing, 1990; Cunning-ham et coll., 1994; Kendall-Tacket et coll., 1993). En outre, les adolescents et les adolescentes victimes d'abus sexuels ont tendance à s'engager de nouveau dans des relations de violence, soit comme victimes, soit comme coupables (Billingham et Sack, 1986; Bolton et coll., 1989; Briggs et Hawkins, 1996; Ryan et coll., 1996).

Les conséquences de l'abus sexuel s'aggravent dans les cas où les sévices s'éten-dent sur une longue période, où l'enfant est lié de près au coupable et où celui-ci recourt à la force (Millstein et Litt, 1990). En revanche, dans les cas où l'abus sexuel se limite à un seul acte perpétré sans l'usage de la force, où une personne de confiance croit la victime, la réconforte et prend les mesures nécessaires pour éviter une répétition de l'incident, les dommages psychologiques peuvent être de courte durée. De fait, le tiers environ des victimes d'abus sexuels ne présentent jamais de séquelles psychologiques graves. Les chercheurs pensent que ces victimes n'ont pas été trop durement molestées et qu'elles ont bénéficié du soutien d'un membre de la famille (la mère par exemple) qui les a crues et protégées (Finkelhor, 1990).

Les enfants et les adolescents possèdent une étonnante résistance et peuvent se remettre de l'abus si on les traite avec sensibilité, discrétion et respect. La psycho-thérapie peut également les aider au besoin. Cependant, les chercheurs devront encore procéder à des études approfondies sur le sujet afin d'établir quels sont les meilleurs moyens de venir en aide aux enfants et aux adolescents victimes d'abus sexuels (Finkelhor et Berliner, 1995).

Consommation de drogues

Il est important de faire la distinction entre la *consommation* de drogues (c'est-à-dire de stupéfiants, d'alcool et de médicaments) et l'*abus* de drogues. La consommation de drogues peut être nuisible ou non, selon les motifs et le degré de maturité du consommateur (Gerstein et Green, 1993). Quant à l'abus de drogues, il est toujours nuisible pour le développement physique et psychologique. Dans la présente section, nous traiterons de la consommation de drogues chez les adolescents, un comportement qui ne dégénère pas nécessairement en usage excessif et prolongé, mais qui menace fréquemment la santé et le bien-être immédiat. Nous nous pencherons sur l'abus de drogues et la toxicomanie dans la section consacrée au début de l'âge adulte.

Tendances en matière de consommation d'alcool et de drogues

Au cours des dernières décennies, la consommation d'alcool et de drogues — légales ou illégales — s'est intégrée au mode de vie de nombreux adolescents dans tous les pays industrialisés.

Drogues d'introduction Les trois drogues (le tabac, l'alcool et la marijuana) dont les jeunes adolescents font le plus souvent l'essai.

La recherche indique que le tabac, l'alcool et la marijuana constituent pour les jeunes adolescents des **drogues d'introduction**, c'est-à-dire qu'elles ouvrent la porte à l'usage régulier de plusieurs drogues (Gerstein et Green, 1993). L'usage précoce de drogues d'introduction ne mène pas inéluctablement à une consommation excessive. Certains adolescents qui commencent à en consommer de bonne heure cessent aussi d'en faire usage de bonne heure ou ne deviennent jamais de grands consommateurs. Il n'en reste pas moins que chacune des drogues d'introduction peut nuire à la santé et au bien-être et qu'elle a des effets particulièrement prononcés chez les jeunes adolescents.

Il semble que l'abus de drogues à l'adolescence pose non pas un, mais deux problèmes (Dryfoos, 1990; Muisener, 1994). Le premier touche tous les adolescents, qui s'exposent à des catastrophes à cause, d'une part, de leur manque de jugement quant au moment et à la manière de faire l'essai des drogues et, d'autre part, du comportement qu'ils manifestent sous l'influence des drogues. Le second problème concerne les adolescents qui font usage de drogues en vue de résoudre ou d'oublier des difficultés qui perdurent. Les drogues leur apportent un soulagement temporaire, mais aggravent leurs difficultés à mesure que le temps passe. De nombreux adolescents sont aux prises avec d'autres problèmes (scolaires, sexuels, judiciaires) que l'abus de drogues aggrave. Ces jeunes ont plus besoin d'une aide substantielle que de sermons sur les périls de la toxicomanie.

Que faire pour détourner les adolescents, les plus jeunes en particulier, de la drogue ? Tant qu'on trouvera des drogues sur le marché, la majorité des adolescents y goûtera et un grand nombre en abusera. La plupart des spécialistes du développement jugent donc qu'il faut tenter de retarder le plus possible le moment de l'expérimentation. Les adolescents auraient ainsi le temps de s'informer adéquatement sur les risques liés à l'usage des drogues et d'acquérir la capacité de les éviter, sinon de limiter leur consommation, dans divers contextes (Dielman, 1994; Gerstein et Green, 1993; Grossman et coll., 1994; Wagenaar et Perry, 1994).

La prévention se heurte à une kyrielle de facteurs sociaux qui incitent les adolescents, les plus jeunes en particulier, à consommer des drogues. Cependant, il ne faut pas oublier que, quelle que soit l'influence des médias et de la publicité, les probabilités qu'un adolescent fasse usage de drogues sont directement liées aux attitudes de ses pairs en la matière, surtout si ses parents n'abordent pas le sujet avec lui (Mounts et Steinberg, 1995).

Or, les jeunes ont depuis quelques années une attitude de plus en plus tolérante face à la drogue. Un certain nombre d'experts prévoient donc une augmentation des cas de toxicomanie pour la cohorte actuelle de jeunes adolescents et en voient le premier signe dans la précocité de l'expérimentation (Wren, 1996).

Les conséquences d'une telle situation se feront sentir dans le domaine de l'apprentissage. Selon les auteurs d'une étude, l'usage de drogues entrave « l'acquisition des habiletés et des notions essentielles à l'estime de soi et au progrès scolaire ainsi que le type d'apprentissage qui nécessite le recours au raisonnement abstrait » (Schilit et Gomberg, 1991). Autrement dit, l'usage précoce des drogues nuit à l'acquisition des connaissances, à la capacité de réfléchir sur ces connaissances ainsi qu'au développement du jugement et du raisonnement. Il semble en outre que les perturbations cognitives créées par l'usage précoce des drogues soient au nombre des facteurs qui mènent ultérieurement à l'abus. Voilà peut-être ce qui amène les chercheurs à affirmer : « Plus une personne retarde l'essai des drogues, moins elle est susceptible d'en faire une consommation chronique » (Schilit et Gomberg, 1991).

De fait, la maturité et le jugement constituent des atouts précieux pour les adolescents, car ils leur permettent de se soustraire à de nombreux dangers, de la grossesse à la délinquance, des régimes amaigrissants aberrants au désespoir insurmontable, et de passer plus sereinement à une autre période de leur vie, celle du début de l'âge adulte.

DÉBUT DE L'ÂGE ADULTE

Sur le plan du développement physiologique, on peut considérer le début de l'âge adulte, c'est-à-dire la période comprise entre 20 et 40 ans environ, comme la fleur de l'âge. Le corps est alors plus fort, plus grand et plus robuste qu'à tout autre moment de la vie. Les premières années de la vingtaine sont les plus propices au travail physique vigoureux, à la reproduction et à la performance athlétique. Certes, le temps commence à faire son œuvre dans la trentaine et la quarantaine, mais nous verrons dans cette section que les difficultés des jeunes adultes sont habituellement attribuables à des facteurs autres que le vieillissement proprement dit.

Avant d'étudier en détail le développement du jeune adulte dans le domaine biosocial, précisons la nature du lien qui existe entre l'âge chronologique et le processus de croissance. Ces deux variables sont fortement corrélées pendant l'enfance. Comme nous l'avons vu dans les chapitres consacrés au développement biosocial, l'augmentation annuelle normale de la taille et du poids pendant l'enfance suit une progression prévisible; de même, à la puberté, bien que le moment où se produisent les changements varie, leur enchaînement, leur finalité et leur étendue sont constants.

Et puis, quelque part entre 15 et 30 ans, la croissance globale s'arrête et la sénescence débute, c'est-à-dire que les fonctions de l'organisme s'affaiblissent peu à peu. Le phénomène est universel : à 40 ans, peu de personnes peuvent se vanter d'avoir conservé un corps de 20 ans. Cependant, le lien entre la sénescence et l'âge chronologique demeure ténu tout au long de l'âge adulte; certaines personnes se portent mieux que d'autres et certains organes fonctionnent mieux que d'autres en raison de l'influence des gènes, de l'environnement et du mode de vie. Un même individu peut présenter des écarts notables par rapport à la normale : l'une de ses capacités peut augmenter au lieu de décliner, ou encore diminuer soudainement alors qu'elle devrait normalement rester stable.

Croissance, force et santé

Chez la plupart des gens, les facteurs génétiques et hormonaux de la croissance cessent d'exercer leurs effets vers l'âge de 20 ans. En règle générale, les filles atteignent leur taille définitive vers 16 ans et les garçons vers 18 ans, bien que la croissance osseuse se termine au début de la vingtaine chez quelques-uns de ces derniers (Behrman, 1992). Le développement des tissus musculaire et adipeux se poursuit pendant la vingtaine; chez les femmes, les seins et les hanches s'épanouissent et, chez les hommes, les épaules et les bras atteignent leur plein développement. Ces changements sont au nombre des facteurs qui entraînent une augmentation du poids au début de la vingtaine.

Les hommes sont en général plus forts que les femmes, car le tissu musculaire représente chez eux une plus forte proportion de la masse corporelle. Chez les uns

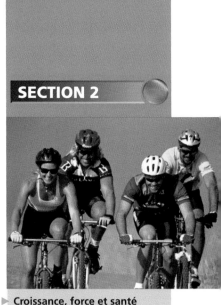

Sénescence Déclin physique lié au vieillissement et caractérisé par une diminution graduelle de la force et de la vigueur.

Dans certains secteurs d'activité, le déclin de la force physique n'est plus la catastrophe qu'elle a déjà été. Ainsi, les travailleurs de l'acier, pour qui endurance et force étaient autrefois essentielles, n'ont souvent aujourd'hui qu'à bouger les doigts pour exécuter leur travail.

comme chez les autres, cependant, la force physique (telle qu'on peut la mesurer à la capacité de monter un escalier en courant, de soulever un poids lourd ou d'appliquer sur un objet une pression maximale) augmente pendant la vingtaine, culmine vers l'âge de 30 ans et diminue par la suite (Sinclair, 1989).

Au chapitre de la santé globale, les appareils digestif, respiratoire, circulatoire et génital sont généralement en excellent état au début de l'âge adulte. Les soins médicaux prodigués aux personnes de 20 à 40 ans visent habituellement à traiter des blessures (reliées à la conduite automobile et au sport, par exemple) et à suivre des grossesses. Les jeunes adultes meurent rarement de maladie.

En somme, la plupart des adultes de 20 à 40 ans sont forts et en bonne santé. Et s'ils peuvent atténuer certains problèmes en adoptant un régime alimentaire équilibré et en faisant de l'exercice, ils ne peuvent rien faire pour retarder l'apparition des premiers signes du vieillissement.

Sénescence

À l'aube de la trentaine, la plupart de gens décèlent les premiers signes du vieillissement en se regardant dans le miroir. Dès l'âge de 20 ans environ, la quantité de collagène contenue dans le tissu conjonctif diminue de 1 % par année (Timiras, 1994). Peu à peu, la peau s'amincit et perd de son élasticité; les rides, les pattes d'oie en particulier, apparaissent et demeurent. À mesure que les dépôts de graisse s'accumulent, les paupières tombent, les joues s'affaissent et le menton se dédouble (Whitbourne, 1985). D'autres parties du corps rident et perdent leur fermeté, d'autant que la plupart des gens prennent du poids entre 20 et 40 ans. Un autre signe du vieillissement, les cheveux blancs, apparaît vers l'âge de 30 ans en raison de la diminution du nombre de cellules qui produisent le pigment des cheveux. Outre qu'elle blanchit, la chevelure s'éclaircit légèrement, à cause de changements hormonaux et d'une moins bonne irrigation du cuir chevelu.

L'organisme tout entier présente des signes de déclin moins évidents que ceux que nous venons d'énumérer. Le ralentissement des fonctions suit un rythme différent selon les organes, qu'il s'agisse des reins, des poumons ou des organes des sens. Comme nous le verrons au chapitre 12, de nombreux facteurs influent sur le rythme de la sénescence : le code génétique, le sexe, le mode de vie, le contexte culturel, les soins de santé et même les politiques sociales.

Homéostasie

Homéostasie   État d'équilibre dynamique de l'organisme, atteint grâce à des mécanismes d'ajustement et de compensation dans les différentes fonctions physiologiques d'une personne. Ces mécanismes ralentissent à mesure que le temps passe, de sorte que l'organisme s'adapte de moins en moins efficacement.

Tous les systèmes et appareils de l'organisme procèdent sans cesse à des ajustements et à des compensations afin de maintenir l'homéostasie, l'état d'équilibre dynamique des différentes fonctions physiologiques de l'organisme. Or, ces mécanismes ralentissent à mesure que le temps passe, de sorte que l'adaptation à l'effort physique et la récupération deviennent de plus en plus difficiles. C'est ainsi que les personnes de 35 ans s'aperçoivent qu'elles ne sont plus capables de travailler de façon aussi efficace après une nuit blanche et qu'il leur faut quelques heures ou une journée pour récupérer d'une activité exténuante. Le ralentissement des mécanismes de l'homéostasie s'accentue avec le temps et, à la fin de l'âge adulte, atteint tous les organes (Holliday, 1995).

Capacité de réserve

En dépit des mesures physiologiques objectives, les jeunes adultes n'ont pas l'impression de perdre de leurs capacités. La plupart se sentent aussi robustes et énergiques qu'ils l'étaient 10 ans plus tôt. Et, pour l'essentiel, ils ont raison.

La plupart des adultes demeurent vigoureux jusqu'à l'âge de 70 ans au moins, pour peu qu'ils prennent soin d'eux-mêmes. En effet, le vieillissement altère principalement la capacité de réserve, c'est-à-dire la capacité des organes de tolérer un effort exceptionnellement intense ou prolongé (Fries et Crapo, 1981; Holliday, 1995). Cette réserve étant peu sollicitée, le déclin demeure généralement imperceptible. Un quinquagénaire se fera certes dépasser par un jeune de 20 ans dans un escalier, sa capacité cardiopulmonaire n'étant plus ce qu'elle était. Mais cette différence ne se fera quasiment pas sentir dans les activités moins exigeantes. De la même manière, une femme, dont la tension artérielle et le fonctionnement rénal ont toujours été normaux, pourra trouver que sa grossesse de fin de trentaine cause un stress notable sur ses reins ou fait monter sa pression plus que ses grossesses précédentes.

Nos corps disposent aussi d'une certaine réserve musculaire, car peu d'adultes développent ou ont besoin de développer leur entière capacité musculaire durant les années où ils sont au sommet de leur forme physique. Rares sont les situations qui nous obligent à faire appel à cette capacité, si bien que les déficits passent inaperçus dans la vie quotidienne. Par conséquent, les changements biologiques des premières décennies de la vie adulte ont généralement peu d'incidences sur la vie courante des gens, surtout de ceux qui ont développé un mode de vie sain.

Cette généralisation ne s'applique pas cependant aux performances athlétiques, car de petites différences sur le plan de la force, du temps de réaction ou de la capacité pulmonaire peuvent avoir d'importantes répercussions sur le classement des athlètes professionnels ou sur la performance des sportifs assidus. De même, les changements qui se produisent dans le système reproducteur peuvent influer sur la capacité de reproduction, comme nous allons le voir maintenant.

Les athlètes professionnels sont l'un des rares groupes pour qui le déclin des fonctions de l'organisme du début de l'âge adulte peut avoir de réelles conséquences. Toutefois, selon le sport et les habiletés particulières qu'il sollicite, il n'est pas rare que les athlètes de haut niveau se maintiennent au sommet jusque dans la trentaine avancée en tablant sur leur expérience et un entraînement vigoureux.

Capacité de réserve Capacité du cœur, des poumons et d'autres organes de tolérer un effort exceptionnellement intense ou prolongé. La capacité de réserve diminue avec le temps, à un rythme qui dépend de l'état de santé général.

Sexualité et procréation

C'est habituellement dans la vingtaine ou dans la trentaine que les gens s'engagent dans une relation amoureuse durable et mettent des enfants au monde. Pendant ces deux décennies, l'appareil génital subit des changements qui ont très peu d'effets sur le potentiel global d'activité sexuelle, mais qui peuvent influer considérablement sur la capacité de reproduction.

Activité sexuelle

Les réponses sexuelles, les préférences sexuelles et l'orientation sexuelle varient chez les femmes comme chez les hommes en raison de divers facteurs, dont la prédisposition innée, les expériences de l'enfance, les normes et les tabous culturels ainsi que les conditions de la vie quotidienne (occasions, stress, fatigue, etc.). L'âge joue de même un rôle important. Le pourcentage de couples mariés qui ont des relations sexuelles diminue en fonction de l'âge. Selon une étude américaine menée auprès d'un échantillonnage représentatif des adultes américains (Call et coll., 1995), 97 % des partenaires au début de la vingtaine auraient eu une relation sexuelle au cours du mois précédent contre 93 % des partenaires dans la quarantaine et 25 %

des septuagénaires. La fréquence des relations sexuelles diminuerait à mesure que les gens avancent en âge, cette donnée étant corroborée par plusieurs recherches (Blumstein et Schwartz, 1983; Lauman et coll., 1994; Michael et coll., 1994; Greeley, 1991; James, 1983; Greenblat, 1983; Avna et Waltz, 1992). La moyenne s'établit à 12 relations sexuelles par mois à 20 ans, à 7 par mois à 40 ans et à 1 par mois à 70 ans (Call et coll., 1995).

Hommes

Chez les jeunes hommes, l'excitation sexuelle (signalée notamment par une augmentation de la fréquence cardiaque et une érection du pénis) est rapide et peut faire suite à de nombreux stimuli (une idée, une photo, une remarque anodine à la limite). De même, les jeunes hommes ont tendance à éjaculer rapidement pendant une relation sexuelle. « Presque tous les hommes ont, lorsqu'ils commencent leur vie sexuelle, des éjaculations rapides et non contrôlées. Ils sont excités, inexpérimentés... » (Chang, 1997). L'éjaculation est habituellement suivie d'une période réfractaire au cours de laquelle l'excitation sexuelle est impossible. Cette période est très brève chez certains jeunes hommes et peut se limiter à quelques minutes.

En vieillissant, de nombreux hommes ont besoin d'une stimulation explicite ou prolongée pour parvenir à l'excitation sexuelle. L'intervalle s'allonge entre le début de l'excitation et l'érection complète, entre l'érection et l'éjaculation ainsi qu'entre l'éjaculation et la fin de la période réfractaire (qui peut durer plusieurs heures).

Femmes

Le lien entre la capacité sexuelle et l'âge n'est pas aussi net chez les femmes que chez les hommes (Masters et coll., 1994). En règle générale, cependant, les probabilités d'excitation et d'orgasme pendant une relation sexuelle augmentent à mesure que les femmes approchent du milieu de l'âge adulte (Rutter et Rutter, 1993). On peut tenter d'expliquer le phénomène de plusieurs manières. On peut supposer, d'une part, que le ralentissement de la réponse masculine prolonge l'acte sexuel et fournit à nombre de femmes la stimulation dont elles ont besoin pour atteindre l'orgasme. On peut penser, d'autre part, que les partenaires prennent de l'expérience et apprennent à déceler et à accomplir les gestes propres à intensifier la réponse sexuelle de la femme.

Couples

Il est d'autant plus difficile de décrire globalement l'évolution de la réponse sexuelle chez les hommes et chez les femmes qu'il n'existe pas deux couples identiques (Turner et Adams, 1988). Certains couples dans la soixantaine ont, pour ce qui est de l'intensité et de la fréquence, une vie sexuelle semblable à celle de couples dans la vingtaine, et vice versa. En outre, de nombreux individus jugent que leur degré d'excitation et le déroulement de leur réponse sexuelle varient considérablement d'un partenaire à un autre (Masters et coll., 1994). (Au chapitre 12, nous reviendrons sur le sujet des tendances reliées à l'âge en matière de réponse sexuelle.)

Dans un ordre d'idées plus général, de nombreux sexologues sont persuadés que la sexualité repose sur des construits sociaux autant que sur des réactions biologiques (Tiefer, 1995). Ne dit-on pas, du reste, que l'organe sexuel le plus important se situe entre les oreilles ? Il ne s'agit pas de nier le caractère biologique de la sexualité, mais simplement de souligner qu'elle est influencée par des facteurs psychologiques et sociaux (Rossi, 1994).

Fertilité et infertilité

La plupart des jeunes adultes craignent d'avoir des enfants trop tôt plutôt que trop tard. D'une part, les jeunes couples qui reportent le moment de fonder une famille font preuve de prudence en tenant compte de variables telles que la stabilité de leur union, leur maturité et leur aisance financière. D'autre part, la majorité des femmes peuvent avoir un premier enfant même à l'âge de 40 ans et la majorité des hommes peuvent procréer à n'importe quel âge. L'âge revêt toutefois une grande importance en ce qui a trait à la fertilité, préalable essentiel à la procréation. La proportion de couples infertiles s'établit à 1 sur 20 lorsque la femme est au début de la vingtaine, à 1 sur 7 lorsqu'elle est au début de la trentaine et à environ 1 sur 2 lorsqu'elle est dans la quarantaine (Menken et coll., 1986).

L'infertilité correspond à une incapacité de concevoir persistant après une période de 12 mois ou plus pendant laquelle le couple a eu des relations sexuelles régulières sans utiliser de moyen de contraception. Dans l'ensemble, l'infertilité touche environ 15 % des couples et sa principale cause est le vieillissement. Si les statistiques sur l'infertilité sont souvent exprimées en fonction de l'âge de la femme, celui de l'homme a aussi son importance. Jusqu'à l'âge mûr, l'infertilité du couple est attribuable à la femme dans 35 % à 40 % des cas et à l'homme dans un autre 35 % à 40 %. Dans les 20 % à 30 % des cas qui restent, les deux partenaires sont en cause ou encore l'infertilité demeure inexpliquée dans environ 3,5 % des cas (Seibel, 1993; Desaulniers, 1996).

Les causes de l'infertilité masculine sont très nombreuses, mais la plus fréquente est l'incapacité de produire un nombre suffisant de spermatozoïdes vivants et assez mobiles pour atteindre les trompes utérines (Mortimer, 1994).

Le vieillissement entraîne graduellement une diminution de la production de spermatozoïdes, une altération de leur forme et une réduction de leur motilité, ce qui peut retarder la conception.

Le trouble le plus fréquemment à l'origine de l'infertilité chez la femme est l'absence d'ovulation. L'anovulation est aussi reliée à l'âge. Régulière chez les femmes dans la vingtaine, l'ovulation devient de plus en plus imprévisible. À l'approche de l'âge mûr, les femmes peuvent connaître des cycles sans ovulation et des cycles avec production de plusieurs ovules. Elles mettent alors plus de temps à concevoir et, le cas échéant, elles sont sujettes à des grossesses multiples.

Parmi les autres causes de l'infertilité féminine, on compte l'obstruction des trompes utérines, souvent consécutive à des infections des voies génitales laissées sans traitement ou encore à l'endométriose. L'endométriose se caractérise par la présence de tissu de l'endomètre en dehors de l'utérus, soit sur les ovaires, les trompes de Fallope et les ligaments qui soutiennent l'utérus. Dans les cas les plus avancés, du tissu cicatriciel peut se former sur les trompes de Fallope et perturber le passage de l'œuf fécondé des trompes vers l'utérus.

S'il est vrai que plus le temps passe et plus il est difficile de concevoir, que l'on soit un homme ou une femme, il ne faut pas pour autant accorder une importance exagérée à la relation entre l'âge et la fertilité. L'âge compte, certes, mais nombre d'adultes qui attendent la trentaine pour procréer et qui ont alors de la difficulté à concevoir auraient peut-être connu le même problème s'ils avaient fait une tentative 10 ans plus tôt.

« Jusqu'à ce que la mort nous sépare. » Aujourd'hui, les gens qui font cette promesse avant l'âge de 30 ans sont relativement rares. Différer le mariage peut augmenter les chances de bonheur conjugal, mais aussi les risques d'infertilité.

Infertilité Incapacité de concevoir persistant après une période de 12 mois ou plus pendant laquelle le couple a eu des relations sexuelles régulières sans utiliser de moyen de contraception.

Endométriose Développement de fragments de muqueuse utérine en dehors de l'utérus, soit sur les ovaires, les trompes de Fallope, les ligaments qui soutiennent l'utérus.

David et Nicolas n'ont évidemment pas le même âge, mais ils n'en sont pas moins des jumeaux puisqu'ils ont été conçus en même temps. Leur mère souffrait d'une obstruction des trompes utérines qui la rendait incapable de concevoir naturellement. Leurs parents ont donc recouru à la fécondation in vitro. L'un des embryons ainsi produits (David) fut aussitôt implanté. L'autre (Nicolas) fut gardé congelé, puis implanté au bout de un an environ.

Trois problèmes alarmants

Nous avons jusqu'à présent brossé un tableau plutôt réjouissant du développement physique et de la santé au début de l'âge adulte. Cette période de la vie, néanmoins, n'est pas toujours un jardin de roses. Plusieurs des affections qui apparaissent habituellement au milieu ou à la fin de l'âge adulte, telles que le cancer, la cirrhose du foie et la maladie coronarienne, peuvent prendre insidieusement naissance au début de l'âge adulte. Le mode de vie de l'individu peut jouer un rôle dans le développement de ces maladies, comme dans le développement physique en général. Nous verrons d'ailleurs au chapitre 12 les effets qu'ont sur l'organisme des éléments du mode de vie comme le tabagisme, la consommation excessive et prolongée d'alcool, l'alimentation, l'activité physique et le stress. Penchons-nous pour l'instant sur trois problèmes plus fréquents au début de l'âge adulte qu'à toute autre période de la vie : l'abus de drogues, les régimes amaigrissants draconiens et la mort violente.

Abus de drogues

Nous avons traité de la consommation de drogues à l'adolescence dans la première partie du présent chapitre. Nous nous attarderons ici à l'abus de drogues, car les jeunes adultes forment le groupe le plus sujet à ce problème et à sa complication, la toxicomanie (Robins, 1995).

Avant d'entrer dans le vif du sujet, rappelons la distinction entre consommation de drogues, abus de drogues et toxicomanie. La consommation de drogues correspond simplement à l'absorption de drogues, sans égard à la quantité ni à la fréquence des doses. L'abus de drogues est une absorption de drogues telle qu'elle nuit au bien-être corporel, cognitif ou psychosocial de la personne. La limite de la modération est généralement dépassée lorsque la quantité ou la fréquence des doses perturbe les fonctions physiologiques, les capacités mentales et les interactions sociales. Il y a toxicomanie, enfin, lorsque l'absence d'une drogue dans l'organisme crée un besoin physiologique (cesser de trembler, calmer des troubles digestifs, s'endormir, etc.) ou psychologique (apaiser des peurs, soulager la dépression, etc.). Bien que certains grands consommateurs soient toxicomanes (et vice versa), le lien entre abus et toxicomanie n'est pas inéluctable.

Où se situe la ligne de démarcation entre abus et toxicomanie ? Quels sont les pourcentages de consommateurs immodérés et de toxicomanes dans la population ? Il serait fort commode d'avoir des réponses précises à ces questions, mais cela s'avère impossible. Nombre de grands consommateurs et de toxicomanes nient leur problème et ne sont jamais comptés dans les statistiques. De nombreux chercheurs pensent toutefois que les données d'enquête sur la consommation de drogues traduisent des tendances en matière d'abus et, à ce titre, constituent probablement un indice valable de l'ampleur du problème. Les études approfondies, en effet, révèlent qu'une importante proportion des personnes qui consomment des drogues en font un usage excessif (Glantz et Pickens, 1992).

Pourquoi la consommation de drogues et, vraisemblablement, l'abus sont-ils plus répandus chez les jeunes adultes que dans les autres groupes d'âge ? L'abus et la toxicomanie sont corrélés avec des facteurs génétiques, personnels et sociaux. Les personnes les plus sujettes à un usage inconsidéré présenteraient un certain nombre de traits de caractère : elles recherchent les sensations fortes, tolèrent mal la frustration et sont prédisposées à la dépression (Brook et coll., 1992; Kaplan et Johnson, 1992). Les effets de ces trois traits de caractère sur la personne dépendraient de la constitution génétique, des expériences familiales de l'enfance et de l'âge. En outre, ils sont plus prononcés à l'adolescence et au début de l'âge adulte qu'à n'importe quelle autre période de la vie chez presque tous les individus.

Les adultes de 18 à 26 ans évoluent dans un contexte social qui fait converger les facteurs propices à l'abus de drogues et à la toxicomanie (Glantz et Pickens, 1992). Affranchis de leurs parents, libres de vivre comme ils l'entendent, ils peuvent se procurer des drogues facilement et fréquemment. Par ailleurs, les jeunes adultes

Consommation de drogues Absorption de drogues, sans égard à la quantité et à la fréquence des doses, ni à l'effet des drogues et à leur légalité.

Abus de drogues Absorption de drogues telle qu'elle nuit au bien-être corporel, cognitif ou psychosocial de la personne.

Toxicomanie Dépendance à une drogue; l'absence de cette drogue dans l'organisme crée un besoin physiologique, psychologique, ou les deux.

vivent des situations susceptibles de provoquer, chez certains, des tensions et du stress que les drogues peuvent temporairement soulager : terminer leurs études, amorcer une carrière, trouver un partenaire, se sentir à l'aise socialement. Ils participent à des activités de groupe (mégafêtes, concerts, événements sportifs, etc.) lors desquelles la consommation excessive est non seulement tolérée, mais encore attendue par les pairs dans certains cas. Une étude longitudinale rigoureuse a révélé que le principal corrélat de la consommation de drogues chez les jeunes adultes (avant les situations difficiles, le tempérament et les attitudes personnelles) est le fait d'avoir des amis qui en font usage (Jessor et coll., 1991).

Il ne faut pas oublier que l'abus de drogues au début de l'âge adulte peut entraver le développement même s'il ne débouche pas sur la toxicomanie. Plus vite les jeunes adultes décèleront le problème, plus ils auront le temps d'y remédier et de reprendre leur vie en main.

Régimes amaigrissants

Abordons maintenant un deuxième problème majeur, celui des régimes amaigrissants.

Les mécanismes de l'homéostasie ont pour effet de maintenir le poids corporel, tout comme ils maintiennent la concentration sanguine d'oxygène ou la température normale du corps. Le besoin de manger se manifeste par une sensation nette, la faim, mais il est régi par des phénomènes subtils tels que les fluctuations des hormones et l'activité des neurotransmetteurs.

Conscients du fait que chaque individu tend à maintenir naturellement le poids que dictent ses mécanismes homéostatiques, des experts soutiennent maintenant que deux personnes de même grandeur peuvent présenter une différence de poids d'environ 10 kilogrammes et être toutes deux en bonne santé. Pour déterminer si une personne est trop maigre ou trop grasse, ils calculent son indice de masse corporelle (IMC) en divisant son poids en kilogrammes par le carré de sa taille en mètres (voir le tableau 9.2). L'indice de masse corporelle d'une personne en bonne santé devrait se situer entre 19 et 25.

Indice de masse corporelle (IMC) Mesure du poids corporel résultant de la division du poids par la taille au carré.

TABLEAU 9.2 **Comment calculer l'indice de masse corporelle (IMC*).**

Un grand nombre d'études actuelles portant sur le lien entre les mensurations et l'état de santé général mettent l'accent sur le rapport entre le poids corporel et la taille, désigné par l'expression « indice de masse corporelle » ou IMC. Voici comment se calcule cet indice :

$$IMC = \frac{p}{t^2}$$

p représente le poids en kilogrammes (livres divisées par 2,2),
t est la taille en mètre(s) (pouces divisés par 39,4).

Ainsi, si une personne mesure 1,65 mètre, le carré de sa taille est 2,72. Nous indiquons son IMC pour les différents poids énumérés ci-après.

45 kilogrammes ÷ 2,72 = 16,6 (poids dangereusement inférieur à la normale, anorexie)
50 kilogrammes ÷ 2,72 = 18,4 (poids inférieur à la normale)
55 kilogrammes ÷ 2,72 = 20,2 (poids normal)
60 kilogrammes ÷ 2,72 = 22,1 (poids normal)
65 kilogrammes ÷ 2,72 = 23,9 (poids normal)
70 kilogrammes ÷ 2,72 = 25,7 (poids excessif)
75 kilogrammes ÷ 2,72 = 27,6 (obésité, selon la nouvelle norme américaine)
80 kilogrammes ÷ 2,72 = 29,4 (obésité)
85 kilogrammes ÷ 2,72 = 31,3 (obésité grave, selon la norme internationale)

* L'IMC des hommes et des femmes devrait généralement se situer entre 19 et 25. Les personnes plus musclées auront un IMC se rapprochant de la limite supérieure de cet intervalle tandis que les moins musclées auront un IMC se situant vers la limite inférieure (les muscles pèsent plus lourd que le tissu adipeux). On parle d'anorexie lorsque l'IMC est inférieur à 18 et d'obésité lorsqu'il est supérieur à 28. L'Organisation mondiale de la santé (OMS) a établi le seuil de l'obésité grave à 30.

Pour bien des jeunes femmes, la séance d'habillage du matin est un rituel obsessif au cours duquel elles vérifient le moindre gain de poids par rapport à la veille. De nombreux spécialistes décrient le fait qu'un grand nombre de femmes sont prisonnières de cet « idéal » de minceur aussi anormal que malsain.

Anorexie nerveuse   Trouble alimentaire grave caractérisé par une recherche de la minceur et une phobie de prendre du poids qui amènent une restriction de l'apport alimentaire. Cette restriction est parfois si sévère que la personne atteinte, généralement une adolescente ou une jeune femme adulte, peut souffrir d'émaciation et d'inanition.

Boulimie   Trouble alimentaire caractérisé par des épisodes récurrents de gavage après lesquels la personne atteinte (une femme le plus souvent) se fait vomir ou se purge au moyen de laxatifs.

Les enfants et les adultes bien portants et actifs ont tendance à consommer spontanément les kilojoules nécessaires aux besoins de leur organisme. Les normes culturelles et les particularités du contexte social peuvent cependant pousser une personne à ingérer une quantité de nourriture excessive ou insuffisante par rapport à ses besoins physiologiques. Dans notre société, par exemple, comme dans tous les pays industrialisés, le modèle du corps « idéal » est totalement dépourvu de graisse. L'oublierait-on quelques instants que les médias auraient tôt fait de nous le rappeler, entretenant chez nombre de jeunes femmes l'obsession d'une sveltesse chimérique et malsaine parce qu'associée à un poids insuffisant (Cash et Henry, 1995).

Par ailleurs, il va sans dire que l'embonpoint est nuisible. Comme nous le verrons au chapitre 12, il peut entraîner des troubles graves, surtout lorsqu'il est associé à la sédentarité. Mais lorsque le poids qu'une personne a de son propre chef décidé d'atteindre est substantiellement inférieur à celui que dictent les mécanismes homéostatiques, les régimes amaigrissants sont non seulement nuisibles pour la santé, mais aussi condamnés à l'échec. Il semble en outre que les perturbations de l'équilibre naturel causées par les régimes draconiens font augmenter les probabilités d'embonpoint par la suite. Des millions de jeunes femmes partagent le même sort : elles se trouvent grosses, lisent des ouvrages sur les derniers régimes miracles, se mettent au régime, font des exercices ciblés, perdent du poids... et le reprennent parce que leur corps s'efforce de compenser. Les voilà de nouveau, malheureuses, au seuil d'un nouveau cycle obsessionnel-compulsif.

La minceur excessive nuit au développement normal, particulièrement chez les femmes. L'insuffisance de tissu adipeux peut mettre fin aux rythmes naturels, perturber le cycle menstruel et entraver ou empêcher la reproduction (Hsu, 1990).

Troubles alimentaires

Particulièrement fréquente chez les jeunes femmes et les jeunes filles instruites, l'obsession de la minceur peut entraîner des troubles alimentaires graves qui ont tout des dépendances comme l'alcoolisme et l'héroïnomanie. L'une de ces maladies, l'**anorexie nerveuse**, affecte 1 % environ des adolescentes et des jeunes femmes (DSM-IV, 1994). Dix filles pour un garçon sont touchées (Cloutier, 1996). L'anorexie nerveuse se caractérise par une recherche de la minceur et une phobie de prendre du poids, d'où une restriction sévère de l'apport alimentaire qui peut entraîner l'émaciation, l'inanition et éventuellement la mort (Habimana et coll., 1999). On rencontre des filles squelettiques de 36 kg ou même moins qui se trouvent encore grosses et qui se privent de nourriture tout en continuant de s'entraîner à un rythme d'enfer.

Trois fois plus fréquente que l'anorexie nerveuse, la **boulimie** atteint elle aussi des jeunes femmes dans la plupart des cas. La maladie se caractérise par des épisodes répétés de gavage (ou suralimentation) après lesquels la personne atteinte se fait vomir ou se purge au moyen de doses massives de laxatifs. De nombreuses jeunes filles présentent ces comportements à l'occasion. Certaines études révèlent que près de 50 % de leurs sujets, des étudiantes de niveau universitaire, se sont gavés puis purgés au moins une fois (Fairburn et Wilson, 1993). Ayant un poids généralement proche de la normale, les boulimiques courent peu de risques de mourir de faim, mais ils s'exposent à toutes sortes de troubles graves, allant des dommages gastro-intestinaux sérieux à l'arrêt cardiaque résultant des déséquilibres électrolytiques qu'une alimentation déréglée fait subir à leur organisme (Hsu, 1990).

Aux conséquences physiques des régimes amaigrissants excessifs s'associent des conséquences psychologiques, la perte de l'estime de soi et la dépression par exemple, qui peuvent déclencher un trouble alimentaire et motiver le maintien du comportement destructeur. Le jeûne, les gavages et les purgations « constituent de puissants renforçateurs immédiats à ces comportements, en ce sens qu'ils soulagent la tension et la détresse émotionnelle » (Gordon, 1990). La personne se trouve donc entraînée dans un cycle de dépendance et d'autodestruction dont elle ne peut habituellement s'échapper sans une intervention extérieure (comme une psychothérapie). Laissée à elle-même, la personne boulimique risque de s'enfoncer dans un désespoir si profond qu'il peut mener au suicide (Marx, 1993 ; Wilson et Fairburn, 1998).

Pourquoi les femmes s'infligent-elles des habitudes alimentaires contraires à la santé ? Plusieurs points de vue mettent en valeur des éléments de réponses différents. Nous avons déjà évoqué, du point de vue de l'apprentissage social (approche cognitive), le modèle culturel arbitraire valorisant les femmes filiformes. Du point de vue de l'approche psychodynamique, on répond à la question en avançant que les jeunes femmes atteintes de troubles alimentaires sont en conflit avec leur père et leur mère, les personnes qui leur ont fourni leurs premiers aliments. Du point de vue des sociologues, on pense que les femmes qui entrent sur le marché du travail tentent de projeter une image masculine de force et de maîtrise de soi. Du point de vue de l'hérédité, par ailleurs, il semble que les troubles alimentaires aient une composante génétique. Le taux de concordance pour l'anorexie est en effet de 75 % chez les jumelles monozygotes, contre 27 % chez les jumelles dizygotes (Treasure et Holland, 1993). En outre, un bon nombre de personnes souffrant de troubles alimentaires ont des antécédents familiaux de dépression, d'alcoolisme et de

POINT DE MIRE

Anorexie nerveuse et boulimie

L'augmentation plutôt récente de la prévalence de l'anorexie nerveuse et de la boulimie et le fait que ces désordres sont plus fréquents au sein des cultures occidentales chez les femmes de milieux nantis et d'origine européenne ont fait émerger l'hypothèse que ces troubles de l'alimentation relèveraient davantage d'effets de cohorte à spécificité culturelle que de problèmes corporels. Une étude interculturelle récente ayant porté sur les troubles de l'alimentation en Afrique, au Royaume-Uni et en Amérique du Nord a toutefois révélé que l'anorexie nerveuse et la boulimie se retrouvent chez des femmes d'origine autre qu'européenne ou américaine et que l'anorexie nerveuse peut se développer à l'extérieur d'une culture occidentale et dans toutes les classes sociales.

Pourquoi restreindre son alimentation même après une importante perte de poids ? La plupart des chercheurs ont observé que les personnes souffrant d'un trouble de l'alimentation possèdent une image déformée de leur corps. Pour mieux comprendre cette question relevant à la fois de la cognition et de la perception, ils ont souvent recours à la vidéo. Les sujets sont alors invités à reconstruire leur image corporelle « réelle » et « idéale » à partir d'images vidéo déformées de leur apparence réelle. En général, les anorexiques surestiment leur poids corporel réel et se perçoivent comme de grosses personnes même lorsqu'elles sont presque émaciées.

Des facteurs contextuels tels que la crainte d'un jugement social négatif ont également été mis en évidence en matière d'anorexie nerveuse et de boulimie. Lors d'une étude récente (Bulik, 1991), un questionnaire sur l'angoisse et les phobies sociales a été soumis à 23 femmes anorexiques (âge moyen : 20,3 ans), à 54 femmes boulimiques (âge moyen : 22,4 ans), à 50 étudiantes de niveau collégial et à 43 femmes souffrant de phobie sociale. Les résultats indiquent que les femmes anorexiques et boulimiques manifestaient des craintes sociales cliniquement importantes, aussi intenses que celles des femmes souffrant de phobie sociale.

Le type d'éducation parentale est un autre facteur contextuel fortement relié à l'apparition d'un trouble de l'alimentation. Une étude menée auprès de 19 anorexiques, de 15 boulimiques et d'un groupe témoin comprenant 34 personnes a révélé que les sujets affectés par un trouble de l'alimentation estimaient que tant leur père que leur mère avaient fait preuve d'une faible cohérence dans l'éducation donnée aux enfants, leur avaient manifesté peu d'affection et avaient adopté une attitude de rejet. Parmi tous les sujets, ce sont les personnes boulimiques qui ont attribué à leurs parents l'évaluation la plus faible en matière d'affection donnée aux enfants (Esparon et Yellowlees, 1992).

Sources : C.M. Bulik, D.C. Beidel, E. Duchmann et T.E. Weltzin, « An Analysis of Social Anxiety in Anorexic, Bulimic, Social Phobic and Control Women », *Journal of Psychopathology and Behavioral Assessment*, 1991, 13(3), p. 199-211.

B. Dolan, « Cross-Cultural Aspects of Anorexia Nervosa and Bulimia: A Review », *International Journal of Eating Disorders*, 1991, 10(1), p. 67-79.

J. Esparon et A.J. Yellowlees, « Perceived Parental Rearing Practices and Eating Disorders », *British Review of Bulimia and Anorexia Nervosa*, 1992, 6(1), p. 39-45.

P.N. Myers et F.A. Biocca, « The Elastic Body Image: The Effect of Television Advertising and Programming on Body Image Distortions in Young Women », *Journal of Communication*, 1992, 42(3), p. 108-133.

M. Probst, H. Van Coppenolle, W. Vandereycken et M. Goris, « Body Image Assessment in Anorexia Nervosa Patients and University Students by Means of Video Distortion », *Journal of Psychosomatic Research*, 1992, 36(1), p. 89-97.

Ⓟ OINT DE MIRE

Les causes de l'anorexie nerveuse : quelques approches théoriques

Comment expliquer les causes de l'anorexie nerveuse ? Plusieurs pistes théoriques sont ouvertes (Rice, 1998; Habimana, 1999).

1. *Point de vue biologique.* Des dérèglements de neurotransmetteurs responsables de la régulation endocrinienne dans le cerveau appuieraient l'hypothèse d'une base neurochimique héréditaire (Fava et coll., 1989, cité dans Steiger et Champagne, 1999; Conger, 1991, cité dans Cloutier, 1996).

2. *Hypothèse de la régression psychobiologique.* Lorsque le poids corporel descend en deçà d'un seuil critique à cause d'un régime alimentaire inadéquat, les fonctions neuroendocriniennes seraient perturbées, entraînant une régression vers un stade prépubertaire de développement.

3. *Point de vue psychosexuel.* Un conflit sexuel serait au cœur de la cause de la maladie, entraînant un refus de la féminité. La jeune fille craindrait l'intimité sexuelle, et ses comportements anorexiques auraient pour effet de retarder son développement psychosexuel.

4. *Point de vue du construit social.* La culture présente des modèles corporels très minces — voire maigres — et pour y correspondre, les adolescentes et les jeunes femmes deviendraient obsédées par la nourriture et les régimes amaigrissants.

5. *Point de vue des systèmes de la famille.* Les relations entre la jeune fille anorexique et ses parents seraient perturbées. Les familles auraient tendance à être rigides, surprotectrices et manifesteraient une grande préoccupation au sujet de la santé de l'enfant. La lutte de pouvoir serait fréquente entre la fille et sa mère, particulièrement. Ce désir de contrôle deviendrait plus évident lorsque la préoccupation des parents grandit. Plus les parents tentent de changer le comportement anorexique, plus la lutte de pouvoir devient intense.

toxicomanie (Marx, 1993; Miller, 1993). Enfin, la fréquence de la dépression avant l'apparition du trouble alimentaire est plus élevée que la normale chez les personnes atteintes (voir *Point de mire,* ci-dessus).

Le risque de développer l'anorexie nerveuse semble lié à une combinaison de facteurs de risque, quelques-uns spécifiques à l'alimentation, d'autres plus généraux. Mais quelle que soit la cause des troubles alimentaires, il est clair que les régimes amaigrissants sont pathologiques pour un grand nombre de jeunes femmes d'aujourd'hui. À force d'entretenir des idées fausses sur leur apparence, elles mettent leur santé en danger au moment même où leur corps devrait atteindre son plein épanouissement.

Mort violente

Autant les stéréotypes associés à la « féminité » peuvent pousser les jeunes femmes à s'imposer des régimes amaigrissants draconiens et néfastes, autant les stéréotypes liés à la « virilité » font augmenter chez les jeunes hommes les risques de mort violente, c'est-à-dire de mort par accident, homicide ou suicide.

Mort violente Mort par accident, homicide ou suicide emportant surtout des jeunes hommes et liée à des attitudes et des comportements « virils » stéréotypés.

La mort violente, qu'elle fasse suite à un accident de la circulation, à une fusillade, à un saut d'un toit ou à une surdose de psychotropes, menace les jeunes hommes plus que tout autre segment de la population. Par exemple, 1 homme sur 45, entre l'âge de 15 ans et de 35 ans, meurt de cause violente au Canada, aux États-Unis, au Mexique et au Chili. La fréquence relative des suicides, des homicides et des accidents mortels varie selon les pays. Au Canada, par exemple, on dénombre beaucoup plus de suicides que d'homicides (Leenaars et Lester, 1995). Dans tous les pays et toutes les villes qui tiennent des statistiques à ce propos, les jeunes hommes au début de la vingtaine courent plus de risques de connaître une mort violente que de mourir de maladie ou de famine. Les probabilités de mort violente sont plus élevées pour eux que pour les femmes de leur âge et de leur groupe ethnique; le rapport entre les sexes est de 3 à 10 morts violentes chez les jeunes hommes pour 1 cas chez les jeunes femmes (Organisation mondiale de la santé, 1994).

Il est important de souligner que l'appartenance à un sexe ne fournit pas de garantie absolue contre les maux qui affligent généralement le sexe opposé. On

LES UNS ET LES AUTRES

La violence masculine et le contexte social

Bien que les jeunes hommes du monde entier soient plus portés que les jeunes femmes ou que leurs aînés à commettre des actes inutiles de bravade ou à prendre des risques irrationnels, le risque, pour un jeune homme donné, de connaître une mort violente dépend d'un grand nombre de facteurs, dont les caractéristiques propres à cet homme, à sa famille, à son entourage et à sa culture. Se conformer à l'idéal de masculinité établi par la culture peut être plus dangereux dans certains contextes sociaux que dans d'autres.

Il suffit, pour s'en convaincre, de comparer les taux d'homicides à travers le monde (voir le graphique). Le type d'éducation reçue, qui encourage ou non l'art du compromis, les valeurs prônées par la famille ou véhiculées par le système scolaire, par les médias et par les institutions religieuses ainsi que la tolérance face à la consommation d'alcool varient largement d'un groupe culturel à un autre. Tous ces facteurs influent sur le degré de violence que les jeunes hommes peuvent manifester.

Un autre facteur fréquemment invoqué pour expliquer les variations internationales des taux d'homicides, particulièrement ceux qui atteignent une ampleur épidémique chez les jeunes Américains, est la possession non contrôlée d'armes à feu. En 1993, 42 % de tous les adultes américains ont reconnu garder une arme à feu de quelque sorte à leur domicile, et la plupart d'entre eux en possédaient même plusieurs (U.S. Bureau of Justice Statistics, 1995). Théoriquement, ces armes sont accessibles à tous les adultes du foyer, mais ce sont les jeunes hommes qui sont les plus susceptibles de s'en servir et d'être blessés par celles-ci. Chez les deux sexes, c'est parmi les personnes âgées de 20 à 24 ans que l'on compte le plus grand nombre de décès causés par des armes à feu. Ce taux de décès est cependant presque 10 fois plus élevé chez les jeunes hommes que chez les jeunes femmes de ce groupe d'âge (U.S. Bureau of the Census, 1996).

Certains affirment que ce ne sont pas les armes à feu qui tuent les gens, mais bien les gens. Reste que la possession d'armes à feu exacerbe souvent des impulsions agressives qui ne mèneraient normalement pas à un meurtre, qu'elle fait franchir ce pas qui sépare une altercation ou un différend d'un geste meurtrier (Centers for Disease Control, 1992). Ce fait est confirmé par les résultats de plusieurs études, dont une qui s'est intéressée au nombre de morts violentes survenues au milieu des années 1980 à Seattle (État de Washington)

et à Vancouver (Colombie-Britannique). Dans ces deux villes comparables sur les plans démographique, économique et géographique, le nombre de voies de fait, d'arrestations et de condamnations pour actes criminels était sensiblement le même. Toutefois, le taux d'homicides était deux fois plus élevé à Seattle qu'à Vancouver. Cette différence serait attribuable à la libre possession, largement répandue, d'armes à feu à Seattle. Hormis le port dissimulé d'armes chargées dans des lieux publics, la possession et l'utilisation d'armes n'y étaient soumises à aucun contrôle, tandis qu'à Vancouver elles étaient strictement limitées.

La possession d'armes semble aussi avoir une incidence sur les taux de suicides. Selon l'étude précitée, le nombre total de suicides (personnes de tous âges) était semblable dans les deux villes. Elle révèle cependant que moins de jeunes hommes s'étaient enlevé la vie à Vancouver qu'à Seattle. Les chercheurs avancent l'explication suivante : le fait que les jeunes Canadiens n'avaient pas de pistolets à portée de la main au moment où ils étaient dominés par des idéations suicidaires leur aurait donné le temps de maîtriser ces pensées.

TAUX D'HOMICIDES PAR PAYS (HOMMES DE 15 À 24 ANS)

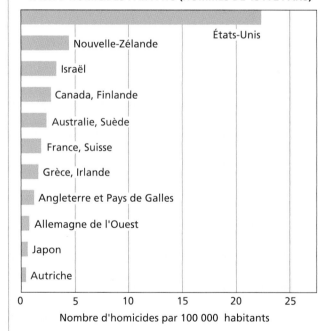

Nombre d'homicides par 100 000 habitants

Source : Bureau national des statistiques de santé, Organisation mondiale de la santé et rapports des pays pour 1986-1987.

peut être une femme et connaître une mort violente. On peut être un homme et avoir des habitudes alimentaires pathologiques. On peut être une femme ou un homme et abuser des drogues.

Malgré la réalité des problèmes que nous venons d'exposer, il ne faut pas oublier qu'une minorité seulement de jeunes adultes présentent des comportements autodestructeurs. La plupart des jeunes, quels que soient leur groupe ethnique, leur situation économique et leur sexe, sortent indemnes de l'adolescence et du début de l'âge adulte.

Au chapitre 10, nous étudierons la maturation cognitive en nous attardant à la logique, à l'éducation ainsi qu'à l'aptitude à la planification et à l'analyse objective. Ensemble, ces atouts peuvent aider les adolescents et les jeunes adultes à faire des choix éclairés et à prendre leur vie en main.

Résumé

 **Adolescence**

Puberté

1. Les changements associés à la puberté se produisent presque toujours dans le même ordre, mais ils peuvent s'amorcer entre l'âge de 8 ans et l'âge de 14 ans.

2. L'âge du début de la puberté varie selon le sexe, les gènes, la stature, l'alimentation ainsi que l'état de santé physique et psychologique. La puberté se manifeste plus précocement depuis 200 ans en raison de l'amélioration de l'alimentation et des soins de santé. En règle générale, la puberté commence plus tôt chez les filles que chez les garçons.

3. La puberté est déclenchée par des hormones produites dans le cerveau, dont la gonadolibérine (GnRH), l'hormone de croissance (GH), la testostérone et les œstrogènes. Outre qu'elles régissent les fonctions biologiques, ces hormones peuvent entraîner des sautes d'humeur. Leurs effets émotionnels dépendent cependant des conditions de vie de l'adolescent ainsi que de ses perceptions face aux transformations visibles de son corps.

4. La poussée de croissance (l'augmentation du poids puis de la taille) constitue le premier signe visible de la puberté, bien qu'elle soit précédée par des changements hormonaux.

5. Pendant la poussée de croissance, les membres s'allongent avant le torse. La taille et la capacité des poumons et du cœur augmentent à la fin de la puberté.

6. La puberté est associée à la maturation sexuelle et à la croissance de tous les organes génitaux. La ménarche et la première éjaculation sont généralement considérées comme les signes de la fertilité, encore que celle-ci ne culmine que plus tard. Les attitudes des jeunes à l'égard des transformations de leur corps varient en fonction de facteurs psychosociaux, culturels et familiaux.

7. Les caractères sexuels secondaires (seins, mue de la voix, pilosité pubienne, faciale et corporelle, etc.) apparaissent à la puberté.

8. L'image corporelle doit se modifier en même temps que le corps. Le processus peut être difficile pour les nombreux adolescents dont la nouvelle apparence ne correspond pas à leurs attentes ni au modèle culturel.

9. La plupart des jeunes traversent l'adolescence sans rencontrer de difficultés particulières. Cependant, les filles qui atteignent la puberté précocement et les garçons qui y parviennent tardivement sont plus sujets au stress. Les facteurs environnementaux (interactions familiales, transition du primaire au secondaire, valeurs culturelles, etc.) peuvent atténuer ou accentuer les difficultés liées à une maturité précoce ou tardive chez les jeunes des deux sexes.

10. À l'adolescence, les pulsions sexuelles deviennent plus fortes et plus fréquentes.

Trois problèmes majeurs

11. Les besoins en vitamines, en minéraux et en kilojoules culminent à l'adolescence à cause de la rapidité de la croissance.

12. Un certain nombre de jeunes filles sont insatisfaites de leur poids et suivent des régimes amaigrissants draconiens qui les prédisposent à des troubles alimentaires.

13. Les abus sexuels peuvent avoir des conséquences catastrophiques à l'adolescence, une période pendant laquelle on doit s'adapter aux transformations de son corps et à leurs répercussions psychologiques. Les effets de l'abus sexuel dépendent en grande partie de la nature des sévices, de leur durée ainsi que du soutien émotionnel dont bénéficie l'adolescent.

14. La plupart des adolescents font l'essai des drogues d'introduction, soit le tabac, l'alcool et la marijuana. La plupart des spécialistes du développement jugent qu'il faut tenter de retarder le plus possible le moment de l'expérimentation.

SECTION 2 Début de l'âge adulte

Croissance, force et santé

15. La taille définitive est atteinte au début de la vingtaine, mais la force et le poids continuent d'augmenter. Pour ce qui est de l'état de santé général et de la condition physique, le début de l'âge adulte constitue véritablement la fleur de l'âge.

16. Toutes les fonctions de l'organisme s'affaiblissent graduellement entre 20 et 40 ans (à des rythmes différents). De même, les mécanismes homéostatiques ralentissent.

17. Grâce à la capacité de réserve, les changements liés à la sénescence ne sont ni incommodants ni perceptibles pour la plupart des jeunes adultes. Les capacités athlétiques peuvent même demeurer élevées.

Sexualité et procréation

18. À l'approche de l'âge mûr, la réponse sexuelle ralentit chez les hommes. Ce léger déclin n'a habituellement aucun effet marqué sur leur vie sexuelle ; il peut même être favorable pour les femmes, dont la réponse sexuelle ne s'atténue pas.

19. L'infertilité touche environ 15 % des couples. Elle est généralement causée, chez les hommes, par une insuffisance du nombre ou de la motilité des spermatozoïdes et, chez les femmes, par une obstruction des trompes utérines ou par l'absence d'ovulation.

20. Le vieillissement normal est rarement la principale cause de l'infertilité au début de l'âge adulte, mais il peut en constituer un facteur. La plupart des couples peuvent concevoir un enfant jusqu'au début de la quarantaine.

Trois problèmes alarmants

21. L'abus d'alcool et de drogues légales et illégales est plus fréquent chez les jeunes adultes que dans tout autre groupe d'âge.

22. Les troubles alimentaires sont plus fréquents au début de l'âge adulte qu'à toute autre période de la vie. Plusieurs jeunes femmes désirent à tout prix atteindre un poids inférieur à celui que leur organisme conserverait normalement. Certaines souffrent d'anorexie nerveuse ou encore de boulimie.

23. Le suicide, l'homicide et les accidents constituent une menace grave pour les jeunes adultes, les hommes en particulier. La fréquence de ces causes de mort violente varie selon les groupes ethniques, ce qui atteste que le phénomène est dû à des facteurs sociaux autant que biologiques.

Questions à développement

SECTION 1 Adolescence

1. Quelles sont les similarités et les différences dans la façon dont est vécue la puberté chez les garçons et chez les filles ? Votre réponse doit inclure des données biologiques et psychologiques spécifiques.

2. Analysez les facteurs physiques, psychosociaux et culturels qui amènent de nombreux adolescents et adolescentes à être insatisfaits de leur apparence.

SECTION 2 Début de l'âge adulte

3. Sur l'ensemble de la durée de vie, l'homme est biologiquement plus vulnérable que la femme. Décrivez les forces et les vulnérabilités spécifiques de l'homme et de la femme au début de l'âge adulte.

4. La prévalence de la toxicomanie est plus élevée au début de l'âge adulte qu'à toute autre période. Analysez les sources de stress qui peuvent favoriser l'apparition d'une toxicomanie et mentionnez les éléments du mode de vie qui y sont souvent liés.

5. Analysez les divers facteurs évoqués dans ce chapitre qui amènent des femmes à tenter de perdre une quantité de poids dommageable pour leur santé. Quelles interventions permettraient de modifier une telle situation ? Justifiez votre réponse.

Questions à choix multiples

SECTION 1 Adolescence

1. Âgé de 12 ans, Benoît s'inquiète de constater que sa sœur jumelle est plus grande que lui et qu'elle a acquis une maturité physique supérieure à la sienne. Ses parents feraient mieux de :

   a) le rassurer en lui disant que, généralement, la poussée de croissance chez les garçons survient un ou deux ans plus tard que chez les filles.

   b) lui dire que, dans moins de un an, il sera plus grand que sa sœur.

   c) lui dire que, chez les jumeaux non identiques, un des enfants est toujours plus petit que l'autre.

   d) l'encourager à faire plus d'exercice afin de déclencher sa poussée de croissance.

2. Lequel des énoncés suivants est faux ?

   a) La maturité précoce est généralement plus facile à accepter pour les garçons que pour les filles.

   b) La maturité tardive est généralement plus facile à accepter pour les filles que pour les garçons.

   c) Les filles connaissant une maturité tardive peuvent être amenées à fréquenter des amies plus âgées qu'elles et manifester des comportements problématiques (activité sexuelle précoce, etc.).

   d) Les garçons connaissant une maturité tardive peuvent prendre des années à rattraper ce retard sur le plan physique ou en ce qui concerne leur image de soi.

3. Âgé de 13 ans, Simon passe des heures à s'examiner dans le miroir. Inquiets, ses parents consultent le psychologue de l'école que fréquente leur fils et l'entendent dire que le comportement de Simon :

   a) est un signe annonciateur d'un éventuel traumatisme émotif.

   b) est tout à fait normal, car peu d'adolescents sont satisfaits de leur apparence.

   c) doit cesser, car un tel souci de l'image de soi débouche souvent sur un état dépressif.

   d) est intrigant, car le souci de l'apparence est généralement plus fréquent chez les adolescentes.

4. Je suis une hormone dont la quantité augmente constamment pendant la puberté, tant chez les garçons que chez les filles. Que suis-je ?

   a) L'œstrogène.

   b) La testostérone.

   c) L'hormone de croissance.

   d) La ménarche.

5. Âgée de 11 ans, Marie-Pierre, qui a vu apparaître les premiers signes de sa puberté, se demande combien de temps elle aura à endurer ce supplice. Vous lui dites que les principales manifestations de la puberté prennent généralement fin :

   a) 6 ans après l'apparition des premiers signes.

   b) 3 ou 4 ans après l'apparition des premiers signes.

   c) 2 ans après l'apparition des premiers signes.

   d) 1 an après l'apparition des premiers signes.

SECTION 2 Début de l'âge adulte

6. Sylviane a suivi un régime amaigrissant pendant plusieurs semaines et a perdu cinq kilos. Après avoir repris une alimentation normale, elle s'aperçoit avec découragement qu'elle a repris une partie du poids perdu. Ce gain de poids a probablement été causé par :

   a) une surconsommation d'aliments riches en graisses.

   b) un manque d'exercice dans le cadre de ses activités quotidiennes.

   c) le retour de son mécanisme homéostatique à son fonctionnement de base naturel.

   d) un fonctionnement de base organique lent.

7. Adoptant le point de vue d'une approche psychodynamique, le docteur Lachance estime que les troubles de l'alimentation peuvent être causés par :

   a) les effets de renforcement découlant du jeûne, d'une alimentation excessive et de purgations.

   b) une faible estime de soi et un état dépressif, qui stimulent les comportements destructeurs en matière d'alimentation.

   c) des conflits non résolus avec les parents.

   d) le désir des femmes travaillant à l'extérieur de la maison de projeter une image forte de maîtrise de soi.

8. Félicia, dont l'indice de masse corporelle (IMC) est de 24, a tenté sans succès de perdre 5 kilos. Ses difficultés s'expliqueraient probablement par le fait :

   a) qu'elle souffre d'un trouble glandulaire.

   b) qu'elle souffre de boulimie.

   c) que le niveau de stabilisation de son poids naturel est plus élevé qu'elle ne le souhaite.

   d) que son obésité s'accompagne d'un rythme métabolique très bas.

Le chapitre 9 en un clin d'œil

● **SECTION 1 – Développement biosocial à l'adolescence**

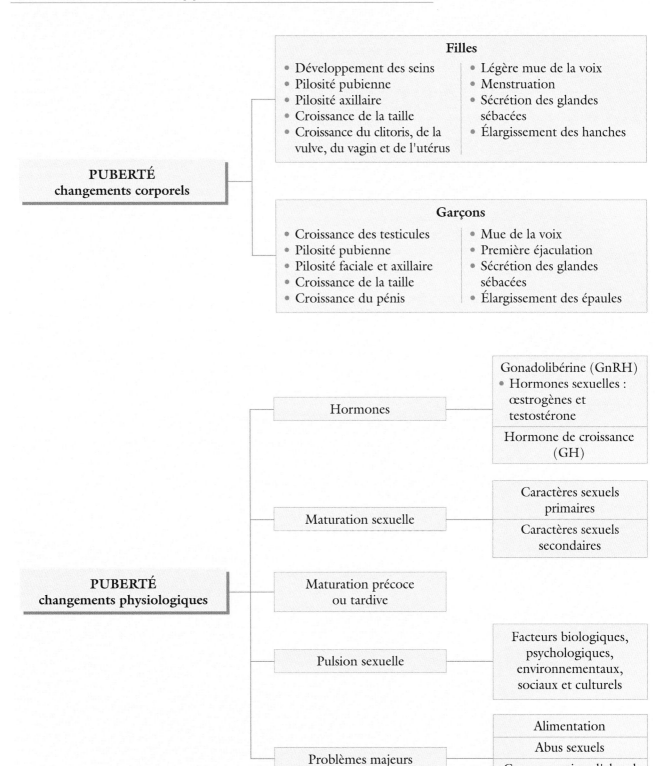

● SECTION 2 – Développement biosocial au début de l'âge adulte

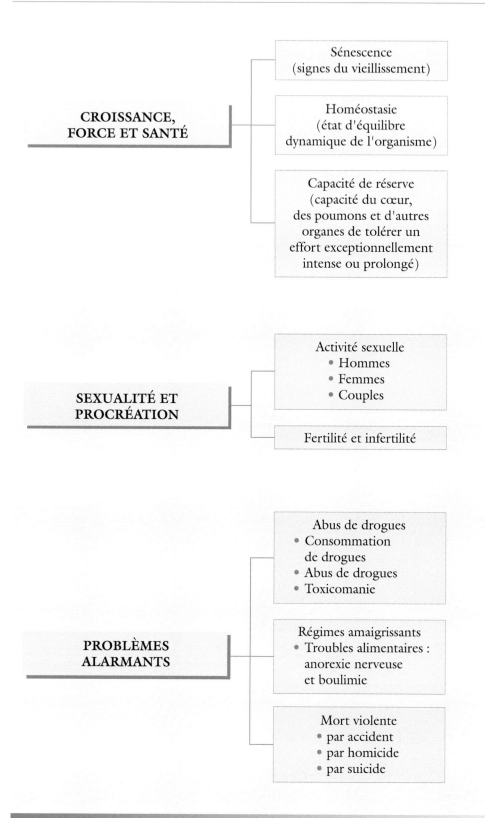

Chapitre **10**

Développement cognitif à l'adolescence et au début de l'âge adulte

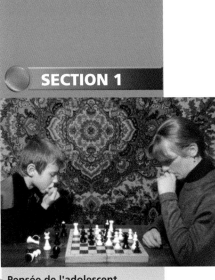

Essayez de parler de politique internationale, des dernières tendances en musique ou du sens de la vie avec un enfant de 8 ans, puis avec un adolescent de 15 ans. Vous aurez tôt fait de constater que ce dernier a parcouru un bon bout de chemin sur le plan cognitif et qu'il est sensible aux problèmes mondiaux de même qu'aux besoins personnels, les siens et ceux des autres. Il commence à penser comme un adulte, c'est-à-dire qu'il recourt à une analyse plus systématique et à un raisonnement plus abstrait.

Cette pensée continue d'ailleurs d'évoluer au cours de l'âge adulte. Le bagage de connaissances et d'expériences s'enrichit, l'agilité mentale augmente, les sujets de réflexion se diversifient et le traitement des nouvelles données gagne en efficacité. La personne établit des liens plus judicieux entre ses nouvelles expériences et ses anciennes, et elle emploie ses facultés intellectuelles à meilleur escient. De linéaire qu'il était pendant l'enfance et l'adolescence, le développement cognitif devient *multidirectionnel* à l'âge adulte. Certaines habiletés s'amélioreront, d'autres s'affaibliront et d'autres encore resteront stables au fur et à mesure du vieillissement (Uttal et Perlmutter, 1989).

Dans le présent chapitre, nous étudierons le développement de la pensée chez l'adolescent et la pensée postformelle chez le jeune adulte.

- **Pensée de l'adolescent**
  Nouvelles capacités intellectuelles
  Introspection

- **École, apprentissage et adolescence**
  Vulnérabilité de l'adolescent
  Objectifs pédagogiques

- **Développement moral**
  Stades du jugement moral selon Kohlberg

- **Prise de décision**
  Prise de décision et sexualité
  Raisonnement de l'adolescent sur la sexualité
  Stratégies propices au développement du jugement en matière de sexualité

ADOLESCENCE

À mesure que s'ouvrent leurs horizons intellectuels, les jeunes cheminent vers la maturité et deviennent sensibles à de nouvelles réalités, leur pensée se détachant du concret pour englober une expérience humaine plus large. Cette progression ne va pas sans quelques heurts : nombre d'adolescents jouent fréquemment la carte du sarcasme, du cynisme et de l'arrogance. Mais ne nous y laissons pas tromper. Les adolescents sont souvent repliés sur eux-mêmes, idéalistes, troublés par leurs propres introspections et hypersensibles à la critique, réelle ou perçue.

Il est capital que les parents et les enseignants puissent se retrouver dans ce singulier mélange d'insolence et de vulnérabilité afin d'aider les adolescents à développer leurs capacités cognitives et leur habileté à résoudre des problèmes de relations interpersonnelles. En effet, comme nous le verrons, les systèmes scolaires, les programmes d'études et les conseils parentaux mal adaptés aux dispositions des adolescents sont voués à l'échec : les jeunes les rejettent ou les contestent. D'ailleurs, il est utile que les jeunes aussi prennent conscience que leur impulsivité peut les amener, par simple bravade, à faire des choix qui compromettent leur avenir.

Pensée de l'adolescent

Toutes les habiletés reliées à la pensée, à l'apprentissage et à la mémoire qui ont progressé à l'âge scolaire (voir le chapitre 7) continuent de se développer au cours de l'adolescence (Keating, 1990). Par exemple, l'attention sélective s'aiguise, ce qui permet aux adolescents, pour peu qu'ils en aient la motivation, de faire leurs devoirs dans une cafétéria bondée au son d'une musique assourdissante. Grâce à l'amélioration de leurs capacités mnésiques et à l'expansion rapide de leur base

Munis d'ordinateurs reliés à un satellite, ces élèves s'initient à la météorologie. Une telle situation d'apprentissage a tout pour stimuler l'intellect d'adolescents capables de discerner les facteurs pertinents, de mettre en relation des variables interdépendantes et d'échafauder des hypothèses.

Pensée opératoire formelle   Selon Piaget, forme de pensée hypothétique, logique et abstraite qui caractérise la quatrième période du développement cognitif.

de connaissances, les adolescents sont capables de relier des idées et des concepts nouveaux à des anciens et de comprendre une multitude de notions, du calcul différentiel à l'amitié en passant par la chimie et la mode. Leur langage continue d'évoluer et leur vocabulaire de s'accroître. De nombreux adolescents se découvrent un style personnel dans leur façon de parler et d'écrire : chaque classe a ses poètes, ses écrivains et ses orateurs. Enfin, les progrès de la métacognition (capacité de réfléchir sur sa propre façon de penser) rendent les adolescents aptes au « jeu de la pensée » (Flavell, 1992).

Pour décrire la pensée de l'adolescent, toutefois, il ne suffit pas de dire que l'amélioration des habiletés cognitives se poursuit. Les théoriciens, les chercheurs et les praticiens qui se spécialisent dans l'étude de la cognition à l'adolescence conviennent qu'une nouvelle forme de pensée émerge à compter de la puberté.

Nouvelles capacités intellectuelles

Selon Piaget, c'est à l'adolescence qu'est atteinte la quatrième et dernière période du développement cognitif, celle de la pensée opératoire formelle. Les spécialistes du traitement de l'information jugent de même que l'amélioration de certaines habiletés amène les adolescents à un niveau cognitif supérieur. Les tenants de l'approche socioculturelle, pour leur part, constatent que le passage de l'école primaire à l'école secondaire, une transition qui s'effectue à l'adolescence dans tous les pays du monde, s'accompagne de progrès cognitifs. Quelle que soit leur allégeance, la plupart des experts s'entendent pour affirmer que la pensée de l'adolescent diffère de la pensée de l'enfant au point de vue qualitatif (Andrich et Styles, 1994 ; Byrnes, 1988 ; Kitchener et Fischer, 1990 ; Overton, 1990 ; Inhelder et Piaget, 1958 ; Siegler, 1991).

De nombreux spécialistes du développement estiment que l'adolescent se distingue d'abord et avant tout de l'enfant par sa capacité de se détacher de la réalité concrète et d'axer sa pensée sur le *possible*. Flavell et ses collègues (1993) s'expriment comme suit :

> L'élève du primaire aborde un grand nombre de problèmes conceptuels de façon très terre à terre, concrète et pratique, selon une logique directement reliée à la réalité appréhendée. Il part habituellement du réel et n'aborde le possible qu'à son corps défendant, si tant est qu'il le fasse. L'adolescent et l'adulte, quant à eux, sont plus aptes à procéder du possible vers le réel. [...] Ils considèrent la réalité comme la portion du vaste spectre des possibilités qui se matérialise ou se vérifie dans une situation problématique donnée.

La capacité de jongler avec les possibilités permet aux adolescents de rêver et de spéculer avec une aisance dont les enfants sont incapables, tout liés qu'ils sont à la réalité tangible de l'ici et maintenant. Les adolescents se libèrent du type de raisonnement qui attache l'enfant d'âge scolaire au concret et, indifférents à la sagesse conventionnelle, pénètrent dans l'univers des fantasmes et des contradictions.

Raisonnement hypothétique

Paradoxalement, la libération de la pensée ramène l'adolescent vers la logique. Considérez les deux syllogismes suivants :

> Si les éléphants sont plus gros que les chiens
> Et si les chiens sont plus gros que les souris
> Alors les éléphants sont plus gros que les souris.

> Si les souris sont plus grosses que les chiens
> Et si les chiens sont plus gros que les éléphants
> Alors les souris sont plus grosses que les éléphants.
> (Adapté de Moshman et Franks, 1986.)

L'enfant d'âge scolaire conclura vraisemblablement que le premier syllogisme est vrai : les éléments des deux premières propositions sont vrais et débouchent sur une conclusion vraie. De même, il rejettera le second parce qu'il contredit la réalité.

Expliquer un problème de calcul différentiel exige une pensée abstraite dont sont dépourvus les enfants à la période des opérations concrètes.

L'adolescent, lui, sera enclin à jouer avec les possibilités et à imaginer un monde où de gigantesques souris dominent de minuscules éléphants. Il conclura que le deuxième syllogisme est contraire à la réalité mais tout de même parfaitement logique, dans la mesure où le mot « si » introduit des possibilités inédites (Moshman, 1990). L'adolescent manifestera alors son aptitude au raisonnement hypothétique, une forme de pensée qui porte sur des propositions conformes ou non à la réalité concrète. Pour le jeune enfant, le possible est toujours rattaché au monde quotidien qu'il connaît ou voudrait connaître. Pour l'adolescent, les possibilités existent en elles-mêmes et pour elles-mêmes; l'ici et maintenant n'en constitue qu'une des manifestations.

La capacité de se distancer de ses convictions et de défendre des croyances différentes ou contraires fait des adolescents des interlocuteurs intéressants et habiles. Cette capacité, par ailleurs, les pousse à contester tous les présupposés et à remettre en question la logique des croyances. Ils s'y exercent souvent en argumentant avec leurs parents, leurs enseignants, leurs amis.

Le raisonnement hypothétique peut les amener à juger que toutes les idées sont possibles, justifiables et en même temps contestables. Réfléchir à un sujet sérieux devient alors une démarche complexe et possiblement déchirante. Voici, à titre d'exemple, le témoignage d'une élève du secondaire qui voulait empêcher son amie de prendre une décision catastrophique, mais se refusait à la juger :

> Juger quelqu'un signifie que tout ce que tu dis est vrai et que tu sais ce qui est vrai. Tu sais que c'est bon pour l'autre et tu sais que c'est bon dans n'importe quelle situation. Mais il n'y a pas moyen de savoir si tu as raison. Peut-être que oui. Et si oui, dans quel sens ? (cité dans Gilligan et coll., 1990)

L'aptitude à la pensée hypothétique permet aux adolescents d'analyser des phénomènes courants sous l'angle de valeurs abstraites comme celles qui sont associées à l'amour, à la justice et au sens de la vie. Par conséquent, ils confrontent l'état des choses à un monde hypothétique où justice serait faite, où la sincérité aurait droit de cité, où la vie humaine aurait un sens. C'est l'une des raisons pour lesquelles nombre d'adolescents se livrent à des réflexions tourmentées sur le monde et sur la place qu'ils y occupent, découvrant par le fait même des pensées et des sentiments inusités, stimulants et parfois terrifiants, mais développant également leurs propres valeurs.

Raisonnement déductif

À l'adolescence, le raisonnement hypothétique se combine au raisonnement déductif (Byrnes, 1988). C'est ce que l'on appelle la pensée hypothético-déductive. Les adolescents peuvent tirer des conclusions logiques d'une prémisse ou d'une théorie générale, puis en vérifier la validité. Alors que les enfants procèdent du particulier au général, les adolescents partent d'un principe général (qui peut être conforme ou non aux idées reçues et aux apparences) et aboutissent à une application particulière.

La pensée hypothético-déductive compte parmi les caractéristiques distinctives de la période opératoire formelle. Comme les théoriciens des autres écoles, Piaget

Raisonnement hypothétique Forme de raisonnement qui porte sur des propositions conformes ou non à la réalité concrète.

Raisonnement déductif Raisonnement qui consiste à tirer des conclusions logiques particulières à partir de prémisses générales.

Dans les cours de chimie au secondaire, les élèves ont souvent à analyser une substance inconnue en l'exposant à diverses conditions et à diverses autres substances. Cette activité fait appel à la forme de raisonnement déductif qui caractérise la pensée opératoire formelle. Sans ce genre d'expérience en laboratoire, l'étude des sciences au secondaire se ramènerait simplement à la mémorisation de symboles.

 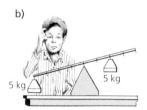  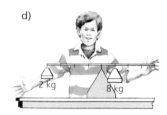

Figure 10.1   *Ces dessins représentent l'épreuve de la balance que Piaget a créée pour étudier le raisonnement formel. On voit un sujet de 4 ans en a), de 7 ans en b), de 10 ans en c) et de 14 ans en d).*

croyait qu'à cette période la personne était capable de respecter les règles formelles de la logique, de comprendre des propositions comme « Si les souris sont plus grosses que les chiens... », puis de recourir tant à la déduction qu'à l'induction pour répondre à diverses questions reliées à ces propositions.

Pour étudier le raisonnement hypothético-déductif chez des enfants d'âges divers, Piaget s'inspira de la chimie et de la physique et créa une série de tâches restées célèbres. L'une d'elles consiste à équilibrer les plateaux d'une balance à fléau au moyen de poids (voir la figure 10.1) (Inhelder et Piaget, 1958). Pour y parvenir, l'enfant doit saisir que l'équilibre dépend à la fois de la masse des poids et de leur distance par rapport au centre. C'est évidemment trop en demander aux enfants d'âge préscolaire qui, dans les expériences de Piaget, accrochaient les poids en n'importe quel point du fléau.

À 7 ans, les enfants constatent qu'ils peuvent équilibrer les plateaux en accrochant des poids égaux aux deux côtés du fléau, mais ils n'entrevoient pas l'importance de la distance. À 10 ans (vers la fin de la période des opérations concrètes), ils saisissent l'importance de la position des poids, mais ils procèdent par essais et erreurs et non par déduction logique pour coordonner les deux variables.

Vers l'âge de 13 ou 14 ans, enfin, certains enfants postulent qu'il existe une relation arithmétique entre la position du poids sur le fléau et la force qu'il exerce. Ils vérifient systématiquement cette hypothèse en faisant varier une seule variable à la fois et résolvent le problème avec exactitude et efficacité. Piaget attribuait l'évolution de l'aptitude à la résolution de problèmes à l'émergence des habiletés cognitives propres à chaque période du développement cognitif.

À VOUS LES COMMANDES — 10.1

I. La logique conditionnelle en action

Voyons une application de logique formelle. Supposons que la proposition suivante est vraie :

Si le vent souffle, les feuilles tombent.

Que peut-on déduire de cette proposition dans les cas suivants ?

- **Si le vent souffle.**   Alors les feuilles tombent.

- **Si le vent ne souffle pas.**   Alors, on ne peut savoir avec certitude si les feuilles tombent ou non, car elles peuvent tomber pour une autre raison (quelqu'un secoue l'arbre, par exemple).

- **Si les feuilles tombent.**   Alors, on ne peut savoir avec certitude si le vent souffle, car les feuilles peuvent tomber pour une autre raison.

- **Si les feuilles ne tombent pas.**   Alors, on peut dire avec certitude que le vent ne souffle pas.

Résolvez maintenant les problèmes ci-contre.

1. Supposons que la proposition suivante est vraie : **Si la pluie tombe, le trottoir est mouillé.** Que peut-on en déduire dans les cas suivants ?
   a) Si le trottoir n'est pas mouillé.
   b) Si la pluie ne tombe pas.
   c) Si le trottoir est mouillé.

2. Supposons que la proposition suivante est vraie : **Si DNL est vrai, alors CRR est vrai.** Que peut-on en déduire dans les cas suivants ?
   a) Si DNL n'est pas vrai.
   b) Si CRR est vrai.
   c) Si CRR n'est pas vrai.

3. Supposons que la proposition suivante est vraie : **Si SZN n'est pas vrai, alors TSG n'est pas vrai.** Que peut-on en déduire dans les cas suivants ?
   a) Si SZN est vrai.
   b) Si TSG est vrai.
   c) Si TSG n'est pas vrai.

II. Application de la logique hypothético-déductive

Le problème de la rue Jean-Reviens

Sur la rue Jean-Reviens se trouvent cinq maisons. Pour avoir une bonne vue d'ensemble, placez-vous sur le trottoir d'en face et vous constaterez que les maisons sont numérotées 11, 22, 33, 44, 55 de votre gauche vers votre droite. Chaque maison, peinte d'une couleur particulière, appartient à une professeure.

Quelques informations vous permettront d'identifier la discipline qu'enseigne chaque propriétaire, l'adresse et la couleur de sa maison, son animal préféré, sa boisson favorite et la marque de son automobile. Utilisez le tableau suivant pour vous faciliter la tâche et résoudre ce problème de façon systématique (sans jouer aux devinettes !).

Adresse	11	22	33	44	55
Discipline					
Couleur					
Animal					
Boisson					
Auto					

1. La professeure d'histoire a élu domicile dans la maison rouge.
2. La professeure de psychologie conduit une Toyota.
3. La professeure de géographie possède un chien.
4. La professeure d'économie boit du thé.
5. Les lapins sont à la même distance de la Chevrolet que de l'eau.
6. Le chat n'habite pas la maison bleue et sa propriétaire ne boit pas de café.
7. On boit de la tisane dans la maison verte.
8. Le renard est voisin, à votre gauche, de la maison où l'on boit du thé.
9. La maison verte est située à votre extrême droite par rapport à la maison ivoire, mais tout à côté.
10. Les professeures de psychologie et de géographie sont voisines.
11. La propriétaire de la Pontiac élève des lapins.
12. La Nissan appartient à la propriétaire de la maison jaune.
13. On boit du lait dans la troisième maison.
14. La professeure de sociologie est voisine de la maison bleue.
15. La propriétaire de la Honda boit de l'eau.
16. La propriétaire de la Nissan est voisine de la propriétaire du cheval.
17. La propriétaire du renard est voisine de celle de la Chevrolet.
18. La maison bleue est située à votre gauche par rapport à la maison rouge, mais tout à côté.

Réponses

I. Logique conditionnelle

1. a) La pluie ne tombe pas.
   b) On ne peut rien déduire avec certitude.
   c) On ne peut rien déduire avec certitude.
2. a) On ne peut rien déduire avec certitude.
   b) On ne peut rien déduire avec certitude.
   c) Alors DNL n'est pas vrai.
3. a) On ne peut rien déduire avec certitude.
   b) Alors SZN est vrai.
   c) On ne peut rien déduire avec certitude.

II. Logique hypothético-déductive

11 : professeure de sociologie :
jaune – renard – café – Nissan

22 : professeure d'économie :
bleue – cheval – thé – Chevrolet

33 : professeure d'histoire :
rouge – lapins – lait – Pontiac

44 : professeure de géographie :
ivoire – chien – eau – Honda

55 : professeure de psychologie :
verte – chat – tisane – Toyota

Le raisonnement hypothético-déductif confère souplesse et perspicacité à la pensée des adolescents ou, plus justement, de certains adolescents dans certaines circonstances. Des études récentes ont révélé en effet que le développement du raisonnement formel est beaucoup plus lent et beaucoup moins complet que ne le croyaient nombre de spécialistes du développement, Piaget en tête (Keating, 1990). De nombreux adolescents, ainsi que des adultes, font piètre figure aux épreuves de raisonnement déductif telles que la tâche de la balance, ce qui laisse supposer que les habiletés nécessaires n'apparaîtraient pas toujours à l'adolescence et même qu'elles n'émergeraient pas chez tous les individus (ou tout au moins ne

On reproche généralement aux filles d'attacher trop d'importance à leurs petites imperfections ou à leur tenue, mais les garçons aussi mettent un excès de zèle à soigner leur apparence. Introspectifs et égocentriques, nombre de jeunes des deux sexes passent des heures devant le miroir à se coiffer, à ajuster leurs vêtements et à se chercher des défauts.

Égocentrisme de l'adolescent Caractéristique de la pensée adolescente qui pousse certains individus à se centrer exclusivement sur eux-mêmes, à s'attribuer une importance exagérée dans le domaine social.

Illusion d'invincibilité Manifestation de l'égocentrisme qui consiste à se croire à l'abri des dangers associés, par exemple, aux relations sexuelles non protégées, à l'abus de drogues ou d'alcool et à l'excès de vitesse.

Fabulation personnelle Manifestation de l'égocentrisme qui consiste à se croire appelé à un destin extraordinaire, à se créer des scénarios dans lesquels on joue le rôle du héros.

Auditoire imaginaire Personne ou groupe de personnes réelles ou fictives qui, selon l'adolescent, s'intéressent autant que lui-même à son apparence, à ses pensées, à ses comportements.

seraient pas suffisamment sollicitées et exercées durant les études secondaires et par la suite). Par ailleurs, un adolescent qui fait appel au raisonnement déductif pour résoudre un problème de mathématiques peut avoir beaucoup de difficulté à déduire la solution d'un problème de biologie ou à déterminer le meilleur moyen de se tirer d'une situation sociale complexe et ambiguë. Autrement dit, il semble que les adolescents appliquent la logique formelle à certaines situations et non à d'autres; leur raisonnement dépendrait beaucoup plus de leurs aptitudes intellectuelles particulières, de leurs expériences et connaissances, de leurs talents et de leurs centres d'intérêt que du simple recours à la pensée formelle.

Introspection

L'accès au domaine du possible, de l'hypothétique et de l'abstrait entraîne d'importantes conséquences pour les adolescents et les incite par exemple à l'introspection. Les adolescents s'interrogent sans fin sur l'opinion des autres; ils jonglent avec les sentiments contradictoires que leur inspirent les parents, l'école et les amis; ils méditent sur leur avenir. Analyser ses pensées et ses sentiments, imaginer son avenir et réfléchir à ses propres expériences sont autant d'activités mentales qui reflètent la pensée formelle et attestent la capacité d'introspection propre à l'adolescent.

L'introspection est un facteur essentiel de la conscience de soi, mais elle est souvent déformée par l'égocentrisme de l'adolescent, c'est-à-dire la tendance à se centrer exclusivement sur soi-même, à croire que ses pensées, sentiments et expériences sont uniques et à s'attribuer une importance exagérée dans le domaine social (Elkind, 1967, 1984). De plus, l'adolescent est enclin à présumer des opinions d'autrui (à son sujet en particulier) et à prendre ses hypothèses pour des réalités.

De l'égocentrisme de l'adolescent dérivent plusieurs conséquences. Ainsi, certains jeunes sont animés d'une illusion d'invincibilité, c'est-à-dire qu'ils se croient à l'abri, contrairement aux autres, des dangers associés aux conduites téméraires ou illégales. Ils prennent donc toutes sortes de risques. La forte proportion de jeunes qui fument (même s'ils connaissent les conséquences du tabagisme), qui ont des relations sexuelles non protégées (en dépit des risques de grossesse et de maladies transmissibles sexuellement) et qui conduisent dangereusement prouverait-elle l'existence de l'illusion d'invincibilité ? Plusieurs adultes en sont convaincus.

De nombreux adolescents se croient par ailleurs appelés à un destin unique, héroïque, voire mythique. Cette fabulation personnelle constitue une autre manifestation de leur égocentrisme. Ils pensent que leurs expériences, leurs opinions et leurs valeurs les placent à part des autres. Certains se sentent destinés aux honneurs et à la gloire, à la découverte d'un remède contre le cancer, à la création d'un chef-d'œuvre, à la transformation de l'ordre social. D'autres se voient riches et célèbres; ils seront stars de cinéma, athlètes olympiques, magnats des affaires, bref ils gagneront des millions (et n'ont pas de temps à perdre sur les bancs de l'école secondaire) !

L'égocentrisme de l'adolescent prend enfin la forme d'un auditoire imaginaire, un public qu'il se crée à force d'imaginer les réactions des autres à son apparence et à son comportement. L'adolescent suppose en effet que les autres s'intéressent à lui autant qu'il s'intéresse à lui-même. C'est ainsi qu'il peut entrer dans une pièce bondée en prenant l'attitude de celui qui se considère comme la personne la plus séduisante au monde. Le plus souvent, cependant, il croira dur comme fer qu'une chose aussi insignifiante qu'un bouton sur son nez ou une tache sur sa chemise fait de lui un être pitoyable que chacun remarquera et jugera. Cette conscience de soi poussée à l'extrême révèle que les jeunes sont souvent mal à l'aise dans le monde social et explique en partie le soin que nombre d'entre eux mettent à se coiffer et à s'habiller avant une sortie.

L'égocentrisme de l'adolescent montre bien que la capacité de réfléchir à ses pensées, à ses sentiments et à ses motivations est une arme à deux tranchants : elle lui permet de penser sérieusement à sa vie, mais souvent au prix d'une impitoyable autocritique.

Les propos que nous avons tenus jusqu'ici soulignent clairement que la pensée des adolescents peut porter sur eux-mêmes ou sur le monde extérieur et qu'elle se situe à des lieues de celle des enfants d'âge scolaire. On peut constater que leur cheminement dans l'univers du raisonnement hypothétique et du raisonnement déductif n'a rien de constant ni d'uniforme, pas plus d'ailleurs que la qualité de leurs introspections. Pour brosser un tableau des aptitudes cognitives des adolescents, nous pourrions avancer que :

> [...] à compter du début de l'adolescence, la pensée se compose non plus seulement de représentations concrètes, mais aussi de représentations abstraites; elle devient multidimensionnelle au lieu de ponctuelle; elle porte sur la connaissance de manière relative plutôt qu'absolue; elle se centre sur le sujet pensant. [Mais] il serait probablement plus juste de supposer que ces changements représentent des accomplissements *potentiels* pour la plupart des adolescents et ne caractérisent aucunement la pensée dans ce qu'elle a de quotidien. (Keating, 1990)

Bien sûr, on peut comprendre que les transformations de la pensée impliquent une période de transition au cours de laquelle les acquis ne sont pas encore intégrés et consolidés, d'où l'importance de favoriser leur exercice, à la maison et à l'école notamment.

École, apprentissage et adolescence

Compte tenu des changements cognitifs que connaissent la plupart des adolescents, quel genre d'école est le plus propice à leur développement intellectuel ? Il n'existe pas de réponse simple à cette question. En matière d'éducation, l'adéquation personne-environnement, c'est-à-dire la capacité du milieu de favoriser la croissance personnelle, dépend du stade de développement de l'individu, de ses forces et de ses faiblesses cognitives ainsi que de son style d'apprentissage. Elle dépend aussi des traditions sociales, des objectifs pédagogiques et des besoins futurs, donc de facteurs qui varient considérablement dans l'espace et le temps.

Adéquation personne-environnement Degré d'adaptation d'un environnement donné au développement d'un individu donné.

La variation culturelle des objectifs et, par ricochet, du contenu pédagogique fut éloquemment soulignée en 1744 par les autochtones de l'Amérique coloniale. Cette année-là, les membres du Conseil des cinq nations déclinèrent poliment les bourses d'études offertes par le William and Mary College :

> Vous qui êtes sages devez savoir que les nations voient les choses différemment. Par conséquent, vous ne vous offusquerez pas que nos idées à propos de ce genre d'éducation diffèrent des vôtres. Nous savons ce qu'il en est : quelques-uns de nos jeunes ont été éduqués au collège des provinces du nord; ils ont appris toutes vos sciences. Et quand ils sont revenus parmi nous [...] ils ignoraient tout de la vie dans les bois. [...] Ils n'étaient ni de la trempe des chasseurs, ni de celle des guerriers ou des conseillers. Ils n'étaient bons à rien. Sachez cependant que votre offre nous honore [...] et, pour vous témoigner notre reconnaissance, nous sommes disposés à nous charger de l'éducation d'une douzaine de fils de gentilshommes de la Virginie. Nous leur enseignerons tout ce que nous savons et nous ferons d'eux des *hommes*. (Drake, cité dans Rogoff, 1990)

Les buts et les objectifs des systèmes d'éducation en Amérique du Nord ont changé du tout au tout au fil des générations. Au début du XXe siècle, il fallait préparer les jeunes hommes au travail dans une usine, une ferme ou un commerce. En ce début de XXIe siècle, les hommes et les femmes doivent développer la capacité de s'adapter à un environnement constamment en changement. Ils doivent s'initier à l'informatique, aux sciences et à la pensée critique. Pourtant, les milieux d'apprentissage sont extrêmement hétérogènes, car les objectifs pédagogiques varient selon les collectivités. Les connaissances que nous possédons sur les capacités cognitives des adolescents et sur le rendement intellectuel demandé aux jeunes adultes nous permettent néanmoins de décrire les méthodes pédagogiques apparemment les plus propices aux apprentissages que nécessite l'avenir.

Dans cette classe de paléontologie, le professeur joue le rôle d'un guide et non d'une figure d'autorité, et les élèves sont invitées à tirer leurs propres conclusions à partir des données présentées.

Vulnérabilité de l'adolescent

Comme nous l'avons vu, l'émergence de la pensée hypothétique et abstraite permet à l'adolescent de se doter d'une vision du monde complexe et englobante. Il commence donc à s'intéresser aux opinions et aux jugements des jeunes et des adultes de divers milieux. Il est prêt à remettre toutes les idées en question avec, quelquefois, un égocentrisme stupéfiant. « Ce n'est que l'opinion d'Einstein, déclara un jour un élève du secondaire à propos de la théorie de la relativité. Je ne suis pas d'accord avec lui. » « Moi et Socrate, disait un autre, nous pensons que... » Paradoxalement, le même égocentrisme rend l'adolescent extrêmement sensible à la critique réelle ou anticipée. À la fois ouvert et fragile, avide d'échanges intellectuels mais rempli de doute, l'adolescent oscille entre des pôles émotionnels contradictoires.

Étant donné ces dispositions de l'adolescent, on pourrait s'attendre que les milieux éducatifs favorisent les interactions constructives, tant entre les élèves eux-mêmes qu'entre les élèves et les enseignants, et qu'ils renforcent l'assurance des jeunes. Le contraire se produit trop souvent, malheureusement, de sorte qu'une « discordance explosive » se crée entre les adolescents et l'école (Carnegie Council, 1989). Comparées avec les écoles primaires, la plupart des écoles secondaires imposent une discipline plus stricte, sont plus axées sur la compétition, pratiquent des politiques de notation plus punitives et accordent moins d'attention à chaque élève. Pire, elles s'appuient sur une structure bureaucratique. De nombreuses écoles secondaires comptent plus de 1000 élèves qui doivent circuler d'une classe à une autre pour assister à diverses leçons dispensées par autant d'enseignants. Dans certains cas, ces derniers ne connaissent même pas les noms des élèves, et encore moins leurs traits de personnalité, leurs centres d'intérêt intellectuel et leurs aspirations personnelles (Carnegie Council, 1989; Eccles et coll., 1993).

Qui plus est, on pratique dans la plupart des écoles d'Amérique du Nord ce que certains pédagogues appellent l'enseignement centré sur le rendement, c'est-à-dire qu'on note les élèves en fonction de leurs résultats aux examens. Cette méthode place les élèves en concurrence les uns avec les autres. Ils perdent confiance en eux à leur entrée au secondaire et nombre d'entre eux se sentent moins compétents, moins consciencieux et moins motivés qu'au primaire (Eccles, 1993; Hickson et coll., 1994; Stipek, 1992).

Il existe pourtant une autre méthode, l'enseignement centré sur la tâche, qui consiste à fonder la notation sur l'acquisition d'un certain nombre de compétences et de connaissances que tous peuvent apprendre pour peu qu'ils y mettent le temps et les efforts nécessaires. L'enseignement centré sur la tâche privilégie le travail collectif : les élèves forment des équipes pour les projets de recherche, les discussions en classe et les périodes d'étude après les cours. La coopération permet à tous les élèves de s'améliorer et de s'appuyer les uns sur les autres pour réussir. Ce type d'enseignement table sur l'interaction sociale si chère aux adolescents en leur demandant d'épauler leurs pairs au lieu de les surpasser. D'ailleurs, l'enseignement coopératif est avantageux pour les élèves du secondaire qui, au contact de personnes issues de milieux économiques, ethniques, religieux et raciaux différents des leurs, découvrent des idées, des présupposés et des points de vue qui leur sont étrangers. En effet, ce type d'enseignement a l'heur d'aplanir le caractère parfois menaçant de la diversité pour en faire ressortir le côté enrichissant. Sachant que les mouvements migratoires continueront d'augmenter, on ne peut qu'applaudir à une méthode pédagogique qui cultive l'entraide et la compréhension. La réforme scolaire québécoise encourage la pédagogie par projets et l'enseignement coopératif.

Enseignement centré sur le rendement Méthode d'enseignement consistant à fonder la notation sur les résultats d'examens, ce qui crée une compétition entre les élèves.

Enseignement centré sur la tâche Méthode d'enseignement consistant à fonder la notation sur l'acquisition d'un certain nombre de compétences et de connaissances, ce qui incite les élèves à la coopération.

Ces élèves du secondaire préparent en groupe un travail d'écriture pour lequel ils seront collectivement notés. Ce genre d'activité coopérative est parfaitement adaptée aux dispositions sociales des nombreux adolescents qui acquièrent plus de connaissances, étudient plus fort et comprennent mieux les contenus en groupe qu'individuellement.

Objectifs pédagogiques

Comment l'école peut-elle combler les besoins cognitifs de chaque élève ? D'abord et avant tout, il est important d'admettre que l'école a une influence décisive sur le rendement, l'image de soi et la réussite future des élèves. On attribue trop souvent l'échec scolaire à des facteurs comme l'inaptitude des élèves, les problèmes socioéconomiques et l'éclatement de la famille. Ces éléments sont importants, certes, mais qu'en est-il de l'école elle-même ? Nombre de recherches réalisées au cours des 15 dernières années ont démontré qu'une fois ces variables contrôlées, certaines écoles sont tout simplement meilleures que les autres. Et presque toutes les études révèlent que les bonnes écoles ont trois caractéristiques en commun. Premièrement, leurs objectifs pédagogiques sont ambitieux, clairs et réalistes. Deuxièmement, le personnel tout entier a l'atteinte de ces objectifs à cœur (Mortimore, 1995; Reynolds et Cuttance, 1992; Rutter et coll., 1979; Wilson et Corcoran, 1988). La troisième caractéristique est peut-être la plus importante : les objectifs et la pertinence des contenus sont explicitement présentés aux élèves.

À VOUS LES COMMANDES — 10.2

Une école à évaluer

Choisissez une institution d'enseignement que vous fréquentez ou avez fréquentée.

1. Évaluez-la en fonction des trois caractéristiques suivantes en attribuant une cote de 1 à 10, 10 correspondant à une situation idéale :

   a) objectifs pédagogiques ambitieux, réalistes et clairs;

   b) personnel engagé dans l'atteinte de ces objectifs;

   c) objectifs et pertinence des contenus explicitement présentés aux élèves.

2. Justifiez les cotes que vous avez attribuées. Comment les forces et les faiblesses de l'institution ont-elles influé sur votre motivation, votre performance et le développement de vos habiletés intellectuelles ?

Développement moral

Sur le plan du développement moral, les changements dans les actions, les attitudes et les arguments s'étendent sur la vie entière. Le trottineur qui s'empare d'un jouet en criant « À moi ! » revendique de manière directe ses droits de propriété — réels ou non ! La personne âgée qui révise les dispositions de son testament concilie ses désirs personnels, ses valeurs communautaires et ses croyances religieuses ou philosophiques. Il semble que l'adolescent, lui, soit pris dans la tourmente : son raisonnement moral se développe plus vite qu'il ne le fera jamais et sa conduite morale oscille (Colby et coll., 1983; Perry et McIntire, 1995). Avide d'expériences, il tourne le dos aux habitudes que lui ont inculquées ses parents et les institutions qu'il a fréquentées, scolaires, sociales ou religieuses. Les codes qu'on lui a enseignés jusqu'à présent ne résistent pas à ses critiques et à ses remises en question.

Il est fascinant de constater que tous les aspects de la croissance convergent vers la progression du raisonnement moral à l'adolescence. Sur le plan du développement biosocial, les pulsions sexuelles confrontent l'adolescent à des questions liées à l'activité sexuelle. Sur le plan du développement cognitif, ses nouvelles habiletés lui permettent de réfléchir de manière abstraite à n'importe quel sujet. Sur le plan du développement psychosocial, enfin, des valeurs morales et sociales parfois contradictoires le placent en situation de questionnement. Entre 10 et 20 ans, par conséquent, beaucoup de jeunes ont sur les questions morales un point de vue de plus en plus général qui dépasse leurs intérêts personnels pour prendre en considération des valeurs communautaires, culturelles et, éventuellement, universelles (Damon, 1984; Langford et Claydon, 1989). Ce changement de perspective a fait l'objet d'études particulières au cours des 40 dernières années, dont les bases ont été jetées par Lawrence Kohlberg.

Stades du jugement moral selon Kohlberg

S'appuyant sur les travaux de Piaget, Lawrence Kohlberg (1963, 1981) étudia le développement du raisonnement moral en soumettant à des enfants, à des adolescents et à des adultes une série de dilemmes moraux présentés sous forme de récits. Les dilemmes avaient trait à des questions comme la valeur de la vie humaine et le conflit entre le droit à la propriété et les besoins humains. Le plus célèbre des récits de Kohlberg avait pour personnage principal un dénommé Heinz dont l'épouse se mourait d'un cancer, alors que le pharmacien du village, qui venait de trouver le remède apte à la sauver, n'acceptait d'en faire bénéficier la malade que contre une somme astronomique, peu en rapport avec les coûts de fabrication du remède. Heinz emprunta de l'argent à toutes ses connaissances, mais il ne put réunir que la moitié environ de la somme demandée. Il dit au pharmacien que sa femme se mourait et lui demanda de lui consentir un rabais ou de lui faire crédit. Le pharmacien refusa. Désespéré, Heinz entra par infraction dans la pharmacie et vola le médicament dont son épouse avait besoin. Aurait-il dû agir ainsi ou non ? Pourquoi ? (Kohlberg, 1963).

Après avoir étudié les réponses de nombreux sujets, Kohlberg élabora un modèle de raisonnement moral à trois niveaux comportant chacun deux stades.

Morale préconventionnelle Morale axée sur le bien-être personnel par l'évitement des punitions et l'obtention de récompenses; propre aux deux premiers stades du développement du jugement moral.

I. Morale préconventionnelle   Axée sur le bien-être personnel par l'évitement des punitions et l'obtention de récompenses.

Stade 1 : La loi du plus fort (orientation vers la punition et l'obéissance). La valeur la plus importante à ce stade est l'obéissance à l'autorité, car elle permet d'éviter les punitions tout en rapportant des bénéfices.

Stade 2 : Chacun pour soi (relativisme instrumental). Chacun essaie de satisfaire ses propres besoins. On est gentil envers les autres afin que les autres soient gentils envers soi. Autrement dit, un service en attire un autre.

Morale conventionnelle Morale fondée sur les normes sociales et les lois; propre aux deux stades intermédiaires du développement du jugement moral.

II. Morale conventionnelle   Axée sur les règles sociales et les lois.

Stade 3 : La bonne fille et le bon garçon. Un bon comportement est celui qui plaît aux autres et qui attire des compliments. L'approbation prime toute récompense spécifique.

Stade 4 : La loi et l'ordre. Bien se comporter, c'est agir en bon citoyen et obéir aux lois établies par la société.

Morale postconventionnelle Morale axée sur des principes universels qui peuvent primer les normes de la société ou les désirs de l'individu; propre aux deux derniers stades du développement du jugement moral.

III. Morale postconventionnelle   Axée sur les principes moraux.

Stade 5 : Le contrat social. Il faut obéir aux règles de la société parce qu'elles ont été édictées pour le bien commun en vertu d'un accord qui respecte les droits individuels et collectifs.

Stade 6 : Principes d'éthique universelle. Des principes généraux universels déterminent le bien et le mal. Ces valeurs (comme le caractère sacré de la vie) sont le fruit d'une réflexion individuelle et peuvent contredire les principes égocentriques ou juridiques propres aux stades antérieurs.

Selon Kohlberg, c'est la *manière* dont les gens raisonnent, et non leurs conclusions, qui détermine leur stade de développement moral. Par exemple, les individus qui se trouvent au troisième stade du jugement moral pourraient arriver à des conclusions opposées; les uns pourraient juger que Heinz doit voler le médicament (faute de quoi on lui reprochera d'avoir laissé mourir sa femme), tandis que les autres pourraient avancer le contraire (Heinz se ferait traiter de voleur s'il dérobait le médicament). Dans les deux cas, cependant, l'argument moral est le même : il faut se conduire de manière à être approuvé par les autres.

À VOUS LES COMMANDES — 10.3

Application du raisonnement moral

Martha, 6 ans, avait écrit une série de lettres nouvellement apprises à l'école, pour le bénéfice de son oncle en visite. Son travail terminé, elle lui demanda s'il voulait apposer un autocollant dans son cahier pour prouver son appréciation. Il accepta. Elle apporta sa boîte d'autocollants d'animaux, mais elle refusa énergiquement de faire elle-même le choix. Il apposa donc un ours blanc. « Es-tu contente ? demanda-t-il.

— Oui, mais j'aurais préféré un écureuil. — Pourquoi ne me l'as-tu pas dit ? — Parce que c'est **toi** qui dois décider. »

On peut comprendre l'attitude de Martha dans le contexte du stade 1 : elle se soumet à l'autorité qui détient le pouvoir de récompenser à sa manière.

À votre tour, décrivez une situation concrète qui illustre chaque stade du raisonnement moral.

La recherche longitudinale de Kohlberg a révélé que nous avançons lentement dans le développement du jugement moral, souvent à force d'être confrontés à des problèmes moraux dans nos interactions sociales. Kohlberg pense qu'une personne ne peut accéder au troisième stade du jugement moral avant d'avoir atteint la période opératoire formelle dans le domaine cognitif, ni au cinquième stade avant d'avoir accumulé un certain nombre d'expériences et assumé un certain nombre de responsabilités. Il estime donc que le développement du jugement moral progresse peu au cours de l'âge scolaire et que de rares adolescents dépassent le quatrième stade.

Critiques de la théorie de Kohlberg

Un grand nombre des spécialistes du développement qui cherchaient à comprendre et à mesurer l'éducation morale et le développement du jugement moral applaudirent à la théorie de Kohlberg. Cependant, certains estiment que ses dilemmes et son système de notation sont étroits et restrictifs, avec « leur insistance philosophique sur la justice et leur insistance psychologique sur le raisonnement » (Walker et coll., 1995).

Carol Gilligan (1982) reproche notamment à Kohlberg de n'avoir étudié que des garçons et d'avoir ainsi négligé d'importantes différences de perception entre les sexes en matière de dilemmes moraux. Gilligan soutient que les femmes s'attardent davantage que les hommes au contexte social du choix moral. Elles se concentrent sur les relations humaines en cause et hésitent à trancher radicalement parce qu'on leur a enseigné à être douces, aimantes et tolérantes (voir *Les uns et les autres,* p. 322). Bref, selon Gilligan, les femmes acquièrent une morale de la compassion et de la sollicitude plutôt qu'une morale de la justice et du jugement. L'apparente faiblesse morale qu'indiquent leurs résultats aux tests de Kohlberg (leur refus de prendre position en se basant sur des prémisses morales abstraites) serait en réalité « indissociable de la force morale des femmes, de leur souci constant des relations et des responsabilités. En se refusant à juger, elles témoignent de la sollicitude et de l'attention qui les caractérisent au cours de leur développement » (Gilligan, 1982).

Gilligan (1977) identifie des étapes de développement du jugement moral qui seraient typiques des femmes.

– *Niveau 1 : Égoïsme et survie individuelle.* La petite fille tient compte de ses propres besoins.

– *Transition 1 : De l'égoïsme vers l'ouverture aux autres.* Cette période de changement permet le passage de l'égoïsme à la considération des autres et de leurs besoins.

– *Niveau 2 : Responsabilité et oubli de soi.* L'intégration de la notion de responsabilité accentue la tendance à protéger les êtres perçus comme dépendants et vulnérables, au détriment de la responsabilité envers soi-même.

– *Transition 2 : De l'oubli de soi au respect de soi.* Au cours de cette période de changement, la soumission inconditionnelle aux besoins des autres s'estompe pour faire place au respect de soi-même, de ses besoins, de ses priorités.

– *Niveau 3 : Moralité de la non-violence.* L'intégration d'une vision globale permet de tenir compte des autres **et** de soi-même, de refuser la souffrance infligée aux autres **et** à soi-même, de rechercher l'harmonie et l'épanouissement pour les autres **et** pour soi-même.

Dans la foulée de Gilligan, d'autres experts nient le caractère universel des stades de Kohlberg et pensent plutôt qu'ils traduisent des valeurs intellectuelles occidentales et libérales. Dans nombre de pays non occidentaux et de groupes ethniques non occidentaux vivant en Occident, le bien-être de la famille et de la collectivité ainsi que la fidélité aux traditions religieuses ont préséance sur toute autre considération (Wainryb et Turiel, 1995). Les non-Occidentaux ont donc de la difficulté à atteindre le niveau postconventionnel, lequel suppose une prise de décision conforme à la conception occidentale des droits de l'individu et des collectivités dans la société (stade 5) ou encore à un principe d'éthique universelle (stade 6).

LES UNS ET LES AUTRES

Deux visions morales : la voix de la justice et la voix du souci pour autrui

Selon Carol Gilligan, les femmes et les hommes envisagent très différemment les dilemmes moraux. Écoutant ce que Gilligan dénomme la « voix de la justice », les hommes semblent se comporter de manière conforme à un ensemble de règles de type « N'empiète pas sur le droit d'autrui ». Le comportement des femmes laisse plutôt entendre une autre voix morale, la « voix du souci pour autrui », qui repose davantage sur les relations humaines et le contexte propre à chacun des choix d'ordre moral.

Gilligan affirme aussi que les études antérieures ayant porté sur les raisonnements moraux sont biaisées et défavorables aux femmes parce qu'elles ont été effectuées essentiellement auprès de sujets masculins. Elle souligne également qu'aucune des voix morales n'est supérieure à l'autre et que chacune est simplement le résultat des différences quant aux façons dont les femmes et les hommes sont socialement amenés à envisager les questions morales.

Toujours aussi controversées, les recherches actuelles de Gilligan s'inspirent de données amassées pendant les cinq années d'une étude longitudinale menée auprès d'adolescentes fréquentant une école privée non mixte. Dans le cadre de cette étude, officiellement dénommée *Dodge Study*, des entrevues détaillées et des épreuves consistant à compléter des phrases ont servi à révéler comment les jeunes filles percevaient des questions relatives à l'amitié, à la moralité, à la politique, etc.

Grâce à ces entrevues, Gilligan a identifié un type de développement moral assez précis. Vers l'âge de 11 ans, bon nombre de ces jeunes filles ont vécu ce qu'elle appelle un « moment de résistance », c'est-à-dire qu'elles ont eu « une vision des choses particulièrement claire et nette, une confiance presque parfaite dans ce qu'elles savent et voient, une conviction quant à la réalité de leur intégrité et des responsabilités très complexes à l'égard du monde extérieur ».

En vieillissant, les jeunes filles ont semblé perdre confiance dans la force de leurs convictions. Selon Gilligan, c'est pendant l'adolescence qu'elles se heurtent au « mur de la culture occidentale » et au message que la société envoie aux femmes pour les inciter à « rester tranquilles, prendre note de l'absence des femmes et se taire ». « À 15 ou 16 ans, affirme Gilligan, le moment de résistance est anesthésié. Elles commencent à dire "je ne sais pas, je ne sais pas, je ne sais pas". Elles commencent à désapprendre ce qu'elles avaient appris. »

Si la thèse formulée par Gilligan au sujet de l'apparition d'une crise d'adolescence féminine s'avère exacte, les spécialistes du développement pourraient devoir énoncer une théorie de l'adolescence *féminine* qui soit plus juste. Mais Gilligan insiste surtout sur la nécessité de veiller à ce que les « préadolescentes au raisonnement moral bien structuré » ne deviennent pas des « adolescentes hésitantes et soumises qui ne peuvent exprimer leur opinion sans la faire précéder de "cela peut paraître sans intérêt, mais..." ».

Un certain nombre d'études ont effectivement souligné que Kohlberg n'avait pas donné suffisamment de poids au contexte social de la prise de décision morale. En revanche, la recherche semble confirmer les grandes lignes de la théorie de Kohlberg. Les différences liées au sexe et à la culture transparaissent quelquefois dans les réponses que donnent les enfants, les adolescents et les adultes aux dilemmes, mais elles n'ont qu'une incidence relativement faible (Snarey et coll., 1985; Walker, 1988).

La dernière des critiques dont nous rendrons compte est plus difficile que la précédente à contrer. On peut en effet présumer que le raisonnement d'une personne à propos de dilemmes moraux hypothétiques n'est pas garant de son aptitude au raisonnement moral dans la vie quotidienne. Voilà qui remet en question toute étude qui viserait à évaluer le jugement moral, chez les enfants en particulier, au moyen d'épreuves prenant la forme de scénarios dans lesquels des adultes bizarres font face à des circonstances extraordinaires. Lorsqu'on utilise des scénarios inspirés d'expériences que les enfants et les adolescents vivent dans la réalité, ceux-ci manifestent quelquefois un degré de raisonnement moral dont Kohlberg lui-même les croyait incapables (Rest, 1986; Damon et Hart, 1992; Hart et coll., 1995).

La recherche et la controverse suscitées par les travaux de Kohlberg ont poussé de nombreux psychologues à étudier le rapport qui unit la cognition, le raisonnement et la moralité dans la prise de décision au quotidien. Dans la partie qui suit, nous étudierons la prise de décision en général chez les adolescents, puis nous nous pencherons sur un cas particulier : leurs choix en matière de comportement sexuel.

Prise de décision

Pourquoi chercher à comprendre la pensée adolescente dans toutes ses dimensions, pratique, hypothétique et morale ? Pour une raison bien simple : l'adolescence est une période pendant laquelle la personne prend des décisions qui peuvent avoir des conséquences durables. Elle décide de son orientation scolaire et de son application à l'étude. Elle décide de faire ou non des études postsecondaires. Elle décide du cégep qu'elle fréquentera. Elle décide de ses amis et amies. Elle décide d'être sexuellement active ou non, de consommer des drogues ou non. Pour les spécialistes du développement, la question est de savoir si les progrès cognitifs qu'accomplit l'adolescent l'aident à prendre des décisions adéquates.

Les experts sont divisés sur le sujet. Dans un camp, il y a ceux qui croient que les adolescents ont tendance à prendre de mauvaises décisions. Ces spécialistes sont confortés dans leur opinion par les statistiques sur la témérité des jeunes. Une forte proportion d'adolescents, en effet, font l'essai de drogues dures, conduisent en état d'ébriété, ont des relations sexuelles non protégées, ne bouclent pas leur ceinture de sécurité en voiture, vont à bicyclette sans casque de sécurité et pratiquent des sports de contact sans porter l'équipement de protection nécessaire. Les experts affirment donc qu'il est important d'inculquer aux jeunes le jugement qui leur permettrait de mieux évaluer les situations de danger et, dans l'intervalle, de restreindre leur champ d'action (par exemple, en appliquant sévèrement les lois sur l'âge minimum pour l'achat de tabac et d'alcool) (Baron, 1989 ; Mann et coll., 1989).

Dans l'autre camp, il y a ceux qui pensent, résultats de recherches à l'appui, que le jugement des adolescents est souvent aussi valable que celui des adultes devant des situations hypothétiques reliées à la grossesse, aux soins médicaux et à l'abus de drogues (Beyth-Marom et coll., 1993 ; Jacobs et Ganzel, 1995 ; Mann et coll., 1989). À leurs yeux, il serait hypocrite de restreindre la liberté des jeunes alors qu'on permet aux adultes de faire librement les mêmes choix (Melton et Russo, 1987 ; Moshman, 1993).

Admettons pour l'instant que les adolescents sont aussi aptes que les adultes à prendre certains types de décisions personnelles. Avant de leur laisser carte blanche, cependant, nous devons apporter quatre précisions. Premièrement, c'est une chose que d'évaluer avec maturité une situation hypothétique et c'en est une autre que d'analyser les conséquences à long terme de ses choix personnels et d'agir judicieusement. En effet, de nombreux adolescents prennent de graves risques même s'ils connaissent les conséquences possibles de leurs actions (Bauman et coll., 1984 ; Gilbert et coll., 1986 ; Paikoff, 1992). Deuxièmement, les chercheurs qui concluent que, *tout compte fait,* les adolescents font des choix réfléchis constatent en même temps que certains jeunes (en particulier les moins de 16 ans peu instruits qui n'ont pas d'adulte à qui parler) ne manifestent pas beaucoup de maturité (Dryfoos, 1990). Troisièmement, ce n'est pas parce que les adolescents prennent quelquefois les mêmes décisions que les adultes dans certains domaines de la vie personnelle que ces décisions sont avisées. Il se pourrait fort bien que les adultes soient aussi mal informés que les jeunes dans ces domaines. Enfin, il se peut que certains adolescents pèsent les risques et les bénéfices d'un comportement dangereux en s'appuyant sur des présupposés que les autres, leurs pairs même, ne partagent pas.

Une fois ces précisions apportées, il apparaît clairement que, sur bien des questions, les adolescents ont besoin d'être épaulés dans leur processus décisionnel, d'autant que les choix sont complexes et que la puberté commence plus tôt que jamais. La sexualité compte justement parmi ces questions.

Prise de décision et sexualité

L'éveil de la pulsion sexuelle à l'adolescence est un phénomène normal (pour ne pas dire essentiel) du développement. À l'adolescence, et surtout au début de cette période, le corps est prêt pour la sexualité. Cependant, l'expression de la pulsion sexuelle dépend d'une multitude de facteurs, dont la biologie, la culture, la famille, les amis et la cognition. Étude après étude, les chercheurs constatent que les croyances, les valeurs et le raisonnement influent sur le genre d'activités sexuelles que pratiquent les adolescents, sur le moment où ils les pratiquent et sur leur choix de partenaire.

Dans le monde entier, les adolescents sexuellement actifs sont plus nombreux que jamais et ils le deviennent de plus en plus tôt (National Center for Health Statistics, 1982; Benson, 1993; Guttmacher Institute, 1994; Barone et coll., 1996). L'activité sexuelle précoce peut entraîner de nombreux problèmes susceptibles d'influer considérablement sur le développement. Nous en aborderons deux en particulier : les maladies transmissibles sexuellement et les grossesses non désirées.

La fréquence des maladies transmissibles sexuellement (MTS) les plus courantes, comme la gonorrhée, l'herpès, la syphilis et l'infection à chlamydia, est plus élevée chez les adolescents sexuellement actifs que dans tout autre groupe d'âge (Centers for Disease Control, 1993). Habituellement, les MTS n'entraînent pas de conséquences graves si elles sont promptement traitées; dans le cas contraire, elles peuvent causer la stérilité et des complications potentiellement mortelles. Les adolescents sexuellement actifs courent aussi le risque de contracter le VIH, d'autant que ce risque augmente en présence de trois facteurs répandus parmi leur groupe d'âge : être déjà atteint d'une MTS, avoir plusieurs partenaires et négliger d'utiliser le condom.

> **Maladies transmissibles sexuellement (MTS)** Maladies qui peuvent se transmettre par contact sexuel, comme la syphilis, la gonorrhée, l'herpès, l'infection à chlamydia et le VIH.

En ce qui a trait aux grossesses non désirées, leurs répercussions dépendent largement du contexte social. La maternité à l'adolescence entraîne des conséquences à long terme pour la mère et pour l'enfant. Elle entrave le cheminement scolaire et professionnel de la mère ainsi que son développement personnel et social, et ce, quels que soient le soutien familial qu'elle reçoit, le revenu dont elle dispose et ses capacités intellectuelles. Le fait d'avoir un bébé avant l'âge de 20 ans réduit de trois en moyenne le nombre d'années de scolarité qu'une jeune fille pouvait espérer accumuler (Klepinger et coll., 1995).

Les adolescents d'aujourd'hui peuvent facilement trouver de l'information sur les MTS et la grossesse, en plus d'avoir à leur disposition les moyens de les prévenir. Au Québec, certaines cliniques ciblent particulièrement les jeunes. Diverses études ont toutefois démontré que le fait d'avoir reçu une éducation sexuelle et de savoir comment se procurer des moyens de contraception n'est pas nécessairement corrélé avec un comportement sexuel responsable et prudent (Hanson et coll., 1987; Howard et McCabe, 1990).

Raisonnement de l'adolescent sur la sexualité

Pourquoi l'éducation sexuelle a-t-elle si peu d'effet sur le comportement sexuel à l'adolescence ? La principale raison est peut-être la forme d'éducation sexuelle elle-même. Les intervenants — parents, éducateurs, professionnels de la santé — ont trop souvent tendance à percevoir et à présenter la sexualité comme « un problème à éviter, au même titre que les MTS, les grossesses et le sida » (Otis et coll., 1997). On oublie alors les dimensions liées à l'affectif, aux sentiments, à l'intimité, au désir, au plaisir, à la découverte de soi.

> Les adolescents ont des relations sexuelles et, pour la majorité d'entre eux, c'est un événement souhaité et heureux, exempt d'accidents de parcours majeurs et riche d'apprentissage personnel, interpersonnel et social. (Otis et coll., 1997)

Dans un tel contexte, l'éducation sexuelle devrait plutôt aider les adolescents à mieux évaluer les risques dans une optique de santé et de bien-être sexuel.

La faible incidence de l'éducation sexuelle sur le comportement sexuel à l'adolescence s'explique aussi en partie par les lacunes du jugement des adolescents, des plus jeunes en particulier (Gordon, 1990). Ceux-ci ne font que commencer à acquérir les habiletés cognitives nécessaires à une prise de décision éclairée. Ils auraient parfois de la difficulté à envisager toutes les possibilités, à les évaluer, puis à faire un choix judicieux. Ils passeraient outre aux incidences futures et se limiteraient à des considérations immédiates. Ils ne verraient que l'aspect fastidieux de la contraception, par exemple, sans toutefois le confronter aux conséquences d'une éventuelle grossesse.

Lorsqu'ils songent à la possibilité de devenir parents, de même, ils se disent qu'un enfant pourrait leur apporter prestige et affection, mais oublient que ces avantages sont assortis de responsabilités très exigeantes. On peut voir dans cette imprévoyance l'explication d'un intéressant résultat de recherche : rares sont les adolescentes qui désirent un enfant, mais la plupart de celles qui n'utilisent pas de moyen de contraception pensent qu'il ne serait pas catastrophique d'en avoir un (Hanson et coll., 1987). Autrement dit, de nombreuses adolescentes ne mesurent pas les conséquences d'une grossesse non désirée et, par conséquent, n'estiment pas que la possibilité mérite d'être rigoureusement évitée.

La pensée des adolescents sur la sexualité a ceci de problématique que leur incompétence en matière d'évaluation des risques vient s'ajouter à leur illusion d'invincibilité. Nombre d'entre eux, les moins de 16 ans en particulier, sous-estiment les probabilités de grossesse ou de MTS en se disant qu'un seul rapport sexuel non protégé ne peut avoir d'aussi graves conséquences (Voydanoff et Donnelly, 1990). Et si, par bonheur, il n'en a pas, ces adolescents recommencent, convaincus désormais que les malheurs n'arrivent qu'aux autres. Les adolescents croient généralement que les autres courent plus de risques qu'eux-mêmes de contracter le VIH; les filles sont particulièrement enclines à sous-estimer les risques auxquels elles s'exposent (Moore et Rosenthal, 1991).

Ayant mal évalué les risques, de nombreuses adolescentes sont stupéfaites de se retrouver enceintes. Elles mettent plus de temps que les femmes adultes à demander une confirmation de leur état, des conseils, des soins prénatals ou un avortement. Et chaque jour qui passe fait augmenter les risques de problèmes.

Stratégies propices au développement du jugement en matière de sexualité

Comment peut-on aider les adolescents à prendre des décisions plus rationnelles au sujet de leur vie sexuelle ? Selon de nombreux experts, les adultes doivent d'abord penser *eux-mêmes* de façon plus rationnelle. Ils doivent admettre qu'un grand nombre d'adolescents ont un jour ou l'autre une forme quelconque d'activité sexuelle. Ils doivent ensuite reconnaître que l'information ne suffit pas. Les adolescents ont aussi besoin d'acquérir les attitudes et les habiletés sociales qui les aideront à comprendre leurs actes et à en évaluer les conséquences qu'ils devront assumer.

Idéalement, ce sont les parents qui devraient veiller à ces apprentissages. Mais l'école a aussi son rôle à jouer. Les meilleurs programmes d'éducation sexuelle sont ceux qui tiennent compte de la façon de penser des adolescents et qui en comblent les lacunes. Ces programmes les aident à prendre des décisions responsables, à mettre dans la balance l'attrait immédiat de la sexualité et ses conséquences à long terme et à inscrire dans la sphère des valeurs et des relations humaines les décisions reliées à la sexualité (Katchadourian, 1990).

Tout en apportant aux élèves une information explicite et des exemples concrets, les programmes d'éducation sexuelle les plus pertinents cultivent l'aptitude au raisonnement au moyen de discussions et d'exercices portant sur l'analyse des possibilités, les droits et les besoins de soi et des autres ainsi que l'évaluation des risques. Ils font une large place aux jeux de rôles, permettant ainsi aux adolescents d'exprimer leurs sentiments et leurs préoccupations, d'envisager les problèmes

Chercher à écarter les adolescents des dangers associés à une activité sexuelle précoce sans tenir compte des joies qu'apporte l'amour, c'est s'exposer à se faire taxer d'hypocrisie ou d'ignorance.

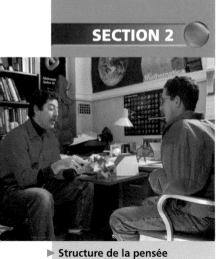

potentiels et d'acquérir les habiletés sociales dont ils ont besoin pour y faire face. Nombre de jeunes adolescents, par exemple, hésitent à repousser les avances sexuelles, de peur de vexer l'autre personne ou d'être rejetés. En jouant des scénarios axés sur l'affirmation de soi d'une part et sur l'acceptation du rejet d'autre part, les adolescents comprennent l'importance du consentement mutuel dans la sexualité. L'efficacité de telles stratégies d'éducation sexuelle a été démontrée en Angleterre et aux États-Unis (Mellanby et coll., 1995; Frost et Forrest, 1995; Ku et coll., 1992).

Les caractéristiques du processus décisionnel à l'adolescence sont toujours les mêmes, qu'il soit question de sexualité, de consommation d'alcool et de drogues, de délinquance ou de n'importe quel autre comportement. Compte tenu de ces caractéristiques, il semble que l'analyse des possibilités logiques et le recours à des scénarios hypothétiques constituent des outils essentiels au développement de la maturité cognitive que nécessite une prise de décision judicieuse. Certes, les décisions que prennent les adolescents à propos de la sexualité ou de tout autre sujet ne sont pas seulement une affaire de cognition. Il n'en reste pas moins que les programmes axés sur les aspects émotionnel, motivationnel et cognitif du processus décisionnel adolescent sont les plus aptes à cultiver leur jugement.

DÉBUT DE L'ÂGE ADULTE

Les théoriciens du développement ont adopté au moins trois points de vue pour décrire les changements cognitifs qui se produisent à l'âge adulte. Le premier, celui de la *pensée postformelle,* s'inspire de Piaget. Ses tenants postulent l'existence d'un stade de pensée et de raisonnement durant lequel s'épanouissent les habiletés reliées à la pensée opératoire formelle. Les adeptes du point de vue *psychométrique,* pour leur part, analysent les éléments de l'intelligence que mesurent les tests de QI (quotient intellectuel) afin de déterminer s'ils s'améliorent ou se dégradent à l'âge adulte. Les experts du *traitement de l'information,* enfin, étudient l'encodage, le stockage et le recouvrement de l'information au cours de la vie et cherchent à savoir si l'efficacité de ces processus se modifie avec le temps. On peut considérer en quelque sorte que ces trois approches consistent à étudier respectivement la *structure de la pensée,* la *connaissance* et le *traitement de l'information* à l'âge adulte (Rybash et coll., 1986).

Ces trois approches fournissent de précieux renseignements sur le développement cognitif à l'âge adulte, mais il serait fastidieux et déroutant d'y revenir à plusieurs reprises. Nous les étudierons donc séparément. Nous adopterons le point de vue de la pensée postformelle dans le présent chapitre. Nous utiliserons les deux autres au chapitre 13 : l'approche psychométrique pour décrire le développement cognitif à l'âge mûr, et le point de vue du traitement de l'information pour étudier le développement cognitif à l'âge adulte avancé.

Structure de la pensée chez l'adulte

À l'adolescence, on cherche à saisir des vérités universelles à partir de son expérience personnelle et on a sur les problèmes du monde des opinions rationnelles et catégoriques. Avec le temps, au début de l'âge adulte, la pensée prend un tour plus personnel, pragmatique et intégratif. Les facultés intellectuelles sont mises au service des occupations et des relations propres à l'âge adulte et prennent un caractère spécialisé et expérientiel. L'expérience amène la plupart des adultes à s'adapter aux contradictions et aux incohérences de la vie quotidienne au lieu de les décrier ou de tenter de les résoudre une fois pour toutes. L'adulte découvre que, dans la vie, la plupart des réponses sont provisoires. Tel est le signe distinctif de la pensée adulte qui, comme l'explique Gisela Labouvie-Vief (1992) :

> Cesse de constituer une activité purement objective, impersonnelle et rationnelle pour embrasser des dimensions subjectives, interpersonnelles et irrationnelles. La pensée se rééquilibre au contact de ces dimensions.

Cette forme de pensée correspond, selon de nombreux spécialistes du développement, à la pensée postformelle.

Pensée postformelle

La **pensée postformelle** est une forme de raisonnement adaptée aux contextes réels et subjectifs sur lesquels elle porte. Labouvie-Vief (1985, 1986) souligne que les modèles traditionnels de pensée avancée privilégiaient la pensée objective et logique au détriment des sentiments subjectifs et de l'expérience personnelle. La pensée objective, selon Labouvie-Vief, est adaptative pour l'enfant d'âge scolaire, l'adolescent et le jeune adulte, car elle leur permet de « catégoriser leurs expériences de manière stable et fiable ». Par contre, la pensée purement logique n'aide pas nécessairement l'adulte à comprendre et à tolérer les engagements et la complexité du monde où il évolue et à soutenir ses engagements. L'adulte doit tenir compte de ses sentiments subjectifs et de ses expériences personnelles, sinon son raisonnement sera « limité, fermé, rigidifié face aux dimensions complexes du vécu humain ». En ce sens, la pensée véritablement adulte est un équilibre dynamique entre les formes de traitement abstraites et objectives d'une part et, d'autre part, les formes expressives et subjectives nées de la sensibilité au contexte.

L'adulte capable de pensée postformelle comprend que son point de vue n'en est qu'un parmi d'autres et que la connaissance n'est ni absolue ni figée (Sinnott, 1989). Il discerne et accepte davantage les contradictions de l'existence, y compris celle entre l'analyse intellectuelle et la réalité émotionnelle; il admet qu'il doit faire preuve de souplesse et de relativisme. Il reconnaît les mérites de l'objectivité et de la subjectivité, mais sait les concilier pour résoudre les problèmes concrets.

Pour démontrer le développement de cette forme de pensée, Labouvie-Vief et ses collègues ont présenté de courts récits faisant appel à la capacité de résolution de problèmes et à la logique à des sujets âgés de 10 à 40 ans. Étant donné que les chercheurs attachaient une plus grande importance à l'approche adoptée par les sujets pour la résolution des problèmes qu'aux solutions particulières proposées, ces tests avaient été conçus de manière à sembler simples et logiques de prime abord, tout en se prêtant à des interprétations plus approfondies dépassant le cadre de leur énoncé. Voici un exemple des récits présentés aux sujets :

> John a la réputation de boire beaucoup, surtout dans certains contextes sociaux. Mary, sa conjointe, l'avertit que s'il revient encore une fois soûl à la maison, elle le quittera en emmenant les enfants. Ce soir, après avoir été retenu par une fête de bureau, John rentre soûl. Est-ce que Mary quitte John ?

Tous les jeunes adolescents et plusieurs des plus âgés se basèrent strictement sur les données de l'histoire pour répondre à cette question. Il leur semblait évident que Mary quitterait John, puisqu'elle avait dit qu'elle le ferait. Sans ignorer la logique explicite de l'histoire, les sujets plus âgés s'en éloignaient pour examiner différentes possibilités et circonstances pouvant concrètement s'y appliquer. Ils se demandaient, par exemple, si l'avertissement de Mary avait été donné sur le coup de la colère, si John se confondait en excuses ou aurait, au contraire, un comportement brutal en rentrant, si Mary avait un endroit où se réfugier temporairement, ou quelle était la nature de la relation dans ce couple. Les adultes faisant preuve du niveau de pensée le plus avancé articulaient leur réflexion autour de ce texte, en tiraient toute une série de perspectives (Adams et Labouvie-Vief, 1986). Cette intégration des approches objectives et subjectives des problèmes concrets (prise de décision concernant un emploi, le choix d'une garderie ou la poursuite de ses études, par exemple) est la marque d'une pensée adulte adaptative.

Pensée postformelle Forme de pensée adulte adaptée à la résolution de problèmes concrets. Comparativement à la pensée formelle, la pensée postformelle est moins abstraite, moins absolue, mieux adaptée aux nécessités de la réalité, plus contextualisée et plus dialectique (c'est-à-dire capable d'intégrer des éléments contradictoires en un tout).

À VOUS LES COMMANDES — 10.4

Intelligence logique et intelligence pratique

C'est pendant l'adolescence que se développe la pensée opératoire formelle grâce à laquelle le raisonnement scientifique, l'argumentation logique organisée et la pensée critique deviennent possibles. Mais la pensée formelle est impuissante à résoudre tous les problèmes des adolescents et des adultes. D'ailleurs, nombre de ceux qui en sont capables, l'écartent parfois, car à l'instar des adultes plus âgés et des spécialistes, ils considèrent qu'une démarche formelle est souvent insatisfaisante et trop simpliste pour résoudre des problèmes quotidiens.

Robert Sternberg, psychologue à l'université Yale, croit qu'un autre type d'« intelligence pratique » fait son apparition à la fin de l'adolescence. Ce type de pensée s'applique davantage aux situations quotidiennes que la pensée formelle parce qu'il permet de comprendre que de nombreux problèmes ne peuvent être réglés à l'aide d'une réponse correcte unique et que les réponses « logiques » sont souvent inapplicables. Certains spécialistes du développement estiment que ce nouveau type de pensée découle de la maturité cognitive grâce à laquelle les adolescents plus âgés et les jeunes adultes sont en mesure d'harmoniser le recours à la pensée formelle et leur réalité quotidienne.

Les problèmes suivants visent à stimuler votre réflexion sur la différence entre la pensée formelle et l'intelligence pratique. Après avoir pris connaissance du problème, efforcez-vous d'énoncer une réponse « logiquement correcte » et une autre plus « pratique ». Des exemples de réponses « logique » et « pratique » sont donnés après chacun des problèmes.

1. Imaginez deux milieux différents où se trouvent cinq maisons de taille identique. Le premier milieu correspond à une ville, dans laquelle les maisons sont groupées à une extrémité d'un terrain de 10 hectares. Le second correspond à la campagne, où les maisons sont réparties sur l'ensemble d'un même terrain de 10 hectares. Est-ce que la quantité de pelouse à tondre diffère selon la façon dont les maisons sont réparties sur le terrain ? Y a-t-il davantage de pelouse à tondre en « ville » ou à la « campagne » ?

   a) Quelle est la réponse *logique* à cette question ?

   Réponse : Étant donné que la répartition des cinq maisons sur le terrain ne modifie pas la superficie qu'elles couvrent, la quantité de pelouse à tondre est la même en ville et à la campagne.

   b) Existe-t-il des considérations *pratiques* qui pourraient vous amener à envisager cette question de façon différente ? Quelles sont-elles ?

   Réponse : Si la répartition des maisons laissait de nombreux petits espaces entre elles, tondre la pelouse serait plus fastidieux et prendrait plus de temps. Il faudrait donc moins de temps pour tondre la pelouse à la « campagne » qu'en « ville ».

2. Imaginez le milieu suivant : « Au rez-de-chaussée d'une maison, il y a trois pièces : la cuisine, la salle à manger et le salon. Le salon est situé à l'avant de la maison, tandis que la cuisine et la salle à manger donnent sur le potager situé à l'arrière. Le bruit de la circulation audible dans le salon est très dérangeant. La mère est dans la cuisine et le grand-père lit son journal dans le salon. Les enfants sont à l'école et ne rentreront à la maison qu'en fin d'après-midi. Qui sera le plus dérangé par le bruit de la circulation ? » (extrait de Labouvie-Vief, 1985).

   a) Quelle est la réponse *logique* à cette question ?

   Réponse : Les relations logiques caractérisant la description donnée — c'est-à-dire que le bruit est très dérangeant à l'avant de la maison, que le salon est situé à l'avant et que le grand-père est dans le salon — indiquent que la « bonne » réponse est le grand-père. Des chercheurs ont constaté que les élèves plus jeunes donnent presque invariablement cette réponse, logiquement bonne.

   b) Existe-t-il des considérations *pratiques* qui pourraient vous amener à envisager cette question de façon différente ? Quelles sont-elles ?

   Réponse : Les adolescents plus âgés perçoivent souvent des relations logiques autres que celles qui intéressent l'expérimentateur et ils donnent parfois des réponses différentes. Ainsi, certains pourraient penser que le grand-père ne peut certainement pas être dérangé par le bruit, car il n'aurait pas décidé de continuer à lire dans une pièce bruyante. D'autres pourraient affirmer que le grand-père a une capacité auditive amoindrie ou que le bruit n'était pas particulièrement dérangeant à ce moment précis de la journée.

Sources : G. Labouvie-Vief, « Intelligence and Cognition », dans J.E. Birren et K. Warner Schaie (sous la direction de), *Handbook of the Psychology of Aging* (3e édition), New York, Van Nostrand Reinhold, 1991. R.O. Straub, *Seasons of Life Study Guide* (3e édition), New York, Worth, 1998.

La différence entre le raisonnement des adolescents et celui des jeunes adultes ressort de façon particulièrement claire lorsque le problème à résoudre possède une forte connotation émotionnelle. C'est ce que révèle une étude qui consistait à leur présenter trois situations différentes, chacune sous deux jours opposés. La première concernait une guerre entre deux pays fictifs, la « Livia du Nord » et la « Livia du Sud », décrite par deux historiens appuyant chacun une des deux parties belligérantes. La deuxième avait trait à un adolescent qui refusait de rendre visite à ses grands-parents; les parents du garçon soulignaient qu'ils avaient pris le temps de s'asseoir avec lui pour discuter de la situation et qu'ils avaient fini par le convaincre d'y aller, tandis que l'adolescent insistait sur le fait que ses parents l'y avaient contraint après l'avoir sermonné. La troisième situation se rapportait à un couple confronté à une grossesse non désirée : la jeune fille était en faveur de l'avortement alors que son partenaire s'y opposait.

On demandait ensuite aux sujets d'indiquer l'objet de ces conflits, laquelle des parties avait tort, quelle serait l'issue et qui en sortirait vainqueur. Ils devaient ensuite fournir des explications au sujet des divergences entre les récits fournis pour chacune de ces situations et décider quelles étaient les versions les plus plausibles. (Par exemple, dans le cas de la guerre entre la Livia du Nord et la Livia du Sud, l'historien appuyant le Nord affirmait qu'une bataille avait clairement montré la supériorité de sa faction, tandis que celui en faveur de la Livia du Sud maintenait que cette bataille ne constituait qu'un recul temporaire. En ce qui concerne la visite chez les grands-parents, les faits étaient présentés des deux manières suivantes : au dire du garçon, même s'il se comportait le plus poliment possible lorsqu'il se trouvait chez ses grands-parents, il s'y ennuyait et se sentait contraint de faire tout ce qu'on lui demandait. Ses parents pensaient au contraire qu'« il y passait d'agréables moments en famille ».)

Les réponses des sujets étaient évaluées selon six niveaux de raisonnement, allant de l'approche tranchée n'admettant qu'un seul point de vue (niveau 1) à un niveau intermédiaire de pensée plus nuancée, où l'on reconnaît la possibilité de se trouver face à diverses interprétations contradictoires tout en accordant encore une importance excessive aux circonstances extérieures (niveau 3), avec en haut de l'échelle l'approche dite multidirectionnelle correspondant à la capacité de faire la part des choses, d'évaluer les informations reçues en fonction de leur source et d'arriver à la meilleure réponse possible pour chacune des situations présentées (niveau 6).

Malgré des différences individuelles considérables dans le degré de finesse des raisonnements, les résultats globaux de cette étude corroborent le mode de développement des capacités cognitives présenté précédemment. Un examen plus détaillé de ces résultats indique que seulement 16 % des adolescents se sont classés au-dessus du niveau 3, alors que le taux s'élève à 36 % pour les jeunes adultes et à 61 % pour les adultes d'âge mûr. Le point le plus frappant est cependant l'écart entre les adolescents et les jeunes adultes en ce qui concerne la capacité de raisonner lorsque les problèmes comportent une forte charge émotionnelle.

L'analyse des réponses des sujets suggère en effet que les adolescents raisonnent aussi bien que les jeunes adultes devant des problèmes à faible connotation émotionnelle (guerre entre deux pays), mais que leur compétence diminue par rapport à celle de leurs aînés devant des problèmes à forte connotation émotionnelle (visite chez les grands-parents et grossesse non désirée). L'auteur de l'étude commente en ces termes les résultats obtenus :

> Il semble que le contexte le plus chargé d'émotions ait troublé les adolescents davantage que les adultes. Leur rendement, et en particulier leur capacité de distinguer un événement de son interprétation, en aurait souffert. [...] Contrairement aux adultes mûrs sur le plan du développement, les adolescents sont incapables de tenir compte de facteurs subjectifs; ils présupposent que la pensée s'appuie sur une structure objective de la réalité qui se juxtapose à la subjectivité. Au lieu de mener à la résolution « objective » d'un dilemme, cette forme de pensée augmente les risques d'erreur subjective. Le penseur mûr ne fait pas que revenir à des modes de pensée plus subjectifs. En tenant compte de la subjectivité, il accroît l'objectivité et la puissance de sa pensée. (Blanchard-Fields, 1986)

Pensée dialectique

Certains théoriciens considèrent la **pensée dialectique** comme la forme la plus avancée de cognition (Basseches, 1984, 1989; Leadbeater, 1986; Riegel, 1975). Le

Pensée dialectique Pensée caractérisée par l'analyse du pour et du contre, des possibilités et des limites, des avantages et des inconvénients inhérents à toute idée et à toute action. Dans la vie quotidienne, la pensée dialectique suppose l'intégration constante des croyances et des incohérences, des expériences et des contradictions.

Thèse   Point de vue tenu pour vrai; première étape du raisonnement dialectique.

Antithèse   Point de vue opposé à la thèse; deuxième étape du raisonnement dialectique.

Synthèse   Proposition qui rassemble la thèse et l'antithèse en un tout cohérent et intégrateur; troisième étape du raisonnement dialectique.

mot « dialectique » renvoie au concept philosophique selon lequel toute idée, ou thèse, porte en elle-même sa contradiction, ou antithèse. La pensée dialectique consiste à considérer ces deux pôles simultanément et à les intégrer en une synthèse.

Dans la vie quotidienne, la pensée dialectique suppose l'intégration constante des croyances et des incohérences, des expériences et des contradictions faisant sans cesse évoluer la vision de soi et du monde.

Est-ce à dire que ceux qui ont recours à la pensée dialectique tiennent pour acquis que tout est relatif et interrompent là leur démarche, incapables qu'ils sont d'adhérer à des valeurs ? Bien au contraire, ils n'ont que faire des positions extrêmement relativistes comme : « Si tu penses que c'est vrai, alors c'est vrai pour toi » (Leadbeater, 1986). Ils reconnaissent la nature subjective de la réalité *de même* que la nécessité d'adhérer fermement à des valeurs, quitte à en changer plus tard s'il le faut. Les vrais penseurs dialecticiens admettent que différentes opinions peuvent être valables, mais croient que certaines sont plus défendables que d'autres et fournissent donc de meilleures assises à une décision éclairée.

Illustrons par un exemple le déroulement du raisonnement dialectique. « L'honnêteté est la meilleure politique », entend-on parfois, et nombre de gens adhèrent d'emblée à cet aphorisme. Le penseur dialecticien, lui, commence par approuver cette thèse, mais en considère aussitôt l'antithèse : l'honnêteté peut vexer, pousser à des conduites insensées et susciter des émotions destructrices. Par conséquent, dans certaines circonstances, l'honnêteté *n'est pas* la meilleure politique. De ces deux propositions contraires, on tirera une idée nouvelle, une synthèse : l'honnêteté est un objectif désirable dans les relations humaines, car elle favorise la confiance et l'intimité, mais elle ne doit pas faire obstacle au respect. Voilà qui est fort bien, mais le raisonnement dialectique ne s'arrête pas là. Par exemple, « respecter l'autre » signifie-t-il le féliciter pour un accomplissement dont il est fier, mais qui n'en est pas moins médiocre ? La réponse à cette question variera selon que la personne en cause est un enfant ou un adulte, a fait ou non tout son possible, a tendance à être stimulée ou découragée par la critique constructive, etc. Devant chaque nouveau cas, le penseur dialecticien tâchera de déterminer comment, pourquoi et sous quelle forme l'honnêteté constitue la meilleure attitude. Ce faisant, il admettra que de nouvelles informations ou de nouvelles circonstances le forceront peut-être à remettre en question quelque choix qu'il aura fait auparavant. Nous sommes loin du relativisme extrême, selon lequel l'honnêteté serait opportune pour certaines personnes et inopportune pour d'autres. Le raisonnement dialectique est un processus complexe axé sur la formulation de réponses intégratives et non de conclusions simples ou figées.

Ainsi, quand il s'agit des relations humaines, l'adulte qui utilise le raisonnement dialectique reconnaît leur caractère dynamique et considère de façon lucide et ouverte les nombreux aspects des interactions personnelles et sociales. Son point de vue lui permet de s'adapter avec plus de souplesse aux aléas de l'existence et de percevoir les devoirs et les responsabilités comme un facteur d'évolution et non comme une source de stress et de détresse.

Pensée postformelle : une cinquième période de développement cognitif ?

Les caractéristiques de la pensée postformelle pourraient laisser croire (aux optimistes en tout cas) que de nouvelles capacités cognitives émergent au début de l'âge adulte et permettent à la personne de vivre sa vie de manière plus adaptée, plus réaliste et plus adroite que pendant l'adolescence.

La pensée postformelle représenterait-elle alors une cinquième période de développement cognitif ? Les théoriciens sont divisés sur la question. Certains prétendent que la pensée postformelle se distingue suffisamment des autres formes de pensée pour déterminer un stade de développement caractérisé par la créativité et la sensibilité sociale (Commons et Richards, 1984; Sinnott, 1993). D'autres jugent que les caractéristiques de la pensée postformelle n'ont rien d'universel (Kramer, 1983; Rybash et coll., 1986) et que, de ce fait, on devrait la considérer comme l'agrégation de plusieurs formes de pensée fondées sur l'expérience, l'éducation et d'autres facteurs associés à la maturité. Et nous devrions probablement admettre que la pensée adaptative et dialectique constitue non pas la norme, mais un idéal. Telle que décrite par les théoriciens, la pensée postformelle est une forme de raisonnement que certains adultes manifestent fréquemment, que d'autres ne présentent jamais et qu'un grand nombre utilisent de manière inconstante ou dans certaines circonstances seulement.

Raisonnement moral

De nombreux chercheurs croient que les responsabilités, les expériences et les préoccupations de l'adulte se répercutent sur le raisonnement moral et le font progresser. Selon James Rest :

> Les stratégies fondamentales de résolution de problèmes auxquelles la personne a recours pour trancher les questions morales subissent au début de l'âge adulte (dans la vingtaine et la trentaine) des changements aussi profonds que radicaux. [...] La personne, en effet, restructure complètement sa vision de la société et de la place qu'elle y occupe. (Rest, 1993)

Rest croit qu'un catalyseur de ces changements peut être la fréquentation du collège ou de l'université, surtout si la personne aborde des problèmes moraux dans le contexte de ses études ou se prépare à une profession qui, comme le droit, les soins infirmiers ou la psychologie, est liée de près à des questions d'ordre éthique.

Pour d'autres chercheurs, cependant, les débats scolaires sur des questions d'éthique ne servent au mieux qu'à provoquer une simple avancée du raisonnement moral. Lawrence Kohlberg soutient en effet qu'une personne doit avoir traversé les épreuves de l'âge adulte, c'est-à-dire qu'elle doit avoir longuement assumé la responsabilité du bien-être des autres et fait des choix moraux engagés avant de devenir apte à un raisonnement « véritablement éthique » (Kohlberg, 1973).

Les défis et les dilemmes de l'âge adulte, en conjonction avec l'émergence de la pensée relativiste et dialectique, peuvent modifier le caractère du raisonnement moral. Carol Gilligan s'est attardée à la relation entre les expériences de vie et la compréhension des questions morales. Comme nous l'avons vu dans la première section de ce chapitre, Gilligan pense que les hommes se préoccupent davantage des questions de droits et de justice, tandis que les femmes ont tendance à faire passer les besoins humains avant les principes de justice. Selon elle, cependant, les adultes prennent de l'expérience et se rendent en général tôt ou tard responsables des besoins des autres; ils découvrent alors que le raisonnement moral fondé uniquement sur les principes de justice ou sur les besoins individuels ne suffit pas à résoudre les dilemmes moraux de la vie courante (Gilligan, 1981, 1982). Les adultes se dotent par conséquent de valeurs relatives et modifiables, cherchant à opérer une synthèse entre les principes éthiques et l'expérience de vie pour accéder à une morale réflexive et relativiste (Gilligan et Murphy, 1979; Murphy et Gilligan, 1980).

Selon Gilligan, la pensée morale évolue à l'âge adulte parce que la vie pose des dilemmes moraux plus complexes que le conflit entre le droit au bien-être et le droit à la propriété que Kohlberg a illustré. Par exemple, un jeune procureur interrogé par Gilligan fut un jour chargé du cas d'un suspect qui n'avait probablement pas commis le crime dont on l'accusait, mais qui était sans nul doute coupable d'autres méfaits restés impunis (Gilligan et coll., 1990). Le procureur aurait-il dû inculper le suspect en s'aidant de preuves faibles, voire frauduleuses ? Et si le suspect n'avait pas eu les moyens de se payer un avocat capable de bien le défendre ? Le procureur aurait-il servi la justice en procédant de cette manière ou n'aurait-il

Les affrontements que suscite la question de l'avortement montrent bien qu'on ne peut résoudre les problèmes moraux complexes en faisant appel uniquement à la logique et aux principes, mais qu'il faut en plus confronter l'éthique à l'expérience concrète.

que corrompu le système ? L'âge adulte fournit à la personne des expériences comme celle-là en même temps qu'il lui donne la capacité d'une réflexion approfondie. C'est pourquoi nombre de jeunes adultes renoncent à l'analyse purement logique des questions morales. Le « bien » ne leur apparaît plus comme donné une fois pour toutes, mais comme un idéal lointain, incertain, voire indiscernable.

À force de remettre en question, de soupeser et de restructurer les principes moraux à la suite d'expériences complexes, de nombreux adultes s'en forgent de nouveaux, quitte à les réviser un jour. Gilligan pense que cette refonte continuelle de la pensée morale favorise une authentique croissance morale.

Développement cognitif et études postsecondaires

Les spécialistes du développement s'intéressent à la relation entre les études postsecondaires et les opérations de la pensée adulte. Or, un des objectifs avoués de la plupart des établissements d'enseignement est de favoriser le développement intellectuel des étudiants (Barnett, 1994). Les collèges et les universités atteignent-ils cet objectif ? Plus précisément, les jeunes semblent-ils s'approcher de la pensée postformelle ? Paraissent-ils capables d'associer le pratique et le théorique de manière souple et dialectique ?

Il ne fait aucun doute que l'éducation scolaire a en général sur le développement cognitif une influence déterminante. Le niveau d'instruction est plus fortement corrélé avec presque toutes les mesures de la cognition adulte que des variables aussi importantes que l'âge et la situation socio-économique (Kitchener et King, 1990; Labouvie-Vief, 1985; Reese et Rodeheaver, 1985). En une période de cinq à six ans, l'éducation postsecondaire améliore les habiletés verbales et quantitatives des étudiants, enrichit les connaissances qu'ils possèdent dans des disciplines particulières et favorise leur perspicacité et leur souplesse intellectuelle. Il s'agit là de progrès cognitifs non négligeables.

La recherche a aussi montré que les études postsecondaires favorisent la tolérance face aux opinions politiques, sociales et religieuses ainsi que la souplesse et le réalisme des attitudes (Chickering, 1981; Pascarella et Terenzini, 1991; Webster et coll., 1979), et ce, d'année en année. Au début de leurs études postsecondaires, les étudiants croient qu'il existe quelque part des vérités claires et nettes; ils sont troublés s'ils ne les découvrent pas ou si les enseignants ne les leur révèlent pas. Ils se mettent ensuite à se questionner sur les valeurs personnelles et sociales ainsi que sur l'idée même de vérité. Enfin, après avoir rigoureusement analysé plusieurs idées contradictoires, les étudiants peuvent clarifier leurs valeurs; ils se rendent compte en même temps qu'ils doivent conserver leur ouverture d'esprit et demeurer prêts à changer (Clinchy, 1993; Clinchy et Zimmerman, 1982; Perry, 1981).

Cela ne signifie pas que les étudiants troquent nécessairement leurs valeurs conservatrices contre des valeurs libérales au cours de leurs études postsecondaires. En réalité, ce ne sont pas vraiment leurs attitudes qui changent, mais leur façon d'avoir des attitudes : ils gagnent en confiance et en tolérance. Ils en viendraient à accepter les attitudes et les idées des autres parce qu'ils se sentent moins menacés par elles (Katz et Sanford, 1979). La recherche axée sur le raisonnement dialectique semble étayer l'hypothèse selon laquelle plus une personne étudie longtemps, plus son raisonnement est susceptible de devenir pénétrant et dialectique (Basseches, 1984; Clinchy, 1993; King et coll., 1983; Kitchener et King, 1990; Rest et Thoma, 1985).

Les études collégiales et universitaires seraient donc propices au développement cognitif et favoriseraient la maturation de la pensée, quel que soit l'âge de l'étudiant. Entre le jour où il choisit une orientation et celui où il reçoit son diplôme, l'étudiant acquiert les connaissances reliées à son programme et, en plus, il apprend à penser de manière plus éclairée, plus réflexive et plus approfondie.

De nos jours, nombre de jeunes adultes côtoient durant leurs études postsecondaires des personnes d'âges divers et de milieux ethniques, religieux et socio-économiques différents. Ils tiennent là l'occasion de s'ouvrir à la diversité de l'expérience humaine.

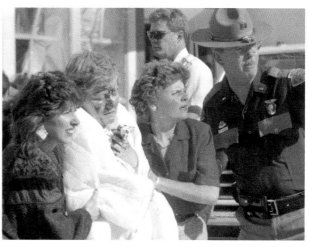

Les événements de la vie, des plus banals aux plus désastreux, peuvent donner naissance à une nouvelle façon de penser. Un séjour à l'étranger, par exemple, peut entraîner une série de changements cognitifs qui approfondit la vision du voyageur sur le genre humain. De même,

le fait d'être la victime ou le témoin d'une tragédie peut modifier du tout au tout le point de vue que l'on a sur le sens de la vie en général et de sa propre vie en particulier.

Développement cognitif et événements de la vie

Outre les études postsecondaires, certains événements de la vie auraient la propriété de susciter de nouvelles façons de penser et, par ricochet, de favoriser le développement cognitif. La recherche sur le sujet est incomplète, mais les pistes, bien que temporaires, ne manquent pas d'intérêt.

La naissance d'un premier enfant est au nombre des événements qui marquent un tournant dans la vie. Elle donne aux parents le sentiment d'entrer résolument dans le monde adulte, car elle transforme la perception qu'ils ont d'eux-mêmes et de leurs responsabilités. Quelques années plus tard, l'enfant devenu adolescent confronte les parents à des questions déroutantes. D'autres événements poussent les adultes à réfléchir sérieusement au sens de leur vie et de leurs relations interpersonnelles : une nouvelle relation amoureuse ou une rupture, une promotion ou un licenciement, une agression ou le sauvetage d'une victime, la découverte d'un mode de vie radicalement différent, une expérience religieuse intense, une psychothérapie, la maladie ou la mort d'un être cher. Toutes ces expériences peuvent provoquer un déséquilibre cognitif et une réflexion susceptibles de déboucher sur une nouvelle vision de soi et de la vie. On n'a pour s'en convaincre qu'à lire des biographies ou des mémoires, ou encore à se reporter à son expérience personnelle. Vousmême connaissez vraisemblablement une personne qui paraissait plutôt légère et superficielle au début de l'âge adulte, mais dont la pensée a pris du corps et de la substance avec le temps.

Bien entendu, les études de cas ne suffisent pas à confirmer des tendances générales; elles ne font que montrer ce qui peut arriver parfois. Les études longitudinales qui s'appuient sur un grand nombre de cas débouchent toutes sur la même conclusion : l'adulte développe en réfléchissant à sa propre vie une vision du monde davantage teintée par la responsabilité et l'engagement (Haan, 1985; Labouvie-Vief, 1992; Vaillant, 1977, 1993).

Entre l'adolescence et l'âge mûr, la personne doit concilier des éléments qui semblent parfois opposés : la pensée et l'expérience, la logique de la pensée opératoire formelle et les événements décousus, parfois déroutants, de la vie quotidienne, la découverte de divers points de vue et le besoin de prendre position. Ces oppositions favorisent chez elle l'émergence de la pensée postformelle. Elle devient alors plus apte à intégrer les contradictions et les conflits de la vie.

Résumé

 **SECTION 1** Adolescence

Pensée de l'adolescent

1. Au cours de l'adolescence, la personne devient apte à spéculer, à formuler des hypothèses et des déductions et à se détacher du réel pour considérer le possible. Alors que le jeune enfant est prisonnier de la réalité tangible, l'adolescent devient généralement capable d'élaborer des systèmes formels et des théories générales qui transcendent (et nient dans certains cas) l'expérience pratique. Son raisonnement peut être formel et abstrait et non plus seulement empirique et concret. L'adolescent peut donc réfléchir à des principes, tels ceux qui ont trait à l'amour, à la justice, au sens de la vie humaine.

2. La pensée de l'adolescent est marquée et, parfois, entravée par l'égocentrisme. Cet égocentrisme peut exacerber la conscience de soi et pousser l'adolescent à une conduite téméraire, particulièrement lorsqu'il se manifeste par l'illusion d'invincibilité (se croire à l'abri des conséquences négatives de situations potentiellement dangereuses) et par la fabulation personnelle (se croire appelé à un destin exceptionnel).

École, apprentissage adolescence

3. L'adolescent est à la fois ouvert et centré sur lui-même. Il est avide de stimulation intellectuelle, mais doute de lui-même. À son entrée à l'école secondaire, il se sent moins compétent, moins consciencieux et moins motivé qu'au primaire.

4. Comparativement aux écoles primaires, la plupart des écoles secondaires imposent une discipline plus stricte, sont plus axées sur la compétition, pratiquent des politiques de notation plus punitives et accordent moins d'attention à chaque élève. Le travail coopératif et l'enseignement centré sur la tâche sont plus propices que les autres méthodes pédagogiques au progrès scolaire de l'adolescent.

5. Les écoles pourraient améliorer le rendement scolaire, renforcer l'image de soi des élèves et favoriser leur réussite future si elles établissaient des objectifs pédagogiques ambitieux, clairs et réalistes et si le personnel tout entier aidait les élèves à les atteindre.

Développement moral

6. Le raisonnement moral gagne en complexité pendant l'adolescence. Selon Kohlberg, le développement du jugement moral comprend six stades allant de l'obéissance à la loi du plus fort à l'adhésion à des principes moraux universels. La théorie de Kohlberg a fait l'objet de critiques, mais elle semble présenter une cer-

taine pertinence dans l'ensemble. Selon Gilligan, les hommes et les femmes abordent les dilemmes moraux différemment, mais ils les résolvent généralement avec une compétence égale.

Prise de décision

7. En matière de prise de décision, l'adolescent possède des atouts, mais présente aussi des lacunes. Certes, il acquiert progressivement les habiletés cognitives essentielles à l'exercice d'un jugement éclairé. Mais le jugement ne suffit pas pour prendre de bonnes décisions, d'autant qu'il peut être obscurci par l'image de soi, la pression des pairs, l'émotivité.

8. Des facteurs cognitifs et motivationnels peuvent nuire au jugement des adolescents en matière de sexualité, comme l'atteste la fréquence des maladies transmissibles sexuellement et des grossesses non désirées à l'adolescence. Les adolescents qui se croient à l'abri du VIH ou de la grossesse ou qui ne tiennent compte que de leurs intérêts et de leurs besoins immédiats sont susceptibles de négliger les mesures de précaution adéquates.

9. Selon certains, le meilleur moyen d'aider les adolescents à éviter les problèmes reliés à la sexualité consiste vraisemblablement à les amener à mieux évaluer les risques dans une optique de santé et de bien-être sexuel. Il semble que des programmes d'éducation sexuelle fondés sur la réflexion, le jeu de rôles et la discussion soient plus efficaces que des programmes de simple information.

SECTION 2 Début de l'âge adulte

Structure de la pensée chez l'adulte

10. On peut étudier la cognition chez l'adulte du point de vue de la pensée postformelle (en continuité de Piaget), du point de vue psychométrique (mesure d'aptitudes cognitives particulières) ou du point de vue du traitement de l'information. Nous avons pris le parti de l'étudier, chez le jeune adulte, sous l'angle de la pensée postformelle.

11. De nombreux chercheurs pensent que les exigences complexes, ambiguës ou contradictoires de la vie quotidienne entraînent l'émergence de la pensée postformelle à l'âge adulte. Cette nouvelle forme de pensée est adaptée à la résolution des problèmes pour lesquels il n'existe pas de solution claire et nette. Caractérisée par la souplesse, la pensée postformelle intègre les opérations mentales et l'expérience en une synthèse adaptée au contexte.

12. La capacité de tenir compte des facteurs subjectifs fait partie intégrante du raisonnement adulte. Cela

explique pourquoi les jeunes adultes et les personnes d'âge mûr raisonnent de manière plus approfondie que les adolescents devant les questions à forte connotation émotionnelle.

13. Dans sa forme la plus avancée, la pensée postformelle a un caractère dialectique, c'est-à-dire qu'elle peut porter sur des contradictions et des phénomènes complexes et déboucher sur une synthèse. La pensée dialectique se caractérise par la souplesse et non par la recherche de vérités absolues et immuables.

14. Dans la mesure où la pensée postformelle n'est ni universelle ni reliée à l'âge, elle ne marquerait pas une période de développement cognitif au sens où l'entendait Piaget. Son émergence serait graduelle et dépendrait de l'expérience et de l'éducation.

Raisonnement moral

15. Mue par la pensée postformelle, la réflexion sur la moralité et l'éthique évolue à l'âge adulte. Selon Gilligan, les hommes et les femmes découvrent alors les limites d'un raisonnement moral fondé uniquement sur des principes abstraits ou, au contraire, sur des préoccupations personnelles. Ils tentent d'intégrer ces deux extrêmes à leurs expériences de vie pour accéder à une conscience morale réflexive et relativiste.

Développement cognitif et études postsecondaires

16. Bon nombre d'étudiants ont tendance à devenir plus souples, réfléchis et tolérants pendant leurs études postsecondaires, car ils apprennent à apprivoiser des opinions contradictoires. Ils renoncent graduellement à chercher des vérités absolues auprès des autorités et discernent que la connaissance et les valeurs sont relatives.

17. Les études postsecondaires favorisent le développement des habiletés cognitives de même que la tolérance et le réalisme des attitudes.

Développement cognitif et événements de la vie

18. Les événements de la vie, telle l'arrivée d'un enfant, et les expériences imprévues contribuent au développement cognitif chez certaines personnes.

Questions à développement

 SECTION 1 Adolescence

1. Réfléchissez à ce que vous avez appris sur le développement moral pendant l'adolescence et répondez à la question suivante : « Est-ce qu'on devrait avoir le droit de voter à 16 ans ? » Exposez les caractéristiques ou les qualités qui pourraient rendre les jeunes plus aptes, moins aptes ou aussi aptes à voter que les adultes.

2. Esquissez un projet de cours d'éducation sexuelle pour une commission scolaire. Assurez-vous de mentionner l'âge minimum des élèves, les questions à aborder dans le cadre du cours, le type d'enseignement donné et les caractéristiques que devrait posséder l'enseignant choisi.

3. En vous inspirant des recherches de Kohlberg et de Gilligan, comparez le jugement moral chez les hommes et chez les femmes, puis suggérez les domaines d'activités professionnelles qui leur conviendraient le mieux.

4. Est-ce que les progrès cognitifs que réalisent les adolescents les aident à prendre de bonnes décisions ? Donnez les arguments pouvant appuyer une réponse positive ou négative. Présentez un exemple, puis exposez votre opinion personnelle.

SECTION 2 Début de l'âge adulte

5. Réfléchissez aux nombreuses habiletés nécessaires à la résolution de problèmes qui sont mises à contribution par un étudiant. Donnez au moins trois exemples de problèmes dont la solution bénéficierait le plus du recours à la pensée postformelle. Justifiez vos choix.

6. Expliquez le mode de pensée décrit par Labouvie-Vief dans le cadre de ses recherches sur la logique sous-tendant la résolution de problèmes.

Questions à choix multiples

SECTION 1 Adolescence

1. À l'âge de 13 ans, un adolescent peut créer et résoudre des problèmes logiques sur ordinateur, mais sa pensée n'est généralement pas suffisamment raisonnable, mature ou cohérente lorsqu'elle porte sur des relations personnelles ou sociales. Une telle affirmation vient étayer la thèse selon laquelle :

a) certains jeunes parviennent au stade de la pensée opératoire formelle plus rapidement que d'autres.

b) le stade de la pensée opératoire formelle est atteint après l'âge de 13 ans.

c) la pensée opératoire formelle peut se manifester dans certains domaines et pas dans d'autres.

d) les adolescents plus âgés et les adultes ont souvent de faibles résultats lors de tests standard portant sur la pensée opératoire formelle.

2. Lequel des exemples suivants illustre *le mieux* ce qu'est une fabulation personnelle ?

a) Ariane s'imagine avoir le destin d'une personne riche et célèbre.

b) Benoît s'invente des expériences de vie pour épater ses amis.

c) Karl remet en question ses croyances religieuses lorsqu'elles ne l'aident pas vraiment à régler un problème.

d) Julien croit que toutes les filles qu'il rencontre éprouvent une attirance pour lui.

3. Lequel des exemples suivants illustre *le mieux* la capacité d'un adolescent de faire des raisonnements de type hypothétique ?

a) Âgé de 12 ans, Sylvain a l'impression d'être toujours observé par d'autres personnes.

b) Âgée de 14 ans, Marie-Ève adopte de nombreux comportements à risque et se dit que rien de grave ne peut lui arriver.

c) Âgé de 15 ans, Philippe croit que personne ne comprend ses problèmes.

d) Âgé de 13 ans, Jean-Michel s'amuse à trouver des failles logiques dans presque tout ce que ses parents et ses enseignants lui disent.

4. Nicolas craint que ses amis ne se moquent de lui parce qu'il a un petit bouton sur le nez. Cette crainte reflète une préoccupation relative à :

a) la fabulation personnelle.

b) une illusion d'invincibilité.

c) un auditoire imaginaire.

d) un raisonnement préconventionnel.

5. En matière de raisonnement moral, Guillaume estime que « la force fonde le droit ». Kohlberg dirait que l'accent mis par Guillaume sur le respect de l'autorité indique qu'il pourrait se trouver au niveau :

a) préconventionnel.

b) conventionnel.

c) postconventionnel.

d) idéologique.

6. Angela, une adolescente sexuellement active qui n'utilise aucun moyen de contraception, pense probablement que :

a) avoir un enfant ne serait peut-être pas si grave.

b) elle ne risque pas de devenir enceinte après une seule relation sexuelle.

c) elle est moins susceptible que d'autres de devenir enceinte ou d'être victime d'une maladie transmissible sexuellement.

d) Toutes ces réponses.

SECTION 2   Début de l'âge adulte

7. Selon les résultats des recherches actuelles, un étudiant qui achève ses études postsecondaires aurait probablement une perspective où il :

a) croit à la découverte de vérités claires et parfaites.

b) remet en question des valeurs personnelles ou sociales et la notion même de vérité.

c) rejette les idées contradictoires dans le but de trouver une seule bonne réponse.

d) accepte un dualisme simpliste de type « soit x, soit y ».

8. « Pour comprendre véritablement ce qu'est l'éthique, une personne doit avoir assumé des responsabilités soutenues en faveur du bien-être d'autrui. » Qui serait le plus susceptible d'être d'accord avec cet énoncé ?

a) Labouvie-Vief

b) Kohlberg

c) Sternberg

d) Piaget

Les réponses aux questions à choix multiples se trouvent en annexe.

Le chapitre **10** en un clin d'œil

● SECTION 1 – Développement cognitif à l'adolescence

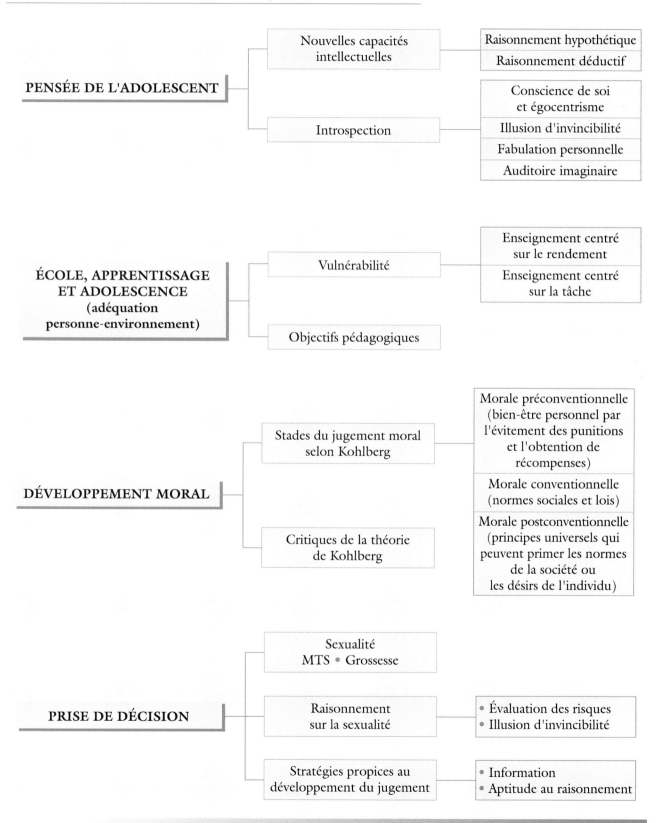

SECTION 2 – Développement cognitif au début de l'âge adulte

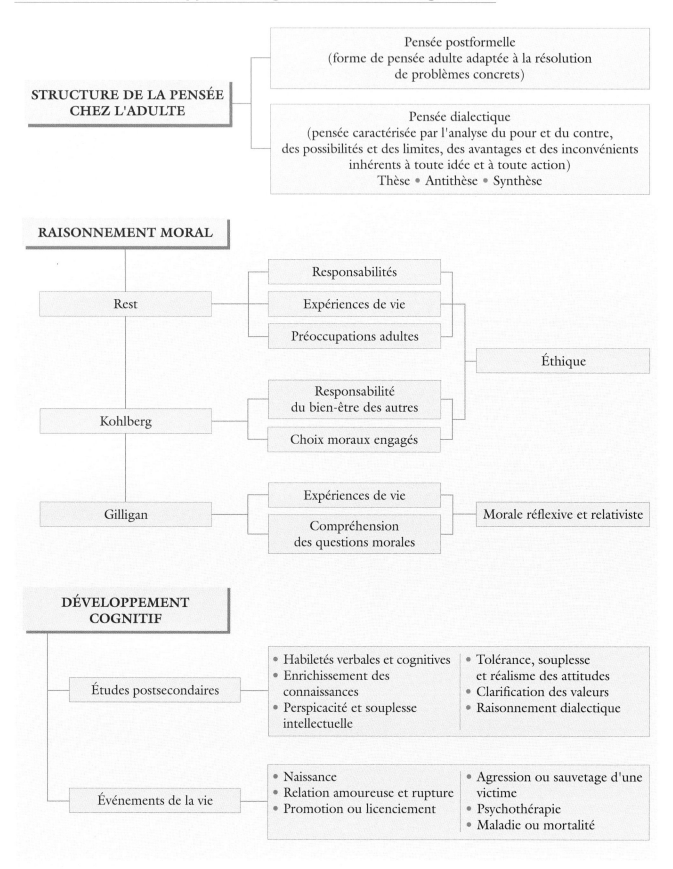

STRUCTURE DE LA PENSÉE CHEZ L'ADULTE

Pensée postformelle
(forme de pensée adulte adaptée à la résolution de problèmes concrets)

Pensée dialectique
(pensée caractérisée par l'analyse du pour et du contre, des possibilités et des limites, des avantages et des inconvénients inhérents à toute idée et à toute action)
Thèse • Antithèse • Synthèse

RAISONNEMENT MORAL

Rest
- Responsabilités
- Expériences de vie
- Préoccupations adultes

Éthique

Kohlberg
- Responsabilité du bien-être des autres
- Choix moraux engagés

Gilligan
- Expériences de vie
- Compréhension des questions morales

Morale réflexive et relativiste

DÉVELOPPEMENT COGNITIF

Études postsecondaires
- Habiletés verbales et cognitives
- Enrichissement des connaissances
- Perspicacité et souplesse intellectuelle
- Tolérance, souplesse et réalisme des attitudes
- Clarification des valeurs
- Raisonnement dialectique

Événements de la vie
- Naissance
- Relation amoureuse et rupture
- Promotion ou licenciement
- Agression ou sauvetage d'une victime
- Psychothérapie
- Maladie ou mortalité

Chapitre 11

Développement psychosocial à l'adolescence et au début de l'âge adulte

Les changements physiques associés à la puberté transforment le corps de l'enfant en un corps d'adulte et marquent de ce fait le début de l'adolescence sur le plan biosocial. Les progrès cognitifs décrits au chapitre précédent permettent au jeune de se dégager du concret par la pensée abstraite et hypothétique. C'est toutefois le développement psychosocial qui lui confère l'autonomie et la maturité propres à l'adulte. Désormais, il s'éloigne de ses parents, il se rapproche de ses amis et il prend des engagements face à la société. Nous verrons dans le présent chapitre que l'adolescence se caractérise par la quête d'identité; nous découvrirons ensuite que l'âge du jeune adulte comporte des tâches diversifiées et peut constituer une période de croissance, d'épanouissement et de satisfaction.

 ADOLESCENCE

« Qui suis-je ? » Cette question hante l'adolescent. Les spécialistes voient dans la recherche de l'identité un besoin fondamental. Se comprendre et trouver son identité, tels sont les grands thèmes du développement psychosocial à l'adolescence.

Soi et identité

Les transformations biologiques entraînées par la puberté, l'entrée dans une école secondaire vaste et impersonnelle, l'éveil de la sexualité, l'évolution des relations avec les pairs et la naissance de projets d'avenir sont autant de défis pour l'adolescent dans sa quête d'identité (Larson et Ham, 1993). La première étape de ce cheminement consiste généralement à discerner, à travers diverses situations et relations, une certaine cohérence dans ses émotions, ses pensées et ses conduites. Par la suite, l'adolescent tentera d'intégrer de nouveaux rôles à son concept de soi.

Soi multiple

De nombreux adolescents se découvrent des « identités possibles » au cours de la période où ils sont en quête d'eux-mêmes. Ils ont différentes perceptions de ce qu'ils sont dans différents groupes et dans différents milieux, de ce qu'ils aimeraient devenir et de ce qu'ils ont peur de devenir (Markus et Nurius, 1986; Markus et coll., 1990). Ils se rendent compte, par exemple, que leurs rôles varient selon les circonstances et que, par le fait même, leur comportement oscille entre la turbulence et la réserve, l'antagonisme et la coopération, la manipulation et l'amour. Ils se demandent qui ils sont vraiment. « J'*aimerais* être amicale et tolérante tout le temps, dit une adolescente. C'est le genre de personne que je *veux* être et je suis déçue quand je n'y arrive pas » (Harter, 1990).

Faux soi Ensemble de comportements plus ou moins factices qui peuvent précéder la recherche d'une pleine identité.

Outre qu'ils tentent de voir clair dans leur quête d'identité, les adolescents adoptent souvent un faux soi, c'est-à-dire qu'ils ont des comportements plus ou moins factices qui, selon un groupe de chercheurs (Harter et coll., 1996), prennent trois formes distinctes. La première naît du rejet dont l'adolescent croit faire l'objet de la part de ses parents et de ses pairs, une perception qui s'associe fréquemment au peu d'estime qu'il se porte à lui-même. La deuxième forme découle du désir répandu d'impressionner les autres ou de leur plaire. La troisième, enfin, correspond à l'expérimentation : l'adolescent fait l'essai de différentes conduites « juste pour voir ». Cette forme de comportement indique qu'il est prêt à se lancer à la recherche de sa pleine identité.

Identité

Dans leur recherche de soi, les adolescents savent qu'ils sont sur le point d'assumer les rôles et les responsabilités de l'âge adulte et de faire des choix qui auront des conséquences durables. Ils tiennent compte dans leur introspection des facettes de leur personnalité : compétences scolaires, aptitudes professionnelles, talents athlétiques, inclinations amoureuses, conduite morale, acceptation par les pairs, etc. (Harter, 1993b). Ils commencent à songer à leur orientation professionnelle, à leurs convictions politiques, à leur engagement social, à leurs valeurs en matière de sexualité. Ils tentent en plus d'harmoniser ces aspects d'eux-mêmes, d'une part, avec leurs rêves d'avenir et, d'autre part, avec les croyances acquises dans le passé.

Identité et confusion des rôles Selon Erikson, crise psychosociale associée à l'adolescence, pendant laquelle la personne cherche à trouver qui elle est et à intégrer sa compréhension de soi et ses rôles sociaux en un tout cohérent.

Cette étape de la vie correspond selon Erik H. Erikson à la crise de l'identité et de la confusion des rôles. Le jeune cherche alors à intégrer les divers aspects de son concept de soi en une identité cohérente, c'est-à-dire une définition de soi unifiée et conséquente. Il s'efforce de concilier « le sentiment conscient d'unicité » avec « le désir inconscient de continuité dans l'expérience [...] et l'adhésion aux idéaux d'un groupe » (Erikson, 1968).

Identité Selon Erikson, manière dont une personne définit ses rôles, ses attitudes, ses croyances et ses aspirations en vue de se constituer une individualité unique et autonome.

Dans cette recherche d'eux-mêmes, les adolescents tentent de se définir sur les plans sexuel (identité en tant qu'homme ou femme et orientation sexuelle), vocationnel (métier ou profession) et idéologique (valeurs) afin de se constituer une identité relativement stable et cohérente. L'atteinte de cette identité marque le passage à l'âge adulte, car elle jette un pont entre les expériences de l'enfance d'un côté et, de l'autre, les objectifs, les valeurs et les décisions qui permettent à chaque jeune personne de prendre sa place dans la société (Erikson, 1975).

États de l'identité

Identité en voie de réalisation ou réalisée Selon Erikson, état de l'identité lorsque la personne sait (ou est en processus avancé de savoir) qui elle est et où elle se situe sur les plans sexuel, vocationnel et idéologique.

L'adolescent développe une identité en voie de réalisation ou réalisée en procédant à « un rejet sélectif et à une acceptation des identifications de l'enfance » (Erikson, 1968). Autrement dit, il établit ses objectifs et ses valeurs en abandonnant une partie de ceux de ses parents et de la société et en en adoptant d'autres.

Identité surdéterminée Selon Erikson, état de l'identité lorsque la personne accepte les valeurs et les objectifs établis par ses parents au lieu de faire elle-même l'essai de différents rôles.

Un certain nombre de jeunes, cependant, ne remettent pas en question les valeurs de leurs parents et les identifications de leur enfance. Ils acquièrent alors une identité surdéterminée, c'est-à-dire qu'ils conservent les rôles antérieurs et adhèrent en bloc aux valeurs parentales au lieu de se livrer à l'expérimentation et de se forger une identité véritablement personnelle.

Identité négative Selon Erikson, état de l'identité adopté par la personne pour sa dissemblance avec l'identité souhaitée par les parents ou la société.

D'autres adolescents refusent le rôle que leurs parents ou la société leur imposent, mais sont incapables d'en trouver un qui soit conforme à leur nature propre. Ces adolescents développent souvent une identité négative, c'est-à-dire une identité contraire à celle qu'on voudrait qu'ils acquièrent.

D'autres adolescents ont une identité confuse : ils ne consacrent pas d'énergie à la recherche de leur individualité. Ces jeunes ont parfois de la difficulté à s'acquitter des tâches qui leur sont dévolues (faire leurs travaux scolaires, trouver un emploi et réfléchir à l'avenir, par exemple).

Identité en moratoire Selon Erikson, état de l'identité lorsque la personne marque un temps d'arrêt dans la formation de son identité, ce qui lui permet d'expérimenter différentes manières de se comporter sans chercher à faire des choix définitifs.

Il semble enfin que certains jeunes se ménagent une identité en moratoire, une sorte de temps d'arrêt pendant lequel ils font l'essai de plusieurs manières de se comporter sans chercher à en choisir une en particulier. Ils refusent les objectifs ainsi que les valeurs de leurs parents et de la société — sans chercher à s'y opposer de façon systématique comme dans le cas de l'identité négative —, mais ils ne font pas encore de choix véritablement personnels.

Recherche sur l'état de l'identité

Dans la foulée d'Erikson, de nombreux spécialistes du développement, dont James Marcia, se sont appuyés sur le concept d'identité pour étudier l'adolescence. Celui-ci a décrit les états de l'identité (en voie de réalisation ou réalisée, surdéterminée, diffuse[1], négative et en moratoire) de manière suffisamment précise pour les discerner chez les adolescents au moyen d'une entrevue (Marcia, 1966, 1980). Deux critères servent de base d'évaluation : la crise ou remise en question et l'engagement face à des valeurs. Le tableau 11.1 montre comment la présence ou l'absence de ces critères permet de comprendre chaque état de l'identité.

Des dizaines de chercheurs ont comparé l'état de l'identité à diverses mesures du développement cognitif et psychosocial. Ils ont ainsi découvert que chaque état de l'identité se reconnaît à un certain nombre de caractéristiques distinctives (voir le tableau 11.2). Par exemple, chaque état est corrélé avec une attitude particulière à l'égard des parents ou encore avec un certain degré d'identification ethnique (fierté d'appartenir à la communauté juive, italienne, latino-américaine, etc.).

Certaines études (longitudinales pour la plupart) tendent à confirmer que de nombreux adolescents traversent diverses périodes, développant d'abord une identité surdéterminée ou une identité diffuse, puis une identité en moratoire avant d'assumer une identité réalisée. Le processus peut d'ailleurs durer plusieurs années; on rencontre parfois au cégep ou à l'université des jeunes qui n'ont pas encore une idée claire de ce qu'ils sont et de ce qu'ils veulent devenir (Marcia, 1980; Waterman, 1985).

Il apparaît par ailleurs que les comportements rattachés aux états de l'identité peuvent varier. Ainsi, certains adolescents dont l'identité est surdéterminée adoptent les rôles et les valeurs que leurs parents leur imposent, tandis que d'autres entrent dans des groupes totalitaires (tels que des sectes religieuses ou des organisations politiques doctrinaires) qui prennent les décisions à leur place (Archer et Waterman, 1990). Ces adolescents peuvent tourner le dos pour toujours aux autres choix ou encore n'y renoncer que temporairement (Kroger, 1995).

Culture et identité

Il existe indubitablement des forces extérieures à l'individu qui facilitent ou entravent la recherche de l'identité. La société compte parmi les plus déterminantes. Elle

TABLEAU 11.1 Formes d'identité selon qu'il y a présence ou non de deux critères définis par James Marcia.

CRITÈRES DE MARCIA	IDENTITÉ			
	Diffuse	Surdéterminée	Négative ou en moratoire	En voie de réalisation ou réalisée
Engagement	Non	Oui	Non	Oui
Crise ou remise en question	Non	Non	Oui	Oui

Source : Adapté de Marcia (1980).

Ces jeunes Congolais participent à un rituel de la puberté. La teinture bleue dont ils s'enduisent le visage indique qu'ils sont morts temporairement et qu'ils renaîtront dans des corps d'hommes à la fin de la cérémonie. Les rites de passage de ce genre dénotent une forte cohésion sociale à l'égard des responsabilités et des rôles sociaux. Ils soulignent la transition de l'enfance à l'âge adulte tout en l'accélérant.

---

1. L'appellation *identité diffuse* que Marcia a empruntée à Erikson correspond aux recherches de ce dernier pour la période antérieure à 1968. Après 1968, Erikson parle d'*identité confuse* et non plus d'identité diffuse.

TABLEAU 11.2 Attitudes, relations et émotions caractéristiques des différents états de l'identité.

	Identité surdéterminée	Identité diffuse	Identité en moratoire	Identité en voie de réalisation ou réalisée
Anxiété	Réprimée	Modérée	Forte	Modérée
Attitude à l'égard des parents	Amour et respect	Repli sur soi	Tentatives de distanciation	Amour et sollicitude
Estime de soi	Faible (à la merci des autres)	Faible	Forte	Forte
Identification ethnique	Forte	Moyenne	Moyenne	Forte
Préjugés	Forts	Moyens	Moyens	Faibles
Niveau de jugement moral	Préconventionnel ou conventionnel	Préconventionnel ou conventionnel	Conventionnel ou postconventionnel	Conventionnel ou postconventionnel
Dépendance	Très forte	Forte	Aucune	Aucune
Processus cognitifs	Simplification des questions complexes; opinions et décisions influencées par les autres et par les normes sociales	Complication des questions simples; choix personnels et idéologiques influencés par les autres	Réflexion et procrastination pour ce qui est des décisions en particulier; indépendance par rapport aux opinions des autres et aux normes sociales	Réflexion; prise de décision consécutive à la collecte d'information et à la consultation
Satisfaction tirée des études	Élevée	Variable	Très faible (changement probable d'orientation)	Notes élevées
Relations interpersonnelles	Stéréotypées	Stéréotypées ou inexistantes	Intimes	Intimes

Source : Adapté d'une recherche présentée dans Berzonsky, 1989; Kroger, 1993; Marcia, 1980; Streimatter, 1989.

peut en effet favoriser la réalisation de l'identité, notamment de deux façons : en proposant des valeurs qui ont résisté au temps et qui demeurent utiles, et en fournissant les structures et les coutumes qui facilitent la transition de l'enfance à l'âge adulte. La présence et l'efficacité de ces facteurs dépendent principalement du consensus social en matière de valeurs et de l'ampleur des changements sociaux auxquels la personne est exposée.

Dans une société traditionnelle, où presque tous les individus adhèrent aux mêmes valeurs morales, politiques, religieuses et sexuelles, le changement social est lent. Au sein d'une telle société, la formation de l'identité se déroule relativement sans heurts. La plupart des jeunes acceptent sans rechigner les valeurs et les rôles sociaux qu'ils connaissent depuis le berceau, les seuls qu'ils aient jamais appris. Dans les sociétés industrielles et postindustrielles, à l'opposé, le changement social est rapide, les objectifs et les valeurs sont hétérogènes et les choix se multiplient sans cesse. La réalisation de l'identité peut alors constituer un défi pour l'adolescent confronté à des modèles multiples. Pour les membres des minorités, la difficulté de la tâche peut être accentuée par le fait de se sentir tiraillés entre les valeurs et les coutumes de leur groupe d'origine et celles de la majorité.

Penchons-nous à présent sur deux autres forces, la famille et le groupe de pairs, qui exercent une influence déterminante sur tous les aspects du passage à l'âge adulte, notamment sur la compréhension de soi et la formation de l'identité.

À VOUS LES COMMANDES – 11.1

Les états de l'identité : de la théorie à la pratique

Voici quatre cas qui illustrent bien les états de l'identité tels que définis par Erik H. Erikson et James Marcia (voir le tableau 11.1). Pour chacun d'eux, indiquez l'état de l'identité qui y correspond le plus (identité en voie de réalisation ou réalisée, surdéterminée, diffuse, négative ou en moratoire) et justifiez votre réponse.

1. Julie

Françoise, la mère de Julie, est une psychologue fortement engagée dans des associations féminines et dans la défense du droit des femmes. Ayant vu sa mère se relever d'un pénible divorce quand elle n'avait que 8 ans, Julie lui porte une admiration sans bornes. Julie croit qu'elle sera, elle aussi, une femme forte qui saura s'affirmer. Ainsi, elle évite les gens, plus particulièrement les hommes, qui ne la perçoivent pas de cette façon ou qui tentent de faire ressortir d'autres aspects de sa personnalité. Elle fuit également la conjointe de son père, une femme agréable qui se dit artiste et qui fait preuve d'incohérence. Julie obtient de très bons résultats scolaires et son intérêt pour la psychologie, la politique et les études féministes se reflète invariablement dans le choix de ses cours.

2. Laure

Laure, dont les parents sont tous deux médecins, a obtenu un baccalauréat en études anglaises, puis a étudié un trimestre à Londres. À son retour, elle annonce à ses parents qu'elle s'est inscrite à la faculté de médecine. C'est une amie, étudiant les sciences infirmières, et l'expérience d'un travail d'été comme bénévole dans un hôpital qui l'auraient amenée à faire ce choix.

3. Luc

Luc a changé d'orientation plusieurs fois depuis qu'il fréquente l'université. Il lui faudra encore étudier pendant six ans avant d'obtenir son diplôme. Comme ses parents refusent de continuer à l'aider sur le plan financier, Luc a travaillé comme cuisinier, préposé aux renseignements, caissier... À l'exemple de ses amis, il apprécie les tâches qui lui permettent de se retrouver seul et qui lui donnent le loisir de réfléchir. Ses résultats scolaires sont généralement très bons même s'il a souvent abandonné des cours. Jusqu'à présent, il n'a eu qu'une relation satisfaisante avec une jeune fille et cherche activement à rencontrer quelqu'un.

4. Mathieu

Mathieu, qui en est à sa première année d'université, retourne chez ses parents toutes les fins de semaine, mais n'apprécie pas ce retour au foyer. Ne discutant ni avec ses parents ni avec ses anciens amis du quartier, il préfère s'enfermer dans sa chambre et jouer à des jeux vidéo. De temps à autre, il s'adonne compulsivement à une séance de magasinage et en revient tout excité après avoir acheté un gadget électronique. Mathieu ne tolère pas que ses parents lui posent des questions qu'il considère comme anodines et se fâche lorsque ces derniers tentent de lui dire quoi faire. Il s'est inscrit à des cours réputés faciles et il démontre peu d'intérêt pour ses études.

Réponses

1. Surdéterminée
   Vous avez peut-être jugé que Julie (cas 1) avait atteint la réalisation de son identité. Cependant, plusieurs aspects de son cas soulignent une identité surdéterminée : a) Julie évite d'ouvrir son cercle social à des gens différents d'elle et de sa mère, sans compter qu'elle fuit les hommes qui pourraient faire ressortir d'autres facettes de sa personnalité; b) elle choisit toujours des cours qui reflètent ses préoccupations; c) ses intérêts coïncident trop avec ceux du parent qu'elle admire le plus (sa mère).
2. Réalisée
3. En moratoire
4. Diffuse

Famille et amis

On n'avance jamais seul sur le chemin du développement. À l'adolescence, lorsque la route est particulièrement cahoteuse, les parents et les pairs exercent une forte influence, pour le meilleur ou pour le pire.

Parents

On dit souvent que les adolescents se détachent de leurs parents et qu'ils rejettent les valeurs et les conduites des générations précédentes. De nombreuses études, cependant, arrivent à la même conclusion : le fameux *fossé des générations* n'est pas aussi large qu'on le croit généralement. On constate que les jeunes et les adultes ont des valeurs et des aspirations semblables, surtout si l'on compare les adolescents avec leurs parents plutôt qu'avec les adultes en général (Steinberg, 1990).

POINT DE MIRE

La recherche de l'identité chez les adolescents des minorités

Dans la plupart des sociétés contemporaines, la recherche de l'identité est une démarche extrêmement complexe. Le jeune voit s'ouvrir devant lui une multitude de voies et doit faire un grand nombre de choix. Dans les sociétés démocratiques, le processus est particulièrement ardu, voire douloureux, pour les membres des minorités ethniques (Phinney, 1993; Phinney et coll., 1990; Spencer et Markstrom-Adams, 1990). D'une part, l'idéologie démocratique engendre une société pluraliste, ouverte et égalitaire où tous les citoyens exploitent leur potentiel, leurs attributs et leurs objectifs personnels. D'autre part, les groupes minoritaires accordent en général une importance primordiale à l'appartenance ethnique et attendent souvent des adolescents qu'ils restent fidèles à leurs racines et chérissent leur héritage. La formation de l'identité exige donc des jeunes qu'ils trouvent le juste équilibre entre le rejet des origines et l'adhésion totale à la tradition. « Chaque nouvelle génération jette un pont entre le passé vivant et l'avenir prometteur » (Erikson, 1968).

Ce pont est particulièrement difficile à construire pour les enfants des groupes minoritaires. Eux qui s'attendaient à connaître un idéal démocratique se butent aux préjugés sociaux et parfois même au racisme. Par conséquent, « nombre de jeunes des minorités ethniques [...] renient un grand pan d'eux-mêmes pour survivre, intériorisent des images défavorables de leur communauté et n'adoptent jamais d'identité culturelle » (Hill et coll., 1994). Quelques-uns acquièrent alors une identité négative, rejetant en bloc tant les valeurs traditionnelles de leur groupe que la culture de la majorité. D'autres, les plus nombreux, adoptent une identité surdéterminée et choisissent les valeurs d'une seule culture (Phinney et coll., 1994).

Les adolescents des minorités ont souvent des relations extrêmement tendues avec leurs parents et les autres membres de leur famille. De nombreuses communautés ethniques cultivent les liens familiaux avec un zèle extrême; leurs membres vouent un grand respect aux aînés et acceptent de se sacrifier pour le bien de la famille (Harrison et coll., 1990). Cette attitude s'oppose à celle de la majorité, qui valorise la liberté et l'autodétermination des adolescents; elle accentue le conflit qui naît normalement lorsque le besoin d'indépendance et d'amitié de l'adolescent se heurte aux exigences parentales et aux normes culturelles. Certains adolescents, les filles le plus souvent, cèdent à l'autorité parentale et vivent docilement dans le foyer paternel jusqu'au jour de leur mariage. D'autres, les garçons en général, se rebellent et quittent le foyer en claquant la porte. Il est intéressant de noter que les adolescents capables de s'identifier tant à leur culture d'origine qu'à la culture de la majorité semblent réussir mieux dans leurs études et jouir d'une meilleure santé psychologique (LaFramboise et coll., 1993).

Les explications que nous avons données jusqu'ici ne tiennent compte ni des différences individuelles ni des différences entre les groupes; elles constituent donc des généralisations, voire des stéréotypes. Il est évident que les pressions exercées sur les jeunes dépendent de l'origine ethnique, de la situation socio-économique et du degré d'acculturation de la famille.

L'identité ethnique, comme toutes les autres formes d'identité, ne se trouve pas facilement. La personne oscille généralement entre l'assimilation totale et la séparation irréversible avant de s'affirmer de façon adulte (Cross, 1991). Certains adolescents des groupes minoritaires peuvent mettre des années, et même des décennies, pour s'y retrouver dans le fouillis des héritages, des rôles sexuels, des aspirations professionnelles, des croyances religieuses, des valeurs politiques et pour se construire une identité qui leur convienne véritablement (Staples et Johnson, 1993).

Ainsi, de nombreuses études ont révélé une grande concordance entre les opinions et les valeurs des parents et celles des adolescents en matière de politique, de religion, d'éducation et de travail (Coleman et Hendry, 1990; Youniss, 1989). Or, les mesures objectives ont beau indiquer que le fossé des générations est étroit, les parents et les enfants n'en sont pas convaincus. Chaque membre de la dyade parent-adolescent a en effet des opinions, des intérêts et des besoins propres à sa génération et perçoit donc la relation à sa manière (Bengston, 1975).

Harmonie et conflit

Partout au monde, le besoin d'indépendance des adolescents se heurte plus ou moins violemment à l'autorité des parents (Schlegal et Barry, 1991). Le conflit semble donc quasi inévitable dans la plupart des familles. Sa virulence et son poids sur la relation parent-enfant dépendent de nombreux facteurs. Le principal est vraisemblablement le style d'éducation adopté par les parents.

Source : R.M. Lerner et coll., « Actual and Perceived Attitudes of Late Adolescents and Their Parents: The Phenomenon of the Generation Gap », *The Journal of Genetic Psychology*, 126 (1975), p. 195-207.

À VOUS LES COMMANDES – 11.2

Le fossé des générations

La recherche semble montrer que le fossé des générations n'est pas aussi large que d'aucuns le jugent. En fait, les convictions politiques, les engagements religieux et la vision sur l'éducation de la plupart des adolescents concordent en général avec ceux de leurs parents.

Vous pouvez constater par vous-même et évaluer les ressemblances et les différences entre les opinions de quatre adolescents et de leurs parents. Pour chacune des huit affirmations ci-dessous, demandez-leur d'indiquer, en utilisant une échelle de 1 à 7, leur degré d'accord ou de désaccord (1 représente une adhésion totale à l'affirmation et 7, une opposition extrême).

1. Les relations sexuelles prémaritales ne sont pas acceptables avant l'âge de 20 ans.

2. Les lois régissant la consommation de drogues et d'alcool devraient être plus sévères.

3. La guerre est immorale.

4. L'information sur le contrôle des naissances et les moyens de contraception devrait être accessible à tous ceux qui désirent l'obtenir.

5. La femme est la première responsable de l'éducation des enfants. Elle ne devrait pas travailler à l'extérieur tant qu'ils sont d'âge préscolaire.

6. Les relations homosexuelles devraient être condamnées dans notre société.

7. Les personnes qui font usage de drogues sont des êtres irresponsables.

8. Les centrales nucléaires devraient être fermées.

Quels résultats avez-vous obtenus ? Notez-vous des similitudes et des différences entre les réponses des adolescents et celles de leurs parents ? Si oui, quelles seraient vos pistes de réflexion pour tenter de les expliquer ?

Nous avons vu au chapitre 8 que les chercheurs ont classé les parents en catégories. Les parents *autoritaires* exigent l'obéissance et prodiguent peu de marques d'affection; les parents *permissifs* sont affectueux, mais laxistes; les parents *directifs*, enfin, établissent des limites claires, entourent leurs enfants de tendresse et communiquent bien avec eux. À l'adolescence comme au cours des périodes précédentes de la vie, le style directif est le plus propice à l'épanouissement et au développement de l'estime de soi des jeunes ainsi qu'à l'harmonie de la relation parent-enfant (Baumrind, 1991; Coleman et Hendry, 1990; Steinberg, 1990; Lamborn et coll., 1991; Steinberg et coll., 1994). Le style permissif est le plus néfaste, car il peut passer pour de l'indifférence (parents *détachés-négligents*). Il peut miner la confiance des jeunes, les rendre dépressifs, nuire à leur rendement et les pousser à la délinquance (Baumrind, 1991; Lamborn et coll., 1991; Steinberg et coll., 1994).

Les parents directifs favorisent le développement psychosocial de l'adolescent parce qu'ils lui laissent de la latitude (conformément à son désir d'indépendance) tout en continuant de l'encadrer, de l'épauler et de l'accepter. Ces parents peuvent ainsi discuter de plusieurs problématiques (avortement, politique, etc.) avec leur adolescent en lui permettant d'exprimer ses opinions. L'adolescent éprouve le besoin de se détacher psychologiquement de parents autoritaires ou permissifs, mais il peut trouver auprès de parents directifs à la fois l'indépendance et le soutien qui lui sont nécessaires (Furman et Holmbeck, 1995; Lamborn et Steinberg, 1993; Ryan et Lynch, 1989).

Les conflits entre parents et adolescents portent le plus souvent sur des habitudes de vie (coiffure, propreté, habillement, etc.). Précisons que ce sont surtout

À VOUS LES COMMANDES – 11.3

Styles parentaux et cultures

Discutez avec des adolescents provenant de divers milieux ethniques ou culturels de leur perception de l'autorité parentale. Quels éléments ressortent le plus souvent pour décrire les styles parentaux ?

les jeunes adolescents qui se teignent les cheveux en vert ou font jouer leur musique à tue-tête pour annoncer sans équivoque qu'ils ont amorcé un nouveau stade.

Tous les changements qu'entraîne la maturation chez les jeunes ont des répercussions : parents et enfants s'opposent et se distancient, obligeant tous les membres de la famille à restructurer les attentes qu'ils entretiennent les uns envers les autres (Collins, 1990; Collins et Russel, 1991; Steinberg, 1988). En règle générale, les adolescents se convainquent beaucoup plus tôt et beaucoup plus fermement que les parents qu'ils devraient jouir des privilèges de l'âge adulte (Holmbeck et O'Donnell, 1991). Ils estiment en outre que les sujets de discorde entre eux et leurs parents relèvent de la vie privée et de la liberté individuelle. Les parents jugent pour leur part qu'ils ont autorité, sinon droit de regard, sur les heures de rentrée, les conversations téléphoniques et l'habillement (Smetana et Asquith, 1994). Mais pourquoi autant de cris et de grincements de dents à propos de questions en apparence dérisoires ? Parce que l'enjeu des conflits est la liberté de l'adolescent de prendre des décisions. Toutefois, les conséquences de l'antagonisme n'ont rien de frivole : la discorde incessante peut miner la qualité et l'harmonie de la vie familiale (Smetana et coll., 1991).

Le conflit naît en plus du fait que l'adolescent voit ses parents sous un jour nouveau. Capable de se projeter dans différents rôles, d'idéaliser son image de soi et de se voir tel qu'il est, il en arrive aussi à voir ses parents « tels qu'ils sont », c'est-à-dire comme des êtres humains imparfaits et faillibles (Steinberg, 1990; Collins, 1990; Feldman et Gehring, 1988). Il n'a pris encore aucun engagement, mais il s'aperçoit que ses parents ont quelquefois failli aux leurs et il conteste leurs croyances, leurs attentes et leur autorité. L'affirmation de soi de l'adolescent pousse parfois même les parents à s'affirmer eux-mêmes avec plus de fermeté. Certains se mettent à insister sur la « bonne » conduite, à exagérer les dangers de l'indépendance et à exiger l'obéissance et le respect que l'adolescent semble soudainement leur nier.

Par bonheur, les désaccords s'atténuent graduellement dans la plupart des familles. L'adolescent commence à formuler des arguments « sensés » et à agir judicieusement. Les parents admettent alors que leur enfant grandit et devient plus conciliants. L'harmonie des relations se rétablit d'ordinaire à la fin de l'adolescence, quels que soient les autres paramètres (sexe, enfant adopté ou biologique, type de famille, pays, etc.) (Hurrelmann et Engel, 1989; Larson et coll., 1996; Maughan et Pickles, 1990; Montemayor, 1986).

En résumé, le conflit apparaît le plus souvent au début de l'adolescence et porte sur des questions comme les goûts musicaux, la propreté et les habitudes de sommeil plus que sur des enjeux comme la politique mondiale et la morale (Barber, 1994). La grande majorité des adolescents disent du reste qu'ils se sentent aimés et acceptés par leurs parents et qu'ils les perçoivent comme des modèles et des conseillers (Steinberg, 1990). Environ 20 % de familles ne cadrent pas dans ce tableau rassurant et traversent des périodes d'hostilité pendant l'adolescence des enfants (Montemayor, 1986; Offer et Offer, 1975). Dans ces familles, certains problèmes, dont nous traiterons plus loin dans ce chapitre, sont plus susceptibles de se produire (Dryfoos, 1990).

Pairs et amis

En tant qu'agents de socialisation, les pairs prennent de l'importance à la fin de l'enfance et exercent une influence prépondérante au début de l'adolescence (Berndt, 1989). Qu'elles consistent à « traîner » en groupe au centre commercial ou à se murmurer des confidences au téléphone, les relations avec les pairs et les amis intimes constituent un élément essentiel du passage de l'enfance à l'âge adulte.

Les pairs, qui forment un groupe nombreux et fluctuant (Fischer et coll., 1986), s'aident les uns les autres à passer au travers des exigences de l'adolescence. Selon Brown (1990), « le réseau de pairs des adolescents est à l'image de leur maturité

Comment vais-je m'habiller aujourd'hui ? Ce sont souvent les pairs qui répondent à la question pour l'adolescent, comme en témoignent ces deux photos. Les amis se sont peut-être téléphoné pour s'enqué-

rir de leurs tenues respectives mais, dans un cas comme dans l'autre, la réponse était connue d'avance : ce serait « punk » ou « preppy ».

biologique, sociale et cognitive et les aide à s'adapter à l'environnement social de l'adolescence ». Voici, d'après Brown, les quatre principales fonctions des relations avec les pairs et des amitiés intimes :

1. Les changements physiques qui se produisent à l'adolescence font naître des sentiments inconnus, suscitent des expériences inédites et ébranlent l'estime de soi. Le groupe de pairs joue alors le rôle d'un groupe d'entraide qui apporte information et soutien à des personnes aux prises avec les mêmes difficultés.

2. Le groupe de pairs aide l'adolescent à s'adapter aux changements de son environnement social et surtout à la transition entre le cocon protecteur du primaire et le milieu hétérogène et impersonnel du secondaire.

3. Le groupe de pairs sert de miroir à l'adolescent qui se cherche. Celui-ci trouve en ses amis un reflet de ses dispositions, de ses centres d'intérêt et de ses capacités propres. Grâce à ses amis, il définit ce qu'il est en déterminant également ce qu'il n'est pas.

4. Le groupe de pairs permet à l'adolescent de faire l'essai d'une série d'opinions, de philosophies et d'attitudes à l'égard de lui-même et du monde. En compagnie d'autres personnes qui en font autant, il peut commencer à discerner les valeurs et les aspirations qui lui tiennent à cœur.

Étant donné la nature et l'importance des fonctions du groupe de pairs, les adolescents cherchent surtout de la loyauté et de l'intimité en amitié (Berndt et Savin-Williams, 1992; Savin-Williams et Berndt, 1990). De vrais amis se serrent les coudes, ne disent pas de mal l'un de l'autre et, par-dessus tout, écoutent les confidences sans jamais les ridiculiser ni les trahir.

À VOUS LES COMMANDES – 11.4

Le rôle du groupe de pairs

Pour vous aider à comprendre le rôle du groupe de pairs pendant l'adolescence, discutez de votre propre expérience. À l'adolescence, fréquentiez-vous un cercle d'amis, plus ou moins défini, composé de garçons et de filles ? Alliez-vous à la rencontre d'un ou de plusieurs groupes en même temps afin de ne pas vous retrouver en tête-à-tête avec une personne qui vous attirait ?

Confiiez-vous vos expériences sexuelles à un ami du même sexe dans le but de confirmer que vous étiez comme les autres ? Étiez-vous membre d'un club, d'une association ou d'un groupement similaire ? Dans la négative, un tel groupe vous rejetait-il ? Dans l'affirmative comme dans la négative, décrivez comment vous vous sentiez.

Pression des pairs

Pression des pairs   Influence sociale poussant à adopter le comportement, l'habillement et l'attitude des amis ou des membres de sa cohorte.

Puisque le rôle des pairs est si constructif, qu'en est-il de la fameuse pression des pairs, cette supposée contrainte qu'exerce le groupe sur l'adolescent pour le pousser à des conduites qu'il n'aurait pas autrement ? Elle n'est pas toujours aussi néfaste qu'on le croit. Premièrement, elle n'est intense que pendant une brève période; elle augmente du début de l'adolescence jusqu'à l'âge de 14 ans environ, puis elle s'atténue (Coleman et Hendry, 1990). Deuxièmement, comme nous venons de le voir, elle peut faciliter la transition entre la dépendance de l'enfance et l'autonomie. Troisièmement, elle peut orienter l'adolescent vers des comportements souhaitables comme étudier avec application pour obtenir de bonnes notes et s'abstenir de fumer (Brown, 1990; Brown et coll., 1986).

À VOUS LES COMMANDES – 11.5

La pression des pairs : hier et aujourd'hui

Il arrive souvent qu'à l'adolescence on ne perçoive pas clairement l'influence que ses amis et amies exerce sur soi. Avec un peu de recul, on se rend mieux compte.

1. En vous remémorant votre adolescence, pouvez-vous identifier certains de vos comportements ou de vos attitudes qui reflétaient la pression des pairs ? En

aviez-vous conscience à ce moment-là ? Et maintenant, comment percevez-vous cette influence ?

2. Y a-t-il de vos attitudes et de vos comportements actuels qui reflètent la pression des pairs ? Lesquels ? Comment percevez-vous cette influence ?

L'adolescent a tendance à choisir des amis qui partagent ses valeurs et ses centres d'intérêt et à faire, en groupe, des frasques dont il n'aurait pas l'idée seul. Heureusement, la plupart des inconduites inspirées par les pairs sont des expériences isolées et non le signe d'un tempérament délinquant.

Quand un adolescent prétend qu'il doit accomplir telle ou telle activité, s'habiller de telle façon ou traîner dans un certain quartier de la ville « parce que tout le monde le fait », il tente d'éluder la responsabilité d'une conduite ou d'un style dont il fait l'essai. Le groupe de pairs fournit donc à l'adolescent une sorte de zone tampon entre le monde de l'enfance, caractérisé par une relative dépendance, et le monde de l'adulte, caractérisé par une relative indépendance.

Relations entre garçons et filles

Si les garçons et les filles ont tendance à s'ignorer pendant l'âge scolaire, il en va tout autrement à l'adolescence. Ils commencent à se rapprocher à compter de la puberté et, dans ce domaine comme dans plusieurs autres, le groupe de pairs facilite la transition.

L'attirance hétérosexuelle se manifeste par une apparente répulsion avant de prendre la forme d'un intérêt explicite. Une étude menée auprès d'adolescents néo-zélandais (Kroger, 1989) a éloquemment révélé ce changement d'attitude. Les filles commencent par comparer les garçons à une sorte de fléau puis, au bout de quelques années, admettent que « c'est autre chose ». Les garçons, de même, cessent de considérer les filles comme l'ennemi numéro un pour convenir qu'elles ont leurs bons et leurs mauvais côtés et, heureusement, « plus de qualités que de défauts ». Cet « apprivoisement » au sexe opposé s'observe dans de nombreux pays, encore que le rythme du processus dépende de divers facteurs. Les changements hormonaux liés à la puberté sont évidemment du nombre, mais leur influence n'est probablement pas aussi déterminante que celle de la culture et des pairs. Et puis, encore faut-il connaître quelqu'un à qui s'apprivoiser (Coe et coll., 1988) !

Le réseau de soutien constitué par les amis conserve son importance au moment où se tissent les premières relations amoureuses. De nombreux adolescents connaissent alors une série de difficultés et craignent en particulier l'éventualité d'un rejet. L'expérience du rejet, au demeurant, est habituellement dévastatrice

Que faut-il dire à son « chum » ou à sa « blonde » ? Quand faut-il se toucher ? Voilà d'épineuses questions qui se posent aux jeunes lors des premières relations amoureuses. Les couples d'adolescents ont tendance à se rassembler, car ils se rassurent mutuellement à ce propos. Il n'est pas rare d'ailleurs que la rupture d'un des couples provoque celle d'un autre et aboutisse à une simple substitution des partenaires.

pour les adolescents (Mitchell, 1986). Ils ont alors besoin d'amis qui les rassurent, les consolent, valident leurs sentiments et les aident à rétablir leur estime de soi.

La transition se prolonge chez les adolescents gais et les adolescentes lesbiennes, qui ont encore plus de difficultés que les autres à trouver tant des partenaires que des confidents. Ils mettent plus de temps que les adolescents hétérosexuels à assumer leur identité sexuelle, car il leur est plus ardu de trouver un réseau de pairs qui les accepte. Dans les sociétés homophobes en particulier, de nombreux jeunes hommes nient farouchement leurs inclinations homosexuelles, tentent de les réprimer ou les dissimulent en ayant des relations hétérosexuelles (Savin-Williams, 1995). De même, nombre de jeunes filles qui s'identifieront ultérieurement en tant que lesbiennes passent leur adolescence à ignorer ou à nier leur orientation. Mais puisque les amitiés féminines se caractérisent par l'intimité, les adolescentes lesbiennes ont moins de mal que les adolescents gais à trouver l'amitié auprès de pairs de même sexe (Bell et coll., 1981; D'Augelli et Hershberger, 1993; Savin-Williams et Berndt, 1990).

En résumé, la recherche semble étayer l'hypothèse que les pairs facilitent toutes les tâches importantes de l'adolescent, qu'il s'agisse de s'adapter aux changements physiques provoqués par la puberté, de trouver une identité ou de nouer des relations amoureuses. Voilà qui ramène le supposé problème de la « pression des pairs » à de plus justes proportions.

En règle générale, l'influence des pairs se juxtapose à celle des parents au lieu de la contrer (Brown, 1990). On ne devrait peut-être pas s'en étonner. Les valeurs et les croyances que les adolescents partagent avec leurs parents ont une incidence sur leur choix d'amis et d'activités. Ainsi, les adolescents qui ont été habitués à valoriser la réussite scolaire ont tendance à choisir des amis animés du même idéal. Les parents, par ailleurs, influent indirectement sur les relations de l'adolescent, selon la manière dont ils surveillent ses activités et la souplesse dont ils font preuve face aux changements des besoins et des aspirations de leur enfant (Brown et coll., 1993). Par exemple, les parents incapables de renoncer à une part de leur autorité, pour satisfaire le besoin d'indépendance de l'adolescent, risquent de le voir se détourner d'eux au point de négliger ses études et de renier ses convictions personnelles afin de rester populaire auprès de ses amis (Fuligni et Eccles, 1993). Si, en revanche, les parents reconnaissent la nouvelle maturité de leur enfant et démocratisent le processus décisionnel, l'adolescent percevra une complémentarité et non une opposition entre sa famille et son groupe de pairs (Jacobs et coll., 1993).

À VOUS LES COMMANDES – 11.6
Les parents : ennemis ou alliés ?

Élaborez des scénarios d'interactions entre parents et adolescents qui favoriseraient, selon vous, une juxtaposition de l'influence des parents et des pairs, plutôt qu'une confrontation, dans les quatre situations suivantes.

1. Le parent de Robert lui donne un montant d'argent, que les deux parties considèrent comme raisonnable, pour qu'il s'achète un manteau et des bottes d'hiver. Robert revient avec un manteau de marque réputée pour lequel il a tout déboursé. Il affirme qu'il n'a pas besoin de bottes, qu'il portera ses souliers de course.

2. Annie considère que ses parents sont trop sévères en ce qui concerne les heures de rentrée durant la fin de semaine. Pour pouvoir aller au prochain party, elle leur dit qu'elle accepte de rentrer à minuit et leur donne un faux numéro de téléphone de l'endroit où elle devrait être. Elle rentre à 3 heures du matin, sachant qu'une confrontation l'attend. Annie veut pouvoir s'amuser tranquillement, même si elle doit par la suite subir la colère de ses parents.

3. Alain, le parent de Jacinthe, accepte souvent de lui prêter sa voiture, surtout les fins de semaine lorsqu'elle sort avec ses amis et amies. Un mardi matin, Alain trouve sa voiture équipée d'un sabot de Denver. Pourquoi ? Jacinthe n'avait pas réglé les nombreuses contraventions accumulées !

4. Les parents de Bernard ont toujours encouragé leur fils dans ses études. Ils savent bien que les résultats scolaires du 4e secondaire sont déterminants pour l'entrée au cégep. Bernard, lui, ne semble pas en tenir compte. Il passe le plus clair de son temps avec ses amis plutôt que d'étudier.

Suicide chez les adolescents

Quand les problèmes qui peuvent se poser à l'adolescence présentent une certaine gravité, ils découlent généralement d'une combinaison de facteurs : difficultés familiales de longue date, fragilité de la personnalité, conditions culturelles défavorables, groupe de pairs, contexte social, etc. (Robins et Rutter, 1990; Smith et Rutter, 1995). Le suicide constitue sans doute le plus alarmant de ces problèmes.

Phénomène complexe, le suicide affecte de plus en plus de personnes. Au Canada, comme dans la plupart des pays industrialisés, les taux de décès par suicide sont en progression.

Le problème du suicide est non seulement inquiétant, mais aussi déroutant. On se dit que les adolescents ne font que commencer à vivre et que même dans les moments de découragement ils devraient croire que le beau temps reviendra. Les adolescents suicidaires ne pensent pas de cette façon. Ils sont tellement accablés par la dépression ou la colère que, pendant quelques heures ou quelques jours fatidiques, la mort leur apparaît comme la seule issue possible. Parfois, le passage à l'acte peut être rapide, laissant alors peu de temps à l'entourage pour identifier d'éventuels signes avant-coureurs.

Idéations suicidaires Pensées axées sur le suicide; peuvent être passagères ou continues.

Chaque année, dans le monde entier, des millions de jeunes pensent à s'enlever la vie et planifient leur suicide. Des milliers mettent leur projet à exécution. Une recension des études menées dans divers pays révèle que les idéations suicidaires, c'est-à-dire les pensées axées sur le suicide, sont si répandues chez les élèves du

LES UNS ET LES AUTRES

Les taux de suicide chez les hommes dans le monde

On lit souvent que le Québec détient le taux de suicide le plus élevé au monde chez les jeunes hommes; pourtant, dans l'*Annuaire des statistiques sanitaires mondiales*, on trouve des taux supérieurs dans quelques pays (voir la figure ci-dessous).

Chez les hommes de 15 à 24 ans, le taux de suicide varie entre 21 pour 100 000 et 41 pour 100 000 si on

compare le Québec, le Canada, les États-Unis, la Hongrie, la Lettonie et la Russie.

Pour les hommes de 25 à 34 ans, l'écart est beaucoup plus grand. On trouve, pour les mêmes pays et le Québec, des taux de suicide variant entre 22 pour 100 000 et 91 pour 100 000.

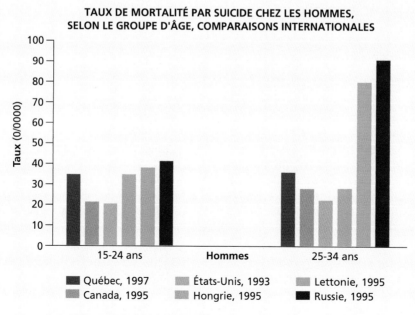

TAUX DE MORTALITÉ PAR SUICIDE CHEZ LES HOMMES, SELON LE GROUPE D'ÂGE, COMPARAISONS INTERNATIONALES

Légende :
- Québec, 1997
- Canada, 1995
- États-Unis, 1993
- Hongrie, 1995
- Lettonie, 1995
- Russie, 1995

Source : Organisation mondiale de la santé, 1998.

secondaire qu'on pourrait presque les considérer comme « normales » (Diekstra, 1995).

Le processus suicidaire peut être décrit selon le schéma présenté à la figure 11.1; il comprend les étapes suivantes (Poudrette, 1999) :

– perte réelle ou symbolique dont l'événement déclencheur peut être la mort d'un proche, la fin d'une relation, la prise de conscience de son homosexualité, des difficultés financières, des échecs scolaires, des difficultés familiales, etc.;

– sentiments de détresse et de dépression qui peuvent se manifester par des symptômes *physiques* (perturbation du sommeil, désordres de l'appétit, manque d'énergie ou, par moments, hyperactivité), par des symptômes *psychologiques* (perte d'intérêt, tristesse, irritabilité, rage, changements d'humeur fréquents, faible estime de soi), par l'*isolement,* par une *consommation excessive* d'alcool, de drogues ou de médicaments;

– crise suicidaire dont les signes particuliers touchent les émotions — exagérées, non ressenties ou non exprimées — en ce qui concerne les événements déclencheurs, l'expression de sentiments d'impuissance, d'injustice, de tristesse, de vide existentiel, l'impression de confusion et de perte de contrôle sur soi et sur sa vie;

– idéations suicidaires passagères qui laissent place à une perspective où la souffrance prend fin, mais ces idéations ne sont pas prolongées ou maintenues;

– planification floue, qui évalue *grosso modo* différents moyens de se suicider;

– idéations suicidaires continues, obsessionnelles même, qui laissent peu ou pas de place à d'autres intérêts, à l'exploration d'autres façons de gérer les situations difficiles; en un mot, peu ou pas de place pour d'autres projets que celui de mettre fin à la souffrance de manière définitive;

– planification précise qui établit le « comment » du suicide de façon détaillée;

Nombre d'adolescents traversent de temps à autre des périodes de dépression. Toutefois, la dépression qui se prolonge ou s'accompagne d'une perte d'intérêt pour les relations sociales, d'une diminution du rendement scolaire ou d'une régression à la dépendance de l'enfance peut être un signe précurseur du suicide. L'entourage de l'adolescent déprimé doit prendre son état au sérieux et recourir à des mesures de prévention.

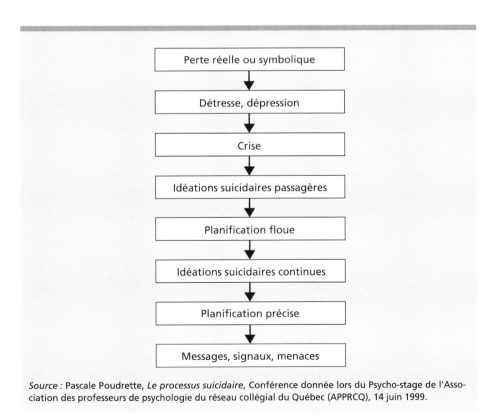

Perte réelle ou symbolique

Détresse, dépression

Crise

Idéations suicidaires passagères

Planification floue

Idéations suicidaires continues

Planification précise

Messages, signaux, menaces

Source : Pascale Poudrette, *Le processus suicidaire,* Conférence donnée lors du Psycho-stage de l'Association des professeurs de psychologie du réseau collégial du Québec (APPRCQ), 14 juin 1999.

Figure 11.1   *Schéma du processus suicidaire.*

– envoi de messages, de signaux, de menaces plus ou moins directs, plus ou moins clairs comme le don d'objets précieux, la rédaction de son testament, la recherche de réconciliation pour faire la paix avec tout le monde.

Par bonheur, la plupart des tentatives de suicide à l'adolescence ne se soldent pas par un décès. De même, certains jeunes commettent des actes volontaires d'autodestruction qui n'entraînent pas inéluctablement la mort. Les experts parlent alors de parasuicide (Diekstra, 1995). Une multitude de facteurs déterminent si les idées suicidaires aboutiront au parasuicide ou à la mort, dont l'accessibilité des moyens de passer à l'acte (disponibilité des armes, par exemple), le degré de surveillance parentale, la consommation d'alcool ou de drogues, les attitudes de la famille, des amis et de la société face au suicide, le sexe et la culture.

Parasuicide Acte volontaire d'autodestruction qui n'entraîne pas inéluctablement la mort. Il peut s'agir de l'ingestion d'une dose excessive d'aspirine (rarement mortelle) ou, de la part d'un conducteur seul dans sa voiture, d'une manœuvre destinée à provoquer une collision (souvent fatale pour d'autres personnes et possiblement handicapante à vie).

Causes du suicide

Qu'est-ce qui peut pousser un adolescent à s'enlever la vie ? On considère généralement le suicide comme une réaction à un choc psychologique précis. Le plus souvent, cependant, l'autodestruction constitue l'ultime conséquence de problèmes qui affligent depuis longtemps la personne (quel que soit son âge) ainsi que sa famille et son environnement social (Brent et coll., 1994; Faberow, 1991; Maris, 1994; Shneidman et coll., 1994).

Les adolescents suicidaires en particulier sont souvent issus d'un milieu familial où règnent « la colère, l'ambivalence, le rejet et les difficultés de communication » (Curran, 1987). Dans un contexte de tension et de conflit, tout revers peut faire déborder le vase; le désespoir et le désir de vengeance entraînent alors l'adolescent au suicide (Adams et coll., 1994; DeMan et coll., 1993).

En matière de suicide, il ne faut pas négliger l'effet d'entraînement causé par le suicide d'une célébrité ou d'un pair. Or, ce n'est pas tant le premier suicide lui-même qui précipite l'épidémie de suicides que l'exploitation qu'en font les médias, les pairs et les écoles. Aussi certains experts jugent-ils que les médias doivent rapporter les suicides pour faire taire les spéculations et les commérages sensationnalistes, mais qu'ils doivent en rendre compte de manière strictement factuelle, sans jouer sur la corde des émotions (*MMWR*, 22 avril 1994).

Épidémie de suicides Série de suicides ou de tentatives de suicide déclenchées par le suicide d'une célébrité ou d'un pair.

Signes avant-coureurs du suicide

Comment reconnaître les adolescents suicidaires et que faire pour les dissuader ? Edwin Shneidman, un psychologue qui a consacré toute sa carrière à l'étude du suicide, pense que tout suicide est précédé de signes avant-coureurs verbaux, comportementaux et situationnels (Shneidman et Mandelkorn, 1994). En marge des facteurs prédisposants énumérés plus haut, les signes suivants constituent des avertissements qu'il faut prendre au sérieux :

1. *Diminution soudaine de l'assiduité et du rendement scolaires*, particulièrement chez un élève plus doué que la moyenne.

2. *Discours suicidaire.*

3. *Rupture des relations sociales et isolement.*

4. *Fugue.* L'adolescent fuit au sens propre ou au sens figuré (c'est-à-dire en consommant une grande quantité d'alcool ou de drogue pour tout oublier).

5. *Tentative de suicide.* Une tentative de suicide est un cri de détresse qu'il faut prendre au sérieux. Si rien ne change dans le monde social de l'adolescent, le suicide proprement dit peut faire suite au parasuicide, lequel n'aura alors constitué qu'une entrée en matière. Un grand nombre d'adolescents font plusieurs tentatives avant de se donner la mort. La tentative de suicide constitue en fait un « signe tardif » en ce sens qu'elle est habituellement précédée d'autres signes (Faberow, 1994).

À VOUS LES COMMANDES – 11.7

Le suicide et les ressources du milieu

1. Si vous aviez un ami ou une amie qui vous confiait ses idéations suicidaires ou qui changeait de comportements et d'attitudes de sorte que vous pourriez croire qu'il ou elle a de telles idéations, que feriez-vous ?

2. À quelles ressources pourriez-vous avoir recours dans votre milieu pour obtenir de l'aide ?

Que faire lorsque sonne l'alarme ?

– En parler ouvertement avec la personne, lui poser des questions directes et refuser de garder le secret.

– Écouter, témoigner de la sensibilité et de l'intérêt.

– Informer le réseau social de son projet.

– Évaluer l'urgence suicidaire et faire un pacte de non-suicide.

– Chercher des relations entre les problèmes liés aux événements déclencheurs et offrir de l'aide, entre autres en cherchant avec la personne d'autres solutions.

– Assurer un suivi et créer un réseau d'aide.

– Indiquer ses propres limites de temps, d'argent, d'énergie.

– Recourir aux ressources du milieu.

Telles seraient les principales pistes d'action à entreprendre pour aider une personne suicidaire (Shneidman, 1978; Poudrette, 1999). Mais il est nécessaire d'ajouter une mise en garde : les personnes qui, malgré leurs efforts, ne réussissent pas à empêcher le suicide de quelqu'un doivent prendre soin d'elles-mêmes et aller chercher de l'aide, car le sentiment de culpabilité peut être très lourd (Poudrette, 1999).

Jetons un dernier regard sur la période qui s'étend de l'âge de 10 ans à l'âge de 20 ans. À l'exception peut-être des premiers mois de la vie, aucune autre période n'est marquée par des changements aussi multiples, aussi définitifs, aussi fascinants et aussi déroutants : atteindre une taille adulte, s'éveiller à la sexualité, s'adapter à de nouvelles exigences scolaires et à de nouvelles façons de penser, se détacher des parents et se rapprocher des amis, trouver une identité et un sens à la vie. Ces tâches sont si complexes que l'adolescent ne peut les accomplir sans rencontrer des imprévus et des écueils (Schlegal et Barry, 1991).

Nous avons vu que la plupart des adolescents, des familles et des sociétés supportent assez bien la transition. Les parents et les enfants se disputent parfois, mais ils n'en continuent pas moins de se respecter et de s'aimer. En Amérique du Nord, de nombreux adolescents font l'école buissonnière, mangent n'importe quoi, boivent trop, font l'essai des drogues, enfreignent la loi, se sentent déprimés, ont des relations sexuelles, cèdent à la pression des pairs, contredisent les désirs de leurs parents mais... jusqu'à un certain point. Ces comportements ne sont ni trop fréquents ni trop prolongés; ils n'ont généralement pas de conséquences durables ou fatales. La plupart des jeunes échappent aux problèmes graves et découvrent les gratifications de la maturité. L'adolescence est globalement pour eux une période heureuse.

Si tous les adolescents rencontrent quelques écueils, certains d'entre eux vivent toutefois des problèmes plus graves (maternité, délinquance, tentatives de suicide) qui n'arrivent pas seuls (Cairns et Cairns, 1994; Dryfoos, 1990). Les problèmes de l'adolescence ont dans la plupart des cas des sources antérieures : prédispositions génétiques, traumatismes prénataux, troubles familiaux dans la petite enfance, difficultés d'apprentissage, conduites agressives à l'école primaire... Ces problèmes peuvent empirer avec le stress inévitable de la puberté.

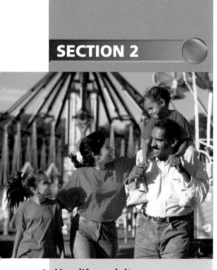

Intimité et isolement Selon Erikson, sixième des huit crises du développement psychosocial, pendant laquelle l'adulte cherche à partager ce qu'il est avec d'autres, à nouer des affiliations et des partenariats sur divers plans, interpersonnel et collectif, à la faveur d'engagements durables et altruistes. Faute d'un engagement sous une forme ou une autre, il s'expose à la solitude.

Générativité et stagnation Selon Erikson, septième des huit crises du développement psychosocial, pendant laquelle la personne cherche à se rendre productive au moyen du travail, des engagements sociaux ou de l'éducation des enfants. Sans cet altruisme dans un champ ou un autre, l'adulte éprouve un sentiment de stagnation et d'appauvrissement personnel.

L'étude de l'adolescence nous apprend toutefois que le passé ne détermine pas inéluctablement l'avenir. Les adolescents sont par nature innovateurs, idéalistes, téméraires et ouverts. La recherche sur les méthodes d'éducation, les programmes de prévention de la toxicomanie, l'amitié et la formation de l'identité indique que certaines personnes parviennent à se forger une identité et à faire des choix pour leur avenir, quoi qu'elles aient vécu auparavant.

DÉBUT DE L'ÂGE ADULTE

Sur le plan du développement psychosocial, la vie de l'adulte dans le monde contemporain est marquée au sceau de la diversité. Affranchi des restrictions parentales et du rythme de la maturation biologique, l'adulte peut choisir à son gré les chemins qu'il empruntera. Or, en matière de carrière, de relation de couple, de maternité ou de paternité, de mode de vie et d'amitié, le nombre de voies qui s'ouvrent devant lui en ce début de XXIe siècle a de quoi impressionner.

Vers l'âge adulte

Deux besoins psychosociaux dominants semblent propulser le développement de l'adulte. Le théoricien humaniste Abraham H. Maslow (1968) parle du *besoin d'amour et d'appartenance* et soutient que sa satisfaction débouche sur le *besoin de succès et d'estime*. D'autres théoriciens nomment ces besoins *affiliation et accomplissement, affection et utilité* ou *communion et influence* (Bakan, 1966). Freud (1935), pour sa part, prétend qu'un adulte sain est une personne capable d'*amour* et de *travail*. Ces diverses appellations dénotent toutes que l'adulte éprouve à la fois le besoin d'établir avec les autres des relations mutuellement gratifiantes et de s'accomplir lui-même.

Après avoir résolu la crise psychosociale de l'identité, le jeune adulte, selon Erikson, entre dans la crise de l'intimité et de l'isolement. Erikson (1963) s'exprime ainsi :

> Enfin parvenu au bout de sa quête d'identité, le jeune adulte est disposé à fusionner son identité avec celle d'un autre. Il est prêt à nouer des affiliations et des partenariats concrets et à acquérir la force morale d'y être fidèle, même au prix de sacrifices et de compromis importants.

Selon Erikson, la crise de l'intimité et de l'isolement est suivie par la crise de la générativité et de la stagnation. L'adulte a alors besoin de jouer un rôle productif et utile et, habituellement, il comble ce besoin par le travail et/ou l'éducation des enfants. Sans la générativité, écrit Erikson, la vie paraît vide et absurde, et l'adulte éprouve un « sentiment envahissant de stagnation et d'appauvrissement personnel ».

C'est au cours de cette période que l'adulte peut jouer, dans divers aspects de sa vie, le rôle de mentor. Qu'est-ce qu'un mentor ?

> Ce ne sont pas des devins, mais ils vous donnent l'impression de vous connaître. [...] ils reconnaissent qui vous êtes, parfois sans que vous-même ne le sachiez déjà. Ils croient en vous. Ils vous proposent des défis. Ils vous montrent à faire des choses. Ils vous incitent à vous dépasser. Sans eux, vous ne seriez pas tout à fait celui ou celle que vous êtes.

Être mentor suppose de la maturité, des connaissances et des habiletés, accompagnées d'un sentiment de compétence. On peut être le mentor de quelqu'un pour certains aspects, pendant des périodes particulières. Houde (1995) définit cinq zones de vie dans lesquelles peut s'exercer le mentorat : la vie personnelle (relation avec soi-même), la vie interpersonnelle (amour, amitié, camaraderie), la vie professionnelle, la vie familiale (famille d'origine, famille actuelle, famille élargie) et la vie sociale.

À VOUS LES COMMANDES – 11.8

Le mentorat : une relation privilégiée

1. Considérez-vous avoir ou avoir eu un mentor dans l'une ou l'autre des zones de votre vie (vie personnelle, interpersonnelle, professionnelle, familiale et sociale) ?

2. Décrivez les principales caractéristiques de cette relation. Selon vous, pourquoi est-elle en lien avec le mentorat ?

Âges et stades

Il y a 50 ans, la vie était telle que la recherche de l'intimité et de la générativité, comme le développement de l'adulte en général, semblait progresser par stades, à la manière du développement de l'enfant. Aujourd'hui, cependant, il serait vain d'essayer de faire correspondre un âge à une étape précise du développement de l'adulte. Erikson, par exemple, estimait que l'intimité était comblée au tout début de l'âge adulte et la générativité, plus tard. Les théoriciens et les chercheurs contemporains, pour leur part, discernent des manifestations de l'intimité et de la générativité tout au long de l'âge adulte (Wrightsman, 1994).

Horloge sociale

La plupart des spécialistes du développement ne découpent plus l'âge adulte en stades, mais ils admettent que le développement de l'adulte est influencé à divers degrés par l'horloge sociale, le calendrier qui établit un moment opportun pour les divers événements de la vie. Toutes les cultures, toutes les sous-cultures, toutes les périodes historiques ont leur horloge sociale et fixent à divers intervalles d'âges approximatifs et avec plus ou moins de rigueur le moment le plus approprié pour se séparer de ses parents, terminer ses études, entreprendre une carrière, avoir des enfants, etc. (Keith, 1990; Settersten et Hagestad, 1996), ponctuant ainsi le développement.

Horloge sociale Calendrier établi par la société (par opposition à la physiologie) pour l'enchaînement des stades de la vie et des comportements correspondants. Ainsi, c'est la culture et non la nature qui, partout au monde, déterminerait les étapes de l'âge adulte.

L'horloge sociale n'est pas réglée de la même façon dans les pays développés et dans les pays en voie de développement. Dans le monde industrialisé, par exemple, l'horloge sociale permet aux grands-mères d'obtenir un diplôme universitaire et dissuade les adolescentes d'avoir des enfants. Dans un pays en développement comme l'Indonésie, au contraire, aucune grand-mère ne fréquente l'université, mais nombre de jeunes adolescentes deviennent mères.

LES UNS ET LES AUTRES

En âge de se marier ?

L'âge « approprié » pour se marier et procréer, par exemple, varie selon les pays. Dans la plupart des pays d'Amérique du Sud, la loi fixe l'âge minimum au mariage à 12 ans pour les filles et à 14 ans pour les garçons; plus de la moitié des jeunes mariées ont moins de 22 ans au Brésil, en Équateur, au Paraguay et au Venezuela. En Allemagne, par contre, les hommes et les femmes ne peuvent se marier avant l'âge de 18 ans. Dans le monde, l'âge moyen s'établit néanmoins à 27 ans pour les femmes et à 29 ans pour les hommes (Nations Unies, 1995).

Au Québec, en 1997, l'âge moyen au premier mariage était de 29,3 ans pour les hommes et de 27,5 ans pour les femmes. Cet écart de près de 2 ans tient à des normes culturelles et particulièrement aux modèles de relation entre les sexes.

On se marie peu au Québec. En effet, de tous les pays dont on connaît les statistiques de nuptialité, aucun n'affiche des indices plus faibles que ceux du Québec (Duchesne, 1999).

Nombre de mariages selon l'âge et le sexe, Québec, 1998.

Âge	Hommes	Femmes	Âge	Hommes	Femmes
16	2	21	29	1308	1109
17	3	74	30-34	4866	3883
18	59	225	35-39	2982	2385
19	122	357	40-44	1764	1575
20	229	540	45-49	1141	1009
21	357	723	50-54	830	642
22	528	962	55-59	592	359
23	771	1339	60-64	331	218
24	966	1403	65-69	275	143
25	1235	1539	70-74	181	91
26	1344	1617	75-79	103	42
27	1509	1412	80 et plus	51	20
28	1391	1252	Total	22 940	22 940

Source : Adapté de L. Duchesne, *La situation démographique au Québec, 1998*, coll. La démographie, Bureau de la statistique du Québec, 1999.

Dans les pays industrialisés, dont le Canada et les États-Unis, l'horloge sociale semble moins contraignante qu'autrefois, et ce, dans tous les domaines de la vie. Elle associe néanmoins au début de la vingtaine de nombreux rôles de l'adulte. Et quel que soit l'ordre dans lequel une personne en particulier entreprend les tâches propres à l'âge adulte, l'intimité et la générativité constituent des thèmes importants.

À VOUS LES COMMANDES – 11.9

L'horloge sociale et son influence sur votre vie

1. À ce moment précis de votre vie, les caractéristiques du développement de l'adulte telles que vues par Erikson et les autres théoriciens s'appliquent-elles à vous ? Dans l'affirmative comme dans la négative, expliquez pourquoi.

2. À quel âge planifiez-vous de démarrer votre carrière, de vous marier, d'élever des enfants ? Si vous avez déjà vécu un ou plusieurs de ces événements, quel âge aviez-vous alors ? Selon vous, quels facteurs ont influencé ou influenceront l'horloge sociale de ces événements ?

Intimité

Pour combler son besoin d'intimité, d'affiliation ou de communion, l'adulte peut assumer plusieurs rôles, notamment celui de l'ami ou de l'amie, celui de l'amoureux ou de l'amoureuse et celui de l'époux ou de l'épouse. Toute relation intime peut connaître une évolution : elle commence par une attirance, progresse vers la familiarité et aboutit à un lien de confiance durable. Chaque rôle demande une part d'abnégation, de don de soi à l'autre. En s'ouvrant à l'autre et en se rendant vulnérable, la personne se découvre elle-même et évite l'isolement qu'entraîne un excès d'autoprotection. Selon Erikson, le jeune adulte doit :

> Affronter la peur de se perdre dans les situations qui exigent l'abandon : dans la solidarité des affiliations solides, [...] les unions sexuelles, l'amitié intime, le combat physique, l'inspiration qu'insufflent les maîtres et l'intuition qui monte des profondeurs du soi. Éviter de telles expériences [...] peut mener à un profond sentiment d'isolement puis à l'égocentrisme. (Erikson, 1963)

L'amitié et la sexualité sont les deux principales sources d'intimité chez le jeune adulte. (Nous traiterons d'une troisième, les liens familiaux, au chapitre 14.) Nous nous pencherons dans un premier temps sur l'amitié, un sentiment universel, puis nous étudierons un lien plus variable, l'intimité sexuelle.

Amitié

L'amitié est très importante à tous les âges du développement humain. C'est un fait que les chercheurs étudient avec un intérêt croissant. Les amis, plus encore que les membres de la famille, nous protègent contre le stress et nous aident de maintes façons (Antonucci, 1990). On ne choisit pas sa famille, mais on choisit ses amis. Et on choisit ses amis en fonction des qualités (comme la compréhension, la tolérance, la loyauté, l'affection et l'humour) qui font d'eux de bons compagnons, des confidents discrets et des sources fiables de soutien psychologique. L'amitié intime confirme notre valeur personnelle et renforce notre estime de soi comme peu de relations peuvent le faire (Allan, 1989; Fehr, 1996).

La plupart des jeunes adultes explorent divers milieux, qu'il s'agisse du cégep et de l'université, du monde du travail ou de regroupements politiques, culturels, sportifs et religieux. Ils ont ainsi la possibilité de faire connaissance avec des gens dont la compagnie, le savoir-faire, les conseils et la sympathie les aideront à relever les nombreux défis de leur âge.

Quels facteurs transforment une relation sociale en amitié intime ? L'amorce de l'amitié repose en général sur quatre éléments déclencheurs : 1) l'apparente disponibilité de la personne, 2) l'absence de critères d'exclusion (c'est-à-dire d'attributs que l'on *ne* souhaite *pas* trouver chez un ami), 3) la fréquence des rencontres, 4) l'attrait physique (même dans les relations platoniques entre personnes de même sexe) (Fehr, 1996).

Les jeunes adultes se font facilement des amis, car ils sont ouverts aux autres et rencontrent beaucoup de gens du même âge qu'eux. De fait, rares sont les jeunes adultes qui se sentent privés d'amis (Jessor et coll., 1991). Parfois, le temps disponible à consacrer à ses amis peut diminuer en fonction d'une augmentation des responsabilités liées à la vie de couple et de famille de même qu'à la vie professionnelle.

Différences liées au sexe en amitié

Vous ne serez pas surpris d'apprendre qu'il existe de nombreuses différences entre les hommes et les femmes au chapitre de l'amitié avec une personne de même sexe. Mais pourquoi suppose-t-on que vous ne serez pas surpris ? Avant de poursuivre, faites l'activité qui suit.

Il n'existe pas deux amitiés pareilles, bien entendu. Dans l'ensemble, cependant, les hommes font des activités avec leurs amis; ils ont une prédilection pour le plein air et surtout pour les sports qui se prêtent aux démonstrations d'adresse et à la surenchère. Les amies, pour leur part, ont un faible pour les conversations intimes et compatissent à leurs sorts respectifs.

À VOUS LES COMMANDES – 11.10

Les amitiés : quelles différences ?

1. Si vous êtes de ceux et celles qui ne se surprennent pas d'apprendre que les amitiés entre hommes et femmes ne sont pas identiques, identifiez au moins cinq aspects sur lesquels elles diffèrent ?

2. Illustrez chacun de ces aspects par un exemple concret de la façon dont les choses se passent ou se vivent chez les hommes et chez les femmes.

Les hommes et les femmes ne font pas les mêmes activités avec leurs amis, ne se disent pas les mêmes choses et n'éprouvent pas les mêmes sentiments (Fehr, 1996). En général, les amitiés masculines reposent sur le partage d'activités et de centres d'intérêt, tandis que les amitiés féminines, plus intimes et émotionnelles, se caractérisent par l'échange de confidences et l'assistance en temps de crise.

Ces différences liées au sexe se matérialisent dans les conversations. Les amies ont tendance à parler de sujets personnels : secrets du passé, problèmes physiques, difficultés amoureuses ou familiales. La révélation de soi constitue le pivot de leurs interactions sociales. Les amis, pour leur part, ont tendance à discuter de sport, de travail, de politique et de véhicules. La conversation se situe davantage à la périphérie de leurs interactions sociales.

Les femmes et les hommes, par conséquent, n'ont pas les mêmes attentes face à l'amitié. Les femmes veulent pouvoir révéler leurs faiblesses et leurs problèmes à leurs amies et espèrent trouver auprès d'elles une écoute attentive, compatissante et, au besoin, consolatrice. Les hommes, si jamais ils parlent de leurs travers et de leurs problèmes, attendent de leurs amis des solutions concrètes plus que de la sympathie (Tannen, 1990).

De nombreux spécialistes des sciences sociales se sont demandé pourquoi l'amitié semble moins intime entre les hommes qu'entre les femmes (Allan, 1989; Fox et coll., 1985; Rawlins, 1992). Il leur est d'abord apparu que l'intimité naît d'une

 **OINT DE MIRE**

L'intuition féminine, l'insensibilité masculine ?

Comme il en a été question précédemment, les amitiés entre femmes se caractérisent par un échange plus intime que celui qui prévaut entre les hommes. On a avancé plusieurs hypothèses pour expliquer cette différence. L'une d'entre elles postule que les femmes posséderaient une intuition leur permettant de deviner les émotions et les motifs cachés des autres. Conséquemment, cette habileté leur permettrait de répondre plus adéquatement aux émotions.

Cette prétendue différence entre les sexes est-elle vraisemblable ? Dans une étude portant sur l'identification des émotions exprimées par des visages d'acteurs sur photos, les femmes surpassent les hommes. Les femmes devançant également les hommes au chapitre de l'identification du ton émotionnel que peut prendre une conversation enregistrée où l'on a électroniquement embrouillé les mots. Certains spécialistes du développement affirment que l'intuition féminine résulterait de l'importance qu'accorde notre société à la sensibilité féminine. D'autres supposent que cette intuition serait un avantage évolutif pour la survie de l'espèce : ils établissent un lien entre le décodage du langage non verbal des émotions et l'interprétation des besoins des bébés et des jeunes enfants qui ne peuvent encore les exprimer par la parole.

Que penser du stéréotype qui veut que les hommes soient *insensibles* aux émotions exprimées par les autres ? Selon le psychologue Ronald Levant de l'université Harvard, cette insensibilité serait le résultat d'un apprentissage social. « Les hommes semblent être moins habiles à décoder les émotions à cause d'une habitude à les réprimer. On enseigne aux garçons à ignorer la douleur et à ne pas pleurer. » Selon certains anthropologues, ce mécanisme d'adaptation serait un vestige des débuts de l'humanité alors qu'on séparait les garçons de leur mère afin de les préparer à la guerre. Bien que plusieurs hommes associent leurs émotions à une simple activation physique — une gorge qui se serre, par exemple — Levant affirme qu'on peut améliorer son habileté à décoder ses propres émotions et celles des autres par un apprentissage adéquat.

Source : C. Gorman, « Sizing up the Sexes », *Time*, 20 janvier 1992, p. 42-51.

À VOUS LES COMMANDES – 11.11

Votre expérience en amitié

Les recherches semblent étayer l'hypothèse concernant les différences entre les amitiés des hommes et des femmes. Les résultats des études présentent des « moyennes », des « tendances ».

1. Qu'en est-il dans votre vie ? Que recherchez-vous chez vos amis ? chez vos amies ? Que vous permettent-ils de vivre ?

2. Interrogez vos amis et amies. Que recherchent-ils dans l'amitié ? Comment perçoivent-ils les amitiés entre hommes ? entre femmes ?

3. Quelles ressemblances et quelles différences se dégagent des éléments recueillis en ce qui concerne la perception de l'amitié des hommes et des femmes ?

mise à nu réciproque. Or, les valeurs véhiculées dans certaines sociétés inciteraient les hommes à se montrer forts et à cacher leurs faiblesses et leurs peurs. Il semble en second lieu que, dès l'enfance, les garçons sont enclins à l'action et les filles à la parole; il est vraisemblable que des tendances aussi précocement établies orientent les interactions jusqu'à l'âge adulte (Fehr, 1996; Tannen, 1990). La troisième raison réside dans l'homophobie. Certains hommes évitent de témoigner de l'affection à un autre homme par peur de l'homosexualité. Paradoxalement, les hommes se donnent les marques d'affection les plus franches lorsqu'ils se rassemblent pour des rituels agressifs comme les sports d'équipe compétitifs. Cependant, il est important de noter que les différences culturelles peuvent être très grandes entre les comportements considérés comme acceptables ou inacceptables dans les manifestations d'amitié des hommes entre eux et des femmes entre elles.

Amitié et mariage

La plupart du temps, le cercle d'amis du jeune adulte subsiste jusqu'au moment d'une cohabitation ou d'un mariage, après quoi il se restreint. La principale raison de ce phénomène est d'ordre pratique : pendant les années où l'on est occupé à jeter les bases d'une relation conjugale, à entretenir un logement, à amorcer une carrière et à élever des enfants, on a moins de temps et d'énergie à consacrer aux amis (Jessor et coll., 1991; Rawlins, 1992). Quelques années plus tard, cependant, les conjoints se font des « couples d'amis », car ils sont alors en mesure de partager des activités et des confidences à quatre.

Amour et vie commune

Il est important d'avoir des amis intimes pour satisfaire son besoin d'affiliation. Pour la plupart des adultes, cependant, il est encore plus important de vivre une relation amoureuse. C'est ainsi qu'ils cherchent un ou une partenaire, un compagnon ou une compagne avec qui partager leur vie.

Cohabitation

De nos jours, les jeunes femmes et les jeunes hommes qui s'aiment cultivent leur intimité en passant, à l'occasion, des nuits et des week-ends ensemble. Puis, s'ils apprécient le temps qu'ils passent ensemble, mais ne veulent pas se marier, ils optent souvent pour la **cohabitation**.

La cohabitation n'est pas exclusive aux jeunes, bien entendu. Dans certaines sociétés (comme la Suède, la Jamaïque et Porto Rico), la cohabitation équivaut à plusieurs égards au mariage et constitue la norme pour les adultes de tous âges.

Selon les chiffres officiels, 40 % des Américains reconnaissent avoir vécu en cohabitation avec quelqu'un avant leur premier mariage. Les chiffres réels sont certainement plus élevés (London, 1991). Une enquête d'assez grande envergure sur la question indique que la moitié des couples vivant en cohabitation envisagent

Cohabitation   Fait pour deux adultes de faire vie commune sans être mariés.

sérieusement d'épouser leur partenaire actuel, qu'un tiers d'entre eux y pensent et que seulement 20 % n'ont pas l'intention d'épouser leur compagnon du moment parce qu'ils ne comptent tout simplement jamais se marier (Bumpass et coll., 1991). Pour de nombreux couples, la cohabitation est un premier pas vers le mariage, mais aussi un moyen d'accroître leurs chances de bonheur conjugal. Au cours de l'enquête susmentionnée, on a demandé aux couples quel était leur principal motif de cohabitation. La moitié ont répondu que c'était pour s'assurer de leur compatibilité avant leur mariage.

Il semble pourtant que la cohabitation n'augmente pas pour autant les chances de succès du mariage. En fait, de nombreuses études réalisées en Amérique du Nord et en Europe occidentale ont révélé que les mariages qui faisaient suite à une période de cohabitation étaient moins heureux et moins durables que les autres (Booth et Johnson, 1988; Nock, 1995). Une corrélation, bien sûr, n'est pas une relation de cause à effet, et de nombreux facteurs viennent obscurcir le lien entre la cohabitation et le bonheur conjugal.

On trouve peu d'études sur l'issue de la cohabitation chez les gais et les lesbiennes. Les experts établissent entre 2 % et 5 % la proportion d'adultes américains qui, à un moment ou à un autre de leur existence, font vie commune dans le cadre d'une relation homosexuelle (Laumann et coll., 1994) exclusive ou non (Gonsiorek et Weinrich, 1991; Kurdek, 1992).

Quelle que soit l'orientation sexuelle, l'établissement d'un engagement amoureux représente toute une entreprise (voir *Point de mire*, page 361). Voyons à présent ce qu'il en est du mariage.

Mariage

Il n'y a pas si longtemps encore, le mariage était un arrangement juridique et, habituellement, religieux conclu au début de l'âge adulte en tant qu'unique caution de l'expression sexuelle et de la procréation et en tant que source permanente d'intimité et de soutien. Les choses ont bien changé dans une grande partie du monde.

Au Canada et aux États-Unis, la proportion d'adultes non mariés est plus forte à l'heure actuelle qu'elle ne l'a jamais été au cours du XXᵉ siècle. Et la proportion de premiers mariages célébrés au début de l'âge adulte est à son plus bas depuis 50 ans (Kahn et London, 1991; U.S. Bureau of the Census, 1996). On observe des tendances analogues dans presque tous les pays industrialisés (Burns et Scott, 1994). Dans toutes les sociétés, le mariage est célébré au moyen d'une cérémonie plus ou moins élaborée, signe social de l'engagement entre deux personnes.

Pourquoi s'engage-t-on ainsi ? Les hommes et les femmes se marient dans l'espoir de voir grandir leur amour au fil des ans, de concevoir et d'éduquer des enfants, de traverser ensemble les hauts et les bas de la vie, de survivre aux maladies graves, de supporter les épreuves, de participer ensemble à une vie sociale et de partager les obligations financières.

L'espoir de voir durer l'union est si souvent déçu que nombre d'experts et de profanes se sont mis à la recherche des secrets du bonheur conjugal. Sur le plan du développement, l'âge et la maturité des conjoints constituent des facteurs déterminants : plus les conjoints se marient jeunes, moins leur union a de chances de durer (Greenstein, 1995).

Si les conjoints mariés jeunes ont tant de mal à faire durer leur mariage, c'est premièrement parce qu'il est difficile d'établir l'intimité avant d'avoir formé son identité (comme l'a dit Erikson), connu l'indépendance et reconnu la nécessité des compromis et de l'interdépendance. Une série d'études menées auprès d'étudiants de l'université a révélé que les moins avancés en matière d'identité et d'intimité, au sens où l'entend Erikson, avaient tendance à assimiler l'amour à la passion et non à l'intimité ou à l'engagement. Ils faisaient passer le vertige et l'ivresse avant la sincérité, la confiance et la loyauté (Aron et Westbay, 1996).

Le deuxième facteur de la réussite du mariage est le degré d'homogamie ou d'hétérogamie des conjoints. En anthropologie, ces termes désignent respectivement

Homogamie Mariage entre des individus semblables au point de vue des attitudes, des centres d'intérêt, des objectifs, de la situation socio-économique, de la religion, de l'origine ethnique et du lieu de résidence.

Hétérogamie Mariage entre des individus différents au point de vue des attitudes, des centres d'intérêt, des objectifs, de la situation socio-économique, de la religion, de l'origine ethnique et du lieu de résidence.

Ⓟ OINT DE MIRE

Les dimensions de l'amour

On croit parfois que l'amour romantique est une expérience simple et universelle. L'amour, pourtant, prend plusieurs formes au cours de la vie, selon les préférences et les interactions des partenaires. Il est influencé de même par les stades de développement, les différences liées au sexe, les forces socio-économiques ainsi que les contextes historique et culturel. L'ensemble de ces facteurs fait de l'amour un phénomène complexe et, souvent, déroutant (Fehr, 1983; Sternberg et Barnes, 1988).

D'abord, chaque personne a sa propre façon d'aimer, déterminée par son tempérament et ses attachements d'enfance. Et puis, les partenaires d'une relation amoureuse ont rarement tout à fait les mêmes besoins. Chacun oscille entre l'infidélité et la loyauté, la jalousie et la confiance, la passion et la camaraderie. Ce mélange complexe et mouvant engendre souvent l'incompréhension et pousse parfois les partenaires à se lancer des accusations : « Tu ne sais pas ce que c'est que d'aimer » (Dion et Dion, 1988; Hatfield, 1988).

Et s'il n'y avait pas qu'une seule façon d'aimer ? Robert Sternberg (1988) identifie trois composantes distinctes de l'amour : la passion, l'intimité et l'engagement, dont la présence ou l'absence déterminent sept formes d'amour (voir le tableau ci-dessous). Sternberg avance en outre que chaque élément a tendance à émerger et à prédominer selon un certain déroulement à mesure que la relation se développe.

De nombreux chercheurs ont constaté que la *passion* est à son plus fort au début d'une relation. La période où l'on « tombe en amour » a l'allure d'un tourbillon physique, cognitif et émotionnel fait d'excitation, de ravissement et d'euphorie. L'intimité physique et le sentiment de fusion atteignent des sommets mais, en réalité, l'intimité émotionnelle est relativement faible. La recherche révèle en effet une corrélation négative entre l'amour passionné et plusieurs caractéristiques de l'intimité, dont la disponibilité, l'honnêteté et la confiance (Aron et Westbay, 1996). L'absence d'intimité émotionnelle au début d'une relation est probablement attribuable au fait que les partenaires n'ont pas encore partagé suffisamment d'expériences et d'émotions pour se comprendre pleinement. Ils n'ont pas éprouvé non plus l'intense sentiment de communion qui naît après que les conjoints ont surmonté ensemble une série d'obstacles.

L'*intimité* doit croître pour que la relation progresse. Une union heureuse et durable repose sur la confiance, la sincérité et la tolérance. C'est ainsi que la communication peut devenir « honnête, courtoise, complète et patiente », dénuée de colère et de culpabilité (Hatfield, 1988). Atteindre un tel degré d'intimité n'est pas une mince affaire. Chaque fois que l'un des partenaires partage un secret, avoue une faille ou dévoile une honte, il s'expose à l'incompréhension, au rejet et à la souffrance.

À mesure que l'intimité grandit, le troisième aspect de l'amour, l'*engagement,* s'établit, s'exprime et se renforce. L'engagement se construit avec le temps que les partenaires décident de passer ensemble, l'attention qu'ils s'accordent, les possessions qu'ils partagent et les problèmes qu'ils résolvent, même au prix de sacrifices personnels. Dévouement et dépendance mutuelle, telles sont les caractéristiques premières de l'engagement (Aron et Westbay, 1996).

Le tableau de Sternberg indique que l'association de l'engagement, de la passion et de l'intimité engendre l'amour accompli, tel que conçu dans le monde occidental. Alberoni (1981) décrit très bien les caractéristiques du choc amoureux et la difficulté — voire l'impossibilité — d'en maintenir les conditions. La passion se nourrit dans une large mesure de l'inconnu, de l'inattendu, de l'incertitude et du risque. La familiarité et la sécurité qui contribuent à l'intimité peuvent par conséquent atténuer la passion.

Une simple confidence peut soulever un intense sentiment de confiance au début d'une relation. Mais pour que l'impression de fusion se recrée et se ravive après l'atteinte d'un certain degré d'intimité, les partenaires doivent pousser plus loin la révélation de soi. Autrement dit, la passion tend à s'attiédir et l'intimité à croître puis à se stabiliser, même si l'engagement se raffermit (Sternberg, 1988). Il en va ainsi pour tous les couples, que les partenaires soient conjoints de fait, mariés, remariés, hétérosexuels, homosexuels, jeunes ou vieux (Ganong et Coleman, 1994; Kurdek, 1992).

Les sept formes d'amour selon Sternberg			
	Passion	**Intimité**	**Engagement**
Affection		❤	
Passade	❤		
Amour vide			❤
Amour romantique	❤	❤	
Amour béat	❤		❤
Amour amical		❤	❤
Amour accompli	❤	❤	❤

Le partage des tâches domestiques, notamment, est une forme d'équité qui peut éliminer nombre de tensions au sein d'un couple.

un mariage entre personnes issues de la même tribu ou du même groupe ethnique et un mariage entre personnes nées dans des groupes distincts. En psychologie du développement, on emploie ces termes pour exprimer le degré de similitude entre les centres d'intérêt, les attitudes, les objectifs, la cohorte, la religion, la situation socio-économique, l'origine ethnique et le lieu de résidence de deux époux dans les sociétés industrialisées. L'homogamie est perçue en général comme plus susceptible de réduire les probabilités de tensions et de désaccords entre les conjoints.

Homogamie sociale Chez des conjoints, similitude de goûts en matière de rôles et d'activités récréatives.

Une étude réalisée auprès de 168 jeunes couples a indiqué que l'homogamie sociale (définie comme la similitude de goûts en matière de rôles et d'activités récréatives) revêt une importance particulière pour la réussite du mariage (Houts et coll., 1996). Les auteurs de cette étude s'élèvent cependant contre l'idée voulant qu'il soit possible de trouver un partenaire en tout point compatible à soi. En réalité, selon ces chercheurs, « les personnes qui cherchent un partenaire parfaitement compatible doivent faire de nombreux compromis si elles veulent se marier », car l'homogamie parfaite est extrêmement rare. La plupart des couples heureux ont quelques valeurs ou centres d'intérêt fondamentaux en commun et, pour le reste, font des compromis ou constatent tout simplement leur désaccord.

Équité conjugale Équivalence perçue des contributions respectives des conjoints au mariage.

Théorie de l'échange Théorie selon laquelle les conjoints s'apportent l'un à l'autre des bénéfices qu'ils auraient tous deux de la difficulté à obtenir s'ils vivaient seuls.

Le troisième facteur à influer sur le destin d'un couple est l'équité conjugale, soit le degré d'équivalence que perçoivent les conjoints quant à leurs contributions respectives. Selon la théorie de l'échange, les conjoints s'apporteraient l'un à l'autre des bénéfices qu'ils auraient de la difficulté à obtenir chacun de leur côté (Edwards, 1969). Le mariage serait plus stable et heureux lorsque les deux partenaires considèrent l'échange comme juste. L'équité recherchée par les couples modernes met en cause le partage des tâches : les deux conjoints doivent avoir un travail rémunéré et s'acquitter de concert des tâches domestiques. De plus, chacun s'attend à ce que l'autre soit sensible à ses besoins et fidèle à la notion d'équité en matière de dépendance, de désir sexuel, de confidences, etc. Les statistiques relatives au divorce indiquent toutefois que ces attentes restent fréquemment insatisfaites.

Divorce

Le point de vue contextuel que nous avons adopté jusqu'à maintenant pour étudier le développement nous a permis de constater que nombre de phénomènes en apparence isolés, personnels et transitoires sont en réalité reliés, sociaux et durables. Le divorce fait partie du nombre. La fin d'un mariage ne se produit pas dans un vide social; elle est amenée par des facteurs sociaux autant que familiaux et se répercute pendant des années sur la vie d'un cercle étendu de personnes.

Pour se convaincre de l'influence qu'exerce le contexte social sur le divorce, on n'a qu'à prendre connaissance des taux de divorce dans le monde. Les États-Unis se classent au premier rang mondial : près d'un mariage sur deux se termine là-bas par un divorce. Au Canada, en Suède, en Grande-Bretagne et en Australie, ce rapport est d'environ un sur trois, tandis qu'il s'établit à moins de un sur cinq dans

TABLEAU 11.3 Nombre de divorces au Québec, de 1983 à 1997.		
Année	Nombre de divorces	Indice synthétique de divorces pour 100 mariages
1983	17 365	39,3
1985	15 814	35,8
1987	22 098	51,2
1989	19 829	47,3
1991	20 277	49,6
1993	19 662	50,2
1995	20 133	54,0
1997	17 478	48,7

Source : Institut de la statistique du Québec.

d'autres pays industrialisés comme le Japon, l'Italie, Israël et l'Espagne (U.S. Bureau of the Census, 1996).

De 1988 à 1996, on a enregistré près de 20 000 divorces chaque année au Québec (voir le tableau 11.3). Et on estime aujourd'hui à environ 50 % la proportion des mariages qui se termineraient par un divorce.

Les variations historiques sont aussi marquées que les variations nationales. Le taux de divorce a augmenté dans le monde entier au cours des 50 dernières années et il s'est stabilisé depuis peu. Ces variations correspondent en partie aux fluctuations des lois et des normes sociales (White, 1990). Néanmoins, le taux de divorce restera vraisemblablement élevé au Canada et aux États-Unis, et ce, en raison d'une tendance historique : les époux d'aujourd'hui sont moins nombreux que leurs aînés à qualifier leur mariage de très heureux (Glenn, 1991).

De nombreux spécialistes du développement attribuent l'augmentation du taux de divorce à un changement de mentalité : la plupart des gens nourrissent beaucoup plus d'attentes face à leur partenaire que n'en entretenaient leurs aînés.

Séparation

Quelles sont les conséquences à court et à long terme du divorce ? Dans les premiers temps, elles sont habituellement pires que ne le prévoyaient les ex-conjoints pour ce qui est de la santé, du bonheur, de l'estime de soi, de la stabilité financière, des interactions sociales et de l'éducation des enfants (Kitson et Morgan, 1990). Plus les conjoints sont restés mariés longtemps, plus ils ont été intimes et plus ils avaient en commun (valeurs, activités, amis et, surtout, enfants), plus le stress est intense.

La surprise des ex-conjoints face aux problèmes tient à deux raisons. Premièrement, ils étaient si centrés sur les lacunes de leur relation avant la séparation qu'ils ne se rendaient pas compte que certains de leurs besoins étaient satisfaits (Glenn, 1991). Ils se rendent compte en se séparant des bénéfices dont ils jouissaient sans le savoir. Deuxièmement, la dépendance émotionnelle s'approfondit inévitablement avec le temps, même dans les couples malheureux; amis ou ennemis, les ex-conjoints s'étonnent par conséquent du courant d'émotion qui continue de circuler entre eux. Les ex-conjoints hostiles doivent souvent faire face à un rejet devenu explicite, tandis que les ex-conjoints restés bons amis sont aux prises avec le regret et le doute au moment de refaire leur vie (Tschann et coll., 1989).

Il arrive bien entendu qu'une relation a été si destructrice que la rupture a l'effet d'un baume. (Nous traitons de la violence conjugale dans le *Point de mire* de la page 364.) Il est vrai aussi que tous les feux de l'amour (la passion, l'intimité et

POINT DE MIRE

Vivre ensemble, ça fait mal parfois !

La violence dans les relations de couple semble assez répandue. Les enquêtes au Canada et aux États-Unis révèlent, année après année, qu'environ 12 % des conjoints poussent, bousculent, giflent l'autre; environ 1 % à 3 % utilisent des mesures plus graves : ils frappent, donnent des coups de pied, battent ou menacent leur conjoint d'un couteau ou d'une arme à feu (Dutton, 1992; Straus et Gelles, 1990). L'abus est également fréquent chez les couples non mariés qui cohabitent, qu'ils soient hétérosexuels ou homosexuels.

Qu'est-ce qui pousse deux êtres qui sont censés s'aimer à agir d'une telle façon ? Plusieurs facteurs contribuent à cette situation : les pressions sociales qui suscitent du stress, les valeurs culturelles qui excusent la violence, les troubles de la personnalité et l'usage abusif de drogues et d'alcool (Gelles, 1993; McHenry, 1995; O'Leary, 1993; Straus et Yodanis, 1996; Yllo, 1993). Dans une perspective de développement, le fait d'avoir été maltraité étant enfant constitue aussi un facteur corrélé important.

Une étude plus approfondie de la violence conjugale permet d'en faire ressortir deux formes principales : la violence de couples dite « ordinaire » et le terrorisme patriarcal.

La violence de couples « ordinaire » inclut des cris, des insultes, des attaques physiques, mais qui ne sont pas le résultat d'une tentative systématique de domination. Dans de nombreuses cultures, la violence entre conjoints est considérée comme acceptable. Cette violence résulterait le plus souvent d'une combinaison de facteurs de personnalité (incluant une tendance à exprimer physiquement la colère, une faible estime de soi et des habiletés sociales inadéquates) et de facteurs culturels (incluant une tolérance des gestes violents occasionnels entre conjoints). Par eux-mêmes ou avec de l'aide, les conjoints peuvent apprendre à régler les conflits de manière plus constructive : il y a de l'espoir pour la relation.

Dans la seconde forme de violence, il n'y a pratiquement pas d'espoir. Le terrorisme patriarcal est présent quand un des partenaires, presque toujours l'homme, utilise un éventail de moyens pour isoler, dégrader et punir l'autre. Cette situation conduit au syndrome de la femme battue : non seulement la femme subit une violence physique, mais elle est démolie psychologiquement et socialement, vivant perpétuellement dans la peur, sans amis et sans famille vers qui se tourner, devenant de plus en plus vulnérable à des blessures et éventuellement à la mort. Le cycle de la violence et de la soumission se nourrit de lui-même.

Il peut sembler difficile de comprendre les raisons pour lesquelles une femme ne met pas fin à une telle relation. Deux raisons semblent prédominer : le conditionnement à accepter la violence (impuissance acquise), qui se fait pas à pas, et l'isolement systématique à l'égard de ceux qui auraient pu l'aider à s'en sortir. De plus, si le couple a des enfants, l'homme utilise ceux-ci comme otages, menaçant de les malmener ou de les tuer si la femme quitte le foyer.

Une intervention extérieure est nécessaire pour aider la femme et les enfants à soigner leurs blessures psychologiques et émotionnelles, à se protéger contre les abus éventuels et à obtenir une protection légale au besoin.

l'engagement) s'éteignent parfois bien avant la rupture officielle et que la séparation proprement dite cause un minimum de souffrance. Il n'en reste pas moins que la mort d'une relation conjugale de longue date est presque toujours pénible et déclenche un processus de deuil.

Le développement après un divorce

Au cours de la première année suivant un divorce, un grand nombre d'ex-conjoints ressentent encore plus de colère et de rancœur l'un envers l'autre que pendant leurs derniers mois de mariage. Parfois, les lenteurs du système judiciaire accentue les conflits au sujet des pensions alimentaires, de la division des biens et de la garde des enfants.

Les ex-conjoints doivent également s'adapter au fait que leur cercle social tend presque toujours à diminuer au cours de la première année qui suit un divorce. En perdant des amitiés, ils se trouvent également privés d'importantes sources de soutien alors qu'ils sont en processus psychologique de deuil et qu'ils traversent une période de grande vulnérabilité.

Étant donné tous ces facteurs, il n'est pas étonnant que les personnes récemment divorcées souffrent davantage de solitude et de déséquilibre, que leur alimentation, sommeil, travail et consommation de drogues et de médicaments deviennent chaotiques et qu'elles soient parfois portées à la promiscuité sexuelle.

TABLEAU 11.4	Enfants de 0 à 17 ans dans les familles monoparentales, Québec, 1996.			
Âge du parent	Mères seules	%	Pères seuls	%
15-19	1 610	98,47	35	1,53
20-24	13 775	97,45	360	2,55
25-29	28 725	94,00	1 830	6,00
30-34	52 920	91,00	5 210	9,00
35-39	64 735	86,40	10 185	13,60
40-44	50 365	79,90	12 665	20,10
45-49	24 385	74,00	8 540	26,00
50-54	6 595	64,50	3 625	35,50
55-59	1 035	51,40	980	48,60
60-64	270	33,50	535	66,50
65 et +	170	37,00	280	63,00

Source : Adapté de L. Duchesne, *La situation démographique au Québec, 1998*, coll. La démographie, Bureau de la statistique du Québec, 1999.

Dans la plupart des cas, ces effets tendent à s'estomper au bout de quelques années (Larson et coll., 1995).

De nombreuses études confirment que la présence d'enfants rend l'adaptation au divorce encore plus difficile, particulièrement lorsqu'ils deviennent plus exigeants, irrespectueux ou déprimés — soit pendant la première ou la deuxième année suivant le divorce —, créant ainsi une autre source directe de stress. La présence d'enfants alourdit aussi les pressions financières, force les ex-conjoints à demeurer en contact, leur rappelant ce que leur union aurait pu être (ou ce qu'elle a effectivement été) et diminuant leurs chances de remariage (Maccoby et coll., 1990).

Les parents à qui la garde des enfants est confiée risquent davantage de subir d'importantes pertes de revenus ou de temps libre. Ceux qui n'ont pas la garde de leurs enfants doivent subvenir à une partie de leurs besoins, mais ne peuvent maintenir les liens intimes qui se tissent lors d'une interaction constante, nuit et jour, entre parent et enfant. Cette distance physique, qui amène aussi une distance affective, constitue une grande source de détresse pour les pères d'aujourd'hui qui étaient accoutumés à participer aux soins des enfants. Ils se trouvent de plus en plus exclus de la vie de leurs enfants.

Cela n'est pas inévitable, bien sûr. Certains pères divorcés demeurent très présents dans la vie de leurs enfants; d'autres se remarient et s'occupent des enfants de leur nouvelle conjointe ou fondent une nouvelle famille. (Nous traitons, au chapitre 14, des avantages et des inconvénients potentiels du remariage.)

Dans certains cas, les pères séparés ou divorcés prennent la responsabilité d'un ou des enfants. Le tableau 11.4 indique le nombre de mères et de pères responsables de familles monoparentales ayant des enfants mineurs au Québec en 1996, en fonction de l'âge du parent.

Générativité

Le besoin d'accomplissement compte parmi les motivations les plus puissantes et les plus fréquemment étudiées de l'être humain. L'expression observable de ce besoin varie grandement selon les personnes et les sociétés. Certaines penchent pour la compétition, d'autres pour la coopération; certaines recherchent les signes tangibles de la réussite, tandis que d'autres ont des objectifs moins matérialistes; certaines valorisent les diplômes universitaires et les titres officiels, alors que d'autres consacrent leur énergie au bien-être familial ou collectif. Quoi qu'il en soit, la plupart des adultes ont besoin, pour conserver leur estime de soi, de se sentir productifs et utiles. À travers ce qu'Erikson appelle la crise de la générativité et de la stagnation, les adultes peuvent notamment combler leur besoin d'accomplissement par le travail et l'éducation des enfants.

Importance du travail

Au point de vue du développement, le travail structure la vie quotidienne, fournit un contexte pour les interactions humaines, confère une situation sociale et constitue une source de gratifications. Par-dessus tout, le travail peut satisfaire le besoin de générativité en ce sens qu'il permet à la personne de développer et de mettre à profit ses compétences et ses talents, d'exprimer sa créativité, d'aider et de conseiller ses collègues et de contribuer au bien-être collectif par la production d'un bien ou la prestation d'un service.

Le plaisir qu'apporte le « travail bien fait » semble universel. Les recherches réalisées dans le monde attestent que les responsabilités, la créativité et la productivité sont plus fortement corrélées avec la satisfaction au travail qu'un salaire élevé et une tâche facile (Myers, 1993 ; Wicker et August, 1995).

Dans la plupart des sociétés occidentales, la crise de la générativité et de la stagnation se vit beaucoup au travail et son issue se répercute sur la vie familiale et sur la santé mentale du travailleur (Barnett et coll., 1995 ; Ferber et O'Farrell, 1991 ; Larson et Richards, 1994 ; Zedeck, 1992). Une occupation satisfaisante constitue non seulement une nécessité économique, mais aussi un atout important pour un développement harmonieux. La création artistique, le bénévolat et les responsabilités familiales peuvent aussi combler le besoin de générativité, bien entendu.

Contexte actuel du travail

Il y a 50 ans à peine, obtenir et conserver un bon emploi n'avait rien de compliqué dans les pays industrialisés. On suivait pour ce faire une démarche socialement établie. Tous ne s'y conformaient pas, bien sûr, mais les promotions, les avantages sociaux et les régimes de pension étaient structurés en fonction du travailleur stable qui resterait à l'emploi de l'entreprise jusqu'à sa retraite.

En ce début de XXIᵉ siècle, avec la mondialisation de l'économie, tous les aspects du monde du travail sont en mutation, et ce, à l'échelle planétaire. L'agriculture fait place à l'industrie dans les pays les plus pauvres du globe, où s'installent des sociétés multinationales à la recherche de main-d'œuvre bon marché. Parallèlement, l'information et les services succèdent à la production industrielle en tant que piliers de l'économie dans les pays développés.

C'est ainsi que des catégories d'emplois apparaissent ou disparaissent du jour au lendemain, que la formation professionnelle subit régulièrement des refontes et que des stratégies de gestion comme la compression des effectifs deviennent monnaie courante. Le cheminement professionnel se révèle par conséquent beaucoup moins prévisible et assuré qu'autrefois. Une carrière ne se ramène plus à une succession de promotions. La formation et la compétence sont devenues les clés de l'employabilité et de l'aisance financière, et le fossé se creuse entre les travailleurs spécialisés et les autres (Reich, 1992).

Conséquences sur le développement de la personne

Quelles sont les conséquences de tous ces changements pour les travailleurs d'aujourd'hui, les plus jeunes en particulier ? Deux méritent qu'on s'y attarde.

Premièrement, il est mal avisé de prévoir gravir un à un tous les échelons d'une carrière au cours d'une période de 40 ans. Au lieu de se préparer à une seule carrière permanente, les jeunes ont intérêt à acquérir des compétences de base qui, comme les habiletés à communiquer, à penser logiquement et à interagir socialement, leur permettront de demeurer souples, de continuer à apprendre, de maîtriser de nouvelles tâches, de travailler avec toutes sortes de gens et de changer fréquemment d'emploi (Reich, 1992). La plupart des jeunes adultes, en effet, traverseront plusieurs périodes de chômage, de travail autonome, de travail temporaire et de réorientation de carrière. La plupart des travailleurs d'âge mûr, pour leur part, connaîtront au moins une de ces conjonctures.

Deuxièmement, travailleurs et employeurs doivent s'ouvrir à la diversité culturelle en milieu de travail. On ne peut plus, de nos jours, négliger les tensions qui peuvent se créer entre la culture du travailleur et celle de l'organisation qui l'emploie (Leong et Brown, 1995).

Les travailleurs peuvent en théorie bénéficier de l'aide d'un mentor, d'une personne d'expérience qui joue pour eux le rôle d'un maître, d'un protecteur, d'un conseiller, d'un modèle et d'un ami (Wunsch, 1994). Dans les faits, cependant, les nouveaux employés augmentent leurs chances de succès, quels que soient leur sexe et leur origine ethnique, en ayant recours aux conseils et au soutien de plusieurs collègues expérimentés (Feij et coll., 1995; Hesketh, 1995; Wood et Bandura, 1996).

Le marché du travail a ceci de commun avec l'amitié et le mariage qu'il peut favoriser le développement de qualités propices à l'épanouissement des relations humaines. Une enquête menée auprès d'employeurs a en effet révélé que le négativisme, l'absentéisme et l'incapacité de s'adapter à l'environnement de travail constituent les principales causes de mise à pied (Cascio, 1995). Les travailleurs ont donc intérêt à créer un climat de travail qui les incitera à se perfectionner par des moyens comme le réseautage, l'étayage, la formation sur les lieux de travail, les cours d'été, etc. Ils pourront ainsi actualiser leur générativité et développer un sentiment d'accomplissement, entre autres, dans le contexte de leur travail.

Travail et famille

De profonds changements se sont produits dans le monde du travail et la famille au cours du XXe siècle. Dans les premières décennies du siècle, la coutume et, parfois, la loi dictaient aux femmes mariées de s'occuper à temps plein des enfants et de la maison. Aux hommes revenait le rôle de pourvoyeurs. Certains se vantaient même de n'avoir jamais changé une couche, nettoyé un four ou fait cuire un œuf.

Aujourd'hui, au Canada, la plupart des femmes mariées occupent un emploi (61,5 % en 1997) et même celles qui ont un ou des enfants. La plupart des conjoints de ces femmes ont un emploi. Un bon nombre d'entre eux vaquent aussi à des tâches ménagères; certains voient même à l'essentiel des soins des enfants.

Avantages et inconvénients du double revenu

Concilier travail et famille relève de l'exploit. Ce mode de vie comporte en effet des difficultés susceptibles de compromettre le bonheur conjugal et le développement familial (Parcel et Menaghan, 1995). On compte au nombre de ces difficultés la perception de l'équité entre les conjoints sur le plan des tâches ménagères et de l'apport financier. Si l'un des conjoints discerne à tort ou à raison une inégalité marquée dans ces domaines, le ressentiment peut s'installer et la relation, péricliter.

Les conflits reliés au partage des responsabilités parentales surviennent surtout lorsque les enfants sont en bas âge. Presque tous les couples dont les deux membres occupent un emploi sont sujets au stress qu'occasionne le « deuxième quart de travail », celui qui commence à l'heure du retour à la maison (Hochschild, 1989). Dans la grande majorité des cas, les femmes abattent plus de travail que les hommes, même si elles passent un nombre d'heures égal ou supérieur hors du foyer (Brayfield, 1992; Vandelac, 1980). Elles s'acquittent en outre des corvées qui sont toujours à recommencer (comme la préparation des repas, le ménage et les soins des enfants), tandis que les hommes se réservent les tâches occasionnelles (comme l'entretien de la voiture et les réparations du logement). Le plus souvent, les conjoints prônent l'égalité des sexes plus qu'ils ne la pratiquent. Les femmes déplorent l'inaction des maris, et ceux-ci, conscients d'accomplir plus de tâches domestiques que leurs pères ou leurs amis célibataires, jugent que leurs efforts ne sont pas appréciés à leur juste valeur. Un homme estimait par exemple qu'il faisait sa part parce qu'il abattait toutes les tâches rattachées au sous-sol de la maison, c'est-à-dire au garage, à l'atelier et au chien. Sa femme, de son côté, rageait de s'occuper à elle seule du rez-de-chaussée, c'est-à-dire de la cuisine, des chambres et de la salle de séjour. Et c'est aussi à elle qu'incombaient les soins du petit garçon de 3 ans (Hochschild, 1989).

Certains signes laissent croire que l'équité progresse entre les conjoints, les plus jeunes du moins. La répartition des corvées domestiques entre l'homme et la femme dépend toutefois de nombreux facteurs qui varient selon les couples.

À VOUS LES COMMANDES – 11.12

L'amour et le travail au quotidien

Choisissez deux couples de votre entourage qui cohabitent. Interrogez-les sur leur emploi du temps en ce qui concerne le travail rémunéré et les tâches ménagères, de préférence en entrevue individuelle.

1. Qui fait quoi ?

2. Comment s'établissent les priorités ? Sont-elles différentes pour les conjoints ?

3. Combien de temps est consacré à chacune des tâches identifiées par le couple ?

4. L'importance des tâches est-elle perçue de la même façon par les conjoints ?

5. Ont-ils la perception d'une égalité dans la répartition des responsabilités domestiques ?

En plus de la question de l'équité, un second problème se pose aux conjoints qui occupent tous deux un emploi : la logistique familiale. Comment planifier les naissances, les changements d'emploi, le perfectionnement professionnel, les déménagements, les tâches ménagères, les soins des enfants, les horaires de travail, les congés de maladie et les vacances ? Sans compter que, dans la vie de tous les jours, il faut bien habiller Xavier, éponger le lait renversé par Adeline, répondre au téléphone pendant que bébé Samuel réclame ses céréales et que l'autobus scolaire klaxonne devant l'entrée. Un tel mode de vie exige un degré d'entente, de coordination et de planification qui n'était pas demandé aux conjoints d'autrefois. « Forcément, les couples devront élaborer des stratégies plus créatives pour concilier toutes leurs responsabilités » (Brayfield, 1995).

« Dis au revoir à maman qui s'en va travailler ! » La situation aurait été impensable il y a 50 ans à peine. Aujourd'hui, il arrive parfois que le père reste à la maison et que la mère travaille à l'extérieur. Habituellement, les enfants et les adultes peuvent trouver bien-être et bonheur dans une telle famille.

Certaines familles se tirent d'affaire en se conformant aux rôles sexuels traditionnels; d'autres pratiquent l'égalité intégrale; d'autres enfin inversent les rôles traditionnels en ce sens que la femme gagne l'essentiel du revenu tandis que l'homme reste à la maison et s'occupe des enfants, ce qui demeure une situation très rare. Dans tous les cas, cependant, chaque conjoint doit être apte à prendre la relève de l'autre au besoin et à admettre qu'aucun choix n'est tout bon ou tout mauvais. La vie d'une famille est ponctuée de changements : les enfants naissent et grandissent, les possibilités d'emploi se présentent et disparaissent, les fardeaux financiers s'allègent ou s'alourdissent. Les conjoints augmentent leurs chances de bonheur si, à chaque étape de leur route, ils se montrent capables d'apprécier leurs contributions respectives et de s'adapter au lieu de se cramponner à leurs habitudes ou de se perdre en récriminations.

Il ne faut pas oublier non plus que la famille se situe dans un contexte social plus large et complexe (voir Bronfenbrenner, au chapitre 1). Certains facteurs culturels et politiques agissent sur son fonctionnement. Les valeurs qui sous-tendent implicitement les lois et les coutumes, par exemple, influent sur la vie familiale ainsi que sur le potentiel d'adaptation aux transformations du travail.

Maternité et paternité

Lorsqu'on demande aux gens ce qu'ils font dans la vie, rares sont ceux qui répondent : « J'élève des enfants. » À l'âge adulte, pourtant, il est aussi probable d'avoir des enfants que d'occuper un emploi, et de nombreux adultes considèrent la réussite de l'éducation de leurs enfants comme leur principal objectif de vie. Erikson (1963) a d'ailleurs souligné que la générativité peut prendre plusieurs formes, mais que sa principale expression consiste à « guider la nouvelle génération », le plus souvent en tant que parents.

Mettre des enfants au monde, en prendre soin et les préparer à prendre leur envol dans le monde adulte sont des entreprises qui exercent une influence profonde sur le développement. Chaque stade de la croissance des enfants apporte aux parents des satisfactions et des défis psychosociaux particuliers. Pendant la petite enfance, par exemple, les parents ont le bonheur de faire la connaissance d'un nouvel être humain dont la personnalité commence à prendre forme. Ils ont en même temps la responsabilité de lui prodiguer des soins constants. Puis, au cours de l'âge du jeu, la pire difficulté que rencontrent les parents est liée à la question de l'autorité. C'est souvent pendant cette période que les conflits directs sont les plus fréquents, entre le père et la mère, d'une part, et entre parent et enfant, d'autre part. En effet, les soucis financiers, la multiplication des tâches ménagères, le changement des rôles et le besoin d'indépendance de l'enfant constituent pour la famille autant de facteurs de stress. L'adolescence place à son tour les parents devant une série de problèmes; le jeune réclame les privilèges de l'âge adulte et conteste les valeurs des parents, mettant quelquefois leur estime de soi à rude épreuve (Cowan et Cowan, 1992; Hooker et coll., 1996; Silverberg et Steinberg, 1990).

Bref, l'éducation d'un enfant éprouve et transforme tous les parents. Et juste au moment où ceux-ci pensent maîtriser leur rôle, l'enfant entre dans un nouveau stade de développement, ce qui les oblige à se remettre encore en question. Les parents sont en quelque sorte toujours « en retard » par rapport au développement de l'enfant.

Résumé

 **SECTION 1** **Adolescence**

Soi et identité

1. La compréhension de soi passe par une nouvelle étape à l'adolescence, au moment où les jeunes se découvrent des « identités multiples » qui traduisent, selon les milieux et les circonstances, des aspects différents, voire contradictoires, de leur personnalité. Dans leur quête d'identité, il leur arrive souvent d'adopter des comportements plus ou moins factices, que ce soit pour se faire accepter socialement, impressionner les autres, récolter de l'approbation ou faire l'essai d'un nouveau rôle.

2. Selon Erikson, la crise psychosociale de l'adolescence est celle *de l'identité et de la confusion des rôles*. Idéalement, les adolescents résolvent cette crise en prenant conscience de leur individualité et de la place qu'ils occupent dans la société. Ils s'établissent ce faisant une identité sexuelle, vocationnelle et idéologique. Le degré de difficulté de cette démarche dépend en partie de la société. Ainsi, il est faible dans les sociétés traditionnelles où les valeurs fondamentales sont cohérentes et répandues.

3. Il arrive que les adolescents adoptent une identité surdéterminée au lieu de faire l'essai d'une série de rôles. Ils peuvent aussi endosser une identité négative, c'est-à-dire renier les attentes de la famille et de la collectivité, ou encore une identité diffuse, c'est-à-dire vivre de l'incertitude et de la perplexité. L'identité en moratoire marque un temps d'arrêt et évite de se donner des objectifs, des valeurs ou une personnalité propres.

4. Dans les sociétés industrielles et postindustrielles, le changement est rapide et l'éventail des identités possibles, très large. La réalisation de l'identité s'y révèle donc plus difficile qu'ailleurs dans le monde pour les jeunes, surtout pour ceux qui possèdent un héritage culturel hybride.

Famille et amis

5. Les parents exercent beaucoup d'influence sur les adolescents. Le fossé des générations est moins profond qu'on ne le pense dans la plupart des familles, surtout en ce qui concerne les valeurs fondamentales. Les enfants ont tendance à avoir des valeurs et des idéaux analogues à ceux de leurs parents. Ceux-ci, pour leur part, ont tout intérêt à réduire les conflits au minimum.

6. Les conflits entre parents et adolescents sont plus ou moins fréquents, selon les méthodes d'éducation des premiers et le stade de développement des seconds. Le déclenchement de la puberté oblige les uns et les autres à modifier leurs attentes et à considérer leur relation sous un jour nouveau. À l'adolescence comme aux stades de développement antérieurs, le style directif est généralement le plus propice au développement de l'estime de soi et à l'harmonie de la relation parent-enfant. L'association de l'autorité et de l'affection se révèle aussi bénéfique, du moins dans certains groupes ethniques et à certaines conditions.

7. Le groupe de pairs constitue une importante source d'information et d'encouragement pour les adolescents. La sous-culture des jeunes délimite une zone tampon entre le monde des enfants et celui des adultes; elle fournit par exemple aux adolescents un contexte social pour les relations entre garçons et filles.

8. Les parents et les pairs jouent des rôles non pas conflictuels, mais bien complémentaires dans la vie des adolescents. En vieillissant, cependant, ceux-ci passent de plus en plus de temps avec leurs pairs (qui, d'habitude, les écoutent) qu'avec leurs parents (qui ont tendance à leur dire quoi faire). Au début de l'adolescence, les amitiés intimes unissent généralement des jeunes de même sexe. La situation change à la fin de l'adolescence. Les jeunes ont alors des amis des deux sexes et commencent à nouer des relations amoureuses.

Suicide chez les adolescents

9. Les idéations suicidaires sont très répandues chez les élèves du secondaire. Une minorité d'entre eux met ces pensées à exécution en accomplissant des actes d'autodestruction (parasuicide). Le taux de suicide varie considérablement selon les pays et les groupes ethniques.

10. La plupart des suicides d'adolescents impliquent un long processus : perte réelle ou symbolique, détresse, crise, idéations suicidaires passagères, planification floue, idéations suicidaires continues, planification précise, signaux et passage à l'acte. Pour aider une personne suicidaire, il faut écouter, informer le réseau social, offrir de l'aide, recourir aux ressources du milieu. Il faut donc pouvoir discerner les signes avant-coureurs et répondre promptement aux appels à l'aide.

SECTION 2 Début de l'âge adulte

Tâches de l'adulte

13. Malgré la diversité de ses modalités, le développement de l'adulte se caractérise entre autres par deux éléments fondamentaux : l'intimité et la générativité. L'adulte satisfait le premier au moyen de l'amitié et

de l'amour. Il comble le second au moyen, notamment, d'un travail satisfaisant et de la maternité ou de la paternité.

14. Le développement à l'âge adulte n'est plus divisé en stades reliés à l'âge. Il présente aujourd'hui des modalités plus diversifiées et plus personnelles qu'autrefois. L'horloge sociale influe beaucoup moins sur le comportement.

Intimité

15. Chez le jeune adulte, l'amitié constitue une importante source d'intimité. L'amitié entre personnes de même sexe satisfait des besoins différents chez les femmes et chez les hommes.

16. Les relations amoureuses constituent, pour la plupart des gens, la principale source d'intimité et se vivent le plus souvent dans le contexte de la cohabitation ou du mariage.

17. Parmi les nombreux facteurs qui déterminent le succès ou l'échec d'un mariage, trois revêtent une importance particulière : l'âge des conjoints au moment du mariage, la similitude de leurs milieux d'origine, de leurs valeurs et de leurs centres d'intérêt ainsi que leur perception de l'égalité dans la relation.

18. Au cours des 50 dernières années, le taux de divorce a monté en flèche dans le monde entier, mais particulièrement au Canada et aux États-Unis. Les principaux facteurs de cette augmentation sont notamment le remaniement des lois sur le divorce et l'évolution des attentes relatives aux rôles respectifs des conjoints et à la permanence du mariage.

19. Le divorce est émotionnellement éprouvant pour les deux conjoints, plus encore pour ceux qui ont des enfants. Certains parents divorcés réussissent à rester en bons termes et à conserver une relation constructive avec leurs enfants. Dans la plupart des cas, cependant, les femmes divorcées ont plus de travail et moins d'argent qu'avant leur séparation, tandis que les pères doivent faire des efforts importants pour maintenir la relation avec les enfants dont ils sont souvent séparés.

Générativité

20. Le travail constitue une importante source de satisfaction et de valorisation pour la plupart des adultes. Le plaisir tiré d'un travail bien fait contribue à combler le besoin de générativité.

21. Le monde du travail est en pleine mutation. La prestation de services prend le pas sur la production de biens dans l'économie des pays développés, de sorte que les travailleurs doivent acquérir les compétences qui leur permettront d'occuper différents emplois au cours de leur vie professionnelle. Les employeurs et

les employés doivent s'ouvrir à la diversité culturelle qui caractérise aujourd'hui le marché du travail.

22. Les rôles sexuels ont changé au cours de la seconde moitié du XXᵉ siècle, si bien que les femmes qui travaillent à l'extérieur du foyer sont aujourd'hui majoritaires. Les hommes et les femmes se partagent désormais les responsabilités financières et familiales. Ce mode de vie comporte des difficultés et des avantages.

23. Outre le travail, la maternité ou la paternité constitue le moyen d'expression le plus répandu de la générativité. Les misères et les joies que récoltent les parents dépendent en partie du stade de développement de l'enfant.

Questions à développement

 SECTION 1 Adolescence

1. Comment la consommation d'alcool et de drogues peut-elle contribuer à former, chez les adolescents, une identité négative ou diffuse ?

2. Les adolescents de 13 ou 14 ans ont probablement besoin de leurs parents tout autant que les bambins qui apprennent à marcher. Comparez ces deux stades de développement en décrivant pour chacun le rôle des parents, en indiquant dans quelle mesure leur présence est nécessaire et dans quelle mesure elle ne l'est pas.

3. Décrivez le processus de la formation de l'identité chez les adolescents issus des groupes minoritaires. Quelles sont les difficultés rencontrées par ces derniers ? Que peut faire la société pour les aider à surmonter ces obstacles ?

4. À la suite de la rupture de sa relation amoureuse, un ami âgé de 18 ans vous exprime son désespoir et vous dit qu'il veut en finir avec la vie. Que faire et quoi lui dire ?

5. Comment les parents d'adolescents peuvent-ils faire face aux conflits avec leurs jeunes ?

 SECTION 2 Début de l'âge adulte

6. Vous êtes un employeur désirant engager un jeune homme de 26 ans nommé Frank. Son curriculum vitæ indique qu'il n'a jamais travaillé à temps plein. Comment l'horloge sociale peut-elle influencer votre opinion de lui ? Quelles raisons valables allez-vous considérer pour expliquer sa venue tardive sur le marché du travail ?

7. Dans le contexte économique actuel, de plus en plus de familles comptent sur un double revenu pour vivre. Expliquez quelques-unes des répercussions d'un tel mode de vie sur la famille.

8. Si vous pouviez modifier les tendances sociales et le système économique du pays, quelles politiques familiales mettriez-vous en place afin d'améliorer la vie de tous les membres de la famille ? Supposez que vous disposez d'un budget illimité et de tous les pouvoirs.

Questions à choix multiples

 SECTION 1 Adolescence

1. Manon a toujours désiré suivre les traces de sa mère en demeurant au foyer. Aujourd'hui, à 40 ans, avec maison et famille, elle regrette de ne pas travailler en recherche biomédicale. Manon a probablement :

a) adopté une identité négative quand elle était enfant.

b) acquis une identité surdéterminée très jeune.

c) développé une identité diffuse.

d) adopté une identité en moratoire.

2. Brian, un adolescent de 14 ans fier de ses racines irlandaises, démontre des préjugés envers les autres groupes ethniques. Il est probable que Brian :

a) a atteint la réalisation de son identité.

b) a développé une identité surdéterminée.

c) a une identité en moratoire.

d) a une identité diffuse.

3. En 1962, Raisel, une enfant de 6 ans, et ses parents quittent leur Pologne natale pour immigrer au Québec. Contrairement à ses parents qui ont grandi dans une culture où tous adhéraient aux mêmes valeurs religieuses, morales, politiques et sexuelles, Raisel a probablement eu :

a) plus de facilité à trouver sa propre identité.

b) plus de difficulté à forger son identité.

c) plus de temps pour acquérir son identité.

d) moins de temps pour se forger une identité.

4. Une adolescente amplifie les différences entre ses valeurs et celles de ses parents alors que ceux-ci considèrent ces divergences comme étant faibles et de peu d'importance. Cet exemple illustre :

a) le fossé des générations.

b) la différence des perceptions selon les générations.

c) l'énigme familiale.

d) l'impératif familial.

5. Normand et Sylvie, de nouveaux parents, s'inquiètent déjà de l'influence néfaste qu'auront les pairs sur leur enfant (promiscuité sexuelle, consommation de drogues ou délinquance). Leur voisin, un psychologue du développement, leur affirme que :

a) durant l'adolescence, l'influence des pairs complète l'éducation parentale plus qu'elle ne la défait.

b) les études révèlent que les pairs influencent la majorité des adolescents de manière négative.

c) seuls les parents autoritaires peuvent doter les enfants des atouts nécessaires pour résister à la pression des pairs.

d) les enfants ne nécessitent une attention particulière des parents qu'en cas de difficulté d'apprentissage ou de comportement antisocial.

6. Dans la quête de son identité, l'adolescent remonte à ses racines. Selon Erikson, cette recherche est un effort inconscient vers :

a) une individualité propre.

b) une adhésion à un groupe.

c) une continuité dans l'expérience.

d) une identité professionnelle.

SECTION 2   Début de l'âge adulte

7. Josée s'est mariée à 25 ans. Si elle se conforme à la moyenne, dans quelques années, elle aura probablement :

a) un plus petit cercle d'amis.

b) un plus grand cercle d'amis.

c) moins d'amis que son mari.

d) le même nombre d'amis qu'avant son mariage.

8. Comment Erik H. Erikson explique-t-il le haut taux d'échec des mariages entre jeunes adultes ?

a) Le besoin d'accomplissement est plus fort que le besoin d'intimité au cours de cette période de la vie.

b) L'intimité ne s'accomplit que lorsque l'identité est bien établie.

c) Le divorce est banalisé. On le considère presque comme une étape du développement.

d) Les jeunes adultes d'aujourd'hui nourrissent des attentes plus élevées que celles de leurs prédécesseurs.

9. Selon Robert Sternberg, les trois composantes distinctes de l'amour sont :

a) la passion, l'intimité et l'amour accompli.

b) l'intimité physique, l'intimité émotionnelle et l'amour accompli.

c) la passion, l'engagement et l'amour accompli.

d) la passion, l'intimité et l'engagement.

10. Il y a homogamie dans un mariage lorsque les conjoints :

a) se ressemblent physiquement.

b) sont issus de milieux sociaux similaires.

c) sont issus de milieux socio-économiques différents.

d) sont de même sexe.

Les réponses aux questions à choix multiples se trouvent en annexe.

Le chapitre 11 en un clin d'œil

● SECTION 1 – Développement psychosocial à l'adolescence

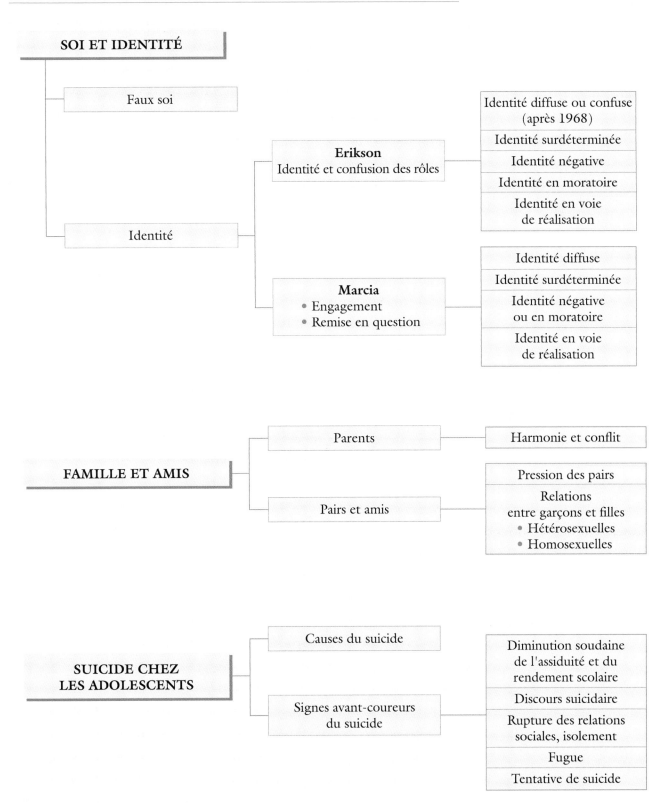

● SECTION 2 – Développement psychosocial au début de l'âge adulte

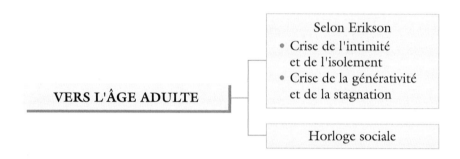

VERS L'ÂGE ADULTE
- Selon Erikson
  - Crise de l'intimité et de l'isolement
  - Crise de la générativité et de la stagnation
- Horloge sociale

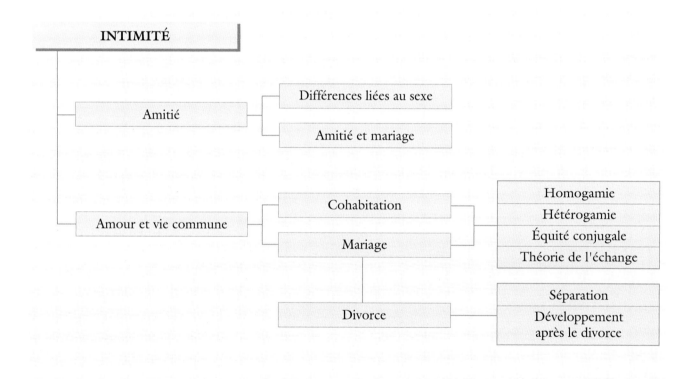

INTIMITÉ

- Amitié
  - Différences liées au sexe
  - Amitié et mariage
- Amour et vie commune
  - Cohabitation
  - Mariage
    - Homogamie
    - Hétérogamie
    - Équité conjugale
    - Théorie de l'échange
  - Divorce
    - Séparation
    - Développement après le divorce

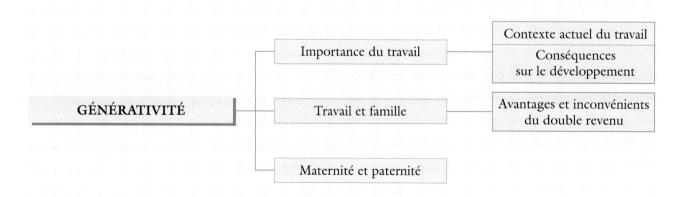

GÉNÉRATIVITÉ
- Importance du travail
  - Contexte actuel du travail
  - Conséquences sur le développement
- Travail et famille
  - Avantages et inconvénients du double revenu
- Maternité et paternité

PARTIE 4

BILAN DU DÉVELOPPEMENT :
l'adolescence

Chapitre 9, section 1

Chapitre 10, section 1

Chapitre 11, section 1

▶ Développement biosocial

Croissance physique

Déclenchée par des hormones spécifiques, la puberté commence entre 8 et 14 ans. Les premiers changements physiques perceptibles apparaissent dans l'année qui suit le début de la production de ces hormones (développement des seins chez les filles et des testicules chez les garçons). La poussée de croissance s'amorce environ un an plus tard. La taille, le poids et la musculature augmentent. La croissance s'accomplit habituellement des extrémités vers le torse, sans être nécessairement uniforme.

Organes génitaux et caractères sexuels secondaires

La ménarche et la première éjaculation, qui surviennent à la fin de la puberté, indiquent que l'adolescente et l'adolescent sont devenus physiquement aptes à procréer. Chez les garçons, la taille augmente, la voix mue et la pilosité apparaît sur le visage et le corps. Chez les filles, les hanches s'élargissent et les seins continuent de se développer pendant encore quelques années. Une puberté précoce ou tardive peut être source de stress, encore que les difficultés qu'elle suscite dépendent du sexe, du tempérament et de la culture.

▶ Développement cognitif

Pensée de l'adolescent

La pensée de l'adolescent porte sur le possible plus que sur le réel. L'adolescent devient apte à spéculer, à formuler des hypothèses, à raisonner de manière déductive et à élaborer des systèmes formels et des théories générales qui transcendent (et nient parfois) l'expérience pratique. Il manifeste parallèlement un égocentrisme extrême, de même qu'il éprouve des sentiments d'unicité et d'invincibilité susceptibles de nuire à son jugement.

Éducation

Les progrès intellectuels de l'adolescent dépendent en grande partie de l'éducation qu'il reçoit. Chaque société, chaque école met l'accent sur des disciplines, des valeurs et des modes de pensée particuliers, si bien que certains adolescents sont beaucoup plus avancés que leurs pairs aux points de vue cognitif et comportemental. La conjonction de certaines méthodes d'éducation et de l'égocentrisme de l'adolescent rend quelques jeunes plus sujets que d'autres à des comportements problématiques qui risquent d'avoir des conséquences importantes, dont les MTS, le sida et la grossesse.

▶ Développement psychosocial

Identité

Se comprendre, s'autodéterminer et, enfin, réaliser son identité sont les principales tâches psychosociales de l'adolescent. La réalisation de l'identité peut être influencée par des facteurs personnels (tels que les relations avec la famille et les pairs), sociaux ainsi que par les circonstances économiques et politiques. Dans les sociétés multiethniques, la réalisation de l'identité peut poser des défis particuliers aux jeunes issus des minorités.

Parents et pairs

Le groupe de pairs est propice à l'indépendance et aux interactions sociales, avec des membres du sexe opposé en particulier. Des questions comme l'affirmation de soi et le manque d'autodiscipline opposent fréquemment les parents et les jeunes adolescents. Ces difficultés s'estompent habituellement à mesure que les adolescents mûrissent et acquièrent leur autonomie. L'usage de drogues, les infractions à la loi et la dépression sont répandus chez les adolescents mais, en règle générale, ne deviennent véritablement problématiques que chez les jeunes dont le contexte familial ou social est déjà perturbé. La fréquence de ces phénomènes peut diminuer en présence de mesures de soutien communautaires.

PARTIE 4

BILAN DU DÉVELOPPEMENT :
jeune adulte (de 20 à 40 ans)

Chapitre 9, section 2

Chapitre 10, section 2

Chapitre 11, section 2

▶ Développement biosocial

Croissance, force et santé

La taille cesse d'augmenter vers l'âge de 20 ans, mais la force musculaire continue de se développer jusqu'au début de la trentaine. Tous les sens et tous les systèmes de l'organisme atteignent leur vigueur maximale au début de l'âge adulte. L'affaiblissement de la capacité de réserve et de l'acuité sensorielle est si graduel que le déclenchement de la sénescence passe généralement inaperçu.

Différences liées au sexe

La capacité sexuelle demeure forte chez les deux sexes au début de l'âge adulte. Les seuls changements notables sont un ralentissement graduel de la réponse sexuelle chez les hommes et une intensification chez les femmes. La fertilité diminue avec le temps chez les femmes comme chez les hommes.

Problèmes alarmants

Les jeunes adultes jouissent d'une bonne santé, mais des facteurs sociaux les exposent à des dangers comme l'abus de drogues, la mort violente (chez les hommes surtout) et les régimes amaigrissants nocifs (chez les femmes en particulier).

▶ Développement cognitif

Pensée de l'adulte

Au moment où la personne prend les responsabilités et les engagements propres à l'âge adulte, sa pensée devient adaptative, pragmatique et dialectique, lui permettant de tolérer l'incohérence et la complexité des expériences de vie. Cette forme de pensée est adaptée à la résolution des problèmes pour lesquels il n'existe pas de solution claire et nette; sa souplesse permet de tenir compte des facteurs subjectifs. La pensée morale s'approfondit. La personne devient apte à apprécier des points de vue divers et à forger ses propres opinions.

Influence de l'éducation

La recherche a démontré que l'éducation est le facteur le plus étroitement relié à la profondeur et à la complexité de la pensée adulte, favorisant la tolérance et le réalisme des attitudes. Les événements marquants de la vie peuvent aussi accélérer le développement cognitif.

▶ Développement psychosocial

Intimité

L'adulte satisfait son besoin d'affiliation et d'intimité au moyen de l'amitié et de l'amour. L'amitié revêt beaucoup d'importance tout au long de l'âge adulte, surtout pour les personnes célibataires. Par ailleurs, l'évolution d'une relation conjugale dépend de plusieurs facteurs, dont la présence et l'âge des enfants ainsi que le degré de similitude des centres d'intérêt et des besoins des conjoints. Le divorce peut être précipité par des facteurs sociaux. Il est émotionnellement éprouvant pour les deux conjoints.

Générativité

L'adulte peut satisfaire son besoin d'accomplissement au moyen du travail ainsi que de la maternité ou de la paternité, qu'elles soient biologiques ou non. Élever des enfants et les guider vers la maturité constituent des objectifs importants pour beaucoup d'adultes. Le marché du travail est en pleine mutation. Les travailleurs d'aujourd'hui doivent se préparer à changer plusieurs fois d'emploi, à se perfectionner sans cesse et à faire preuve de souplesse au sein d'équipes hétérogènes.

Adulte d'âge mûr
et adulte d'âge avancé

Entre 40 et 60 ans, un grand nombre d'adultes se sentent mieux portants, plus brillants et plus satisfaits d'eux-mêmes et de leur vie que jamais auparavant. Bien sûr, il y en a aussi qui doivent lutter contre la maladie, composer avec le déclin des capacités intellectuelles ou assumer inopinément la responsabilité de parents âgés ou d'enfants adultes. D'autres encore se sentent pris au piège des choix qu'ils ont faits au début de l'âge adulte. La qualité de vie à l'âge mûr est directement liée à l'idée qu'on se fait de l'existence et aux décisions qu'on prend quant à la façon de la traverser. La route de la vie est loin de se terminer : on peut encore changer de direction, ouvrir des portes et profiter longtemps de la santé et du bonheur.

L'étude de l'âge adulte avancé réserve bien des surprises. Saviez-vous que la plupart des centenaires sont actifs, alertes et heureux ? Que le déclin des habiletés intellectuelles, qui ne guette qu'une minorité de personnes âgées, peut être prévenu ou tout au moins adouci ? Que les relations entre les personnes âgées et les jeunes ne sont ni aussi idylliques que les sentimentaux le croient ni aussi distantes que les cyniques le prétendent ? L'âge adulte avancé ne rompt pas avec les périodes précédentes mais s'inscrit dans leur prolongement. La plupart des gens âgés ne vivent pas dans l'isolement; ils se révèlent au contraire plus sociables et plus indépendants que jamais.

Il semble pourtant qu'aucune autre période de la vie ne donne lieu à autant d'idées fausses et de préjugés. Pourquoi en est-il ainsi ? Posez-vous la question chaque fois que vous serez surpris par un fait, une théorie ou les résultats d'une étude sur l'âge avancé.

Chapitre **12**

Développement biosocial chez l'adulte d'âge mûr et d'âge avancé

Nous avons vu au chapitre 9 que les effets du vieillissement sont, dans bien des cas, à peine perceptibles au cours des deux premières décennies de l'âge adulte. Le vieillissement se poursuit au même rythme dans la quarantaine et la cinquantaine, mais les changements qu'il entraîne, dans les capacités sensorielles, les organes vitaux et l'appareil génital notamment, ne se laissent plus ignorer.

Si vous croyez que la plupart des gens de plus de 60 ans sont handicapés, malades, seuls ou déprimés, détrompez-vous. La plupart des personnes âgées n'ont pas de maladie chronique et, parmi celles qui en sont atteintes, une majorité affirme que cela ne limite pas ses activités. Le vieillissement ne mène pas inéluctablement au centre d'accueil ou à l'hôpital. Au Canada, en Australie, aux États-Unis, au Japon et au Royaume-Uni, 5 % seulement des personnes âgées vivent en institution; nulle part dans le monde la proportion ne dépasse 10 % (Cutler et Sheiner, 1994).

SECTION 1

ADULTE D'ÂGE MÛR

Aucun phénomène biologique retentissant ne signale le mitan de la vie, que la société établit autour de l'âge de 40 ans. C'est le moment où l'on a à peu près autant d'années devant soi que derrière. Le mitan de la vie marque le début de l'âge mûr, qui durera jusqu'à l'âge de 60 ans environ. Les personnes d'âge mûr disposent de plusieurs moyens pour conserver leur vitalité et remédier à l'affaiblissement des fonctions physiologiques. Moyennant quelques efforts, elles peuvent en effet découvrir que vieillir n'est pas nécessairement horrible.

Mitan de la vie Milieu de la vie correspondant généralement au début de la quarantaine et marquant le début de l'âge mûr, lequel dure jusqu'à l'âge de 60 ans environ.

Changements normaux

Les signes physiologiques du vieillissement apparaissent au cours de la quarantaine. La chevelure grisonne et s'éclaircit; la peau s'assèche et ride; la silhouette se transforme à mesure que le tissu adipeux s'accumule dans l'abdomen, les bras, les fesses et même les paupières. La taille peut diminuer à la suite du tassement des vertèbres entraîné par l'affaiblissement des muscles du dos, du tissu conjonctif et des os. Certaines personnes perdent jusqu'à 2,5 cm avant l'âge de 60 ans (Whitbourne, 1985). L'embonpoint, plus fréquent à l'âge mûr qu'à toute autre période de la vie, guette ceux qui mangent trop et ne s'activent pas assez. En 1991, 40 % des Américains âgés de 50 ans avaient un poids excédant leur poids santé (National Center for Health Statistics, 1995).

Exception faite de l'embonpoint, les changements de l'apparence associés à l'âge mûr ne nuisent pas à la santé. Ils ont toutefois de fortes répercussions sur l'image de soi, surtout chez les femmes, pour qui la jeunesse et la beauté physique sont étroitement liées à l'estime de soi et au prestige social (Katchadourian, 1987). L'importance que revêt cette association pour une femme en particulier dépend en partie de la valeur qu'accorde sa culture à la jeunesse et à la beauté relativement aux autres attributs et, dans une large mesure, de l'attitude de la personne elle-même à l'égard du vieillissement. Pour les femmes qui adoptent une perspective constructive et adaptée, les difficultés liées au vieillissement s'amoindrissent tandis que grandissent les plaisirs.

Est-ce à dire que les spécialistes du développement recommandent aux femmes et aux hommes d'âge mûr de se « laisser aller » ? Bien au contraire. Ils veulent plutôt leur faire comprendre qu'on gagne beaucoup plus qu'un teint clair en conservant une bonne forme physique. Ils les incitent à garder le sens de la mesure face au vieillissement et à regarder au-delà de la peau, au sens figuré comme au sens propre. Avec l'entrée des *baby-boomers* dans l'âge mûr, nous devons nous attendre à ce que la culture populaire véhicule des idées différentes à propos du vieillissement.

Penchons-nous à présent sur quelques-uns des changements physiques qui se répercutent non seulement sur l'apparence, mais aussi, à divers degrés, sur le fonctionnement de l'organisme à l'âge mûr.

Organes des sens

À un moment ou à un autre entre 40 et 60 ans, presque tous les adultes remarquent qu'un de leur sens a perdu de son acuité. Tous les sens s'affaiblissent, bien que l'ouïe et la vue présentent les déficits les plus marqués (Kline et Scialfa, 1996).

Ouïe

Les pertes auditives que subissent les adultes découlent de trois facteurs biologiques : le sexe, l'hérédité et le vieillissement. Les tests audiométriques révèlent que les femmes commencent à présenter des déficits auditifs vers l'âge de 50 ans en moyenne. Chez les hommes, l'ouïe s'affaiblit dès l'âge de 30 ans et son déclin est deux fois plus rapide que chez les femmes (Pearson et coll., 1995).

Tout comme l'hérédité, l'exposition prolongée au bruit peut entraîner des pertes auditives prématurées. Les dommages qu'elle cause sont cumulatifs, bien qu'imperceptibles au début. C'est ainsi que de nombreux jeunes adultes travaillent dans un milieu très bruyant durant de longues périodes sans porter de protecteur auditif ou font jouer de la musique à tue-tête sans se douter des problèmes qu'ils s'attirent.

Fort heureusement, il est facile de remédier à la plupart des pertes auditives qui surviennent à l'âge mûr. Il suffit habituellement de procéder à des adaptations mineures (demander aux autres de parler plus fort, augmenter le volume de la sonnerie du téléphone, etc.). Pour ce qui est des pertes importantes, de minuscules appareils auditifs numériques les corrigent efficacement dans la plupart des cas. Grâce aux progrès de la technologie, nombre de personnes d'âge mûr qui ont remarqué un affaiblissement de leur ouïe et qui craignent de devenir sourdes peuvent jouir d'une audition presque normale pendant encore des décennies (Tyler et Schum, 1995).

Vue

L'acuité visuelle, c'est-à-dire la capacité de voir clairement des objets situés à diverses distances, varie davantage selon les personnes que l'acuité auditive. Elle est en effet influencée par des facteurs héréditaires qui commencent à s'exprimer après la puberté. Les gens qui ont besoin de verres correcteurs avant l'âge de 20 ans sont en général myopes : leur acuité visuelle est diminuée de loin. L'hypermétropie, le défaut contraire, passe souvent inaperçue chez les sujets jeunes. Les adultes d'âge mûr étant prédisposés à la *presbytie,* une perte d'élasticité du cristallin qui entrave l'accommodation, un grand nombre d'entre eux se retrouvent donc un jour ou l'autre avec des lunettes à double foyer (pour voir de près et de loin) et ceux qui ne portaient pas de lunettes doivent en porter pour lire.

D'autres composantes de la vision et éléments des organes de la vue, tels que la perception de la profondeur, le fonctionnement des muscles oculaires, la sensibilité aux couleurs et l'adaptation à l'obscurité, s'émoussent progressivement avec l'âge, ce déclin devenant généralement notable aux alentours de la cinquantaine (Kline et Scialfa, 1996; Meisami, 1994). Chacun de ces changements peut avoir des répercussions sur la vie quotidienne. Une moins bonne perception de la profondeur augmente les risques de manquer une marche en montant ou en descendant des escaliers. L'affaiblissement des muscles ciliaires régissant la courbure du cristallin rend la lecture des petits caractères de plus en plus ardue, sinon impossible. Une personne dont la sensibilité aux couleurs est émoussée risque de porter des vêtements moins bien assortis qu'auparavant. Elle éprouvera aussi de la difficulté à déchiffrer des pancartes multicolores. Une adaptation plus lente à l'obscurité empêche de s'orienter dans une pièce sombre au sortir de la vive clarté. Ce phénomène est particulièrement dangereux pour le conducteur momentanément aveuglé par les phares des autos roulant en sens inverse. Si ces changements sont assez marqués pour devenir perceptibles passé 50 ans, il est par ailleurs remarquable que les adultes d'âge mûr semblent s'y adapter sans trop de problèmes. En fait, les accidents graves causés par des chutes ou survenant au volant sont beaucoup plus fréquents à la fin de l'adolescence ou chez l'adulte d'âge avancé que parmi les personnes d'âge mûr.

Fonctions physiologiques

Comme nous l'avons vu au chapitre 9, les fonctions physiologiques s'affaiblissent dès le début de l'âge adulte. L'efficacité et la capacité de réserve des poumons, du cœur et de l'appareil digestif diminuent, de sorte que les probabilités de maladie augmentent. L'affaiblissement du système immunitaire, l'ensemble des défenses de l'organisme contre les bactéries, les parasites, les virus et les cellules cancéreuses, s'amorce dès l'adolescence, mais ne se manifeste qu'à l'âge mûr. C'est ainsi que les adultes mettent plus de temps que les enfants à se remettre, que ce soit de la varicelle ou d'une intervention chirurgicale majeure.

À l'âge adulte, en outre, il peut arriver que le système immunitaire confonde les cellules de l'organisme avec des corps étrangers et les détruise. Telle est la cause des maladies auto-immunes comme la polyarthrite rhumatoïde et le lupus érythémateux, dont la fréquence augmente à l'âge mûr (Miller, 1996; Sternberg, 1994). Nous traiterons plus loin dans ce chapitre des effets du vieillissement sur l'appareil génital.

Aucun de ces changements physiologiques ne se révèle critique pour la plupart des personnes d'âge mûr qui vivent dans les pays développés. Grâce à la prévention et à l'amélioration des habitudes de vie, le nombre de décès a diminué radicalement chez les Canadiens et les Américains d'âge mûr au cours des 50 dernières années, particulièrement ceux attribuables aux maladies du cœur et au cancer, les deux principales causes de mortalité dans ce groupe d'âge.

Influence du mode de vie

Il est difficile d'oublier qu'on vieillit : il y a le corps qui envoie ses signaux, le médecin qui y va de ses conseils et les amis qui se font fort de célébrer un quarantième ou un cinquantième anniversaire. Si divers facteurs peuvent amener les adultes d'âge mûr à vouloir améliorer leurs habitudes de vie (Katchadourian, 1987), on ne peut nier l'importance des campagnes de prévention — basées sur de nombreuses études — qui les incitent à éviter les matières grasses, les drogues, le tabac et l'alcool et à s'adonner à l'activité physique.

Au cours des 25 dernières années, plusieurs équipes de chercheurs ont suivi des milliers d'adultes bien portants afin d'établir le rapport entre leur mode de vie et les taux de maladie et de décès ultérieurs. Les études longitudinales d'envergure ont révélé que plus de la moitié des cas de décès et de maladie sont dus non pas à l'âge,

Système immunitaire   Ensemble des anticorps, des cellules et des tissus qui protègent l'organisme contre les maladies et les infections.

Maladies auto-immunes   Maladies qui apparaissent lorsque l'organisme s'attaque à ses propres cellules saines comme s'il s'agissait de corps étrangers.

mais aux habitudes de vie, chez les personnes d'âge mûr en particulier (Deeg et coll., 1996). Si tous les quadragénaires veillaient à bien s'alimenter, faisaient de l'exercice et s'abstenaient de fumer, la vaste majorité d'entre eux vivrait jusqu'à 70 ans au moins et un grand nombre atteindrait 80, 90, voire 100 ans.

Tabagisme

Parmi les Canadiens d'âge mûr, environ 30 % des hommes et 24 % des femmes fument, s'exposant ainsi au cancer du poumon, le plus meurtrier de tous les cancers. Le tabagisme constitue aussi un facteur de risque pour la plupart des autres maladies graves qui touchent les adultes, comme les cancers de la vessie, du rein, de la bouche et de l'estomac, les maladies du cœur, les accidents cérébro-vasculaires et l'emphysème.

En plus de compromettre leur santé, les fumeurs nuisent également à celle de leur entourage. En effet, la fumée secondaire est aujourd'hui considérée comme la troisième plus importante cause évitable de décès, après le tabagisme et la consommation d'alcool (Cahalan, 1991). Les résultats des recherches dévoilent que les non-fumeurs qui vivent avec des fumeurs courent 30 % plus de risques de contracter le cancer du poumon que les non-fumeurs qui vivent avec des non-fumeurs (Brownson et coll., 1992).

Pour toutes ces raisons, le tabagisme diminue depuis quelques années dans la plupart des pays développés. La situation est différente dans les pays en voie de développement, où la proportion de fumeurs est toujours croissante.

Alcool

Contrairement à ce que clament les plus farouches adeptes de la tempérance, les adultes qui boivent du vin, de la bière ou des spiritueux en quantité modérée vivraient plus longtemps que ceux qui ne boivent pas une goutte. La consommation modérée d'alcool aurait pour principal bienfait de prévenir les maladies coronariennes. Au repas, elle pourrait aussi réduire la tension et faciliter la digestion. Le stress et la dépression frapperaient moins les buveurs modérés que les abstinents et les gros buveurs (Lipton, 1994).

L'alcool n'a pas que des qualités. Les personnes d'âge mûr font partie du segment de population le plus sujet à l'alcoolisme, la plus forte proportion des alcooliques se retrouvant chez les gens d'environ 40 ans (Cahalan, 1991). La consommation quotidienne élevée d'alcool pendant des années est une des principales causes de cirrhose du foie, laquelle tue annuellement 15 000 Américains adultes de moins de 65 ans. Elle met également le cœur et l'estomac à rude épreuve, détruit les cellules nerveuses, accélère la perte de calcium à l'origine de l'ostéoporose et semble favoriser le développement d'un grand nombre de cancers, y compris celui du sein. Par ailleurs, l'alcool est responsable d'environ la moitié de tous les accidents, suicides et homicides. Tout bien considéré, la consommation d'alcool, sous une forme ou une autre, est la cause d'environ 108 000 décès par an aux États-Unis, soit 5 % de la mortalité totale (Archer et coll., 1995). Les bénéfices d'une consommation modérée ne doivent donc aveugler personne : l'alcool constitue un risque pour la santé, non seulement pour les alcooliques, mais aussi pour nombre d'adultes.

Alimentation

L'alimentation joue un rôle de premier plan dans le développement tout au long de la vie. Elle est d'autant plus importante à l'âge mûr qu'elle a une incidence sur l'apparition et l'évolution des deux principales causes de mortalité, soit les maladies du cœur et le cancer.

Les professionnels de la santé recommandent aux adultes de réduire à moins de 30 % la teneur en matières grasses de leur apport alimentaire quotidien et de consommer plus de 30 g de fibres par jour en mangeant au moins 5 portions de fruits et de légumes (Healthy People 2000; National Cancer Institute, 1992).

Cet homme, qui a récemment été victime d'un infarctus, est fin prêt à modifier ses habitudes alimentaires. Il met toutes les chances de son côté en consultant une diététiste qui saura personnaliser ses interventions et ses conseils. Comme bien d'autres, cependant, il a attendu d'avoir frôlé la mort pour revoir son mode de vie.

Poids

L'obésité est un facteur de risque pour les maladies du cœur, le diabète et les accidents cérébro-vasculaires et, dans une moindre mesure, pour l'arthrite, la cause d'invalidité la plus répandue chez les personnes âgées.

À l'approche de l'âge mûr, les personnes ayant un poids normal devraient veiller à ce que leur apport énergétique soit inférieur à celui de leurs jeunes années. Étant donné que le métabolisme ralentit d'environ un tiers entre 20 et 50 ans, ingérer les mêmes quantités de nourriture qu'auparavant entraînerait un gain de poids considérable (Ausman et Russell, 1990).

Activité physique

À compter de l'âge de 20 ans et jusqu'à 60 ans, les gens ont tendance à cesser de faire de l'exercice et prennent du poids. Pourtant, tous auraient avantage à s'y remettre car, en plus d'aider à maintenir le poids, l'activité physique, même modérée, réduit le risque de maladie grave et de décès. L'idéal est de s'entraîner 3 fois ou plus par semaine pendant au moins 30 minutes à une intensité suffisante pour porter la fréquence cardiaque à environ 75 % de sa capacité maximale. On peut aussi se contenter de marcher d'un pas rapide pendant 20 minutes, 3 fois par semaine, pour profiter des bienfaits de l'activité physique (Siegel et coll., 1995). Or, un quart seulement des personnes d'âge mûr trouvent le temps ou la volonté de le faire.

L'exercice améliore non seulement la santé physique, mais aussi la capacité cognitive et psychologique chez les personnes d'âge mûr et les personnes âgées en particulier. L'exercice, en effet, augmente l'irrigation du cerveau (Stones et Kozma, 1996), soulage la tension et atténue l'hostilité. L'exercice physique régulier ajoute des années à l'espérance de vie et augmente la vitalité, car il accroît « l'endurance, la force, la souplesse, l'équilibre, la masse osseuse […] et le bien-être général » (Coni et coll., 1992).

Variations de l'état de santé

Les statistiques relatives à la santé des personnes d'âge mûr constituent des généralités et dissimulent d'importantes variations. À l'échelle mondiale, par exemple, les personnes qui sont instruites, qui jouissent d'une sécurité financière et qui habitent en ville ou à proximité vivent plus longtemps, ont moins de maladies chroniques et d'incapacités et se sentent mieux que les personnes peu instruites et pauvres vivant en milieu rural. On observe aussi des variations à l'intérieur des frontières de tous les pays. Au Canada, par exemple, ce sont les Ontariens qui jouissent de la meilleure santé (Cruickshank et Beevers, 1989).

Ces variations tiennent à des facteurs aussi divers que la qualité de l'air dans l'environnement, la qualité des soins de santé et le mode de vie des habitants d'une région donnée. Avant d'étudier ces facteurs, précisons ce que nous entendons par le concept de santé.

Quatre mesures de la santé

Il existe une série de mesures de l'état de santé d'une population, mais nous en retiendrons quatre pour les besoins de notre étude : le taux de mortalité, le taux de morbidité, le taux d'incapacité et la vitalité.

Le meilleur indicateur de la santé d'un groupe d'âge donné est paradoxalement son taux de mortalité, c'est-à-dire le nombre de décès par millier de personnes en une année. Les statistiques sur la mortalité sont établies à partir des certificats de décès, qui indiquent l'âge et le sexe du défunt ainsi que la cause immédiate de sa mort. Cette mesure permet de procéder à des comparaisons entre des périodes et des pays en ce qui a trait à la santé d'un groupe d'âge ou d'un sexe.

Malgré son évidente utilité pour les comparaisons en matière de développement, le taux de mortalité est beaucoup moins éloquent que le taux de morbidité, c'est-à-dire la fréquence des maladies de toutes sortes, « qu'elles évoluent par

Taux de mortalité Mesure correspondant au nombre de décès par millier de personnes en une année dans une population donnée.

Taux de morbidité Mesure correspondant à la fréquence des maladies de toutes sortes dans une population donnée.

poussées et rémissions, qu'elles récidivent, qu'elles s'aggravent ou restent station-naires, qu'elles soient concomitantes ou interagissent de manière synergique » (Verbrugge, 1989). Une maladie peut être *aiguë*, c'est-à-dire soudaine et suivie soit de la mort, soit de la guérison, ou *chronique*, c'est-à-dire continuelle et prolongée.

Pour brosser un portrait réaliste de l'état de santé d'une personne, il faut tenir compte de deux autres mesures, le taux d'incapacité et la vitalité. Le taux d'incapacité correspond à l'incapacité d'accomplir les actions « nécessaires, exigées et souhaitées » (Verbrugge, 1994). Pour la société dans son ensemble, l'incapacité entraîne plus de coûts que la mortalité et la morbidité, car il faut venir en aide aux personnes incapables d'accomplir les tâches de la vie quotidienne et mettre à leur disposition des professionnels de la santé, des institutions, du matériel spécialisé et des appareils médicaux (Jette, 1996; Nusselder et coll., 1996).

La dernière mesure de la santé, la vitalité, correspond au degré de santé et d'énergie qu'une personne se reconnaît sur les plans physique, intellectuel et social. Il s'agit évidemment d'une mesure subjective et, pour cette raison, du principal déterminant de la qualité de vie (Stewart et King, 1994). Il n'existe aucun consen-sus quant à la définition de la qualité de vie, mais la plupart des experts conviennent à présent que le principal objectif de la médecine devrait être de prolonger et d'amé-liorer la vitalité au lieu de simplement retarder le moment de la mort, prévenir les maladies et remédier aux incapacités. Le mot d'ordre des spécialistes du vieillisse-ment n'est plus « Ajoutons des années à la vie », mais bien « Ajoutons de la vie aux années » (Timiras, 1994).

Ethnicité et santé

L'ethnicité, avec ses composantes génétiques et culturelles, exerce une grande in-fluence sur les quatre mesures de la santé à l'âge mûr (James et coll., 1992; Jones, 1989; Markides et Black, 1996).

Les données sur le taux de mortalité au sein de cinq groupes ethniques aux États-Unis indiquent clairement, par exemple, qu'entre 45 et 55 ans le nombre de décès chez les Afro-Américains est deux fois plus élevé que chez les Américains d'origine européenne, et le nombre de décès parmi ces derniers est à son tour le double de celui enregistré parmi les Américains de descendance asiatique. Les Amé-ricains de souche amérindienne ainsi que les Hispano-Américains se situent entre ces moyennes, les premiers ayant 20 % plus de décès que les Américains d'origine européenne et les derniers, 20 % de moins (voir la figure 12.1).

On ne peut nier que l'hérédité et les habitudes culturelles ont une incidence sur le taux de mortalité, le taux de morbidité et la fréquence de certaines maladies. Par exemple, la prédominance de l'hypertension, qui va de pair avec la préférence pour les aliments frits et les viandes grasses, est la cause de taux de morbidité et de mortalité reliés aux accidents cérébro-vasculaires trois fois plus élevés parmi les

Taux d'incapacité Mesure corres-pondant à l'incapacité d'accomplir les tâches de la vie quotidienne né-cessaires au maintien de l'autonomie.

Vitalité Mesure correspondant au degré de santé et d'énergie qu'une personne se reconnaît sur les plans physique, intellectuel et social.

Tous les groupes ethniques qui vivent en Amérique du Nord se situent au carrefour de deux cultures pour ce qui est de la santé. Ainsi, le taux de mortalité des Américains d'origine japonaise est inférieur à celui des Américains en général, mais supérieur à celui des Japonais. Tous les groupes ethniques, par ailleurs, sont sujets à certaines maladies et presque immu-nisés contre d'autres. Chez les Japo-nais, par exemple, la fréquence des maladies du cœur est faible, mais celle du cancer de l'estomac est élevée.

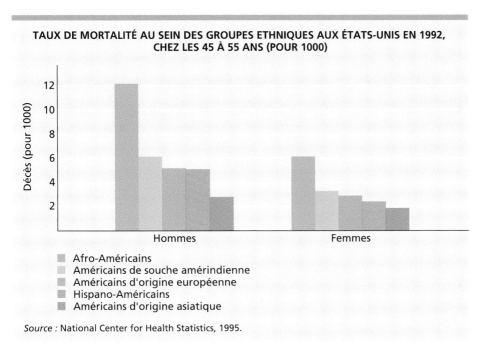

TAUX DE MORTALITÉ AU SEIN DES GROUPES ETHNIQUES AUX ÉTATS-UNIS EN 1992, CHEZ LES 45 À 55 ANS (POUR 1000)

Afro-Américains
Américains de souche amérindienne
Américains d'origine européenne
Hispano-Américains
Américains d'origine asiatique

Source : National Center for Health Statistics, 1995.

FIGURE 12.1   *Selon de nombreux experts de l'étude du développement, les différences entre les groupes ethniques quant aux taux de mortalité aux États-Unis sont probablement davantage attribuables à des facteurs environnementaux qu'héréditaires. Cela est mis en évidence ici par les contrastes entre les taux de mortalité des Américains de souche amérindienne et ceux d'origine asiatique, génétiquement très semblables. Les contrastes entre les sexes sont encore plus marqués qu'entre les races (il y a deux fois moins de décès chez les femmes que chez les hommes) et les raisons avancées pour expliquer ces écarts, encore plus controversées. Certains croient que des facteurs biologiques seraient à l'origine des taux de mortalité moins élevés des femmes (la présence d'un deuxième chromosome X ou les hormones féminines). D'autres avancent des facteurs sociaux et psychologiques (les femmes seraient plus à l'écoute de leur corps et donc davantage portées que les hommes à rechercher de l'aide médicale quand cela est nécessaire).*

Afro-Américains que chez tous les autres groupes ethniques (Johnson et coll., 1990 ; Wilson, 1989). De la même manière, le taux de cancer de la peau est plus élevé parmi les Américains d'origine européenne qu'au sein de tout autre groupe ethnique des États-Unis parce que, génétiquement, leur peau contient moins de mélanine protectrice et qu'ils passent plus de temps au soleil à se faire bronzer.

Il n'y a pas que l'hérédité et les habitudes culturelles qui expliquent les différences entre les groupes ethniques en matière de santé. L'éducation, le statut socio-économique, les contraintes ainsi que les chances offertes par la société en général représentent également des facteurs clés. Parmi les hommes blancs âgés de 25 à 44 ans, le taux de décès annuel est deux fois plus élevé chez ceux qui ne possèdent pas de diplôme de fin d'études secondaires que chez ceux qui ont au moins une année d'études collégiales [6,79 décès pour 1000 comparativement à 3,01 pour 1000 (National Center for Health Statistics, 1995)]. De la même manière, aux Pays-Bas, où l'on retrouve une certaine homogénéité ethnique et culturelle, les taux de maladies respiratoires chroniques, de troubles cardiaques et de diabète sont trois fois plus élevés parmi les moins scolarisés que parmi ceux qui ont fait des études de niveau collégial (Mackenbalch et coll., 1996).

Dans les deux cas, le fait d'être plus scolarisé se traduit probablement par une meilleure connaissance des problèmes de santé et des règles d'hygiène. Plus précisément, les choix de vie bien déterminés, les contraintes et opportunités ainsi que l'accès aux soins de santé dépendent du niveau socio-économique, dont le degré de scolarité constitue un bon indice. Ce n'est pas par hasard si, parmi les Hispano-Américains et les Américains d'origine asiatique, les deux sous-groupes en meilleure santé, soit les Cubains et les Japonais, sont aussi les plus scolarisés et ceux ayant le statut socio-économique le plus élevé.

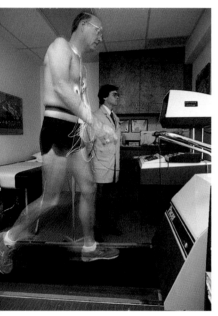

La plupart des médecins considéraient jusqu'à tout récemment les maladies du cœur comme des maladies d'homme. L'immense majorité des patients qui subissaient des épreuves diagnostiques comme celle-ci étaient des hommes. Par conséquent, les maladies du cœur n'étaient dépistées qu'à un stade avancé chez les femmes.

Différences entre les sexes

Comme le montre la figure 12.1, dans la population d'âge mûr, le taux de mortalité des hommes est de loin supérieur à celui des femmes. Les probabilités de mourir d'une cause quelconque et celles de mourir d'une maladie du cœur sont en effet deux fois et trois fois plus élevées respectivement chez les premiers que chez les secondes. Ce n'est qu'à l'âge de 85 ans qu'hommes et femmes deviennent égaux devant la mort. D'un autre côté, les taux de morbidité et d'incapacité sont plus élevés chez les femmes que chez les hommes dès le début de l'âge mûr. La différence devient particulièrement notable après la ménopause.

Autrement dit, les hommes d'âge mûr sont sujets aux maladies soudaines et potentiellement mortelles, tandis que les femmes d'âge mûr sont sujettes aux maladies chroniques et invalidantes. Cette disparité entre les sexes entraîne une regrettable conséquence : « Même si les femmes forment la majeure partie de la clientèle des professionnels de la santé, [...] ce sont principalement les hommes qui font l'objet de la recherche médicale » (Parrott et Condit, 1996). La communauté médicale, en effet, s'est toujours plus intéressée aux maladies aiguës qu'aux maladies chroniques et a toujours cherché à prévenir la mort plutôt que l'incapacité. Par conséquent, elle a fait relativement peu de recherche sur les maladies qui, comme l'arthrite, l'ostéoporose, le lupus érythémateux et la migraine, touchent beaucoup plus de femmes que d'hommes et n'entraînent pas une mort soudaine.

Cette forme de sexisme entrave même l'étude et le traitement des maladies mortelles, à cause notamment d'un parti pris en faveur des jeunes adultes. Les maladies du cœur, par exemple, sont la principale cause de mortalité chez les deux sexes tout au long de l'âge adulte (entraînant un décès sur trois). Elles tuent autant de femmes que d'hommes (National Center for Health Statistics, 1995). Or, les maladies du cœur tendent à la chronicité chez les femmes. Les hommes sont plus sujets que les femmes à l'infarctus tout au long de l'âge adulte, tandis que le nombre de décès dus à un infarctus ne commence à augmenter chez les femmes qu'à compter de la ménopause. Par conséquent, les études longitudinales et les études à grande échelle sur les maladies du cœur ont porté sur des hommes. Les femmes atteintes de ces maladies ont eu moins de chances de recevoir un diagnostic et des traitements spécifiques. Et les risques de mourir après la formulation d'un diagnostic de maladie du cœur ont été plus élevés chez les femmes que chez les hommes (D'Hoore et coll., 1994; Steingart et coll., 1991).

Fort heureusement, les chercheurs et les professionnels de la santé s'intéressent de plus en plus aux variations d'origine sexuelle et génétique des taux de mortalité, de morbidité et d'incapacité. Aux États-Unis, en 1993, les National Institutes of Health ont entrepris une étude longitudinale d'une durée de 15 ans auprès de 160 000 femmes de 50 à 79 ans. Cette recherche à gros budget (625 millions de dollars américains) vise expressément à remédier aux manquements dont les femmes ont été victimes dans le domaine de la santé. « Trop longtemps, a déclaré la direction de ces instituts, les hommes représentaient la norme en recherche et en thérapeutique. Cela signifie, bien entendu, que les hormones masculines ont servi de valeur de référence pour tout le monde » (*New York Times,* 31 mars 1993). Les chercheurs ont choisi pour sujets des femmes issues de divers groupes ethniques et possédant divers degrés d'instruction; les données qu'ils recueilleront devraient aider la profession médicale à mettre au point des mesures de prévention, de diagnostic et de traitement adaptées à chaque patiente et non pas à l'individu moyen de sexe masculin.

Appareil génital

Pendant l'âge mûr, l'appareil génital continue de vieillir. Nous étudierons plus loin les conséquences de ces changements. Penchons-nous pour l'instant sur une autre transition : l'extinction de la fonction de reproduction chez les femmes.

Climatère

Entre l'âge de 42 et 58 ans, les femmes atteignent la ménopause. La production de plusieurs hormones, dont les œstrogènes, la progestérone et la testostérone, diminue considérablement; l'ovulation et la menstruation cessent. En principe, la ménopause survient un an après les dernières règles (Carlson et coll., 1996).

Dans le langage courant, on emploie le terme « ménopause » pour désigner abusivement le climatère, la période d'environ six ans qui précède la ménopause proprement dite. L'organisme de la femme s'adapte alors à la diminution de la concentration d'œstrogènes, laquelle se manifeste par divers symptômes physiologiques et psychologiques.

Le premier symptôme du climatère est le raccourcissement du cycle menstruel. La durée du cycle menstruel varie chez les femmes en âge de procréer. D'environ 30 jours dans la vingtaine et au début de la trentaine, elle s'établit entre 22 et 28 jours à la fin de la trentaine et au début de la quarantaine. Puis, à la fin de la quarantaine, le cycle menstruel devient imprévisible. Les règles sont absentes, exceptionnellement abondantes ou exceptionnellement légères, selon les mois. Le moment de l'ovulation varie. Au lieu de survenir au milieu du cycle comme autrefois, l'ovulation peut se produire au début, à la fin ou ne pas avoir lieu. Voilà pourquoi la fertilité diminue considérablement à l'approche de l'âge mûr. À l'opposé, certaines femmes qui croyaient connaître suffisamment leurs rythmes naturels pour se passer de moyens de contraception se retrouvent enceintes « sur le tard » (Carlson et coll., 1996).

Les symptômes les plus manifestes du climatère sont les bouffées de chaleur et les sueurs froides causées par l'instabilité vasomotrice, une perturbation temporaire des mécanismes homéostatiques qui entraînent la constriction ou la dilatation des vaisseaux sanguins afin de maintenir la température corporelle. La baisse de la concentration d'œstrogènes provoque de nombreux autres changements dans l'organisme : sécheresse de la peau, diminution de la lubrification vaginale pendant l'excitation sexuelle et atrophie du tissu mammaire. Deux effets de la diminution de la concentration d'œstrogènes représentent de graves risques pour la santé. Le premier est la décalcification osseuse, qui peut aboutir à l'ostéoporose, une maladie caractérisée par la porosité et la fragilité des os. Le second, l'augmentation des dépôts lipidiques dans les artères, peut causer la maladie coronarienne. Environ la moitié des femmes qui atteignent l'âge adulte avancé souffrent d'ostéoporose et de maladie coronarienne.

Les symptômes de la ménopause n'ont rien d'uniforme. Ils sont généralement plus prononcés dans les cas où la ménopause est subitement provoquée par une ovariectomie (ablation des ovaires).

Les désagréments associés à la ménopause dépendent en partie de facteurs sociaux comme la valeur accordée à la fertilité des femmes dans une culture et l'attitude de la profession médicale. Pendant la majeure partie du XXᵉ siècle et même avant, la ménopause était traitée comme une maladie dans le monde occidental. Les femmes traversant cette phase de leur existence étaient réputées « souffrantes, asexuées, irritables et déprimées » (Golub, 1992). Ces conceptions négatives amenaient les femmes à attacher excessivement d'importance aux symptômes de la ménopause, à craindre le pire du moindre malaise ou changement d'humeur et à voir ces craintes confirmées par leur docteur.

Aujourd'hui, la ménopause n'est plus considérée comme une maladie et ses symptômes apparaissent moins pénibles qu'auparavant, même si un certain nombre de femmes s'en trouvent évidemment plus affectées que d'autres.

Ainsi, les symptômes sont si incommodants chez certaines femmes qu'ils dictent une hormonothérapie de substitution, un traitement qui consiste à administrer des œstrogènes pour remplacer ceux qu'elles ne produisent plus. On associe de la progestérone aux œstrogènes afin d'éliminer le risque de cancer de l'utérus entraîné par l'administration d'œstrogènes seuls (Bellantoni et Blackman, 1996).

Ménopause Cessation de l'ovulation et de la menstruation causée par une baisse considérable de la production d'œstrogènes, survenant habituellement vers l'âge de 50 ans. En principe, la ménopause survient un an après les dernières règles.

Climatère Étape de la vie caractérisée par la cessation de l'activité des hormones sexuelles chez la femme et chez l'homme.

Instabilité vasomotrice Perturbation temporaire des mécanismes homéostatiques qui entraînent la constriction ou la dilatation des vaisseaux sanguins afin de maintenir la température corporelle. L'instabilité vasomotrice provoque des sensations soudaines de chaleur ou de froid pendant la ménopause.

Ostéoporose Maladie caractérisée par la porosité et la fragilité des os et causée par une perte de calcium osseux. Elle touche toutes les personnes vieillissantes, bien que sa forme grave soit plus répandue chez les femmes que chez les hommes. C'est à cause de l'ostéoporose que les fractures de la hanche sont beaucoup plus fréquentes chez les personnes âgées que chez les jeunes.

Hormonothérapie de substitution Traitement visant à compenser la diminution de la production d'hormones à la ménopause ou après l'ablation chirurgicale des ovaires. L'association d'œstrogènes et de progestérone atténue les symptômes de la ménopause et diminue les risques de maladie du cœur et d'ostéoporose.

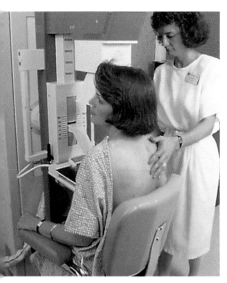

Avec la ménopause disparaissent les soucis liés à la contraception, aux risques de grossesse non désirée et aux règles. Apparaissent en même temps les risques de maladie du cœur, d'ostéoporose et de cancer du sein. La médecine préventive peut cependant freiner le cours de la plupart des affections avant qu'elles ne causent des dommages irréparables.

La recherche tend à démontrer que la poursuite de l'hormonothérapie de substitution après la ménopause présente une foule d'avantages. Aussi de nombreux médecins recommandent-ils ce traitement non seulement pour soulager les symptômes de la ménopause, mais aussi pour contrer les effets physiologiques d'une absence prolongée d'hormones dans l'organisme. L'hormonothérapie de substitution à long terme réduit de moitié les risques de maladie coronarienne, la principale cause de décès chez les femmes de plus de 55 ans (Carlson et coll., 1996). D'aucuns pensent même qu'elle confère une certaine protection contre la maladie d'Alzheimer, surtout si le traitement dure 15 ans et plus (Grodstein et coll., 1996).

De là à conclure que l'hormonothérapie de substitution ne comporte aucun danger, il y a un pas qu'il ne faut pas franchir trop prestement. En effet, les suppléments hormonaux augmenteraient les risques de développer certains cancers, et on ne possède pas encore de données quant aux effets d'un traitement qui s'étend sur 20 ans ou plus. Il n'en reste pas moins que les médecins sont de plus en plus enclins à prescrire une hormonothérapie de substitution, de la ménopause jusqu'à l'âge adulte avancé (Carlson, 1996). Ils ne devraient toutefois le faire qu'après avoir procédé à une analyse détaillée des risques et tenu compte de la densité osseuse de la patiente, de l'état de son cœur et de ses antécédents familiaux. Que les femmes prennent ou non des œstrogènes, elles devraient, pendant toute leur vie, essayer de prévenir les maladies du cœur et l'ostéoporose en évitant les matières grasses, en consommant des aliments riches en calcium, en s'abstenant de fumer et en pratiquant régulièrement une activité physique (idéalement, des exercices aérobiques pour le cœur et des exercices de musculation pour les os).

Andropause

Andropause Ensemble des changements physiologiques associés à la concentration de testostérone.

Chez les hommes, les concentrations moyennes de testostérone et d'autres hormones baissent graduellement (Mobbs, 1996). Le nombre et la motilité des spermatozoïdes diminuent considérablement (voir le chapitre 9), mais la plupart des hommes en produisent indéfiniment, de sorte qu'ils demeurent aptes à procréer jusqu'à l'âge adulte avancé. Il n'existe donc pas, sur le plan physiologique, d'équivalent masculin de la ménopause.

Pourquoi alors entend-on parler d'andropause ? Peut-être veut-on faire allusion à la diminution marquée de la concentration de testostérone qui peut survenir si un homme cesse soudainement toute activité sexuelle ou connaît des ennuis importants. La concentration de testostérone est corrélée avec l'appétit sexuel et la vitesse de la réponse sexuelle. C'est pourquoi une diminution de cette concentration entraîne des difficultés érectiles dans certains cas.

Vieillissement et expression sexuelle

Si, comme le veut l'usage, on mesure l'activité sexuelle en fonction de la fréquence des rapports sexuels et des orgasmes, on peut alors affirmer que la diminution observée au début de l'âge adulte se poursuit à l'âge mûr. Les variations individuelles sont évidemment considérables : certaines personnes cessent toute activité sexuelle tandis que d'autres continuent d'avoir régulièrement des rapports sexuels (Edwards et Booth, 1994).

Cependant, les modalités de l'activité sexuelle changent avec le temps, même chez les personnes sexuellement actives et surtout chez les hommes. Ceux-ci ont besoin d'une stimulation plus longue et plus directe qu'auparavant. Herant Katchadourian (1987), un médecin qui étudie la sexualité, dit à propos des hommes : « Leurs réactions orgasmiques perdent de l'intensité avec le temps [...]; le nombre de contractions diminue, de même que la vigueur de l'éjaculation et le volume de l'éjaculat. »

Si le phénomène a de quoi atterrer un jeune homme de 20 ans, il trouble peu l'homme d'âge mûr qui le vit. Une étude menée auprès d'hommes d'âge mûr a en effet révélé que la plupart d'entre eux étaient satisfaits de leur vie sexuelle, même s'ils connaissaient une diminution du désir et de la fréquence des éjaculations. Seuls les hommes de 60 ans et plus reconnaissaient en majorité que la libido des hommes diminue avec le temps. Ils se déclaraient pourtant satisfaits de leur vie sexuelle. Précisons cependant que la proportion d'insatisfaits s'établissait à environ 5 % chez les hommes d'âge mûr et à environ 10 % chez les hommes de plus de 60 ans (McKinley et Feldman, 1994).

Il est plus difficile de mesurer les changements de la capacité orgasmique chez les femmes que chez les hommes. De nombreux chercheurs n'en pensent pas moins que la libido féminine est aussi forte, sinon plus, à l'âge mûr qu'au début de l'âge adulte :

> Le vieillissement n'entrave aucunement la capacité orgasmique des femmes tant qu'il ne s'associe pas à des problèmes de santé. En fait, nombre de femmes disent atteindre l'orgasme plus facilement maintenant qu'elles sont ménopausées. On peut cependant supposer que ce phénomène est moins attribuable à des facteurs biologiques qu'aux facteurs psychosociaux de l'excitabilité sexuelle (comme la perspective d'une grossesse). (Masters et coll., 1994)

Les signes de l'excitation, et notamment la lubrification vaginale, peuvent s'atténuer après la ménopause, mais cela ne compromet en rien la qualité d'une relation sexuelle. « L'intensité des réponses physiologiques, note Katchadourian, diminue sans conteste avec le temps, mais l'expérience subjective de l'orgasme demeure très satisfaisante. » Bref, la plupart des personnes d'âge mûr ont une vie sexuelle et en tirent du plaisir.

À ceux qui croient que la cinquantaine marque le début de la fin, les chercheurs opposent le point de vue suivant : une vie sexuelle active et heureuse ne cesse ou ne devient problématique à l'âge mûr que si le couple est aux prises avec d'autres problèmes. Et ces problèmes ne naissent pas dans la chambre à coucher; ils s'y expriment, tout simplement.

À l'âge mûr et à l'âge adulte avancé, les préférences et le plaisir sexuels sont davantage liés aux goûts et aux désirs du passé — et peut-être à l'état de santé actuel — qu'à des variables générales comme le revenu, l'éducation, l'âge et la satisfaction face à l'existence (Edwards et Booth, 1994; Masters et coll., 1994). Il semble que, tout au long de la vie, l'activité sexuelle favorise le maintien du désir et de l'excitation. Inversement, l'absence d'activité sexuelle entraîne une diminution de la sécrétion hormonale et une baisse de la libido.

On voit donc une fois de plus qu'à l'âge adulte le développement biosocial n'est pas aussi fortement déterminé par l'âge chronologique qu'au cours des périodes précédentes. Il devient tributaire des choix personnels.

Une vie sexuelle active et satisfaisante dépend beaucoup moins de l'âge des partenaires que de leurs attitudes l'un envers l'autre et envers la sexualité elle-même. Le principal organe sexuel, comme l'ont dit bien des spécialistes, c'est le cerveau.

ADULTE D'ÂGE AVANCÉ

Imaginez que vous êtes un scientifique et que vous vous apprêtez à étudier le cours habituel de la vie à partir de l'âge de 60 ans. Vous décidez de réaliser votre recherche aux États-Unis et d'en exclure les personnes qui se trouvent actuellement dans un hôpital ou un centre d'accueil. Vous constituez un échantillon de 1600 sujets représentant toutes les régions du pays, tous les groupes ethniques, toutes les religions et toutes les classes sociales. Certains sont au début de la soixantaine, d'autres presque centenaires. Certains occupent un emploi à temps plein, d'autres sont à la retraite et d'autres encore sont confinés chez eux. Vous posez à toutes ces personnes des dizaines de questions à propos de leur bien-être et de leur bonheur.

En honnête scientifique que vous êtes, vous admettez nourrir un certain nombre de présupposés. Vous attendez-vous, par exemple, à rencontrer une majorité de personnes handicapées, malades, seules ou déprimées ? Croyez-vous, au contraire, que la plupart de vos sujets sont bien portants, actifs, vigoureux et heureux ? Que pensez-vous qu'ils répondront à la question : « Êtes-vous globalement satisfait de votre vie ? » Avant de continuer votre lecture, prenez le temps de noter vos prévisions ci-dessous.

	Vos prévisions
Complètement satisfait	___ %
Très satisfait	___ %
Assez satisfait	___ %
Assez insatisfait	___ %
Complètement insatisfait	___ %

Maintenant, comparez vos prévisions avec les résultats suivants qui proviennent d'une étude bien réelle (Herzog, 1991). Soixante-deux pour cent des sujets souffraient de deux maladies chroniques ou plus (comme l'arthrite et l'hypertension artérielle), mais la plupart ont affirmé que leur état de santé ne gênait aucunement leurs activités. Quinze pour cent seulement ont dit que leur état de santé les limitait beaucoup. Rares étaient les personnes isolées; la plupart rencontraient leurs amis au moins une fois par semaine et leur parlaient au téléphone tous les jours. Fait remarquable, la question portant sur la satisfaction face à la vie reçut plus de réponses positives dans l'échantillon de personnes âgées que dans certains échantillons d'étudiants du postsecondaire. Trente-deux pour cent des personnes âgées se sont déclarées complètement satisfaites de leur vie, 42 % très satisfaites, 5 % assez insatisfaites et 1 % complètement insatisfaites. Il y avait donc 12 fois plus de personnes satisfaites que de personnes insatisfaites. Quant aux 20 % de sujets restants, ils ont donné une réponse mitigée, se disant assez satisfaits.

Vos prévisions n'étaient pas en accord avec les données de l'étude et vous pensez que les chercheurs ont obtenu ces résultats par un hasard extraordinaire ? Détrompez-vous. D'autres études ont produit des résultats analogues (Costa et coll., 1987; Deeg, 1995; Havik, 1991; Myers, 1993). Vous croyez que le fait d'avoir exclu les résidants des centres d'accueil a faussé les résultats ? Vous n'êtes pas seul à voir les choses de cette façon. Le grand public présuppose que 1 personne âgée sur 3 vit en institution, alors que la proportion s'établit à environ 1 sur 20 au Canada. La proportion de personnes âgées institutionnalisées est un peu plus élevée dans certains pays industrialisés comme l'Australie et plus faible dans d'autres, comme le Japon, les États-Unis et le Royaume-Uni. Rappelez-vous cependant que nulle part elle ne dépasse les 10 % (Cutler et Sheiner, 1994).

Les idées courantes en matière de vieillissement engendrent des stéréotypes défavorables, des images simplistes et déformées des personnes âgées. Ces stéréotypes voudraient nous faire croire qu'elles sont fatiguées, maussades, passives, apathiques, faibles et dépendantes des autres (Schaie et Willis, 1996).

Âgisme

Les perceptions erronées que nous avons de l'âge adulte avancé peuvent entraîner des préjugés se traduisant par l'âgisme, c'est-à-dire de la discrimination envers les personnes âgées. Comme le racisme et le sexisme, l'âgisme « est une façon d'empêcher les gens de vivre leur vie comme ils l'entendent » (Butler et coll., 1991).

Il existe nombre de préjugés relatifs aux différents groupes d'âge. Ils frappent par exemple les adolescents, que l'on accuse fréquemment d'être irresponsables et turbulents. Toutefois, la discrimination dont les personnes âgées sont victimes fait plus de torts. Elle alimente en effet des stéréotypes qui faussent leur image. Elle donne lieu à des politiques et à des attitudes qui dissuadent les aînés de participer à la vie sociale et professionnelle et qui, par conséquent, les isolent du reste de la collectivité. Pire, l'âgisme inspire aux aînés la honte de leur âge.

Heureusement, les choses changent peu à peu. En partie grâce à la gérontologie, l'étude scientifique de l'adulte d'âge avancé, qui a montré que le vieillissement est un construit social (Riley et coll., 1994). Pour rendre compte de la grande diversité du vécu à l'âge avancé et corriger les idées fausses à propos de la vieillesse, les gérontologues s'appuient désormais sur le critère de la qualité du vieillissement, c'est-à-dire sur des mesures de la santé et de l'intégration sociale. La plupart des personnes d'âge avancé sont « bien portantes et vigoureuses, relativement à l'aise financièrement, actives dans leur famille et leur collectivité et engagées politiquement » (Neugarten et Neugarten, 1986). D'autres souffrent de « graves déficits physiques, mentaux ou sociaux ». Elles ont besoin de services de soutien ou vivent dans un hôpital ou un centre d'accueil.

Voyons maintenant en quoi consiste le vieillissement.

Âgisme Discrimination envers les personnes âgées. Comme le racisme et le sexisme, l'âgisme interdit à ses victimes le bonheur et la productivité auxquels elles pourraient aspirer.

Gérontologie Étude de l'âge adulte avancé, une branche des sciences sociales qui progresse rapidement.

Vieillissement

Pour bien comprendre le vieillissement, il faut tout d'abord faire la distinction entre le vieillissement primaire et le vieillissement secondaire. Le premier correspond à l'ensemble des changements irréversibles dus au passage du temps et le second aux changements causés par certaines maladies. Tous autant que nous sommes, nous subissons un vieillissement primaire. Inexorablement, minute après minute, jour après jour. Le vieillissement secondaire, en revanche, peut être atténué. Il est possible de prévenir ou, dans certains cas, de renverser ou de corriger les changements qu'il comporte. Nous étudierons plus loin dans ce chapitre le rapport entre le vieillissement normal et le vieillissement pathologique. Intéressons-nous pour l'instant à quelques-unes des modalités du vieillissement en général.

Vieillissement primaire Ensemble des changements physiques irréversibles que subissent tous les organismes vivants en prenant de l'âge.

Vieillissement secondaire Ensemble des changements physiques attribuables à des maladies plus fréquentes à l'âge adulte avancé qu'au cours des périodes précédentes de la vie, mais causées par des facteurs qui, comme les habitudes de vie et l'hérédité, varient selon les personnes.

Apparence

La plupart des adultes, quel que soit leur âge, s'efforcent de ne pas avoir l'air « vieux ». À mesure que le temps passe, cependant, il devient de plus en plus difficile de camoufler les signes extérieurs du vieillissement. La peau s'assèche, s'amincit et perd de son élasticité. Les rides se forment. Les vaisseaux sanguins et les dépôts de tissus adipeux se font apparents (Kligman et coll., 1985). Des taches brunâtres parsèment la peau d'environ 25 % des gens de 60 ans, d'environ 70 % des gens de 80 ans et de près de 100 % des gens de 100 ans. La chevelure s'éclaircit, grisonne et, chez un grand nombre de personnes, blanchit complètement.

Le vieillissement entraîne aussi une modification de la taille, de la silhouette et du poids (Whitbourne, 1985). La plupart des gens rapetissent en vieillissant. Leurs tissus adipeux se redistribuent, leur poids diminue et leur force musculaire décroît, dans les jambes en particulier.

Tous ces changements de l'apparence ont d'importantes conséquences sociales et psychologiques. Dans une société âgiste, en effet, les gens qui ont l'air « vieux » sont automatiquement traités comme des « vieux ». Les réactions des personnes

POINT DE MIRE

Une pyramide qui a l'air d'un carré

Les spécialistes de la démographie, l'étude statistique des populations, ont l'habitude de représenter les populations à l'aide d'un graphique établi en fonction de l'âge. Autrefois, ce graphique avait la forme d'une pyramide, car les jeunes formaient le segment de population le plus vaste. Puis le taux de natalité a chuté en même temps que la longévité a augmenté. Aujourd'hui, par conséquent, la pyramide des âges de la population canadienne et de celle de nombreux pays a plutôt la forme d'un carré.

La proportion des personnes de plus de 60 ans varie selon les pays. Elle s'établit à 20 % dans les pays industrialisés comme le Japon, la Grande-Bretagne, l'Espagne et la France et à moins de 4 % dans de nombreux pays en voie de développement, dont l'Angola, l'Éthiopie et la Syrie. Si la tendance amorcée au cours des 20 dernières années se maintient, cependant, la proportion des personnes de plus de 60 ans dans le monde doublera d'ici 2030 et atteindra 16 %. La population des pays développés sera alors divisée en trois parties égales : un tiers de personnes de moins de 30 ans, un tiers de personnes de 30 à 59 ans et un tiers de personnes de 60 ans et plus. Seuls les gens de 30 à 59 ans travailleront à temps plein.

Voilà donc que surgit le spectre du rapport de dépendance, c'est-à-dire le rapport entre le nombre d'adultes autonomes et productifs et le nombre de personnes dépendantes (enfants et personnes âgées). On calcule habituellement ce rapport en divisant le nombre de personnes de 15 à 65 ans par le nombre de personnes de moins de 15 ans et de plus de 65 ans. Ainsi, le rapport de dépendance s'établit à environ 2:1 au Canada et à 1:1 dans de nombreux pays en voie de développement, où les couples ont beaucoup d'enfants (voir la figure ci-contre). Tous les pays développés connaîtront d'ici peu une hausse marquée de leur rapport de dépendance, à moins que l'on n'assiste à une augmentation radicale du taux de mortalité dans la population qui est actuellement d'âge mûr. Au Canada, l'augmentation commencera en 2010, lorsque les *baby-boomers* atteindront l'âge adulte avancé (Easterline, 1996).

Quelles seront les conséquences de cette évolution du rapport de dépendance ? Certains experts prédisent des catastrophes : les coûts des soins de santé monteront en flèche tandis que les budgets destinés à la jeune génération se verront réduits (Howe, 1995). Les plus pessimistes s'attendent à une révolte des cohortes intermédiaires, dont les membres refuseront de porter le fardeau financier et des jeunes et des plus âgés.

Les optimistes prétendent pour leur part que cette guerre n'aura pas lieu et citent à l'appui de leurs dires l'exemple de pays où l'expansion de la population âgée a inspiré aux dirigeants des politiques sociales qui ont bénéficié à toutes les générations (Pampel, 1994) : programmes subventionnés de soins de santé, éducation permanente, logements communautaires et formation de groupes de bénévoles âgés pour aider les gens de

tout âge (Caro et coll., 1993; Laslett, 1991). De telles mesures ont permis de réduire le nombre de personnes âgées invalides et dépendantes et d'augmenter le nombre d'aînés productifs.

On peut du reste s'interroger sur la pertinence d'une statistique calculée en considérant toute personne de plus de 65 ans comme « dépendante ». La plupart des personnes de plus de 65 ans sont en effet indépendantes sur les plans physique et financier et participent activement à la vie sociale (Posner, 1995).

La plupart des spécialistes du développement pensent que les membres les plus âgés de la société sont en mesure de contribuer au bien-être de la collectivité entière, comme c'est le cas dans de nombreuses sociétés. Pour relever les défis que pose le vieillissement de la population, la société dans son ensemble doit comprendre les effets réels du vieillissement et distinguer les mythes âgistes de la réalité (Seltzer, 1995). Elle doit prévoir les obligations que le phénomène entraîne pour elle et exploiter toutes les forces de ses membres âgés.

RÉPARTITION DE LA POPULATION SELON L'ÂGE DANS QUELQUES PAYS, 1996

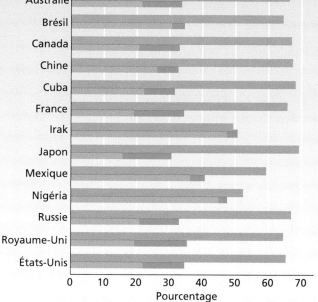

Âges : ■ Moins de 15 ans ■ De 15 à 64 ans ■ 65 ans et plus
Source : U.S. Bureau of the Census, 1996.

Le rapport de dépendance est le rapport entre le nombre d'adultes capables de voir aux besoins de personnes « dépendantes » et le nombre de jeunes et de personnes âgées. L'accroissement du rapport de dépendance fait couler beaucoup d'encre dans les pays développés. Le graphique révèle pourtant que le rapport de dépendance y est favorable puisque les gens ont relativement peu d'enfants. Le fardeau est plus lourd à porter pour les adultes du Nigéria, d'Irak et d'autres pays en voie de développement, où le rapport de dépendance s'établit à environ 1:1.

âgées envers elles-mêmes illustrent ce phénomène avec une poignante éloquence. La plupart des personnes âgées estiment que leur personnalité, leurs valeurs et leurs attitudes sont stables et, tout en admettant qu'elles ont un peu ralenti le rythme, ne trouvent pas qu'elles ont beaucoup changé depuis leurs jeunes années (Troll et Skaff, 1997). D'où leur étonnement et leur déception lorsqu'elles se voient en photo ou remarquent comment les autres les traitent. Une femme de 92 ans a le commentaire suivant à ce propos :

> On a l'impression de ne plus être dans sa propre peau, de ne plus habiter son propre corps. [...] J'ai un choc de me voir aussi vieille chaque fois que je me promène au centre-ville et que j'aperçois mon reflet dans une vitrine. Je ne me vois jamais comme ça. (citée dans Kaufman, 1986)

Les personnes âgées qui associent apparence et identité ou qui s'en remettent à l'attitude des autres pour valider leur concept de soi (comme il nous arrive à tous de le faire) se rendent compte qu'elles ont l'air « vieilles » ou qu'elles sont traitées comme telles. Elles peuvent alors se mettre à agir et à penser comme le dicte le stéréotype.

Organes des sens

Pour un grand nombre des personnes âgées en bonne santé, l'aspect le plus douloureux du vieillissement n'est pas lié à l'apparence, mais aux difficultés de communication qu'entraînent la diminution de leurs capacités sensorielles. Tous les sens, en effet, s'affaiblissent à chaque décennie qui passe et leurs déficiences n'épargnent personne après l'âge de 70 ans (Meisami, 1994). Heureusement, il est possible aujourd'hui de corriger ou, au moins, d'atténuer la plupart des déficits visuels et auditifs des personnes âgées.

Vue

Parmi les personnes âgées, 10 % seulement n'ont pas besoin de verres correcteurs et 80 % voient bien à condition de porter des lunettes. Les 10 % restants souffrent de troubles oculaires que le port de verres ne peut corriger, soit la cataracte, le glaucome et la dégénérescence maculaire sénile.

La **cataracte** est une opacification du cristallin qui embrouille et déforme la vision. Ce trouble survient chez 30 % des personnes de 70 ans. Au début, on peut en atténuer les effets au moyen de verres correcteurs; dans les stades avancés, on recourt plutôt à la chirurgie, une intervention d'un jour qui est presque toujours couronnée de succès (Meisami, 1994).

Le **glaucome**, qui affecte 1 % des septuagénaires et 10 % des nonagénaires, est caractérisé par une accumulation de liquide dans le globe oculaire qui finit par endommager le nerf optique. On peut y remédier au moyen de gouttes spéciales pour les yeux. En l'absence de traitement, le glaucome peut entraîner la cécité.

La **dégénérescence maculaire sénile** est une détérioration de la rétine due au vieillissement. Elle touche 1 personne sur 25 entre 66 et 74 ans, 1 personne sur 6 à compter de l'âge de 75 ans et 1 personne sur 3 après 80 ans. Difficile à traiter, cette affection est la principale cause de cécité chez les aînés. Il existe cependant une foule de moyens d'aider les personnes âgées malvoyantes à conserver une part importante de leur autonomie.

On peut accroître leur mobilité en leur enseignant, par exemple, à se fier à des indices auditifs ou tactiles tels que les bruits particuliers de la rue, les contours des trottoirs ou l'emplacement des meubles dans les pièces de leur appartement. Il suffit parfois, pour les aider dans leurs activités quotidiennes, d'installer de l'éclairage très fort dans toute leur maison et de laisser une lentille de lecture grossissante à proximité de leur chaise de lecture. D'autre part, il existe maintenant une machine pour ceux qui ne peuvent plus lire du tout. Il s'agit d'un lecteur électronique mis au point par l'inventeur et auteur Ray Kurzweil qui convertit les pages imprimées en signaux vocaux. Ces moyens ou d'autres peuvent aider ceux dont la vision est extrêmement réduite à demeurer autonomes.

Cataracte   Maladie de l'œil répandue chez les personnes âgées, caractérisée par une opacification du cristallin et pouvant entraîner une perte de l'acuité visuelle.

Glaucome   Durcissement du globe oculaire dû à une accumulation de liquide et pouvant causer la cécité.

Dégénérescence maculaire sénile Détérioration progressive de la rétine due au vieillissement.

Ouïe

Les troubles auditifs affectent un tiers des personnes âgées, dont un quart de celles qui ont entre 65 et 80 ans et près de la moitié de celles qui ont plus de 80 ans (Havik, 1986). Malheureusement, il s'écoule en général cinq ans ou plus entre le moment où les personnes âgées s'aperçoivent que leur ouïe décline et celui où elles consultent un professionnel de la santé.

Pourquoi attendre si longtemps ? Parce que le port d'un appareil auditif est considéré comme un signe de vieillesse et qu'un grand nombre de gens préfèrent entendre mal que d'avoir l'air « vieux ». Il s'agit là d'une attitude paradoxale, car c'est pendant qu'ils sont « durs d'oreille » qu'ils paraissent « vieux ». Pire, leur surdité les exclut souvent des échanges sociaux. Ils demeurent sur leur quant-à-soi de peur que les autres ne se fatiguent de répéter leurs paroles et peuvent devenir méfiants s'ils s'imaginent que les conversations inaudibles portent sur eux. Les voilà ainsi privés d'une importante stimulation cognitive.

Les personnes âgées peuvent recourir à certaines stratégies pour remédier à leurs troubles auditifs. Elles peuvent, par exemple, utiliser des téléphones adaptés, apprendre à lire sur les lèvres et à décoder les expressions du visage de leurs interlocuteurs. Ceux-ci, pour leur part, devraient s'efforcer de parler lentement et distinctement d'une voix grave et d'éliminer autant que possible les bruits de fond.

Autres fonctions physiologiques

Nous avons accordé une attention particulière à la vue et à l'ouïe parce que, d'une part, ces sens constituent les principaux liens de communication entre la personne et le monde et que, d'autre part, les changements qu'ils subissent avec le temps sont représentatifs de ceux que présentent les autres fonctions physiologiques. Nous avons vu que toutes les fonctions commencent à s'affaiblir au début de l'âge adulte. Puis, à mesure que le temps passe, les artères durcissent, la capacité pulmonaire décroît et la fréquence cardiaque, la digestion et la réponse sexuelle ralentissent. Ces changements s'étendent sur plusieurs décennies, mais leur rythme s'accélère à l'âge adulte avancé (Kanungo, 1994).

Pour vivre pleinement sa vie, il ne suffit pas d'accepter passivement l'altération du corps, il faut s'y adapter. L'adaptation permet de trouver un juste équilibre entre l'accomplissement des activités normales et le repos dicté par la diminution des capacités.

L'important est que la personne âgée identifie dans quelle mesure elle pourrait modifier ses habitudes et procéder aux ajustements qu'elle juge nécessaires au moment qui lui semble opportun. Or, la personne âgée n'est pas seule en cause : sa famille et ses amis doivent s'adapter aussi. Ses enfants adultes, par exemple, doivent se rendre compte qu'il est revigorant pour elle de voir ses petits-enfants, mais que le fait de passer une journée entière avec une meute de bambins turbulents est exténuant. De même, s'il est agréable de manger au restaurant, l'expérience peut devenir frustrante et même intolérable dans un établissement bruyant.

Ces trois amis utilisent des stratégies qui leur permettent de se comprendre : ils s'assoient les uns près des autres, observent les mouvements des lèvres et portent attention aux expressions du visage.

À VOUS LES COMMANDES – 12.1

Une expérience à tenter

Pour comprendre ce que vivent beaucoup de personnes âgées qui ont « toute leur tête » mais dont les sens ont perdu de leur acuité, expérimentez l'une ou l'autre des situations suivantes (au cégep, au restaurant, dans la rue ou dans un centre commercial, par exemple).

• Placez des boules de ouate dans vos oreilles (acuité auditive) pour écouter une conversation.

• Appliquez un peu de vaseline sur vos lunettes ou vos verres solaires (acuité visuelle) pour lire un contrat ou un mode d'emploi.

• Placez quelques cailloux dans vos souliers ou portez des bandages assez serrés aux genoux (agilité motrice) pour marcher et traverser la rue.

• Portez des gants de caoutchouc trop grands (habileté manuelle) et classez dans des boîtes des « Smarties » en fonction de leurs couleurs.

Vieillissement et maladie

Vieillissement et maladie ne sont pas synonymes et c'est pour bien le souligner que nous avons fait une distinction entre le vieillissement primaire et le vieillissement secondaire (voir la page 391). La plupart des personnes âgées jugent que leur santé est bonne ou excellente en général, et les examens physiques prouvent qu'elles ne s'illusionnent pas. L'état de santé d'une personne âgée dépend non seulement de son âge, mais aussi de son hérédité, de ses antécédents et de son mode de vie actuel (alimentation, degré d'activité, etc.) de même que de facteurs psychosociaux comme le soutien social dont elle bénéficie et le degré de maîtrise qu'elle a l'impression d'exercer sur sa vie.

On ne peut nier cependant que la fréquence des *maladies chroniques* et les probabilités de *maladie aiguë* augmentent considérablement avec le temps. La corrélation entre vieillissement et maladie ne repose pas seulement sur l'accumulation des risques entraînés par une vie entière de mauvaises habitudes. En affaiblissant les fonctions physiologiques, le vieillissement primaire prédispose aux maladies, ralentit la guérison et mine la résistance.

On ne peut escompter atteindre l'âge de 100 ans sans jamais souffrir. Un certain nombre de personnes très âgées sont autonomes, mais toutes souffrent de quelques maladies chroniques. Une forte proportion d'aînés doivent prendre des médicaments tous les jours, porter un régulateur cardiaque ou recevoir une hanche artificielle pour continuer à vivre normalement (Adler, 1995).

Théories sur les causes du vieillissement

Serons-nous un jour capables de vaincre le vieillissement et d'éliminer la fragilité, la sénilité, l'invalidité et la souffrance qui accompagnent parfois l'âge adulte avancé ? Pourrons-nous retarder la mort et vivre en bonne santé jusqu'à 90, 100 ou 120 ans ? Avant d'y parvenir, il faudra d'abord répondre à la question fondamentale : pourquoi vieillit-on ? Pour l'heure, les experts attribuent le vieillissement aux interactions d'une personne avec son environnement ainsi qu'à son code génétique (Arkin, 1991; Holliday, 1995; Kanungo, 1994).

Théorie de l'usure

La plus générale des théories du vieillissement, la théorie de l'usure, veut que les parties du corps humain se détériorent d'année en année, à force d'être exposées à la pollution, aux rayonnements, à des aliments malsains, à des micro-organismes et à divers autres agresseurs.

À l'âge adulte avancé, le corps présente immanquablement des signes d'usure (par exemple, les dents ou certaines articulations). Le remplacement des parties

Théorie de l'usure Théorie du vieillissement selon laquelle le corps humain, telle une machine, s'use du simple fait de servir et d'être exposé aux agresseurs environnementaux.

usées constitue du reste l'une des principales avancées de la technologie médicale. Les professionnels de la santé fabriquent des prothèses et des implants dentaires pour faciliter l'alimentation, l'élocution et améliorer l'apparence (chez 75 % des personnes de plus de 65 ans), greffent des organes vitaux et remplacent des hanches et des genoux usés par des articulations artificielles (chez 4 % des personnes âgées) (Bunker et coll., 1995).

En revanche, le corps humain possède ses propres mécanismes de réparation et plusieurs de ses parties gagnent à servir. Nous avons vu, par exemple, que le cœur et l'appareil respiratoire fonctionnent mieux si on les fait régulièrement travailler plus fort que la normale; la réponse sexuelle a plus de chances de se maintenir pendant l'âge adulte avancé si on a été sexuellement actif depuis le début de l'âge adulte; l'appareil digestif reste en meilleur état si on stimule son activité en mangeant des fruits et des légumes crus. L'usure expliquerait donc la détérioration de certains organes, mais non le vieillissement dans son ensemble. C'est pourquoi les scientifiques recherchent maintenant les causes de la sénescence à l'intérieur même des cellules.

Théorie cellulaire

La théorie cellulaire attribue le vieillissement à l'accumulation d'accidents survenus pendant la division cellulaire. Exception faite de certains types de cellules, tels les neurones des oreilles, des yeux et du cerveau, les cellules du corps humain se reproduisent tout au long de la vie. Les cellules de la peau, par exemple, se renouvellent entièrement à intervalles réguliers de quelques années dans des conditions normales et en quelques jours seulement après une lésion. Grâce à la précision des mécanismes de duplication (qui font intervenir l'ADN notamment), chaque nouvelle cellule est en tout point identique à celle qui lui a donné naissance. Cependant, nous sommes exposés entre autres à des substances chimiques et à des toxines qui altèrent l'ADN et dérèglent les mécanismes de la division cellulaire de sorte qu'apparaissent des cellules anormales (Cooper et coll., 1991).

Radicaux libres Substances produites par le métabolisme et composées d'atomes possédant un électron libre. Elles endommagent les cellules, accélèrent l'évolution des maladies et altèrent l'ADN (acide désoxyribonucléique).

La théorie cellulaire du vieillissement a permis d'observer que, dans certaines molécules de l'organisme, certains atomes perdent un électron. Les radicaux libres ainsi formés sont très instables et réagissent violemment avec d'autres molécules, allant même jusqu'à les briser. Par conséquent, ils endommagent les organes et accélèrent le cours des maladies. Comme la quantité de radicaux libres augmente avec le temps, il semble que leur accumulation dans l'organisme soit au nombre des causes du vieillissement (Harman, 1992).

Avalanche d'erreurs

Lorsque les systèmes de l'organisme, le système immunitaire en particulier, sont en bon état, les cellules qui ont pour fonction de détruire les cellules endommagées et de prendre le relais des cellules imparfaites limitent les dégâts. Ainsi, trois enzymes participent à l'élimination des radicaux libres. Divers antioxydants, en outre, empêchent les radicaux libres d'exercer leurs effets en se liant à leur électron libre.

Antioxydants Composés qui, en se liant aux radicaux libres, les empêchent d'exercer leurs effets.

Aidé par ces mécanismes et par un mode de vie sain, l'organisme a une certaine capacité de s'autoguérir. Selon certaines théories, le système immunitaire n'en continue pas moins de s'affaiblir et les cellules de se détériorer jusqu'à un point critique. Il s'ensuivrait alors une avalanche d'erreurs qui provoquerait la maladie et, en bout de ligne, la mort. Le phénomène a inspiré le commentaire suivant à un statisticien émérite :

Avalanche d'erreurs Selon la théorie cellulaire du vieillissement, perturbation de la reproduction cellulaire telle que l'organisme ne parvient plus à limiter et à corriger les erreurs et qu'il cesse de fonctionner.

> Il semble que la mort ait un caractère en quelque sorte opportuniste chez les personnes très âgées et qu'elle n'attende pour frapper que l'occasion fournie par une maladie chronique parmi tant d'autres. La mort résulte moins d'un processus morbide défini que d'une diminution globale de la capacité de vivre. (Rosenberg et coll., 1991)

Théorie de l'affaiblissement du système immunitaire

Le système immunitaire a pour fonction de dépister les substances étrangères ou anormales dans les tissus, de les isoler et de les détruire. Son affaiblissement graduel constitue un des principaux facteurs du vieillissement. Certains chercheurs y voient même la cause de la sénescence, puisque les individus dotés d'un système immunitaire vigoureux vivent plus longtemps que ceux dont les défenses sont timides (Miller, 1996).

Les scientifiques ont aussi tendance à attribuer au système immunitaire les différences de morbidité et de mortalité entre les femmes et les hommes âgés. Tout au long de la vie, les femmes se défendent mieux que les hommes contre la maladie. Leur thymus est plus gros et les épreuves de laboratoire indiquent que leur réponse immunitaire est plus vigoureuse. Cette médaille a cependant son revers : le système immunitaire féminin peut s'emballer et s'attaquer aux cellules de l'organisme. Par conséquent, les femmes sont plus sujettes que les hommes aux maladies auto-immunes comme la polyarthrite rhumatoïde et le lupus érythémateux (Carlson et coll., 1996; Verbrugge, 1990).

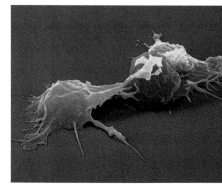

Le système immunitaire est toujours sur le pied de guerre. Il attaque les bactéries, virus et autres substances nuisibles. On voit ici deux de ses cellules en train de neutraliser une cellule cancéreuse. La santé et la longévité dépendent directement de la force et de l'efficacité du système immunitaire.

Théorie génétique

Insatisfaits des théories qui attribuent le vieillissement aux erreurs de la reproduction cellulaire et à l'affaiblissement du système immunitaire, certains scientifiques postulent que le vieillissement est inscrit dans le code génétique même de toutes les espèces. Selon eux, le vieillissement fait partie du développement naturel et normal, car toute espèce semble posséder une longévité maximale génétiquement déterminée. Autrement dit, il y a une limite à la durée de vie de tout organisme, même si celui-ci bénéficie de la meilleure protection possible « contre les facteurs extrinsèques comme l'alimentation, la température, les rayonnements, la pollution et [...] le stress ainsi que contre les facteurs intrinsèques comme les hormones et les radicaux libres » (Kanungo, 1994).

Il ne faut pas confondre la longévité maximale avec l'espérance de vie, c'est-à-dire la durée de vie probable d'un bébé moyen qui vient au monde dans une population donnée. L'espérance de vie dépend de facteurs historiques, culturels et socio-économiques qui déterminent la fréquence des décès pendant l'enfance, l'adolescence et l'âge mûr. Les Américains qui ont 60 ans en ce moment (et qui ne risquent donc plus une mort précoce) peuvent s'attendre à vivre jusqu'à 79 ans dans le cas des hommes et jusqu'à 83 ans dans le cas des femmes. L'espérance de vie au Canada a augmenté d'environ 20 ans depuis les années 1920 (voir le tableau 12.1). Ce n'est pas la longévité maximale qui s'est étendue, mais les probabilités de mourir en bas âge qui ont diminué.

Longévité maximale   Âge maximal que les membres d'une espèce peuvent atteindre dans des conditions idéales. La longévité maximale s'établit à environ 120 ans chez l'être humain.

Espérance de vie   Durée de vie probable d'un nouveau-né moyen. L'espérance de vie a tendance à augmenter.

TABLEAU 12.1	Espérance de vie à la naissance au Canada.			
	Les deux sexes	Sexe masculin	Sexe féminin	Différence entre les sexes
	Nombre d'années			
1920-1922	**59**	59	61	2
1930-1932	**61**	60	62	2
1940-1942	**65**	63	66	3
1950-1952	**69**	66	71	5
1960-1962	**71**	68	74	6
1970-1972	**73**	69	76	7
1980-1982	**75**	72	79	7
1990-1992	**78**	75	81	6

Source : Statistique Canada.

Jeanne Calment s'est éteinte dans le sud de la France en 1997, à l'âge vénérable de 122 ans. C'était la doyenne de l'humanité. Très rares sont les individus qui vivent aussi longtemps.

Ce garçon de 16 ans d'Afrique du Sud, dans les bras de sa grand-mère âgée de 81 ans, souffre de progérie, un trouble génétique causant un vieillissement accéléré, incluant la calvitie, des rides, de l'arthrite, des difficultés cardiorespiratoires et une mort prématurée.

Horloge génétique   Selon une des théories du vieillissement, mécanisme génétique qui régit le processus de vieillissement.

Les documents historiques, dans la mesure où l'on peut s'y fier, indiquent que la longévité maximale de l'être humain il y a 1000 ou 2000 ans ne dépassait pas les 100 ans. Toutefois, les gens vivaient beaucoup moins longtemps qu'aujourd'hui, car ils étaient emportés par les maladies de l'enfance, les accidents, les infections, les guerres et les famines. Mais s'ils y avaient survécu, ils auraient eux aussi connu le vieillissement primaire et seraient sans doute morts d'affections liées à l'âge, comme les plus vieux de nos aînés.

Horloge génétique

Selon une des théories génétiques du vieillissement, l'ADN qui dirige l'activité de toutes nos cellules régit aussi le vieillissement. Aucune mutation ne serait en cause dans ce processus tout à fait normal. Il semble en effet que nous possédions une **horloge génétique** qui déclenche des signaux hormonaux (semblables à ceux de la puberté) et commande la division des cellules ainsi que la réparation des tissus. Cette horloge inactiverait les gènes qui favorisent la croissance et activerait ceux qui provoquent le vieillissement. Les effets du vieillissement s'accumuleraient jusqu'à ce que la mort survienne.

Certains résultats de recherche appuient l'hypothèse de l'horloge génétique, dont ceux obtenus par Leonard Hayflick et ses collègues (Hayflick, 1979; Hayflick et Moorhead, 1961). Ces derniers ont cultivé des cellules d'embryon humain et les ont laissées vieillir en leur fournissant tous les nutriments nécessaires à la croissance et à la reproduction et en les protégeant contre les agressions et la contamination. En dépit d'aussi bonnes conditions, les cellules se sont divisées une cinquantaine de fois, puis ont cessé de se reproduire.

Limite de Hayflick   Nombre possible de divisions d'une cellule humaine, établi à environ 50 par Leonard Hayflick et vraisemblablement programmé génétiquement.

Des centaines de scientifiques ont répété cette recherche en variant les techniques et les types de cellules utilisées. Les résultats ne changent pas : les divisions cellulaires n'excèdent pas un certain nombre, appelé **limite de Hayflick**. Même dans des conditions idéales, les cellules ne se divisent pas davantage en laboratoire qu'au cours de la durée de vie maximale de l'espèce dont elles proviennent. Il semble donc que l'ADN et l'ARN soient les grands responsables de la mort cellulaire, non seulement parce qu'il leur arrive de s'embrouiller, mais surtout parce qu'ils ont aussi pour fonction de programmer le vieillissement.

Conclusion

La plupart des scientifiques admettent à présent la théorie génétique du vieillissement, mais rares sont ceux qui pensent que le processus obéit directement à un ou plusieurs gènes précis. Les experts croient plutôt que la sénescence, comme tous les autres aspects de la vie, résulte de l'association de nombreux gènes et de leurs interactions avec des forces extérieures. Il est généralement admis que les causes du vieillissement primaire, de même que celles des maladies liées au vieillissement secondaire, découlent de « voies cellulaires multiples » et non de facteurs isolés (Cristofalo, 1996).

Le vieillissement primaire tient à des causes si complexes qu'il semble improbable d'étendre beaucoup la longévité maximale de l'être humain. Nous pouvons cependant espérer prévenir et traiter les maladies liées au vieillissement secondaire et, de ce fait, augmenter l'espérance de vie. La Suède, par exemple, offre un excellent régime de santé universel depuis des décennies et tient des registres de décès fiables depuis un siècle. Une étude du taux de mortalité a révélé que l'espérance de vie n'y cesse d'augmenter (Vaupel et Lundstrom, 1994). Rares sont les bébés et les enfants qui meurent (la diminution de la mortalité infantile fut le principal facteur de l'augmentation de l'espérance de vie au cours du siècle dernier), et nombreux sont les adultes qui vivent jusqu'à un âge avancé. Si nos enfants deviennent centenaires, comment vivront-ils les années qui s'ajouteront à leur existence ? Seront-ils actifs et bien portants ou, au contraire, décrépits, infirmes et misérables ? (Vaupel et Lundstrom, 1994)

À défaut de pouvoir répondre à ces questions, étudions le cas de quelques personnes qui ont vécu jusqu'à un âge très avancé.

À VOUS LES COMMANDES – 12.2

Théories sur les causes du vieillissement

Le tableau suivant présente un résumé des théories sur les causes du vieillissement. Indiquez le nom de chacune.

_____   Théorie selon laquelle le vieillissement serait dû à l'accumulation d'accidents survenus pendant la division cellulaire.

_____   Théorie selon laquelle le vieillissement serait inscrit dans le code génétique même.

_____   Théorie selon laquelle la santé et la longévité dépendraient directement de la force et de l'efficacité du système immunitaire.

_____   Théorie selon laquelle le corps humain s'userait du simple fait de servir et d'être exposé aux agresseurs environnementaux.

En vous basant sur vos observations, dites laquelle vous semble le mieux refléter la réalité. Justifiez votre réponse à l'aide d'exemples concrets.

Longévité extrême

À l'échelle mondiale, trois endroits sont réputés pour l'exceptionnelle longévité de leurs habitants. Le premier est situé en Géorgie, dans l'ancienne Union soviétique, le deuxième au Pakistan et le troisième au Pérou. Non seulement les gens y vivent jusqu'à un âge très avancé, mais ils conservent une étonnante vigueur.

Voici comment un chercheur a décrit les personnes âgées d'Abkhasia, en Géorgie :

> La plupart des personnes âgées [c'est-à-dire d'environ 90 ans] travaillent assidûment. Presque toutes accomplissent des tâches légères à la ferme, plusieurs travaillent dans le verger et le potager et s'occupent des animaux. Quelques-unes continuent même de couper du bois et de transporter de l'eau. Près de 40 % des hommes âgés et de 30 % des femmes âgées disent posséder une bonne vision, c'est-à-dire n'avoir jamais besoin de lunettes, même pour lire ou enfiler une aiguille. De 40 % à 50 % des personnes âgées possèdent une bonne audition. La plupart ont encore leurs dents. Elles se tiennent exceptionnellement droites, même à un âge très avancé. Elles marchent plus de 6 km par jour et nagent dans les ruisseaux de montagne. (Benet, 1974)

L'auteur d'une étude comparative (Pitskhelauri, 1982) a constaté que toutes les populations réputées pour leur longévité ont quatre points en commun :

Trois endroits isolés dans le monde sont renommés pour la longévité de leurs populations. À Vilcabamba, en Équateur, Jose Maria Roa, âgé de 87 ans (a), marche dans la boue dont il fera les briques d'une maison; Micaela Quezada, âgée de 102 ans (b), file de la laine. Les liens du cœur comptent beaucoup pour les habitants d'Abkhasia, en république de Géorgie, comme en témoignent Selakh Butka, âgé de 113 ans, et son épouse Marusya, âgée de 101 ans (c), ainsi qu'Ougula Lodara et ses deux amies (d). Respectivement âgés de 98 et de 100 ans, Shah Bibi (e) et Galum Mohammad Shad (f), de la région de Hunza, au Pakistan, sont toujours très actifs. Alexander Leaf, le médecin qui a étudié le cas de ces personnes, attribue leur longévité autant au prestige social et au sentiment d'être utile qu'au régime alimentaire et à la dépense physique que dictent les conditions géographiques de leur milieu de vie.

1. *Le régime alimentaire est frugal.* Il comprend beaucoup d'herbes et de légumes frais et peu de viande et de matières grasses. Les gens sortent de table avant d'avoir l'estomac surchargé.

2. *Les gens travaillent toute leur vie.* Ils vivent en milieu rural et même les personnes très âgées participent aux travaux de la ferme et aux tâches domestiques, incluant les soins des enfants.

3. *La famille et la collectivité revêtent beaucoup d'importance.* Toutes les personnes âgées sont bien intégrées à des familles comptant plusieurs générations et interagissent fréquemment avec leurs amis et leurs voisins.

4. *L'exercice modéré et la détente font partie de la routine quotidienne.* La plupart des personnes très âgées font des promenades à pied le matin et le soir (en terrain montagneux, dans bien des cas), dorment un peu l'après-midi et passent leurs soirées en groupe, à se raconter des histoires et à discuter des événements de la journée.

En plus de ces quatre aspects de la vie personnelle, la géographie et la tradition ont leur rôle à jouer. Les trois endroits du monde où l'on vit très vieux se trouvent en régions rurales et montagneuses situées à au moins 1000 mètres au-dessus du niveau de la mer. La pureté de l'air est bénéfique pour l'appareil cardiorespiratoire et le simple fait de marcher en terrain aussi accidenté équivaut à un exercice aérobique. Aux trois endroits, les personnes âgées jouissent du respect de leurs concitoyens et des traditions immuables leur confèrent un important rôle social.

Certains chercheurs prétendent qu'un autre facteur explique l'exceptionnelle longévité dans les trois régions en question : l'exagération. Aucune de ces collectivités ne possède d'actes crédibles (aux yeux des plus sceptiques en tout cas) pour les naissances et les mariages survenus au XIXe siècle et au début du XXe. En vérité, beaucoup de gens commencent dès l'âge de 70 ans à exagérer systématiquement leur âge. À quel point ? La question est matière à discussion (Leaf, 1982 ; Thorson, 1995). Les soi-disant centenaires ne seraient-ils qu'octogénaires ? Et ceux qui disent avoir largement dépassé les 100 ans ne compteraient-ils en fait qu'un siècle de vie ?

Ne discréditons pas trop vite les études antérieures, cependant, car personne ne doute qu'un nombre singulier de personnes très âgées et bien portantes vivent dans ces lieux isolés. L'horloge génétique ne laisse probablement personne franchir le cap des 120 ans, mais le mode de vie propre à ces régions permet probablement à un nombre surprenant d'adultes de célébrer leur 100e anniversaire.

Dans les pays où les registres de l'état civil sont fiables, la recherche sur les personnes très âgées indique que leur mode de vie est analogue à celui qui a cours dans les régions isolées et qu'il se caractérise par la frugalité du régime alimentaire, la vigueur du travail, l'optimisme, la curiosité intellectuelle et la participation à la vie sociale (Adler, 1991 ; Beard, 1991 ; Poon, 1992).

L'étude des personnes âgées débouche globalement sur une conclusion prévisible : pour les gens qui atteignent l'âge adulte avancé en bonne santé, l'attitude et l'activité ont encore plus d'importance que les facteurs purement physiologiques pour ce qui est du nombre et de la qualité des années qui restent.

Nous verrons aux chapitres suivants que les choix personnels peuvent se répercuter sur le développement cognitif et psychosocial autant que sur le développement biosocial.

Résumé

 SECTION 1 **Adulte d'âge mûr**

Changements normaux

1. L'apparence se modifie de manière graduelle mais notable à l'âge mûr. La peau se ride, la chevelure s'éclaircit et des dépôts de graisse se forment, dans l'abdomen en particulier. Exception faite du gain pondéral excessif, les changements de l'apparence ont peu de répercussions sur la santé.

2. L'acuité visuelle et auditive diminue graduellement à l'âge mûr. Un grand nombre d'adultes d'âge mûr doivent porter des lunettes pour lire. Par ailleurs, l'ouïe commence à s'affaiblir plus tôt chez les hommes que chez les femmes.

3. On constate un affaiblissement sensible de toutes les fonctions physiologiques à l'âge mûr, mais il n'entrave généralement pas l'accomplissement des activités normales. Les personnes d'âge mûr jouissent habituellement d'une bonne santé. Leur taux de mortalité est beaucoup plus faible de nos jours qu'il ne l'était pour les cohortes précédentes.

4. Les personnes d'âge mûr cherchent souvent à adopter un mode de vie plus sain, en cessant de fumer, en réduisant leur consommation d'alcool, en s'alimentant mieux, en contrôlant leur poids et en faisant de l'exercice.

Variations de l'état de santé

5. Les variations de l'état de santé (que l'on peut mesurer en fonction du taux de mortalité, du taux de morbidité, du taux d'incapacité et de la vitalité) sont attribuables à de nombreux facteurs, dont la race, l'ethnicité, la situation socio-économique et le sexe.

6. Les facteurs génétiques et culturels influent sur l'état de santé des divers groupes ethniques, mais ont peut-être moins d'importance que les facteurs sociaux et psychologiques.

7. À compter de l'âge mûr, les taux de morbidité et d'incapacité sont plus élevés chez les femmes que chez les hommes. Autrement dit, elles vivent plus longtemps que les hommes, mais elles souffrent davantage de maladies chroniques, alors que les hommes sont plus touchés par les maladies aiguës.

Appareil génital

8. Durant le climatère, période qui précède d'environ 6 ans la ménopause proprement dite, l'organisme de la femme s'adapte à la diminution de la concentration d'œstrogènes. Son cycle menstruel raccourcit, puis devient imprévisible. Elle pourra avoir des bouffées de chaleur ou des sueurs froides, lesquelles sont attribuables à l'instabilité vasomotrice souvent caractéristique de cette période. La ménopause marque la

fin de la fécondité : l'ovulation et le cycle menstruel cessent. La plupart des femmes traversent sans trop d'encombres ces périodes de changement. L'hormonothérapie de substitution peut apporter de nombreux bénéfices aux femmes ménopausées.

9. Les hommes d'âge mûr ne connaissent pas de diminution soudaine des concentrations hormonales et de la fertilité. La rapidité de la réponse sexuelle diminue. Rien, cependant, n'empêche les personnes d'âge mûr d'avoir une vie sexuelle active et satisfaisante.

 **SECTION 2** **Adulte d'âge avancé**

Âgisme

10. Les préjugés à l'égard des personnes âgées sont aussi répandus que nuisibles. Contrairement à ce que veut le stéréotype, la plupart des personnes âgées sont bien portantes, heureuses et actives.

Vieillissement

11. Le vieillissement primaire commence dès la naissance et se poursuit tout au long de la vie. Le vieillissement secondaire correspond à des maladies qui sont corrélées avec l'âge, mais qui n'en découlent pas inévitablement.

12. Les changements de la peau, de la chevelure et de la silhouette qui se sont amorcés à l'âge mûr se poursuivent à l'âge adulte avancé. En outre, nombre de personnes âgées présentent une diminution de la taille et du poids ainsi que des raideurs articulaires. Ces modifications de l'apparence peuvent influer sur le concept de soi.

13. L'acuité visuelle diminue presque toujours à l'âge adulte avancé; 9 personnes âgées sur 10 ont besoin de lunettes. Les personnes de plus de 80 ans sont sujettes à la cataracte, au glaucome et à la dégénérescence maculaire sénile. La plupart des troubles de la vision peuvent être corrigés dans une certaine mesure. Le tiers des personnes âgées souffrent de troubles de l'audition qui peuvent les isoler socialement et susciter chez elles un sentiment de rejet.

14. Les personnes âgées s'adaptent à l'affaiblissement, variable selon les individus, des principales fonctions physiologiques et de la capacité de réserve des organes. Elles peuvent être amenées à modifier leurs activités quotidiennes. Bien qu'elles aient autant besoin d'exercice physique que leurs cadets, elles peuvent avoir à en modérer la cadence.

Vieillissement et maladie

15. Le vieillissement n'est pas synonyme de maladie. Il ne faut ni supposer ni accepter que la maladie accompagne inéluctablement l'âge adulte avancé. Malheu-

reusement, nombre de personnes âgées (ainsi que leurs médecins, dans certains cas) négligent certains de leurs problèmes en se disant qu'ils sont normaux à leur âge. Il est vrai, cependant, que le vieillissement prédispose à des maladies chroniques et aiguës.

16. Bien qu'il existe une corrélation entre le vieillissement et la morbidité, la fréquence de toutes les maladies varie considérablement selon le sexe et la nationalité. Presque toutes les personnes âgées souffrent de maladies chroniques, mais la gravité et les symptômes de ces affections dépendent de plusieurs facteurs, dont le mode de vie, l'environnement et l'hérédité.

17. Un grand nombre de gérontologues pensent que les maladies associées au vieillissement apparaîtront de plus en plus tard, ce qui écourtera la période de morbidité précédant la mort. La longévité maximale n'augmentera pas pour autant.

Théories sur les causes du vieillissement

18. Il existe plusieurs théories sur les causes environnementales et génétiques du vieillissement. La théorie de l'usure fait un certain nombre d'adeptes, mais entre en contradiction avec les recherches qui indiquent que l'activité physique favorise la santé et la longévité.

19. La théorie cellulaire du vieillissement semble plus plausible que la théorie de l'usure. Elle postule que divers facteurs entravent la duplication de l'ADN et les mécanismes de correction des erreurs dans la division cellulaire. L'accumulation des erreurs prédispose l'organisme aux maladies et finit par entraîner la mort.

20. Certains experts attribuent le vieillissement à l'affaiblissement du système immunitaire.

21. Pour certains spécialistes, c'est la théorie génétique qui permet le mieux de comprendre le vieillissement. La longévité maximale serait déterminée par une horloge génétique qui déclencherait le vieillissement à un moment de la vie. Même en laboratoire, dans des conditions idéales, les cellules cessent de se reproduire après un certain nombre de divisions. Ce nombre maximal de divisions, appelé limite de Hayflick, constitue une preuve à l'appui de la théorie du vieillissement programmé.

Longévité extrême

22. On trouve en Géorgie, au Pakistan et au Pérou des endroits où un grand nombre de gens atteignent un âge très avancé. Outre l'altitude, ces lieux ont plusieurs caractéristiques en commun : leurs habitants s'alimentent de façon frugale, ils travaillent toute leur vie, ils sont bien intégrés à la famille et à la collectivité, ils font de l'exercice et savent se détendre.

Questions à développement

 SECTION 1 Adulte d'âge mûr

1. On vous a demandé de rédiger un article sur la ménopause pour un magazine destiné aux jeunes femmes. Comment allez-vous traiter ce sujet ? Quelles informations pourraient les aider à se préparer à la ménopause ? Quels résultats de recherches pourriez-vous citer à l'appui des faits et opinions que vous présenterez dans cet article ?

2. Vous devez dresser une liste de cinq recommandations portant sur la prévention des maladies chroniques chez l'adulte en vue de la production d'un dépliant de santé publique. Pour l'*une* de vos recommandations, vous devez également résumer en un paragraphe les preuves et les faits qui confirment ses bienfaits.

3. Décrivez la disparité entre les sexes en matière de recherche médicale qui fait que ce sont principalement les hommes qui ont été l'objet de cette recherche. À partir des informations présentées dans ce chapitre, suggérez plusieurs problèmes de santé touchant les femmes sur lesquels il serait souhaitable, à votre avis, d'entreprendre des recherches ou de les intensifier.

SECTION 2 Adulte d'âge avancé

4. Vous êtes à l'emploi d'un organisme de défense des droits des personnes âgées. On vous confie la tâche d'élaborer un plan de campagne et de mesures visant à éliminer l'âgisme, à changer les attitudes envers les personnes âgées. Que suggérerez-vous ? Justifiez votre réponse.

5. Vous êtes médecin et un groupe de personnes âgées s'intéressant à la prévention vient vous rencontrer pour vous demander de préparer une conférence sur les types de soins et de conseils pouvant aider les gens à éviter la maladie et à demeurer en bonne santé. Sur quels aspects mettrez-vous l'accent ? Pourquoi ?

Questions à choix multiples

 SECTION 1 Adulte d'âge mûr

1. Parmi les activités suivantes, laquelle est la plus susceptible de contribuer au maintien d'un bon état de santé général ou de réduire les risques de maladie ?

   a) Courir le 100 mètres en 12 secondes.

   b) Faire de la musculation trois fois par semaine.

   c) Jouer trois parties de tennis deux fois par semaine.

   d) Faire du vélo régulièrement à une vitesse et à une intensité faisant monter la fréquence cardiaque à 75 % de sa capacité maximale.

2. M. Tremblay souffre plus fréquemment de rhumes et de grippes depuis qu'il a 45 ans. Cette plus grande prédisposition à la maladie est probablement attribuable à :

   a) un affaiblissement de son système immunitaire.

   b) une augmentation de l'activité de son système immunitaire palliant ainsi les autres déficits reliés à l'âge.

   c) une baisse de son taux sanguin de testostérone.

   d) une augmentation de son taux sanguin de testostérone.

3. Gilles, un homme de 55 ans, s'inquiète du fait que ses réactions sexuelles sont désormais plus lentes et qu'il a besoin de stimulations plus directes qu'auparavant. Si vous étiez un de ses amis, vous pourriez lui dire, en tenant compte des résultats des recherches :

   a) « Tu devrais consulter un spécialiste, ce n'est pas normal. »

   b) « Tu devrais aller voir un médecin si la situation ne s'améliore pas bientôt. »

   c) « Ne t'inquiète pas. C'est tout à fait normal pour les hommes d'âge mûr. Il s'agit de t'adapter à ces changements. »

   d) « Tu es trop vieux pour avoir des rapports sexuels. N'y pense plus ! »

4. À 35 ans, Valérie n'a pas pris un kilo depuis le secondaire et elle continue de consommer les mêmes types d'aliments en mêmes quantités. Pour que son poids continue à demeurer stable à l'âge mûr, Valérie devrait :

   a) continuer de consommer les mêmes types d'aliments en mêmes quantités.

   b) réduire l'apport énergétique de son alimentation.

   c) augmenter sa consommation d'aliments riches en vitamine C.

   d) réduire sa consommation d'aliments riches en fibres.

5. Laquelle de ces affirmations vous semble le mieux refléter les résultats des recherches sur l'adaptation psychologique des femmes à la ménopause ?

a) Les femmes plus âgées ont tendance à avoir des attitudes très négatives face à la ménopause.

b) Autant les femmes plus âgées que les femmes plus jeunes ont tendance à avoir des attitudes très négatives face à la ménopause.

c) La ménopause est généralement vécue comme une expérience négative dans tous les pays du monde.

d) La plupart des femmes réagissent à la ménopause de manière plus favorable que défavorable.

6. La morbidité est à la mortalité ce que _____ _____ est à/au _____.

a) la maladie, taux de mortalité.

b) le taux de mortalité, la maladie.

c) l'incapacité de poursuivre ses activités quotidiennes habituelles, la maladie.

d) la maladie, se sentir en bonne santé.

7. André, 48 ans, a une tension artérielle plus basse, une meilleure circulation sanguine, un taux moins élevé de graisse corporelle par rapport à son poids que son jumeau identique. L'explication la plus probable de ces différences est qu'André :

a) ne fume pas.

b) a un régime alimentaire très riche en fibres.

c) fait régulièrement des exercices aérobiques.

d) Toutes ces réponses.

⬤ SECTION 2   Adulte d'âge avancé

8. Lequel, parmi ces scénarios, pourrait être une conséquence de l'âgisme ?

a) La participation des personnes âgées aux activités de la collectivité.

b) Une loi rendant la retraite obligatoire à partir d'un certain âge.

c) L'augmentation du nombre de familles multigénérationnelles.

d) Un intérêt accru pour l'étude de la gérontologie.

9. Si on vous invitait à résumer les résultats des recherches sur les causes du vieillissement, vous diriez que :

a) « Le vieillissement primaire ne résulte pas d'erreurs survenues pendant la division cellulaire. »

b) « Le phénomène du vieillissement est étroitement corrélé avec l'affaiblissement du système immunitaire. »

c) « Le phénomène du vieillissement n'est qu'une erreur, une aberration physiologique; les espèces ne sont pas génétiquement programmées à mourir. »

d) Toutes ces réponses se défendent en accord avec les résultats des recherches.

10. Une grippe dont des jeunes adultes se remettent relativement facilement peut entraîner la mort chez les personnes âgées. Ceci s'explique surtout par le fait que les adultes d'âge avancé :

a) sont souvent peu enclins à consulter des médecins.

b) sont génétiquement prédisposés à attraper la grippe.

c) ont une immunité amoindrie.

d) sont fréquemment affaiblis par un régime alimentaire inadéquat.

11. Caroline et Charles ont tous deux 50 ans. Au fur et à mesure qu'ils franchiront les diverses étapes de la vie adulte, il est probable que :

a) Charles sera en meilleure santé que Caroline.

b) Jusqu'à l'âge adulte avancé, Charles courra plus de risques de souffrir de maladies chroniques.

c) Caroline aura une moins bonne réponse immunitaire.

d) Toutes ces réponses.

12. Samuel prépare un rapport sur les différences entre les sexes en matière de morbidité et de mortalité à mesure que les gens avancent en âge. Son rapport devrait comprendre des informations sur :

a) la réponse immunitaire chez les hommes et chez les femmes.

b) les risques associés au tabagisme, à l'alcoolisme et à la consommation d'autres drogues.

c) les types de comportements qui augmentent les risques de maladie.

d) Toutes ces réponses.

13. À la fin de sa présentation sur la longévité de l'espèce humaine, Katrina indique que :

a) l'espérance de vie moyenne actuelle a presque doublé depuis le début du XXe siècle.

b) la longévité maximale est actuellement presque le double de ce qu'elle était au début du XXe siècle.

c) l'espérance de vie moyenne et la longévité maximale ont toutes deux augmenté depuis le début du XXe siècle.

d) même si la longévité maximale n'a pas augmenté, l'espérance de vie moyenne est maintenant plus grande parce que les enfants en bas âge risquent moins de mourir.

Le chapitre **12** en un clin d'œil

● **SECTION 1 – Développement biosocial chez l'adulte d'âge mûr**

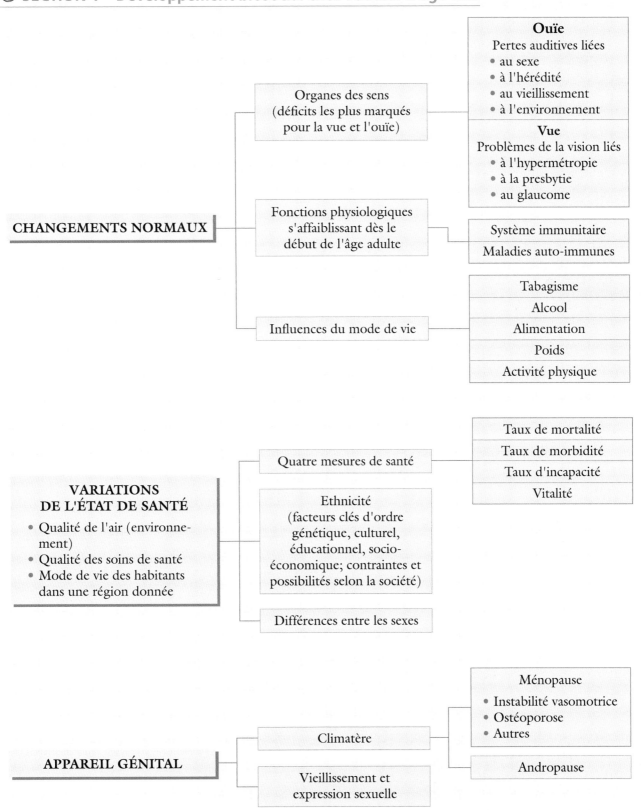

CHANGEMENTS NORMAUX

Organes des sens
(déficits les plus marqués
pour la vue et l'ouïe)

Ouïe
Pertes auditives liées
- au sexe
- à l'hérédité
- au vieillissement
- à l'environnement

Vue
Problèmes de la vision liés
- à l'hypermétropie
- à la presbytie
- au glaucome

Fonctions physiologiques
s'affaiblissant dès le
début de l'âge adulte

Système immunitaire

Maladies auto-immunes

Influences du mode de vie

Tabagisme

Alcool

Alimentation

Poids

Activité physique

**VARIATIONS
DE L'ÉTAT DE SANTÉ**
- Qualité de l'air (environne-
ment)
- Qualité des soins de santé
- Mode de vie des habitants
dans une région donnée

Quatre mesures de santé

Taux de mortalité

Taux de morbidité

Taux d'incapacité

Vitalité

Ethnicité
(facteurs clés d'ordre
génétique, culturel,
éducationnel, socio-
économique; contraintes et
possibilités selon la société)

Différences entre les sexes

APPAREIL GÉNITAL

Climatère

Ménopause
- Instabilité vasomotrice
- Ostéoporose
- Autres

Andropause

Vieillissement et
expression sexuelle

● SECTION 2 – Développement biosocial chez l'adulte d'âge avancé

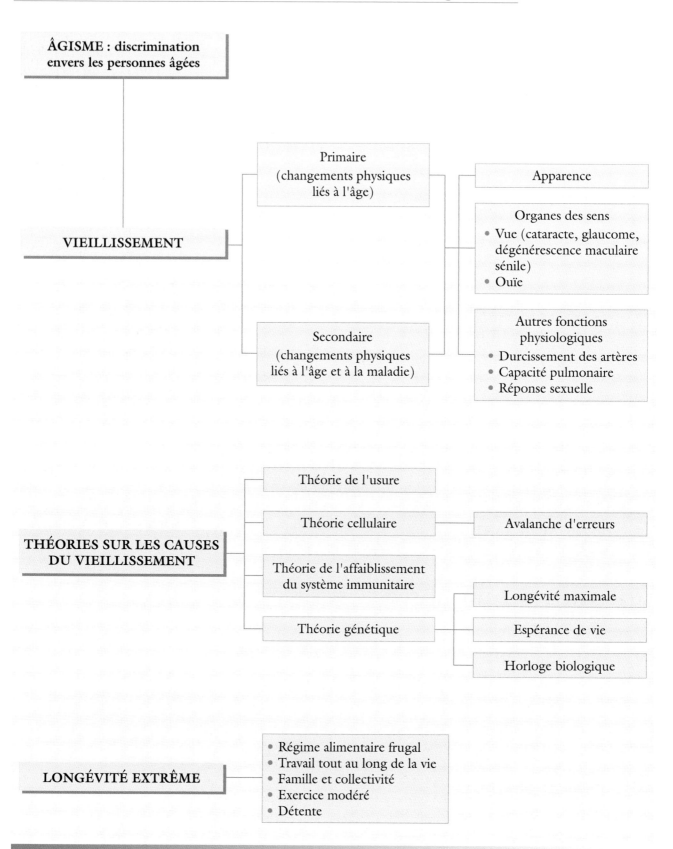

Chapitre **13**

Développement cognitif chez l'adulte d'âge mûr et d'âge avancé

Devient-on plus intelligent en vieillissant ? Moins intelligent ? Les deux points de vue peuvent être soutenus par la recherche scientifique. D'une part, l'expérience et la pensée postformelle (voir la deuxième section du chapitre 9) favoriseraient le progrès intellectuel. D'autre part, les changements des fonctions biologiques et perceptives qui accompagnent le vieillissement entraîneraient une diminution des capacités cognitives. Les chercheurs qui ont étudié la question se divisent en deux camps. Il y a ceux qui prétendent que l'affaiblissement intellectuel est inévitable : la souplesse de la pensée ainsi que la vitesse et l'efficacité de la résolution de problèmes diminuent de façon incontestable. Dans le camp opposé, on trouve les chercheurs qui affirment que les capacités cognitives sont modelées tout au long de la vie par l'état de santé, l'éducation, les expériences et l'activité intellectuelle; selon l'importance que prennent ces facteurs, telle dimension de l'intelligence peut s'améliorer tandis que telle autre peut se détériorer.

Comment des chercheurs qui étudient le même sujet et analysent des données comparables peuvent-ils parvenir à des conclusions aussi divergentes ? Peut-on penser à une quelconque synthèse qui concilierait les deux positions ? C'est à ces questions que nous tenterons de répondre dans le présent chapitre.

ADULTE D'ÂGE MÛR

Vous vous en doutez, en développement humain, rien n'est jamais nettement tranché : certaines capacités cognitives s'améliorent au cours de l'âge adulte, d'autres s'affaiblissent et d'autres encore restent stables. Nous verrons ici les différentes formes d'intelligences et comment les chercheurs en explorent et en étudient l'évolution au cours de l'âge adulte.

Diminution ou progression de l'intelligence ?

Pendant la majeure partie du XXe siècle, les psychologues ont soutenu l'hypothèse que l'intelligence culminait à l'adolescence puis déclinait graduellement (Woodruff-Pak, 1989). Ils s'appuyaient pour cela sur des preuves en apparence solides obtenues à la suite de plusieurs recherches.

Une étude classique, par exemple, fut menée en 1933 auprès de 1191 sujets de 10 à 60 ans venant de villages soigneusement sélectionnés de la Nouvelle-Angleterre. Les tests de quotient intellectuel (QI) administrés aux membres de cet échantillon homogène sur le plan ethnique révélèrent que l'aptitude intellectuelle atteignait son point culminant entre 18 et 21 ans, puis diminuait de manière lente et constante au point que la personne moyenne de 55 ans obtenait le même résultat que l'adolescent moyen de 14 ans (Jones et Conrad, 1933). On pensait alors avoir démontré, hors de tout doute raisonnable, que l'intelligence diminuait avec le temps.

Le test de Wechsler, un des tests de QI, est une épreuve individuelle et chronométrée qui comprend 10 parties, dont l'épreuve spatiale ci-dessus. En règle générale, les sujets d'âge mûr obtiennent des résultats égaux ou supérieurs à ceux qu'ils ont obtenus à l'adolescence, car leur application et leur attention compensent le ralentissement de leur vitesse de réaction. Notez que l'examinateur chronomètre la résolution du problème et accorde des points supplémentaires pour la rapidité. À l'âge adulte avancé, le ralentissement plus important de la vitesse de réaction entraîne souvent de l'anxiété, ce qui nuit encore davantage aux résultats.

Échelle d'intelligence pour adultes de Wechsler (WAIS)   Test d'intelligence pour adultes le plus couramment utilisé.

Preuves à l'appui d'une progression de l'intelligence

Nancy Bayley et Melita Oden (1955) furent les premières à recueillir des données remettant en cause le déclin de l'intelligence lié à l'âge. Comme un certain nombre de scientifiques l'avaient fait depuis 70 ans, les chercheures analysèrent le développement adulte des sujets que Lewis Terman avait sélectionnés en 1921 pour son étude sur les enfants prodiges. Bayley et Oden découvrirent non sans surprise que ces individus doués obtenaient en vieillissant — soit entre 20 et 50 ans — de meilleurs résultats à plusieurs épreuves de maîtrise des concepts, y compris les questions portant sur l'usage des synonymes, des antonymes et des analogies.

Bayley (1966) résolut de continuer dans la même veine et d'évaluer un groupe d'adultes moins doués (plus typiques) qui avaient déjà subi des tests pendant leur enfance. Elle constata de nouveau que les capacités intellectuelles se renforçaient de l'enfance au début de l'âge adulte. Au lieu d'avoir plafonné à l'âge de 21 ans, le sujet typique de 36 ans continuait de s'améliorer aux principales épreuves de l'échelle d'intelligence pour adultes de Wechsler (WAIS pour « Wechsler Adult Intelligence Scale »), le test d'intelligence pour adultes le plus couramment utilisé.

Études transversales, longitudinales et séquentielles comparatives

Qu'est-ce qui explique les résultats de Bayley ? Vous aurez remarqué qu'elle a réalisé une étude longitudinale (portant toujours sur les mêmes sujets), alors que les études antérieures étaient de type transversal (portant sur des groupes de gens se distinguant par l'âge).

Comme nous l'avons vu au chapitre 2, les spécialistes du développement reconnaissent à présent que la recherche transversale peut parfois donner une image trompeuse du développement à l'âge adulte. En effet, elle traduit à la fois des différences entre les individus et des différences entre les cohortes qui tiennent à l'évolution de la société. Ainsi, la qualité de l'instruction publique, la diversification des manifestations culturelles et la diffusion de l'information ont avantagé les cohortes les plus jeunes. Comment peut-on s'attendre à ce que les personnes âgées soient égales à leurs cadets sur le plan intellectuel ? Les premières ont grandi à une époque où beaucoup de gens devaient quitter l'école vers 16 ans pour commencer à travailler; elles ont depuis très longtemps, pour la plupart, perdu l'habitude des questions ou des tâches de type scolaire. Les seconds, pour leur part, ont été davantage incités à poursuivre des études postsecondaires.

K. Warner Schaie fut l'un des premiers chercheurs à discerner la distorsion que les phénomènes de cohorte pouvaient imprimer sur les résultats des études transversales. En 1956, il constitua un échantillon transversal de 500 adultes de 20 à 70 ans et mesura chez eux cinq « capacités mentales de base », soit la compréhension du vocabulaire, l'orientation dans l'espace, le raisonnement inductif, l'aptitude au calcul et l'aisance verbale. Ses premiers résultats témoignèrent d'un déclin graduel lié à l'âge. Mais Schaie pressentit l'influence des phénomènes de cohorte. Il évalua donc les mêmes sujets à des intervalles de sept ans, soit en 1963, en 1970, en 1977, en 1984 et en 1991 (Schaie, 1996), afin de mesurer les variations des capacités intellectuelles de façon plus précise.

Les résultats de sa recherche, nommée *Étude longitudinale de Seattle,* confirmèrent que les capacités mentales de base s'améliorent chez la plupart des gens pendant la majeure partie de l'âge adulte. Il apparaissait dès lors que les études transversales avaient mal rendu compte du développement de l'intelligence à l'âge adulte.

Les études longitudinales ne sont pas infaillibles non plus (Cunningham et Tomer, 1990; Horn et Hofer, 1992). Les sujets qui subissent plusieurs fois des épreuves semblables s'améliorent vraisemblablement à force d'exercice. En outre,

L'intelligence croît avec l'usage, qu'on se le dise ! Lire, étudier et, mieux encore, transmettre ses connaissances augmentent les capacités intellectuelles mesurables ainsi que le rendement.

comme la mortalité expérimentale (ou abandons sélectifs) entraîne une diminution du nombre des sujets, on peut présumer que ceux qui se présentent fidèlement aux épreuves sont les plus stables, les mieux portants, les plus équilibrés et qu'ils prennent plaisir à répéter l'expérience. Les personnes malades ou perturbées par la diminution de leurs capacités seraient plus sujettes à abandonner. On peut donc postuler que les études transversales *exagèrent* le déclin des capacités intellectuelles et que les études longitudinales le *sous-estiment*.

Pour corriger le tir, Schaie élabora une nouvelle façon de faire, l'étude *séquentielle comparative,* un hybride de l'étude transversale et de l'étude longitudinale (voir le chapitre 2). Il administra ses tests à un nouveau groupe d'adultes en même temps qu'à ses sujets initiaux et il suivit le nouvel échantillon sur le mode longitudinal. En accumulant des données longitudinales et transversales, il a dès lors pu comparer les âges, analyser les effets possibles de la familiarisation aux tests résultant de la répétition, et tenir compte des différences entre cohortes et des autres facteurs de variation de l'intelligence à l'âge adulte.

Comme le montre la figure 13.1, les capacités cognitives ont tendance à augmenter du milieu de la vingtaine jusqu'à la fin de la cinquantaine. L'aptitude au

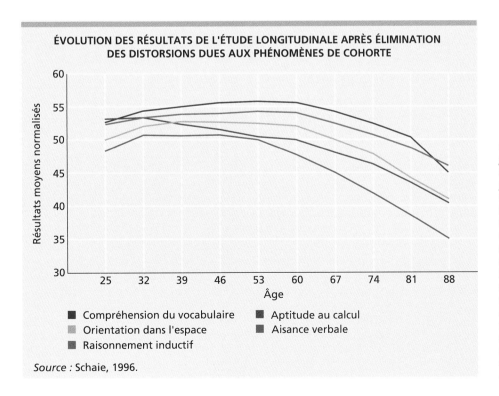

ÉVOLUTION DES RÉSULTATS DE L'ÉTUDE LONGITUDINALE APRÈS ÉLIMINATION DES DISTORSIONS DUES AUX PHÉNOMÈNES DE COHORTE

■ Compréhension du vocabulaire   ■ Aptitude au calcul
■ Orientation dans l'espace   ■ Aisance verbale
■ Raisonnement inductif

Source : Schaie, 1996.

Figure **13.1** *La détérioration des capacités intellectuelles représentée par ce graphique serait beaucoup plus prononcée si les données provenaient d'une étude transversale. Par ailleurs, les progrès seraient plus marqués si les données étaient issues d'une étude longitudinale. Les résultats présentés ici proviennent d'une étude séquentielle comparative (celle de Schaie) et sont donc plus précis. La méthodologie de ce genre d'étude tient compte des phénomènes de cohorte et ramène à une valeur constante l'effet de l'éducation. Aussi pouvons-nous constater que les variations du développement intellectuel demeurent très faibles entre l'âge de 25 ans et l'âge de 60 ans.*

calcul (c'est-à-dire la vitesse et l'exactitude des calculs mathématiques) fait exception : elle commence à diminuer légèrement vers 40 ans. Selon Schaie, ces résultats laissent supposer que la diminution moyenne de la compétence cognitive peut s'amorcer dès le milieu de la cinquantaine, mais qu'elle reste habituellement faible jusqu'à l'âge de 70 ans (Schaie, 1990).

Dans ses rapports de suivi les plus récents, Schaie ajoute que « la personne âgée moyenne ne se classe sous la performance moyenne des jeunes adultes que vers l'âge de 80 ans » (Schaie, 1996).

Intelligence fluide et intelligence cristallisée

Il est utile de suivre le rendement global moyen au cours de l'âge adulte pour mesurer la compétence intellectuelle générale. Or, cette information masque les variations d'aspects distincts de l'intelligence appelés « intelligence fluide » et « intelligence cristallisée ». Comme son nom l'indique, l'intelligence fluide correspond à la forme de raisonnement souple qui sert à établir des inférences et à comprendre les rapports entre les concepts. Elle est composée des capacités mentales de base qui, comme le raisonnement inductif, la pensée abstraite et la vitesse de traitement, sont nécessaires à la compréhension de tous les sujets, en particulier de ceux qui sont non familiers. Une personne qui possède une grande intelligence fluide fait preuve de rapidité et de créativité avec les mots, les nombres et les énigmes. Voici un exemple de question que l'on pose pour mesurer l'intelligence fluide (Horn, 1985) :

> Quel est l'élément suivant dans ces deux séries de chiffres et de lettres ?[1]
> 4 5 6 3 4 5 2 3 4
> B D A C Z B Y A

Intelligence fluide Intelligence qui favorise la rigueur et la rapidité de tous les types d'apprentissage. On convient qu'elle se compose d'aptitudes comme la pensée abstraite et la rapidité de traitement de l'information.

Les tests de mesure de l'intelligence fluide comprennent entre autres une épreuve qui consiste à assembler les pièces d'un puzzle en un laps de temps de deux minutes. Le sujet reçoit des points boni s'il termine la tâche en une minute et perd tous ses points s'il y consacre plus de deux minutes.

L'intelligence cristallisée correspond à l'ensemble des connaissances accumulées grâce à l'éducation et à l'expérience au sein d'une culture donnée. L'étendue du vocabulaire, la connaissance de formules chimiques ou la rétention des dates historiques en constituent des exemples (Horn, 1982). Voici des questions que l'on pourrait poser à un sujet pour mesurer son intelligence cristallisée :

> Que signifie le mot « témérité » ?
> Que fait-on avec une mangue ?[2]

Intelligence cristallisée Intelligence qui repose sur l'accumulation des connaissances. Elle regroupe des aptitudes comme le vocabulaire et la culture générale.

Les psychologues soutenaient autrefois que l'intelligence fluide était essentiellement héréditaire et l'intelligence cristallisée, acquise (Cattell, 1963). La plupart des experts pensent aujourd'hui que cette distinction entre l'inné et l'acquis est stérile, car l'acquisition de l'intelligence cristallisée est influencée par la qualité de l'intelligence fluide (Horn, 1985). L'étendue de votre vocabulaire actuel, par exemple, est le fruit de votre vitesse de lecture, mais aussi de votre capacité d'établir des associations diverses (logiques, sémantiques ou autres) entre les mots. Or, ces deux facteurs relèvent de l'intelligence fluide.

L'intelligence fluide diminue de façon marquée au cours de l'âge adulte. Il en va de même pour les capacités connexes comme la vitesse de traitement et la mémoire à court terme telles que mesurées par des tests psychologiques (Horn et Hofer, 1992). Ce déclin est temporairement masqué par l'augmentation de l'intelligence cristallisée, laquelle continue de s'accroître pendant la majeure partie de l'âge adulte.

---

2. Les réponses sont « audace » et « on peut la manger ».

1. Les réponses sont 1 et X.

Le WAIS témoigne éloquemment de cette conjoncture. Le QI total calculé à l'aide de ce test consiste en une moyenne pondérée de deux types d'intelligences, l'intelligence *verbale* (vocabulaire, information, etc.) et la *performance* (casse-tête, perception visuelle, etc.). D'après le WAIS, le QI verbal demeure dans la moyenne tout au long de l'âge adulte, tandis que le QI de performance diminue considérablement (Kaufman, 1990).

Quelles sont les causes de l'affaiblissement de l'intelligence fluide à l'âge adulte ? La cause principale est l'accumulation de dommages cérébraux irréversibles dus aux maladies, aux lésions et aux changements attribuables au vieillissement (Horn et Hofer, 1992). Ces dommages touchent des structures qui régissent les capacités d'attention et de traitement nécessaires au raisonnement rapide et flexible.

L'intelligence cristallisée subit elle aussi des assauts, mais les structures cognitives qui la sous-tendent s'interpénètrent de sorte qu'il est plus facile d'en compenser les déficits. Un adulte qui oublie un nom ou une date peut retrouver l'information de plusieurs façons (en consultant un document, en questionnant quelqu'un ou en utilisant des procédés mnémotechniques, par exemple). Cependant, contrairement à l'intelligence fluide, le maintien de l'intelligence cristallisée dépend en partie de l'usage qu'on en fait. Horn et Hofer (1992) ont en effet constaté que les variations interindividuelles de l'intelligence cristallisée augmentent avec le temps. Plus on avance en âge, autrement dit, plus il est important de rester exposé à des personnes et à des événements stimulants afin de maintenir ses capacités.

Conclusions générales sur le développement

De nombreux autres chercheurs ont étudié le développement cognitif de l'adulte et recouru pour ce faire à un éventail de méthodes. Globalement, les résultats des études transversales, longitudinales et séquentielles comparatives de même que ceux de l'expérimentation et de l'observation ont mené à quatre conclusions générales à propos du développement intellectuel entre 20 et 90 ans (Baltes et Baltes, 1990 ; Ceci, 1990 ; Horn et Hofer, 1992 ; Powell, 1994 ; Salthouse, 1985, 1991, 1992 ; Schaie, 1996) :

1. *Stabilité.* En règle générale, les capacités intellectuelles augmentent légèrement entre le début de l'âge adulte et le début de l'âge mûr ; elles restent stables pendant tout l'âge mûr, puis certaines d'entre elles diminuent.

2. *Déclin.* Les premières capacités intellectuelles à régresser sont la vitesse de traitement de l'information et la vitesse de réaction. Leur détérioration peut s'amorcer dès l'âge de 30 ans (observez un adulte qui se mesure à un adolescent à un jeu vidéo) et se répercuter sur les résultats des tests de mesure de l'intelligence fluide vers l'âge de 40 ans. Cet affaiblissement ne commence toutefois à nuire aux résultats des tests de mesure de l'intelligence globale que vers l'âge de 60 ans. Il s'associe alors à la dégradation insidieuse de toutes les composantes du traitement de l'information vers l'âge de 80 ans (nous traiterons en détail de la vitesse de traitement dans la deuxième section du chapitre).

3. *Éducation.* La compétence intellectuelle mesurée par les tests de QI est fortement influencée par les années de scolarité accumulées pendant l'enfance, l'adolescence et le début de l'âge adulte. Certes, la corrélation entre l'éducation reçue pendant l'enfance et l'intelligence manifestée à l'âge adulte repose en partie sur des facteurs génétiques : les adultes intelligents ont été des enfants intelligents qui avaient vraisemblablement le goût de rester à l'école. Mais une partie de la compétence intellectuelle d'un adulte découle directement de l'éducation reçue des années plus tôt. À capacités innées comparables, les membres les plus instruits d'un groupe ont plus de chances que les autres de conserver une compétence intellectuelle supérieure jusqu'à l'âge adulte avancé.

4. *Variabilité.* L'intelligence peut emprunter plusieurs voies pour se développer, surtout à l'âge adulte. Elle est *multidimensionnelle, multidirectionnelle* et *plastique,* comme nous le verrons dans les pages qui suivent.

Intelligence multidimensionnelle

De tout temps, les psychologues autant que les profanes ont considéré l'intelligence comme un tout. C'est ainsi qu'un éminent théoricien, Charles Spearman (1927), avança le concept d'*intelligence générale*, représentée par la lettre *g*. Selon lui, il était impossible de mesurer *g* directement, mais on pouvait la déduire de diverses capacités mesurables, telles que le vocabulaire, la mémoire et le raisonnement. En administrant des tests de QI composés de diverses épreuves puis en attribuant un QI global au sujet, les psychologues montraient qu'ils considéraient l'intelligence comme une entité. Cette idée a toujours cours, bien que les chercheurs soient de plus en plus nombreux à la remettre en question.

Presque tous les psychologues qui étudient le développement intellectuel à l'âge adulte jugent en effet plus utile d'examiner diverses capacités qui constituent toutes des facettes importantes de la cognition. Il existe aujourd'hui des tests permettant de mesurer pas moins de 70 capacités intellectuelles (Carroll, 1993). Deux psychologues, Howard Gardner et Robert Sternberg, ont étudié les multiples dimensions de l'intelligence et proposé des modèles théoriques.

Intelligences multiples

Howard Gardner (1983, 1991) identifie huit intelligences distinctes : linguistique, logico-mathématique, musicale, spatiale, kinesthésique (particulièrement développée chez les athlètes et les danseurs), interpersonnelle (connaissance des autres), intrapersonnelle (connaissance de soi) et naturaliste (harmonie avec la nature). Chacune serait associée à un réseau neuronal particulier dans le cerveau. C'est d'ailleurs ce qui expliquerait pourquoi les victimes de lésions cérébrales présentent un affaiblissement ou une exacerbation extrêmes de certaines intelligences en même temps que des déficiences prononcées dans d'autres domaines. Toute personne normale posséderait les huit intelligences bien que, en raison de facteurs génétiques, certaines soient plus développées que d'autres. Toute société, en outre, valorise certaines intelligences, de sorte qu'elles sont cultivées par les parents, acquises par les enfants, entretenues par les écoles et conservées par les adultes. Parallèlement, les intelligences les moins valorisées demeureraient relativement peu développées chez la plupart des individus et s'étioleraient au cours de l'âge adulte.

Nombre de chercheurs étudient les intelligences multiples chez les enfants d'âge scolaire, mais, à ce jour, aucuns résultats d'études longitudinales ou séquentielles comparatives sur les huit intelligences chez les adultes n'ont été publiés.

Une scientifique qui étudie les facteurs génétiques du cancer du sein, un batelier qui navigue sans instruments sur les eaux du Pacifique Sud : deux adultes au travail qui manifestent des capacités intellectuelles hautement spécialisées. Comment pourrait-on créer un test de QI qui donne à ces deux personnes des chances égales de démontrer leur intelligence ? De même, comment tenir compte dans l'évaluation du QI des disparités entre les personnes exceptionnellement créatives, analytiques ou pratiques ?

Théorie triarchique de Sternberg

À partir de résultats de recherches sur le traitement de l'information, Robert Sternberg a décrit le fonctionnement de l'intelligence. Se fondant sur les processus intellectuels, il mit en lumière trois aspects distincts mais connexes de l'intelligence (Huffmann et coll., 2000; Feldman, 1999) : l'aspect analytique ou interne, l'aspect lié à l'expérience et l'aspect contextuel ou pratique (Sternberg 1988). L'aspect *analytique*, ou interne de l'intelligence, est composé des opérations mentales qui favorisent l'apprentissage, la mémorisation et la pensée : la planification, le choix des stratégies, l'attention, le traitement de l'information ainsi que les habiletés verbales et logiques. Ces éléments sont particulièrement valorisés au début de l'âge adulte, chez les étudiants de l'université et les nouveaux employés d'une entreprise. L'aspect *lié à l'expérience* correspond à la souplesse intellectuelle, à la capacité d'innover et d'utiliser ses expériences antérieures pour résoudre de nouveaux problèmes. Il est valorisé en temps de changement et, à long terme, il constitue un meilleur indice de l'accomplissement que les mesures traditionnelles du QI (Csikszentmihalyi, 1996). L'aspect *contextuel ou pratique,* enfin, correspond à la capacité d'adapter son comportement aux contingences d'une situation, y compris les attentes et les besoins des personnes en cause et les habiletés exigées par le contexte.

Comme vous l'avez sans doute deviné, c'est le dernier de ces trois aspects que les adultes d'âge mûr privilégient et qui constitue le principal sujet de recherche dans le domaine de la cognition adulte (Berg et Sternberg, 1985; Sternberg, 1988; Sternberg et coll., 1995).

Intelligence pratique

Un bon nombre des spécialistes du développement qui étudient l'intelligence à l'âge adulte reprochent aux techniques de mesure traditionnelles de trop insister sur des connaissances et des habiletés peu usitées. Selon eux, ces capacités ne se dégraderaient pas à cause du vieillissement proprement dit, mais faute de servir (Denney, 1982, 1989; Labouvie-Vief, 1985). Rares sont les adultes qui occupent leur temps à définir des termes obscurs ou à déduire l'élément qui suit dans une série de chiffres. La plupart des gens s'attaquent aux problèmes de la « vraie vie » : entretenir leur foyer, obtenir de l'avancement, équilibrer leur budget, analyser l'information diffusée par les médias, répondre aux besoins de leur famille, de leurs voisins et de leurs collègues, etc. Les tenants de l'approche contextuelle (Dixon, 1992; Dixon et Baltes, 1986; Ceci, 1990) pensent qu'il faudrait évaluer chez les adultes les habiletés et les connaissances associées à l'exécution de tâches pratiques. Aussi ces théoriciens proposent-ils d'étudier l'intelligence pratique, c'est-à-dire l'ensemble des habiletés intellectuelles qui servent à la résolution de problèmes dans la vie quotidienne (Marsiske et Willis, 1995; Poon et coll., 1989; Sternberg et coll., 1995).

Intelligence pratique Ensemble des habiletés intellectuelles qui servent à la résolution de problèmes dans la vie courante.

Voici par exemple des mises en situation et des questions tirées d'un instrument de mesure de l'intelligence pratique. Comparez-les aux questions qui visent à mesurer l'intelligence fluide et l'intelligence cristallisée (voir la page 410).

> Vous ouvrez le réfrigérateur pour vous prendre une boisson fraîche. Vous constatez qu'il fait chaud à l'intérieur du réfrigérateur. Que faites-vous ?

> Un jeune homme qui habite dans un immeuble s'aperçoit que le chauffage ne fonctionne pas dans son appartement. Il demande au propriétaire d'envoyer un réparateur et le propriétaire accepte. Une semaine plus tard, il fait toujours froid dans l'appartement. Le jeune homme a appelé le propriétaire à plusieurs reprises, mais le chauffage est toujours en panne. Que devrait faire le jeune homme ?

On mesure aussi l'intelligence pratique en fonction des décisions professionnelles, des habitudes de consommation, de la résolution de conflits, de l'orientation dans un espace physique complexe et de la gestion d'un bureau. Non seulement la plupart des adultes valorisent de plus en plus de telles habiletés en prenant de l'âge, mais ils croient aussi qu'elles s'améliorent constamment. Les gens ont au moins la conviction qu'ils se comprennent mieux eux-mêmes et qu'ils comprennent mieux les autres. Et la recherche prouve qu'ils ne se leurrent pas.

De nombreux chercheurs pensent que le signe distinctif d'un « vieillissement réussi » est la capacité de faire stratégiquement appel à ses atouts intellectuels pour compenser l'amoindrissement des capacités lié à l'âge (Charness, 1989; Dixon, 1992; Salthouse, 1987). Cette capacité, que Paul Baltes et ses collaborateurs appellent **optimisation compensatoire sélective**, permettrait à nombre de personnes âgées de maintenir les niveaux de performance de leur jeunesse (Baltes, 1987; Baltes et Baltes, 1990). Ce genre de compétence adaptative s'observe non seulement dans les laboratoires de recherche, mais aussi au travail et dans les loisirs (Perlmutter et coll., 1990). Bref, comme l'a conclu un groupe de recherche : « Les connaissances pratiques et l'aptitude à la résolution de problèmes s'améliorent progressivement entre le début de l'âge adulte et l'âge mûr, voire au-delà » (Cornelius et coll., 1989).

Optimisation compensatoire sélective Création de stratégies visant à compenser la diminution des capacités que peut entraîner le vieillissement.

Intelligence multidirectionnelle

Quelles que soient les formes d'intelligences que l'on considère, il est clair qu'elles mettent en jeu des **capacités multidirectionnelles**, c'est-à-dire des capacités qui évolueront différemment avec l'âge. Ainsi, la mémoire à court terme diminue généralement de façon constante, tandis que le vocabulaire continue de s'accroître. D'autres capacités, tel le raisonnement mathématique, peuvent s'améliorer, s'affaiblir, puis progresser de nouveau, selon l'usage qu'on en fait dans la vie quotidienne. D'autres capacités encore peuvent demeurer stables un certain temps, puis connaître une baisse soudaine due à des facteurs comme la maladie et la dépression. Puisque toutes les situations sont possibles, il serait simpliste et futile de se demander si l'intelligence en général augmente ou diminue avec l'âge. La réalité est beaucoup plus complexe.

Capacités multidirectionnelles Se dit des capacités de l'intelligence qui seraient variables dans le temps.

Variation interindividuelle

S'il existe autant de parcours, c'est bien entendu parce que chaque personne possède un bagage génétique et une expérience uniques (voir *Point de mire*, p. 416). Selon la recherche longitudinale, cette **variation interindividuelle** fait que certaines personnes commencent à perdre leurs capacités mentales, en tout ou en partie, dès l'âge de 40 ans, tandis que d'autres sont aussi compétentes à 70 ans que dans leurs jeunes années. Les variations interindividuelles sont souvent corrélées à des changements de responsabilités familiales et professionnelles, au niveau de scolarité, au revenu et à l'état civil (Schaie, 1990a).

Variation interindividuelle Ensemble des différences entre les individus, attribuables à l'unicité du bagage génétique et de l'environnement de chaque personne.

Différences entre les cohortes

Comme nous l'avons indiqué plus haut, le développement cognitif à l'âge adulte subit l'influence de facteurs propres à la cohorte. C'est l'*Étude longitudinale de Seattle* qui, échelonnée sur 70 ans, a démontré le plus éloquemment l'existence de différences entre les cohortes. La figure 13.2 révèle que chaque cohorte s'est mieux classée que la précédente aux épreuves portant sur deux capacités fortement prisées par les éducateurs, soit la compréhension du vocabulaire et le raisonnement inductif. Le phénomène s'explique sans doute du fait que les dernières cohortes sont restées plus longtemps à l'école et ont été encouragées à se forger des opinions personnelles et à s'exprimer plutôt qu'à mémoriser les idées des autres. Le progrès des cohortes récentes se traduit aussi dans les résultats obtenus aux tests de QI, qui ont été en hausse constante au cours de la majeure partie du XXe siècle (Neisser et coll., 1996).

On peut supposer de même que les changements des stratégies d'enseignement sont à l'origine des sommets atteints en habiletés mathématiques par les

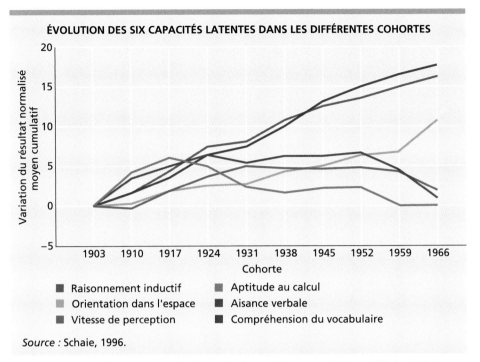

ÉVOLUTION DES SIX CAPACITÉS LATENTES DANS LES DIFFÉRENTES COHORTES

Légende :
- ■ Raisonnement inductif
- ■ Orientation dans l'espace
- ■ Vitesse de perception
- ■ Aptitude au calcul
- ■ Aisance verbale
- ■ Compréhension du vocabulaire

Source : Schaie, 1996.

La plasticité de l'esprit se vérifie tous les jours. Presque tous les adultes peuvent se perfectionner en lisant, en étudiant ou en suivant une formation pratique individualisée.

Figure 13.2 *Ayant fait porter son étude sur plusieurs cohortes et plusieurs périodes, Schaie a pu comparer les capacités intellectuelles de sujets nés à 7 ans d'intervalle entre 1903 et 1966. Le graphique montre que la plupart des capacités intellectuelles se sont améliorées au cours des dernières décennies, grâce à un système d'éducation qui met l'accent sur le raisonnement et la communication verbale plutôt que sur la mémorisation.*

cohortes qui ont fréquenté l'école primaire entre 1915 et 1935. Depuis, en effet, les tables de multiplication ont été remplacées par les « mathématiques nouvelles », de sorte que les jeunes générations sont capables de comprendre les relations spatiales et de raisonner, mais ne maîtrisent pas toujours leur arithmétique de base, se butant à des difficultés pour résoudre de simples règles de trois.

Plasticité de l'intelligence

L'intelligence n'est pas une donnée immuable. Les capacités cognitives sont au contraire hautement perméables à l'éducation et à l'expérience. Dotées de plasticité, elles peuvent ainsi s'améliorer ou régresser selon les modalités, le moment et le pourquoi de leur utilisation, et peuvent également être délibérément modifiées par l'entraînement. De nombreuses études portant sur des groupes d'adultes d'âge mûr ou avancé ont permis d'établir que l'entraînement dans un domaine précis, comme les techniques d'amélioration de la mémoire ou la capacité de résolution de problèmes mathématiques, donne d'excellents résultats (Schaie, 1996 ; Verheagen et coll., 1992). Cela se vérifie particulièrement lorsque le domaine d'entraînement a

Plasticité En psychologie du développement, caractère de ce qui peut être modifié par des facteurs environnementaux.

À VOUS LES COMMANDES – 13.1

Cohortes et intelligence

Les différences entre les cohortes se traduisent par des écarts considérables sur le plan du développement intellectuel entre les groupes d'âge. Dressez une liste des percées technologiques et des progrès réalisés dans le domaine de l'éducation au cours des 10 dernières années qui rendront les étudiants d'aujourd'hui plus ou moins « intelligents » que ceux de la génération de leurs parents (par exemple, la télévision éducative, les jeux informatisés ou Internet). Sur quelles aptitudes chacune de ces percées technologiques a-t-elle pu influer ?

POINT DE MIRE

Profils de l'évolution de l'intelligence à l'âge adulte

C'est parler très abstraitement que de dire, en se fondant sur des moyennes, que l'intelligence à l'âge adulte est multidimensionnelle, multidirectionnelle et variable selon les individus. Les recherches longitudinales ont cependant le mérite de marquer la distinction entre les profils individuels et les tendances de groupe. Les études de cas comme celles dont il est question ici révèlent que l'épanouissement ou la diminution des capacités intellectuelles tient à des facteurs complexes parce que liés aux expériences uniques de chaque adulte.

À partir des données de l'*Étude longitudinale de Seattle,* K. Warner Schaie (1989) a décrit l'évolution de la reconnaissance des mots (une mesure de l'intelligence cristallisée) chez deux paires d'adultes d'âges comparables. Il a surtout tenu compte de leur occupation, de leur état de santé, de leur état civil et des événements marquants de leur vie pour dégager les causes de la progression, du déclin ou de la stabilité.

Les deux premiers profils (graphique a) représentent deux femmes qui ont eu des vies très différentes. Le sujet 155510 a fait des études secondaires et est demeurée au foyer pendant toute sa vie adulte; son mari est vivant et bien portant. Elle a obtenu des résultats médiocres aux premiers tests que nous lui avons fait subir, mais sa performance tendait clairement vers l'amélioration. Le sujet 154503, par ailleurs, a fait carrière dans l'enseignement. Elle a gardé jusqu'au début de la soixantaine une performance relativement constante, supérieure à la moyenne de la population. Depuis ce temps, elle a divorcé et pris sa retraite. En 1984, sa performance a atteint un niveau extrêmement bas, en raison peut-être des deuils ou des problèmes de santé qu'elle a connus.

Les deux autres profils (graphique b) représentent les résultats obtenus par deux hommes au cours d'une période de 28 ans. Le sujet 153003, dont les premiers résultats se situaient en dessous de la moyenne de la population, n'a fait que des études primaires et a occupé un poste d'acheteur jusqu'à sa retraite. Il a conservé une performance stable jusqu'à la fin de la soixantaine et il s'est amélioré après sa retraite. Il commence à éprouver des problèmes de santé et son épouse vient de mourir. Ses derniers résultats se situent en dessous du niveau stable antérieur. Le sujet 153013, pour sa part, a fait des études secondaires et occupé des emplois de bureau. Il a progressé jusqu'au début de la soixantaine et est demeuré stable jusqu'à la période d'évaluation suivante. À l'âge de 76 ans, cependant, il avait entamé une régression marquée qui s'est poursuivie jusqu'à la dernière évaluation, laquelle a eu lieu moins de un an avant son décès.

D'après les résultats obtenus par les deux paires de sujets à la première évaluation, personne n'aurait pu prévoir leur performance intellectuelle à l'âge adulte avancé en se basant uniquement sur les moyennes de groupe. L'influence de l'éducation, de l'occupation et d'événements comme le divorce, la maladie et le veuvage a produit pour chaque paire des profils distincts de développement intellectuel. L'un des sujets a même connu un *progrès* et non une diminution à l'âge adulte avancé. Quelle leçon peut-on tirer de ces constatations ? Le développement intellectuel est inextricablement lié aux circonstances de la vie à l'âge adulte et, par conséquent, varie tellement selon les individus qu'il échappe à toute prévision.

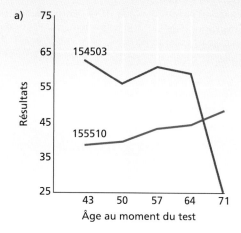

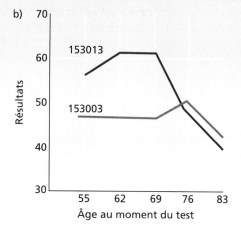

Ces graphiques représentent l'évolution des résultats aux épreuves de reconnaissance des mots (servant à mesurer l'intelligence cristallisée) obtenus au fil du temps par deux paires d'adultes comparables (deux hommes et deux femmes). Voyez combien les profils diffèrent, même si les sujets appartenaient à la même cohorte. L'existence de telles différences révèle l'ampleur de l'influence exercée par des facteurs comme la profession, l'état civil, l'état de santé et les expériences de vie.

On ne trouvera jamais deux personnes du même âge qui possèdent exactement les mêmes capacités cognitives. Plus encore que le passage du temps, l'interaction des facteurs héréditaires et de la spécialisation professionnelle confère un caractère unique à nos capacités mentales. Ainsi, si vous aviez été luthier pendant des années, vos structures cognitives et vos habiletés intellectuelles en auraient été influencées.

un rapport direct avec le quotidien de l'adulte d'âge avancé. La plasticité intellectuelle tend certes à décliner avec l'âge (Baltes et Linderberger, 1988), mais il subsiste toujours une capacité d'amélioration et de changement.

Expertise

Persuadés de la plasticité de l'intelligence, certains spécialistes du développement pensent qu'en prenant de l'âge nous acquérons de l'expertise dans les domaines qui nous importent, qu'il s'agisse du travail, des loisirs ou des relations interpersonnelles (Dixon et coll., 1985). C'est d'ailleurs ce qui explique le caractère multidimensionnel et individuel des habiletés intellectuelles à l'âge adulte.

Expertise Ensemble de connaissances avancées et d'habiletés développées dans un domaine donné.

Qu'est-ce qu'un expert ?

Les spécialistes du développement désignent par le terme « expert » une personne qui exécute une tâche beaucoup mieux que ne le font les gens qui n'ont investi ni temps ni efforts pour accomplir la même tâche. Experts et novices ne possèdent ni la même expérience ni les mêmes connaissances, évidemment, mais la recherche suppose qu'il existerait plusieurs autres distinctions entre eux (Charness, 1986, 1989; Chi et coll., 1988; Rybash et coll., 1986; Salthouse, 1985, 1987; Walsh et Hershey, 1993).

Premièrement, les experts s'appuient sur leur expérience et tiennent compte du contexte, si bien qu'ils s'acquittent d'une tâche de façon plus intuitive et moins stéréotypée que les novices. Deuxièmement, chez les experts, de nombreux éléments relèvent de l'automatisme. Troisièmement, ils utilisent des stratégies plus nombreuses et plus efficaces. Enfin, et c'est peut-être là une conséquence des trois caractéristiques précédentes, les experts sont plus souples. L'artiste, le musicien ou le scientifique expert est plus curieux et plus créatif; il expérimente volontiers et il aime les imprévus (Csikszentmihalyi, 1996; John-Steiner, 1986). De même, les experts de tout acabit semblent capables de s'adapter aux situations avec souplesse et créativité.

Alors, devient-on plus ou moins intelligent en prenant de l'âge ? Oui et non (Schultz et Heckhausen, 1996). Comme l'indiquent les études longitudinales dont nous avons fait état, de nombreuses personnes améliorent leurs capacités de base au cours de la majeure partie de l'âge adulte et ne présentent toujours pas de signe de déclin à

l'âge de 60 ans. Et, comme nous le verrons dans la deuxième section de ce chapitre, on rencontre des personnes âgées qui ne présentent aucun déclin manifeste et qui continuent d'acquérir des connaissances même à un âge très avancé. N'est-il pas réconfortant de penser que nous pouvons ainsi progresser et devenir experts dans les domaines qui nous stimulent ?

On ne saurait nier pour autant l'existence de régressions cognitives liées à l'âge. On n'apprend pas aussi rapidement à l'âge mûr qu'à 20 ans. Cela signifie qu'il faut être plus sélectif et plus motivé pour acquérir une habileté et qu'il faut s'exercer plus longtemps que les jeunes si on espère les égaler. Dans l'ensemble, toutefois, il apparaît clairement que les différences interindividuelles sont plus déterminantes que l'âge chronologique pour le développement cognitif. Pour prévoir la compétence intellectuelle d'un adulte, autrement dit, il vaut mieux se fier à ses antécédents, à ses centres d'intérêt et à sa motivation qu'à son âge. Nous verrons justement dans les pages qui suivent que de nombreuses régressions cognitives semblent reliées plus étroitement à des facteurs personnels comme l'état de santé et le contexte social qu'à l'âge proprement dit.

ADULTE D'ÂGE AVANCÉ

Le caractère multidimensionnel du développement cognitif n'est jamais plus apparent qu'à l'âge adulte avancé, car l'expérience acquise et la détérioration des fonctions physiologiques exercent alors des effets opposés. D'une part, les personnes âgées possèdent un vaste bagage d'expériences et de connaissances dans lequel elles peuvent puiser pour relever les défis intellectuels avec sagesse. D'autre part, les troubles physiques, l'affaiblissement des sens, la diminution de l'énergie et le ralentissement des réactions pèsent de plus en plus lourd sur la compétence cognitive. Nous terminerons notre étude du développement cognitif en examinant les facteurs qui influent le plus fortement sur la cognition à l'âge adulte avancé.

Traitement de l'information

En règle générale, la plupart des capacités intellectuelles s'améliorent ou restent stables au cours du début de l'âge adulte et de l'âge mûr. À partir d'un certain âge toutefois — ce peut être à 60 ans pour certains et à 90 ans pour d'autres —, elles diminuent chez presque tout le monde. Dans l'*Étude longitudinale de Seattle,* la personne âgée moyenne commençait à présenter un affaiblissement des cinq « capacités mentales de base » (soit la compréhension du vocabulaire, l'orientation dans l'espace, le raisonnement inductif, l'aptitude au calcul et l'aisance verbale) et surtout une diminution notable des aptitudes sous-jacentes comme la vitesse de traitement de l'information et la compétence mathématique (Schaie, 1996).

Si cet affaiblissement est universel, ses modalités varient. La variation interindividuelle des capacités intellectuelles est manifeste pendant l'enfance et l'âge adulte, et encore plus apparente à l'âge adulte avancé. Certaines personnes voient alors s'épanouir leur créativité, de nombreuses autres ne changent pas et quelques-unes sombrent dans la désorientation la plus totale (Powell, 1994). En outre, les capacités cognitives diminuent à des rythmes différents, ne serait-ce que parce que les diverses parties du cerveau ne vieillissent pas au même rythme.

Quelles sont les causes et les manifestations des diminutions des capacités cognitives ? De nombreux chercheurs pensent pouvoir trouver la réponse en examinant l'évolution des divers processus d'enregistrement, de stockage et de recouvrement de l'information. Plus précisément, ils étudient les changements qui affectent les composantes du système de traitement de l'information, soit le registre de l'information sensorielle, la mémoire à court terme, la mémoire de travail, la mémoire à long terme et les mécanismes de régulation.

Registre de l'information sensorielle

Comme nous l'avons indiqué au chapitre 2, le registre de l'information senso-rielle (appelé également mémoire sensorielle) retient brièvement l'information dans les organes sensoriels afin de laisser aux autres composantes du système de traite-ment de l'information le temps d'entrer en jeu. Les images subsistent de un quart de seconde à une demi-seconde; les sons un peu plus durables, jusqu'à quatre se-condes (Neisser, 1967). La recherche nous autorise à penser que le vieillissement peut altérer légèrement la sensibilité de ce système mnésique. La personne âgée met plus de temps à enregistrer l'information sensorielle et, par la suite, la perd plus rapidement (Fozard, 1990). Ce ralentissement lié à l'âge est généralement léger et relativement facile à compenser (Albert et Moss, 1996; Poon, 1985).

Il faut évidemment que l'information sensorielle franchisse le seuil des sens pour s'enregistrer. Autrement dit, les systèmes sensoriels doivent être aptes à capter les stimuli. Or, certaines personnes âgées présentent des pertes sensorielles progres-sives (voir le chapitre 12) qui les empêchent de détecter certains stimuli et, par ricochet, d'enregistrer une partie de l'information. Les déficits sensoriels peuvent avoir d'importantes répercussions sur la cognition même si le registre de l'informa-tion sensorielle reste à peu près intact.

Registre de l'information sensorielle Système mnésique qui n'entre en jeu que pendant une fraction de seconde lors du traitement sensoriel; il ne garde qu'une impression fugitive du stimulus qui vient d'atteindre un or-gane des sens (comme l'œil).

Mémoire de travail

Une fois captée, l'information doit entrer dans la mémoire de travail pour pouvoir servir. Comme nous l'avons précisé dans le chapitre 2, la mémoire de travail est la composante qui traite l'activité mentale consciente du moment. Pour Baddeley (1992), cette notion de mémoire de travail est plus complète que la notion tradi-tionnelle de mémoire à court terme (Shiffrin, Atkinson, 1969). Elle remplit deux fonctions interdépendantes (Salthouse, 1990). La première consiste à emmagasi-ner temporairement l'information afin qu'elle soit consciemment utilisée. La mé-moire de travail renouvelle sans cesse son contenu. Elle reçoit des informations provenant du registre de l'information sensorielle ou de la mémoire à long terme et élimine ou transfère dans la mémoire à long terme les informations qui dépassent sa capacité ou ne servent plus à la tâche courante. La deuxième fonction de la mé-moire de travail est de traiter l'information. En utilisant l'information emmagasi-née, elle permet le raisonnement, le calcul mental, l'inférence et d'autres processus cognitifs. En un sens, elle fonctionne à la fois comme un entrepôt temporaire et un processeur analytique.

Pour ce qui est des fonctions de stockage et de traitement, la capacité de la mé-moire de travail est plus faible chez les personnes âgées que chez les jeunes adultes. Un traitement rendu exigeant par la complexité de la tâche taxe beaucoup plus la mémoire de travail des personnes âgées. Supposons, par exemple, qu'un expéri-mentateur demande à des sujets de mémoriser une liste d'objets ou un extrait de poème, puis qu'il les distrait en les faisant compter à rebours par tranches de trois de 150 à 0. Dans une telle situation, le rappel des données initiales sera beaucoup plus faible chez les sujets âgés que chez les jeunes (Parkin, 1993). Toutefois, dans les situations qui ne nécessitent ni traitement complexe ni vitesse d'exécution, les adultes âgés comprennent et mémorisent presque aussi bien que les jeunes adultes des passages de texte, par exemple.

Mémoire de travail Partie du sys-tème de traitement de l'information reliée à l'activité mentale consciente du moment. La mémoire de travail contient les données en cours de trai-tement.

Mémoire à long terme

La mémoire à long terme est l'entrepôt de toutes les informations retenues, qu'elles proviennent à l'instant de la mémoire de travail ou qu'elles aient été ac-quises dans un passé lointain. On évalue son fonctionnement en déterminant les faits, les observations et les concepts que le sujet peut en extraire dans telles ou telles circonstances.

Les jeunes adultes obtiennent presque toujours un résultat moyen supérieur à celui des personnes âgées lorsque les tâches consistent à récupérer une information

Mémoire à long terme Partie du sys-tème de traitement de l'information qui emmagasine l'information de fa-çon relativement permanente et dont la capacité est pratiquement illimitée.

susceptible de se trouver dans la mémoire à long terme. Il peut s'agir de recouvrer une donnée emmagasinée depuis longtemps, comme la date d'un événement historique, ou une donnée récemment apprise, comme le jour et l'heure d'un prochain rendez-vous chez le médecin. Les auteurs d'une importante recension des études réalisées sur la mémoire ont d'ailleurs conclu que la mémoire à court terme et la mémoire à long terme diminuent toutes deux chez les personnes âgées (LaVoie et Light, 1994; Light, 1991).

Cette conclusion doit cependant être nuancée. Nous verrons plus loin que l'accession à la mémoire à long terme n'a rien de simple et que les personnes âgées recouvrent certaines informations beaucoup plus facilement que d'autres dans des circonstances particulières.

Mémoire implicite et mémoire explicite

Mémoire implicite Mémoire qui conserve de manière inconsciente ou automatique le souvenir des habitudes, des réactions affectives, des procédés routiniers et des perceptions sensorielles.

La mémoire prend deux formes, implicite et explicite. La mémoire implicite conserve de manière inconsciente ou automatique le souvenir des habitudes, des réactions affectives, des procédés routiniers et des perceptions sensorielles. La majeure partie de son contenu a été accumulée involontairement et se révèle donc difficile à recouvrer lors d'un questionnement, même si l'information est récupérable par d'autres moyens. Si on vous demandait, par exemple, de décrire le visage de votre meilleur ami de troisième année, la tâche vous paraîtrait à peu près impossible. Pourtant, vous pourriez reconnaître cet enfant sur une photo.

Mémoire explicite Mémoire qui conserve le souvenir des mots, des données et des concepts appris consciemment.

La mémoire explicite, par ailleurs, conserve le souvenir des mots, des données, des concepts et des informations semblables. Son contenu a été constitué volontairement, souvent au moyen d'associations avec l'information verbale déjà emmagasinée et en vue d'un rappel ultérieur. C'est en partie pour cette raison qu'il est plus facile à recouvrer à la suite d'un questionnement.

Les chercheurs conviennent que la mémoire implicite est beaucoup moins sujette que la mémoire explicite aux déficits liés à l'âge (Java, 1996). Les épreuves qui visent à évaluer la mémoire implicite au moyen de tâches comme la reconnaissance d'images démontrent du reste que les personnes âgées globalement alertes ne présentent aucun signe de déclin de ce côté (Cherry et Stadler, 1995; Fastenau et coll., 1996; Mitchell, 1993).

On suppose généralement que les personnes âgées sont capables de se rappeler les événements très lointains, mais non les faits récents. Par exemple, un chercheur

Que savez-vous de ces trois groupes ? L'exactitude de vos réponses dépend de la cohorte à laquelle vous appartenez et de votre intérêt pour la musique. Telle est la difficulté à laquelle les chercheurs se heurtent quand ils veulent élaborer des tests visant à évaluer équitablement la mémoire à long terme chez des sujets d'âges différents. (Soit dit en passant, les trois groupes sont le Tommy Dorsey Orchestra, les Beatles et Pearl Jam.)

rapporte qu'une dame de 100 ans pouvait encore jouer au Scrabble dans trois langues (et gagner) alors qu'elle avait le plus grand mal à se rappeler ce qu'elle avait mangé au dîner (Parkin, 1993). La mémoire à long terme semble particulièrement efficace pour ce qui est des événements de la vie privée (mémoire épisodique). Il est cependant très difficile de la mesurer de manière incontestable chez les personnes âgées parce qu'il est presque impossible de vérifier l'exactitude des souvenirs personnels, surtout ceux des sujets d'un vaste échantillon représentatif. Et même si ces souvenirs se révélaient inexacts, on ne pourrait prouver que la mémoire à long terme des personnes âgées s'est dégradée. Nombre de jeunes adultes, en effet, ont de la difficulté à se rappeler de manière rigoureuse les événements qui se sont produits l'an dernier, voire hier.

Globalement, donc, il semble que l'accès à la mémoire à long terme à l'âge adulte avancé dépend moins de l'ancienneté de l'apprentissage que de sa qualité. Un souvenir est plus durable et plus accessible s'il été rappelé à maintes reprises au fil des ans, comme c'est le cas pour l'arithmétique (Schaie, 1996), et si l'épreuve utilisée pour le faire surgir est explicite plutôt qu'implicite.

Mécanismes de régulation

Un des éléments les plus importants de la cognition est probablement la capacité de régir les fonctions cognitives. Tel est le rôle des mécanismes de régulation comme les stratégies de stockage et de recouvrement, l'attention sélective et l'analyse logique. Comme la plupart des autres aspects du traitement de l'information, les mécanismes de régulation gagnent en efficacité avec le temps, mais subissent habituellement des régressions ponctuelles à la fin de l'âge adulte. Ils sont généralement moins efficaces chez les personnes âgées que chez les jeunes adultes. En ce qui concerne la prise de décision notamment, les personnes âgées ne semblent pas toujours recueillir ni considérer logiquement toutes les données pertinentes.

Mécanismes de régulation Partie du système de traitement de l'information qui régit l'analyse et la circulation de l'information et qui comprend notamment les stratégies de mémorisation et de recouvrement, l'attention sélective et les démarches de résolution de problèmes.

Par ailleurs, l'insuffisance des mécanismes de régulation explique peut-être une bonne partie des troubles de la mémoire chez les personnes âgées. Une information mal emmagasinée est en effet une information introuvable. Et une information qu'on ne sait pas comment récupérer est une information qui demeure enfouie dans la mémoire à long terme.

L'exemple d'une personne qui cherche un nom et dont les efforts de rappel demeurent vains illustre bien la perte d'efficacité des mécanismes de régulation. Ce phénomène peut commencer à se manifester dès la fin de la trentaine et tend à s'accentuer avec l'âge (Burke et coll., 1991). Il pourrait être dû à une désactivation, à une certaine détérioration des comportements actifs et appropriés de rappel pour ces informations sur le point de refaire surface. Un jeune adulte qui tente de se rappeler le nom d'une connaissance a recours à des méthodes de rappel efficaces, telles que parcourir mentalement une liste alphabétique pouvant contenir le nom recherché ou tenter de replacer cette personne dans un contexte précis. Une personne âgée, pour sa part, a tendance à affirmer qu'elle a oublié ce nom, que « ça lui reviendra plus tard » ou à s'exclamer sombrement qu'« elle commence à perdre la mémoire ». Si elle avait plutôt recours à des stratégies de rappel, elle parviendrait probablement à retrouver le nom recherché.

Quelles sont les causes sous-jacentes des déficits cognitifs dont nous venons de parler ? Comme nous le verrons, ces causes sont si nombreuses et si variées qu'il est impossible d'en cerner une seule pour chaque déficit.

Causes des changements liés à l'âge

Nous avons vu que le passage du temps entraîne un affaiblissement des fonctions cognitives, mais qu'il altère inégalement les différentes composantes du système de traitement de l'information (Powell, 1994; Salthouse, 1996). Cette variation

Une activité physique comme la natation est aussi salutaire pour le corps que pour l'esprit. Comme elle améliore l'irrigation du cerveau, elle stimule la mémoire et d'autres capacités cognitives.

constitue un obstacle pour les théoriciens qui cherchent à expliquer les causes du changement. Il se peut que la régression des capacités cognitives soit liée au vieillissement primaire lui-même et qu'elle résulte d'altérations neurophysiologiques et biologiques inévitables. Elle est peut-être aussi attribuable à des facteurs secondaires associés à l'âge, mais étrangers au vieillissement biologique, comme une dévalorisation de soi si profonde que la personne se laisse aller, la rareté des occasions d'apprendre ou, tout simplement, le manque d'envie de démontrer ses capacités intellectuelles selon les méthodes que les psychologues emploient traditionnellement pour mesurer les compétences cognitives.

Vieillissement du cerveau

Il semble que l'affaiblissement des fonctions cognitives soit surtout lié au ralentissement des mécanismes de communication du cerveau. Le signe le plus clair de ce ralentissement, qui s'intensifie à la fin de la cinquantaine, est la prolongation du temps de réaction. Les personnes âgées s'exécutent beaucoup plus lentement que les jeunes adultes dans tous les types de tests de laboratoire portant sur le temps de réaction (par exemple, appuyer sur un bouton dès qu'une lumière s'allume).

Pourquoi le ralentissement des mécanismes de communication du cerveau se répercute-t-il sur la compétence cognitive ? Certains experts pensent qu'une personne qui ne peut traiter les informations ou les idées rapidement ne peut réfléchir à plusieurs choses en même temps, analyser l'information de manière séquentielle et l'absorber pleinement dès qu'elle lui parvient. La pensée se ferait alors plus lente, plus simple et plus superficielle, car d'importantes informations se perdraient en cours de route (Salthouse, 1993). Divers chercheurs ont vérifié cette hypothèse. Ils ont mesuré la capacité de faire de nouveaux apprentissages chez des adultes de tous âges et leur ont accordé un supplément de temps pour étudier la matière à apprendre. Ils ont ainsi constaté que la prolongation de la période d'étude favorisait la performance des personnes âgées (Bryan et Luszcz, 1996). Il semble donc que le ralentissement de la pensée constitue le principal facteur d'un bon nombre des régressions intellectuelles associées au vieillissement.

Ralentir le ralentissement

Peut-on considérer que le ralentissement des opérations de la pensée est inévitable ? Il semble que non. L'activité physique régulière, par exemple, améliore le temps de réaction et stimule la mémoire. L'exercice, en effet, augmente l'irrigation du cerveau sur le coup, accélère le captage des neurotransmetteurs et favorise la ramification des dendrites (Cotman et Neeper, 1996). La stimulation cognitive a aussi un rôle à jouer. La compréhension et l'analyse de nouvelles expériences favorisent la production de connexions dendritiques.

Grâce à des techniques de pointe, les chercheurs sont maintenant en mesure d'étudier l'activité du cerveau en réponse à une stimulation précise et d'observer l'interaction dynamique des diverses parties du cortex cérébral. Leurs constatations sont en voie de battre en brèche les positions traditionnelles. Un chercheur fait le commentaire suivant :

> L'étude rigoureuse révèle que les changements liés à l'âge sont isolés et bénins dans un cerveau en bonne santé, contrairement à ce qui se produit dans un cerveau endommagé par la maladie d'Alzheimer. [...] Plusieurs groupes de neurologues avancent que les changements biologiques d'un cerveau vieillissant en bonne santé sont subtils et peut-être même corrigeables. (Wickelgren, 1996)

Certains neurobiologistes sont prêts à remplacer le mot « peut-être » par « probablement », voire « certainement », depuis que les personnes âgées font de l'exercice, consomment moins de matières grasses pour prévenir l'artériosclérose et prennent des médicaments et des nutriments qui ralentissent la détérioration du cerveau (Marx, 1996).

En effet, on entend beaucoup parler depuis quelque temps d'agents qui retarderaient l'affaiblissement de certaines capacités cognitives. Est-il vraiment bénéfique de prendre de la vitamine C, de la vitamine E, des œstrogènes, des stéroïdes anti-inflammatoires, de l'aspirine, de l'ibuprofène (Marx, 1996) ou encore des substances ayant des propriétés antioxydantes et du ginko biloba ? Quels sont les effets secondaires d'un usage prolongé ? Il faudra attendre les résultats d'études à long terme pour le savoir.

Autoperception des capacités cognitives

Pour une personne âgée, le vieillissement se traduit surtout par les trous de mémoire. Les premières fois que les pertes de mémoire se manifestent, la personne a tendance à s'alarmer et à se voir déjà sénile. Cette autoperception défavorable peut altérer les opérations de la pensée. Le simple fait d'oublier un nom ou d'égarer ses lunettes à l'occasion peut être perçu comme un signe d'amnésie ou même de démence, car le stéréotype veut que les personnes âgées perdent la mémoire. Quand on a des trous de mémoire au milieu de la trentaine, on peut les attribuer à la distraction ou au surmenage. Au milieu de la soixantaine, l'interprétation est souvent plus défavorable et négative (Thompson, 1992).

La recherche suggère du reste que les attentes sociales ont tellement d'influence que les personnes de 50 à 70 ans tendraient à surestimer les capacités mnésiques qu'elles avaient au début de l'âge adulte. Elles oublient qu'elles oubliaient ! Les personnes âgées évaluent mal leurs trous de mémoire actuels et les voient pires qu'ils ne le sont en réalité (Hanninen et coll., 1994; Taylor et coll., 1992). Surestimer un trouble de la mémoire peut miner la confiance et, par ricochet, nuire à la mémoire. La confiance en soi diminue encore d'un cran si les proches de la personne âgée prennent ses hésitations pour un signe pathologique et réagissent en conséquence (Lovelace, 1990).

LES UNS ET LES AUTRES

Stéréotypes et capacités mnésiques

L'importance des stéréotypes ressort clairement d'une étude portant sur la détérioration cognitive menée auprès de deux populations relativement imperméables aux méfaits de l'âgisme : les Chinois et les sourds des États-Unis. Les premiers portent le plus grand respect aux personnes âgées et les seconds, dans leur malheur, ont au moins un avantage : ils ne captent pas tous les messages âgistes.

Les chercheurs ont comparé des individus jeunes et des individus âgés provenant de ces deux groupes ainsi que d'un groupe témoin d'Américains entendants. Ils ont découvert que l'écart entre les résultats des jeunes et ceux des personnes âgées aux tests de mémoire dépendait de l'attitude du groupe face au vieillissement. Les Américains entendants entretenaient les attitudes les plus défavorables, les Chinois nourrissaient les plus favorables, et les Américains sourds se situaient à mi-chemin. L'écart entre les jeunes et les personnes âgées était deux fois plus grand chez les Américains entendants que chez les Américains sourds et cinq fois plus grand que chez les Chinois. On peut en conclure que des attitudes culturelles défavorables à l'égard des capacités intellectuelles des aînés mènent directement à leur détérioration. On est loin du déficit neurologique...

Compétence cognitive en situation réelle

Comme nous venons de le voir, la plupart des personnes âgées affirment que leur mémoire n'est plus ce qu'elle était, donnant ainsi raison aux chercheurs. En général, cependant, elles jugent que leurs trous de mémoire ne leur nuisent pas beaucoup dans la vie quotidienne. De fait, elles ne se sont inquiétées à ce propos qu'au moment de leurs premières pertes de mémoire, à la fin de l'âge mûr. Seulement 3 % des personnes âgées interrogées aux fins d'une étude réalisée en Australie pensaient avoir de « graves » problèmes de mémoire.

Les personnes âgées recourent à toutes sortes de stratégies pour compenser les déficits mnésiques que la recherche en laboratoire leur reconnaît. Elles apposent des listes à des endroits bien visibles ou laissent leurs médicaments à côté de l'évier de la cuisine pour se rappeler de les prendre.

Comment les aînés peuvent-ils demeurer si sereins ? Peut-être parce que les aptitudes mnésiques mesurées en laboratoire ne sont pas celles qu'on utilise dans la vie quotidienne. Quand a-t-on besoin de mémoriser des données en un temps limité puis de les recouvrer toutes avec exactitude et rapidité ? Et puis, essayez de tout vous rappeler sans donner un petit coup de pouce à votre mémoire ! Quand vous égarez votre portefeuille, par exemple, vous repassez dans votre esprit vos allées et venues de la journée en espérant retrouver un souvenir qui vous mettra sur la piste de l'objet perdu. Les chercheurs font tout leur possible pour empêcher cet *amorçage* spontané de la mémoire lorsqu'ils soumettent des personnes âgées à des tests, les privant ainsi d'un outil qui leur est très précieux dans la vie quotidienne. Leurs tests sont axés sur la mémoire explicite et négligent de mesurer les aspects de la mémoire implicite.

Les tests, en outre, ne tiennent pas compte des variations de la motivation. Qui sait, les personnes âgées trouvent peut-être inutile d'apprendre par cœur des données bizarres. Peut-être ne s'appliquent-elles pas en se disant qu'elles feront mauvaise figure de toute façon.

L'association de l'exercice, de l'amorçage et de la motivation peut compenser dans bien des cas les pertes de mémoire que les chercheurs ont si souvent observées en laboratoire chez les personnes âgées. C'est du moins ce que tend à démontrer une étude remarquable par sa simplicité, conçue de manière à reproduire les tâches mnésiques de la vie quotidienne (Moscovitch, 1982). Parce que tout le monde a besoin de se rappeler ses rendez-vous et que nombre de personnes âgées ont de la difficulté à le faire, les chercheurs demandèrent à de jeunes adultes et à des personnes âgées (tous fort occupés) d'appeler un service de réponse téléphonique tous les jours pendant deux semaines, à une heure précise (choisie par les sujets). Les chercheurs constatèrent non sans surprise que 20 % seulement des jeunes adultes avaient fait tous leurs appels, tandis que 90 % des personnes âgées avaient été fidèles à leur engagement. Conscientes qu'elles ne pouvaient pas toujours se fier à leur mémoire, celles-ci avaient utilisé des aide-mémoire tandis que les plus jeunes avaient surestimé la leur.

Une autre expérience a fait ressortir les limites de la recherche en laboratoire. Les expérimentateurs ont enseigné un procédé mnémotechnique à des adultes d'âges divers. Ils ont cependant constaté qu'un bon nombre des personnes âgées résistaient discrètement à cet apprentissage. Elles utilisaient leurs propres stratégies ou essayaient de les combiner à la nouvelle, et ce, au détriment de leurs résultats. Les chercheurs ont pu attribuer la moitié de l'écart entre les résultats des jeunes et ceux des personnes âgées à la résistance et non au vieillissement (Verhaeghen et Marcoen, 1996).

Refuser d'apprendre un procédé mnémotechnique nuit sûrement aux personnes âgées en laboratoire, mais pas nécessairement dans la vie de tous les jours. Il existe une foule de situations dans lesquelles les bonnes vieilles stratégies de rappel se révèlent les plus efficaces.

On peut en dire autant d'autres aspects de la cognition. L'expérience de toute une vie apporte aux personnes âgées une riche moisson de stratégies de résolution de problèmes et donne à leur mémoire à long terme une profondeur rare chez les jeunes adultes. C'est ainsi qu'elles répondent aux questions et prennent leurs décisions aussi bien que les jeunes adultes, même si, parfois, elles coupent court à la cueillette d'information et à l'analyse des variables (Meyer et coll., 1995 ; Walsh et Hershey, 1993). Le fait de préférer ses vieilles techniques aux nouvelles, de passer outre à l'information secondaire et de recouvrer lentement les souvenirs contenus dans la mémoire à long terme n'a aucune incidence dans la vie quotidienne, et surtout pas dans les situations courantes.

Comme nous l'avons vu dans la première section de ce chapitre, la capacité de compenser stratégiquement les déperditions, que Paul Baltes et ses collègues ont appelée « optimisation compensatoire sélective » (Baltes et Baltes, 1990), constitue le signe d'un « vieillissement réussi ». On voit donc les personnes âgées utiliser des procédés mnémotechniques et des aide-mémoire, se donner un surcroît de temps pour résoudre les problèmes, demander à réentendre les directives compliquées, choisir les tâches cognitives qui leur semblent pertinentes et délaisser les autres. Aussi les efforts cognitifs qu'impliquent les activités courantes sont-ils à la portée de la plupart des aînés.

Il existe malheureusement une minorité de personnes âgées, atteintes de démence, pour qui les tâches les plus simples sont insurmontables.

Démence

Dans le langage courant, on emploie souvent le terme « sénilité » pour désigner la diminution des capacités intellectuelles chez les personnes âgées et le terme « démence sénile » comme synonyme de « maladie d'Alzheimer ». Il s'agit cependant de vocables âgistes en ce sens qu'ils accordent trop d'importance à l'âge au détriment des nombreux autres facteurs du déclin cognitif à l'âge adulte avancé. Il convient de les remplacer par le mot démence, qui désigne une altération grave du jugement, de la mémoire ou de l'aptitude à la résolution de problèmes (Edwards, 1993).

La démence peut être causée par plus de 50 facteurs. Les symptômes généraux sont toujours les mêmes : graves pertes de mémoire, discours incohérent, désorientation dans le temps et dans l'espace, incapacité de remplir les fonctions sociales et professionnelles habituelles et changements dans la personnalité. L'enchaînement, la gravité et l'incidence de ces symptômes varient. L'âge est au nombre des facteurs qui augmentent le risque d'apparition de la maladie (voir le tableau 13.1). Si certaines formes de démence sont réversibles, toutes sont chroniques et la plupart sont dégénératives, c'est-à-dire qu'elles s'aggravent avec le temps.

Démence Déchéance des capacités intellectuelles due à une lésion cérébrale ou à une maladie. La démence est plus fréquente à l'âge adulte avancé qu'au cours des périodes précédentes de la vie, mais, même chez les personnes très âgées, elle est anormale et pathologique.

Maladie d'Alzheimer

La forme de démence la plus répandue dans tous les pays industrialisés, à l'exception du Japon, est la maladie d'Alzheimer. Ce trouble se caractérise par la prolifération de plaques séniles et d'enchevêtrements neurofibrillaires dans le cortex cérébral de même que par la suppression des fonctions cérébrales. La maladie d'Alzheimer évolue de manière progressive et prévisible. Au début, la personne atteinte a des distractions et des trous de mémoire, puis elle perd peu à peu ses capacités cognitives. De plus, des modifications de la personnalité se manifestent.

Grâce aux nouvelles techniques d'analyse des tissus prélevés lors d'une autopsie (le seul moyen de diagnostiquer la maladie d'Alzheimer hors de tout doute), on sait maintenant que la quantité de plaques et d'enchevêtrements est corrélée non

Maladie d'Alzheimer Forme la plus répandue de démence, caractérisée par la formation de plaques séniles et d'enchevêtrements de filaments protéiques dans le cerveau. Maladie dégénérative, elle se manifeste par une détérioration graduelle de la mémoire et de la personnalité. Elle ne fait pas partie du processus normal de vieillissement.

TABLEAU 13.1 **Estimation de la prévalence de la démence.**	
Âge	**Prévalence**
De 60 à 64 ans	1 %
De 65 à 69 ans	2 %
De 70 à 74 ans	3 %
De 75 à 79 ans	5 %
De 80 à 84 ans	11 %
De 85 à 89 ans	21 %
De 90 à 95 ans	De 33 % à 40 %

Les chiffres proviennent d'études réalisées dans 15 pays. La définition et la prévalence de la démence varient quelque peu selon les cultures, mais, dans tous les pays, la démence est rare dans la population âgée de 60 ans (environ 1 personne sur 100) et fréquente dans la population de 90 ans et plus (plus de 1 personne sur 3).

Sources : Jorm et coll., 1987; O'Connor, 1989; Preston, 1986; Ritchie et coll., 1992.

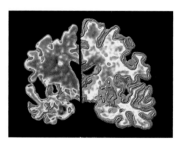

Cette image produite par ordinateur montre en coupe transversale un cerveau ravagé par la maladie d'Alzheimer (à gauche) et un cerveau normal (à droite). La dégénérescence des neurones entraîne une atrophie du cerveau. La photo ne révèle pas les enchevêtrements de filaments protéiques qui se forment à l'intérieur des neurones, ni les plaques qui renferment les dendrites et les axones morts.

pas avec l'âge de la victime, mais bien avec le degré d'atteinte intellectuelle mesuré avant la mort. La maladie possède cependant des caractéristiques liées à l'âge. Si elle se manifeste à l'âge adulte avancé, elle peut s'étendre sur une période de 10 ans ou plus. Mais si elle apparaît à l'âge mûr (ce qui est relativement rare), elle atteint le dernier stade en une période de trois à cinq ans. La maladie d'Alzheimer est de plus en plus fréquente avec l'avancement en âge. Selon une compilation de 13 études réalisées dans divers pays (Ritchie et coll., 1992), elle atteint 1 personne sur 100 dans la population âgée de 65 ans et son incidence est d'environ 1 personne sur 5 dans la population de plus de 85 ans.

Stades de la maladie d'Alzheimer

Au début, la personne souffrant de la maladie d'Alzheimer oublie les événements récents et les connaissances nouvellement acquises. À ce stade, la plupart des personnes atteintes se rendent compte qu'elles ont des trous de mémoire et essaient d'y remédier en notant les noms, les adresses et les rendez-vous avec plus d'application qu'avant. Rien, souvent, ne les distingue de la foule des autres personnes âgées dont la mémoire explicite a quelques ratés (Powell, 1994).

Au deuxième stade de la maladie, la dégradation de la concentration et de la mémoire à court terme devient manifeste. Les personnes atteintes tiennent des propos confus et répétitifs, emploient un vocabulaire de moins en moins riche et confondent souvent les mots. Si elles sont d'un naturel méfiant, elles peuvent accuser les autres d'avoir dérobé les objets qu'elles ont égarés. « Fermement convaincu qu'on l'a volé, dit un chercheur, le patient commence à tout cacher, mais oublie ses cachettes, ce qui le conforte dans l'idée qu'il est la victime de cambrioleurs » (Wirth, 1993). Contrairement aux trous de mémoire caractéristiques du premier stade, ceux du deuxième stade sont si graves qu'un grand nombre de personnes atteintes ne s'en rendent même pas compte. Elles peuvent allumer un rond de la cuisinière, y déposer une casserole, puis l'oublier ou encore faire couler un bain et sortir pour aller prendre un café avec un ami. La désorientation spatiale se manifeste de plus en plus, les rendant incapables de regagner la maison après avoir fait une promenade dans le quartier.

Le troisième stade de la maladie d'Alzheimer commence au moment où l'amnésie peut mettre la personne en danger. Celle-ci n'est plus en mesure de voir à ses besoins fondamentaux comme se nourrir et s'habiller adéquatement en fonction du temps ou des circonstances.

Au quatrième stade de la maladie, la personne a besoin d'une surveillance continuelle. Elle ne peut plus prendre soin d'elle-même et elle ne réagit plus normalement aux autres; elle peut devenir intraitable, voire paranoïaque. Elle ne communique plus que par des bribes de phrases, puis perd l'usage du langage. Pire, elle ne reconnaît plus personne, même pas les êtres qui lui sont le plus chers.

À VOUS LES COMMANDES – 13.2

La maladie d'Alzheimer

Pour en savoir davantage sur la maladie d'Alzheimer, cherchez sur Internet des réponses aux questions suivantes.

1. Qu'est-ce que la maladie d'Alzheimer ? Existe-t-il plusieurs formes de cette maladie ?

2. Quels sont les principaux symptômes de la maladie ?

3. De quelle manière la maladie d'Alzheimer est-elle généralement diagnostiquée ?

4. Quelles sont les causes de la maladie ? Quelles parties du cerveau affecte-t-elle ?

5. Décrivez la progression typique de la maladie. Quelle est la cause habituelle de décès des victimes de la maladie d'Alzheimer ?

6. Quels sont les dix signes avant-coureurs de la maladie d'Alzheimer ?

7. Indiquez cinq manières simples de venir en aide à la famille d'une personne atteinte de cette maladie.

La maladie d'Alzheimer touche non pas une seule personne, mais bien sa famille entière, car ce sont généralement les parents du patient qui prodiguent l'essentiel des soins. Il est extrêmement exigeant de soigner une personne atteinte. En plus, il est difficile de se montrer compréhensif et patient envers une personne qui peut paraître bien portante, mais qui est incapable d'agir ou de penser normalement et qui se met en colère quand on essaie de l'aider (Gatz et coll., 1990).

Il n'existe encore aucun traitement qui guérisse la maladie d'Alzheimer. Les scientifiques ont en revanche découvert quelques moyens d'en retarder l'apparition ou d'en ralentir l'évolution. Nous avons déjà indiqué que les suppléments d'œstrogènes semblent retarder l'apparition de la maladie chez les femmes. Quelques recherches ont révélé que les agents qui stoppent la déperdition de certaines substances chimiques du cerveau peuvent améliorer la cognition des patients au cours des premiers stades de la maladie (Giacobini, 1995; Hagino et coll., 1995). Le traitement médicamenteux de la maladie d'Alzheimer n'en est qu'à ses balbutiements, mais il se révèle déjà prometteur (Marx, 1996).

Ⓟ OINT DE MIRE

La maladie d'Alzheimer a-t-elle été mal nommée ?

C'est en mettant la main sur un dossier d'hôpital longtemps égaré que les historiens de la médecine ont pu prendre connaissance des observations cliniques ayant mené à la découverte de la maladie d'Alzheimer.

Ce dossier manquant depuis 1910 est celui d'une femme de 51 ans, nommée Auguste D., que le Dr Alois Alzheimer traita dans un hôpital allemand. Il a été retrouvé en décembre 1995 dans les archives psychiatriques de l'université de Francfort. Encore en excellent état, le dossier contient une photo de la patiente ainsi que des échantillons de son écriture et les notes cliniques d'Alzheimer décrivant son état pendant ses cinq premiers jours de traitement.

En fait, les symptômes de cette patiente ne correspondent pas entièrement à ceux décrits dans les manuels de médecine pour la maladie d'Alzheimer et il y a lieu de croire qu'Auguste D. aurait probablement de nos jours fait l'objet d'un diagnostic différent.

Le dossier indique qu'Auguste D. est entrée à l'hôpital psychiatrique de Francfort en 1901 et qu'elle y est demeurée jusqu'en 1906, année où elle est décédée des suites d'une infection générale causée par des escarres. Ses réponses aux questions du Dr Alzheimer révèlent la gravité de son état confusionnel. Le dossier commence par les commentaires du Dr Alzheimer sur le comportement :

(« Elle se tenait assise sur son lit avec un air d'impuissance inscrit sur le visage. »)

ALZHEIMER. — Comment vous appelez-vous ?
AUGUSTE D. — Auguste.
ALZHEIMER. — Quel est votre nom de famille ?
AUGUSTE D. — Auguste, je crois.
ALZHEIMER. — Quel est le nom de votre mari ?
AUGUSTE D. — Auguste, je pense.

Après cinq jours d'observation et d'évaluation, Alzheimer conclut que sa patiente souffrait d'une « détérioration progressive des facultés mentales, de problèmes d'élocution et de perception, d'hallucinations, de délire paranoïde et d'incompétence psychosociale », un ensemble de symptômes attribuables à la démence sénile, une maladie frappant les personnes âgées qu'on ne pouvait alors diagnostiquer correctement. Au cours des quatre années et demie qui suivirent, son état mental ne cessa d'empirer.

L'autopsie d'Auguste D. révéla que son cerveau était sévèrement atrophié et parsemé d'agrégats, d'enchevêtrements neurofibrillaires et de plaques séniles, comme on le dirait dans le langage médical d'aujourd'hui. La présence de ces zones de dégénérescence structurale laisse supposer que cette patiente souffrait de la maladie d'Alzheimer. Cependant, l'examen de son cerveau révéla aussi une importante artériosclérose des vaisseaux sanguins, un symptôme qui constitue aujourd'hui un critère d'exclusion d'un diagnostic de la maladie d'Alzheimer.

Même si les annales confirment que le Dr Alzheimer a rapporté le cas de cette patiente et sa pathologie devant un congrès de psychiatrie tenu en 1906, c'est à Emil Kraepelin, qui dirigeait la Clinique psychiatrique royale de Munich où Alzheimer fut transféré en 1903, que l'on doit le nom de cette maladie. D'autres psychiatres avaient déjà, à l'époque, réuni des informations cliniques sur des cas de patients présentant des symptômes semblables à ceux d'Auguste D., mais c'est cette « maladie d'Alzheimer » que Kraepelin décida de retenir pour son fameux manuel de psychiatrie qui parut en 1910. C'est ce nom qui s'est répandu et qui est resté gravé dans nos mémoires pourrait-on dire, même si la forme de démence dont était atteinte Auguste D. pourrait avoir été engendrée par d'autres facteurs, dont une mauvaise irrigation du cerveau et l'apport insuffisant de sang et d'oxygène.

Source : C. O'Brien, « Auguste D. and Alzheimer's Disease », *Science*, 5 juillet 1996, 273(5271), 8.

Démences d'origine sous-corticale

Démences d'origine sous-corticale Démences causées par des maladies dégénératives qui, comme la chorée de Huntington, la maladie de Parkinson et la sclérose en plaques, touchent des parties du cerveau autres que le cortex. Ces maladies entraînent une détérioration de la motricité dans leurs premiers stades et de la cognition dans leurs derniers.

Plusieurs formes de démence, les démences d'origine sous-corticale, sont causées par des maladies dégénératives touchant des parties du cerveau autres que le cortex. Ces maladies entraînent une détérioration progressive de la motricité, mais, dans leurs premiers stades au moins, épargnent les capacités intellectuelles. La maladie de Parkinson, la chorée de Huntington et la sclérose en plaques sont du nombre. Toutes peuvent entraîner la démence, mais toutes, au début, laissent la victime en pleine possession de ses moyens et consciente de son état. Elles sont associées dans leurs derniers stades à des degrés variables d'atteinte mentale. Contrairement à la dégénérescence corticale, elles laissent la mémoire à court terme et la capacité d'apprentissage en meilleur état que la mémoire à long terme (Derix, 1994).

La maladie de Parkinson cause de la rigidité musculaire et des tremblements dans ses premiers stades et peut évoluer vers la démence (Edwards, 1993). Elle est due à la dégénérescence des neurones cérébraux qui produisent la dopamine, un neurotransmetteur essentiel au bon fonctionnement du système nerveux. La cause de cette dégénérescence elle-même est inconnue.

Maladie de Parkinson Maladie chronique et dégénérative causée par une diminution de la production de dopamine dans le cerveau et caractérisée par des tremblements, la rigidité musculaire et, parfois, la démence.

À l'heure actuelle, on ne peut que ralentir l'évolution de la maladie à l'aide de suppléments de dopamine. Il existe aussi un traitement expérimental qui fait appel à des cellules de fœtus avortés pour stimuler la production de neurotransmetteurs dans le cerveau. Bien qu'efficace, ce traitement est loin de faire l'unanimité dans la communauté scientifique.

Démence réversible

On croit souvent que certaines personnes âgées sont atteintes de démence alors que leurs symptômes sont en réalité causés par la médication, l'abus d'alcool, la maladie mentale et la dépression. Une fois dépistés, tous ces facteurs peuvent être corrigés.

Polymédication et malnutrition

Un grand nombre de personnes âgées s'exposent à une détérioration de leurs capacités intellectuelles en prenant plusieurs médicaments pour traiter différentes maladies. La polymédication peut occasionner des interactions médicamenteuses qui produisent les symptômes de la démence, allant de la désorientation au comportement psychotique. Il faut aussi tenir compte que les posologies sont généralement établies à la suite de tests effectués sur de jeunes adultes. Or, la dose qui convient aux personnes de 30 ans peut représenter une surdose pour les aînés dont l'organisme élimine lentement l'excès de médicament (Beizer, 1994). Aussi les réactions indésirables à un médicament sont-elles de trois à cinq fois plus fréquentes chez les personnes de plus de 60 ans que chez les jeunes adultes (Beizer, 1994; Butler et coll., 1991).

Polymédication Consommation de plusieurs médicaments en vue de traiter différentes maladies.

La malnutrition peut elle aussi perturber le fonctionnement intellectuel. Certaines carences alimentaires causent la désorientation et l'amnésie tout en exacerbant les effets de divers médicaments. La malnutrition est plus répandue chez les personnes âgées que dans les autres groupes d'âge, car nombre d'aînés n'ont pas d'appétit, souffrent de maux de dents ou de gencives ou sont atteints de troubles digestifs.

Alcool

L'alcoolisme chez les personnes âgées prend plus souvent la forme d'une consommation stable et mesurée que d'une consommation excessive (La Rue et coll., 1985). L'ivresse constante peut passer inaperçue, les proches de la personne attribuant ses mouvements hésitants, sa diction empâtée et ses trous de mémoire à l'âge plutôt qu'à l'alcool.

La consommation excessive d'alcool détériore davantage les fonctions cognitives chez les aînés que chez les adultes plus jeunes. Le même taux d'alcool dans le sang entraîne une augmentation du temps de réaction et un amoindrissement de la capacité de mémorisation et de prise de décision bien plus marqués chez une personne âgée que chez une personne plus jeune. Si ces fonctions sont déjà affectées par l'âge, le déclin additionnel causé par l'alcool peut même entraîner de graves erreurs de jugement.

L'alcoolisme chronique perturbe le fonctionnement du système nerveux central, réduit les capacités d'apprentissage et de raisonnement, émousse la perception ainsi que d'autres opérations mentales et peut mener jusqu'à la démence alcoolique (Thompson et coll., 1987). À longue échéance, l'abus d'alcool peut aussi être la cause du syndrome de Korsakoff qui se manifeste par une importante détérioration de la mémoire à court terme due à des lésions au cerveau.

Troubles psychologiques

Les troubles psychologiques sont moins fréquents chez les personnes âgées que chez les jeunes adultes (Gatz et coll., 1996). Il n'en reste pas moins qu'environ 10 % des aînés qui font l'objet d'un diagnostic de démence sont en réalité atteints d'une maladie psychologique et non physique.

La dépression, par exemple, passe souvent pour de la démence chez les personnes âgées. La dépression grave est moins courante à l'âge adulte avancé qu'au cours des périodes antérieures de la vie, mais nombre de personnes âgées présentent à un moment ou à un autre des symptômes de dépression légère suffisamment incapacitants pour ressembler aux signes de la démence (Blazer et coll., 1991). Lors des évaluations cliniques, la dépression légère peut, comme l'anxiété, nuire à la performance cognitive même si elle n'altère en rien les capacités sous-jacentes (Powell, 1994; Rabbitt et coll., 1995).

La dépression compte parmi les maladies mentales les plus faciles à traiter, à l'âge adulte avancé comme au cours des périodes précédentes de la vie. Un traitement associant une psychothérapie et des médicaments bien dosés améliore habituellement l'état de façon notable en quelques semaines. Cependant, la plupart des personnes âgées déprimées ne reçoivent aucun traitement parce que personne ne voit dans leur dépression une maladie curable. Un grand nombre de gens considèrent encore la dépression comme une conséquence naturelle du vieillissement ou en confondent les symptômes avec ceux d'une atteinte cérébrale.

Progrès cognitif à l'âge adulte avancé

Nous nous sommes jusqu'à maintenant attardés à la détérioration possible des capacités intellectuelles à l'âge adulte avancé. N'avons-nous que de mauvaises nouvelles à annoncer ? Les personnes âgées ne peuvent-elles pas se découvrir de nouveaux centres d'intérêt, de nouvelles façons de penser, une nouvelle sagesse ? Plusieurs grands théoriciens du développement soutiennent qu'elles le peuvent en effet. Erik H. Erikson, par exemple, estime que les aînés s'intéressent vivement aux arts, aux enfants et à l'expérience humaine en général. Ceux-ci constituent les « témoins sociaux » de la vie et, par conséquent, sont très sensibles à l'interdépendance des générations (Erikson et coll., 1986). Abraham H. Maslow soutient pour sa part que les personnes âgées sont beaucoup plus aptes que les jeunes à vivre l'*actualisation de soi,* qui se manifeste, entre autres, par une extrême sensibilité à l'esthétique, à la créativité, à la philosophie et à la spiritualité (Maslow, 1970, 1972). Étudions donc quelques-uns de ces aspects du développement à l'âge adulte avancé.

Sens esthétique

En prenant de l'âge, beaucoup de gens semblent apprécier de plus en plus la nature et la beauté sous toutes ses formes. « Les composantes élémentaires de la vie, les enfants, l'amitié, la nature, les contacts humains (physiques et affectifs), les

Selon les gérontologues, nombre de personnes âgées savent s'émerveiller devant la beauté et la nature. Peut-être discernent-elles les aspects fondamentaux de la vie ou ont-elles simplement le temps de savourer les plaisirs que leur interdisait la frénésie des jeunes années.

Bilan de vie   Examen du passé auquel se livrent de nombreuses personnes âgées. Selon Butler, le bilan de vie est thérapeutique dans la mesure où il aide la personne à accepter le vieillissement et la mort.

couleurs, les formes, prennent de l'importance à mesure que les gens séparent l'essentiel de l'accessoire. La sensibilité affective et sensorielle peut être une source de bonheur à l'âge adulte avancé » (Butler et coll., 1991).

Cette sensibilité pousse de nombreuses personnes âgées à s'exprimer. Elles se mettent au jardinage, à l'observation des oiseaux, à la poterie, à la peinture ou à la musique. Et pas seulement parce qu'elles n'ont rien de mieux à faire. L'importance que revêt la créativité pour certaines personnes âgées ressort clairement des propos d'un homme de 79 ans, peu instruit, mais heureux dans son atelier :

> C'est la plus belle période de ma vie. [...] Il devrait y avoir plus de 24 heures dans une journée. Des heures pour le travail. Pas besoin de sommeil. J'aurai amplement le temps de dormir plus tard. [...] Tout ce que je veux pour l'instant, c'est de faire des choses. Je dessine et je fais de la peinture aussi. [...] Je ne copie rien. Je dessine mes souvenirs. Je travaille le bois. Je peins les champs. Comme je l'ai dit, je n'ai jamais été aussi heureux de toute ma vie et j'espère seulement que ça dure. (cité dans Blythe, 1979)

Il semble que l'âge adulte avancé s'accompagne du besoin de s'exprimer et de réaliser des projets que les responsabilités de toutes sortes n'avaient pas laissé le temps d'accomplir jusqu'alors.

Les personnes qui ont été créatives toute leur vie restent souvent productives à l'âge adulte avancé. Certaines voient même leur inspiration se renouveler. Une étude sur les personnes extraordinairement créatives a révélé que presque tous les sujets estimaient que l'âge n'avait altéré en rien leurs capacités, leurs objectifs et la qualité de leur travail. Ils éprouvaient seulement un sentiment d'urgence à l'idée que le temps leur était compté et que leur énergie et leur force physique diminuaient. « À 70, 80 ou 90 ans, commenta l'auteur de l'étude, ils n'ont peut-être plus l'ambition dévorante de leur jeunesse, mais ils sont tout aussi concentrés, efficaces et ardents qu'autrefois… et peut-être plus encore » (Csikszentmihalyi, 1996).

Bilan de vie

À l'âge adulte avancé, un grand nombre de gens sont plus enclins qu'auparavant à la réflexion et à la philosophie. Ils s'adonnent à l'introspection. Ils passent leur vie en revue et jugent leurs actes en fonction de ce qui constitue pour eux le but de l'existence.

C'est ainsi que la personne âgée procède à un **bilan de vie**. Elle se rappelle divers aspects de son existence, les meilleurs et les pires, et compare le passé au présent. D'une part, le bilan de vie l'amène à raconter son histoire aux jeunes générations et par le fait même à s'inscrire dans l'avenir. D'autre part, le bilan de vie ravive le souvenir des parents, des grands-parents et même des arrière-grands-parents et, par la même occasion, renouvelle les liens de la personne avec le passé. Celle-ci renoue avec ses souvenirs, les réinterprète et les réintègre pour mieux comprendre sa trajectoire de vie; elle se livre, ce faisant, à une réflexion sur sa relation avec l'humanité, la nature et l'existence en général (Kotre, 1995).

Il arrive que le bilan de vie prenne simplement la forme nostalgique de réminiscences ou de récits. Bien que fort utiles pour la personne âgée, ces paroles ne sont pas toujours du plus haut intérêt pour les gens de son entourage, surtout s'ils sont jeunes et plus axés sur la « productivité ». Il peut toutefois être crucial pour l'estime de soi de la personne que les autres reconnaissent l'importance de ces remémorations. Le bilan de vie devrait être considéré comme un processus nécessaire dans la vie quotidienne et essentiel au maintien de la santé mentale des personnes âgées (Butler et coll., 1991). Il peut même pousser la personne âgée à une réflexion globale à caractère historique, social et culturel.

Sagesse

La sagesse est souvent associée à la vieillesse. Mais qu'est-ce au juste que la sagesse ? Toutes les personnes âgées la possèdent-elles ? Il s'agit indiscutablement d'un concept vague dont les définitions sont en tout ou en partie subjectives. La sagesse qu'on attribue à un individu donné dépend grandement du contexte social immédiat dans lequel les pensées ou les actions de cette personne sont jugées. Compte tenu de ces difficultés, on peut reconnaître à Paul Baltes, un spécialiste du développement et de la gérontologie cognitive, le mérite d'avoir proposé l'une des définitions les plus générales de la sagesse. La sagesse, selon lui, correspond à une « connaissance poussée des faits fondamentaux de la vie qui confère une intuition et un jugement exceptionnels face aux questions complexes et incertaines de la condition humaine » (Baltes et coll., 1992). D'après Baltes et ses collègues, cinq caractéristiques distinguent la sagesse des autres formes d'entendement (Dittmann-Kohli et Baltes, 1990). Ainsi, la sagesse consisterait à :

Certaines sociétés apprécient beaucoup plus que d'autres la sagesse qu'ont acquise les personnes âgées au fil de leur existence.

- posséder de riches connaissances factuelles à propos de l'expérience humaine en général;
- posséder des connaissances sur les faits de la vie, c'est-à-dire des connaissances pragmatiques sur les conditions de la vie et leurs variations;
- avoir sur la vie un point de vue contextuel qui tient compte des dimensions écologiques, sociales et historiques;
- accepter qu'il n'est pas toujours possible de circonscrire et de résoudre les problèmes et que l'avenir est imprévisible;
- reconnaître les différences interindividuelles en matière de valeurs, d'objectifs et de priorités et, par conséquent, aborder les contradictions de l'existence avec souplesse et relativisme.

La sagesse se compose donc d'éléments de la pensée dialectique apparus au début de l'âge adulte et du raffinement de la pensée qui accompagne l'expérience. Mais la sagesse constitue-t-elle une caractéristique distinctive de la pensée des personnes âgées ?

Pour répondre à la question, Smith et Baltes (1990) demandèrent à 60 adultes d'âges divers de juger la vie de quatre personnages fictifs qui tous avaient dû prendre une difficile décision à propos de leur avenir. Voici l'histoire d'un de ces personnages.

> Élisabeth est âgée de 33 ans et elle mène depuis 8 ans une fructueuse vie professionnelle. On vient de lui offrir une importante promotion. Ses nouvelles fonctions l'obligeraient à accroître ses heures de travail. Son mari et elle aimeraient avoir des enfants avant qu'il ne soit trop tard. Élisabeth se retrouve donc devant ce choix : accepter la promotion ou fonder une famille.

Les trois autres récits portaient sur les responsabilités parentales au foyer, l'acceptation d'une retraite anticipée et l'engagement entre membres de différentes générations. Après avoir présenté les récits aux sujets, les chercheurs leur demandèrent de proposer une ligne de conduite pour chaque personnage. Ils les invitèrent à réfléchir à haute voix et à leur faire signe lorsqu'ils auraient besoin d'un supplément d'information. Les chercheurs transcrivirent les propos des sujets et les soumirent à un comité de professionnels des services sociaux. Ils demandèrent à ces experts d'évaluer si les sujets présentaient les caractéristiques de la sagesse que nous venons d'énumérer.

La sagesse, faut-il s'en étonner, apparut comme une denrée rare. Les experts ne trouvèrent véritablement « sages » que 5 % des 240 réponses obtenues. Fait encore plus surprenant, les réponses jugées sages provenaient en proportions égales de jeunes, de personnes d'âge mûr et de personnes âgées. Autrement dit, la sagesse n'était pas l'apanage des aînés. Il semblerait donc que la sagesse ne dépende pas de l'âge mais des expériences de vie et des réflexions qu'elles suscitent.

Tout bien considéré, on peut conclure que les opérations mentales de la personne âgée sont adaptatives et créatives. Elles ne seraient pas nécessairement aussi efficaces que celles des jeunes, mais elles s'avéreraient plus appropriées à la dernière période de la vie.

Résumé

 SECTION 1 Adulte d'âge mûr

Diminution ou progression de l'intelligence ?

1. S'appuyant sur de nombreuses études transversales d'envergure, les psychologues pensaient autrefois que l'intelligence diminuait inévitablement au cours de l'âge adulte. Depuis une quarantaine d'années, cependant, la recherche longitudinale laisse supposer le contraire : l'intelligence peut s'améliorer au cours de l'âge adulte.

2. La recherche séquentielle comparative permet de distinguer les effets du processus de vieillissement en général de ceux des expériences propres à chaque génération. Elle révèle que les phénomènes de cohorte influent autant que l'âge chronologique sur les mesures de l'intelligence à l'âge mûr.

3. En dépit des données qui tendent à prouver l'existence d'un progrès cognitif à l'âge mûr, la question des effets du vieillissement sur l'intelligence ne fait pas encore l'unanimité. Selon certains psychologues, l'intelligence cristallisée (qui repose sur l'accumulation des connaissances) augmente avec le temps, mais l'intelligence fluide régresse inévitablement.

4. Les chercheurs admettent pour la plupart que les capacités intellectuelles augmentent légèrement jusqu'au début de l'âge mûr, puis restent relativement stables jusqu'à la fin de cette période. Ils conviennent aussi que les modalités du développement intellectuel varient considérablement et qu'elles sont tributaires de l'éducation, entre autres facteurs.

Intelligence multidimensionnelle

5. La plupart des chercheurs considèrent que l'intelligence est multidimensionnelle.

6. L'étude de l'intelligence pratique s'est amorcée lorsque des chercheurs ont constaté que les mesures traditionnelles de l'intelligence chez l'adulte ne tenaient pas compte des habiletés employées dans la résolution des problèmes de la vie quotidienne. La plupart des adultes pensent que leur intelligence pratique s'améliore à mesure qu'ils prennent de l'âge. La recherche étaye ce point de vue.

Intelligence multidirectionnelle

7. La compétence intellectuelle de l'adulte est multidirectionnelle. Elle se caractérise par la variation interindividuelle et par la plasticité. Des différences d'éducation entre les cohortes successives peuvent influer sur cette variation.

Expertise

8. En vieillissant, les gens peuvent choisir de cultiver certains types d'intelligences ou certaines habiletés et ainsi devenir experts dans des domaines donnés. Par contre, les capacités qu'ils n'utilisent pas peuvent diminuer.

9. Non seulement les experts possèdent plus d'expérience que les novices, mais ils démontrent plus d'intuition et de souplesse, et ils emploient de meilleures stratégies pour exécuter les tâches qui leur sont demandées. Leurs processus cognitifs sont plus spécialisés et semblent entrer en jeu de façon spontanée.

SECTION 2 Adulte d'âge avancé

Traitement de l'information

10. Les opérations de la pensée ralentissent et s'émoussent à l'âge adulte avancé, mais à des rythmes différents. On observe aussi une forte variation interindividuelle du ralentissement.

11. Le registre de l'information sensorielle reste relativement intact à l'âge adulte avancé. La capacité de la mémoire de travail est plus faible chez les personnes âgées que chez les jeunes adultes, particulièrement dans les situations qui exigent un stockage et un traitement simultanés de l'information.

12. À mesure que les adultes prennent de l'âge, ils ont de plus en plus de difficulté à recouvrer l'information contenue dans la mémoire à long terme. Les connaissances emmagasinées dans la mémoire implicite, cependant, sont plus facilement récupérables que les faits et les concepts archivés dans la mémoire explicite. Les connaissances sont plus accessibles si elles ont fait l'objet d'un apprentissage intensif et d'un usage régulier.

13. Les mécanismes de régulation (dont les stratégies de mémorisation et de recouvrement, l'attention sélective et l'analyse logique) deviennent généralement de moins en moins efficaces chez les personnes âgées. Le phénomène est particulièrement marqué dans le contexte des épreuves de laboratoire visant à mesurer la compétence intellectuelle. Les chercheurs lui ont trouvé deux explications possibles : soit que les mécanismes de communication du cerveau perdent peu à peu de leur efficacité, soit que les personnes âgées ne connaissent pas les moyens qui leur permettraient d'organiser, de mémoriser et d'analyser l'information de manière optimale.

Causes des changements liés à l'âge

14. Les mécanismes de communication du cerveau ralentissent avec le temps. Ce ralentissement entraîne une augmentation marquée du temps de réaction chez les personnes âgées. Les aînés obtiennent de meilleurs résultats lorsqu'on leur donne un supplément de temps pour mémoriser l'information, l'analyser et résoudre un problème intellectuel. Les chercheurs ont constaté que l'activité physique et intellectuelle peut limiter une partie des pertes cognitives associées au vieillissement et parfois même inverser le processus.

15. Les personnes âgées obtiennent des résultats inférieurs à ceux des jeunes adultes aux épreuves de mesure de la compétence cognitive parce qu'elles auraient de leurs habiletés mentales des perceptions défavorables qui peuvent miner leur motivation. La recherche a aussi démontré que les stéréotypes âgistes peuvent nuire à la performance des personnes âgées en situation de test.

Compétence cognitive en situation réelle

16. La plupart des personnes âgées ne se sentent pas diminuées dans la vie quotidienne par leurs difficultés cognitives. L'optimisation sélective leur permet de compenser les déficits dès qu'elles constatent que leur mémoire ou leurs autres capacités cognitives commencent à diminuer. Elles peuvent apprendre à exploiter leurs forces et à pallier leurs faiblesses.

Démence

17. La démence peut apparaître à l'âge adulte avancé ou avant dans certains cas plus rares. Elle se caractérise par des pertes de mémoire de plus en plus prononcées et peut évoluer jusqu'au point où la personne atteinte ne reconnaît plus ses proches.

18. La maladie d'Alzheimer est le facteur le plus fréquent de la démence. Il s'agit d'une maladie dégénérative incurable qui atteint surtout des personnes âgées. Elle se manifeste par une détérioration graduelle de la mémoire et de la personnalité.

19. La démence peut aussi être suscitée par des anomalies d'origine sous-corticale comme celles qui causent la maladie de Parkinson, la chorée de Huntington et la sclérose en plaques.

20. On confond parfois les symptômes de la démence avec ceux liés à l'usage de médicaments, à l'abus d'alcool, à la maladie mentale et à la dépression. Ces manifestations, cependant, peuvent disparaître lorsqu'on élimine le trouble sous-jacent.

Progrès cognitif à l'âge adulte avancé

21. En prenant de l'âge, un grand nombre de personnes apprécient davantage la nature, laissent place à leur créativité et se découvrent un penchant pour la philosophie. Le bilan de vie est une réflexion personnelle qui consiste, pour la personne âgée, à se rappeler son passé et à faire un retour sur son existence.

22. On présume généralement que la sagesse vient aux personnes âgées riches d'une longue expérience de vie. La recherche, cependant, n'a pas encore démontré la véracité de ce présupposé.

Questions à développement

 SECTION 1 **Adulte d'âge mûr**

1. Choisissez un expert dont vous connaissez bien le travail ou les réalisations — un athlète, une personnalité du monde du spectacle, un enseignant, un homme ou une femme d'affaires, ou un membre de votre famille, par exemple. Indiquez l'âge et l'expérience de cet expert et décrivez ensuite de façon claire et suffisamment détaillée ce qui fait sa force, ce pourquoi il est particulièrement apprécié, en soulignant, à cet égard, en quoi il se distingue d'un novice dans son domaine. Faites ressortir toutes les caractéristiques de cette personne semblant être reliées avec l'âge.

2. Faites un tour d'horizon : demandez-vous à quel groupe d'âge ou cohorte vous appartenez. Décrivez ensuite au moins trois facteurs qui auraient pu rendre l'éducation que vous avez reçue différente de celle que vos parents pmt reçue ou de celle que reçoit actuellement la génération qui est sur les bancs de l'école

élémentaire. Pensez aux progrès de la technologie, à la philosophie de l'éducation, aux valeurs qui marquent le système scolaire actuel, aux changements survenus dans la société qui pourraient avoir un impact sur la façon dont vous utilisez votre temps après les heures d'école, à tous ces aspects importants qui distinguent notre époque des autres. Expliquez pourquoi des chercheurs étudiant l'intelligence s'intéressent à ces différences entre les cohortes.

3. Concevez un programme de recherche portant sur un aspect de l'intelligence adulte. Indiquez aussi exactement que possible ce que vous voulez découvrir ou vérifier et quel mode d'intelligence vous désirez étudier (il peut s'agir, par exemple, d'un aspect de l'intelligence dite « fluide » ou de l'intelligence « cristallisée ». Décrivez votre plan de recherche de façon détaillée, en donnant des explications sur les méthodes d'évaluation ou moyens de mesure que vous utiliseriez et en précisant comment vous choisiriez vos

sujets. Comment résoudriez-vous les problèmes posés par les études longitudinales ou éviteriez-vous les distorsions dues aux différences entre les cohortes ?

4. Pour un grand nombre de chercheurs, la question la plus importante n'est pas « Qu'est-ce qui arrive à l'intelligence à l'âge adulte ? » mais plutôt « Qu'est-ce qui arrive aux intelligences à l'âge adulte ? ». Expliquez la différence entre ces deux questions.

5. Vous êtes responsable des activités au sein d'une communauté de retraités dont l'âge minimum est de 60 ans. Selon les résultats des études de Schaie sur l'intelligence, quels types d'activités devriez-vous proposer ?

6. Au cours d'un séminaire de planification de la préretraite, une femme fait part de ses inquiétudes : elle craint de voir ses capacités intellectuelles décliner après son départ à la retraite. Que lui diriez-vous ?

7. Exposez les quatre conclusions globales que les études transversales, longitudinales et séquentielles comparatives ont permis de tirer au sujet de l'intelligence.

SECTION 2 **Adulte d'âge avancé**

8. On vous a demandé de participer à la conception d'un test d'intelligence pour la cohorte actuelle des plus de 65 ans. De quelles caractéristiques de l'intelligence adulte devriez-vous tenir compte pour cette étude ?

9. Vous êtes le coordonnateur d'un groupe de personnes d'âge avancé dans un centre d'accueil pour personnes en perte d'autonomie. Quelles activités tirant le meilleur parti des prédispositions, intérêts, capacités et limites propres à cette clientèle pourriez-vous planifier ?

10. Les adultes d'âge avancé semblent garder une excellente mémoire à long terme. Pourquoi est-ce difficile de démontrer ce point expérimentalement ?

Questions à choix multiples

 SECTION 1 **Adulte d'âge mûr**

1. Selon la théorie de Sternberg, quel aspect de l'intelligence est le plus relié à l'intelligence fluide ?
   a) La pensée analytique
   b) La créativité
   c) L'intelligence pratique
   d) Aucune de ces réponses

2. La plupart des experts pensent que :
   a) l'intelligence fluide et l'intelligence cristallisée sont toutes deux essentiellement déterminées par l'hérédité.
   b) l'intelligence fluide et l'intelligence cristallisée se développent surtout par l'apprentissage.
   c) l'intelligence fluide est fondalement déterminée par le bagage génétique alors que l'intelligence cristallisée relève de l'apprentissage.
   d) l'intelligence cristallisée est influencée par la qualité de l'intelligence fluide.

3. Laquelle de ces affirmations concernant l'intelligence multidimensionnelle a-t-elle été le mieux démontrée empiriquement ?
   a) La plupart des capacités intellectuelles sont stables, ne changent pas avec l'âge.
   b) La plupart des capacités intellectuelles diminuent avec l'âge.
   c) Chacune des capacités mentales peut augmenter, diminuer ou rester stable avec l'âge.

   d) Une seule capacité mentale est à la base des autres aptitudes intellectuelles et cette capacité peut augmenter ou diminuer avec l'âge.

4. Une psychologue a découvert que les aptitudes en mathématiques des personnes nées dans les années 1920 différaient considérablement de celles des personnes nées dans les années 1950. Elle pense que cette disparité s'explique par l'évolution des programmes d'enseignement, par le fait que le système d'instruction publique de ces deux époques privilégiait des matières différentes. Voilà un exemple :
   a) de recherche longitudinale.
   b) de recherche séquentielle.
   c) d'effet de cohortes.
   d) Toutes ces réponses.

5. Un psychologue contemporain spécialisé dans l'étude du développement ne partagerait probablement pas l'opinion suivante :
   a) l'intelligence tend à progresser chez la plupart des personnes d'âge mûr.
   b) le temps de réaction des personnes âgées est plus lent que celui des jeunes adultes et cela se vérifie pour la plupart des aptitudes ou comportements mesurés.
   c) le développement de l'intelligence atteint un plafond, le haut de la courbe, à l'adolescence, puis commence à diminuer.
   d) l'intelligence est multidimensionnelle et multidirectionnelle.

6. Les études transversales sur la diminution de l'intelligence à l'âge adulte tendent à _____ cette diminution, tandis que les études longitudinales tendent à la _____.

   a) sous-estimer, surestimer

   b) surestimer, sous-estimer

   c) sous-estimer, sous-estimer

   d) surestimer, surestimer

7. Un chercheur veut savoir si les différences entre les cohortes et le vieillissement ont des répercussions sur l'évolution des capacités intellectuelles à l'âge adulte; il veut également déterminer si le fait de soumettre plusieurs fois les mêmes sujets aux mêmes épreuves entraîne des effets particuliers. Quel type d'étude devrait-il entreprendre ?

   a) Une étude transversale

   b) Une étude longitudinale

   c) Une étude séquentielle comparative

   d) Une étude de cas

8. Pendant toute sa vie, Jean-Louis s'est efforcé de maintenir des liens avec des gens stimulants et créatifs. Édouard, au contraire, a eu de plus en plus tendance à se couper des autres à mesure qu'il avançait en âge. Sur quel aspect de l'intelligence de Jean-Louis et d'Édouard ces différences quant au mode de vie influent-elles le plus ?

   a) L'intelligence fluide

   b) L'intelligence cristallisée

   c) L'ensemble de leur quotient intellectuel

   d) Il est impossible de prévoir les répercussions que cela pourrait avoir sur leur intelligence.

9. Quand Fernand a pris sa retraite, il a eu beaucoup de difficulté à s'adapter à son nouveau style de vie. Robert Sternberg affirmerait probablement que Fernand faisait ainsi preuve d'un manque :

   a) d'esprit d'analyse.

   b) de créativité.

   c) d'esprit pratique.

   d) de plasticité.

10. À la fin de sa présentation intitulée « De l'entendement à l'âge adulte : opinions contemporaines », on demande à Sonia de résumer l'état actuel du débat sur l'évolution de l'intelligence à l'âge adulte. Voici sa réponse :

    a) « L'intelligence a tendance à croître pendant la plus grande partie de l'âge adulte. »

    b) « L'intelligence atteint son plus haut point à l'adolescence pour s'affaiblir graduellement au cours de la vie adulte. »

    c) « Mettant ainsi fin à un débat tendancieux, les experts ont fini par reconnaître que l'intelligence comporte de multiples facettes, que les capacités cognitives de l'adulte évoluent dans toutes sortes de directions et de dimensions, qu'elles sont aussi souples et variables que l'espèce humaine. »

    d) « La bataille continue. Certains chercheurs affirment que l'intelligence augmente pendant la vie adulte, tandis que d'autres s'acharnent à démontrer qu'elle décroît. »

11. En comparaison avec sa fille de 20 ans, on pourrait s'attendre à ce que Linnea, une femme de 40 ans, obtienne de meilleurs résultats en ce qui concerne :

    a) l'intelligence fluide.

    b) l'intelligence pratique.

    c) l'intelligence dite analytique.

    d) aucune des différentes facettes de l'intelligence.

12. Laquelle de ces affirmations pourrait rallier la plupart des spécialistes du développement ?

    a) À pensée rapide, pensée plus profonde.

    b) À pensée plus lente, pensée plus profonde.

    c) La promptitude (la rapidité de pensée) est un facteur très important pour le bon fonctionnement de l'intelligence fluide.

    d) La rapidité de la pensée est un facteur très important pour l'intelligence cristallisée.

SECTION 2 **Adulte d'âge avancé**

13. Laquelle de ces stratégies est un exemple d'optimisation compensatoire sélective ?

    a) Se remémorer le nom d'un auteur en pensant aux titres des livres qu'il a écrits.

    b) Inscrire la date d'un rendez-vous chez le dentiste sur son agenda.

    c) Écrire les numéros de téléphone pour être sûr de ne pas les oublier.

    d) Demander à un ami de vous téléphoner pour vous rappeler le jour d'une réunion à laquelle vous devez tous deux participer.

14. Une des raisons pour lesquelles l'alcoolisme peut s'avérer encore plus préjudiciable pour les personnes âgées que pour les couches plus jeunes de la population est que :

    a) le taux d'alcoolisme est plus élevé chez les personnes âgées.

    b) les alcooliques plus âgés sont davantage portés aux brusques excès de boisson.

    c) une même quantité d'alcool cause un plus grand affaiblissement des facultés chez les adultes âgés que chez les jeunes adultes.

    d) les personnes âgées ont une tolérance plus élevée à l'alcool.

15. Les spécialistes en psychologie du développement pensent que la tendance des personnes d'âge avancé à la réminiscence est :

    a) une forme malsaine de repli sur soi et sur le passé.

    b) une des causes de rejet des aînés.

    c) un processus cognitif nécessaire et sain.

    d) la manifestation d'un plus grand sens de l'esthétique.

16. De quel type d'informations une femme âgée de 73 ans aura-t-elle le plus de difficulté à se souvenir ?

    a) Des dates d'anniversaire des membres de sa famille.

    b) D'une courte série de nombres qu'elle vient juste d'entendre.

    c) De la première maison dans laquelle elle a vécu.

    d) De termes techniques utilisés dans le métier ou la profession qu'elle exerçait avant de prendre sa retraite.

17. Diane, âgée de 65 ans, est de plus en plus portée à l'introspection et à la réflexion philosophique à mesure qu'elle avance en âge. Des spécialistes de la psychologie du développement affirmeraient probablement :

    a) que cette tendance au repli sur soi est le résultat d'expériences malheureuses de sa jeunesse.

    b) qu'il s'agit d'une tendance normale, propre aux personnes d'un plus grand âge.

    c) qu'elle aura tendance, en prenant de l'âge, à devenir plus introvertie et à vivre en recluse.

    d) qu'elle perçoit sa vie comme un échec.

18. Laquelle de ces affirmations sur la maladie d'Alzheimer est la plus fondée ?

    a) Vers la soixantaine, la plupart des gens peuvent s'attendre à souffrir de troubles de la mémoire semblables à ceux que l'on observe chez les personnes atteintes de la maladie d'Alzheimer.

    b) À peine 1 % des personnes de 65 ans souffrent de la maladie d'Alzheimer.

    c) Le premier stade de la maladie d'Alzheimer se manifeste par une désorientation spatiale importante.

    d) La plupart des personnes, au troisième stade de la maladie d'Alzheimer, peuvent encore vivre de façon autonome.

19. Depuis un certain temps, le père de Pascal, qui a 73 ans, ne semble plus attacher d'importance à la satisfaction de ses besoins vitaux, tels que se nourrir ou se vêtir. Il se déplace et parle plus lentement et semble absent ou distrait quand on lui adresse la parole. Le médecin de famille pose le diagnostic suivant :

    a) il s'agirait des premiers stades de la maladie d'Alzheimer.

    b) ces symptômes sont propres à un stade avancé de la maladie d'Alzheimer.

    c) il est atteint de démence sénile.

    d) il souffre possiblement de dépression.

Les réponses aux questions à choix multiples se trouvent en annexe.

Le chapitre **13** en un clin d'œil

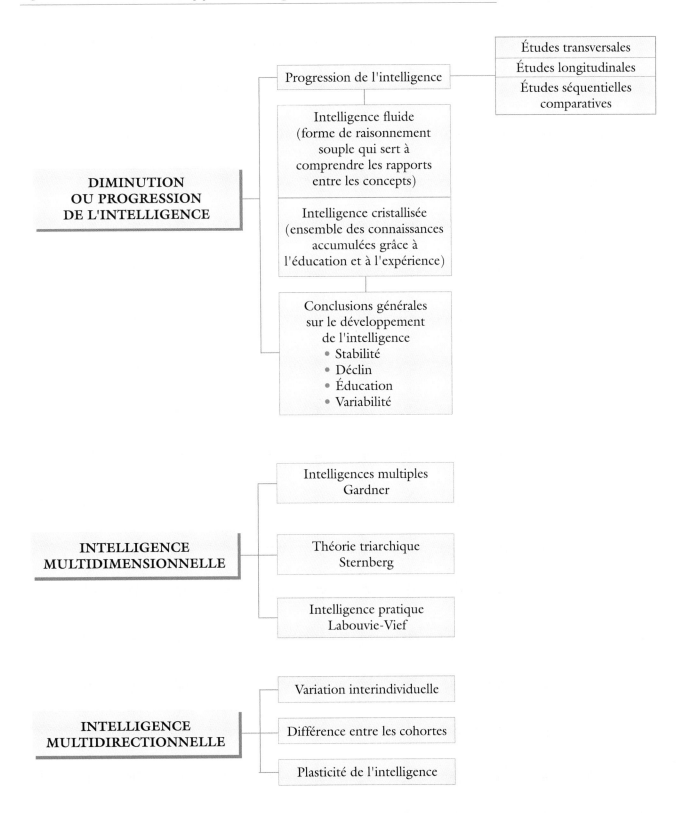

⬤ **SECTION 2 – Développement cognitif chez l'adulte d'âge avancé**

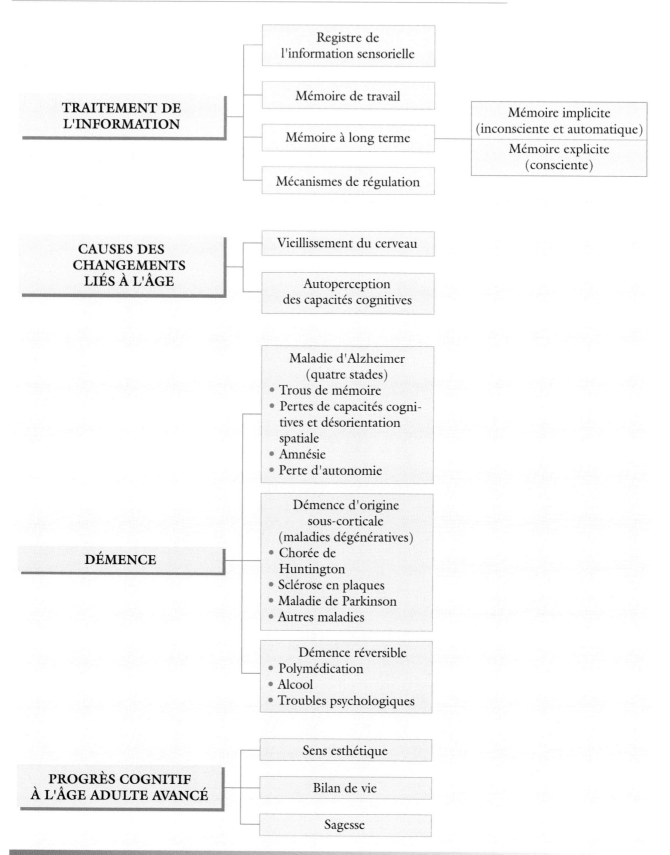

Chapitre **14**

Développement psychosocial chez l'adulte d'âge mûr et d'âge avancé

 Aucun phénomène biologique retentissant ne signale le mitan de la vie, que la société établit autour de l'âge de 40 ans. C'est le moment où l'on a à peu près autant d'années devant soi que derrière. Le mitan de la vie marque le début de l'âge mûr, qui durera jusqu'à l'âge de 60 ans environ. Cette période peut être perçue comme un temps de remise en question débouchant sur un large éventail de possibilités, ce qui nous permet de mieux comprendre l'étonnante diversité des cheminements à l'âge adulte avancé.

ADULTE D'ÂGE MÛR

On dit souvent que l'âge mûr est une période de crise ou, à tout le moins, qu'il constitue une transition déstabilisante entre la fleur de l'âge et la vieillesse. La personne mesure ses objectifs, ses accomplissements et ses engagements à l'aune du temps qui lui reste. En général, on dépeint les quadragénaires et quinquagénaires comme des gens pris dans la tourmente de la « crise de l'âge mûr » qui s'agrippent à leur dernière chance de conserver la jeunesse et de commencer une nouvelle vie. Si l'âge mûr peut effectivement susciter des bouleversements, cette période se caractérise plutôt par la permanence des relations amoureuses, des responsabilités familiales, des engagements professionnels et des traits de personnalité.

Changements psychosociaux à l'âge mûr

Que l'âge mûr puisse constituer un temps de crise, on le croit sans peine, car les changements semblent se multiplier pendant la quarantaine. Les plus manifestes sont ceux qui concernent l'horloge biologique, laquelle donne les premiers signes de vieillissement. Dès lors, on ne voit plus les anniversaires du même œil, chacun marquant moins le temps écoulé que le temps qui reste. Il arrive souvent que ce changement de perception soit précipité par la mort ou la maladie d'un proche, d'un ami, d'un collègue ou d'une personne à peine plus âgée que soi. En plus d'engendrer un sentiment de perte personnelle, de tels événements viennent nous rappeler notre propre finitude (Katchadourian, 1987).

Pour plusieurs parents s'ajoute une difficulté supplémentaire en ce sens qu'ils doivent apporter des modifications importantes à leur rôle. En règle générale, ils entrent dans l'âge mûr au moment même où leurs enfants entrent dans l'adolescence. Les jeunes revendiquent leur indépendance et contestent l'autorité et, dans certains cas, les valeurs des parents. À peine ceux-ci ont-ils eu le temps de s'adapter que leurs enfants se mettent à voler de leurs propres ailes. Ils se distancient des parents au début, puis ils se marient, ont des enfants à leur tour et demandent une nouvelle forme d'attention.

À en croire certaines cartes de souhaits, l'avènement de l'âge mûr serait source de tourment, mais la plupart des gens ne vivent pas cette période de façon dramatiquement différente des précédentes.

L'âge mûr constitue, pour de nombreuses personnes, l'occasion de réévaluer leurs choix en matière d'intimité et de générativité. Ceux qui croyaient avoir tout leur temps pour atteindre leurs objectifs voient les possibilités se restreindre doucement. Certains remettent la carrière et la famille dans la balance. Ceux qui avaient recherché à tout prix le succès professionnel pensent aux êtres chers qu'ils ont négligés; ceux qui s'étaient consacrés à l'éducation des enfants se demandent ce qu'ils feront lorsque les oisillons auront quitté le nid. D'autres remettent leur mariage en question.

La plupart des spécialistes du développement qui étudient l'âge adulte reconnaissent l'existence de ces bouleversements. Rares cependant sont ceux qui pensent qu'ils engendrent inévitablement une crise et une transformation brutale (Hunter et Sundel, 1989; Wrightsman, 1994). Une multitude de recherches révèlent une variation considérable entre des personnes du même âge et une stabilité tout aussi importante à l'échelle individuelle. Bref, la réaction des gens aux difficultés et aux changements de l'âge mûr dépend bien plus de leurs antécédents que de l'âge chronologique (Birren et Schroots, 1996).

Personnalité au cours de l'âge adulte

Le principal facteur de continuité au cours du développement à l'âge adulte est la stabilité de la personnalité. Il s'agit aussi, paradoxalement, de la principale cause de discontinuité. Nos traits de personnalité nous pousseraient à rechercher les événements, à les interpréter et à y réagir de manière unique. La recherche longitudinale sur l'âge adulte a révélé que les traits de personnalité fondamentaux persistent en dépit des changements de la vie. Deux chefs de file de la recherche donnent l'explication suivante :

> Il est indubitable que les gens changent au cours de leur vie. [...] Pourtant, ce sont souvent les mêmes traits qui prennent des formes différentes. Les intellectuels s'intéressent à un nouveau domaine puis à un autre, les passionnés de tennis deviennent des passionnés de jardinage, les victimes de violence affective se trouvent d'autres bourreaux. On peut considérer plusieurs de ces changements comme des variations sur le thème inspiré par les dispositions permanentes des individus. (McCrae et Costa, 1994)

Pour mieux comprendre ce phénomène, il nous faut faire une distinction entre les traits de personnalité fondamentaux, qui paraissent rester stables tout au long de la vie, et leurs diverses expressions, lesquelles dépendent du mûrissement, de l'expérience et de la culture.

Cinq traits stables

Les résultats d'études longitudinales et transversales poussées, réalisées auprès d'hommes et de femmes de plusieurs pays et ethnies, étayent l'hypothèse que cinq traits de personnalité demeurent stables tout au long de l'âge adulte (Digman, 1990; Eaves et coll., 1989; Lœhlin, 1992; Paunonen et coll., 1992). Les experts emploient différents termes pour les désigner, mais s'entendent pour les décrire de la façon suivante :

1. *Extraversion :* tendance à être sociable, sûr de soi et actif.
2. *Amabilité :* tendance à être gentil, serviable, confiant et accommodant.
3. *Rigueur :* tendance à être organisé, réfléchi, conformiste et persévérant.
4. *Propension à la névrose :* tendance à être anxieux, morose et autopunitif.
5. *Ouverture à l'expérience :* tendance à être imaginatif, curieux, créatif et à rechercher les nouvelles expériences.

Le degré qu'atteint chaque trait chez une personne dépendrait de l'interaction des gènes, de la culture, de l'éducation ainsi que de ses expériences et de ses choix, particulièrement de ceux effectués à la fin de l'adolescence et au début de l'âge adulte. Susceptibles de fluctuer pendant l'enfance, l'adolescence et les premières années de l'âge adulte, les cinq traits de personnalité se stabilisent généralement vers l'âge de 30 ans. Autrement dit, l'interaction des prédispositions génétiques et des influences environnementales a engendré, à l'âge adulte, une personnalité relativement stable.

La stabilité des traits de personnalité tient aussi au fait que la plupart des gens de 30 ans se créent une niche écologique, c'est-à-dire un mode de vie et un contexte social composés notamment d'un travail, d'un conjoint, d'un quartier et d'occupations journalières. Cette niche fait ressortir les besoins et les centres d'intérêt en même temps qu'elle les renforce.

Le fait que les gens choisissent leur entourage en fonction des traits qui les caractérisent a conduit deux chercheurs qui se consacrent à l'étude de la personnalité à cette réflexion : « Ne demandez pas comment les expériences modifient la personnalité, mais plutôt comment la personnalité façonne la vie » (McCrae et Costa, 1990).

Au bout du compte, bien que marqués par les événements ou polis par le temps, nous sommes, en grande partie, ce que nous sommes. Comme l'expliquent Costa et McCrae (1989) :

> L'impressionnant degré de stabilité de la personnalité au cours de plusieurs décennies, tel que révélé par les études longitudinales, indique que les êtres humains ne sont pas de simples victimes des événements marquant leur vie, des divers courants de l'histoire ou des changements dans les rôles sociaux. Ils gardent leurs caractéristiques distinctives envers et contre toutes ces forces.

Niche écologique Terme emprunté au vocabulaire de l'écologie pour désigner le mode de vie et le contexte social que les adultes choisissent en conformité avec leurs besoins et leurs centres d'intérêt.

Changements dans la personnalité

Aussi impressionnante que puisse être la stabilité des cinq grands traits de personnalité, nous devons toutefois reconnaître la possibilité de changements. On constate parfois de grandes différences interindividuelles en ce qui a trait à la direction et à l'importance des changements dans la personnalité (Jones et Meredith, 1996). Ainsi, même si une transformation totale de la personnalité s'observe rarement, certains changements d'ampleur modérée sont parfaitement possibles.

L'environnement demeure un facteur prépondérant de l'évolution de la personnalité pour la totalité d'entre nous. S'il est vrai que la plupart des adultes se constituent une niche écologique qui renforce leur tempérament de base, tout grand bouleversement — qu'il s'agisse du décès du conjoint, d'une réorientation professionnelle, d'un déménagement dans une autre ville ou un autre pays, d'une démarche en psychothérapie — survenant à l'intérieur de cette niche risque de modifier ou de moduler certains aspects de la personnalité (Lœhlin, 1992).

En plus des modifications qu'un individu peut apporter à sa personnalité, ou du moins à l'expression de celle-ci, plusieurs études indiquent que des changements reliés à l'âge s'observent fréquemment. Ces changements consistent généralement en un renforcement de traits particulièrement valorisés par une culture, lesquels varient selon l'époque.

Les multiples expériences de vie façonnées par un contexte social particulier, auxquelles s'ajoutent de nombreuses pensées et réflexions stimulées par un flot d'idées nouvelles et de connaissances, nous permettent souvent de nous améliorer et d'accroître notre générativité à mesure que nous avançons en âge (Jones et Meredith, 1996; McAdams et coll., 1993; Peterson et Stewart, 1993). C'est ainsi que les grands-parents sont généralement plus patients avec leurs petits-enfants qu'ils ne l'ont été avec leurs propres enfants ou que les bourreaux de travail en viennent à participer davantage aux activités de leur communauté ou de leur quartier.

Dynamique familiale à l'âge mûr

Les liens entre les générations d'une même famille revêtent une importance particulière pour les personnes d'âge mûr, parce que la plupart d'entre elles se situent entre leurs parents vieillissants et leurs enfants adultes. Certaines ont même des grands-parents et des petits-enfants en plus.

Le nid est déserté depuis long-temps, peut-être, mais les liens entre les parents et leurs en-fants adultes restent solides en général. Les générations com-muniquent fréquemment et se rendent visite régulière-ment. Dans bien des cas, l'in-dépendance relative des deux générations est plus propice à l'harmonie des relations que la cohabitation.

Comparativement à la famille élargie caractéristique de nombreuses autres so-ciétés, les familles occidentales modernes ne regroupent habituellement pas plu-sieurs générations sous le même toit. Malgré une certaine distance géographique, on constate que, dans de nombreux pays industrialisés, les membres des familles ont de fréquents contacts. Ils se parlent au téléphone et s'entraident de plusieurs façons : ils se donnent des conseils et du soutien affectif, se consentent des prêts, gardent les enfants, aident à l'entretien des maisons et participent aux soins de santé (Barresi et Menon, 1990; Crimmims et Ingegneri, 1990; Farkas et Hogan, 1995). Pour de nombreuses familles contemporaines, l'indépendance favoriserait davantage la solidarité et l'harmonie que la cohabitation.

Personnes d'âge mûr et parents vieillissants

Dans la plupart des cas, la relation entre les personnes d'âge mûr et leurs parents s'améliore avec le temps. En effet, les adultes acquièrent graduellement une vision équilibrée de cette relation, et notamment de leur enfance. De plus, le temps qui passe incite les deux générations à pardonner les erreurs qu'elles ont commises l'une envers l'autre, d'autant que les personnes d'âge mûr ont compris en élevant elles-mêmes des enfants certaines difficultés que la tâche comporte.

Le resserrement des liens entre les personnes d'âge mûr et leurs parents s'ob-serve de plus en plus fréquemment, car la plupart des personnes âgées d'aujourd'hui sont bien portantes, actives et indépendantes. Elles préfèrent habiter ailleurs que chez leurs enfants : la liberté et l'intimité que les deux générations y gagnent con-tribuent à l'harmonie de leurs relations.

Personnes d'âge mûr et enfants adultes

En règle générale, les parents restent proches de leurs enfants devenus adultes et indépendants. Lors d'une étude menée dans sept pays, la plupart des adultes des deux sexes ont déclaré qu'ils se tourneraient vers leurs parents ou leurs enfants s'ils avaient besoin d'aide, que ce soit pour surmonter des problèmes affectifs ou financiers ou pour déplacer des meubles dans une pièce (Farkas et Hogan, 1995).

Le plus souvent, en vérité, ce sont les personnes d'âge mûr qui prêtent main-forte aux jeunes adultes en leur rendant une multitude de services : bricolage, les-sive, aide financière, conseils, etc. Mais les parents ne perdent pas au change. Ils sont très fiers des accomplissements de leurs enfants adultes; la réussite de leur progéniture rejaillit sur leur propre estime de soi (Ryff et coll., 1994). Pour les gens d'âge mûr, la jeune génération constitue aussi une source d'information et de conseils sur l'évolution de la société et de la culture (Green et Boxer, 1986). Nombre de femmes d'âge mûr ne seraient pas retournées aux études ou n'auraient pas quitté un emploi insatisfaisant si leurs enfants adultes ne les y avaient pas

Nombre d'adultes comprennent mieux leurs parents et les affection-nent davantage en prenant de l'âge. Les relations mère-fille et père-fils, en particulier, deviennent généralement beaucoup plus harmonieuses qu'elles ne l'étaient à l'adolescence.

poussées. Nombre d'hommes d'âge mûr ne se seraient pas mis à l'activité physique si leurs enfants ne les avaient pas renseignés sur ses bienfaits. La plupart des jeunes adultes, quant à eux, gagnent en assurance en constatant que leurs parents les traitent en adultes et les prennent au sérieux.

Personnes d'âge mûr en couple

Les relations amoureuses à l'âge mûr apportent des sentiments de bonheur, de confort et de dignité. C'est en général avec leur conjoint, qui est aussi leur meilleur ami, que les personnes d'âge mûr vivent leur relation la plus intime. Une minorité croissante d'adultes d'âge mûr divorcés ou n'ayant jamais été mariés trouvent l'intimité dans la cohabitation avec un partenaire. Au cours des années 1990, la proportion d'Américains de 40 à 60 ans vivant avec un conjoint de sexe opposé était aussi importante que celle des 20 à 40 ans, et le nombre de couples de gais ou de lesbiennes d'âge mûr vivant ensemble semble augmenter (Chevan, 1996; Huyck, 1995). Quant aux personnes célibataires, nombre d'entre elles trouvent l'intimité auprès d'un partenaire avec lequel elles ne cohabitent pas. Il est difficile de cerner les répercussions de ce type de relation sur le développement parce que, pour toutes sortes de raisons, il n'existe pas beaucoup d'études à ce sujet. Il est clair cependant que les adultes qui vivent une relation intime se portent mieux sur les plans financier et affectif que les adultes sans attaches, et ce, tout au long de leur vie (Antonucci et Akiyama, 1995; Ross, 1995). Penchons-nous à présent sur un type de relation qui a fait l'objet de plusieurs études, le mariage à l'âge mûr.

Mariage

Dans tous les pays et tout au long de l'âge adulte, le mariage serait la relation familiale la plus étroitement liée au bonheur, à la santé et à l'intimité (Hu et Goldman, 1990; Myers, 1993). Il ne faut pas en conclure pour autant que les célibataires sont forcément malheureux et que les gens mariés sont tous heureux.

La relation conjugale constitue habituellement une riche source d'estime de soi; le bonheur en général est fortement corrélé avec le bonheur conjugal (Myers, 1993). L'importance du mariage à cet égard se mesure au déclin du bonheur général qui survient en temps de crise conjugale. Les personnes mariées depuis longtemps se révèlent alors particulièrement vulnérables; leur solitude est plus grande, leur estime de soi plus faible et leur dépression plus profonde que celles des jeunes mariés et des conjoints de fait qui connaissent des problèmes comparables. Plus on a été marié longtemps, en effet, plus on se définit en fonction de la relation et plus les problèmes conjugaux menacent le sentiment d'intégrité (Helson, 1992; Keith et Schafer, 1991). Une relation malheureuse est encore plus susceptible que le célibat d'engendrer la tristesse et le désespoir (Ross, 1995).

De nombreux conjoints recouvrent une liberté qu'ils apprécient lorsque les enfants ont quitté la maison. Le partage d'activités fait renaître une intimité que les contraintes familiales et professionnelles avaient parfois étouffée.

La plupart des études indiquent que le bonheur conjugal aurait plus de chances d'augmenter que de diminuer après les quelque dix premières années (Glenn, 1991). Les hypothèses pour expliquer ce phénomène ne manquent pas (Berry et Williams, 1987; Pina et Bengston, 1993; Ward, 1993). La première est d'ordre financier. Le stress et les conflits provoqués par les soucis d'argent sont une importante source de tension entre les époux, mais ils s'atténuent lorsque les enfants grandissent et que les mères retournent sur le marché du travail. La deuxième hypothèse a trait aux habitudes de vie. La question de la répartition des tâches provoque moins d'affrontements, d'une part parce que les conjoints en sont arrivés, avec le temps, à une forme de consensus et, d'autre part, parce que les enfants ont grandi et acquis une certaine indépendance. Enfin, les conjoints d'âge mûr ont le loisir de s'adonner ensemble à toutes sortes d'activités (du bricolage aux voyages) parce que les enfants ont pris leur envol et que le patron ne demande plus d'heures supplémentaires. Or, il est prouvé que le fait de partager des activités contribue à la satisfaction conjugale. Les conjoints retrouvent ainsi l'intimité qu'ils ont eu tant de mal à goûter pendant les années frénétiques consacrées à l'éducation des enfants et à la poursuite d'une carrière.

Il faut cependant mentionner que si la recherche conclut au bonheur des mariages durables, c'est parce que de nombreuses unions malheureuses se terminent avant d'avoir « duré ». Autant dire que toute étude sur les mariages durables porte sur un échantillon sélectif.

Divorce et remariage

Les gens d'âge mûr divorcent globalement pour les mêmes raisons que les jeunes adultes et rencontrent alors des problèmes semblables. Par contre, il semblerait plus difficile de mettre un terme à une longue union ou encore à un second mariage. La perte d'estime de soi est alors plus grande et les chances de se remarier, plus minces.

La plupart des gens divorcés finissent par se remarier, dans les cinq ans qui suivent le divorce en moyenne. Au début, le remariage apporte une foule de bénéfices : les femmes retrouvent la sécurité financière, les hommes recouvrent la santé et la sociabilité. Souvent, un remariage permet aux hommes de voir refleurir leur relation avec leurs enfants, de tisser de nouveaux liens avec ceux de leur conjointe ou de redevenir pères. La naissance d'un enfant a du reste la propriété de renforcer le nouveau mariage et de couper les attaches affectives qui subsistaient du précédent.

Contrairement à ce que veut la croyance populaire, cependant, rien ne garantit qu'un deuxième mariage sera plus heureux qu'un premier, pour les hommes comme pour les femmes. Les gens remariés se disent en général moins heureux que les gens mariés pour la première fois; le taux de divorce à 50 ans est 20 % plus élevé chez les premiers que chez les seconds (Booth et Edwards, 1992; Glenn, 1991; U.S. Bureau of the Census, 1996). La solitude et la déception poussent en effet certaines personnes divorcées à se remarier trop vite. Il faut compter aussi avec les enfants de l'autre. La recherche estime que leur présence constitue un facteur de conflit entre conjoints; cependant, la tension serait moins grande dans les premières années du mariage et moins probable si les conjoints ont ensemble un enfant biologique (MacDonald et Demaris, 1995).

En un sens, le fort taux de divorce enregistré chez les conjoints remariés signifie peut-être que ces personnes ont pris de l'expérience la première fois, qu'elles discernent mieux les problèmes et qu'elles réagissent plus rapidement, soit en remédiant aux difficultés, soit en coupant les ponts. On pourrait soutenir cette hypothèse en considérant que, comparativement aux personnes mariées pour la première fois, les gens remariés sont plus tranchés dans leur évaluation : ils jugent leur mariage très heureux ou très malheureux (Ganong et Coleman, 1994).

On peut aussi, peut-être, se questionner sur le tempérament ou les valeurs des gens qui se marient plus d'une fois. Certains ne seraient-ils pas enclins à divorcer en raison d'une nature exceptionnellement impatiente, insatisfaite ou aventureuse ? Pour eux, divorcer pourrait alors se révéler moins pénible que d'accepter leur conjoint tel qu'il est.

Grands-parents

L'âge auquel les gens deviennent grands-mères ou grands-pères varie selon les cultures et les cohortes, mais il se situe le plus souvent entre 40 et 60 ans. Presque tout le monde accueille l'événement avec fierté et émerveillement. C'est après que s'installe la variation. Ainsi, la relation entre une grand-mère ou un grand-père et un enfant peut être *distante, assidue* ou *amicale* (Cherlin et Furstenberg, 1986; Gratton et Haber, 1996).

Les grands-parents distants sont majoritaires dans certaines sociétés traditionnelles. Estimés, honorés et respectés par leurs enfants, leurs petits-enfants et leurs arrière-petits-enfants qui leur sont obéissants, ils ont la main haute sur les terres ou les autres richesses familiales, ou tout au moins se perçoivent comme les dépositaires du patrimoine familial et les gardiens des valeurs traditionnelles.

Les grands-parents assidus participent activement à la vie de leurs petits-enfants. Ils habitent à proximité de chez eux et les voient fréquemment.

Les grands-parents amicaux sont autonomes et indépendants de leurs enfants. Ils jouent le rôle de compagnons. Leurs interactions avec les autres générations sont structurées de manière à apporter un maximum de plaisir et un minimum de soucis. Ils sont libres de voir leurs enfants et leurs petits-enfants lorsque le cœur leur en dit, de chouchouter le petit-fils ou la petite-fille qu'ils préfèrent, de ne recevoir leur famille que sur invitation et de garder les petits quand cela leur convient. Ils jouent avec leurs petits-enfants, ils les gâtent, mais ils n'ont pas à les discipliner, surtout pas pour des raisons que les parents désapprouveraient.

La plupart des grands-parents d'aujourd'hui préfèrent le rôle de compagnons parce qu'ils « recherchent l'amour et l'affection plutôt que d'exiger le respect et l'obéissance » (Gratton et Haber, 1996). Plusieurs changements historiques sont à l'origine de cette préférence. Premièrement, étant donné la mobilité géographique des deux générations d'adultes, il arrive souvent que les grands-parents habitent loin de leurs petits-enfants et qu'ils ne les voient qu'en de rares occasions. Deuxièmement, les gens d'âge mûr jouissent d'une meilleure santé et vivent plus vieux aujourd'hui qu'autrefois; un bon nombre d'entre eux travaillent, voient leurs amis et font du bénévolat. Il leur reste moins de temps et d'énergie pour leurs petits-enfants. Enfin, la relation entre les parents et les enfants est devenue égalitaire. Les grands-parents se conformeraient donc davantage à la non-ingérence, règle d'or de l'harmonie entre les générations, et ne se mêleraient pas de l'éducation de leurs petits-enfants. Du reste, plusieurs jeunes adultes nourrissent cette attitude chez leurs parents en leur cachant les difficultés rencontrées dans l'éducation des enfants (Cherlin et Furstenberg, 1986). La plupart des grands-parents semblent se satisfaire du rôle de compagnons : ils vantent les mérites de leurs petits-enfants et laissent les responsabilités aux parents (Erikson et coll., 1986).

Nous avons présenté trois catégories de grands-parents, mais nous ne devons pas oublier pour autant la stupéfiante diversité des relations entre les personnes d'âge mûr et leurs petits-enfants. Cette diversité tient en partie à des traits de personnalité et à des traditions ethniques. Un chercheur rapporte, par exemple, le cas d'une petite fille de 18 mois qui avait un couple de grands-parents de culture latine et un autre de culture nordique. Ses grands-parents du Sud la chatouillaient, la cajolaient et s'amusaient avec elle. Ses grands-parents du Nord (qui l'aimaient tout autant) la laissaient tout simplement tranquille. La mère, venue du Sud, trouvait ses beaux-parents « froids et durs » tandis que le père, originaire du Nord, jugeait que ses beaux-parents à lui rendaient la petite « folle ». Celle-ci, pour sa part, était parfaitement satisfaite de ses deux couples de grands-parents (Kornhaber, 1986).

Grands-parents distants Grands-parents difficiles d'accès, mais honorés et respectés par les jeunes générations de leur famille qui leur sont obéissants.

Grands-parents assidus Grands-parents qui voient leurs petits-enfants presque tous les jours et qui jouent un rôle actif dans leur vie.

Grands-parents amicaux Grands-parents qui vivent avec leurs enfants et leurs petits-enfants une relation caractérisée par l'indépendance et l'amitié, et qui choisissent à leur gré le moment des visites.

Amour, affection, plaisir et refus des soucis sont les composantes fondamentales de la relation profonde qu'a établie, avec son petit-fils, cette adulte dynamique et autonome.

Le stade de développement du petit-fils ou de la petite-fille compte parmi les facteurs de la diversité chez les grands-parents. En règle générale, les grands-parents sont plus proches des jeunes enfants que des adolescents. Le stade de développement des aînés a aussi un rôle à jouer : les grands-parents d'âge mûr ne se comportent pas de la même façon que les grands-parents d'âge avancé.

Génération du milieu

Dans certaines circonstances, les liens familiaux pèsent lourd. À cause de leur position dans la chaîne des générations, les personnes d'âge mûr sont parfois appelées à voler au secours de celles qui les suivent et de celles qui les précèdent. Quelques-unes se sentent prises comme dans un étau, d'où le nom de « génération sandwich » que certains chercheurs utilisent pour désigner la génération du milieu.

Génération du milieu Génération formée des gens qui ont à la fois des enfants adultes et des parents âgés. Bon nombre de personnes d'âge mûr se sentent prises au piège entre les exigences et les besoins de leurs enfants d'un côté et ceux de leurs parents vieillissants (veufs ou malades dans certains cas) de l'autre.

Les jeunes adultes réservent parfois une surprise à leurs parents. Loin de quitter le nid, ils y demeurent ou y retournent pour des motifs financiers. C'est ainsi qu'un chercheur parle non pas du « nid déserté », mais du « nid dilaté » pour décrire la phase qui fait suite à celle de l'éducation des enfants (Ginn et Arber, 1994).

Presque la moitié des gens d'âge mûr ayant des enfants adultes ont au moins un de leurs rejetons qui vit toujours avec eux. Deux constatations tendraient à démontrer que la situation est dictée par les besoins de la jeune génération et non de la vieille. Premièrement, les gens d'âge mûr en bonne santé sont aussi nombreux que leurs contemporains malades à abriter encore des enfants adultes. Deuxièmement, ce sont les parents qui paient la plupart des factures de la maisonnée et qui abattent le gros du travail ménager (Ward et Spitze, 1996).

Ni l'une ni l'autre des générations n'est précisément heureuse dans un nid dilaté. Les parents, en particulier, estiment que l'autonomie est dans l'ordre naturel des choses, et les deux générations souffrent du manque d'intimité et de la fréquence des conflits qui découlent de la cohabitation (Alwin, 1996; White et Rogers, 1997). Il demeure que les jeunes adultes d'aujourd'hui n'ont pas la vie facile. Les études sont longues, les salaires bas, les emplois rares; les jeunes se marient tard et un certain nombre d'entre eux se retrouvent parents célibataires. Dans de telles circonstances, il leur est difficile de quitter le nid et il leur arrive de devoir y revenir après un séjour à l'extérieur (Goldscheider et Goldscheider, 1994; Ward et coll., 1992).

Par ailleurs, est-il besoin de souligner que la présence dans le nid familial d'enfants adultes gravement handicapés constitue un facteur de stress considérable (Roberto, 1993) ? La situation est de plus en plus fréquente, et ce, pour deux raisons. Premièrement, la médecine moderne a sauvé la vie de nombreux enfants qui seraient morts en bas âge s'ils avaient vu le jour 20 ou 30 ans plus tôt. Deuxièmement, la société a voulu rendre leur autonomie aux personnes lourdement handicapées et a fermé les établissements qui les abritaient autrefois (parfois dans des conditions discutables).

De l'autre côté, les personnes d'âge mûr ont souvent des parents âgés dont elles doivent s'occuper. La situation n'est pas nouvelle, surtout pour les femmes. Traditionnellement, en effet, un membre de la génération intermédiaire, une fille la plupart du temps, voyait aux soins des parents vieillissants. Les choses changent, cependant, et les femmes ont de moins en moins la volonté ou la capacité d'assumer une telle responsabilité, notamment parce qu'elles sont sur le marché du travail. Comme les gens vivent plus vieux et en meilleure santé, il arrive souvent que les soins des personnes très âgées incombent à des personnes elles-mêmes âgées, un conjoint, un frère, une sœur, un ami ou un enfant à la retraite.

Dans certaines situations, les gens d'âge mûr apportent du soutien aux deux générations qui les encadrent et elles en tirent une gratification (Soldo, 1996; Stephens et coll., 1994). On ne trouve donc qu'une minorité de gens d'âge mûr pris en sandwich de manière inéquitable, inattendue ou involontaire. Les autres prennent plaisir à côtoyer leurs enfants adultes de même que leurs parents actifs et bien portants, et se disent globalement satisfaits de leurs relations familiales.

Comme nous l'avons vu dans la deuxième partie du chapitre 12, certains septuagénaires et octogénaires sont assez en forme pour courir des marathons et d'autres tellement malades qu'ils ne peuvent quitter le lit. Et, comme nous le disions au chapitre 13, la diversité est aussi importante pour ce qui est du fonctionnement cognitif. L'hétérogénéité du développement à l'âge adulte avancé ressortira encore plus clairement dans cette partie. La recherche démontre en effet que, sur le plan du développement psychosocial, l'âge avancé accentue les différences interindividuelles plus qu'il ne les atténue et qu'il multiplie les facettes de l'expérience humaine (Crystal et Waehrer, 1996 ; Ferraro et Farmer, 1996 ; Light et coll., 1996 ; Schroots, 1993).

Théories sur le développement psychosocial à l'âge avancé

Les théories qui reflètent la diversité du développement psychosocial à l'âge adulte avancé se répartissent globalement en trois catégories : les théories du soi, les théories de la stratification sociale et la théorie du trajet de vie dynamique.

Théories du soi

Les théories du soi reposent sur la prémisse selon laquelle les adultes font des choix, rencontrent des problèmes et interprètent la réalité de manière à se définir eux-mêmes, à devenir eux-mêmes et à s'exprimer le plus pleinement possible. Ils tentent, comme l'a dit Abraham H. Maslow (1968), de se réaliser, de s'accomplir pleinement, en un mot de s'*actualiser*. Les théories du soi insistent sur « l'intentionnalité humaine et sur le rôle actif joué par l'individu dans son épanouissement personnel » (Marshall, 1996).

Théorie de la continuité

La théorie de la continuité, une des théories du soi, porte sur les manières dont les individus conservent l'intégrité du soi à travers les événements et les changements associés à l'âge adulte avancé. Selon cette théorie, chaque personne traverse l'âge adulte avancé comme elle a traversé les périodes antérieures de sa vie, en possédant idéalement « une saine capacité d'associer le changement intérieur à son passé » (Atchley, 1991). Renforcés par la niche écologique que la personne s'est ménagée, les cinq traits de personnalité stables (décrits dans la première section du chapitre) perdurent à l'âge avancé comme ils ont subsisté antérieurement. La personne sociable, par exemple, cultivera ses amitiés et fera de nouvelles connaissances, même à 90 ans et même dans un centre d'accueil. La personne introvertie, elle, restera à l'écart des autres. C'est ainsi que la réaction des personnes âgées à un problème nouveau, à l'apparition de l'hypertension par exemple, dépend en grande partie de leur tempérament. La personne qui tend fortement vers la névrose s'enfermera dans la morosité et la solitude et se croira victime d'un accident cérébrovasculaire au moindre stress. La personne extravertie, quant à elle, aura plus tendance à chercher de l'information et des conseils, se joindra à un groupe d'entraide ou s'inscrira à un programme d'activité physique.

    Les habitudes et les valeurs acquises au cours de l'enfance et du début de l'âge adulte tendent à subsister à l'âge adulte avancé. La foi religieuse, par exemple, demeure un facteur fondamental dans la vie des gens qu'elle a toujours soutenus et inspirés. Et les croyants ne restent pas fervents parce qu'ils arrivent au soir de leur vie, mais bien parce que la foi a été et continue d'être pour eux une source constante de force et de sérénité (Idler, 1994). Il en va de même des attitudes au regard

Théories du soi Théories sur l'âge adulte avancé voulant que la personne cherche à s'épanouir pleinement, à se réaliser, à s'actualiser.

Théorie de la continuité Théorie voulant que chaque personne vive son âge adulte avancé comme les périodes antérieures de sa vie et se comporte envers les autres de la même manière qu'auparavant.

Les personnes âgées qui font du bénévolat ne cherchent pas seulement à occuper leurs heures creuses. La plupart d'entre elles se sont toujours portées au secours des autres et ont senti toute leur vie qu'elles avaient une responsabilité envers leur collectivité.

des autres : qu'elles concernent les drogues, la sexualité, l'argent, la propreté, l'intimité ou le rôle du gouvernement, elles tendraient à subsister tout au long de la vie (Binstock et Day, 1996).

Ces dernières années, la génétique du comportement a apporté un certain nombre de données à l'appui de l'hypothèse de la continuité. Les études longitudinales portant sur des jumeaux monozygotes et hétérozygotes ont révélé que certains traits de personnalité sont encore plus apparents à l'âge adulte avancé qu'antérieurement (Saudino et coll., 1997). Voilà qui contredirait l'idée pourtant logique voulant que les influences génétiques s'atténuent à mesure que s'accumulent les expériences. Certains spécialistes du développement postulent que le tempérament peut s'exprimer librement après les années consacrées à la famille et au travail et que les personnes âgées ont la possibilité d'être véritablement elles-mêmes (Troll et Skaff, 1997).

Optimisation compensatoire sélective

Paul et Margaret Baltes affirment que l'on peut choisir de composer avec la diminution des capacités physiques et cognitives entraînée par le vieillissement au moyen de l'optimisation compensatoire sélective. Selon ce concept fondamental des théories du soi que nous avons déjà évoqué au chapitre 13, la personne établit ses propres objectifs, évalue ses capacités, puis détermine la façon d'accomplir ce qu'elle veut en dépit de ses limites (Baltes et Baltes, 1990).

Le regretté Artur Rubinstein, un pianiste de renommée mondiale qui donnait toujours des concerts à l'âge de 80 ans, nous fournit un excellent modèle en matière d'optimisation compensatoire sélective. Lorsqu'on lui demandait comment il parvenait à conserver sa virtuosité, il répondait qu'il se limitait à des pièces qu'il maîtrisait (sélection) et qu'avant un concert il répétait plus longuement que pendant sa jeunesse (optimisation). Et comme il ne pouvait plus interpréter les passages rapides aussi brillamment qu'autrefois, il jouait les passages lents plus lentement pour donner le change (compensation) (Schroots, 1996).

Nul besoin d'être un grand artiste pour structurer sa vie de manière à faire ce que l'on veut et à le faire bien. Johnson et Baer (1993) ont étudié quelques-unes des stratégies qu'emploient les gens de plus de 80 ans. Ils ont rencontré une femme qui faisait ses courses dans un supermarché situé loin de chez elle, mais à proximité du dernier arrêt de l'autobus. Elle s'assurait ainsi de toujours trouver une place libre au retour. De même, un homme qui conduisait encore sa voiture étudiait le plan de la ville et planifiait son trajet afin d'éviter de s'égarer, tandis qu'un autre conducteur octogénaire faisait le tour du pâté de maisons au lieu d'exécuter un virage à gauche à une intersection achalandée. Johnson et Baer soutiennent qu'il s'agit là de stratégies auxquelles les gens recourent fréquemment pour rester maîtres de leur environnement.

Intégrité et désespoir

La plus globale des théories du soi nous vient d'Erik H. Erikson qui, à l'âge de 90 ans, continuait d'écrire sur la vitalité. Erikson a appelé intégrité et désespoir les deux pôles opposés de la dernière crise psychosociale du développement. Il avait décelé chez les personnes âgées un désir universel d'intégrer et d'unifier leurs expériences de vie en une vision de l'avenir de leur collectivité. Certaines, selon lui, tirent fierté et satisfaction de leur passé et de leur présent et ont le sentiment d'appartenir à une communauté (Erikson et coll., 1986). D'autres connaissent le désespoir et « sentent qu'il ne leur reste plus assez de temps pour entreprendre une nouvelle vie et s'aventurer sur de nouvelles voies » (Erikson, 1963).

À chacune des huit crises définies par Erikson, la tension entre les pôles opposés pousse la personne vers l'avant. Le phénomène est également apparent au huitième stade, alors que :

> La vie apporte un lot de raisons fort réalistes de désespérer; certains aspects du présent causent une souffrance incessante, tandis que certains aspects du futur sont aussi incertains que terrifiants. Et, toujours, il reste la mort inéluctable, le seul aspect du futur à la fois totalement certain et totalement insaisissable. Aussi faut-il admettre qu'un certain degré de désespoir fasse partie de l'âge avancé. (Erikson et coll., 1986)

Dans des circonstances idéales, accepter l'idée de sa propre mort engendre une nouvelle vision de la survie, c'est-à-dire la perpétuation de soi à travers ses enfants, ses petits-enfants et l'humanité tout entière. Ce concept de l'intégrité du cycle des générations permet à la personne âgée de s'engager dans le présent pour célébrer la vie.

Pour accéder à l'intégrité, les personnes âgées font le bilan de leurs choix personnels et des événements qui ont marqué leur vie, puis les intègrent en un tout unifié. Certaines, malheureusement, s'enlisent dans l'amertume et les reproches, redoutent la mort et n'acceptent ni le passé ni l'avenir.

Quel genre de vision permet à une personne d'atteindre l'intégrité au lieu de sombrer dans le désespoir ? En ce domaine comme dans tous les autres que nous avons étudiés jusqu'à maintenant, il n'existe pas de parcours, de mode de vie, de culture qui mène à coup sûr à destination. Chaque personne évalue qu'elle a pris ou non le bon chemin dans le contexte de sa culture. Comme l'a précisé Erikson (1963), on peut goûter à l'intégrité quels que soient le milieu et le revenu.

> Chacun doit être conscient de la relativité des divers modes de vie qui ont donné un sens aux aspirations humaines [...] tout en sachant que pour lui toute l'intégrité humaine tient au style d'intégrité auquel il adhère.

Autrement dit, les personnes qui atteignent l'intégrité ne se comparent pas aux autres; capables de juger leur vie en fonction des normes de leur culture et de la trouver belle et bonne, elles s'affirment et se réalisent.

Théories de la stratification sociale

Les théories de la stratification sociale ouvrent des perspectives tout à fait différentes sur l'âge adulte avancé. Selon ces théories, les forces sociales limiteraient les choix personnels et orienteraient la vie à toutes ses étapes, mais surtout à l'âge adulte avancé, alors que la compétence d'une personne dépend en grande partie de la classe sociale à laquelle elle appartient.

Stratification selon l'âge, le sexe et l'appartenance ethnique

L'une des théories de la stratification sociale porte sur la *stratification selon l'âge*. D'après cette théorie, les sociétés industrialisées pratiqueraient la discrimination à l'endroit des personnes âgées; elles limiteraient leurs rôles et leurs possibilités afin de donner la place aux générations montantes. La variante la plus controversée de cette théorie est la *théorie du désengagement* (Cumming et Henry, 1961), selon laquelle les personnes âgées devraient se préparer et s'adapter en se désengageant, c'est-à-dire en renonçant à plusieurs des rôles qu'elles ont joués, en se retirant de la société et en adoptant un style d'interaction passif.

Intégrité et désespoir Selon Erikson, dernière des huit crises psychosociales du développement. À certains moments, la personne âgée évalue que son existence a eu et a un sens, et en tire un sentiment d'intégrité; à d'autres, elle a l'impression d'avoir vécu pour rien, sombre dans le désespoir et redoute l'avenir.

Théories de la stratification sociale Théories axées sur les forces sociales, surtout celles qui sont reliées à la classe sociale ou à l'appartenance ethnique, qui limitent les choix personnels et qui influent sur la compétence.

La théorie du désengagement a soulevé un tollé de protestations. Si les personnes âgées se désengagent, prétendaient ses plus farouches détracteurs, c'est bien involontairement (Hochschild, 1975; Rosow, 1985). Les spécialistes pensent aujourd'hui que la satisfaction et la longévité seraient directement liées au degré d'activité des personnes âgées et au nombre de rôles qu'elles assument (Harlow et Cantor, 1996).

Toutes les théories de la stratification sociale ont trait à la manière dont les gens organisent leur vie (ou dont la société cherche à organiser la vie des gens), compte tenu de leurs particularités personnelles. Elles s'attardent plus précisément aux facteurs qui limitent l'individualité et les choix de vie. La cohorte compte parmi ces facteurs. Et à l'âge avancé surtout, le sexe et l'appartenance ethnique aussi, selon de nombreux experts.

La *théorie féministe* attire l'attention sur les valeurs qui sous-tendent les différences entre les sexes entretenues par la société. Les féministes se préoccupent particulièrement de l'âge adulte avancé parce que « l'étude du vieillissement, du simple fait de la démographie, est nécessairement un enjeu de femme » (Ray, 1996). Les théoriciens féministes soulignent que la société dévalorise les opinions et les besoins des femmes alors que la plupart des structures sociales et des politiques économiques ont été établies par des hommes. La situation est particulièrement alarmante chez les personnes d'âge avancé, car les politiques aggravent souvent les problèmes de pauvreté chez les femmes.

La *théorie critique de l'appartenance ethnique,* par ailleurs, présente l'appartenance ethnique comme « un construit social dont l'utilité pratique est établie par une société ou un système social en particulier » (King et Williams, 1995). Selon cette théorie, le racisme et la discrimination ethnique de longue date déterminent les expériences et les attitudes des minorités comme des majorités et structurent leurs événements de vie, souvent même sans qu'elles en soient conscientes (Bell, 1992).

Les théories de la stratification sociale posent toutes que l'appartenance à une structure sociale donnée expose particulièrement les aînés à un certain nombre de dangers, dont l'invalidité, la pauvreté et l'isolement. Ce principe paraît s'appliquer pour ce qui est de la pauvreté et de la maladie. Il semble en effet que, dans tous les pays, la situation économique et l'état de santé des personnes âgées soient reliés à leur appartenance ethnique et à leur sexe.

Théorie du trajet de vie dynamique

Théorie du trajet de vie dynamique Théorie selon laquelle la vie de chaque personne constitue un cheminement actif, volontairement choisi et sans cesse renouvelé, inscrit dans des contextes sociaux particuliers en continuelle mutation.

Tous les points de vue que nous venons d'exposer éclairent le développement à l'âge adulte avancé et apportent un important élément à la théorie la plus généralisable, la théorie du trajet de vie dynamique. Selon cette théorie, la vie de chaque personne constitue un cheminement actif, volontairement choisi et sans cesse renouvelé, inscrit dans des contextes sociaux particuliers en continuelle mutation. Aussi les prévisions fondées sur les antécédents sont-elles utiles mais jamais tout à fait pertinentes. Chaque personne fait constamment des choix qui se répercutent sur la prochaine étape de son développement.

Cette mouvance se superpose aux grands facteurs qui ont guidé notre étude du développement, soit la génétique du comportement, les relations familiales et intergénérationnelles, l'éducation, la structure du travail, les attentes culturelles, etc. L'interaction de ces facteurs engendre l'incroyable diversité des voies du développement à l'âge adulte avancé. Cette diversité donne d'ailleurs à l'étude de l'âge adulte avancé sa déroutante complexité, en ce sens que tout résultat de recherche, toute tendance sociale ou toute théorie gérontologique qui vaut pour une personne ou un groupe peut se révéler totalement inapplicable à une autre personne ou à un autre groupe (Burton et coll., 1991). Bien que les conséquences du vieillissement soient universelles, cela ne fait pas des personnes âgées une population homogène.

Générativité à l'âge avancé

Erikson pensait que la générativité constituait le thème central de l'âge mûr (Erikson, 1963). En associant la générativité à une période déterminée de la vie, il faisait sienne l'idée vieille d'une cinquantaine d'années selon laquelle l'existence constitue une progression rectiligne composée de trois grandes périodes. D'abord viennent les années de formation, puis une phase de travail à temps plein ou d'éducation des enfants et, enfin, une époque de loisirs à la retraite.

Aujourd'hui, cependant, les catégorisations fondées sur l'âge sont de plus en plus souvent considérées comme « des vestiges d'une ère ancienne pendant laquelle la plupart des gens mouraient avant d'achever leur travail ou d'assister au départ de leur cadet » (Riley et Riley, 1994). De nos jours, en effet, un nombre croissant d'hommes et de femmes peuvent espérer vivre de longues années après avoir pris leur retraite. Beaucoup, du reste, consacrent ces années à des activités productives comme l'étude, le bénévolat et la création.

De plus en plus de personnes âgées profitent de la retraite pour parfaire leur éducation. Elles ne retournent pas aux études pour obtenir de l'avancement, mais pour acquérir une compétence précise ou, simplement, pour le plaisir d'apprendre. L'essor rapide du programme Elderhostel témoigne bien de la soif d'apprendre des personnes âgées. Chaque année, pendant les vacances universitaires, des centaines de personnes de 55 ans et plus vont habiter en résidence et suivre des cours spéciaux dans les universités. Amorcé en Nouvelle-Angleterre en 1975 avec 220 étudiants, le programme Elderhostel en attire maintenant plus de 250 000 chaque année au Canada et aux États-Unis (Elderhostel, 1997). Au Québec, l'UQAM et le collège Marie-Victorin offrent des programmes semblables.

Un grand nombre d'aînés, par ailleurs, éprouvent le besoin de se rendre utiles dans leur collectivité. Est-ce une question de point de vue sur l'existence, de patience ou d'expérience ? Toujours est-il que les retraités se révèlent particulièrement enclins à faire du bénévolat pour venir en aide aux enfants, aux personnes très âgées et aux malades.

Retour aux études, bénévolat... La société semble en voie d'abandonner sa vision linéaire de la vie et d'en adopter une qui rende compte des boucles et des embranchements du parcours existentiel (Schuller, 1995). La discrimination fondée sur l'âge fait place à une intégration des âges qui laisserait s'épanouir toutes les variantes de la générativité (Riley et Riley, 1994).

Les cours du programme Elderhostel n'ont pas tous lieu à l'intérieur. Ce groupe, par exemple, participe à une expédition de trois semaines consacrée à l'étude de la faune de Kangaroo Island, en Australie.

Caravane sociale

Nous n'avançons pas seuls sur le chemin de la vie. Nous sommes en effet accompagnés de nos parents, de nos amis et de nos connaissances, lesquels forment une *caravane sociale* (Antonucci, 1985). Des gens se joignent à nous, d'autres nous quittent, mais nous ne pourrions pas progresser dans l'isolement. Les liens que nous formons avec nos compagnons de route nous aident à traverser les beaux jours comme les jours de pluie.

Caravane sociale Ensemble des parents, des amis et des connaissances qui accompagnent une personne dans la vie.

Quelques regroupements de bénévoles font en ce moment l'essai du système d'échange de temps. Les bénévoles reçoivent des unités en échange des heures qu'ils consacrent aux visites, aux courses, aux tâches ménagères ou au transport de bénéficiaires. Ils peuvent ensuite dépenser ces unités lorsque eux-mêmes ont besoin de services. Felina Mendoza, que l'on voit ici en compagnie d'un homme récemment hospitalisé, est membre de Friend-to-Friend, un programme d'échange de temps établi à Miami, en Floride.

La recherche nous autorise à croire que les mariages durables s'améliorent avec le temps et que de nombreuses personnes âgées mariées depuis longtemps sont plus heureuses qu'au début de leur union. Ces amoureux, mariés depuis plus de 40 ans, ne démentiraient vraisemblablement pas les chercheurs.

La persistance du réseau social constitue, pour les personnes âgées en particulier, une affirmation de ce qu'elles sont et de ce qu'elles ont été. Les amis qu'on avait « dans le bon vieux temps » et les parents qu'on a toujours côtoyés prennent en ce sens une importance capitale. Nous amorcerons notre étude de la caravane sociale en examinant l'une des relations les plus intimes qui soient, le mariage durable.

Mariages durables

La présence d'un conjoint constitue pour un grand nombre de personnes âgées le meilleur antidote contre les problèmes de la vieillesse. Les gens mariés seraient plus riches, plus heureux et en meilleure santé que les célibataires, les divorcés et les veufs (Myers, 1993).

La vaste majorité des personnes âgées mariées le sont depuis très longtemps. Voilà qui soulève une importante question : les relations conjugales se transforment-elles à mesure que les gens vieillissent et, si oui, de quelle manière ? Selon des études longitudinales et transversales, les relations conjugales se caractérisent par la stabilité autant que par l'instabilité. La seule façon de prédire les caractéristiques d'un mariage dans ses derniers stades est de tenir compte de l'ensemble des caractéristiques qu'il revêtait à ses débuts. La fréquence absolue des conflits et des rapports sexuels ainsi que l'intensité émotionnelle diminuent avec le temps, mais leur fréquence relative demeure constante.

Si un mariage durable est appelé à changer, ce serait généralement pour le mieux. Les études transversales, qui comparent les mariages durables à l'âge mûr et à l'âge adulte avancé, révèlent que ces derniers seraient moins conflictuels et que les conjoints âgés auraient plus de plaisir ensemble que les conjoints d'âge mûr (Levenson et coll., 1993). Ces résultats seraient du reste confirmés par d'autres recherches, selon lesquelles la plupart des conjoints âgés croient que leur relation s'est améliorée au fil du temps (Erikson et coll., 1986; Glenn, 1991).

On peut probablement attribuer cette amélioration aux enfants, qui constituent la principale source de conflits chez les couples d'âge mûr, mais la principale source de joie partagée chez les couples d'âge avancé (Levenson et coll., 1993). On peut aussi supposer que l'accumulation des expériences partagées favorise la compatibilité entre conjoints. L'ensemble des facteurs contextuels communs, en effet, tend à entraîner des changements semblables chez les deux conjoints et à rapprocher leurs personnalités, leurs opinions et leurs valeurs (Caspi et coll., 1992). Plus le mariage perdure, de fait, plus les conjoints sont enclins à croire que leur relation est juste et équitable (Keith et Schafer, 1991; Suitor, 1992).

En règle générale, les conjoints âgés acceptent leurs points faibles respectifs et s'efforcent de combler de leur mieux les besoins physiques et psychologiques de l'autre, non par obligation mais par affection (Seltzer et Li, 1996).

Veuvage

Le décès du conjoint est l'un des plus grands facteurs de stress que la vie puisse apporter. La moitié des gens âgés mariés y font face; la plupart sont des femmes.

Les premiers mois du veuvage sont généralement les plus pénibles pour les femmes comme pour les hommes, et ce, pour des raisons évidentes. Le veuvage correspond non seulement à la perte d'une amitié intime et d'une relation amoureuse, mais aussi à une diminution du revenu, à une rupture du cercle social et à une perturbation des habitudes de vie.

On ne s'étonnera donc pas que les veuves et les veufs soient davantage prédisposés aux maladies physiques dans les mois qui suivent le décès du conjoint. Les risques de décès, de cause naturelle ou par suicide, sont particulièrement élevés pour les veufs (Hemström, 1996; Osgood, 1992).

Différences entre les sexes en matière d'adaptation au veuvage

En règle générale, l'adaptation au veuvage est un peu plus facile pour les femmes que pour les hommes. La plupart des femmes âgées ont en effet des amies ou des voisines qui sont elles-mêmes veuves et qui ne demandent pas mieux que d'offrir leur soutien.

Par ailleurs, un grand nombre d'hommes qui sont aujourd'hui âgés ont acquis une conception restrictive du comportement masculin et ont toujours compté sur leur épouse pour les tâches routinières, le soutien affectif et les interactions sociales. Devenus veufs, ils ont peine à révéler leurs sentiments de faiblesse et leur chagrin à une autre personne, à demander de l'aide et même à inviter quelqu'un pour un brin de causette (Wilson, 1995).

Si les femmes composent mieux que les hommes avec les émotions associées au deuil, elles rencontrent plus de difficultés économiques. Il est établi que le veuvage entraîne fréquemment la pauvreté chez les femmes (Moen, 1996).

Par ailleurs, les statistiques le démontrent : les veufs ont beaucoup plus de chances que les veuves de se remarier et ils épousent souvent des femmes beaucoup plus jeunes qu'eux. Certes, le bassin de partenaires potentielles est plus vaste pour les hommes, mais là n'est pas la seule explication. Un grand nombre de veuves âgées ne veulent pas se remarier. Après avoir été exemptées des responsabilités tradition-nelles de l'épouse pendant un certain temps, elles apprécient leur indépendance et souhaitent la conserver (Wilson, 1995). Beaucoup de veuves se tirent très bien d'affaire après leur période de deuil. Elles étendent leur réseau social et se créent une nouvelle image de soi qui peut leur apporter un agréable sentiment d'accomplissement.

Célibat et divorce

Les personnes âgées célibataires ont beau être minoritaires, elles se révèlent tout à fait satisfaites de leur sort. Elles ont des habitudes sociales de longue date et des activités qui les gardent occupées tant et aussi longtemps que leur santé reste relati-vement bonne.

Les personnes âgées célibataires, les femmes en particulier, maintiennent des liens serrés avec les membres de leur famille entre autres, n'hésitant pas à donner un coup de main à un parent âgé ou à un neveu, par exemple (O'Brien, 1991). Bien que vivant habituellement seules, elles ne sont pas isolées et chérissent leur indépendance.

La situation est tout autre pour les gens qui divorcent à l'âge adulte avancé. Un divorce tardif peut avoir des conséquences catastrophiques dans la mesure où il met fin à des habitudes anciennes et mine parfois l'estime de soi. Chez les femmes, la perte d'identité consécutive à un divorce à l'âge adulte avancé est générale-ment égale ou supérieure à long terme à celle qui suit le veuvage (DeGarmo et Kitson, 1996).

En revanche, les femmes qui ont souffert de l'isolement social, du surmenage ou qui ont connu des difficultés financières avant leur divorce peuvent s'attendre à une amélioration de leurs conditions de vie. Leur cercle d'amies s'agrandit à me-sure que leurs contemporaines perdent leur mari. Elles reçoivent fréquemment la visite de leurs enfants adultes et de leurs petits-enfants.

Les hommes âgés divorcés ont la vie plus difficile. Nombre d'entre eux se re-trouvent isolés de leurs enfants, de leurs petits-enfants et de leurs vieux amis parce qu'ils avaient laissé à leur épouse le soin de cultiver les relations familiales et so-ciales. Et à moins qu'ils aient obtenu la garde de leurs enfants au moment du di-vorce, la fréquence de leurs contacts avec eux a vraisemblablement diminué (Keith, 1986). La fréquence des troubles physiques et psychologiques est plus élevée chez les hommes divorcés qui ne se sont pas remariés que dans tout autre groupe de personnes âgées (Kurdek, 1991).

Amitié

Le réseau social d'une personne âgée est en grande partie formé d'individus qui font partie de sa caravane sociale depuis plusieurs décennies. Voilà qui explique un

Ces femmes sont amies depuis plus de 60 ans. Elles ont partagé tant de choses et passé ensemble à travers tellement d'épreuves qu'elles chérissent leur amitié un peu plus chaque année. « Faites-vous de nouveaux amis, dit le vieil adage, et conservez les vieux, car les premiers sont d'argent et les seconds sont d'or. »

étonnant phénomène : la satisfaction des personnes âgées face à la vie n'est que faiblement corrélée avec la quantité et la qualité de leurs rapports avec les jeunes de leur propre famille. Cependant, elle est fortement corrélée avec la quantité et la qualité de leurs relations amicales (Antonucci, 1985; Sabin, 1993; Ulbrich et Bradsher, 1993).

À l'âge adulte avancé comme dans les périodes antérieures de la vie, il semble que les femmes se lient plus facilement que les hommes. Les amis les plus intimes d'un homme âgé marié sont généralement des membres de sa famille. Les femmes mariées, elles, ont habituellement une amie intime à l'extérieur de la famille en plus des membres de leur famille avec qui elles entretiennent une relation d'amitié.

La solidité de l'amitié est corrélée avec le bien-être et l'estime de soi à l'âge adulte avancé comme à toutes les autres époques de la vie (Crohan et Antonucci, 1989). Chaque année qui passe enrichit le trésor de souvenirs, de moments heureux et de gratitude que se partagent les amis. Les personnes âgées ne dédaignent certainement pas leurs relations avec les jeunes, mais elles réservent dans leur cœur une place toute particulière aux gens qu'elles ont connus dans leur jeunesse (Rawlins, 1995). Malheureusement, la mort en emporte quelques-uns et la maladie en confine d'autres à l'immobilité. Pour garder le contact avec leurs amis, nombre de personnes âgées s'en remettent au téléphone, au courrier et même au courriel, si bien que ces moyens de communication deviennent les pivots de la vie sociale à l'âge adulte avancé.

Il apparaît donc qu'en matière de rapports sociaux les personnes âgées procèdent « à une sélection, à une compensation et à une optimisation proactives » (Lang et Carstensen, 1994). Il est essentiel d'éviter l'isolement pour vieillir en beauté, et la plupart des personnes âgées y parviennent.

Relations avec les frères et sœurs

S'il est un sujet qui n'attire pas l'attention des chercheurs, ce sont les relations entre frères et sœurs à l'âge adulte avancé. Il s'agit pourtant d'un aspect crucial de la vie des personnes âgées (Kendig et coll., 1988; Moyer, 1992). Une étude réalisée auprès de 300 personnes âgées a révélé que 77 % d'entre elles considéraient au moins un de leurs frères ou une de leurs sœurs comme « un ami intime » (Connidis, 1994).

Les liens du sang n'engendrent pas toujours l'intimité, bien entendu, mais les conflits entre frères et sœurs ont tendance à s'atténuer à l'âge adulte avancé. Un chercheur a d'ailleurs utilisé l'expression « effet sablier » pour décrire ce phénomène. Selon lui, les frères et sœurs sont proches pendant l'enfance, s'éloignent les uns des autres jusqu'à l'âge mûr, puis se rapprochent à mesure qu'ils prennent de l'âge (Bedford, 1995). Les frères et sœurs (celles-ci en particulier) qui s'aimaient et se respectaient à l'âge adulte, sans pour autant se fréquenter beaucoup, commencent à s'échanger des confidences, voire à cohabiter, après la disparition de leur conjoint.

Les modalités des relations entre frères et sœurs à l'âge avancé sont fortement influencées par les valeurs familiales établies pendant l'enfance (Cicirelli, 1995).

Relations intergénérationnelles

Une personne âgée compte le plus souvent un grand nombre de parents. Comme les gens vivent de plus en plus vieux, les aînés sont aujourd'hui plus nombreux que jamais à faire partie de familles regroupant trois ou quatre générations (Uhlenberg, 1996). On trouve même des familles étendues sur cinq générations; celles-ci correspondent le plus souvent au modèle de la famille en espalier. Autrement dit, les générations constituantes sont plus nombreuses qu'autrefois, mais composées chacune de quelques personnes seulement.

Si les tensions sont inévitables dans les clans aussi étendus, la plupart des familles présentent les signes de la solidarité intergénérationnelle, soit le soutien mutuel, les contacts fréquents et l'affection partagée. Ces trois caractéristiques,

Famille en espalier Famille comprenant plusieurs générations composées chacune de quelques personnes seulement.

Les membres des différentes générations d'une même famille aiment encore à se réunir et à s'entraider en cas de besoin. Il n'en reste pas moins que les individus ont tendance à se rapprocher de leurs contemporains. C'est ainsi qu'une veuve âgée qui se cherche une confidente dans la famille sera plus encline à se tourner vers une sœur ou une cousine que vers une fille ou une petite-fille.

cependant, ne sont pas indissociables (Mangen et coll., 1988). C'est ainsi que les membres d'une famille peuvent s'entraider et se rencontrer fréquemment sans échanger beaucoup de gestes d'affection.

Contrairement à ce que veut la croyance populaire, ce sont le plus souvent les personnes âgées qui aident les jeunes et non l'inverse. Et si les personnes âgées apprécient les contacts avec leurs enfants et petits-enfants, elles aiment bien décider elles-mêmes du lieu et de la durée des rencontres.

L'échange de conseils et les marques de respect constituent évidemment l'aspect le plus délicat des relations entre les générations. Puisque le « fossé des générations » sépare souvent les aînés de leurs enfants et de leurs petits-enfants (Hagestad, 1984), l'harmonie s'obtient quelquefois au prix du silence.

Personne âgée fragile

Nous avons traité jusqu'à maintenant des personnes âgées majoritaires dans la société, c'est-à-dire de celles qui vieillissent « normalement », qui sont alertes et actives, qui jouissent de la sécurité financière et qui peuvent compter sur un réseau d'amis et de parents. Mais il nous faut aussi nous pencher sur le sort des **personnes âgées fragiles**, celles qui présentent des incapacités physiques ou cognitives importantes.

Il n'existe pas de critère décisif pour distinguer les aînés fragiles de leurs contemporains autonomes. Au-delà de la vulnérabilité, cependant, le signe premier de la fragilité est probablement l'incapacité d'accomplir de manière sûre et appropriée ce que les gérontologues appellent les **activités de la vie quotidienne**, c'est-à-dire

Personne âgée fragile Personne âgée qui présente des incapacités physiques ou cognitives importantes.

Activités de la vie quotidienne Actions essentielles au maintien de l'autonomie, c'est-à-dire manger, se laver, utiliser les toilettes, marcher et se vêtir. L'incapacité d'accomplir ces tâches est un signe de fragilité.

La gravité de sa maladie, l'arthrite, place cette femme dans la catégorie des personnes âgées fragiles. Cela signifie qu'elle a besoin d'aide dans l'exécution des tâches quotidiennes mais non que ses capacités mentales sont diminuées. Avec l'aide d'une auxiliaire, elle peut mener une vie somme toute bien remplie et relativement autonome.

TABLEAU 14.1 **Activités instrumentales de la vie quotidienne.**	
Domaine	**Exemples de tâches**
Prise de médicaments	Déterminer le nombre de doses à prendre en 24 heures
	Remplir un formulaire d'antécédents médicaux
Achat des produits de première nécessité	Commander des articles par catalogue
	Comparer les marques d'un produit
Gestion des finances personnelles	Remplir les formulaires d'aide gouvernementale
	Remplir ses déclarations de revenus
Transport	Calculer le coût d'une course en taxi
	Interpréter les règlements relatifs à la priorité de passage sur la route
Téléphone	Vérifier sa facture de téléphone
	Trouver l'information relative aux appels d'urgence
Entretien du domicile	Suivre le mode d'emploi d'un appareil électrique
	Comprendre le texte de la garantie d'un appareil
Préparation des repas et alimentation	Comprendre l'information nutritionnelle apparaissant sur les étiquettes des produits alimentaires
	Suivre une recette

Source : Willis, 1996.

Activités instrumentales de la vie quotidienne Actions qui nécessitent un certain degré de prévoyance et de compétence intellectuelle. Ces actions sont encore plus importantes que les activités de la vie quotidienne pour le maintien de l'autonomie.

manger, se laver, utiliser les toilettes, marcher et se vêtir. Une personne qui a besoin d'aide pour accomplir une seule de ces actions peut être considérée comme fragile, encore que certains organismes définissent le seuil de la fragilité comme l'incapacité d'effectuer trois de ces tâches ou plus.

Il existe toutefois des actions encore plus importantes pour le maintien de l'autonomie. Il s'agit des **activités instrumentales de la vie quotidienne** (voir le tableau 14.1), lesquelles nécessitent un certain degré de prévoyance et de compétence intellectuelle (Willis, 1996). Ces activités varient évidemment selon les cultures. Partout au monde, cependant, on rencontre des personnes âgées si diminuées qu'elles dépendent des autres pour s'alimenter, prendre leurs médicaments, faire leurs courses, entretenir leur domicile, etc.

Prévalence de la fragilité

Les personnes âgées fragiles sont minoritaires dans le monde entier, même dans les pays où les soins de santé prolongent la vie des individus les plus vulnérables. La proportion d'aînés fragiles dans le monde ne dépasse pas 15 % à 25 %. Les personnes âgées fragiles ne représentent que 4 % de la population dans les pays industrialisés et moins de 1 % dans les pays en voie de développement. Sur tous les continents, cependant, le nombre de personnes âgées fragiles et leur degré de fragilité augmentent, et ce, pour trois raisons.

Premièrement, l'espérance de vie moyenne augmente, si bien qu'un nombre croissant de personnes atteignent l'âge adulte avancé. Deuxièmement, la profession médicale fait le plus souvent passer la prévention de la mort avant l'amélioration de la vie et s'attache à trouver des traitements spectaculaires pour les maladies aiguës au lieu de prévenir et de guérir les maladies chroniques. Prolonger la vie pour prolonger la vie suppose parfois que « le temps écoulé entre l'apparition d'une affection chronique et la mort se mesure en années, voire en décennies. La souffrance et l'invalidité marquent alors la vie quotidienne, de manière incessante dans certains cas et intermittente dans d'autres » (Verbrugge, 1994).

Si le nombre de personnes âgées fragiles s'accroît, c'est troisièmement parce que de nombreux pays ne mettent pas en place les mesures qui permettraient de prévenir ou de compenser l'incapacité, qu'il s'agisse de veiller à l'alimentation et au logement des aînés ou de leur fournir des appareils auditifs et des prothèses.

L'âge et la maladie augmentent peut-être la vulnérabilité, mais ils n'engendrent pas inéluctablement la fragilité. La santé et l'autonomie des personnes âgées, en effet, dépendent de facteurs intrinsèques et de ressources extrinsèques (Davies, 1991). Un grand nombre d'entre elles ne deviennent jamais fragiles parce que quatre facteurs jouent en leur faveur : leur attitude, leur réseau social, leur environnement physique et leurs moyens financiers. Ces éléments, entre autres, permettraient de prévenir ou de retarder la transformation de la vulnérabilité en fragilité.

À VOUS LES COMMANDES – 14.1

De la vulnérabilité à la fragilité

Pour chacun des facteurs intrinsèques et extrinsèques qui jouent en faveur des personnes âgées (attitude, réseau social, environnement physique et moyens finan- | ciers), identifiez deux situations qui permettraient de comprendre comment on peut prévenir ou retarder la transformation de la vulnérabilité en fragilité.

Âge et efficacité personnelle

Puisque nous abordons la question des incapacités et des structures sociales qui les perpétuent, nous devons souligner encore une fois que la longévité ne condamne pas nécessairement à des années de fragilité. Et pour mieux comprendre comment on peut minimiser la fragilité, nous devons aller au-delà de la démographie et nous pencher sur la théorie du soi. Le désir actif d'autonomie, de maîtrise et d'indépendance constitue l'un des meilleurs antidotes qui soient contre la dépendance (Rodin et Timko, 1992). Une équipe de chercheurs s'est exprimée ainsi à ce propos :

> La maîtrise et l'efficacité personnelle perçues sont associées à de bonnes habitudes d'hygiène d'une part et, d'autre part, à l'absence de maladie chronique, à une forte capacité fonctionnelle et à une perception positive de l'état de santé. (Deeg et coll., 1996)

Lorsqu'une incapacité apparaît, la personne peut généralement y réagir de quatre façons : elle peut tenter de la surmonter, de la compenser, de la tolérer ou de la laisser envahir sa vie. Concrètement, une personne dont la mobilité est réduite en raison d'un affaiblissement des muscles des jambes peut décider de commencer un programme d'exercices quotidiens, faire l'achat d'un bon support de marche, accepter de limiter ses déplacements ou s'installer à demeure dans un fauteuil roulant. La première option serait probablement la plus appropriée dans ce cas. Presque toutes les incapacités supposent des choix semblables, et chacun de ces choix détermine le degré de fragilité résultant. De façon générale, on constate que la peur de tomber est l'un des indices importants du déclin fonctionnel (Tinetti et Powell, 1993), tandis que la force des jambes est au nombre des indices importants de l'indépendance (Lewis, 1996).

Enfin, comme nous le rappelle la perspective du trajet de vie dynamique, certaines personnes entrent bien protégées dans l'âge adulte avancé : elles ont des parents et des amis, elles sont instruites et continuent d'étudier, elles ont de bonnes habitudes de vie et elles disposent de généreux revenus de pension et de possibilités de travail.

Centres d'accueil

Il ne faut jamais perdre de vue que le principal objectif des personnes âgées n'est pas de vivre le plus longtemps possible, mais bien de manière aussi autonome que possible. La qualité de vie est cruciale.

Voilà qui nous amène à parler des centres d'accueil. S'il est vrai que certains d'entre eux n'offrent pas des services appropriés, d'autres cependant constituent

Les bons centres d'accueil offrent un programme d'activité physique et les meilleurs prodiguent des traitements de physiothérapie aux personnes qui en ont besoin. Par ailleurs, les bons centres favorisent les contacts de leurs résidants avec le monde extérieur et accueillent

les bénévoles afin que se tissent des liens d'amitié entre les générations. Ce genre de contacts sociaux revêt une importance particulière, car une très forte proportion des personnes vivant dans de tels centres n'ont plus de famille.

des milieux de vie tout à fait acceptables, bien qu'ils ne soient pas à l'abri de quelques problèmes.

De nombreux centres d'accueil ont ceci de problématique qu'ils veillent au bien-être physique des personnes qui y vivent, mais n'accordent pas suffisamment d'attention à leurs besoins psychologiques, tels le besoin d'interactions sociales et le besoin d'avoir un sentiment de contrôle sur sa vie. Trop souvent, le personnel préfère les résidants qui attendent docilement qu'on s'occupe d'eux, de sorte qu'il renforce la dépendance de tous ceux qui pourraient apprendre à combler eux-mêmes certains de leurs besoins. Par conséquent, les personnes les plus autonomes sont laissées-pour-compte et peuvent finir par apprendre à baisser les bras et à s'abandonner à la passivité. Du coup, elles deviennent moins actives et, à long terme, peuvent tomber malades, perdre leur estime de soi et même s'éteindre alors qu'elles auraient pu vivre encore quelques années (Baltes et Wahl, 1992).

Les façons de faire qui augmentent la dépendance des personnes âgées vivant dans des institutions correspondent à l'infantilisation parce qu'elles consistent à les traiter comme des enfants. Ainsi, dans certains centres d'accueil, c'est le personnel qui régit l'horaire des résidants, qui choisit leurs menus et qui structure les activités de la vie quotidienne, y compris le bain et l'habillement. On voit parfois des préposés parler aux personnes âgées comme à des bébés ou encore les tutoyer familièrement.

Si l'infantilisation sert des objectifs d'efficacité dans la plupart des cas, elle se pratique souvent au prix de la dignité et de l'autonomie des personnes âgées. Le prix à payer est différent pour les résidants qui résistent à l'infantilisation, qui tentent de conserver la maîtrise de leur vie en passant outre aux règlements rigides et en établissant eux-mêmes leurs routines :

> Ils seront, selon toute vraisemblance, étiquetés comme des « fauteurs de trouble » et ils seront encore plus privés de l'autonomie qu'ils cherchaient à conserver [...] Contrairement à ceux qui entrent au centre d'accueil avec une attitude docile, ces rebelles auront la plus grande difficulté à accepter la mainmise de l'établissement et ne le feront qu'à un prix exorbitant sur le plan affectif. (Whitbourne et Wills, 1994)

Infantilisation Ensemble des comportements qui consistent à traiter comme des enfants les personnes âgées placées en centres d'accueil ou en diverses institutions.

À VOUS LES COMMANDES – 14.2

L'affection, oui ! La familiarité, attention !

Bon nombre de personnes âgées n'apprécient pas d'être tutoyées par le personnel des centres d'accueil.

1. Donnez quelques raisons qui pourraient expliquer leur réticence.

2. Décrivez d'autres situations qui permettraient de réfléchir aux attentes des personnes âgées et du personnel concernant le respect, les marques d'affection, la familiarité.

Heureusement, on trouve de plus en plus de centres d'accueil dont l'objectif est d'aider chaque résidant à conserver autant d'autonomie, de contrôle sur sa vie et d'estime de soi que possible (Goldsmith, 1994; Gordon et Stryker, 1996). Pour les personnes qui vivent en centre d'accueil, la qualité et la pertinence des soins peuvent faire la différence entre une épreuve de tous les instants et un séjour satisfaisant, voire une longévité accrue.

Il y a là une leçon pour nous tous et qui s'applique à toutes les périodes de la vie. Chaque fois qu'une personne âgée semble perdre certaines capacités, qu'un bambin se montre exceptionnellement agressif, qu'un adolescent déprime ou qu'un adulte craque sous le poids des responsabilités familiales et professionnelles, on a tendance à penser que « c'est de son âge ». On n'a pas complètement tort, évidemment, car tous les problèmes évoqués sont plus fréquents aux périodes mentionnées qu'en d'autres temps. Il n'en reste pas moins que la perspective du trajet de vie en psychologie présuppose que l'être humain, quel que soit son âge, est capable de force, de dynamisme, d'énergie et qu'il est apte à vivre pleinement sa vie.

Résumé

 **SECTION 1** Adulte d'âge mûr

Changements psychosociaux à l'âge mûr

1. L'âge mûr est souvent associé à des changements personnels sur les plans biosocial, cognitif et psychosocial.

2. Après l'âge de 30 ans environ, 5 traits de personnalité (soit l'extraversion, l'amabilité, la rigueur, la propension à la névrose et l'ouverture à l'expérience) tendraient à demeurer stables et influeraient fortement sur le cours du développement.

3. La stabilité de la personnalité tiendrait particulièrement à la génétique, aux expériences antérieures et à la niche écologique que la personne s'est ménagée.

Dynamique familiale à l'âge mûr

4. Les personnes d'âge mûr apportent un soutien affectif et matériel aux générations qui les encadrent et servent souvent de liens entre les membres de la famille. Les personnes d'âge mûr jugent en général que leurs relations avec leurs enfants et avec leurs propres parents se sont améliorées avec le temps.

5. La plupart des personnes d'âge mûr vivent une relation amoureuse satisfaisante, assez souvent dans le contexte du mariage. Celles dont le mariage a duré sont pour la plupart heureuses en amour et tirent de leur union un sentiment d'estime de soi. Dans certains cas, la diminution des responsabilités professionnelles et familiales permet aux conjoints de se consacrer l'un à l'autre plus de temps qu'au cours des périodes précédentes.

6. C'est généralement pendant l'âge mûr que l'on devient grand-mère ou grand-père. Les grands-parents

d'aujourd'hui participent moins que ceux d'hier à l'éducation de leurs petits-enfants. Ils jouent le plus souvent auprès d'eux le rôle de compagnons affectueux et discrets.

7. Les liens familiaux peuvent paraître lourds aux personnes d'âge mûr qui se sentent tiraillées entre les besoins psychologiques et financiers de leurs parents et ceux de leurs propres enfants. À mesure que la longévité augmente et que l'état de santé des personnes âgées s'améliore, ce sont souvent les plus jeunes d'entre elles qui assument la responsabilité des soins de leurs aînés.

SECTION 2 Adulte d'âge avancé

Théories sur le développement psychosocial à l'âge avancé

8. Selon les théories du soi, les adultes font les choix qui leur permettent de se réaliser pleinement. La théorie de la continuité, par exemple, veut que la stabilité des comportements et des traits de personnalité atténue les impacts négatifs des changements associés à l'âge. La dernière crise psychosociale, selon Erikson, permet aux personnes âgées de mesurer leur contribution à l'humanité.

9. Selon les théories de la stratification sociale, les forces sociales limitent les choix personnels, et la compétence des personnes âgées dépend en grande partie de la classe sociale à laquelle elles appartiennent. Ces théories ne sont pas dénuées de valeur, mais elles ne tiennent pas suffisamment compte de la complexité et de la diversité de l'âge adulte avancé.

10. Selon la théorie du trajet de vie dynamique, le développement de la personne est un processus

dynamique influencé par les événements sociaux (eux-mêmes en constante mutation) ainsi que par des facteurs génétiques et historiques propres à chaque individu.

Générativité à l'âge avancé

11. Les gens prennent leur retraite de plus en plus tôt. Un grand nombre de gens âgés retournent alors aux études ou font du bénévolat dans leur collectivité. Ces deux activités favorisent la santé et le bien-être des personnes âgées en même temps qu'elles profitent à la société.

Caravane sociale

12. Le mariage constitue une importante source de soutien social à l'âge adulte avancé. Les personnes âgées mariées depuis longtemps sont pour la plupart satisfaites de leur relation conjugale. Par conséquent, elles vivent plus longtemps, sont plus heureuses et jouissent d'une meilleure santé que leurs contemporains célibataires.

13. Le décès du conjoint compte parmi les pires épreuves qu'une personne âgée puisse traverser. Les veuves et les veufs sont plus sujets que les gens mariés aux problèmes de santé et aux difficultés financières, mais un bon nombre d'entre eux peuvent compter sur le soutien d'un vaste réseau d'amis.

14. L'amitié demeure importante à l'âge adulte avancé en tant que source de joie et de soutien. Elle revêt une importance particulière pour les célibataires ainsi que pour les veuves et les veufs de longue date. Cela explique en partie pourquoi les frères et sœurs se rapprochent à l'âge adulte avancé. Les amis et les voisins constituent des éléments capitaux de la caravane sociale. Aussi la plupart des gens âgés préfèrent-ils demeurer dans leur quartier au lieu d'aller habiter dans une maison de retraite ou chez un de leurs enfants adultes.

15. Un grand nombre de personnes âgées appartiennent à des familles formées de plusieurs générations (dont deux ont dépassé la soixantaine dans certains cas) qui se côtoient et s'entraident. La plupart du temps, les personnes âgées conseillent et soutiennent leurs cadets plutôt que d'être à leur charge.

Personne âgée fragile

16. Tôt ou tard, la plupart des personnes âgées deviennent fragiles, perdent leur autonomie et ont besoin de l'aide de leur famille et de la société. Elles sont d'ailleurs de plus en plus nombreuses à atteindre un âge très avancé.

17. La qualité de vie des personnes âgées varie considérablement d'un centre d'accueil à un autre. Les meilleurs établissements sont ceux qui reconnaissent l'individualité de leurs résidants et qui favorisent leur autonomie.

Questions à développement

 SECTION 1 **Adulte d'âge mûr**

1. Une grande compagnie annonce la tenue d'un atelier sur le thème suivant : « Partage : les soins aux parents âgés, la collectivité à votre secours ». Selon vous, pourquoi les compagnies commencent-elles à s'intéresser à cette question ? Quels employés, d'après vous, sont les plus susceptibles de participer à cet atelier ?

2. Au cours des dernières années, on a pu observer aux États-Unis et au Canada une plus grande participation des jeunes femmes (y compris celles ayant des enfants en bas âge) au monde du travail. Il est possible aussi, en contrepartie, que la participation des hommes à l'éducation des enfants soit en train d'augmenter. Discutez des effets possibles de ces tendances sur les personnes qui ont atteint l'âge mûr au début des années 1990.

3. Décrivez des facteurs qui pourraient provoquer des changements dans la personnalité à l'âge adulte.

 SECTION 2 **Adulte d'âge avancé**

4. Décrivez un programme de préparation à la retraite conçu à l'intention des employés d'âge mûr qui permettrait à ses participants de mieux s'adapter à ce changement en tenant compte des divers aspects de leur personne.

5. Dans certains pays, les travailleurs sont forcés de prendre leur retraite à 55 ans avec un revenu garanti à vie. Pensez-vous que cela soit une bonne façon de faire ? Justifiez votre réponse.

6. Vous résidez au sein d'une communauté de retraités qui vient d'être créée et avez été nommé responsable du comité social. Que prévoyez-vous faire pour encourager le développement de liens amicaux entre vos pairs, pour assurer leur bien-être psychologique ?

7. Deux ans après le décès de votre mère, votre père, un septuagénaire bien portant, désire épouser une veuve de 66 ans. Comment réagissez-vous à cette situation ?

Vos sentiments reflètent-ils des stéréotypes sur les personnes âgées ?

8. Vous venez d'être engagé comme directeur des activités d'un centre d'accueil. Quelles activités allez-vous privilégier et pour quelles raisons ?

9. Imaginez que vous disposez de ressources financières illimitées pour concevoir un centre d'accueil idéal pour personnes âgées. Décrivez ce centre. Soyez précis dans votre description de l'aménagement des espaces physiques, des équipements dont vous les doterez, du per-

sonnel, des programmes et des services. Expliquez vos choix.

10. Vous êtes une personne très âgée, en santé et autonome. Décrivez comment vous aimeriez vivre. Expliquez pourquoi.

11. Imaginez que vous avez 65 ans et que vous faites le bilan de votre vie. Parmi vos choix de vie, lesquels sont les plus susceptibles de vous faire connaître un sentiment d'intégrité ?

Questions à choix multiples

⬤ SECTION 1   Adulte d'âge mûr

1. Kevin, âgé de 45 ans, qui s'est jusqu'ici exclusivement préoccupé de sa réussite professionnelle, se sent coupable, au moment où il a épuisé ses possibilités d'avancement, d'avoir négligé sa famille et se reproche d'avoir pris de mauvaises décisions concernant son plan de vie. Ces sentiments sont probablement des manifestations :

   a) d'une étape normale du mitan de la vie.
   b) propres à la « génération du milieu ».
   c) d'un état névrotique.
   d) d'une dépression majeure.

2. Christine prévoit discuter des cinq grands traits de personnalité pendant sa présentation. Lequel, dans la liste suivante, *ne* fait *pas* partie de ces traits ?

   a) L'extraversion
   b) L'ouverture à l'expérience
   c) L'indépendance
   d) L'amabilité

3. Les parents de Rebecca et de Josh, des jumeaux d'âge mûr, sont devenus plus fragiles, incapables de subvenir à leurs besoins. Il est probable que :

   a) Rebecca et Josh verront tous deux, à parts égales, aux soins de leurs parents.
   b) Rebecca s'occupera davantage de leurs parents.
   c) Josh s'occupera davantage de leurs parents.
   d) Rebecca et Josh, s'ils sont tous deux très scolarisés, placeront leurs parents dans un centre d'accueil.

4. À l'âge mûr, le degré de satisfaction générale d'une personne :

   a) tend à diminuer.
   b) est étroitement relié à la qualité de sa vie conjugale.
   c) tend à augmenter.
   d) est avant tout relié à son degré de satisfaction professionnelle.

5. Ben et Nancy sont mariés depuis 10 ans. Bien qu'ils soient très heureux, Nancy a peur que ce bonheur ne s'émousse avec le temps. Les recherches menées à ce sujet indiquent que les craintes de Nancy :

   a) sont fondées, car elle et son mari sont en proie à la crise du mitan de la vie.
   b) sont fondées, puisque la discorde s'installe le plus souvent au sein des couples qui sont mariés depuis 10 ans et plus.
   c) ne sont pas fondées : après les 10 premières années de mariage, le bonheur conjugal aurait plus de chances d'augmenter que de diminuer.
   d) sont probablement le signe de tendances névrotiques.

6. Louise apprécie la compagnie de ses petits-enfants. Elle leur rend visite quand cela lui convient et ne voit pas à leur éducation. Quel adjectif s'applique le mieux à la relation qu'elle entretient avec ses petits-enfants ?
   a) Distante
   b) Assidue
   c) Amicale
   d) Autonome

7. Pierre a toujours eu un tempérament inquiet et traverse fréquemment des périodes d'anxiété et de dépression. Quel grand trait de personnalité s'applique le mieux à ces caractéristiques ?
   a) La propension à la névrose
   b) L'extraversion
   c) L'ouverture à l'expérience
   d) La rigueur

8. Jan et sa sœur Sue ont changé presque aussi souvent d'emploi, de lieu de résidence et de conjoint. Jan a trouvé ces changements beaucoup moins éprouvants que Sue. Quel trait de personnalité peut-on donc lui attribuer ?
   a) L'amabilité
   b) La conscience
   c) L'ouverture à l'expérience
   d) L'extraversion

SECTION 2   Adulte d'âge avancé

9. Laquelle de ces affirmations décrit le mieux le développement psychosocial de l'adulte d'âge avancé ?

   a) Un grand nombre de gérontologues sont d'avis que les gens tendent à se ressembler de plus en plus à mesure qu'ils vieillissent.

   b) Les adultes âgés peuvent généralement être classés selon deux types de personnalité.

   c) Un grand nombre de gérontologues pensent que la diversité de personnalités et de comportements est plus marquée chez les personnes âgées.

   d) Peu de changements marquent le développement psychosocial de l'adulte après l'âge mûr.

10. « Étant donné le plus grand degré de passivité qui caractérise leur mode d'interaction, les personnes âgées risquent moins d'être choisies pour jouer de nouveaux rôles. » Un partisan de quelle théorie serait le plus susceptible d'être d'accord avec cette affirmation ?

   a) Du désengagement

   b) De la continuité

   c) Du soi

   d) Du trajet de vie dynamique

11. Lorsqu'ils sont à la retraite, la plupart des adultes âgés :

   a) se sentent immédiatement plus satisfaits de leur mode de vie.

   b) s'adaptent bien à ce nouveau mode de vie, deviennent même plus heureux et en meilleure santé.

   c) éprouvent de grandes difficultés à long terme à s'adapter à ce nouveau mode de vie.

   d) tendent également à se désengager de leurs autres rôles et activités.

12. Lequel de ces adultes âgés serait le plus susceptible d'avoir un vaste réseau d'amis intimes ?

   a) William, un homme de 65 ans qui n'a jamais été marié.

   b) Gilles, un veuf de 60 ans.

   c) Florence, une veuve de 63 ans.

   d) Kay, une femme mariée de 66 ans.

13. La mère âgée de Wilma a besoin d'aide pour s'acquitter des activités instrumentales du quotidien. Qu'est-ce qui, dans la liste ci-dessous, appartient à cette catégorie d'activités ?

   a) Se laver

   b) Se nourrir

   c) Payer ses factures

   d) Toutes ces réponses

14. Yvon, un homme de 73 ans, se dit fier et satisfait de sa vie, tandis que Madeleine se sent insatisfaite de son existence et considère qu'il est « trop tard pour recommencer ». Selon la terminologie d'Erikson, Yvon a un sentiment _____ alors que Madeleine est en proie _____.

   a) de générativité, à la stagnation

   b) d'identité, au vide

   c) d'intégrité, au désespoir

   d) de plénitude, à l'angoisse

Les réponses aux questions à choix multiples se trouvent en annexe.

Le chapitre **14** en un clin d'œil

Le chapitre 14 en un clin d'œil

SECTION 1 – Développement psychosocial chez l'adulte d'âge mûr

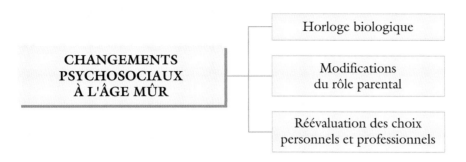

CHANGEMENTS PSYCHOSOCIAUX À L'ÂGE MÛR

- Horloge biologique
- Modifications du rôle parental
- Réévaluation des choix personnels et professionnels

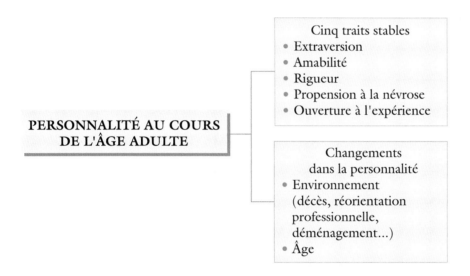

PERSONNALITÉ AU COURS DE L'ÂGE ADULTE

- Cinq traits stables
  - Extraversion
  - Amabilité
  - Rigueur
  - Propension à la névrose
  - Ouverture à l'expérience
- Changements dans la personnalité
  - Environnement (décès, réorientation professionnelle, déménagement...)
  - Âge

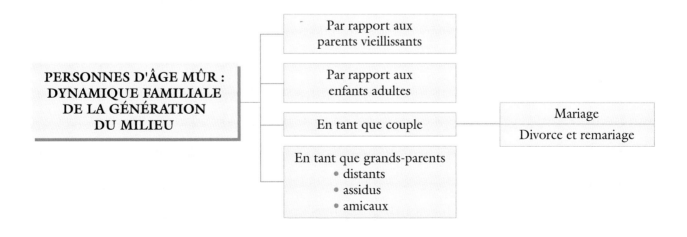

PERSONNES D'ÂGE MÛR : DYNAMIQUE FAMILIALE DE LA GÉNÉRATION DU MILIEU

- Par rapport aux parents vieillissants
- Par rapport aux enfants adultes
- En tant que couple
  - Mariage
  - Divorce et remariage
- En tant que grands-parents
  - distants
  - assidus
  - amicaux

● SECTION 2 – Développement psychosocial chez l'adulte d'âge avancé

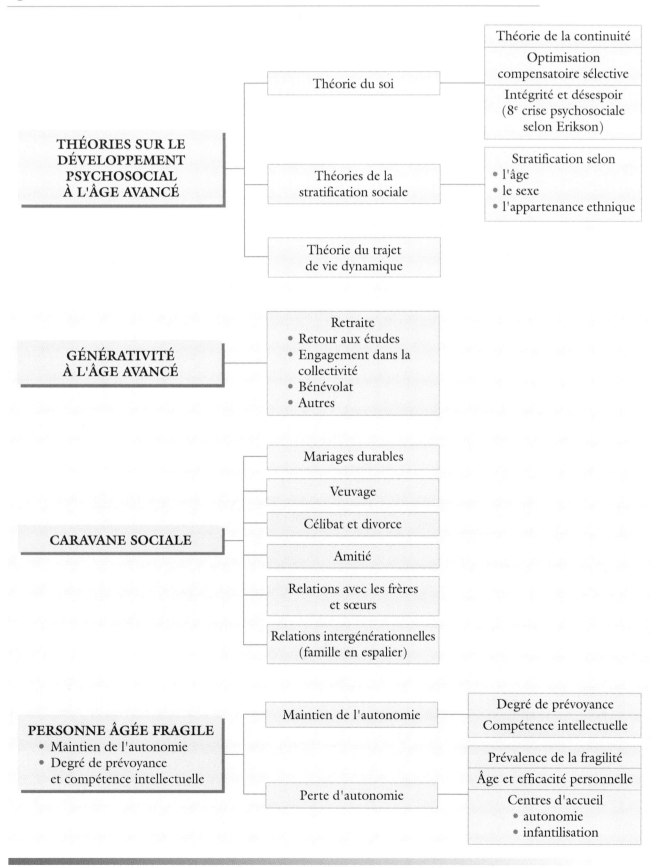

BILAN DU DÉVELOPPEMENT :
adulte d'âge mûr

Chapitre 12, section 1   Chapitre 13, section 1   Chapitre 14, section 1

▶ Développement biosocial

Changements normaux

La peau, les cheveux et la silhouette subissent à l'âge mûr des changements modérés mais tout de même déconcertants. La diminution de l'acuité visuelle et auditive est habituellement graduelle, et les personnes d'âge mûr la compensent généralement sans difficulté. Le bien-être global est influencé par des variables comme le sexe, l'ethnicité, la situation socio-économique et les habitudes de vie. La génétique a certes un rôle à jouer, mais le contexte social et les choix personnels sont liés de plus près que l'hérédité à la vitalité et à la morbidité à l'âge mûr.

Système génital

Le climatère survient chez la femme à la fin de la quarantaine et au début de la cinquantaine, au moment où l'organisme s'adapte aux changements des concentrations hormonales. La ménopause marque la fin de la période de fécondité. Il n'existe pas de transition semblable chez les hommes. En effet, durant l'andropause, il y a bien une diminution marquée de la concentration de testostérone, mais la plupart des hommes demeurent aptes à procréer jusqu'à l'âge adulte avancé, même si l'affaiblissement de la réponse sexuelle se poursuit. Les hommes et les femmes s'adaptent à l'évolution de leurs interactions sexuelles.

▶ Développement cognitif

Intelligence de l'adulte

Certaines capacités intellectuelles s'améliorent avec le temps tandis que d'autres déclinent. Ainsi, l'intelligence cristallisée augmente et l'intelligence fluide diminue. Le temps de réaction s'allonge et la pensée ralentit, mais l'intelligence pratique, grâce à laquelle on résout les problèmes de la vie quotidienne, gagne en profondeur. Globalement, les différences entre cohortes et les variations interindividuelles influent plus fortement que l'âge sur le développement de l'intelligence à l'âge adulte.

Expertise

L'adulte acquiert de l'expertise dans les domaines qui l'intéressent et c'est là que s'épanouissent ses compétences intellectuelles. Ses processus cognitifs se caractérisent alors par l'intuition, l'automatisme, la souplesse et l'efficacité.

▶ Développement psychosocial

Changements liés à l'âge mûr

À l'âge mûr, la personnalité se caractérise par la générativité, qui se manifeste au travail et dans la famille, et par la stabilité. La continuité naît de l'association des cinq traits de personnalité permanents (l'extraversion, l'amabilité, la rigueur, la propension à la névrose, et l'ouverture à l'expérience) et de la niche écologique que chaque personne s'est ménagée. La personnalité subit néanmoins certains changements à mesure que rétrécit le fossé entre les personnalités masculine et féminine et que la personne cherche à s'améliorer.

Dynamique familiale à l'âge mûr

Libérées des responsabilités associées à l'éducation des enfants, les personnes d'âge mûr ont pour la plupart des rapports gratifiants avec leurs enfants adultes et leurs petits-enfants. Elles retrouvent l'intimité dans leur relation conjugale. La majorité d'entre elles n'ont pas à s'occuper à temps plein de leurs parents âgés. Certaines personnes d'âge mûr, cependant, doivent veiller au bien-être des deux générations qui les encadrent et se retrouvent chargées d'un double fardeau.

PARTIE 5

BILAN DU DÉVELOPPEMENT :
adulte d'âge avancé

Chapitre 12, section 2

Chapitre 13, section 2

Chapitre 14, section 2

▶ Développement biosocial

Vieillissement

À l'âge adulte avancé, la capacité de réserve et la force musculaire diminuent tandis que le système immunitaire s'affaiblit. Aussi les personnes âgées sont-elles sujettes aux affections aiguës et chroniques, à la maladie cardiaque et au cancer. Les risques de maladie à l'âge adulte avancé sont aussi liés aux habitudes de toute une vie et à la qualité des soins de santé reçus. De nos jours, il est possible de retarder l'apparition de plusieurs maladies liées à l'âge. La recherche sur les causes du vieillissement révèle que l'hérédité joue un rôle de premier plan dans le processus. Les théories qui attribuent le vieillissement à l'affaiblissement du système immunitaire, à l'horloge génétique, aux radicaux libres et aux erreurs cellulaires ne manquent pas d'intérêt, mais elles restent encore à vérifier. Peut-être expliquent-elles chacune en partie le vieillissement.

▶ Développement cognitif

Traitement de l'information

Les expériences réalisées auprès de personnes âgées ont révélé un affaiblissement de la capacité de capter l'information, de la mémoriser, de l'organiser et de l'interpréter. Il reste à déterminer si la cause du phénomène réside dans un déficit des neurotransmetteurs, dans une diminution de l'irrigation cérébrale, dans une perte de l'efficacité personnelle ou dans les stéréotypes âgistes véhiculés par la société. Dans la vie quotidienne, la plupart des personnes âgées trouvent des moyens de compenser les ratés de leur mémoire et le ralentissement de leur pensée.

Démence

La démence, c'est-à-dire la détérioration progressive des fonctions cognitives, n'est pas inévitable, mais elle se répand dans la population âgée et, surtout, dans la population très âgée. Les symptômes de la démence peuvent être causés par la maladie d'Alzheimer, des maladies comme les troubles de la circulation sanguine, la dépression ou l'usage de certains médicaments.

Progrès cognitif

Un grand nombre de personnes âgées se découvrent un regain d'intérêt pour les activités et les valeurs à caractère esthétique et philosophique.

▶ Développement psychosocial

Théories sur le développement psychosocial

Même à la retraite, la plupart des personnes âgées demeurent actives. Elles continuent de s'épanouir de mille et une façons, notamment par l'étude, le bénévolat et les rapports sociaux.

Caravane sociale

La satisfaction des personnes âgées face à l'existence dépend en grande partie du maintien de leurs contacts avec leurs amis et les membres de leur famille. Généralement, la satisfaction conjugale continue d'augmenter à l'âge adulte avancé. Un grand nombre de personnes âgées trouvent le soutien social dont elles ont besoin auprès d'autres personnes âgées et notamment auprès de parents et d'amis de longue date.

Personne âgée fragile

Puisque la longévité tend à augmenter, un nombre croissant de personnes âgées ont besoin d'aide pour accomplir les activités de la vie quotidienne. Idéalement, cette aide doit être structurée de manière à favoriser le dynamisme et l'autonomie.

Épilogue

Mourir

L'instant de la mort nous trouvera tels qu'en chemin nous aurons été.
ANDRÉE MARCIL

Comme vous le savez maintenant, l'étude du développement vise entre autres à aider chaque personne à s'épanouir pleinement. Or, nombre de spécialistes du développement s'accordent à dire qu'il est nécessaire d'avoir une certaine connaissance de la mort pour y parvenir. En se penchant sur cette dernière phase du développement humain, la thanatologie, l'étude de la mort, vient donc en quelque sorte réaffirmer et célébrer l'amour de la vie (Moller, 1996).

Contexte social de la mort

La mort n'épargne personne. Cependant, la thanatologie nous apprend que les perceptions de la mort, elles, varient considérablement. Dans certaines sociétés, la mort a été et est toujours considérée comme un événement social auquel assiste et participe la collectivité tout entière. Dans la plupart des cultures africaines traditionnelles, par exemple, les aînés accèdent en mourant à une situation privilégiée; ils rejoignent les ancêtres qui veillent sur leur propre descendance comme sur le village. Là, le deuil constitue un ciment social, car il réunit les individus et les rapproche de leur passé collectif (Opoku, 1989).

Chez les hindouistes et les sikhs, aider le mourant à rompre ses liens avec ce monde et à se préparer à l'autre est une obligation pour la famille immédiate. Le mourant, que l'on a couché sur le sol au dernier instant, récite des prières et des textes sacrés avec ses proches. En acceptant sa mort, il meurt saintement et entre sans encombre dans son autre vie. Deux pratiques étrangères aux Occidentaux revêtent donc une importance capitale chez les hindouistes et les sikhs : s'acquitter des préparatifs de la mort et rassembler toute la famille pour le départ de l'âme (Firth, 1993).

La religion juive n'insiste pas sur les préparatifs de la mort, car elle enseigne de ne jamais perdre espoir en la vie. Aussi un mourant n'est-il jamais laissé seul. Les juifs enterrent leur mort dans les 24 heures suivant le décès et obéissent à des traditions séculaires quant à l'expression de leur deuil. Les parents proches restent chez eux pendant une semaine pour pleurer le défunt et renoncent aux divertissements pendant un an (Katz, 1993).

Dans la tradition chrétienne, la mort précède l'entrée au paradis ou en enfer, de sorte que les mourants l'accueillent ou la redoutent. Les traditions et les pratiques varient selon les endroits et les religions. Dans certains cas, on embaume le corps avec le plus grand soin afin de le préparer à la résurrection des morts. Ailleurs, les funérailles sont suivies d'un festin (Power, 1993).

Dans plusieurs pays musulmans, la mort est l'occasion d'affirmer sa foi en Allah. La religion islamiste enseigne que la gloire, les problèmes et les plaisirs passent et que chacun doit toujours être préparé à mourir. Le soin des mourants et des morts est un devoir sacré qui rappelle à chacun sa propre mortalité.

Pour les bouddhistes, la douleur imprègne et détermine la vie de tout être. La tâche du mourant consiste donc à tirer un enseignement de l'expérience et celle des endeuillés, à admettre que la mort est une étape sur le chemin de la renaissance.

Thanatologie Domaine de la science qui étudie la mort.

À Bali, où prédomine le bouddhisme, la crémation est précédée d'une procession funèbre haute en couleur. On est loin des sombres funérailles tenues en Occident. Mais peu importe la forme, il semble que la participation de la collectivité jette un baume sur la douleur des survivants.

Différences historiques

Pendant la majeure partie de l'histoire, la mort était un événement courant qui survenait habituellement à la maison (Ariès, 1981). En plus du vieillissement, les complications de l'accouchement, les maladies, les infections et les accidents faisaient chaque jour des victimes, et les gens de tous âges vivaient en quelque sorte dans l'intimité de la mort.

Au milieu du XXᵉ siècle, les progrès de la médecine ont écarté la mort de la vie quotidienne en Europe occidentale et, surtout, en Amérique du Nord. Depuis lors, on meurt rarement dans son lit entouré de sa famille, mais plutôt à l'hôpital. Des professionnels s'occupent d'embaumer la dépouille, d'organiser l'inhumation et de structurer le deuil.

Si, aujourd'hui, les décès en milieu hospitalier sont encore plus nombreux qu'il y a 20 ans, la mort se révèle toutefois moins taboue. Les Occidentaux ne sont plus aussi convaincus qu'au milieu du siècle dernier que la mort est inacceptable, impensable et impossible.

Émotions de la personne mourante

Le sens que l'on donne à la mort varie selon les individus, les époques et les sociétés, mais aussi selon l'état d'esprit de la personne mourante. La mort est considérée comme « un processus biologique, un passage, un événement inéluctable, un phénomène naturel, une extinction, une manifestation de la volonté divine ou de l'absurde, une réunion, [...] ou encore comme un motif valable de colère, de dépression, de déni, de refoulement, de culpabilité, de frustration, de soulagement [...] » (Kalish, 1985).

Au fil de ses recherches sur la mort et les mourants, Elisabeth Kübler-Ross (1969, 1975, 1989) comprit qu'il était important que le mourant apprenne la vérité sur son état d'un interlocuteur empathique. Elle postula que le mourant traversait ensuite six stades (voir le tableau E.1). Le premier stade, celui du *choc*, laisse la personne abasourdie, dans un état de crispation. « C'est une réaction normale d'urgence contre l'envahissement d'un sentiment de perte soudaine » (Jacques, 1998). Au cours du deuxième stade, celui du *déni*, le mourant refuse de croire que son état est sans espoir. Il se persuade que les résultats des analyses de laboratoire sont inexacts ou que, contre toute attente, il connaîtra une rémission. Vient ensuite le stade de la *colère* : colère envers les autres, leur indifférence ou leur insistance, colère contre le sort. Le quatrième stade est celui du *marchandage* : le mourant tente de négocier avec la mort et promet à Dieu ou au destin de mener une meilleure vie. Lorsqu'apparaît l'inutilité du marchandage, la *dépression* s'installe. Le mourant pleure sa propre mort, refuse de s'y préparer et se désintéresse de son traitement médical. Idéalement, le cycle se termine par l'*acceptation*. Le mourant voit sa mort comme le dernier stade de sa vie et, peut-être, le premier d'une autre, comme une transition et non plus comme une brisure. Kübler-Ross (1969) écrit :

> Le stade de l'acceptation ne doit pas être confondu avec un stade de bonheur. C'est une période presque entièrement dénuée de sentiments. On dirait que la douleur a disparu, que le combat est terminé et que le temps est venu pour « le repos final avant le long voyage », comme l'a dit un patient. C'est aussi la période pendant laquelle la famille a besoin de plus d'aide, de compréhension et de soutien que le patient...

De nombreux chercheurs se sont mis en frais de vérifier les résultats de Kübler-Ross et ont rarement observé le même enchaînement de stades. La plupart du temps, le déni, la colère et la dépression reviennent puis redisparaissent (Kastenbaum, 1992), selon le contexte dans lequel s'inscrit la mort.

Ainsi, l'âge de la personne mourante exerce une forte influence sur son état d'esprit (Stillion, 1995; Wass, 1995). Les jeunes enfants, qui ne comprennent pas ce qu'est la mort, sont généralement terrifiés à l'idée de se séparer de leurs proches. Aussi ont-ils besoin d'être sans cesse accompagnés et rassurés.

TABLEAU E.1	**Stades que traverse la personne mourante.**
Stade	**Description**
Choc	Autoprotection contre l'envahissement d'un sentiment de perte soudaine; mécanisme de défense qui paralyse les émotions.
Déni	Refus de croire à l'approche de la mort; intellectualisation et dissociation des émotions.
Colère	Colère envers l'indifférence ou l'insistance des autres; hostilité et rancœur.
Marchandage	Expérience de résistance; tentatives de négociation avec la mort pour retarder l'échéance.
Dépression	Tristesse et désintérêt pour le traitement médical; refus de se préparer à la mort.
Acceptation	Acceptation de la réalité et perception de la mort en continuité avec la vie; appréciation ultime de sa vie.

Sources : Kübler-Ross, 1989; Jacques, 1998.

Les adolescents, pour leur part, se soucient davantage de leur qualité de vie présente que de l'avenir. Les effets de la maladie sur leur apparence et sur leurs relations sociales revêtent pour eux une très grande importance. La colère et la dépression prédominent par ailleurs chez le jeune adulte, pour qui la vie se termine avant même d'avoir vraiment commencé. La personne d'âge mûr qui se sait condamnée, pour sa part, se préoccupe de sa succession, car elle tient à ce que quelqu'un s'acquitte de ses obligations et de ses responsabilités après son départ. Quant à la personne d'âge avancé, ses sentiments face à la mort dépendront du bilan qu'elle fait de sa vie et de sa situation présente. Un bilan positif la laissera plus sereine et remplie d'un sentiment d'intégrité, alors qu'un bilan négatif où abonderaient regrets et déceptions pourrait la mener au désespoir. Par ailleurs, elle acceptera la mort plus facilement que ses cadets si son conjoint l'a précédée et si une maladie incurable la condamne à la souffrance et à l'invalidité (Fréchette, 1997; Jacques, 1998).

Les sentiments qu'inspire la mort sont certainement moins universels et moins prévisibles que les travaux de Kübler-Ross ne nous incitent à le croire (Kastenbaum, 1992). Il est inutile de chercher la « meilleure » approche face à la mort. Les contextes culturels varient trop, de même que les besoins des personnes concernées.

Autant dire que la seule façon d'aborder la mort consiste probablement à tenter de comprendre les émotions et les valeurs du mourant.

> Comme on ne peut obliger personne à écouter telle ou telle musique en lui disant qu'elle est « bonne », on ne peut contraindre personne à accepter une notion métaphysique parce que c'est « la bonne ». On écoute de la musique parce qu'on la trouve belle et on accepte une notion métaphysique parce qu'elle enrichit la vie et aide à endurer la souffrance ou le manque. Lorsqu'il s'agit d'adopter ou de rejeter une certaine conception de la mort, le critère n'est pas la rectitude, mais la pertinence sociale, spirituelle et affective. (Klatt, 1991)

La mort est l'ultime expression de l'individualité, le dernier trait d'union entre le mourant et sa famille, ses amis, sa collectivité. « Toute vie est différente de celles qui l'ont précédée et il en va de même pour la mort » (Nuland, 1994). Aussi les émotions d'une personne mourante varient-elles d'un jour à l'autre, d'une heure à l'autre et même d'une minute à l'autre. Outre le chagrin et la terreur, le rire et la joie peuvent être au rendez-vous.

Décider de sa mort

Ce n'est pas tout le monde qui a le désir, voire la possibilité, de choisir sa façon de mourir. L'idée n'effleurerait même pas les jeunes en bonne santé qui se croient pour la plupart invincibles et immortels. Les jeunes suicidaires font exception et, dans leur cas, des préparatifs en vue de la mort signalent un besoin d'aide psychologique. Les

POINT DE MIRE

L'ignorance de la science

« Longtemps, lorsqu'un homme mourait, ses proches étaient heureux de pouvoir dire : "Soyez tranquille, il a eu le temps de se préparer." Aujourd'hui, pour la pre-mière fois dans l'histoire, on se rassure : "Consolez-vous, il ne s'est rendu compte de rien."

« De la mort, nous avons tout oublié, tout ce que notre culture avait érigé en sagesse. »

Source : Tiré de la présentation de *La source noire*, de Patrice Van Eersel.

jeunes atteints de maladies très graves envisagent bien sûr la possibilité de mourir mais, heureusement, leur nombre est faible.

Quant aux adultes, même les bien portants se préparent d'une façon ou d'une autre à la mort, d'autant que la maladie se fait plus fréquente à mesure que passent les années. Les adultes gravement malades rédigent leur testament, se réconcilient avec leurs amis et multiplient les gestes d'affection envers les personnes qui leur sont chères. Ces préparatifs sont normaux et sains sur le plan psychologique.

Un grand nombre d'adultes disent espérer une mort sans souffrance, une mort qu'ils qualifient de digne. Trop souvent, leur espoir est déçu. La médecine moderne est en mesure de prolonger la vie coûte que coûte et même de maintenir le fonctionnement des organes après la mort cérébrale. Il va sans dire que le recours aux mesures extrêmes se justifie lorsqu'il reste des chances raisonnables de guérison, quel que soit l'âge du patient. Parmi les gens qui meurent dans un hôpital ou tout autre établissement de soins, plusieurs ont connu une longue période plus ou moins comateuse, branchés à un attirail de machines, de tubes et de perfusions intraveineuses.

Faut-il ou non prolonger la vie ? La question, ou plutôt le dilemme, met en présence des forces divergentes. La profession médicale a pour mission de lutter contre la mort, la religion prêche que Dieu seul fixe notre heure, la loi défend les droits de la personne et la société voudrait réserver les mesures extraordinaires aux patients qui ont encore devant eux plusieurs années de productivité. Toutes ces forces entrent en jeu au moment de la décision. Et puis, dans l'œil du cyclone, il y a un malade et une famille. Quelquefois, il y a même un malade qui désire mourir et une famille qui exige qu'on mette tout en œuvre pour le garder en vie (Jecker et Schneiderman, 1996).

Néanmoins, on voit poindre à l'horizon un consensus entre les autorités juridiques et médicales : le dernier mot devrait revenir à la personne la plus directement concernée, le patient. C'est pourquoi un bon nombre de gens rédigent bien avant de mourir un testament biologique, c'est-à-dire qu'ils indiquent les traitements médicaux qu'ils désirent recevoir si jamais ils sont victimes d'une maladie incurable et incapables d'exprimer leurs volontés. Le problème, bien entendu, est qu'on ne sait pas ce qui nous attend au moment où l'on signe un testament biologique. Si un traitement pénible et invalidant n'a qu'une chance sur dix de prolonger la vie, vaut-il la peine d'y recourir ? Et si le traitement n'est efficace que dans un cas sur cent ? Et s'il ne fait qu'augmenter les souffrances ? Et si le traitement réussit, qu'en sera-t-il de la qualité de vie du patient ? Quel degré de qualité de vie est acceptable et pourquoi ? Celle qu'apportent des capacités physiques et mentales intactes ? Peut-on se contenter de moins ? Ces questions à caractère quantitatif et qualitatif sous-tendent la décision et chacun y répond selon ses valeurs et convictions (Jecker et Schneiderman, 1996).

Aider ou non les autres à mourir

Décider d'accepter la mort est une chose, mais donner suite à cette décision au nom d'une personne en est une autre. Presque tout le monde (et notamment les professionnels de la santé, les juges, les théologiens et le public en général) con-

vient que les médecins ne sont pas obligés de réanimer un patient en phase terminale qui a déjà connu la souffrance, la désorientation et l'inconscience. L'euthanasie passive est la pratique qui consiste à s'abstenir d'administrer un traitement ou
un médicament susceptible de prolonger la vie d'un patient un certain temps. Elle
est permise lorsque le dossier du patient contient une *ordonnance de ne pas réanimer* signée par le patient ou ses proches. Par ailleurs, il est de plus en plus fréquent
d'administrer aux patients en phase terminale d'importantes doses de morphine ou
d'autres médicaments même si on risque de hâter la mort en tentant d'atténuer les
souffrances et d'améliorer la qualité des dernières heures de la vie.

Il importe de réfléchir aussi à la situation des mourants branchés à des systèmes
de maintien des fonctions vitales. Le moment de la mort, dans certains de ces cas,
est non seulement imprévisible, mais aussi indiscernable (Veatch, 1995). Quand
une personne meurt-elle ? Quand son cœur s'arrête ? Quand son cerveau cesse de
fonctionner ? Quand le cortex cérébral, siège de la pensée, entre dans un état végé-
tatif irrémédiable ? Vu la complexité de la question, il n'est pas rare que les membres d'une même équipe médicale divergent d'opinions (Solomon et coll., 1993).

Hâter le moment de la mort

Le débat se corse encore lorsqu'on aborde les questions du suicide assisté, l'action
de se donner la mort avec l'aide d'une autre personne, et de l'euthanasie active, le
fait de mettre volontairement fin aux jours d'une personne souffrante. Ces sujets
font l'objet de débats houleux dans le monde entier et soulèvent même l'opposition des partisans de l'euthanasie passive. Le suicide assisté et l'euthanasie active
sont interdits au Canada. Il est rare pourtant que les auteurs de ces actes soient
reconnus coupables et condamnés à la prison. Il n'en reste pas moins que la sévérité
des peines a un effet dissuasif et contribue à la clandestinité de ces pratiques.

L'exemple des Pays-Bas en la matière alimentera sûrement le débat. Le suicide
assisté et l'euthanasie active y sont techniquement interdits, mais l'association des
médecins du pays approuve l'euthanasie depuis 1984 et la législature néerlandaise a
adopté une loi qui protège les médecins contre toute poursuite pour ces actes, à
condition qu'ils se conforment scrupuleusement à certains principes. La loi exige,
par exemple, que la personne mourante :

– ait été examinée par un médecin indépendant qui confirme qu'elle souffre d'une
   maladie incurable;

– soit saine d'esprit;

– ait demandé à plusieurs reprises qu'on l'aide à mourir;

– connaisse tellement de douleurs et de limitations que prolonger sa vie ne lui apporterait que des souffrances.

Le gouvernement néerlandais exige enfin que les médecins transmettent avec dili-
gence aux autorités tous les détails du cas (motifs, témoins, moyens employés, etc.).
Cette exigence a du reste permis de mesurer la fréquence véritable du suicide assisté. Les données révèlent qu'il se prend une décision médicale dans 38 % des décès. Presque la moitié de ces décès (soit 18 %) font suite à l'euthanasie passive. Un
autre 18 % des décès sont hâtés par l'administration d'un traitement palliatif visant
à faire passer le bien-être du patient avant la guérison. Les 2 % de décès restants
résultent soit de l'euthanasie active (un médecin administre une substance mortelle), soit du suicide assisté (le patient s'administre lui-même une substance fournie par le médecin) (Wolf, 1996).

Les progrès constants de la médecine suscitent une question plus épineuse. Un
législateur australien a d'ailleurs déclaré : « Dans 20 ans, nous serons capables de
garder à peu près tout le monde en vie indéfiniment. Il faut se faire à l'idée que
nous allons mourir lorsque quelqu'un en décidera ainsi » (Perron, cité dans
Mydans, 1997).

Euthanasie passive Pratique qui
consiste à s'abstenir d'administrer un
traitement ou un médicament susceptible de prolonger la vie d'un patient en phase terminale. L'euthanasie passive se pratique dans un grand
nombre d'établissements de soins de
santé lorsque la prolongation de la
vie équivaut seulement à une prolongation de la souffrance.

Suicide assisté Action de se donner
la mort avec l'aide d'une autre
personne qui fournit les moyens
nécessaires.

Euthanasie active Action de mettre
volontairement fin aux jours d'une
personne souffrante.

*La sereine dignité d'un cimetière fait
souvent surgir les émotions associées
au deuil : la tristesse et la colère, mais
aussi l'acceptation.*

Deuil

Depuis quelques années, dans de nombreux segments de notre société, le deuil a pris un caractère plus intime, moins expansif qu'avant. Les funérailles en grande pompe ont cédé la place à des cérémonies simples. Souvent même, on préfère la crémation à une inhumation dans le lot familial au cimetière. Les amis et les membres de la famille conseillent plus qu'ils ne consolent : occupe-toi, remarie-toi, vois les choses du bon côté.

Quelles sont les conséquences de ces changements ? Les nouvelles tendances n'abolissent pas le chagrin. Elles ne font que masquer son expression, ce qui en soi peut nuire aux personnes endeuillées. Une recension de la recherche à ce propos révèle du reste une propension à l'isolement chez les gens qui viennent de perdre un être cher. On constate aussi que les personnes endeuillées sont sujettes aux maladies physiques. Un deuil prolongé peut même précipiter la mort, à la suite d'une maladie cardiaque, d'une cirrhose et, chez les hommes surtout, d'un suicide (Moller, 1996).

Le deuil non exprimé nuit à la collectivité tout entière, aux enfants en particulier. Voici ce qu'écrit un thanatologue à ce propos :

> Les funérailles fournissent le contexte dans lequel le chagrin, dans ses dimensions privée et publique, peut s'exprimer et se partager. [...] En tant que rituel social, le service funèbre sert à resserrer les liens dans la collectivité. Il constitue de ce point de vue un important véhicule culturel. La pratique contemporaine qui consiste à refuser l'accès de la cérémonie à la société ou aux enfants peut avoir des conséquences inattendues. Elle soustrait les enfants à l'expression directe de l'amour, de la sollicitude et du soutien en temps de crise familiale; elle les prive même d'une occasion de faire des apprentissages sur la réalité première de la vie, la mort. Qui plus est, refuser d'admettre notre mortalité peut implicitement retirer à la vie humaine son sens social et sa valeur intrinsèque. (Fulton, 1995)

Dans les sociétés occidentales contemporaines, nombre de personnes endeuillées se heurtent à l'incompréhension et à l'indifférence des étrangers. N'entend-on pas dire qu'une personne âgée devrait accepter la mort de sa très vieille mère ou qu'un jeune couple ne devrait pas se laisser abattre par une fausse couche ? Toutes les morts, et surtout celles qui brisent la chaîne des générations, sont potentiellement tragiques. La personne âgée qui devient l'aînée de sa lignée et le jeune couple qui voit s'évanouir son rêve de procréer peuvent en être dévastés, pour un temps au moins.

Les personnes âgées sont susceptibles de perdre un certain nombre de parents et d'amis en un laps de temps relativement court. Elles risquent donc de vivre un **enchaînement des deuils**, en ce sens que chaque décès amorce un nouveau processus de deuil avant que le précédent ne soit achevé. Le cas échéant, elles ont besoin de toute la sympathie de leurs proches. Les veuves et les veufs âgés ont souvent plus de difficulté à s'adapter que les plus jeunes. En effet, le temps qui passe a déjà décimé leur cercle social et parfois miné leur capacité ou leur volonté de refaire leur vie (Sable, 1991).

D'un autre côté, il est des morts qui apportent moins de chagrin que certains ne l'auraient prévu, surtout si elles emportent des personnes très âgées, malades depuis longtemps.

La mort n'est jamais plus difficile à supporter que lorsqu'elle se fait soudaine et imprévisible. La disparition d'un enfant constitue peut-être le plus poignant exemple de mort inadmissible. Elle apporte aux parents, aux frères et aux sœurs des émotions qui, tels la culpabilité, le déni et la colère, sont aussi intenses que la peine.

Si la violence rend la mort particulièrement pénible à accepter, il arrive que les coroners, les policiers et les professionnels de la santé rendent les choses encore plus cruelles. Un chercheur rapporte à ce propos le cas d'une femme dont le fils de 17 ans avait été tué dans un accident de la route; le personnel de la salle d'urgence ne lui a laissé voir le corps qu'après lui avoir posé une longue série de questions et

Constituer un album de souvenirs, ériger un mémorial, ajouter un carré d'étoffe à une courtepointe comptent parmi la multitude d'actions créatrices qu'on peut accomplir pour combattre l'abattement dans lequel nous plonge le deuil. Le message qu'on veut lancer au monde est simple : « Quelqu'un de spécial a vécu et est mort. » Lorsque d'autres captent ce message, les survivants se libèrent de l'impression que l'existence de leur être cher est passée inaperçue.

Enchaînement des deuils Fait de perdre plusieurs êtres chers en une période relativement courte et de manquer ainsi de temps pour accepter chaque mort.

obtenu d'elle la promesse qu'elle ne « ferait rien d'insensé ». Cette femme s'exprime en ces termes :

> J'avais désespérément besoin de le tenir dans mes bras, de le regarder, de voir ce qui le faisait souffrir. Ce sont là des instincts qui ne s'éteignent pas en même temps que l'enfant. L'instinct de réconforter et de cajoler, d'examiner les blessures, d'essayer de comprendre et, surtout, de prendre dans ses bras. Mais mon beau petit garçon était couché sur un autel, drapé d'une robe pourpre et tous les gestes d'amour et de tendresse m'étaient interdits. Et je ne sais pas quand cette blessure guérira. (Awoonor-Renner, 1993)

Travail de deuil

Que peut-on faire pour venir en aide à une personne endeuillée ? Il faut d'abord l'écouter, sympathiser avec elle, reconnaître qu'elle vit des émotions intenses et ne pas négliger sa souffrance. Elle peut souhaiter voir la dépouille, se rendre auprès de la tombe, allumer un cierge, chérir un souvenir. Elle peut aussi n'avoir aucun de ces désirs. Ensuite, il faut s'attendre à ce que le deuil soit long et que la personne endeuillée ait besoin de sympathie, de franchise et de soutien social pendant des mois, voire des années. Elle doit lentement reprendre ses activités, mais on ne doit pas lui demander d'oublier l'être auquel elle était attachée. Les souvenirs et le chagrin ne disparaissent jamais tout à fait.

La mort n'est jamais plus difficile à accepter que lorsqu'elle emporte d'une manière absurde et inattendue des jeunes dans la fleur de l'âge.

Chaque culture transmet à ses membres des coutumes et des croyances particulières en ce qui a trait à la mort. Les personnes qui ont appris à « tenir le coup » stoïquement sont doublement désarçonnées si on leur conseille de pleurer et qu'elles n'y parviennent pas. Les personnes qui ont appris à hurler de chagrin, pour leur part, oscillent entre la fureur et la stupéfaction quand on leur demande de se taire, comme cela se fait parfois dans les hôpitaux étrangers à leur culture (Firth, 1993). Soulignons cependant que la culture influe sur les modalités du deuil mais ne les détermine pas et que les manifestations du chagrin varient considérablement au sein d'un même groupe ethnique.

Quelle que soit la manière dont la personne endeuillée vit ses émotions, il se peut que l'expérience la réconcilie avec elle-même et avec le genre humain. Les professionnels qui travaillent auprès de personnes endeuillées mentionnent souvent

---

ⓟOINT DE MIRE

Embrasser les signes de la vie : un témoignage

« Jonathan, mon mari, jouait dans un orchestre amateur, tout simplement pour le plaisir de faire de la musique. Pas plus que moi il n'avait appris à lire une partition ni à jouer d'un instrument. Mais nous aimions la musique et nous nous aimions intensément.

« Un soir, en rentrant, il me lance tout de go :

— Tu devrais apprendre la contrebasse.

— Et pourquoi ça ? Tu sais bien que je n'y connais rien ! lui dis-je.

— On a besoin d'une contrebassiste dans l'orchestre. Je suis sûr que tu te débrouilleras très bien.

— En voilà une bonne raison ! Et puis... et puis..., et puis ça me prendrait un instrument bien à moi dans la maison. Tiens, j'en fais une condition !

« Ce qui fut dit fut fait. Une contrebasse énorme entra chez nous dans les jours qui suivirent. Je me mis ardemment à l'apprentissage de cet incroyable instrument.

« Quelques mois plus tard, sans préavis de la vie et malgré une bonne santé apparente, mon mari décéda. Subitement. En moins d'une heure, de la vie à trépas. Tout s'effondra. Je croyais alors avoir tout perdu, ou presque...

« Un jour, après des mois d'un insoutenable chagrin, je me remis à la contrebasse. Je pris à bras-le-corps ce merveilleux instrument dont les vibrations profondes me liaient si étroitement à mon mari. Peu à peu, au fil des jours, je compris la nature et le sens profond de ce legs qui m'avait été fait, si imprévisible et si nécessaire à ma survie. J'ai à moi un corps vivant auquel me relier. J'ai un sens, la vie reprend du sens. Je vibre maintenant à l'unisson et je ne suis plus seule. »

Source : Témoignage recueilli par Jean Des Lierres en 1999.

que la mort et le deuil sont porteurs de leçons dont tous pourraient bénéficier. La plus importante porte sur la valeur des relations d'affection. Un conseiller a formulé le commentaire suivant :

> J'ai souvent entendu des phrases comme « J'aurais voulu lui dire que je l'aimais » ou « Si au moins nous avions pu résoudre nos différends plus tôt ». Il y a peut-être des choses que nous aurions besoin de dire, des compliments que nous aurions besoin de faire, des fossés que nous aurions besoin de combler. [...] L'amour, celui que l'on donne comme celui que l'on reçoit, ne doit pas être tenu pour acquis. C'est un art de création auquel il faut travailler de toutes sortes de manières. (Sanders, 1989)

Existe-t-il meilleure façon de clore cet ouvrage que de comparer l'amour à un acte de création ? Nous avons souligné dès le premier chapitre que l'étude du développement de la personne est une science, qu'il faut chercher à comprendre le cheminement de l'être humain dans la vie pour cultiver le bonheur. Or, vivre sa vie relève de l'art autant que de la science. Toute existence est une vaste tapisserie dans laquelle s'entrecroisent les fils de l'amour, du chagrin et de la guérison. La mort, dans la mesure où elle est acceptée, la peine, dans la mesure où elle peut s'exprimer, le deuil, dans la mesure où il guérit, donnent encore plus de signification à la naissance, à la croissance, au développement ainsi qu'à toutes les relations humaines.

Questions à développement

1. Quel genre de cérémonie ou de rituel funèbre préféreriez-vous pour vous-même ? Pourquoi ?

2. Un de vos amis intimes atteint d'une maladie incurable est à l'hôpital, en phase terminale. Personne ne l'a vraiment informé de son état et certains de ses proches cherchent à le rassurer en lui disant qu'il ira bientôt mieux. Votre ami vous demande s'il va mourir. Que lui diriez-vous et pourquoi ?

3. Votre amie de 40 ans vient de perdre son mari. Indiquez trois choses que vous ne devriez pas lui dire et expliquez pourquoi.

4. Si on vous engageait pour élaborer et administrer un programme de soins palliatifs au sein de votre communauté, quel type de programme choisiriez-vous ? Soyez précis et expliquez vos choix.

5. Certains médecins croient qu'ils doivent dire à leurs patients qu'ils sont en phase terminale, d'autres non. En tenant compte des divers aspects du développement de la personne, tentez de défendre ces deux points de vue en présentant les avantages et les inconvénients de chacun. Quelle est votre opinion personnelle à ce sujet ?

Questions à choix multiples

1. Un patient en phase terminale qui promet de mener une meilleure vie s'il évite la mort serait, selon Kübler-Ross, parvenu au stade :

   a) du déni.

   b) de la colère.

   c) de la dépression.

   d) du marchandage.

2. Un patient mourant qui demeure convaincu que les résultats des analyses de laboratoire sont erronés en est, selon Kübler-Ross, au stade :

   a) du déni.

   b) de la colère.

   c) de la dépression.

   d) du marchandage.

3. Un adolescent en phase terminale aura probablement :

   a) peur de la mort parce qu'elle le séparera des membres de sa famille.

   b) tendance à s'inquiéter de son apparence.

   c) tendance à essayer d'apprendre la vérité sur sa maladie.

   d) de la colère à l'idée que sa vie se termine à peine commencée.

4. Roger, un homme d'âge mûr, est sur le point de mourir. Il a probablement besoin :

   a) d'accompagnement constant.

   b) d'être informé sur les différentes étapes qui précèdent la mort.

   c) d'aide psychologique pour surmonter sa peur.

d) d'être rassuré sur le fait qu'il y aura quelqu'un pour prendre sa relève et remplir ses obligations.

5. Pour clore sa présentation sur le processus du deuil, Rita indique que la plupart des spécialistes de l'étude du développement croient que ce processus :

a) est inutile et traumatisant.

b) a un effet perturbateur et nuit au développement.

c) est sain et nécessaire.

d) n'est pas nécessaire à tous.

6. Pour la première fois, un médecin se trouve confronté à la nécessité de rencontrer la famille d'un patient en phase terminale pour parler de son état. Les études à ce sujet indiquent que la meilleure approche est de :

a) cacher une grande partie des faits autant au patient qu'à sa famille pour éviter de les bouleverser.

b) dévoiler la vérité au patient mais pas à sa famille.

c) dévoiler la vérité à la famille seulement en l'invitant à garder le secret.

d) d'informer honnêtement le patient et sa famille de son état.

Les réponses aux questions à choix multiples se trouvent en annexe.

L'épilogue en un clin d'œil

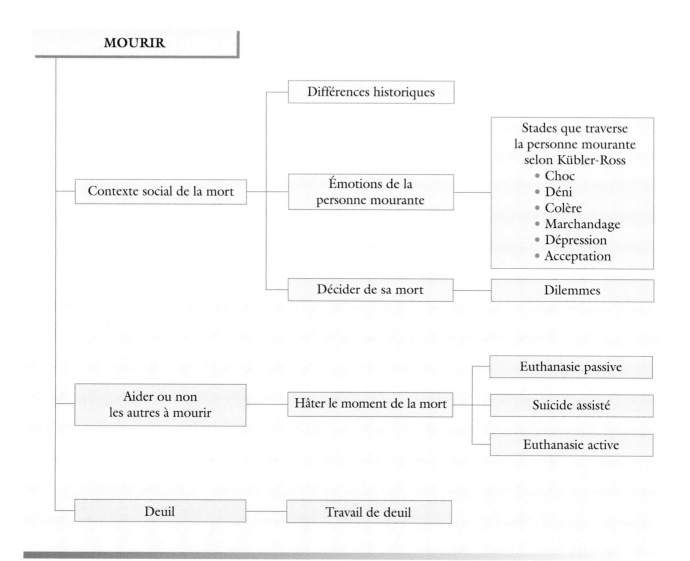

Corrigé

Chapitre 1

page 23

1. La réponse est **c**.

   a et **d** : Ces éléments ont trait à l'aspect cognitif.

   b : Cet élément a trait à l'aspect biosocial.

2. La réponse est **c**.

3. La réponse est **d**.

4. La réponse est **a**.

5. La réponse est **c**.

Chapitre 2

page 65

1. La réponse est **b**.

   a : Un renforçateur négatif consiste en la suppression d'un stimulus désagréable à la suite d'un comportement particulier.

   c : Les renforçateurs intrinsèques, tel le sentiment de satisfaction que procure un travail bien fait, proviennent de l'individu lui-même.

   d : Cette notion n'a pas été présentée dans le texte.

2. La réponse est **b**.

   a : Une corrélation ne signifie pas qu'il y a une relation de causalité.

   c : S'il y a une corrélation positive entre la taille et le poids, chacun de ces facteurs augmentera en fonction de l'autre.

3. La réponse est **b**. Il est clair que Jeanne a appris en observant les autres enfants jouer.

   a : Le conditionnement répondant est associé à des réponses réflexe provoquées par des stimuli, et non à des réponses volontaires complexes, comme dans cet exemple.

   c : La théorie du traitement de l'information porte sur les façons dont l'esprit analyse et traite l'information.

   d : La mémoire à court terme est une composante du système de traitement de l'information.

4. La réponse est **b**.

   a : Il s'agit d'un exemple d'étude transversale.

   c : Il s'agit d'un exemple de recherche expérimentale.

   d : Il s'agit d'un exemple d'étude séquentielle comparative.

5. La réponse est **d**.

6. La réponse est **b**.

   a : Selon Erikson, ce stade concerne l'enfant de 0 à 18 mois.

   c et **d** : Selon Erikson, ces stades concernent les enfants plus vieux.

Chapitre 3

page 108

Section 1 – Génétique

1. La réponse est **c**. Si une personne possède un gène des yeux bruns et un gène des yeux bleus, elle aura les yeux bruns, car le gène des yeux bruns est dominant.

   b : C'est le gène dominant qui détermine le phénotype et non le gène récessif.

2. La réponse est **d**.

3. La réponse est **a**.

   b : Le génotype mâle est XY et non XX.

   c et **d** : La mère transmet uniquement un chromosome X.

4. La réponse est **b**. La tendance selon laquelle la taille des enfants dépasse celle de leurs parents a été attribuée aux progrès réalisés en nutrition et en médecine.

   a, **c** et **d** : Il est peu probable que ces facteurs expliquent des différences de taille entre les enfants d'une génération et ceux de la suivante.

5. La réponse est **c**.

   a et **b** : Les recherches sur les enfants adoptés ont démontré que la timidité dépend de l'hérédité et de l'environnement social. Par conséquent, dans un environnement où l'on encourage la socialisation, un enfant génétiquement timide le sera peut-être beaucoup moins que celui élevé par des parents qui socialisent peu.

   d : Les parents adoptifs, comme les parents biologiques, peuvent alimenter ou ne pas alimenter la timidité chez leur enfant.

6. La réponse est **d**. Pour distinguer l'influence des gènes de celle de l'environnement, l'un des deux facteurs doit demeurer constant.

   a, **b** et **c** : Ces combinaisons ne permettraient pas à un chercheur d'évaluer les effets de l'une des deux composantes.

7. La réponse est **d**.

8. La réponse est **d**.

9. La réponse est **c**.

a : Il n'existe pas de « gène polygénique », car *polygénique* signifie « plusieurs gènes ».

b : Un gène récessif associé à un gène dominant ne sera pas exprimé dans le phénotype.

d : Les gènes liés au chromosome X peuvent être dominants ou récessifs.

Section 2 – Développement prénatal et naissance

10. La réponse est **b**.

a : Le zygote est l'ovule fécondé.

c : L'embryon porte le nom de fœtus à partir de la neuvième semaine de gestation.

11. La réponse est **c**.

12. La réponse est **c**. Un nouveau-né dont l'indice d'Apgar est inférieur à 4 est dans un état critique et nécessite des soins médicaux immédiats.

13. La réponse est **d**.

a : À 266 jours, l'enfant naît à terme.

14. La réponse est **a**.

b : Le faible poids de naissance est un poids inférieur à 2500 g.

c : Bien qu'un enfant puisse à la fois être prématuré et avoir un poids de naissance insuffisant par rapport à l'âge gestationnel, le poids de ce bébé est normal.

Chapitre 4

page 151

Section 1 – Développement biosocial chez le trottineur

1. La réponse est **c**.

2. La réponse est **d**.

a et **b** : Ces changements de comportement indiquent que le nouveau-né a perçu un stimulus auquel il n'est pas habitué, et non pas qu'il a faim, qu'il est contrarié ou qu'il est fâché.

c : L'habituation est une *diminution* des réponses physiologiques à un stimulus.

3. La réponse est **b**.

a : Au cours du sommeil profond, la respiration est régulière et lente et les muscles sont décontractés.

c : L'état de veille est caractérisé par un regard vif et une respiration régulière et rapide.

4. La réponse est **b**.

a : Le réflexe de succion est celui provoqué par tout ce qui touche les *lèvres* du nouveau-né.

c : Le signe de Babinski est la réponse des nourrissons lorsque quelque chose touche leurs pieds.

d : Le réflexe de Moro est celui provoqué par les bruits soudains : les bébés écartent les bras et les ramènent sur leur poitrine comme s'ils s'agrippaient à quelque chose.

5. La réponse est **b**.

a et **d** : Toutes ces capacités sensorielles font appel tant à la sensation qu'à la perception.

6. La réponse est **b**. Les nouveau-nés ne distinguent nettement que les objets situés à une distance de 10 à 75 cm.

a, **c** et **d** : Dans chacune de ces situations, la distance est supérieure à celle de la vision optimale du nouveau-né.

7. La réponse est **d**.

Section 2 – Développement cognitif chez le trottineur

8. La réponse est **c**. La perception intermodale est la capacité d'associer l'information provenant d'un système sensoriel à l'information provenant d'un autre système sensoriel. Ici, le bébé associe l'information visuelle (le lecteur de disques compacts) à l'information auditive (le son d'un disque compact).

a : La perception transmodale est la capacité de s'appuyer sur un type d'information pour en imaginer un autre.

b : Le réflexe serait insuffisant pour permettre ce lien.

d : La permanence de l'objet est la capacité de reconnaître que les êtres et les objets continuent d'exister même quand il est impossible de les voir.

9. La réponse est **d**. La perception transmodale est la capacité de s'appuyer sur un type d'information pour en imaginer un autre.

a : Le réflexe serait insuffisant pour permettre ce lien.

b : Les possibilités d'interactions offertes par un objet résident dans les propriétés objectives de l'objet et dans la façon dont l'individu — le nourrisson ici — perçoit subjectivement cet objet.

c : Le classement est le processus par lequel les nourrissons classent les objets en fonction de certaines caractéristiques.

10. La réponse est **a**.

b et **c** : Il s'agirait de modèles ou d'apprentissage par imitation si le père répétait constamment « papa » en présence de l'enfant.

d : C'est l'opinion de Chomsky; Skinner soutenait que les habiletés linguistiques résultent d'un apprentissage.

11. La réponse est **c**.

a : À 18 mois, la plupart des enfants ont un vocabulaire beaucoup plus restreint.

b : Les enfants qui s'expriment par holophrases sont plus jeunes.

12. La réponse est **d**.

a : La perception du mouvement fait ressortir certaines caractéristiques d'un objet.

b : La permanence de l'objet est la capacité de reconnaître que les êtres et les objets continuent d'exister même quand il est impossible de les voir.

c : La perception intermodale est la capacité d'associer l'information provenant d'un système sensoriel à l'information provenant d'un autre système sensoriel.

13. La réponse est **a**. Avant que la permanence de l'objet ne soit acquise, un objet qui disparaît du champ de vision de l'enfant cesse d'exister pour lui.

    b : La perception intermodale est la capacité d'associer l'information provenant d'un système sensoriel à l'information provenant d'un autre système sensoriel.

    c : Les combinaisons mentales sont des actions dont l'enfant fait mentalement l'essai avant de les accomplir dans les faits.

    d : La perception transmodale est la capacité de s'appuyer sur un type d'information pour en imaginer un autre.

14. La réponse est **c**.

    a : Puisqu'Anne-Julie exprime une pensée complète, ses paroles sont plus que de la lallation.

    b : L'amplification consiste à employer un mot dans un sens excessivement large, par exemple appeler « chien » tous les quadrupèdes.

    d : Le langage bébé concerne la façon dont les adultes parlent aux très jeunes enfants.

15. La réponse est **b**.

    a : On appelle « gazouillis » les sons agréables qu'émet un enfant vers l'âge de 2 mois.

    c : L'holophrase, mot unique exprimant une pensée complète, apparaît plus tard.

    d : La surgénéralisation consiste à employer les mots dans un sens excessivement large, par exemple appeler « balle » tous les objets ronds.

Chapitre 5

page 184

1. La réponse est **b**.

   a, **c** et **d** : Ces réponses correspondent davantage à un sentiment d'attachement peu sécurisant chez le jeune enfant.

2. La réponse est **a**. Environ 40 % des jeunes enfants ont une personnalité de type « facile ».

   b : Environ 15 % des jeunes enfants ont une personnalité de type « lent à s'adapter ».

   c : Environ 10 % des jeunes enfants ont une personnalité de type « difficile ».

3. La réponse est **c**.

a : Les adultes dont le profil d'attachement est de type autonome sont capables de discuter objectivement de leurs premières expériences d'attachement.

b : Les adultes dont le profil d'attachement est de type négatif dévalorisent l'importance des relations d'attachement.

d : Les adultes dont le profil d'attachement est de type désorienté ne sont pas encore en harmonie avec leurs premières expériences d'attachement.

4. La réponse est **b**.

   a : Jeanne correspondrait au type « irrésolu ».

   c : Les adultes dont le profil d'attachement est de type autonome, comme Monique, ont généralement des enfants dont le sentiment d'attachement est sécurisant.

   d : Les adultes dont le profil d'attachement est de type préoccupé, comme Carmen, ont généralement des enfants manifestant un attachement insécurisant de résistance.

5. La réponse est **a**.

6. La réponse est **b**.

7. La réponse est **c**.

   a et **d** : Lorsque leur mère est de retour après s'être absentée, les jeunes enfants dont l'attachement est sécurisant rétablissent généralement le contact social (en souriant ou en grimpant sur les genoux de leur mère) avant de recommencer à jouer.

   b : Rien n'indique, dans cet exemple, que Laurent soit victime d'abus.

8. La réponse est **c**.

   a et **b** : Rien n'indique, dans cet exemple, que les parents renforcent les comportements colériques ou ne satisfont pas un besoin biologique de l'enfant.

   d : Au contraire, environ 40 % des jeunes enfants ont un tempérament de type « facile ».

9. La réponse est **d**.

   a : Selon Erikson, ce conflit surgit chez les trottineurs.

   b : Le synchronisme correspond à un moment d'interaction coordonnée et réciproque entre un parent et un jeune enfant.

   c : Le manque de synchronisme se produit lorsque le déroulement coordonné d'une interaction synchronisée est momentanément interrompu.

10. La réponse est **c**.

11. La réponse est **b**. La crainte d'être abandonné par la personne qui prend soin de soi (angoisse de la séparation) apparaît à l'âge de 6 à 8 mois et atteint son intensité maximale à l'âge de 14 mois. C'est pourquoi on peut s'attendre à ce que Charles, âgé de 4 mois, devienne moins irrité que sa sœur aînée.

12. La réponse est **c**.

Chapitre 6

page 210

Section 1 – Âge du jeu

1. La réponse est **d**.

2. La réponse est **b**.

   a : La motricité fine se caractérise par de légers mouvements corporels, tels que les mouvements de la main utilisés pour peindre.

   c et **d** : Ces comportements sont liés à des troubles et non à l'activité décrite.

3. La réponse est **d**.

   a, **b** et **c** : À l'âge du jeu, les enfants ont moins de difficulté à accomplir ces activités de motricité globale que l'activité de motricité fine décrite en **d**.

4. La réponse est **a**. Les problèmes vécus par la famille sont inhabituels et, il faut l'espérer, temporaires.

5. La réponse est **b**.

6. La réponse est **b**.

Section 2 – Âge scolaire

7. La réponse est **c**.

   a : L'exercice physique est un facteur important au regard de l'obésité, mais n'explique pas la plupart des variations de la taille.

   b : Dans certaines régions du monde, la variation est attribuable à la malnutrition, ce qui n'est pas le cas dans les pays développés.

8. La réponse est **a**.

   b : La dyslexie est la difficulté à lire, qui peut aussi se manifester dans l'écriture.

   c : La dyscalculie est la difficulté à calculer.

   d : Le trouble d'hyperactivité avec déficit de l'attention est un trouble du comportement.

9. La réponse est **d**.

   a et **b** : Les problèmes de Matéo sont liés à la concentration et non à la lecture (dyslexie) ou au calcul (dyscalculie).

   c : L'autisme se caractérise par l'absence des capacités de communication.

Chapitre 7

page 240

Section 1 – Âge du jeu

1. La réponse est **c**.

   a : Dans un test de réversibilité, on demanderait à un enfant de faire une opération, comme additionner 4 et 3, puis d'effectuer l'opération inverse (soustraire 3 de 7) dans le but de déterminer s'il a compris que l'élément d'origine (le nombre 4) est rétabli.

   b : Dans un test de conservation de la matière, on modifierait l'apparence d'un objet, comme une boule de pâte à modeler, afin de vérifier si l'enfant comprend que l'objet est demeuré le même.

   d : Dans un test de centration, on évaluerait la capacité de l'enfant d'envisager une situation sous plusieurs de ses aspects.

2. La réponse est **b**.

   a : L'irréversibilité concerne l'incapacité de comprendre que l'inversion d'une transformation rétablit les conditions initiales.

   c : Ce concept ne relève pas de la théorie de Piaget.

   d : La représentation mentale est un exemple de pensée symbolique.

3. La réponse est **a**.

4. La réponse est **c**.

   a : L'égocentrisme est une forme de pensée autocentrée.

   b : La permanence de l'objet concerne la capacité de savoir qu'un objet continue d'exister même quand il n'est plus dans le champ sensoriel.

   d : La conservation se définit comme la compréhension du fait que la quantité d'une substance demeure inchangée même lorsque sont modifiés sa forme ou son emplacement.

5. La réponse est **c**. Selon Vygotsky, l'interaction sociale qui apporte une motivation et qui dirige l'attention facilite l'apprentissage.

   a, **b** et **d** : Deux de ces situations n'offrent aucune possibilité d'interaction sociale (**b** et **d**) et une ne requiert aucun effort de la part de l'enfant (**a**).

6. La réponse est **b**.

   a : L'égocentrisme est une forme de pensée autocentrée.

   c : Les enfants d'âge préscolaire conservent des souvenirs d'événements précis; la récupération d'un souvenir, toutefois, prend souvent la forme d'une association d'événement analogues.

   d : Sa théorie mentale concernant les perspectives adoptées par d'autres personnes en est encore à ses débuts.

7. La réponse est **d**.

   a : Piaget croyait que le développement cognitif précédait le développement du langage.

   b et **c** : Chomsky mettait l'accent sur l'*acquisition* du langage et Flavell insistait sur la cognition.

8. La réponse est **c**.

9. La réponse est **c**.

Section 2 – Âge scolaire

10. La réponse est **c**.

    a : Cette perspective met en relief le caractère actif et logique de la pensée durant la phase intermédiaire de l'enfance.

b : Cette perspective met l'accent sur l'importance de l'interaction sociale en matière d'apprentissage.

d : Cette perspective ne traite pas du développement des habiletés cognitives.

11. La réponse est **d**.

a : L'attention sélective est la capacité de concentrer l'esprit sur l'information importante et de faire fi des sources de distraction.

b : L'identité correspond au principe logique selon lequel un objet demeure inchangé même si sa forme ou son apparence sont modifiées.

c : La métacognition renvoie à la capacité d'évaluer une tâche et d'orienter la performance lors de l'exécution de cette tâche.

Chapitre 8

page 275

Section 1 – Âge du jeu

1. La réponse est **b**.

a : Selon Freud, le complexe d'Œdipe correspond au désir sexuel que le garçon éprouve envers sa mère, associé à l'hostilité à l'égard du père.

c et d : Ces concepts appartiennent respectivement aux théoriciens de l'approche cognitive et à Erik H. Erikson.

2. La réponse est **a**.

b : Erikson n'établissait pas de rapport entre la permanence du sexe et l'émergence de la culpabilité.

c et d : Ces concepts relèvent de la perspective de l'apprentissage social et de Freud.

3. La réponse est **b**.

4. La réponse est **a**.

b : Les enfants ne peuvent différencier les hommes des femmes avant l'âge de 2 ou 3 ans.

c : Dès l'âge de 2 ans, les enfants préfèrent les jouets destinés à leur sexe, mais cette préférence devient plus marquée vers 5 ou 6 ans.

5. La réponse est **d**.

6. La réponse est **b**.

a : Les parents démocrates-indulgents sont affectueux, sensibles et moins exigeants que les parents autoritaires.

c : Il ne s'agit pas d'une caractéristique des parents permissifs ou autoritaires.

d : Les parents directifs sont plus démocrates que ne l'étaient les parents de Joël.

7. La réponse est **c**.

Section 2 – Âge scolaire

8. La réponse est **c**.

9. La réponse est **c**. L'énoncé de la question décrit ce qu'est, pour Erikson, l'enjeu de la crise de l'âge scolaire, c'est-à-dire le travail et l'infériorité.

10. La réponse est **c**.

a, b et **d** : Ces comportements sont caractéristiques de l'enfant à l'âge du jeu.

11. La réponse est **c**.

12. La réponse est **b**.

Chapitre 9

page 308

Section 1 – Adolescence

1. La réponse est **a**.

b : Il faut généralement plus de un an à un garçon prépubère pour parvenir au même stade de développement qu'une fille dont la puberté s'est déjà déclenchée.

c : Ce n'est pas vrai.

d : L'exercice n'aura pas nécessairement une incidence sur l'apparition d'une poussée de croissance. Au contraire, la puberté est parfois retardée chez certains athlètes.

2. La réponse est **c**. Ce sont plutôt les filles dont la maturité est précoce qui sont amenées à fréquenter des amies plus âgées qu'elles.

3. La réponse est **b**.

a et c : Ces affirmations sont fausses.

d : Les préoccupations au sujet de l'apparence sont aussi présentes chez les adolescents que chez les adolescentes.

4. La réponse est **c**.

a : Pendant la puberté, le taux d'œstrogènes ne s'élève sensiblement que chez les filles.

b : Pendant la puberté, le taux de testostérone ne s'élève sensiblement que chez les garçons.

d : La ménarche est l'apparition des premières menstruations.

5. La réponse est **b**.

Section 2 – Début de l'âge adulte

6. La réponse est **c**.

7. La réponse est **c**.

a et b : Ces explications sont plus susceptibles d'être données par ceux qui privilégient une approche de l'apprentissage, une approche cognitive ou une approche humaniste.

d : Il s'agit d'une explication sociologique des troubles de l'alimentation.

8. La réponse est **c**.

a et **d** : Rien n'indique que Félicia souffre d'un trouble glandulaire ou qu'elle est obèse. En fait, un indice de masse corporelle de 24 correspond à un poids normal.

b : Rien n'indique que Félicia connaît des épisodes d'alimentation excessive et de purgations.

Chapitre 10

page 335

Section 1 – Adolescence

1. La réponse est **c**.

2. La réponse est **a**.

   b et **d** : Ces comportements révèlent davantage une préoccupation relative à l'auditoire imaginaire.

   c : Le doute ressenti par Karl correspond à une tendance normale qui favorise le raisonnement moral chez les adolescents.

3. La réponse est **d**.

   a : C'est un exemple d'auditoire imaginaire.

   b : C'est un exemple d'illusion d'invincibilité.

   c : C'est un exemple d'égocentrisme de l'adolescent.

4. La réponse est **c**.

   a : La fabulation personnelle consiste à se croire appelé à un destin extraordinaire.

   b : L'illusion d'invincibilité consiste à se croire à l'abri des conséquences résultant de risques courants.

   d : Il s'agit d'un niveau de jugement moral défini dans la théorie de Kohlberg.

5. La réponse est **a**.

6. La réponse est **d**.

Section 2 – Début de l'âge adulte

7. La réponse est **b**.

   a : Les étudiants de première année à l'université sont plus susceptibles de raisonner de cette façon.

   c et **d** : À mesure qu'ils avancent dans leurs études, les étudiants deviennent *moins* susceptibles de raisonner ainsi.

8. La réponse est **b**.

   a, **c** et **d** : Ni Labouvie-Vief ni Sternberg ni Piaget ne mettent l'accent sur l'éthique dans le cadre de leur théorie respective.

Chapitre 11

page 371

Section 1 – Adolescence

1. La réponse est **b**. Selon toute vraisemblance, Manon n'a jamais tenté d'adopter d'autres identités ni de se forger une identité propre.

   a : Les individus qui se rebellent en adoptant une identité contraire à celle qu'on attend d'eux ont formé une identité négative.

   c : Les individus dont l'identité est diffuse possèdent peu de valeurs et ne poursuivent pas de buts. Ce n'était pas le cas de Manon.

   d : Si elle avait adopté une identité en moratoire, Manon aurait expérimenté plusieurs états d'identité et peut-être aurait-elle choisi la carrière de chercheure dans le domaine biomédical.

2. La réponse est **b**.

   a : Les individus ayant une identité réalisée possèdent une forte identité culturelle, mais possèdent habituellement peu de préjugés.

   c et **d** : Dans le chapitre, on ne fait pas mention d'études établissant un lien entre l'identification ethnique et la présence de préjugés, ni dans les cas de l'identité diffuse, ni dans celui de l'identité en moratoire.

3. La réponse est **b**. Les adolescents issus des groupes minoritaires s'efforcent de trouver le juste équilibre entre l'adhésion totale à leur culture d'origine et un rejet de celle-ci.

   c et **d** : Le texte ne précise pas le temps que requiert la réalisation d'une identité. Cette période varie selon les époques et l'origine ethnique de l'individu.

4. La réponse est **b**.

   a : Le fossé des générations se définit comme les différences entre les attitudes et les valeurs d'une génération par rapport à une autre. Cet exemple met l'accent sur la discordance entourant la perception de ces différences.

   c et **d** : Ces termes n'ont pas été utilisés pour décrire le conflit familial.

5. La réponse est **a**.

   b : En fait, l'opposé est vrai.

   c : Les spécialistes du développement préconisent que les parents fassent preuve d'autorité plutôt que de se montrer autoritaires.

   d : Les adolescents ont besoin de parents attentifs.

6. La réponse est **c**.

Section 2 – Début de l'âge adulte

7. La réponse est **a**.

8. La réponse est **b**.

   a : Selon la théorie d'Erikson, le besoin d'intimité devance le besoin d'accomplissement.

   c et **d** : Même si ces affirmations sont vraies, la théorie d'Erikson ne couvre pas ces sujets.

9. La réponse est **d**.

10. La réponse est **b**.

Chapitre 12

page 403

Section 1 – Adulte d'âge mûr

1. La réponse est **d**.

   a, **b** et **c** : Ces activités n'ont pas autant d'effets bénéfiques que la pratique régulière d'exercices aérobiques.

2. La réponse est **a**. Bien que le déclin du système immunitaire s'amorce dès l'adolescence, ses effets ne se manifestent pas avant l'âge mûr. Le rétablissement devient alors plus long pour tous les types de maladies.

3. La réponse est **c**.

4. La réponse est **b**.

   a : Tandis que Valérie avance en âge, son métabolisme devient plus lent. Elle devrait donc réduire son apport énergétique.

   c et **d** : Bien qu'un apport suffisant de vitamine C et de fibres soit recommandé, ces éléments n'ont pas de répercussion sur la perte de poids.

5. La réponse est **d**.

6. La réponse est **a**.

   b : Cette réponse serait correcte si l'affirmation était ce que « la mortalité est à la morbidité ».

   c : Cette réponse serait correcte si l'affirmation était ce que « l'incapacité est à la morbidité ».

   d : Cette réponse serait correcte si l'affirmation était ce que « la morbidité est à la vitalité ».

7. La réponse est **c**.

   a et **b** : Bien que ces habitudes augmentent les chances de demeurer en bonne santé, seule la pratique régulière d'exercices aérobiques produit les effets bénéfiques observables chez André.

Section 2 – Adulte d'âge avancé

8. La réponse est **b**.

9. La réponse est **b**.

   a : Les erreurs survenant lors de la division cellulaire *expliquent* en partie le phénomène du vieillissement primaire.

   c : Chaque espèce semble posséder une longévité maximale génétiquement programmée.

10. La réponse est **c**.

    a : Les adultes âgés sont généralement plus enclins à aller consulter des médecins.

    b : Il n'y a rien qui prouve que cela est vrai.

    d : La plupart des adultes âgés s'alimentent adéquatement.

11. La réponse est **a**. Les femmes sont prédisposées à souffrir de maladies chroniques à l'âge adulte.

12. La réponse est **d**.

13. La réponse est **d**.

    a : L'espérance de vie moyenne actuelle a augmenté de 20 ans depuis le début du siècle dernier.

    b et **c** : La longévité maximale n'a pas changé depuis le début du siècle dernier.

Chapitre 13

page 434

Section 1 – Adulte d'âge mûr

1. La réponse est **a**. Cet aspect de l'intelligence concerne les processus mentaux nécessaires à un apprentissage, à une mémorisation et à une pensée efficaces.

   b : La capacité de s'adapter harmonieusement au changement est relié à cet aspect de la pensée.

   c : Il s'agit de la capacité d'appliquer des fonctions intellectuelles à des situations familières ou nouvelles.

2. La réponse est **d**. Le développement de l'intelligence cristallisée dépend en partie du bon fonctionnement de l'intelligence fluide.

3. La réponse est **c**.

4. La réponse est **c**.

   a et **b** : Cet énoncé ne donne pas d'information sur le type de méthode de recherche utilisé par cette psychologue.

5. La réponse est **c**.

6. La réponse est **b**.

   c et **d** : Les méthodes transversales et longitudinales peuvent toutes deux produire des résultats reflétant mal la réalité.

7. La réponse est **c**.

   a et **b** : Schaie a mis au point la méthode de recherche séquentielle comparative pour éviter les distorsions des résultats produites par les études transversales et longitudinales, soit les phénomènes de cohorte dans le premier cas et le fait de soumettre à plusieurs reprises les mêmes individus aux mêmes épreuves dans le dernier.

   d : Ne portant que sur un seul sujet, une étude de cas ne pourrait guère fournir d'information sur les différences entre les cohortes ni sur les différences entre les divers groupes à l'étude.

8. La réponse est **b**. Étant donné que le maintien de l'intelligence cristallisée, ou des connaissances et autres acquis, dépend en partie de l'usage que l'on en fait, le fait de demeurer socialement actif ou isolé pendant la vie adulte a des conséquences de plus en plus évidentes avec le temps.

9. La réponse est **b**. L'intelligence créative permet à une personne de s'adapter harmonieusement aux changements, tels que ceux reliés à la retraite, survenant dans son environnement au cours de son existence.

a : Cet aspect de l'intelligence concerne les processus mentaux nécessaires à un apprentissage, à une mémorisation et à une pensée efficaces.

c : Il s'agit de la capacité d'appliquer des capacités intellectuelles à des situations familières ou nouvelles.

d : La théorie de Sternberg ne traite pas de la plasticité ou de la nature souple de l'intelligence à laquelle ce vocable fait référence.

10. La réponse est **c**.

11. La réponse est **b**.

12. La réponse est **c**.

Section 2 – Adulte d'âge avancé

13. La réponse est **a**.

b, c et **d** : Il s'agit d'exemples du processus de recouvrement de l'information.

14. La réponse est **c**.

a : Le taux d'alcoolisme parmi les hommes âgés est moins élevé que chez les hommes plus jeunes.

b : L'alcoolisme chez les hommes âgés a plutôt tendance à prendre la forme d'une consommation stable et mesurée.

d : Les personnes âgées ont probablement une moindre tolérance à l'alcool.

15. La réponse est **c**.

d : Une telle inclinaison pourrait se traduire par une appréciation plus vive des beautés de la nature, mais n'expliquerait pas nécessairement une plus grande tendance à la réminiscence.

16. La réponse est **b**. Les personnes âgées ont généralement plus de difficulté à retenir des nouvelles informations, particulièrement si celles-ci n'ont à peu près aucune importance pour elles.

a, b et **c** : Ce sont des exemples de souvenirs reliés à la mémoire à long terme qui sont généralement très peu touchés par l'âge.

17. La réponse est **b**.

18. La réponse est **b**.

19. La réponse est **d**.

a, b et **c** : Les symptômes que présente le père de Pascal sont des symptômes de dépression, lesquels sont souvent mal diagnostiqués, pris pour des manifestations de démence chez les patients âgés.

Chapitre 14

page 461

Section 1 – Adulte d'âge mûr

1. La réponse est **a**.

b, c et **d** : Les sentiments de Kevin s'observent fréquemment à l'âge mûr et ne sont pas nécessairement

propres à la « génération du milieu », ni signes de névrose ou de dépression majeure.

2. La réponse est **c**.

3. La réponse est **b**. Si l'on se fie aux rôles habituellement joués par les femmes, il est probable que Rebecca prendra une plus grande part de cette responsabilité que son frère.

d : La question du lien entre le niveau de scolarité et les soins prodigués aux parents âgés de santé précaire n'est pas abordée dans le texte.

4. La réponse est **b**.

5. La réponse est **c**.

a : La satisfaction conjugale peut compenser le stress occasionné par les épreuves du mitan de la vie et s'avérer un bon rempart.

d : Il n'y a pas lieu de penser que les craintes de Nancy sont anormales ou qu'elles sont la manifestation de tendances névrotiques.

6. La réponse est **c**.

a : L'expression « grands-parents distants » désigne une relation plus « stricte » que celle qui semble exister entre Louise et ses petits-enfants.

b : Des grands-parents dits « assidus » participent plus activement que Louise à la vie quotidienne de leurs petits-enfants.

d : Cette caractéristique ne représente pas un des aspects essentiels du rôle des grands-parents.

7. La réponse est **a**.

b : Ceci désigne la tendance à s'extérioriser, à avoir de l'élan et à mener une vie active.

c : Il s'agit de la tendance à être imaginatif et curieux.

d : Ce trait désigne la tendance à être organisé, réfléchi et conformiste.

8. La réponse est **c**. Le fait d'être ouvert aux nouvelles expériences peut rendre ces événements moins menaçants.

Section 2 – Adulte d'âge avancé

9. La réponse est **c**.

10. La réponse est **a**.

b : Les partisans de la théorie de la continuité affirment que les capacités d'adaptation auxquelles les personnes âgées peuvent faire appel pour composer avec le vieillissement demeurent semblables à celles qu'elles avaient lorsqu'elles étaient jeunes.

c : Les théories du soi mettent l'accent sur le besoin, le désir de se réaliser.

d : Les théories qui reposent sur le concept de trajet de vie dynamique sont axées sur la conviction que la vie est un phénomène dynamique, assujetti à un processus de changement continuel à l'intérieur d'un contexte social également en évolution constante.

11. La réponse est **b**.

a : La retraite exige toujours une certaine période d'adaptation.

d : Bien des faits de la vie réelle *contredisent* la théorie du désengagement.

12. La réponse est **c**.

a et **b** : À tous les âges, les femmes ont des réseaux sociaux plus étendus et entretiennent des relations d'amitié plus intimes que les hommes.

d : Les veuves tendent à établir des liens plus soutenus avec leurs amis que les femmes mariées.

13. La réponse est **c**.

a et **b** : Ce sont des exemples d'« activités de la vie quotidienne ».

14. La réponse est **c**.

a : Selon la théorie d'Erikson, ces enjeux, la tension entre ces deux pôles, ne sont pas propres à l'âge adulte avancé.

b et **d** : Ce ne sont pas les enjeux définis par la théorie d'Erikson.

Épilogue
page 474

1. La réponse est **d**.

a : À ce stade, la personne refuse d'admettre que son état est sans espoir.

b : À ce stade, le malade projette sa colère sur les autres.

c : À cette étape, le malade doit faire le deuil de sa propre vie, pleurer sa propre mort.

2. La réponse est **a**.

3. La réponse est **b**.

4. La réponse est **d**.

5. La réponse est **c**.

6. La réponse est **d**.

Glossaire

À l'aveugle Se dit d'une recherche dont les expérimentateurs ne sont pas informés du but ni des caractéristiques étudiées chez les sujets.

Abus de drogues Absorption de drogues telle qu'elle nuit au bien-être corporel, cognitif ou psychosocial de la personne.

Abus sexuel sur les enfants Toute activité à caractère érotique qui excite un adulte et stimule, embarrasse ou désoriente un enfant ou un jeune adolescent, que la victime proteste ou non et que l'activité comporte ou non un contact génital.

Activités de la vie quotidienne Actions essentielles au maintien de l'autonomie, c'est-à-dire manger, se laver, utiliser les toilettes, marcher et se vêtir. L'incapacité d'accomplir ces tâches est un signe de fragilité.

Activités instrumentales de la vie quotidienne Actions qui nécessitent un certain degré de prévoyance et de compétence intellectuelle. Ces actions sont encore plus importantes que les activités de la vie quotidienne pour le maintien de l'autonomie.

Adéquation Concordance entre le tempérament d'un enfant et les caractéristiques de l'environnement.

Adéquation personne-environnement Degré d'adaptation d'un environnement donné au développement d'un individu donné.

ADN (acide désoxyribonucléique) Substance chimique complexe, la molécule d'ADN, base de l'hérédité, est l'élément constitutif des gènes regroupés dans les chromosomes, supports matériels de l'hérédité.

Agents tératogènes Agents extérieurs, tels que les virus, les drogues, les substances chimiques et les radiations, qui peuvent entraver le développement prénatal et entraîner des anomalies, des handicaps ou la mort chez le fœtus.

Âgisme Discrimination envers les personnes âgées. Comme le racisme et le sexisme, l'âgisme interdit à ses victimes le bonheur et la productivité auxquels elles pourraient aspirer.

Analyse des risques En tératologie, évaluation de tous les facteurs qui augmentent ou diminuent les probabilités d'effets nocifs d'un agent tératogène.

Andropause Ensemble des changements physiologiques associés à la concentration de testostérone.

Angoisse de la séparation Chez le bébé, crainte d'être abandonné par les personnes familières qui prennent soin de lui, en général ses parents. Cette réaction apparaît vers l'âge de 8 ou 9 mois, culmine vers 14 mois puis disparaît graduellement.

Anorexie nerveuse Trouble alimentaire grave caractérisé par une recherche de la minceur et une phobie de prendre du poids qui amènent une restriction de l'apport alimentaire. Cette restriction est parfois si sévère que la personne atteinte, généralement une adolescente ou une jeune femme adulte, peut souffrir d'émaciation et d'inanition.

Anoxie Manque d'oxygène qui peut entraîner des lésions cérébrales ou la mort s'il se prolonge.

Antioxydants Composés qui, en se liant aux radicaux libres, les empêchent d'exercer leurs effets.

Antithèse Point de vue opposé à la thèse; deuxième étape du raisonnement dialectique.

Apprentissage par observation (aussi appelé *conditionnement vicariant*) Forme d'apprentissage qui s'effectue à la suite de l'observation d'un modèle.

Approche cognitive Perspective selon laquelle les opérations de la pensée influent sur les croyances, les attitudes et les comportements.

Approche écologique Façon d'aborder le développement qui tient compte des divers contextes — environnements physiques et sociaux — dans lesquels la personne vit.

Approche psychodynamique Approche selon laquelle des forces inconscientes et souvent conflictuelles sous-tendent le comportement humain.

Attachement insécurisant Forme perturbée d'attachement entre un enfant et un parent. L'enfant insécurisé manifeste une dépendance ou une indifférence excessives envers le parent. Il n'est pas réconforté par l'adulte et il est moins enclin que l'enfant sécurisé à explorer son environnement.

Attachement Lien affectif durable qui unit deux personnes et les pousse à demeurer en contact.

Attachement sécurisant Forme saine d'attachement entre un enfant et un parent. L'enfant sécurisé affiche de la confiance en présence du parent, exprime de la détresse en son absence et se console à son retour.

Attention sélective Processus par lequel le cerveau fait le tri des messages sensoriels pour ne traiter que ceux jugés les plus importants.

Auditoire imaginaire Personne ou groupe de personnes réelles ou fictives qui, selon l'adolescent, s'intéressent autant que lui-même à son apparence, à ses pensées, à ses comportements.

Autisme Désordre caractérisé par l'incapacité ou le refus de communiquer, par un retard dans l'acquisition du langage et par des activités répétitives et stéréotypées.

Automatisation Processus par lequel les activités mentales deviennent automatiques à force d'être répétées.

Autonomie, honte et doute Selon Erikson, deuxième crise psychosociale, au cours de laquelle le trottineur oscille entre le désir d'indépendance et la honte et le doute à propos de lui-même et de ses capacités.

Avalanche d'erreurs Selon la théorie cellulaire du vieillissement, perturbation de la reproduction cellulaire telle que l'organisme ne parvient plus à limiter et à corriger les erreurs et qu'il cesse de fonctionner.

Axones Prolongement du neurone (en une longue structure tubulaire) qui transmet les influx nerveux aux dendrites d'un autre neurone.

Base de connaissances Ensemble de connaissances ou d'habiletés que possède un individu dans un domaine et sur lequel repose l'acquisition de nouvelles informations sur ce sujet.

Béhaviorisme Perspective selon laquelle la psychologie doit axer systématiquement son étude sur le comportement objectivement observable.

Bilan de vie Examen du passé auquel se livrent de nombreuses personnes âgées. Selon Butler, le bilan de vie est thérapeutique dans la mesure où il aide la personne à accepter le vieillissement et la mort.

Boulimie Trouble alimentaire caractérisé par des épisodes récurrents de gavage après lesquels la personne atteinte (une femme le plus souvent) se fait vomir ou se purge au moyen de laxatifs.

Capacité de réserve Capacité du cœur, des poumons et d'autres organes de tolérer un effort exceptionnellement intense ou prolongé. La capacité de réserve diminue avec le temps, à un rythme qui dépend de l'état de santé général.

Capacités multidirectionnelles Se dit des capacités de l'intelligence qui seraient variables dans le temps.

Caractère plurifactoriel (aussi appelé *caractère multifactoriel*) Caractère produit par l'interaction de facteurs génétiques et environnementaux.

Caractère polygénique Caractère produit par l'interaction de plusieurs gènes.

Caractères sexuels primaires Organes qui jouent un rôle direct dans la reproduction, tels que l'utérus et les ovaires ainsi que le pénis et les testicules.

Caractères sexuels secondaires Traits qui sont des indices physiques de maturité distinguant les hommes et les femmes, mais qui ne jouent pas un rôle direct dans la reproduction.

Caravane sociale Ensemble des parents, des amis et des connaissances qui accompagnent une personne dans la vie.

Caryotype Arrangement caractéristique des chromosomes d'une cellule; s'applique à un individu comme à une espèce.

Cataracte Maladie de l'œil répandue chez les personnes âgées, caractérisée par une opacification du cristallin et pouvant entraîner une perte de l'acuité visuelle.

Centration Tendance du jeune enfant à axer son analyse sur un aspect d'une situation ou d'un objet à l'exclusion de tous les autres.

Chromosome Filament du noyau de la cellule qui porte de longs segments de gènes transmis par les parents à leur progéniture. Chaque cellule humaine contient 46 chromosomes répartis en 23 paires.

Classification Concept selon lequel les objets peuvent être répartis dans des catégories (comme les fruits, les légumes, les produits laitiers dans le cas des aliments) selon des critères et des règles logiques rigoureusement appliqués. Selon Piaget, l'enfant acquiert ce concept au cours de la période opératoire concrète.

Climatère Étape de la vie caractérisée par la cessation de l'activité des hormones sexuelles chez la femme et chez l'homme.

Code génétique Programme constitué par l'enchaînement des bases chimiques de l'ADN et appelé « code » parce qu'il détermine la séquence des acides aminés dans les protéines que synthétise l'organisme.

Cohabitation Fait pour deux adultes de faire vie commune sans être mariés.

Cohorte Groupe de personnes nées à quelques années d'intervalle et exposées aux mêmes conditions historiques et sociales; elles ont tendance à partager des perspectives similaires.

Combinaisons mentales Répétitions mentales d'une action précédant son accomplissement.

Comparaison sociale Tendance à évaluer ses habiletés, ses accomplissements et sa situation sociale en fonction de ceux des autres, des pairs en particulier.

Complexe d'Électre Contrepartie féminine du complexe d'Œdipe; chez les filles, à la phase phallique du développement psychosexuel, désir sexuel pour le père associé à une hostilité ambivalente à l'égard de la mère.

Complexe d'Œdipe Chez les garçons, à la phase phallique du développement psychosexuel, désir sexuel pour la mère associé à une hostilité à l'égard du père.

Conditionnement opérant (aussi appelé *conditionnement instrumental*) Processus d'apprentissage à la suite duquel la probabilité d'apparition d'un certain comportement augmente en présence d'un renforçateur (positif ou négatif) et diminue en présence d'une punition.

Conditionnement Processus d'apprentissage fondé sur l'association d'un stimulus et d'un comportement.

Conditionnement répondant Processus d'apprentissage dans lequel un stimulus neutre est associé de façon répétée à un stimulus inconditionnel de sorte que le stimulus neutre en vienne à susciter la même réponse réflexe que le stimulus inconditionnel.

Confiance et méfiance Selon Erikson, première crise psychosociale, au cours de laquelle l'enfant perçoit le monde comme un milieu sûr et confortable dans certaines situations ou, au contraire, comme un milieu imprévisible et inconfortable dans d'autres.

Conscience de soi Sentiment d'être distinct des autres et de posséder des caractéristiques particulières.

Conseil génétique Série de consultations et de tests visant à renseigner les couples sur leur patrimoine génétique pour les aider à prendre des décisions plus éclairées quant à la procréation.

Conservation Concept selon lequel certaines propriétés des objets ne changent pas lorsqu'on modifie la forme ou la disposition de ces objets.

Consommation de drogues Absorption de drogues, sans égard à la quantité et à la fréquence des doses, ni à l'effet des drogues et à leur légalité.

Constance perceptive Invariabilité d'une perception, maintenue en dépit des variations de l'information sensorielle.

Construit social Conception de l'ordre des choses reposant sur des perceptions communes aux membres d'une société et non sur une réalité objective.

Contexte social Ensemble des environnements (ou écosystèmes) physiques et sociaux dans lesquels une personne vit.

Corrélation En statistique, correspondance entre deux séries de mesures portant sur deux variables. Une corrélation est dite positive lorsque les deux variables augmentent ou diminuent simultanément; une corrélation est dite négative lorsqu'une variable augmente et que l'autre diminue.

Crise Dans la théorie psychosociale, conflit primordial entre deux tendances contradictoires associé à chaque étape du développement.

Culture Ensemble des valeurs, des attitudes, des coutumes et des objets dont se dotent les membres d'un groupe pour structurer leur mode de vie.

Décentration Caractéristique de la pensée qui permet de considérer tous les aspects importants d'un objet ou d'un événement.

Décès infantiles Nombre d'enfants morts dans la première année de vie dans une population donnée et pendant une période de temps déterminée.

Dégénérescence maculaire sénile Détérioration progressive de la rétine due au vieillissement.

Démarche scientifique Ensemble des procédés de recherche consistant à formuler une hypothèse, à recueillir des données à l'aide de méthodes rigoureuses et objectives, à vérifier l'hypothèse et à tirer des conclusions à partir des résultats obtenus et des théories existantes.

Démence Déchéance des capacités intellectuelles due à une lésion cérébrale ou à une maladie. La démence est plus fréquente à l'âge adulte avancé qu'au cours des périodes précédentes de la vie, mais, même chez les personnes très âgées, elle est anormale et pathologique.

Démences d'origine sous-corticale Démences causées par des maladies dégénératives qui, comme la chorée de Huntington, la maladie de Parkinson et la sclérose en plaques, touchent des parties du cerveau autres que le cortex. Ces maladies entraînent une détérioration de la motricité dans leurs premiers stades et de la cognition dans leurs derniers.

Démographie Étude des populations et des statistiques qui s'y rapportent.

Dendrites Prolongements ramifiés du neurone qui reçoivent les influx nerveux transmis par les axones d'autres neurones.

Déterminisme réciproque Interaction des caractéristiques internes de la personne, de l'environnement et du comportement lui-même en tant que déterminants du comportement.

Développement céphalocaudal Croissance et maturation se réalisant de la tête vers les pieds et s'observant chez l'être humain de la période embryonnaire jusqu'à la fin de la petite enfance.

Développement proximodistal Croissance et maturation se réalisant de la colonne vertébrale vers les extrémités et s'observant chez l'être humain de la période embryonnaire jusqu'à la fin de la petite enfance.

Différenciation Spécialisation progressive d'une cellule ou d'un tissu relativement indifférenciés.

Difficulté d'apprentissage Difficulté à acquérir une compétence scolaire de base, en l'absence d'un déficit intellectuel apparent ou d'une perturbation des fonctions sensorielles.

Dispositif d'acquisition du langage Selon Chomsky, capacité innée d'apprendre le langage, y compris les aspects élémentaires de la grammaire, ainsi que d'en capter et d'en mémoriser les caractéristiques essentielles.

Domaine biosocial Domaine touchant la croissance et le développement corporel ainsi que les aspects qui y sont reliés comme la santé, la nutrition, etc.

Domaine cognitif Domaine touchant les opérations mentales qui permettent à la personne de penser, d'apprendre, de communiquer et de créer.

Domaine psychosocial Domaine touchant les émotions, la personnalité, les relations interpersonnelles et sociales.

Drogues d'introduction Les trois drogues (le tabac, l'alcool et la marijuana) dont les jeunes adolescents font le plus souvent l'essai.

Dyscalculie Difficulté à calculer.

Dyslexie Difficulté à lire qui peut se manifester aussi dans l'écriture.

Échantillon représentatif Groupe de sujets présentant les caractéristiques de la population étudiée.

Échelle d'intelligence pour adultes de Wechsler (WAIS) Test d'intelligence pour adultes le plus couramment utilisé.

Effet additif Effet produit lorsque tous les gènes qui possèdent des instructions pour un caractère donné jouent un rôle actif. La couleur de la peau et la taille, par exemple, sont codées par des gènes ayant un effet additif.

Effet non additif Effet produit lorsqu'un des gènes d'une paire (le gène dominant) masque l'influence de l'autre (le gène récessif).

Effet synergique Renforcement des effets d'une substance par une autre substance.

Égocentrisme de l'adolescent Caractéristique de la pensée adolescente qui pousse certains individus à se centrer exclusivement sur eux-mêmes, à s'attribuer une importance exagérée dans le domaine social.

Égocentrisme intellectuel Chez l'enfant d'âge préscolaire, tendance à considérer le monde et les autres de son seul point de vue.

Enchaînement des deuils Fait de perdre plusieurs êtres chers en une période relativement courte et de manquer ainsi de temps pour accepter chaque mort.

Endométriose Développement de fragments de muqueuse utérine en dehors de l'utérus, soit sur les ovaires, les trompes de Fallope, les ligaments qui soutiennent l'utérus.

Enfants rejetés Dans les groupes de pairs, enfants que les autres délaissent, harcèlent ou rudoient. Les *rejetés-agressifs* sont impopulaires à cause de leur hostilité, tandis que les *rejetés-renfermés* sont mis de côté en raison de leur attitude ombrageuse et anxieuse.

Enquête Méthode de recherche qui consiste à étudier les comportements, opinions, attitudes d'un grand nombre de sujets représentatifs d'une population donnée au moyen de questionnaires écrits ou d'entrevues individuelles.

Enseignement centré sur la tâche Méthode d'enseignement consistant à fonder la notation sur l'acquisition d'un certain nombre de compétences et de connaissances, ce qui incite les élèves à la coopération.

Enseignement centré sur le rendement Méthode d'enseignement consistant à fonder la notation sur les résultats d'examens, ce qui crée une compétition entre les élèves.

Entrevue Méthode de recherche qui consiste à poser des questions précises à un sujet à propos de ses opinions ou de ses expériences.

Environnement Ensemble des facteurs non génétiques susceptibles d'influer sur le développement. Ces facteurs comprennent notamment les substances ayant un effet sur les gènes à l'échelon cellulaire, l'alimentation, les soins médicaux, la pollution, la situation socioéconomique, la dynamique familiale de même que les contextes social, économique, politique et culturel.

Environnement Ensemble des traits physiques et psychologiques que la personne acquiert durant sa vie au contact de facteurs environnementaux.

Épidémie de suicides Série de suicides ou de tentatives de suicide déclenchées par le suicide d'une célébrité ou d'un pair.

Équité conjugale Équivalence perçue des contributions respectives des conjoints au mariage.

Espérance de vie Durée de vie probable d'un nouveau-né moyen. L'espérance de vie a tendance à augmenter.

Estime de soi Évaluation globale positive à l'égard de soi-même.

États de conscience Les divers niveaux de vigilance et de sensibilité aux stimuli internes et externes, tels que le sommeil profond et l'état de veille.

Étayage Technique pédagogique permettant de structurer adéquatement la participation d'un enfant aux situations d'apprentissage afin de faciliter l'acquisition de connaissances ou d'habiletés pratiques.

Étude de cas Méthode de recherche qui consiste à rapporter en détail les antécédents, les attitudes, le comportement, les pensées et les émotions d'une seule personne.

Étude longitudinale En psychologie du développement, recherche qui consiste à étudier sur une longue période les mêmes personnes afin de mesurer ce qui change et ce qui reste stable au cours de la vie.

Étude scientifique du développement humain Science qui cherche à identifier et à décrire les aspects stables et changeants chez les êtres humains de la conception à la mort, à expliquer les mécanismes de transformation, à prédire les changements et à intervenir de façon adéquate pour favoriser leur développement.

Étude séquentielle comparative (aussi appelée *étude par cohortes*) En psychologie du développement, recherche qui consiste à suivre des sujets d'âges différents pendant une longue période en vue de distinguer les différences reliées à l'âge de celles reliées à la cohorte et à la période historique.

Étude transversale En psychologie du développement, recherche qui consiste à comparer des groupes différents sur le plan de l'âge, mais semblables à plusieurs autres points de vue.

Euthanasie active Action de mettre volontairement fin aux jours d'une personne souffrante.

Euthanasie passive Pratique qui consiste à s'abstenir d'administrer un traitement ou un médicament susceptible de prolonger la vie d'un patient en phase terminale. L'euthanasie passive se pratique dans un grand nombre d'établissements de soins de santé lorsque la prolongation de la vie équivaut seulement à une prolongation de la souffrance.

Expérimentation Procédé scientifique contrôlé qui consiste à modifier volontairement une variable et à observer les effets de cette manipulation sur une autre variable.

Expertise Ensemble de connaissances avancées et d'habiletés développées dans un domaine donné.

Fabulation personnelle Manifestation de l'égocentrisme qui consiste à se croire appelé à un destin extraordinaire, à se créer des scénarios dans lesquels on joue le rôle du héros.

Faible poids de naissance Poids de moins de 2500 g à la naissance.

Famille en espalier Famille comprenant plusieurs générations composées chacune de quelques personnes seulement.

Familles dépendantes Familles au sein desquelles les parents ne peuvent répondre aux besoins de leurs enfants qu'à condition de bénéficier de services sociaux à caractère exceptionnel.

Familles inaptes Familles au sein desquelles les parents présentent des problèmes psychologiques ou des déficits cognitifs tels qu'ils ne peuvent aucunement répondre aux besoins de leurs enfants.

Familles récupérables Familles au sein desquelles les parents ont la capacité de s'occuper adéquatement des enfants, mais ne peuvent le faire en raison de difficultés présentes et passées.

Familles vulnérables aux crises Familles au sein desquelles les parents sont aux prises avec des problèmes ponctuels et ont besoin d'une aide temporaire.

Faux soi Ensemble de comportements plus ou moins factices qui peuvent précéder la recherche d'une pleine identité.

Formation de liens affectifs entre les parents et l'enfant Émergence d'un sentiment d'attachement entre les parents et le nouveau-né dans les minutes qui suivent la naissance.

Gamète Cellule reproductrice sexuée qui, en s'unissant à une cellule reproductrice de sexe opposé, produit un nouvel être humain potentiel. Les gamètes femelles sont appelés ovules et les gamètes mâles, spermatozoïdes.

Gène Unité fondamentale de l'hérédité, le gène — constitué de molécules d'ADN — est un segment de chromosome. Au nombre d'environ 100 000 chez l'être humain, les gènes régissent l'ensemble de la croissance et du développement de tout organisme.

Génération du milieu Génération formée des gens qui ont à la fois des enfants adultes et des parents âgés. Bon nombre de personnes d'âge mûr se sentent prises au piège entre les exigences et les besoins de leurs enfants d'un côté et ceux de leurs parents vieillissants (veufs ou malades dans certains cas) de l'autre.

Générativité et stagnation Selon Erikson, septième des huit crises du développement psychosocial, pendant laquelle la personne cherche à se rendre productive au moyen du travail, des engagements sociaux ou de l'éducation des enfants. Sans cet altruisme dans un champ ou un autre, l'adulte éprouve un sentiment de stagnation et d'appauvrissement personnel.

Gènes liés au chromosome X Gènes qui se trouvent uniquement sur le chromosome X. Ces gènes s'expriment principalement dans le phénotype des hommes, même si les femmes ont plus de chances d'en être porteuses.

Génome Ensemble des informations se trouvant sur tous les chromosomes d'un organisme.

Génotype Ensemble des instructions génétiques reçues du père et de la mère et contenues dans le noyau des cellules d'une personne.

Gérontologie Étude de l'âge adulte avancé, une branche des sciences sociales qui progresse rapidement.

Glaucome Durcissement du globe oculaire dû à une accumulation de liquide et pouvant causer la cécité.

Gonadolibérine (GnRH) Substance produite par l'organisme au début de la puberté, qui stimule l'activité des gonades (ovaires et testicules) et entraîne un accroissement des concentrations d'œstrogènes et de testostérone.

Grands-parents amicaux Grands-parents qui vivent avec leurs enfants et leurs petits-enfants une relation caractérisée par l'indépendance et l'amitié, et qui choisissent à leur gré le moment des visites.

Grands-parents assidus Grands-parents qui voient leurs petits-enfants presque tous les jours et qui jouent un rôle actif dans leur vie.

Grands-parents distants Grands-parents difficiles d'accès, mais honorés et respectés par les jeunes générations de leur famille qui leur sont obéissants.

Groupe de pairs Groupe d'individus de même âge et de même situation sociale qui jouent, travaillent ou étudient ensemble.

Groupe ethnique Ensemble de personnes qui ont en commun un certain nombre de caractéristiques, dont la nationalité, la religion, l'éducation et la langue, et qui, par conséquent, tendent à partager les mêmes croyances, les mêmes valeurs et les mêmes expériences culturelles.

Groupe expérimental Groupe de sujets qui fait l'objet de conditions ou de traitements auxquels le groupe témoin n'est pas exposé.

Groupe témoin Groupe de sujets comparables à ceux du groupe expérimental à tout point de vue, mais qui ne fait pas l'objet du traitement expérimental.

Habituation À la suite de la répétition d'un stimulus, disparition des réponses physiologiques qu'il provoquait initialement.

Hérédité Ensemble des traits et des prédispositions transmis par les parents à la conception.

Héritabilité Variation d'un caractère donné dans une population donnée et dans un environnement donné; probabilité que la variation soit attribuable à des différences génétiques entre les membres de la population.

Hétérogamie Mariage entre des individus différents au point de vue des attitudes, des centres d'intérêt, des objectifs, de la situation socioéconomique, de la religion, de l'origine ethnique et du lieu de résidence.

Holophrase Mot unique qui exprime une pensée complète.

Homéostasie État d'équilibre dynamique de l'organisme, atteint grâce à des mécanismes d'ajustement et de compensation dans les différentes fonctions physiologiques d'une personne. Ces mécanismes ralentissent à mesure que le temps passe, de sorte que l'organisme s'adapte de moins en moins efficacement.

Homogamie Mariage entre des individus semblables au point de vue des attitudes, des centres d'intérêt, des objectifs, de la situation socioéconomique, de la religion, de l'origine ethnique et du lieu de résidence.

Homogamie sociale Chez des conjoints, similitude de goûts en matière de rôles et d'activités récréatives.

Horloge génétique Selon une des théories du vieillissement, mécanisme génétique qui régit le processus de vieillissement.

Horloge sociale Calendrier établi par la société (par opposition à la physiologie) pour l'enchaînement des stades de la vie et des comportements correspondants. Ainsi, c'est la culture et non la nature qui, partout au monde, déterminerait les étapes de l'âge adulte.

Hormone de croissance (GH) Substance produite par l'hypophyse, qui stimule et régit la croissance pendant l'enfance et l'adolescence. La sécrétion accrue de cette hormone est l'un des signes du début de la puberté et des facteurs déclenchants de la poussée de croissance.

Hormonothérapie de substitution Traitement visant à compenser la diminution de la production d'hormones à la ménopause ou après l'ablation chirurgicale des ovaires. L'association d'œstrogènes et de progestérone atténue les symptômes de la ménopause et diminue les risques de maladie du cœur et d'ostéoporose.

Idéations suicidaires Pensées axées sur le suicide; peuvent être passagères ou continues.

Identification Mécanisme de défense qui pousse à adopter le rôle et les attitudes d'une personne plus puissante que soi.

Identité Caractéristique de la pensée qui permet de comprendre qu'une substance donnée reste la même en dépit des changements qui affectent sa forme et son apparence.

Identité en moratoire Selon Erikson, état de l'identité lorsque la personne marque un temps d'arrêt dans la formation de son identité, ce qui lui permet d'expérimenter différentes manières de se comporter sans chercher à faire des choix définitifs.

Identité en voie de réalisation ou réalisée Selon Erikson, état de l'identité lorsque la personne sait (ou est en processus avancé de savoir) qui elle est et où elle se situe sur les plans sexuel, vocationnel et idéologique.

Identité et confusion des rôles Selon Erikson, crise psychosociale associée à l'adolescence, pendant laquelle la personne cherche à trouver qui elle est et à intégrer sa compréhension de soi et ses rôles sociaux en un tout cohérent.

Identité négative Selon Erikson, état de l'identité adopté par la personne pour sa dissemblance avec l'identité souhaitée par les parents ou la société.

Identité Selon Erikson, manière dont une personne définit ses rôles, ses attitudes, ses croyances et ses aspirations en vue de se constituer une individualité unique et autonome.

Identité surdéterminée Selon Erikson, état de l'identité lorsque la personne accepte les valeurs et les objectifs établis par ses parents au lieu de faire elle-même l'essai de différents rôles.

Illusion d'invincibilité Manifestation de l'égocentrisme qui consiste à se croire à l'abri des dangers associés, par exemple, aux relations sexuelles non protégées, à l'abus de drogues ou d'alcool et à l'excès de vitesse.

Implantation Fixation de l'amas de cellules (alors appelé blastocyste) sur la paroi de l'utérus, où il sera nourri et protégé.

Inclusion des classes Concept selon lequel un objet ou une personne peut appartenir à plus d'une classe. Un homme, par exemple, peut appartenir à la classe des pères en même temps qu'à celle des frères.

Indice d'Apgar Résultat d'un test mis au point par la docteure Virginia Apgar pour évaluer l'état physique du nouveau-né en fonction de cinq critères : la coloration de la peau, la fréquence cardiaque, la réactivité aux stimuli, le tonus musculaire et la respiration. On procède à ce test simple une minute, puis cinq minutes après la naissance.

Indice de masse corporelle (IMC) Mesure du poids corporel résultant de la division du poids par la taille au carré.

Infantilisation Ensemble des comportements qui consistent à traiter comme des enfants les personnes âgées placées en centres d'accueil ou en diverses institutions.

Infertilité Incapacité de concevoir persistant après une période de 12 mois ou plus pendant laquelle le couple a eu des relations sexuelles régulières sans utiliser de moyen de contraception.

Initiative et culpabilité Troisième crise du développement psychosocial selon Erikson, pendant laquelle l'enfant d'âge préscolaire entreprend de nouveaux projets et de nouvelles activités et éprouve de la culpabilité lorsque ses efforts mènent à l'échec ou suscitent la critique.

Instabilité vasomotrice Perturbation temporaire des mécanismes homéostatiques qui entraînent la constriction ou la dilatation des vaisseaux sanguins afin de maintenir la température corporelle. L'instabilité vasomotrice provoque des sensations soudaines de chaleur ou de froid pendant la ménopause.

Insuffisance du poids de naissance par rapport à l'âge gestationnel Poids de naissance excessivement faible compte tenu du temps écoulé depuis la conception.

Intégrité et désespoir Selon Erikson, dernière des huit crises psychosociales du développement. À certains moments, la personne âgée évalue que son existence a eu et a un sens, et en tire un sentiment d'intégrité; à d'autres, elle a l'impression d'avoir vécu pour rien, sombre dans le désespoir et redoute l'avenir.

Intelligence cristallisée Intelligence qui repose sur l'accumulation des connaissances. Elle regroupe des aptitudes comme le vocabulaire et la culture générale.

Intelligence fluide Intelligence qui favorise la rigueur et la rapidité de tous les types d'apprentissage. On convient qu'elle se compose d'aptitudes comme la pensée abstraite et la rapidité de traitement de l'information.

Intelligence pratique Ensemble des habiletés intellectuelles qui servent à la résolution de problèmes dans la vie courante.

Intelligence sensorimotrice Selon Piaget, première période du développement cognitif. De la naissance à 2 ans environ, l'enfant s'appuie sur ses sens et sa motricité pour explorer et comprendre son environnement.

Intimité et isolement Selon Erikson, sixième des huit crises du développement psychosocial, pendant laquelle l'adulte cherche à partager ce qu'il est avec d'autres, à nouer des affiliations et des partenariats sur divers plans, interpersonnel et collectif, à la faveur d'engagements durables et altruistes. Faute d'un engagement sous une forme ou une autre, il s'expose à la solitude.

Intuition Forme de connaissance immédiate d'un fait ou d'une relation qui ne découle pas d'un raisonnement.

Irréversibilité Caractéristique de la pensée à la période préopératoire consistant en l'incapacité de comprendre que l'inversion d'une transformation rétablit les conditions initiales.

Jeu sociodramatique Jeu d'imagination qui consiste pour les enfants à inventer des situations et à en incarner les protagonistes.

Jumeaux dizygotes (communément appelés *faux jumeaux* ou *jumeaux non identiques*) Jumeaux issus de la fécondation de deux ovules par des spermatozoïdes distincts. Les jumeaux dizygotes se ressemblent et se différencient autant que tous les enfants nés des mêmes parents.

Jumeaux monozygotes (communément appelés *vrais jumeaux* ou *jumeaux identiques*) Jumeaux issus d'un seul et même zygote qui s'est divisé dans les premiers stades du développement; les jumeaux monozygotes ont donc le même code génétique.

Lallation Émission répétitive de certaines syllabes, telles que « la, la, la », débutant vers l'âge de 6 ou 7 mois.

Langage bébé Forme de langage employée pour parler aux bébés, qui se caractérise par un registre de voix élevé, des fluctuations dans l'intonation (passages du grave à l'aigu), un vocabulaire simple, des questions et des répétitions.

Limite de Hayflick Nombre possible de divisions d'une cellule humaine, établi à environ 50 par Leonard Hayflick et vraisemblablement programmé génétiquement.

Longévité maximale Âge maximal que les membres d'une espèce peuvent atteindre dans des conditions idéales. La longévité maximale s'établit à environ 120 ans chez l'être humain.

Maladie d'Alzheimer Forme la plus répandue de démence, caractérisée par la formation de plaques séniles et d'enchevêtrements de filaments protéiques dans le cerveau. Maladie dégénérative, elle se manifeste par une détérioration graduelle de la mémoire et de la personnalité. Elle ne fait pas partie du processus normal de vieillissement.

Maladie de Parkinson Maladie chronique et dégénérative causée par une diminution de la production de dopamine dans le cerveau et caractérisée par des tremblements, la rigidité musculaire et, parfois, la démence.

Maladies auto-immunes Maladies qui apparaissent lorsque l'organisme s'attaque à ses propres cellules saines comme s'il s'agissait de corps étrangers.

Maladies transmissibles sexuellement (MTS) Maladies qui peuvent se transmettre par contact sexuel, comme la syphilis, la gonorrhée, l'herpès, l'infection à chlamydia et le VIH.

Mauvais traitements infligés aux enfants Ensemble des conduites qui consistent à exposer une personne de moins de 18 ans à un danger évitable ou à lui faire intentionnellement du mal.

Mécanismes de régulation Partie du système de traitement de l'information qui régit l'analyse et la circulation de l'information et qui comprend notamment les stratégies de mémorisation et de recouvrement, l'attention sélective et les démarches de résolution de problèmes.

Mémoire à court terme Partie de la mémoire qui contient l'information reliée à l'activité mentale consciente du moment.

Mémoire à long terme Partie du système de traitement de l'information qui emmagasine l'information de façon relativement permanente et dont la capacité est pratiquement illimitée. Elle conserve l'information pendant des périodes variant de quelques minutes à plusieurs décennies.

Mémoire de travail Partie du système de traitement de l'information reliée à l'activité mentale consciente du moment. La mémoire de travail contient les données en cours de traitement.

Mémoire explicite Mémoire qui conserve le souvenir des mots, des données et des concepts appris consciemment.

Mémoire implicite Mémoire qui conserve de manière inconsciente ou automatique le souvenir des habitudes, des réactions affectives, des procédés routiniers et des perceptions sensorielles.

Ménarche Apparition des premières règles; dernier changement majeur associé à la puberté chez les filles.

Ménopause Cessation de l'ovulation et de la menstruation causée par une baisse considérable de la production d'œstrogènes, survenant habituellement vers l'âge de 50 ans. En principe, la ménopause survient un an après les dernières règles.

Métacognition Capacité de penser au processus de la pensée; faculté qui permet d'examiner une tâche cognitive afin de déterminer le moyen de la réussir et d'évaluer également son propre rendement.

Mitan de la vie Milieu de la vie correspondant généralement au début de la quarantaine et marquant le début de l'âge mûr, lequel dure jusqu'à l'âge de 60 ans environ.

Mode dominant-récessif Mode de transmission héréditaire à effet non additif selon lequel un des gènes d'une paire (le gène dominant) manifeste son effet et masque l'influence de l'autre (le gène récessif).

Morale conventionnelle Morale fondée sur les normes sociales et les lois; propre aux deux stades intermédiaires du développement du jugement moral.

Morale postconventionnelle Morale axée sur des principes universels qui peuvent primer les normes de la société ou les désirs de l'individu; propre aux deux derniers stades du développement du jugement moral.

Morale préconventionnelle Morale axée sur le bien-être personnel par l'évitement des punitions et l'obtention de récompenses; propre aux deux premiers stades du développement du jugement moral.

Mort subite du nourrisson Décès d'un nourrisson apparemment sain pendant son sommeil.

Mort violente Mort par accident, homicide ou suicide emportant surtout des jeunes hommes et liée à des attitudes et des comportements « virils » stéréotypés.

Mortinatalité Nombre d'enfants mort-nés (mortalité intra-utérine) dans une population donnée et pendant une période de temps déterminée.

Motricité fine Ensemble des mouvements de faible amplitude, ceux des mains et des doigts en particulier, qui permettent par exemple de saisir un objet et de dessiner.

Motricité globale Ensemble des mouvements amples tels que ceux du saut et de la marche.

Myélinisation Processus de développement d'un isolant lipidique autour de certains axones.

Négligence Forme de mauvais traitements qui consistent à ignorer les besoins fondamentaux d'un enfant.

Neurones Cellules du système nerveux central.

Niche écologique Terme emprunté au vocabulaire de l'écologie pour désigner le mode de vie et le contexte social que les adultes choisissent en conformité avec leurs besoins et leurs centres d'intérêt.

Observation systématique Action d'examiner discrètement le comportement de sujets dans leur milieu habituel ou dans un laboratoire.

Œstrogènes Groupe d'hormones dites « femelles », mais présentes chez les deux sexes. Les œstrogènes sont produits en grande quantité chez les filles au début de la puberté. La concentration d'œstrogènes est corrélée avec le désir sexuel ainsi qu'avec de nombreux aspects du cycle menstruel et de la santé chez la femme.

Optimisation compensatoire sélective Création de stratégies visant à compenser la diminution des capacités que peut entraîner le vieillissement.

Ostéoporose Maladie caractérisée par la porosité et la fragilité des os et causée par une perte de calcium osseux. Elle touche toutes les personnes vieillissantes, bien que sa forme grave soit plus répandue chez les femmes que chez les hommes. C'est à cause de l'ostéoporose que les fractures de la hanche sont beaucoup plus fréquentes chez les personnes âgées que chez les jeunes.

Ovule Cellule reproductrice femelle présente dans les ovaires dès la naissance, au nombre approximatif de deux millions. Environ 400 de ces ovules immatures seront libérés au moment de l'ovulation, entre la puberté et la ménopause. La plus grande cellule du corps humain.

Parasuicide Acte volontaire d'autodestruction qui n'entraîne pas inéluctablement la mort. Il peut s'agir de l'ingestion d'une dose excessive d'aspirine (rarement mortelle) ou, de la part d'un conducteur seul dans sa voiture, d'une manœuvre destinée à provoquer une collision (souvent fatale pour d'autres personnes et possiblement handicapante à vie).

Participation guidée Processus d'apprentissage fondé sur l'interaction de l'élève avec un tuteur (un parent, un enseignant ou un pair plus compétent). Le tuteur aide l'élève à accomplir les tâches difficiles, lui enseigne par l'exemple des stratégies de résolution de problèmes et lui donne des directives explicites au besoin.

Pensée dialectique Pensée caractérisée par l'analyse du pour et du contre, des possibilités et des limites, des avantages et des inconvénients inhérents à toute idée et à toute action. Dans la vie quotidienne, la pensée dialectique suppose l'intégration constante des croyances et des incohérences, des expériences et des contradictions.

Pensée opératoire formelle Selon Piaget, forme de pensée hypothétique, logique et abstraite qui caractérise la quatrième période du développement cognitif.

Pensée postformelle Forme de pensée adulte adaptée à la résolution de problèmes concrets. Comparativement à la pensée formelle, la pensée postformelle est moins abstraite, moins absolue, mieux adaptée aux nécessités de la réalité, plus contextualisée et plus dialectique (c'est-à-dire capable d'intégrer des éléments contradictoires en un tout).

Perception intermodale Capacité d'associer l'information provenant d'un système sensoriel (comme la vision) à l'information provenant d'un autre système sensoriel (comme l'ouïe).

Perception Processus de sélection, d'organisation et d'interprétation des données sensorielles en représentations mentales utilisables.

Perception transmodale Capacité de s'appuyer sur un type d'information sensorielle pour en imaginer un autre.

Période critique Période de vulnérabilité; période du développement prénatal pendant laquelle un organe ou une partie du corps est particulièrement sensible aux agents tératogènes. Pour plusieurs organes, la période critique correspond aux 8 à 12 premières semaines de la gestation.

Période embryonnaire Période qui s'étend de la troisième à la huitième semaine suivant la conception, pendant laquelle toutes les structures anatomiques s'ébauchent.

Période fœtale Période qui s'étend de la neuvième semaine suivant la conception jusqu'à la naissance, caractérisée par une augmentation de la taille et de la complexité des organes.

Période germinale Période d'environ deux semaines suivant la conception, pendant laquelle les cellules se divisent rapidement, commencent à se différencier et s'implantent dans la paroi de l'utérus.

Période opératoire concrète (de 6-7 à 11 ans) Selon Piaget, troisième période du développement cognitif, au cours de laquelle l'enfant est capable de raisonner logiquement à propos d'événements et de problèmes concrets, mais non d'idées et de possibilités abstraites.

Période opératoire formelle (à compter de 11-12 ans) Selon Piaget, quatrième période du développement cognitif, caractérisée par la pensée hypothétique, logique et abstraite.

Période préopératoire (de 2 à 6 ans) Selon Piaget, deuxième période du développement cognitif, au cours de laquelle l'enfant est capable de pensée symbolique, notamment en utilisant le langage, l'imitation différée, le jeu symbolique. Cette période se caractérise aussi par l'égocentrisme intellectuel et par la constitution d'une pensée intuitive.

Période sensorimotrice (de la naissance à l'âge de 2 ans environ) Selon Piaget, première période du développement cognitif, au cours de laquelle l'enfant appréhende le monde qui l'entoure au moyen de ses sens et de ses habiletés motrices; la permanence de l'objet se développe alors.

Permanence de l'objet Chez le nourrisson, capacité de reconnaître que les êtres et les objets continuent d'exister même quand il lui est impossible de les voir, de les toucher ou de les entendre.

Personne âgée fragile Personne âgée qui présente des incapacités physiques ou cognitives importantes.

Peur des étrangers Crainte des inconnus qui apparaît généralement vers l'âge de 6 mois et qui culmine entre 10 et 14 mois; sa manifestation dépend de plusieurs facteurs.

Phase anale Selon Freud, deuxième phase du développement psychosexuel, pendant laquelle l'anus est la principale source de plaisir. La défécation et l'apprentissage de la propreté constituent d'importantes activités pendant cette phase.

Phase de latence Selon Freud, période comprise entre la phase phallique et la phase génitale adulte du développement psychosexuel, c'est-à-dire entre l'âge de 7 ans et l'âge de 11 ans environ. Le surmoi et la conscience morale se forment. L'enfant consacre une large part de son attention et de son énergie à l'exploration du monde social.

Phase orale Selon Freud, première phase du développement psychosexuel, durant laquelle la bouche est la principale source de plaisir.

Phénotype Ensemble des caractères observables d'une personne qui résultent de l'interaction des gènes entre eux et avec l'environnement.

Plasticité En psychologie du développement, caractère de ce qui peut être modifié par des facteurs environnementaux.

Polymédication Consommation de plusieurs médicaments en vue de traiter différentes maladies.

Porteur Personne dont le génotype comprend un gène récessif non exprimé dans le phénotype au regard d'un caractère particulier. Un porteur peut transmettre un tel gène à ses enfants; le gène s'exprimera chez les enfants si ceux-ci ont reçu un gène récessif analogue de leur autre parent.

Poussée de croissance Période de croissance physique relativement soudaine et rapide.

Prématuré Bébé qui naît 3 semaines ou plus avant terme, c'est-à-dire avant les 38 semaines normales de gestation.

Pression des pairs Influence sociale poussant à adopter le comportement, l'habillement et l'attitude des amis ou des membres de sa cohorte.

Procédés de mémorisation Moyens qui facilitent la mémorisation, tels que la répétition et la réorganisation.

Procédés de récupération Stratégies qui permettent de repêcher l'information mémorisée, telles que penser à une information connexe ou se créer une image mentale de l'élément recherché.

Psychopathologie du développement Branche de la psychologie qui applique les connaissances tirées de l'étude du développement normal à l'étude et au traitement des troubles, entre autres chez l'enfant.

Puberté Période caractérisée par une croissance physique rapide, le développement des caractères sexuels secondaires et l'atteinte de la maturité sexuelle.

Punition Événement désagréable qui se produit à la suite d'un comportement particulier et qui diminue la probabilité de sa répétition. La punition peut être positive ou négative.

Radicaux libres Substances produites par le métabolisme et composées d'atomes possédant un électron libre. Elles endommagent les cellules, accélèrent l'évolution des maladies et altèrent l'ADN (acide désoxyribonucléique).

Raisonnement déductif Raisonnement qui consiste à tirer des conclusions logiques particulières à partir de prémisses générales.

Raisonnement hypothétique Forme de raisonnement qui porte sur des propositions conformes ou non à la réalité concrète.

Rapport de dépendance Rapport entre le nombre d'adultes autonomes et productifs et le nombre de personnes dépendantes (les jeunes et les plus âgées).

Réduction Fait de donner à un mot un sens excessivement étroit; désignation restreinte et spécifique.

Référence sociale   Chez le bébé, fait de chercher auprès d'adultes de confiance des indices comportementaux d'émotions permettant d'interpréter un événement étrange ou ambigu.

Réflexe de respiration   Déclenchement automatique de l'inspiration et de l'expiration assurant l'oxygénation et l'élimination du gaz carbonique.

Réflexe de succion   Chez le nouveau-né, mouvement de succion provoqué par tout contact sur les lèvres.

Réflexe des points cardinaux   Chez le nouveau-né, rotation de la tête en direction d'une stimulation appliquée sur la joue.

Réflexes   Réponses physiques involontaires aux stimuli.

Registre de l'information sensorielle   Système mnésique qui conserve pendant une fraction de seconde l'impression laissée par un stimulus sensoriel.

Registre de l'information sensorielle   Système mnésique qui n'entre en jeu que pendant une fraction de seconde lors du traitement sensoriel; il ne garde qu'une impression fugitive du stimulus qui vient d'atteindre un organe des sens (comme l'œil).

Renforçateur négatif   Suppression d'un stimulus désagréable à la suite d'un comportement particulier. Le renforçateur négatif augmente la probabilité de répétition du comportement lors d'un retour du stimulus désagréable.

Renforçateur positif   Événement agréable qui se produit à la suite d'un comportement et qui en augmente la probabilité de répétition.

Réponse   Tout comportement (réflexe ou volontaire) provoqué par un stimulus particulier.

Retard mental   Insuffisance globale du développement de l'intelligence.

Réversibilité   Caractéristique de la pensée qui permet de comprendre que ce qui a été modifié retrouve son état initial après une inversion de la transformation.

Rubéole   Maladie virale qui, contractée pendant les premiers mois de grossesse, peut causer la cécité, la surdité et des troubles cérébraux chez le fœtus.

Scénario   Plan sommaire du déroulement d'événements récurrents qui rend compte de leur enchaînement et des relations de cause à effet. Le jeune enfant utilise des scénarios pour faciliter le stockage et la récupération de souvenirs reliés à des épisodes précis de tels événements.

Schématisation rapide   Processus d'acquisition du vocabulaire consistant à intégrer les mots nouveaux dans des catégories déjà établies.

Sénescence   Déclin physique lié au vieillissement et caractérisé par une diminution graduelle de la force et de la vigueur.

Sensation   Processus de réception, de traduction et de transmission au cerveau de l'information sensorielle provenant des milieux interne et externe.

Seuil de toxicité   Limite à partir de laquelle une substance commence à produire des effets nocifs.

Sexualité de l'enfant   Concept freudien selon lequel le petit enfant a des fantasmes sexuels et connaît le plaisir érotique.

Signification statistique   Indice mathématique obtenu à partir de facteurs comme la taille de l'échantillon et les différences entre les résultats des groupes; représente la probabilité qu'un résultat soit simplement le fruit du hasard.

Situation étrange   Procédé mis au point par Mary Ainsworth pour évaluer l'attachement chez le nourrisson. Les chercheurs placent le bébé dans une pièce inconnue et observent son comportement pendant qu'un parent (généralement la mère) et un étranger vont et viennent.

Soliloque   Monologue (sonore ou silencieux) axé sur la réflexion et l'analyse.

Sourire social   Sourire que fait un nourrisson en réponse à une voix ou à un visage. Le sourire social apparaît six semaines environ après la naissance chez le bébé à terme.

Spermatozoïde   Cellule reproductrice mâle produite en grand nombre dans les testicules — 300 millions par jour, en moyenne — à compter de la puberté. Une des plus petites cellules du corps humain.

Statut socio-économique   Indicateur de la classe sociale fondé principalement sur le revenu, l'éducation et l'occupation.

Stimulus   Tout phénomène (objet ou événement) qui provoque une réponse ou réaction (réflexe ou volontaire) dans un organisme.

Structure familiale   Ensemble des liens juridiques et biologiques qui unissent les membres d'une famille.

Style autoritaire   Style éducatif manifesté par des parents qui imposent des normes de conduite strictes, punissent sévèrement les incartades et communiquent peu avec leurs enfants.

Style démocratique-indulgent   Style éducatif des parents chaleureux, réceptifs et permissifs.

Style détaché-négligent   Style éducatif des parents froids, indifférents et permissifs.

Style directif   Style éducatif manifesté par des parents qui imposent des limites et des règles aux enfants, mais qui leur sont réceptifs et font des compromis.

Style permissif   Style éducatif manifesté par des parents qui se refusent à punir, à limiter et à discipliner leurs enfants, mais qui se montrent affectueux et communicatifs.

Style traditionnel   Style éducatif propre aux parents qui assument les rôles féminin et masculin traditionnels; la mère est affectueuse et permissive tandis que le père est autoritaire.

Suicide assisté   Action de se donner la mort avec l'aide d'une autre personne qui fournit les moyens nécessaires.

Surgénéralisation   Fait d'employer un mot pour désigner divers objets ayant des caractéristiques (non distinctives) en commun; désignation générale. Aussi, application abusive de règles et de structures grammaticales.

Synchronisme   Accord entre les mouvements et les rythmes de deux personnes en interaction.

Syndrome d'alcoolisme fœtal (SAF)   Groupe d'anomalies congénitales causées par la consommation excessive d'alcool pendant la grossesse. Ces anomalies comprennent des malformations du visage ainsi qu'un retard de la croissance physique et du développement mental.

Syndrome d'immunodéficience acquise (sida)   Stade terminal de l'affaiblissement du système immunitaire dû au VIH. Il se manifeste le plus souvent par des infections graves et des cancers.

Syndrome de Down (trisomie 21)   Anomalie chromosomique caractérisée par la présence d'un chromosome surnuméraire dans la 21e paire. Les manifestations du syndrome sont très variables, mais la plupart des personnes atteintes ont une forme de visage et des traits faciaux caractéristiques, des membres courts et présentent un retard de développement.

Syndrome   Ensemble de symptômes qui ont tendance à se manifester simultanément, même si leur nombre et leur gravité varient selon les individus.

Synthèse   Proposition qui rassemble la thèse et l'antithèse en un tout cohérent et intégrateur; troisième étape du raisonnement dialectique.

Système immunitaire   Ensemble des anticorps, des cellules et des tissus qui protègent l'organisme contre les maladies et les infections.

Taille de l'échantillon   Nombre de sujets étudiés dans le cadre d'un projet de recherche.

Taux d'incapacité   Mesure correspondant à l'incapacité d'accomplir les tâches de la vie quotidienne nécessaires au maintien de l'autonomie.

Taux de morbidité   Mesure correspondant à la fréquence des maladies de toutes sortes dans une population donnée.

Taux de mortalité   Mesure correspondant au nombre de décès par millier de personnes en une année dans une population donnée.

Tempérament   Ensemble des dispositions fondamentales et relativement constantes qui sous-tendent et modulent l'expression de l'activité, de la réactivité, de l'émotivité et de la sociabilité.

Tendance séculaire   Modification du rythme du développement observée au cours des deux siècles précédents et due à l'amélioration de l'alimentation et des soins médicaux.

Tératologie   Étude scientifique des malformations congénitales causées par des facteurs génétiques ou prénatals, ou encore par des complications de l'accouchement. Le terme vient du mot grec *teras*, qui signifie « monstre ».

Testostérone   Hormone dite « mâle », mais produite par les deux sexes tout au long de la vie. Elle est sécrétée en grande quantité chez les garçons au début de la puberté. La concentration de testostérone est corrélée avec le désir sexuel et, peut-être, l'agressivité.

Thanatologie   Domaine de la science qui étudie la mort.

Théorie de l'apprentissage social   Théorie selon laquelle l'apprentissage repose sur l'observation de modèles.

Théorie de l'échange   Théorie selon laquelle les conjoints s'apportent l'un à l'autre des bénéfices qu'ils auraient tous deux de la difficulté à obtenir s'ils vivaient seuls.

Théorie de l'usure   Théorie du vieillissement selon laquelle le corps humain, telle une machine, s'use du simple fait de servir et d'être exposé aux agresseurs environnementaux.

Théorie de la continuité   Théorie voulant que chaque personne vive son âge adulte avancé comme les périodes antérieures de sa vie et se comporte envers les autres de la même manière qu'auparavant.

Théorie du développement   Ensemble systématique de principes et d'hypothèses constitué dans le but d'expliquer le développement.

Théorie du traitement de l'information   Théorie axée sur l'étude des aspects de la pensée (particulièrement la mémoire) considérés comme analogiquement semblables aux fonctions d'un ordinateur (triage, encodage, stockage et recouvrement).

Théorie du trajet de vie dynamique   Théorie selon laquelle la vie de chaque personne constitue un cheminement actif, volontairement choisi et sans cesse renouvelé, inscrit dans des contextes sociaux particuliers en continuelle mutation.

Théorie mentale   Modèle explicatif portant sur les processus psychologiques, ceux de l'individu lui-même et ceux des autres.

Théorie psychosociale   Théorie du développement axée sur l'interaction des forces psychologiques internes et des influences sociales et culturelles.

Théorie socioculturelle   Théorie selon laquelle la personne acquiert des connaissances et des compétences grâce aux conseils, au soutien et à l'enseignement prodigués dans un contexte culturel donné.

Théories de la stratification sociale   Théories axées sur les forces sociales, surtout celles qui sont reliées à la classe sociale ou à l'appartenance ethnique, qui limitent les choix personnels et qui influent sur la compétence.

Théories du soi   Théories sur l'âge adulte avancé voulant que la personne cherche à s'épanouir pleinement, à se réaliser, à s'actualiser.

Thèse   Point de vue tenu pour vrai; première étape du raisonnement dialectique.

Toxicomanie   Dépendance à une drogue; l'absence de cette drogue dans l'organisme crée un besoin physiologique, psychologique, ou les deux.

Travail et infériorité   Selon Erikson, quatrième crise du développement psychosocial, pendant laquelle l'enfant s'efforce de maîtriser de nombreuses habiletés. Il apprend le plaisir de l'achèvement du travail et se perçoit alors comme industrieux et compétent ou, au contraire, comme incompétent et inférieur.

Trottineur   Nom donné à l'enfant de 1 à 2 ans qui commence à marcher.

Trouble d'hyperactivité avec déficit de l'attention (THADA)   Trouble du comportement caractérisé par une activité excessive, une incapacité de se concentrer ainsi qu'une conduite impulsive, voire agressive dans certains cas.

Variable   Facteur ou condition qui influe ou peut influer sur le comportement d'un individu ou d'un groupe.

Variation interindividuelle   Ensemble des différences entre les individus, attribuables à l'unicité du bagage génétique et de l'environnement de chaque personne.

Viabilité   Degré de maturation suffisant pour permettre au fœtus de survivre à l'extérieur de l'utérus dans certains cas, moyennant des soins médicaux spécialisés. La limite de viabilité s'établit à environ 23-24 semaines après la conception.

Vieillissement primaire   Ensemble des changements physiques irréversibles que subissent tous les organismes vivants en prenant de l'âge.

Vieillissement secondaire   Ensemble des changements physiques attribuables à des maladies plus fréquentes à l'âge adulte avancé qu'au cours des périodes précédentes de la vie, mais causées par des facteurs qui, comme les habitudes de vie et l'hérédité, varient selon les personnes.

Vingt-troisième paire   Chez l'être humain, paire de chromosomes qui détermine notamment le sexe. Il s'agit de la paire XX chez la femme et de la paire XY chez l'homme.

Violence faite aux enfants   Ensemble des conduites qui visent expressément à nuire à leur bien-être.

Virus de l'immunodéficience humaine (VIH)   Virus qui affaiblit graduellement le système immunitaire et qui prédispose à une série d'affections qui constituent le sida. Le VIH est transmis par le sang et par d'autres liquides corporels, principalement lors des relations sexuelles et des contacts directs avec le sang.

Vision binoculaire   Formation simultanée de deux images légèrement différentes d'un même objet sur la réponse des deux yeux, d'où une vision du relief après traitement cérébral.

Vitalité   Mesure correspondant au degré de santé et d'énergie qu'une personne se reconnaît sur les plans physique, intellectuel et social.

Zone proximale de développement   Selon Vygotsky, écart entre le niveau réel de développement des habiletés d'une personne et celui qu'elle pourrait atteindre avec l'aide d'un guide.

Zygote   Cellule formée par l'union d'un spermatozoïde et d'un ovule.

Bibliographie

Aboud, F. (1987). The development of ethnic self-identification and attitudes. In J.S. Phinney & M.J. Rotheram (Eds.), *Children's ethnic socialization: Pluralism and Development*. Newbury Park, CA: Sage.

Achenbach, Thomas M., Howell, Catherine T., Quay, Herbert C., and Conners, C. Keith. (1991). National survey of problems and competencies among four- to sixteen-year-olds. *Monographs of the Society for Research in Child Development, 56*, (Serial No. 225) 3.

Acock, Alan C., and Demo, David H. (1994). *Family diversity and well-being*. Thousand Oaks, CA: Sage.

Adams, Cynthia, and Labouvie-Vief, Gisela. (1986, November 20). *Modes of knowing and language processing. Symposium on developmental dimensions of adult adaptation: Perspectives on mind, self, and emotion.* Paper presented at the meeting of the Gerontological Association of America, Chicago.

Adams, Marilyn Jager. (1990). *Beginning to read: Thinking and learning about print*. Cambridge, MA: MIT Press.

Adler, R.B., Towne, N. (1991). *Interplay: The process of interpersonal communication*. Fortworth: Harcourt Brace Jovanovich, 411 p.

Adolph, K.E., Eppler, M.A., and Gibson, E.J. (1993). Development of perception of affordances. In C. Rovee-Collier & L.P. Lipsitt (Eds.), *Advances in infancy research* (Vol. 8). Norwood, NJ: Ablex.

Adolph, K.E., Eppler, M.A., and Gibson, E.J. (1993). Crawling versus walking infants' perception of affordances for locomotion over sloping surfaces. *Child Development, 64*, 1158-1174.

Ainsworth, Mary D. Salter. (1973). The development of infant-mother attachment. In Bettye M. Caldwell & Henry N. Ricciuti (Eds.), *Review of child development research* (Vol. 3). Chicago: University of Chicago Press.

Ainsworth, Mary D. Salter. (1993). Attachment as related to mother-infant interaction. In C. Rovee-Collier & L.P. Lipsitt (Eds.), *Advances in infancy research* (Vol. 8). Norwood, NJ: Ablex.

Ainsworth, Mary D. Salter, and Eichberg, C. (1991). Effects on infant-mother attachment of mother's unresolved loss of an attachment figure, or other traumatic experience. In C. Murray Parkes, J. Stevenson-Hinde, & P. Marris (Eds.), *Attachment across the life cycle*. London: Routledge.

Alberoni, F. *Le choc amoureux*, Paris, Ramsay, 1981, 184 p.

Albert, Marilyn S., and Moss, Mark B. (1996). Neuropsychology of aging: Findings in humans and monkeys. In Edward L. Schneider & John W. Rowe (Eds.), *Handbook of the biology of aging*. San Diego, CA: Academic Press.

Aldwin, Carolyn M. (1994). *Stress, coping, and development*. New York: Guilford.

Allen, E.M., Mitchell, E.H., Stewart, A.W., and Ford, R.P.K. (1993). Ethnic differences in mortality from sudden infant death syndrome in New Zealand. *British Medical Journal, 306*, 13-16.

Allgeier, A.R., Allgeier, E.R. *Sexualité humaine. Dimensions et interactions*, Montréal, Éd. CEC, 1989, 706 p.

Altergott, Karen. (1993). *One world, many families*. Minneapolis, MN: National Council on Family Relations.

Alwin, Duane F., Converse, Philip E., and Martin, Steven S. (1985). Living arrangements and social integration. *Journal of Marriage and the Family, 47*, 319-334.

Amato, Paul R. (1993). Children's adjustment to divorce: Theories, hypotheses, empirical support. *Journal of Marriage and the Family, 55*, 23-38.

Amato, Paul R., and Booth, Alan. (1996). A prospective study of divorce and parent-child relationships. *Journal of Marriage and the Family, 58*, 356-365.

Amato, Paul R., and Keith, Bruce. (1991). Parental divorce and adult well-being: A meta-analysis. *Journal of Marriage and the Family, 53*, 43-58.

Amato, Paul R., and Rezac, Sandra J. (1994). Contact with non-resident parents, interparental conflict, and children's behavior. *Journal of Family Issues, 15*, 191-207.

Ammerman, Robert T., and Hersen, Michel (Eds.). (1989). *Treatment of family violence*. New York: Wiley.

Anderson, W. French. (1995). Gene therapy. *Scientific American, 273*, 124-128.

Andrich, David, and Styles, Irene. (1994). Psychometric evidence of intellectual growth spurts in early adolescence. *Journal of Early Adolescence, 14*, 328-344.

Anglin, Jeremy M. (1993). Vocabulary development: A morphological analysis. *Monographs of the Society for Research in Child Development, 58* (10, Serial No. 238).

Antonucci, Toni C. (1985). Personal characteristics, social support, and social behavior. In R.H. Binstock & E. Shanas (Eds.), *Handbook of aging and the social sciences* (2nd ed.). New York: Van Nostrand Reinhold.

Antonucci, Toni C. (1990). Attachment, social support, and coping with negative life events. In E.M. Cummings, A.L. Greene, & K.H. Karraker (Eds.), *Life-span developmental psychology: Vol. 11. Stress and coping across the life-span*. Hillsdale, NJ: Erlbaum.

Antonucci, Toni C., and Akiyama, Hiroko. (1995). Convoys of social relations: Family and friendships within a life span context. In Rosemary Blieszner & Victoria Hilkevitch Bedford (Eds.), *Handbook of aging and the family*. Westport, CT: Greenwood Press.

Apgar, Virginia. (1953). A proposal for a new method of evaluation in the newborn infant. *Current Research in Anesthesia and Analgesia, 32*, 260.

Aram, Dorothy M., Morris, Robin, and Hall, Nancy E. (1992). The validity of discrepancy criteria for identifying children with developmental language disorders. *Journal of Learning Disabilities, 25*, 549-554.

Archer, Loran, Grant, Bridget F., and Dawson, Deborah A. (1995). What if Americans drank less? The potentiel effect on the prevalence of alcohol abuse and dependence. *American Journal of Public Health, 85*, 61-66.

Archer, Sally L., and Waterman, Alan S. (1990). Varieties of identity diffusions and foreclosures: An exploration of the subcategories of the identity statuses. *Journal of Adolescent Research, 5*, 96-111.

Ariès, Philippe. (1981). *The hour of our death*. New York: Knopf.

Arking, Robert. (1991). *Biology of aging. Observations and principles*. Englewood Cliffs, NJ: Prentice Hall.

Arnold, Elaine. (1982). The use of corporal punishment in child-rearing in the West Indies. *Child Abuse and Neglect, 6*, 141-145.

Aron, Arthur, and Westbay, Lori. (1996). Dimensions of the prototype of love. *Journal of Personality and Social Relationships, 70*, 535-551.

Arsenio, W.F., and Kramer, R. (1992). Victimizers and their victims: Children's conceptions of the mixed emotional consequences of moral transgressions. *Child Development, 63*, 915-927.

Asch, David A., Hershey, John C., Pauly, Mark V., Patton, James P., Jedriziewski, Kathryn M., and Mennuti, Micheal T. (1996). Genetic screening for reproductive planning: Methodological and conceptual issues in policy analysis. *American Journal of Public Health, 86*, 684-690.

Aslin, Richard N. (1988). Visual perception in early infancy. In Albert Yonas (Ed.), *Perceptual development in infancy*. Hillsdale, NJ: Erlbaum.

Astington, Janet Wilde. (1993). *The child's discovery of the mind*. Cambridge, MA: Harvard University Press.

Atchley, R.C. (1991). Family, friends, and social support. In Robert C. Atchley (Ed.), *Social forces and aging*. Belmont, CA: Wadsworth.

Ausman, L.M., and Russell, R.M. (1990). Nutrition and aging. In E.L. Schneider &,I.W. Rowe (Eds.), *Handbook of the biology of aging* (3rd ed.). San Diego, CA: Academic Press.

Awooner-Renner, Sheila. (1993). I desperately needed to see my son. In Donna Dickenson & Malcolm Johnson (Eds.), *Death, dying & bereavement*. London: Sage.

Baddeley, A. (1992). Working memory. *Science, 255,* 556-559.

Bahrick, H.P. (1984). Semantic memory content in permastore: Fifty years of memory for Spanish learned in school. *Journal of Experimental Psychology: General, 113,* 1-35.

Bailey, William T. (1994). Fathers' involvement and responding to infants: "More" may not be "better". *Psychological Reports, 74,* 92-94.

Baillargeon, R. (1991). Reasoning about the height and location of a hidden object in 4.5- and 6.5-month-old infants. *Cognition, 38,* 13-42.

Baillargeon, R., and& DeVos, J. (1992). Object permanence in young infants: Further evidence. *Child Development, 62,* 1227-1246.

Baillargeon, R., Graber, M., Decops, J., and Black, J. (1990). Why do young infants fail to search for hidden objects? *Cognition, 36,* 255-284.

Bakan, D. (1966). *The duality of human existence: Isolation and communion in Western man.* Boston: Beacon.

Bakeman, Roger, Adamson, Lauren B., Konner, Melvin, and Barr, Ronald G. (1990). Kung infancy: The social context of object exploration. *Child Development, 61,* 794-809.

Baker, Colin. (1993). *Foundation of bilingual education and bilingualism.* Clevedon, England: Multilingual Matters.

Bakken, B. (1993). Prejudice and danger: The only child in China. *Childhood, 1,* 16-61.

Balaban, Marie T. (1995). Affective influences on startle in five-month-old infants: Reactions to facial expressions of emotion. *Child Development, 66,* 28-36.

Baltes, Margret M., and Wahl, Hans-Werner. (1992). The behavior system of dependency in the elderly: Interaction with the social environment. In Marcia G. Ory, Ronald P. Abeles, & Paul Darby Lipman (Eds.), *Aging, health, and behavior.* Newbury Park, CA: Sage.

Baltes, Paul B. (1987). Theoretical propositions of life-span developmental psychology: On the dynamics between growth and decline. *Developmental Psychology, 23,* 611-626.

Baltes, Paul B., and Baltes, Margret M. (1990). Psychological perspectives on successful aging: The model of selective optimization with compensation. In Paul B. Baltes & Margret M. Baltes (Eds.), *Successful aging: Perspectives from the behavioral sciences.* Cambridge, England: Cambridge University Press.

Baltes, Paul B., and Lindenberger, Ulman. (1988). On the range of cognitive plasticity in old age as a function of experience: 15 years of intervention research. *Behavior Therapy, 19,* 283-300.

Baltes, Paul B., Smith, Jacqui, and Staudinger, Ursula. (1992). Wisdom and successful aging. In T. Sondoregger (Ed.), *Psychology and aging: Nebraska Symposium on Motivation* (Vol. 39). Lincoln: University of Nebraska Press.

Bamford, F.N., Bannister, R., Benjamin, C.M., Hillier, V.F., Ward, B.S., and Moore, W.M.O. (1990). Sleep in the first year of life. *Developmental and Child Neurology, 32,* 718-73,1.

Bandura, Albert. (1977). *Social learning theory.* Englewood Cliffs, NJ: Prentice-Hall.

Bandura, Albert. (1981). Self-referent thought: A developmental analysis of self-efficacy. In John H. Flavell & Lee Ross (Eds.), *Social cognitive development: Frontiers and possible futures.* Cambridge, England: Cambridge University Press.

Bandura, Albert. (1986). *Social foundations of thought and action: A social cognitive theory.* Englewood Cliffs, NJ: Prentice-Hall.

Bandura, Albert. (1989). Social cognitive theory. In R. Vasta (Ed.), *Annals of child development* (Vol. 6). Greenwich, CT: JAI Press.

Bandura, Albert. (Ed.). (1995). *Self-efficacy in changing societies.* New York: Cambridge University Press.

Barber, B.K. (1994). Cultural, family, and personal contexts of parent-adolescent conflict. *Journal of Marriage and the Family, 56,* 375-386.

Barinaga, Marcia. (1994). Surprises across the cultural divide. *Science, 263,* 1468-1472.

Barkley, R.A. (1990). Attention deficit disorders: History, definition, and diagnosis. In M. Lewis & S.M. Miller (Eds.), *Handbook of developmental psychopathology.* New York: Plenum Press.

Barkley, R.A., Anastopoulos, A.D., Guevremont, D.D., and Fletcher, K.E. (1991). Adolescents with ADHD. Patterns of behavioral adjustment, academic functioning, and treatment utilization. *Journal of the American Academy or Child Adolescent Psychiatry, 30,* 752-761.

Barling, Julian, and McEwan, Karyl. (1992). Linking work experiences to facets of marital functioning. *Journal of Organizational Behavior, 13,* 573-583.

Barnett, Mark A. (1986). Sex bias in the helping behavior presented in children's picture books. *Journal of Genetic Psychology, 147,* 343-351.

Barnett, Ronald. (1994). *The limits of competence: Knowledge, higher education, and society.* Buckingham, England: Society for Research into Higher Education.

Barnett, Rosalind C., Raudenbush, Stephen, Brennan, Robert T., Pleck, Joseph H., and Marshall, Nancy L. (1995). Change in job and marital experiences and change in psychological distress: A longitudinal study of duel earner couples. *Journal of Personality and Social Psychology, 69,* 839-850.

Baron, J. (1989). *Teaching decision-making to adolescents.* Hillsdale, NJ: Erlbaum.

Barone, Charles, Ickovics, Jeannette R., Ayers, Tim S., Katz, Sharon M., Voyce, Charlene K., and Weissberg, Roger P. (1996). High risk sexual behavior among young urban students. *Family Planning Perspectives, 28,* 69-74.

Barresi, Charles M., and Menon, Geeta. (1990). Diversity in black family caregiving. In Zev Harel, Edward A. McKinney, & Mischel Williams (Eds.), *Black aged.* Newbury Park, CA: Sage.

Barrett, Martyn D. (1986). Early semantic representations and early word-usage. In Stan A. Kuczaj & Martyn D. Barrett (Eds.), *The development of word meaning: Progress in cognitive developmental research.* New York: Springer-Verlag.

Basseches, Michael. (1984). *Dialectical thinking and adult development.* Norwood, NJ: Ablex.

Basseches, Michael. (1989). Dialectical thinking as an organized whole: Comments on Irwin and Kramer. In Michael L. Commons, Jan D. Sinnott, Francis A. Richards, & Cheryl Armon (Eds.), *Adult development: Vol. 1. Comparisons and applications of developmental models.* New York: Praeger.

Bates, Elizabeth, and Carnevale, George F. (1994). Developmental psychology in the 1990s: Research on language development. *Developmental Review, 13,* 436-470.

Bauer, H.H. (1992). *Scientific literacy and the myth of the scientific method.* Urbana: University of Illinois Press.

Bauer, Patricia J., and Mandler, J.M. (1990). Remembering what happened next: Very young children's recall of event sequences. In R. Fivush & J.A. Hudson (Eds.), *Knowing and remembering in young children.* Cambridge, England: Cambridge University Press.

Bauman, K.E., Fisher, L.A., Bryan, E.S., and Chenoweth, R.L. (1984). Antecedents, subjective expected utility, and behavior: A panel study of adolescent cigarette smoking. *Addictive Behaviors, 9,* 121-136.

Baumrind, Diana. (1967). Child-care practices anteceding three patterns of preschool behavior. *Genetic Psychology Monographs, 75,* 43-88.

Baumrind, Diana. (1971). Current patterns of parental authority. *Developmental Psychology, 4* (Monograph 1), 1-103.

Baumrind, Diana. (1989). Rearing competent children. In William Damon (Ed.), *New directions for child development: Adolescent health and human behavior.* San Francisco: Jossey-Bass.

Baumrind, Diana. (1991). The influence of parenting style on adolescent competence and substance use. *Journal of Early Adolescence, 11,* 56-95.

Baumrind, Diana. (1995). *Child maltreatment and optimal caregiving in social contexts.* New York: Garland.

Bayley, Nancy. (1966). Learning in adulthood: The role of intelligence. In Herbert J. Klausmeier & Chester W. Harris (Eds.), *Analysis of concept learning.* New York: Academic Press.

Bayley, Nancy, and Oden, Melita. (1955). The maintenance of intellectual ability in gifted adults. *Journal of Gerontology, 10*, Section B (1), 91-107.

Beal, Carole R. (1994). *Boys and girls: The development of gender roles.* New York: McGraw-Hill.

Beal, S.M., and Finch, C.F. (1991). An overview of retrospective case control slides investigating the relationship between prone sleep positions and SIDS. *Journal of Pediatrics and Child Health, 27*, 334-339.

Beal, S.M., and Porter, C. (1991). Sudden infant death syndrome related to climate. *Acta Paediatrica Scandinavica, 80*, 278-287.

Beard, Belle Boone. (1991). *Centenarians: The new generation.* Westport, CT: Greenwood Press.

Beaudry, Micheline, Dufour, R., and Marcoux, Sylvie. (1995). Relation between infant feeding and infections during the first six months of life. *Journal of Pediatrics, 126*, 191-197.

Becker, Joseph. (1989). Preschoolers' use of number words to denote one-to-one correspondance. *Child Development, 60*, 1147-1157.

Beckwith, Leila, and Rodning, Carol. (1991). Intellectual functioning in children born preterm: Recent research. In Lynn Okagaki & Robert J. Sternberg (Eds.), *Directors of development: Influences on the development of children's thinking.* Hillsdale, NJ: Erlbaum.

Bedford, Victoria Hilkevitch. (1995). Sibling relationships in middle and old age. In Rosemary Blieszner & Victoria Hilkevitch Bedford (Eds.), *Handbook of aging and the family.* Westport, CT: Greenwood Press.

Behrman, Richard E. (1992). *Nelson textbook of pediatrics.* Philadelphia: Saunders.

Beilin, H. (1992). Piaget's enduring contribution to developmental psychology. *Developmental Psychology, 28*, 191-204.

Beizer, Judith L. (1994). Medications and the aging body: Alteration as a function of age. *Generations, 18*, 13-18.

Bell, A.P., Weinberg, M.S., and Mammersmith, S. (1981). *Sexual preference: Its development in men and women.* Bloomington: University of Indiana Press.

Bell, Derrick. (1992). *Faces at the bottom of the well: The permanence of racism.* New York: Basic Books.

Bell, M.A., and Fox, N.A. (1992). The relations between frontal brain electrical activity and cognitive development during infancy. *Child Development, 63*, 1142-1163.

Bellantoni, Michele F., and Blackman, Marc R. (1996). Menopause and its consequences. In Edward L. Schneider & John W. Rowe (Eds.), *Handbook of the biology of aging.* San Diego, CA: Academic Press.

Belsky, Jay, and Cassidy, J. (1995). Attachment theory and evidence. In M. Rutter, D. Hay, & S. Baron-Cohen (Eds.), *Developmental principles and clinical issues in psychology and psychiatry.* Oxford, England: Blackwell.

Belsky, Jay, Steinberg, Laurence, and Draper, Patricia. (1991). Childhood experience, interpersonal development, and reproductive strategy: An evolutionary theory of socialisation. *Child Development, 62*, 647-670.

Belsky, Jay, and Vondra, Joan. (1989). Lessons from child abuse: The determinants of parenting. In Dante Cicchetti & Vicki Carlson (Eds.), *Child maltreatment: Theory and research on the causes and consequences of child abuse and neglect.* Cambridge, England: Cambridge University Press.

Bem, Sandra L. (1989). Genital knowledge and gender constancy in preschool children. *Child Development, 60*, 649-662.

Benet, Sula. (1974). *Abkhasians: The long-lived people of the Caucasus.* New York: Holt, Rinehart & Winston.

Bengston, Vern L. (1975). Generation and family effects in value socialization. *American Sociological Review, 40*, 358-371.

Benoit, Diane, and Parker, Kevin C. (1994). Stability and transmission of attachment across three generations. *Child Development, 65*, 1444-1456.

Benson, Peter L. (1993). *The troubled journey: A portrait of 6th-12th grade youth.* Minneapolis, MN: Search Institute.

Berenbaum, Sheri, and Snyder, Elizabeth. (1995). Early hormonal influences on childhood sex-typed activity and playmate preferences: Implications for the development of sexual orientation. *Developmental Psychology, 31*, 31-42.

Berg, Cynthia A., and Sternberg, Robert J. (1985). A triarchic theory of intellectual development during adulthood. *Developmental Review, 5*, 334-370.

Bergeron, A. et Bois, Y. *Quelques théories explicatives du développement de l'enfant,* Saint-Lambert, Soulières Éditeur, 1999, 147 p.

Berkson, Gershon. (1993). *Children with handicaps: A review of behavioral research.* Hillsdale, NJ: Erlbaum.

Berndt, Thomas J. (1989). Friendships in childhood and adolescence. In William Damon (Ed.), *Child development today and tomorrow.* San Francisco: Jossey-Bass.

Berndt, Thomas J., and Savin-Williams, R.C. (1992). Peer relations and friendships. In P.H. Tolan & B.J. Kohler (Eds.), *Handbook of clinical research and practice with adolescents.* New York: Wiley.

Berry, Ruth E., and Williams, Flora L. (1987). Assessing the relationship between quality of life and marital and income satisfaction: A path analytic approach. *Journal of Marriage and the Family, 49*, 107-116.

Bertenthal, Bennett I., and Campos, Joseph J. (1990). A systems approach to the organizing effect of self-produced locomotion during infancy. In Carolyn Rovee Collier & Lewis P. Lipsitt (Eds.), *Advances in infancy research* (Vol. 6). Norwood, NJ: Ablex.

Berzonsky, Michael D. (1989). Identity style: Conceptualization and measurement. *Journal of adolescent Research, 4*, 268-282.

Best, Deborah L. (1993). Inducing children to generate mnemonic organizational strategies: An examination of long term retention and materials. *Developmental Psychology, 29*, 324-336.

Bettes, Barbara A. (1988). Maternal depression and motherese: Temporal and intonational features. *Child Development, 59*, 1089-1096.

Beunen, G.P., Malina, R.M., Van't Hof, M.A., Sirnons, J., Ostyn, M., Renson, R., and Van Gerven, D. (1988). *Adolescent growth and motor performance: A longitudinal study of Belgian boys.* Champaign, IL: Human Kinetics Books.

Beyth-Marom, Ruth, Austin, Laurel, Fischhoff, Baruch, and Palmgren, Claire. (1993). Perceived consequences of risky behaviors: Adults and adolescents. *Developmental Psychology, 29*, 539-548.

Bhatia, M.S., Nigam, V.R., Bohra, N., and Malik, S.C. (1991). Attention deficit disorder with hyperactivity among paediatric outpatients. *Journal of Child Psychology and Psychiatry and Allied Disciplines, 32*, 297-306.

Bierman, Karen Lynn, Smoot, D.L., and Aumiller, K. (1993). Characteristics of aggressive-rejected, aggressive (nonrejected), and rejected (nonaggressive) boys. *Child Development, 64*, 139-151.

Billingham, Robert E., and Sack, Alan R. (1986). Courtship and violence: The interactive status of the relationship. *Journal of Adolescent Research, 1*, 315-326.

Binstock, Robert H., and Day, Christine L. (1996). Aging and politics. In Robert H. Binstock & Linda K. George (Eds.), *Handbook of aging and the social sciences.* San Diego, CA: Academic Press.

Birren, James E., and Schroots, Johannes, J.F. (1996). History, concepts, and methods in psychology of aging. In James E. Birren & K. Warner Schaie (Eds.), *Handbook of the psychology of aging.* San Diego, CA: Academic Press.

Bjorklund, D.F. (Ed.). (1990). *Children's strategies: Contemporary views of cognitive development.* Hillsdale, NJ: Erlbaum.

Bjorklund, D.F., and Harnishfeger, K.K. (1990). The resources construct in cognitive development: Diverse sources of evidence and a theory of inefficient inhibition. *Developmental Review, 10*, 48-71.

Blake, Judith. (1989). *Family size and achievement.* Berkeley: University of California Press.

Blanchard-Fields, Fredda. (1986). Reasoning on social dilemmas varying the emotional saliency: An adult developmental perspective. *Psychology and Aging, 1*, 325-333.

Blankenhorn, David. (1995). *Fatherless America: Confronting our most urgent social problem.* New York: Basic Books.

Blazer, D., Burchett, B., Service, C., and George, L.K. (1991). The association of age and depression among the elderly: An epidemiological exploration. *Journal of Gerontology: Medical Sciences, 46,* M210-M215.

Bloom, L. (1991). *Language development from two to three.* New York: Cambridge University Press.

Bloom, L. (1993). *The transition from infancy to language. Acquiring the power of expression.* New York: Cambridge University Press.

Bloomfield, L. (1933). *Language.* New York: Henry Holt.

Blythe, Ronald. (1979). *The view in winter: Reflections on old age.* New York: Penguin.

Bolton, Frank G., Morris, Larry A., and MacEacheron, Ann E. (1989). *Males at risk: The other side of child sexual abuse.* Newbury Park, CA: Sage.

Booth, Alan, and Edwards, John N. (1992). Starting over: Why remarriages are more unstable. *Journal of Family Issues, 13,* 179-194.

Booth, Alan, and Johnson, E. (1988). Premarital cohabitation and marital success. *Journal of Family Issues, 9,* 387-394.

Borgaonkar, Digamber S. (1994). *Chromosomal variation in man.* New York: Wiley.

Bornstein, Marc H. (1985). Habituation of attention as a measure of visual information processing in human infants: Summary, systematization, and synthesis. In Gilbert Gottlieb & Norman A. Krasnegor (Eds.), *Measurement of audition and vision in the first year of postnatal life: A methodological overview.* Norwood, NJ: Ablex.

Bornstein, Marc H., and Lamb, M.E. (1992). *Development in infancy* (3rd ed.). New York: McGraw-Hill.

Bornstein, Marc H., Tamis-LeMonda, C.S., Tal, J., Ludemann, P., Toda, S., Rahn, C.W., Pecheux, M.-G., Azuma, H., and Vardi, D. (1992). Maternal responsiveness to infants in three societies: The United States, France, and Japan. *Child Development, 63,* 808-821.

Bouchard, C., Trembley, A., Nadeau, A. Despres, J.P., Theriault, G., Boulay, M.R., Lortie, G., Leblanc, C., and Fournier, G. (1989). Genetic effect in resting and exercise metabolic rate. *Metabolism, Clinical and Experimental, 38,* 364-370.

Bouchard, Thomas J. (1994). Genes, environment, and personality. *Science, 264,* 1700-1701.

Bouchard, Thomas J., Lykken, David T., McGue, Matthew, Segal, Nancy L., and Tellegen, Auke. (1990). Sources of human psychological differences: The Minnesota Study of Twins Reared Apart. *Science, 250,* 223-228.

Bowlby, John. (1969). *Attachment* (Vol. 1). New York: Basic Books.

Boxer, Andrew M., Gershenson, Harold P., and Offer, Daniel. (1984). Historical time and social change in adolescent experience. *New Directions for Mental Health Services, 22,* 83-95.

Boysson-Bardies, B., Halle, P., Sagart, L., and Durand, C. (1989). A crosslinguistic investigation of vowel formants in babbling. *Journal of Child Language, 16,* 1-17.

Brabant, Isabelle. *Une naissance heureuse,* Montréal, Éd. St-Martin, 2000.

Braddick, Oliver, and Atkinson, Janette. (1988). Sensory selectivity, attentional control, and cross-channel integration in early visual development. In Albert Yonas (Ed.), *Perceptual development in infancy.* Hillsdale, NJ: Erlbaum.

Brainerd, C. J., and Reyna, V.F. (1995). Learning rate, learning opportunities, and the development of forgetting. *Developmental Psychology, 31,* 251-262.

Brayfield, April A. (1992). Employment resources and housework in Canada. *Journal of Marriage and the Family, 54,* 19-30.

Brayfield, April A. (1995). Juggling jobs and kids: The impact of employment schedules on fathers' caring for children. *Journal of Marriage and the Family, 57,* 321-332.

Bremner, J. Gavin. (1988). *Infancy.* Oxford, England: Blackwell.

Brent, David A., Johnson, Barbara A., Perper, Joshua, Connolly, John, Bridge, Jeff, Bartle, Sylvia, and Rather, Chris. (1994). Personality disorder, personality traits, impulsive violence, and complete suicide in adolescents. *Journal of the American Academy of Child and Adolescent Psychiatry, 33,* 1080-1086.

Bretherton, Inge. (1989). Pretense: The form and function of make believe play. *Developmental Review, 9,* 383-401.

Bretherton, Inge. (1992). The origins of attachment theory: John Bowlby and Mary Ainsworth. *Developmental Psychology, 28,* 759-775.

Bretherton, Inge, and Beeghly, M. (1982). Talking about internal states: The acquisition of an explicit theory of mind. *Developmental Psychology, 18,* 906-921.

Bretherton, Inge, and Waters, Everett. (1985). Growing points of attachment theory and research. *Monographs of the Society for Research in Child Development, 50* (1-2, Serial No. 209).

Briere, J.M., and Elliott, D.M. (1994). Immediate and long-term impacts of child sexual abuse. *The Future of Children, 4,* 54-69.

Briggs, Freda, and Hawkins, Russell M.F. (1996). A comparison of the childhood experiences of convicted male child molesters and men who were sexually abused in childhood and claimed to be nonoffenders. *Child Abuse & Neglect, 20,* 221-233.

Bronfenbrenner, Urie. (1977). Toward an experimental ecology of human development. *American Psychologist, 32,* 513-531.

Bronfenbrenner, Urie. (1979). *The ecology of human development: Experiments by nature and design.* Cambridge, MA: Harvard University Press.

Bronfenbrenner, Urie. (1986). Ecology of the family as a context for human development research perspectives. *Developmental Psychology, 22,* 723-742.

Bronfenbrenner, Urie, and Ceci, Stephen J. (1991). Nature-nurture reconceptualized in developmental perspective: A bioecological model. *Psychological Review, 10,* 568-586.

Bronstein, Phyllis. (1984). Differences in mothers' and fathers' behaviors toward children: A cross-cultural comparison. *Developmental Psychology, 20,* 995-1003.

Brook, Judith S., Cohen, Patricia, Whiteman, Martin, and Gordon, Ann S. (1992). Psychosocial risk factors in the transition from moderate to heavy use or abuse of drugs. In Meyer Glantz & Roy Pickens (Eds.), *Vulnerability to drug abuse.* Washington, DC: American Psychological Association.

Brooks-Gunn, Jeanne. (1991). Maturational timing variations in adolescent girls. In Richard M. Lerner, Ann C. Petersen, & Jeanne Brooks-Gunn (Eds.), *Encyclopedia of adolescence* (Vol. 2). New York: Garland.

Brooks-Gunn, Jeanne, and Reiter, Edward O. (1990). The role of pubertal processes. In Shirley S. Feldman & Glenn R. Elliott (Eds.), *At the threshold: The developing adolescent.* Cambridge, MA: Harvard University Press.

Brown, B.B. (1990). Peer groups and peer cultures. In S.S. Feldman & G.R. Elliott (Eds.), *At the threshold: The developing adolescent.* Cambridge, MA: Harvard University Press.

Brownson, Ross C., Alavanja, Michael C.R., Hock, Edward T., and Loy, Timothy S. (1992). Passive smoking and lung cancer in nonsmoking women. *American Journal of Public Health, 82,* 1525-1530.

Bruner, Jerome S. (1982). The organization of action and the nature of adult-infant transaction. In M. von Cranach & R. Harre (Eds.), *The analysis of action.* Cambridge, England: Cambridge University Press.

Bryan, E. (1992). *Twins, triplets, and more.* New York: St. Martin's Press.

Bryan, Janet, and Luszcz, Mary A. (1996). Speed of information processing as a mediator between age and free-recall performance. *Psychology and Aging, 11,* 3-9.

Bryant, B.K. (1983). The neighborhood walk: Sources of support in middle childhood. *Monographs of the Society for Research in Child Development, 50* (3, Serial No. 210).

Buhler, C., and Massarik, F. (1968). *The Course of Human Life: A Study of Goals in the Humanistic Perspective.* New York: Springer.

Buhrmester, D., Camparo, L., Christensen, A., Gonzalez, L.S., and Hinshaw, S.P. (1992). Mothers and fathers interacting in dyads and triads with normal and hyperactive sons. *Developmental Psychology, 28,* 500-509.

Bumpass, Larry L., Sweet, James A., and Cherlin, Andrew. (1991). The role of cohabitation in declining rates of marriage. *Journal of Marriage and the Family, 53,* 913-927.

Bunker, John P., Frazer, Howard S., and Mosteller, Frederick. (1995). The role of medical care in determining health: Creating an inventory of benefits. In Benjamin C. Amick, ITI, Sol Levine, Alvin R. Tarlov, & Diana Chapman Walsh (Eds.), *Society and health.* New York: Oxford University Press.

Burchinal, Margaret, Lee, Marvin, and Ramey, Craig. (1989). Type of day care and preschool intellectual development in disadvantaged children. *Child Development, 60,* 128-137.

Burke, D.M., MacKay, D.G., Worthley, J.S., and Wade, E. (1991). On the tip of the tongue: What causes word finding failures in young and older adults? *Journal of Memory and Language, 30,* 542-579.

Burns, Ailsa, and Scott, Cath. (1994). *Mother-headed families and why they have increased.* Hillsdale, NJ: Erlbaum.

Burton, Linda M., Dilworth-Anderson, Peggye, and Bengston, Vern L. (1991). Creating culturally relevant ways of thinking about diversity and aging. *Generations, 15*(4), 67-72.

Buss, A.H. (1991). The EAS theory of temperament. In J. Strelau & A. Angleitner (Eds.), *Explorations of temperament.* New York: Plenum Press.

Bussey, K., and Bandura, A. (1992). Self-regulatory mechanisms governing gender development. *Child Development, 63,* 1236-1250.

Butler, Robert N., Lewis, Myrna, and Sunderland, Trey. (1991). *Aging and mental health: Positive psychosocial and biomedical holdings* (4th ed.). New York: Merrill.

Byrnes, J.P. (1988). Formal operations: A systematic reformulation. *Developmental Review, 8,* 66-87.

Cahalan, Don. (1991). *An ounce of prevention: Strategies for solving tobacco, alcohol, and drug problems.* San Francisco: Jossey-Bass.

Cairns, Robert B. (1994). The making of a developmental science: The contributions and intellectual heritage of James Mark Baldwin. In Ross D. Parke, Peter A. Ornstein, John J. Rieser, & Carolyn Zahn-Waxler (Eds.), *A century of developmental psychology.* Washington, DC: American Psychological Association.

Cairns, Robert B., and Cairns, Beverly D. (1994). *Lifelines and risks: Pathways of youth in our time.* Cambridge, England: Cambridge University Press.

Calkins, Susan D. (1994). Origins and outcomes of individual differences in emotional regulation. *Monographs of the Society for Research in Child Development, 59* (2-3, Serial No. 240), 53-72.

Call, Vaughn, Sprecher, Susan, and Schwartz, Pepper. (1995). Incidence and frequency of marital sex in a national sample. *Journal of Marriage and the Family, 57,* 639-652.

Campos, Joseph J., Barrett, Karen C., Lamb, Michael L., Goldsmith, H. Hill, and Stenberg, Craig. (1983). Socioemotional development. In Paul H. Mussen (Ed.), *Handbook of child psychology: Vol. 2. Infancy and developmental psychobiology.* New York: Wiley.

Cantwell, Dennis P., and Baker, Lorian. (1991). Association between attention deficit-hyperactivy disorder and learning disorders. *Journal of Learning Disabilities, 24,* 88-95.

Cappelleri, J.C., Eckenrode, J., and Powers, J.L. (1993). The epidemiology of child abuse: Findings from the Second National Incidence and Prevalence Study of Child Abuse and Neglect. *American Journal of Public Health, 83,* 1622-1624.

Carey, B. and Long, P. (1996). The Lasting Damage of Prenatal Smoking. *Health, 10*(1), 26-27.

Carey, William B., and McDevitt, Sean C. (1978). Stability and change in individual temperament diagnoses from infancy to early childhood. *Journal of the American Academy of Child Psychiatry, 17,* 331-337.

Carlson, Bruce M. (1994). *Human embryology and developmental biology.* St. Louis, MO: Mosby.

Carlson, Karen J., Eisenstat, Stephanie A., and Ziporyn, Terra. (1996). *The Harvard guide to women's health.* Cambridge, MA: Harvard University Press.

Carlson, Michelle C., Hasher, Lynn, Connelly, S. Lisa, and Zacks, Rose T. (1995). Aging, distraction, and the benefits of predictable location. *Psychology and Aging, 10,* 427-436.

Carnegie Council on Adolescent Development. (1989). *Turning points: Preparing American youth for the 21st century.* New York: Carnegie Corporation.

Caro, Francis G., Bass, Scott A., and Chen, Yung-Ping. (1993). Introduction: Achieving a productive aging society. In Scott A. Bass, Francis G. Caro, & Yung-Ping Chen (Eds.), *Achieving a productive aging society.* Westport, CT: Auburn House.

Caron, Albert J., and Caron, Rose F. (1981). Processing of relational information as an index of infant risk. In S.L. Friedman & M. Sigman (Eds.), *Preterm birth and psychological development.* New York: Academic Press.

Carraher, T.N., Carraher, D.W., and Schliemann, A.D. (1985). Mathematics in the streets and in schools. *British Journal of Developmental Psychology, 3,* 21-29.

Carraher, T.N., Schliemann, A.D., and Carraher, D.W. (1988). Mathematical concepts in everyday life. In G.B. Saxe & M. Gearhart (Eds.), *New directions for child development: Vol. 41. Children's mathematics.* San Francisco: Jossey-Bass.

Carroll, J.B. (1993). *Human cognitive abilities, A survey of factor-analytic studies.* Cambridge, England: Cambridge University Press.

Carter, D.B., and Middlemiss, W.A. (1992). The socialization of instrumental competence in families in the United States. In J.L. Roopnarine & D.B. Carter (Eds.), *Annual advances in applied developmental psychology: Vol. .5. Parent-child socialization in diverse cultures.* Norwood, NJ: Ablex.

Cascio, Wayne F. (1995). Whither industrial and organizational psychology in a changing world of work? *American Psychologist, 50,* 928-939.

Case, Robbie. (1985). *Intellectual development: Birth to adulthood.* Orlando, FL: Academic Press.

Casey, Rosemary, Levy, Susan E., Brown, Kimberly, and BrooksGunn, J. (1992). Impaired emotional health in children with mild reading disability. *Journal of Developmental and Behavioral Pediatrics, 13,* 256-260.

Cash, Thomas F., and Henry, Patricia. (1995). Women's body images: The results of a national survey in the U.S.A. *Sex Roles, 33,* 19-28.

Caspi, Avshalom, Elder, Glen H., and Bem, Daryl J. (1988). Moving away from the world: Life course patterns of shy children. *Developmental Psychology, 24,* 824-831.

Caspi, Avshalom, Herbener, Ellen S., and Ozer, Daniel J. (1992). Shared experiences and the similarities of personalities: A longitudinal study of married couples. *Journal of Personality and Social Psychology, 62,* 281-291.

Cattell, R.B. (1963). Theory of fluid and crystalized intelligence: A critical experiment. *Journal of Educational Psychology 54,* 1-22.

Ceci, Stephen J. (1990). *On intelligence .. more or less: A bioecological treatise on intellectual development.* Englewood Cliffs, NJ: Prentice Hall.

Ceci, Stephen J. (1991). How much does schooling influence cognitive and intellectual development? *Developmental Psychology, 27,* 703-722.

Centers for Disease Control. (1992). *Setting the national agenda for injury control in the 1990s.* Washington, DC: Department of Health and Human Services, Public Health Service.

Centers for Disease Control. (1993). *Annual report: 1992.* Division of STD/HIV prevention. Atlanta, GA: Author.

Chalfant, J.C. (1989). Learning disabilities: Policy issues and promising approaches. *American Psychologist, 44,* 392-398.

Chandler, Lynette A. (1990). Neuromotor assessment. In Elizabeth D. Gibbs & Douglas M. Teti (Eds.), *Interdisciplinary assessment of infants.* Baltimore: Brookes.

Chang, Jolan. *Le Tao de l'art d'aimer*, France, Calmann-Léry, 1997.

Chao, Ruth K. (1994). Beyond parental control and authoritarian parenting style: Understanding Chinese parenting through the cultural notion of training. *Child Development, 65,* 1111-1119.

Charness, Neil. (1986). Expertise in chess, music, and physics: A cognitive perspective. In L.K. Obler & D.A. Fein (Eds.), *The neuropsychology or talent and special abilities.* New York: Guilford.

Charness, Neil. (1989). Age and expertise: Responding to Talland's challenge. In Leonard W. Poon, David C. Rubin, & Barbara A. Wilson (Eds.). *Everyday cognition in adulthood and later life.* Cambridge, England: Cambridge University Press.

Chedd, N.A. (1995). Genetic Counseling : The Science is the Easy Part. *Exceptional Parent,* 26-27.

Chen, Xinyin, Rubin, Kenneth H., and Zhen-yun, Li. (1995). Social functioning and adjustment in Chinese children: A longitudinal study. *Developmental Psychology, 31,* 531 539.

Cherlin, Andrew, and Furstenberg, Frank F., Jr. (1986). *The new American grandparent: A place in the family, a life apart.* New York: Basic Books.

Cherry, Katie E., and Stadler, Michael A. (1995). Implicit learning of a nonverbal sequence in younger and older adults. *Psychology and Aging, 10,* 379-394.

Chess, Stella, and Thomas, Alexander. (1990). Continuities and discontinuities in development. In Lee N. Robins & Michael Rutter (Eds.), *Straight and devious pathways from childhood to adulthood.* New York: Cambridge University Press.

Chevan, Albert. (1996). As cheaply as one: Cohabitation in the older population. *Journal of Marriage and the Family, 58,* 656-667.

Chi, Micheline T.H., Hutchinson, J.E., and Robin, A.F. (1989). How inferences about novel domain-related concepts can be constrained by structured knowledge. *Merrill-Palmer Quarterly, 35,* 27-62.

Chickering, Arthur W. (1981). Conclusion. In Arthur W. Chickering (Ed.), *The modern American college: Responding to the new realities of diverse students and a changing society.* San Francisco: Jossey-Bass.

Children's Defense Fund. (1994). *The state of America's children yearbook 1994.* Washington, DC: Publications Department.

Chilman, C.S. (1991). Working poor families: Trends, causes, effects, and suggested policies. *Family Relations, 40,* 191-198.

Chiriboga, D.A. and Catron, L.A. (1992). *Divorce: Crisis, challenge or relief?* New York: New York University Press.

Chomitz, Virginia Rall, Cheung, Lilian W.Y., and Lieberman, Ellice. (1995). The role of lifestyle in preventing low birth weight. *The Future of Children: Low Birth Weight, 5,* 121-138.

Chomsky, Noam. (1968). *Language and mind.* New York: Harcourt, Brace, World.

Chomsky, Noam. (1980). *Rules and representations.* New York: Columbia University Press.

Christensen, Myra J., Brayden, Robert M., Dietrich, Mary S., McLaughlin, F. Joseph, Sherrod, Kathryn B., and Altemeier, William A. (1994). The prospective assessment of self-concept in neglectful and physically abusive low income mothers. *Child Abuse and Neglect, 18,* 225-232.

Christophersen, Edward R. (1989). Injury control. *American Psychologist, 44,* 237-241.

Cicchetti, Dante. (1990). The organization and coherence of socioemotional, cognitive, and representational development: Illustrations through a developmental psychopathology perspective on Down syndrome and child maltreatment. In R.A. Thompson (Ed.), *Nebraska Symposium on Motivation: Vol. 36. Socioemotional development.* Lincoln: University of Nebraska Press.

Cicchetti, Dante. (1993). Developmental psychopathology: Reactions, reflections, projections. *Developmental Review, 13,* 471-502.

Cicchetti, Dante, and Beeghly, Marjorie. (1990). *Children with Down syndrome: A developmental perspective.* Cambridge, England: Cambridge University Press.

Cicchetti, Dante, and Carlson, Vicki. (Eds.). (1989). *Child maltreatment: Theory and research on the causes and consequences of child abuse and neglect.* Cambridge, England: Cambridge University Press.

Cicchetti, Dante, Toth, S.L., and Hennessy, K. (1993). Child maltreatment and school adaptation: Problems and promises. In Dante Cicchetti & S.L. Toth (Eds.), *Advances in applied developmental psychology series: Vol. 8. Child abuse, child development, and social policy.* Norwood, NJ: Ablex.

Cicirelli, Victor G. (1995). *Sibling relationships across the life span.* New York: Plenum Press.

Cillessen, A.H.N., van lizendoorn, H.W., van Lieshout, C.F.M., and Hartup, W.W. (1992). Heterogeneity among peer-rejected boys: Subtypes and stabilities. *Child Development, 63,* 893-905.

Clark, Jane E., and Phillips, Sally J. (1985). A developmental sequence of the standing long jump. In Jane E. Clark & James H. Humphrey (Eds.), *Motor development: Current selected research.* Princeton, NJ: Princeton Book Company.

Clark, Robert D. (1983). *Family life and school achievement. Why poor black children succeed or fail.* Chicago: University of Chicago Press.

Clarke-Stewart, K. Alison, Gruber, Christian P., and Fitzgerald, Linda May. (1994). *Children at home and in day care.* Hillsdale, NJ: Erlbaum.

Clarkson, Marsha G., Clifton, Rachel K., and Morrongiello, Barbara A. (1985). The effects of sound duration on newborns' head orientation. *Journal of Experimental Child Psychology, 39,* 20-36.

Clinchy, Blythe McVicker. (1993). Ways of knowing and ways of being: Epistemological and moral development in undergraduate women. In Andrew Garrod (Ed.), *Approaches to moral development: New research and emerging themes.* New York: Teachers College Press.

Clinchy, Blythe McVicker, and Zimmerman, Claire. (1982). Epistemology and agency in the development of undergraduate women. In Pamela J. Perun (Ed.), *The undergraduate woman: Issues in educational equity.* Lexington, MA: Lexington Books.

Coe, Christopher, Kayashi, Kevin T., and Levine, Seymour. (1988). Hormones and behavior at puberty: Activation or concatenation? In Megan R. Gunnar & W. Andrew Collins (Eds.), *Development during the transition to adolescence.* Hillsdale, NJ: Erlbaum.

Coffey, C., Wilkinson, W., Paraskos, I., Soady, S., Sullivan, R., Patterson, L., Figiel, W., Webb, M., Spritzer, C., and Djang, W. (1992). Quantitative cerebral anatomy of the aging human brain: A cross-sectional study using magnetic resonance imaging. *Neurology, 42,* 527-536.

Cohn, Jeffrey F., and Tronick, Edward Z. (1987). Mother-infant face to face interaction: The sequence of dyadic states at 3, 6, and 9 months. *Developmental Psychology, 23,* 68-77.

Colby, Anne, Kohlberg, Lawrence, Gibbs, John, and Lieberman, Marcus. (1983). A longitudinal study of moral development. *Monographs of the Society for Research in Child Development, 48* (1-2, Serial No. 200).

Cole, Michael. (1992). Culture in development. In M.H. Bernstein & M.E. Lamb (Eds.), *Developmental psychology: An advanced textbook* (3rd ed.). Hillsdale, NJ: Erlbaum.

Cole, Pamela M., Barrett, Karen C., and Zahn-Waxler, Carolyn. (1992). Emotion displays in two-year-olds during mishaps. *Child Development, 63,* 314-324.

Coleman, J.C., and Hendry, L. (1990). *The nature of adolescence* (2nd ed.). London: Routledge.

Coles, Robert. (1990). *The spiritual life of children.* Boston; Houghton Mifflin.

Colin, Virginia L. (1996). *Human attachment.* Philadelphia: Temple University Press.

Collins, Claire. (1995, May 11). Spanking is becoming the new don't. *New York Times,* p. C8.

Collins, W. Andrew (Ed.). (1984). *Development during middle childhood: The years from 6 to 12.* Washington, DC: National Academy Press.

Collins, W. Andrew. (1990). Parent-child relationships in the transition to adolescence: Continuity and change in interaction, affect, and cognition. In R. Montemayor, G. Adams, & T. Gullotta (Eds.), *From childhood to adolescence: A transitional period? Advances in adolescent development: Vol. 2. The transition from childhood to adolescence.* Beverly Hills, CA: Sage.

Collins, W. Andrew, and Russell, G. (1991). Mother-child and father-child relationships in middle childhood and adolescence: A developmental analysis. *Developmental Psychology, 11,* 99-136.

Commons, Michael L., and Richards, Francis A. (1984). A general model of stage theory. In Michael L. Commons, Francis A. Richards, & Cheryl Armon (Eds.), *Beyond formal operations.* New York: Praeger.

Compas, Bruce E., Banez, Gerard A., Malcarne, Vanessa, and Worsham, Nancy. (1991). Perceived control and coping with stress: A developmental perspective. *Journal of Social Issues, 47,* 23-34.

Coni, Nicholas K., Davison, William, and Webster, Stephen. (1992). *Aging: The facts.* Oxford, England: Oxford University Press.

Connidis, I.A. (1994). Sibling support in older age. *Journal of Gerontology: Social Sciences, 49,* S309-S317.

Conrad, Marilyn, and Hammen, Constance. (1993). Protective and resource factors in high- and low-risk children: A comparison of children with unipolar, bipolar, medically ill, and normal mothers. *Development and Psychopathology, 5,* 593-607.

Cooper, R.O. (1993). The effect of prosody on young infants' speech perception. In C. Rovee-Collier & L.P. Lipsitt (Eds.), *Advances in infancy research* (Vol. 8). Norwood, NJ: Ablex.

Cooper, R.P., and Aslin, R.N. (1990). Preference for infant-directed speech in the first month after birth. *Child Development, 61,* 1584-1595.

Cornelius, Steven W., Kenny, Sheryl, and Caspi, Avshalom. (1989). Academic and everyday intelligence in adulthood: Conceptions of self and ability tests. In Jan D. Sinnott (Ed.), *Everyday problem solving: Theory and applications.* New York: Praeger.

Corsaro, W.A. (1985). *Friendship and peer culture in the early years.* Norwood, NJ: Ablex.

Costa, Paul T., and McCrae, Robert R. (1989). Personality continuity and the changes of adult life. In Martha Storandt & Gary R. Vandenbos (Eds.), *The adult years: Continuity and change.* Washington, DC: American Psychological Association.

Costa, Paul T., Zonderman, A.B., McCrae, R.R., Coroni-Huntley, J., Locke, B.Z., and Barbano, H.E. (1987). Longitudinal analyses of psychological well-being in a national sample: Stability of mean levels. *Journal of Gerontology, 42,* 50-55.

Cotman, Carl W., and Neeper, Shawne. (1996). Activity-dependent plasticity and the aging brain. In Edward L. Schneider & John W. Rowe (Eds.), *Handbook of the biology of aging* (4th ed.). San Diego, CA: Academic Press.

Cowan, C.P., and Cowan, P.A. (1992). *When partners become parents.* New York: Basic Books.

Cowen, Emory I., Wyman, Peter A., and Work, William C. (1992). The relationship between retrospective reports of early child temperament and adjustment at ages 10-12. *Journal of Abnormal Child Psychology, 20,* 39-50.

Crabb, Peter B., and Bielawski, Dawn. (1994). The social representation of material culture and gender in children's books. *Sex Roles, 30,* 69-70.

Cramer, Phebe, and Skidd, Jody E. (1992). Correlates of self worth in preschoolers: The role of gender-stereotyped styles of behavior. *Sex Roles, 26,* 369-390.

Crimmins, E.M., and Ingegneri, D.G. (1990). Interaction and living arrangements of older parents and their children: Past trends, present determinants, future implications. *Research on Aging, 2,* 3-35.

Cristofalo, Vincent J. (1996). Ten years later: What have we learned about human aging from studies of cell cultures? *Gerontologist, 36,* 737-741.

Crittenden, Patricia M. (1992). The social ecology of treatment: Case study of a service system for maltreated children. *American Journal of Orthopsychiatry, 62,* 22-34.

Crittenden, Patricia M., Claussen, Angelika H., and Sugarman, David B. (1994). Physical and psychological maltreatment in middle childhood and adolescence. *Development and Psychopathology, 6,* 145-164.

Crockenberg, S., and Litman, C. (1990). Autonomy as competence in 2-year-olds: Maternal correlates of child defiance, compliance, and self-assertion. *Developmental Psychology, 26,* 961-971.

Crohan, Susan E., and Antonucci, Toni C. (1989). Friends as a source of social support in old age. In Rebecca G. Adams & Rosemary Bleiszner (Eds.), *Older adult friendship.* Newbury Park, CA: Sage.

Cross, W.W., Jr. (1991). *Shades of black: Diversity in African-American identity.* Philadelphia: Temple University Press.

Crowell, J.A., and Feldman, S.S. (1988). Mothers' internal models of relationships and children's behavioral and developmental status: A study of mother-child interaction. *Child Development, 59,* 1273-1283.

Crowell, J.A., and Feldman, S.S. (1991). Mothers' working models of attachment relationships and mother and child behavior during separation and reunion. *Developmental Psychology, 27,* 597-605.

Cruickshank, J.K., and Beevers, D.G. (1989). *Ethnic factors in health and disease.* London: Wright.

Crystal, Stephen. (1996). Economic status of the elderly. In Robert H. Binstock & Linda K. George (Eds.), *Handbook of aging and the social sciences.* San Diego, CA: Academic Press.

Crystal, Stephen, and Waehrer, Keith. (1996). Later life economic inequality in longitudinal perspective. *Journal of Gerontology, 51B,* S307-S318.

Csikszentmihalyi, Mihaly. (1996). *Creativity.* New York: HarperCollins.

Culotta, Elizabeth, and Koshland, Daniel E. (1993). P53 sweeps through cancer research. *Science, 262,* 1958-1961.

Cummings, E., and Henry, W. (1961). *Growing old: The process of disengagement.* New York: Basic Books.

Cummings, E.M., and Davies, P. (1994). *Children and marital conflict: The impact of family dispute and resolution.* New York: Guilford.

Cummings, E.M., Hennessy, K.D., Rabideau, G.J., and Cicchetti, D. (1994). Responses of physically abused boys to interadult anger involving their mothers. *Development and Psychopathology, 6,* 31-41.

Cunningham, Renee M., Stiffman, Arlene Rubin, and Dore, Peter. (1994). The association of physical and sexual abuse with HIV risk behaviors in adolescence and young adulthood: Implications for public health. *Child Abuse and Neglect, 18,* 233-245.

Cunningham, Walter R., and Tomer, Adrian. (1990). Intellectual abilities and age: Concepts, theories and analyses. In Eugene A. Lovelace (Ed.), *Aging and cognition: Mental processes, self awareness and interventions.* Amsterdam: North-Holland/Elsevier.

Curran, David K. (1987). *Adolescent suicidal behavior.* Washington, DC: Hemisphere.

Cutler, David M., and Sheiner, Louise M. (1994). Policy options for long-term care. In David A. Wise (Ed.), *Studies in the economics of aging.* Chicago: University of Chicago Press.

Damon, William. (1984). Self-understanding and moral development from childhood to adolescence. In William M. Kurtines & Jacob L. Gewirtz (Eds.), *Morality, moral behavior, and moral development.* New York: Wiley.

Damon, William, and Hart, Daniel. (1992). Social understanding, self-understanding, and morality. In Marc Bornstein & Michael Lamb (Eds.), *Developmental psychology: An advanced textbook.* Hillsdale, NJ: Erlbaum.

Darling, N., and Steinberg, L. (1993). Parenting style as context: An integrative model. *Psychological Bulletin, 113,* 187-496.

Daro, Deborah. (1989). *Confronting child abuse.* New York: Free Press.

Datan, Nancy. (1986). Oedipal conflict, platonic love: Centrifugal forces in intergenerational relations. In Nancy Datan, Anita L. Greene, & Hayne W. Reese (Eds.), *Life-span developmental psychology: Intergenerational relations.* Hillsdale, NJ: Erlbaum.

Davidson, Philip W., Cain, Nancy N., Sloane-Reeves, Jean E., and Van Speybroech, Alec. (1994). Characteristics of community-based individuals with mental retardation and aggressive behavioral disorders. *American Journal of Mental Retardation, 98,* 704-716.

Davies, A. Michael. (1991). Function in old age: Measurement, comparability, and service planning. *Proceedings of the 1988 International Symposium on Aging* (DHHS Publication No. 91–1482) (Series 5, No. 6). Hyattsville, MD: Department of Health and Human Services.

Dawson, Deborah A. (1991). Family structure and children's health and well-being: Data from the 1988 national health interview study on child health. *Journal of Marriage and the Family, 53,* 573-584.

Dawson, Geraldine. (1994). Frontal electroencephalographic correlates of individual differences in emotional expression in infants. *Monographs of the Society for Research in Child Development, 59* (Serial No. 240).

DeCasper, Anthony J., and Fifer, William P. (1980). Of human bonding: Newborns prefer their mothers'voices. *Science, 208,* 1174-1175.

DeCasper, Anthony J., and Spence, M.J. (1986). Prenatal maternal speech influences newborns' perception of speech sounds. *Infant Behavior and Development, 9,* 133-150.

Deeg, Dorly J.H. (1995). Research and the promotion of quality of life in older persons in the Netherlands. In Eino Heikkinen, Jorma Kussinen, & Isto Ruoppila (Eds.), *Preparation for aging.* New York: Plenum Press.

Deeg, Dorly J.H., Kardaun, Jan W.P.F., and Fozard, James L. (1996). Health, behavior, and aging. In James E. Birren & K. Warner Schaie (Eds.), *Handbook of the psychology of aging.* San Diego, CA: Academic Press.

DeFries, John C., Plomin, Robert, and Fulker, David W. (Eds.). (1994). *Nature and nurture during middle childhood.* Cambridge, MA: Blackwell.

DeGarmo, David S., and Kitson, Gay C. (1996). Identity relevance and disruption as predictors of psychological distress for widowed and divorced women. *Journal of Marriage and the Family, 58,* 983-997.

DeMan, A.F., Labreche-Cauthier, L., and Leduc, C.P. (1993). Parent-child relationships and suicidal ideation in French-Canadian adolescents. *Journal of Genetic Psychology, 154,* 17-23.

Dempster, Frank N. (1993). Resistance to interference: Developmental changes in a basic processing mechanism. In M. L. Howe and R. Pasnak (Eds.), *Emerging themes in cognitive development: Vol. I. Foundations.* New York: Springer-Verlag.

Denney, Nancy Wadsworth. (1982). Aging and cognitive changes. In Benjamin B. Wolman & G. Sticker (Eds.), *Handbook of developmental psychology.* Englewood Cliffs, NJ: Prentice-Hall.

Denney, Nancy Wadsworth. (1989). Everyday problem solving: Methodological issues, research findings, and a model. In Leonard W. Poon, David C. Rubin, & Barbara A. Wilson (Eds.), *Everyday cognition in adulthood and late life.* Cambridge, England: Cambridge University Press.

Depue, Richard A., Luciana, Monica, Arbisi, Paul, Collins, Paul, and Leon, Arthur. (1994). Dopamine and the structure of personality: Relation of agonist-induced dopamine activity to positive emotionality. *Journal of Personality and Social Psychology, 67,* 485-498.

Derix, Mayke. (1994). *Neuropsychological differentiation of dementia syndromes.* Berwyn, PAQ: Lisse.

Desrochers, Stéphane, Ricard, Marcelle, Dexarie, Therese Gouin, and Allard, Louise. (1994). Developmental syncronicity between social referencing and Piagetian sensorimotor causality. *Infant Behavior and Development, 17,* 303-309.

Dewey, Kathryn G., Heinig, M. Jane, and Nommsen-Rivers, Laurie A. (1995). Differences in morbidity between breast-fed and formula-fed infants. *Journal of Pediatrics, 126,* 696-702.

Deyoung, Yolanda, and Zigler, Edward F. (1994). Machismo in two cultures: Relation to punitive child-rearing practices. *American Journal of Orthopsychiatry, 64,* 386-395.

D'Hoore, William D., Sicotte, Claude, and Tilquin, Charles. (1994). Sex bias in the management of coronary artery disease in Quebec. *American Journal of Public Health, 84,* 1013-1015.

Diaz, Rafael M. (1987). The private speech of young children at risk: A test of three deficit hypotheses. *Early Childhood Research Quarterly, 2,* 181-197.

Dickerson, Leah J., and Nadelson, Carol (Eds.). (1989). *Family violence: Emerging issues of national crisis.* Washington, DC: American Psychiatric Press.

Dickinson, David K. (1984). First impressions: Children's knowledge of words gained from a single exposure. *Applied Psycholinguistics, 5,* 359-374.

Dielman, T.E. (1994). School-based research on the prevention of adolescent alcohol use and misuse: Methodological issues and advances. *Journal of Research on Adolescence, 4,* 271-294.

Digman, J.M. (1990). Personality structure: Emergence of the five-factor model. *Annual Review of Psychology, 41,* 417-440.

Dill, D., Feld, E., Martin, J., Beukema, S., and Belle, D. (1980). The impact of the environment on the coping effects of low-income mothers. *Family Relations, 29,* 503-509.

Dion, Kenneth L., and Dion, Karen K. (1988). Romantic love: Individual and cultural perspectives. In Robert J. Sternberg & Michael L. Barnes (Eds.), *The psychology of love.* New Haven, CT: Yale University Press.

Dishion, Thomas J., Andrews, David W., and Crosby, Lynn. (1995). Antisocial boys and their friends in early adolescence: Relationship characteristics, quality, and interactional processes. *Child Development, 66,* 139-151.

Dittmann-Kohli, Freya, and Baltes, Paul B. (1990). Toward a neofunctionalist conception of adult intellectual development: Wisdom as a prototypical case of intellectual growth. In Charles N. Alexander & Ellen J. Langer (Eds.), *Higher stages of human development.* New York: Oxford University Press.

Dix, T. (1991). The affective organization of parenting: Adaptive and maladaptive processes. *Psychological Bulletin, 110,* 3-25.

Dixon, Roger A. (1992). Contextual approaches to adult intellectual development. In Robert J. Sternberg & Cynthia A. Berg (Eds.), *Intellectual development.* New York: Cambridge University Press.

Dixon, Roger A., Kramer, Dierdre A., and Baltes, Paul B. (1985). Intelligence: A life-span developmental perspective. In Benjamin B. Wolman (Ed.), *Handbook of intelligence. Theories, measurements, and applications.* New York: Wiley.

Dobbing, John. (Ed.). (1987). *Early nutrition and later achievement.* London: Academic Press.

Dockrell, J., Campbell, R., and Neilson, I. (1980). Conservation accidents revisited. *International Journal of Behavioral Development, 3,* 423-439.

Dodge, Kenneth A., and Feldman, E. (1990). Issues in social cognition and sociometric status. In S.R. Asher & J.D. Coie (Eds.), *Peer rejection in childhood.* Cambridge, England; Cambridge University Press.

Dodge, Kenneth A., and Somberg, Daniel R. (1987). Hostile attributional biases among aggressive boys are exacerbated under conditions of threats to self. *Child Development, 58,* 213-224.

Dodge, Kenneth A., Murphy, Roberta R., and Buchsbaum, Kathy. (1984). The assessment of intention-cue detection skills in children: Implications for developmental psychopathology. *Child Development, 55,* 163-173.

Dodge, Kenneth A., Coie, J.D., Pettit, G.S., and Price, J.M. (1990). Peer status and aggression in boys' groups: Developmental and contextuel analyses. *Child Development, 61,* 1289-1309.

Dodge, Kenneth A., Pettit, Gregory S., and Bates, John E. (1994). Effects of physical maltreatment on the development of peer relations. *Development and Psychopathology, 6,* 43-55.

Donaldson, Margaret. (1978). *Children's minds.* New York: Norton.

Dooley, David, and Catalano, R. (1988). Psychological effects of unemployment. *Journal of Social Issues, 44,* 1-191.

Drotar, Dennis, Eckerle, Debby, Satola, Jackie, Pallotta, John, and Wyatt, Betsy. (1990). Maternal interactional behavior with nonorganic failure-to-thrive infants: A case comparison study. *Child Abuse and Neglect, 14,* 41-51.

Dryfoos, Joy. (1990). *Adolescents at risk: Prevalence and prevention.* New York: Oxford University Press.

Dubas, Judith Semon, Graber, Julia A., and Petersen, Anne C. (1991). A longitudinal investigation of adolescents' changing perceptions of pubertal timing. *Developmental Psychology, 27,* 580-586.

Duchesne, Louis. *La situation démographique au Québec, édition 1999,* coll. La démographie, Institut de la statistique du Québec, 2000.

Ducy, P., Desbois, C., Boyce, B., Pinero, G., Story, B., Dunstan, C., Smith, E., Bonadio, J., Goldstein, S., Gundberg, C., Bradley, A., and Karsenty, G. (1996). Increased bond formation in osteocalcin-deficient mice. *Nature, 382,* 448-451.

Dudek, Stephanie Z., Strobel, M.G., and Runco, Mark A. (1994). Cumulative and proximal influences on the social environment and children's creative potential. *Journal of Genetic Psychology, 154,* 487-499.

Duke-Duncan, Paula. (1991). Body image. In Richard M. Lerner, Ann C. Petersen, & Jeanne Brooks-Gunn (Eds.), *Encyclopedia of adolescence* (Vol. 1). New York: Garland.

Dunn, Judy. (1988). *The beginnings of social understanding.* Cambridge, MA: Harvard University Press.

Dunn, Judy. (1993). *Young children's close relationships: Beyond attachment.* Newbury Park, CA: Sage.

Dunn, Judy, and Munn, Penny. (1985). Becoming a family member: Family conflict and the development of social understanding in the second year. *Child Development, 56,* 480-492.

Dunn, Judy, and Plomin, Robert. (1990). *Separate lives: Why siblings are so different.* New York: Basic Books.

Du Randt, Ross. (1985). Ball-catching proficiency among 4-, 6-, and 8-year-old girls. In Jane E. Clark & James H. Humphrey (Eds.), *Motor development: Current selected research.* Princeton, NJ: Princeton Book Company.

Dutton, Donald G. (1992). Theoretical and empirical perspectives on the etiology and prevention of wife assault. In Ray D. Peters, Robert J. McMahon & Vernon L. Quinsey (Eds.) *Aggression and violence throughout the lifespan.* Newbury Park: Sage.

Dykens, Elisabeth M., Hodapp, Robert M., and Leckman, James F. (1994). *Behavior and development in fragile X syndrome.* Thousands Oaks, CA: Sage.

Dykman, Roscoe, and Ackerman, Peggy T. (1991). Attention deficit disorder and specific reading disability: Separate but often overlapping disorders. *Journal of Learning Disabilities, 24,* 96-103.

Easterbrooks, M. Ann, and Goldberg, W.A. (1984). Toddler development in the family: Impact of father involvement and parenting characteristics. *Child Development, 55,* 740-752.

Easterlin, Richard A. (1996). Economic and social implications of demographic patterns. In Robert H. Binstock & Linda K. George (Eds.), *Handbook of aging and the social sciences.* San Diego, CA: Academic Press.

Eaves, L.J., Eysenck, H.J., and Martin, N.G. (1989). *Genes, culture, and personality.* London: Academic Press.

Eccles, J.S. (1993). School and family effects on the ontogeny of children's interests, self-perceptions, and activity choices. In J.E. Jacobs (Ed.), *Nebraska Symposium on Motivation: Vol. 40. Developmental perspectives on motivation.* Lincoln: University of Nebraska Press.

Eccles, J.S. and Jacobs, J.E. (1986). Social forces shape math attitudes and performance. *Signs, 11,* 367-389.

Eccles, J.S., Midgley, C., Wigfield, A., Buchanan, C.M., Reuman, D., Flanagan, C., and MacIver, D. (1993). Development during adolescence: The impact of stage-environment fit on young adolescents' experiences in schools and in families. *American Psychologist, 48,* 90-101.

Eckenrode, J., Laird, M., and Doris, J. (1993). School performance and disciplinary problems among abused and neglected children. *Developmental Psychology, 29,* 53-62.

Eder, R.A. (1989). The emergent personologist: The structure and content of 3.5-, 5.5-, and 7.5-year-olds' concepts of themselves and other persons. *Child Development, 60,* 1218-1228.

Eder, R.A. (1990). Uncovering young children's psychological selves: Individual and developmental differences. *Child Development, 61,* 849-863.**Edwards, Allen Jack.** (1993). *Dementia.* New York: Plenum Press.

Edwards, John N. (1969). Familiar behavior as social exchange. *Journal of Marriage and the Family, 31,* 518-526.

Edwards, John N., and Booth, Alan. (1994). Sexuality, marriage, and well-being: The middle years. In Alice S. Rossi (Ed.), *Sexuality across the life course.* Chicago: University of Chicago Press.

Edwards, John R. (1994). *Multilingualism.* London: Routledge.

Egeland, Byron. (1991). A longitudinal study of high risk families: Issues and findings. In Raymond H. Starr & Davia A. Wolfe (Eds.), *The effects of child abuse and neglect.* New York: Guilford.

Egeland, Byron, and Hiester, Marnie. (1995). The long-term consequences of infant daycare and mother-infant attachment. *Child Development, 66,* 474-485.

Egeland, Byron, Carlson, Elizabeth, and Sroufe, L. Alan. (1993). Resiliance as process. *Development and Psychopathology, 5,* 517-528.

Ehrensaft, Esther, Kapur, Malavika et Tousignant, Michel. « Les enfants de la guerre et de la pauvreté dans le Tiers-Monde », dans *Psychopathologie de l'enfant et de l'adolescent. Approche intégrative,* Boucherville, Gaëtan Morin, vol. 31, 1999, p. 641-657.

Eisenberg, N., Lunch, T., Shell, R., and Roth, K. (1985). Children's justifications for their adult and peer-direction compliant (prosocial and nonprosocial) behaviors. *Developmental Psychology, 21,* 325-331.

Eisenson, Jon. (1986). *Language and speech disorders in children.* New York: Pergamon Press.

Elder, Glen H., Jr., Rudkin, Laura, and Conger, Rand D. (1995). Intergenerational continuity and change in rural America. In Vern L. Bengtson, K. Warner Schaie, & Linda M. Burton (Eds.), *Adult intergenerational relations: Effects of societal change.* New York: Springer.

Elderhostel: United States catalog. (1997, Summer). Boston: Elderhostel Inc.

Elevenstar, D. (1980, January 8). Happy couple a tribute to old-fashioned virtues. *The Los Angeles Times,* p. 2.

Elkind, David. (1967). Egocentrism in adolescence. *Child Development, 38,* 1025-1034.

Elkind, David. (1984). *All grown up and no place to go.* Reading, MA: Addison-Wesley.

Ellsworth, C.P., Muir, D.W., and Hains, S.M.J. (1993). Social competence and person-object differentiation: An analysis of the still-face effect. *Developmental Psychology, 29,* 63-73.

Emde, Robert N. (1994). Individual meaning and increasing complexity: Contributions of Sigmund Freud and Rene Spitz to developmental psychology. In Ross D. Parke, Peter A. Ornstein, John J. Rieser, & Carolyn Zahn Waxler (Eds.), *A century of developmental psychology.* Washington, DC: American Psychological Association.

Emde, Robert N., Biringen, Z., Clyman, R.B., and Oppenheim, D. (1991). The moral self of infancy. *Developmental Review, 11,* 251-270.

Enkin, Murray, Keirse, Marc J.N.C., and Chalmers, Iain. (1989). *Effective care in pregnancy and childbirth.* Oxford, England: Oxford University Press.

Entwhisle, Doris R. and Alexander, Karl L. (1996). A parent's economic shadow: Family structure versus family resources as influences on early school achievement. *Journal of Marriage and the Family, 57,* 399-409.

Erikson, Erik H. (1963). *Childhood and society* (2nd ed.). New York: Norton.

Erikson, Erik H. *Enfance et société,* Neuchatel, Delachaux et Niestlé, 1966.

Erikson, Erik H. (1968). *Identity, youth, and crisis.* New York: Norton.

Erikson, Erik H. *Adolescence et crise. La quête de l'identité,* Paris, Flammarion, 1972.

Erikson, Erik H. (1975). *Life history and the historical moment.* New York: Norton.

Erikson, Erik H. (1982). *The Life Cycle Completed: A Review.* New York: Norton & Co.

Erikson, Erik H., Erikson, Joan M., and Kivnick, Helen Q. (1986). *Vital involvement in old age.* New York: Norton.

Erwin, Phil. (1993). *Friendship and peer relations in children.* New York: Wiley.

Eskenazi, Brenda, Prehn, Angela W., and Christianson, Roberta E. (1995). Passive and active maternal smoking as measured by serum cotinine: The effect on birthweight. *American Journal of Public Health, 85,* 395-398.

Etaugh, Claire, and Liss, Marsha B. (1992). Home, school, and playroom: Training ground for adult gender roles. *Sex Roles, 26,* 129-147.

Ewing, Charles Patrick. (1990). *Kids who kill.* Lexington, MA: Lexington Books.

Eyer, D. (1992). *Maternal-infant bondings: A scientific fiction.* New Haven, CT: Yale University Press.

Faberow, Norman L. (1994). Preparatory and prior suicidal behavior factors. In Edwin S. Schneidman, Norman L. Faberow, & Robert E. Litman (Eds.), *The psychology of suicide* (rev. ed.). Northwale, NJ: Aronson.

Fagot, Beverly I., Leinbach, Mary D., and O'Boyle, C. (1992). Gender labeling, gender stereotyping, and parenting behaviors. *Developmental Psychology, 28,* 225-230.

Fairburn, Christopher G., and Wilson, G. Terence. (Eds.). (1993). *Binge eating: Nature, assessment and treatment.* New York: Guilford.

Falbo, T., and Polit, D.F. (1986). Quantitative review of the only-child literature: Research evidence and theory development. *Psychology Bulletin, 100,* 176-189.

Falbo, T., and Poston, D.L. (1993). The academic, personality, and physical outcomes of only children in China. *Child Development, 64,* 18-35.

Fantuzzo, J., DePaola, L., Lambert, L., Martino, T., Anderson, G., and Sutton, S. (1991). Effects of inter-parental violence on the psychological adjustment and competencies of young children. *Journal of Consulting and Clinical Psychology, 59,* 258-265.

Farkas, Janice I., and Hogan, Dennis P. (1995). The demography of changing intergenerational relationships. In Vern L. Bengtson, K. Warner Schaie, & Linda M. Burton (Eds.), *Adult intergenerational relations: Effects of societal change.* New York: Springer.

Farrar, M.J. (1992). Negative evidence and grammatical morpheme acquisition. *Developmental Psychology, 28,* 90-98.

Fastenau, Philip S., Denburg, Natalie L., and Abeles, Norman. (1996). Age differences in retrieval: Further support for the resource reduction hypothesis. *Psychology and Aging, 11,* 140-146.

Featherstone, Helen. (1980). *A difference in the family.* New York: Basic Books.

Fehr, Beverley. (1996). *Friendship processes.* Thousand Oaks, CA: Sage.

Feij, Jan A., Whitely, William T., Diero, Jose M., and Taris, Tom W. (1995). The development of cancer enhancing strategies and content innovation: A longitudinal study of new workers. *Journal of Vocational Behavior, 46,* 231-256.

Feinman, S. (1985). Emotional expression, social referencing, and preparedness for learning in infancy-Mother knows best, but sometimes I know better. In G. Ziven (Ed.), *The development of expressive behavior.* Orlando, FL: Academic Press.

Feiring, Candice, and Lewis, Michael. (1989). The social network of girls and boys from early through middle childhood. In Deborah Belle (Ed.), *Children's social networks and social supports.* New York: Wiley.

Feldman, S. Shirley, and Gehring, T.M. (1988). Changing perceptions of family cohesion and power across adolescence. *Child Development, 59,* 1034-1045.

Fenson, Larry, Dale, Philip S., Resnick, J. Steven, Bates, Elizabeth, Thal, Donna J., and Petchick, Stephen J. (1994). Variability in early communicative development. *Monographs of the Society for Research in Child Development, 59* (Serial No. 242).

Ferber, Marianne A., and O'Farrell, Brigid. (1991). *Work and family: Policies for a changing work force.* Washington, DC: National Academy Press.

Ferguson, Charles A. (1977). Baby talk as a simplified register. In Catherine E. Snow & Charles A. Ferguson (Eds.), *Talking to children: Language input and requisition.* Cambridge, England: Cambridge University Press.

Fernald, Anne. (1985). Four-month-old infants prefer to listen to motherese. *Infant Behavior and Development, 8,* 181-195.

Fernald, Anne. (1993). Approval and disapproval: Infant responsiveness to vocal affect in familiar and unfamiliar languages. *Child Development, 64,* 657-674.

Fernald, Anne, and Mazzie, Claudia. (1991). Prosody and focus in speech to infants and adults. *Developmental Psychology, 27,* 209-221.

Fernald, Anne, and Morikawa, H. (1993). Common themes and cultural variations in japanese and american mothers' speech to infants. *Child Development, 64,* 637-656.

Ferraro, Kenneth F., and Farmer, Melissa M. (1996). Double jeopardy, aging as leveler, or persistent health inequality? A longitudinal analysis of white and black Americans. *Journal of Gerontology, 51B,* S319-S328.

Field, D. (1987). A review of preschool conservation training: An analysis of analysis. *Developmental Review, 7,* 210-25 1.

Field, Tiffany M. (1987). Affective and interactive disturbances in infants. In Joy Doniger Osofsky (Ed.), *Handbook of infant development* (2nd ed.). New York: Wiley.

Field, Tiffany M. (1991). Quality infant day-care and grade school behavior and performance. *Child Development, 62,* 863-870.

Field, Tiffany M. (1995). Infants of depressed mothers. *Infant Behavior and Development, 18,* 1-13.

Finkelhor, David. (1990). Current information on the scope and nature of child sexual abuse. *The Future of Children, 4,* 31-53

Finkelhor, David. (1992). New myths about the child welfare system. *Child, Youth, and Family Service Quarterly, 15* (1), 3-5.

Finkelhor, David, and Berliner, Lucy. (1995). Research on the treatment of sexually abused children; A review and recommendations. *Journal of the American Academy of Child & Adolescent Psychiatry, 34,* 1408-1423.

Firth, Shirley. (1993). Approaches to death in Hindu and Sikh communities in Britain. In Donna Dickenson & Malcolm Johnson (Eds.), *Death, Dying and Bereavement.* London: Sage.

Firth, Shirley. (1993). Cross-cultural perspectives on bereavement. In Donna Dickenson & Malcolm Johnson (Eds.), *Death, Dying and Bereavement.* London: Sage.

Fischer, Judith L., Sollie, Donna L., and Morrow, K. Brent. (1986). Social networks in male and female adolescents. *Journal of Adolescent Research, 1,* 1-14.

Fischer, Kurt W. (1980). A theory of cognitive development: The control of hierarchies of skill. *Psychological Review, 87,* 477-531.

Fischer, Kurt W., and Rose, Samuel P. (1994). Dynamic development of coordination of components in brain and behavior: A framework for theory and research. In G. Dawson & Kurt W. Fischer (Eds.), *Human behavior and the developing brain.* New York: Guilford.

Fivush, R., and Hamond, N.R. (1990). Autobiographical memory across the preschool years: Toward reconceptualizing childhood amnesia. In R. Fivush & J.A. Hudson (Eds.), *Knowing and remembering in young children.* Cambridge, England: Cambridge University Press.

Flavell, John H. (1982). Structures, stages, and sequences in cognitive development. In W. Andrew Collins (Ed.), *Minnesota Symposia on Child Psychology: Vol. 15. The concept of development.* Hillsdale, NJ: Erlbaum.

Flavell, John H. (1985). *Cognitive development* (2nd ed.). Englewood Cliffs, NJ: Prentice Hall.

Flavell, John H. (1992). Cognitive development: Past, present, and future. *Developmental Psychology, 28,* 998-1005.

Flavell, John H., Miller, P.H., and Miller, S.A. (1993). *Cognitive development* (3rd ed.). Englewood Cliffs, NJ: Prentice Hall.

Flavell, John H., Green, Frances L., and Flavell, Eleanor R. (1995). Young children's knowledge about thinking. *Monographs of the Society for Research in Child Development, 60* (Serial No. 243).

Fletcher, Jack M., Francis, David J., Rourke, Byron P., Shaywitz, Sally E., and al. (1992). The validity of discrepancy based definitions of reading disabilities. *Journal of Learning Disabilities, 25*, 555-561.

Fonagy, P., Steele, H., and Steele, M. (1991). Maternal representations of attachment during pregnancy predict the organization of infant-mother attachment at one year of age. *Child Development, 62*, 891-905.

Fox, Margery, Gibbs, Margaret, and Auerbach, Doris. (1985). Age and gender dimensions of friendship. *Psychology of Women Quarterly, 9*, 489-502.

Fox, Nathan A. (1991). If it's not left, it's right: Electroencephalograph asymmetry and the development of emotion. *American Psychologist, 46*, 863-872.

Fozard, James L. (1990). Vision and hearing in aging. In James E. Birren & K. Warner Schaie (Eds.), *Handbook of the psychology of aging* (3rd ed.). San Diego, CA: Academic Press

Fréchette, Lucie et Séguin, Monique. *Le deuil : une souffrance; comprendre pour mieux intervenir,* Montréal, Éditions Logiques, 1995, 207 p.

Freud, Sigmund. (1935). *A general introduction to psychoanalysis* (Joan Riviare, Trans.). New York: Modern Library.

Freud, Sigmund. (1938). *The basic writings of Sigmund Freud* (A.A. Brill, Ed. and Trans.). New York: Modern Library.

Freud, Sigmund. (1963). *Three case histories.* New York: Collier. (Original work published 1918)

Freud, Sigmund. (1964). *An outline of psychoanalysis: Vol. 23. The standard edition of the complete psychological works of Sigmund Freud* (James Strachey, Ed. and Trans.). London: Hogarth Press. (Original work published 1940)

Freud, Sigmund. (1965). *New introductory lectures on psychoanalysis* (James Strachey, Ed. and Trans.). New York: Norton. (Original work published 1933)

Fries, James F., and Crapo, Lawrence M. (1981). *Vitality and aging.* San Francisco: Freeman.

Frost, Jennifer J., and Forrest, Jacqueline Darroch. (1995). Understanding the impact of effective teenage pregnancy prevention programs. *Family Planning Perspectives, 27*, 188-195.

Frye, Douglas, and Moore, C. (1991). *Children's theories of mind.* Hillsdale, NJ: Erlbaum.

Fuhrman, Teresa, and Holmbeck, Grayson N. (1995). A contextual-moderator analysis of emotional autonomy and adjustment in adolescence. *Child Development, 66*, 763-811.

Fuligni, A.J., and Eccles, J.S. (1993). Perceived parent-child relationships and early adolescents' orientation toward peers. *Developmental Psychology, 29*, 622-632.

Furman, Wyndol, and Buhrmester, D. (1992). Age and sex differences in perceptions of networks of personal relationships. *Child Development, 63*, 103-115.

Furstenberg, Frank F., Jr., and Cherlin, Andrew J. (1991). *Divided families: What happens to children when parents part.* Cambridge, MA: Harvard University Press.

Furstenberg, Frank E, Jr., Brooks-Gunn, Jeanne, and Morgan, Philip S. (1987). *Adolescent mothers in later life.* New York: Cambridge University Press.

Gallagher, James J. (1990). The family as a focus for intervention. In Samuel J. Meisels & Jack P. Shonkoff (Eds.), *Handbook of early childhood intervention.* Cambridge, England: Cambridge University Press.

Galler, Janina. (1989). A follow-up study of the influence of early malnutrition on development: Behavior at home and at school. *Journal of the American Academy of Child and Adolescent Psychiatry, 28*, 254-261.

Galvin, Ruth Mehrtens. (1992). The nature of shyness. *Harvard Magazine, 94* (4), 40-45.

Ganong, Lawrence H., and Coleman, Marilyn. (1994). *Remarried family relationships.* Thousand Oaks, CA: Sage.

Garber, J., and Dodge, K.A. (Eds.). (1991). *The development of emotional regulation and dysregulation.* Cambridge, England: Cambridge University Press.

Gardner, Howard. (1980). *Artful scribbles: The significance of children's drawings.* New York: Basic Books.

Gardner, Howard. (1983). *Frames of mind: The theory of multiple intelligences.* New York: Basic Books.

Garmezy, Norman. (1993). Vulnerability and resiliance. In David C. Funder, Ross D. Parke, Carol Tomlinson-Keasy, & Keith Widaman (Eds.), *Studying lives through time.* Washington, DC: American Psychological Association.

Gatz, Margaret, Bengston, Vern L., and Blum, Mindy J. (1990). Caregiving families. In James E. Birren & K. Warner Schaie (Eds.), *Handbook of the psychology of aging* (3rd ed.). San Diego, CA: Academic Press.

Gatz, Margaret, Kasl-Godley, Julia E., and Karel, Michele J. (1996). Aging and mental disorders. In James E. Birren & K. Warner Schaie (Eds.), *Handbook of the psychology of aging.* San Diego, CA: Academic Press.

Gaulin, S.J.C. (1993). How and why sex differences evolve, with spatial ability as a paradigm example. In Marc Haug, Richard Whalen, Claude Aron, & Kathie Olsen (Eds.), *The development of sex differences and similarities in behavior.* Boston: Kluwer.

Gelles, Richard J. (1993). Through a sociological lens: Social structure and family violence. In Richard J. Gelles & Donileen R. Loseke (Eds.), *Current controversies on family violence.* Thousand Oaks, CA: Sage.

Gelman, Rochel, and Massey, Christine M. (1987). Commentary. *Monographs of the Society for Research in Child Development, 52* (Serial No. 216).

Gerber, Adele. (1993). *Language related learning disabilities.* Baltimore: Brookes.

Germain, B., et Langis, P. *La sexualité. Regards actuels,* Montréal, Études vivantes, 1990, 602 p.

Gesell, Arnold. (1926). *The mental growth of the pre-school child: A psychological outline of normal development from birth to the sixth year including a system of developmental diagnosis.* New York: Macmillan.

Giacobini, Ezio. (1995). Alzheimer's disease: Major neurotransmitter deficits. Can they be corrected? In Israel Hanin, Mitsuo Yoshida, & Abraham Fisher (Eds.), *Alzheimer's and Parkinson's diseases: Recent developments.* New York: Plenum Press.

Gianino, A., and Tronick, Edward. (1988). The Mutual Regulation Model: The infant's self and interactive regulation and coping and defensive capacities. In T. Field, P. McCabe, & N. Schneiderman (Eds.), *Stress and coping* (Vol. 2). Hillsdale, NJ: Erlbaum.

Gibson, Eleanor. (1969). *Principles of perceptual learning and development.* New York: Appleton-Century-Crofts.

Gibson, Eleanor. (1982). The concept of affordances in development: The renascence of functionalism. In W. Andrew Collins (Ed.), *Minnesota Symposia on Child Psychology: Vol. 15. The concept of development.* Hillsdale, NJ: Erlbaum.

Gibson, Eleanor, and Walker, Arlene S. (1984). Development of knowledge of visual-tactile affordances of substance. *Child Development, 55*, 453-460.

Gibson, E.J., and Walk, R.D. (1960). The Visual Cliff. *Scientific American, 202* (2), 67-71.

Gibson, James J. (1979). *The ecological approach to visual perception.* Boston: Houghton Mifflin.

Gilbert, Enid F., Arya, Sunita, Loxova, Renata, and Opitz, John M. (1987). Pathology of chromosome abnormalities in the fetus: Pathological markers. In Enid E Gilbert & John M. Opitz (Eds.), *Genetic aspects of developmental pathology.* New York: Liss.

Gilbert, M.A., Bauman, K.E., and Udry, J.R. (1986). A panel study of subjective expected utility for adolescent sexual behavior. *Journal of applied Social Psychology, 16*, 745-756.

Giles-Sims, Jean, and Crosbie-Burnett, Margaret. (1989). Adolescent power in stepparent families: A test of normative resource theory. *Journal of Marriage and the Family, 51*, 1065-1078.

Gilligan, Carol. (1977). In a different voice: Women's conception of self and of morality. *Harvard Education Review, 47*, 481-517.

Gilligan, Carol. (1981). Moral development. In Arthur W. Chickering (Ed.), *The modern American college: Responding to the new realities of diverse students and a changing society.* San Francisco: Jossey-Bass.

Gilligan, Carol. (1982). *In a different voice: Psychological theory and women's development.* Cambridge, MA: Harvard University Press.

Gilligan, Carol, and Murphy, John M. (1979). Development from adolescence to adulthood: The philosopher and the dilemma of the fact. In William Damon (Ed.), *New directions for child development* (Vol. 5). San Francisco: Jossey-Bass.

Gilligan, Carol, Murphy, John M., and Tappan, Mark B. (1990). Moral development beyond adolescence. In Charles N. Alexander & Ellen J. Langer (Eds.), *Higher stages of human development.* New York: Oxford University Press.

Ginn, Jay, and Arber, Sara. (1994). Midlife women's employment and pension entitlement in relation to coresident adult children in Great Britain. *Journal of Marriage and the Family, 4*, 813-819.

Gittelman, R., Mannuzza, S., Shenker, R., and Bonagura, N. (1985). Hyperactive boys almost grown up: Psychiatric status. *Archives of General Psychiatry, 42*, 937-947.

Glantz, Meyer, and Pickens, Roy. (Eds.). (1992). *Vulnerability to drug abuse.* Washington, DC: American Psychological Association.

Glenn, Norval D. (1991). The recent trend in marital success in the United States. *Journal of Marriage and the Family, 53*, 261-270.

Gnepp, Jackie, and Chilamkurti, Chinni. (1988). Children's use of personality attributions to predict other people's emotional and behavioral reactions. *Child Development, 59*, 743-754.

Goldberg, Wendy A. (1990). Marital quality, parental personality, and spousal agreement about perceptions and expectations for children. *Merrill Palmer Quarterly, 36*, 531 556.

Goldberg, Wendy A., and Easterbrooks, M.A. (1981). Role of marital quality in toddler development. *Developmental Psychology, 20*, 504-514.

Goldscheider, Francis K., and Goldscheider, Calvin. (1994). Leaving and returning home in 20th century America. *Population Bulletin, 48*, (no. 4) 1-35.

Goldsmith, H. Hill, Buss, A.H., Plomin, R., Rothbart, M. Klevjord, Thomas, A., Chess, S., Hinde, R.A., and McCall, R.B. (1987). Roundtable: What is temperament? Four approaches. *Child Development, 58*, 505-529.

Goldsmith, Seth B. (1994). *Essentials of long-term care administration.* Gaithersburg, MD: Aspen.

Golinkoff, Roberta Michnick, and Hirsh-Pasek, Kathy. (1990). Let the mute speak: What infants can tell us about language acquisition. *Merrill-Palmer Quarterly, 36*, 67-91.

Golinkoff, Roberta Michnick, Hirsh-Pasek, Kathy, Bailey, Leslie M., and Wenger, Neill R. (1992). Young children and adults use lexical principles to learn new nouns. *Developmental Psychology, 28*, 99-108.

Golub, S. (1992). *Periods: From menarche to menopause.* Newbury Park, CA: Sage.

Goncu, A. (1993). Development of intersubjectivity in social pretend play. *Human Development, 36*, 185-198.

Gonsiorek, John C., and Weinrich, James D. (1991). The definition and scope of sexual orientation. In John C. Gonsiorek & James D. Weinrich (Eds.), *Homosexuality: Research implications for public policy.* Newbury Park, CA: Sage.

Goodman, N.C. (1987). Girls with learning disabilities and their sisters: How are they faring in adulthood? *Journal of Clinical Child Psychology, 16*, 290-300.

Goodnow, Jacqueline J., and Collins, W. Andrew. (1990). *Development according to parents: The nature, sources, and consequences of parents' ideas.* Hillsdale, NJ: Erlbaum.

Goodz, Naomi S. (1994). Interactions between parents and children in bilingual families. In Fred Genesee (Ed.), *Educating second-language children: The whole child, the whole curriculum, the whole community.* Cambridge, England: Cambridge University Press.

Gordon, Debra Ellen. (1990). Formal operational thinking: The role of cognitive-developmental processes in adolescent decision-making about pregnancy and contraception. *American Journal of Orthopsychiatry, 60*, 346-356.

Gordon, George Kenneth, and Stryker, Ruth. (1994). *Creative long-term care administration.* Springfield, IL: Thomas.

Gottesman, Irving I., and Goldsmith, H.H. (1993). Developmental psychopathology of antisocial behavior: Inserting genes into its ontogenesis and epigenesis. In C.A, Nelson (Ed.), *Minnesota Symposia on Child Psychology: Vol. 27. Threats to optimal development: Integrating biological, psychological, and social risk factors.* Hillsdale, NJ: Erlbaum.

Graber, Julia A., Brooks-Gunn, Jeanne, Paikoff, Roberta L., and Warren, Michelle P. (1994). Prediction of eating problems: An 8 year study of adolescent girls. *Developmental Psychology, 30*, 823-834.

Graham, Sandra, Hudley, C., and Williams, E. (1992). Attributional and emotional determinants of aggression among African-American and Latino young adolescents. *Developmental Psychology, 28*, 731-740.

Grantham-McGregor, Sally, Powell, Christine, Walker, Susan, and Chang, Susan. (1994). The long term follow up of severely malnourished children who participated in an intervention program. *Child Development, 65*, 428-439.

Gratch, Gerald, and Schatz, Joseph. (1987). Cognitive development: The relevance of Piaget's infancy books. In Joy Doniger Osofsky (Ed.), *Handbook of infant development* (2nd ed.). New York: Wiley.

Gratton, Brian, and Haber, Carole. (1996). Three phases in the history of American grandparents: Authority, burden, companion. *Generations, 20*, 7-12.

Green, A.L., and Boxer, Andres M. (1986). Daughters and sons as young adults. In Nancy Datan, Anita Greene, & Hayne W. Reese (Eds.), *Life-span developmental psychology: Intergenerational relations.* Hillsdale, NJ: Erlbaum.

Greene, Ross W. (1996). Students with attention deficit hyperactivity disorder and their teachers: Implications of a goodness of fit perspective. In Thomas H. Ollendick & Ronald J. Prinz (Eds.), *Advances in clinical child psychology* (Vol. 18). New York: Plenum Press.

Greenough, W.T. (1993). Brain adaptation to experience: An update. In M.H. Johnson (Ed.), *Brain development and cognition.* Oxford, England: Blackwell.

Greenough, W.T., Black, J.E., and Wallace, C.S. (1987). Experience and brain development. *Child Development, 58*, 539-559.

Greenstein, Theodore N. (1995). Gender ideology, marital disruption, and the employment of married women. *Journal of Marriage and the Family, 57*, 31-42.

Greif, Geoffrey L., DeMaris, Alfred, and Hood, Jane C. (1993). Balancing work and single fatherhood. In Jane C. Hood (Ed.), *Men, work, and family.* Newbury Park, CA: Sage.

Grodstein, Francine, Colditz, G.A., and Stampfer, M.J. (1996). Postmenopausal hormone use and tooth loss: A prospective study. JAMA, *Journal of the American Medical Association, 127,* 370-377.

Grossman, Frances K., Pollack, William S., and Golding, Ellen. (1988). Fathers and children: Predicting the quality and quantity of fathering. *Developmental Psychology, 24*, 82-91.

Grossman, K., Thane, K., and Grossman, K.E. (1981). Maternal tactile contact of the newborn after various postpartum conditions of mother-infant contact. *Developmental Psychology, 17*, 159-169.

Grossman, Michael, Chaloupka, Frank J., Saffer, Henry, and Laixuthai, Adit. (1994). Effects of alcohol price policy on youth: A summary of economic research. *Journal of Research on Adolescence, 4*, 347-364.

Grusec, Joan E. (1992). Social learning theory and developmental psychology: The legacies of Robert Sears and Albert Bandura. *Developmental Psychology, 28*, 776-786.

Grusec, Joan E. (1994). Social learning theory and developmental psychology: The legacies of Robert R. Sears and Albert Bandura. In Ross D. Parke, Peter A. Ornstein, John J. Rieser, & Carolyn, Zahn-Waxler (Eds.), *A century of developmental psychology*. Washington, DC: American Psychological Association.

Guerin, Diana Wright, and Gottfried, Allen W. (1994). Temperamental consequences of infant difficultness. *Infant Behavior and Development, 17*, 413-421.

Gustafson, G.E., and Green, J.A. (1991). Developmental coordination of cry sounds with visual regard and gestures. *Infant Behavior and Development, 14*, 51-57.

Gustafson, G.E., and Harris, K.L. (1990). Women's responses to young infants' cries. *Developmental Psychology, 26*, 144-152.

Haan, Norma. (1985). Common personality dimensions or common organizations across the life span. In Joep M.A. Munnichs, Paul H. Mussen, Erhard Olbrich, & Peter G. Coleman (Eds.), *Life span and change in a gerontological perspective*. Orlando, FL: Academic Press.

Habimana, Emmanuel, Ethier, Louise S., Petot, Djaouida, et Tousignant, Michel (dir.). *Psychologie de l'enfant et de l'adolescent. Approche intégrative*, Bouchervill, Gaëtan Morin, 1999.

Hagestad, G.O. (1986). The aging society as a context for family life. *Daedalus, 115*, 119-139.

Hagino, Nobuyoshi, Ohkura, Takeyoshi, Isse, Kunihiro, Akasuwa, Kenji, and Hamamoto, Makoto. (1995). Estrogen in clinical trials for dementia of Alzheimer type. In Israel Hanin, Mitsuo Yoshida, & Abraham Fisher (Eds.), *Alzheimer's and Parkinson's diseases: Recent developments*. New York: Plenum Press.

Haith, Marshall M. (1980). *Rules that babies look by*. Hillsdale, NJ: Erlbaum.

Haith, Marshall M. (1990). Perceptual and sensory processes in early infancy. *Merrill-Palmer Quarterly, 36*, 1-26.

Haith, Marshall M. (1993). Preparing for the 21st century: Some goals and challenges for studies of infant sensory and perceptual development. *Developmental Review, 13*, 354-371.

Hale, S. (1990). A global developmental trend in cognitive processing speed. *Child Development, 61*, 653-663.

Hamond, Nina R., and Fivush, Robyn. (1991). Memories of Mickey Mouse: Young children recount their trip to Disneyworld. *Cognitive Development, 6*, 433-448

Hanna, E., and Meltzoff, A.N. (1993). Peer imitation by toddlers in laboratory, home, and day-care contexts: Implications for social learning and memory. *Developmental Psychology, 29*, 701-710.

Hanninen, T., Reinikainen, K.J., Helkala, E., Kkoivisto, K., Mykkanen, L., Laakso, M., Pyorala, K., and Riekkinen, P.J. (1994). Subjective memory complaints and personality traits in normal elderly subjects. *Journal of the American Geriatrics Society, 42*, 1-4.

Hanson, Sandra L., Myers, David E., and Ginsberg, Alan L. (1987). The role of responsibility and knowledge in reducing teenage out-of-wedlock childbearing. *Journal of Marriage and the Family, 49*, 241-256.

Harlow, Robert E., and Cantor, Nancy. (1996). Still participating after all these years: A study of life task participation in later life. *Journal of Personality and Social Psychology, 71*, 1235-1249.

Harman, D. (1992). Free radical theory of aging. *Mutation Research, 275*, 257-266.

Harris, P.L. (1987). The development of search. In Philip Salapatek & Leslie Cohen (Eds.), *Handbook of infant perception: Vol. 2. From perception to cognition*. Orlando, FL: Academic Press.

Harris, P.L. (1989). *Children and emotion: The development of psychological understanding*. Oxford, England: Blackwell.

Harris, P.L., and Kavanaugh, R.D. (1993). Young children's understanding of pretense. *Monographs of the Society for Research in Child Development, 58* (Serial No. 231).

Harrison, Algea O., Wilson, Melvin N., Pine, Charles J., Chan, Samuel Q., and Buriel, Raymond. (1990). Family ecologies of ethnic minority children. *Child Development, 61*, 347-362.

Hart, Daniel, Yates, Miranda, Fegley, Suzanne, and Wilson, Gerry. (1995). Moral commitment in inner city adolescents. In Melanie Killen & Daniel Hart (Eds.), *Morality in everyday life: Developmental perspectives*. Cambridge, England: Cambridge University Press.

Harter, Susan. (1983). Developmental perspectives on the selfsystem. In Paul H. Mussen (Ed.), *Handbook of child psychology: Vol. 4. Socialization, personality and social development*. New York: Wiley.

Harter, Susan. (1990). Processes underlying adolescent self-concept formation. In Raymond Montemayor, Cerald R. Adams, & Thomas P. Gullotta (Eds.), *From childhood to adolescence: A transitional period?* Newbury Park, CA: Sage.

Harter, Susan. (1993). Visions of self. Beyond the me in the mirror. In J.E. Jacobs (Ed.), *Nebraska Symposium on Motivation: Vol. 40. Developmental perspectives on motivation*. Lincoln: University of Nebraska Press.

Harter, Susan, and Whitesell, N.R. (1989). Developmental changes in children's understanding of single, multiple, and blended emotion concepts. In C. Saarni & P.L. Harris (Eds.), *Children's understanding of emotion*. Cambridge, England: Cambridge University Press.

Harter, Susan, Marold, Donna B., Whitesell, Nancy R., and Cobbs, Gabrielle. (1996). A model of the effects of perceived parent and peer support on adolescent false self behavior. *Child Development, 67*, 360-374.

Hartup, Willard W. (1983). Peer relations. In Paul H. Mussen (Ed.), *Handbook of child psychology: Vol. 4. Socialization, personality and social development*. New York: Wiley.

Hartup, Willard W. (1989). Social relationships and their developmental significance. *American Psychologist, 44*, 120-126.

Hartup, Willard W. (1996). The company they keep: Friendships and their developmental significance. *Child Development, 67*, 1-13.

Hatfield, Elaine. (1988). Theories of romantic love. In Robert J. Sternberg & Michael L. Barnes (Eds.), *The psychology of love*. New Haven, CT: Yale University Press.

Havik, Richard J. (1986, September 19). *Aging in the eighties: Impaired senses for sound and light in persons age 65 years and over.* (No. 125, DHHS Publication No. 86-1250). Hyattsville, MD: National Center for Health Statistics, Public Health Service.

Havik, Richard J. (1991). Physical, social, and mental vitality. *Proceedings of the 1988 International Symposium on Aging* (Ser. 5, No. 6, DHHS Publication No. 91-1482). Hyattsville, MD: U.S. Department of Health and Human Services.

Hay, D.F., Caplan, M., Castle, J., and Stimson, C.A. (1991). Does sharing become increasingly "rational" in the second year of life? *Developmental Psychology, 27*, 987-993.

Hayes, C.D., Palmer, J.L., and Zaslow, M.J. (Eds.). (1990). *Child care choices*. Washington, DC: National Academy Press.

Hayflick, Leonard. (1979). Cell aging. In Arthur Cherkin (Ed.), *Physiology and cell biology of aging*. New York: Raven Press.

Hayflick, Leonard, and Moorhead, Paul S. (1961). The serial cultivation of human diploid cell strains. *Experimental Cell Research, 25*, 585.

Heap, Kari Killen. (1991). A predictive and follow-up study of abusive and neglectful families by case analysis. *Child Abuse and Neglect, 15*, 261-273.

Heibeck, Tracy H., and Markman, Ellen M. (1987). Word learning in children: An examination of fast mapping. *Child Development, 58*, 1021-1034.

Held, Richard. (1985). Binocular vision — Behavioral and neuronal development. In Jacques Mehler & Robin Fox (Eds.), *Neonate cognition: Beyond the blooming buzzing confusion*. Hillsdale, NJ: Erlbaum.

Helson, Ravenna. (1992). Women's difficult times and the rewriting of the life story. *Psychology of Women Quarterly, 16*, 331-347.

Hemstrom, Orjan. (1996). Is marriage dissolution linked to differences in mortality risks for men and women? *Journal of Marriage and the Family, 58*, 366-378.

Henker, B., and Whalen, C.K. (1989). Hyperactivity and attention deficits. *American Psychologist, 44*, 216-223.

Hertzig, M.E., and Shapiro, T. (1990). Autism and pervasive developmental disorders. In M. Lewis & S.M. Miller (Eds.), *Handbook of developmental psychopathology*. New York: Plenum Press.

Herzog, Regula A. (1991). Measurement of vitality in the American's Changing Lives study. *Proceedings of the 1988 International Symposium on Aging*. (Series 5, No. 6, DHHS Publication No. 91-1482). Hyattsville, MD: U.S. Department of Health and Human Services.

Hesketh, Beth. (1995). Personality and adjustment styles: A theory of work adjustment approach te career enhancing strategies. *Journal of Vocational Behavior, 46*, 274-282.

Hetherington, E. Mavis, and Clingempeel, W. Glenn. (1992). Coping with marital transitions. *Monographs of the Society for Research in Child Development, 57* (2-3, Serial No. 227).

Hetherington, E. Mavis., and Jodl, K.M. (1994). Stepfamilies as settings for child development. In A. Booth & J. Dunn (Eds.), *Stepfamilies: Who benefits? Who does not?* Hillsdale: Erlbaum, 55-79.

Hewlett, B.S. (1992). The parent-infant relationship and social-emotional development among Aka Pygmies. In J.L. Roopnarine & D.B. Carter (Eds.), *Annual advances in applied developmental psychology: Vol. 5. Parent-child, socialization in diverse cultures*. Norwood, NJ: Ablex.

Hickson, Joyce, Land, Arthur J., and Aikman, Grace. (1994). Learning style differences in middle school pupils from four ethnic backgrounds. School *Psychology International, 15*, 349-359.

Hill, Hope M., Soriano, Fernando I., Chen, S. Andrew, and LaFromboise, Teresa D. (1994). Sociocultural factors in the etiology and prevention of violence among ethnic minority youth. In Leonard D. Eron, Jacquelyn H. Gentry, & Peggy Schlegel (Eds.), *Reason to hope: A psychosocial perspective on violence and youth*. Washington, DC: American Psychological Association.

Hinde, R.A. (1987). *Individuals, relationships, and culture*. Cambridge, England: Cambridge University Press.

Hinde, R.A., and Stevenson-Hinde, J. (1987). Interpersonal relationships and child development. *Developmental Review, 7*, 1-21.

Hinde, R.A., Titmus, G., Easton, D., and Tamplin, A. (1985). Incidence of "friendship" and behavior toward strong associates versus nonassociates in preschoolers. *Child Development, 56*, 234-245.

Hines, Marc. (1993). Hormonal and neural correlates of sextyped behavioral development in human beings. In Marc Haug, Richard Whalen, Claude Aron, & Kathie Olsen (Eds.), *The development of sex differences and similarities in behavior*. Boston: Kluwer.

Hochschild, A. (1975). Disengagement theory: A critique and proposal. *American Sociological Review, 40*, 553-569.

Hochschild, Arlie. (1989). *The second shift: Working parents and the revolution at home*. New York: Viking Press.

Hoff-Ginsberg, E. (1986). Function and structure in maternal speech: Their relation to the child's development of syntax. *Developmental Psychology, 22*, 155-163.

Hoff-Ginsberg, E. (1990). Maternal speech and the child's development of syntax: A further look. *Journal of Child Language, 17*, 85-99.

Holden, G.W., and Zambarano, R.J. (1992). The origins of parenting: Transmission of beliefs about physical punishment. In I.E. Sigel, A.V. McGillicuddy, & J.J. Goodnow (Eds.), *Parental belief systems: The psychological consequences for children* (2nd ed.). Hillsdale, NJ: Erlbaum.

Holliday, Robin. (1995). *Understanding aging*. Cambridge, England: Cambridge University press.

Holmbeck, G.N., and O'Donnell, K. (1991). Discrepancies between perceptions of decision making and behavioral autonomy. In R.L. Paikoff (Ed.), *New directions for child development. No. 51. Shared views in the family during adolescence*. San Francisco: Jossey-Bass.

Holroyd, Sarah, and Baron-Cohen, Simon. (1993). Brief report: How far can people with autism go in developing a theory of mind? *Journal of Autism and Developmental Disorders, 23*, 379-385.

Hooker, Karen, Fiese, Barbara H., Jenkins, Lisa, Morfei, Milene Z., and Schwagler, Janet. (1996). Possible selves among parents of infants and preschoolers. *Developmental Psychology, 32*, 387-389.

Horn, John L. (1982). The aging of human abilities. In Benjamin B. Wolman (Ed.), *Handbook of developmental psychology*. Englewood Cliffs, NJ: Prentice Hall.

Horn, John L. (1985). Remodeling old models of intelligence. In Benjamin B. Wolman (Ed.), *Handbook of intelligence: Theories, measurements, and applications*. New York: Wiley.

Horn, John L., and Hofer, Scott M. (1992). Major abilities and development in the adult period. In Robert J. Sternberg & Cynthia A. Berg (Eds.), *Intellectual development*. New York: Cambridge University Press.

Horney, Karen. (1967). *Feminine psychology*. Harold Kelman (Ed.). New York: Norton.

Horowitz, Frances Degen. (1994). John B. Watson's legacy: Learning and environment. In Ross D. Parke, Peter A. Ornstein, John J. Rieser, & Carolyn Zahn-Waxler (Eds.), *A century of developmental psychology*. Washington, DC: American Psychological Association.

Houde, Renée. *Les temps de la vie : le développement psychosocial de l'adulte selon la perspective du cycle de la vie*, 2ᵉ éd., Boucherville, Gaëtan Morin Éditeur, 1991, 357 p.

Houde, Renée. *Des mentors pour la relève*, Éd. Méridien, 1995, 253 p.

Houts, Renate M., Robins, Elliot, and Huston, Ted L. (1996). Compatibility and the development of premarital relationships. *Journal of Marriage and the Family, 58*, 7-20.

Howard, Marion, and McCabe, Judith Blamey. (1990). Helping teenagers postpone sexual involvement. *Family Planning Perspectives, 22*, 21-26.

Howe, Neil. (1995). Why the graying of the welfare state threatens to flatten the American Dream—or worse: Age-based benefits as our downfall. *Generations. Quarterly Journal of the American Society on Aging, 19*, 15-19.

Howe, Neil, and Ross, H.S. (1990). Socialization, perspective-taking, and the sibling relationship. *Developmental Psychology, 26*, 160-165.

Howes, Carollee. (1983). Patterns of friendship. *Child Development, 54*, 1041-1053.

Howes, Carollee. (1987). Social competence with peers in young children: Developmental sequences. *Developmental Review, 7*, 252-272.

Howes, Carollee. (1992). *The collaborative construction of pretend*. Albany: State University of New York Press.

Hsu, L.K. George. (1990). *Eating disorders*. New York: Guilford.

Hu, Tuanreng, and Goldman, Noreen. (1990). Mortality differentials by marital status: An international comparison. *Demography, 27*, 233-250.

Hudley, C., and Graham, S. (1993). An attributional intervention to reduce peer-directed aggression among African-American boys. *Child Development, 64*, 124-138.

Hudson, J.A. (1990). The emergence of autobiographical memory in mother-child conversation. In H. Fivush & J.A. Hudson (Eds.), *Knowing and remembering in young children*. Cambridge, England: Cambridge University Press.

Huffman, K. et coll. *Psychologie en direct*, Mont-Royal, Modulo Éditeur, 2000, 492 p.

Hughes, Dana, and Simpson, Lisa. (1995). The role of social change in preventing low birth weight. *The Future of Children: Low Birth Weight, 5*, 87-102.

Hunter, Ski, and Sundel, Martin. (Eds.). (1989). *Midlife myths: Issues, findings and practice implications*. Newbury Park, CA: Sage.

Hurrelmann, K., and Engel, W. (1989). *The social world of adolescents: International perspectives*. Berlin: de Gruyter.

Huston, Aletha C. (1983). Sex-typing. In P.H. Mussen (Ed.), *Handbook of child psychology: Vol. 4. Socialization, personality and social development*. New York: Wiley.

Huston, Aletha C., McLoyd, Vonnie C., and Coll, Cynthia Garcia. (1994). Children and poverty: Issues in contemporary research. *Child Development, 65*, 275-282.

Huttenlocher, Peter R. (1994). Synaptogenesis in human cerebral cortex. In Geraldine Dawson & Kurt W. Fischer (Eds.), *Human behavior and the developing brain*. New York: Guilford.

Huyck, Margaret Hellie. (1995). Marriage and close relationships of the marital kind. In Rosemary Blieszner & Victoria Hilkevitch Bedford (Eds.), *Handbook of aging and the family*. Westport, CT: Greenwood Press.

Hyde, Kenneth E. (1990). *Religion in childhood and adolescence: A comprehensive review of the research.* Birmingham, AL: Religious Education Press.

Hymel, S., Bowker, A., and Woody, E. (1993). Aggressive versus withdrawn unpopular children: Variations in peer and self-perceptions in multiple domains. *Child Development, 64,* 879-896.

Idler, Ellen L. (1994). *Cohesiveness and coherance: Religion and the health of the elderly.* New York: Garland.

Inhelder, Bärbel, and Piaget, Jean. (1958). *The growth of logical thinking from childhood to adolescence.* New York: Basic Books.

Isabella, R.A. (1993). Origins of attachment: Maternal interactive behavior across the first year. *Child Development, 64,* 605-621.

Isabella, R.A., and Belsky, J. (1991). Interactional synchrony and the origins of infant-mother attachment: A replication study. *Child Development, 62,* 373-384.

Izard, Carroll E., and Malatesta, C.Z. (1987). Perspectives on emotional development I: Differential emotions theory of early emotional development. In Joy Doniger Osofsky (Ed.), *Handbook of infant development* (2nd ed.). New York: Wiley.

Izard, Carroll E., Hembree, E.A., and Huebner, R.R. (1987). Infants' emotional expressions to acute pain: Developmental change and stability of individual differences. *Developmental Psychology, 23,* 105-113.

Jacklin, Carol Nagy, Wilcox, K.T., and Maccoby, Eleanor E. (1988). Neonatal sex-steroid hormone and intellectuel abilities of six-year-old boys and girls. *Developmental Psychobiology, 21,* 567-574.

Jacobs, J.E., and Ganzel, A.K. (1995). Decision-making in adolescence: Are we asking the wrong question? In P.R. Pintrich & M.L. Maehr (Eds.), *Advances in achievement and motivation: Vol. 8. Motivation in adolescence.* Greenwich, CT: JAI Press.

Jacobs, J.E., Bennett, M.A., and Flanagan, C. (1993). Decision-making in one-parent and two-parent families: Influence and information selection. *Journal of Early Adolescence, 13,* 245-266.

Jacques, Josée. *Psychologie de la mort et du deuil.* Mont-Royal, Modulo Éditeur, 1998, 250 p.

James, Sherman, Keenan, Nora L., and Browning, Steve. (1992). Socioeconomic status, health behaviors, and health status among blacks. In K. Warner Schaie, Dan Blazer, & James S. House (Eds.), *Aging, health behaviors, and health outcomes.* Hillsdale, N.J: Erlbaum.

Java, Rosalind I. (1996). Effects of age on state of awareness following implicit and explicit word-association tasks. *Psychology and Aging, 11,* 108-111.

Jecker, Nancy S., and Schneiderman, Lawrence J. (1996). Stopping futile medical treatment: Ethical issues. In David C. Thomasma & Thomasine Kushner (Eds.). *Birth to death.* Cambridge, England: Cambridge University Press.

Jessor, Richard, Donovan, John E., and Costa, Frances M. (1991). *Beyond adolescence: Problem behavior and young adult development.* Cambridge, England: Cambridge University Press.

Jette, Alan M. (1996). Disability trends and transitions. In Robert H. Binstock & Linda K. George (Eds.), *Handbook of aging and the social sciences.* San Diego, CA: Academic Press.

Johnson, C.I., and Baer, B.M. (1993). Coping and a sense of control among the oldest old. *Journal of aging Studies, 7,* 67-80.

Johnson, Clifford Merle. (1991). Infant and toddler sleep: A telephone survey of parents in the community. *Journal of Developmental and Behavioral Pediatrics, 12,* 108-114.

Johnson, Harold B., Gibson, Rose C., and Luckey, Irene. (1990). Health and social characteristics. In Zev Brown, Edward A. McKinney, & Michael Williams (Eds.), *Black aged.* Newbury Park, CA: Sage.

John-Steiner, Vera. (1986). *Notebooks of the mind: Explorations of thinking.* Albuquerque: University of New Mexico Press.

Johnston, Janet R. (1991). High-conflict divorce. *The Future of Children.*

Jones, C.J., and Meredith, W. (1996). Patterns of personality change across the life span. *Psychology of aging, 11,* 57-65.

Jones, Harold E., and Conrad, Herbert S. (1933). The growth and decline of intelligence: A study of a homogeneous group between the ages of ten and sixty. *Genetic Psychology Monographs, 13,* 223-298.

Jones, Lovell A. (1989). *Minorities and cancer.* New York: Springer-Verlag.

Jones, Susan S., Smith, Linda B., and Landau, Barbara. (1991). Object properties and knowledge in early lexical learning. *Child Development, 62,* 499-516.

Jorm, A.F., Korten, A.E., and Henderson, A.S. (1987). The prevalence of dementia: A quantitative integration of the literature. *Acta Psychiatrica Scandinavica, 76,* 465-479.

Josselson, Ruthellen, and Lieblich, Amiz. (1993). *The narrative study of lives.* Newbury Park, CA: Sage.

Kagan, Jerome. (1989). Temperamental contributions to social behavior. *American Psychologist, 44,* 668-674.

Kahn, Joan R., and London, Kathryn A. (1991). Premarital sex and the risk of divorce. *Journal of Marriage and the Family, 53,* 845-855.

Kail, R. (1990). *The development of memory in children* (3rd ed.). New York: Freeman.

Kail, R. (1991). Developmental changes in speed of processing during childhood and adolescence. *Psychological Bulletin, 109,* 490-501.

Kail, R. (1991). Processing time declines exponentially during childhood and adolescence. *Developmental Psychology, 27,* 259-266.

Kalish, Richard A. (1985). The social context of death and dying. In Robert H. Binstock & Ethel Shanas (Eds.), *Handbook of aging and the social sciences.* New York: Van Nostrand Reinhold.

Kanungo, M.S. (1994). *Genes and aging.* NY: Cambridge, 322 p.

Kaplan, Howard B., and Johnson, Robert J. (1992). Relationship between circumstances surrounding initial illicit drug use and escalation of drug use: Moderating effect of gender and early adolescent experiences. In Meyer Glantz & Roy Pickens (Eds.), *Vulnerability to drug abuse.* Washington, DC: American Psychological Association.

Kastenbaum, Robert J. (1992). *The psychology of death.* New York: Springer-Verlag.

Katchadourian, Herant A. (1987). *Fifty: Midlife in perspective.* New York: Freeman.

Katchadourian, Herant A. (1990). Sexuality. In S.S. Feldman & G.R. Elliott (Eds.), *At the threshold: The developing adolescent.* Cambridge, MA: Harvard University Press.

Katz, Jeanne Samson. (1993). Jewish perspectives on death, dying and bereavement. In Donna Dickenson & Malcolm Johnson (Eds.), *Death, dying & bereavement.* London: Sage.

Katz, Joseph, and Sanford, Nevitt. (1979). Curriculum and personality. In Nevitt Sanford (Ed.), *College and character.* Berkeley, CA: Montaigne.

Katz, P.A. (1987). Developmental and social processes in ethnic attitudes and self-identification. In J.S. Phinney & M.J. Rotheram (Eds.), *Children's ethnic socialization: Pluralism and development.* Newbury Park, CA: Sage.

Kaufman, A.S. (1990). *Assessing adolescent and adult intelligence.* Boston: Allyn & Bacon.

Kaufman, Sharon R. (1986). *The ageless self.* Madison: University of Wisconsin Press.

Keating, D.P. (1990). Adolescent thinking. In S.S. Feldman & G.R. Elliott (Eds.), *At the threshold: The developing adolescent.* Cambridge, MA: Harvard University Press.

Kegan, R. (1982). *The evolving self: Problem and process in human development.* Cambridge, MA: Harvard University Press, 318 p.

Keith, Jennie. (1990). Age in social and cultural context: Anthropological perspectives. In Robert H. Binstock & Linda K. George (Eds.), *Handbook of aging and the social sciences* (3rd ed.). San Diego, CA: Academic Press.

Keith, Pat M. (1986). Isolation of the unmarried in later life. *International Journal of Aging and Human Development, 23,* 81-96.

Keith, Pat M., and Schafer, Robert B. (1991). *Relationships and well-being over the life stages.* New York: Praeger.

Kelley, M.L. and al. (1992). Determinants of disciplinary practices in low-income black mothers. *Child Development, 63,* 573-582.

Kendig, Hal L., Coles, R., Pittelkow, Y., and Wilson, S. (1988). Confidants and family structure in old age. *Journal of Gerontology, 43,* 31-40.

Kerr, Robert. (1985). Fitts' law and motor control in children. In Jane E. Clark & James H. Humphrey (Eds.), *Motor development: Current selected research.* Princeton, NJ: Princeton Book Company.

Keshet, Jamie. (1988). The remarried couple: Stresses and successes. In William R. Beer (Ed.), *Relative strangers.* Totowa, NJ: Rowman & Littlefield.

King, Gary, and Williams, David R. (1995). Race and health: A multidimensional approach to African-American health. In Benjamin C. Amick III, Sol Levine, Alvin R. Tarlov, & Diana Chapman Walsh (Eds.), *Society and health.* New York: Oxford University Press.

King, P.M., Kitchner, K.S., Davison, M.L., Parker, C.A., and Wood, P.K. (1983). The justification of beliefs in young adults: A longitudinal study. *Human Development, 26,* 106-116.

Kitchener, Karen S., and Fischer, Kurt S. (1990). A skill approach to the development of reflective thinking. In D. Kuhn (Ed.), *Developmental aspects of teaching and learning thinking skills: Vol. 21. Contributions to human development.* Basel: Karger.

Kitchener, Karen S., and King, Patricia M. (1990). The Reflective Judgment Model: Ten years of research. In Michael L. Commons, Cheryl Armon, Lawrence Kohlberg, Francis A. Richards, Tina A. Grotzer, & Jan D. Sinnott (Eds.), *Adult development: Vol. 2. Models and methods in the study of adolescent and adult thought.* New York: Praeger.

Kitson, Gay C., and Morgan, Leslie A. (1990). The multiple consequences of divorce: A decade review. *Journal of Marriage and the Family, 52,* 913-924.

Klahr, David. (1992). Information-processing approaches to cognitive development. In M.H. Bornstein & M.E. Lamb (Eds.), *Developmental psychology: An advanced textbook* (3rd ed.). Hillsdale, NJ: Erlbaum.

Klahr, David, Fay, A.L., and Dunbar, K. (1993). Heuristics for scientific experimentation: A developmental study. *Cognitive Psychology, 25,* 111-146.

Klatt, Heinz-Jahchim. (1991). In search of a mature concept of death. *Death Studies, 15,* 177-187.

Klaus, Marshall H., and Kennell, John H. (1976). *Maternal-infant bonding: The impact of early separation or loss on family development.* St. Louis, MO: Mosby.

Klein, Melanie. (1957). *Envy and gratitude.* New York: Basic Books.

Kleinman, J.C., Fingerhut, L.A., and Prager, K. (1991). Differences in infant mortality by race, nativity status, and other maternal characteristics. *American Journal of the Diseases of Children, 145,* 194-199.

Klepinger, Daniel H., Lundberg, Shelly, and Plotnick, Robert D. (1995). Adolescent fertility and the educational attainment of young women. *Family Practice Perspectives, 27,* 23-28.

Kligman, Albert M., Grove, Gary L., and Balin, Arthur K. (1985). Aging of the human skin. In Caleb E. Finch & Edward L. Schneider (Eds.), *Handbook of the biology of aging* (2nd ed.). New York: Van Nostrand.

Kline, Donald W., and Scialfa, Charles T. (1996). Visual and auditory aging. In James E. Birren & K. Warner Schaie (Eds.), *Handbook of the psychology of aging.* San Diego, CA: Academic Press.

Klopfer, P. (1971). Mother love: What turns it on? *American Scientist, 49,* 404-407.

Kochanska, Grazyna. (1991). Socialization and temperament in the development of guilt and conscience. *Child Development, 62,* 1379-1392.

Kochanska, Grazyna. (1993). Toward a synthesis of parental socializations and child temperament in early development of conscience. *Child Development, 64,* 325-347.

Kochanska, Grazyna. (1995). Children's temperament, mother's discipline, and security of attachment: Multiple pathways to emerging socialization. *Child Development, 66,* 597-615.

Kohlberg, Lawrence. (1963). Development of children's orientation towards a moral order (Part 1). Sequencing in the development of moral thought. *Vita Humana, 6,* 11-36.

Kohlberg, Lawrence. (1973). Continuities in childhood and adult moral development revisited. In Paul B. Baltes & K. Warner Schaie (Eds.), *Life span developmental psychology: Personality and socialization.* New York: Academic Press.

Kohlberg, Lawrence. (1981). *The philosophy of moral development.* New York: Harper & Row.

Kohnstamm, Geldolph A., Halverson, Charles F., Havil, Valerie L., and Mervielde, Ivan. (1996). Parents' free descriptions of child characteristics: A cross cultural search for the developmental antecedents of the big five. In Sara Harkness & Charles M. Super (Eds.), *Parents' cultural belief systems: The origins, expressions, and consequences.* New York: Guilford.

Korbin, J.E. (1994). Sociocultural factors in child maltreatment. In G.B. Melton & F. Barry (Eds.), *Safe neighborhoods: Foundations for a new national strategy on child abuse and neglect.* New York: Guilford.

Kornhaber, Arthur. (1986). Grandparenting: Normal and pathological — A preliminary communication from the grandparent study. *Journal of Geriatric Psychiatry, 19,* 19-37.

Kotre, John. (1995). *White gloves: How we create ourselves through memory.* New York: Free Press.

Kramer, Deirdre A. (1983). Post-formal operations? A need for further conceptualization. *Human Development, 26,* 91-105.

Kroger, Jane. (1989). *Identity in adolescence: The balance between self and other.* London: Routledge.

Kroger, Jane. (1993). Ego identity: An overview. In J. Kroger *(Ed.), Discussions on ego identity.* Hillsdale, NJ: Erlbaum.

Kroger, Jane. (1995). The differentiation of "firm" and "developmental" foreclosure identity statuses: A longitudinal study. *Journal of Adolescent Research, 10,* 317-337.

Kromelow, Susan, Harding, Carol, and Touris, Margot. (1990). The role of the father in the development of stranger sociability during the second year. *American Journal of Orthopsychiatry, 6,* 521-530.

Kropp, Joseph P., and Haynes, O. Maurice. (1987). Abusive and nonabusive mothers' ability to identify general and specific emotion signals of infants. *Child Development, 58,* 187-190.

Ku, Leighton C., Sonenstein, Freya L., and Pleck, Joseph H. (1992). The association of AIDS education and sex education with sexual behavior and condom use among teenage men. *Family Planning Perspectives, 24,* 100-106.

Kübler-Ross, Elisabeth. (1969). *On death and dying.* New York: Macmillan.

Kübler-Ross, Elisabeth. (1969). *Death: The final stage of growth.* Englewood Cliffs, NJ: Prentice Hall.

Kübler-Ross, Elisabeth. *Les derniers instants de la vie,* Genève, Labor et Fides, 1975, 1989.

Kübler-Ross, Elisabeth. *La mort, dernière étape de la croissance,* Montréal, Québec Amérique, 1981.

Kuczaj, Stan A. (1986). Thoughts on the intentional basis of early object word extension: Evidence from comprehension and production. In Stan A. Kuczaj & Martyn D. Barrett (Eds.), *The development of word meaning: Progress in cognitive developmental research.* New York: Springer-Verlag.

Kuczynski, L., and Kochanska, G. (1990). Development of children's noncompliance strategies from toddlerhood to age 5. *Developmental Psychology, 26,* 398-408.

Kugiumutzakis, Giannis. « Le developpement de l'imitation precoce de modèles faciaux et vocaux », *Enfance,* vol. 1, 1996, p. 21-25.

Kuhl, P.K., and Meltzoff, A.N. (1988). Speech as an intermodal object of perception. In A. Yonas (Ed.), *Minnesota Symposia on Child Psychology: Vol. 20. Perceptual development in infancy*. Hillsdale, NJ: Erlbaum.

Kuhl, P.K., Williams, K.A., Lacerda, F., Stevens, K.N., and Lindblom, B. (1992). Linguistic experience alters phonetic perception in infants by 6 months of age. *Science, 255*, 606-608.

Kuhn, Deanna. (1992). Cognitive development. In M.H. Bornstein & M.E. Lamb (Eds.), *Developmental psychology: An advanced textbook* (3rd ed.). Hillsdale, NJ: Erlbaum.

Kuhn, Deanna, Garcia-Mita, Merce, Zohar, Arat, and Anderson, Christopher. (1995). Strategies of knowledge acquisition. *Monographs of the Society for Research in Child Development, 60* (Serial No. 245).

Kurdek, Lawrence A. (1989). Relationship quality for newly married husbands and wives: Marital history, stepchildren, and individual difference predictors. *Journal of Marriage and the Family, 52*, 1053-1064.

Kurdek, Lawrence A. (1991). The relations between reported well-being and divorce history, availability of a proximate adult, and gender. *Journal of Marriage and the Family, 53*, 71-78.

Kurdek, Lawrence A. (1992). Relationship status and relationship satisfaction in cohabiting gay and lesbian couples. *Journal of Social and Personal Relationships, 9*, 125-142.

Labouvie-Vief, Gisela. (1985). Intelligence and cognition. In James E. Birren & K. Warner Schaie (Eds.), *Handbook of the psychology of aging* (2nd ed.). New York: Van Nostrand Reinhold.

Labouvie-Vief, Gisela. (1986, November 20). *Mind and self in life-span development. Symposium on developmental dimensions of adult adaptation: Perspectives on mind, self, and emotion*. Paper presented at the meeting of the Gerontological Association of America, Chicago.

Labouvie-Vief, Gisela. (1992). A neo-Piagetian perspective on adult cognitive development. In Robert J. Sternberg & Cynthia A. Berg (Eds.), *Intellectual development*. New York: Cambridge University Press.

LaFramboise, T.D., Coleman, H.L.K., and Gerton, J. (1993). Psychological impact of biculturalism: Evidence and theory. *Psychological Bulletin, 114*, 395-412.

Lahey, Benjamin B., and Loeber, Rolf. (1994). Framework for a developmental model of oppositional defiant disorder and conduct disorder. In Donald K. Routh (Ed.), *Disruptive behavior disorders in childhood*. New York: Plenum Press.

Lamb, Michael E. (1982). Maternal employment and child development: A review. In Michael E. Lamb (Ed.), *Nontraditional families: Parenting and child development*. Hillsdale, NJ: Erlbaum.

Lamb, Michael E. (1987). *The father's role: Cross cultural perspectives*. Hillsdale, NJ: Erlbaum.

Lamb, Michael E., Thompson, R.A., Gardner, W.P., and Charnov, E.L. (1985). *Infant-mother attachment*. Hillsdale, NJ: Erlbaum.

Lamborn, Susie D., and Steinberg, Laurence. (1993). Emotional autonomy redux: Revisiting Ryan and Lynch. *Child Development, 64*, 483-499.

Lamborn, Susie D., Mounts, Nina S., Steinberg, Laurence, and Dornbusch, Sanford M. (1991). Patterns of competence and adjustment among adolescents from authoritarian, authoritative, indulgent, and neglectful families. *Child Development, 62*, 1049-1065.

Langford, Peter E., and Claydon, Leslie R. (1989). A non-Kohlbergian approach to the development of justifications for moral judgements. *Educational Studies, 15*, 261-279.

Lansing, L. Stephen. (1983). *The three worlds of Bali*. New York: Praeger.

Larson, David, Swyers, James, and Larson, Susan. (1995). *The costly consequences of divorce: Assessing the clinical, economic, and public health impact of marital disruption in the United States*. Rockville, MD: National Institute for Healthcare Research.

Larson, Reed W., and Ham, Mark. (1993). Stress and "storm and stress" in early adolescence: The relationship of negative events with dysphoric affect. *Developmental Psychology, 29*, 130-140.

Larson, Reed, and Richards, Maryse H. (1994). *Divergent realities: The emotional lives of mothers, fathers, and adolescents*. New York: Basic Books.

Laslett, Peter. (1991). *A fresh map of life: The emergence of the third age*. Cambridge, MA: Harvard University Press.

Laumann, Edward O., Gagnon, John H., Michael, Robert T., and Michaels, Stuart. (1994). *The social organization of sexuality: Sexual practices in the United, States*. Chicago: University of Chicago Press.

LaVoie, Donna, and Light, Leah L. (1994). Adult age differences in repetition priming: A meta-analysis. *Psychology and Aging, 9*, 539-553.

Leadbeater, B. (1986). The resolution of relativism in adult thinking: Subjective, objective, or conceptual. *Human Development, 29*, 291-300.

Leaf, Alexander. (1982). Long-lived populations: Extreme old age. *Journal of the American Geriatric Society, 30*, 485-487.

Lee, Valerie E., Brooks-Gunn, Jeanne, and Schnur, Elizabeth. (1988). Does Head Start work? A 1 year follow-up comparison of disadvantaged children attending Head Start, no preschool, and other preschool programs. *Developmental Psychology, 24*, 210-222.

Lefrançois, Guy R. (1999). *The Lifespan*, (6th ed.), Belmont: Wadsworth Publishing Co., 714 p.

Leibowitz, Sarah E, and Kim, Taewon. (1992). Impact of a galanin antagonist on exogenic galanin and natural patterns of fat ingestion. *Brain Research, 599*, 148.

Leifer, A.D., Leiderman, P.H., Barnett, C.R., and Williams, J.A. (1972). Effects of mother-infant separation on maternal attachment behavior. *Child Development, 43*, 1203 -1218.

Lenneberg, Eric H. (1967). *Biological foundations of language*. New York: Wiley.

Leon, Gloria R., Perry, Cheryl L., Mangelsdorf, Carolyn, and Tell, Grethe J. (1989). Adolescent nutritional and psychological patterns and risk for the development of an eating disorder. *Journal of Youth and Adolescence, 18*, 273-282.

Leong, Frederick T.L., and Brown, Michael T. (1995). Theoretical issues in cross-cultural career development: Cultural validity and cultural specificity. In W. Bruce Walsh & Samuel H. Osipow (Eds.), *Handbook of vocational psychology: Theory, research and practice* (2nd ed.). Mahwah, NJ: Erlbaum.

Lerner, H.E. (1978). Adaptive and pathogenic aspects of sex-role stereotypes: Implications for parenting and psychotherapy. *American Journal of Psychiatry, 135*, 48-52.

Leslie, A.M., and Frith, U. (1988). Autistic children's understanding of seeing, knowing, and believing. *British Journal of Developmental Psychology, 6*, 315-324.

Lester, Barry M., Hoffman, Joel, and Brazelton, T. Berry. (1985). The rhythmic structure of mother-infant interaction in term and preterm infants. *Child Development, 56*, 15-27.

Levenson, Robert W., Carstensen, Laura R., and Gottman, John M. (1993). Long-term marriage: Age, gender, and satisfaction. *Psychology and Aging, 8*, 301-313.

LeVine, Robert A. (1980). A cross-cultural perspective on parenting. In M.D. Fantini & R. Cardenas (Eds.), *Parenting in a multicultural society*. New York: Longman.

LeVine, Robert A. (1988). Human parental care: Universal goals, cultural strategies, individual behavior. In R.A. LeVine, P.M. Miller, & M.M. West (Eds.), *Parental behavior in diverse societies*. San Francisco: Jossey-Bass.

LeVine, Robert A. (1989). Cultural influences in child development. In William Damon (Ed.), *Child development today and tomorrow*. San Francisco: Jossey-Bass.

Levy, Gary D. (1994) . Aspects of preschoolers' comprehension of indoor and outdoor gender-typed toys. *Sex Roles, 30*, 391-405.

Lewis, M. (1990). Social knowledge and social development. *Merrill-Palmer Quarterly, 36*, 93-116.

Lewis, M., and Brooks, J. (1978). Self-knowledge and emotional development. In M. Lewis & L.A. Hosenblum (Eds.), *The development of affect*. New York: Plenum Press.

Lewis, M., and Michalson, L. (1983). *Children's emotions and moods.* New York: Plenum Press.

Lewis, M., Sullivan, M.W., Stanger, C., and Weiss, M. (1989). Self development and self-conscious emotions. *Child Development, 60,* 146-156.

Lewis, M., Alessandri, S.M., and Sullivan, M.W. (1990). Violation of expectancy, loss of control, and anger expressions in young infants. *Developmental Psychology, 26,* 745-751.

Lewis, M., Alessandri, S.M., and Sullivan, M.W. (1992). Differences in shame and pride as a function of children's gender and task difficulty. *Child Development, 63,* 630-638.

Lidz, Theodore. (1976). *The person: His and her development throughout the life cycle* (rev. ed.). New York: Basic Books.

Lieberman, Alicia F., Weston, Donna R., and Pawl, Jeree H. (1991). Preventive intervention and outcome with anxiously attached dyads. *Child Development, 62,* 199-209.

Lieberman, Ellice, Gremy, Isabelle, Lang, Janet, and Cohen, Amy. (1994). Low birthweight at term and the timing of fetal exposure to maternal smoking. *American Journal of Public Health, 84,* 1127-1131.

Light, John M., Grigsby, Jill S., and Bligh, Michelle C. (1996). Aging and heterogeneity: Genetics, social structure, and personality. *Gerontologist, 36,* 165-173.

Light, Leah L. (1991). Memory and aging: Four hypotheses in search of data. *Annual Review of Psychology, 42,* 333-376.

Lillard, A.S. (1993). Pretend play skills and the child's theory of mind. *Child Development, 64,* 348-371.

Lillard, A.S. (1993). Young children's conceptualization of pretense: Action or mental representational state? *Child Development, 64,* 372-386.

Lillard, A.S. (1994). Making sense of pretense. In C. Lewis & P. Mitchell (Eds.), *Children's early understanding of mind.* Hillsdale, NJ: Erlbaum.

Lipsitt, Lewis P. (1990). Learning and memory in infants. *Merrill-Palmer Quarterly, 36,* 53-66.

Lipton, Robert I. (1991). The effect of moderate alcohol use on the relationship between stress and depression. *American Journal of Public Health, 84,* 1913-1917.

Liu, R., Paxton, W.A., Choe, S., Ceradini, D., Martin, S.R., Horuk, R., MacDonald, M.E., Stuhlmann, H., Koup, R.A., and Landau, N.R. (1996). Homozygous defect in HIV-1 coreceptor accounts for resistance of some multiply-exposed individuals to HIV-1 infection. *Cell, 86,* 367-378.

Lobel, T.E., and Menashri, J. (1993). Relations of conceptions of gender-role transgressions and gender constancy to gender-typed toy preferences. *Developmental Psychology, 29,* 150-155.

Locke, J.L. (1993). *The child's path to spoken language.* Cambridge, MA: Harvard University Press.

Loehlin, John C. (1992). *Genes and environment in personality development.* Newbury Park, CA: Sage.

Loehlin, John C., Willerman, Lee, and Horn, Joseph M. (1982). Personality resemblances between unwed mothers and their adopted-away offspring. *Journal of Personality and Social Psychology, 42,* 1089-1099.

Loehlin, John C., Willerman, Lee, and Horn, Joseph M. (1988). Human behavior genetics. *Annual Review of Psychology, 39,* 101-133.

London, K. (1991). Cohabitation, marriage, marital dissolution, and remarriage: United States 1988. *Advance data, 194.* Washington, DC: U.S. Government Printing Office.

Loscocco, Karyn, and Roschlee, Anne R. (1991). Influences on the quality of work and nonwork life: Two decades in review. *Journal of Vocational Behavior, 39,* 182-225.

Lott, I.T., and McCoy, E.E. (1992). *Down syndrome: Advances in medical care.* New York: Wiley-Liss.

Lovelace, Eugene A. (1990). Aging and metacognitions concerning memory function. In Eugene A. Lovelace (Ed.), *Aging and cognition: Mental processes, self-awareness, and interventions.* Amsterdam: North-Holland/Elsevier.

Lowrey, George H. (1986). *Growth and development of children* (8th ed.). Chicago: Year Book Medical Publishers.

Luthar, Suniya S., and Zigler, Edward. (1991). Vulnerability and competence: A review of research on resilience in childhood. *American Journal of Orthopsychiatry, 61,* 6-22.

Lykken, D.T., McGue, M., Tellegen, A., and Bouchard, T.J., Jr. (1992). Emergenesis: Genetic traits that may not run in families. *American Psychologist, 47,* 1565-1577.

Lyon, Jeff, and Gorner, Peter. (1995). *Altered fates: Gene therapy and the retooling of human life.* New York: Norton.

Maccoby, Eleanor Emmons. (1990). Gender and relationships: A developmental account. *American Psychologist, 45,* 513-520.

Maccoby, Eleanor Emmons. (1992). The role of parents in the socialization of children: An historical overview. *Developmental Psychology, 28,* 1006-1017.

Maccoby, Eleanor Emmons, and Martin, John A. (1983). Socialization in the context of the family: Parent-child interaction. In H. Mussen (Ed.), *Handbook of child psychology: Vol. 4. Socialization, personality and social development.* New York: Wiley.

Maccoby, Eleanor Emmons, and Mnookin, R.H. (1992). *Dividing the child: Social and legal dilemmas of custody.* Cambridge, MA: Harvard University Press.

Maccoby, Eleanor Emmons, Depner, Charlene E., and Mnookin, Robert H. (1990). Coparenting in the second year after divorce. *Journal of Marriage and the Family, 52,* 141-155.

MacDonald, Kevin, and Parke, Ross D. (1986). Parent-child physical play: The effect of sex and age of children and parents. *Sex Roles, 15,* 367-378.

MacDonald, William L., and DeMaris, Alfred. (1995). Remarriage, stepchildren, and marital conflict: Challenges to the incomplete institutionalization hypothesis. *Journal of Marriage and the Family, 57,* 387-398.

Mackenbach, Johan P., Looman, Caspar W.N., and van der Meer, Joost B.W. (1996). Differences in the misreporting of chronic conditions by level of education: The effect on inequalities in prevalence rates. *American Journal of Public Health, 86,* 706-711.

Main, Mary, and Goldwyn, R. (1992). Interview-based adult attachment classifications: Related to infant-mother and infant-father attachment. (Unpublished.)

Main, Mary, and Hesse, E. (1990). Parents' unresolved traumatic experiences are related to infant disorganized attachment status: Is frightened and/or frightening parental behavior the linking mechanism? In M.T. Greenberg, D. Cicchetti, & E.M. Cummings (Eds.), *Attachment in the preschool years.* Chicago: University of Chicago Press.

Main, Mary, and Solomon, J. (1986). Discovery of an insecure-disorganized/disoriented attachment pattern. In T.B. Brazelton & M.W. Yogman (Eds.), *Affective development in infancy.* Norwood, NJ: Ablex.

Main, Mary, Kaplan, N., and Cassidy, J. (1985). Security in infancy, childhood, and adulthood: A move to the level of representation. *Monographs of the Society for Research in Child Development, 50* (Serial No. 209).

Malatesta, C.Z., Culver, C., Tesman, J.R., and Shepard, B. (1989). The development of emotional expression during the first two years of life. *Monographs of the Society for Research in Child Development, 54* (1-2, Serial No. 219).

Malina, Robert M. (1990). Physical growth and performance during the transitional years (9-16). In Raymond Montemayor, Gerald R. Adams, & Thomas P. Gullotta (Eds.), *From childhood to adolescence: A transitional period?* Newbury Park, CA: Sage.

Malina, Robert M. (1991). Growth spurt, adolescent. In Richard M. Lerner, Ann C. Peterson, & Jeanne Brooks-Gunn (Eds.), *Encyclopedia of adolescence* (Vol. 1). New York: Garland.

Malina, Robert M., and Bouchard, Claude. (1991). *Growth, maturation, and physical activity.* Champaign, IL: Human Kinetics Books.

Mallory, B.L., and New, R.S. (1994). *Diversity and developmentally appropriate practice: Challenges for early childhood education.* New York: Teachers College Press.

Mangelsdorf, S., Gunnar, M., Kestenbaum, R., Lang, S., and Andreas, D. (1990). Infant proneness-to-distress temperament, maternal personality, and mother-infant attachment: Associations and goodness of fit. *Child Development, 61*, 820-831.

Mangen, David J., Bengston, Vern L., and Landry, Pierre H. (1988). *Measurement of intergenerational relations*. Newbury Park, CA: Sage.

Mann, L., Harmoni, R., and Power, C. (1989). Adolescent decision-making: The development of competence. *Journal of Adolescence, 12*, 265-278.

Marcia, James E. (1966). Development and validation of ego identity status. *Journal of Personality and Social Psychology, 3*, 551-558.

Marcia, James E. (1980). Identity in adolescence. In J. Adelson (Ed.), *Handbook of adolescent psychology*. New York: Wiley.

Maris, Ronald W. (1991). The developmental perspective of suicide. In Antoon Leenaars (Ed.), *Lifespan perspectives on suicide*. New York: Plenum Press.

Markides, Kyriakos S., and Black, Sandra A. (1996). Race, ethnicity, and aging: The impact of inequality. In Robert H. Binstock & Linda K. George (Eds.), *Handbook of aging and the social sciences*. San Diego, CA: Academic Press.

Markman, E.M. (1989). *Categorization and naming in children: Problems of induction*. Cambridge, MA: MIT Press.

Markus, H., and Nurius, P. (1986). Possible selves. *American Psychologist, 41*, 954-969.

Marshall, Eliot. (1995). Human Genome Project: A strategy for sequencing the genome 5 years early. *Science, 267*, 783-784.

Marshall, Victor W. (1996). The state of theory in aging and the social sciences. In Robert H. Binstock & Linda K. George (Eds.), *Handbook of aging and the social sciences*. San Diego, CA: Academic Press.

Marsiske, Michael, and Willis, Sherry L. (1995). Dimensions of everyday problem-solving in older adults. *Psychology and Aging, 10*, 269-283.

Martin, C.L., and Little, J.K. (1990). The relation of gender understanding to children's sex-typed preferences and gender stereotypes. *Child Development, 61*, 1427-1439.

Martin, J.C. (1992). The effects of maternal use of tobacco products or amphetamines on offspring. In T.B. Sonderegger (Ed.), *Perinatal substance abuse: Research findings and clinical implications*. Baltimore: Johns Hopkins University Press.

Martin, Roy P., Wisenbaker, Joseph, and Huttenen, Matti. (1994). Review of factor analytic studies of temperament measures based on the Thomas-Chess structural model: Implications for the big five. In Charles E. Halverson, Geldolph Kohnstramm, & Roy P. Martin (Eds.), *The developing structures of temperament and personality from infancy to adulthood*. Hillsdale, NJ: Erlbaum.

Marx, Jean L. (1996). Searching for drugs that combat Alzheimer's. *Science, 273*, 50-53.

Masataka, N. (1992). Early ontogeny of vocal behavior of Japanese infants in response to maternal speech. *Child Development, 63*, 1177-1185.

Maslow, Abraham H. *Vers une psychologie de l'être*, Paris, Fayard, 1972.

Maslow, Abraham H. (1954). *Motivation and personality*. New York: Harper, 411 p.

Maslow, Abraham H. (1968). *Toward a psychology of being* (2nd ed.). Princeton, NJ: Van Nostrand.

Maslow, Abraham H. (1970). *Motivation and personality* (2nd ed.). New York: Harper & Row.

Masten, Ann S., Best, K.M., and Garmezy, Norman. (1990). Resilience and development: Contributions from children who overcome adversity. *Development and Psychopathology, 2*, 425-444.

Masters, William H., Johnson, Virginia E., and Kolodny, Robert C. (1994). *Heterosexuality*. New York: Harper Collins.

Maughan, Barbara, and Pickles, Andres. (1990). Adopted and illegitimate children growing up. In Lee N. Robins & Michael Rutter (Eds.), *Straight and devious pathways from childhood to adulthood*. Cambridge, England: Cambridge University Press.

Mayford, Mark, Bach, Mary Elizabeth, Huand, Yan-You, Wang, Lei, Hawkins, Robert D., and Kandel, Eric R. (1996). Control of memory formation through regulated expression of a CaMKII transgene. *Science, 274*, 1678-1683.

McAdams, Dan P., de St. Aubin, Ed, and Logan, Regina L. (1993). Generativity among young, midlife, and older adults. *Psychology and Aging, 8*, 221-230.

McCauley, Elizabeth, Kay, Thomas, Ito, Joanne, and Treder, Robert. (1987). The Turner syndrome: Cognitive deficits, affective discrimination, and behavior problems. *Child Development, 58*, 464-473.

McCrae, Robert R., and Costa, Paul T., Jr. (1990). *Personality in adulthood*. New York: Guilford.

McCrae, Robert R., and Costa, Paul T., Jr. (1994). The stability of personality: Observations and evaluations. *Current Directions in Psychological Science, 3*, 173-175.

McCurdy, Karen, and Daro, Deborah. (1994). *Current trends in child abuse reporting and fatalities: The results of the 1993 annual fifty-state survey*. Chicago: National Committee to Prevent Child Abuse.

McEachin, John J., Smith, Tristram, and Lovaas, O. Ivar. (1993). Long-term outcome for children with autism who received early intensive behavioral treatment. *American Journal on Mental Retardation, 97*, 359-372.

McGarrigle, J., and Donaldson, Margaret. (1974). Conservation "accidents." *Cognition, 3*, 341-350.

McGee, Robin A., and Wolfe, David A. (1991). Psychological maltreatment: Toward an operational definition. *Development and Psychopathology, 3*, 3-18.

McHale, Susan M., Crouter, Ann C., McGuire, Shirley A., and Updegraff, Kimberly A. (1995). Congruence between mothers' and fathers' differential treatment of siblings: Links with family relations and children's well-being. *Child Development, 66*, 116-128.

McHenry, P.C. and coll. (1995). Toward a biopsychosocial model of domestic violence. *Journal of Marriage and the Family, 57*, 307-320.

Mcintosh, Ruth, Vaughn, Sharon, and Zaragoza, Nina. (1991). A review of social interventions for students with learning disabilities. *Journal of Learning Disabilities, 24*, 451-458.

McKeough, Anne. (1992). A neo-structural analysis of children's narrative and its development. In Robbie Case (Ed.), *The mind's staircase: Exploring the conceptual underpinning of children's thought and knowledge*. Hillsdale, NJ: Erlbaum.

McKinlay, John B., and Feldman, Henry A. (1994). Age-related variation and interest in normal men: Results from the Massachusetts male aging study. In Alice S. Rossi (Ed.), *Sexuality across the life course*. Chicago: University of Chicago Press.

McKusick, Victor A. (1994). *Mendelian inheritance in humans* (10th ed.). Baltimore: Johns Hopkins University Press.

McLaughlin, Barry. (1985). *Second language acquisition in childhood: Vol. 2. School-age children* (2nd ed.). Hillsdale, NJ: Erlbaum.

McLoyd, V.C. (1990). The impact of economic hardship on black families and children: Psychological distress, parenting, and socioemotional development. *Child Development, 61*, 311-346.

McLoyd, V.C., and Flanagan, C. (Eds.). (1990). *New directions for child development: No. 46. Economic stress: Effects on family life and child development*. San Francisco: Jossey-Bass.

Meisami, Esmail. (1994). Aging of the sensory system. In Paola S. Timiras (Ed.), *Physiological basis of aging and geriatrics* (2nd ed.). Boca Raton, FL: CRC Press.

Melhuish, Edward, and Moss, Peter. (1991). *Day care for young children: International perspectives*. London: Routledge.

Mellanby, Alex R., Phelps, Fran A., Chrichton, Nicola J., and Tripp, John H. (1995). School sex education: An experimental programme with educational and medical benefit. *British Medical Journal, 311*, 414-417.

Mellor, Steven. (1990). How do only children differ from other children. *Journal of Genetic Psychology, 151*, 221-230.

Melton, G.B., and Russo, N. (1987). Adolescent abortion: Psychological perspectives on public policy. *American Psychologist, 42*, 69-72.

Menken, Jane, Trussell, James, and Larsen, Ulla. (1986). Age and infertility. *Science, 233*, 1389-1394.

Meyer, Bonnie J.F., Russo, Connie, and Talbot, Andrew. (1995). Discourse comprehension and problem solving: Decisions about the treatment of breast cancer by women across the life span. *Psychology and Aging, 10*, 84-103.

Michael, R.T. and coll. (1994). *The social organization of sexuality, sexual practices in the United States.* Chicago: Chicago University Press, 718 p.

Michelsson, Katarina, Rinne, Arto, and Paajanen, Sonja. (1990). Crying, feeding and sleeping patterns in 1- to 12-month-old infants. *Child: Care, Health, and Development, 116*, 99-111.

Miller, Patricia H. (1990). The development of strategies of selective attention. In D.E Bjorklund (Ed.), *Childrens strategies: Contemporary views of cognitive development.* Hillsdale, NJ: Erlbaum.

Miller, Patricia H. (1993). *Theories of developmental psychology.* New York: Freeman.

Miller, Patricia H., and Aloise, P.A. (1989). Young children's understanding of the psychological causes of behavior: A review. *Child Development, 60*, 257-285.

Miller, Richard A. (1996). Aging and the immune response. In Edward L. Schneider & John W. Rowe (Eds.), *Handbook of the biology of aging.* San Diego, CA: Academic Press.

Mills, Richard W., and Mills, Jean. (1993). *Bilingualism in the primary school.* London: Routledge.

Millstein, S.G., and Litt, I.F. (1990). Adolescent health. In S.S. Feldman & G.R. Elliott (Eds.), *At the threshold: The developing adolescent.* Cambridge, MA: Harvard University Press.

Minuchin, Patricia, and Shapiro, Edna K. (1983). The school as a context for social development. In Paul H. Mussen (Ed.), *Handbook of child psychology: Vol. 4. Socialization, personality and social development.* New York: Wiley.

Minuchin, Salvador, and Nichols, Michael P. (1993). *Family healing: Tales of hope and renewal from family therapy.* New York: Free Press.

Mitchell, D.B. (1993). Implicit and explicit memory for pictures: Multiple views across the lifespan. In P. Graf & M.E.J. Masson (Eds.), *Implicit memory: New directions in cognition, development and neuropsychology.* Hillsdale, NJ: Erlbaum.

Mitchell, John J. (1986). *The nature of adolescence.* Calgary, Alberta, Canada: Detselig.

MMWR *(Morbidity and Mortality Weekly Report):* See **Centers for Disease Control and Prevention.**

Mobbs, Charles V. (1996). Neuroendocrinology of aging. In Edward L. Schneider & John W. Rowe (Eds.), *Handbook of the biology of aging.* San Diego, CA: Academic Press.

Moen, Phyllis. (1996). Gender, age, and the life course. In Robert H. Binsock & Linda K. George (Eds.), *Handbook of aging and the social sciences* (4th ed.). San Diego, CA: Academic Press.

Moller, David Wendell. (1996). *Confronting death: Values, institutions, and human mortality.* New York: Oxford University Press.

Montemayor, Raymond. (1986). Family variation in parent-adolescent storm and stress. *Journal of Adolescent Research, 1*, 15-31.

Moon, Christine, and Fifer, Willliam P. (1990). Syllables as signals for 2-day-old infants. *Infant Behavior and Development, 13*, 377-390.

Moon, Christine, Cooper, Robin Panneton, and Fifer, William P. (1993). Two-day olds prefer their native language. *Infant Behavior and Development, 16*, 495-500.

Moore, Keith L. (1988). *The developing human: Clinically oriented embryology* (4th ed.). Philadelphia: Saunders.

Moore, Susan, and Rosenthal, Doreen. (1991). Adolescent invulnerability and perceptions of AIDS risk. *Journal of Adolescent Research, 6*, 164-180.

Morrison, N.A., Qi, J.C., Tokita, A., Kelly, P.J., Crofts, L., Niguyen, T.V., Sambrook, P.N., and Eisman, J.A. (1994). Prediction of bone density from vitamin D receptor alleles. *Nature (London), 367*, 284-287.

Morse, C.K. (1993). Does variability increase with age? An archival study of cognitive measures. *Psychology and Aging, 8*, 156-164.

Mortimer, David. (1994). *Practical laboratory andrology.* New York: Oxford University Press.

Mortimore, Peter. (1995). The positive effects of schooling. In Michael Rutter (Ed.), *Psychosocial disturbances in young people: Challenges for prevention.* Cambridge, England: Cambridge University Press.

Moscovitch, Morris. (1982). Neuropsychology of perception and memory in the elderly. In Fergus I.M. Craik & Sandra Trehub (Eds.), *Aging and cognitive processes.* New York: Plenum Press.

Moshman, D. (1990). The development of metalogical understanding. In W.E Overton (Ed.), *Reasoning, necessity, and logic: Developmental perspectives.* Hillsdale, NJ: Erlbaum.

Moshman, D. (1993). Adolescent reasoning and adolescent rights. *Human Development, 36*, 27-40.

Moshman, D., and Franks, B.A. (1986). Development of the concept of inferential validity. *Child Development, 57*, 153-165.

Mounts, Nina S., and Steinberg, Laurence. (1995). An ecological analysis of peer influence on adolescent grade point average and drug use. *Developmental Psychology, 31*, 915-922.

Moyer, Marth Sebastian. (1992). Sibling relationships among older adults. *Generations, 27*(3), 55-60.

Muisener, Philip P. (1994). *Understanding and treating adolescent substance abuse.* Thousand Oaks, CA: Sage.

Murphey, D.A. (1992). Constructing the child: Relations between parents' beliefs and child outcomes. *Developmental Review, 12*, 199-232.

Murphy, John M., and Gilligan, Carol. (1980). Moral development in late adolescence and adulthood: A critique and reconstructien of Kohlberg's theory. *Human Development, 23*, 77-104.

Mydans, Seth. (1997, February 2). Legal euthanasia: Australia faces a grim reality. *The New York Times, International,* p. 3.

Myers, B.J. (1987). Mother-infant bonding as a critical period. In M.H. Bornstein (Ed.), *Sensitive periods in development: Interdisciplinary perspectives.* Hillsdale, NJ: Erlbaum.

Myers, David G. (1993). *The pursuit of happiness.* New York: Avon Books.

Myers, N.A., Clifton, R.K., and Clarkson, M.H. (1987). When they were very young: Almost-threes remember two years ago. *Infant Behavior and Development, 10*, 123-132.

National Cancer Institute. (1992). *5-A-DAY for better health* (RFA No. CA-92-17). Bethesda, MD: Author.

National Center for Health Statistics. (1995). *Health, United States, 1994.* Hyattsville, MD: Public Health Service.

National Center for Injury Prevention and Control. (1992). *Position papers from the third National Injury Control Conference.* Atlanta, GA: Centers for Disease Control.

National Center for Injury Prevention and Control. (1993). *Injury control in the 1990s: A national plan for action.* Atlanta, GA: Centers for Disease Control and Prevention, U.S. Department of Health and Human Services.

Needleman, Herbert L., and Bellinger, David. (1994). *Prenatal exposure to toxicants: Developmental consequences.* Baltimore: Johns Hopkins University Press.

Neisser, Ulric, Boodoo, Gwyneth, Bouchard, Thomas J., Boykin, A. Wade, Brody, Nathan, Ceci, Stephen J., Halpern, Diane F., Loehlin, John C., Perloff, Robert, Sternberg, Robert J., and Urbina, Susana. (1996). Intelligence: Knowns and unknowns. *American Psychologist, 51*, 77-101.

Nelson, Katherine. (1981). Individual differences in language development: Implications for development and language. *Developmental Psychology, 17*, 171-187.

Nelson, Katherine. (Ed.). (1986). *Event knowledge: Structure and function in development*. Hillsdale, NJ: Erlbaum.

Nelson, Katherine, and Hudson, J. (1988). Scripts and memory: Functional relationships in development. In F.E. Weinert & M. Perlmutter (Eds.), *Memory development: Universal changes and individual differences*. Hillsdale, NJ: Erlbaum.

Neugarten, Bernice L., and Neugarten, Dail A. (1986). Changing meanings of age in the aging society. In Alan Pifer & Lynda Bronte (Eds.), *Our aging society: Paradox and promise*. New York: Norton.

Newberger, Carolyn Moore, and White, Kathleen M. (1989). Cognitive foundations for parental care. ln Dante Cicchetti & Vicki Carlson (Eds.), *Child maltreatment: Theory and research on the causes and consequences of child abuse and neglect*. Cambridge, England: Cambridge University Press.

Nottelmann, Edith D., Inoff-Germain, Gale, Susman, Elizabeth J., and Chrousos, George P. (1990). Hormones and behavior at puberty. In John Bancroft & June Machover Reinisch (Eds.), *Adolescence in puberty*. New York: Oxford University Press.

Nugent, J. Kevin. (1991). Cultural and psychological influences on the father's role in infant development. *Journal of Marriage and the Family, 53*, 475-485.

Nugent, J. Kevin, Lester, B.M., and Brazelton, T.B. (1989). *The cultural context of infancy* (Vol. 1). Norwood, NJ: Ablex.

Nuland, Sherwin B. (1994). *How we die*. New York: Knopf.

Nussbaum, N.L., Grant, M.L., Roman, M.J., Poole, J.H., and Bigler, E.D. (1990). Attention deficit disorder and the mediating effect of age on academic and behavioral variables. *Developmental and Behavioral Pediatrics, 11*, 22-26.

Nusselder, Wilma J., van der Veldon, Koos, van Sonsbeek, Jan L. A., Lenior, Maria E., and van den Bos, Geertrudis A.M. (1996). The elimination of selected chronic disease in a population: The compression and expansion of morbidity. *American Journal of Public Health, 86*, 187-194.

Nwokah, Evangeline E., Hsu, Hui-Chin, Dobrowolka, Olga, and Fogel, Alan. (1994). The development of laughter in mother-infant communication: Timing parameters and temporal sequences. *Infant Behavior and Development, 17*, 23-35.

O'Brien, C. Auguste D. and Alzheimer's Disease. *Science*, 5 juillet 1996, *273* (5271), 8.

O'Brien, Mary. (1991). Never married older women: The life experience. *Social Indicators Research, 24*, 301-315.

O'Connor, D. W. (1989). The prevalence of dementia as measured by the Cambridge Mental Disorders of the Elderly examination. *Acta Psychiatrica Scandinavica, 79*, 190-198.

Offer, Daniel, and Offer, Judith. (1975). *From teenage to young manhood*. New York: Basic Books.

Ogletree, Shirley Matile, Denton, Larry, and Williams, Sue Winkle. (1993). Age and gender differences in children's Halloween costumes. *Journal of Psychology, 127*, 633-637.

O'Hagan, Kieran. (1993). *Emotional and psychological abuse of children*. Toronto: University of Toronto Press.

O'Leary, K. Daniel. (1993). Through a psychological lens: Personality traits, personality disorders, and levels of violence. In Richard J. Gelles & Donileen R. Loseke (Eds.), *Current controversies on family violence*. Thousand Oaks, CA: Sage.

Olivier, Christiane. Les enfants de Jocaste, Paris, Éd. Denoël, 1980, 192 p.

Oller, D. Kimbrough, and Eilers, Rebecca. (1988). The role of audition in infant babbling. *Child Development, 59*, 441-449.

Opoku, Kofi Asare. (1989). African perspectives on death and dying. In Arthur Berger, Paul Badham, Austin H. Kutscher, Joyce Berger, Ven. Michael Petty, & John Beloff (Eds.), *Perspectives on death and dying: Cross-cultural and multidisciplinary views*. Philadelphia: Charles Press.

Osgood, Nancy J. (1992). *Suicide in later life*. Lexington, MA: Lexington Books.

Otis, Joanne, Roy, Elise, Burelle, Rose, et Thabet, Carole. « Le sida et ses répercussions chez les adolescents. » Chapitre dans Jospeh J. Lévy et Henri Cohen (dir.). *Le sida. Aspects psychosociaux, culturels et éthiques*, Montréal, Éditions du Méridien, 1997.

Overton, William F. (1990). *Reasoning, necessity, and logic: Developmental perspectives*. Hillsdale, NJ: Erlbaum.

Paikoff, Roberta L. (1990). Attitudes toward consequences of pregnancy in young women attending a family planning clinic. *Journal of Adolescent Research, 5*, 467-468.

Palmer, Carolyn F. (1989). The discriminating nature of infants' exploratory actions. *Developmental Psychology, 25*, 885-893.

Pampel, F.C. (1994). Population aging, class context, and age inequality in public spending. *American Journal of Sociology, 100*, 153-195.

Panel on Research on Child Abuse and Neglect, National Research Council. (1993). *Understanding child abuse and neglect*. Washington, DC: National Academy Press.

Paneth, Nigel. (1992). The role of neonatal intensive care in lowering infant mortality. In Jonathan B. Kotch, Craig H. Blakely, Sarah S. Brown, & Frank Y. Wong (Eds.), *A pound of prevention: The case for universal maternity care in the U.S.* Washington, DC: American Public Health Association.

Parcel, Toby L., and Menaghan, Elizabeth G. (1995). *Parents' jobs and children's lives*. New York: Aldine de Gruyter.

Parent, Sophie, et Saucier, Jean-François. « La théorie de l'attachement ». Dans Emmanuel Habimana, Louise S. Éthier, Diaouida Petot et Michel Tousignant (dir.). *Psychologie de l'enfant et de l'adolescent. Approche intégrative*, Boucherville, Gaëtan Morin, 1999.

Park, K.A., Lay, K. L., and Ramsay, L. (1993). Individual differences and developmental changes in preschoolers' friendships. *Developmental Psychology, 29*, 264-270.

Parke, Ross D., Ornstein, Peter A., Rieser, John J., and ZahnWaxler, Carolyn. (1994). The past as prologue: An overview of a century of developmental psychology. In Ross D. Parke, Peter A. Ornstein, John. J. Rieser, & Carolyn Zahn-Waxler (Eds.), *A century of developmental psychology*. Washington, DC: American Psychological Association.

Parker, Jeffrey G., and Asher, Steven R. (1993). Friendship and friendship quality in middle childhood: Links with peer group acceptance and feelings of loneliness and social dissatisfaction. *Developmental Psychology, 29*, 611-621.

Parker, Jeffrey G., and Gottman, J.M. (1989). Social and emotional development in a relational context. In T.J. Berndt & G.W. Ladd (Eds.), *Peer relationships in child development*. New York: Wiley.

Parkhurst, J.T., and Asher, S.R. (1992). Peer rejection in middle school: Subgroup differences in behavior, loneliness, and interpersonal concerns. *Developmental Psychology, 28*, 231-241.

Parkin, Alan J. (1993). *Memory: Phenomena, experiment and theory*. Oxford: Blackwell.

Parrott, Roxanne Louiselle, and Condit, Celeste Michelle. (1996). *Evaluating women's health messages: A resourcebook*. Thousand Oaks, CA: Sage.

Patterson, C.J., Kupersmidt, J.B., and Griesler, P.C. (1990). Children's perceptions of self and of relationships with others as a function of sociometric status. *Child Development, 61*, 1335-1349.

Patterson, Gerald R. (1982). *Coercive family processes*. Eugene, OR: Castalia Press.

Patterson, Gerald R., and Capaldi, D. (1991). Antisocial parents: Unskilled and vulnerable. In Paul E. Cowan & Mavis Hetherington (Eds.), *Family transitions*. Hillsdale, NJ: Erlbaum.

Patterson, Gerald R., DeBaryshe, Barbara D., and Ramsey, Elizabeth. (1989). A developmental perspective on antisocial behavior. *American Psychologist, 44*, 329-335.

Patterson, Gerald R., Reid, J.B., and Dishion, T.J. (1992). *Antisocial boys*. Eugene, OR: Castalia Press.

Paulston, Christina Bratt. (1992). *Sociolinguistic perspectives on bilingual education.* Cleveden, England: Multilingual Matters.

Paunonen, Sampo V., Jackson, Douglas N., Trzebinski, Jerzy, and Forsterling, Friedrich. (1992). Personality structure across cultures: A multimodal evaluation. *Journal of Personality and Social Science, 62,* 147-456.

Peak, L. (1991). *Learning to go to school in Japan: The transition from home to preschool life.* Berkeley: University of California Press.

Pearson, J.D., Morell, C.H., Gordon-Salant, S., Brant, L.J., Metter, E.J., Klein, L., and Fozard, J.L. (1995). Gender differences in a longitudinal study of age-associated hearing loss. *Journal of the Acoustical Society of America, 97,* 1196-1205.

Pecheux, Marie Germaine, and Labrell, Florence. (1994). Parent-infant interactions and early cognitive development. In Andre Vyt, Henriette Bloch, & Marc H. Bernstein (Eds.), *Early child development in the French tradition: Contributions from current research.* Hillsdale, NJ: Erlbaum.

Pederson, Nancy L., Plomin, Robert, McClearn, Gerald E., and Friberg, L. (1988). Neuroticism, extraversion, and related traits in adult twins reared apart and reared together. *Journal of Personality and Social Psychology, 55,* 950-957.

Pelton, L.H. (1994). The role of material factors in child abuse and neglect. In G.B. Melton & F. Barry (Eds.), *Safe neighborhoods: Foundations for a new national strategy on child abuse and neglect.* New York: Guilford.

Perlmutter, Marion, Kaplan, Michael, and Nyquist, Linda. (1990). Development of adaptive competence in adulthood. *Human Development, 33,* 185-197.

Perris, Eve Emmanuel, Myers, Nancy Angrist, and Clifton, Rachel Kern. (1990). Long-term memory for a single infancy experience. *Child Development, 61,* 1796-1807.

Perry, Constance M., and McIntire, Walter G. (1995). Modes of moral judgment among early adolescents. *Adolescence, 30,* 707-715.

Perry, D.G., Perry, L.C., and Kennedy, E. (1992). In C.U. Shantz & W.W. Hartup (Eds.), *Conflict in child and adolescent development.* Cambridge, England: Cambridge University Press.

Perry, William G., Jr. (1981). Cognitive and ethical growth: The making of meaning. In Arthur W. Chickering (Ed.), *The modern American college: Responding to the new realities of diverse students and a changing society.* San Francisco: Jossey-Bass.

Peters, D.L., and Pence, A.R. (1992). *Family day care: Current research for informed public policy.* New York: Teachers College Press.

Peterson, Bill E., and Stewart, Abigail J. (1996). Antecedents and contexts of generativity motivation at midlife. *Psychology and Aging, 11,* 21-33.

Petitto, Anne, and Marentette, Paula F. (1991). Babbling in the manual mode: Evidence for the ontogeny of language. *Science, 251,* 1493-1496.

Phelps, LeAdelle, Johnston, Lisa Swift, Jimenez, Dayana P., Wilczenski, Felicia L., Andrea, Ronald K., and Healy, Robert W. (1993). Figure preference, body dissatisfaction, and body distortion in adolescence. *Journal of Adolescent Research, 8,* 297-310.

Phillips, D.A., and Zimmerman, M. (1990). The developmental course of perceived competence and incompetence among competent children. In R.J. Sternberg & J. Kolligian (Eds.), *Competence considered.* New Haven, CT: Yale University Press.

Phinney, Jean S. (1993). Multiple group identities: Differentiation, conflict, and integration, In J. Kroger (Ed.), *Discussions on ego identity.* Hillsdale, NJ: Erlbaum.

Phinney, Jean S., Lochner, Bruce T., and Murphy, Rodolfo. (1990). Ethnic identity development and psychological adjustment in adolescence. In Arlene Rubin Stiffman & Larry E. Davis (Eds.), *Ethnic issues in adolescent mental health.* Newbury Park, CA: Sage.

Piaget, Jean. (1952). *The origins of intelligence in children* (M. Cook, Trans.). New York: International Universities Press.

Piaget, Jean. *Six Études de psychologie,* Paris, Denoël, 1964, 188 p.

Piaget, Jean. (1970). *The child's conception of movement and speed* (G.E.T. Holloway & M.J. Mackenzie, Trans.). New York: Basic Books.

Piaget, Jean. *Problèmes de génétique,* Paris, Denoël, 1972.

Pianta, Robert, Egeland, Byron, and Ericson, Martha Farrell. (1989). The antecedents of maltreatment: Results of the mother child interaction project. In Dante Cicchetti & Vicki Carlson (Eds.), *Child maltreatment: Theory and research on the causes and consequences of child abuse and neglect.* Cambridge, England: Cambridge University Press.

Pina, Darlene L., and Bengston, Vern. (1993). The division of household labor and wives' happiness: Ideology, employment, and perceptions of support. *Journal of Marriage and the Family, 55,* 901-912.

Pipp, S., Fischer, K.W., and Jennings, S. (1987). Acquisition of self- and mother knowledge in infancy. *Developmental Psychology, 23,* 86-96.

Pitskhelauri, G.Z. (1982). *The long-living of Soviet Georgia* (Gari Lesnoff-Caravaglia, Trans.). New York: Human Sciences Press.

Pleck, J.H. (1985). *Working wives/working husbands.* Beverly Hills, CA: Sage.

Plomin, Robert, Lichtenstein, Paul, Pederson, Nancy L., McClearn, Gerald, and Nesselroade, John R. (1990). Genetic influence on life events during the last half of the life span. *Psychology and Aging, 5,* 25-30.

Plomin, Robert, Emde, R.N., Braungart, J.M., Campos, J., Corley, R., Fulker, D.W., Kagan, J., Reznick, J.S., Robinson, J., Zahn-Waxler, C., and DeFries, J.C. (1993). Genetic change and continuity from fourteen to twenty months: The MacArthur Longitudinal Tivin Study. *Child Development, 64,* 1354-1376.

Plomin, Robert, Chipuer, Heather M., and Neiderhiser, Jenae M. (1994). Behavioral genetic evidence for the importance of nonshared environment. In E. Mavis Hetherington, David Reiss, & Robert Plomin (Eds.), *Separate social worlds of siblings: The impact of nonshared environments on development.* Hillsdale, NJ: Erlbaum.

Poffenberger, Thomas. (1981). Child rearing and social structure in rural India: Toward a cross-cultural definition of child abuse and neglect. In Jill E. Korbin (Ed.), *Child abuse and neglect: Cross cultural perspectives.* Berkeley: University of California Press.

Pomerleau, Andrée, Sabatier, Colette, et Malcuit, Gérard. (1998). Quebecois, Haitian, and Vietnamese Mothers' Report of Infant Temperament. *International Journal of Psychology, 33*(5), 1998, 337-344.

Poon, Leonard W. (1985). Differences in human memory with aging: Nature, causes, and clinical implications. In James E. Birren & K. Warner Schaie (Eds.), *Handbook of the psychology of aging.* New York: Van Nostrand Reinhold.

Poon, Leonard W. (1992). *The Georgia Centenarian Study.* Amityville, NY: Baywood.

Poon, Leonard W., Rubin, David C., and Wilson, Barbara A. (Eds.). (1989). *Everyday cognition in adulthood and late life.* Cambridge, England; Cambridge University Press.

Posner, Richard A. (1995). *Aging and old age.* Chicago: University of Chicago Press.

Poussaint, Alvin F. (1990). Introduction. In Bill Cosby, *Fatherhood.* New York: Berkley Books.

Powell, Douglas H. (1994). *Profiles in cognitive aging.* Cambridge, MA: Harvard University Press.

Power, Rosemary. (1993). Death in Ireland: Death, wakes and funerals in contemporary Irish society. In Donna Dickenson & Malcolm Johnson (Eds.), *Death, dying & bereavement.* London: Sage.

Powlishta, Kimberly K. (1995). Gender bias in children's perceptions of personality traits. *Sex Roles, 32,* 17-28.

Purvis, George A., and Bartholmey, Sandra J. (1988). Infant feeding practices: Commercially prepared baby foods. In Reginald C. Tsang & Buford L. Nicholas (Eds.), *Nutrition during infancy.* Philadelphia: Hanley & Belfus.

Quadagno, Jill, and Hardy, Melissa. (1996). Work and retirement. In Robert H. Binstock & Linda K. George (Eds.), *Handbook of aging and the social sciences.* San Diego, CA: Academic Press.

Quinn, P.C., and Eimas, P.D. (1988). On categorization in early infancy. *Merrill-Palmer Quarterly, 32,* 331-363.

Rabbitt, Patrick, Donlan, Christopher, McInnes, Lynn, Watson, Peter, and Bent, Nuala. (1995). Unique and interactive effects of depression, age, socioeconomic advantage, and gender on cognitive performance of normal healthy older people. *Psychology and Aging, 10,* 307-313.

Rabiner, D.L., Lenhart, L., and Lochman, J.E. (1990). Automatic versus reflective social problem solving in relation to children's sociometric status. *Developmental Psychology, 26,* 1010-1016.

Rafferty, Yvonne, and Shinn, Marybeth. (1991). The impact of homelessness on children. *American Psychologist, 46,* 1170-1179.

Ramey, C.T., and Campbell, F.A. (1991). Poverty, early childhood education, and academic competence: The Abecedarian experiment. In A.C. Huston (Ed.), *Children in poverty: Child development and public policy.* Cambridge, England: Cambridge University Press.

Rasmussen, Dianne E., and Sobsey, Dick. (1994). Age, adaptive behavior, and Alzheimer disease in Down syndrome: Cross-sectional and longitudinal analyses. *American Journal on Mental Retardation, 99,* 151-165.

Rauste-von Wright, Maijaliisa. (1989). Body image satisfaction in adolescent girls and boys: A longitudinal study. *Journal of Youth and Adolescence, 18,* 71-83.

Rawlins, William K. (1992). *Friendship matters.* Hawthorne, NY: Aldine de Gruyter.

Rawlins, William K. (1992). Friendships in later life. In Jon F. Nussbaum & Justine Coupland (Eds.), *Handbook of communication and aging research.* Mahwah, NJ: Erlbaum.

Ray, Ruth E. (1996). A postmodern perspective on feminist gerontology. *The Gerontologist. 36.*

Reese, E., and Fivush, R. (1993). Parental styles of talking about the past. *Developmental Psychology, 29,* 596-606.

Reese, Hayne W., and Rodeheaver, Dean. (1985). Problem solving and complex decision making. In James E. Birren & K. Warner Schaie (Eds.), *Handbook of the psychology of aging* (2nd ed.). New York: Van Nostrand Reinhold.

Reich, Robert B. (1992). *The work of nations: Preparing ourselves for 21st century capitalism.* New York: Random House.

Reid, Barbara Van Steenburgh. (1989). Socialization for moral reasoning: Maternal strategies of Samoans and Europeans in New Zealand. In Jaan Valsiner (Ed.), *Child development in cultural context.* Toronto: Hogrefe & Huber.

Rest, James R. (1986). *Moral development: Advances in research and theory.* New York: Praeger.

Rest, James R. (1993). Research on moral judgment in college students. In Andrew Garrod (Ed.), *Approaches to moral development: New research and emerging themes.* New York: Teachers College Press.

Rest, James R., and Thoma, Stephen J. (1985). Relation of moral judgment development to formal education. *Developmental Psychology, 21,* 709-714.

Reynolds, D., and Cuttance, P. (Eds.). (1992). *School effectiveness: Research, policy, and practice.* London: Cassell.

Riccio, Cynthia A., Hynd, George W., Cohen, Morris J., and Gonzalez, Jose J. (1993). Neurological basis of attention deficit hyperactivity disorder. *Exceptional Children, 60,* 118-124.

Ricciuti, Henry N. (1991). Malnutrition and cognitive development: Research policy linkages and current research directions. In Lynn Okagaki & Robert J. Sternberg (Eds.), *Directors of development.* Hillsdale, NJ: Erlbaum.

Rice, Philip F. (1992). *Human development. A life-span approach,* (3rd ed.), New Jersey: Prentice Hall, 576 p.

Richman, Amy L., Miller, Patrice M., and LeVine, Robert A. (1992). Cultural and educational variations in maternal responsiveness. *Developmental Psychology, 28,* 614-621.

Riedel, Brant W., Lichstein, Kenneth L., and Dwyer, William O. (1995). Sleep compression and sleep education for older insomniacs: Self-help versus therapist guidance. *Psychology and Aging, 10,* 54-63.

Riegel, Klaus F. (1975). Toward a dialectical theory of development. *Human Development, 18,* 50-64.

Riley, Matilda White, and Riley, John W., Jr. (1994). Age integration and the lives of older people. *Gerontologist, 34,* 110-115.

Ritchie, Jane, and Ritchie, James. (1981). Child rearing and child abuse: The Polynesian context. In J.E. Korbin (Ed.), *Child abuse and neglect: Cross-cultural perspectives.* Berkeley: University of California Press.

Ritchie, K., Kildea, D., and Robine, J.M. (1992). The relationship between age and the prevalence of senile dementia: A meta-analysis of recent data. *International Journal of Epidemiology, 21,* 763-769.

Roberto, K.A. (1993). Family caregivers of aging adults with disabilities: A review of the caregiving literature. In K.A. Roberto (Ed.), *The elderly caregiver: Caring for adults with developmental disabilities.* Newbury Park, CA: Sage.

Roberts, K. (1988). Retrieval of a basic-level category in prelinguistic infants. *Developmental Psychology, 24,* 21-27.

Robins, Lee N. (1995). Editorial: The natural history of substance abuse as a guide to setting drug policy. *American Journal of Public Health, 85,* 12-13.

Robins, Lee N., and Rutter, Michael. (1990). *Straight and devious pathways from childhood to adulthood.* Cambridge, England: Cambridge University Press.

Robinson, J.L., Kagan, J., Reznick, J.S., and Corley, R. (1992). The heritability of inhibited and uninhibited behavior: A twin study. *Developmental Psychology, 28,* 1030-1037.

Rochat, Philippe. (1989). Object manipulation and exploration in 2- to 5-month-old infants. *Developmental Psychology, 25,* 871-884.

Rochat, Philippe, and Bullinger, Andre. (1994). Posture and functional action in infancy. In Andre Vyt, Henriette Bloch, & Marc H. Bernstein (Eds.), *Early child development in the French tradition: Contributions from current research.* Hillsdale, NJ: Erlbaum.

Rochat, Philippe, and Goubet, Nathalie. (1995). Development of sitting and reaching in 5- to 6-month-old infants. *Infant Behavior and Development, 18,* 53-68.

Rodin, Judith, and Timko, Christine. (1992). Sense of control, aging, and health. In Marcia G. Ory, Ronald P. Abeles, & Paula Darby Lipman (Eds.), *Aging, health, and behavior.* Newbury Park, CA: Sage.

Rogers, Carl R. (1951). *Client centered therapy: Its current practice, its implications, and theory.* Boston: Houghton Mifflin, 560 p.

Rogers, Carl R. (1961). *On Becoming a Person.* Boston: Houghton Mifflin, 420 p.

Rogers, Carl R. *Le developpement de la personne,* Paris, Dunod, 1972.

Roggman, Lori A., Langlois, Judith H., Hubbs-Tait, Laura, and Rieser-Danner, Loretta A. (1994). Infant day-care, attachment, and the "filedrawer problem". *Child Development, 65,* 1429-1443.

Rogoff, Barbara. (1990). *Apprenticeship in thinking: Cognitive development in social context.* New York: Oxford University Press.

Rogoff, Barbara, and Morelli, Gilda. (1989). Perspectives on children's development from cultural psychology. *American Psychologist, 44,* 343-348.

Rogoff, Barbara, Mistry, Jayanthi, Goncu, Artin, and Mosier, Christine. (1993). Guided participation in cultural activity by toddlers and caregivers. *Monographs of the Society for Research in Child Development, 58* (Serial No. 236).

Rohner, Ronald P. (1984). Toward a conception of culture for cross-cultural psychology. *Journal of Cross-Cultural Psychology, 15,* 111-138.

Rohner, Ronald P., Kean, Kevin J., and Cournoyer, David E. (1991). Effects of corporal punishment, perceived caretaker warmth, and cultural beliefs on the psychological adjustment of children in St. Kitts, West Indies. *Journal of Marriage and the Family, 53,* 681-693.

Rose, Susan A., and Ruff, Holly A. (1987). Cross-modal abilities in infants. In J. Doniger Osofsky (Ed.), *Handbook of infant development* (2nd ed.). New York: Wiley.

Rosenberg, Harry M., Chevarley, Frances, Powell-Griner, Eve, Kochankek, Kenneth, and Feinleib, Manning. (1991). Causes of death among the elderly: Information from the death certificate. *Proceedings of the 1988 International Symposium on Aging* (Series 5, No. 6, DHHS Publication No. 91-1482). Hyattsville, MD: U. S. Department of Health and Human Services.

Rosenblith, Judy F. (1992). *In the beginning: Development from conception to age two* (2nd ed.). Newbury Park, CA: Sage.

Rosow, Irving. (1985). Status and role change Through the life cycle. In Robert H. Binstock & Ethel Shanas (Eds.), *Handbook of aging and the social sciences* (2nd ed.). New York: Van Nostrand.

Ross, Catherine R. (1995). Reconceptualizing marital status as a continuum of social attachment. *Journal of Marriage and the Family, 57,* 129-140.

Rossi, Alice S. (1994). *Eros and caritas: A biopsychosocial approach to human sexuality and reproduction.* Chicago: University of Chicago Press.

Rothbart, M.K. (1981). Measurement of temperament in infancy. *Child Development, 52,* 569-578.

Rothbart, M.K. (1991). Temperament: A developmental framework. In J. Strelau & A. Angleitner (Eds.), *Explorations in temperament.* New York: Plenum Press.

Rourke, B.P. (1989). *Non-verbal learning disabilities: The syndrome and the model.* New York: Guilford.

Rovee-Collier, Carolyn K. (1987). Learning and memory in infancy. In J. Doniger Osofsky (Ed.), *Handbook of infant development* (2nd ed.). New York: Wiley.

Rovee-Collier, Carolyn K. (1990). The "memory system" of prelinguistic infants. In A. Diamond (Ed.), *The development and neural bases of higher cognitive fonctions.* New York: New York Academy of Sciences.

Rovee-Collier, Carolyn K. (1995). Time windows in cognitive development. *Developmental Psychology, 31,* 147-169.

Rovee-Collier, Carolyn K., and Hayne, H. (1987). Reactivation of infant memory: Implications for cognitive development. In H.W. Reese (Ed.), *Advances in child development and behavior* (Vol. 20). New York: Academic Press.

Rovet, Joanne, Netley, Charles, Keenan, Maureen, Bailey, Jon, and Steward, Donald. (1996). The psychoeducational profile of boys with Klinefelter syndrome. *Journal of Learning Disabilities, 29,* 180-196.

Rubin, Kenneth H., Fein, Greata G., and Vandenberg, Brian. (1983). Play. In Paul H. Mussen (Ed.), *Handbook of child psychology: Vol. 4. Socialization, personality and social development.* New York: Wiley.

Ruff, Holly A. (1982). The development of object perception in infancy. In Tiffany M. Field, Aletha Huston, Herbert C. Quay, Lillian Troll, & Gordon E. Finley (Eds.), *Review of human development.* New York: Wiley.

Ruff, Holly A. (1984). An ecological approach to infant memory. In Morris Moscovitch (Ed.), *Infant memory.* New York: Plenum Press.

Rutter, Michael. (1979). Protective factors in children's responses to stress and disadvantage. In Martha Whalen Kent & Jon E. Rolf (Eds.), *Primary prevention of psychopathology: Vol. 3. Social competence in children.* Hanover, NH: University Press of New England.

Rutter, Michael. (1980). *Changing youth in a changing society: Patterns of development and disorder.* Cambridge, MA: Harvard University Press.

Rutter, Michael. (1987). Psychosocial resilience and protective mechanisms. *American Journal of Orthopsychiatry, 57,* 316-331.

Rutter, Michael. (1989). Intergenerational continuities and discontinuities. In Dante Cicchetti & Vicki Carlson (Eds.), *Child maltreatment: Theory and research on the causes and consequences of child abuse and neglect.* Cambridge, England: Cambridge University Press.

Rutter, Michael, and Rutter, Marjorie. (1993). *Developing minds: Challenge and continuity across the life span.* New York: Basic Books.

Ryan, Gail, Miyoshi, Thomas J., Metzner, Jeffrey L., Krugman, Richard D., and Fryer, George E. (1996). Trends in a national sample of sexually abusive youths. *Journal of the American Academy of Child and Adolescent Psychiatry, 35,* 17-25.

Ryan, R.M., and Lynch, J.H. (1989). Emotional autonomy versus detachment; Revisiting the vicissitudes of adolescence and young adulthood. *Child Development, 60,* 340-356.

Rybash, John M., Hoyer, William J., and Roodin, Paul A. (1986). *Adult cognition and aging: Developmental changes in processing, knowing, and thinking.* New York: Pergamon Press.

Ryff, Carol D., Lee, Young Hyun, Essex, Marilyn J., and Pamela, A. (1994). My children and me: Midlife evaluations of grown children and of self. *Psychology and Aging, 9,* 195-205.

Saarni, C. (1989). Children's understanding of strategic control of emotional expression in social transactions. In C. Saarni & P.L. Harris (Eds.), *Children's understanding of emotion.* Cambridge, England: Cambridge University Press.

Sabatier, Colette. (1994). Parental conceptions of early development and developmental stimulation. In Andre Vyt, Henriette Bloch, & Marc H. Bornstein (Eds.), *Early child, development in the French tradition: Contributions from current research.* Hillsdale, NJ: Erlbaum.

Sabin, E.P. (1993). Social relationships and mortality among the elderly. *Journal of Applied Gerontology,* 44-60.

Sable, Pat. (1991). Attachment, loss of spouse, and grief in elderly adults. *Omega, 23,* 129-142.

Sagi, Abraham, and Lewkowicz, K.S. (1987). A cross-cultural evaluation of attachment research. In L.W.C. Tavecchio & M.H. van Ijzendoorn (Eds.), *Attachment in social networks.* Amsterdam: Elsevier.

Sagi, Abraham, van Ijzendoorn, Marinus H., and Koren-Karie, Nina. (1991). Primary appraisal of the Strange Situation: A cross-cultural analysis of preseparation episodes. *Developmental Psychology, 27,* 587-596.

Salthouse, Timothy A. (1985). Speed of behavior and its implications for cognition. In James E. Birren & K. Warner Schaie (Eds.), *Handbook of the psychology of aging* (2nd ed.). New York: Van Nostrand Reinhold.

Salthouse, Timothy A. (1987). The role of experience in cognitive aging. In K. Warner Schaie (Ed.), *Annual review of gerontology and geriatrics* (Vol. 7). New York: Springer.

Salthouse, Timothy A. (1990). Working memory as a processing resource in cognitive aging. *Developmental Review, 10,* 101-124.

Salthouse, Timothy A. (1991). *Theoretical perspectives on cognitive aging.* Hillsdale, NJ: Erlbaum.

Salthouse, Timothy A. (1992). *Mechanisms of age-cognition relations in adulthood.* Hillsdale, NJ: Erlbaum.

Salthouse, Timothy A. (1993). Speed mediation of adult age differences in cognition. *Developmental Psychology, 29,* 722-738.

Salthouse, Timothy A. (1996). General and specific speed mediation of adult age differences in memory. *Journals of Gerontology, 51B,* 30-42.

Sanders, Catherine M. (1989). *Grief: The mourning after.* New York: Wiley.

Saudino, Kimberly J., McClearn, G.E., Pedersen, Nancy L., Lichtenstein, Paul, and Plomin, Robert. (1997). Can personality explain genetic influences on life events? *Journal of Personality and Social Psychology, 72,* 196-206.

Saville-Troike, Muriel, McClure, Erica, and Fritz, Mary. (1984). Communicative tactics in children's second language acquisition. In Fred R. Eckman, Lawrence H. Bell, & Diane Nelson (Eds.), *Universals of second language acquisition.* Rowley, MA: Newbury House.

Savin-Williams, Ritch C. (1995). An exploratory study of pubertal maturation timing and self-esteem among gay and bisexual male youths. *Developmental Psychology, 31,* 56-64.

Savin-Williams, Ritch C., and Berndt, T.J. (1990). Friendship and peer relations. In S.S. Feldman & G.R. Elliott (Eds.), *At the threshold: The developing adolescent.* Cambridge, MA: Harvard University Press.

Saxe, Geoffrey, Guberman, Steven R., and Gearhart, Maryl. (1987). Social processes in early number development. *Monographs of the Society for Research in Child Development, 52* (Serial No. 216).

Scarr, Sandra. (1985). Constructing psychology: Making facts and fables for our times. *American Psychologist, 40,* 499-512.

Schacter, D.L., and Tulving, E. (Eds.). (1994). *Memory systems*. Cambridge, MA: MIT Press.

Schaffer, H. Rudolf. (1984). *The child's entry into a social world*. New York: Academic Press.

Schaie, K. Warner. (1989). Individual differences in rate of cognitive change in adulthood. In Vern L. Bengston & K. Warner Schaie (Eds.), *The course of later life*. New York: Springer.

Schaie, K. Warner. (1989). Perceptual speed in adulthood: Cross-sectional and longitudinal studies. *Psychology and Aging, 4*, 443-453.

Schaie, K. Warner. (1990). Intellectual development in adulthood. In James E. Birren & K. Warner Schaie (Eds.), *Handbook of the psychology of aging*. San Diego, CA: Academic Press.

Schaie, K. Warner. (1996). *Intellectual development in adulthood: The Seattle Longitudinal Study*. Cambridge, England: Cambridge University Press.

Schaie, K. Warner, and Willis, Sherry L. (1996). *Adult development and aging*. New York: Harper Collins.

Schilit, Rebecca, and Gomberg, Edith S. Lisansky. (1991). *Drugs and behavior: A sourcebook for the helping professions*. Newbury Park, CA: Sage.

Schlegal, Alice, and Barry, Herbert. (1991). *Adolescence: An anthropological inquiry*. New York: Free Press.

Schneider-Rosen, Karen, and Cicchetti, Dante. (1991). Early self-knowledge and emotional development: Visual self-recognition and affect reactions to mirror self-images in maltreated and non-maltreated toddlers. *Developmental Psychology, 27*, 471-478.

Schroots, Johannes J.F. (1993). *Aging, health, and competence: The next generation of longitudinal research*. Amsterdam: Elsevier.

Schroots, Johannes J.F. (1996). Theoretical developments in the psychology of aging. *Gerontologist, 36*, 741-748.

Schuller, Tom. (1995). Life after work: Lines, boundaries, and spaces. In Eino Heikkinen, Jorma Kuusinen, & Isto Ruoppila (Eds.), *Preparation for aging*. New York: Plenum Press.

Schultz, R. and Heckhausen, J. (1996). A life-span model of successful aging. *American Psychologist, 51*, 702-714.

Seibel, Machelle M. (1993). Medical evaluation and treatment of the infertile couple. In Machelle M. Seibel, Ann A. Kiessling, Judith Bernstein, & Susan R. Levin (Eds.), *Technology and infertility: Clinical, psychosocial, legal and ethical aspects*. New York: Springer-Verlag.

Seltzer, Judith A. (1991). Relationships between fathers and children who live apart: The father's role after separation. *Journal of Marriage and the Family, 53*, 79-102.

Seltzer, Marsha M., and Li, Lydia Wailing. (1996). The transitions of caregiving: Subjective and objective definitions. *The Gerontologist, 36*.

Seltzer, Mildred M. (Ed.). (1995). *The impact of increased life expectancy: Beyond the gray horizon*. New York: Springer.

Sena, Rhonda, and Smith, Linda B. (1990). New evidence on the development of the word Big. *Child Development, 61*, 1034-1052.

Settersten, Richard A., and Hagestad, Gunhild. (1996). What's the latest? Cultural deadlines for educational and work transitions. *Gerontologist, 36*, 602-613.

Shatz, Marilyn. (1994). *A toddler's life*. New York: Oxford University Press.

Shaw, Daniel S., Vondra, Joan I., Hommerding, Katherine Dowdell, Keenan, Kate and Dunn, Marija. (1994). Chronic family adversity and early child behavior problems. A longitudinal study of low income families. *Journal of Child Psychology and Psychiatry, 35*, 1109-1122.

Sherman, T. (1985). Categorization skills in infants. *Child Development, 53*, 183-188.

Shiffrin, R.M., and Atkinson, R.C. (1969). Storage and retrieval processes in long-term memory. *Psychological Review, 76*, 179-193.

Shirley, Mary M. (1933). *The first two years: A study of twenty-five babies* (Institute of Child Welfare Monograph No. 8). Minneapolis: University of Minnesota Press.

Shneidman, Edwin S. (1978). Suicide. In G. Lindzey, Calvin S. Hall, & R.E Thompson (Eds.), *Psychology* (2nd ed.). New York: Worth.

Shneidman, Edwin S., and Mandelkorn, Philip. (1994). Some facts and fables of suicide. In Edwin S. Shneidman, Norman L. Faberow, & Robert E. Litman (Eds.), *The psychology of suicide* (rev. ed.). Northwale, NJ: Aronson.

Shneidman, Edwin S., Faberow, Norman L., and Litman, Robert E. (1994). *The psychology of suicide* (rev. ed.). Northwale, NJ: Aronson.

Siegel, Paul. Z., Brackbill, Robert J., and Health, Gregory W. (1995). The epidemiology of walking for exercise: Implications for promoting activity among sedentary groups. *American Journal of Public Health, 85*, 706-710.

Siegler, Robert. (1983). Information processing approaches to development. In Paul H. Mussen (Ed.), *Handbook of child psychology: Vol. 1. History, theory, and methods*. New York: Wiley.

Siegler, Robert. (1991). *Children's thinking* (2nd ed.). Englewood Cliffs, NJ: Prentice Hall.

Sigel, I.E., McGillicuddy-DeLisi, A.V., and Goodnow, J.J. (Eds.). (1992). *Parent belief systems* (2nd ed.). Hillsdale, NJ: Erlbaum.

Sigler, Robert T. (1989). *Domestic violence: An assessment of community attitudes*. Lexington, MA: Lexington Books.

Silver, L.B. (1991). Developmental learning disorders. In M. Lewis (Ed.), *Child and adolescent psychiatry: A comprehensive textbook*. Baltimore: Williams & Wilkins.

Silverberg, S.B., and Steinberg, Lawrence. (1990). Psychological well-being of parents with early adolescent children. *Developmental Psychology, 26*, 658-666.

Silverman, W.A. (1990). Setting a limit in the treatment of neonates: All or none? In G. Duc, A. Huch, & R. Huch (Eds.), *The very low birthweight infant*. New York: George Thieme.

Simmons, R.G., and Blyth, Dale A. (1987). *Moving into adolescence: The impact of pubertal change and school context*. New York: Aldine de Gruyter.

Simpson, J.A. (1990). Influence of attachment styles on romantic relationships. *Journal of personality and Social Psychology, 59*, 971-980.

Sinclair, David. (1989). *Human growth after birth*. New York: Oxford University Press.

Sinnott, Jan D. (Ed.). (1989). *Everyday problem solving*. New York: Praeger.

Sinnott, Jan D. (1993). Creativity and postformal thought: Why the last stage is the creative stage. In C. Adams-Price (Ed.), *Creativity and aging: Theoretical and empirical approaches*. New York: Springer.

Skinner, B.F. (1953). *Science and human behavior*. New York: Macmillan.

Skinner, B.F. (1957). *Verbal behavior*. New York: Appleton Century-Crofts.

Smetana, Judith G., and Asquith, P. (1991). Adolescents' and parents' conceptions of parental authority and adolescent autonomy. *Child Development, 65*, 1147-1162.

Smetana, Judith G., Killen, M., and Turiel, E. (1991). Children's reasoning about interpersonal and moral conflicts. *Child Development, 62*, 629-644.

Smith, David J. (1995). Youth crime and conduct disorders: Trends, patterns and causal explanations. In Michael Rutter & David J. Smith (Eds.), *Psychosocial disorders in young people: Time trends and their causes*. New York: Wiley.

Smith, Jacqui, and Baltes, Paul B. (1990). Wisdom-related knowledge: Age/cohort differences in response to life-planning problems. *Developmental Psychology, 26*, 494-505.

Smith, Thomas Ewin. (1990). Parental separation and the academic self-concepts of adolescents: An effort to solve the puzzle of separation effects. *Journal of Marriage and the Family, 52*, 107-118.

Snarey, John R. (1993). *How fathers care for the next generation: A four-decade study*. Cambridge, MA: Harvard University Press.

Snarey, John R., Reimber, Joseph, and Kohlberg, Lawrence. (1985). Development of social-moral reasoning among kibbutz adolescents: A longitudinal cross-cultural study. *Developmental Psychology, 21*, 3-17.

Snow, Catherine E. (1984). Parent-child interaction and the development of communicative ability. In Richard L. Schiefelbusch & Jeanne Pickar (Eds.), *The acquisition of communicative competence.* Baltimore: University Park Press.

Soldo, Beth J. (1996). Cross pressures on middle-aged adults: A broader view. *Journals of Gerontology, 51B,* 271-279.

Solomon, Mildred Z., O'Donnell, Lydia, Jennings, Bruce, Guifoy, Vivian, Wolff, Susan M., Nolan, Kathleen, Jackson, Rebecca, Koch-Weser, Dieter, and Donnelley, Strachan. (1993). Decisions near the end of life: Professional views on life-sustaining treatments. *American Journal of Public Health, 83,* 14-23.

Sonderegger, Theo B. (Ed.). (1992). *Perinatal substance abuse: Research findings and clinical implications.* Baltimore: John Hopkins University Press.

Spearman, Charles. (1927). *The abilities of man.* New York: Macmillan.

Spelke, Elizabeth. (1987). The development of intermodal perception. In Philip Salapatek & Leslie Cohen (Eds.), *Handbook of infant perception: Vol. 2. From perception to cognition.* Orlando, FL: Academic Press.

Spelke, Elizabeth. (1988). Where perceiving ends and thinking begins: The apprehension of objects in infancy. In A. Yonas (Ed.), *Minnesota Symposia on Child Psychology: Vol. 20. Perceptual development in infancy.* Hillsdale, NJ: Erlbaum.

Spelke, Elizabeth. (1991). Physical knowledge in infancy: Reflections of Piaget's theory. In S. Carey & R. Golman (Eds.), *The epigenesis of mind: Essays on biology and cognition.* Hillsdale, NJ: Erlbaum.

Spencer, M.B. (1987). Black children's ethnic identity formation: Risk and resilience of castelike minorities. In J.S. Phinney & M.J. Rotheram (Eds.), *Children's ethnic socialization: Pluralism and development.* Newbury Park, CA: Sage.

Spencer, M.B., and Markstrom-Adams, C. (1990). Identity processes among racial and ethnic minority children in America. *Child Development, 61,* 290-310.

Sroufe, L. Alan. (1979). Socioemotional development. In Joy Doniger Osofsky (Ed.), *Handbook of infant development.* New York: Wiley.

Sroufe, L. Alan, and Rutter, M. (1984). The domain of developmental psychopathology. *Child Development, 55,* 17-29.

Staples, Robert, and Johnson, Leanor B. (1993). *Black families at the crossroads.* San Francisco: Jossey-Bass.

Starfield, B., Shapiro, S., Weiss, J., Liang, K.Y., Ra, K, Paige, D., and Wang, X.B. (1991). Race, family income and low birthweight. *American Journal of Epidemiology, 134,* 1167-1174.

Steiger, Howard et Champagne, Josée. « Les troubles de l'alimentation : l'anorexie nerveuse et la boulimie » dans Habimana, E., Éthier, L.S., Petot, D. et Tousignant, M. *Psychologie de l'enfant et de l'adolescent. Approche intégrative,* Boucherville, Gaëtan Morin, 1999, p. 391-407.

Stein, N.L., and Levine, L.J. (1989). The causal organization of emotional knowledge: A developmental study. *Cognition and Emotion, 3,* 343-378.

Steinberg, Lawrence. (1990). Interdependency in the family: Autonomy, conflict, and harmony in the parent adolescent relationship. In Shirley S. Feldman & G.R. Elliot (Eds.), *At the threshold: The developing adolescent.* Cambridge, MA: Harvard University Press.

Steinberg, Lawrence, Elmen, J.D., and Mounts, N.S. (1989). Authoritative parenting, psychosocial maturity and academic success among adolescents. *Child Development, 60,* 1424-1436.

Steinberg, Lawrence, Lamborn, Susie D., Darling, Nancy, Mounts, Nina A., and Dornbusch, Sanford M. (1994). Over-time changes in adjustment and competence among adolescents from authoritative, authoritarian, indulgent, and neglectful families. *Child Development, 65,* 754-770.

Steingart, R.M., Packer, M., Hamm, P., Coglianese, M.E., Gersh, B., Geltman, E.M., Sollano, J., Katz, S., Moye, L., and Basta, L.L. (1991). Sex differences in the management of coronary artery disease. *New England Journal of Medicine, 325,* 226-230.

Stenberg, C.R., and Campos, J.J. (1990). The development of anger expressions in infancy. In N.L. Stein, B. Leventhal, & T. Trabasso (Eds.), *Psychological and biological approaches to emotion.* Hillsdale, NJ: Erlbaum.

Stephens, Mary Ann Parris, Franks, Melissa M., and Townsend, Aloen L. (1994). Stress and rewards in women's multiple roles: The case of women in the middle. *Psychology and Aging, 9,* 45-52.

Stern, Daniel N. (1985). *The interpersonal world of the infant.* New York: Basic Books.

Sternberg, Hal. (1994). Aging of the immune system. In Paola S. Timiras (Ed.), *Physiological basis of aging and geriatrics* (2nd ed.). Boca Raton, FL: CRC Press.

Sternberg, Robert J. (1988). Intellectual development: Psychometric and information processing approaches. In M.H. Bernstein & M.E. Lamb (Eds.), *Developmental psychology: An advanced textbook* (2nd ed.). Hillsdale, NJ: Erlbaum.

Sternberg, Robert J. (1988). *The triarchic mind: A new theory of human intelligence.* New York: Viking Press.

Sternberg, Robert J., and Barnes, Michael L. (Eds.). (1988). *The psychology of love.* New Haven, CT: Yale University Press.

Sternberg, Robert J., Wagner, Richard K., Williams, Wendy M., and Horvath, Joseph A. (1995). Testing common sense. *American Psychologist, 50,* 912-927.

Stifter, Cynthia, and Braungart, Julia M. (1995). The regulation of negative reactivity in infancy: Function and development. *Developmental Psychology, 31,* 448-455.

Stiles, Deborah A., Gibbons, Judith L., Hardardottir, Sara, and Schnellmann, Jo. (1987). The ideal man or woman as described by young adolescents in Iceland and the United States. *Sex Roles, 17,* 313-320.

Stillion, Judith M. (1995). Death in the lives of adults: Responding to the tolling of the bell. In Hannelore Was & Robert A. Neimeyer (Eds.), *Dying: Facing the facts.* Washington, DC: Taylor & Francis.

Stipek, Deborah J. (1984). Young children's performance expectations: Logical analysis or wishful thinking? In J. Nicholls (Ed.), *The development of achievement motivation.* Greenwich, CT: JAI Press.

Stipek, Deborah J. (1992). The child at school. In M.H. Bernstein & M.E. Lamb (Eds.), *Developmental psychology: An advanced textbook* (3rd ed.). Hillsdale, NJ: Erlbaum.

Stipek, Deborah J., and MacIver, D. (1989). Developmental change in children's assessment of intellectual competence. *Child Development, 60,* 521-538.

Stipek, Deborah J., Recchia, Susan, and McClintic, Susan. (1992). Self-evaluation in young children. *Monographs of the Society for Research in Child Development, 57* (Serial No. 226), 1-79.

Stones, Michael J. and Kozma, Albert. (1996). Activity, exercise and behavior. In James E. Birren and K. Warner Schaie (Eds.) *Handbook of the psychology of aging.* San Diego, CA: Academic Press.

Strassberg, Zvi, Dodge, Kenneth A., Pettit, Gregory S., and Bates, John E. (1994). Spanking in the home and children's subsequent aggression toward kindergarten peers. *Development and Psychopathology, 6,* 445-462.

Straus, Murray A. (1994). *Beating the devil out of them: Corporal punishment in American families.* Lexington, MA: Lexington Books.

Straus, Murray A., and Gelles, Richard J. (1986). Societal change and change in family violence from 1975 to 1985 as revealed by two national surveys. *Journal of Marriage and the Family, 48,* 465-479.

Straus, Murray A., and Gelles, Richard J. (1990). *Physical violence in American families: Risk factors and adaptation to violence in 8,415 families.* New Brunswick, NJ: Transaction Books.

Straus, Murray A., and Yodanis, Carrie L. (1996). Corporal punishment in adolescence and physical assaults on spouses in later life: What accounts for the link? *Journal of Marriage and the Family, 58,* 825-841.

Streissguth, Ann P., Bookstein, Fred L., Sampson, Paul D., and Barr, Helen M. (1993). *The enduring effects of prenatal alcohol exposure on child development: Birth through seven years, a partial least squares solution.* Ann Arbor: University of Michigan Press.

Streitmatter, Janice L. (1989). Identity status development and cognitive prejudice in early adolescents. *Journal of Early Adolescence, 9,* 142-152.

Streri, A. (1987). Tactile discrimination of shape and intermodal transfer in 2- to 3-month-old infants. *British Journal of Developmental Psychology, 5,* 213-220.

Suitor, J. Jill. (1991). Marital quality and satisfaction with the division of household labor across the family life cycle. *Journal of Marriage and the Family, 53,* 221-230.

Super, C.M., and Harkness, S. (1982). The infant's niche in rural Kenya and metropolitan America. In L.L. Adler (Ed.), *Cross cultural research at issue.* New York: Academic Press.

Super, C.M., Herrera, M.G., and Mora, J.O. (1990). Long-term effects of food supplementation and psychosocial intervention on the physical growth of Colombian infants at risk of malnutrition. *Child Development, 61,* 29-49.

Susman, Elizabeth J., and Dorn, Lorah D. (1991). Hormones and behavior in adolescence. In Richard M. Lerner, Ann C. Petersen, & Jeanne Brooks-Gunn (Eds.), *Encyclopedia of adolescence* (Vol. 2). New York: Garland.

Szatmari, Peter. (1992). The validity of autistic spectrum disorders: A literature review. *Journal of Autism and Developmental Disorders, 22,* 583-600.

Tannen, Deborah. (1990). *You just don't understand.* New York: Morrow.

Tanner, James M. (1991). Menarche, secular trend in age of. In Richard M. Lerner, Ann C. Petersen, & Jeanne Brooks-Gunn (Eds.), *Encyclopedia of adolescence* (Vol. 2). New York: Garland.

Tannock, Rosemary, Purvis, Karen L., and Schachar, Russell J. (1993). Narrative abilities in children with attention deficit hyperactivity disorder and normal peers. *Journal of Abnormal Child Psychology, 21,* 103-117.

Taylor, J.L., Miller, T.P., and Tinklenberg, J.R. (1992). Correlates of memory decline: A 4-year longitudinal study of older adults with memory complaints. *Psychology and Aging, 7,* 185-193.

Taylor, Ronald D., Casten, Robin, and Flickinger, Susan M. (1993). Influence of kinship social support on the parenting experiences and psychosocial adjustment of African-American adolescents. *Developmental Psychology, 29,* 382-388.

Tharp, Roland G., and Gallimore, Ronald. (1988). *Rousing minds to life. Teaching, learning, and schooling in social context.* Cambridge, England: Cambridge University Press.

Thelen, Esther. (1987). The role of motor development in developmental psychology: A view of the past and an agenda for the future. In Nancy Eisenberg (Ed.), *Contemporary topics in developmental psychology.* New York: Wiley.

Thelen, Esther, and Ulrich, Beverly D. (1991). Hidden skills. *Monographs of the Society for Research in Child Development, 56* (Serial No. 223).

Thelen, Esther, Corbetta, D., Kamm, K., Spencer, J.P., Schneider, K., and Zernicke, R.F. (1993). The transition to reaching: Mapping intention and intrinsic dynamics. *Child Development, 64,* 1058-1098.

Thoman, E.B., and Whitney, M.P. (1990). Behavioral states in infants: Individual differences and individual analyses. In J. Colombo & J. Fagen (Eds.), *Individual differences in infancy.* Hillsdale, NJ: Erlbaum.

Thomas, Alexander, and Chess, Stella. (1977). *Temperament and development.* New York: Brunner/Mazel.

Thomas, Alexander, Chess, Stella, and Birch, Herbert G. (1963). *Behavioral individuality in early childhood.* New York: New York University Press.

Thomas, Alexander, Chess, Stella, and Birch, Herbert G. (1968). *Temperament and behavior disorders in children.* New York: New York University Press.

Thomas, Hoben. (1993). Individual differences in children, studies, and statistics: Application of an Empirical Bayes methodology. In Mark L. Howe & Robert Pasnak (Eds.), *Emerging themes in cognitive development: Vol. 1. Foundations.* New York: Springer Verlag.

Thompson, Larry W., Gong, Vincent, Haskins, Edmund, and Gallagher, Dolores. (1987). Assessment of depression and dementia during the late years. In K. Warner Schaie (Ed.), *Annual review of gerontology and geriatrics* (Vol. 7). New York: Springer.

Thompson, Linda, and Walker, Alexis J. (1989). Gender in families: Women and men in marriage, work, and parenthood. *Journal of Marriage and the Family, 5,* 845-871.

Thompson, Ross A. (1992). Developmental changes in research risk and benefit: A changing calculus of concerns. In B. Stanley & J.E. Sieber (Eds.), *Social research on children and adolescents: Ethical issues.* Newbury Park, CA: Sage.

Thompson, Ross A. (1994). Emotional regulation: A theme in search of definition. In Nathan A. Fox (Ed.) The development of emotional regulation: Biological and behavioral considerations. *Monographs of the Society for Research in Child Development.* (Serial no. 240.)

Thompson, Ross A. (1997). Early sociopersonality development. In William Damon (Ed.), *Handbook of child psychology* (5th ed., Vol. 3). New York: Wiley.

Thompson, Ross A., and Frodi, A.M. (1984). The sociophysiology of infants and their caregivers. In W.M. Waid (Ed.), *Sociophysiology.* New York: Springer-Verlag.

Thompson, Ross A., and Limber, S.P. (1990). "Social anxiety" in infancy: Stranger and separation anxiety. In H. Leitenberg (Ed.), *Handbook of social anxiety.* New York: Plenum Press.

Thompson, Ross A., Scalora, M.J., Castrianno, L., and Limber, S.P. (1992). Grandparent visitation rights: Emergent psychological and psycholegal issues. In D.K. Kagehiro & W.S. Laufer (Eds.), *Handbook of psychology and law.* New York: Springer-Verlag.

Thornburg, Herschel D., and Aras, Ziya. (1986). Physical characteristics of developing adolescents. *Journal of Adolescent Research, 1,* 47-78.

Thorson, J.A. (1995). *Aging in a changing society.* Belmont, CA: Wadsworth.

Tiefer, Leonore. (1995). *Sex is not a natural act and other essays.* Boulder, CO: Westview Press.

Timiras, Paola. (1994). *Physiological basis of aging and geriatrics* (2nd ed.). Boca Raton, FL: CRC Press.

Tinetti, M.E., and Powell, L. (1993). Fear of falling and low self-efficacy: A cause of dependence in elderly persons [Special issue]. *Journal of Gerontology, 48,* 35-38.

Tobin, J.D., Wu, D.Y.H., and Davidson, D. (1989). *Preschool in three cultures.* New Haven, CT: Yale University Press.

Tomasello, M. (1992). The social bases of language acquisition. *Social Development, 1,* 67-87.

Treasure, J.L., and Holland, A.J. (1993). What discordant twins tell us about the etiology of anorexia nervosa. In E. Ferrari, F. Branbilla, & S.B. Solerte (Eds.), *Primary and secondary eating disorders.* Oxford, England: Pergamon Press.

Triandis, Harry C. (1994). *Culture and social behavior.* New York: McGraw-Hill.

Troll, Lillian E., and Skaff, Marilyn McKean. (1997). Perceived continuity of self in very old age. *Psychology and Aging, 12,* 162-169.

Tronick, Edward Z. (1989). Emotions and emotional communication in infants. *American Psychologist, 44,* 112-119.

Tronick, Edward Z., and Cohn, Jeffrey F. (1989). Infant-mother face-to-face interaction: Age and gender differences in coordination and the occurrence of miscoordination. *Child Development, 60,* 85-92.

Tronick, Edward Z., Morelli, G.A., and Ivey, P.K. (1992). The Efe forager infant and toddler's pattern of social relationships: Multiple and simultaneous. *Developmental Psychology, 28,* 568-577.

Tschann, Jeanne M., Johnston, Janet R., and Wallerstein, Judith S. (1989). Resources, stressors, and attachment as predictors of adult adjustment after divorce: A longitudinal study. *Journal of Marriage and the Family, 51*, 1033-1047.

Turner, B.F., and Adams, C.G. (1988). Reported change in preferred sexual activity over the adult years. *Journal of Sex Research, 25*, 289-303.

Turner, Patricia J. (1991). Relations between attachment, gender, and behavior with peers in preschool. *Child Development, 62*, 1475-1488.

Turner, Patricia J. (1993). Attachment to mother and behavior with adults in preschool. *British Journal of Developmental Psychology, 11*, 75-89.

Tyler, Richard S., and Schum, Donald J. (Eds.). (1995). *Assistive devices for persons with hearing impairment.* Boston: Allyn & Bacon.

Tyson, Jon. (1995). Evidence-based ethics and the care of premature infants. *The Future of Children: Low Birth Rate, 5*, 197-213.

Uhlenberg, Peter. (1996). The burden of aging: A theoretical framework for understanding the shifting balance of caregiving and care receiving as cohorts age. *Gerontologist, 36*, 761-767.

Ulbrich, P.M., and Bradsher, J.E. (1993). Perceived support, help seeking, and adaptation to stress among older black and white women living alone. *Journal of Aging and Health, 5*, 265-286.

UNICEF. (1990). *Children and development in the 1990s: A UNICEF sourcebook.* New York: United Nations.

UNICEF. (1994). *The state of the world's children, 1994.* New York: Oxford University Press.

UNICEF. (1995). *The state of the world's children, 1995.* New York: United Nations.

United Nations. (1994). *The state of the world's children, 1994.* New York: Oxford University Press.

U.S. Bureau of the Census. (1996). *Statistical abstract of the United States, 1996* (116th ed.). Washington, DC: U.S. Department of Commerce.

U.S. Department of Education. (1991). *The condition of education, 1991: Vol. 1. Elementary and secondary education.* Washington, DC: National Center for Educational Statistics.

Uttal, David H., and Perlmutter, Marion. (1989). Toward a broader conceptualization of development: The role of gains and losses across the life span. *Developmental Review, 9*, 101-132.

Vaillant, George E. (1977). *Adaptation to life.* Boston: Little, Brown.

Vaillant, George E. (1993). *The wisdom of the ego.* Cambridge, MA: Harvard University Press.

Vandelac, Louise. *Du travail et de l'amour : les dessous de la production domestique*, Montréal, Éditions Saint-Martin, 1985, 418 p.

Vandell, Deborah Lowe, and Hembree, Sheri E. (1994). Peer social status and friendship: Independent contributors to children's social and academic adjustment. *Merrill Palmer Quarterly, 40*, 461-477.

van der Veer, Rene, and Valsiner, Jaan. (1991). *Understanding Vygotsky: A quest for synthesis.* Oxford, England: Blackwell.

van Ijzendoorn, M.H., and Kroonenberg, P.M. (1988). Cross-cultural patterns of attachment: A meta-analysis of the Strange Situation. *Child Development, 59*, 147-156.

van Loosbroek, E., and Smitsman, A.W. (1990). Visual perception of numerosity in infancy. *Developmental Psychology, 26*, 916-922.

Vaughn, Sharon, Zaragoza, Nina, Hogan, Anne, and Walker, Judy. (1993). A four-year longitudinal investigation of the social skills and behavior problems of students with learning disabilities. *Journal of Learning Disabilities, 26*, 404-406.

Vaupel, James W., and Lundstrom, Hans. (1994). Longer life expectancy? Evidence from Sweden of reductions in mortality rates at advanced ages. In David A. Wise (Ed.), *Studies in the economics of aging.* Chicago: University of Chicago Press.

Veatch, Robert M. (1995). The definition of death: Problems for public policy. In Hannelore Wass & Robert A. Neimeyer (Eds.), *Dying: Facing the facts.* Washington, DC: Taylor & Francis.

Verbrugge, Lois M. (1989). The dynamics of population aging and health. In Stephen J. Lewis (Ed.), *Aging and health: Linking research and public policy.* Chelsea, MI: Lewis Publishers.

Verbrugge, Lois M. (1990). The twain meet: Empirical explanations of sex differences in health and mortality. In Marcia G. Ory & Huber R. Warnen (Eds.), *Gender, health, and longevity.* NewYork: Springer.

Verbrugge, Lois M. (1994). Disability in late life. In Ronald P. Abeles, Helen C. Gift, & Marcia G. Ory (Eds.), *Aging and quality of life.* New York: Springer.

Verhaeghen, Paul, and Marcoen, Alfons. (1996). On the mechanisms of plasticity in young and older adults after instruction in the methods of loci: Evidence for an amplification model. *Psychology and Aging, 11*, 164-178.

Verhaeghen, Paul, Marcoen, Alfons, and Goossens, L. (1992). Improving memory performance in the aged through mnemonic training: A meta-analytic study. *Psychology and Aging, 7*, 242-251.

Volkmar, F.R. (1991). Autism and the pervasive developmental disorders. In M. Lewis (Ed.), *Child and adolescent psychiatry: A comprehensive textbook.* Baltimore: Williams & Wilkins.

Voydanoff, Patricia, and Donnelly, Brenda Wixson. (1990). *Adolescent sexuality and pregnancy.* Newbury Park, CA: Sage.

Vuchinich, S., Hetherington, E.M., Vuchinich, R.A., and Clingempeel, W.G. (1991). Parent-child interaction and gender differences in early adolescents' adaptation to stepfamilies. *Developmental Psychology, 27*, 618-626.

Vygotsky, Lev S. (1978). *Mind in society: The development of higher psychological processes.* Cambridge, MA: Harvard University Press.

Vygotsky, Lev S. (1987). *Thinking and speech* (N. Minick, Trans.). New York: Plenum Press.

Wagenaar, Alexander, and Perry, Cheryl L. (1994). Community strategies for the reduction of youth drinking: Theory and application. *Journal of Research on Adolescence, 4*, 319-346.

Wainryb, Cecilia, and Turiel, Elliot. (1995). Diversity in social development: Between or within cultures? In Melanie Killen & Daniel Hart (Eds.), *Morality in everyday life: Developmental perspectives.* Cambridge, England: Cambridge University Press.

Walker, Arlene S. (1982). Intermodal perception of expressive behaviors by human infants. *Journal of Experimental Child Psychology, 33*, 514-535.

Walker, Lawrence J. (1988). The development of moral reasoning. *Annals of Child Development, 55*, 677-691.

Walker, Lawrence J., Pitts, Russell C., Hennig, Karl H., and Matsuba, M. Kyle. (1995). Reasoning about morality and real-life moral problems. In Melanie Killen & Daniel Hart (Eds.), *Morality in everyday life: Developmental perspectives.* Cambridge, England: Cambridge University Press.

Walker-Andrews, A.S., Bahrick, L.E., Raglioni, S.S., and Diaz, I. (1991). Infants' bimodal perception of gender. *Ecological Psychology, 3*, 55-75.

Walsh, David A., and Hershey, Douglas A. (1993). Mental models and the maintenance of complex problem solving-skills in old age. In John Cerella, John Rybash, William Hoyer, & Michael L. Commons (Eds.), *Adult information processing. Limits on loss.* San Diego, CA: Academic Press.

Wanner, Eric, and Gleitman, Lila R. (Eds.). (1982). *Language acquisition: The state of the art.* Cambridge, England: Cambridge University Press.

Ward, Russell A. (1993). Marital happiness and household equity in later life. *Journal of Marriage and the Family, 55*, 427-438.

Ward, Russell A., and Spitze, Glenna. (1996). Gender differences in parent-child coresidence experiences. *Journal of Marriage and the Family, 58*, 718-725.

Ward, Russell A., Logan, John, and Spitze, Glenna. (1992). The influence of parent and child needs on coresidence in middle and later life. *Journal of Marriage and the Family, 54*, 209-221.

Wass, Hannelore. (1955). Death in the lives of children and adolescents. In Hannelore Wass & Robert A. Neimeyer (Eds.), *Dying: Facing the facts.* Washington, DC: Taylor & Francis.

Waterman, Alan S. (1985). Identity in the context of adolescent psychology. In Alan S. Waterman (Ed.), *Identity in adolescence: Processes and contents: Vol. 30. New directions in child development.* San Francisco: Jossey Bass.

Watson, John B. (1927, March). What to do when your child is afraid (interview with Beatrice Black). *Children,* pp. 25-27.

Watson, John B. (1928). *Psychological care of the infant and child.* New York: Norton.

Watson, John B. (1967). *Behaviorism* (rev. ed.). Chicago: University of Chicago Press. (Original work published 1930)

Webster, Harold, Freedman, Mervin B., and Heist, Paul. (1979). Personality change in students. In Nevitt Sanford & Joseph Axelrod (Eds.), *College and character,* Berkeley, CA: Montaigne.

Weiss, Gabrielle. (1991). Attention deficit hyperactivity disorder. In M. Lewis (Ed.), *Child and adolescent psychiatry: A comprehensive textbook.* Baltimore: Williams & Wilkins.

Weiss, Gabrielle, and Hechtman, Lily Trokenberg. (1986). *Hyperactive children grow up: Empirical findings and theoretical considerations.* New York: Guilford.

Wellman, H.M. (1990). *The child's theory of mind.* Cambridge, MA: MIT Press.

Wellman, H.M., and Gelman, S.A. (1992). Cognitive development: Foundational theories of core domains. *Annual Review of Psychology, 43,* 337-375.

Werker, J.F. (1989). Becoming a native listener. *American Scientist, 77,* 54-59.

Werner, Emmy E., and Smith, Ruth S. (1982). *Vulnerable but invincible: A study of resilient children.* New York: McGraw-Hill.

Werner, Emmy E., and Smith, Ruth S. (1992). *Overcoming the odds: High risk children from birth to adulthood.* Ithaca, NY: Cornell University Press.

Wertsch, J.V. (1985). *Vygotsky and the social formation of mind.* Cambridge, MA: Harvard University Press.

Wertsch, J.V., and Tulviste, P. (1992). L.S. Vygotsky and contemporary developmental psychology. *Developmental Psychology, 28,* 548-557.

West, M.M. (1988). Parental values and behavior in the outer Fiji islands. In R.A. LeVine, P.M. Miller, & M.M. West (Eds.), *New directions for child development: No. 40. Parental behavior in diverse societies.* San Francisco: Jossey-Bass.

Whalen, C.K., Henker, B., Collins, B.E., Finck, D., and Dotemoto, S. (1979). A social ecology of hyperactive boys: Medication effects in systematically structured classroom environments. *Journal of Applied Behavioral Analysis, 12,* 65-81.

Whitbourne, Susan Krauss. (1985). *The aging body.* New York: Springer-Verlag.

Whitbourne, Susan Krauss, and Wills, Karen-Jo. (1994). Psychological issues in institutional care of the aged. In Seth B. Goldsmith (Ed.), *Essentials of long-term care administration.* Gaithersburg, MD: Aspen.

White, Lynn K. (1990). Determinants of divorce: A review of research in the eighties. *Journal of Marriage and the Family, 52,* 904-912.

White, Lynn K. and Rogers, Stacy J. (1997). Strong support but uneasy relationships: Coresidence and adult children's relationships with their parents. *Journal of Marriage and the Family, 59,* 62-76.

Whiten, A. (Ed.). (1991). *Natural theories of mind.* Oxford, England: Blackwell.

Whiting, Beatrice Blyth, and Edwards, Carolyn Pope. (1988). *Children of different worlds: The formation of social behavior.* Cambridge, MA: Harvard University Press.

Wickelgren, Ingrid. (1996). For the cortex, neuron loss may be less than thought. *Science, 273,* 48-50.

Wicker, Allan W., and August, Rachel A. (1995). How far should we generalize? The case of a workload model. *Psychological Science, 6,* 39-44.

Willatts, P. (1989). Development of problem-solving in infancy. In A. Slater & G. Bremner (Eds.), *Infant development.* Hove, England: Erlbaum.

Willinger, M., Hoffman, H.J., and Hartford, R.B. (1994). Infant sleep position and risk for sudden infant death syndrome. *Pediatrics, 93,* 814-819.

Willis, Sherry L. (1996). Everyday cognitive competence in elderly persons: Conceptual issues and empirical findings. *Gerontologist, 36,* 595-601.

Wilson, B.L., and Corcoran, T.B. (1988). *Successful secondary schools.* New York: Falmer Press.

Wilson, Gail. (1995). "I'm the eyes and she's the arms": Changes in gender roles in advanced old age. In Sara Arber & Jay Ginn (Eds.), *Connecting gender and aging.* Buckingham, England: Open University Press.

Wilson, Jerome. (1989). Cancer incidence and mortality differences of black and white Americans. In Lovell A. Jones (Ed.), *Minorities and cancer.* New York: Springer-Verlag.

Wirth, H.P. (1993). Caring for a chronically demented patient within the family. In W. Meier-Ruge (Ed.), *Dementing brain disease in geriatric medicine.* Switzerland: Karger.

Wolf, Susan M. (1996). Gender, feminism, and death: Physician assisted suicide and euthanasia. In Susan M. Wolf (Ed.), *Feminism and bioethics: Beyond reproduction.* New York: Oxford University Press.

Wolfe, D.A. (1994). The role of intervention and treatment services in the prevention of child abuse and neglect. In G.B. Melton & F. Barry (Eds.), *Safe neighborhoods: Foundations for a new national strategy on child abuse and neglect.* New York: Guilford.

Wong Fillmore, Lily. (1976). *The second time around: Cognitive and social strategies in second language acquisition.* Doctoral dissertation, Stanford University (cited in McLaughlin, 1984).

Wong Fillmore, Lily. (1987, April 25). *Becoming bilingual: Social processes in second language learning.* Paper presented at the Society for Research in Child Development, Baltimore.

Wood, D., Bruner, Jerome S., and Ross, G. (1976). The role of tutoring in problem solving. *Journal of Child Psychology and Psychiatry, 17,* 89-100.

Wood, Robert, and Bandura, Albert. (1996). Social cognitive theory and organizational management. In Richard M. Steers, Lyman W. Porter, & Gregory A. Bigley (Eds.), *Motivation and leadership at work.* New York: McGraw-Hill.

Woodruff-Pak, Diana S. (1989). Aging and intelligence: Changing perspectives in the twentieth century. *Journal of Aging Studies, 3,* 91-118.

Wren, Christopher S. (1996, February 20). Marijuana use by youths continues to rise. *The New York Times,* p. A11.

Wrightsman, Lawrence S. (1994). *Adult personality development* (Vols. 1 and 2). Thousands Oaks, CA: Sage.

Wunsch, Marie A. (1994). *Mentoring revisited: Making an impact on individuals and institutions.* San Francisco: Jossey-Bass.

Wynn, K. (1992). Addition and subtraction by human infants. *Nature (London), 358,* 749-750.m

Yang, Bin, Ollendick, Thomas, Dong, Qi, Xia, Yong, and Lin, Lei. (1995). Only children and children with siblings in the People's Republic of China: Levels of fear, anxiety, and depression. *Child Development, 66,* 1301-1311.

Young, G. and Gately, T. (1988). Neighbourhood impoverishment and child treatment. *Journal of Family Issues, 9,* 240-254.

Younger, B.A. (1990). Infant categorization: Memory for category-level and specific item information. *Journal of Experimental Child Psychology, 50,* 131-155.

Younger, B.A. (1993). Understanding category members as "the same sort of thing": Explicit categorization in ten-month-old infants. *Child Development, 64*, 309-320.

Youniss, James. (1989). Parent-adolescent relationships. In William Damon (Ed.), *Child development today and tomorrow.* San Francisco: Jossey-Bass.

Zahn-Waxler, C., Radke-Yarrow, M., Wagner, E., and Chapman, M. (1992). Development of concern for others. *Child Development, 28*, 126-136.

Zametkin, A.J., Nordahl, T.E., Gross, M., King, A.C., Semple, W.E., Rumsey, J., Hamburger, S., and Cohen, R.M. (1990). Cerebral glucose metabolism in adults with hyperactivity of childhood onset. *New England Journal of Medicine, 323*, 1361-1366.

Zarbatany, L., Hartmann, D.P., and Rankin, D.B. (1990). The psychological functions of preadolescent peer activities. *Child Development, 61*, 1067-1080.

Zaslow, Martha J. (1991). Variation in child care quality and its implications for children. *Journal of Social Issues, 47*, 125-138.

Zeanah, C.H., Benoit, D., Barton, M. Regan, C., Hirshberg, L.M., and Lipsitt, L.P. (1993). Representations of attachment in mothers and their one-year-old infants. *Journal of the American Academy of Child and Adolescent Psychiatry, 32*, 278-286.

Zedeck, Sheldon. (Ed.). (1992). *Work, families, and organizations.* San Francisco: Jossey-Bass.

Zeskind, P.S., and Collins, V. (1987). Pitch of infant crying and caregiver responses in a natural setting. *Infant Behavior and Development, 10*, 501-504.

Zigler, Edward, and Lang, M.E. (1990). *Child care choices.* New York: Free Press.

Zigler, Edward, Styfco, Sally, and Gilman, Elizabeth. (1993). National Head Start program for disadvantaged preschoolers. In E. Zigler & S. Styfco (Eds.), *Head Start and beyond: A national plan for extended childhood intervention.* New Haven, CT: Yale University Press.

Crédits photographiques

Chapitre 1

p. 3 Bob Daemmrich/Stock, Boston; **p. 7** Ida Wyman/Monkmeyer Press; **p. 13** *(gauche)* Gianni Tortoli/Photo Researchers; *(droite)* Cindy Charles/Photo Edit; **p. 16** John Sohm/Chromosohm/Stock Market.

Chapitre 2

p. 25 Richard T. Nowitz/Photo Researchers; **p. 28** *(haut)* Archive/Photo Researchers; *(bas)* Fredrik D. Bodin/Stock, Boston; **p. 29** UPI/Corbis-Bettmann; **p. 35** *(haut)* Sovfoto; *(bas)* Sam Falk/Monkmeyer Press; **p. 39** Elizabeth Crews; **p. 40** Yves Debraine/Black Star; **p. 41** *(haut)* Sally Cassidy/Picture Cube; *(haut)* David Austen/Stock, Boston; *(bas)* Lew Merrim/Monkmeyer Press; *(bas)* Tony Freeman/Photo Edit; **p. 45** Anthony Jaladoni/Monkmeyer Press; **p. 46** James Wilson/Woodfin Camp; **p. 47** Courtesy of Dr. Michael Cole, Laboratory of Comparative Human Cognition; **p. 48** Owen Franken/Stock, Boston; **p. 50** Erika Stone; **p. 54** Jeff Greenberg/Picture Cube; **p. 56** Will and Deni McIntyre/Photo Researchers; **p. 60** Terry Wild Studio.

Chapitre 3

p. 69 Lennart Nilsson/Bonnier Fakta/Stockholm: **p. 71** Photo Researchers; **p. 73** *(gauche)* Laura Dwight; *(droite)* Sheila Brady/Monkmeyer Press; **p. 74** Lori Adamski Peek/Tony Stone Images; **p. 83** Joel Gordon; **p. 85** DPA/Image Works; **p. 90** From Lennart Nilsson, *A Child is Born*, 2nd ed., Delacorte Press, © 1990. Photograph courtesy of Lennart Nilsson/Bonnier Fakta/Stockholm; **p. 91** *(haut)* Petit Format/Science Source/Photo Researchers; *(bas)* Petit Format/Science Source/Photo Researchers; *(droite)* National Medical Slide/Custom Medical Stock Photo; **p. 92** S.J. Allen/International Stock; **p. 95** Carnegie Institute of Washington; **p. 97** George Steinmetz; **p. 102** John Ficara/Woodfin Camp; **p. 104** Laura Dwight.

Chapitre 4

p. 115 Lisl Dennis/Image Bank; **p. 117** L.K. Tai/Woodfin Camp; **p. 121** *(gauche et centre)* Elizabeth Crews; *(droite)* Petit Format/Photo Researchers; **p. 122** Laura Dwight; **p. 123** Sybil Shackman/Monkmeyer Press; **p. 124** Michael Greenlar/Image Works; **p. 125** Courtesy of A. Slater; **p. 126** Laura Dwight; **p. 127** Peter Mcleod; **p. 128** *(haut)* Laura Dwight; *(bas)* Michael Tchereukoff/Image Bank; **p. 129** Superstock; **p. 130** Courtesy of Karen Adolph; **p. 131** *(haut)* Ulli Seer/Image Bank; *(centre)* Courtesy of J. Campos, B. Bertenthal & R. Kermoinanan; *(bas)* Laura Dwight; **p. 133** Joseph McNally/Sygma; **p. 134** Elizabeth Crews/Image Works; **p. 135** Michael Newman/Photo Edit; **p. 138** Design Conceptions; **p. 139** Laura Dwight; **p. 140** Laura Dwight; **p. 143** Laura Dwight; **p. 146** *(haut)* Elliott Varner Smith; *(bas)* Hazel Hankin/Stock, Boston; **p. 149** Betty Press/Woodfin Camp.

Chapitre 5

p. 157 Kindra Clineff/Picture Cube; **p. 159** Laura Dwight; **p. 163** Courtesy of Bill Davis; **p. 164** Sybil Shackman/Monkmeyer Press; **p. 165** Tom McCarthy/Picture Cube; **p. 166** Nancy Sheehan/Picture Cube; **p. 168** Kory Addis/Picture Cube; **p. 169** Leong Ka Tai/Material World; **p. 172** Betts Anderson/Unicorn Stock Photos; **p. 173** Laura Dwight; **p. 174** *(gauche)* Elizabeth Crews; *(droite)* Bruce Plotkin/Image Works; **p. 175** Courtesy of Mary Ainsworth; **p. 179** Hazel Hankin; **p. 181** Steve Starr/Stock, Boston.

Chapitre 6

p. 191 Lawrence Migdale; **p. 192** Marie Des Lierres; **p. 193** Bob Daemmrich/Stock, Boston; **p. 195** *(gauche)* Renate Hiller/Monkmeyer Press; *(droite)* Carol Palmer/Picture Cube; **p. 194** Robert L. W. Ginn/Unicorn Stock Photos; **p. 198** Wolfgang Kaehler; **p. 202** *(haut)* Elaine Rebman/Photo Researchers; *(bas)* Jeff Greenberg/Photo Researchers; **p. 203** *(haut)* Bob Daemmrich/Stock, Boston; *(bas)* Bob Daemmrich/Stock, Boston; **p. 204** Nancy Acevedo/Monkmeyer Press; **p. 205** Alan Carey/Image Works; **p. 207** Elizabeth Crews.

Chapitre 7

p. 213 Tony Freeman/Photo Edit; **p. 215** *(haut)* Michael Nichols/Magnum; *(bas)* Elizabeth Crews; **p. 217** *(haut)* Laura Dwight; *(bas)* Photo Works/Monkmeyer Press; **p. 221** Dave Bartruff/Stock, Boston; **p. 222** Laura Dwight; **p. 223** *(gauche)* Tom Prettyman/Photo Edit; *(droite)* Fujifotos/Image Works; **p. 225**, **p. 226** Laura Dwight; **p. 227** Elizabeth Crews; **p. 229** Barbara Campbell/Gamma-Liaison; **p. 230** HMS Images/Image Bank; **p. 231** *(haut)* Elizabeth Crews; *(bas)* Kaz Mori/Image Bank; **p. 234** Leif Skoogfors/Woodfin Camp; **p. 235** Paul Conklin/Monkmeyer Press; **p. 237** *(haut)* John Elk/Stock, Boston; *(centre)* Mike Yamashita/Woodfin Camp; *(bas)* Russel D. Curtis/Photo Researchers; **p. 238** George Ancona/International Stock.

Chapitre 8

p. 245 Bob Daemmrich/Stock, Boston; p. 246 Lawrence Migdale; p. 247 Mel Digiacomo/Image Bank; p. 249 *(gauche)* Erika Stone; *(droite)* John Coletti/Stock, Boston; p. 250 *(gauche)* Joel Gordon; *(droite)* Spencer Grant/Photo Researchers, Inc.; p. 254 Joel Gordon; p. 261 John Eastcott/Image Works; p. 262 *(haut)* David M. Grossman; *(bas)* Myrleen Ferguson/Photo Edit; p. 263 Laura Dwight; p. 264 *(haut)* David Young-Wolff/Photo Edit; *(en bas à gauche)* Arnold John Kaplan/Picture Cube; *(en bas à droite)* Victor Englebert/Photo Researchers; p. 266 Ellis Herwig/Stock, Boston; p. 267 *(haut)* Joel Gordon; *(bas)* David Young-Wolff/Photo Edit; p. 268 Bob Daemmrich/Stock, Boston; p. 269 Bob Daemmrich/Stock, Boston; p. 270 James Wilson/Woodfin Camp; p. 272 Michael Newman/Photo Edit; p. 273 Peter Chapman/Stock, Boston.

Chapitre 9

p. 283 Leif Skoogfors/Woodfin Camp; p. 284 David Young-Wolff/Photo Edit; p. 285 Stephen Wilkes/Image Bank; p. 287 Bob Martin/Allsport; p. 288 *(haut)* Janeart/Image Bank; *(bas)* Joel Gordon; p. 289 Sybil Shackman/Monkmeyer Press; p. 295 Carl Schneider/Gamma-Liaison; p. 296 Tom Carroll/International Stock; p. 297 Jonathan Daniel/Allsport; p. 299 Marie Des Lierres; p. 302 Rick Kopstein/Monkmeyer Press.

Chapitre 10

p. 311 Scott Thode/Material World; p. 312 L. Pickerell/Image Works; p. 313 *(haut)* Will McIntyre/Photo Researchers; *(bas)* Bill Bachmann/Image Works; p. 316 Sybil Shackman/Monkmeyer Press; p. 317 H. Marais Barrit/Gamma-Liaison; p. 318 Elizabeth Crews; p. 325 Richard Hutchings/Photo Researchers; p. 326 Terry Wild Studio; p. 331 Paul Conklin/Monkmeyer Press; p. 332 Gary Conner/Photo Edit; p. 333 *(gauche)* Dave Bartruff/Stock, Boston; *(droite)* Pat Carter/AP/Wide World Photos.

Chapitre 11

p. 339 Lawrence Migdale; p. 341 Daniel Laine/Actuel; p. 347 *(gauche)* Joel Gordon; *(droite)* Dan Walsh/Picture Cube; p. 348 Butch Martin/Image Bank; p. 351 R. J. Mathews/Unicorn Stock Photos; p. 354 Scott Barrow/International Stock; p. 357 *(haut)* Bob Daemmrich/Stock, Boston; *(bas)* Tom McCarthy/Folio, Inc.; p. 362 Blair Seltz/Photo Researchers; p. 368 Spencer Grant/Photo Researchers.

Chapitre 12

p. 379 George Goodwin/Monkmeyer Press; p. 382 Nathan Benn/Stock, Boston; p. 384 Mike Yamashita/Woodfin Camp; p. 386 Will McIntyre/Photo Researchers; p. 388 K. Nomachi/Photo Researchers; p. 389 Steve Starr/Stock, Boston; p. 390 Frederic Reglain/Gamma-Liaison; p. 394 Cary Wolinsky/Stock, Boston; p. 397 Meckes/Ottawa/Photo Researchers; p. 398 *(haut)* Robert Ricci/Gamma-Liaison; *(bas)* David Barrit/Gamma-Liaison; p. 400 John Launois/Black Star.

Chapitre 13

p. 407 Michael Newman/Photo Edit; p. 408 Laura Dwight/Photo Edit; p. 409 Paul Conklin/Photo Edit; p. 412 *(gauche)* Cindy Charles/Photo Edit; *(droite)* Nicholas Devore III/Photographers/Aspen, Inc.; p. 415 Steven Rubin/Image Works; p. 417 A. Ramey/Photo Edit; p. 418 Xinhua-Chine Nouvelle/Gamma-Liaison; p. 420 *(gauche)* Corbis-Bettmann; *(centre)* David Redfern/Retna; *(droite)* Charles Peterson/Retna; p. 422 Grantpix/Photo Researchers; p. 424 Bernard Wolf/Monkmeyer Press; p. 426 Alfred Pasieka/Science Photo Library/Photo Researchers; p. 430 Stirling Dickenson/Woodfin Camp; p. 431 Jim Cartier/Photo Researchers.

Chapitre 14

p. 439 Jim Pickerell/Folio, Inc.; p. 442 *(haut)* Pierre Clavet; *(bas)* Charles Gupton/Stock, Boston; p. 443 *(gauche)* Mark Anderman/Terry Wild Studio; *(droite)* David Hiser/Photographers/Aspen, Inc.; p. 445 Marie Des Lierres; p. 447 D. Young-Wolff/Photo Edit; p. 448 Cont/Reninger/Woodfin Camp; p. 451 *(haut)* Jim Harrison/Courtesy of Elderhostel; *(bas)* Susan Greenwood/Gamma-Liaison; p. 452 Bill Weems/Woodfin Camp; p. 454 Kindra Clineff/Picture Cube; p. 455 *(haut)* Bob Daemmrich/Image Works; *(bas)* James Schnepf/Gamma-Liaison; p. 458 Charles Gupton/Stock, Boston; p. 458 Lester Sloan/Woodfin Camp.

Épilogue

p. 468 Steven M. Stone/Picture Cube; p. 471 Phyllis Picardi/International Stock; p. 472 Vanessa Vick/Photo Researchers; p. 473 A. Ramey/Unicorn Stock Photos.

Index